Kollmer/Wiebauer/Schucht

Arbeitsstättenverordnung

Arbeitsstättenverordnung (ArbStättV)

Kommentar

Bearbeitet von

Dr. jur. Norbert Kollmer

Präsident
der Landeshörde Zentrum Bayern Familie und Soziales
Bayreuth

Dr. jur. Bernd Wiebauer

Richter
am Arbeitsgericht Rosenheim

Dr. jur. Carsten Schucht

Rechtsanwalt
Noerr, LLP, München

4. Auflage 2019

C.H.BECK

www.beck.de

ISBN 978 3 406 71518 1

© 2019 Verlag C. H. Beck oHG
Wilhelmstraße 9, 80801 München

Druck und Bindung: Beltz Grafische Betriebe GmbH
Am Fliegerhorst 8, 99947 Bad Langensalza
Satz: Jung Crossmedia Publishing GmbH
Gewerbestraße 17, 35633 Lahnau
Umschlaggestaltung: Druckerei C. H. Beck Nördlingen

Gedruckt auf säurefreiem, alterungsbeständigem Papier
(hergestellt aus chlorfrei gebleichtem Zellstoff)

Vorwort

Als 2004 die Arbeitsstättenverordnung von Grund auf reformiert wurde, handelte es sich dabei um eines der am kontroversesten diskutierten Rechtsetzungsverfahren im Arbeitsschutz der vergangenen Jahrzehnte. Die Reduzierung der Paragraphenzahl von 56 auf nur noch acht Vorschriften musste wie eine Provokation gegenüber Gewerkschaften und Arbeitsschutzfachleuten anmuten, und sie war es vermutlich auch. Seither hat die Verordnung zwar ihre Grundstruktur beibehalten, aber an mehreren Stellen erhebliche Unzulänglichkeiten offenbart.

In den vierzehn Jahren seit Inkrafttreten der „neuen" ArbStättV hat sich viel getan: Eine Regelung zur Gefährdungsbeurteilung wurde ebenso ergänzt wie eigene Bußgeldtatbestände, der Nichtraucherschutz kontinuierlich ausgeweitet.

Nunmehr, erneut nach reichlich Kontroversen – die in diesem Vorwort aber nicht vorweggenommen werden sollen – hat eine Verschmelzung der Arbeitsstättenverordnung mit der Bildschirmarbeitsverordnung stattgefunden. Der vorliegende Kommentar geht daher weit über das „klassische" Arbeitsschutzrecht hinaus. Manche bezeichnen die ArbStättV angesichts der Einbeziehung der Bildschirmarbeit inzwischen als eine Art Arbeitsschutz-Grundgesetz des „White collar workers", des Büroangestellten mit überwiegend geistiger Arbeit.

Die Verschmelzung war logisch und folgerichtig, denn rund 60% aller Arbeitsplätze in Deutschland finden mittlerweile am Bildschirmplatz statt.

Ist die neue Verordnung also fit für Industrie 4.0, für Arbeit 4.0 – schließlich handelt es sich um einen Kommentar in der 4.0ten Auflage? Die Antwort: Grundsätzlich schon, im Detail schwierig …

Man denke nur an die nach wie vor nicht eindeutig gelösten Probleme des Telearbeitsplatzes, des mobilen Arbeitsplatzes, sowie des Anwendungsbereichs der Gefährdungsbeurteilung. Fragen, die identifiziert wurden, aber nicht eindeutig gelöst. Fragen die justiziabel sind, zu denen es aber kaum Rechtsprechung gibt, und vermutlich auch in Zukunft viel Recht gesprochen wird.

Andererseits ist die neue Verordnung wiederum so „flexibel und wachsweich", dass man viel hinein interpretieren und viel darunter fassen kann. Das verträgt sich nur bedingt mit dem dringendsten Anliegen der Praxis, nämlich: Rechtssicherheit.

Zu dieser Rechtssicherheit beizutragen ist dann auch die Intention dieses Buches. Themenschwerpunkte sind – neben der oben bereits angedeuteten ewigen Problemstellung des mobilen und Telearbeitsplatzes – auch Fragen der *Mitbestimmung* des Betriebsrats und des *Vollzugs* der ArbStättV, der eigentlich in der Verordnung selbst gar nicht geregelt, doch (gerade auch deswegen) mittels einer ausführlichen Darstellung zu § 22 ArbSchG erläutert wird. Auch eine Darstellung der *allgemeinen Systematik* des Arbeitsschutzrecht kommt in der Darstellung nicht zu kurz.

Einen besonderen Schwerpunkt bildet der *Nichtraucherschutz,* der die Menschheit und damit auch die Arbeitnehmerschaft bekanntlich in zwei Lager spaltet. Der besonderen Dynamik dieser Rechtsmaterie wird auch in der 4. Auflage Rechnung getragen.

Bei der Auswahl der Rechtstexte haben wir uns in der vierten Auflage auf das Notwendigste beschränkt. Wo „Kommentar" drauf steht, soll (vor allem) auch „Kommentar" drin sein. Für eine umfassende Sammlung des deutschen Arbeits-

Vorwort

sicherheitsrechts wird auf die Textsammlung *Nipperdey II,* erschienen im gleichen Verlag, verwiesen.

Durch das Werk führen wird Sie ein erfahrenes Autorenteam aus dem C.H. Beck Verlag mit Bodenhaftung zur Rechtspraxis. Für Anregungen Ihrerseits an *norbert. kollmer@gmx.de* sind wir freilich dankbar.

Das Werk hat den redaktionellen Stand: 1. August 2018.

Bayreuth, Rosenheim und	*Norbert Franz Kollmer*
München	*Bernd Wiebauer*
im Spätsommer 2018	*Carsten Schucht*

Inhaltsverzeichnis

Abkürzungsverzeichnis

---

[1] Das Bundesministerium für Arbeit und Soziales verwendet mittlerweile sowohl für die
(alten) Arbeitsstätten-Richtlinien, als auch für die (neuen) Arbeitsstättenregeln die Abkürzung:

Abkürzungsverzeichnis

ASTA	Ausschuss für Arbeitsstätten
AuA	Arbeit und Arbeitsrecht (Zeitschrift)
AufzV	Verordnung über Aufzugsanlagen (Aufzugsverordnung)
AVV	Allgemeine Verwaltungsvorschrift(en)
Az.	Aktenzeichen (Nummer)
BArbl.	Bundesarbeitsblatt
BAG	Bundesarbeitsgericht
BAGE	Entscheidungen des Bundesarbeitsgerichts (Amtliche Sammlung)
BAuA	Bundesanstalt für Arbeitsschutz und Arbeitsmedizin in Dortmund und Berlin
BauR	Baurecht (Zeitschrift)
BaustellV	Verordnung über Sicherheit und Gesundheitsschutz auf Baustellen (Baustellenverordnung)
Bay(er).	bayerisch(e)
BayLStVG	Bayerisches Landesstraf- und Verordnungsgesetz
BayVBl.	Bayerische Verwaltungsblätter (Zeitschrift)
BayVerfG	Bayerischer Verfassungsgerichtshof
BayVGH	Bayerischer Verwaltungsgerichtshof
BB	Betriebsberater (Zeitschrift)
BBG	Bundesbeamtengesetz
Bd.	Band
BDI	Bundesverband der Deutschen Industrie
Bearb.	Bearbeitungsstand/Bearbeiter
Beck RS	Beck online Rechtsprechung/Elektronische Entscheidungsdatenbank
Bek.	Bekanntmachung
ber.	bereinigt/berichtigt
Beschl. v.	Beschluss vom
BetrR	Der Betriebsrat (Zeitschrift)
BetrSichV	Betriebssicherheitsverordnung
BetrVG	Betriebsverfassungsgesetz
BG	Die BG – Berufsgenossenschaftliche Zeitschrift (Zeitschrift)
BGB	Bürgerliches Gesetzbuch
BGBl.	Bundesgesetzblatt
BGG	Bundesbehindertengleichstellungsgesetz
BGH	Bundesgerichtshof
BGHSt	Amtliche Sammlung der Entscheidungen des Bundesgerichtshofs in Strafsachen
BGHZ	Amtliche Sammlung der Entscheidungen des Bundesgerichtshofs in Zivilsachen
BGI	Berufsgenossenschaftliche Information
BGV	Berufsgenossenschaftliche Vorschrift (früher: VBG, siehe unten)
BIA	Berufsgenossenschaftliches Institut für Arbeitssicherheit
BildscharbV	Verordnung über Sicherheit und Gesundheitsschutz bei der Arbeit an Bildschirmgeräten (Bildschirmarbeitsverordnung) (aufgehoben)

„ASR" (nachdem vormals kurzzeitig die Abkürzung: „TRA" für die neuen Arbeitsstättenregeln gängig war. Zur besseren Differenzierung zwischen „alt" und „neu" werden in diesem Band die Abkürzungen **„ASRL" für die alten** Arbeitsstätten-Richtlinien respektive **„ASR" für die neuen** Arbeitsstättenregeln verwendet.

Abkürzungsverzeichnis

BiostoffV . . . . Verordnung über Sicherheit und Gesundheitsschutz bei Tätigkeiten mit biologischen Arbeitsstoffen (Biostoffverordnung)
Bl. . . . . Blatt
BMA . . . . (frühes) Bundesminister(ium) für Arbeit und Sozialordnung
BMAS . . . . Bundesministerium für Arbeit und Soziales
BMWA . . . . (früheres) Bundesministerium für Wirtschaft und Arbeit
BNichtrSchG . . . . . Bundesnichtraucherschutzgesetz
BR-Drs. . . . . Bundesrats-Drucksache
BRRG . . . . (früheres) Beamtenrechtsrahmengesetz (des Bundes)
BSG . . . . Bundessozialgericht
BSozGE/BSGE . . . . Amtliche Sammlung der Entscheidungen des Bundessozialgerichts
BT-Drs. . . . . Bundestags-Drucksache
Buchst. . . . . Buchstabe
BuW . . . . Bauen und Wirtschaft (Zeitschrift)
BV . . . . Berechnungsverordnung
BvR . . . . Aktenzeichen einer Verfassungsbeschwerde zum Bundesverfassungsgericht
BVerfG . . . . Bundesverfassungsgericht
BVerwG . . . . Bundesverwaltungsgericht

ChemG . . . . Chemikaliengesetz
CR . . . . Computer und Recht (Zeitschrift)

d. h. . . . . das heißt
DAG . . . . (frühere) Deutsche Angestelltengewerkschaft
dB (A) . . . . Dezibel
DB . . . . Der Betrieb (Zeitschrift)
ders. . . . . derselbe (Autor)
DGB . . . . Deutscher Gewerkschaftsbund
DGUV . . . . Deutsche gesetzliche Unfallversicherung (sowie deren Vorschriftenwerk bestehend aus Vorschriften, Regeln und Informationen)
dies. . . . . dieselbe(n) (Autorin/Autoren)
DIN . . . . Deutsches Institut für Normung
DIN(-EN) . . . . Europäisch harmonisierte Normen des Deutschen Instituts für Normung
DMW . . . . Deutsche Medizinische Wochenschrift
DÖD . . . . Der Öffentliche Dienst (Zeitschrift)
DOK . . . . Dokumentation von Messdaten zu Gefahrstoffen des BIA (siehe oben)
DÖV . . . . Die Öffentliche Verwaltung (Zeitschrift)
DRdA . . . . Das Recht der Arbeit (Zeitschrift, Österreich)
DWW . . . . Deutsche Wohnungswirtschaft (Zeitschrift)
DVBl. . . . . Deutsche Verwaltungsblätter (Zeitschrift)
DVGW . . . . Deutscher Verein des Gas- und Wasserfaches (eingetragener Verein)
DVO . . . . Durchführungsverordnung
DZWir . . . . Deutsche Zeitschrift für Wirtschaftsrecht

EAS . . . . Europäisches Arbeits- und Sozialrecht (Kommentar)
EFG . . . . Entscheidungen der Finanzgerichte (Zeitschrift)
EG . . . . Europäische Gemeinschaften

Abkürzungsverzeichnis

Abkürzungsverzeichnis

HVBG	Hauptverband der gewerblichen Berufsgenossenschaften, St. Augustin
i. d. F.	in der Fassung (vom)
i. d. R.	in der Regel
i. d. S.	in diesem Sinne
i. S. d.	im Sinne der/des
i. S. v.	im Sinne von
i. V. m.	in Verbindung mit
IAO/ILO	Internationale Arbeitsorganisation
IBR	Internationales Baurecht (Zeitschrift)
ISO	International Standardization Organization
JArbSchG	Jugendarbeitsschutzgesetz
jurisPR ArbR	Juris Praxisreport Arbeitsrecht Online Zeitschrift
JZ	Juristenzeitung (Zeitschrift)
KG	Kommanditgesellschaft
KK-OWiG	Karlsruher Kommentar zum Gesetz über Ordnungswidrigkeiten
KMU	Klein- und mittelständische Betriebe
Kz.	Kennzahl (Kapitel im Kommentar)
LAG	Landesarbeitsgericht
LAGE	Entscheidungssammlung der Landesarbeitsgerichte
LASI	Länderausschuss für Arbeitsschutz und Sicherheitstechnik
LasthandhabV	Verordnung über Sicherheit und Gesundheitsschutz bei der manuellen Handhabung von Lasten bei der Arbeit (Lastenhandhabungsverordnung)
LärmVibrations-ArbSchV	Verordnung zum Schutz der Beschäftigten vor Gefährdungen durch Lärm und Vibrationen
LfAS	(früheres) Bayerisches Landesamt für Arbeitsschutz, Arbeitsmedizin und Sicherheitstechnik
LG	Landgericht
Lit.	Literatur
lit.	Buchstabe
LR	Landmann/Rohmer, Kommentar zur Gewerbeordnung, Band 1 und 2
LSG	Landessozialgericht
m. E.	meines Erachtens (subjektive Auffassung des Autors)
m. V. a.	mit Verweis auf
m. w. N.	mit weiteren Nachweisen
m.	Meter
m. V. a.	mit Verweis auf
MAK	Maximale Arbeitsplatzkonzentration
MBl.	Ministerialblatt (des Landes Nordrhein-Westfalen)
MDR	Monatsschrift des Deutschen Rechts (Zeitschrift)
MfK	Mindestanforderungen für Kassenarbeitsplätze (Ländervereinbarung)
MHdB ArbR	Münchener Handbuch zum Arbeitsrecht (hrsg. v. Kiel/Lunk/Oetker)
MuSchG	Mutterschutzgesetz

Abkürzungsverzeichnis

Abkürzungsverzeichnis

Abkürzungsverzeichnis

Literaturverzeichnis

Amtliche Begründung zur Arbeitsstättenverordnung, Stand: 20. April 2004, Bundesrats-Druck-sache Nr. 450/04 (zit.: BR-Drs. zu §)

Amtliche Begründung zum Verordnungsantrag der Länder Hamburg, Brandenburg, Bremen u. a., vom 8. September 2016, Bundesrats-Drucksache Nr. 506/16 (zit.: BR-Drs. zu §)

Amtliche Begründung zur Verordnung zur Änderung von Arbeitsschutzverordnungen vom 30. Oktober 2014, Bundesrats-Drucksache Nr. 509/14 (zit.: BR-Drs. zu §)

AR-Blattei SD, (hrsg. von *Dieterich/Schwab/Neef/Oehmann*), Loseblatt, mittlerweile eingestellt

Ast, Verordnung über Arbeitsstätten (alte Ausgabe, bis 2003 fortgeführt von *Steinborn,* s. u.), 15. Aufl. 2001

Bayerisches Landesamt für Arbeitsschutz (LfAS), Broschüre zur Arbeitsstättenverordnung, http://www.lfas.bayern.de/publ/arbst/arbst.htm, München, Stand: 2005 (jetzt: https://www.lgl.bayern.de/arbeitsschutz/)

Blachnitzky, Arbeitsstättenverordnung 2004, 2005

Bücker/Feldhoff/Kohte, Vom Arbeitsschutz zur Arbeitsumwelt, 1994

Bundesanstalt für Arbeitsschutz und Arbeitsmedizin (BAuA, Hrsg.), Arbeitsstättenverordnung, Wirtschaftsverlag NW, 40. Aufl. 2004

Bundesanstalt für Arbeitsschutz und Arbeitsmedizin (BAuA, Hrsg.), Arbeitsstätten: Arbeitsstätten-verordnung; Technische Regeln für Arbeitsstätten, 2. Aufl. 2013

Bundesministerium für Arbeit und Soziales (Hrsg.), Arbeitsstättenverordnung (Broschur), 2016

Bundesministerium für Arbeit und Soziales (Hrsg.), Übersicht über das Arbeitsrecht/Arbeitsschutz-recht, Vorauflage 1998 und Aufl. 2016

Däubler/Kittner/Klebe/Wedde (Hrsg.), Betriebsverfassungsgesetz, Kommentar, 16. Aufl. 2018 (zitiert: D/K/K/W)

Dietrich, Nichtraucherschutz am Arbeitsplatz, 2008, zugl.: Diss. Göttingen 2007

Eberstein/Meyer, Arbeitsstättenrecht, Kommentar für die Praxis, Stand: 1997 *(mittlerweile ein-gestellt)*

Erfurter Kommentar zum Arbeitsrecht, (Hrsg. v. Müller-Glöge/Preis/Schmidt), 18. Aufl. 2018

Fitting/Engels/Schmidt/Trebinger/Linsenmaier (Hrsg.), Betriebsverfassungsgesetz, Kommentar, 29. Aufl. 2018

Forum Verlag Herkert (Hrsg.) Die neue Arbeitsstättenverordnung: Praktische Maßnahmen zur sofortigen Einhaltung der neuen Schutzziele, 2017 (zit.: *Autor* in: Forum, Nr.)

Gaul/Kühne, Arbeitsstättenrecht, 1979

Erbs/Kohlhaas – Strafrechtliche Nebengesetze (Hrsg. Häberle), Stand 1/2018 (zit.: Erbs/Kohl-haas)

Heinen/Tentrop/Wienecke/Zerlett, Kommentar zum technischen und medizinischen Arbeits-schutz, Loseblatt, Stand: 1991

Gercke/Kraft/Richter, Arbeitsstrafrecht, Strafrechtliche Risiken und Risikomanagement, 2. Aufl. 2015

Göhler/Gürtler/Seitz/Bauer, Gesetz über Ordnungswidrigkeiten, Kommentar, 17. Aufl. 2017 (zit.: Göhler)

Literaturverzeichnis

Kasseler Handbuch zum Arbeitsrecht, (hrsg. von *Leinemann*), 2. Aufl. 2000

Kiel/Lunk/Oetker, Münchener Handbuch zum Arbeitsrecht, 4. Aufl. 2018 (zit. MHdB ArbR)

Klindt/Islebe, Die neue Arbeitsstättenverordnung 2004, 2005

Kohte/Faber/Feldhoff (Hrsg.), Gesamtes Arbeitsschutzrecht, 2. Aufl. 2018 (zit.: HK-ArbSchR)

Koll/Janning/Pinter, Arbeitsschutzgesetz, Kommentar, Loseblatt, Stand 2015

Kollmer (Hrsg.), Praxiskommentar Arbeitsschutzgesetz, Loseblatt-Kommentar, *(Loseblatt-Fassung wurde eingestellt, s. u. Folgeauflage 2005),* Stand: 2001

Kollmer/Klindt/Schucht (Hrsg.), Arbeitsschutzgesetz (Kommentar), 3. Aufl. 2016.

Kollmer, Verordnungen zum Arbeitsschutzgesetz, AR-Blattei *(Hrsg. v. Oehmann/Dieterich),* Teil SD 200.2

Kollmer, Baustellenverordnung (BaustellV), Kommentar, 2. Aufl. 2004

Kollmer/Blachnitzky/Kossens, Die neuen Arbeitsschutzverordnungen, 1999

Kollmer, (Vorauflage: Kollmer/Vogl) Das Arbeitsschutzgesetz, 3. Aufl. 2008

Kreizberg, Arbeitsstättenverordnung mit technischen Regeln für Arbeitsstätten, 2007

Kühs/Krämmer, Anforderungen an Arbeitsstätten, Handbuch des gesamten Arbeitsstättenrechts (Loseblatt), zit. Stand 1999 *(mittlerweile eingestellt)*

Länderausschuss für Arbeitsschutz und Sicherheitstechnik (LASI), zitiert: (LASI Nr.):
 − LV 1 Überwachungs- und Beratungstätigkeit der Arbeitsschutzbehörden der Länder − Grund-sätze und Standards, 1. Aufl. 2016
 − LV 40 Leitlinien zur Arbeitsstättenverordnung, 2009
 − LV 56 Bußgeldkataloge zur Arbeitsstättenverordnung, 2013
 − LV 59 − Handlungsanleitung zur Überprüfung der Gefährdungsbeurteilung, 1. Aufl. 2017,

Landmann/Rohmer, Gewerbeordnung (Kommentar), Loseblatt, Stand: 2018

Lorenz, Arbeitsstättenverordnung, 2005

Marburger, Die Regeln der Technik im Recht, 1982

Müller-Gugenberger, Wirtschaftsstrafrecht (Hrsg. von *Müller-Gugenberger/Bieneck*), 6. Aufl. 2015 (zit.: WiStrR)

Münchner Handbuch zum Arbeitsrecht (Hrsg. v. Richardi/Wißmann/Wlotzke/Oetker), Bde. 1 und 2, 3. Aufl. 2009 (zit.: MünchArbR)

Nöthlichs (fortgeführt von *Wilrich*), Arbeitsschutz und Arbeitssicherheit, Loseblatt, Stand: 2017

Nöthlichs (fortgeführt von *Wilrich*), Arbeitsstätten, Loseblatt (auch digitalisiert), Stand: 2017

Nöthlichs (fortgeführt von *Wilrich*), Sicherheitstechnik Digital Modul: Arbeitsstätten − Abonne-mentbezug, Stand: 2017

Oetker/Preis (Hrsg.), Europäisches Arbeits- und Sozialrecht (EAS), Loseblatt, Stand 7/2018 (zit.: EAS)

Opfermann/Streit, Arbeitsstätten, (hrsg. von Tannenhauer/Pernack/Pangert/Gémesi), Loseblatt Stand 4/2017

Palandt, BGB, 76. Aufl., C.H.Beck, München, 2017

Pieper, Arbeitsschutzrecht − ArbSchR, 6. Aufl. 2017 (zit.: Pieper ArbSchR oder ArbStättV Rn.)

Pieper, Basiskommentar zur Arbeitsstättenverordnung, 3. Aufl. 2017

Schaub, Arbeitsrechts-Handbuch, 16. Aufl. 2015

Richardi (Hrsg.), Betriebsverfassungsgesetz, Kommentar, 16. Aufl. 2018

Literaturverzeichnis

Schaub / Schrader / Straube / Vogelsang, Arbeitsrechtliches Formular- und Verfahrenshandbuch, 12. Aufl. 2017

Schönke / Schröder (Hrsg.), Strafgesetzbuch, Kommentar, 29. Aufl. 2014

Schünemann / Lenz Pflichtenheft Arbeitsschutzrecht, Monographie, 2007

Schüren (Hrsg.), Arbeitnehmerüberlassungsgesetz, Kommentar, 5. Aufl. 2018

Senge (Hrsg.), Karlsruher Kommentar zum Gesetz über Ordnungswidrigkeiten, 4. Aufl. 2014

Spinnarke, Sicherheitstechnik, Arbeitsmedizin, Arbeitsplatzgestaltung, 2. Aufl. 1990

Steinborn, Verordnung über Arbeitsstätten mit Regeln für Arbeitsstätten, 20. Aufl. (früher: *Ast*), Stuttgart 2015

Taeger / Rose / Wehmeier, Die neue Arbeitsstättenverordnung (Kommentar), 2004 (zit.: Taeger, S.)

Thüsing (Hrsg.), Arbeitnehmerüberlassungsgesetz, Kommentar, 4. Aufl. 2018

Wank, Kommentar zum technischen Arbeitsschutz, 1999 (zit.: TAR)

Wank / Börgmann, Deutsches und Europäisches Arbeitsschutzrecht, 1992

Wedde, Telearbeit, 2002

Wiese / Kreutz / Oetker / Raab / Weber / Franzen / Gutzeit / Jacobs (Hrsg.), Gemeinschaftskommentar zum Betriebsverfassungsgesetz, 11. Aufl. 2018 (zit.: GK–BetrVG)

A. Verordnungstext
(mit Anhang zu § 3 Abs. 1)

Verordnung über Arbeitsstätten
(Arbeitsstättenverordnung – ArbStättV)[1, 2]

Vom 12. August 2004 (BGBl. I S. 2179)

FNA 7108-35

geänd. durch Art. 388 Neunte ZuständigkeitsanpassungsVO v. 31.10.2006 (BGBl. I S. 2407), Art. 6 Abs. 4 VO zum Schutz der Beschäftigten vor Gefährdungen durch Lärm und Vibrationen v. 6.3.2007 (BGBl. I S. 261), Art. 2 Passivraucher-SchutzG v. 20.7.2007 (BGBl. I S. 1595), Art. 9 VO zur Rechtsvereinfachung und Stärkung der arbeitsmedizinischen Vorsorge v. 18.12.2008 (BGBl. I S. 2768), Art. 4 VO zur Ums. der RL 2006/25/EG zum Schutz der Arbeitnehmer vor Gefährdungen durch künstliche optische Strahlung und zur Änd. von ArbeitsschutzVO v. 19.7.2010 (BGBl. I S. 960), Art. 282 Zehnte ZuständigkeitsanpassungsVO v. 31.8.2015 (BGBl. I S. 1474), Art. 1 VO zur Änd. von Arbeitsschutzverordnungen v. 30.11.2016 (BGBl. I S. 2681, ber. 2017 S. 2839), Art. 5 Abs. 1 VO zur Änd. der Gesundheitsschutz-Bergverordnung sowie weiterer berg- und arbeitsschutzrechtlicher Verordnungen v. 18.10.2017 (BGBl. I S. 3584)

Inhaltsübersicht

---

[1] **Amtl. Anm.:** Diese Verordnung dient der Umsetzung

1. der EG-Richtlinie 89/654/EWG des Rates vom 30. November 1989 über Mindestvorschriften für Sicherheit und Gesundheitsschutz in Arbeitsstätten (Erste Einzelrichtlinie im Sinne des Artikels 16 Absatz 1 der Richtlinie 89/391/EWG) (ABl. EG Nr. L 393 S. 1) und

2. der Richtlinie 92/58/EWG des Rates vom 24. Juni 1992 über Mindestvorschriften für die Sicherheits- und/oder Gesundheitsschutzkennzeichnung am Arbeitsplatz (Neunte Einzelrichtlinie im Sinne von Artikel 16 Absatz 1 der Richtlinie 89/391/EWG) (ABl. EG Nr. L 245 S. 23) und

3. des Anhangs IV (Mindestvorschriften für Sicherheit und Gesundheitsschutz auf Baustellen) der Richtlinie 92/57/EWG des Rates vom 24. Juni 1992 über die auf zeitlich begrenzte oder ortsveränderliche Baustellen anzuwendenden Mindestvorschriften für die Sicherheit und den Gesundheitsschutz (Achte Einzelrichtlinie im Sinne des Artikels 16 Absatz 1 der Richtlinie 89/391/EWG) (ABl. EG Nr. L 245 S. 6).

[2] Verkündet als Art. 1 VO über Arbeitsstätten v. 12.8.2004 (BGBl. I S. 2179); Inkrafttreten gem. Art. 4 Abs. 1 dieser VO am 25.8.2004, geändert durch die 9. Zuständigkeitsanpassungsverordnung vom 31.10.2006 (BGBl I 2006, 2407/BGBl 2007, 2149), durch VO zur Umsetzung der EG-Richtlinien 2002/44/EG und 2003/10/EG vom 6. März 2007 (BGBl I 2007, 261) sowie durch Gesetz zum Schutz vor den Gefahren des Passivrauchens vom 20.7.2007 (BGBl I 2007, 1595).

§ 1   Ziel, Anwendungsbereich

(1) Diese Verordnung dient der Sicherheit und dem Schutz der Gesundheit der Beschäftigten beim Einrichten und Betreiben von Arbeitsstätten.

(2) Für folgende Arbeitsstätten gelten nur § 5 und der Anhang Nummer 1.3:
1. Arbeitsstätten im Reisegewerbe und im Marktverkehr,
2. Transportmittel, die im öffentlichen Verkehr eingesetzt werden,
3. Felder, Wälder und sonstige Flächen, die zu einem land- oder forstwirtschaftlichen Betrieb gehören, aber außerhalb der von ihm bebauten Fläche liegen.

(3) [1]Für Telearbeitsplätze gelten nur
1. § 3 bei der erstmaligen Beurteilung der Arbeitsbedingungen und des Arbeitsplatzes,
2. § 6 und der Anhang Nummer 6,

soweit der Arbeitsplatz von dem im Betrieb abweicht. [2]Die in Satz 1 genannten Vorschriften gelten, soweit Anforderungen unter Beachtung der Eigenart von Telearbeitsplätzen auf diese anwendbar sind.

(4) Der Anhang Nummer 6 gilt nicht für
1. Bedienerplätze von Maschinen oder Fahrerplätze von Fahrzeugen mit Bildschirmgeräten,
2. tragbare Bildschirmgeräte für die ortsveränderliche Verwendung, die nicht regelmäßig an einem Arbeitsplatz verwendet werden,
3. Rechenmaschinen, Registrierkassen oder andere Arbeitsmittel mit einer kleinen Daten- oder Messwertanzeigevorrichtung, die zur unmittelbaren Benutzung des Arbeitsmittels erforderlich ist und
4. Schreibmaschinen klassischer Bauart mit einem Display.

(5) Diese Verordnung ist für Arbeitsstätten in Betrieben, die dem Bundesberggesetz unterliegen, nur für Bildschirmarbeitsplätze einschließlich Telearbeitsplätze anzuwenden.

(6) [1]Das Bundeskanzleramt, das Bundesministerium des Innern, das Bundesministerium für Verkehr und digitale Infrastruktur, das Bundesministerium für Umwelt, Naturschutz, Bau und Reaktorsicherheit, das Bundesministerium der Verteidigung oder das Bundesministerium der Finanzen können, soweit sie hierfür jeweils zuständig sind, im Einvernehmen mit dem Bundesministerium für Arbeit und Soziales und, soweit nicht das Bundesministerium des Innern selbst zuständig ist, im Einvernehmen mit dem Bundesministerium des Innern Ausnahmen von den Vorschriften dieser Verordnung zulassen, soweit öffentliche Belange dies zwingend erfordern, insbesondere zur Aufrechterhaltung oder Wiederherstellung der öffentlichen Sicherheit. [2]In diesem Fall ist gleichzeitig festzulegen, wie die Sicherheit und der Schutz der Gesundheit der Beschäftigten nach dieser Verordnung auf andere Weise gewährleistet werden.

§ 2 Begriffsbestimmungen

(1) Arbeitsstätten sind:
1. Arbeitsräume oder andere Orte in Gebäuden auf dem Gelände eines Betriebes,
2. Orte im Freien auf dem Gelände eines Betriebes,
3. Orte auf Baustellen,

sofern sie zur Nutzung für Arbeitsplätze vorgesehen sind.

(2) Zur Arbeitsstätte gehören insbesondere auch:
1. Orte auf dem Gelände eines Betriebes oder einer Baustelle, zu denen Beschäftigte im Rahmen ihrer Arbeit Zugang haben,
2. Verkehrswege, Fluchtwege, Notausgänge, Lager-, Maschinen- und Nebenräume, Sanitärräume, Kantinen, Pausen- und Bereitschaftsräume, Erste-Hilfe-Räume, Unterkünfte sowie
3. Einrichtungen, die dem Betreiben der Arbeitsstätte dienen, insbesondere Sicherheitsbeleuchtungen, Feuerlöscheinrichtungen, Versorgungseinrichtungen, Beleuchtungsanlagen, raumlufttechnische Anlagen, Signalanlagen, Energieverteilungsanlagen, Türen und Tore, Fahrsteige, Fahrtreppen, Laderampen und Steigleitern.

(3) Arbeitsräume sind die Räume, in denen Arbeitsplätze innerhalb von Gebäuden dauerhaft eingerichtet sind.

(4) Arbeitsplätze sind Bereiche, in denen Beschäftigte im Rahmen ihrer Arbeit tätig sind.

(5) Bildschirmarbeitsplätze sind Arbeitsplätze, die sich in Arbeitsräumen befinden und die mit Bildschirmgeräten und sonstigen Arbeitsmitteln ausgestattet sind.

(6) Bildschirmgeräte sind Funktionseinheiten, zu denen insbesondere Bildschirme zur Darstellung von visuellen Informationen, Einrichtungen zur Datenein- und -ausgabe, sonstige Steuerungs- und Kommunikationseinheiten (Rechner) sowie eine Software zur Steuerung und Umsetzung der Arbeitsaufgabe gehören.

(7) [1]Telearbeitsplätze sind vom Arbeitgeber fest eingerichtete Bildschirmarbeitsplätze im Privatbereich der Beschäftigten, für die der Arbeitgeber eine mit den Beschäftigten vereinbarte wöchentliche Arbeitszeit und die Dauer der Einrichtung festgelegt hat. [2]Ein Telearbeitsplatz ist vom Arbeitgeber erst dann eingerichtet, wenn Arbeitgeber und Beschäftigte die Bedingungen der Telearbeit arbeitsvertraglich oder im Rahmen einer Vereinbarung festgelegt haben und die benötigte Ausstattung des Telearbeitsplatzes mit Mobiliar, Arbeitsmitteln einschließlich der Kommunikationseinrichtungen durch den Arbeitgeber oder eine von ihm beauftragte Person im Privatbereich des Beschäftigten bereitgestellt und installiert ist.

(8) [1]Einrichten ist das Bereitstellen und Ausgestalten der Arbeitsstätte. [2]Das Einrichten umfasst insbesondere:
1. bauliche Maßnahmen oder Veränderungen,
2. das Ausstatten mit Maschinen, Anlagen, anderen Arbeitsmitteln und Mobiliar sowie mit Beleuchtungs-, Lüftungs-, Heizungs-, Feuerlösch- und Versorgungseinrichtungen,
3. das Anlegen und Kennzeichnen von Verkehrs- und Fluchtwegen sowie das Kennzeichnen von Gefahrenstellen und brandschutztechnischen Ausrüstungen und
4. das Festlegen von Arbeitsplätzen.

(9) Das Betreiben von Arbeitsstätten umfasst das Benutzen, Instandhalten und Optimieren der Arbeitsstätten sowie die Organisation und Gestaltung der Arbeit einschließlich der Arbeitsabläufe in Arbeitsstätten.

(10) Instandhalten ist die Wartung, Inspektion, Instandsetzung oder Verbesserung der Arbeitsstätten zum Erhalt des baulichen und technischen Zustandes.

(11) [1]Stand der Technik ist der Entwicklungsstand fortschrittlicher Verfahren, Einrichtungen oder Betriebsweisen, der die praktische Eignung einer Maßnahme zur Gewährleistung der Sicherheit und zum Schutz der Gesundheit der Beschäftigten gesichert erscheinen lässt. [2]Bei der Bestimmung des Stands der Technik sind insbesondere vergleichbare Verfahren, Einrichtungen oder Betriebsweisen heranzuziehen, die mit Erfolg in der Praxis erprobt worden sind. [3]Gleiches gilt für die Anforderungen an die Arbeitsmedizin und die Hygiene.

(12) [1]Fachkundig ist, wer über die zur Ausübung einer in dieser Verordnung bestimmten Aufgabe erforderlichen Fachkenntnisse verfügt. [2]Die Anforderungen an die Fachkunde sind abhängig von der jeweiligen Art der Aufgabe. [3]Zu den Anforderungen zählen eine entsprechende Berufsausbildung, Berufserfahrung oder eine zeitnah ausgeübte entsprechende berufliche Tätigkeit. [4]Die Fachkenntnisse sind durch Teilnahme an Schulungen auf aktuellem Stand zu halten.

§ 3   Gefährdungsbeurteilung

(1) [1]Bei der Beurteilung der Arbeitsbedingungen nach § 5 des Arbeitsschutzgesetzes hat der Arbeitgeber zunächst festzustellen, ob die Beschäftigten Gefährdungen beim Einrichten und Betreiben von Arbeitsstätten ausgesetzt sind oder ausgesetzt sein können. [2]Ist dies der Fall, hat er alle möglichen Gefährdungen der Sicherheit und der Gesundheit der Beschäftigten zu beurteilen und dabei die Auswirkungen der Arbeitsorganisation und der Arbeitsabläufe in der Arbeitsstätte zu berücksichtigen. [3]Bei der Gefährdungsbeurteilung hat er die physischen und psychischen Belastungen sowie bei Bildschirmarbeitsplätzen insbesondere die Belastungen der Augen oder der Gefährdung des Sehvermögens der Beschäftigten zu berücksichtigen. [4]Entsprechend dem Ergebnis der Gefährdungsbeurteilung hat der Arbeitgeber Maßnahmen zum Schutz der Beschäftigten gemäß den Vorschriften dieser Verordnung einschließlich ihres Anhangs nach dem Stand der Technik, Arbeitsmedizin und Hygiene festzulegen. [5]Sonstige gesicherte arbeitswissenschaftliche Erkenntnisse sind zu berücksichtigen.

(2) [1]Der Arbeitgeber hat sicherzustellen, dass die Gefährdungsbeurteilung fachkundig durchgeführt wird. [2]Verfügt der Arbeitgeber nicht selbst über die entsprechenden Kenntnisse, hat er sich fachkundig beraten zu lassen.

(3) [1]Der Arbeitgeber hat die Gefährdungsbeurteilung vor Aufnahme der Tätigkeiten zu dokumentieren. [2]In der Dokumentation ist anzugeben, welche Gefährdungen am Arbeitsplatz auftreten können und welche Maßnahmen nach Absatz 1 Satz 4 durchgeführt werden müssen.

§ 3a   Einrichten und Betreiben von Arbeitsstätten

(1) [1]Der Arbeitgeber hat dafür zu sorgen, dass Arbeitsstätten so eingerichtet und betrieben werden, dass Gefährdungen für die Sicherheit und die Gesundheit der Beschäftigten möglichst vermieden und verbleibende Gefährdungen möglichst gering gehalten werden. [2]Beim Einrichten und Betreiben der Arbeitsstätten hat der Arbeitgeber die Maßnahmen nach § 3 Absatz 1 durchzuführen und dabei den Stand

der Technik, Arbeitsmedizin und Hygiene, die ergonomischen Anforderungen sowie insbesondere die vom Bundesministerium für Arbeit und Soziales nach § 7 Absatz 4 bekannt gemachten Regeln und Erkenntnisse zu berücksichtigen. [3]Bei Einhaltung der bekannt gemachten Regeln ist davon auszugehen, dass die in dieser Verordnung gestellten Anforderungen diesbezüglich erfüllt sind. [4]Wendet der Arbeitgeber diese Regeln nicht an, so muss er durch andere Maßnahmen die gleiche Sicherheit und den gleichen Schutz der Gesundheit der Beschäftigten erreichen.

(2) [1]Beschäftigt der Arbeitgeber Menschen mit Behinderungen, hat er die Arbeitsstätte so einzurichten und zu betreiben, dass die besonderen Belange dieser Beschäftigten im Hinblick auf die Sicherheit und den Schutz der Gesundheit berücksichtigt werden. [2]Dies gilt insbesondere für die barrierefreie Gestaltung von Arbeitsplätzen, Sanitär-, Pausen- und Bereitschaftsräumen, Kantinen, Erste-Hilfe-Räumen und Unterkünften sowie den zugehörigen Türen, Verkehrswegen, Fluchtwegen, Notausgängen, Treppen und Orientierungssystemen, die von den Beschäftigten mit Behinderungen benutzt werden.

(3) [1]Die zuständige Behörde kann auf schriftlichen Antrag des Arbeitgebers Ausnahmen von den Vorschriften dieser Verordnung einschließlich ihres Anhanges zulassen, wenn
1. der Arbeitgeber andere, ebenso wirksame Maßnahmen trifft oder
2. die Durchführung der Vorschrift im Einzelfall zu einer unverhältnismäßigen Härte führen würde und die Abweichung mit dem Schutz der Beschäftigten vereinbar ist.

[2]Der Antrag des Arbeitgebers kann in Papierform oder elektronisch übermittelt werden. [3]Bei der Beurteilung sind die Belange der kleineren Betriebe besonders zu berücksichtigen.

(4) Anforderungen in anderen Rechtsvorschriften, insbesondere im Bauordnungsrecht der Länder, gelten vorrangig, soweit sie über die Anforderungen dieser Verordnung hinausgehen.

§ 4 Besondere Anforderungen an das Betreiben von Arbeitsstätten

(1) [1]Der Arbeitgeber hat die Arbeitsstätte instand zu halten und dafür zu sorgen, dass festgestellte Mängel unverzüglich beseitigt werden. [2]Können Mängel, mit denen eine unmittelbare erhebliche Gefahr verbunden ist, nicht sofort beseitigt werden, hat er dafür zu sorgen, dass die gefährdeten Beschäftigten ihre Tätigkeit unverzüglich einstellen.

(2) [1]Der Arbeitgeber hat dafür zu sorgen, dass Arbeitsstätten den hygienischen Erfordernissen entsprechend gereinigt werden. [2]Verunreinigungen und Ablagerungen, die zu Gefährdungen führen können, sind unverzüglich zu beseitigen.

(3) Der Arbeitgeber hat die Sicherheitseinrichtungen, insbesondere Sicherheitsbeleuchtung, Brandmelde- und Feuerlöscheinrichtungen, Signalanlagen, Notaggregate und Notschalter sowie raumlufttechnische Anlagen instand zu halten und in regelmäßigen Abständen auf ihre Funktionsfähigkeit prüfen zu lassen.

(4) [1]Der Arbeitgeber hat dafür zu sorgen, dass Verkehrswege, Fluchtwege und Notausgänge ständig freigehalten werden, damit sie jederzeit benutzbar sind. [2]Der Arbeitgeber hat Vorkehrungen so zu treffen, dass die Beschäftigten bei Gefahr sich unverzüglich in Sicherheit bringen und schnell gerettet werden können. [3]Der Arbeitgeber hat einen Flucht- und Rettungsplan aufzustellen, wenn Lage, Ausdeh-

nung und Art der Benutzung der Arbeitsstätte dies erfordern. [4]Der Plan ist an geeigneten Stellen in der Arbeitsstätte auszulegen oder auszuhängen. [5]In angemessenen Zeitabständen ist entsprechend diesem Plan zu üben.

(5) Der Arbeitgeber hat beim Einrichten und Betreiben von Arbeitsstätten Mittel und Einrichtungen zur Ersten Hilfe zur Verfügung zu stellen und regelmäßig auf ihre Vollständigkeit und Verwendungsfähigkeit prüfen zu lassen.

§ 5 Nichtraucherschutz

(1) [1]Der Arbeitgeber hat die erforderlichen Maßnahmen zu treffen, damit die nicht rauchenden Beschäftigten in Arbeitsstätten wirksam vor den Gesundheitsgefahren durch Tabakrauch geschützt sind. [2]Soweit erforderlich, hat der Arbeitgeber ein allgemeines oder auf einzelne Bereiche der Arbeitsstätte beschränktes Rauchverbot zu erlassen.

(2) In Arbeitsstätten mit Publikumsverkehr hat der Arbeitgeber beim Einrichten und Betreiben von Arbeitsräumen der Natur des Betriebes entsprechende und der Art der Beschäftigung angepasste technische oder organisatorische Maßnahmen nach Absatz 1 zum Schutz der nicht rauchenden Beschäftigten zu treffen.

§ 6 Unterweisung der Beschäftigten

(1) Der Arbeitgeber hat den Beschäftigten ausreichende und angemessene Informationen anhand der Gefährdungsbeurteilung in einer für die Beschäftigten verständlichen Form und Sprache zur Verfügung zu stellen über
1. das bestimmungsgemäße Betreiben der Arbeitsstätte,
2. alle gesundheits- und sicherheitsrelevanten Fragen im Zusammenhang mit ihrer Tätigkeit,
3. Maßnahmen, die zur Gewährleistung der Sicherheit und zum Schutz der Gesundheit der Beschäftigten durchgeführt werden müssen, und
4. arbeitsplatzspezifische Maßnahmen, insbesondere bei Tätigkeiten auf Baustellen oder an Bildschirmgeräten,

und sie anhand dieser Informationen zu unterweisen.

(2) Die Unterweisung nach Absatz 1 muss sich auf Maßnahmen im Gefahrenfall erstrecken, insbesondere auf
1. die Bedienung von Sicherheits- und Warneinrichtungen,
2. die Erste Hilfe und die dazu vorgehaltenen Mittel und Einrichtungen und
3. den innerbetrieblichen Verkehr.

(3) [1]Die Unterweisung nach Absatz 1 muss sich auf Maßnahmen der Brandverhütung und Verhaltensmaßnahmen im Brandfall erstrecken, insbesondere auf die Nutzung der Fluchtwege und Notausgänge. [2]Diejenigen Beschäftigten, die Aufgaben der Brandbekämpfung übernehmen, hat der Arbeitgeber in der Bedienung der Feuerlöscheinrichtungen zu unterweisen.

(4) [1]Die Unterweisungen müssen vor Aufnahme der Tätigkeit stattfinden. [2]Danach sind sie mindestens jährlich zu wiederholen. [3]Sie haben in einer für die Beschäftigten verständlichen Form und Sprache zu erfolgen. [4]Unterweisungen sind unverzüglich zu wiederholen, wenn sich die Tätigkeiten der Beschäftigten, die Arbeitsorganisation, die Arbeits- und Fertigungsverfahren oder die Einrichtungen und Betriebsweisen in der Arbeitsstätte wesentlich verändern und die Veränderung mit zusätzlichen Gefährdungen verbunden ist.

§ 7 Ausschuss für Arbeitsstätten

(1) [1]Beim Bundesministerium für Arbeit und Soziales wird ein Ausschuss für Arbeitsstätten gebildet, in dem fachkundige Vertreter der Arbeitgeber, der Gewerkschaften, der Länderbehörden, der gesetzlichen Unfallversicherung und weitere fachkundige Personen, insbesondere der Wissenschaft, in angemessener Zahl vertreten sein sollen. [2]Die Gesamtzahl der Mitglieder soll 16 Personen nicht überschreiten. [3]Für jedes Mitglied ist ein stellvertretendes Mitglied zu benennen. [4]Die Mitgliedschaft im Ausschuss für Arbeitsstätten ist ehrenamtlich.

(2) [1]Das Bundesministerium für Arbeit und Soziales beruft die Mitglieder des Ausschusses und die stellvertretenden Mitglieder. [2]Der Ausschuss gibt sich eine Geschäftsordnung und wählt den Vorsitzenden aus seiner Mitte. [3]Die Geschäftsordnung und die Wahl des Vorsitzenden bedürfen der Zustimmung des Bundesministeriums für Arbeit und Soziales.

(3) [1]Zu den Aufgaben des Ausschusses gehört es,
1. dem Stand der Technik, Arbeitsmedizin und Hygiene entsprechende Regeln und sonstige gesicherte wissenschaftliche Erkenntnisse für die Sicherheit und Gesundheit der Beschäftigten in Arbeitsstätten zu ermitteln,
2. Regeln und Erkenntnisse zu ermitteln, wie die Anforderungen dieser Verordnung erfüllt werden können, sowie Empfehlungen für weitere Maßnahmen zur Gewährleistung der Sicherheit und zum Schutz der Gesundheit der Beschäftigten auszuarbeiten und
3. das Bundesministerium für Arbeit und Soziales in allen Fragen der Sicherheit und der Gesundheit der Beschäftigten in Arbeitsstätten zu beraten.

[2]Bei der Wahrnehmung seiner Aufgaben soll der Ausschuss die allgemeinen Grundsätze des Arbeitsschutzes nach § 4 des Arbeitsschutzgesetzes berücksichtigen. [3]Das Arbeitsprogramm des Ausschusses für Arbeitsstätten wird mit dem Bundesministerium für Arbeit und Soziales abgestimmt. [4]Der Ausschuss arbeitet eng mit den anderen Ausschüssen beim Bundesministerium für Arbeit und Soziales zusammen. [5]Die Sitzungen des Ausschusses sind nicht öffentlich. [6]Beratungs- und Abstimmungsergebnisse des Ausschusses sowie Niederschriften der Untergremien sind vertraulich zu behandeln, soweit die Erfüllung der Aufgaben, die den Untergremien oder den Mitgliedern des Ausschusses obliegen, dem nicht entgegenstehen.

(4) Das Bundesministerium für Arbeit und Soziales kann die vom Ausschuss nach Absatz 3 ermittelten Regeln und Erkenntnisse sowie Empfehlungen im Gemeinsamen Ministerialblatt bekannt machen.

(5) [1]Die Bundesministerien sowie die zuständigen obersten Landesbehörden können zu den Sitzungen des Ausschusses Vertreter entsenden. [2]Diesen ist auf Verlangen in der Sitzung das Wort zu erteilen.

(6) Die Geschäfte des Ausschusses führt die Bundesanstalt für Arbeitsschutz und Arbeitsmedizin.

§ 8 Übergangsvorschriften

(1) [1]Soweit für Arbeitsstätten,
1. die am 1. Mai 1976 eingerichtet waren oder mit deren Einrichtung vor diesem Zeitpunkt begonnen worden war oder

2. die am 20. Dezember 1996 eingerichtet waren oder mit deren Einrichtung vor diesem Zeitpunkt begonnen worden war und für die zum Zeitpunkt der Einrichtung die Gewerbeordnung keine Anwendung fand,

in dieser Verordnung Anforderungen gestellt werden, die umfangreiche Änderungen der Arbeitsstätte, der Betriebseinrichtungen, Arbeitsverfahren oder Arbeitsabläufe notwendig machen, gelten hierfür bis zum 31. Dezember 2020 mindestens die entsprechenden Anforderungen des Anhangs II der Richtlinie 89/654/EWG des Rates vom 30. November 1989 über Mindestvorschriften für Sicherheit und Gesundheitsschutz in Arbeitsstätten (ABl. EG Nr. L 393 S. 1). [2]Soweit diese Arbeitsstätten oder ihre Betriebseinrichtungen wesentlich erweitert oder umgebaut oder die Arbeitsverfahren oder Arbeitsabläufe wesentlich umgestaltet werden, hat der Arbeitgeber die erforderlichen Maßnahmen zu treffen, damit diese Änderungen, Erweiterungen oder Umgestaltungen mit den Anforderungen dieser Verordnung übereinstimmen.

(2) Bestimmungen in den vom Ausschuss für Arbeitsstätten ermittelten und vom Bundesministerium für Arbeit und Soziales im Gemeinsamen Ministerialblatt bekannt gemachten Regeln für Arbeitsstätten, die Anforderungen an den Arbeitsplatz enthalten, gelten unter Berücksichtigung der Begriffsbestimmung des Arbeitsplatzes in § 2 Absatz 2 der Arbeitsstättenverordnung vom 12. August 2004 (BGBl. I S. 2179), die zuletzt durch Artikel 282 der Verordnung vom 31. August 2015 (BGBl. I S. 1474) geändert worden ist, solange fort, bis sie vom Ausschuss für Arbeitsstätten überprüft und erforderlichenfalls vom Bundesministerium für Arbeit und Soziales im Gemeinsamen Ministerialblatt neu bekannt gemacht worden sind.

§ 9 Straftaten und Ordnungswidrigkeiten

(1) Ordnungswidrig im Sinne des § 25 Absatz 1Nummer 1 des Arbeitsschutzgesetzes handelt, wer vorsätzlich oder fahrlässig
1. entgegen § 3 Absatz 3 eine Gefährdungsbeurteilung nicht richtig, nicht vollständig oder nicht rechtzeitig dokumentiert,
2. entgegen § 3a Absatz 1 Satz 1 nicht dafür sorgt, dass eine Arbeitsstätte in der dort vorgeschriebenen Weise eingerichtet ist oder betrieben wird,
3. entgegen § 3a Absatz 1 Satz 2 in Verbindung mit Nummer 4.1 Absatz 1 des Anhangs einen dort genannten Toilettenraum oder eine dort genannte mobile, anschlussfreie Toilettenkabine nicht oder nicht in der vorgeschriebenen Weise zur Verfügung stellt,
4. entgegen § 3a Absatz 1 Satz 2 in Verbindung mit Nummer 4.2 Absatz 1 des Anhangs einen dort genannten Pausenraum oder einen dort genannten Pausenbereich nicht oder nicht in der vorgeschriebenen Weise zur Verfügung stellt,
5. entgegen § 3a Absatz 2 eine Arbeitsstätte nicht in der dort vorgeschriebenen Weise einrichtet oder betreibt,
6. entgegen § 4 Absatz 1 Satz 2 nicht dafür sorgt, dass die gefährdeten Beschäftigten ihre Tätigkeit unverzüglich einstellen,
7. entgegen § 4 Absatz 4 Satz 1 nicht dafür sorgt, dass Verkehrswege, Fluchtwege und Notausgänge freigehalten werden,
8. entgegen § 4 Absatz 5 ein Mittel oder eine Einrichtung zur Ersten Hilfe nicht zur Verfügung stellt,
9. entgegen § 6 Absatz 4 Satz 1 nicht sicherstellt, dass die Beschäftigten vor Aufnahme der Tätigkeit unterwiesen werden.

(2) Wer durch eine in Absatz 1 bezeichnete vorsätzliche Handlung das Leben oder die Gesundheit von Beschäftigten gefährdet, ist nach § 26 Nummer 2 des Arbeitsschutzgesetzes strafbar.

Anhang Anforderungen und Maßnahmen für Arbeitsstätten nach § 3 Abs. 1

Inhaltsübersicht

1. Allgemeine Anforderungen

1.1. Anforderungen an Konstruktion und Festigkeit von Gebäuden

Gebäude für Arbeitsstätten müssen eine der Nutzungsart entsprechende Konstruktion und Festigkeit aufweisen.

1.2. Abmessungen von Räumen, Luftraum

(1) Arbeitsräume, Sanitär-, Pausen- und Bereitschaftsräume, Kantinen, Erste-Hilfe-Räume und Unterkünfte müssen eine ausreichende Grundfläche und eine, in Abhängigkeit von der Größe der Grundfläche der Räume, ausreichende lichte Höhe aufweisen, so dass die Beschäftigten ohne Beeinträchtigung ihrer Sicherheit, ihrer Gesundheit oder ihres Wohlbefindens die Räume nutzen oder ihre Arbeit verrichten können.

(2) Die Abmessungen der Räume richten sich nach der Art ihrer Nutzung.

(3) Die Größe des notwendigen Luftraumes ist in Abhängigkeit von der Art der physischen Belastung und der Anzahl der Beschäftigten sowie der sonstigen anwesenden Personen zu bemessen.

1.3. Sicherheits- und Gesundheitsschutzkennzeichnung

(1) [1]Unberührt von den nachfolgenden Anforderungen sind Sicherheits- und Gesundheitsschutzkennzeichnungen einzusetzen, wenn Gefährdungen der Sicherheit und Gesundheit der Beschäftigten nicht durch technische oder organisatorische Maßnahmen vermieden oder ausreichend begrenzt werden können. [2]Das Ergebnis der Gefährdungsbeurteilung und die Maßnahmen nach § 3 Absatz 1 sind dabei zu berücksichtigen.

(2) [1]Die Kennzeichnung ist nach der Art der Gefährdung dauerhaft oder vorübergehend nach den Vorgaben der Richtlinie 92/58/EWG des Rates vom 24. Juni 1992 über Mindestvorschriften für die Sicherheits- und/oder Gesundheitsschutzkennzeichnung am Arbeitsplatz (Neunte Einzelrichtlinie im Sinne des Artikels 16 Absatz 1 der Richtlinie 89/391/EWG) (ABl. EG Nr. L 245 S. 23) auszuführen. [2]Diese Richtlinie gilt in der jeweils aktuellen Fassung. [3]Wird diese Richtlinie geändert oder nach den in dieser Richtlinie vorgesehenen Verfahren an den technischen Fortschritt angepasst, gilt sie in der geänderten im Amtsblatt der Europäischen Gemeinschaften veröffentlichten Fassung nach Ablauf der in der Änderungs- oder Anpassungsrichtlinie festgelegten Umsetzungsfrist. [4]Die geänderte Fassung kann bereits ab Inkrafttreten der Änderungs- oder Anpassungsrichtlinie angewendet werden.

1.4. Energieverteilungsanlagen

[1]Anlagen, die der Versorgung der Arbeitsstätte mit Energie dienen, müssen so ausgewählt, installiert und betrieben werden, dass die Beschäftigten vor dem direkten oder indirekten Berühren spannungsführender Teile geschützt sind und dass von den Anlagen keine Brand- oder Explosionsgefahren ausgehen. [2]Bei der Konzeption und der Ausführung sowie der Wahl des Materials und der Schutzvorrichtungen

sind Art und Stärke der verteilten Energie, die äußeren Einwirkbedingungen und die Fachkenntnisse der Personen zu berücksichtigen, die zu Teilen der Anlage Zugang haben.

1.5. Fußböden, Wände, Decken, Dächer

(1) [1]Die Oberflächen der Fußböden, Wände und Decken der Räume müssen so gestaltet sein, dass sie den Erfordernissen des sicheren Betreibens entsprechen sowie leicht und sicher zu reinigen sind. [2]Arbeitsräume müssen unter Berücksichtigung der Art des Betriebes und der physischen Belastungen eine angemessene Dämmung gegen Wärme und Kälte sowie eine ausreichende Isolierung gegen Feuchtigkeit aufweisen. [3]Auch Sanitär-, Pausen- und Bereitschaftsräume, Kantinen, Erste-Hilfe-Räume und Unterkünfte müssen über eine angemessene Dämmung gegen Wärme und Kälte sowie eine ausreichende Isolierung gegen Feuchtigkeit verfügen.

(2) Die Fußböden der Räume dürfen keine Unebenheiten, Löcher, Stolperstellen oder gefährlichen Schrägen aufweisen.

Sie müssen gegen Verrutschen gesichert, tragfähig, trittsicher und rutschhemmend sein.

(3) [1]Durchsichtige oder lichtdurchlässige Wände, insbesondere Ganzglaswände in Arbeitsräumen oder im Bereich von Verkehrswegen, müssen deutlich gekennzeichnet sein. [2]Sie müssen entweder aus bruchsicherem Werkstoff bestehen oder so gegen die Arbeitsplätze in Arbeitsräumen oder die Verkehrswege abgeschirmt sein, dass die Beschäftigten nicht mit den Wänden in Berührung kommen und beim Zersplittern der Wände nicht verletzt werden können.

(4) Dächer aus nicht durchtrittsicherem Material dürfen nur betreten werden, wenn Ausrüstungen benutzt werden, die ein sicheres Arbeiten ermöglichen.

1.6. Fenster, Oberlichter

(1) Fenster, Oberlichter und Lüftungsvorrichtungen müssen sich von den Beschäftigten sicher öffnen, schließen, verstellen und arretieren lassen.

Sie dürfen nicht so angeordnet sein, dass sie in geöffnetem Zustand eine Gefahr für die Beschäftigten darstellen.

(2) Fenster und Oberlichter müssen so ausgewählt oder ausgerüstet und eingebaut sein, dass sie ohne Gefährdung der Ausführenden und anderer Personen gereinigt werden können.

1.7. Türen, Tore

(1) Die Lage, Anzahl, Abmessungen und Ausführung insbesondere hinsichtlich der verwendeten Werkstoffe von Türen und Toren müssen sich nach der Art und Nutzung der Räume oder Bereiche richten.

(2) Durchsichtige Türen müssen in Augenhöhe gekennzeichnet sein.

(3) Pendeltüren und -tore müssen durchsichtig sein oder ein Sichtfenster haben.

(4) Bestehen durchsichtige oder lichtdurchlässige Flächen von Türen und Toren nicht aus bruchsicherem Werkstoff und ist zu befürchten, dass sich die Beschäftigten beim Zersplittern verletzen können, sind diese Flächen gegen Eindrücken zu schützen.

(5) Schiebetüren und -tore müssen gegen Ausheben und Herausfallen gesichert sein.

Türen und Tore, die sich nach oben öffnen, müssen gegen Herabfallen gesichert sein.

(6) In unmittelbarer Nähe von Toren, die vorwiegend für den Fahrzeugverkehr bestimmt sind, müssen gut sichtbar gekennzeichnete, stets zugängliche Türen für Fußgänger vorhanden sein.

Diese Türen sind nicht erforderlich, wenn der Durchgang durch die Tore für Fußgänger gefahrlos möglich ist.

(7) Kraftbetätigte Türen und Tore müssen sicher benutzbar sein.

Dazu gehört, dass sie
a) ohne Gefährdung der Beschäftigten bewegt werden oder zum Stillstand kommen können,
b) mit selbsttätig wirkenden Sicherungen ausgestattet sind,
c) auch von Hand zu öffnen sind, sofern sie sich bei Stromausfall nicht automatisch öffnen.

(8) Besondere Anforderungen gelten für Türen im Verlauf von Fluchtwegen (Nummer 2.3).

1.8. Verkehrswege

(1) Verkehrswege, einschließlich Treppen, fest angebrachte Steigleitern und Laderampen müssen so angelegt und bemessen sein, dass sie je nach ihrem Bestimmungszweck leicht und sicher begangen oder befahren werden können und in der Nähe Beschäftigte nicht gefährdet werden.

(2) Die Bemessung der Verkehrswege, die dem Personenverkehr, Güterverkehr oder Personen- und Güterverkehr dienen, muss sich nach der Anzahl der möglichen Benutzer und der Art des Betriebes richten.

(3) Werden Transportmittel auf Verkehrswegen eingesetzt, muss für Fußgänger ein ausreichender Sicherheitsabstand gewahrt werden.

(4) Verkehrswege für Fahrzeuge müssen an Türen und Toren, Durchgängen, Fußgängerwegen und Treppenaustritten in ausreichendem Abstand vorbeiführen.

(5) Soweit Nutzung und Einrichtung der Räume es zum Schutz der Beschäftigten erfordern, müssen die Begrenzungen der Verkehrswege gekennzeichnet sein.

(6) Besondere Anforderungen gelten für Fluchtwege (Nummer 2.3).

1.9. Fahrtreppen, Fahrsteige

Fahrtreppen und Fahrsteige müssen so ausgewählt und installiert sein, dass sie sicher funktionieren und sicher benutzbar sind. Dazu gehört, dass die Notbefehlseinrichtungen gut erkennbar und leicht zugänglich sind und nur solche Fahrtreppen und Fahrsteige eingesetzt werden, die mit den notwendigen Sicherheitsvorrichtungen ausgestattet sind.

1.10. Laderampen

(1) Laderampen sind entsprechend den Abmessungen der Transportmittel und der Ladung auszulegen.

(2) Sie müssen mindestens einen Abgang haben; lange Laderampen müssen, soweit betriebstechnisch möglich, an jedem Endbereich einen Abgang haben.

(3) Sie müssen einfach und sicher benutzbar sein.

Dazu gehört, dass sie nach Möglichkeit mit Schutzvorrichtungen gegen Absturz auszurüsten sind; das gilt insbesondere in Bereichen von Laderampen, die keine ständigen Be- und Entladestellen sind.

1.11. Steigleitern, Steigeisengänge

Steigleitern und Steigeisengänge müssen sicher benutzbar sein. Dazu gehört, dass sie

a) nach Notwendigkeit über Schutzvorrichtungen gegen Absturz, vorzugsweise über Steigschutzeinrichtungen verfügen,

b) an ihren Austrittsstellen eine Haltevorrichtung haben,

c) nach Notwendigkeit in angemessenen Abständen mit Ruhebühnen ausgerüstet sind.

2. Maßnahmen zum Schutz vor besonderen Gefahren

2.1. Schutz vor Absturz und herabfallenden Gegenständen, Betreten von Gefahrenbereichen

(1) [1]Arbeitsplätze und Verkehrswege, bei denen eine Absturzgefahr für Beschäftigte oder die Gefahr des Herabfallens von Gegenständen besteht, müssen mit Schutzvorrichtungen versehen sein, die verhindern, dass Beschäftigte abstürzen oder durch herabfallende Gegenstände verletzt werden können. [2]Sind aufgrund der Eigenart des Arbeitsplatzes oder der durchzuführenden Arbeiten Schutzvorrichtungen gegen Absturz nicht geeignet, muss der Arbeitgeber die Sicherheit der Beschäftigten durch andere wirksame Maßnahmen gewährleisten. [3]Eine Absturzgefahr besteht bei einer Absturzhöhe von mehr als 1 Meter.

(2) Arbeitsplätze und Verkehrswege, die an Gefahrenbereiche grenzen, müssen mit Schutzvorrichtungen versehen sein, die verhindern, dass Beschäftigte in die Gefahrenbereiche gelangen.

(3) [1]Die Arbeitsplätze und Verkehrswege nach den Absätzen 1 und 2 müssen gegen unbefugtes Betreten gesichert und gut sichtbar als Gefahrenbereiche gekennzeichnet sein. [2]Zum Schutz derjenigen, die diese Bereiche betreten müssen, sind geeignete Maßnahmen zu treffen.

2.2. Maßnahmen gegen Brände

(1) Arbeitsstätten müssen je nach

a) Abmessung und Nutzung,

b) der Brandgefährdung vorhandener Einrichtungen und Materialien,

c) der größtmöglichen Anzahl anwesender Personen

mit einer ausreichenden Anzahl geeigneter Feuerlöscheinrichtungen und erforderlichenfalls Brandmeldern und Alarmanlagen ausgestattet sein.

(2) Nicht selbsttätige Feuerlöscheinrichtungen müssen als solche dauerhaft gekennzeichnet, leicht zu erreichen und zu handhaben sein.

(3) Selbsttätig wirkende Feuerlöscheinrichtungen müssen mit Warneinrichtungen ausgerüstet sein, wenn bei ihrem Einsatz Gefahren für die Beschäftigten auftreten können.

2.3. Fluchtwege und Notausgänge

(1) [1]Fluchtwege und Notausgänge müssen
a) sich in Anzahl, Anordnung und Abmessung nach der Nutzung, der Einrichtung und den Abmessungen der Arbeitsstätte sowie nach der höchstmöglichen Anzahl der dort anwesenden Personen richten,
b) auf möglichst kurzem Weg ins Freie oder, falls dies nicht möglich ist, in einen gesicherten Bereich führen,
c) in angemessener Form und dauerhaft gekennzeichnet sein.

[2]Sie sind mit einer Sicherheitsbeleuchtung auszurüsten, wenn das gefahrlose Verlassen der Arbeitsstätte für die Beschäftigten, insbesondere bei Ausfall der allgemeinen Beleuchtung, nicht gewährleistet ist.

(2) [1]Türen im Verlauf von Fluchtwegen oder Türen von Notausgängen müssen
a) sich von innen ohne besondere Hilfsmittel jederzeit leicht öffnen lassen, solange sich Beschäftigte in der Arbeitsstätte befinden,
b) in angemessener Form und dauerhaft gekennzeichnet sein.

[2]Türen von Notausgängen müssen sich nach außen öffnen lassen. [3]In Notausgängen, die ausschließlich für den Notfall konzipiert und ausschließlich im Notfall benutzt werden, sind Karussell- und Schiebetüren nicht zulässig.

3. Arbeitsbedingungen

3.1. Bewegungsfläche

(1) Die freie unverstellte Fläche am Arbeitsplatz muss so bemessen sein, dass sich die Beschäftigten bei ihrer Tätigkeit ungehindert bewegen können.

(2) Ist dies nicht möglich, muss den Beschäftigten in der Nähe des Arbeitsplatzes eine andere ausreichend große Bewegungsfläche zur Verfügung stehen.

3.2. Anordnung der Arbeitsplätze

Arbeitsplätze sind in der Arbeitsstätte so anzuordnen, dass Beschäftigte
a) sie sicher erreichen und verlassen können,
b) sich bei Gefahr schnell in Sicherheit bringen können,
c) durch benachbarte Arbeitsplätze, Transporte oder Einwirkungen von außerhalb nicht gefährdet werden.

3.3. Ausstattung

(1) Jedem Beschäftigten muss mindestens eine Kleiderablage zur Verfügung stehen, sofern keine Umkleideräume vorhanden sind.

(2) [1]Kann die Arbeit ganz oder teilweise sitzend verrichtet werden oder lässt es der Arbeitsablauf zu, sich zeitweise zu setzen, sind den Beschäftigten am Arbeitsplatz Sitzgelegenheiten zur Verfügung zu stellen. [2]Können aus betriebstechnischen Gründen keine Sitzgelegenheiten unmittelbar am Arbeitsplatz aufgestellt werden, obwohl es der Arbeitsablauf zulässt, sich zeitweise zu setzen, müssen den Beschäftigten in der Nähe der Arbeitsplätze Sitzgelegenheiten bereitgestellt werden.

3.4. Beleuchtung und Sichtverbindung

(1) Der Arbeitgeber darf als Arbeitsräume nur solche Räume betreiben, die möglichst ausreichend Tageslicht erhalten und die eine Sichtverbindung nach außen haben.

Dies gilt nicht für

1. Räume, bei denen betriebs-, produktions- oder bautechnische Gründe Tageslicht oder einer Sichtverbindung nach außen entgegenstehen,
2. Räume, in denen sich Beschäftigte zur Verrichtung ihrer Tätigkeit regelmäßig nicht über einen längeren Zeitraum oder im Verlauf der täglichen Arbeitszeit nur kurzzeitig aufhalten müssen, insbesondere Archive, Lager-, Maschinen- und Nebenräume, Teeküchen,
3. Räume, die vollständig unter Erdgleiche liegen, soweit es sich dabei um Tiefgaragen oder ähnliche Einrichtungen, um kulturelle Einrichtungen, um Verkaufsräume oder um Schank- und Speiseräume handelt,
4. Räume in Bahnhofs- oder Flughafenhallen, Passagen oder innerhalb von Kaufhäusern und Einkaufszentren,
5. Räume mit einer Grundfläche von mindestens 2 000 Quadratmetern, sofern Oberlichter oder andere bauliche Vorrichtungen vorhanden sind, die Tageslicht in den Arbeitsraum lenken.

(2) [1]Pausen- und Bereitschaftsräume sowie Unterkünfte müssen möglichst ausreichend mit Tageslicht beleuchtet sein und eine Sichtverbindung nach außen haben. [2]Kantinen sollen möglichst ausreichend Tageslicht erhalten und eine Sichtverbindung nach außen haben.

(3) Räume, die bis zum 3. Dezember 2016 eingerichtet worden sind oder mit deren Einrichtung begonnen worden war und die die Anforderungen nach Absatz 1 Satz 1 oder Absatz 2 nicht erfüllen, dürfen ohne eine Sichtverbindung nach außen weiter betrieben werden, bis sie wesentlich erweitert oder umgebaut werden.

(4) In Arbeitsräumen muss die Stärke des Tageslichteinfalls am Arbeitsplatz je nach Art der Tätigkeit reguliert werden können.

(5) Arbeitsstätten müssen mit Einrichtungen ausgestattet sein, die eine angemessene künstliche Beleuchtung ermöglichen, so dass die Sicherheit und der Schutz der Gesundheit der Beschäftigten gewährleistet sind.

(6) Die Beleuchtungsanlagen sind so auszuwählen und anzuordnen, dass dadurch die Sicherheit und die Gesundheit der Beschäftigten nicht gefährdet werden.

(7) Arbeitsstätten, in denen bei Ausfall der Allgemeinbeleuchtung die Sicherheit der Beschäftigten gefährdet werden kann, müssen eine ausreichende Sicherheitsbeleuchtung haben.

3.5. Raumtemperatur

(1) Arbeitsräume, in denen aus betriebstechnischer Sicht keine spezifischen Anforderungen an die Raumtemperatur gestellt werden, müssen während der Nutzungsdauer unter Berücksichtigung der Arbeitsverfahren und der physischen Belastungen der Beschäftigten eine gesundheitlich zuträgliche Raumtemperatur haben.

(2) Sanitär-, Pausen- und Bereitschaftsräume, Kantinen, Erste-Hilfe-Räume und Unterkünfte müssen während der Nutzungsdauer unter Berücksichtigung des spezifischen Nutzungszwecks eine gesundheitlich zuträgliche Raumtemperatur haben.

(3) Fenster, Oberlichter und Glaswände müssen unter Berücksichtigung der Arbeitsverfahren und der Art der Arbeitsstätte eine Abschirmung gegen übermäßige Sonneneinstrahlung ermöglichen.

3.6. Lüftung

(1) In Arbeitsräumen, Sanitär-, Pausen- und Bereitschaftsräumen, Kantinen, Erste-Hilfe-Räumen und Unterkünften muss unter Berücksichtigung des spezifischen Nutzungszwecks, der Arbeitsverfahren, der physischen Belastungen und der Anzahl der Beschäftigten sowie der sonstigen anwesenden Personen während der Nutzungsdauer ausreichend gesundheitlich zuträgliche Atemluft vorhanden sein.

(2) Ist für das Betreiben von Arbeitsstätten eine raumlufttechnische Anlage erforderlich, muss diese jederzeit funktionsfähig sein.

Bei raumlufttechnischen Anlagen muss eine Störung durch eine selbsttätige Warneinrichtung angezeigt werden.

Es müssen Vorkehrungen getroffen sein, durch die die Beschäftigten im Fall einer Störung gegen Gesundheitsgefahren geschützt sind.

(3) Werden raumlufttechnische Anlagen verwendet, ist sicherzustellen, dass die Beschäftigten keinem störenden Luftzug ausgesetzt sind.

(4) Ablagerungen und Verunreinigungen in raumlufttechnischen Anlagen, die zu einer unmittelbaren Gesundheitsgefährdung durch die Raumluft führen können, müssen umgehend beseitigt werden.

3.7. Lärm

[1]In Arbeitsstätten ist der Schalldruckpegel so niedrig zu halten, wie es nach der Art des Betriebes möglich ist. [2]Der Schalldruckpegel am Arbeitsplatz in Arbeitsräumen ist in Abhängigkeit von der Nutzung und den zu verrichtenden Tätigkeiten so weit zu reduzieren, dass keine Beeinträchtigungen der Gesundheit der Beschäftigten entstehen.

4. Sanitär-, Pausen- und Bereitschaftsräume, Kantinen, Erste-Hilfe-Räume und Unterkünfte

4.1. Sanitärräume

(1) [1]Der Arbeitgeber hat Toilettenräume zur Verfügung zu stellen. [2]Toilettenräume sind für Männer und Frauen getrennt einzurichten oder es ist eine getrennte Nutzung zu ermöglichen. [3]Toilettenräume sind mit verschließbaren Zugängen, einer ausreichenden Anzahl von Toilettenbecken und Handwaschgelegenheiten zur Verfügung zu stellen. [4]Sie müssen sich sowohl in der Nähe der Arbeitsräume als auch in der Nähe von Kantinen, Pausen- und Bereitschaftsräumen, Wasch- und Umkleideräumen befinden. [5]Bei Arbeiten im Freien und auf Baustellen mit wenigen Beschäftigten sind mobile, anschlussfreie Toilettenkabinen in der Nähe der Arbeitsplätze ausreichend.

(2) [1]Der Arbeitgeber hat – wenn es die Art der Tätigkeit oder gesundheitliche Gründe erfordern – Waschräume zur Verfügung zu stellen. [2]Diese sind für Männer und Frauen getrennt einzurichten oder es ist eine getrennte Nutzung zu ermöglichen. [3]Bei Arbeiten im Freien und auf Baustellen mit wenigen Beschäftigten sind Waschgelegenheiten ausreichend. [4]Waschräume sind

a) in der Nähe von Arbeitsräumen und sichtgeschützt einzurichten,
b) so zu bemessen, dass die Beschäftigten sich den hygienischen Erfordernissen entsprechend und ungehindert reinigen können; dazu müssen fließendes warmes und kaltes Wasser, Mittel zum Reinigen und gegebenenfalls zum Desinfizieren sowie zum Abtrocknen der Hände vorhanden sein,
c) mit einer ausreichenden Anzahl geeigneter Duschen zur Verfügung zu stellen, wenn es die Art der Tätigkeit oder gesundheitliche Gründe erfordern.

[5]Sind Waschräume nicht erforderlich, müssen in der Nähe des Arbeitsplatzes und der Umkleideräume ausreichende und angemessene Waschgelegenheiten mit fließendem Wasser (erforderlichenfalls mit warmem Wasser), Mitteln zum Reinigen und zum Abtrocknen der Hände zur Verfügung stehen.

(3) [1]Der Arbeitgeber hat geeignete Umkleideräume zur Verfügung zu stellen, wenn die Beschäftigten bei ihrer Tätigkeit besondere Arbeitskleidung tragen müssen und es ihnen nicht zuzumuten ist, sich in einem anderen Raum umzukleiden. [2]Umkleideräume sind für Männer und Frauen getrennt einzurichten oder es ist eine getrennte Nutzung zu ermöglichen. [3]Umkleideräume müssen
a) leicht zugänglich und von ausreichender Größe und sichtgeschützt eingerichtet werden; entsprechend der Anzahl gleichzeitiger Benutzer muss genügend freie Bodenfläche für ungehindertes Umkleiden vorhanden sein,
b) mit Sitzgelegenheiten sowie mit verschließbaren Einrichtungen ausgestattet sein, in denen jeder Beschäftigte seine Kleidung aufbewahren kann.

[4]Kleiderschränke für Arbeitskleidung und Schutzkleidung sind von Kleiderschränken für persönliche Kleidung und Gegenstände zu trennen, wenn die Umstände dies erfordern.

(4) Wasch- und Umkleideräume, die voneinander räumlich getrennt sind, müssen untereinander leicht erreichbar sein.

4.2. Pausen- und Bereitschaftsräume

(1) [1]Bei mehr als zehn Beschäftigten oder wenn die Sicherheit und der Schutz der Gesundheit es erfordern, ist den Beschäftigten ein Pausenraum oder ein entsprechender Pausenbereich zur Verfügung zu stellen. [2]Dies gilt nicht, wenn die Beschäftigten in Büroräumen oder vergleichbaren Arbeitsräumen beschäftigt sind und dort gleichwertige Voraussetzungen für eine Erholung während der Pause gegeben sind. [3]Fallen in die Arbeitszeit regelmäßig und häufig Arbeitsbereitschaftszeiten oder Arbeitsunterbrechungen und sind keine Pausenräume vorhanden, so sind für die Beschäftigten Räume für Bereitschaftszeiten einzurichten. [4]Schwangere Frauen und stillende Mütter müssen sich während der Pausen und, soweit es erforderlich ist, auch während der Arbeitszeit unter geeigneten Bedingungen hinlegen und ausruhen können.

(2) Pausenräume oder entsprechende Pausenbereiche sind
a) für die Beschäftigten leicht erreichbar an ungefährdeter Stelle und in ausreichender Größe bereitzustellen,
b) entsprechend der Anzahl der gleichzeitigen Benutzer mit leicht zu reinigenden Tischen und Sitzgelegenheiten mit Rückenlehne auszustatten,
c) als separate Räume zu gestalten, wenn die Beurteilung der Arbeitsbedingungen und der Arbeitsstätte dies erfordern.

(3) Bereitschaftsräume und Pausenräume, die als Bereitschaftsräume genutzt werden, müssen dem Zweck entsprechend ausgestattet sein.

4.3. Erste-Hilfe-Räume

(1) Erste-Hilfe-Räume oder vergleichbare Bereiche sind entsprechend der Art der Gefährdungen in der Arbeitsstätte oder der Anzahl der Beschäftigten, der Art der auszuübenden Tätigkeiten sowie der räumlichen Größe der Betriebe zur Verfügung zu stellen.

(2) Erste-Hilfe-Räume müssen an ihren Zugängen als solche gekennzeichnet und für Personen mit Rettungstransportmitteln leicht zugänglich sein.

(3) Sie sind mit den erforderlichen Mitteln und Einrichtungen zur Ersten Hilfe auszustatten.An einer deutlich gekennzeichneten Stelle müssen Anschrift und Telefonnummer der örtlichen Rettungsdienste angegeben sein.

(4) Darüber hinaus sind überall dort, wo es die Arbeitsbedingungen erfordern, Mittel und Einrichtungen zur Ersten Hilfe aufzubewahren.Sie müssen leicht zugänglich und einsatzbereit sein.

Die Aufbewahrungsstellen müssen als solche gekennzeichnet und gut erreichbar sein.

4.4. Unterkünfte

(1) [1]Der Arbeitgeber hat angemessene Unterkünfte für Beschäftigte zur Verfügung zu stellen, gegebenenfalls auch außerhalb der Arbeitsstätte, wenn es aus Gründen der Sicherheit und zum Schutz der Gesundheit erforderlich ist. [2]Die Bereitstellung angemessener Unterkünfte kann insbesondere wegen der Abgelegenheit der Arbeitsstätte, der Art der auszuübenden Tätigkeiten oder der Anzahl der im Betrieb beschäftigten Personen erforderlich sein. [3]Kann der Arbeitgeber erforderliche Unterkünfte nicht zur Verfügung stellen, hat er für eine andere angemessene Unterbringung der Beschäftigten zu sorgen.

(2) Unterkünfte müssen entsprechend ihrer Belegungszahl ausgestattet sein mit:
a) Wohn- und Schlafbereich (Betten, Schränken, Tischen, Stühlen),
b) Essbereich,
c) Sanitäreinrichtungen.

(3) Wird die Unterkunft von Männern und Frauen gemeinsam genutzt, ist dies bei der Zuteilung der Räume zu berücksichtigen.

5. Ergänzende Anforderungen und Maßnahmen für besondere Arbeitsstätten und Arbeitsplätze

5.1. Arbeitsplätze in nicht allseits umschlossenen Arbeitsstätten und Arbeitsplätze im Freien

[1]Arbeitsplätze in nicht allseits umschlossenen Arbeitsstätten und Arbeitsplätze im Freien sind so einzurichten und zu betreiben, dass sie von den Beschäftigten bei jeder Witterung sicher und ohne Gesundheitsgefährdung erreicht, benutzt und wieder verlassen werden können. [2]Dazu gehört, dass diese Arbeitsplätze gegen Witterungseinflüsse geschützt sind oder den Beschäftigten geeignete persönliche Schutzausrüstungen zur Verfügung gestellt werden. [3]Werden die Beschäftigten auf Arbeitsplätzen im Freien beschäftigt, so sind die Arbeitsplätze nach Möglichkeit so einzurichten, dass die Beschäftigten nicht gesundheitsgefährdenden äußeren Einwirkungen ausgesetzt sind.

5.2. Baustellen

(1) Die Beschäftigten müssen

a) sich gegen Witterungseinflüsse geschützt umkleiden, waschen und wärmen können,

b) über Einrichtungen verfügen, um ihre Mahlzeiten einnehmen und gegebenenfalls auch zubereiten zu können,

c) in der Nähe der Arbeitsplätze über Trinkwasser oder ein anderes alkoholfreies Getränk verfügen können.

Weiterhin sind auf Baustellen folgende Anforderungen umzusetzen:

d) Sind Umkleideräume nicht erforderlich, muss für jeden regelmäßig auf der Baustelle anwesenden Beschäftigten eine Kleiderablage und ein abschließbares Fach vorhanden sein, damit persönliche Gegenstände unter Verschluss aufbewahrt werden können.

e) Unter Berücksichtigung der Arbeitsverfahren und der physischen Belastungen der Beschäftigten ist dafür zu sorgen, dass ausreichend gesundheitlich zuträgliche Atemluft vorhanden ist.

f) Beschäftigte müssen die Möglichkeit haben, Arbeitskleidung und Schutzkleidung außerhalb der Arbeitszeit zu lüften und zu trocknen.

g) In regelmäßigen Abständen sind geeignete Versuche und Übungen an Feuerlöscheinrichtungen und Brandmelde- und Alarmanlagen durchzuführen.

(2) [1]Schutzvorrichtungen, die ein Abstürzen von Beschäftigten an Arbeitsplätzen und Verkehrswegen auf Baustellen verhindern, müssen vorhanden sein:

1. unabhängig von der Absturzhöhe bei

   a) Arbeitsplätzen am und über Wasser oder an und über anderen festen oder flüssigen Stoffen, in denen man versinken kann,

   b) Verkehrswegen über Wasser oder anderen festen oder flüssigen Stoffen, in denen man versinken kann,

2. bei mehr als 1 Meter Absturzhöhe an Wandöffnungen, an freiliegenden Treppenläufen und -absätzen sowie

3. bei mehr als 2 Meter Absturzhöhe an allen übrigen Arbeitsplätzen.

[2]Bei einer Absturzhöhe bis zu 3 Metern ist eine Schutzvorrichtung entbehrlich an Arbeitsplätzen und Verkehrswegen auf Dächern und Geschossdecken von baulichen Anlagen mit bis zu 22,5 Grad Neigung und nicht mehr als 50 Quadratmeter Grundfläche, sofern die Arbeiten von hierfür fachlich qualifizierten und körperlich geeigneten Beschäftigten ausgeführt werden und diese Beschäftigten besonders unterwiesen sind. [3]Die Absturzkante muss für die Beschäftigten deutlich erkennbar sein.

(3) Räumliche Begrenzungen der Arbeitsplätze, Materialien, Ausrüstungen und ganz allgemein alle Elemente, die durch Ortsveränderung die Sicherheit und die Gesundheit der Beschäftigten beeinträchtigen können, müssen auf geeignete Weise stabilisiert werden.Hierzu zählen auch Maßnahmen, die verhindern, dass Fahrzeuge, Erdbaumaschinen und Förderzeuge abstürzen, umstürzen, abrutschen oder einbrechen.

(4) Werden Beförderungsmittel auf Verkehrswegen verwendet, so müssen für andere, den Verkehrsweg nutzende Personen ein ausreichender Sicherheitsabstand oder geeignete Schutzvorrichtungen vorgesehen werden. Die Wege müssen regelmäßig überprüft und gewartet werden.

(5) Bei Arbeiten, aus denen sich im besonderen Maße Gefährdungen für die Beschäftigten ergeben können, müssen geeignete Sicherheitsvorkehrungen getroffen werden. Dies gilt insbesondere für Abbrucharbeiten sowie Montage- oder Demontagearbeiten.

Zur Erfüllung der Schutzmaßnahmen des Satzes 1 sind

a) bei Arbeiten an erhöhten oder tiefer gelegenen Standorten Standsicherheit und Stabilität der Arbeitsplätze und ihrer Zugänge auf geeignete Weise zu gewährleisten und zu überprüfen, insbesondere nach einer Veränderung der Höhe oder Tiefe des Arbeitsplatzes,

b) bei Aushubarbeiten, Brunnenbauarbeiten, unterirdischen oder Tunnelarbeiten die Erd- oder Felswände so abzuböschen, zu verbauen oder anderweitig so zu sichern, dass sie während der einzelnen Bauzustände standsicher sind; vor Beginn von Erdarbeiten sind geeignete Maßnahmen durchzuführen, um die Gefährdung durch unterirdisch verlegte Kabel und andere Versorgungsleitungen festzustellen und auf ein Mindestmaß zu verringern,

c) bei Arbeiten, bei denen Sauerstoffmangel auftreten kann, geeignete Maßnahmen zu treffen, um einer Gefahr vorzubeugen und eine wirksame und sofortige Hilfeleistung zu ermöglichen; Einzelarbeitsplätze in Bereichen, in denen erhöhte Gefährdung durch Sauerstoffmangel besteht, sind nur zulässig, wenn diese ständig von außen überwacht werden und alle geeigneten Vorkehrungen getroffen sind, um eine wirksame und sofortige Hilfeleistung zu ermöglichen,

d) beim Auf-, Um- sowie Abbau von Spundwänden und Senkkästen angemessene Vorrichtungen vorzusehen, damit sich die Beschäftigten beim Eindringen von Wasser und Material retten können,

e) bei Laderampen Absturzsicherungen vorzusehen,

f) bei Arbeiten, bei denen mit Gefährdungen aus dem Verkehr von Land-, Wasser- oder Luftfahrzeugen zu rechnen ist, geeignete Vorkehrungen zu treffen.

Abbrucharbeiten, Montage- oder Demontagearbeiten, insbesondere der Auf- oder Abbau von Stahl- oder Betonkonstruktionen, die Montage oder Demontage von Verbau zur Sicherung von Erd- oder Felswänden oder Senkkästen sind fachkundig zu planen und nur unter fachkundiger Aufsicht sowie nach schriftlicher Abbruch-, Montage- oder Demontageanweisung durchzuführen; die Abbruch-, Montage- oder Demontageanweisung muss die erforderlichen sicherheitstechnischen Angaben enthalten; auf die Schriftform kann verzichtet werden, wenn für die jeweiligen Abbruch-, Montage- oder Demontagearbeiten besondere sicherheitstechnische Angaben nicht erforderlich sind.

(6) Vorhandene elektrische Freileitungen müssen nach Möglichkeit außerhalb des Baustellengeländes verlegt oder freigeschaltet werden. Wenn dies nicht möglich ist, sind geeignete Abschrankungen, Abschirmungen oder Hinweise anzubringen, um Fahrzeuge und Einrichtungen von diesen Leitungen fern zu halten.

6. Maßnahmen zur Gestaltung von Bildschirmarbeitsplätzen

6.1. Allgemeine Anforderungen an Bildschirmarbeitsplätze

(1) [1]Bildschirmarbeitsplätze sind so einzurichten und zu betreiben, dass die Sicherheit und der Schutz der Gesundheit der Beschäftigten gewährleistet sind. [2]Die Grundsätze der Ergonomie sind auf die Bildschirmarbeitsplätze und die erforderlichen Arbeitsmittel sowie die für die Informationsverarbeitung durch die Beschäftigten erforderlichen Bildschirmgeräte entsprechend anzuwenden.

(2) Der Arbeitgeber hat dafür zu sorgen, dass die Tätigkeiten der Beschäftigten an Bildschirmgeräten insbesondere durch andere Tätigkeiten oder regelmäßige Erholungszeiten unterbrochen werden.

(3) Für die Beschäftigten ist ausreichend Raum für wechselnde Arbeitshaltungen und -bewegungen vorzusehen.

(4) Die Bildschirmgeräte sind so aufzustellen und zu betreiben, dass die Oberflächen frei von störenden Reflexionen und Blendungen sind.

(5) Die Arbeitstische oder Arbeitsflächen müssen eine reflexionsarme Oberfläche haben und so aufgestellt werden, dass die Oberflächen bei der Arbeit frei von störenden Reflexionen und Blendungen sind.

(6) [1]Die Arbeitsflächen sind entsprechend der Arbeitsaufgabe so zu bemessen, dass alle Eingabemittel auf der Arbeitsfläche variabel angeordnet werden können und eine flexible Anordnung des Bildschirms, des Schriftguts und der sonstigen Arbeitsmittel möglich ist. [2]Die Arbeitsfläche vor der Tastatur muss ein Auflegen der Handballen ermöglichen.

(7) Auf Wunsch der Beschäftigten hat der Arbeitgeber eine Fußstütze und einen Manuskripthalter zur Verfügung zu stellen, wenn eine ergonomisch günstige Arbeitshaltung auf andere Art und Weise nicht erreicht werden kann.

(8) [1]Die Beleuchtung muss der Art der Arbeitsaufgabe entsprechen und an das Sehvermögen der Beschäftigten angepasst sein; ein angemessener Kontrast zwischen Bildschirm und Arbeitsumgebung ist zu gewährleisten. [2]Durch die Gestaltung des Bildschirmarbeitsplatzes sowie der Auslegung und der Anordnung der Beleuchtung sind störende Blendungen, Reflexionen oder Spiegelungen auf dem Bildschirm und den sonstigen Arbeitsmitteln zu vermeiden.

(9) [1]Werden an einem Arbeitsplatz mehrere Bildschirmgeräte oder Bildschirme betrieben, müssen diese ergonomisch angeordnet sein. [2]Die Eingabegeräte müssen sich eindeutig dem jeweiligen Bildschirmgerät zuordnen lassen.

(10) Die Arbeitsmittel dürfen nicht zu einer erhöhten, gesundheitlich unzuträglichen Wärmebelastung am Arbeitsplatz führen.

6.2. Allgemeine Anforderungen an Bildschirme und Bildschirmgeräte

(1) [1]Die Text- und Grafikdarstellungen auf dem Bildschirm müssen entsprechend der Arbeitsaufgabe und dem Sehabstand scharf und deutlich sowie ausreichend groß sein. [2]Der Zeichen- und der Zeilenabstand müssen angemessen sein. [3]Die Zeichengröße und der Zeilenabstand müssen auf dem Bildschirm individuell eingestellt werden können.

(2) [1]Das auf dem Bildschirm dargestellte Bild muss flimmerfrei sein. [2]Das Bild darf keine Verzerrungen aufweisen.

(3) [1]Die Helligkeit der Bildschirmanzeige und der Kontrast der Text- und Grafikdarstellungen auf dem Bildschirm müssen von den Beschäftigten einfach eingestellt werden können. [2]Sie müssen den Verhältnissen der Arbeitsumgebung individuell angepasst werden können.

(4) Die Bildschirmgröße und -form müssen der Arbeitsaufgabe angemessen sein.

(5) Die von den Bildschirmgeräten ausgehende elektromagnetische Strahlung muss so niedrig gehalten werden, dass die Sicherheit und die Gesundheit der Beschäftigten nicht gefährdet werden.

6.3. Anforderungen an Bildschirmgeräte und Arbeitsmittel für die ortsgebundene Verwendung an Arbeitsplätzen

(1) [1]Bildschirme müssen frei und leicht dreh- und neigbar sein sowie über reflexionsarme Oberflächen verfügen. [2]Bildschirme, die über reflektierende Oberflächen verfügen, dürfen nur dann betrieben werden, wenn dies aus zwingenden aufgabenbezogenen Gründen erforderlich ist.

(2) Tastaturen müssen die folgenden Eigenschaften aufweisen:
1. sie müssen vom Bildschirm getrennte Einheiten sein,
2. sie müssen neigbar sein,
3. die Oberflächen müssen reflexionsarm sein,
4. die Form und der Anschlag der Tasten müssen den Arbeitsaufgaben angemessen sein und eine ergonomische Bedienung ermöglichen,
5. die Beschriftung der Tasten muss sich vom Untergrund deutlich abheben und bei normaler Arbeitshaltung gut lesbar sein.

(3) Alternative Eingabemittel (zum Beispiel Eingabe über den Bildschirm, Spracheingabe, Scanner) dürfen nur eingesetzt werden, wenn dadurch die Arbeitsaufgaben leichter ausgeführt werden können und keine zusätzlichen Belastungen für die Beschäftigten entstehen.

6.4. Anforderungen an tragbare Bildschirmgeräte für die ortsveränderliche Verwendung an Arbeitsplätzen

(1) Größe, Form und Gewicht tragbarer Bildschirmgeräte müssen der Arbeitsaufgabe entsprechend angemessen sein.

(2) Tragbare Bildschirmgeräte müssen
1. über Bildschirme mit reflexionsarmen Oberflächen verfügen und
2. so betrieben werden, dass der Bildschirm frei von störenden Reflexionen und Blendungen ist.

(3) Tragbare Bildschirmgeräte ohne Trennung zwischen Bildschirm und externem Eingabemittel (insbesondere Geräte ohne Tastatur) dürfen nur an Arbeitsplätzen betrieben werden, an denen die Geräte nur kurzzeitig verwendet werden oder an denen die Arbeitsaufgaben mit keinen anderen Bildschirmgeräten ausgeführt werden können.

(4) Tragbare Bildschirmgeräte mit alternativen Eingabemitteln sind den Arbeitsaufgaben angemessen und mit dem Ziel einer optimalen Entlastung der Beschäftigten zu betreiben.

(5) Werden tragbare Bildschirmgeräte ortsgebunden an Arbeitsplätzen verwendet, gelten zusätzlich die Anforderungen nach Nummer 6.1.

6.5. Anforderungen an die Benutzerfreundlichkeit von Bildschirmarbeitsplätzen

(1) [1]Beim Betreiben der Bildschirmarbeitsplätze hat der Arbeitgeber dafür zu sorgen, dass der Arbeitsplatz den Arbeitsaufgaben angemessen gestaltet ist. [2]Er hat insbesondere geeignete Softwaresysteme bereitzustellen.

(2) Die Bildschirmgeräte und die Software müssen entsprechend den Kenntnissen und Erfahrungen der Beschäftigten im Hinblick auf die jeweilige Arbeitsaufgabe angepasst werden können.

(3) Das Softwaresystem muss den Beschäftigten Angaben über die jeweiligen Dialogabläufe machen.

(4) [1]Die Bildschirmgeräte und die Software müssen es den Beschäftigten ermöglichen, die Dialogabläufe zu beeinflussen. [2]Sie müssen eventuelle Fehler bei der Handhabung beschreiben und eine Fehlerbeseitigung mit begrenztem Arbeitsaufwand erlauben.

(5) Eine Kontrolle der Arbeit hinsichtlich der qualitativen oder quantitativen Ergebnisse darf ohne Wissen der Beschäftigten nicht durchgeführt werden.

B. Kommentar zur Arbeitsstättenverordnung

Verordnung über Arbeitsstätten (Arbeitsstättenverordnung – ArbStättV)

Vom 12. August 2004

(BGBl. I S. 2179), zul. geänd. durch Art. 5 Abs. 1 VO v. 18.10.2017 (BBl. I S. 3584)

FNA 7108-35

Einführung

Übersicht

A. Einordnung in das deutsche Arbeitsschutzsystem

1   Das deutsche Arbeitsschutzrecht ist ein historisch gewachsenes, mittlerweile fast vollständig an das europäische Recht angeglichenes Konglomerat verschiedenster Vorschriften und Regelwerke, Gesetze, Verordnungen und Normen. Kennzeichnend für das Arbeitsrecht insgesamt ist der Schutz der Beschäftigten. Der Begriff des Arbeitssicherheits- und Arbeits**schutz**rechts hat einerseits eine engere Bedeutung: Der Arbeitnehmer soll vor gesundheitlichen Gefahren und Gefährdungen des Arbeitslebens durch effiziente Schutzvorschriften und -organe geschützt werden. Andererseits ist das aber Schutzrecht mittlerweile angereichert durch zahlreiche Elemente des Umwelt-, Gefahrstoff- und Anlagenrechts, nicht zuletzt durch den „europäischeren" und weiteren Begriff des **Rechts der Arbeitsumwelt.** Der erstgenannten Zielsetzung diente und dient aber in allererster Linie auch die – mittlerweile bereits über 30 Jahre alte – Verordnung über Arbeitsstätten (Arbeitsstättenverordnung – ArbStättV) vom 20.3.1975, seit 2004 komplett überarbeitet und ersetzt durch die **„neue Arbeitsstättenverordnung",** erlassen vom damaligen Bundesministerium für Wirtschaft und Arbeit (BMWA, heute: BMAS) am 12.8.2004 und einen Tag nach ihrer Verkündung im Bundesgesetzblatt (BGBl. Teil I Nr. 44 vom 24. 8. 2004, S. 2179 ff.) am **25. 8. 2004** in Kraft getreten.

Das Arbeitsstättenrecht ist eine der **Kernmaterien** des betrieblichen Arbeits- **2** schutzrechts. Hier sind Aspekte des täglichen Arbeitslebens geregelt, die für die ganz überwiegende Zahl der Beschäftigten täglich spürbare Auswirkungen auf die Sicherheit (z. B. Brandschutz), Gesundheit (z. B. Beleuchtung, Raumtemperaturen) und das Wohlbefinden (z. B. Raumgrößen, Sanitärräume, Umkleiden) bei der Arbeit haben; seit der Novelle 2016 finden sich zudem die Anforderungen an die Gestaltung von Bildschirmarbeit in dieser Verordnung *Faber-Feldhoff* in HK-ArbSchR ArbStättV Rn. 1. Bei allen Turbulenzen mit Blick auf das – an späterer Stelle noch zu diskutierende – Verordnungsgebungsverfahren zwischen den Jahren 2010 und 2016: Es darf nicht übersehen werden, dass die Arbeitsstättenverordnung 1975 in den neunziger Jahren des vergangenen Jahrhunderts wegweisend war für die europäische Gesetzgebung, und sie heute noch ein Kernelement der Arbeitsschutz-Rechtsetzung darstellt. Ihre Bedeutung beschränkt sich nicht auf das Arbeitsrecht, sondern kann z. B. auch gewerbliche Mietverträge sowie die Planung von Bauvorhaben von Arbeitsstätten in rechtlicher Hinsicht beeinflussen. So können bei der Gewerberaummiete (vgl. nur *Weidenkaff* in Palandt BGB § 536 Rn. 22 mit zahlreichen Beispielen; *Emmerich* in Staudinger BGB, 13. Bearb. 2003, § 536 Rn. 14), die arbeits**stätten**rechtlichen **Vorgaben** zentrale Elemente zur Bestimmung der vertraglich vereinbarten Gebrauchstauglichkeit und damit wichtig für die Frage sein, ob ein Mangel vorliegt (§ 536 BGB), (vgl. *Kohte/Faber* DB 2005, 224 m. V. a. OLG Köln, Urt. v. 28. 10. 1991 – 2 U 185/90, NJW-RR 1993 S. 466; OLG Hamm, Urt. v. 18. 10. 1994 – 7 U 132/93, NJW-RR 1995, 143; OLG Düsseldorf, Urt. v. 4. 6. 1998 – 24 U 194/96, NJW-RR 1998, 1308; OLG Rostock, Urt. v. 29. 12. 2000 – 3 U 83/98, NZM 2001, 425 f. = NJW-RR 2001, 802; LG Bielefeld, Urt. v. 25. 3. 2003 – 3 O 411/01, AiB 2003, 752 m. Anm. *Heilmann;* OLG Karlsruhe, Urt. v. 17. 12. 2009 – 9 U 42/09, MDR 2010, 564: Mangel der Mietsache: Aufheizung durch Sonneneinstrahlung; OLG Naumburg, Urt. v. 13. 10. 2009 – 9 U 45/09, NZM 2011, 35; vgl. zuletzt *Busse* NJW 2004, 1982; siehe aber auch: OLG Frankfurt, Urt. v. 19. 1. 2007, NZM 2007, 330, wonach die ArbStättV dem Mietrecht keinen tauglichen Anknüpfungspunkt liefere und der Anwendung der ArbStättV in Mietrecht Bedenken begegne).

Für ein beachtliches Maß an **Rechtsklarheit** sorgten dabei in der Vergangenheit **im Streitfalle** die vielfach in der ArbStättV geregelten quantifizierten **Mindestwerte** und deren weitere Konkretisierung durch Arbeitsstättenrichtlinien (ASRL). Selbst im **Sozial-** und **Steuerrecht** greift man bei den Anforderungen an eine angemessene Praxisausstattung nach § 124 SGB V bzw. die Gebäudeeigenschaft nach § 129 BewG sowie bei der Frage des wichtigen Grundes bei der Herbeiführung der Arbeitslosigkeit (Geltendmachung einer Gesundheitsgefährdung) gem. SGB III durch den Arbeitslosengeldempfänger auf die Zahlenwerte des Arbeitsstättenrechts zurück (siehe Hess. LSG, Urt. v. 11. 10. 2006, NJW 2007, 1837; ferner: BSG, Urt. v. 27. 3. 1996 – 3 RK 25/95, NZS 1997 S. 130; FG Brandenburg, Urt. v. 15. 3. 2001 – 2 K 355/99 BG, EFG 2001, 671). Auch beim Recht der Eingliederungshilfe (§§ 26, 33, 41 und 55 SGB IX sowie § 54 Abs. 1 SGB XII) sowie bei der Ausgestaltung des Anspruchs auf einen **barrierefreien Arbeitsplatz** kann z. B. der Grundsatz der Barrierefreiheit nach § 3 a Abs. 2 S. 1 eine Rolle spielen, wie das Urteil des LSG Sachsen-Anhalt vom 28. 4. 2016 eindrucksvoll beweist (individualrechtlicher Anspruch nach § 618 BGB auf einen speziell angepassten Arbeitsstuhl für einen körperlich behinderten Menschen: LSG Sachsen-Anhalt, Urt. v. 28. 4. 2016 – L 8 SO 24/14, Beck RS 73606 Rn. 50). Schließlich tauchen immer wieder Fragen der **Normenkollision** auf, wenn z. B. die **bauordnungsrechtlichen** Vorschriften nicht mit arbeitsrechtlichen Bestimmungen abgestimmt sind. In der Praxis werden solche Problemlagen gelöst, indem die jeweils weitergehenden Anforderungen zu erfüllen sind (*Faber-Feldhoff* in HK-ArbSchR ArbStättV Rn. 26 m. w. N., s. auch Kom. zu § 3a; s. zuletzt: VG Düsseldorf, Urt. v. 20. 3. 2018 – 15 K 6025/14, Beck RS 6119). **Schulorganisationsrecht** hingegen ist nicht dazu geeignet, die Schutzpflichten der Länder und die Vorschriften der ArbStättV mit Blick auf das beschäftigte Lehrpersonal zu relativieren (*Faber-Feldhoff* in HK-ArbSchR ArbStättV Rn. 25).

3   Vorrangiges **Ziel** des Arbeitsstättenrechts aber ist der Gesundheitsschutz der Beschäftigten vor Gefährdungen, die aus der Einrichtung, der Organisation und dem Betrieb von Arbeitsstätten resultieren. So ist von den angezeigten **Unfällen** ein nicht unwesentlicher Teil auf die nicht ordnungsgemäße Beschaffenheit, Einrichtung und Unterhaltung der Arbeitsstätten zurückzuführen, z. B. Sturzunfälle auf schadhaften Fußböden und Treppen sowie Transportunfälle auf ungeeigneten oder zu eng bemessenen Verkehrswegen. Aber auch schwere Unfälle durch das Zersplittern von Glaswänden oder Glaseinsätzen in Türen oder Erkrankungen durch gesundheitlich unzuträglichen Betriebslärm sollen vermieden werden. Das bisherige Arbeitsstättenrecht diente dabei in Übereinstimmung mit dem Arbeitsschutzgesetz (ArbSchG) nicht nur allein der Abwehr „harter Gesundheitsgefahren" (Unfälle, Berufskrankheiten), sondern auch der menschengerechten Gestaltung der Arbeit. Diesem **weiten Arbeitsschutzansatz** folgend zählten bislang auch eingehende Bestimmungen zu den betrieblichen Sozialräumen zum Kernbestand des Arbeitsstättenrechts (vgl. *Kohte/Faber* DB 2005, 224; BVerwG, Urt. v. 31. 1. 1997 – 1 C 20/95, NZA 1997, 482ff. (483) = AP Nr. 1 zu § 3 ArbStättV.

4   Die „ArbStättV 2004" hatte – mit Ausnahme der Überschrift und dem Nichtraucherschutz-Paragraphen – dann auch **nicht mehr viel übrig gelassen** von der „ArbStättV '75". Sie war das Ergebnis eines **langwierigen** und **kontroversen** Rechtsetzungsverfahrens zwischen der Bundesregierung und dem Bundesrat. Der erste Verordnungsentwurf der Bundesregierung vom September 2003 (BR-Drs. 627/03 vom 2. 9. 2003) wurde auf Grund mehrerer Bestimmungen, die in der verabschiedeten Fassung der Novellierung nicht mehr enthalten sind (z. B. Einbeziehung der Heimarbeitsplätze in den Geltungsbereich der Arbeitsstättenverordnung, besondere Regelungen über die Gefährdungsbeurteilung der Arbeitsstätte und die Unterweisung der Beschäftigten) vom Bundesrat abgelehnt und im März 2004 mit einem eigenen Gegenvorschlag beantwortet (BR-Drs. 666/03 v. 12. 3. 2004). Am 26. 5. 2004 hatte die Bundesregierung eine neue, weitgehend an die Vorstellungen der Bundesländer angepasste Entwurfsfassung vorgelegt (BR-Drs. 450/04 v. 26. 5. 2004). die am 9. 7. 2004 die Zustimmung des Bundesrates erhielt.

5   Es blieb aber bei einem „Reförmchen": Ergebnis der Bemühungen um eine Modernisierung und Vereinfachung des Arbeitsstättenrechts war eine zwar schlanke, aber lückenhafte Verordnung mit Anwendungsproblemen in der Praxis (*Wiebauer* NZA 2017, 220). 2010 wurde daher konsequenterweise nachgebessert und die Verordnung um Regelungen zur Gefährdungsbeurteilung sowie Sanktionsvorschriften ergänzt. Zusammen mit dem neu eingeführten Nichtraucherschutz war dann für die im Jahr 2015 geplante Reform mit einer **nunmehr handhabbaren ArbStättV** zumindest „halbwegs" der Boden bereitet. Nach einem langwierigen Konflikt zwischen Arbeitsschützern und Pragmatikern/Arbeitgebern kam es dann Ende 2016 zu einem Kompromiss mit „Fußangeln"; immerhin wurde dem **Kernanliegen** einer Zusammenlegung von Bildschirmarbeitsverordnung und Arbeitsstättenverordnung dann doch Rechnung getragen. Die Tücke liegt im Detail, die Details werden aber in diesem Kommentar aufbereitet.

6   Zur Einordnung des Arbeitsstättenrechts in unser Rechtssystem empfiehlt sich ein Blick auf die verschiedenen Differenzierungskriterien im deutschen Arbeits-

schutzrechtssystem insgesamt. Nach der **herkömmlichen Einteilung** unterscheidet man in unserem Arbeitsschutzsystem nämlich zwischen dem technischen, dem sozialen sowie dem medizinischen Arbeitsschutz. Als „vierte Kategorie" – als einen diese drei Kategorien umspannenden Rahmen – kann der allgemeine oder organisatorische Arbeitsschutz angesehen werden (i. d. S. *Wiebauer/Kollmer* in Landmann/Rohmer GewO ArbStättV Rn. 1 – 8):

I. Öffentlich-rechtlicher und zivilrechtlicher Arbeitsschutz

Arbeitsschutzrecht ist in allererster Linie **öffentliches Recht.** Der Arbeitgeber **7** ist staatlicherseits zur Einhaltung dieser zwingenden Rechtsvorschriften gehalten. Insofern kommt der ordnungsrechtliche Charakter des Arbeitsschutzrechts zum Ausdruck. Öffentlich-rechtliche Arbeitsschutzgesetze sind beispielsweise das Arbeitszeitgesetz, das Chemikaliengesetz, vor allem aber das Arbeitsschutzgesetz mit den darauf beruhenden Rechtsverordnungen, u. a. eben auch der Arbeitsstättenverordnung. Die Rechtsgrundlage des **zivilrechtlichen Arbeitsschutzes** ergibt sich aus den §§ 618, 619 BGB. Gleichzeitig wird durch die Vorschriften des öffentlich-rechtlichen Arbeitsschutzes die **allgemeine Fürsorgepflicht** des Arbeitgebers konkretisiert. Die öffentlich-rechtlichen Arbeitsschutzvorschriften werden so im Regelfall – aber **nicht** immer, ausnahmslos und völlig gleichlautend – Inhalt des arbeitsvertraglichen Beschäftigungsverhältnisses (sog. Grundsatz der Transformation oder Doppelwirkung), (s. zuletzt *BAG, Urt.* v. 19.5.2009 – AZR 241/08 – NZA 2009, 775; LAG Berlin-Brandenburg, Urt. v. 11.3.2008, Az.: 11 Sa 1910/06 und LAG Baden-Württemberg, Urt. v. 11. Mai 2004, AuA 2006, 642; zum Anspruch auf einen barrierefreien Arbeitsplatz jüngst: LSG Sachsen-Anhalt, Urt. v. 28.4.2016 – L 8 SO 24/14, Beck RS 73.606, Rn. 50). Dieser **Grundsatz der Doppelwirkung** gilt auch für das öffentliche Dienst- und Beamtenrecht (vgl. OVG Berlin, Beschl. vom 18.8.2004, Az.: 4 N. 82.08).

Der **öffentlich-rechtliche Arbeitsschutz** wiederum kann unterteilt werden **8** in den sog. „**staatlichen** Arbeitsschutz" einerseits und in den sog. „**autonomen** Arbeitsschutz" andererseits. Die Überwachung der staatlichen Arbeitsschutzvorschriften findet durch staatliche Arbeitsschutzbehörden (Gewerbeaufsichtsämter, Ämter für Arbeitsschutz) statt. Von den Selbstverwaltungsorganen des Arbeitslebens, also von den Unfallversicherungsträgern (vor allem Berufsgenossenschaften) wird hingegen auf der Grundlage des Siebten Buches Sozialgesetzbuch (SGB VII) das selbst gesetzte, mit Satzungsrang versehene Unfallversicherungsrecht vollzogen. Insbesondere die Unfallverhütungsvorschriften – vor allem die Vorschriften der Deutschen Gesetzlichen Unfallversicherung (DGUV) – **konkretisieren** die Vorschriften des staatlichen Arbeitsschutzes, auch solche der Arbeitsstättenverordnung, für spezielle Branchen und bestimmte Einzelfälle. Das deutsche Arbeitsschutzsystem wird im Übrigen mittlerweile stark durch EU-Recht geprägt und überlagert. Eine Harmonisierung, also die Angleichung des deutschen Arbeitsstättenrechts an die EG-Arbeitsstättenrichtlinie (89/654/EWG), ist mittlerweile erfolgt.

II. Technischer, sozialer und medizinischer Arbeitsschutz

Unter **technischem Arbeitsschutz** versteht man den Schutz vor Berufserkran- **9** kungen (z. B. durch chemische oder physikalische Einwirkungen), den Unfallschutz durch Sicherheitstechnik sowie den Störfallschutz. Auch das Arbeitsstättenrecht und der arbeitswissenschaftliche Zweig der Ergonomie sowie die menschengerechte Gestaltung der Arbeit (bei der es in erster Linie um die Gestaltung und Anpassung der Arbeit und des Arbeitsumfeldes an die Bedürfnisse des Menschen geht) wird dem technischen Arbeitsschutz zugeordnet.

10   Der **soziale Arbeitsschutz** beinhaltet – neben dem allgemeinen Arbeitszeitschutz und den Sonntagsarbeitsbestimmungen sowie dem Ladenschluss (str.) – bestimmte, besonders schutzbedürftige Personengruppen: werdende Mütter, Kinder und Jugendliche, gewerbliche Kraftfahrer sowie Verkaufspersonal. Im weitesten Sinne kann auch der Schutz der Schwerbehinderten und der Heimarbeiter und der Schutz vor psychischen Belastungen am Arbeitsplatz, Diskriminierung und die „Mobbing-Prävention" zu diesem Rechtszweig gerechnet werden.

11   Der **medizinische Arbeitsschutz,** der z. T. auch dem technischen und sozialen Arbeitsschutz zugeordnet wird, verdient als Querschnittsmaterie eine eigene Erwähnung. Zur Arbeitsmedizin gehört neben der Aufgabe einer Mitwirkung bei der Verhütung von Berufskrankheiten auch die Beratung zum Schutz vor weiteren berufsbedingten Gesundheitsgefahren (vgl. *Wank/Börgmann,* Deutsches und Europäisches Arbeitsschutzrecht, S. 1 ff). Das Medizinprodukterecht hingegen dürfte eher dem technischen Arbeitsschutz (Inverkehrbringen sicherer technischer Produkte) als dem medizinischen Arbeitsschutz zuzuordnen sein.

12   Die Frage der **Organisation der Arbeitssicherheit** in den Betrieben wird gelegentlich dem technischen Arbeitsschutz zugeschlagen. Sie kann aber auch als rechtsdogmatisch eigener Zweig betrachtet werden. Gesetzlich konkretisiert wird die Organisation der Arbeitssicherheit durch das Gesetz über Betriebsärzte, Sicherheitsingenieure und Fachkräfte für Arbeitssicherheit (Arbeitssicherheitsgesetz – ASiG) vom 12.12.1973 (BGBl. I S. 965), sowie – teilweise – auch durch das Arbeitsschutzgesetz (ArbSchG), in dem grundlegende Pflichten des Arbeitgebers sowohl für den technischen, als auch für den sozialen und medizinischen Arbeitsschutz geregelt werden. Mittlerweile finden sich aber auch organisatorische Bestimmungen in zahlreichen Fachvorschriften des technischen und des sozialen Arbeitsschutzes, insbesondere besondere Bestimmungen zur Gefährdungsbeurteilung, die sich mittlerweile zum Beispiel in der Gefahrstoffverordnung und in mehreren weiteren Fachverordnungen des technischen Rechts und seit der Novelle 2016 auch in der Arbeitsstättenverordnung wiederfinden.

III. Gesetzgebungskompetenz des Bundes

13   Arbeitsstättenrecht ist Arbeitsschutzrecht. Daher hat der Bund die Gesetzgebungskompetenz auch für die ArbStättV (**Art. 74 Abs. 1 Nr. 12 GG** *[„Das Arbeitsrecht einschließlich der Betriebsverfassung, des Arbeitsschutzes und der Arbeitsvermittlung sowie die Sozialversicherung einschließlich der Arbeitslosenversicherung"]*). Die Gesetzgebungskompetenz umfasst auch Regelungen in Schutz der nicht rauchenden **Beschäftigten,** nach der neuesten Rechtsprechung des BVerfG **nicht** aber automatisch auch Regelungen mit dem Ziel zum **Schutz der Bevölkerung** insgesamt, z. B. zum Schutz der Besucher unterstellten Vorbringen des Gefährdungen durch Passivrauchen (vgl. BVerfG, Urt. v. 30.7.2008, 1 BvR 3262/07, 1 BvR 402/08, 1 BvR 906/08, Rn. 97, NJW 2008, 2409). Kein Verstoß gegen die grundgesetzliche Verteilung der Gesetzgebungskompetenz zwischen Bund und Land liegt dabei vor, wenn ein Landesgesetz, welches zum Schutz aller (Bürger) vor bestimmten Gefahren (z. B. des Passivrauchens) erlassen wurde, **auch** – quasi als „rechtliches Nebenprodukt" – zu Gunsten der Beschäftigten wirkt. Sollte allerdings eine Regelung des Landesrechts, welches in oben genannten Weise Auswirkungen auf den Schutz

der Beschäftigten hat, im Einzelfall zu einem anderen Ergebnis führen als die Arb-
StättV, so würde Art. 31 GG („Bundesrecht bricht Landesrecht") greifen, und die
entsprechende landesrechtliche Vorschrift müsste hinter der vorrangigen bundesrechtlichen ArbStättV zurückstehen (vgl. BVerfG, Urt. v. 30.7.2008, Az.: 1 BvR
3262/07, 1 BvR 402/08, 1 BvR 906/08, Rn. 99, NJW 2008, 2409).

IV. Hierarchie der Rechtsgrundlagen

In Deutschland wird der Arbeitsschutz einerseits durch den Staat und die Länder   **14**
und andererseits durch die hoheitliche Tätigkeit der Unfallversicherungsträger gestaltet. Gesetze regeln die grundlegenden Anforderungen **allgemein.** Für die verschiedenen Bereiche **konkretisieren Verordnungen** diese gesetzlichen Pflichten.
Die Unfallversicherungsträger haben das Recht, durch Unfallverhütungsvorschriften ebenfalls weitere Konkretisierungen für ihre branchenbezogenen Zuständig-
keitsbereiche zu erlassen. Gesetze, Verordnungen, Verwaltungsvorschriften und
Unfallverhütungsvorschriften haben **rechtsverbindlichen** Charakter. Ihre Einhaltung wird von den staatlichen Arbeitsschutzbehörden auf Länderebene und von den
Unfallversicherungsträgern kontrolliert.

Die rechtlich unverbindlichen anerkannten Regeln der Technik und gesicherten arbeitswissenschaftlichen Erkenntnisse und Normen finden Eingang in das Arbeitsschutzrecht durch
Bezugnahmen im Arbeitsschutzgesetz, in den Produktsicherheitsvorschriften und anderen Vorschriften. Damit werden die relativ statischen Gesetze mit der laufenden technischen Weiterentwicklung verknüpft. Die gesetzlichen Vorschriften bestimmen das Schutzziel und die
Regeln der Technik und gesicherten arbeitswissenschaftlichen Erkenntnisse füllen diesen Rahmen konkret im Detail aus. Sie sind in die Auslegung der Rechtsvorschriften mit einzubeziehen.

Der **Arbeitgeber** ist für Sicherheit und Gesundheit der Beschäftigten bei der   **15**
Arbeit **verantwortlich.** Dies gilt in identischer Weise auch für öffentliche Arbeitgeber und für Dienstherrn (vgl. *OVG Berlin, Urt. v. 18.8.2004, 4 N 82.03, BeckRS
2004, 18794). Zu seiner Unterstützung hat dieser Sicherheitsfachkräfte und Betriebsärzte zu bestellen, die ihn in allen Fragen des Arbeitsschutzes zu unterstützen
haben. Die gesetzliche Unfallversicherung ist Teil des sozialen Sicherungssystems.
Alle Unternehmen sind Pflichtmitglieder; versichert sind die Arbeitnehmer. Die
Unfallversicherungsträger (**UV-Träger**) haben die Aufgabe, mit allen geeigneten
Mitteln Arbeitsunfälle, Berufskrankheiten und arbeitsbedingte Gesundheitsgefahren zu verhüten. Sie sind selbstverwaltet (paritätisch durch Vertreter der Arbeitgeber
und Arbeitnehmer), finanziert von Beiträgen der Arbeitgeber. Die Beitragshöhe
richtet sich u. a. nach dem Ausmaß der Gefährdung. Die Träger haben das Recht,
für ihre Mitglieder verbindliche Vorschriften („Unfallverhütungsvorschriften – vor
allem die DGUV") zur Verhütung von Arbeitsunfällen, Berufskrankheiten und arbeitsbedingten Gesundheitsgefahren zu erlassen. Die Überwachung der Einhaltung
der von ihnen erlassenen Vorschriften erfolgt durch eigene Aufsichtsdienste, die
vergleichbare Kompetenzen wie die staatliche Arbeitsschutzaufsicht haben.

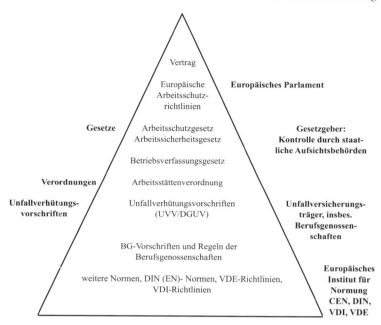

V. Einordnung der ArbStättV

16 Die Arbeitsstättenverordnung legt die an Arbeitsstätten zu stellenden sicherheitstechnischen, hygienischen und medizinischen Anforderungen durch Zielbestimmungen fest. Rechtsdogmatisch ist sie am ehesten dem **technischen Arbeitsschutz** zuzuordnen (wobei sie durch die Reformen 2010 und 2016 mit der Einführung der Gefährdungsbeurteilung und der Beurteilung psychischer Belastungen erhebliche Elemente des sozialen und organisatorischen Arbeitsschutzrechts mit dazu bekommen hat). Generalklauselartig bestimmt sie, dass diese Zielbestimmungen unter Beachtung der allgemein anerkannten sicherheitstechnischen, arbeitsmedizinischen und hygienischen Regeln sowie den sonstigen gesicherten arbeitswissenschaftlichen Erkenntnissen erfüllt werden müssen. Die Arbeitsstättenverordnung dient auch der praktischen Verwirklichung der in den Vorschriften des Betriebsverfassungsgesetzes und in den §§ 2, 3 ArbSchG enthaltenen Zielsetzung einer **menschengerechten Gestaltung** der Arbeit. Die Zielbestimmungen werden konkretisiert durch ein untergesetzliches Regelwerk, vornehmlich durch die **Arbeitsstätten-Regeln**, sog. ASR, die sukzessive die Arbeitsstätten-Richtlinien abgelöst haben. Gleichrangig neben der ArbStättV stehen weitere auf dem Arbeitsschutzgesetz beruhende Rechtsverordnungen, wie z. B. die Baustellenverordnung oder die Gefahrstoffverordnung. Diese Verordnungen enthalten teilweise spezielle Regelungen für bestimmte Arbeitsstätten.

B. Rechtsgrundlagen und Ziele der ArbStättV

Arbeitsstättenverordnung: wozu? Statistiken belegen einen hohen Anteil an Un- **17**
fällen, die bei der Nutzung von Arbeitsstätten auftreten. Diese Unfälle sind meist
unabhängig von der eigentlichen Arbeitsaufgabe und Technologie. An erster Stelle
stehen dabei **Stolper-, Rutsch- und Sturzunfälle** auf Fußböden, Verkehrswegen
oder Treppen. Mehr als 1000 solcher Unfälle eignen sich täglich in den Unternehmen; im Durchschnitt aller Branchen sind dies ca. **30 % aller** meldepflichtigen Arbeitsunfälle. Jährlich werden dabei ca. 250.000 Beschäftigte ärztlich behandelt, bei
Ausfallzeiten von typischerweise zwei bis drei Wochen. Zur Vermeidung von Unfällen und zur Senkung der Belastungen formuliert die ArbStättV geeignete Maßnahmen und Schutzziele. Sie dient letztendlich auch einer **menschengerechten
Gestaltung** der Arbeit. (*BMAS* Übersicht ArbSchR, S. 804). Dieser Grundsach-
verhalt hat sich auch rund 30 Jahre nach Inkrafttreten der ursprünglichen ArbStättV
von 1975 nicht wesentlich geändert. Die ArbStättV wurde seitdem immer wieder
angepasst, dient aber nach wie vor dem immer gleichen volkswirtschaftlichen,
betriebswirtschaftlichen und zutiefst menschlichen Grundanliegen: dass nämlich an
der Betriebsstätte Gefahren so weit minimiert werden, dass unnötige Arbeitsunfälle
und Krankheiten nicht auftreten oder deren Folgen so gering wie möglich ausfallen.

Zum Zeitpunkt ihres Erlasses vor fast 30 Jahren stellte die ArbStättV-1975 einen **18**
bemerkenswert **innovativen** und **zukunftsweisenden Ansatz** für die Entwicklung des Arbeitsschutzrechts dar. Indem § 3 Abs. 1 ArbStättV-1975 die Beachtung
„gesicherter arbeitswissenschaftlicher Erkenntnisse" forderte, wurden die hiermit
unmittelbar verbundenen Ziele einer **menschengerechten Arbeitsgestaltung**
und der Anpassung der Arbeit an den Menschen schon damals in den gesetzlichen
Arbeitsschutz integriert (*Kohte/Faber* DB 2005, 224).

Die umfassende Anerkennung des Ziels der Anpassung der Arbeit an den Men- **19**
schen erfolgte im Gemeinschaftsrecht **erst knapp 15 Jahre später** durch die Rah-
menrichtlinie-Arbeitsschutz 89/391/EWG und weitere sieben Jahre später für das
nationale deutsche Recht durch das Arbeitsschutzgesetz. Mit dem in § 15 Arb-
StättV-1975 geregelten Lärmminderungsgebot wurde früh das Ziel einer Belas-
tungsreduzierung im Vorfeld konkreter Gesundheitsgefahren normiert; dieser in-
novative Ansatz wurde 1986 im Gemeinschaftsrecht durch die Lärmrichtlinie (86/
188/EWG) aufgegriffen und ist durch deren Novellierung (2003/10/EG) bekräftigt worden (vgl. *Kohte,* FS Gnade, 1992, S. 675 ff.). Durch die EG-Rahmenricht-
linie-Arbeitsschutz 89/391 und § 4 Nr. 1 ArbSchG ist das vorrangige Ziel der **Vermeidung bzw. Minimierung von Gefährdungen** zu einem übergreifenden
Prinzip des Arbeitsschutzrechts weiterentwickelt worden (vgl. *Kohte/Faber* DB
2005, 224 und – ausführlich – *Faber,* Die arbeitsschutzrechtlichen Grundpflichten,
2004, S. 113 ff.; s. auch *Wiebauer/Kollmer* in Landmann/Rohmer GewO ArbStättV
Einf. Rn. 9).

Die ArbStättV-1975 bildete auch die **Grundlage für die europäische Regulierung** des
Arbeitsstättenrechts durch die Richtlinie 89/654/EWG. Dies mag erklären, dass zunächst in
der Bundesrepublik Deutschland kein inhaltlicher Novellierungsbedarf gesehen wurde und
1996 lediglich die Ausdehnung des Geltungsbereichs der ArbStättV-1975 auf den nichtgewerblichen Bereich und den öffentlichen Dienst vorgenommen wurde. Dabei wurde wohl ver-
kannt, dass mit der RL 89/654 zugleich eine punktuelle Weiterentwicklung des konzeptionel-
len Ansatzes der ArbStättV-1975 verbunden war. Daher wurde die Richtlinie nicht vollständig

umgesetzt, so dass die Kommission 2002 ein Vertragsverletzungsverfahren einleitete, das letztlich die Novellierung der ArbStättV bewirkte.

I. Ausgangssituation im Jahre 1975 (§ 120a GewO a. F.)

20 Die ArbStättV – 1975 beruhte ursprünglich auf den (seinerzeitigen) gesetzlichen Regelungen des § 120e Abs. 1 und 3 GewO i. V. m. den §§ 120a bis c GewO; ferner war – für den Bereich des Handels – der § 139h Abs. 1 und 3 GewO i. V. m. § 62 Abs. 1 HGB einschlägig. Im Vordergrund stand nach den §§ 120a GewO, 62 Abs. 1 HGB der **Schutz** der Arbeitnehmer **gegen Gefahren** für Leben und Gesundheit. § 120g GewO regelte daneben die aus Gründen der Gesundheits**hygiene** erforderlichen sanitären Einrichtungen. Über die hiermit gezogenen Grenzen ging die VO vereinzelt hinaus.

Zurückzuführen war dies auf das seinerzeit sehr starke politische Bestreben, die zuvor in verschiedenen Regierungserklärungen als neues Arbeitsschutzziel hervorgehobene **Humanisierung des Arbeitslebens** nun auch durch praktische Maßnahmen zu verwirklichen. Die damaligen §§ 120a ff. und 139h GewO boten dafür zwar eine Reihe von Ansätzen, schieden jedoch immer dann als Rechtsgrundlage aus, wenn es eindeutig nicht mehr um Maßnahmen des Unfall- und Gesundheitsschutzes ging. Der Begriff des Gesundheitsschutzes, wie ihn die Weltgesundheitsorganisation entwickelt hat („Gesundheit ist ein Zustand völligen körperlichen, seelischen und sozialen Wohlbefindens und nicht nur das Freisein von Krankheit und Gebrechen") bildete dabei kein brauchbares Kriterium für die Abgrenzung; die Begriffsbestimmung ist und war wirklichkeitsfremd und für die Praxis der behördlichen Durchführung der damaligen §§ 120a ff., 139h GewO nicht zu gebrauchen (s. *Wiebauer/Kollmer* in Landmann/Rohmer GewO ArbStättV Einf. Rn. 9).

II. Die erweiterte ArbStättV seit dem 20.12.1996

21 Bei der Umsetzung der EG-Richtlinie (89/654/EWG) des Rates vom 30.11.1989 „über Mindestvorschriften für Sicherheit und Gesundheitsschutz in Arbeitsstätten" (ABl. EG Nr. L 393, S. 1) brauchten im Grunde genommen keine neuen Anforderungen an das Arbeitsstättenrecht in Deutschland gestellt zu werden. Denn: die seit 1975 geltende Arbeitsstättenverordnung diente der EG-Richtlinie als **Vorbild.** Die ursprüngliche Arbeitsstättenverordnung (ArbStättV) vom 20.3.1975 (BGBl. I S. 729) war allerdings, was den persönlichen Geltungsbereich betraf, seit jeher auf den **gewerblichen Bereich** beschränkt; es handelte sich bei der ArbStättV um eine VO auf Grund der §§ 120e und 139h GewO, die lediglich übergangsweise durch den Einigungsvertrag für die neuen Bundesländer auf die nicht erfassten Bereiche ausgedehnt wurde (vgl. amtl. Begr., BR-Drs. 656/96).

22 Die ArbStättV galt seitdem für Arbeitsstätten in Betrieben, in denen das **Arbeitsschutzgesetz Anwendung** findet (§ 1 Abs. 1). Die VO war seit dem also grundsätzlich in allen Tätigkeitsbereichen anwendbar, also auch in Arbeitsstätten von Freiberuflern und öffentlichen Bediensteten (Dienststellen), und zwar sowohl für Arbeiter und Angestellte als auch für Beamte (s. OVG Berlin, Urt. v. 18.8.2004, Az.: 4 N 82.03; vgl. aber die Sonderregelungen für Beamte der Länder, Gemeinden und sonstigen Körperschaften gem. § 20 Abs. 1 ArbSchG).

III. Ermächtigungsgrundlage

23 Richtigerweise ist davon auszugehen, dass bereits seit Inkrafttreten von Art. 4 der UmsetzungsVO die ArbStättV nicht nur mehr auf den Vorschriften der Gewerbeordnung, sondern vielmehr **auch auf § 19 ArbSchG** beruhte. Die Nichtkorrektur des Rubrums in der Umsetzungsverordnung stellte dabei nur eine redaktionelle Ungenauigkeit des Verordnungsgebers dar, die aber nicht zu rechtsstaatlichen Bedenken im Sinne einer evtl. Nichtanwendbarkeit von § 22 ArbSchG führte. Mit der 2004er-Novelle wurde die Verordnung über Arbeitsstätten umfassend auf der Grundlage des § 18 Arbeitsschutzgesetz neu erlassen.

IV. Übergangsregelungen

Neben der Ausweitung des Anwendungsbereichs der VO verdient noch eine **24** zweite, EU-rechtlich bedingte Neuerung Erwähnung: Der **Bestandsschutz** für am 20.12.1996 bestehende Arbeitsstätten, die in den Anwendungsbereich der VO neu einbezogen worden sind. Die VO fand fortan keine Anwendung, soweit sie Anforderungen enthielt, die **unzureichende Änderungen** der Arbeitsstätte, der Betriebseinrichtungen, des Arbeitsverfahrens oder der Arbeitsabläufe notwendig machen würde; die zuständige Behörde **konnte** jedoch in bestimmten Fällen (z. B. bei wesentlicher Umgestaltung, wesentlicher Änderung beim Auftreten vermeidbarer Gefahren) die Anpassung der Arbeitsstätte an die Anforderungen der VO **verlangen.** Die insofern privilegierten (frei gestellten) Arbeitsstätten mussten jedoch **bis zum 1.1.1999** an die Mindestanforderungen des **Anhangs II** der EG-Arbeitsstättenrichtlinie angepasst werden (vgl. zur Übergangsregelung § 56 Abs. 3; vgl. hierzu *Wlotzke* NJW 1997, 1474).

V. Anwendbarkeit in den neuen Bundesländern

Die ArbStättV ist und war im Rahmen ihres Anwendungsbereichs (§ 1) auch auf **25** alle Arbeitsstätten in den neuen Bundesländern anzuwenden. Für Arbeitsstätten, die im Zeitpunkt des Beitritts am 3.10.1990 bereits errichtet oder zumindest schon in Errichtung befindlich waren, konnten Anpassungen an die ArbStättV nur unter den Voraussetzungen nach § 56 ArbStättV 1975 gefordert werden. Siehe dazu auch die Erläuterungen in der Bek. des BMA zur „Rechtsangleichung des Arbeitsschutzrechts in den neuen Bundesländern einschließlich Berlin-Ost" v. 5.7.1991 (BArbl. 9/1991 S. 76).

C. Geschichtliche Entwicklung des Arbeitsstättenrechts

I. Ursprünge

Auf der Grundlage des § 120e GewO 1975 entwickelte sich im Laufe der Jahr- **26** zehnte ein umfassender Komplex von über 30 Verordnungen und Bekanntmachungen (Überblick bei *Eberstein/Meyer* § 58 Anm. 1). Die älteste dieser Regelungen entstand noch im vorigen Jahrhundert; es handelt sich um die „Bek. betr. die Einrichtung und den Betrieb der Buchdruckereien und Schriftgießereien" (RGBl. S. 614). Die VOen und Bekanntmachungen entstanden aus einer jeweils *ad hoc* zutage getretenen Notwendigkeit der Verhütung bestimmter Gefahren in einzelnen Gewerbebereichen, **nicht auf der Grundlage eines** den ganzen Bereich der gewerblichen Wirtschaft umfassenden **Konzepts.** Dadurch ergaben sich — abgesehen von den zahlreichen Ungereimtheiten im Verhältnis der einzelnen Vorschriften untereinander — Regelungslücken, die in der Praxis von den Länderbehörden durch unterschiedliche Verwaltungsregelungen ausgefüllt wurden. Dies führte letztlich zu einer heillosen Rechtszersplitterung, die sich sowohl für die Unternehmen wie auch für die Vollzugsbehörden der Länder äußerst hinderlich auswirkte. Hinzu kam, dass die zum Teil Jahrzehnte alten Regelungen (23 stammten noch aus der Zeit vor 1945) ganz überwiegend nicht mehr dem Stand der Technik entsprachen.

II. Ordnungsbemühungen der Länder

27   Die genannten Gründe lösten schon in den 50er-Jahren erste Überlegungen bei der Gewerbeaufsicht der Länder in Richtung auf eine ordnende Zusammenfassung und Anpassung des Arbeitsstättenrechts an die fortentwickelten Verhältnisse in der Wirtschaft aus. Auf der Grundlage erster **Vorarbeiten** veröffentlichte dann Nordrhein-Westfalen schon 1964 die „Richtlinien für gewerbehygienische Forderungen bei der Gestaltung von Arbeits- und Sozialräumen (Arbeits- und Sozialraumrichtlinien)", RdErl. d. Arbeits- und Sozialmin. v. 5.6.1964 (MBl. S. 863, ber. S. 1177). Dies war der erste – sichtbare – Schritt auf dem Weg zum heutigen Arbeitsstättenrecht. Zum Stand der Gemeinschaftsarbeit der Länder heißt es in dem Erlass:

> „Die Länder haben gemeinsam einen Musterentwurf für Richtlinien für gewerbehygienische Forderungen bei der Gestaltung von Arbeits- und Sozialräumen mit Erläuterungen erarbeitet. Diese Richtlinien sind bisher nicht veröffentlicht worden, weil ein unfallschutztechnischer Teil, der den Richtlinien beigefügt werden soll, noch nicht fertiggestellt werden konnte. Nach meiner Auffassung stellt jedoch der gewerbehygienische Teil der Richtlinien einschließlich der Erläuterungen eine bereits jetzt brauchbare Arbeitsunterlage zur Beurteilung der Mindestforderungen dar, die gem. §§ 120a ff. Gewerbeordnung an die Arbeits- und Sozialräume zu stellen sind. Mit seiner Anwendung sollte nicht länger gewartet werden."

28   Die Erarbeitung des unfallschutztechnischen Teils für den **Musterentwurf** benötigte noch einige Jahre. Schließlich konnten aber entsprechend vervollständigte „Richtlinien für arbeitshygienische und unfallschutztechnische Anforderungen an Arbeitsstätten (Arbeitsstätten-Richtlinien)", ein Entwurf vom Dezember 1967, vorgelegt werden. Die praktische Erprobung dieses Entwurfs führte aus der Sicht der Länder allerdings nicht zu befriedigenden Ergebnissen, weil dem Entwurf die verbindliche Rechtsform einer VO fehlte und seine Bestimmungen daher nicht konsequent und einheitlich durchsetzbar waren (s. *Streit,* Die Verordnung über Arbeitsstätten, DB 1975, 1219). Die Länder setzten sich daher gegenüber dem Bund für den Erlass einer VO ein.

III. Neuordnung durch Bundesrecht

29   Der (damalige) Bundesminister für Arbeit und Sozialordnung (BMA) übernahm das Anliegen der Länder in sein Konzept zur Fortentwicklung des technischen Arbeitsschutzes, das in das Arbeitsprogramm für die VI. Legislaturperiode einging (*Kliesch/Nöthlichs,* Fortentwicklung des Arbeitsschutzes, ArbSch 1971, 321). Anlass für Überlegungen zur Schaffung einer einheitlichen ArbStättV war für den BMA auch die Frage der nationalen Umsetzung des zur Ratifizierung anstehenden Übereinkommens von 120 der Internationalen Arbeitsorganisation (IAO) v. 8.7.1964 über den Gesundheitsschutz im Handel und in Büros (die Ratifizierung erfolgte mit Gesetz v. 27.8.1973, BGBl. II S. 1255; der Inhalt des Übereinkommens wurde in der ArbStättV berücksichtigt). Zum Verordnungsvorhaben heißt es in dem erwähnten Konzept des BMA (*Kliesch/Nöthlichs* ArbSch 1971, S. 322):

„Nach dem Arbeitsprogramm wird zur Zeit der Entwurf einer Verordnung über Arbeitsstätten vorbereitet. Diese Verordnung soll Leitlinien für alle Arbeitsstätten enthalten. Durch die Verordnung sollen alle jetzt in zahlreichen einzelnen Arbeitsschutzvorschriften verstreut vorzufindenden Anforderungen an Arbeitsräume eingefangen werden. Allerdings müssen dabei eine Reihe überalterter Vorschriften ersatzlos gestrichen werden.

Die Verordnung über Arbeitsstätten muss durch technische Detailregeln ergänzt werden. Es wird deshalb zweckmäßig sein, auch im Rahmen dieses Vorschriftenkomplexes einen Ausschuss für Arbeitsstätten einzusetzen, der die Aufgabe hat, technische Regeln aufzustellen, die den Unternehmern und den Aufsichtsbehörden die Anwendung der Verordnung wesentlich erleichtern können. Dem Ausschuss können die von den Ländern erarbeiteten Richtlinien für gewerbehygienische Forderungen bei der Gestaltung von Arbeits- und Sozialräumen als Arbeitsmaterial zur Verfügung gestellt werden. Bis dahin liegt bei den Gewerbeaufsichtsbehörden auch genügend Erfahrungsmaterial über die Praktikabilität dieser Richtlinien vor, die seit einigen Jahren von der Gewerbeaufsicht zu dem Zweck, praktische Erfahrungen zu sammeln, angewendet werden."

Der schließlich **dem Bundesrat zugeleitete Entwurf** (BR-Drs. 684/74 v. **30** 16.10.1974) zeichnete sich gegenüber dem Referentenentwurf durch eine Reduzierung der Vorschriftenzahl (von 78 auf 58) und eine wesentliche Straffung des Inhalts der einzelnen Bestimmungen aus. Der Bundesrat nahm dann noch weitere Straffungen vor, insbesondere um eine möglichst weitgehende Abstimmung mit dem Bauordnungsrecht der Länder zu erreichen. So wurden im Baurecht bereits ausreichend vorhandene Regelungen aus dem Entwurf gestrichen oder auf betriebsspezifische Regelungen reduziert (eine Abgrenzung, die später in den Arbeitsstätten-Richtlinien nicht durchgehend gewahrt wurde; z. B. enthielt die ASRL 17/ 1, 2 auch Bestimmungen über Treppen und Handläufe, obgleich der Bundesrat entsprechende Regelungen – § 17 Abs. 5, § 22 – mit dem Hinweis auf die baurechtlich bereits ausreichende Normierung gestrichen hatte, s. BR-Drs. 684/74 – Beschluss – zu § 17 Abs. 5, § 41 Abs. 2 sowie zu §§ 22, 23, 41). Neu eingefügt wurde vom Bundesrat die Vorschrift über den Nichtraucherschutz (der spätere § 32 ArbStättV – 1975).

Damit die ArbStättV schon bald nach ihrem Inkrafttreten von der Gewerbeauf- **31** sicht auf der Grundlage bundeseinheitlicher Kriterien durchgeführt werden konnte, hatte der BMA bereits im Oktober 1974 ein Paket über **30 ASRL-Entwürfen** an die Beteiligten (§ 3 Abs. 2) zur Stellungnahme versandt. Das Paket bestand aus dem Entwurf vom Dezember 1967 in der zwischenzeitlich von den Ländern weiterentwickelten Fassung. Vom damaligen BMA war nur der Inhalt der Länder-Vorlage dem Aufbau der VO angepasst worden.

IV. Rechtsentwicklung seit Inkrafttreten

1. Erste Änderungsverordnung (1982). Mit der **Ersten ÄnderungsVO** v. **32**
2.1.1982 (BGBl. I S. 1), in Kraft getreten am 1.1.1982, erfolgte eine Erweiterung des Geltungsbereichs der VO um Tagesanlagen und Tagebaue des Bergwesens. Es wurde damit von der Ermächtigung des § 120e Abs. 4 GewO Gebrauch gemacht. Die Änderungen betrafen § 1 Abs. 1 (Ergänzung um den Satz 2) und den § 56 ArbStättV – 1975 (Anfügung des Abs. 3).

2. Zweite Änderung der ArbStättV (1983). Die **Zweite Änderung** der **33**
ArbStättV erfolgte durch Art. 2 der VO zur Verbesserung der Ausbildung Jugendlicher v. 1.8.1983 (BGBl. I S. 1057), in Kraft getreten am 5.8.1983. Sie betraf die §§ 34 Abs. 1, 35 Abs. 1 Satz 2 und 37 Abs. 1 Satz 2 der ArbStättV – 1975. Geändert

wurden die Bestimmungen, wonach für Frauen und Männer **getrennte** Umkleide-, Wasch- und Toiletten**räume** zur Verfügung zu stellen waren. Zuvor waren diese Bestimmungen zwingend (Muss-Vorschriften), es konnte von ihnen also nur mit einer behördlichen Ausnahmebewilligung nach § 4 Abs. 1 abgewichen werden. Nunmehr handelte es sich bei diesen Bestimmungen um Soll-Vorschriften, d. h. Abweichungen von ihnen sind in begründeten Fällen ohne Ausnahme nach § 4 Abs. 1 zulässig. Zweck der Änderung war es, Schwierigkeiten zu beseitigen, die sich für die Ausbildungsmöglichkeiten von Mädchen aus der ehemals zwingenden Fassung der genannten Bestimmungen ergaben.

34   Die versteckt geübte Kritik an der **Ausklammerung des öffentlichen Dienstes** aus dem Arbeitsschutz war einer der Gründe für den vom BMA in den Jahren 1981/82 vorbereiteten Entwurf eines allgemeinen Arbeitsschutzgesetzes. Nach dem Ergebnis erneuter eingehender Erörterungen in den Jahren 1984/85 wurde diese Gesetzesinitiative nicht weiterverfolgt. Die Einbeziehung der öffentlichen Verwaltung in den Geltungsbereich der VO blieb daher bis zur Angleichung des deutschen Arbeitsschutzrechts an die EG-Arbeitsstättenrichtlinie im Jahr 1996 eine offene Forderung.

35   **3. Die EG-Arbeitsstättenrichtlinie (1989).** Als Treiber der Arbeitsschutzreform betätigte sich schließlich die europäische Ebene: Im Jahre 1989 wurde die erste vom Rat der Europäischen Gemeinschaften auf der Grundlage von Art. 16 Abs. 1 der EG-Arbeitsschutz-Rahmenrichtlinie (89/391/EWG) beruhende Einzelrichtlinie verabschiedet: die Richtlinie über Mindestvorschriften für Sicherheit und Gesundheitsschutz in Arbeitsstätten (sog. Arbeitsstätten-Richtlinie der EG 89/654/EWG, vom 30. 11. 1989, ABl. EG Nr. L 393 vom 30. 12. 1989, S. 13). Diese Richtlinie, die in das jeweilige nationale Recht bis zum 31. 12. 1992 umzusetzen war (vgl. Art. 10 der Richtlinie) enthält **Grundanforderungen** für Arbeitsräume, Einrichtungen und Verkehrswege.

36   **4. Umsetzung des EG-Arbeitsstättenrechts (1996/1999).** das Unionsrecht erwies sich als Schrittmacher zur Modernisierung des Arbeitsschutzrechts, und zwar nicht nur im Hinblick auf das Arbeitsstättenrecht, sondern auch im Hinblick auf die Regelung des Bildschirmarbeitsplatzes (HK-ArbSchR/Faber-Feldhoff Rn. 18, 19). Die bislang signifikanteste Änderung der ArbStättV wurde durch die Angleichung an das europäische Recht bewirkt. Mit Art. 4 der VO zur Umsetzung von EG-Einzelrichtlinien zur EG-Rahmenrichtlinie Arbeitsschutz („VO zur Änderung der Verordnung über Arbeitsstätten") wurde – in Verbindung mit dem Arbeitsschutzgesetz – die sog. EG-Arbeitsstättenrichtlinie vom 30. 11. 1989 in deutsches Recht umgesetzt. Der **bisherige Anwendungsbereich** der VO, der sich auf der Grundlage der Gewerbeordnung auf Arbeitsstätten im gewerblichen Bereich erstreckte, wurde auf den Anwendungsbereich des Arbeitsschutzgesetzes **ausgedehnt.** Seither werden auch Arbeitsstätten des öffentlichen Rechts, von gemeinnützigen Einrichtungen, Verbänden und Vereinen, Arbeitsstätten der Land- und Forstwirtschaft sowie freiberufliche Praxen erfasst. Die ArbStättV gilt nunmehr für alle Beschäftigten i. S. v. § 2 Abs. 2 ArbSchG (vgl. § 1).

37   Neben den eigentlichen Vorschriften der ArbStättV gibt es weitere Bestimmungen, die das **Arbeitsstättenrecht insgesamt** in Deutschland modifiziert haben: Dies gilt zum einen für die materiellen Vorschriften des Arbeitsschutzgesetzes, z. B. für die Pflicht des Arbeitgebers, fortan den Stand von Technik sowie die weiteren in § 4 ArbSchG enthaltenen Grundsätze zu beachten. Von Bedeutung sind auch das neu geschaffene Arbeitsstätten-**Sonderrecht** in Form der damaligen Bildschirmarbeitsverordnung (BildscharbV) vom 4.12.1996 (BGBl. I S. 1841) sowie weiterer Verordnungen auf Grund des ArbSchG, die ebenfalls die Sicherheit und den Gesundheitsschutz an der Arbeitsstätte prägen und modifizieren (z. B. die Baustellenverordnung, Lastenhandhabungsverordnung, Betriebssicherheitsverordnung und PSA-Benutzungsverordnung). Damals war Bildschirmarbeit noch etwas nicht Alltägliches mit den mittlerweile erkannten neuen Gefahren und Erkrankungen, die mit der Arbeit am Rechner einhergingen. Im digitalen Zeitalter sind Bildschirmarbeitsplätze längst nichts Besonderes mehr, so dass es dann rund 20 Jahre nach dieser Novelle dann auch folgerichtig erschien, die Bildschirmarbeitsverordnung in die Arbeitsstättenverordnung 2016 zu integrieren (*Wiebauer* NZA 2017, 221).

5. Nichtraucherschutz (2002). Eine bemerkenswerte Neuerung brachte die **38** Einfügung des damaligen Nichtraucherschutz-Paragraphen in die Arbeitsstättenverordnung durch Art. 7 der *„Verordnung zur Rechtsvereinfachung im Bereich der Sicherheit und des Gesundheitsschutzes bei der Bereitstellung von Arbeitsmitteln und deren Benutzung bei der Arbeit, der Sicherheit beim Betrieb überwachungspflichtiger Anlagen und der Organisation des betrieblichen Arbeitsschutzes"* vom 2.10.2002 (BGBl. S. 3761, S. 3815). Die neu eingefügte Vorschrift (jetzt: § 5 in mittlerweile erweiterter Fassung) bestimmt im Wesentlichen, dass der Arbeitgeber **erforderliche Maßnahmen** zu treffen hat, um die **nicht rauchenden** Beschäftigten in den Arbeitsstätten wirksam vor den Gesundheitsgefahren durch Tabakrauchen **zu schützen;** eine eingeschränkte Regelung galt fortan für Arbeitsstätten mit **Publikumsverkehr.** Aufgehoben wurde zugleich die Nichtraucherschutz-Vorschrift für Pausenräume (§ 32 ArbStättV 1975). Mit einer ausgeweiteten Regelung des § 1 wurde zudem sicher gestellt, dass der Nichtraucherschutz am Arbeitsplatz umfassend für alle Tätigkeiten und auch dort gilt, wo die Arbeitsstättenverordnung sonst keine Anwendung findet (z. B. im Reisegewerbe und Marktverkehr, auf See- und Binnenschiffen). Das Arbeitsstättenrecht war im Prinzip der Wegbereiter für die Europäische Union in Richtung Eindämmung des Rauchens in der Gesellschaft generell.

6. Die große Vereinfachungs-Reform (2004). Mit Verordnung vom **39** 12.8.2004 (BGBl. I, S. 2179) wurde die Arbeitsstättenverordnung schließlich grundlegend reformiert, vereinfacht und stark gestrafft. Die am 25. August 2004 in Kraft getretene neue Verordnung über Arbeitsstätten (Arbeitsstättenverordnung) löste damit die ArbStättV vom 20. März 1975 (BGBl. I S. 729) ab. Anderes als bei den meisten der seit 1996 auf der Basis der §§ 18, 19 Arbeitsschutzgesetz geschaffenen Rechtsordnungen hatte die Novelle 2004 in ihrer Gesamtheit keinen europarechtlichen Hintergrund. Ziel der Reform war vor allem die **Modernisierung** des Arbeitsstättenrechts in Einklang mit der Konzeption des Arbeitsschutzgesetzes (ArbSchG) aus dem Jahr 1996 (Pieper ArbStättV Einl. Rn. 2). War doch die Arbeitsstättenverordnung die letzte Verordnung nach dem Arbeitsschutzgesetz (und der alten Gewerbeordnung), welche noch nicht auf der Regelungssystematik der europäischen Arbeitsschutzrichtlinien beruhte. Nach dieser Regelungssystematik werden nämlich durch staatliche Vorgaben auf der Grundlage europäischer Richtlinien **nur allgemeine Schutzziele** und allgemein gehaltene Anforderungen, **nicht jedoch detaillierte** Verhaltensvorgaben festgesetzt. Insbesondere soll durch flexible Grundvorschriften den Betrieben Spielraum für an ihre Situation angepasste Arbeitsschutzmaßnahmen gegeben werden (BR-Drs. 450/04 vom 26.5.2004, Amtl. Begr., zu A. Abs. 1).

40   **a) Eckpunkte der Novelle.** Die Arbeitsstättenverordnung wurde völlig neu
strukturiert, und war nach der Novelle kaum wiederzuerkennen: Aus zuvor **58 Paragraphen** wurden **neun Paragraphen,** in Verbindung mit einem (straff gehalte-
nen) **Anhang** zur Verordnung der **integraler Bestandteil** der Verordnung ist. Im
Wesentlichen wurde die ArbStättV in einen Vorschriftentext mit allgemeinen und
einen Anhang mit speziellen Bestimmungen aufgeteilt. Die allgemeinen Bestimmungen enthalten Rahmenvorschriften mit teilweise neu formulierten Anforderungen an das Errichten und Betreiben von Arbeitsstätten, der Anhang hingegen
konkretisiert allgemeine Anforderungen in grundlegender Weise und übernimmt
im Wesentlichen die bisherigen Regelungen der Arbeitsstättenverordnung in stark
gestraffter und systematisch veränderter Form. Die häufige **bloße Vorgabe von
Schutzzielen** soll dabei betriebsnahe Gestaltungsmöglichkeiten eröffnen. Zu konkreten Regelungen soll es nur kommen, sofern nach wissenschaftlich begründeten
Erkenntnissen im Belastungsfalle Gesundheitsschäden möglich sind, und wenn Anforderungen keinen nachträglichen Gestaltungsspielraum zulassen. Generell kann
dabei gesagt werden, dass Anforderungen an Arbeitsplätze konkreter gefasst sind als
solche für andere Teile der Arbeitsstätte (BR-Drs. 450/04 zu A. Abs. 2).

41   Die wesentlichen Eckpunkte der Novelle (BR-Drs. 450/04 zu A. Abs. 4 im
Überblick):
– Die Verordnung wurde umfassend auf der Grundlage von § 18 ArbSchG neu erlassen. Die ArbStättV findet damit jetzt auch für die gewerbliche Wirtschaft ihre
  rechtliche Grundlage im Arbeitsschutzgesetz, und **nicht mehr** in der **Gewerbe-
  ordnung.** Dadurch können die im fünften Abschnitt des ArbSchG enthaltenen
  Durchführungsbestimmungen auf die Arbeitsstättenverordnung angewendet
  werden, die gewerberechtlichen Vorschriften (z. B. § 139b GewO) entbehren
  seither jeglicher Anwendbarkeit auf das Arbeitsstättenrecht.
– Die Einrichtung eines **„Ausschusses für Arbeitsstätten".** Aufgabe dieses
  Ausschusses ist es, das *Bundesministerium für Wirtschaft und Arbeit* (jetzt: BMAS) in
  Fragen des Arbeitsstättenrechts zu beraten, dem Stand der Technik entsprechende technische Regeln zu ermitteln und ausfüllungsbedürftige Anforderungen der Verordnung zu konkretisieren. Die vom Ausschuss für Arbeitsstätten
  ermittelten Regeln (ASR) **ersetzten** „Zug um Zug" die bisherigen „Arbeitsstätten-Richtlinien" (ASRL).
– **Umsetzung von EU-Recht:** Die novellierte Fassung der ArbStättV dient –
  wie auch bereits die frühere ArbStättV – der nationalen Umsetzung der EG-
  Arbeitsstättenrichtlinien 89/654/EG. Über einen gleitenden Verweis wird die
  EG-Sicherheitskennzeichnungsrichtlinie 92/58/EWG in staatliches Recht umgesetzt. Darüber hinaus werden einige Ungereimtheiten „begradigt": Die EG-
  Kommission hatte in Bezug auf Oberlichter und Laderampen sowie im Hinblick
  auf das Verbot von Schiebe- und Drehtüren als Nottüren die Umsetzung der
  EG-Richtlinie der früheren Arbeitsstättenverordnung als unzureichend bezeichnet; diesen Anregungen der Kommission trägt die Novellierung Rechnung, indem die einschlägigen Bestimmungen im Anhang der Verordnung klarer gefasst
  wurden.

42   **b) Versuch der Vermeidung eines EU-Vertragsverletzungsverfahren.** Im
Jahr 2002 hatte die EG-Kommission ein Vertragsverletzungsverfahren gegen die
Bundesrepublik Deutschland eingeleitet, mit dem sie die unvollständige Umsetzung der Vorschriften über Türen von Notausgängen, Fenster und Oberlichtern sowie Laderampen rügte. Ausweislich der Materialien bestand ein Ziel der Arbeits-

stättennovelle 2004 darin, notwendige Anpassungen vorzunehmen, um einer Verurteilung in dem angesprochenen Vertragsverletzungsverfahren zu entgehen (BR-Drs. 450/04, S. 1, 22). Dieses Ziel wurde allerdings verfehlt, da der **EuGH** durch Urt. v. am 28.10.2004 die entsprechenden Vertragsverletzungen durch die Bundesrepublik Deutschland festgestellt hat (EuGH, Urt. v. 28.10.2004 – C-16/04, DB 2005, S. 233).

Das Gericht hat dabei klargestellt, dass die geäußerte Bereitschaft eines Mitgliedsstaates zur vollständigen, aber verspäteten Umsetzung einer Richtlinie einer Verurteilung nicht entgegensteht, so dass eine erfolgreiche Klage der Kommission nur bei vollständiger Umsetzung bis zum Herbst 2002 hätte vermieden werden können, denn nach der neueren ständigen Judikatur des EuGH ist für das Vertragsverletzungsverfahren der Ablauf der in Art. 226 Abs. 2 EG-Vertrag genannten Frist – der hier im Herbst 2002 lag – maßgeblich (so z. B.: EuGH, Urt. v. 14.5.2002 – C-383/00 (Kommission./. Deutschland), Slg 2002–I, 4219 ff. Rn. 16). Die von Bundesregierung und Bundesrat seit Sommer 2003 übereinstimmend formulierte Zielstellung war also von Anfang an nicht erreichbar (*Kohte/Faber* DB 2005, 226).

c) Eigentlicher Zweck der Novelle: Spielraum und Verantwortung für den Arbeitgeber. Die Arbeitsstättenverordnung 2004 enthält weniger konkrete Vorgaben bezüglich der Anforderungen an die Beschaffenheit der Arbeitsstätte und verlangt gleichzeitig mehr Eigenverantwortung des Arbeitgebers bei der Festlegung und Durchführung seiner Maßnahmen beim Einrichten und Betreiben von Arbeitsstätten. Mit dem Verzicht auf Detailvorgaben, z. B. über Raumhöhen, Mindestgrundflächen von Arbeitsräumen, Abmessungen von Pausen- oder Sanitärräumen oder Sicherheitsabstände auf Verkehrswegen soll eine betriebsnahe Gestaltung der Arbeitsstätten ermöglicht werden. Der Arbeitgeber kann von diesem **Gestaltungsspielraum unter einer Bedingung** Gebrauch machen: Von der Arbeitsstätte dürfen **keine Gefährdungen** für die Sicherheit und Gesundheit der Beschäftigten ausgehen. Eine beispielhafte Konkretisierung der in der Arbeitsstättenverordnung und deren Anhang enthaltenen verbindlichen Schutzziele sollte fortan auf der Grundlage des gesicherten Standes von Wissenschaft und Technik in den vom Ausschuss für Arbeitsstätten erarbeiteten und vom *Bundesministerium für Wirtschaft und Arbeit* (jetzt: BMAS) bekannt gegebenen Regeln für Arbeitsstätten vorgenommen werden (LASI 2005, Vorb.). **43**

d) Übergangszeit von 6 Jahren. Für eine Übergangszeit von maximal 6 Jahren bis zu ihrer Überarbeitung und Bekanntgabe als Regeln für Arbeitsstätten sollten die bisherigen Arbeitsstättenrichtlinien (ASRL) als Stand der Technik, Arbeitsmedizin und Hygiene weiter gelten. Bis zur Erarbeitung der Regeln für Arbeitsstätten ergaben sich **für den Vollzug** der Vorschrift Schwierigkeiten. Diese resultieren sowohl aus dem Entfall konkreter Vorgaben wie auch aus der teilweise nicht mehr gegebenen Zuordnung der ASRL zu den Paragrafen oder den Anforderungen des Anhangs der Arbeitsstättenverordnung 2004. Um eine bundeseinheitliche Vollzugspraxis in der Übergangszeit bis zum Vorliegen von die Schutzziele konkretisierenden Regeln für Arbeitsstätten zu gewährleisten, hat der Länderausschuss für Arbeitsschutz und Sicherheitstechnik dann Leitlinien für den Vollzug der Arbeitsstättenverordnung erstellt. Gegenstand der Leitlinien waren Auslegungsfragen, schutzzielorientierte Klarstellungen bezüglich weiter geltender ASRL sowie Verweise auf weitergehende Regeln oder Erkenntnisse, die als Orientierung für die Beratung und den Vollzug herangezogen werden können. Die **Leitlinien** wurden sukzessive ergänzt und mit dem Vorliegen einschlägiger Regeln für Arbeitsstätten zurückgezogen. **44**

45   **e) Bewältigung der Übergangszeit und mangelnde Detailvorgaben.** Die ArbStättV 1975 enthielt für viele Sachverhalte (z. B. Raumabmessungen, Luftraum, Bewegungsfläche am Arbeitsplatz, Lärmrichtwerte, Ruhebühnenabstände, Raumtemperatur in Sanitärräumen) konkrete und quantifizierte Mindestanforderungen. Die ArbStättV 2004 folgte entsprechend der amtlichen Begründung hingegen „der Regelungssystematik der europäischen Arbeitsschutzrichtlinien, nach der Schutzziele und allgemein gehaltene Anforderungen, aber keine detaillierten Verhaltensvorgaben festgesetzt werden. Durch flexible Grundvorschriften soll den Betrieben Spielraum für an ihre Situation angepasste Arbeitsschutzmaßnahmen gegeben werden".

Für eine Übergangszeit bis zum Erlass von Vermutungswirkung auslösenden Regeln für Arbeitsstätten konnten fehlende Maßzahlen zu Unsicherheiten in der Praxis, z. B. bei Arbeitgebern, Betriebs- und Personalräten, Fachkräften für Arbeitssicherheit oder Aufsichtsbehörden führen. Fraglich war seit dem, wie im konkreten Einzelfall die abstrakten Zielvorgaben der ArbStättV 2004 umgesetzt werden können. Man behilf sich mit folgender Überlegung:

46   Die ArbStättV 2004 wurde vollständig auf der Ermächtigungsgrundlage des Arbeitsschutzgesetzes (ArbSchG) erlassen. Somit hat der Arbeitgeber auch bei der Festlegung erforderlicher Maßnahmen des Arbeitsschutzes zum sicheren und gesundheitsgerechten Einrichten und Betreiben von Arbeitsstätten die allgemeinen Grundsätze des **§ 4 ArbSchG zu berücksichtigen.** In Nr. 3 des § 4 ArbSchG ist bestimmt, dass bei den Maßnahmen der Stand der Technik, Arbeitsmedizin und Hygiene sowie sonstige gesicherte arbeitswissenschaftliche Erkenntnisse zu berücksichtigen sind. Vor diesem Hintergrund können **die bisher** in der ArbStättV 1975 sowie in den fortgeltenden **ASRL** enthaltenen **Maßzahlen auch weiterhin** als Orientierung zur Konkretisierung der allgemeinen Schutzziele der ArbStättV 2004 herangezogen werden, **sofern** diese

– nicht im Widerspruch zu bauordnungsrechtlichen Forderungen in den Länderbau- oder Sonderbauordnungen stehen und
– weiterhin den gesicherten arbeitswissenschaftlichen Erkenntnissen entsprechen,
– eine Entsprechung in der ArbStättV 2004 in der Form materieller Anforderungen haben.

47   Die in der ArbStättV 2004 verwendeten **unbestimmten Rechtsbegriffe,** wie: „ausreichend, geeignet, entsprechend, regelmäßig, dauerhaft, angemessen" gaben dem Arbeitgeber **Spielraum** für an seine Situation angepasste Arbeitsschutzmaßnahmen im Rahmen der Ergebnisse seiner Gefährdungsbeurteilung. Bis zum Erlass entsprechender Regeln für Arbeitsstätten boten die Anforderungen der bisherigen ArbStättV 1975 und der fortgeltenden Arbeitsstättenrichtlinien bzw. weiterer Regeln und Normen, die den Stand der Technik, Arbeitsmedizin und Hygiene sowie sonstige gesicherte arbeitswissenschaftliche Erkenntnisse wiedergeben, eine Orientierungshilfe. Zu den neben den ASRL zu berücksichtigenden Erkenntnissen gehörten insbesondere die DIN-Vorschriften, die Regelwerke von VDI und VDE sowie das Vorschriften- und Regelwerk der Unfallversicherungsträger (LASI 2005, Vorb.).

48   **7. Passivraucherschutz verschärft ab 2007.** Nach Inkrafttreten der großen Novelle im Jahr 2004 verging eine ganze Zeit, in der zwar viel über eine weitere Anpassung des Rechts der Arbeitsstätte diskutiert wurde, in der allerdings relativ wenig geschah. Immer deutlicher wurde sichtbar, dass man im Jahr 2004 mit der Kürzung von 58 Paragrafen auf insgesamt nur noch etwas mehr seine „Handvoll"

Vorschriften im Ergebnis zwar eine **schlanke, aber lückenhafte** Verordnung mit Anwendungsproblem in der Praxis geschaffen hatte (*Wiebauer* NZA 2017, 220: „Gesetzeskosmetik vor Konsistenz"). Insbesondere das Bedürfnis nach einer Einbeziehung der Bildschirmarbeitsverordnung in die Arbeitsstättenverordnung wurde immer virulenter; wird doch die Mehrzahl der Arbeitsplätze in der Bundesrepublik nunmehr vom Bildschirm aus gesteuert. Es erfolgten zunächst mehrere Änderungen aufgrund formaler Aspekte, so z. B. betreffend die Umbenennung des zuständigen Ministeriums (BGBl. I 2006, 2458), die Bestimmung des Gemeinsamen Ministerialblatts als Bekanntmachungsorgan für Regeln des Ausschusses für Arbeitsstätten (BGBl. I 2007 S. 277, s. im Einzelnen aber auch HK-ArbSchR/Faber-Feldhoff Rn. 11).

Eine wichtige materielle Änderung trat am 1. September 2007 in Kraft: Das Gesetz zum Schutz vor den Gefahren des Passivrauchens vom 20. 4. 2007; das Gesetz führte auch zu einer Änderung der ArbStättV: Dem §§ 5 Abs. 1 ArbStättV wurde ein Satz angefügt, wonach der **Arbeitgeber** — soweit erforderlich — ein allgemeines oder auf einzelne Bereiche der Arbeitsstätte beschränktes **Rauchverbot** zu erlassen hat. Genauer gesagt: Er ist fortan zu **„erforderlichen Maßnahmen"**, also zu einem mehr oder weniger wirksamen Nichtraucherschutz für Beschäftigte (nicht: für Dritte) verpflichtet (vgl. *Wiebauer/Kollmer* in Landmann/Rohmer GewO ArbStättV Einf. Rn. 36a sowie zu § 5 ArbStättV). **49**

Mit der Änderung der ArbStättV im Jahr 2016 wurde in § 5 Abs. 2 noch einmal der Passivraucherschutz für Beschäftigte unmerklich, aber immerhin doch **etwas gestärkt.** Die bisher gültige Regelung, wonach Maßnahmen in Arbeitsstätten mit Publikumsverkehr nur insoweit zu treffen sind, als die Natur des Betriebes und die Art der Beschäftigung es zulassen (hierzu höchstrichterlich zuletzt: BAG, Urt. v. 10. 5. 2016 – 9 AZR 347/15, Beck RS 2016, 69248 = NJW 2017, 285 = BAGE 155, 80 = NZA 2016, 1134), ist von Ihrer Aussage her nunmehr deutlicher gefasst: Der Arbeitgeber hat fortan beim Einrichten und Betreiben von Arbeitsräumen der Natur des Betriebes entsprechende und der Art der Beschäftigung **angepasste** technische oder Maßnahmen nach § 5 Abs. 1 zum Schutz der nicht rauchenden Beschäftigten zu treffen (*Felske/Voigt* in: Forum, Nr. 3.4.1, S. 3). **50**

Beispiel für eine angepasste organisatorische Maßnahme in einem nach Landesrecht zulässigen Raucherlokal könnte nach *Felske/Voigt* z. B. der Einsatz vorrangig von Rauchern als Bedienpersonal oder aber (beim Einsatz von Nichtrauchern als Bedingungen) die Begrenzung der auf Teilzeit in Nichtraucherbereichen oder aber das Gewähren längerer Pausen zum Gang ins Freie oder wechselnde Tätigkeit in Nichtraucherbereichen sein (so: *Felske/Voigt* in: Forum, Nr. 3.4.1, S. 3).

8. Gefährdungsbeurteilung, Sanktionen, Sicherheitskennzeichnung 2010. Eine Änderungsverordnung vom 19.7.2010 mit der Bezeichnung: „Art. 4 der VO zur Umsetzung der Richtlinie 2006/25/EG zum Schutz der Arbeitnehmer vor Gefährdungen durch künstliche optische Strahlung und zur Änderung von Arbeitsschutzverordnungen" (BGBl. 2010, S. 985) bezweckte eine **weitere Angleichung** der Arbeitsstättenverordnung an die anderen Arbeitsschutzverordnungen. Anders nämlich als die Betriebssicherheitsverordnung, die Biostoffverordnung, die Gefahrstoffverordnung oder die Lärm-Vibrations–Arbeitsschutzverordnung enthielt die ArbStättV nämlich bislang keine Konkretisierung der **Gefährdungsbeurteilung** gemäß § 5 ArbSchG und § 3 ArbStättV n. F. (vgl. *Wiebauer* in Landmann/Rohmer GewO ArbStättV Einf. Rn. 36b); also: eher eine Selbstverständlichkeit, Klarstellung und Präzisierung denn eine konstitutive Rechtsänderung. **51**

Wieder aufgenommen wurde in die Arbeitsstättenverordnung (Anhang 3.3) eine Regelung zu **Sitzgelegenheiten** am Arbeitsplatz. Hintergrund dieser Änderung waren supranationale Verpflichtungen aus dem ILO-Übereinkommen 120 (BR-Drs. 262/10, 29). Die Änderungen traten zum **27.7.2010** in Kraft. Im Übrigen mehrfach geändert wurden die Bestimmungen zu § 7 ArbStättV zum **Ausschuss für Arbeitsstätten** (ASTA), hier wurde der Einklang mit § 4 Nr. 3 ArbSchG hergestellt (s. ausführlich *Faber-Feldhoff* in HK-ArbSch ArbStättV Rn. 13–14 m.z.w.N.).

52 Interessanter war dann schon die **Einführung unmittelbarer Sanktionen** für Verstöße gegen die Arbeitsstättenverordnung mit der Einfügung eines **§ 9 ArbStättV.** Bestimmte Verstöße gegen die Arbeitsstättenverordnung sind seither bußgeldbewehrt (s. im Einzelnen die Kommentierung zu § 9 ArbStättV). Die Vollzugstauglichkeit dieser Sanktionsnormen ist mittlerweile durch einen von den Aufsichtsbehörden der Länder empfohlenen Bußgeldkatalog weiter verbessert worden.

53 Neu schließlich auch, dass die Vorschriften über die **Sicherheits- und Gesundheitsschutzkennzeichnung** seit Inkrafttreten der Änderung grundsätzlich für **alle** Arbeitsstätten gelten, und zwar unabhängig vom Anwendungsbereich der ArbStättV. Die BGV A8 wurde damit obsolet (*Wiebauer/Kollmer* in Landmann/Rohmer GewO ArbStättV Einf. Rn. 36b).

54 Weitere Anpassungen schließlich betrafen unter anderem die Bereitstellung von **Unterkünften** für Beschäftigte (§ 6 Abs. 5 ArbStättV) sowie die Konstituierung und die Geschäftsführung des Ausschusses für Arbeitsstätten (vgl. Kommentierung dort).

55 **9. Der steinige Weg zur neuen („Bildschirm-") Arbeitsstättenverordnung 2016. a) Erfolglose Reformbemühungen seit 2010.** Die große Reform der ArbStättV aber ließ auf sich warten. Als die neue Verordnung über Arbeitsstätten (Arbeitsstättenverordnung – ArbStättV) als Art. 1 der Verordnung vom 30.11.2016 (BGBl. I S. 2681) schließlich am 2.12.2016 im Bundesgesetzblatt stand mit Inkrafttreten am 3.12.2016, war dies das Ende eines langen, dornenreichen Weges und kam – selbst für Experten – etwas überraschend.

Die Bundesregierung legte im Oktober 2014 dem Bundesrat den Entwurf einer Änderungsverordnung zur Zustimmung vor (BR-Drs. 509/14). Im Vordergrund stand dabei eine **Rechtsbereinigung:** Im Wesentlichen sollten die Bestimmungen der Bildschirmarbeitsverordnung in aktualisierter Form in den Anhang der ArbStättV überführt werden. Die **Definition des Arbeitsplatzes** sollte an die Begriffsbestimmungen anderer Arbeitsschutzverordnungen angeglichen werden, vornehmlich, um Abgrenzungsschwierigkeiten zu vermeiden. Vorschriften über Arbeitsräume, Sanitärräume etc. sollten aus § 6 zu den anderen konkreten Anforderungen **in den Anhang** überführt werden. Stattdessen sollte ein neugebildeter § 6 Vorschriften zur **Unterweisung** der Beschäftigten analog dem ArbSchG und anderer Arbeitsschutzverordnungen vorsehen (*Wiebauer* in Landmann/Rohmer GewO ArbStättV Einf. Rn. 36c).

56 **b) Brücke zur neuen ArbStättV.** Der Entwurf begegnete unerwartet hoher Gegenwehr seitens der Wirtschaftsverbände. In der Kritik standen vor allem die Ausdehnung der Vorschriften der Gefährdungsbeurteilung, der Unterweisung sowie die Normen über die Bildschirmarbeit auch auf die **Telearbeitsplätze.** Darüber hinaus wurde bemängelt, die vom Bundesrat geforderte abschließende Pflicht zur **Kleiderablage** würde unzumutbare Kosten für die Arbeitgeber und die Betriebe verursachen. Gleiches gelte für die Wiedereinführung einer zwingenden **Sichtverbindung** nach außen. Zwei symbolträchtige Themen, die in den Medien stark gespielt wurden (*Wiebauer/Kollmer* in Landmann/Rohmer GewO ArbStättV Einf. Rn. 36 e). Der Bundesrat stimmte der Verordnung zwar mit wenigen Änderungen am 19.12.2014 zu. Das BMAS leitete die beschlossene Fassung nach Abstimmung mit den beteiligten Bundesministerien dem Kanzleramt zur Verkündung zu. Nach öffentlicher Kritik der Bundesvereinigung der Deutschen Arbeitgeberverbände (BDA) entschied sich das Bundeskanzleramt jedoch, die Änderungsverordnung zunächst **nicht in Kraft** zu setzen (*Wiebauer/Kollmer* in Landmann/Rohmer GewO ArbStättV Einf. Rn. 36 e).

c) Heftige Diskussion und Kompromiss; es folgten zwei Jahre des kreativen Stillstandes, und der mehr oder weniger heftigen Diskussion (vgl. anstelle zahlreicher Zeitungsquellen nur das *Arbeitsschutz*-Portal vom 3.12.2016: *„Zoff um Arbeitsschutzverordnung hat ein Ende"* mit sehr instruktivem Überblick über die Berichterstattung in den Medien bis zum Erlass der neuen Verordnung). Die Bundesvereinigung der Arbeitgeberverbände äußerte etwa, dass das BMAS mit seiner geplanten Regelung zum Betreiben und Instandhalten von Arbeitsstätten auf dem Weg nach **„Absurdistan"** sei; im Gegenzug meldete sich der Deutsche Gewerkschaftsbund zu Wort mit dem Statement, die Arbeitgeber ihrerseits seien **„beim Arbeitsschutz nicht up to date".** **57**

Der **Bundesrat** seinerseits ließ nicht locker und forderte in seiner 939. Sitzung am 27. November 2015 die Bundesregierung auf, „das Rechtsetzungsverfahren zur ArbStättV möglich schnell umzusetzen", oder (hilfsweise) „zu den Hinderungsgründen Stellung zu beziehen". Der „Hebel", an dem die Länder im Rahmen des Konflikts zwischen Arbeitsschützern und Arbeitgebern sitzen bzw. saßen, ist nicht zu unterschätzen: Die Arbeitsstättenverordnung bedarf gemäß § 18 Abs. 1 ArbSchG der Zustimmung des Bundesrates, und die Länder hatten im Verfahren erhebliche Änderungen an dem ursprünglichen Entwurf verlangt (BR–Drs. 509/14 – Beschl.). Weil aber Art. 80 Abs. 3 GG dem Bundesrat ein Initiativrecht für zustimmungsbedürftige Verordnungen zugesteht, können die Länder auch Ihre Zustimmung zu einer Regierungsentwurf nach Art. 80 Abs. 2 GG an Bedingungen knüpfen (*Wiebauer* NZA 2017, 220): Ein sog. **Maßgabebeschluss,** der die Zustimmung von Änderungen des Verordnungstextes abhängig macht, erfordert dann erneut eine Beschluss der Bundesregierung über die neue Fassung. Im vorliegenden Fall hielt letztendlich das Bundeskanzleramt den Entwurf der Verordnung nach heftiger Kritik der Bundesvereinigung der Deutschen Arbeitgeberverbände (BDA) erst einmal zurück. Letztendlich waren es dann die **Länder** *Hamburg, Brandenburg, Bremen, Hessen, Niedersachsen, Sachsen, Sachsen-Anhalt, Schleswig-Holstein* und *Thüringen,* die einen Beschlussentwurf vom 8.9.2016 (BR–Drs. 506/16) vorlegten und über verschlungene Pfade, die im Nachfolgenden nicht weiter ausgeführt werden sollen, den Beschl. v. 20.9.2016 (BR–Drs. 506/16 – Beschl.) den Weg zur neuen ArbStättV ebneten. **58**

Nur so viel: Es handelte sich um einen Kompromiss, mit dem Arbeitgeber, Gewerkschaften und Arbeitsschützer auch deswegen leben können, weil viele **Interpretationsspielräume** bei so manchen kritischen Fragen geblieben sind, die es durch Rechtsprechung, Praxis und Literatur auszufüllen gilt. Wesentlichen Kritikpunkten der Arbeitgeberseite trug die Neuauflage Rechnung, namentlich beim Thema abschließbare Kleiderablage, Sichtverbindung nach außen, Geltung für häusliche Telearbeit und Dokumentation der Unterweisung (*Wiebauer* NZA 2017, 220). Ein wahres **Eldorado** für fachlich einschlägige Promotions- und Masterarbeiten sowie für Rechtsprechung und Literatur in den nächsten Jahren. Gerade **59** bei arbeits- und sozialpolitisch so kritischen Fragestellungen wie Art und Umfang der Gefährdungsbeurteilung oder bei der Frage der Arbeitgeberverantwortung für die Einrichtung des Arbeitsplatzes insbesondere bei Telearbeitsplätzen besteht fortan rechtlich Interpretations- und Auslegungsbedarf.

60   **10. Neuerungen der („Bildschirm-") Arbeitsstättenverordnung 2016.** Interessanterweise wurde mit der neuesten Novelle zwar im Grunde genommen die deregulierte Struktur aus dem Jahr 2004 beibehalten; bezüglich einige spezifische Anforderungen jedoch gab es eine „Rolle rückwärts": Einige im Zuge der Deregulierung 2004 entfallende Anforderungen wie Sitzgelegenheiten, Sichtverbindung nach außen, Liegegelegenheiten für Schwangere etc. wurden wieder neu aufgenommen (*Voigt* in: Forum, Nr. 2.1, S. 6).

Inkrafttreten: Der Bundesrat hat am 23.9.2016 im Rahmen seiner 948. Sitzung den Verordnungsantrag der oben genannten Länder zur Änderung von Arbeitsschutzverordnungen beschlossen. Die neue Verordnung über Arbeitsstätten (kurz: ArbStättV 2016) wurde am 2.12.2016 im Bundesgesetzblatt als Art. 1 der Verordnung vom 30.11.2016 verkündet (BGBl. I S.2681) und ist tags drauf am 3.12.2016 in Kraft getreten.

61   **Neuerungen:** Die wichtigsten Änderungen im Überblick, nachfolgend nur kursorisch dargestellt (vgl. hierzu im einzelnen BR-Drs. 506/16 sowie *Düwell,* jurisPR-ArbR 41/2016 Anm. 1 und *Wiebauer/Kollmer* in Landmann/Rohmer GewO ArbStättV Einf. Rn. 36e):

- Eingliederung der **Bildschirmarbeitsverordnung** (BildscharbV) in die Arbeitsstättenverordnung. Dafür eine eigenständige Arbeitsschutzverordnung zu künstlicher optische Strahlung (OStrV).
- **Zeitliche Komponente** (Mindestnutzungsdauer) bei der Definition des Arbeitsplatzes wird **aufgegeben;** die Verordnung gilt fortan auch für solche Arbeitsplätze, an denen Beschäftigte nur kurzfristig tätig sind (Behebung eines EU-rechtlichen Umsetzungsdefizits).
- **Telearbeitsplätze:** Hier gelten grundsätzlich **nur** *erstens* die Vorschriften einer Gefährdungsbeurteilung im Sinne von § 3 (lediglich) bei der erstmaligen Beurteilung von Arbeitsbedingungen und des Arbeitsplatzes, *zweitens* die Vorschriften zur Unterweisung der Beschäftigten nach § 6 und *drittens* zu den Maßnahmen zur Gestaltung von Arbeitsplätzen gemäß Anhang Nr. 6. Anwendbarkeit der Vorschriften über Gefährdungsbeurteilung, Unterweisung und Bildschirmarbeit, soweit nicht die Eigenart von Telearbeitsplätzen dem entgegen steht (!).
- **Mobile Arbeit** bleibt außen vor, d. h. die Verordnung ist nicht anwendbar bei der Arbeit, die unterwegs oder beim Kunden oder beispielsweise mit dem Laptop und dem Smartphone in der Bahn stattfindet (*Voigt* in: Forum, Nr. 2.2.1.1., S. 3).
- Definition und Anforderung an **Arbeitsräume** (§ 2 Abs. 3): Politische Zielsetzung des Bundesratsentwurfs war es dabei, die Anforderungen Arbeitsplätze, dem Anhang der erwarteten VO aufgestellt werden, so anzupassen, dass mit der ArbStättV 2016 das ursprüngliche Anforderungsniveau in Arbeitsstätten im Verhältnis zur bisherigen ArbStättV 2004 nicht wesentlich verschoben wird (so: *Düwell,* jurisPR-ArbR 41/2016 Anm. 3).
- Verringerung der **psychischen Belastungen:** Zeitgemäß wurde § 3 Abs. 1 durch die mittlerweile in § 5 ArbSchG enthaltene Anfügung ergänzt, wonach der Arbeitgeber auch die physischen **und** psychischen Belastungen – sowie bei Bildschirmarbeitsplätzen – die Belastungen der Augen und die Gefährdung des Sehvermögens der Beschäftigten zu berücksichtigen hat.

- **Ergonomische Gestaltung** der Arbeitsplätze: Stand der Technik, Arbeitsmedizin und Hygiene sind auch im Hinblick auf die Ergonomie einzuhalten, § 3 Abs. 1 S. 1 ArbStättV.
- **Bürokratieabbau:** Die ursprünglich vorgesehene Verpflichtung des Arbeitgebers, Telearbeitsplätze regelmäßig auf Gesundheitsschutz und Arbeitsschutzvorkehrungen hin zu überprüfen, wurde fallen gelassen. Die regelmäßige Überprüfungspflicht nach § 4 ArbStättV gilt in dieser Ausprägung nicht für Telearbeitsplätze: Anstelle der regelmäßigen tritt zunächst einmal grundsätzlich eine einmalige Kontrolle beim Einrichten des Telearbeitsplatzes (vgl. *Düwell,* jurisPR-ArbR 41/2016 Anm. 6; was aus hiesiger Sicht allerdings wiederum Folgefragen aufwirft, wenn davon auszugehen ist, dass sich ein Telearbeitsplatz im Laufe der Monate und Jahre grundsätzlich verändert).
- **„Spind-Vorschrift"** ist entfallen. Nicht in die Verordnung aufgenommen wurde die umstrittene Vorschrift über die sog. Abschließbaren Anlagen. Der BMAS-Entwurf von 2014 sah ursprünglich zwingend einen abschließbaren Spind für Beschäftigte vor, denen kein Umkleideraum zur Verfügung steht. Im Wesentlichen ging es hierbei um die Möglichkeit, dass die Beschäftigten ein abschließbares Fach zur Aufbewahrung persönlicher Wertgegenstände bekommen.
- **Organisation:** Mit der Überführung der Bildschirmarbeitsordnung in die ArbStättV ist nicht nur der Regelungsinhalt einer gesamten Einzelverordnung neu eingeflossen; vielmehr sind es auch zuvor noch nicht in der ArbStättV befindliche Anforderungen, wie die Berücksichtigung der Arbeitsorganisation, der Arbeitsabläufe und der physischen und psychischen Belastungen in der Gefährdungsbeurteilung (vormals begrenzt auf den Bereich der Bildschirmarbeitsplätze), nunmehr erstreckt auf die gesamte Arbeitsstätte (*Voigt* in: Forum, Nr. 2.1, S. 5).
- Die **Sichtverbindung nach außen** wurde wieder in der ArbStättV verankert, allerdings mit ausführlichen Ausnahmen.
- Die **Bestandsschutzregelung** für vor 1976 bzw. 1996 in Betrieb genommen Alt-Arbeitsstätten wird bis **31.12.2020** befristet.

D. Grundstruktur der ArbStättV

Nach einem Blick auf die illustre Historie der – neben dem Arbeitsschutzgesetz – **62** zentralen Vorschrift des deutschen Arbeitsschutzrechts, der ArbStättV, richtet sich nachfolgend der Blick auf die grundlegenden Strukturen der heutigen ArbStättV. Es darf beiläufig davon ausgegangen werden, dass diese eine ganze Weile Bestand haben wird.

Die 2004 und 2016 novellierte Arbeitsstättenverordnung gliedert sich in **zwei Teile** – einen **allgemeinen Vorschriftentext** und einen **ergänzenden Anhang.** Die Zahl der Bestimmungen wurde mit der Deregulierungsnovelle im Jahr 2004 von 58 auf 35 reduziert. Davon befanden sich acht im Vorschriftenteil und 27 im Anhang. Mit der Novelle 2016 und der damit einhergehenden Zusammenlegung mit den Vorschriften der früheren Bildschirmarbeitsverordnung ist die ArbStättV wieder auf 42 Vorschriften angewachsen, davon zehn im vorderen Paragraphenteil, die weiteren Vorschriften im Anhang, der technisch auch noch vollumfänglich zur ArbStättV zählt. Der Inhalt der novellierten Arbeitsstättenverordnung entspricht – von wenigen Ausnahmen abgesehen – weitgehend den Mindestanforderungen der EG-Arbeitsstättenrichtlinie (RL 89/654/EWG).

I. Ausgangspunkt: Europäisches Recht

63 Die Arbeitsstättenverordnung enthält **Mindestvorschriften** für die Sicherheit und den Gesundheitsschutz der Beschäftigten beim Einrichten und Betreiben von Arbeitsstätten. Die Novellierung der Verordnung diente zunächst allererster Linie der nationalen Umsetzung der EG-Arbeitsstättenrichtlinie 89/654/EWG. Daneben wurde auch die Richtlinie 92/58/EWG des Rates über Mindestvorschriften über die Sicherheits- und Gesundheitsschutzkennzeichnung am Arbeitsplatz durch einen gleitenden Verweis innerhalb der Arbeitsstättenverordnung in deutsches Recht transferiert. Außerdem erfolgt die Umsetzung des Anhanges IV Teil A und B der Richtlinie 92/57/EWG des Rates über die auf zeitlich begrenzte oder ortsveränderliche Baustellen anzuwendende Mindestvorschriften für Sicherheit und Gesundheitsschutz (BAuA http.//www.baua.de/prax/arbeitsstaetten/arbeitsstaetten. htm.inhalt).

64 **1. Überblick.** Die ArbStättV besteht aus zehn Paragraphen und einem in sechs Abschnitte unterteilten Anhang. Der Anhang zählt vollumfänglich zur Verordnung; es sind lediglich die ansonsten in § 3 Abs. 1 ArbStättV inzwischen detailliert zu beschreibenden Anforderungen und Maßnahmen „abgekoppelt" worden. In der Verordnung werden die **Mindestanforderungen** der genannten EU-Richtlinien direkt umgesetzt. Es wurden mit der Novelle im Jahr 2004 **keine konkreten** Maßzahlen und **Detailanforderungen mehr** vorgegeben, sondern allgemeine Schutzziele. Dies soll der Deregulierung dienen und dem Arbeitgeber „bedeutend mehr Freiheit bei seinen Entscheidungen zur Gestaltung und dem Betrieb der Arbeitsstätte" schaffen. Einige Details sind dann mit der Novelle im Jahr 2016 mit der Integration der Bildschirmvorschriften und aufgrund politischer Kompromisse im Verordnungsverfahren wieder mit aufgenommen worden.

65 **2. Eigenarten des Arbeitsstättenrechts. Adressat** der ArbStättV ist der **Arbeitgeber.** Grund hierfür ist zunächst ein ganz pragmatischer: Ihm allein obliegt es, die Arbeitsstelle so einzurichten und so zu betreiben, dass Gefährdungen möglichst vermieden oder verbleibende Gefährdungen möglich gering gehalten werden. Dabei spielt es keine Rolle, ob der Arbeitgeber eine **eigene Immobilie** nutzt, oder Räume anmietet. Der Adressat ist und bleibt der Arbeitgeber, auch wenn es ihm als Mieter durchaus schwierig erscheinen mag, arbeitsstättenkonforme Nachrüstungen beim Vermieter einzufordern (*Voigt* in: Forum, Nr. 2.1, S. 2−4; ausführlich zu diesem Komplex: *Faber-Feldhoff* in HK-ArbSchR ArbStättV Rn. 23−26).

66 Das Arbeitsstättenrecht enthält **Mindeststandards,** d. h.: es kann überschritten, aber nicht unterschritten werden. Es ist − mit wenigen Ausnahmen − grundsätzlich **betriebsbezogen.** Sinn und Zweck dieser Betriebsbezogenheit ist darin zu sehen, dass der Arbeitgeber das Handlungsrecht und das Hausrecht innehaben muss, um Arbeitsschutz effektiv durchsetzen zu können. Das macht es auch, wie nachfolgend noch aufgezeigt werden soll, so schwierig, Telearbeit unter die ArbStättV zu subsumieren; und noch schwieriger, die neuen Arbeitsformen der **Industrie 4.0** wie **Mobile Arbeit** und **Crowdworking** anständig in das Arbeitsstättenrecht einzuordnen.

67 Die ArbStättV bedient sich seit jeher unbeschadet jeder Novelle eines **Mix** aus zwingenden Anforderungen („Muss-Vorschriften") und interpretiert waren, auslegungsfähigen Anforderungen („kann, soll"). Letzteres gilt insbesondere für die Arbeitsstättenregeln (ASR), welche die Anforderungen der ArbStättV und ihres Anhangs konkretisieren und Umsetzungsbeispiele für die betriebliche Praxis aufzeigen (*Voigt* in: Forum, Nr. 2.1, S. 1). Von den **ASR** wiederum darf abgewichen werden, wenn andere als die dort beschriebenen Maßnahmen getroffen werden, die aber **ebenso wirksam** sind. Ein Systemelement, welches sich durch die Arbeitsstättenverordnung im untergesetzlichen Bereich seit jeher durchzieht. Von der ArbStättV einschließlich seines Anhangs hingegen darf nur abgewichen werden, wenn eine behördliche Ausnahme auf Antrag des Arbeitgebers gewährt wird; häufig können Ausnahmen auch zugelassen werden, wenn die Durchführung eine Vorschrift im Einzelfall zu einer **unzumutbaren Härte** führen würde, und eine Abweichung mit dem Schutz der Beschäftigten vereinbar ist, § 3a Abs. 1 S. 4, Abs. 3 (vgl. *Voigt* in: Forum, Nr. 2.1, S. 1–2).

Der **unbestimmte Rechtsbegriff** der unzumutbaren Härte hat sich in der Rechtsprechung zur ArbStättV als Schlüsselbegriff erwiesen. Gleich mehrere Gerichtsurteile der letzten zehn Jahre beschäftigten sich insbesondere mit der Frage, ob der Arbeitgeber finanziell aufwändige Umbaumaßnahmen leisten muss, um dem Arbeitsstättenrecht gerecht zu werden. Die Rechtsprechung fordert regelmäßig ein **deutliches Missverhältnis** zwischen finanziellem Aufwand einerseits und arbeitsstättenrechtlichen Nutzen andererseits, um zu einem für den Arbeitgeber positiven Ergebnis im Sinne eines wirtschaftlichen Härtefalls (sprich: keine Umbaumaßnahme nötig) zu kommen (vgl. nur: VG Gießen, Urt. v. 9.11.2011 – 8 K 1476/09, Beck RS 2012, 47854 = GewA 2012, 270 sowie VG Münster, Beschl. v. 30.6.2016 – 9L 863/16, Beck RS 48.021).

Mit Einhaltung der Arbeitsstättenrichtlinien (ASR) erhält der Arbeitgeber aber **68** einen bedeutenden Vorteil, eine Art **Versicherung der Richtigkeit** seiner Arbeitsschutztätigkeit: Wendet er die ASR (korrekt) an, so kann er davon ausgehen, die in der ArbStättV gestellten Anforderungen eingehalten zu haben (§ 3a Abs. 1 S. 3). Das wird als **Vermutungswirkung** bezeichnet (vgl. *Voigt* in: Forum, Nr. 2.1, S. 3; siehe auch *BMAS* Übersicht ArbSchR, S. 815 sowie VG Münster, Urt. v. 22.6.2016 – 9K 1985/15, Beck RS 2016, 48675). Wie auch immer man es dreht und wendet: Die ArbStättV stellt klar, dass es „nicht möglich ist, nichts zu tun". Oder, besser formuliert: Ein regelungsfreier Raum entsteht nicht (*Voigt* in: Forum, Nr. 2.1, S. 2).

3. Fit für Arbeit 4.0? Das Thema Arbeit 4.0 ist in aller Munde. Die Frage darf **69** schon erlaubt sein, ob die neue Arbeitsstättenverordnung „fit" ist für Industrie 4.0, für den Problemkreis der örtlichen und zeitlichen Entgrenzung der Arbeit und für die neuen Formen der Telearbeit (vgl. hierzu ausführlich und sehr lesenswert: *Wiebauer* NZA 2016, 1430). Die Antwort ist: Das geltende Arbeitsschutzrecht einschließlich des geltenden Arbeitsstättenrechts ist **durchaus so flexibel,** dass es auch den neuen Herausforderungen gerecht wird oder werden kann. Im Prinzip muss man nur wollen. Hilfe zur Interpretation der Vorschriften in Verbindung mit den neuen Anforderungen bietet dieser Fachkommentar, der diese Themenstellungen vertieft aufgreift. Dabei liegt es in der Natur der Sache, dass im Zeitalter der Digitalisierung immer wieder neue Rechtsfragen und Konstellationen auftauchen (so zuletzt die Frage des Bestimmungsrechts aus § 87 Abs. 1 Nr. 7 BetrVG und die damit verbundene Rechtsfrage, durch die Anordnung von **Desk Sharing** eine konkrete Gefährdung von Sicherheit und Gesundheit eines betroffenen Mitarbeiters ausgehen kann, vorliegend verneint vom *LAG Düsseldorf* NZA-RR 2018 mit Anm. *Kohte*).

Immerhin ist mit der Novelle 2016 der ArbStättV der **Streit um die Anwend– 70 barkeit** der Verordnung auf die **häusliche Telearbeit** im Grundsatz beendet (für die Anwendbarkeit in der Vergangenheit: *Wiese* RdA 2009, 345; *Boemke* BB 2000,

151; dagegen: *Rieble/Picker* ZfA 2013, 389). Anwendbar sind gemäß § 1 Abs. 3 nur die Vorschriften über die (erstmalige) Gefährdungsbeurteilung, über die Unterweisung, sowie über die Gestaltung von Bildschirmarbeitsplätzen mit dieser Einschränkung trägt der Verordnungsgeber die begrenzten Einfluss des Arbeitgebers auf den häuslichen Arbeitsplatz Rechnung (*Wiebauer* NZA 2016, S. 1432). Zukunftsfähig gemacht wurde die ArbStättV auch durch die **Eingliederung** der Vorschriften der früheren **Bildschirmarbeitsverordnung.** Vor allem auch mit dem Argument, dass mittlerweile die Mehrzahl der Arbeitsplätze in Deutschland Bildschirmarbeitsplätze sind, und dieser Hauptanwendungsfall schließlich auch in der wichtigsten Arbeitsschutz-Verordnung geregelt werden muss.

71   Überlegungen, die Bildschirmarbeitsverordnung (und damit auch die jetzige neue Arbeitsstättenverordnung) über ihren Wortlaut hinaus auch auf die **mobile Arbeit** anzuwenden (so: *Calle/Lambach/Prümper* RdA 2014, 349, ähnlich *Kohte* NZA 2015, 1421), sind in der Folge dessen nach dem Wortlaut der ArbStättV 2016 obsolet − was im Arbeitszeitrecht freilich ganz anders sein kann. Schließlich wird die mobile Arbeit (Beispiel: Handelsvertreter beim Kunden, Laptop in der S-Bahn) gerade nicht in der Arbeitsstätte des Arbeitgebers geleistet (BR-Drs. 506/16, 24; *Oberthür* NZA 2013, 247). Dies ist nicht ganz unproblematisch, denn der *EuGH* legt die EG-Bildschirmarbeitsrichtlinie 90/270/EWG sehr weit aus und beschränkt vom Anwendungsbereich auf solche Fälle, die typischerweise keine gesundheitlichen Auswirkungen haben (*Wiebauer* NZA 2016, S. 1432 mit Verweis auf *EuGH* NZA 2000, 877).

72   Insgesamt kann mit *Wiebauer* (NZA 2016, 1436) geschlussfolgert werden, dass das geltende Arbeitsschutzrecht durchaus das notwendige Instrumentarium bietet, um auch den neuartigen Gefährdungen, welche die Digitalisierung mit sich bringt, **ausreichend** zu begegnen. Kernpflicht des Arbeitgebers im digitalen Zeitalter ist dafür „ersatzweise" die **Arbeitsorganisation.** Technische Schutzmaßnahmen verlieren in Relation zu Eigenverantwortung und Organisation außerhalb der Industrie mehr und mehr an Bedeutung; konkrete Arbeitsbedingungen hängen wesentlich von eigene Entscheidungen der Beschäftigten ab. Der Arbeitgeber hat mit der Verlagerung von Arbeit mehr und mehr in den **häuslichen Bereich** sowie mit der **Durchmischung** von **Arbeitszeit und Freizeit** nicht mehr sämtliche Arbeitsbedingungen unter eigener Kontrolle. Er ist stärker als bisher auf die Mitwirkung Beschäftigten angewiesen. (so richtigerweise *Wiebauer* NZA 2016, 1436). Als Korrektiv wird freilich die Pflicht des Arbeitgebers, Maßnahmen zum Schutz gegen arbeitsbedingte **psychische Belastungen** zu treffen, vor allem mit Blick auf konkrete Vorgaben zum Umgang mit ständiger Erreichbarkeit sowie zu Trennung von Arbeitswelt und Freizeit (*Wiebauer* NZA 2016, 1436). Aber auch hier ist die ArbStättV durchaus zeitgemäß aufgestellt. Es kommt eben darauf an, was Literatur, Rechtsprechung und − vor allem die Arbeitgeber − daraus machen.

II. Struktur der ArbStättV

73   Das sprichwörtliche „Herz" der ArbStättV „schlägt" in den §§ 3 und 3a der Verordnung: Dort sind als − ebenso sprichwörtliche − „Software" die **allgemeinen Anforderungen** sowie die für die ArbStättV spezielle Pflicht zu Gefährdungsbeurteilung festgeschrieben. Die **spezielleren Anforderungen,** also die „Hardware" der ArbStättV, finden sich **dann** ab den §§ 4 und 5 sowie auch über einen gleitenden Verweis des § 3 Abs. 1 S. 4 auf den Anhang der ArbStättV (der materiell-rechtlich zur ArbStättV selber gehört, und nicht etwa untergesetzliches Material wie eine

ASR darstellt). Die noch spezifischeren Anforderungen werden schließlich über den Verweis des § 3a Abs. 1 S. 2 auf die nach § 7 Abs. 4 bekannt gemachten Regeln und Erkenntnisse „beschränkt verbindlich".

1. Allgemeine Anforderungen. Neben den Ziel- und Begriffsbestimmungen **74** der §§ 1 und 2 findet sich zunächst in **§ 3a** eine **Generalklausel,** wonach der Arbeitgeber für eine der ArbStättV entsprechende Einrichtung und Betreiben der Arbeitsstätten zu sorgen hat; und dies unter Beachtung der **Barrierefreiheit.** Vor diese Generalklausel hat der Verordnungsgeber mit Wirkung vom 27.7.2010 durch VO v. 19.7.2010 (BGBl. I S. 960) mit einem „**neuen § 3**" die **Gefährdungsbeurteilung** gesetzt, die wiederum durch die Novelle mit Wirkung vom 3.12.2016 durch VO v. 30.11.2016 (BGBl. I S. 2681) durch eine Gefährdungsbeurteilung der psychischen Belastungen einerseits und durch die Pflicht zur Gefährdungsbeurteilung der bildschirmarbeitsplatzspezifischen Belastungen andererseits ergänzt wurde.

Die oben beschriebene Arbeitgeber-Grundpflicht beruht im Wesentlichen auf **75** drei Vorschriften-Ebenen:
- **Spezialregelungen im vorderen Teil** der ArbStättV selbst (z. B. Sicherheitsbeleuchtung im § 4 Abs. 3)
- Spezifische Vorgaben des **Anhangs** (z. B. Ziffer 2.3, wonach Fluchtwege und Notausgänge vorhanden sein müssen)
- **Regeln und Erkenntnisse,** die vom BMAS im Gemeinsamen Ministerialblatt nach § 7 Abs. 4 bekannt gegeben werden können (die ASR haben nach und nach die Arbeitsstätten-Richtlinien/ASRL ersetzt).

Von diesen allgemeinen Anforderungen kann die zuständige Behörde (in der Regel das Gewerbeaufsichtsamt) auf Antrag **Ausnahmen** zulassen, und von den genannten Regeln und Erkenntnissen darf der Arbeitgeber unter bestimmten engen Voraussetzungen abweichen, wenn er „ebenso wirksame" Maßnahmen trifft.

2. Spezielle Betriebsanforderungen. Einige besondere, aus Sicht des Verord- **76** nungsgebers extrem wichtige, Spezialanforderungen sind nicht im Anhang zur Verordnung, sondern in einzelnen Vorschriften und Verordnungen selbst geregelt, vornehmlich in § 4 (aber auch an anderen Stellen). Hierzu gehört z. B. die Pflicht des Arbeitgebers, unverzüglich Mängel zu beseitigen. Ebenfalls Funktionsfähigkeitsprüfpflichten sowie die Pflicht, Verkehrswege, **Fluchtwege** und Notausgänge freizuhalten. Auch der **Nichtraucherschutz** gehört in diese Kategorie (vgl. § 5), ebenso die Regelungen des § 8 zu den Arbeits- und Sanitärräumen sowie den betrieblichen Erholungsräumen sowie Erste-Hilfe-Räumlichkeiten und Unterkünften.

4 Paragraphen	
mit flexiblen Grundvorschriften	
§ 3	Gefährdungsbeurteilung
§ 3a	Einrichten und Betreiben von Arbeitsstätten
§ 4	Besondere Anforderungen an das Betreiben von Arbeitsstätten
§ 5	Nichtraucherschutz

3. ArbSchG-ausführende Regelungen. In diese Kategorie gehören diejeni- **77** gen Regelungen, wie dies auch bei den meisten übrigen, bereits in deutsches Recht umgesetzten EG-Arbeitsstättenrichtlinien (wie z. B. der Lastenhandhabungsverordnung oder der Verordnung zur arbeitsmedizinischen Vorsorge) der Fall ist, einige an das Arbeitsschutzgesetz von 1996 **angepasste** Regelungen treffen. Hierzu gehören vor allem spezialisierte Vorschriften zur Gefährdungsbeurteilung (§ 3), zur Unterweisung der Beschäftigten (§ 6) und die Satzungsvorschriften (§ 9). Diese Regelungen sind dadurch gekennzeichnet, dass sie ausdrücklich oder konkludent auf die jeweiligen Spezialvorschriften des Arbeitsschutzgesetzes **Bezug nehmen.**

III. Neue Regelungen 2004

78   Mit der Novelle im Jahr 2004 wurde die Arbeitsstättenverordnung komplett neu ausgerichtet. Unbeschadet der „Rolle rückwärts" bei einigen Aspekten der Deregulierung sowie einiger substantieller Neuerungen wie: Gefährdungsbeurteilung und die Einführung von Sanktionsvorschriften (letztendlich aber die logische Konsequenz der Umsetzung des Arbeitsschutzgesetzes) und die Verbindung mit der Bildschirmarbeitsverordnung ist die heutige **ArbStättV 2016** im Prinzip immer noch ein **Abbild,** genauer gesagt eine zeitgemäß angepasste Variante, der damals beschlossenen schlanken Verordnung. Materiell neu und heute noch innovativ an der ArbStättV 2004 war, dass fortan die besonderen Belange von Menschen mit **Behinderung** in Hinblick auf Sicherheit und Gesundheitsschutz, und bei Ausnahmeregelungen **kleinere Betriebe,** besonders berücksichtigt werden (§ 3). Auch steht seitdem ein von seiner Bedeutung her für die tägliche Arbeitsschutzpraxis nicht zu unterschätzender Ausschuss für Arbeitsstätten (§ 7) dem BMAS beratend zur Seite, der u. a. neue Regeln für Arbeitsstätten aufstellt (*Taeger,* S. 7: „wichtigste Neuregelung"). Der Paragraphenteil der Verordnung enthält neben Anforderungen an das Einrichten und Betreiben von Arbeitsstätten (§ 3a und 4) auch eine Regelung für den Nichtraucherschutz (§ 5), der Anhang indes spezifische Vorgaben für Arbeits-, Sanitär-, Pause-, Bereitschafts- und Erst-Hilfe-Räume sowie Unterkünfte, die Konstruktion und Festigkeit von Gebäuden, Maßnahmen gegen Brände, Regelungen zu Fluchtwegen und Notausgängen, zu den Arbeitsbedingungen und vielem mehr.

79   Ein organisatorisches Novum war insbesondere die Einsetzung des Ausschusses für Arbeitsstätten, angesiedelt beim Bundesarbeitsministerium (BMAS). Dieser Ausschuss soll vor allem Regeln und Erkenntnisse ermitteln, die **nach und nach die Arbeitsstättenrichtlinien (ASRL)** ersetzt haben, ähnlich wie bei der Baustellenverordnung mit den Regeln zum Arbeitsschutz auf Baustellen (RAB). Wichtig ist dabei die **Exkulpationsfunktion** der Regeln und Erkenntnisse: Nach § 3a Abs. 1 Satz 3 ist bei Einhaltung der in § 3a genannten Regeln und Erkenntnisse in der Regeln **davon auszugehen,** dass die in der Verordnung gestellten Anforderungen bei Einhaltung der vom Ausschuss ermittelten Regeln und Erkenntnisse erfüllt werden. Dies hat erhebliche haftungsrechtliche, im Sinne von § 9 straf- und ordnungswidrigkeitsrechtliche sowie gewerbeaufsichtliche (öffentlich-rechtliche) Folgen – bei Einhaltung zu Gunsten des Arbeitgebers bzw. des Betriebsinhabers.

IV. Anhang

80   Im **ersten Abschnitt** des Anhanges der Verordnung werden zunächst allgemeine, aber materiell-rechtlich voll gültige, Anforderungen an die Beschaffenheit der Arbeitsstätte gestellt. Das betrifft u. a. die Raumabmessungen, Fußböden, Dächer, Fenster, Türen und Verkehrswege, sowie Fahrsteige, die Laderampen und Steigleitern. Hier wird auch im Gegensatz zur alten Verordnung konzentriert auf

die Sicherheits- und Gesundheitsschutzkennzeichnung verwiesen, auch ist die allgemeine Forderung nach einer der Nutzungsart entsprechenden Konstruktion und Festigkeit neu.

Maßnahmen zum Schutz vor besonderen Gefahren wie Absturz und Entstehungsbrände sowie die Vorgaben für Flucht und Rettungswege werden im **zweiten Abschnitt** genannt.

Der **dritte Abschnitt** regelt die wesentlichen Arbeitsbedingungen wie Bewegungsfläche, Anordnung und Ausstattung der Arbeitsplätze, die klimatischen Verhältnisse mit Raumtemperatur und Lüftung sowie die Beleuchtung und den Lärm.

Eine Regelung für Sanitär-, Pausen-, Bereitschafts- und Erst-Hilfe-Räume sowie Unterkünfte erfolgt im **vierten Abschnitt**. Im **fünften Abschnitt** wird schließlich auf ergänzende Anforderungen für nicht allseits umschlossene Räume und im Freien liegende Arbeitsstätten sowie für Baustellen eingegangen. Im **sechsten Abschnitt** sind schließlich als Folge der Verschmelzung von Arbeitsstättenverordnung und Bildschirmarbeitsverordnung die wesentlichen Vorschriften der früheren Bildschirmarbeitsverordnung abgebildet (Maßnahmen zur Gestaltung von Bildschirmarbeitsplätzen).

Anhang
Allgemeine Anforderungen
Maßnahmen zum Schutz vor besonderen Gefahren
Arbeitsbedingungen
Sanitär-, Pausen- und Bereitschaftsräume, Kantinen, Erste-Hilfe-Räume und Unterkünfte
Ergänzende Anforderungen und Maßnahmen an besondere Arbeitsstätten und Arbeitsplätze
Maßnahmen zur Gestaltung von Bildschirmarbeitsplätzen

V. Arbeitsstättenrichtlinien und neue Arbeitsstättenregeln (ASR)

Ein wesentliches Hilfsmittel für die praktische Umsetzung der ArbStättV waren **81** zunächst weiter bestehenden Arbeitsstätten-Richtlinien (ASRL). Auf der Grundlage des § 7 Abs. 4 hat das Bundesministerium für Arbeit und Sozialordnung in den letzten Jahren nach und nach neue Technische Regeln **bekannt** gegeben, das Regelwerk ist fast komplett. Sowohl aus den bestehenden ASRL als auch aus den neuen Technischen Regeln (ASR) konnten und können allgemein anerkannte sicherheitstechnische, arbeitsmedizinische und hygienische Regeln und gesicherte arbeitswissenschaftliche Erkenntnisse entnommen werden.

Die **bestehenden** ASRL **bestanden zunächst fort,** jedoch nicht länger als **82** **sechs Jahre** nach Inkrafttreten der Verordnung, also bis zum 31.12.2012. In dieser Zeit wurden sie je nach Dringlichkeit des Regelungsgegenstandes durch die neuen ASRG ersetzt. Bis dahin konnten die bestehenden ASRL zur Untersetzung der allgemeinen Schutzziele der Verordnung herangezogen werden. Bedingt durch die veränderte Struktur der Verordnung war und ist jedoch der direkte Bezug zwischen Paragraph und ASRL nicht mehr gegeben. Im Laufe der Jahre hat es sich allerdings herausgestellt, dass die Ersetzung der ASRL durch die ASR nicht ganz zuzüglich vorangig wie ursprünglich gedacht. Alte ASRL, die noch nicht durch neue ASR ersetzt wurden, und bis heute nicht ersetzt worden sind, können nach einheitlicher

Auffassung weiterhin als **Orientierungswerte** zur Konkretisierung der allgemeinen Schutzziele der ArbStättV herangezogen werden; dies betrifft aber nur noch ganz wenige Anwendungsfälle. Ohnehin ist es so, dass die Anwendung dieser Schutzziele dem Stand der Technik entsprechen muss (*BMAS* Übersicht ArbSchR, S. 817).

Die Technischen Regeln für Arbeitsstätten (ASR) konkretisieren die Anforderungen der Arbeitsstättenverordnung (ArbStättV). Die ASR sind abgedruckt in Anh. 18. Siehe hierzu auch die Übersicht in → § 3a Rn. 32. Nur die ASR 7/1 „Sichtverbindung nach außen" und die ASR 25/1 „Sitzgelegenheiten" wurden bisher vom ASTA nicht überarbeitet. Diese **ASRL** sind mit Jahresbeginn **2013 ungültig** geworden. Die Angaben in diesen beiden ungültig gewordenen Arbeitsstätten-Richtlinien können **aber** weiterhin als **„Orientierungswerte"** zur Konkretisierung der allgemeinen Schutzziele der Verordnung beim Einrichten und Betreiben von Arbeitsstätten verwendet werden. Dabei muss der Anwender aber beachten, dass die Inhalte dieser alten Arbeitsstätten-Richtlinien teilweise nicht mehr dem Stand der Technik entsprechen.(https://www.baua.de/DE/Angebote/Rechtstexte-und-Technische-Regeln/Regelwerk/ASR/ASR.html.).

VI. Vollzug und betriebliche Umsetzung

83   Der Vollzug der Verordnung obliegt den staatlichen Arbeitsschutzaufsichtsbehörden (Gewerbeaufsichtsämter bzw. Ämter für Arbeitsschutz). Mit dem seit 1.1.2004 erfolgten Inkrafttreten der BGV A1 Grundsätze der Prävention (heute: DGUV Vorschrift 1 – Unfallverhütungsvorschrift Grundsätze der Prävention, noch früher: VBG 1) haben auch die Unfallversicherungsträger die rechtliche Grundlage erhalten, mittels staatlicher Arbeitsschutzvorschriften ihren Präventionsauftrag zu erfüllen (BAuA http://www.baua.de/prax/arbeitsstaetten/arbeitsstaetten.htm.inhalt). Für die betriebliche Umsetzung kommt es insbesondere auf die Qualität und Effektivität der Beratung und Unterstützung des Arbeitgebers durch die von diesen nach ASiG/DGUV Vorschrift 2 zu bestellenden **Betriebsärzte** und **Fachkräfte für Arbeitssicherheit** an (*Pieper* ArbStättV Einl. Rn. 7). Die allgemeine **Befugnisse der zuständigen Behörden** richtet sich im Übrigen nach den Regelungen der §§ 21, 22 ArbSchG. Im Einzelfall kann die zuständige Behörde nach § 22 Abs. 3 ArbSchG zur Abwendung besonderer Gefahren die zum Schutz der Beschäftigten erforderlichen Maßnahmen anordnen. Die angeordneten Maßnahmen können über die Anforderungen der ArbStättV hinausgehen oder müssen dort nicht unbedingt und explizit geregelt sein (so auch *Pieper* ArbStättV Einl. Rn. 14).

E. Verschlankung der ArbStättV

I. Rechtspolitisches Ziel der Reform

84   Rechtspolitisch wurde die Novellierung des Arbeitsstättenrechts in der Öffentlichkeit vor allem in den übergreifenden politischen Kontext der „Initiative der Bundesregierung zum **Bürokratieabbau**" gestellt. (Initiative der Bundesregierung zum Bürokratieabbau – Strategie und Maßnahmen –", Anlage 1 zur Kabinettsvorlage des BMI vom 4.7.2003). Ziel der bis heute wirkenden Neuregelung sollte es sein, den Betrieben „durch flexible Vorschriften mehr Spielräume für Arbeitsschutzmaßnahmen, die ihrer betrieblichen Situation angepasst sind", zu verschaffen. Dieser rechtspolitische Begründungszusammenhang markiert eine **bemer-**

kenswerte Zäsur der Arbeitsschutzpolitik, da die Einräumung betrieblicher Gestaltungsspielräume, anders als in der Vergangenheit, hier nicht mehr funktional mit dem gemeinschaftsrechtlich normierten Ziel der Verbesserung des Arbeits- und Gesundheitsschutzes verbunden worden ist. Betriebliche Gestaltungsspielräume wurden als Instrument gesehen, „bürokratische Hindernisse für den Wirtschaftsstandort Deutschland" zu beseitigen. Die damit als Ziel postulierte „Entschlackung" der Verordnung soll erreicht werden durch die

- **optische Verschlankung** durch deutliche Reduzierung der Normen und eine
- **mathematische Verschlankung** durch weitgehende Ersetzung quantifizierter Anforderungen und Grenzen durch unbestimmte Rechtsbegriffe (*Kohte/Faber* DB 2005, 225).

II. Regelungstechnik: gemeinschaftsrechtskonform

Die neue ArbStättV von 2004 wich in Aufbau und Regelungstechnik deutlich **85** von der abgelösten ArbStättV-1975 ab. Während sich in der ArbStättV-1975 sämtliche normativen Bestimmungen in einem in insgesamt **58 Paragraphen** gegliederten Normtext finden, ist die Struktur der neuen Verordnung durch die Aufteilung in einen aus nur **8 (heute: 10) Paragraphen** bestehenden Text und einen **Anhang** geprägt. Dieser Aufbau entspricht der Struktur der neueren, auf der Grundlage des §§ 18, 19 ArbSchG erlassenen Rechtsverordnungen (z. B. LasthandhabV, PSA-Benutzungsverordnung, nunmehr auch GefStoffV). Diese Struktur ist vor dem Hintergrund des in der Entwurfsbegründung hervorgehobenen Ziels der Einpassung des Arbeitsstättenrechts in die Regelungskonzeption der europäischen Arbeitsschutzrichtlinien vgl. BR-Drs. 450/04 S. 21) und des ArbSchG plausibel (*Kohte/Faber* DB 2005, 225). Der **Anhang** ist Teil des Normtextes und damit unmittelbar verbindliches und **zwingendes Recht.**

Der konkrete Inhalt arbeitsstättenrechtlicher Pflichten kann daher nur ermittelt **86** werden, wenn beide Teile der Verordnung parallel gelesen werden. Dem **Anhang** kommt dabei die Funktion zu, die auf **abstrakt formulierten Schutzziele** zu **konkretisieren** (*Pieper* ArbStättV Anh. Rn. 1 ff.) In §§ 3, 3a, 4 ArbStättV finden sich die für die Verpflichtungen des Arbeitgebers zentralen Regelungen über das Einrichten und Betreiben von Arbeitsstätten sowie mittlerweile die Gefährdungsbeurteilung. Danach hat der Arbeitgeber dafür zu sorgen, dass Arbeitsstätten den Vorschriften der ArbStättV und ihres Anhangs entsprechend so eingerichtet und betrieben werden, dass von ihnen keine Gefährdungen für die Sicherheit und Gesundheit der Beschäftigten ausgehen (§ 3 Abs. 1 ArbStättV). Dies entspricht im Wesentlichen dem abgelösten Recht vor 2004, **betont** aber **deutlicher den Gefährdungsschutz,** der dem Gefahrenschutz vorgelagert ist (*Kohte,* Jahrbuch des Arbeitsrechts Bd. 37 (2000) S. 21, 31 ff.). In § 4 ArbStättV sind – **übersichtlicher** als im früheren Recht – die Anforderungen an das Betreiben von Arbeitsstätten **zusammenfassend geregelt** (*Kohte/Faber* DB 2005, 225).

Die **Regelungstechnik** dieser Grundpflichten entspricht dem **EU-Gemein- 87 schaftsrecht.** Dort, wie auch in den Umsetzungsvorschriften verschiedener EU-Mitgliedsstaaten, wird klarer als im bisherigen deutschen Recht differenziert zwischen der normativen Umschreibung des Verantwortungsbereichs des Arbeitgebers, nämlich der Gewährleistung der Sicherheit und Gesundheit der Beschäftigten, und den Instrumenten, die einzusetzen sind, um dieser Verantwortung gerecht zu werden. Im Hauptteil der Verordnung ist jetzt geregelt, *was* im Ergebnis durch den Arbeitgeber zu gewährleisten ist. Der Anhang regelt demgegenüber, *wie* vorzugehen ist, d. h. welche Teilziele und Maßnahmen zu realisieren sind. Die Regelungstechnik unterstreicht letztlich die vorrangige, auch durch Delegation nicht aufhebbare Verantwortung des Arbeitgebers, Sicherheit und Gesundheit in der von ihm geleiteten Arbeitsstätte zu gewährleisten (*Kohte/Faber* DB 2005, 225).

Die hohe praktische Bedeutung der technischen Regeln zeigt sich daran, dass sie vom Arbeitgeber nach § 3 Abs. 1 Satz 2 beim Einrichten und Betreiben der Arbeitsstätte zu berücksichtigen sind, sofern das BMAS nach Maßgabe des § 7 Abs. 4 bekannt gemacht hat. Hat der Arbeitgeber korrekt aufgestellte Regeln eingehalten, dann wird nach § 3 Abs. 1 S. 3 vermutet, dass er die in der Verordnung statuierten Anforderungen erfüllt hat. Die allgemeinen Schutzziele werden im Anhang in 6 Abschnitten konkretisiert: Im Kern finden sich im Anhang die auch schon aus der ArbStättV-1975 bekannten sachlichen Regelungskomplexe wieder, wie z. B. Anforderungen an Raumabmessungen, Fußböden, Fenster und Türen, Verkehrs- und Fluchtwege, Lüftung oder die räumliche Lage und Ausstattung von Sozialräumen; zusätzlich seit der Novelle 2016 die Maßgaben der früheren Bildschirmarbeitsverordnung. Aufgrund der spezifischen Regelungstechnik der Verordnung werden aber im Unterschied zum abgelösten Recht die **Schutzziele nicht mehr** durch **zahlenmäßig** ausgedrückte **Mindestwerte unterlegt**. Nur für den Lärmschutz wurde zwischenzeitlich in Anhang 3.7 a. F. ein (mittlerweile durch die Novelle im Jahre 2016 aufgegebener) konkret bezifferter Höchstgrenzwert von 85 dB (A) normiert. Durch einen gleitenden Verweis auf die EG-Richtlinie 92/58 wurde die Sicherheitskennzeichnung am Arbeitsplatz geregelt.

88   Vor dem Hintergrund des Ziels einer „entschlackten" ArbStättV durch eine „1:1 Umsetzung" der EG-Arbeitsstättenrichtlinie **fehlen** in der neuen ArbStättV die Elemente des bisherigen Arbeitsstättenrechts, die in der (EG-Arbeitsstätten-) **RL 89/654 nicht explizit geregelt** waren. Hierzu zählen etwa die Pflicht zur Bereitstellung von Sitzgelegenheiten (§ 25 Abs. 1 ArbStättV 1975), eine im Vergleich zu § 29 ArbStättV-1975 knappe Ausstattung von Pausenräumen, der Verzicht auf klare Anforderungen an den Lärm und die Raumtemperaturen in Sozialräumen (§§ 15 Abs. 2, 6 Abs. 3 ArbStättV-1975) sowie die Streichung der Schutzvorschriften gegen Gase, Nebel, Dämpfe, Stäube (§ 14 ArbStättV-1975) und sonstige Einwirkungen wie Zugluft oder mechanische Schwingungen (§ 16 ArbStättV-1975); hierzu *Kohte/Faber* DB 2005, 226.

III. Verschlankung als teilweise „Mogelpackung"?

89   Die (positive) psychologische Wirkung einer gestrafften Arbeitsstättenverordnung ist zwar nicht zu unterschätzen. Mit *Kohte/Faber* DB 2005, 227 ff. ist jedoch zu konstatieren, dass die vermeintliche Straffung, Verschlankung der Verordnung zu einem großen Teil **nicht** als **„der große Befreiungsschlag"** zugunsten flexibler betrieblicher Lösungen angesehen werden kann, und sie dem Arbeitgeber in bestimmten Fallgestaltungen mehr schadet als nutzt. Im Einzelnen:

90   **1. Anzahl der Vorschriften, die anzuwenden sind.** Auch wenn die neue ArbStättV aus nur noch 10 (zwischenzeitlich 8) Paragraphen besteht, **entspricht ihr Umfang** wegen des gemeinschaftsrechtlich vorgegebenen detaillierten Anhangs **in etwa dem der ArbStättV 1975.** Die einzige „lupenreine" Verschlankung war dadurch erfolgt, dass – auch auf Druck des Bundesrates – in die ArbStättV keine Rechtspflichten aufgenommen worden sind, die bereits in allgemeiner Form im ArbSchG geregelt sind (vgl. BR-Drs. 666/03 S. 22 f.). Abweichend vom ersten Entwurf des damaligen *BMWA* fanden sich in der neuen ArbStättV keine arbeitsstättenspezifischen Konkretisierungen zur Gefährdungsbeurteilung und Unterweisung, die in §§ 5, 12 ArbSchG in allgemeiner Form für alle denkbaren Gefährdungen geregelt sind. Mittlerweile haben aber auch diese Vorschriften allerdings über die Novelle des Jahres 2016 Eingang in die ArbStättV gefunden. Gefährdungsbeurteilung und Unterweisung zählen nunmehr unstreitig zum Herzstück der Verordnung.

Arbeitsschutzgesetz subsidiär zu beachten. Der zu bewältigende Rechts- **91** stoff ist durch die Verkleinerung der Verordnung indes nicht geringer geworden (*Kohte/Faber* DB 2005, S. 227): Da spezielle Regelungen fehlen, sind die rahmengesetzlichen Vorgaben des **ArbSchG als „Allgemeiner Teil"** des Arbeitsschutzrechts in jedem Einzelfall **zu beachten** (vgl. *Pieper* ArbStättV § 1 Rn. 4). Dies erläutern *Kohte/Faber* DB 2005, 227 an zwei anschaulichen Beispielen:

Beispiel Nr. 1: Nach § 20 ArbStättV-1975 waren Steigleitern nur zulässig, wenn der Einbau einer Treppe nicht möglich oder wegen der geringen Unfallgefahr nicht notwendig war. In Anhang 1.11 der neuen ArbStättV fehlt eine solche, die Zulässigkeit von Steigleitern begrenzende Bestimmung. Trotzdem ergibt sich aus dem neuen Recht in der Sache keine grundlegende Änderung der Rechtslage, denn nach § 4 Nr. 1 ArbSchG ist die Arbeit so zu gestalten, dass eine Gefährdung für Leben und Gesundheit möglichst vermieden wird und die verbliebene Gefährdung möglichst gering gehalten wird. Da der Einsatz von Steigleitern gegenüber Treppen ein evident höheres Gefährdungspotential aufweist, genießen auch zukünftig Treppen den Vorrang. Angesichts dieser engen systematischen Verzahnung der ArbStättV mit dem ArbSchG, die sich vielen Beteiligten nur schwer erschließen dürfte, muss bezweifelt werden. dass das öffentlich proklamierte Ziel des BMAS und des Bundesrates, das Arbeitsstättenrecht zu vereinfachen, tatsächlich erreicht werden wird.

Ebenso bewerten *Kohte/Faber* die scheinbar ersatzlose Streichung der Pflicht zur **92** Bereitstellung von Sitzhilfen in § 25 ArbStättV-1975:

Beispiel Nr. 2: Seit dem 28.11.1900 (!) ordnen staatliche Arbeitsschutzvorschriften die Bereitstellung von Sitzgelegenheiten an (RGBl. 1900 S. 1033; vgl. § 58 Abs. 2 Nr. 2 ArbStättV-1975). In der ILO-Empfehlung 102 wurde diese Pflicht 1956 konkretisiert und 1964 in Art. 14 des ILO-Übereinkommens 120 zum Gesundheitsschutz im Handel und in Büros normiert. Dies war 1975 noch allen Akteuren präsent und § 25 ArbStättV-1975 mit entsprechenden arbeitswissenschaftlichen Erkenntnissen begründet. Diese Erkenntnisse sind **weiterhin aktuell**, so dass jetzt die Generalklausel des **§ 3 ArbSchG** den Arbeitgeber verpflichtet, im erforderlichen Umfang Sitzgelegenheiten zur Verfügung zu stellen (vgl. dazu zusammenfassend *BAuA (Hrsg.)*: Ermittlung gefährdungsbezogener Arbeitsschutzmaßnahmen im Betrieb – Ratgeber, S. 325, 305, m.w.N. (http://www.baua.de). Außerdem ist die **völkerrechtliche Pflicht,** das 1973 ratifizierte ILO-Übereinkommen 120 zu beachten, natürlich im August 2004 nicht ersatzlos entfallen, so dass Aufsicht und Gerichte sie bei der Anwendung von §§ 3, 4 ArbSchG beachten müssen (Zur völkerrechtskonformen Auslegung im Arbeitsrecht *Hanau/Steinmeyer/Wank,* Handbuch des europäischen Arbeits- und Sozialrechts, 2002, § 34 Rn. 98; zuletzt BAG, Urt. v. 10.12.2002 – 1 AZR 96/02, DB 2003, 1116, 1119).

2. Streichung von Zahlen und Begriffen. Die neue Verordnung **verzichtet** **93** im Gegensatz zur ArbStättV-1975 darauf, durch **quantitativ** bestimmte Zahlenwerte Mindestanforderungen zu normieren. Am Beispiel der Verkehrswege für Fahrzeuge schildern *Kohte/Faber* DB 2005, 228 diese die neue ArbStättV prägende Regelungstechnik:

Beispiel: Während bisher § 17 Abs. 3 ArbStättV-1975 einen Mindestabstand von 1,00 m normierte, müssen nach Anhang 1.8 ArbStättV Verkehrswege für Fahrzeuge an Türen und Toren, Durchgängen, Fußgängerwegen und Treppenaustritten in *ausreichendem Abstand* vorbeiführen. Es ist fraglich, ob dies den Betrieben Erleichterungen bringt, denn bei der Planung eines Bauvorhabens sind im Grundriss weiterhin in Zentimetern quantifizierte Abstände einzutragen. Diese Entscheidung kann von den Planern nicht nach Gutdünken getroffen werden. Es sind vielmehr insoweit wiederum unter Rückgriff auf § 4 Nr. 3 ArbSchG – der Stand der Sicherheitstechnik und die gesicherten arbeitswissenschaftlichen Erkenntnisse zu berücksichtigen.

94   Durch den Verzicht auf quantifizierte Mindestwerte **nehme** – so *Kohte/Faber* (DB 2005, 228) – das neue Recht **den Planern wichtige Orientierungen,** so dass es nicht überraschen könne, dass im Vorfeld aus den Reihen der Architekten beachtliche Kritik an der neuen Regelungsstruktur angemeldet worden ist. Solche Zahlenwerte seien für die rechtzeitige Planung im jeweiligen Land sowie für die Vereinheitlichung der Arbeitsaufsicht und der Bauaufsicht eine unverzichtbare Hilfe, zumal die rechtzeitige Beachtung solcher Schutzvorschriften im Planungsstadium auch im Kosteninteresse geboten sei. Letztlich sei es für die Beteiligten **aufwendiger** und auch weniger übersichtlich, wenn sie selbst Mindestgrößen für Temperaturen, Beleuchtungsstärken, Sicherheitsbeleuchtungen oder Fluchtwege **individuell ermitteln** müssten.

F. Licht und Schatten der Novelle 2016

I. Kritik

95   Wo es eine Novelle gibt, wird es an Kritik nicht fehlen. Gerade im Arbeitsstättenrecht, dem „ewigen Zankapfel" zwischen Arbeitgeber- und Arbeitnehmerinteressen. So richtig zufrieden sind mit der Novelle weder die Arbeitgebervertreter, noch die Gewerkschaften. An und für sich ein klassisches Zeichen dafür, dass es sich um einen politisch **fair ausgehandelten Kompromiss** handelte. Gleichwohl enthält das neue Arbeitsstättenrecht 2016 einige offensichtliche, auch juristische, Schwachstellen. Einige Kritikpunkte seien hier nur exemplarisch genannt, und werden an späterer Stelle in diesem Kommentar vertieft erläutert:

96   Die noch vergleichsweise sanfteste Form der Kritik – fast schon ein Kompliment – kommt von *Voigt* dahingehend, dass man mit der ArbStättV Ende 2016 wieder dort angekommen sei, wo man schon einmal war: Viele im Zuge der Deregulierung im Jahr 2004 entfallende Anforderungen wie Sitzgelegenheiten, Sichtverbindung nach außen und Liegegelegenheiten für Schwangere sind **wieder in den Text aufgenommen** worden (*Voigt* in: Forum, Nr. 2.1, S. 6). In der Tat, aber hierfür gab es ja auch gute Gründe.

97   Das völlig **verkorkste Rechtsetzungsverfahren** im Spannungsfeld zwischen Bundesrat, Arbeitgebern und Gewerkschaften kann man sattsam kritisieren, und man hat dies auch getan. Letztendlich wurden von Interessenträgern jeweils verschiedenartigste Ziele anvisiert und zum Teil auch erreicht, wie die wesentlichen Kritikpunkte von der Arbeitgeberseite, namentlich beim Thema: Abschließbare Kleiderablage, Sichtverbindung nach außen, Geltung für die häusliche Telearbeit und Dokumentation der Unterweisung (*Wiebauer* NZA 2017, 220). Hier steht aber zunächst das große Ganze im Vordergrund, dass nämlich überhaupt eine Novelle erreicht werden konnte. Heilen lassen sich manche Widersprüchlichkeiten durch eine profunde juristische Auslegung und europarechtskonforme Interpretation von so manchen Ungereimtheiten; möglicherweise auch durch spätere Korrekturen im Verordnungswege. Schließlich darf nicht übersehen werden, dass letztendlich **übergeordnetes Recht** und Fachgesetze, wie eben auch das Arbeitsschutzgesetz, den bisweilen unzulänglichen Vorschriften der ArbStättV **im Rang**

vorgehen. Zwar ist es normalerweise nicht Sinn und Zweck von übergeordneten Gesetzen (wie dem Arbeitsschutzgesetz), im Detail unzulängliche Verordnungen zu ergänzen, denn eigentlich sollte das umgekehrt der Fall sein; im Fall der Novelle 2016 kann dies aber durchaus hin und wieder der Fall sein, gerade was die Interpretation der Reichweite von Gefährdungsbeurteilung und Unterweisung betrifft.

Verunglückt ist die **Definition des Bildschirmarbeitsplatzes** in § 2 Abs. 5:   **98** Danach sollen Bildschirmarbeitsplätze nur solche sein, die sich in Arbeitsräume befinden und die mit Bildschirmgeräten **und** sonstigen Arbeitsmitteln ausgestattet sind. Mit Blick auf die EG-Bildschirmarbeitsrichtlinie ist dies schon deswegen „etwas schief", weil nach EU-Recht bereits die Ausstattung mit einem Bildschirmgerät den Arbeitsplatz zum Bildschirmarbeitsplatz macht (Art. 2 Buchst. b RL 90/270/ EWG); weitere Arbeitsmittel sind nach den europäisch- rechtlichen Vorgaben mithin nicht erforderlich. Zum anderen gelten die **europäischen Vorgaben** zu Bildschirmarbeit keineswegs nur für Arbeitsplätze in Arbeitsräumen im Sinne von § 2 Abs. 3, sondern auch für Bildschirmarbeitsplätze **im Freien** oder auf **Baustellen** (*Wiebauer* NZA 2017, 222). Hier wird es noch zur Genüge Diskussionen bei der (europarechtskonformen) Auslegung dieser Definition geben. Weitere Unklarheiten gibt es bei der Anwendbarkeit der ArbStättV im **Privatbereich** des Beschäftigten, beim Begriff der vorherigen Vereinbarung und bei der Verwendung eigene Arbeitsmittel (eigener Schreibtisch). Auch hier wird die Praxis zeigen, ob die überaus einengende Definition des Telearbeitsplatzes einer europarechtskonformen Auslegung standhält.

Problematisch ist auch die Rechtsfigur der sog. **einmaligen Gefährdungs-**   **99** **beurteilung** im Arbeitsstättenrecht (in Abweichung zum allgemeinen Arbeitsschutzrecht). Ein vermutlich untauglicher Versuch, die Arbeitgeber von Kontrollpflichten im Home Office zu befreien. Das kann aber schon deswegen nicht funktionieren, weil § 3 Abs. 1 S. 2 ArbSchG eine **Fortschreibung** der Gefährdungsbeurteilung verlangt, und diese formell-gesetzliche Regelung nicht einfach durch Verordnung ausgehebelt werden kann (so richtig gesehen von: *Wiebauer* NZA 2017, 223). Ebenso verunglückt ist die Klausel in § 1 Abs. 3 S. 1, wonach die Telearbeitsplatz-Regelungen der ArbStättV nur dann Anwendung finden sollen, soweit der Home-Office-Arbeitplatz **von dem im Betrieb abweicht.** Diese Vorschrift kann nur so gemeint sein, dass eine gesonderte Gefährdungsbeurteilung für den Telearbeitsplatz gemäß § 5 Abs. 2 S. 2 ArbSchG entbehrlich sein wird, wenn die Arbeitsbedingungen im Betrieb und im Home Office **im Wesentlichen gleich** sind. Das gilt in der Folge auch für die Unterweisung, die ihrerseits auf der Gefährdungsbeurteilung beruht (*Wiebauer* NZA 2017, 223 mit Verweis auf *BAGE* 127, 205 = NZA 2009, 102).

II. Ausblick

Alles in allem: Mit der neuen Fassung der Arbeitsstättenverordnung kann man   **100** durchaus leben und arbeiten. Mit vielen unbestimmten Rechtsbegriffen und dem Verschmelzen mit der Bildschirmarbeitsverordnung, einem gut arbeitenden und in seiner Bedeutung nicht zu unterschätzenden Ausschuss für Arbeitsstätten wird man auch in den nächsten Jahren gut zurecht kommen können. Die Frage, ob die Verordnung fit für die Digitalisierung und für Industrie 4.0 ist, erscheint zunächst müßig; flexibel ist die ArbStättV zur Genüge.

Entscheidend ist zunächst, dass **Eckpfeiler** wie eben die Verschmelzung mit den   **101** Bildschirmvorschriften, die Übernahme der Gefährdungsbeurteilung einschließlich der psychischen Belastungen sowie das Bewusstsein für den Telearbeitsplatz nicht ignoriert, sondern vielmehr einer wenn auch durch die Rechtspraxis ergänzungsbedürftigen Regelung zugeführt wurde. Die Übernahme der Gefährdungsbeurteilung psychische Belastungen in das Arbeitsstättenrecht ist insoweit bedeutsam, als **besondere psychische Belastungen** auch durch die Raumgestaltung, z. B. Raumgröße, Raumklima oder Beleuchtung, und nicht nur über die durch das Arbeitsschutzgesetz in erster Linie erfassten allgemeinen Stressoren, herrühren können (BR-Drs. 506/16, 28).

102   Ferner wird mit der Novelle die Arbeitsschutzverantwortung in § 3a Abs. 1 weiter konkretisiert, insbesondere das **Vermeidungs- und Minimierungsgebot** entsprechend § 4 Nr. 1 ArbSchG sowie die Berücksichtigung ergonomische Anforderungen ausdrücklich erwähnt. Zu erwähnen ist auch, dass Sanitär-, Pausen-, Bereitschafts- und Erste- Hilfe-Räume, Kantinen und Unterkünfte, die von Beschäftigten mit Behinderung benutzt werden, gemäß § 3 Abs. 2 S. 2 **barrierefrei** zu gestalten sind. § 3a Abs. 3 S. 2 ermöglicht die elektronische Antragstellung bei Ausnahmebewilligungen (*so: Wiebauer* NZA 2017, 224). Auch für den Nichtraucherschutz hält die Novelle etwas parat: Die Neufassung des § 5 Abs. 2 räumt mit dem Missverständnis auf, in Arbeitsstätten mit Publikumsverkehr könnte der Arbeitgeber gegebenenfalls auf Schutzmaßnahmen zu Gunsten der nicht rauchenden Beschäftigten verzichten. Eine Einschränkung gilt nur insoweit, als die Maßnahmen an die Natur des Betriebs und die Art der Beschäftigung anzupassen sind (*Wiebauer* NZA 2017, 224 m. V. a. *BAG* NZA, 1134).

103   Für den Rechtsanwender gilt es nunmehr, die neuen Bestimmungen europarechtskonform und praktisch handhabbar auszulegen. Für den Bereich der Telearbeitsplätze wird dies sehr spannend. Der Verordnungsgeber hat seine Aufgabe damit im Ergebnis zwar nicht vollständig erfüllt (so *Wiebauer* NZA 2017, 224); es hätte aber durchaus schlimmer kommen können. Die Verordnung enthält nichts, was nicht **durch Auslegung,** Interpretation und Rechtsprechung **zu korrigieren** wäre. Entscheidend wird sein, wie die auf den ersten Blick durchaus arbeitgeberfreundlich anmutenden Vorschriften zur Telearbeit und zur mobilen Arbeit in der Praxis gehandhabt werden. Spannender wird es sein zu beobachten, wie sich die Gefährdungsbeurteilung psychische Belastungen nach dem Arbeitsschutzgesetz mit Blick auf die stets drohende Durchmischung von **Privatleben und Arbeitsleben** mit Bezug auf das Home Office auswirkt.

§ 1 Ziel, Anwendungsbereich

(1) **Diese Verordnung dient der Sicherheit und dem Schutz der Gesundheit der Beschäftigten beim Einrichten und Betreiben von Arbeitsstätten.**

(2) **Für folgende Arbeitsstätten gelten nur § 5 und der Anhang Nummer 1.3:**
1. **Arbeitsstätten im Reisegewerbe und im Marktverkehr,**
2. **Transportmittel, die im öffentlichen Verkehr eingesetzt werden,**
3. **Felder, Wälder und sonstige Flächen, die zu einem land- oder forstwirtschaftlichen Betrieb gehören, aber außerhalb der von ihm bebauten Fläche liegen.**

(3) ¹**Für Telearbeitsplätze gelten nur**
1. **§ 3 bei der erstmaligen Beurteilung der Arbeitsbedingungen und des Arbeitsplatzes,**
2. **§ 6 und der Anhang Nummer 6,**
soweit der Arbeitsplatz von dem im Betrieb abweicht. ²**Die in Satz 1 genannten Vorschriften gelten, soweit Anforderungen unter Beachtung der Eigenart von Telearbeitsplätzen auf diese anwendbar sind.**

(4) **Der Anhang Nummer 6 gilt nicht für**
1. **Bedienerplätze von Maschinen oder Fahrerplätze von Fahrzeugen mit Bildschirmgeräten,**
2. **tragbare Bildschirmgeräte für die ortsveränderliche Verwendung, die nicht regelmäßig an einem Arbeitsplatz verwendet werden,**
3. **Rechenmaschinen, Registrierkassen oder andere Arbeitsmittel mit einer kleinen Daten- oder Messwertanzeigevorrichtung, die zur unmittelbaren Benutzung des Arbeitsmittels erforderlich ist und**
4. **Schreibmaschinen klassischer Bauart mit einem Display.**

(5) **Diese Verordnung ist für Arbeitsstätten in Betrieben, die dem Bundesberggesetz unterliegen, nur für Bildschirmarbeitsplätze einschließlich Telearbeitsplätze anzuwenden.**

(6) ¹**Das Bundeskanzleramt, das Bundesministerium des Innern, das Bundesministerium für Verkehr und digitale Infrastruktur, das Bundesministerium für Umwelt, Naturschutz, Bau und Reaktorsicherheit, das Bundesministerium der Verteidigung oder das Bundesministerium der Finanzen können, soweit sie hierfür jeweils zuständig sind, im Einvernehmen mit dem Bundesministerium für Arbeit und Soziales und, soweit nicht das Bundesministerium des Innern selbst zuständig ist, im Einvernehmen mit dem Bundesministerium des Innern Ausnahmen von den Vorschriften dieser Verordnung zulassen, soweit öffentliche Belange dies zwingend erfordern, insbesondere zur Aufrechterhaltung oder Wiederherstellung der öffentlichen Sicherheit.** ²**In diesem Fall ist gleichzeitig festzulegen, wie die Sicherheit und der Schutz der Gesundheit der Beschäftigten nach dieser Verordnung auf andere Weise gewährleistet werden.**

Übersicht

Schrifttum: *Aligbe,* Arbeitsschutzrechtliche Bestimmungen bei Telearbeitsplätzen, ArbR 2016, 132; *ders.,* Wichtige Aspekte der novellierten Arbeitsschutzverordnung, ArbR 2016, 596; *Boemke,* Das Telearbeitsverhältnis, BB 2000, 147; *Calle Lambach/Prümper,* Mobile Bildschirmarbeit: Auswirkungen der Bildschirmrichtlinie 90/270/EWG und der BildscharbV auf die Arbeit an mobil einsetzbaren IT-Geräten, RdA 2014, 345; *Däubler,* Arbeitnehmerähnliche Personen im Arbeits- und Sozialrecht und im EG-Recht, ZIAS 2000, 326; *Henning/Schramm,* Das Mobile Office, AuA 2016, 504; *Oberthür,* Die Arbeitssicherheit im Mobile Office, NZA 2013, 246; *Rieble/Picker,* Arbeitsschutz und Mitbestimmung bei häuslicher Telearbeit, ZfA 2013, 383; *Schwiering/Zurel,* Das Homeoffice in der Arbeitswelt 2.0, ZD 2016, 17; *Thüsing,* Digitalisierung der Arbeitswelt – Impulse zur rechtlichen Bewältigung der Herausforderung gewandelter Arbeitsformen, SR 2016, 87; *Wiebauer,* Arbeitsschutz im Fremdbetrieb, ZfA 2014, 29; *ders.,* Arbeitsschutz und Digitalisierung, NZA 2016, 1430; *ders.,* Die Novelle der Arbeitsstättenverordnung 2016, NZA 2017, 220

A. Zweck der Arbeitsstättenverordnung (Abs. 1)

1   Die Arbeitsstättenverordnung enthält zentrale Vorschriften zum Schutz der Sicherheit und Gesundheit am Arbeitsplatz, und zwar im Zusammenhang mit Gefährdungen, die in Arbeitsstätten latent vorhanden sind oder von ihnen ausgehen. Dabei handelt es sich um Mindestvorschriften, die unter dem Aspekt der Sicherheit und des Gesundheitsschutzes der Beschäftigten in Arbeitsstätten formuliert sind. § 1 greift die allgemeine Zweckbestimmung des **§ 1 Abs. 1 ArbSchG** auf und **überträgt sie** auf das Arbeitsstättenrecht (vgl. BR-Drs. 450/04, zu § 1 Abs. 1). Dazu gehört, dass die Sicherheit und der Gesundheitsschutz der Beschäftigten bei der Arbeit durch Arbeitsschutzmaßnahmen nicht nur gesichert, sondern auch **verbessert** werden (§ 1 Abs. 1 Satz 1 ArbSchG; zur Bedeutung dieses Begriffspaars im Einzelnen → § 3 Rn. 8 ff.; *Wiebauer* in Landmann/Rohmer GewO ArbSchG § 1 Rn. 12 ff.; *Kollmer* in Kollmer/Klindt/Schucht ArbSchG § 1 Rn. 16 ff.; *Kohte/Maul-Sartori* in HK-ArbSchR ArbSchG § 1 Rn. 7 ff.).

B. Grundsatz: Umfassender Anwendungsbereich (Abs. 1 und 2)

Nach der (Ur-)Fassung der VO aus dem Jahr 1975 musste ein Gewerbebetrieb **2** nach der GewO vorliegen, um die Anwendbarkeit des Arbeitsstättenrechts zu begründen. Es musste sich also entweder um einen Industrie- oder Handwerksbetrieb im Sinne der §§ 120a bis c GewO a. F. oder aber um einen Handelsbetrieb im Sinne von § 139g GewO i. V. m. § 62 Abs. 1 HGB handeln. Seit der Angleichung an die europäische Arbeitsstättenrichtlinie aus dem Jahr 1989 verfügt die VO über **keine eigenständige Definition** ihres Anwendungsbereichs mehr. Vielmehr gilt sie für Arbeitsstätten in Betrieben, in denen das Arbeitsschutzgesetz Anwendung findet, da die ArbStättV auf der Grundlage des ArbSchG erlassen worden ist. Ausnahmen werden in den Absätzen 2–5 des § 1 festgelegt.

Das **Arbeitsschutzgesetz** wiederum bestimmt in § 1 Abs. 1 Satz 2 ArbSchG **3** einen allumfassenden Geltungsbereich („Es gilt in allen Tätigkeitsbereichen"). Von der VO umfasst sind also neben der Privatwirtschaft auch die Arbeitsstätten im **öffentlichen Dienst** sowie kirchliche und gemeinnützige Tätigkeitsbereiche (*Wank*, § 4 ArbStättV Rn. 5). Als Betriebe im Sinne der VO gelten für den Bereich des öffentlichen Dienstes die Dienststellen, d. h. Behörden, Verwaltungsstellen und Betriebe der Verwaltung des Bundes, der Länder, der Gemeinden und der sonstigen Körperschaften, Anstalten und Stiftungen des öffentlichen Rechts, die Gerichte des Bundes und der Länder sowie die entsprechenden Einrichtungen der Streitkräfte (§ 2 Abs. 5 ArbSchG; s. auch OVG Berlin, Beschl. vom 18.8.2004, Az.: 4 N. 82.08, BeckRS 2004, 18794, welches mit besonderer Eindringlichkeit das Vorbringen einer Berliner Behörde zurückweist, die beamtenrechtliche Fürsorgepflicht beschränke sich im Hinblick auf die Rettungswege auf den bauordnungsrechtlichen Zustand).

Erfasst werden – neben dem öffentlichen Bereich – auch die Arbeitsstätten von **4** **gemeinnützigen Einrichtungen,** Verbänden und Vereinen, Arbeitsstätten in der Land- und Forstwirtschaft (mit Ausnahme der in § 1 Abs. 2 Nr. 3 genannten Flächen!) sowie freiberufliche Anwalts- und Arztpraxen.

Mit dieser Ausdehnung des Geltungsbereichs wurde im Wesentlichen die **Angleichung** des deutschen Arbeitsstättenrechts an das **europäische Recht,** v. a. an die euröäische Arbeitsstättenrichtlinie 89/654/EWG bewirkt. Das europäische Arbeitsschutzrecht kannte seit jeher einen derart umfassenden Ansatz, anders als das tradierte deutsche Recht, das zuvor von der Grundsubstanz her auf den gewerblichen Rahmenbereich beschränkt war, im Rahmen einzelner Vorschriften jedoch schon Ausdehnung auf den nicht gewerblichen Bereich fand (vgl. z. B. Chemikalienrecht, Geräte- und Produktsicherheitsrecht, Sprengstoffrecht). Mit Inkrafttreten des ArbSchG im Jahr 1996 hat der deutsche Gesetzgeber endgültig die europäische Linie in Deutschland umgesetzt.

Im Einklang mit § 1 Abs. 2 ArbSchG gilt die VO hingegen **nicht** für den Arbeitsschutz von Hausangestellten in **privaten Haushalten** (im Einzelnen *Wiebauer* in Landmann/Rohmer GewO ArbSchG § 1 Rn. 35 ff.; *Kollmer* in Kollmer/Klindt/ Schucht ArbSchG § 1 Rn. 66 ff.).

I. Persönlicher Schutzbereich: Beschäftigte

5 Der Begriff des „**Beschäftigten**" ist in der ArbStättV nicht gesondert definiert. Er entspricht dem des § 2 Abs. 2 ArbSchG. Dieser ist weiter als der Arbeitnehmerbegriff und umfasst im Einzelnen:
- Arbeitnehmer,
- die zu ihrer Berufsbildung Beschäftigten,
- arbeitnehmer**ähnliche** Personen im Sinne von § 5 Abs. 1 ArbGG, ausgenommen die in Heimarbeit Beschäftigten und die ihnen Gleichgestellten,
- Beamte,
- Richter,
- Soldaten und
- die in Werkstätten für Behinderte Beschäftigten.

6 Erfasst sind damit alle Personen, die auf Grund einer (wie auch immer gearteten) **rechtlichen Beziehung zum Arbeitgeber** (u. a. Arbeitsvertrag, öffentlich-rechtliches Dienstverhältnis, Arbeitnehmerüberlassung) Arbeitsleistungen erbringen und durch Arbeitsschutzmaßnahmen vor Gesundheitsgefahren geschützt werden müssen. Wegen der Vielfalt der rechtlichen Gestaltungsmöglichkeiten, in denen abhängige Arbeit geleistet wird, erschien es dem Gesetzgeber (des Arbeitsschutzgesetzes) opportun, den Begriff „Beschäftigte" als **weiten Oberbegriff** zu institutionalisieren (BR-Drs. 881/95, S. 25). Insbesondere sollten neben den Arbeitnehmern des öffentlichen Dienstes auch **Beamte,** Richter und Soldaten erfasst werden. Auch die EG-Arbeitsschutzrahmenrichtlinie 89/391/EWG fordert die Erfassung aller Beschäftigten des öffentlichen Dienstes einschließlich der Beamten, (*Kollmer* ZTR 1997, 265 ff.; *Kohte* in Kollmer/Klindt/Schucht ArbSchG § 2 Rn. 53 ff.; *Wiebauer* in Landmann/Rohmer GewO ArbSchG § 2 Rn. 52).

7 **Arbeitnehmer** ist, wer auf Grund eines privatrechtlichen Vertrags im Dienste eines anderen zur Leistung weisungsgebundener, fremdbestimmter Arbeit in persönlicher Abhängigkeit verpflichtet ist (§ 611a Satz 1 BGB; zuvor bereits st. Rspr., BAG Urt. v. 27.6.2017 – 9 AZR 851/16, NZA 2017, 1463 m.w.N.). Maßgeblich ist nicht die Bezeichnung im Vertrag, sondern die tatsächliche Durchführung (BAG Urt. v. 21.11.2017 – 9 AZR 117/17, NZA 2018, 448). Die **Rechtsprechung** des Bundesarbeitsgerichts stellt für die Abgrenzung insbesondere auf den Grad der persönlichen Abhängigkeit ab. Arbeitnehmer ist demnach in Anlehnung an § 84 Abs. 1 Satz 2 HGB, wer seine Tätigkeit **nicht im Wesentlichen frei** gestalten und seine Arbeitszeit nicht selbst bestimmen kann (BAG Urt. v. 17.10.2017 – 9 AZR 792/16, BeckRS 2017, 140191; zu Kasuistik und Einzelfällen s. *Preis* in ErfK BGB § 611a Rn. 55 ff.). Zentrales Merkmal ist somit die Weisungsabhängigkeit des Arbeitnehmers; je stärker die Weisungsbindung, um so eher ist ein Arbeitsverhältnis zu bejahen (*Preis* in ErfK BGB, § 611a Rn. 40).

8 Die zu ihrer **Berufsbildung** Beschäftigten sind v. a. **Azubis** nach § 1 Abs. 2 und 3 BBiG, **Fortbildungsteilnehmer** nach § 1 Abs. 4 BBiG, **Umschüler** nach § 1 Abs. 5 BBiG und **Praktikanten** nach § 26 BBiG – sofern bei letzteren nicht ohnehin ein Arbeitsverhältnis vereinbart ist (BAG Urt. v. 1.12.2004 – 7 AZR 129/04, NZA 2005, 779; *Schlachter* in ErfK BBiG § 26 Rn. 3). Allerdings ist der Anwendungsbereich nicht auf die Berufsbildung i. S. d. BBiG beschränkt. Erfasst sind daher etwa auch Azubis in der Krankenpflege, die gemäß § 22 KrPflG nicht dem BBiG unterfallen. Keine Beschäftigten i. S. d. ArbSchG und der ArbStättV sind hingegen **Schüler im Praktikum,** wenn sie keinen privatrechtlichen Praktikumsvertrag mit der Praktikumsstelle abgeschlossen haben; bei ihnen handelt es sich auch nicht um arbeitnehmerähnliche Personen (ausführlich *Wiebauer* in Landmann/Rohmer GewO ArbSchG § 2 Rn. 31; a. A. *Kohte* in Kollmer/Klindt/Schucht ArbSchG § 2 Rn. 106).

Als Auffangtatbestand unterstellt § 2 Abs. 2 Nr. 3 ArbSchG auch die **Arbeitneh-** **9** **merähnlichen Personen** dem Schutz des Arbeitsschutzrechts und damit auch der ArbStättV. Es handelt sich um Personen, die zwar **selbständig** sind, aber vor allem wegen ihrer **wirtschaftlichen Abhängigkeit** dennoch einem Arbeitnehmer vergleichbar **sozial schutzbedürftig** (§ 5 Abs. 1 Satz 2 ArbGG, § 12a Abs. 1 Nr. 1 TVG; *Preis* in ErfK BGB § 611a Rn. 81). Inwieweit sich diese Schutzbedürftigkeit entsprechend dem allgemeinen Arbeitsrecht nach dem **Kriterium der „wirtschaftlichen Abhängigkeit"** richtet oder nach einer tatsächlichen Schutzbedürftigkeit, ist umstritten. Einige Stimmen in der Literatur favorisieren einen spezifisch arbeitsschutzrechtlichen Begriff der arbeitnehmerähnlichen Person und wollen daher auf die tatsächliche Schutzbedürftigkeit abstellen (*Däubler* ZIAS 2000, 326, 330 f.; *Kohte* in Kollmer/Klindt/Schucht ArbSchG § 2 Rn. 83 ff.). Dem steht indes der ausdrückliche Verweis auf § 5 Abs. 1 ArbGG in § 2 Abs. 2 Nr. 3 ArbSchG entgegen, sodass das Kriterium der wirtschaftlichen Abhängigkeit nicht völlig außer Acht gelassen werden kann (ausführlich *Wiebauer* in Landmann/Rohmer GewO ArbSchG § 2 Rn. 33 ff.; *Schulze-Doll* in HK-ArbSchR ArbSchG § 2 Rn. 19 ff.).

Bei den **Beamten, Richtern** und **Soldaten** sind die Definitionen nach dem **10** statusrechtlichen Beamtenbegriff gemäß den Beamtengesetzen (§ 4 BBG, Landesbeamtengesetze) einschlägig. Umfasst von dem Begriff sind damit diejenigen Personen, die zum Bund, zu einem Land oder einer Körperschaft oder Anstalt des öffentlichen Rechts in einem öffentlich-rechtlichen Dienst- und Treueverhältnis stehen. Dabei ist nicht zwischen den verschiedenen Beamtenverhältnissen (auf Lebenszeit, auf Probe oder auf Widerruf) zu unterscheiden (*Kohte* in Kollmer/Klindt/Schucht ArbSchG § 2 Rn. 57).

Behindertenwerkstätten sind Einrichtungen zur **Teilhabe behinderter Men-** **11** **schen am Arbeitsleben** und zur Eingliederung ins Arbeitsleben (§ 219 Abs. 1 Satz 1 SGB IX). Die dort Beschäftigten sind in der Regel bereits Arbeitnehmer oder arbeitnehmerähnliche Personen. Soweit das ausnahmsweise nicht der Fall ist, sind sie gemäß § 2 Abs. 2 Nr. 7 ArbSchG dennoch Beschäftigte i. S. d. Arbeitsschutzrechts – und damit auch i. S. d. ArbStättV.

II. Kein Drittschutz

Dritte Personen, z. B. Besucher einer Arbeitsstätte, Lieferanten, Nachbarn, Au- **12** ßenstehende, Angehörige oder gar unbefugt Eindringende sind kein originäres Schutzobjekt der ArbStättV. Die Verordnung dient nicht dem Schutz von außenstehenden Personen, sondern **nur dem Schutz der Beschäftigten des Betriebsinhabers.** In einer Gerichtskantine beispielsweise findet die ArbStättV demnach nur auf die dort Beschäftigten Anwendung, nicht aber auf einen Rechtsanwalt, der sich im Rahmen seiner beruflichen Tätigkeit dort aufhält (VG Düsseldorf, Urt. v. 13.2.2007, 3 K 3344/06). Dabei ist unerheblich, ob es sich bei den Dritten um Beschäftigte eines anderen Arbeitgebers handelt oder nicht. Die ArbStättV nicht zugunsten der von einer **Fremdfirma** in den Betrieb entsandten Beschäftigten, weil es insoweit an einem gemäß § 2 Abs. 1 erforderlichen Bezug zur Betriebsstätte des (entsendenden) Vertragsarbeitgebers fehlt (→ Rn. 38). Zum Ausnahmefall Baustelle → § 2 Rn. 13 ff.

III. Normadressat: Arbeitgeber

13   Die Pflichten der ArbStättV richten sich an den Arbeitgeber, wie sich etwa aus den zentralen Vorschriften der §§ 3 und 3a ausdrücklich ergibt. Definiert ist die Person des Arbeitgebers in **§ 2 Abs. 3 ArbSchG:** Arbeitgeber sind demnach natürliche und juristische Personen und rechtsfähige Personengesellschaften, die Personen nach § 2 Abs. 2 ArbSchG (= Beschäftigte) beschäftigen.

14   Der Wortlaut des § 2 Abs. 3 ArbSchG darf nicht zu dem Fehlschluss verleiten, es käme allein auf die tatsächliche Beschäftigung ungeachtet eines eventuell zugrundeliegenden Rechtsverhältnisses an (so aber *Kohte* in Kollmer/Klindt/Schucht ArbSchG § 2 Rn. 126; an dieser Stelle auch noch *Kollmer,* Voraufl. Rn. 8). Der Grund für den öffentlichen Arbeitsschutz, nämlich die **Gestaltungsmacht** des Arbeitgebers für die Arbeitsbedingungen, ergibt sich gerade **aus dem Beschäftigungsverhältnis** (ausführlich *Wiebauer* in Landmann/Rohmer GewO ArbSchG § 1 Rn. 4 ff.; § 2 ArbSchG Rn. 59). Allerdings genügt ein fehlerhaftes, aber tatsächlich in Vollzug gesetztes Arbeitsverhältnis, da sich in einem solchen Fall die Machtverteilung und die Gefährdungslage während der Beschäftigung nicht anders darstellt als in einem laufenden Arbeitsverhältnis (näher *Wiebauer* in Landmann/Rohmer GewO ArbSchG § 1 Rn. 26).

15   Bei der **Leiharbeit** i. S. d. § 1 AÜG ist allein der **Verleiher** Arbeitgeber der Leiharbeitnehmer, weil nur in diesem Verhältnis das von der Rahmenrichtlinie vorausgesetzte Beschäftigungsverhältnis besteht. Weil jedoch während des Einsatzes im Entleiherbetrieb dem **Entleiher** das Weisungsrecht zusteht und dieser durch seine Gestaltungsmacht im Betrieb die für den Arbeitsschutz maßgeblichen Entscheidungen trifft, ist er gemäß § 11 Abs. 6 Satz 1 Hs. 2 AÜG unbeschadet der Verpflichtungen des Verleihers selbst für den Arbeitsschutz der Leiharbeitnehmer in seinem Betrieb verantwortlich. Infolgedessen beschränkt sich die Verantwortung des Verleihers darauf, zu **kontrollieren,** dass der Entleiher seinen Arbeitsschutzpflichten nachkommt (BAG Urt. v. 7. 6. 2016 – 1 ABR 25/14, NZA 2016, 1420; *Wank* in ErfK § 11 AÜG Rn. 22; *Schüren* in Schüren/Hamann § 11 Rn. 195; a. A. *Mengel* in Thüsing § 11 Rn. 56: beide Arbeitgeber voll verantwortlich).

16   Von der Arbeitnehmerüberlassung zu unterscheiden ist der Einsatz von **Fremdpersonal** auf **dienst- oder werkvertraglicher Grundlage.** Hier trifft die Arbeitsschutzverantwortung im Grundsatz allein den **Vertragsarbeitgeber,** also den Dienstleister, der seine Beschäftigten zur Arbeit im Fremdbetrieb entsendet (*Wiebauer* ZfA 2014, 29, 33 f.; *Wilrich* in Nöthlichs 4010 ArbSchG § 2 Anm. 3.1.2).

17   Der Arbeitgeber muss keine natürliche Person sein, so lange er nur **rechtsfähig** ist. Es kann sich daher auch um eine juristische Person des Privatrechts oder des Öffentlichen Rechts oder um eine rechtsfähige Personengesellschaft handeln. Arbeitgeber können demnach insbesondere sein:

– Privatpersonen, Kaufleute, Landwirte, Freiberufler,
– Aktiengesellschaften (AG) oder Gesellschaften mit beschränkter Haftung (GmbH), Genossenschaften, eingetragene Vereine,
– Anstalten und Stiftungen des öffentlichen Rechts, öffentliche Gebietskörperschaften (wie Länder oder Gemeinden), kirchenbezogene Körperschaften des öffentlichen Rechts, sowie
– Offene Handelsgesellschaften (OHG), Kommanditgesellschaften (KG), Gesellschaften bürgerlichen Rechts (GbR) oder Partnerschaftsgesellschaften (PartG).

IV. Einrichtung und Betrieb von Arbeitsstätten

Ausdrücklich erwähnt ist die Zweckbestimmung des Gesundheitsschutzes so- **18** wohl beim **Einrichten** als auch beim **Betreiben** von Arbeitsstätten. Die beiden Begriffe sind in § 2 Abs. 8 und 9 definiert, die Definition der Arbeitsstätte findet sich in § 2 Abs. 1. Damit werden die zeitlich logisch aufeinanderfolgenden beiden Hauptkomponenten des Arbeitsstättenschutzes abgedeckt: zum einen der Schutz des Beschäftigten vor einer unsicheren Arbeitsstätte an sich, d. h. die Prüfung von Arbeitsstättenmaßgaben vor allem bei der Abnahme von Gebäuden und Gebäudeteilen sowie der Schutz der Beschäftigten beim nachträglichen Einbau von Anlagen oder Vorrichtungen; ferner („Betreiben") der Schutz der Beschäftigten während des allgemeinen Betriebs der technischen Anlagen.

V. Räumlicher Geltungsbereich

In **räumlicher Hinsicht** gilt die VO im gesamten Gebiet der Bundesrepublik **19** Deutschland. Die Geltung der Vorschriften beruht auf dem sog. **Territorialitätsprinzip.** Entscheidend ist daher, ob der Beschäftigte in der Bundesrepublik Deutschland tätig ist. Ob der Arbeitgeber seinen Sitz im In- oder Ausland hat, ob das Arbeitsverhältnis für das In- oder Ausland per Arbeitsvertrag gilt, ist für die Anwendbarkeit der VO nicht erheblich (*Wank* ArbStättV § 4 Rn. 7). Umgekehrt gilt die ArbStättV nicht im Ausland, wenngleich innerhalb der EU aufgrund der Harmonisierung der arbeitsstättenrechtlichen Vorgaben vergleichbare Regelungen in Kraft sein müssen. Dessen ungeachtet können Arbeitgeber und Arbeitnehmer vertraglich – mit rein privatrechtlicher Wirkung – zusätzlich die Anwendung des deutschen Arbeitsschutzrechts vereinbaren.

C. Ausgenommene Arbeitsstätten (Abs. 2–5)

I. Veranstaltungen nach GewO, Transportmittel, Landwirtschaft (Abs. 2)

Arbeitsstätten im Reisegewerbe, im Marktverkehr sowie in Fahrzeugen im öf- **20** fentlichen Verkehr werden von der Verordnung nicht erfasst, da aus praktischen Gründen nur wenige Bestimmungen der Verordnung hier unmittelbar anwendbar wären. Sonderregelungen wären auch auf Grund des **ständig wechselnden Standortes** und des **fehlenden räumlichen Bezuges** schwierig. Die Vorschriften über den **Nichtraucherschutz** (§ 5) sowie über die Sicherheits- und **Gesundheitsschutzkennzeichnung** gelten allerdings auch für die im Übrigen ausgenommenen Arbeitsstätten (→ Rn. 26 f.).

1. Reisegewerbe und Marktverkehr (Nr. 1). Die behördlich festgesetzten **21** Veranstaltungen des Titels IV der Gewerbeordnung (Messe, § 64; Ausstellung, § 65; Großmarkt, § 66; Wochenmarkt, § 67; Spezialmarkt, § 68 Abs. 1; Jahrmarkt, § 68 Abs. 2) sowie Volksfeste (§ 60b Abs. 1) sind von bestimmten Beschränkungen freigestellt, die für andere gewerbliche Tätigkeiten uneingeschränkt gelten. Diese **Vergünstigungen** werden als **Marktprivilegien** bezeichnet (dazu *Schönleiter* in Landmann/Rohmer GewO § 69 Rn. 32 ff.). In den Genuss der Marktprivilegien kommen Aussteller und Anbieter (nicht Fremdfirmen) nicht nur hinsichtlich der eigentlichen Verkaufstätigkeit, sondern auch für die zusätzlichen Arbeiten wie das

Auf- und Abbauen der Stände und das Herbeischaffen der Ware. Soweit in gesetzlichen Bestimmungen nur von „Marktverkehr" oder „Veranstaltung nach Titel IV der Gewerbeordnung" gesprochen wird, genießt eine solche Veranstaltung nur dann die Marktprivilegien, wenn sie **behördlich festgesetzt** wurde (§ 69 GewO). Privatmärkte, Wanderlager oder sonstige Veranstaltungen unterliegen grundsätzlich allen Arbeitsschutzbestimmungen, soweit nicht ausdrücklich etwas Anderes bestimmt ist. Erst durch die gewerberechtliche Festsetzung werden Aussteller und Anbieter von einigen arbeitsschutzrechtlichen Beschränkungen – v. a. hinsichtlich der Arbeitszeiten – freigestellt.

21a   Der ArbStättV unterliegen die Arbeitsplätze im Reisegewerbe und Marktverkehr allerdings bereits deshalb nicht, weil es am gemäß § 2 Abs. 1 erforderlichen Bezug zum Betriebsgelände fehlt. Es handelt sich also im Regelfall um **keine Arbeitsstätten** (*Faber/Feldhoff* in HK-ArbSchR ArbStättV Rn. 33). Insoweit ist der Wortlaut des § 1 Abs. 2 („folgende Arbeitsstätten") schlicht falsch. Zum Folgeproblem der Geltung des § 5 sowie von Anhang Ziff. 1.3 → Rn. 27a.

22   **2. Transportmittel (Nr. 2).** Arbeitsplätze in Straßen-, Schienen- und Luftfahrzeugen des öffentlichen Verkehrs (Fahrer- und Beifahrerplätze bzw. -kabinen, Pilotenkanzel in Flugzeugen) sind nach Abs. 2 Nr. 2 von der VO **ausgenommen.** Hierzu zählen auch die Arbeitsplätze der Fahrausweisprüfer (LAG Stuttgart 11.5.2004 – 14 Sa 126/03). Grund für diese Ausnahme ist, dass sich die erforderlichen Regelungen **bereits** abschließend aus den **verkehrsrechtlichen Vorschriften** ergeben. Bei genauer Betrachtung handelt es sich mangels Bezug zum Betriebsgelände des Arbeitgebers ohnehin nicht um Arbeitsstätten i. S. d. § 2 Abs. 1 (*Faber/Feldhoff* in HK-ArbSchR ArbStättV Rn. 33). Zum Folgeproblem der Geltung des § 5 sowie von Anhang Ziff. 1.3 → Rn. 27a. Die Ausnahme gilt allerdings nur für Fahrzeuge „im öffentlichen Verkehr". Arbeitsplätze auf Fahrzeugen, die ausschließlich auf dem Betriebsgelände (z. B. Gabelstapler) oder auf Baustellen eingesetzt werden (z. B. Bagger, Turmdrehkrane), unterliegen folglich den Vorschriften der VO.

23   Auch auf den allermeisten Wasserfahrzeugen findet die ArbStättV keine Anwendung. Für **Seeschiffe** gelten gemäß § 1 Abs. 2 Satz 2 ArbSchG ohnehin vorrangig die Bestimmungen des Seearbeitsgesetzes (dazu *Maul-Sartori* NZA 2013, 821 ff.), sodass für das ArbSchG und damit auch die ArbStättV allenfalls ein subsidiärer Anwendungsbereich verbliebe. Dessen ungeachtet fallen aber weder Seeschiffe noch die in der **Binnenschifffahrt** eingesetzten Wasserfahrzeuge unter die Definition der Arbeitsstätte in § 2 Abs. 1 ArbStättV, sodass sie von vornherein nicht von der VO erfasst werden (*Lorenz* in Kollmer/Klindt/Schucht ArbStättV § 2 Rn. 5). Soweit **schwimmende Anlagen** selbst eine Arbeitsstätte i. S. d. § 2 Abs. 1 bilden (z. B. stationäre Hotelschiffe) bzw. soweit Wasserfahrzeuge zu einer Arbeitsstätte gehören (z. B. auf einer Werft), findet die ArbStättV hingegen vollumfänglich Anwendung (→ § 2 Rn. 12; *Pieper* ArbSchR ArbStättV § 1 Rn. 14).

24   **3. Land- und forstwirtschaftliche Betriebe (Nr. 3).** Land- und Forstwirtschaft sind zwar grundsätzlich vom Anwendungsbereich erfasst, allerdings mit Ausnahme der in § 1 Abs. 2 Nr. 3 genannten **Arbeitsstätten im Freien** (Felder, Wälder und Flächen, die zu einem land- oder forstwirtschaftlichen Betrieb gehören und außerhalb seiner bebauten Fläche liegen). Diese Ausnahmeregelung ist vom europäischen Recht gedeckt (Art. 1 Abs. 2 e der EG-Arbeitsstättenrichtlinie). Die Anforderungen der ArbStättV sind in diesen Bereichen wegen des **ständig wechselnde Standorts** und des fehlenden räumlichen Bezugs der Beschäftigten zu einer

fixen Arbeitsstelle höchst unpraktikabel oder wirtschaftlich unsinnig (vgl. Amtl. Begr. BR–Drs. 656/96, zu Art. 4: „Die in der Arbeitsstättenverordnung enthaltenen Anforderungen können bei diesen Arbeitsplätzen aus objektiven Gründen nicht eingehalten werden"). Darüber hinaus stellen die **milderen Anforderungen** an einen wirtschaftlichen Betrieb im Bereich des Arbeitsschutzes auch eine Art „indirekte Förderung" des Landwirtschaftssektors dar. Dessen ungeachtet muss der Arbeitgeber auch hier gemäß § 3 Abs. 1 ArbSchG die erforderlichen Maßnahmen treffen, um Sicherheit und Gesundheit seiner Beschäftigten bei der Arbeit zu gewährleisten. Der geforderte Arbeitsschutzstandard ergibt sich hier v. a. aus den allgemeinen Grundsätzen gemäß § 4 ArbSchG (*Faber/Feldhoff* in HK–ArbSchR ArbStättV Rn. 33).

Die ursprüngliche Fassung der VO aus dem Jahre 1975 definierte als Arbeitsstätten auch Arbeitsplätze auf dem Betriebsgelände **im Freien,** ohne land- und forstwirtschaftliche Flächen ausdrücklich auszunehmen (§ 2 Abs. 1 Nr. 2 ArbStättV 1975). Eine solche Ausnahme war auch nicht notwendig, da von der VO schon all diejenigen Betriebe und Tätigkeiten ausgenommen waren, die nicht zu den Gewerbebetrieben im Sinne von § 1 GewO zählten; dazu gehörte vor allem auch die **Urproduktion,** also auch die Land- und Forstwirtschaft. Die jetzige ArbStättV stellt hingegen nicht mehr auf den Gewerbebegriff ab und bedarf deshalb einer konkreten Ausnahmeregelung.

Der Arbeitsplatz muss **außerhalb** der **bebauten Fläche** eines land- oder forst- **25** wirtschaftlichen Betriebs liegen, um von der Arbeitsstättenverordnung ausgenommen zu sein. Dies bedeutet im Wesentlichen, dass die Fläche außerhalb des Hofs oder außerhalb eines eingefriedeten Waldhauses liegt. Nicht zur „bebauten Fläche" nach § 1 Abs. 2 Nr. 3 zählt z. B. die Straße oder ein künstlich angelegter Weiher oder eine weitere künstlich angelegte Einrichtung, wie z. B. eine Pferdekoppel. Als „Faustregel" gilt: Was baugenehmigungspflichtig ist, zählt als „bebaute Fläche" im Sinne dieser Vorschrift. Maßgeblich sind allerdings immer die konkreten Umstände des jeweiligen Einzelfalls; eine unreflektierte Anwendung der Regel verbietet sich.

4. Ausnahmen von der Ausnahme. „Kein Erbarmen" hatte der „Verord- **26** nungsgeber 2004" gegenüber Rauchern: § 5 der alten Fassung der ArbStättV, der seit 2003 den **Nichtraucherschutz** an Arbeitsstätten regelte, gilt auf Grund der Ausnahmeklausel in Abs. 2 auch im Reisegewerbe und Marktverkehr, in Transportmitteln sowie in landwirtschaftlichen Betrieben. Stark relativiert wird diese Regelung jedoch durch die Klausel des § 5 Abs. 2, wonach an Arbeitsstätten mit Publikumsverkehr der Arbeitgeber (nur) solche Schutzmaßnahmen zu treffen hat, die der Natur des Betriebs oder der Art der Beschäftigung Rechnung tragen.

Umfassend ist seit der Änderungsverordnung 2010 auch der Anwendungs- **27** bereich der Vorschriften über die **Sicherheits- und Gesundheitsschutzkennzeichnung.** Damit wird die Richtlinie 92/58/EWG über Mindestvorschriften für die Sicherheits- und/oder Gesundheitsschutzkennzeichnung am Arbeitsplatz nun vollständig über die ArbStättV umgesetzt. Lediglich im Bergbau gelten weiterhin Sonderregelungen (→ Rn. 29). Die frühere BGV A8, welche zuvor die Kennzeichnung am Arbeitsplatz für die nicht von der ArbStättV erfassten Arbeitsstätten regelte, ist damit obsolet (BR–Drs. 262/10 S. 26).

Probleme bereitet die Anwendung dieser Vorschriften in Fällen, in denen die **27a** Ausnahmeregelungen des Abs. 2 an sich einschlägig sind, die ArbStättV aber bereits deshalb nicht anwendbar ist, weil keine Arbeitsstätte i. S. d. § 2 Abs. 2 vorliegt (→ Rn. 21a, 22 und 23). In diesen Fällen dient der Einleitungssatz des § 1 Abs. 2

dazu, die Regelungen zum Nichtraucherschutz (§ 5) sowie zur Sicherheits- und Gesundheitsschutzkennzeichnung (Anhang Ziff. 1.3) entgegen dem Gesetzeswortlaut **konstitutiv auch auf solche Arbeitsplätze außerhalb von Arbeitsstätten auszuweiten** (*Faber/Feldhoff* in HK–ArbSchR ArbStättV Rn. 33). Erkennbar wird dieses Ziel allerdings nur durch einen Vergleich mit der Fassung des § 1 Abs. 2 vor der Neufassung 2016, die lautete:

(2) Diese Verordnung gilt nicht für Arbeitsstätten in Betrieben, die dem Bundesbergesetz unterliegen, und mit Ausnahme von § 5 sowie Anhang Ziffer 1.3 nicht
1. im Reisegewerbe und Marktverkehr
2. in Transportmitteln, sofern diese im öffentlichen Verkehr eingesetzt werden
3. für Felder, Wälder und sonstige Flächen, die zu einem land- oder forstwirtschaftlichen Betrieb gehören, aber außerhalb seiner bebauten Fläche liegen.

27b   Demnach war die Geltung der Vorschriften zum Nichtraucherschutz und zur Sicherheits- und Gesundheitsschutzkennzeichnung (wenn auch rechtssystematisch fragwürdig) nicht vom Vorliegen einer Arbeitsstätte abhängig. Lediglich der Verordnungsbegründung lässt sich entnehmen, dass der Inhalt des § 1 Abs. 2 im Zuge der Novelle 2016 nicht geändert, sondern lediglich „redaktionell angepasst" werden sollte (BR–Drs. 506/16 S. 23). Jedenfalls für die Sicherheits- und Gesundheitsschutzkennzeichnung ist eine solche weite Auslegung auch **europarechtlich zwingend geboten** (→ Rn. 26). Ob die Gerichte eine solche Auslegung gegen den eindeutigen Wortlaut der Verordnung mit tragen werden, wird sich zeigen.

II. Bereichsausnahme: Bergbau (Abs. 5)

28   § 1 Abs. 2 stellt klar, dass die Arbeitsstättenverordnung **nicht** für Arbeitsstätten in Betrieben, die dem **Bundesberggesetz** unterliegen, gilt. Grund für die Befreiung der Betriebe des Bergrechts von den Anforderungen der VO ist im Wesentlichen das **eigene Regelwerk** des Bergrechts, in der die spezielleren Anforderungen an Arbeitsstätten sehr frühzeitig in EG-harmonisierter Weise geregelt wurden (vgl. die Allgemeine Bundesbergverordnung vom 23.10.1995, BGBl. I S. 1466 sowie die Bergverordnung zum gesundheitlichen Schutz der Beschäftigten [Gesundheitsschutz-Bergverordnung] vom 31.7.1991 (BGBl. I S. 1751). In den Verordnungen des Bergrechts wurden – unabhängig von der ArbStättV – die Maßgaben der EG-Arbeitsstättenrichtlinie branchenspezifisch in deutsches Recht umgesetzt. Im Gegensatz zu den Ausnahmebestimmungen nach Abs. 2 finden hier auch die Vorschriften des § 5 bzw. des Anhangs Nr. 1.3 keine Anwendung (*Wilrich* in Schmatz/Nöthlichs ArbStättV § 1 Abschnitt 3.1). Entsprechende Regelungen enthält die **Allgemeine Bundesbergverordnung** in § 12 Abs. 6 i. V. m. Anhang 1 Nr. 11.3 (Nichtraucherschutz) und in § 19 i. V. m. Anhang 4 (Sicherheits- und Gesundheitsschutzkennzeichnung).

D. Beschränkte Geltung für besondere Arbeitsplätze (Abs. 3, 4)

I. Telearbeitsplätze (Abs. 3)

29   **1. Hintergrund.** Bis zur ausdrücklichen Regelung der Frage im Zuge der Novelle 2016 war die Frage der Anwendbarkeit der ArbStättV auf die Telearbeit hoch **umstritten.** Teilweise wurde sie ohne weitere Differenzierung bejaht (*Boemke* BB

2000, 147, 151; *Wank* in AR-Blattei SD 1565 Rn. 33a; *Wedde,* Telearbeit Rn. 432; so auch an dieser Stelle noch: *Kollmer,* Vorauf., § 2 Rn. 1). Richtigerweise war sie mit Blick auf Wortlaut und Entstehungsgeschichte sowie aufgrund der eng begrenzten Einflussmöglichkeiten des Arbeitgebers zu verneinen (*Rieble/Picker* ZfA 2013, 383, 389f.; *Lorenz* in Kollmer/Klindt/Schucht ArbStättV § 2 Rn. 3; *Wilrich* in Nöthlichs 4012 Anm. 2.6.3.2; *Fenski* in Kasseler Handbuch zum Arbeitsrecht, 2. Aufl. 2000, 4.6 Rn. 345; *Vogelsang* in Schaub ArbRHdB § 165 Rn. 36).

Das zentrale Problem des Arbeitsschutzes bei der Telearbeit besteht darin, dass **30** der häusliche Arbeitsplatz **nicht im unmittelbaren Einflussbereich des Arbeitgebers** liegt. Der Arbeitnehmer kann jede Einmischung in die Gestaltung seiner eigenen Räumlichkeiten nicht zuletzt unter Berufung auf Art. 13 GG (Unverletzlichkeit der Wohnung) abwehren. Ohne besondere vertragliche Vereinbarung kann der Arbeitgeber nicht einmal gestützt auf sein Direktionsrecht vom Arbeitnehmer eine besondere Gestaltung des Arbeitsplatzes verlangen (*Wiese* RdA 2009, 344, 345). Vor diesem Hintergrund ist die Arbeitsschutzverantwortung des Arbeitgebers bei der häuslichen Telearbeit notwendigerweise zu modifizieren (ausführlich *Wiebauer* in Landmann/Rohmer GewO ArbSchG § 1 Rn. 68ff.) Technische Schutzmaßnahmen scheiden vielfach aus, demgegenüber steigt die Bedeutung organisatorischer Schutzmaßnahmen (*Wiebauer* NZA 2016, 1430, 1431).

Die Sorge der Arbeitgeberverbände vor einer „ausufernden" Arbeitgeberverant- **31** wortung für Arbeitsplätze im Privatbereich der Beschäftigten prägten die Diskussion um die gescheiterte ArbStättV-Novelle 2015 und spiegeln sich in der restriktiven Regelung aus dem Jahr 2016 wider. Allerdings konnte es der Verordnungsgeber nicht dabei belassen, häusliche Telearbeitsplätze vollständig aus dem Anwendungsbereich der ArbStättV auszunehmen, weil jedenfalls die im selben Jahr in den Anhang integrierten Vorschriften über die **Bildschirmarbeit** europarechtlich auch Arbeitsplätze im Privatbereich erfassen (→ Rn. 34). Darüber hinaus entschieden sich Bundesregierung und Bundesrat zu Recht für eine ausdrückliche Regelung zum Anwendungsbereich, weil es in der Praxis wegen der steigenden Zahl der Telearbeitsplätze vermehrt zu Streitigkeiten gekommen war, wie weit die Arbeitsschutzpflichten des Arbeitgebers gingen (BR-Drs. 506/16 S. 23).

2. Beschränkter Anwendungsbereich. Bereits die sehr enge **Definition** des **32** Telearbeitsplatzes in § 2 Abs. 7 begrenzt den Anwendungsbereich der ArbStättV ganz erheblich (→ § 2 Rn. 70ff.). Darüber hinaus schreibt § 1 Abs. 3 vor, dass nur die Vorschriften

1. über die Gefährdungsbeurteilung **(§ 3),** sowie
2. über die Unterweisung **(§ 6)** und über die Bildschirmarbeit (Anhang **Nr. 6)**

Anwendung finden sollen, und auch diese nur mit **weiteren Einschränkungen.** Demnach gilt § 3 nur für die erstmalige Gefährdungsbeurteilung am Telearbeitsplatz. Alle drei Vorschriften stehen gemäß Satz 2 unter dem Vorbehalt, dass die Anforderungen unter Beachtung der Eigenart von Telearbeitsplätzen auf diese anwendbar sind. Nach Satz 1 a. E. gilt zudem die einschränkende Voraussetzung, dass der Arbeitsplatz von dem im Betrieb abweicht.

a) Erstmalige Gefährdungsbeurteilung. Insgesamt ist der Wortlaut des § 1 **33** Abs. 3 gründlich misslungen. Statt der angestrebten Klarheit schafft die Vorschrift nur neue Probleme. Fast schon absurd mutet die **Einschränkung in Satz 1 Nr. 1** an, dass § 3 **nur bei der erstmaligen Beurteilung** der Arbeitsbedingungen Anwendung finden soll (§ 1 Abs. 3 Satz 1 Nr. 1 ArbStättV). Scheinbar ist dies der Versuch, die Arbeitgeber von Kontrollpflichten im Home Office zu befreien. Ein solches Vorhaben kann auf diesem Wege aber schon deshalb nicht gelingen, weil § 3 Abs. 1 Satz 2 ArbSchG eine **Fortschreibung der Gefährdungsbeurteilung** verlangt und die Bundesregierung diese formell-gesetzliche Regelung nicht durch Rechtsverordnung suspendieren kann (ebenso *Faber/Feldhoff* in HK-ArbSchR ArbStättV Rn. 184). Der Arbeitgeber muss die Gefährdungsbeurteilung also auch bei der Telearbeit überprüfen, nur die Konkretisierung des § 3 ArbStättV gilt dann nicht mehr. An den Anforderungen an die Überprüfung ändert sich damit so gut wie nichts, weil § 3 ArbStättV quasi keine echten eigenen Vorgaben enthält, sondern nur die sehr allgemein gehaltene Regelung des § 5 ArbSchG konkreter fasst (→ § 3 Rn. 2). Dessen ungeachtet besteht ohnehin **keine Kontrollpflicht des Arbeitgebers vor Ort** am häuslichen Arbeitsplatz. Er darf sich auch für die Überprüfung der Gefährdungsbeurteilung auf Nachfragen beim Beschäftigten beschränken (*Wiebauer* NZA 2016, 1430, 1431).

34 **b) Abweichung vom betrieblichen Arbeitsplatz.** Misslungen ist auch die weitere Einschränkung am Ende des Satzes 1, dass die ArbStättV auf Telearbeitsplätze nur Anwendung finden soll, **soweit der Arbeitsplatz von dem im Betrieb abweicht.** Diese Beschränkung kann sich **nur auf die Anwendung der §§ 3 und 6** ArbStättV beziehen, nicht aber – trotz des irreführenden Wortlauts der Vorschrift – auf die materiellen Vorgaben nach Anhang Nr. 6. Die dort geregelten Vorschriften über die Bildschirmarbeit gelten schon aufgrund der europarechtlichen Vorgaben der Richtlinie 90/270/EWG für Bildschirmarbeitsplätze im Betrieb und im Privatbereich der Beschäftigten gleichermaßen. Für die frühere eigenständige Bildschirmarbeitsverordnung galt das weitgehend unstreitig (*Rieble/Picker* ZfA 2013, 383, 391), durch die bloße Überführung der Regelungen in die ArbStättV hat sich an diesen Vorgaben nichts geändert.

35 Aus der europarechtswidrigen Einschränkung des Anwendungsbereichs nach Abs. 3 Satz 1 lässt sich demnach ein Umsetzungsdefizit in Bezug auf die Bildschirmarbeitsrichtlinie ableiten. Allerdings dürfte die Vorschrift einer **europarechtskonformen Auslegung** zugänglich sein, weil der Verordnungsgeber in der Begründung (BR-Drs. 506/16, S. 34) deutlich macht, dass er davon ausgeht, er habe die „entsprechenden Anforderungen an Bildschirmarbeitsplätze […] inhaltsgleich aus der BildscharbV übernommen", die Umsetzung der Bildschirmarbeitsrichtlinie sei weiterhin auf Basis der ArbStättV gewährleistet (zum Rückgriff auf die Gesetzesbegründung zur Rechtfertigung einer europarechtskonformen Auslegung BAG 18.2.2003 – 1 ABR 2/02 – NZA 2003, 742).

36 Unproblematisch ist es hingegen, die Anwendung der §§ 3 und 6 ArbStättV auf häusliche Telearbeitsplätze zu beschränken, die von den betrieblichen Arbeitsplätzen der Beschäftigten abweichen. Eine gesonderte **Gefährdungsbeurteilung** für den Telearbeitsplatz ist nämlich gemäß § 5 Abs. 2 Satz 2 ArbSchG entbehrlich, soweit die Arbeitsbedingungen im Betrieb und im Home Office im Wesentlichen gleich sind (→ § 3 Rn. 14 und → § 3 Rn. 17). Diese Gefährdungsbeurteilung bildet die Grundlage der **Unterweisung** nach § 12 ArbSchG (i.V.m. § 6 ArbStättV in Bezug auf den betrieblichen Arbeitsplatz). Es besteht dann auch kein Bedarf, einen Beschäftigten inhaltsgleich doppelt über Gefährdungen und Schutzmaßnahmen am betrieblichen und am häuslichen Arbeitsplatz zu unterweisen.

37 **c) Eigenart der Telearbeitsplätze.** Zutreffend stellt § 1 Abs. 3 Satz 2 ArbStättV klar, dass die §§ 3 und 6 sowie Anhang Nr. 6 nur vorbehaltlich der Eigenart von Telearbeitsplätzen auf diese anwendbar sind. Die Vorschriften der ArbStättV sind in ihrer Gesamtheit auf die „klassische" Arbeitsstätte ausgelegt. Fragen wie

Fluchtwege, Notausgänge oder Erste-Hilfe-Einrichtungen in der Privatwohnung des Beschäftigten sind demgegenüber nicht Sache des Arbeitgebers, schon weil er **keinerlei Einfluss auf die Gestaltung der Wohnung** nehmen kann. Das hat Folgen insbesondere für die Unterweisung nach § 6. Aufklärung über diese Fragen ist hinsichtlich des häuslichen Arbeitsplatzes nicht erforderlich.

3. Nicht erfasst: Mobile Arbeit, Außendienst, Fremdbetrieb. Keine An- **38** wendung findet die ArbStättV jedenfalls auf mobile Telearbeit, also die **mobile Arbeitsleistung** an variablen Orten (*Oberthür* NZA 2013, 246, 247; *Faber/Feldhoff* in HK-ArbSchR ArbStättV Rn. 38). Daran hat auch die Novelle 2016 nichts geändert (BR-Drs. 506/16 S. 24; *Voigt* in Forum Nr. 2.2.1.1). Ebensowenig gilt die VO für die Tätigkeit der Beschäftigten bei Kunden des Arbeitgebers – unabhängig davon, ob es um kurze Einsätze (Außendienst) geht oder um regelmäßige oder längerfristige Arbeiten im Rahmen z.B. eines Dienst- oder Werkvertrags (*Wiebauer* ZfA 2014, 29, 35f.; *Wilrich* in Nöthlichs 4024 Anm. 3.2). Für den Sonderfall der **Arbeitnehmerüberlassung** gilt die spezielle Regelung des § 11 Abs. 6 AÜG, sodass grundsätzlich der Entleiher für die Einhaltung der ArbStättV zu sorgen hat (→ Rn. 15).

Dessen ungeachtet sind sowohl mobile Arbeit, Außendienst und Arbeitseinsätze **39** in Fremdbetrieben, als auch die häusliche **Telearbeit** i. S. d. § 2 Abs. 7 ArbStättV vom Anwendungsbereich des **ArbSchG** erfasst (ausführlich *Wiebauer* in Landmann/Rohmer GewO ArbSchG § 1 Rn. 51ff., 80ff.). Insbesondere die grundlegenden Arbeitsschutzpflichten der §§ 3ff. ArbSchG gelten auch für diese Sonderform der Arbeitsleistung. Außerhalb des Anwendungsbereichs des § 1 Abs. 3 ArbStättV fehlt lediglich die verbindliche Konkretisierung durch VO (*Faber/Feldhoff* in HK-ArbSchR ArbStättV Rn. 21; *Wilrich* in Nöthlichs, § 2 ArbStättV Abschnitt 2.3). Allerdings können die inhaltlichen Vorgaben der ArbStättV als Anhaltspunkt dafür herangezogen werden, welchen Schutzstandard der Arbeitgeber gewährleisten muss (*Oberthür* NZA 2013, 246, 247; *Faber/Feldhoff* in HK-ArbSchR ArbStättV Rn. 200; *Wiebauer* NZA 2016, 1430, 1431f.).

II. Von Anhang Nr. 6 ausgenommene Bildschirmarbeitsplätze (Abs. 4)

Bildschirmarbeitsplätze i. S. d. § 2 Abs. 5 sind normale Arbeitsplätze, die grund- **40** sätzlich in vollem Umfang der ArbStättV unterliegen mit der Besonderheit, dass auf sie auch die **speziellen Vorschriften des Anhangs Nr. 6** anzuwenden sind, die ihrerseits die europäische Bildschirmarbeitsrichtlinie 90/270/EWG in deutsches Recht umsetzen. Art. 1 Abs. 3 dieser Richtlinie nimmt allerdings einige spezielle Bildschirmarbeitsplätze von diesen Vorschriften aus, und § 1 Abs. 4 ArbStättV übernimmt diese Ausnahmen (wie schon der frühere § 1 Abs. 2 BildscharbV a. F.) in deutsches Recht. Die **ArbStättV** findet auch auf die hier genannten Arbeitsplätze **voll Anwendung** – lediglich die Vorschriften des Anhangs 6 gelten für sie nicht. Die Ausnahmetatbestände sind mit Blick auf die Bedeutung des Gesundheitsschutzes **eng auszulegen** (*Faber/Feldhoff* in HK-ArbSchR ArbStättV Rn. 140; *Kohte* NZA 2015, 1417, 1421; → Rn. 42).

Nicht in die ArbStättV übernommen wurden die Ausnahmen nach Art. 1 Abs. 3 **41** lit. b und c der Bildschirmarbeitsrichtlinie (Datenverarbeitungsanlagen **an Bord eines Verkehrsmittels** und Datenverarbeitungsanlagen, die hauptsächlich zur **Benutzung durch die Öffentlichkeit** bestimmt sind, § 2 Abs. 2 Nrn. 2 und 3

BildscharbV), weil diese nach Einschätzung des Verordnungsgebers den Anwendungsbereich der VO gar nicht betreffen (BR-Drs. 506/16 S. 24). Richtig ist, dass die ArbStättV Arbeitsplätze in Transportmitteln im öffentlichen Verkehr nicht erfasst (§ 1 Abs. 2 Nr. 2, → Rn. 22). Dass aber eine Datenverarbeitungsanlage hauptsächlich der Öffentlichkeit zur Verfügung gestellt wird, schließt hingegen nicht vollständig aus, dass sie zugleich einen Arbeitsplatz i. S. d. § 2 Abs. 4 bildet, für den es seit 2016 nicht mehr auf eine Mindesteinsatzdauer ankommt. In einigen wenigen Fällen mag sich daher der Wegfall der beiden bisherigen ausdrücklichen Ausnahmen auswirken, in aller Regel dürfte sich keine Änderung zur früheren BildscharbV ergeben.

42   Demgegenüber gelten die besonderen Anforderungen an Bildschirmarbeitsplätze weiterhin nicht für **Bedienerplätze von Maschinen** oder **Fahrerplätze von Fahrzeugen** (Nr. 1). Darunter fallen vor allem Steuerungseinrichtungen an Maschinen z. B. mittels Touchscreen oder auch das Display der GPS-Navigation in LKW. Die Ausnahme ist nach der Rechtsprechung des EuGH **eng auszulegen** und erfasst nur Sachverhalte, die typischerweise keinerlei gesundheitliche Auswirkungen haben (EuGH Urt. v. 6.7.2000 – C-11/99, NZA 2000, 877). Leitstände von CNC-Maschinen etwa, an denen Beschäftigte vorbereitend, steuernd oder optimierend arbeiten, fallen daher nicht hierunter (*Kreizberg* in Kollmer/Klindt/Schucht, § 1 BildscharbV Rn. 4).

43   Auch tragbare **Bildschirmgeräte für die ortsveränderliche Verwendung** unterfallen nicht den Vorschriften über die Bildschirmarbeit (Nr. 2). Das gilt insbesondere für die Verwendung von Laptops, Tablets oder Smartphones zur Arbeit unterwegs und auf Reisen (*Pieper* ArbSchR ArbStätt § 1 V Rn. 12g; kritisch *Calle Lambach/Prümper* RdA 2014, 345, 347 ff.). Zu den Arbeitsschutzanforderungen bei solcher „mobiler Arbeit" → Rn. 39). Jedoch greift die ArbStättV nach dem eindeutigen Wortlaut der Nr. 2 ein, wenn solche Geräte **regelmäßig an einem Arbeitsplatz** (§ 2 Abs. 4) verwendet werden – gemeint ist ein Arbeitsplatz in der Arbeitsstätte oder nach § 1 Abs. 3 ein häuslicher Telearbeitsplatz. Mobile Geräte können an einem solchen Arbeitsplatz daher in aller Regel nur über eine sog. Docking Station eingesetzt werden (LASI Auslegungshinweise S. 7; auch insoweit kritisch *Kreizberg* in Kollmer/Klindt/Schucht BildscharbV § 1 Rn. 4).

44   Bei Rechenmaschinen, Registrierkassen und sonstigen **Arbeitsmitteln mit einer kleinen Display- oder Messwertanzeigevorrichtung,** die zur unmittelbaren Benutzung des Arbeitsmittels erforderlich ist (Nr. 3), dient das Display in erster Linie dazu, Informationen für den Verwender sichtbar zu machen, es ist aber in der Regel – anders als beispielsweise bei Smartphone oder Laptop – nicht wesentlicher Teil der Hauptfunktion des Arbeitsmittels. In der Sache geht es im Einklang mit der Rechtsprechung des EuGH (Rn. 42) um Fälle, in denen keine oder kaum bildschirmarbeitstypische Gefährdungen auftreten. Dementsprechend ist die Ausnahme begrenzt auf Arbeitsmittel mit „kleinem" Display, das in der Regel nur wenige Zeilen umfassen darf (*Kreizberg* in Kollmer/Klindt/Schucht BildscharbV § 1 Rn. 4; *Pieper* ArbSchR ArbStättV § 1 Rn. 12h). Bildschirme, die etwa gestaltende Tätigkeiten zulassen, fallen nicht mehr hierunter.

45   Mit den gleichen Erwägungen sind nach Nr. 4 **elektronische Schreibmaschinen** mit Display ausgenommen – in Zeiten der Digitalisierung fast nur noch von historischer Bedeutung. Auch hier geht es um ein kleines Display, das aber im Gegensatz zu einem Computerbildschirm lediglich einige wenige Zeichen anzeigt und dem Benutzer Rückkoppelung über den Stand seiner Arbeit gibt, aber keinerlei gestalterische Tätigkeiten zulässt.

E. Sonderregelung für Ausnahmen im öffentlichen Interesse (Abs. 6)

Absatz 6 enthält eine an § 20 Abs. 2 ArbSchG angelehnte Sonderregelung, die **46** Bund und Länder ermächtigt, zur Wahrung zwingender öffentlicher Belange, insbesondere zur Aufrechterhaltung oder Wiederherstellung der öffentlichen Sicherheit, Ausnahmen von den Vorschriften der Arbeitsstättenverordnung zuzulassen. Die Öffnungsklausel trägt der Tatsache Rechnung, dass in bestimmten, für die **öffentlichen** Belange **wichtigen Tätigkeitsbereichen** (z. B. Streitkräfte) die strikte Anwendung der Verordnung mit der ordnungsgemäßen Erfüllung der Aufgaben in diesen Bereichen in Konflikt kommen könnte. Europarechtliche Grundlage ist die Ausnahmeregelung in Art. 2 Abs. 2 der Arbeitsschutz-Rahmenrichtlinie 89/391/EWG, auf welche Art. 1 Abs. 3 der Arbeitsstättenrichtlinie Bezug nimmt (BR-Drs. 450/04 S. 24).

Wird auf Grund dieser Ermächtigung eine Ausnahme von den Vorschriften der **47** Arbeitsstättenverordnung zugelassen, muss gleichzeitig festgelegt werden, durch welche anderen Maßnahmen die Sicherheit und der Gesundheitsschutz der betroffenen Beschäftigten gewährleistet werden soll. Ohne Regelung solcher **Ersatzmaßnahmen** ist eine Ausnahme folglich unwirksam, wobei es zulässig sein dürfte, die Entscheidungsbefugnis im konkreten Fall der Einsatzleitung vor Ort zu übertragen. Wie die Frage der Erforderlichkeit auch können die gebotenen Maßnahmen nicht für jeden denkbaren Ausnahmefall von vornherein abstrakt geregelt werden.

Im Gegensatz zu § 20 Abs. 2 ArbSchG verlangt Abs. 6 keine Regelung durch **48** **Rechtsverordnung,** sodass auch eine interne **Dienstanweisung** ausreicht (a. A.: *Lorenz* in Kollmer/Klindt/Schucht ArbStättV § 1 Rn. 12). Voraussetzung ist allerdings, dass die Regelung für alle Beteiligten verbindlich gilt.

§ 2 Begriffsbestimmungen

(1) **Arbeitsstätten sind:**
1. **Arbeitsräume oder andere Orte in Gebäuden auf dem Gelände eines Betriebes,**
2. **Orte im Freien auf dem Gelände eines Betriebes,**
3. **Orte auf Baustellen,**
sofern sie zur Nutzung für Arbeitsplätze vorgesehen sind.

(2) **Zur Arbeitsstätte gehören insbesondere auch:**
1. **Orte auf dem Gelände eines Betriebes oder einer Baustelle, zu denen Beschäftigte im Rahmen ihrer Arbeit Zugang haben,**
2. **Verkehrswege, Fluchtwege, Notausgänge, Lager-, Maschinen- und Nebenräume, Sanitärräume, Kantinen, Pausen- und Bereitschaftsräume, Erste-Hilfe-Räume, Unterkünfte sowie**
3. **Einrichtungen, die dem Betreiben der Arbeitsstätte dienen, insbesondere Sicherheitsbeleuchtungen, Feuerlöscheinrichtungen, Versorgungseinrichtungen, Beleuchtungsanlagen, raumlufttechnische Anlagen, Signalanlagen, Energieverteilungsanlagen, Türen und Tore, Fahrsteige, Fahrtreppen, Laderampen und Steigleitern.**

(3) Arbeitsräume sind die Räume, in denen Arbeitsplätze innerhalb von Gebäuden dauerhaft eingerichtet sind.

(4) Arbeitsplätze sind Bereiche, in denen Beschäftigte im Rahmen ihrer Arbeit tätig sind.

(5) Bildschirmarbeitsplätze sind Arbeitsplätze, die sich in Arbeitsräumen befinden und die mit Bildschirmgeräten und sonstigen Arbeitsmitteln ausgestattet sind.

(6) Bildschirmgeräte sind Funktionseinheiten, zu denen insbesondere Bildschirme zur Darstellung von visuellen Informationen, Einrichtungen zur Datenein- und -ausgabe, sonstige Steuerungs- und Kommunikationseinheiten (Rechner) sowie eine Software zur Steuerung und Umsetzung der Arbeitsaufgabe gehören.

(7) [1]Telearbeitsplätze sind vom Arbeitgeber fest eingerichtete Bildschirmarbeitsplätze im Privatbereich der Beschäftigten, für die der Arbeitgeber eine mit den Beschäftigten vereinbarte wöchentliche Arbeitszeit und die Dauer der Einrichtung festgelegt hat. [2]Ein Telearbeitsplatz ist vom Arbeitgeber erst dann eingerichtet, wenn Arbeitgeber und Beschäftigte die Bedingungen der Telearbeit arbeitsvertraglich oder im Rahmen einer Vereinbarung festgelegt haben und die benötigte Ausstattung des Telearbeitsplatzes mit Mobiliar, Arbeitsmitteln einschließlich der Kommunikationseinrichtungen durch den Arbeitgeber oder eine von ihm beauftragte Person im Privatbereich des Beschäftigten bereitgestellt und installiert ist.

(8) [1]Einrichten ist das Bereitstellen und Ausgestalten der Arbeitsstätte. [2]Das Einrichten umfasst insbesondere:
1. bauliche Maßnahmen oder Veränderungen,
2. das Ausstatten mit Maschinen, Anlagen, anderen Arbeitsmitteln und Mobiliar sowie mit Beleuchtungs-, Lüftungs-, Heizungs-, Feuerlösch- und Versorgungseinrichtungen,
3. das Anlegen und Kennzeichnen von Verkehrs- und Fluchtwegen sowie das Kennzeichnen von Gefahrenstellen und brandschutztechnischen Ausrüstungen und
4. das Festlegen von Arbeitsplätzen.

(9) Das Betreiben von Arbeitsstätten umfasst das Benutzen, Instandhalten und Optimieren der Arbeitsstätten sowie die Organisation und Gestaltung der Arbeit einschließlich der Arbeitsabläufe in Arbeitsstätten.

(10) Instandhalten ist die Wartung, Inspektion, Instandsetzung oder Verbesserung der Arbeitsstätten zum Erhalt des baulichen und technischen Zustandes.

(11) [1]Stand der Technik ist der Entwicklungsstand fortschrittlicher Verfahren, Einrichtungen oder Betriebsweisen, der die praktische Eignung einer Maßnahme zur Gewährleistung der Sicherheit und zum Schutz der Gesundheit der Beschäftigten gesichert erscheinen lässt. [2]Bei der Bestimmung des Stands der Technik sind insbesondere vergleichbare Verfahren, Einrichtungen oder Betriebsweisen heranzuziehen, die mit Erfolg in der Praxis erprobt worden sind. [3]Gleiches gilt für die Anforderungen an die Arbeitsmedizin und die Hygiene.

(12) [1]Fachkundig ist, wer über die zur Ausübung einer in dieser Verordnung bestimmten Aufgabe erforderlichen Fachkenntnisse verfügt. [2]Die Anforderungen an die Fachkunde sind abhängig von der jeweiligen Art der Aufgabe. [3]Zu den Anforderungen zählen eine entsprechende Berufsausbildung, Berufserfahrung oder eine zeitnah ausgeübte entsprechende berufliche Tätigkeit. [4]Die Fachkenntnisse sind durch Teilnahme an Schulungen auf aktuellem Stand zu halten.

Übersicht

Schrifttum: *Aligbe,* Die Bildschirmarbeit nach dem Wegfall der Bildschirmarbeitsverordnung, ArbRAktuell 2017, 585; *Bonanni/Kamps,* Daten- und arbeitsschutzrechtliche Anforderungen an Home-Office-Vereinbarungen, ArbRB 2014, 83; *Hülsemann,* Arbeiten von zu Hause aus? –

Elemente einer Betriebsvereinbarung zur alternierenden Telearbeit, ArbRAktuell 2017, 483
s. a. die Hinweise zu § 1.

A. Arbeitsstätte (Abs. 1 und 2)

I. Grundsätze

1 Die Definition der Arbeitsstätte baut auf dem Wortlaut der **EG-Arbeitsstättenrichtlinie** auf. Nach deren Art. 2 gelten als Arbeitsstätten

> „die Orte in den Gebäuden des Unternehmens und/oder Betriebs, die zur Nutzung für Ar-
> beitsplätze vorgesehen sind, einschließlich jedes Orts auf dem Gelände des Unternehmens und/
> oder Betriebs, zu dem Arbeitnehmer im Rahmen ihrer Arbeit Zugang haben“.

§ 2 Abs. 1 Nr. 1 und 2 sowie Abs. 2 Nr. 1 ArbStättV setzen diese Vorgabe ins nationale Recht um. Abs. 2 Nr. 2 und 3 konkretisieren diese Vorgabe durch beispielhafte Aufzählung von Bestandteilen einer Arbeitsstätte. Mittelbar bestimmt diese
Definition den **sachlichen Anwendungsbereich** der ArbStättV in Abgrenzung
zu den anderen Arbeitsschutzverordnungen, namentlich zu der für Arbeitsmittel
geltenden Betriebssicherheitsverordnung.

2 In örtlicher Hinsicht stellen die Absätze 1 und 2 in Übereinstimmung mit der
Arbeitsstättenrichtlinie darauf ab, dass die Arbeitsstätte auf dem Gelände eines Betriebs liegen muss. Abs. 1 Nr. 3 und Abs. 2 Nr. 1 erweitern den Anwendungsbereich
jedoch über die Vorgaben der Richtlinie hinaus auf Baustellen; die ArbStättV dient
damit auch der Umsetzung der europäischen Baustellenrichtlinie.

3 Die **offene Formulierung** der Absätze 1 und 2 schließt auch die früher ausdrücklich genannten Ausbildungsstätten und in Zusammenhang mit einem Laden-
geschäft stehende Verkaufsstände im Freien mit ein (BR-Drs. 450/04 S. 24). Dasselbe gilt im Umkehrschluss zu § 1 Abs. 2 Nr. 2 auch für Wasserfahrzeuge und
schwimmende Anlagen, soweit es sich nicht um Transportmittel handelt (LASI-
Leitlinien ArbStättV Anm. B1).

II. Orte zur Nutzung für Arbeitsplätze (Abs. 1)

4 **1. Nutzung für Arbeitsplätze.** Arbeitsstätten sind im Grundsatz gem. Abs. 1
Orte, die zur Nutzung für Arbeitsplätze vorgesehen sind, an denen also **unmittelbar gearbeitet** wird. Nachdem die Definition des Arbeitsplatzes (Abs. 4) seit 2016
keine Dauerhaftigkeit der Tätigkeit mehr voraussetzt, unterfallen der ArbStättV
seither auch Orte, an denen nur gelegentlich gearbeitet wird (zu den Folgen
→ Rn. 53 f.). **Ausbildungsstätten** (z. B. Lehrwerkstätten, Schulungsheime) sind
ebenfalls als Arbeitsstätten zu behandeln (BR-Drs. 450/04, S. 24). Ob es sich dabei
um betriebliche oder überbetriebliche Einrichtungen handelt, spielt dabei keine
Rolle (so auch die Regierungsbegründung zur ArbStättV 1975, BR-Drs. 684/74 −
Abschn. II, zu § 2).

5 **2. Arbeitsräume und andere Orte.** Dauerhaft eingerichtete Arbeitsplätze in
Gebäuden befinden sich in der Regel in Arbeitsräumen i. S. d. Abs. 3. Die Begriffs-
definition der ArbStättV ist jedoch ausdrücklich offen gestaltet und erfasst auch „andere Orte in Gebäuden“, die zur Nutzung für Arbeitsplätze vorgesehen sind. Die
Verordnungsbegründung nennt als **Beispiele** Informations- oder Rezeptionsschal-

ter in der Eingangshalle eines Betriebs oder den Kassenschalter in einer Tiefgarage (BR-Drs. 506/16 S. 24).

3. Abgrenzung zum Arbeitsgegenstand. Die Arbeitsstätte i. S. d. ArbStättV **6**
ist der konkrete Ort, an dem die Arbeitsleistung erbracht wird. Demgegenüber regelt die VO **nicht** den Schutz vor Gefährdungen durch den Gegenstand der Arbeit selbst, also etwa im produzierenden Gewerbe durch das bearbeitete **Werkstück.** Hierfür gelten bezogen jeweils auf spezifische Gefährdungen v. a. die GefStoffV und die BiostoffV; allgemein bezieht auch die **BetrSichV** im Zusammenhang mit der Arbeitsmittelsicherheit Gefährdungen durch den Arbeitsgegenstand mit ein (§ 3 Abs. 2 Satz 1 Nr. 3 BetrSichV).

Im Einzelfall kann die Abgrenzung freilich schwierig sein. Bei **Schiffswerften** **7** gehören die Helgen und Docks, die Materialplätze, die Ausrüstungskais usw. zu den Arbeitsplätzen i. S. v. Abs. 1. Demgegenüber ist der bearbeitete Schiffskörper Arbeitsgegenstand und kann mithin nicht Arbeitsstätte sein; er wird erst nach Fertigstellung und Indienstnahme unter den Voraussetzungen des Abs. 1 zu einer Arbeitsstätte i. S. d. VO, sofern nicht die Ausnahme des § 1 Abs. 2 Nr. 2 greift (so auch *Opfermann/Streit* § 2 Rn. 46).

Während der Herstellungsphase oder beim Umbau eines Schiffes liegt zwar keine Baustelle i. S. d. ArbStättV, allerdings eine den **Baustellen vergleichbare Situation** vor, so dass eine entsprechende Anwendung der für Baustellen geltenden Bestimmungen in Betracht kommt (so auch *Opfermann/Streit* § 2 Rn. 35, 46). Verneint man eine entsprechende Zuordnung zu den Baustellen, kommt die VO nicht zum Zuge und es ist das Erforderliche der DGUV-Vorschrift 45 („Schiffbau") zu entnehmen.

4. Örtliche Begrenzung. a) In Gebäuden oder im Freien. Die Nrn. 1 **8**
und 2 des Abs. 1 erfassen sowohl Orte in Gebäuden als auch Orte im Freien. Vor dem Hintergrund des umfassenden Ansatzes der ArbStättV sind **alle Arbeitsstätten,** die sich nicht in Gebäuden befinden, als Arbeitsstätten im Freien anzusehen. Dass § 2 Abs. 1 insoweit überhaupt differenziert, ist lediglich **historisch** zu erklären. § 2 Abs. 1 a. F. (vor der Novelle 2004) enthielt eine enumerative Aufzählung in fünf Nummern und unterschied in den Nummern 1 und 2 zwischen Arbeitsräumen in Gebäuden und Arbeitsplätzen auf dem Betriebsgelände im Freien. Dass die jetzige, offene Definition in den beiden verbliebenen Nummern sowohl Orte in Gebäuden als auch im Freien nennt, dient demnach **als Klarstellung, nicht aber als Einschränkung** in dem Sinne, dass es von der ArbStättV nicht erfasste Arbeitsstätten an anderen Orten gäbe.

Der Begriff des Gebäudes ist im Rahmen der ArbStättV daher in erster Linie re- **9** levant, um Arbeitsräume i. S. d. § 2 Abs. 3 von sonstigen Arbeitsstätten abzugrenzen (→ Rn. 48 ff.).

b) Gelände des Betriebs. Arbeitsstätten sind vorbehaltlich der Nr. 3 (Baustel- **10** len) nur Orte auf dem Gelände des Betriebs (vor 2016 ohne inhaltlichen Unterschied: „Betriebsgelände"). Nach ganz h. M. ist dieser Begriff **weit auszulegen.** Grundsätzlich sollen alle Arbeitsstätten erfasst werden, die im umfassenden Anwendungsbereich des ArbSchG liegen (LASI Leitlinien ArbStättV Anm. C1, *Lorenz* in Kollmer/Klindt/Schucht ArbStättV § 2 Rn. 3). Auf eine exakte Definition des „Betriebs" im Sinne des Arbeitsschutzrechts (dazu *Opfermann/Streit* § 2 Rn. 10 ff.) kommt es daher nicht an. Entscheidend ist allein, dass die betreffenden **Orte im Machtbereich des Arbeitgebers** als Adressat der ArbStättV liegen.

11 Erfasst sind damit alle Arbeitsplätze ständiger und nichtständiger Art, die auf dem Gelände des Betriebs liegen. Auch Arbeitsstellen auf der Spitze eines Schornsteins oder den außen um den Schornstein herumlaufenden Galerien gehören zu den Arbeitsplätzen i. S. v. Abs. 1 Nr. 2 (s. OVG Lüneburg, Urt. v. 19.7.1984, GewA 1985, 128, 129). Zum Betriebsgelände gehören alle Flächen, die ein Betrieb ständig für seine Zwecke nutzen darf, mögen die Flächen auch nur gemietet, gepachtet oder dem Betrieb sonstwie zur Nutzung überlassen sein. Das Gelände muss also nicht im Eigentum des Arbeitgebers stehen; es genügt, dass ihm ein **Nutzungsrecht** daran zusteht und er tatsächlich darüber verfügen kann (vgl. BVerwG 29.4.1983 – 1 C 167/79 – GewArch 1983, 339; LASI Leitlinien ArbStättV Anm. C1; *Voigt* in: Forum Nr. 2.2.2.1; *Faber/Feldhoff* in HK-ArbSchR ArbStättV Rn. 37). Einer Geländeabgrenzung (Einfriedung o. Ä.) bedarf es nicht.

12 In dieser weiten Auslegung sind auch **Wasserfahrzeuge und schwimmende Anlagen** (vgl. § 2 Abs. 1 Nr. 5 ArbStättV a. F. vor 2004) als „Betriebsgelände" i. S. d. ArbStättV anzusehen, soweit sie der tatsächlichen Verfügungsmacht des Arbeitgebers unterliegen (→ § 1 Rn. 23). Die ArbStättV findet auf sie freilich gemäß § 1 Abs. 2 Nr. 2 nur Anwendung, soweit es sich nicht um Transportmittel im öffentlichen Verkehr handelt.

13 **c) Baustellen. Außerhalb des Betriebsgeländes** und damit außerhalb des unmittelbaren Einflussbereichs des Arbeitgebers findet die ArbStättV grundsätzlich **keine** Anwendung. Keine Arbeitsstätten sind daher etwa die Einsatzorte von Außendienstmitarbeitern (z. B. Handels- und Versicherungsvertreter, Reparaturservice-Mitarbeiter) beim Kunden (*Opfermann/Streit* § 2 Rn. 14; *Wiebauer* ZfA 2014, 29, 35 f.).

14 Eine **Ausnahme** gilt allerdings für **Baustellen** (Nr. 3), auf denen der Arbeitgeber seine Beschäftigten außerhalb des Betriebsgeländes einsetzt. Die ArbStättV geht damit über die EU-Arbeitsstättenrichtlinie hinaus, die nur Arbeitsstätten auf dem Betriebsgelände erfasst. Auf diese Weise werden zugleich die Mindestvorschriften der **Baustellen-Richtlinie** 92/57/EWG für die Gestaltung von Arbeitsstätten auf Baustellen in nationales Recht umgesetzt.

15 Die Baustellenrichtlinie selbst enthält **keine Legaldefinition** der Baustelle. Der nationale Gesetzgeber definiert in § 1 Abs. 3 Satz 1 BaustellV eine Baustelle als Ort, an dem ein Bauvorhaben ausgeführt wird. Ein Bauvorhaben i. d. S. ist das Vorhaben, eine oder mehrere bauliche Anlagen zu errichten, zu ändern oder abzubrechen (§ 1 Abs. 3 Satz 1 BaustellV). An diese Begriffsbestimmung knüpft auch die ArbStättV an, wobei der Baustellenbegriff des Arbeitsstättenrechts nicht zwingend in alle Einzelheiten deckungsgleich mit dem Baurecht ist (*Voigt* in: Forum Nr. 2.2.2.2). Auf den formalen Begriff des Bauvorhabens kommt es mit Blick auf den Schutzzweck der ArbStättV nicht entscheidend an, sondern auf die Durchführung von Bauarbeiten, wozu auch die Instandhaltung baulicher Anlagen rechnet. Zudem schließen **Bauarbeiten** die vorbereitenden und abschließenden Arbeiten mit ein (insbesondere das **Einrichten** und **Abräumen** von Baustellen einschließlich der Bereitstellung, Aufstellung, Instandhaltung und dem Abbau aller Gerüste, Geräte, Maschinen und Einrichtungen. Das Arbeitsschutz- und Unfallverhütungsrecht hat damit die Begriffsbestimmung übernommen, wie sie früher in den Landesbauordnungen enthalten war, in den neuen Bauordnungen aber – aus Gründen der Vereinfachung und Reduzierung der Vorschriften – entfallen ist (ausführlich *Opfermann/Streit* § 2 Rn. 16 ff.). Maßgeblicher Anknüpfungspunkt für das Arbeitsstättenrecht ist auch hier der unmittelbare Einfluss des Arbeitgebers auf die Einrichtung, Ausstattung und Unterhaltung der Baustelle (vgl. *Opfermann/Streit* § 2 Rn. 18).

Zu den Bauarbeiten zählen auch **Untertagearbeiten** (z. B. Herstellen von Tun- **16** neln, Stollen, Kavernen oder Schächten) sowie Arbeiten in Bohrungen (z. B. Herstellen von Bohrpfahlfüßen, Fundamentherstellung und Verlegen von Bewehrung in Bohrungen, Herstellen der Drainage in gebohrten Sickerwänden, Bodenunter- suchungen und ähnliche Arbeiten sowie das Befahren von Bohrungen).

Auf- und Abbau **fliegender Bauten** i. S. d. Länderbaurechts (Kirmesbauten, **17** Zirkuszelte, Bauten für Wanderausstellungen u. Ä.) sowie Auf- und Abbau von Ausstellungs- und Verkaufsständen auf Messen sind definitionsgemäß Bauarbeiten. Gem. § 1 Abs. 2 findet die VO insoweit jedoch keine Anwendung.

Auf Baustellen sind die **Vorschriften des Landesbaurechts für Baustellen zu** **18** **beachten.** Nach den landesrechtlichen Vorschriften sind **zumeist folgende Maß-** **nahmen** auf der Baustelle zu treffen (vgl. im Einzelnen die landesrechtlichen Vor- schriften, wie z. B. die Bayerische Bauordnung oder die Bauordnung für das Land Nordrhein-Westfalen):

– Baustellen sind so einzurichten, dass bauliche Anlagen ordnungsgemäß errichtet, geändert oder abgebrochen werden können.
– Gefahren oder (vermeidbare) Belästigungen sollen nicht entstehen.
– Die Gefahrenzone ist abzugrenzen oder durch Warnzeichen zu kennzeichnen, wenn durch Bauarbeiten unbeteiligte Personen gefährdet werden können.
– Baustellen sind (soweit erforderlich) mit einem Bauzaun abzugrenzen, mit Schutzvorrich- tungen gegen herabfallende Gegenstände zu versehen und zu beleuchten.
– Bei genehmigungsbedürftigen Bauvorhaben hat der Bauherr in der Regel ein Schild mit Bezeichnung des Bauvorhabens und der Namen sowie Anschriften des Entwurfsverfassers, des Bauleiters und des Unternehmers für den Rohbau aufzustellen (vgl. aber auch § 2 Bau- stellV); das Schild hat in der Regel dauerhaft und von der öffentlichen Verkehrsfläche aus sichtbar zu sein.
– Ferner sind die Vorschriften der Verordnung über Sicherheit und Gesundheitsschutz auf Baustellen (**Baustellenverordnung** – BaustellV – vom 10.6.1998 [BGBl. I, S. 1283]) **zu** **beachten.**

d) Arbeitsplätze im Privatbereich. Häusliche **Telearbeitsplätze** regelt die **19** ArbStättV seit 2016 ausdrücklich. Sie sind in § 2 Abs. 7 gesondert definiert (→ Rn. 67 ff.) und unterliegen der VO nur in den engen Grenzen des § 1 Abs. 3.

III. Andere Orte und Bestandteile der Arbeitsstätte (Abs. 2)

1. Allgemeines. Abs. 2 erweitert die Arbeitsstättendefinition in den Nrn. 1 **20** und 2 um weitere Orte, an denen zwar keine Arbeitsplätze eingerichtet sind, die aber **funktional** der Arbeitsstätte zuzurechnen sind. Nr. 3 stellt klar, dass Einrich- tungen, die dem Betreiben der Arbeitsstätte dienen, ebenfalls zu dieser gehören. Im Gegensatz § 1 Abs. 1 Nr. 2 und Abs. 4 a. F. ist die Aufzählung seit 2016 **nicht** mehr **abschließend** („insbesondere"). Im Ergebnis können also auch weitere Orte und Einrichtungen zur Arbeitsstätte gerechnet werden, wobei hierfür in Anleh- nung an die ausdrücklich geregelten Fälle ihre dienende Funktion gegenüber dem Hauptzweck der Arbeitsstätte maßgeblich sein dürfte.

Abs. 2 zählt indes nur auf, was zu einer Arbeitsstätte gehören **kann,** besagt aber **21** nicht, dass alle dort genannten Orte und Einrichtungen stets vorhanden sein **müss-** **ten.** Es handelt sich um eine reine Begriffsbestimmung, nicht um materielle Anfor- derungen an die Ausstattung der Arbeitsstätte.

22   Dabei geht Abs. 2 **in örtlicher Hinsicht** nicht über die Reichweite des Abs. 1 hinaus. Die hier genannten Orte und Einrichtungen zählen also nur dann zur Arbeitsstätte i. S. d. ArbStättV, wenn sie sich **auf dem Gelände des Betriebs oder der Baustelle** des Arbeitgebers befinden. Die Verkehrswege einer Einkaufspassage sind demnach nicht Bestandteil der Arbeitsstätten der dort ansässigen Geschäftsbetreiber (OLG München, Urt. v. 9.7.1992, Az.: 1 U 643 8/91, OLGR 1994, 3). Sie können allerdings z. B. in einem Einkaufszentrum durchaus der ArbStättV unterfallen – jedoch mit dem Center-Betreiber als Normadressat, wenn dieser Beschäftigte einsetzt.

23   Im Übrigen findet auf alle zur Arbeitsstätte gehörenden Wege und Räume neben der ArbStättV das **Baurecht der Länder** Anwendung (s. § 3a Abs. 4 ArbStättV). Für Verkehrswege sind z. B. die baulichen Vorschriften für Treppen, Geländer und Handläufe zu beachten und für die Räume ist auf die Bestimmungen des Baurechts für Aufenthaltsräume hinzuweisen.

24   **2. Orte, zu denen Beschäftigte im Rahmen der Arbeit Zugang haben (Nr. 1).** Nr. 1 öffnet den Begriff der Arbeitsstätte als eine Art **Generalklausel.** Vor Neufassung des § 2 im Rahmen der ArbStättV-Novelle 2016 bestand Einigkeit, dass § 1 Abs. 4 ArbStättV a. F. (jetzt § 1 Abs. 2 Nrn. 2 und 3) diese offene Formulierung abschließend konkretisierte. „Orte, zu denen Beschäftigte im Rahmen ihrer Arbeit Zugang haben", waren demnach ausschließlich die jetzt in Nr. 2 genannten Bereiche (BR-Drs. 450/04 S. 24; *Lorenz* in Kollmer/Klindt/Schucht ArbStättV § 2 Rn. 5).

25   Diese Ansicht ist angesichts der jetzigen Systematik des Abs. 2 nicht mehr vertretbar. Nr. 1 erfasst als Auffangvorschrift über die Orte nach Nr. 2 hinaus alle Bereiche, in denen sich Beschäftigte bei der Arbeit potentiell aufhalten. Einzige Einschränkung ist der **kausale Zusammenhang mit der Arbeit.** Ein Aufenthalt nur „bei Gelegenheit" der Arbeit genügt also nicht. Zur Arbeitsstätte i. S. d. ArbStättV zählt ein Ort nur dann, wenn Beschäftigte entweder unmittelbar im Rahmen der Erbringung ihrer Arbeitsleistung dort Zugang haben (z. B. Verkehrswege gemäß Nr. 2), oder wenn ihre mögliche Anwesenheit im konkreten Zusammenhang mit der Arbeitsleistung steht (z. B. Pausenräume gemäß Nr. 2). Inwieweit diese Generalklausel neben den zahlreichen Regelbeispielen nach Nr. 2 eigene Bedeutung erlangen kann, wird sich in der Praxis erweisen.

26   Immerhin erspart die Auffangvorschrift zuvor bisweilen nötige begriffliche Verrenkungen. So rechnete das OVG Lüneburg etwa den **Innenraum eines Schornsteins** (begehbarer Bereich zwischen Ummantelung und Rauchrohr) in erweiternder Auslegung als „Nebenraum" i. S. d. ArbStättV (Urt. v. 19.7.1984, GewA 1985 S. 128, 129). Das Gericht stützte diese Auslegung auf den Zweck der VO, möglichst alle Orte zu erfassen, an denen Arbeiten verrichtet werden können und an denen daher Maßnahmen des Arbeitsschutzes notwendig sind. Nunmehr unterfallen solche Bereiche als Ort i. S. d. Abs. 2 Nr. 1 der ArbStättV, soweit es sich nicht bereits um einen Arbeitsplatz und damit um eine Arbeitsstätte i. S. d. Abs. 1 handelt.

27   Auch das in Nr. 2 nicht ausdrücklich genannte **Betriebsratsbüro** ist nach Nr. 1 Teil der Arbeitsstätte, zumal es nicht nur von den Betriebsratsmitgliedern, sondern auch von den übrigen Arbeitnehmern etwa im Rahmen von Sprechstunden betreten wird. Der Charakter des Betriebsratsmandats als Ehrenamt (§ 37 Abs. 1 BetrVG) ändert daran nichts. Das BetrVG versteht die Tätigkeit des Betriebsrats als regelmäßige Begleiterscheinung der betrieblichen Tätigkeit (§ 1 Abs. 1 BetrVG). Ein kausaler Zusammenhang mit dem Beschäftigungsverhältnis ist also ohne Weiteres zu bejahen. Soweit der Arbeitgeber die Ausstattung des Betriebsratsbüros übernimmt (§ 40 Abs. 2 BetrVG), muss diese daher den Vorgaben der ArbStättV entsprechen (vgl. LAG Nürnberg 10.12.2002 – 2 TaBV 20/02 – NZA-RR 2003, 121; LAG SchlH, Beschl. v. 31.5.2017 – 1 TaBV 48/16, NZA-RR 2017, 596). Gleiches gilt für die Tätigkeit des Personalrats in der Öffentlichen Verwaltung (vgl. § 44 BPersVG sowie die entsprechenden Regelungen der Personalvertretungsgesetze der Länder).

3. Bestimmte Wege und Räume (Nr. 2). Zu den **Verkehrswegen** rechnen 28 alle innerhalb eines Betriebes für den Personen- und/oder Fahrzeugverkehr bestimmten waagerechten oder geneigten Wege oder Flächen, unabhängig davon, ob sie sich in Gebäuden oder im Freien befinden. Dazu zählen insbesondere Flure, Gänge einschließlich Laufstegen und Fahrsteige, Bühnen und Galerien, Treppen (einschließlich Fahrtreppen), ortsfeste Steigleitern und Laderampen (s. ASR A1.8 Ziff. 3.1). Steigleitern und Steigeisengänge sind Verkehrswege besonderer Art. Konkrete Anforderungen regelt der Anhang unter Nr. 1.8. Nicht zu den Verkehrswegen zählen Aufzugsanlagen; es handelt sich vielmehr um Beförderungsmittel. Verkehrswege sind jedoch alle Zugänge zu den Arbeitsplätzen sowie die Flucht- und Rettungswege.

Die ausdrückliche Erwähnung der Fluchtwege und Notausgänge hat daher nur 29 eine klarstellende Funktion. **Fluchtwege** sind gemäß ASR A2.3 Ziff. 3.1 Verkehrswege, an die besondere Anforderungen zu stellen sind und die der Flucht aus einem möglichen Gefährdungsbereich und in der Regel zugleich der Rettung von Personen dienen. Fluchtwege führen ins Freie oder in einen gesicherten Bereich. Dazu zählen auch die im Bauordnungsrecht der Länger definierten **Rettungswege,** sofern sie selbstständig begangen werden können. Notausgänge sind gemäß ASR A2.3 Ziff. 3.6 Ausgänge im Verlauf von Fluchtwegen, die direkt ins Freie oder in einen gesicherten Bereich führen. Konkrete Anforderungen finden sich im Anhang unter Nr. 2.3.

Lager-, Maschinen- und Nebenräume sind alle Betriebsräume, die nicht zu 30 den Arbeitsräumen (Abs. 3) oder zu den übrigen in Nr. 2 ausdrücklich genannten Räumen zu rechnen sind. Nebenräume sind beispielsweise Abstellräume, Akten- und Archivräume sowie Schalträume.

Sanitärräume sind die der **körperlichen Hygiene** der Arbeitnehmer dienenden 31 Räume; konkret geht es um Umkleide-, Wasch- und Toilettenräume (zur Konkretisierung der Begriffe s. ASR A4.1 Ziff. 3). Für **Umkleideräume** in Gebäuden gilt Anhang 4.1 Abs. 3, für **Waschräume** Anhang 4.1 Abs. 2. Zu den **Toiletten-räumen** siehe Anhang 4.1 Abs. 1.

Pausen- und Bereitschaftsräume werden üblicherweise unter dem Begriff 32 der Sozialräume zusammengefasst. Es handelt sich um die Räume, die ggf. zu Aufenthalts- und/oder Erholungszwecken zur Verfügung stehen (vgl. ASR A4.2 Ziff. 3). Konkrete Anforderungen regelt der Anhang zur ArbStättV unter Nr. 4.2. Auf Baustellen können Tagesunterkünfte zugleich als Bereitschaftsräume verwendet werden (ASR A4.2 Ziff. 7). Entsprechendes gilt für Pausenräume auf Wasserfahrzeugen und schwimmenden Anlagen.

„Liegeräume" (vgl. § 31 ArbStättV a. F.) und „Räume für körperliche Ausgleichsübungen" (vgl. § 33 ArbStättV a. F.), die vor 2004 vorgeschrieben waren, muss der Arbeitgeber nicht mehr bereitstellen.

33   **Erste-Hilfe-Räume** sind speziell vorgesehene Räume, in denen bei einem
       Unfall oder bei einer Erkrankung im Betrieb Erste Hilfe geleistet oder die ärztliche
       Erstversorgung durchgeführt werden kann (ASR A4.3 Ziff. 3.9). Konkrete Anfor-
       derungen regelt der Anhang zur ArbStättV unter Nr. 4.3.

34   **Unterkünfte** schließlich regelt der Anhang unter Nr. 4.4 Es handelt sich um
       Räume, die den Beschäftigten zu Wohnzwecken in der Freizeit dienen. Hierzu zäh-
       len auch Baracken, Wohncontainer, Wohnwagen und andere Raumzellen (ASR
       A4.4 Ziff. 3.1).

35   **4. Spezielle Einrichtungen (Nr. 3).** Nr. 3 stellt klar, dass zur Arbeitsstätte
       auch Einrichtungen gehören, die ihrem Betrieb dienen und an welche die Arb-
       StättV besondere Anforderungen stellt. Seit 2016 nennt die VO ausdrücklich eine
       Reihe von **Beispielen.** Letztlich geht es um sämtliche Ausstattungsgegenstände,
       die in den Bestimmungen des Anhangs ausdrücklich genannt sind.

B. Arbeitsräume (Abs. 3)

I. Grundzüge der Regelung

36   An Arbeitsräume werden in der ArbStättV seit jeher **besondere Anforderun-
       gen** gestellt, obwohl dieser Begriff bis 2004 in der Verordnung nicht ausdrücklich
       definiert war. Zum Begriff des Arbeitsraumes hieß es in der *Amtl. Begr.* zur Arb-
       StättV des Jahres 1975 (BR-Drs. 684/74 S. 5):

       „Der Begriff des Arbeitsraumes ist weit auszulegen. So können Arbeitsräume auch alle an-
       deren Räume oder Bereiche von Räumen sein, wenn sich dort Arbeitsplätze befinden, auf de-
       nen Arbeitnehmer regelmäßig über einen längeren Zeitraum oder täglich über mehrere Stun-
       den beschäftigt sind."

37   Entscheidend war (und ist) danach das Vorhandensein von Arbeitsplätzen in
       einem Raum. Daran anknüpfend hat sich als einhellige Meinung durchgesetzt, dass
       von einem Arbeitsraum i. S. d. VO gesprochen werden kann, wenn **mindestens
       ein ständiger Arbeitsplatz** vorhanden ist (ebenso VG Düsseldorf 25.4.2002 –
       4 K 1796/01; *Opfermann/Streit* § 2 Rn. 55).

38   Dieser Meinungsstand spiegelt sich in der Legaldefinition des Begriffs **„Arbeits-
       raum"** wider, die darauf abstellt, dass es sich um Räume innerhalb von Gebäuden
       handeln muss, in denen Arbeitsplätze im Sinne von Abs. 4 „dauerhaft" eingerichtet
       sind. Räume, in denen nur „vorübergehend" Arbeitsplätze eingerichtet sind, sind
       daher keine Arbeitsräume im Sinne der ArbStättV.

II. Dauerhafte Einrichtung

39   Für die Abgrenzung zwischen **„dauerhaft"** und **„vorübergehend"** eingerich-
       teten Arbeitsplätzen sind in erster Linie zwei Faktoren maßgeblich – der **Zeitraum**
       der Beschäftigung und die jeweilige **Nutzungsdauer** pro Tag. Zur Konkretisie-
       rung kann auf die zu § 2 Abs. 2 ArbStättV a. F. (vor 2016) entwickelten Kriterien
       zurückgegriffen werden. Danach waren Arbeitsplätze nur solche Bereiche, in denen
       sich Beschäftigte entweder **regelmäßig** über einen längeren Zeitraum oder wäh-
       rend der täglichen Arbeitszeit **nicht nur kurzfristig** aufhalten mussten.

       Die h. M. griff dabei auf die Abgrenzungskriterien zurück, welche bereits im Länder-Ent-
       wurf für eine Arbeitsstätten-Richtlinie (ASR) noch vor Inkrafttreten der ArbStättV 1975 ent-

wickelt wurden, um den damals maßgeblichen Begriff des „ständigen Arbeitsplatzes" zu definieren:

„Ein Arbeitsplatz, an dem ein Arbeitnehmer an **mindestens 30 Tagen im Jahr** oder an weniger als 30 Tagen, aber in der Regel **länger als 2 Stunden** täglich beschäftigt wird."

Diese Definition blieb in der Folge umstritten und wurde deshalb vom BMA nie in eine Arbeitsstättenrichtlinie aufgenommen. Bis heute existiert **keine allgemein anerkannte Definition** der „Dauerhaftigkeit". Dennoch hat sich die Praxis seither mangels anderer Anhaltspunkte an der Begriffsbestimmung des ASR-Entwurfs orientiert. Die Vollzugsbehörden der Länder haben in der Folge diese Auslegung im März 2005 auch als verbindliche interne Leitlinie zur Bestimmung des Arbeitsplatzbegriffs nach § 2 Abs. 2 ArbStättV a. F. beschlossen (LASI-Leitlinien zur ArbStättV – LV 40, Stand 2009 Anm. C2).

Regelmäßig bedeutet demnach nicht, dass der Arbeitsbereich täglich auf- **40** gesucht werden müsste, so dass auch ein einmaliger Aufenthalt pro Woche über einen Zeitraum von mehreren Monaten ausreichen kann. Es genügt, dass sich Beschäftigte an mindestens 30 Arbeitstagen im Jahr in den fraglichen Bereich aufhalten müssen. **Nicht** mehr **kurzfristig** ist ein Aufenthalt, wenn sich täglich mindestens 2 Stunden ein Beschäftigter in dem betreffenden Arbeitsbereich aufhält (ebenso *Lorenz* in Kollmer/Klindt/Schucht ArbStättV § 2 Rn. 6). Unerheblich ist in beiden Alternativen, ob diese Mindestzeiten durch einen oder **insgesamt durch mehrere Beschäftigte** zusammenkommen. So sind etwa auch Klassenräume in einer Schule Arbeitsräume i. S. d. ArbStättV, ungeachtet der Tatsache, dass jeder Lehrer für sich genommen nur für einzelne Stunden in diesen Räumen unterrichtet (vgl. LASI-Leitlinien ArbStättV Anm. C2).

Für den früheren Arbeitsplatzbegriff sollte es genügen, dass eine der beiden Al- **41** ternativen erfüllt war. Von einem dauerhaft eingerichteten Arbeitsplatz i. S. d. § 2 Abs. 3 kann aber nur gesprochen werden, wenn beide Kriterien **kumulativ** erfüllt sind. Andernfalls müsste bereits ein Arbeitsplatz als dauerhaft eingerichtet gelten, der zwar an mehr als 30 Tagen im Jahr, täglich jedoch nicht länger als z. B. 10 Minuten benutzt würde, ebenso wie ein Arbeitsplatz, der z. B. nur an einem Tag im Jahr länger als 2 Stunden besetzt wäre.

Demnach ist ein Arbeitsplatz dauerhaft eingerichtet, wenn dort mindestens ein **42** Beschäftigter regelmäßig über einen längeren Zeitraum (Faustregel: mindestens **30 Kalendertage im Jahr) und** nicht nur kurzfristig (Faustregel: mindestens **2 Stunden pro Tag**) beschäftigt ist. Es handelt sich dann um einen Arbeitsraum i. S. d. § 2 Abs. 3. Ein ständiger Arbeitsplatz und mithin ein Arbeitsraum liegt umgekehrt z. B. **nicht** vor bei Arbeitsstellen, die zwar täglich oder wenigstens in regelmäßigen Zeitabständen von einem Arbeitnehmer aufgesucht werden, jeweils aber **nur für kurze Zeit** (z. B. zu Wartungs- und Inspektionszwecken, zur Materialentnahme aus einem Lagerraum).

Für die zeitliche Komponente ist allein auf den Arbeitsplatz und nicht auf die **43** dort tätigen Beschäftigten abzustellen. Demnach ist ein dauerhaft eingerichteter Arbeitsplatz auch dann zu bejahen, wenn dort zwar nicht ein, aber **mehrere Arbeitnehmer nacheinander** täglich über mehrere Stunden beschäftigt sind (ebenso *Opfermann/Streit* § 2 Rn. 56).

Aus dem Arbeitsplatzbezug der Dauerhaftigkeit folgt zudem, dass ein Raum, in **44** dem zwar ständig Arbeitsplätze stehen, diese aber jeweils nur kurzzeitig, kein Arbeitsraum ist. Schon der Wortlaut des Abs. 3 weist darauf hin, dass Räume gemeint sind, in denen sich **dauerhaft eingerichtete Arbeitsplätze** befinden und nicht Räume, die dauerhaft für (auch kurzzeitige) Arbeitsplätze genutzt werden. Auch die Gesamtsystematik der ArbStättV spricht für diese Betrachtung. Die

VO regelt im Gegensatz zum Baurecht schwerpunktmäßig keine Anforderungen an Räume, sondern an die Gestaltung der Nutzung dieser Räume.

45   Trotz des missverständlichen Wortlauts der Vorschrift genügt es allerdings, dass in dem Raum **mindestens ein Arbeitsplatz** dauerhaft eingerichtet ist. Dies ergibt sich aus Sinn und Zweck der Regelungen für Arbeitsräume, die den Schutz der Beschäftigten in Räumen gewährleisten sollen, in denen diese einen erheblichen Teil ihrer Arbeitszeit tätig sind. Dafür spielt es keine Rolle, ob mehrere oder nur ein Beschäftigter betroffen ist.

III. Weitere Kriterien, Zweifels- und Spezialfälle

46   In **Zweifelsfällen** können bei der Frage, ob ein Arbeitsraum vorliegt, auch noch andere Kriterien als die regelmäßige und nicht nur kurzzeitige Nutzung berücksichtigt werden, wie insbesondere **Art und Umfang der Raumnutzung.** Auch auf den Schutzzweck der ArbStättV (Gesundheitsschutz) ist dabei abzustellen. So werden Räume, in denen mit gefährlichen Stoffen oder Zubereitungen i. S. d. Gefahrstoffverordnung (GefStoffV) umgegangen wird, jedenfalls den Anforderungen der Regelungen über Lüftung und zum Schutz gegen Gase, Dämpfe, Nebel, Stäube genügen müssen (*Opfermann/Streit* § 2 Rn. 56). Andererseits wäre z. B. bei einer großen Lagerhalle, in der sich nur der Lagerwart ständig aufhält, nicht einzusehen, weshalb die Halle insgesamt allen Anforderungen der VO für Arbeitsräume entsprechen sollte; hier muss es als ausreichend angesehen werden, wenn dem Lagerwart ein abgegrenzter Bereich (Aufenthaltsraum) zur Verfügung steht, der den Anforderungen der VO für Arbeitsräume entspricht (*Opfermann/Streit* § 2 Rn. 57).

47   Bei Neubauten ist über die Einstufung als Arbeitsraum nach der **Raumnutzung** zu entscheiden, wie sie sich aus den Angaben in den Baugenehmigungsunterlagen ergibt.

IV. In Gebäuden

48   Abs. 3 bezieht sich nur auf Arbeitsräume **„innerhalb von Gebäuden".** Was unter Gebäuden zu verstehen ist, ergibt sich aus dem Bauordnungsrecht der Länder: In den Landesbauordnungen finden sich gleiche oder im Wesentlichen damit übereinstimmende Definitionen.

z. B. Art. 2 Abs. 2 Bayerische Bauordnung: „Gebäude sind selbständig benutzbare, überdeckte bauliche Anlagen, die von Menschen betreten werden können." oder § 2 Bauordnung NRW: „Gebäude sind selbständig benutzbare, überdachte bauliche Anlagen, die von Menschen betreten werden können und geeignet oder bestimmt sind, dem Schutz von Menschen, Tieren oder Sachen zu dienen."

49   Demnach gilt ein verhältnismäßig **weiter Gebäudebegriff.** So unterfällt der sog. Technikcontainer einer Funkfeststation mit Außenmaßen von 2,14 m × 1,88 m × 2,60 m (OVG Münster Beschl. v. 23.7.2008 − 10 A 2957/07, BauR 2009, 89) dem Gebäudebegriff. Auch überdachte, aber nicht oder nicht allseits durch Wände eingefasste Arbeits- oder Lagerhallen sind als Gebäude anzusehen (OVG Münster, Urt. v. 9.7.1987 − 21 A 2354/85, juris). Befinden sich dort ständige Arbeitsplätze, so liegen auch in diesen Fällen Arbeitsräume „in Gebäuden" vor.

50   **Unterirdische Anlagen** zählen definitionsgemäß (überdeckt, betretbar, schützend) ebenfalls zu den Gebäuden; auf dort befindliche Arbeitsräume (z. B. Ladengeschäfte, Verkaufskioske und Gaststätten in unterirdischen Passagen oder U-Bahnhöfen) findet die VO daher gleichfalls Anwendung. **Überdachte** Arbeits- oder

Lagerflächen können als Gebäude ebenfalls Arbeitsräume sein, beispielsweise Lagerzelte (Plane über einem Aluminiumgerüst ohne feste Bodenverbindung, Bay-VGH 16.8.2007 – 23 BV 07.761, VGHE BY 60, 236). Allerdings ist nicht einmal eine ständige Überdachung erforderlich. Ein Gebäude liegt selbst dann vor, wenn eine als Überdachung dienende Folie während des Sommers entfernt wird (OVG Münster Urt. v. 16.5.1997 – 7 A 6272/95, BeckRS 1997, 16691).

C. Arbeitsplätze (Abs. 4)

Arbeitsplatz ist seit der Neufassung der Definition 2016 jeder Bereich, in dem **51** Beschäftigte **im Rahmen ihrer Arbeit tätig sind.** Die Begriffsbestimmung ist zum einen von Bedeutung für die Abgrenzung der Arbeitsräume i. S. d. Abs. 3 gegenüber anderen Räumen, an die nicht immer dieselben Anforderungen gelten, außerdem stellen die Definitionen des Bildschirmarbeitsplatzes und des Telearbeitsplatzes in Abs. 5 und 7 auf diesen Begriff ab. Zum anderen regelt die ArbStättV **konkret arbeitsplatzbezogene Vorgaben** etwa in § 3a Abs. 2 Satz 2 sowie im Anhang Nrn. 2.1, 3.2, 5.1 und 5.2, außerdem Nr. 6 über die Bildschirmarbeit.

Der Arbeitsplatzbegriff der ArbStättV ist weitgehend deckungsgleich mit dem **52** der **Betriebsverfassung** und des **Personalvertretungsrechts.** Das BVerwG versteht unter Arbeitsplatz den räumlichen Bereich, in dem der Beschäftigte tätig ist, **sowie dessen unmittelbare Umgebung** (BVerwG Beschl. v. 17.7.1987 – 6 P 6/85, BVerwGE 78, 45; ebenso OVG Berlin-Brandenburg Beschl. v. 31.7.2014 – OVG 62 PV 3.13, juris). Zu § 90 BetrVG stellen Rechtsprechung und Literatur auf den **Tätigkeitsbereich des Arbeitnehmers im räumlich-funktionalen Sinne** ab, in dem dieser unter den technischen und organisatorischen Gegebenheiten seine Arbeitsaufgabe innerhalb eines Arbeitssystems erfüllt (HessLAG Beschl. v. 3.11.1992 – 5 TaBV 27/92, BeckRS 1992, 30448097; *Kania* in ErfK BetrVG § 90 Rn. 5; *Werner* in BeckOK ArbR § 90 BetrVG Rn. 7; *Annuß* in Richardi BetrVG § 90 Rn. 15 unter Bezugnahme auch auf den Arbeitsschutz).

Damit gilt im **Arbeitsschutzrecht** ein **einheitlicher Arbeitsplatzbegriff,** der **53** allein auf die Tätigkeit eines Beschäftigten in dem betreffenden Bereich abstellt. Eine **zeitliche Untergrenze** gibt es im Gegensatz zu § 2 Abs. 2 ArbStättV a. F. (vor 2016) **nicht** mehr. Arbeitsplätze sind auch Orte, an denen Beschäftigte nur kurzfristig tätig werden. Das entspricht dem Verständnis des Arbeitsplatzes, so wie es etwa der GefStoffV, der LärmVibrationsArbSchV oder der OStrV seit jeher zugrundeliegt, ohne dass diese Vorschriften den Begriff ausdrücklich definieren würden.

Eine Mindesttätigkeitsdauer, bei deren Unterschreiten Tätigkeitsbereiche keine **54** Arbeitsplätze i. S. d. ArbStättV darstellten, war bereits bisher nicht europarechtskonform. Die europäischen Richtlinien 89/654/EWG (Arbeitsstätten), 92/58/EWG (Gesundheitsschutzkennzeichnung) und 92/57/EWG (Baustellen), sowie neuerdings 90/270/EWG (Bildschirmarbeitsplätze), die zumindest teilweise durch die ArbStättV in deutsches Recht umgesetzt werden, kennen keine solche zeitliche Untergrenze. Damit bestand seit 2004 ein **Umsetzungsdefizit,** zumal die Baustellenrichtlinie gar explizit Anforderungen an Arbeitsplätze auf zeitlich begrenzten oder ortsveränderlichen Baustellen regelt (*Wiebauer* NZA 2017, 220, 221). Dieses Defizit wurde im Zuge der VO-Novelle 2016 **behoben** (BR-Drs. 506/16 S. 25).

D. Bildschirmarbeitsplätze (Abs. 5)

I. Hintergrund

55   Mit der Überführung der Vorschriften über die Bildschirmarbeit aus der eigenständigen BildscharbV in die ArbStättV im Zuge der Novelle 2016 wurden auch die diesbezüglichen Begriffsbestimmungen in § 2 neu aufgenommen. Im digitalen Zeitalter sind Bildschirmarbeitsplätze längst nichts Besonderes mehr, sondern eher der Regelfall. Deshalb ist es sachgerecht, sie im **Zusammenhang** mit den allgemeinen Anforderungen an Arbeitsplätze in der ArbStättV zu regeln und diese lediglich (namentlich im Anhang unter Nr. 6) um spezielle Vorgaben zu ergänzen. Vor allem aber kann seither der Ausschuss für Arbeitsstätten (ASTA, → § 7) auch **Technische Regeln zur Bildschirmarbeit** ermitteln, die die gesetzlichen Vorgaben konkretisieren (BR-Drs. 506/16 S. 34). Diese Möglichkeit sah die frühere BildscharbV nicht vor.

II. Arbeitsplätze in Arbeitsräumen

56   Leider hat der Verordnungsgeber sich – entgegen seiner eigenen Einschätzung (BR-Drs. 506/16 S. 26) – nicht darauf beschränkt, die Begriffsbestimmung für Bildschirmarbeitsplätze einfach aus der BildscharbV zu übernehmen, sondern die Definition **neu formuliert.**

Gemäß § 2 Abs. 2 BildscharbV war ein Bildschirmarbeitsplatz definiert als Arbeitsplatz mit einem Bildschirmgerät, der ausgestattet sein kann mit
1. Einrichtungen zur Erfassung von Daten,
2. Software, die den Beschäftigten bei der Ausführung ihrer Arbeitsaufgaben zur Verfügung steht,
3. Zusatzgeräten und Elementen, die zum Betreiben oder Benutzen des Bildschirmgeräts gehören, oder
4. sonstigen Arbeitsmitteln,
sowie die unmittelbare Arbeitsumgebung.

Nach der nunmehr neu gefassten **Definition in Abs. 5** sind Bildschirmarbeitsplätze solche Arbeitsplätze, die sich **in Arbeitsräumen** befinden und die mit Bildschirmgeräten und sonstigen Arbeitsmitteln ausgestattet sind. Die Definition des Bildschirmgeräts ergänzt Abs. 6.

57   Im systematischen Zusammenhang mit der Definition des Arbeitsplatzes in Abs. 4 ergäbe sich eigentlich, dass die Anwendbarkeit der Bildschirmarbeitsvorschriften **nicht** davon abhängt, dass der betreffende Arbeitsplatz regelmäßig oder nicht nur kurzfristig genutzt wird (→ Rn. 53; *Faber/Feldhoff* in HK-ArbSchR ArbStättV Rn. 144). Der Verordnungsgeber hat anscheinend versucht, dennoch eine **zeitliche Komponente** einzuführen, indem er auf Arbeitsplätze in Arbeitsräumen nach Abs. 3 Bezug genommen hat, für die nach wie vor die Voraussetzung gilt, dass in ihnen dauerhaft Arbeitsplätze eingerichtet sind (→ Rn. 39 ff.).

58   Im Hinblick auf die **Vorgaben der Bildschirmarbeitsrichtlinie** 89/391/ EWG ist diese Bezugnahme allerdings reichlich verunglückt. Die Richtlinie definiert in Art. 2 lit. b für den Begriff des Arbeitsplatzes wie folgt:

Bildschirmgerät, das gegebenenfalls mit einer Tastatur oder Datenerfassungsvorrichtung und/oder einer die Mensch-Maschine-Schnittstelle bestimmenden Software, optionalen Zusatzgeräten, Anlagenelementen einschließlich Diskettenlaufwerk, Telefon, Modem, Drucker, Manuskripthalter, Sitz und Arbeitstisch oder Arbeitsfläche ausgerüstet ist, sowie die **unmittelbare Arbeitsumgebung.**

Weder hier noch an anderer Stelle lässt die Richtlinie erkennen, dass die Schutz- **59** vorschriften für die Bildschirmarbeit nur für dauerhaft eingerichtete Arbeitsplätze gelten sollen. Damit besteht ein **Umsetzungsdefizit,** das noch dadurch verschärft wird, dass Arbeitsräume sich definitionsgemäß in Gebäuden befinden (→ Rn. 48 ff.), wohingegen Bildschirmarbeitsplätze im Sinne der Richtlinie keineswegs auf den Innenbereich beschränkt sind (*Wiebauer* NZA 2017, 220, 222).

Die Verordnungsbegründung legt es nahe, dass der Verordnungsgeber die Vor- **60** gabe machen wollte, dass Bildschirmarbeitsplätze in Arbeitsräumen betrieben werden müssten (BR-Drs. 506/16 S. 26: „Bildschirmarbeitsplätze sind in Arbeitsräumen zu betreiben – im Wesentlichen in Büro- und Verwaltungsbereichen."). Dann geht es um eine **materielle Vorgabe** zur Arbeitsplatzgestaltung, die in Anhang Nr. 6 zu regeln wäre und nicht im Rahmen der Begriffsbestimmung. Eine dahingehende Auslegung des Abs. 5 ist angesichts des klaren Wortlauts und des systematischen Zusammenhangs nicht möglich.

III. Ausstattung

Die unsaubere Umsetzung der Bildschirmarbeitsrichtlinie setzt sich bei der Frage **61** der erforderlichen Ausstattung fort, die ein Arbeitsplatz zu einem Bildschirmarbeitsplatz macht. Abs. 5 setzt voraus, dass die betreffenden Arbeitsplätze mit Bildschirmgeräten *und* sonstigen Arbeitsmitteln ausgestattet sind. Das ist falsch, weil ein Bildschirmarbeitsplatz i. S. d. Art. 2 lit. b der Bildschirmarbeitsrichtlinie **einzig und allein ein Bildschirmgerät** voraussetzt, sonst nichts (→ Rn. 58). Weitere Arbeitsmittel *können* dazu gehören, sind aber nicht erforderlich. Deshalb spricht die Richtlinie von „gegebenenfalls" (deutlicher noch in der englischen Sprachfassung „which may be provided with …"), und auch die BildscharbV setzte dies richtig um („… ausgestattet sein kann").

Genügt hätte bereits die einfache Definition: „Bildschirmarbeitsplatz ist ein Ar- **62** beitsplatz, der mit einem Bildschirmgerät ausgestattet ist". So aber sind **Unklarheiten bei der Auslegung** ebenso vorprogrammiert wie ein **Konflikt mit dem Europarecht.** Mit dem Argument, der Verordnungsgeber habe ausweislich der Begründung eine Änderung der Rechtslage herbeiführen wollen, ist eine europarechtskonforme Auslegung in Erwägung zu ziehen (*Wiebauer* NZA 2017, 220, 222; *Faber/Feldhoff* in HK-ArbSchR ArbStättV Rn. 143). Die Rechtssicherheit für den Gesetzesanwender bliebe dabei freilich auf der Strecke.

IV. Arbeitsumgebung

Zum Bildschirmarbeitsplatz gehört auch die **unmittelbare** Arbeitsumgebung, **63** wie sich aus Art. 2 lit. b der Bildschirmarbeitsrichtlinie ergibt. Der Verordnungsgeber hat diese ausdrückliche Klarstellung zu Recht nicht aus der Definition der BildscharbV in die ArbStättV übernommen, weil bereits der **Begriff des Arbeitsplatzes** nach Abs. 4 die unmittelbare Umgebung mit einbezieht (→ Rn. 52).

E. Bildschirmgeräte (Abs. 6)

64   Auch die Definition des Bildschirmgeräts hat der Verordnungsgeber nicht inhaltsgleich aus der früheren BildscharbV übernommen – im Gegensatz zu den Abweichungen in Abs. 5 allerdings ganz bewusst. Nach § 2 Abs. 1 BildscharbV war das Bildschirmgerät identisch mit dem Bildschirm i. S. d. Art. 2 lit. a der Bildschirmarbeitsrichtlinie selbst. Die ArbStättV hingegen wählt zutreffend einen weiteren Ansatz. Der **Bildschirm** zur Darstellung visueller Information ist nur noch **Teil der Funktionseinheit „Bildschirmgerät",** dazu gehören auch Einrichtungen zur Datenein- und -ausgabe, sonstige Steuerungs- und Kommunikationseinheiten (Rechner) sowie eine Software zur Steuerung und Umsetzung der Arbeitsaufgabe. In der Regel setzen sich Bildschirmgeräte aus mehreren Funktionseinheiten zusammen (z. B. Bildschirm, Zentraleinheit, Computer, Tastatur, Maus, Drucker, Scanner usw).

65   Hinter dieser Erweiterung steht die Überlegung, dass von den **anderen Bestandteilen** weitere **Belastungen und Gefährdungen am Arbeitsplatz** ausgehen können. Die Verordnungsbegründung erwähnt beispielhaft die zusätzliche Wärmeentwicklung und mögliche Lärmbelastungen durch die Lüfter zur Kühlung der Komponenten im Computergehäuse oder im Netzteil, sowie Emissionen aus Druckern in die Luft am Arbeitsplatz. Daraus ergeben sich unterschiedliche Anforderungen an Bildschirmgeräte und Bildschirme. Durch die Entwicklung neuer Gerätetypen (All-in-One-Computer, Laptops, Note- und Netbooks, Tablets, Smartphones usw) gibt es inzwischen eine ganze Reihe von Zwischenformen von Geräten, die der Definition ganz oder zumindest teilweise unterfallen (BR-Drs. 506/16 S. 26).

66   Der weite Ansatz der ArbStättV in ihrer jetzigen Fassung trägt insofern dem **technischen Fortschritt** Rechnung, der seit Inkrafttreten der Bildschirmarbeitsrichtlinie Anfang der 90er Jahre des letzten Jahrhunderts die Arbeitsrealität stark verändert hat. Der **Aktualisierungsbedarf** liegt auf der Hand, deshalb haben Bundesrat und Bundesregierung die veralteten Inhalte der Richtlinie „zeitgemäß interpretiert" (BR-Drs. 506/16 S. 26). In der Tat erlaubt die Richtlinie eine solche weite Fassung des Begriffs „Bildschirmgerät" ohne Weiteres, regelt sie doch selbst im Anhang Anforderungen an den gesamten Arbeitsplatz und nicht nur an den Bildschirm.

F. Telearbeitsplätze (Abs. 7)

I. Fest eingerichtete Arbeitsplätze im Privatbereich

67   Die ArbStättV erfasst nur die **häusliche Telearbeit,** nicht aber die mobile Arbeit, die nicht an einem festen Arbeitsplatz stattfindet, z. B. mit dem Laptop im Zug, im Hotel oder im Café (→ § 1 Rn. 38). Auch Heimarbeitsverhältnisse i. S. d. Heimarbeitsgesetzes unterfallen der ArbStättV nicht (BR-Drs. 506/16 S. 26).

68   In der Praxis ist die häufigste Form der häuslichen Telearbeit ein alternierendes Modell. Die Beschäftigten verfügen über einen Arbeitsplatz im Betrieb, sind aber einen mit dem Arbeitgeber abgestimmten **Teil ihrer Arbeitszeit** am häuslichen Arbeitsplatz tätig. Diese Arbeitsplätze sind mit der Betriebsstätte des Arbeitgebers über Informations- und Kommunikationseinrichtungen verbunden und in die bestehende Arbeitsorganisation des Betriebes eingebunden. Die Rahmenbedingungen werden im Allgemeinen zwischen Arbeitgeber und Beschäftigten **vertraglich geregelt** (v. a. Arbeitszeit, Dauer der Telearbeit, technische Einrichtung und Ausstattung des Telearbeitsplatzes, evtl. auch Zutrittsrecht für die Einrichtung und Beurteilung des Arbeitsplatzes; BR-Drs. 506/16 S. 26).

In aller Regel befinden sich Telearbeitsplätze in diesem Sinne in der **Wohnung** 69 des Beschäftigten. Abs. 7 verwendet jedoch den weiteren Begriff des „Privatbereichs". Gemeint sind damit Arbeitsplätze in Räumlichkeiten, die der Kontrolle des Beschäftigten und nicht des Arbeitgebers unterliegen. Das kann beispielsweise auch ein vom Beschäftigten angemietetes **externes Arbeitszimmer** sein. Nicht um Telearbeitsplätze, sondern um „echte" betriebliche Arbeitsplätze handelt es sich hingegen bei vom Arbeitgeber betriebenen „Satellitenbüros" (*Wiebauer* in Landmann/Rohmer GewO ArbSchG § 1 Rn. 48), die den Beschäftigten zur Verfügung gestellt werden, um dort zu arbeiten.

II. Vom Arbeitgeber eingerichtet

Um die extrem **restriktive Fassung** der Definition des Telearbeitsplatzes in 70 Abs. 7 zu verstehen, hilft ein Blick auf ihre **Entstehungsgeschichte.** Die Einbeziehung der Telearbeit in die ArbStättV war einer der brisantesten Streitpunkte im Zuge der ArbStättV-Novelle 2014−2016. Die Arbeitgeber fürchteten, ihnen solle die umfassende Verantwortung für den häuslichen Telearbeitsplatz aufgebürdet werden, möglicherweise gar mit Kontrollpflichten im Privatbereich der Beschäftigten. Diese Kritik war ein maßgeblicher Faktor für das Scheitern der Novelle 2014. Für die Überarbeitung 2016, auf welche der jetzige Abs. 7 zurückgeht, wurde daher Satz 2 ergänzt, um die Pflichten des Arbeitgebers nicht über seinen tatsächlichen Einflussbereich hinaus auszudehnen.

Im Ausgangspunkt völlig richtig unterfallen der ArbStättV deshalb nach Abs. 7 71 nur solche Arbeitsplätze, die der Arbeitgeber **eingerichtet** hat. Nur dann entscheidet dieser unmittelbar über die Gestaltung der Arbeitsplätze, und nur dann ist es gerechtfertigt, ihm über seine allgemeinen Arbeitsschutzpflichten nach dem ArbSchG (→ § 1 Rn. 39) hinaus auch die konkret arbeitsplatzbezogenen Pflichten nach der ArbStättV zuzuweisen.

Nach Satz 2 ist ein häuslicher Telearbeitsplatz dabei erst dann vom Arbeitgeber 72 eingerichtet, wenn die Bedingungen der Telearbeit vertraglich geregelt sind (→ Rn. 75 ff.) und die benötigte Ausstattung des Telearbeitsplatzes mit Mobiliar, Arbeitsmitteln einschließlich der Kommunikationseinrichtungen durch den Arbeitgeber oder eine von ihm beauftragte Person im Privatbereich des Beschäftigten bereitgestellt und installiert ist. Das heißt nichts anderes, als dass der Arbeitgeber die **komplette Einrichtung stellt und installieren lässt** (*Aligbe* ArbR 2016, 596, 597; *Faber/Feldhoff* in HK-ArbSchR ArbStättV Rn. 148). Demnach fände die ArbStättV bereits keine Anwendung, wenn ein Beschäftigter im Home Office den eigenen Schreibtisch verwendet − es blieben nur Fälle, in denen der Arbeitgeber das heimische Büro gleichermaßen einrichtet wie einen Arbeitsraum im Betrieb (*Voigt* in: Forum Nr. 2.2.2.6; **a. A.** *Aligbe* ArbR 2016, 596, 597, der irrig meint, dann fände über § 618 BGB die ArbStättV vollumfänglich Anwendung; zur grundsätzlichen Unanwendbarkeit der ArbStättV auf Telearbeitsplätze → § 1 Rn. 29 ff. m. w. N.).

Die Einschränkung ist offensichtlich als kosmetisches Zugeständnis an die Ar- 73 beitgeber gedacht − sie ist aber nicht zu Ende gedacht und steht teilweise im Widerspruch zum Europarecht. Zum **Problem** wird diese extrem enge Fassung des Anwendungsbereichs nämlich beim Thema **Bildschirmarbeit,** weil die Vorgaben der Bildschirmarbeitsrichtlinie 90/270/EWG für jede Arbeit an einem Bildschirmgerät gelten – eine darüber hinausgehende Einrichtung des Arbeitsplatzes ist nach der Definition in Art. 2 lit. b der Richtlinie möglich, aber nicht Voraussetzung für eine Anwendbarkeit der Regelungen (*Calle Lambach/Prümper* RdA 2014, 345, 347).

74   Vor diesem Hintergrund müsste man die einschränkende Definition des § 2 Abs. 7 **europarechtskonform auslegen.** Voraussetzung für eine Anwendung des Anhangs Nr. 6 auf häusliche Telearbeitsplätze kann nicht sein, dass der Arbeitgeber das Home Office vollumfänglich eingerichtet hat. Es genügt, dass er das Bildschirmgerät bereitstellt. Die Anwendung der weiteren Anforderungen nach der ArbStättV einschließlich des Anhangs Nr. 6 (z. B. zur Gestaltung der Arbeitstische oder der Beleuchtung, Anhang Nr. 6.1 Abs. 5 und Abs. 8) kann auf Einrichtungsgegenstände begrenzt werden, für welche der Arbeitgeber die Verantwortung trägt. Angesichts der bewusst sehr eng gefassten Begriffsbestimmung ist aber sehr fraglich, ob ein solches Ergebnis im Rahmen der Auslegung zu erreichen ist (*Wiebauer* NZA 2017, 220, 222).

III. Vereinbarung über Arbeitszeit und Dauer der Einrichtung

75   Nach dem eindeutigen Wortlaut der Begriffsbestimmung handelt es sich zudem nur dann um einen Telearbeitsplatz i. S. d. ArbStättV, wenn Arbeitgeber und Beschäftigter die „vereinbarte wöchentliche Arbeitszeit und die Dauer der Einrichtung" (Satz 1) bzw. „die Bedingungen der Telearbeit arbeitsvertraglich oder im Rahmen einer **Vereinbarung**" (Satz 2) festgelegt haben. Das führt erneut zu einem Konflikt mit EU-Recht. Eine solche Vereinbarung ist europarechtlich keineswegs Voraussetzung für die Anwendung der Vorschriften der **Bildschirmarbeit** – auch insoweit besteht daher ein **Umsetzungsdefizit,** das die Bundesregierung wird korrigieren müssen.

76   **Rechtstechnisch** wirft die Begriffsbestimmung weitere Fragen auf: Nach Satz 2 ist eine Einigung über die Bedingungen der Telearbeit Teil des Tatbestandsmerkmal „vom Arbeitgeber eingerichtet", nach Satz 1 ist die Festlegung der vereinbarten wöchentlichen Arbeitszeit und der Dauer der Einrichtung eigenständiges, zusätzliches Tatbestandsmerkmal. Eine in sich konsistente Regelung sieht anders aus. Im Rahmen der Rechtsanwendung wird man beide Voraussetzungen zusammen zu lesen haben.

77   Auch in der Sache ist die Voraussetzung einer Vereinbarung **fragwürdig.** Im Arbeitsverhältnis ist eine Einigung über die Rahmenbedingungen notwendige Begleiterscheinung der Einrichtung eines Telearbeitsplatzes (Beispiel bei *Hülsemann* ArbRAktuell 2017, 483). Diese Vereinbarung ist indes an keine Form gebunden und kann folglich **auch konkludent** erfolgen. So wird die Anwendung der ArbStättV von einer im Streitfall nur schwer feststellbaren Einigung abhängig gemacht. Erst recht ist nicht ersichtlich, weshalb die ArbStättV nur gelten sollte, wenn sich Arbeitgeber und Beschäftigte über die wöchentliche Arbeitszeit und die Dauer der Einrichtung geeinigt haben sollten. Beide Fragen haben mit der Sicherheit des häuslichen Arbeitsplatzes nichts zu tun. Es drängt sich der Verdacht auf, dass der Verordnungsgeber insoweit gar nicht den Anwendungsbereich der ArbStättV beschränken, sondern eine solche Vereinbarung für Telearbeitsplätze verbindlich vorschreiben wollte. Dann aber wäre die Regelung vollends missglückt.

Eine dahingehende Auslegung lässt der Regelungszusammenhang (Begriffs- **78**
bestimmungen) indes nicht zu, sodass im Ergebnis gilt: Die ArbStättV findet auf
häusliche Telearbeitsplätze **nur Anwendung, wenn** eine Vereinbarung über die
Bedingungen der Telearbeit vorliegt (*Faber/Feldhoff* in HK-ArbSchR ArbStättV
Rn. 147). Was unter „Bedingungen der Telearbeit" fällt, konkretisiert die Verordnung nicht. **Notwendiger Inhalt** der Vereinbarung können vor diesem Hintergrund nur die wesentlichen Rahmenbedingungen sein (Einrichtung des Telearbeitsplatzes, Dauer der Einrichtung, wöchentliche Arbeitszeiten am Telearbeitsplatz;
ähnlich *Aligbe* ArbR 2016, 596, 597; *Faber/Feldhoff* in HK-ArbSchR ArbStättV
Rn. 147). Ohne gegenteilige Anhaltspunkte können die Aufsichtsbehörden mit
Blick auf die Formfreiheit der Vereinbarung deren Vorliegen allerdings im Regelfall
unterstellen.

G. Einrichten (Abs. 8)

Die 2004 in die ArbStättV aufgenommene Definition des „Einrichtens" der Ar- **79**
beitsstätte wurde im Zuge der Novelle 2016 ohne inhaltliche Änderung redaktionell
überarbeitet. Damit wird das Arbeitsstättenrecht gegenüber dem Bauordnungsrecht
abgegrenzt, welches die Errichtung von Gebäuden (und also auch Arbeitsstätten)
regelt. Demgegenüber greift die ArbStättV erst **nach der Errichtung** ein und betrifft das **Bereitstellen** und **Ausgestalten** der Arbeitsstätte (Satz 1). Gemeint sind
alle Maßnahmen, die der Arbeitgeber ergreift bzw. ergreifen muss, um die Räumlichkeiten den Notwendigkeiten des Betriebs gemäß anzupassen. Zweckmäßigerweise sollten die Vorgaben der ArbStättV daher bereits bei der Planung der Arbeitsstätte berücksichtigt werden (*Faber/Feldhoff* in HK-ArbSchR ArbStättV Rn. 28).

Was dazu im Einzelnen gehört, konkretisiert Satz 2 durch eine **nicht abschlie-** **80**
ßende Aufzählung. Demnach unterfallen auch nachträgliche bauliche Veränderungen der ArbStättV (Nr. 1) – ohne allerdings die Vorgaben des Bauordnungsrechts zu verdrängen (§ 3a Abs. 4). In Übereinstimmung mit dem allgemeinen
Sprachgebrauch gehören zur Einrichtung gemäß Nr. 2 auch die Ausstattung der
Arbeitsstätte mit Mobiliar und Maschinen, Anlagen und sonstigen Arbeitsmitteln
sowie mit den erforderlichen Einrichtungen (Beleuchtung usw.), ebenso gemäß
Nr. 4 die Festlegung der Arbeitsplätze i. S. d. Abs. 4. Von besonderer Bedeutung
sind das Anlegen der Verkehrs- und Fluchtwege, die Kennzeichnung sowie die Bereitstellung der erforderlichen Notfallausrüstung (Nr. 3).

H. Betreiben (Abs. 9)

Der 2004 erstmals in der ArbStättV definierte Begriff des „Betreibens" wurde im **81**
Zuge der Novelle 2016 deutlich **erweitert.** Im Einzelnen gehört hierzu
– das Benutzen der Arbeitsstätte,
– ihre Instandhaltung und Optimierung, sowie
– die Organisation und Gestaltung der Arbeit in der Arbeitsstätte.

„Benutzen" meint den Normalbetrieb ebenso wie etwaige Stör- und Notfälle, **82**
für welche der Arbeitgeber nach §§ 9 und 10 ArbSchG sowie § 4 Abs. 3 und 4 Arb-
StättV i. V. m. den Bestimmungen des Anhangs Vorsorge treffen muss.

Der Begriff des **„Instandhaltens"** ist in Abs. 10 seinerseits definiert. **„Opti-** **83**
mieren" knüpft an die Zielvorgabe des § 3 Abs. 1 Satz 3 ArbSchG an, wonach der

Arbeitgeber eine Verbesserung der Sicherheit und des Gesundheitsschutzes der Beschäftigten anzustreben hat. Gemeint ist eine kontinuierliche Verbesserung des Arbeitsschutzes in der Arbeitsstätte. Indem das Optimieren nunmehr zum Betreiben zählt, ist die Möglichkeit eröffnet, im Anhang der ArbStättV konkrete Anforderungen in dieser Hinsicht zu festzulegen. V.a. aber kann der ASTA nunmehr diesbezügliche Technische Regeln formulieren, die im Falle ihrer Bekanntmachung durch das BMAS vom Arbeitgeber gemäß § 3a Abs. 1 Satz 2 zu berücksichtigen sind.

84 Erheblich über den klassischen Geltungsbereich der ArbStättV hinaus weist die Einbeziehung der **Organisation und Gestaltung der Arbeit** als Teil des Betreibens. Ausweislich der VO-Begründung soll damit die Regelung in § 5 Abs. 3 Nr. 4 ArbSchG näher konkretisiert werden, wonach sich eine Gefährdung auch aus der Gestaltung von Arbeits- und Fertigungsverfahren, Arbeitsabläufen und Arbeitszeit und deren Zusammenwirken ergeben kann (BR-Drs. 506/16 S. 27). Dahinter steht auch die Überlegung, dass sich mit der **Einführung neuer Technologien und Prozesse** auch die Arbeitsbedingungen für die Beschäftigten zum Teil ganz erheblich ändern. In vielen Fällen hat die Gestaltung der Arbeit eine grundlegende Neugestaltung der Arbeitsplätze, nicht selten sogar der ganzen Arbeitsstätte zur Folge. Zunehmend werden Tätigkeiten, die bisher von Beschäftigten durchgeführt wurden, durch Maschinen oder Fertigungsroboter erledigt. Die Belange der Beschäftigten sind dabei unter den veränderten Randbedingungen neu zu bestimmen und gegebenenfalls anzupassen. Neue Raum- und Arbeitskonzepte sind bisweilen mit weitreichenden Änderungen in Bezug auf die Einrichtung und das Betreiben von Arbeitsstätten verbunden. Die Auswirkungen auf die Arbeitsprozesse sind bisweilen erheblich, da sich sowohl das Einrichten als auch das Betreiben von Arbeitsstätten zunehmend an den Erfordernissen moderner Kommunikationstechniken orientiert (BR-Drs. 506/16 S. 27).

85 Der Wortlaut der Definition ist gleichwohl etwas zu weit geraten, weil sie nicht nur auf diese beschriebenen **Wechselwirkungen** abstellt. Gestaltung und Organisation der Arbeit können der ArbStättV aber nur unterfallen, soweit sie unmittelbar die Einrichtung oder Gestaltung der Arbeitsstätte beeinflussen oder durch diese beeinflusst werden (in diese Richtung auch *Faber/Feldhoff* in HK-ArbSchR ArbStättV Rn. 93). Andernfalls würde die ArbStättV zur allumfassenden Arbeitsschutzverordnung, was ausweislich ihres § 1 Abs. 1 nicht bezweckt ist (*Wiebauer* NZA 2017, 220, 221).

86 Regelungen zur Arbeitsorganisation enthält die ArbStättV nunmehr insbesondere in Anhang Nr. 6.1 Abs. 2 n.F. **(Erholungszeiten bei der Bildschirmarbeit).** Im Übrigen erlaubt die erweiterte Begriffsbestimmung vor allem, in Technischen Regeln nach § 7 Abs. 3 und 4 ArbStättV die Organisation der Arbeit mit einzubeziehen. Nach § 3 Abs. 1 Satz 2 ArbStättV n.F. sind die Auswirkungen der Arbeitsorganisation und der Arbeitsabläufe auch in der Gefährdungsbeurteilung zu berücksichtigen.

I. Instandhalten (Abs. 10)

87 Die Definition des Begriffs „Instandhalten" wurde im Zuge der Novelle 2016 ergänzt. Obwohl Bundesregierung und Bundesrat nach eigenem Bekunden eine möglichst einheitliche Fassung der Arbeitsschutzverordnungen anstreben, weicht der Wortlaut der Begriffsbestimmung von derjenigen der BetrSichV (dort § 2 Abs. 7) ab. Inhaltlich aber besteht kein Unterschied. Die Instandhaltung umfasst

alle Maßnahmen zum **Erhalt des sicheren Zustands der Arbeitsstätte,** und zwar sowohl in baulicher wie auch in technischer Hinsicht.

Dazu gehören **Inspektion** und **Wartung** der Einrichtungen der Arbeitsstätte. **88** Der Erhalt umfasst zudem Maßnahmen, um eine nicht mehr sichere Arbeitsstätte wieder auf den geforderten Stand zu bringen (**„Instandsetzen"**). Als **„Verbessern"** zählen auch solche Maßnahmen zur Instandhaltung, die dazu dienen, eine Arbeitsstätte auf den aktuellen Stand der Technik zu bringen.

J. Stand der Technik (Abs. 11)

Abs. 11 definiert in Übereinstimmung mit den **anderen Arbeitsschutzver- 89 ordnungen** den Begriff des Standes der Technik (s. § 20 Abs. 10 BetrSichV, § 3 Abs. 7a BioStoffV, § 2 Abs. 11 GefStoffV, § 3 Abs. 7 LärmVibrationsArbSchV, § 2 Abs. 10 OStrV, § 2 Abs. 9 EMFV). Der rechtliche Maßstab für das Erlaubte oder Gebotene wird damit an die **„Front der technischen Entwicklung"** verlagert, da die allgemeine Anerkennung und die praktische Bewährung allein für den Stand der Technik nicht ausschlaggebend sind (BVerfG Beschl. v. 8.8.1978 – 2 BvL 8/77, BVerfGE 49, 89; HessVGH Urt. v. 1.11.2001 – 6 UE 887/95). Folglich muss der Arbeitgeber **ermitteln,** was technisch notwendig, geeignet, angemessen und vermeidbar ist. Anhaltspunkte bieten unter anderem die harmonisierten Europäischen Normen (EN). Diesen Stand der Technik muss er sodann gemäß § 3 Abs. 1 Satz 3 bei seinen Schutzmaßnahmen berücksichtigen.

K. Fachkunde (Abs. 12)

Die Definition der Fachkunde in Abs. 12 entspricht der Begriffsbestimmung in **90** § 2 Abs. 5 BetrSichV Es handelt sich um einen **unbestimmten Rechtsbegriff,** dessen Auslegung durch die Aufsichtsbehörde im Streitfall gerichtlich nachprüfbar ist. Die Definition ist notwendigerweise **offen gehalten;** maßgeblich sind die Anforderungen, welche die konkrete Aufgabe an die damit befasste Person stellt. Im Gegensatz zum Begriff der Sachkunde (vgl. § 2 Abs. 17 GefStoffV) stellt die Fachkunde **nicht auf einen förmlichen Nachweis** ab. Entscheidend ist allein, dass die erforderlichen Fachkenntnisse vorhanden sind; dabei spielt es keine Rolle, ob die betreffende Person sie durch Ausbildung, Berufserfahrung oder eine zeitnah ausgeübte entsprechende Tätigkeit erworben hat. Lediglich die Teilnahme an Schulungen ist vorgeschrieben, um die Fachkunde auf dem aktuellen Stand zu halten. Allerdings gelten auch insofern keine formellen Anforderungen, insbesondere muss die Schulung nicht in irgendeiner Weise behördlich anerkannt sein.

Erforderlich ist die Fachkunde vor allem zur **Durchführung der Gefährdungs- 91 beurteilung** nach § 3 Abs. 2 Satz 1. Verfügt der Arbeitgeber nicht selbst über die erforderliche Fachkunde, kann und muss er fachkundige Personen hinzuziehen.

§ 3 Gefährdungsbeurteilung

(1) ¹**Bei der Beurteilung der Arbeitsbedingungen nach § 5 des Arbeitsschutzgesetzes hat der Arbeitgeber zunächst festzustellen, ob die Beschäftigten Gefährdungen beim Einrichten und Betreiben von Arbeitsstätten ausgesetzt sind oder ausgesetzt sein können.** ²**Ist dies der Fall, hat er alle**

möglichen Gefährdungen der Sicherheit und der Gesundheit der Beschäftigten zu beurteilen und dabei die Auswirkungen der Arbeitsorganisation und der Arbeitsabläufe in der Arbeitsstätte zu berücksichtigen. [3]Bei der Gefährdungsbeurteilung hat er die physischen und psychischen Belastungen sowie bei Bildschirmarbeitsplätzen insbesondere die Belastungen der Augen oder die Gefährdung des Sehvermögens der Beschäftigten zu berücksichtigen. [4]Entsprechend dem Ergebnis der Gefährdungsbeurteilung hat der Arbeitgeber Maßnahmen zum Schutz der Beschäftigten gemäß den Vorschriften dieser Verordnung einschließlich ihres Anhangs nach dem Stand der Technik, Arbeitsmedizin und Hygiene festzulegen. [5]Sonstige gesicherte arbeitswissenschaftliche Erkenntnisse sind zu berücksichtigen.

(2) [1]Der Arbeitgeber hat sicherzustellen, dass die Gefährdungsbeurteilung fachkundig durchgeführt wird. [2]Verfügt der Arbeitgeber nicht selbst über die entsprechenden Kenntnisse, hat er sich fachkundig beraten zu lassen.

(3) [1]Der Arbeitgeber hat die Gefährdungsbeurteilung vor Aufnahme der Tätigkeiten zu dokumentieren. [2]In der Dokumentation ist anzugeben, welche Gefährdungen am Arbeitsplatz auftreten können und welche Maßnahmen nach Absatz 1 Satz 4 durchgeführt werden müssen.

Übersicht

Schrifttum: *Bundesanstalt für Arbeitsschutz und Arbeitssicherheit (BAuA, Hrsg.),* Ratgeber zur Gefährdungsbeurteilung, 2012; *dies. (Hrsg.),* Toolbox Version 1.2 – Instrumente zur Erfassung psychischer Belastungen, 2010; *Faber,* Die neue Arbeitsstättenverordnung – veränderte Anforderungen an Betriebsräte, AiB 2006, 528; *Fritsche/Meckle,* Employability 2.0 – Psychische Gefährdungsbeurteilung: Von der gesetzlichen Pflicht zum Wettbewerbsvorteil, BB 2015, 821; *Gutjahr/Hampe,* Gefährdungsbeurteilung von psychischen Belastungen aus arbeitsrechtlicher Sicht, DB 2012, 1208; *Helm/Huber,* § 3 Abs. 3 ArbStättV als Zustimmungsverweigerungsgrund?, AuR 2013, 346; *Huke,* Die Beteiligung des Betriebsrats bei der Gefährdungsbeurteilung, FA 2005, 165; *Länderausschuss für Arbeitsschutz und Sicherheitstechnik (LASI),* Handlungsanleitung zur Überprüfung der Gefährdungsbeurteilung (LASI LV 59), 2017; *Lützeler,* Herausforderung für Arbeitgeber: Die psychische Gesundheit im Arbeitsverhältnis, BB 2014, 309; *Nationale Arbeitsschutzkonferenz (NAK),* GDA-Leitlinie Gefährdungsbeurteilung und Dokumentation, Stand 2017; *dies.,* GDA-Leitlinie Beratung und Überwachung durch die Träger der Arbeitsschutzverwaltung, Stand 2015; *Neumann,* Beurteilung der Arbeitsbedingungen an Büro- und Bildschirmarbeitsplätzen, BG 1998, 204; *Rasmussen-Bonne/Raif,* Bildschirmarbeitsplätze richtig gestalten, AuA 2009, 584; *Rundnagel/Seefried,* Die Bildschirmbrille, AiB 2001, 420; *Sasse,* Burn-out als arbeitsrechtliches Problem, BB 2013, 1717; *Schurig,* Novellierte Arbeitsstättenverordnung in Kraft – zuviel Spielraum?, ZTR 2004, 626; *Wank,* Anmerkung zu BAG 8.6.2004 – 1 ABR 13/03, SAE 2005, 226; *Wiebauer,* Die Novelle der Arbeitsstättenverordnung 2016, NZA 2017, 220.

A. Allgemeines

I. Überblick und Entstehungsgeschichte

1   § 3 enthält **grundlegende Vorgaben für die Durchführung und Dokumentation der Gefährdungsbeurteilung** beim Einrichten und Betreiben von Arbeitsstätten. Abs. 1 regelt den Gegenstand und die wesentlichen Verfahrensschritte der Gefährdungsbeurteilung. Abs. 2 stellt klar, dass die Gefährdungsbeurteilung fachkundig durchzuführen ist. Abs. 3 enthält grundlegende Anforderungen an ihre Dokumentation.

2   Die Regelungen des § 3 sind **2010 in die ArbStättV aufgenommen** worden, um die allgemeinen Rahmenvorschriften für die Gefährdungsbeurteilung und deren Dokumentation in §§ 5, 6 ArbSchG für das Arbeitsstättenrecht zu konkretisieren. Die ArbStättV wurde damit an die anderen Arbeitsschutzverordnungen angepasst, die bereits entsprechende Regelungen enthielten (u. a. § 3 BetrSichV, § 4 BioStoffV, § 6 GefStoffV, § 3 LärmVibrationsArbSchV). Mit der Ergänzung der ArbStättV um den Baustein „Gefährdungsbeurteilung" in seiner arbeitsstättenspezifischen Ausprägung soll erreicht werden, dass das Konzept und die **Struktur der Arbeitsschutzverordnungen weiter vereinheitlicht** werden und dem Arbeitgeber dadurch das Verständnis und die Anwendung der Verordnungen in der betrieblichen Praxis erleichtert werden (vgl. BR-Drs. 262/10, S. 26). Die bis dahin in § 3 geregelten Grundpflichten des Arbeitgebers wurden in § 3a verschoben.

3   Mit der Änderungsverordnung **2016** wurde Abs. 1 in zwei Punkten geändert. Satz 2 wurde dahingehend ergänzt, dass der Arbeitgeber bei der Beurteilung der Gefährdungen auch die **Auswirkungen der Arbeitsorganisation und der Arbeitsabläufe** in der Arbeitsstätte zu berücksichtigen hat. In einer neu in Satz 3 aufgenommenen Regelung wurde klargestellt, dass bei der Gefährdungsbeurteilung neben den physischen auch die **psychischen Gefährdungen** sowie bei Bildschirmarbeitsplätzen speziell die mit der Bildschirmarbeit verbundenen **Belastungen für die Augen** und die daraus resultierenden Gefährdungen für das Sehvermögen der Beschäftigten zu berücksichtigen sind. Die früheren Sätze 3 und 4 wurden unverändert zu den Sätzen 4 und 5.

II. Konkretisierung durch die ASR V3

4   Die Arbeitsstättenregel ASR V3 „Gefährdungsbeurteilung" (Ausgabe Juli 2017; GMBl. 2017, S. 390) konkretisiert die Regelungen über die Durchführung und Dokumentation der Gefährdungsbeurteilung in § 3. Sie gilt für die Durchführung der Gefährdungsbeurteilung beim Einrichten und Betreiben von Arbeitsstätten sowie für die erstmalige Beurteilung der Arbeitsbedingungen und des Arbeitsplatzes bei Telearbeitsplätzen i. S. d. § 2 Abs. 7, soweit der Arbeitsplatz von dem im Betrieb abweicht (ASR V3 Nr. 2).

5   Die ASR V3 gibt unter Nr. 4 und 5 **konkrete Hinweise** zur **Vorgehensweise bei der Gefährdungsbeurteilung** nach § 3. Dazu gehören insbesondere detaillierte Erläuterungen zum Gegenstand und zu den einzelnen Prozessschritten. ASR V3 Nr. 6 enthält besondere Anforderungen an die Durchführung und Dokumentation der Gefährdungsbeurteilung auf Baustellen. Hält sich der Arbeitgeber an die Empfehlungen der ASR V3, so gilt gemäß § 3a Abs. 1 Satz 3 zu seinen Gunsten die

Vermutung, dass die **Anforderungen** an die Durchführung und Dokumentation der Gefährdungsbeurteilung nach § 3 **erfüllt** sind (→ § 3a Rn. 38 ff.).

III. Ziel und Bedeutung der Gefährdungsbeurteilung

Die Gefährdungsbeurteilung ist das **zentrale Element des präventiven ge-** 6
fährdungsbezogenen Arbeitsschutzes. Ihr Ziel besteht darin, alle möglichen Gefährdungen, denen die Beschäftigten beim Einrichten und Betreiben der Arbeitsstätte ausgesetzt sind, **systematisch zu ermitteln und zu beurteilen,** damit der Arbeitgeber die erforderlichen Maßnahmen für die Sicherheit und Gesundheit der Beschäftigten festlegen und umsetzen kann (ASR V3 Nr. 3.1). Sie dient insbesondere als Instrument zur Beurteilung der Arbeitsbedingungen in der Arbeitsstätte, als Grundlage für die Entscheidung, ob und welche Maßnahmen des Arbeitsschutzes notwendig sind, sowie als Handlungskonzept für die Verbesserung von Sicherheit und Gesundheitsschutz in der Arbeitsstätte (ASR V3 Nr. 4 Abs. 1). Eine sorgfältig durchgeführte Gefährdungsbeurteilung ist damit notwendige Voraussetzung dafür, dass der Arbeitgeber seiner Verpflichtung aus § 3a Abs. 1 Satz 1 nachkommen kann, die Arbeitsstätte sicherheits- und gesundheitsgerecht einzurichten und zu betreiben. Darüber hinaus bildet sie die wesentliche Grundlage für die Unterweisung der Beschäftigten nach § 6.

B. Gegenstand der Gefährdungsbeurteilung (Abs. 1 Sätze 1 bis 3)

I. Allgemeines

Der Arbeitgeber muss gemäß Abs. 1 Sätze 1 und 2 **alle möglichen Gefährdun-** 7
gen für die Sicherheit und Gesundheit der Beschäftigten ermitteln und beurteilen, denen die Beschäftigten beim Einrichten und Betreiben von Arbeitsstätten ausgesetzt sind oder ausgesetzt sein können. Der **Begriff der Gefährdung** bezeichnet die Möglichkeit eines Gesundheitsschadens oder einer gesundheitlichen Beeinträchtigung ohne bestimmte Anforderungen an deren Ausmaß oder Eintrittswahrscheinlichkeit (BR-Drs. 881/95 S. 27; BAG, Urt. v. 12.8.2008 – 9 AZR 1117/06 – NZA 2009, 102). Im Unterschied dazu bezeichnet der **Begriff der Gefahr** eine Sachlage, die bei ungehindertem Ablauf des zu erwartenden Geschehens mit hinreichender Wahrscheinlichkeit zu einem Gesundheitsschaden oder einer gesundheitlichen Beeinträchtigung führt (BR-Drs. 881/95 S. 27; BAG, Urt. v. 12.8.2008 – 9 AZR 1117/06 – NZA 2009, 102). § 3 ArbStättV stellt ebenso wie § 5 ArbSchG bewusst auf den weiteren Begriff der Gefährdung ab; das Arbeitsschutzrecht verfolgt mithin einen umfassenden Ansatz und beschränkt sich nicht allein auf Gefahrenabwehr. Der Arbeitgeber muss deshalb alle in Betracht kommenden Risiken für die Sicherheit und Gesundheit der Beschäftigten in der Arbeitsstätte ermitteln und beurteilen, unabhängig davon, wie hoch die Wahrscheinlichkeit ihres Eintritts ist und wie schwerwiegend die möglichen gesundheitlichen Beeinträchtigungen für die Beschäftigten sind.

Die Gefährdungsbeurteilung nach § 3 bezieht sich auf sämtliche Gefährdungen, 8
denen die Beschäftigten **bei ihrer Arbeit oder Tätigkeit in der Arbeitsstätte** ausgesetzt sind. Dazu gehören seit der Übernahme der wesentlichen Inhalte der Bildschirmarbeitsverordnung in die ArbStättV durch die Änderungsverordnung

2016 auch die speziellen Gefährdungen, die für die Beschäftigten mit der Bildschirmarbeit verbunden sind. Der **Kreis der Gefährdungen,** die der Arbeitgeber
zu ermitteln und zu beurteilen hat, umfasst deshalb nach Abs. 3 Satz 3 neben den
physischen und psychischen Belastungen auch die **besonderen Risiken für
die Augen und das Sehvermögen** der Beschäftigten **bei der Bildschirmarbeit.**

II. Gefährdungen beim Einrichten und Betreiben von Arbeitsstätten (Abs. 1 Satz 1)

9   **1. Einrichten und Betreiben.** § 3 konkretisiert die Vorgaben des ArbSchG
speziell in Bezug auf Gefährdungen, denen die Beschäftigten durch das **Einrichten**
und **Betreiben** der Arbeitsstätte ausgesetzt sind. Die beiden Begriffe sind in § 2
Abs. 8 und 9 gesetzlich definiert (→ § 2 Rn. 79f., 81ff.). Für die Gefährdungsbeurteilung muss zwischen beiden Sachverhalten (Einrichten einerseits, Betreiben andererseits) sorgfältig **unterschieden** werden, da sich aus ihnen unterschiedliche
Gefährdungen ergeben können. ASR V3 Nr. 4.2 sieht deshalb vor, dass der Arbeitgeber die Gefährdungen, die mit dem Einrichten bzw. Betreiben von Arbeitsstätten
verbunden sind, **unabhängig voneinander zu ermitteln und zu beurteilt.** Dabei sind freilich mögliche Wechselwirkungen zwischen Einrichten und Betreiben
der Arbeitsstätte zu berücksichtigen.

10   **2. Gefährdungsbeurteilung in Bezug auf das Einrichten.** Die **ASR V3**
enthält in Nr. 4.2.1 Abs. 2 bis 8 konkrete Hinweise und Empfehlungen für die
Durchführung der Gefährdungsbeurteilung beim Einrichten von Arbeitsstätten. So
wird dem Arbeitgeber geraten, möglichst **frühzeitig,** d. h. bereits **bei der Planung von Neu– oder Umbauten,** den Stand der Technik, Arbeitsmedizin und
Hygiene sowie die ergonomischen Anforderungen und Grundsätze der barrierefreien Gestaltung im Hinblick auf die beabsichtigte Nutzung zu ermitteln und als
Anforderungen an die Arbeitsstätte festzuhalten (ASR V3 Nr. 4.2.1 Abs. 2). Beabsichtigt der Arbeitgeber den Erwerb oder die Anmietung einer baulichen Anlage
zur Nutzung als Arbeitsstätte, empfiehlt es sich, **vor der Einrichtung des Objekts**
anhand einer Gefährdungsbeurteilung zu prüfen, ob die Vorgaben der ArbStättV
eingehalten werden können (ASR V3 Nr. 4.2.1 Abs. 7). Zu den in der Gefährdungsbeurteilung zu berücksichtigenden Gesichtspunkten gehören auch **Abnutzungserscheinungen** und **Wirkungsgradverluste** der getroffenen Maßnahmen
des Arbeitsschutzes (ASR V3 Nr. 4.2.1 Abs. 3), die Nutzung der Arbeitsstätte durch
unterschiedliche Personengruppen (ASR V3 Nr. 4.2.1 Abs. 5), sowie z. B. **al-
tersbedingte Änderungen im Leistungsvermögen** und in der körperlichen
Konstitution der Beschäftigten während der Nutzungsdauer der Arbeitsstätte (ASR
V3 Nr. 4.2.1 Abs. 6).

11   **3. Gefährdungsbeurteilung in Bezug auf das Betreiben.** In Nr. 4.2.2
Abs. 2 bis 4 formuliert die **ASR V3** Maßgaben zur Durchführung der Gefährdungsbeurteilung beim Betreiben von Arbeitsstätten. So hat der Arbeitgeber auch für **angemietete Objekte** (z. B. Büroflächen, Verkaufsräume, Produktions- und Lagerräume) sicherzustellen, dass die Arbeitsstätte nach dem Stand der Technik,
Arbeitsmedizin und Hygiene betrieben wird (ASR V3 Nr. 4.2.2 Abs. 2). Für die
Qualifikation als Arbeitsstätte kommt es nicht darauf an, ob diese im Eigentum des
Betriebsinhabers steht oder nicht (→ § 2 Rn. 11; zur Problematik der Verfügungsmacht bei gemieteten Arbeitsstätten → § 3a Rn. 4ff.). In der Gefährdungsbeurteilung sind nach ASR V3 Nr. 4.2.2 Abs. 3 auch Situationen zu berücksichtigen, die

vom Normalbetrieb abweichen (z. B. **Störungen,** Stromausfälle, extreme Witterungseinflüsse). Gegenstand der Gefährdungsbeurteilung sind deshalb nach ASR V3 Nr. 4.2.2 Abs. 4 auch die Gefährdungen, mit denen bei Bränden, Unfällen, Überfällen und sonstigen Betriebsstörungen zu rechnen ist (z. B. Gestaltung von Fluchtwegen und Notausgängen, Aufstellung von Flucht- und Rettungsplänen). Ausdrücklich ist der Arbeitgeber gemäß § 3 Abs. 1 Satz 2 a. E. zudem dazu an- **12** gehalten, die **Auswirkungen der Arbeitsorganisation und der Arbeitsabläufe** in der Arbeitsstätte zu berücksichtigen. Diese Regelung knüpft an die 2016 neu gefasste Definition des „Betreibens" der Arbeitsstätte in § 2 Abs. 9 an, wozu seither auch die Organisation und Gestaltung der Arbeit einschließlich der Arbeitsabläufe zählen (→ § 2 Rn. 84; *Wiebauer* NZA 2017, 220, 221).

III. Zu beurteilende Arbeitsplätze bzw. Tätigkeiten

1. Grundsatz. Die Gefährdungsbeurteilung nach § 3 ist für **alle Arbeitsplätze** **13** **und Tätigkeiten** in der Arbeitsstätte durchzuführen. Es sollen mithin alle Gefährdungen erfasst werden, denen die Beschäftigten bei der Arbeit ausgesetzt sind, unabhängig davon, ob dies an einem Arbeitsplatz i. S. d. § 2 Abs. 4 ist oder an anderen Orten der Arbeitsstätte (z. B. Pausen- oder Sanitärräume usw.). Um den Aufwand soweit möglich in Grenzen zu halten, können gleichartige Arbeitsplätze bzw. Tätigkeiten gemäß § 5 Abs. 2 Satz 2 ArbSchG gemeinsam beurteilt werden. Für Telearbeitsplätze sieht § 1 Abs. 3 Satz 1 Nr. 1 ArbStättV eine irreführende Einschränkung der Gefährdungsbeurteilung vor (→ Rn. 15 ff.).

2. Gebündelte Beurteilung bei gleichartigen Arbeitsbedingungen. Ge- **14** mäß § 5 Abs. 2 Satz 2 ArbSchG ist bei gleichartigen Arbeitsbedingungen die **Beurteilung eines Arbeitsplatzes oder einer Tätigkeit ausreichend.** Diese Möglichkeit einer exemplarischen Beurteilung soll dem Arbeitgeber die Verwendung von Standardbeurteilungen für typische Arbeitsbereiche ermöglichen (BR-Drs. 881/95 S. 29). Was unter **gleichartigen Arbeitsbedingungen** zu verstehen ist, sagt das Gesetz allerdings nicht ausdrücklich. Ausgehend vom **Zweck der Gefährdungsbeurteilung,** die Belastungs- und Gefährdungssituation der Beschäftigten bei der Arbeit möglichst umfassend und vollständig zu ermitteln und zu beurteilen, genügt es für die Anwendung des § 5 Abs. 2 Satz 2 ArbSchG noch nicht, dass die Beschäftigten die gleichen Arbeitsmittel verwenden oder die gleiche Tätigkeit ausüben. Erforderlich ist vielmehr, dass neben den Arbeitsmitteln und dem Arbeitsablauf auch die Arbeitsumgebung, d. h. die Bedingungen, unter denen die Beschäftigten ihre Arbeit verrichten, gleichartig sind (*Blume/Faber* in HK-ArbSchR ArbSchG § 5 Rn. 79). Die exemplarische Beurteilung eines Arbeitsplatzes ist deshalb nur zulässig, soweit an den zu beurteilenden Arbeitsplätzen bzw. bei den zu beurteilenden Tätigkeiten die **gesamte Gefährdungs- und Belastungssituation** der Beschäftigten gleichartig ist, wenn also **jeweils die gleichen Gefährdungen auftreten** (*Blume/Faber* in HK-ArbSchR ArbSchG § 5 Rn. 80). Dies kann beispielsweise der Fall sein bei Großraumbüros oder Callcentern, in denen die Beschäftigten an gleich ausgestatteten Bildschirmarbeitsplätzen weitgehend gleiche Arbeitsabläufe verrichten.

3. Sonderregelung für Telearbeitsplätze. Für Telearbeitsplätze i. S. d. § 2 **15** Abs. 7 gilt die Regelung des § 3 über die Gefährdungsbeurteilung gemäß § 1 Abs. 3 Satz 1 Nr. 1 **mit zwei Einschränkungen:**

Erstens soll § 3 nur auf die **erstmalige** Beurteilung der Arbeitsbedingungen am **16** Telearbeitsplatz Anwendung finden. Das bedeutet allerdings keineswegs, dass für

Telearbeitsplätze nur einmal eine Gefährdungsbeurteilung erforderlich wäre. Die **Verpflichtung zur Fortschreibung der Gefährdungsbeurteilung nach § 3 Abs. 1 Satz 2 ArbSchG bleibt bestehen** – von dieser gesetzlichen Vorgabe kann die rangniedere ArbStättV nicht befreien. Die Folge ist lediglich, dass die Überprüfung der Gefährdungsbeurteilung nicht nach § 3 ArbStättV, sondern allein auf der allgemeinen Grundlage des § 5 ArbSchG erfolgt (→ § 1 Rn. 33). Der einzige echte Unterschied liegt darin, dass die für die Fortschreibung allein nach ArbSchG im Gegensatz zu § 3 Abs. 2 ArbStättV nicht zwingend fachkundig erfolgen muss. De facto freilich ist eine gesetzeskonforme Gefährdungsbeurteilung ohne ein gewisses Maß an Fachkunde gar nicht möglich, weil ein Unkundiger die Gefährdungen am Arbeitsplatz kaum kompetent bewerten kann.

17   Zweitens ist die Anwendung des § 3 auch bei der erstmaligen Beurteilung des Telearbeitsplatzes insoweit beschränkt, als die Vorschrift gemäß § 1 Abs. 3 Satz 1 Nr. 1 nur gilt, **soweit der Arbeitsplatz von dem im Betrieb abweicht.** Was nach einer großen Ausnahme klingt, erweist sich letzten Endes nur als Verweis auf die Regelung des § 5 Abs. 2 Satz 2 ArbSchG. Wenn der betriebliche und der häusliche Arbeitsplatz insgesamt **gleichartig** i. S. dieser Vorschrift sind, genügt ohnehin die Beurteilung nur eines Arbeitsplatzes; die daraus resultierenden Erkenntnisse können auf den anderen übertragen werden (→ Rn. 14). Wenn sich beide Arbeitsplätze (wie im Regelfall) teilweise unterscheiden, kann der gleichartige Teil ebenfalls gemeinsam beurteilt werden, während die **unterschiedliche Gefährdungslage jeweils separat zu beurteilen** ist (in diesem Sinne *Blume/Faber* in HK-ArbSchR ArbSchG § 5 Rn. 81; *Kreizberg* in Kollmer/Klindt/Schucht ArbSchG § 5 Rn. 97; *Wiebauer* in Landmann/Rohmer GewO ArbSchG § 5 Rn. 10). Dies ist etwa der Fall, wenn Beschäftigte im Betrieb an einem ortsgebundenen Bildschirmgerät arbeiten die häuslichen Telearbeitsplätze aber mit tragbaren Bildschirmgeräten ausgestattet werden. Der Arbeitgeber muss in diesem Fall eine Gefährdungsbeurteilung durchführen, um zu überprüfen, ob die Ausstattung der Telearbeitsplätze mit tragbaren Bildschirmgeräten den Anforderungen des Anhangs 6 der ArbStättV genügt.

IV. Zu berücksichtigende Gefährdungen (Abs. 1 Satz 3)

18   **1. Physische Belastungen.** Die Ermittlung und Beurteilung der Gefährdungen durch physische Belastungen bei der Arbeit ist der klassische Gegenstand der Gefährdungsbeurteilung. Zu den **physischen Belastungen** gehören alle Einflüsse und Faktoren, die **bei der Arbeit** oder Tätigkeit **von außen auf den Körper der Beschäftigten einwirken** und zu einer **Beeinträchtigung der Gesundheit** führen können. Die Ermittlung und Beurteilung der Gefährdungen durch solche physischen Belastungen bezieht sich vor allem auf die Gefährdungen, die von den Einrichtungen, Anlagen und Bauteilen der Arbeitsstätte, den dort verwendeten Arbeits- und Betriebsmitteln, Arbeitsstoffen und Produktions- bzw. Fertigungsverfahren sowie der Arbeitsumgebung ausgehen.

19   Die **ASR V3** enthält im Anhang einen **Katalog der Gefährdungen,** die bei der Gefährdungsbeurteilung nach § 3 zu prüfen sind, mit beispielhaften Erläuterungen zu den einzelnen Gefährdungsfaktoren. Dazu gehören bezüglich der physischen Belastungen folgende Gefährdungen:
– **mechanische Gefährdungen** (z. B. Sturz- und Stolperstellen, Absturzstellen, bewegte Transport- und Arbeitsmittel, Quetsch- und Scherstellen, herabfallende Gegenstände, gefährliche Oberflächen),

- **elektrische Gefährdungen** (z. B. elektrischer Schlag oder Störlichtbogen bei Annäherung an oder direkter Berührung von Spannung führenden Teilen elektrischer Anlagen),
- **Gefährdungen durch Gefahrstoffe** (z. B. Verunreinigung der Innenraumluft durch schadstoffbelastete Bauteile, Einrichtungsgegenstände oder raumlufttechnische Anlagen),
- **Gefährdungen durch biologische Arbeitsstoffe** (z. B. Schimmelpilz-Wachstum in den Arbeitsräumen, Verkeimung von raumlufttechnischen Anlagen oder Klimaanlagen, Legionellen in Trinkwasseranlagen),
- **Brand- und Explosionsgefährdungen** (z. B. leicht entflammbare Materialien in der Nähe von Zündquellen, Ansammlung brennbarer Rückstände in lüftungstechnischen Anlagen),
- **Thermische Gefährdungen** (z. B. berührbare heiße oder kalte Oberflächen an Arbeitsplätzen oder Verkehrswegen),
- **Gefährdungen durch spezielle physikalische Einwirkungen** (z. B. Lärm und Vibrationen an Arbeitsplätzen aufgrund der baulichen Gegebenheiten, Sonnenstrahlung bei Arbeiten im Freien),
- **Gefährdungen durch Arbeitsumgebungsbedingungen** (z. B. Hitze, Kälte, Raumklima, Luftqualität, Beleuchtung, Anordnung und Gestaltung der Arbeitsplätze sowie der Pausen-, Bereitschafts- und Sanitärräume)
- **Gefährdungen durch physische Belastung/Arbeitsschwere** (z. B. Zwangshaltungen bei der Arbeit, Sitzen oder Stehen ohne die Möglichkeit des Haltungswechsels, manuelle Transporte über Schwellen, Treppen oder Rampen),
- **Gefährdungen durch sonstige Einwirkungen** (z. B. Gewalt am Arbeitsplatz, bissige Tiere oder stechende Pflanzen).

Die Gefährdungsbeurteilung nach ArbStättV überschneidet sich dabei vielfach **20** mit der Beurteilung nach anderen Arbeitsschutzverordnungen. Gefährdungen, die nicht aus Einrichtung und Betrieb der Arbeitsstätte resultieren, sind nach den insoweit einschlägigen Vorschriften zu beurteilen, für Arbeitsmittel beispielsweise nach § 5 ArbSchG i. V. m. § 3 BetrSichV. Infolgedessen kann es sinnvoll sein, die einzelnen Gefährdungsbeurteilungen nach mehreren Arbeitsschutzverordnungen zu einer **Gesamtbeurteilung** zusammenzufassen (*Opfermann/Streit* § 3 Rn. 10).

2. Psychische Belastungen. Der Gesetzgeber hat im Oktober 2013 mit der **21** Aufnahme der Nr. 6 in den Gefährdungskatalog des § 5 Abs. 3 ArbSchG klargestellt, dass auch die psychischen Belastungen bei der Arbeit im Rahmen der Gefährdungsbeurteilung nach § 5 ArbSchG zu ermitteln und zu beurteilen sind. Mit der Änderungsverordnung 2016 wurde § 3 an diese Regelung angepasst, indem in Abs. 1 Satz 3 ausdrücklich bestimmt wurde, dass bei der Gefährdungsbelastung die physischen und psychischen Belastungen zu berücksichtigen sind. **Gegenstand der Gefährdungsbeurteilung** nach § 3 ist deshalb auch die **Ermittlung und Beurteilung der psychischen Belastungen,** denen die Beschäftigten beim Einrichten und Betreiben der Arbeitsstätte ausgesetzt sind.

Der Begriff der psychischen Belastung wird in der internationalen Norm DIN **22** EN ISO 10075-1 definiert als die Gesamtheit aller erfassbaren Einflüsse, die von außen auf den Menschen zukommen und psychisch auf ihn einwirken (vgl. BAuA, Gefährdungsbeurteilung psychischer Belastung, S. 20). Zu den **psychischen Belastungen** gehören alle Einflüsse und Faktoren, die **bei der Arbeit** oder Tätigkeit **von außen auf die Psyche der Beschäftigten einwirken** und zu einer **Be-**

einträchtigung der Gesundheit führen können(*Balikcioglu* in Kollmer/Klindt/ Schucht Syst A Rn. 31 ff.; *Wiebauer* in Landmann/Rohmer GewO ArbSchG § 4 Rn. 19 ff.). Die Ermittlung und Beurteilung der Gefährdungen durch psychische Belastungen bezieht sich vor allem auf die Gefährdungen, die von den Arbeitsbedingungen in der Arbeitsstätte ausgehen können. Dazu gehören speziell die Belastungen, die durch eine ungenügende Gestaltung der Bedingungen am Arbeitsplatz und in der Arbeitsumgebung hervorgerufen werden, z. B. Lärm oder störende Geräusche, schlechtes Raumklima, räumliche Enge, schlechte Beleuchtung, unzureichende Wahrnehmung von Signalen und Prozessmerkmalen, unzureichende Ergonomie und Softwaregestaltung (BR-Drs. 506/16, S. 28).

23   Die Praxis hat eine Vielzahl von **Verfahren** entwickelt, wie sich psychische Belastungen erfassen und beurteilen lassen (s. a. *Balikcioglu* in Kollmer/Klindt/Schucht Syst A Rn. 36 ff.; *Fritsche/Meckle* BB 2015, 821, 823; *Lützeler* BB 2014, 309, 313; *Sasse* BB 2013, 1717, 1719 f.; *Gutjahr/Hampe* DB 2012, 1208, 1209). Die notwendigen Daten werden meist über schriftliche oder mündliche Befragungen sowie durch Beobachtungsinterviews erhoben. Die Verfahren unterscheiden sich unter anderem nach der Art der Messung der Belastungen **(quantitativ oder qualitativ)** sowie nach der **Analysetiefe** (BAuA Toolbox psychische Belastungen Anhang 3). Entsprechend unterschiedlich ist der Aussagegehalt der Ergebnisse. Während orientierende Verfahren nur Schwerpunkte der Belastungen aufzeigen, können ausführlichere Screeningverfahren Schwachstellen der Arbeitsgestaltung aufdecken. Darüber hinausgehende Expertenverfahren ermöglichen die umfassende Bewertung der psychischen Belastungen im Betrieb.

24   Die **ASR V3** enthält im Anhang einen **Katalog der Gefährdungen** mit beispielhaften Erläuterungen zu den einzelnen Gefährdungsfaktoren. Dort sind auch **Gefährdungen durch psychische Faktoren** aufgeführt, die **durch die Gestaltung der Arbeitsstätte hervorgerufen** werden können. Dazu gehören z. B.

- Lärm (z. B. Maschinenlärm oder Signale aus benachbarten Arbeitsbereichen, tonhaltige Geräusche der Lüftung),
- Klima (z. B. Zugluft, häufige Temperaturschwankungen),
- Vibrationen (z. B. aus benachbarten Maschinenhallen)
- schlechte Wahrnehmbarkeit von Signalen oder Anzeigen (z. B. in Leitwarten oder Leitstellen)
- Beleuchtung (z. B. Lichtfarbe, Flimmern)
- räumliche Gestaltung von Büroarbeitsplätzen (z. B. in Großraumbüros oder Callcentern),
- Gestaltung der Arbeitsorganisation und des Arbeitsablaufs,
- Softwaregestaltung, die nicht den ergonomischen Anforderungen entspricht,
- Raum- oder Gebäudenutzungskonzepte, die den Arbeitsabläufen nicht angemessen sind.

25   Die Bundesanstalt für Arbeitsschutz und Arbeitssicherheit (BAuA) stellt im Internet eine Datenbank (sog. Toolbox, http://www.baua.de//toolbox) mit Verfahren zur Erfassung psychischer Belastungen bereit. Diese sind teilweise branchenspezifisch, teilweise universell einsetzbar. Darüber hinaus existiert eine Reihe praktischer Handlungshilfen, die dem Arbeitgeber die Erfassung und Bewertung psychischer Belastungen im Rahmen der Gefährdungsbeurteilung erleichtern sollen, u. a.:

- BAuA (Hrsg.), Psychische Belastung und Beanspruchung im Berufsleben, 5. Aufl. 2010
- BAuA (Hrsg.), Integration der psychischen Belastungen in die Gefährdungsbeurteilung (Initiative Neue Qualität der Arbeit, http://www.inqa.de), 5. Aufl. 2012

- BAuA (Hrsg.), Stress im Betrieb? – Handlungshilfen für die Praxis, 6. Aufl. 2004
- BKK-Bundesverband (Hrsg.), Kein Stress mit dem Stress, Lösungen für Führungskräfte und Unternehmen (Initiative Neue Qualität der Arbeit, http://www.inqa.de), 2012
- DGUV Information 206-010 (GUV-I 8628): Psychische Belastungen am Arbeits- und Ausbildungsplatz – ein Handbuch, 2005

3. Besondere Belastungen bei der Bildschirmarbeit. Die frühere **Bild-** **26** **schirmarbeitsverordnung** enthielt in § 3 eine spezielle Regelung für die Gefährdungsbeurteilung bei der Bildschirmarbeit. Dort war bestimmt, dass der Arbeitgeber im Rahmen der Gefährdungsbeurteilung nach § 5 ArbSchG die Sicherheits- und Gesundheitsbedingungen an Bildschirmarbeitsplätzen insbesondere im Hinblick auf eine mögliche Gefährdung des Sehvermögens sowie körperlicher Probleme und psychischer Belastungen zu ermitteln und zu beurteilen hat. Diese Vorschrift ist mit der **Aufhebung der Bildschirmarbeitsverordnung** zum 1.12.2016 entfallen. Der Verordnungsgeber hat deshalb den wesentlichen Inhalt des früheren § 3 BildscharbV in Abs. 1 Satz 3 übernommen und damit klargestellt, dass bei der **Gefährdungsbeurteilung von Bildschirmarbeitsplätzen** insbesondere die **Belastungen der Augen** und die **Gefährdung des Sehvermögens** der Beschäftigten durch die Bildschirmarbeit zu berücksichtigen sind. Dies entspricht den Vorgaben des Art. 3 Abs. 1 der Bildschirmarbeitsrichtlinie 90/270/EWG.

Die Berufsgenossenschaften, die Bundesanstalt für Arbeitsschutz und Arbeitsme- **27** dizin und die Gewerbeaufsichtsämter der Länder haben **Anleitungen und Checklisten** zur Gefährdungsbeurteilung bei der Bildschirmarbeit erarbeitet (vgl. *Neumann* BG 1998, 204ff.; *Rasmussen-Bonne/Raif* AuA 2009, 584ff.). Darüber hinaus gilt für die **Untersuchung der Augen** und des Sehvermögens die Verordnung zur arbeitsmedizinischen Vorsorge **(ArbMedVV).** Nach den Vorgaben des dortigen Anhangs Teil 4 Abs. 2 Nr. 1 muss der Arbeitgeber bei Tätigkeiten an Bildschirmgeräten eine angemessene Untersuchung der Augen ermöglichen, bei konkreten Anhaltspunkten auch eine augenärztliche Untersuchung. Die Kosten hierfür hat der Arbeitgeber zu tragen (VG München 9.11.2004 – M 5 K 03.1245). Bei entsprechendem Befund ist den Beschäftigten zudem eine **Bildschirmbrille kostenlos** zur Verfügung zu stellen (dazu *Rundnagel/Seefried* AiB 2001, 420ff.; *Wiebauer* in Landmann/Rohmer GewO ArbMedVV Rn. 30a). Überlässt der Arbeitgeber den Beschäftigten die Anschaffung der Brille, haben letztere einen Anspruch auf Erstattung der entstehenden Aufwendungen (BVerwG 27.2.2003 – 2 C 2/02 – ZTR 2003, 422).

C. Durchführung der Gefährdungsbeurteilung

I. Allgemeines

§ 3 regelt nicht, wie der Arbeitgeber die Gefährdungsbeurteilung im Einzelnen **28** durchzuführen hat. Diese Frage hat der Verordnungsgeber vielmehr weitgehend dessen Eigenverantwortung überlassen.

II. Zeitpunkt und Aktualisierung

1. Erstmalige Beurteilung. Nach § 3 Abs. 3 Satz 1 hat der Arbeitgeber die **29** Gefährdungsbeurteilung vor Aufnahme der Tätigkeiten zu dokumentieren. Daraus ergibt sich, dass die **Gefährdungsbeurteilung vor Aufnahme der Tätigkeiten der Beschäftigten durchzuführen** ist (vgl. ASR V3 Nr. 4 Abs. 3; ebenso BR-Drs. 262/10, S. 27). Dies gilt nicht nur für die Erstbeurteilung von neu eingerichteten Arbeitsstätten bzw. Arbeitsplätzen, sondern auch für den Fall, dass der Arbeitgeber in der Arbeitsstätte Veränderungen vornimmt, die mit **neuen oder zusätzlichen Gefährdungen** für die betroffenen Beschäftigten verbunden sind und deshalb eine **Ergänzung** der Gefährdungsbeurteilung erforderlich machen (zur Abgrenzung von Ergänzung und Überprüfung der Gefährdungsbeurteilung *Kohte* in Kollmer/Klindt/Schucht ArbSchG § 3 Rn. 34 ff.).

30   **2. Überprüfung und Aktualisierung. a) Regelmäßige Überprüfung.** Die Gefährdungsbeurteilung ist **kein einmaliger Vorgang, sondern eine ständige Aufgabe** des Arbeitgebers (dazu *Wiebauer* in Landmann/Rohmer ArbSchG § 5 Rn. 28). Dies ergibt sich daraus, dass er nach § 3 Abs. 1 Satz 2 ArbSchG verpflichtet ist, die getroffenen Maßnahmen des Arbeitsschutzes auf ihre Wirksamkeit zu überprüfen und erforderlichenfalls an die geänderten Gegebenheiten anzupassen. Der Arbeitgeber ist deshalb zunächst verpflichtet, die Gefährdungsbeurteilung **in regelmäßigen Zeitabständen zu überprüfen,** um festzustellen, ob die von ihm getroffenen Arbeitsschutzmaßnahmen noch wirksam und ausreichend sind.

31   Die **Zeitintervalle** für die regelmäßige Überprüfung kann und muss der Arbeitgeber (ggf. gemeinsam mit dem Betriebsrat) selbst festlegen (offen gelassen von BAG, Beschl. v. 21.11.2017 – 1 ABR 47/16, BeckRS 2017, 141691; wie hier LAG Hamburg, Beschl. v. 20.1.2015 – 2 TaBVGa 1/15; *Kohte* in Kollmer/Klindt/Schucht ArbSchG § 3 Rn. 32; *Nitsche* in HK-ArbSchR BetrVG § 87 Rn. 34; a. A. *Wank* SAE 2005, 226, 228; *Huke* FA 2005, 165, 166 f.). Dabei gilt wiederum der **Verhältnismäßigkeitsgrundsatz:** Je größer die Gefährdungen im Betrieb, umso häufiger muss überprüft werden. Für besonders gefährliche Tätigkeiten kann in Anlehnung an § 8 BiostoffV a. F. als Richtwert eine **Obergrenze** von einem Jahr gelten; generell lässt sich ein größeres Intervall als drei Jahre kaum rechtfertigen (*Kohte* in Kollmer/Klindt/Schucht ArbSchG § 3 Rn. 30).

32   **b) Anlassbezogene Überprüfung.** Darüber hinaus ist die Gefährdungsbeurteilung anlassbezogen zu überprüfen, wenn sich die betrieblichen Gegebenheiten hinsichtlich Sicherheit und Gesundheitsschutz geändert haben (vgl. § 3 Abs. 2 DGUV 1) oder wenn beispielsweise eine Häufung von Unfällen auf Sicherheitsmängel hindeutet. Eine **anlassbezogene Überprüfung und Aktualisierung** der Gefährdungsbeurteilung ist nach ASR V3 Nr. 4 Abs. 4 insbesondere in folgenden Fällen erforderlich:

– bei **wesentlichen Veränderungen** in der Arbeitsstätte (z. B. Umgestaltung der bestehenden Arbeitsstätte, Festlegung von Arbeitsplätzen, Änderung von Arbeitsverfahren, Änderung der Arbeitsabläufe und der Arbeitsorganisation, Einsatz anderer Arbeitsmittel oder Arbeitsstoffe, Änderung oder Beschaffung von Maschinen, Geräten und Einrichtungen und im Zusammenhang mit der Instandhaltung),

– bei der Änderung relevanter **Rechtsvorschriften** oder Technischer Regeln,

– bei neuen **arbeitswissenschaftlichen Erkenntnissen** bzw. Veränderungen des Standes der Technik, Arbeitsmedizin und Hygiene,

– nach dem Erkennen von **kritischen Situationen** (z. B Beinahe-Unfällen, Fehlzeiten infolge arbeitsbedingter Gesundheitsbeeinträchtigungen sowie Erkenntnissen aus der arbeitsmedizinischen Vorsorge),

– nach Bekanntwerden einer **Behinderung** von Beschäftigten,
– nach **Arbeitsunfällen** und **Berufskrankheiten.**

III. Erforderliche Fachkunde (Abs. 2)

Abs. 2 Satz 1 verpflichtet den **Arbeitgeber, die fachkundige Durchführung** **33**
der Gefährdungsbeurteilung sicherzustellen, weil diese nur dann ihren Zweck
erfüllen kann. Diese Vorgabe entspricht den etwas klarer formulierten Regelungen
in anderen Arbeitsschutzverordnungen, wonach die Gefährdungsbeurteilung nur
von fachkundigen Personen durchgeführt werden darf (vgl. § 3 Abs. 3 Satz 3
BetrSichV, § 6 Abs. 11 Satz 1 GefStoffV, § 5 Satz 1 LärmVibrationsArbSchV, § 5
Abs. 1 Satz 1 OStrV). Verfügt der Arbeitgeber nicht selbst über die erforderlichen
Fachkenntnisse, muss er sich nach Abs. 2 Satz 2 fachkundig beraten lassen.

Fachkundig ist, wer über die zur Durchführung der Gefährdungsbeurteilung er- **34**
forderlichen Fachkenntnisse verfügt (§ 2 Abs. 12; → § 2 Rn. 90 f.). Die Anforderungen an die Fachkunde hängen davon ab, welche Gefährdungen zu beurteilen sind.
Wenn mehrere Personen die Gefährdungsbeurteilung vornehmen, genügt es, wenn
sie zusammen die erforderliche Fachkunde für alle zu beurteilenden Aspekte vor-
weisen können (ASR V3 Nr. 4.1 Abs. 5 Satz 1). Erforderlich sind insbesondere konkrete Kenntnisse der zu beurteilenden Arbeitsstätten und Tätigkeiten sowie des einschlägigen Vorschriften- und Regelwerks, insbesondere der Technischen Regeln
für Arbeitsstätten (ASR V3 Nr. 4.1 Abs. 3 und Abs. 5 Satz 2). Als **fachkundige Per-**
sonen für die Durchführung der Gefährdungsbeurteilung kommen nach ASR V3
Nr. 4.1 Abs. 4 insbesondere die **betrieblichen Führungskräfte,** die **Fachkräfte**
für Arbeitssicherheit und die **Betriebsärzte** in Betracht. Der Arbeitgeber kann
aber auch externe Fachleute von arbeitsmedizinischen oder sicherheitstechnischen
Diensten mit der Durchführung der Gefährdungsbeurteilung beauftragen. In jedem
Fall aber bleibt der Arbeitgeber selbst in der Verantwortung, auch wenn er die
Durchführung der Gefährdungsbeurteilung an andere Personen delegiert (*Faber/
Feldhoff* in HK-ArbSchR ArbStättV Rn. 60).

D. Ablauf und Verfahrensschritte der Gefährdungsbeurteilung

I. Allgemeines

Weder die ArbStättV noch das ArbSchG schreiben im Einzelnen vor, auf wel- **35**
chem Weg die Gefährdungsbeurteilung zu erfolgen hat. Aus § 5 Abs. 1 ArbSchG
und § 3 Abs. 1 ArbStättV lässt sich lediglich ableiten, dass die Gefährdungen **erst er-**
mittelt und **dann beurteilt** werden müssen, um daraus sodann die erforderlichen
Schutzmaßnahmen abzuleiten. In der Praxis hat sich das im Folgenden dargestellte Vorgehen in mehreren Einzelschritten bewährt (vgl. BAuA, Ratgeber Gefährdungsbeurteilung Teil 1 S. 7).

II. Vorbereitung der Gefährdungsbeurteilung

Gemäß § 5 Abs. 2 Satz 1 ArbSchG ist die Gefährdungsbeurteilung **tätigkeits-** **36**
bzw. **arbeitsbereichsbezogen** durchzuführen. Um die eigentliche Beurteilung
vorzubereiten, muss der Arbeitgeber also mindestens **festlegen, welche Arbeits-**
bereiche es in seinem Betrieb gibt (z. B. Produktion, Verwaltung, Logistik) und
welche Tätigkeiten dort ausgeführt werden (z. B. Bildschirmarbeit oder Be- und

Entladen von LKW). Zweckmäßigerweise sollte er auch gleich noch erfassen, wer in den Bereichen die Verantwortung für den Arbeitsschutz trägt (siehe Muster in LASI LV 59 S. 23). Bei **gleichartigen Arbeitsbedingungen** ist gemäß § 5 Abs. 2 Satz 2 ArbSchG eine **exemplarische Gefährdungsbeurteilung** für nur einen dieser Arbeitsplätze zulässig (→ Rn. 14).

37   Von entscheidender Bedeutung für eine erfolgreiche Gefährdungsbeurteilung sind Verfügbarkeit und Qualität der dazu erforderlichen Informationen, insbesondere über die Arbeitsstätte und die darin durchzuführenden Tätigkeiten. Diese **Informationen** muss der Arbeitgeber in eigener Verantwortung **beschaffen.** Hierfür kann er sich z. B. an den Überlasser der Arbeitsstätte (etwa den Vermieter), den Hersteller oder Inverkehrbringer (z. B. von den in der Arbeitsstätte verwendeten Anlagen und Einrichtungen) wenden oder sich aus anderen ohne weiteres zugänglichen Quellen (z. B. im Internet) informieren. Weitere geräte- und tätigkeitsbezogene Angaben und Hinweise liefern die gemäß § 3 Abs. 2 und § 6 Abs. 1 des Produktsicherheitsgesetzes (ProdSG) zur Verfügung gestellten Warnhinweise, Gebrauchs- und Bedienungsanleitungen.

38   An die Informationsbeschaffung schließt sich als zweiter Schritt die eigentliche Gefährdungsbeurteilung an, also die **Bewertung,** inwieweit sich aus den festgestellten Gefährdungen in seiner Arbeitsstätte konkrete Gefährdungen für Sicherheit und Gesundheit seiner Beschäftigten ergeben können. In Betrieben, in denen ein **Betriebsrat** besteht, ist zu beachten, dass Arbeitgeber und Betriebsrat vorab eine Einigung über Verfahren und Ablauf der Gefährdungsbeurteilung finden müssen (→ Rn. 72 ff.). Erst dann darf der Arbeitgeber die Beurteilung vornehmen.

III. Ermittlung der möglichen Gefährdungen (Abs. 1 Satz 1)

39   Im ersten Schritt der eigentlichen Gefährdungsbeurteilung muss der Arbeitgeber **ermitteln,** ob seine Beschäftigten beim Einrichten und Betreiben der Arbeitsstätte Gefährdungen ausgesetzt sein können, und um welche Gefährdungen es sich handelt. Zum Begriff der Gefährdung → Rn. 7. **Welche möglichen Gefährdungen** zu prüfen sind, ergibt sich vor allem aus § 3 Abs. 1 Satz 3: die physischen und psychischen Belastungen sowie beim Bildschirmarbeitsplätzen insbesondere die Belastungen der Augen und die Gefährdung des Sehvermögens. Soweit die ArbStättV gefährdungsbezogene Anforderungen an die Arbeitsstätte regelt, sind diese Gefährdungen auch im Rahmen der Gefährdungsbeurteilung zu berücksichtigen. Zu den Gefährdungsfaktoren im Einzelnen → Rn. 18 ff.

40   Der Arbeitgeber muss alle durch die Einrichtung oder den Betrieb der Arbeitsstätte bedingten Gefährdungen berücksichtigen, mit denen bei der jeweiligen Tätigkeit **vernünftigerweise zu rechnen** ist. Mit der Arbeit verbunden i. S. d. § 5 Abs. 1 ArbSchG sind nur solche Gefährdungen, die mit der Arbeit in **unmittelbarem Zusammenhang** stehen. Dies gilt etwa nicht für Unfälle auf dem Weg zur Arbeit (*Kreizberg* in Kollmer/Klindt/Schucht ArbSchG § 5 Rn. 73), wohl aber für Gefährdungen, die im Zusammenhang mit der **arbeitsbedingten Anwesenheit in der Arbeitsstätte** in Zusammenhang stehen (z. B. Pausen, Toilettengänge usw.). Dies ergibt sich bereits daraus, dass die ArbStättV im Anhang unter Nr. 4 Anforderungen an Sanitär- und Sozialräume regelt.

IV. Beurteilung der festgestellten Gefährdungen (Abs. 1 Sätze 2 und 3)

Im nächsten Schritt sind die zuvor ermittelten Gefährdungen zu bewerten. Der **41** Arbeitgeber muss jeweils prüfen, wie gravierend der drohende Schaden für die Beschäftigten sein kann und wie wahrscheinlich ein solcher Schadenseintritt ohne zusätzliche Schutzmaßnahmen ist **(Risikoeinschätzung).** Die eigentliche Beurteilung ist ein Vergleich von Ist-Zustand und Soll-Zustand. Aus ihr ergibt sich, ob eine Gefährdung Schutzmaßnahmen erforderlich macht oder ob das Risiko noch hinnehmbar ist **(Risikobewertung).** Das Ergebnis dieser Beurteilung ist gemäß § 6 ArbSchG zu dokumentieren.

Risiko bezeichnet das Produkt aus **Eintrittswahrscheinlichkeit** und **Ausmaß** **42** (Schwere) eines möglichen Schadens (BR-Drs. 881/95 S. 28; kritisch *Schneider* BG 2011, 450, 451 ff.). Als Hilfestellung für die Risikoeinschätzung bietet sich die Verwendung einer **Risikomatrix** an, welche der Schwere des drohenden Schadens sowie der Eintrittswahrscheinlichkeit jeweils Punktewerte zumisst (siehe etwa DGUV-Information 205-021 S. 15):

Risiko R = W x S						
	Tod	8	0	8	16	24	32
	schwerer bleibender Gesundheitsschaden	3	0	3	6	9	12
Schwere des drohenden Schadens (S)	leichter bleibender Gesundheitsschaden	2	0	2	4	6	8
	Arbeitsausfall, aber keine bleibenden Schäden	1	0	1	2	3	4
	ohne Folgen	0	0	0	0	0	0
		0	1	2	3	4
		nie	Unwahrscheinlich	selten	Gelegentlich	häufig
	Wahrscheinlichkeit des Schadenseintritts (W)					

Das Risiko ergibt sich als Produkt dieser beiden Faktoren. Zur Einschätzung kann der Arbeitgeber eigene Messungen und Erfahrungswerte heranziehen, soweit nötig muss er sich **fachkundig beraten lassen** (etwa von der Fachkraft für Arbeitssicherheit).

43 Im Rahmen der Risikobewertung ist zu entscheiden, **welches Risiko akzeptabel** ist und welches nicht, sodass Schutzmaßnahmen erforderlich werden. Als Maßstab sind in erster Linie die **gesetzlichen Vorgaben,** sowie die untergesetzlichen Regelwerke und Normen heranzuziehen (**Soll–Ist–Vergleich,** *Wilrich* in Nöthlichs 4018 Anm. 2.1). Darüber hinaus muss der Arbeitgeber gesicherte arbeitswissenschaftliche Erkenntnisse sowie den Stand der Technik, Arbeitsmedizin und Hygiene berücksichtigen (§ 4 Nr. 3 ArbSchG). Schließlich ist dem Grundsatz der Verhältnismäßigkeit Rechnung zu tragen (BR–Drs. 881/95 S. 28).

44 Soweit – wie in der Regel – strikte gesetzliche Vorgaben fehlen, bietet es sich an, die ermittelten Gefährdungen anknüpfend an die verwendete Risikomatrix **nach Risikogruppen** einzuteilen und daraus den Handlungsbedarf abzuleiten (siehe etwa DGUV-Information 205-021 S. 15):

Risiko	Risiko-gruppe	Erforderliche Maßnahmen
6–32	groß	Maßnahmen mit erhöhter Schutzwirkung dringend notwendig
3–4	mittel	Maßnahmen mit normaler Schutzwirkung dringend notwendig
1–2	klein	organisatorische und personenbezogene Maßnahmen ausreichend
0	–	keine zusätzlichen Schutzmaßnahmen erforderlich

45 Da weder das ArbSchG noch die ArbStättV ein konkretes Vorgehen für die Gefährdungsbeurteilung vorschreibt, hat der Arbeitgeber bei der **Ausgestaltung** der Matrix ebenso wie der Einteilung der Risikogruppen einen gewissen **Spielraum.** Er muss lediglich sicherstellen, dass seine Schutzmaßnehmen dem gesetzlich geforderten Standard genügen, also Sicherheit und Gesundheitsschutz der Beschäftigten bei der Arbeit gewährleisten.

V. Festlegung der erforderlichen Schutzmaßnahmen (Abs. 1 Sätze 4 und 5)

46 **1. Verbindliches Schutzniveau.** Im nächsten Schritt sind entsprechend dem Ergebnis der Gefährdungsbeurteilung die erforderlichen **Schutzmaßnahmen festzulegen,** um die festgestellten Gefährdungen auszuschließen oder auf ein Minimum zu reduzieren. Als Maßstab nennt Abs. 1 Satz 4 die Vorschriften der ArbStättV einschließlich des Anhangs sowie den Stand der Technik, Arbeitsmedizin und Hygiene. Damit ist der **normative Standard** (zum Begriff *Kohte* in MHdBArbR, § 290 Rn. 14 ff.) vorgegeben, dem die Arbeitsschutzmaßnahmen in der ArbStättV genügen müssen. Die Sätze 4 und 5 konkretisieren die allgemeine Vorgabe des § 4 Nr. 3 ArbSchG, wonach der Arbeitgeber im Arbeitsschutz den Stand der Technik, Arbeitsmedizin und Hygiene sowie sonstige gesicherte arbeitswissenschaftliche Erkenntnisse berücksichtigen muss (hierzu *Kohte* in Kollmer/Klindt/Schucht ArbSchG § 4 Rn. 14 ff.; *Wiebauer* in Landmann/Rohmer GewO ArbSchG § 4 Rn. 29 ff.).

Stand der Technik ist der Entwicklungsstand fortschrittlicher Verfahren, Ein- **47** richtungen oder Betriebsweisen, der die praktische Eignung einer Maßnahme zum Schutz der Gesundheit und zur Sicherheit der Beschäftigten gesichert erscheinen lässt. Bei der Bestimmung des Stands der Technik sind insbesondere vergleichbare Verfahren, Einrichtungen oder Betriebsweisen heranzuziehen, die mit Erfolg in der Praxis erprobt worden sind. Gleiches gilt für die Anforderungen an die **Arbeitsmedizin** und die **Hygiene** (§ 2 Abs. 11).

Der Formulierung des Satzes 4 („nach dem Stand der Technik, Arbeitsmedizin **48** und Hygiene festzulegen") lässt sich entnehmen, dass die Schutzmaßnahmen **nicht** hinter den genannten Standards **zurückbleiben** dürfen. Der Arbeitgeber muss das hierdurch verbindlich vorgegebene Schutzniveau zwingend gewährleisten – während die sonstigen arbeitswissenschaftlichen Erkenntnisse nach Satz 5 lediglich „zu berücksichtigen" sind. Zum Verhältnis zur weicheren Formulierung des § 3a Abs. 1 Satz 2 → § 3a Rn. 13f.

Damit gilt i.R.d. ArbStättV eine **strenge Bindung** an den Stand der Technik, **49** Arbeitsmedizin und Hygiene, der über die Rahmenvorgabe nach § 4 Nr. 3 Arb-SchG hinausgeht, wonach diese Standards grundsätzlich nur zu berücksichtigen sind. Anders als in anderen Bereichen des Arbeitsschutzes hat der Arbeitgeber im Arbeitsstättenrecht also nur einen **Gestaltungsspielraum** bei der Frage, **wie** er den Stand der Technik einhält. Er darf sich aber nicht auf Schutzmaßnahmen beschränken, die hinter dem Stand der Technik, Arbeitsmedizin und Hygiene zurückbleiben.

Das bedeutet auch, dass Schutzmaßnahmen zwingend angepasst oder ergänzt **50** werden müssen, wenn sich der Stand der Technik weiter entwickelt. Die Verordnungsbegründung (BR-Drs. 262/10 S. 26 ff.) spricht irreführenderweise von einem „gefährdungsbezogenen Bestandsschutz". Tatsächlich gibt es jedoch gerade **keinen Bestandsschutz.** Richtig ist lediglich, dass allein die Gefährdungsbeurteilung darüber entscheidet, inwieweit Schutzmaßnahmen angepasst werden. Stellt sich dabei aber heraus, dass der Status Quo dem Stand der Technik nicht mehr entspricht, so führt an einer Ergänzung der Schutzmaßnahmen kein Weg vorbei. Dabei sind auch organisatorische Maßnahmen denkbar, in der Regel aber wird eine Nachrüstung der Arbeitsstätte erforderlich sein. Grenze dieser Nachrüstpflicht ist lediglich der Grundsatz der **Verhältnismäßigkeit** (dazu *Wiebauer* in Landmann/Rohmer GewO ArbSchG § 5 Rn. 24).

Gemäß Satz 5 sind darüber hinaus **sonstige gesicherte arbeitswissenschaft-** **51** **liche Erkenntnisse** zu berücksichtigen Dabei handelt es sich in erster Linie um Forschungsergebnisse, die bislang noch nicht zwingend in die Rechtsetzung eingeflossen sind. Gesichert sind die Erkenntnisse, wenn sie methodisch und ggf. auch statistisch abgesichert sind und von der überwiegenden Zahl der Fachleute anerkannt werden (vgl. *Kohte* in MHdBArbR, § 290 Rn. 20). **„Berücksichtigen"** bedeutet hier, dass der Arbeitgeber die gesicherten Erkenntnisse kennen muss, dass er aber entsprechend der konkreten Gefährdungslage in der Arbeitsstätte von ihnen abweichen kann. Er muss diese Erkenntnisse also zur Kenntnis nehmen und in seine Überlegungen einbeziehen (*Wank* ArbSchG § 4 Rn. 5; *Wlotzke,* FS Däubler, S. 654, 664 f.; *Faber* Grundpflichten S. 151 ff.). Je nach der konkreten Gefährdungslage im Betrieb kann er jedoch von ihnen abweichen, ohne dass damit seine Maßnahmen sogleich zwingend als unzureichend zu bewerten wären (*Kohte* in MHdBArbR, § 290 Rn. 20).

Ebenfalls zu berücksichtigen sind nach § 3a Abs. 1 Satz 2 die **ergonomischen** **52** **Anforderungen.** Dass diese nur in § 3a für die Durchführung der Schutzmaßnahmen genannt sind, nicht aber in § 3 für deren Festlegung, ist nur als Redaktionsversehen des Gesetzgebers zu erklären. Der Inhalt der Schutzmaßnahmen wird bereits bei ihrer Festlegung im Rahmen der Gefährdungsbeurteilung bestimmt. Blieben die ergonomischen Anforderungen hierbei unberücksichtigt, könnten sie folglich auch für die Durchführung der Schutzmaßnahmen keine Rolle spielen.

53   Bei den ergonomischen Anforderungen der Arbeitsbedingungen geht es um mehr als nur die Anordnung der einzelnen Arbeitsmittel (Bewegungsfreiheit am Arbeitsplatz, Türmaße, Gangbreiten, Geländerhöhen, Fluchtwegbreiten, Anordnung der Schreibtische, Bildschirm). Betroffen ist vielmehr die **gesamte Gestaltung des Arbeitsplatzes und des Arbeitsraumes.** Die richtige Beleuchtung, das Raumklima und die Arbeitsorganisation spielen ebenso eine bedeutende Rolle (BR-Drs. 506/16 S. 28).

54   **2. Ermittlung der erforderlichen Maßnahmen.** Soweit Anforderungen nicht durch Arbeitsstättenregeln (ASR, → § 3a Rn. 16 ff.) konkretisiert sind, liegt es in der alleinigen **Verantwortung des Arbeitgebers,** den Stand der Technik, Arbeitsmedizin und Hygiene sowie die sonstigen gesicherten arbeitswissenschaftlichen Erkenntnisse zu **ermitteln,** um sie der Gefährdungsbeurteilung und den betrieblichen Schutzmaßnahmen zugrunde zu legen (*Faber* AiB 2006, 528, 532). Als Anhaltspunkt kann er dafür jegliche privaten Normen (z. B. DIN-Normen), die Unfallverhütungsvorschriften der Berufsgenossenschaften oder die außer Kraft getretenen Arbeitsstätten-Richtlinien heranziehen. Dabei ist zu bedenken, dass all diese Regeln und Normen nicht zwingend den neuesten Stand in Wissenschaft und Technik widerspiegeln (*Wilrich* in Schmatz/Nöthlichs 4204 § 3a Anm. 1.3). Gegebenenfalls muss der Arbeitgeber gemeinsam mit dem Betriebsrat die erforderlichen Regeln für seine Arbeitsstätten **selbst aufstellen** (*Faber* AiB 2006, 528, 529 ff.).

55   Die **Arbeitsstättenregeln (ASR)** konkretisieren die ArbStättV und sind daher im Rahmen der Gefährdungsbeurteilung zu berücksichtigen (§ 3a Abs. 1 Satz 2). Sie erleichtern dem Arbeitgeber die Bewertung und die Festlegung der geeigneten Maßnahmen für Gesundheit und Sicherheit der Beschäftigten.

56   Soweit der Arbeitgeber die ASR anwendet, kann er davon ausgehen, dass er im Anwendungsbereich dieser ASR die Vorgaben der ArbStättV einhält (sog. **Vermutungswirkung,** § 3a Abs. 1 Satz 3). In Bezug auf die Dokumentation der Gefährdungsbeurteilung reicht dann in der Regel der Hinweis auf die Anwendung und Einhaltung der entsprechenden technischen Regeln aus (BR-Drs. 262/10 S. 27).

57   Eine Verpflichtung zur Anwendung der ASR sieht die ArbStättV jedoch nicht vor. Der Arbeitgeber kann eigenständig von den Vorgaben der ASR **abweichen** und die Schutzzielvorgaben der Arbeitsstättenverordnung einschließlich des Anhangs auch auf andere Weise erfüllen. In diesem Fall muss er die ermittelten Gefährdungen, denen die Beschäftigten ausgesetzt sind, auf andere Weise so beseitigen oder verringern, dass dabei das gleiche Schutzniveau erreicht wird.

VI. Dokumentation

58   Das Ergebnis der Gefährdungsbeurteilung einschließlich der festgelegten Arbeitsschutzmaßnahmen sowie des Ergebnisses der Überprüfung ihrer Wirksamkeit muss der Arbeitgeber gemäß Abs. 3 **dokumentieren** (→ Rn. 62 ff.).

VII. Umsetzung der festgelegten Schutzmaßnahmen

Zur Gefährdungsbeurteilung gehört auch die Festlegung, bis wann die erforder- **59** lichen Schutzmaßnahmen durchzuführen sind und wer hierfür jeweils **verantwortlich** ist. Obgleich Abs. 3 die Dokumentation dieser Festlegungen nicht zwingend vorschreibt, ist eine entsprechende Fixierung zu Beweiszwecken dennoch empfehlenswert (→ Rn. 69).

VIII. Überprüfung der Wirksamkeit der getroffenen Schutzmaßnahmen

§ 3 Abs. 1 Satz 2 ArbSchG verpflichtet den Arbeitgeber ausdrücklich, die getrof- **60** fenen Schutzmaßnahmen auf ihre **Wirksamkeit** zu überprüfen (→ Rn. 30 ff.). Hierzu gehört im ersten Schritt nicht zuletzt die Überprüfung, ob die festgelegten Maßnahmen **tatsächlich durchgeführt** wurden. Gemäß § 6 Abs. 1 Satz 1 Arb-SchG ist das Ergebnis der Überprüfung zu **dokumentieren.**

IX. Fortschreiben der Gefährdungsbeurteilung

Weder das ArbSchG noch die ArbStättV schreiben eine kontinuierliche Weiter- **61** entwicklung der Gefährdungsbeurteilung ausdrücklich vor; diese Pflicht ergibt sich gleichwohl ebenfalls aus der Anpassungspflicht des § 3 Abs. 1 Satz 2 ArbSchG (*Kohte* in MHdBArbR § 292 Rn. 24). Die Gefährdungsbeurteilung ist keine einmalige Angelegenheit, sondern eine **Daueraufgabe,** weil die Schutzmaßnahmen im Betrieb immer der aktuellen Gefährdungslage genügen müssen. **Bei jeder Veränderung** (z. B. bauliche Änderungen oder Erweiterungen der Arbeitsstätte, Verlegung von Arbeitsplätzen, auch Änderungen der Arbeitsabläufe und -organisation, soweit sich diese auf den Betrieb der Arbeitsstätte auswirken, → Rn. 32) muss die Beurteilung aktualisiert werden, um die notwendigen Schutzmaßnahmen festlegen zu können (vgl. § 3 Abs. 2 BGV A1; LASI LV 59 S. 26). Auch **neue wissenschaftliche Erkenntnisse** über die Gefährdungslage können dazu führen, dass die Gefährdungsbeurteilung angepasst werden muss (→ Rn. 32).

E. Dokumentation der Gefährdungsbeurteilung (Abs. 3)

I. Allgemeines

Abs. 3 konkretisiert die allgemeine Rahmenvorschrift des § 6 Abs. 1 ArbSchG **62** für das Arbeitsstättenrecht. Demnach ist der Arbeitgeber verpflichtet, die **Gefährdungsbeurteilung** in geeigneter Form zu dokumentieren. Die ASR V3 gibt unter Nr. 5.7 detaillierte Hinweise zur Durchführung und zum Inhalt der Dokumentation.

Die Dokumentation ist ein wesentlicher Bestandteil der Gefährdungsbeurtei- **63** lung ist. Sie dient nicht nur als **Nachweis** dafür, dass der Arbeitgeber seiner Verpflichtung zur Durchführung der Gefährdungsbeurteilung ordnungsgemäß nachgekommen ist. Die Dokumentation der Gefährdungsbeurteilung ist auch die **Basis für die Arbeit der betrieblichen Akteure im Arbeitsschutz,** namentlich für den Arbeitgeber selbst und die verantwortlichen Personen i. S. d. § 13 ArbSchG, für Betriebs- bzw. Personalrat, für die Fachkräfte für Arbeitssicherheit, die Betriebsärzte und Sicherheitsbeauftragten, sowie für den Arbeitsschutzausschuss nach § 11

ASiG (ASR V3 Nr. 5.7.1 Abs. 3). Sie dient weiter als Grundlage für die Planung und Gestaltung der betrieblichen Prozesse (z. B. für Neu- und Umbauten, Unterweisungen nach § 6 und Betriebsanweisungen) und soll den Zeitplan sowie die Verantwortlichkeiten für die Durchführung der Arbeitsschutzmaßnahmen nachvollziehbar festhalten (ASR V3 Nr. 5.7.1 Abs. 2).

II. Durchführung der Dokumentation

64   **1. Zeitpunkt.** Der Arbeitgeber ist nach § 3 Abs. 3 Satz 1 verpflichtet, die Gefährdungsbeurteilung **vor Aufnahme der Tätigkeiten zu dokumentieren.** Die Dokumentation muss also vor Aufnahme der Tätigkeiten vorliegen (ASR V3 Nr. 5.7.1 Abs. 1 Satz 2).

65   **2. Form.** § 3 Abs. 3 schreibt ebenso wenig wie § 6 Abs. 1 ArbSchG konkret vor, wie die Gefährdungsbeurteilung zu dokumentieren ist. § 6 Abs. 1 Satz 1 ArbSchG ist lediglich zu entnehmen, dass die Dokumentation in Form von **Unterlagen** zu erfolgen hat, die der Aufsichtsbehörde auf Verlangen vorzulegen sind (*Wiebauer* in Landmann/Rohmer GewO ArbSchG § 6 Rn. 14). Demnach genügt eine elektronische Speicherung, die bei Bedarf kurzfristig ausgedruckt werden kann (*Kreizberg* in Kollmer/Klindt/Schucht ArbSchG § 6 Rn. 60). Die ASR V3 sieht demgegenüber in Nr. 5.7.1 Abs. 4 vor, dass die Dokumentation schriftlich erfolgt. Dass damit nicht die Schriftform i. S. d. § 126 BGB gemeint ist, ergibt sich aus der Ergänzung, dass sie als **Papierdokument** oder in **elektronischer Form** vorliegen kann.

66   Der Arbeitgeber kann für die Dokumentation der Gefährdungsbeurteilung **standardisierte Hilfen bzw. Formblätter** der Unfallversicherungsträger oder des von ihm mit der Durchführung der Gefährdungsbeurteilung beauftragten Dienstleisters verwenden. Das setzt freilich voraus, dass diese auf die konkreten betrieblichen Bedingungen angepasst werden. Dabei ist insbesondere sicherzustellen, dass alle Betriebsteile und Tätigkeiten sowie ggf. auch unterschiedliche Betriebszustände (z. B. Instandhaltung) erfasst werden (ASR V3 Nr. 5.7.1 Abs. 5).

III. Umfang und Inhalt der Dokumentation

67   **1. Gesetzliche Vorgaben.** Nach **§ 6 Abs. 1 ArbSchG** muss der Arbeitgeber über die je nach Art der Tätigkeit und der Zahl der Beschäftigten erforderlichen Unterlagen verfügen, aus denen das Ergebnis der Gefährdungsbeurteilung, die von ihm festgelegten Maßnahmen des Arbeitsschutzes und das Ergebnis ihrer Überprüfung ersichtlich sind. Bei gleichartiger Gefährdungssituation ist es ausreichend, wenn die Unterlagen zusammengefasste Angaben enthalten. **§ 3 Abs. 3 Satz 2** bestimmt dazu ergänzend, dass in der Dokumentation anzugeben ist, welche Gefährdungen am Arbeitsplatz auftreten können und welche Maßnahmen nach Abs. 1 Satz 4 durchgeführt werden müssen. Diese allgemeinen Vorgaben für den Umfang und Inhalt der Dokumentation werden in der **ASR V3** in **Nr. 5.7** näher konkretisiert. Allerdings enthält die ASR kein verbindliches Gesetzesrecht, sodass der Arbeitgeber von deren Vorgaben abweichen darf. Auch die Berücksichtigungspflicht des § 3a Abs. 1 Satz 2 gilt wegen der dortigen Bezugnahme nur auf § 3 Abs. 1 für die Dokumentation der Gefährdungsbeurteilung nicht unmittelbar. Infolgedessen sind Anforderungen der ASR an den Inhalt der Dokumentation zwar empfehlenswert, aber **nicht** im Einzelnen im Rahmen der Aufsicht **durchsetzbar.** Allerdings kann die ASR zur Auslegung der abstrakten Vorgaben des § 6 Abs. 1 ArbSchG mit herangezogen werden, um zu ermitteln, welche Mindestanforderungen das Gesetz an die Dokumentation stellt.

2. Umfang. § 6 Abs. 1 Satz 1 ArbSchG verlangt die *je nach Art der Tätigkeiten und* 68 *der Zahl der Beschäftigten erforderlichen Unterlagen.* Für den **Umfang der Dokumentation** sind demnach im Wesentlichen **drei Faktoren maßgeblich:** die Betriebsgröße, die Betriebsstruktur sowie Art und Ausmaß der Gefährdungen (ASR V3 Nr. 5.7.1 Abs. 5). In kleinen Betrieben, bei überschaubaren Betriebsstrukturen oder geringen Gefährdungen genügt es in der Regel, wenn die Dokumentation den Mindestanforderungen an den Inhalt gemäß ASR V3 Nr. 5.7.2 entspricht. Bei größeren Betrieben mit komplexer Betriebsstruktur und hohem Gefährdungspotential sind unter Umständen weitere Unterlagen erforderlich, um zu gewährleisten, dass die Dokumentation plausibel und aussagefähig ist.

a) Mindestanforderungen an den Inhalt. Die ASR V3 sieht in Nr. 5.7.2 69 Abs. 1 folgende **Mindestangaben** vor:
– die **Bezeichnung der erfassten Arbe**itsplätze, Arbeitsbereiche und Tätigkeiten sowie ggf. der zusammengefassten gleichartigen Arbeitsplätze oder Tätigkeiten,
– die **festgestellten Gefährdungen,**
– die **Ergebnisse der Beurteilung** der festgestellten Gefährdungen,
– die **festgelegten Maßnahmen** des Arbeitsschutzes und ihre **Umsetzung,**
– das **Ergebnis der Wirksamkeitsüberprüfung.**
Mindestbestandteil der Dokumentation sind nach ASR V3 Nr. 5.7.2 Abs. 2 zudem **Angaben** zu
– den **Verantwortlichen** für die Durchführung der Gefährdungsbeurteilung und die Wirksamkeitskontrolle, sowie
– zum **Datum der Erstellung bzw. Aktualisierung** der Dokumentation.

b) Beifügung weiterer Unterlagen. Soweit dies **zur Plausibilität und Aus-** 70 **sagefähigkeit der Dokumentation erforderlich** ist, sollten der Dokumentation gemäß ASR V3 Nr. 5.7.2 Abs. 2 **weitere Unterlagen beigefügt** werden, die im Verlauf der Gefährdungsbeurteilung verwendet oder erstellt worden sind. Dazu können z. B. folgende Unterlagen gehören:
– eine für umfangreiche Maßnahmen womöglich erstellte Ablaufplanung (ASR V3 Nr. 5.5),
– Ausführungen zu der betrieblichen Situation, auf die sich die Gefährdungen beziehen (z. B. Einrichten, Normalbetrieb, Instandhalten, Reinigung),
– für die Ergebnisse der einzelnen Prozessschritte der Gefährdungsbeurteilung relevante Unterlagen (z. B. Messprotokolle, Erkenntnisse aus Gesundheitsberichten, Unfallberichte),
– die verwendeten Beurteilungsmaßstäbe gemäß (ASR V3 Nr. 5.3.1),
– Dokumente, aus denen die Entscheidungsfindung hervorgeht (z. B. bei der Abwägung konkurrierender Schutzziele oder Maßnahmen), sowie
– Angabe der Personen, die an der Gefährdungsbeurteilung beteiligt waren.

F. Betriebliche Mitbestimmung

I. Betriebsrat

71   Die Gefährdungsbeurteilung unterliegt der Mitbestimmung des **Betriebsrats** beim Gesundheitsschutz gemäß **§ 87 Abs. 1 Nr. 7 BetrVG** (BAG Beschl. v. 8.6.2004 – 1 ABR 4/03 und 1 ABR 13/03, NZA 2005, 227 und NZA 2004, 1175; Urt. v. 12.8.2008 – 9 AZR 1117/06, NZA 2009, 102; Urt. v. 11.2.2014 – 1 ABR 72/12, NZA 2014, 989). Sie dient zwar nicht unmittelbar dem Gesundheitsschutz, bereitet jedoch als zentrales Element des betrieblichen Arbeitsschutzes die unmittelbaren Arbeitsschutzmaßnahmen vor (BAG NZA 2005, 227). Eine solche mittelbar gesundheitsschützende Wirkung genügt, um das Mitbestimmungsrecht zu begründen (BAG Beschl. v. 26.8.1997 – 1 ABR 16/97, NZA 1998, 441). Der Arbeitgeber muss dem Betriebsrat die Mitbestimmung auch dann ermöglichen, wenn er die Durchführung der Gefährdungsbeurteilung auf einen externen Dritten übertragen hat (BAG Beschl. v. 30.9.2014 – 1 ABR 106/12, NZA 2015, 314). Zu den Grundlagen und zum Verfahren der Mitbestimmung nach § 87 Abs. 1 Nr. 7 BetrVG → § 3a Rn. 86 ff.

72   Mitbestimmung im Arbeitsschutz heißt nicht, dass Arbeitgeber und Betriebsrat die Gefährdungsbeurteilung gemeinsam durchzuführen hätten. Vielmehr ist die Beurteilung der einzelnen Tätigkeiten bzw. Arbeitsplätze im Betrieb Sache allein des Arbeitgebers (BAG, Beschl. v. 28.3.2017 – 1 ABR 25/15, NZA 2017, 1132). Die Betriebspartner müssen jedoch **Regeln für ihre Durchführung** im Betrieb aufstellen, weil das ArbSchG dem Arbeitgeber insoweit einen Spielraum lässt (BAG NZA 2005, 227; BAG NZA 2017, 1132).

73   Zu regeln ist:
- welche Tätigkeiten
- mit welchen Methoden und Verfahren
- auf welche Gefährdungsfaktoren hin
  zu untersuchen sind (BAG NZA 2005, 227). Dazu gehören auch Regelungen
- zur Risikobewertung (z. B. Ausgestaltung einer verwendeten Risikomatrix und Festlegung der Risikogruppen, → Rn. 41 ff.),
- zu den Intervallen für die regelmäßige Überprüfung der Gefährdungsbeurteilung (offen gelassen von BAG 21.11.2017 – 1 ABR 47/16 – BeckRS 2017, 141691; wie hier LAG Hamburg 20.1.2015 – 2 TaBVGa 1/15 – juris; *Kohte* in Kollmer/Klindt/Schucht ArbSchG § 3 Rn. 32; *Nitsche* in HK-ArbSchR BetrVG § 87 Rn. 34; a. A. *Wank* SAE 2005, 226, 228),
- welche Personengruppe die Beurteilung durchführen soll (z. B. welche Führungskräfte im Betrieb oder externe Beauftragte; BAG 18.3.2014 – 1 ABR 73/12 – NZA 2014, 855; *Blume/Faber* in HK-ArbSchR ArbSchG § 5 Rn. 86; *Nitsche* in HK-ArbSchR BetrVG § 87 Rn. 36 f., 40.) sowie
- welche Anforderungen an die Qualifikation der durchführenden Personen zu stellen sind (BAG 18.8.2009 – 1 ABR 43/08 – NZA 2009, 1434).

74   Wenn die Betriebspartner ihrem Regelungsauftrag nachkommen, so stellt sich die Gefährdungsbeurteilung für den Arbeitgeber im Wesentlichen als **Anwendung der mitbestimmten Regeln** dar. Dabei verlangt das BAG zu Recht, dass im Mitbestimmungsverfahren die bestehenden **Spielräume auch tatsächlich ausgefüllt**, die erforderlichen Entscheidungen also gemeinsam getroffen werden. Eine Betriebsvereinbarung, die sich lediglich auf Eckpunkte beschränkt und alles Weitere dem Arbeitgeber zur Entscheidung im Einzelfall überlässt, ist **unwirksam** (BAG NZA 2005, 227; NZA 2014, 989). Die Betriebspartner dürfen mit anderen Worten nicht ihrerseits wieder eine ausfüllungsbedürftige Rahmenregelung treffen, sondern sie müssen den gesetzlichen Rahmen gemeinsam ausfüllen (BAG Beschl. v. 18.7.2017 – 1 ABR 59/15, NZA 2017, 1615).

Auf eine Regelungsbereitschaft des Arbeitgebers kommt es nicht an, folglich **75** umfasst das Mitbestimmungsrecht auch im Hinblick auf die Gefährdungsbeurteilung ein **Initiativrecht** des Betriebsrats (BAG Beschl. v. 15.1.2002 – 1 ABR 13/01, NZA 2002, 995; *Gutzeit* in GK-BetrVG § 87 Rn. 667). Zuständig ist in aller Regel auch bei Unternehmen mit mehreren Betrieben jeweils der **örtliche Betriebsrat** und nicht der Gesamtbetriebsrat, weil die Gefährdungsbeurteilung maßgeblich von den örtlichen Gegebenheiten abhängt (BAG NZA 2017, 1615; BAG NZA 2005, 227).

Wenn die Betriebspartner sich nicht über die notwendigen Regelungen einigen **76** können, entscheidet gemäß §§ 87 Abs. 2, 76 BetrVG auf Antrag einer Seite die **Einigungsstelle** mit verbindlicher Wirkung. Ihr Spruch unterliegt der Rechtskontrolle durch das Arbeitsgericht (§ 76 Abs. 7 BetrVG). Für eine im Einigungsstellenverfahren zu treffende Regelung gelten dieselben Vorgaben wie für eine einvernehmliche Regelung der Betriebspartner. Auch die Einigungsstelle muss also ihrerseits eine **abschließende Regelung** treffen, die den gesetzlichen Spielraum des Arbeitgebers bei der Gefährdungsbeurteilung ausschöpft. Andernfalls ist ihr Spruch **unwirksam** (BAG NZA 2014, 989).

II. Personalrat und kirchliche Mitarbeitervertretung

Der Kirchengerichtshof der Evangelischen Kirche in Deutschland hat auch **kir-** **77** **chenarbeitsrechtlich** ein Mitbestimmungsrecht der Mitarbeitervertretung bei der Gefährdungsbeurteilung **bejaht** (KGH.EKD Beschl. v. 9.7.2007 – II-0124/N 24-07, ZMV 2007, 26). Für die **öffentliche Verwaltung** hingegen **verneint** das **BVerwG** ein Mitbestimmungsrecht des Personalrats bei der Gefährdungsbeurteilung, die es als bloße Vorbereitungshandlung mitbestimmungsbedürftiger Maßnahmen ansieht (BVerwG Beschl. v. 14.10.2002 – 6 P 7/01, ZTR 2003, 362; Beschl. v. 5.3.2012 – 6 PB 25/11 – NZA-RR 2012, 447; zu ähnlichen Überlegungen in der älteren Literatur zum BetrVG *Wank* SAE 2005, 226, 227). Demnach unterliegen nur die aufgrund der Beurteilung zu treffenden Schutzmaßnahmen der Mitbestimmung, nicht aber die Ermittlung und Beurteilung der zugrundeliegenden Gefährdungen. Weil der Personalrat im Ergebnis allerdings eine **Wiederholung** der Gefährdungsbeurteilung **erzwingen kann**, wenn er letztlich den Maßnahmen seine Zustimmung verweigert (§ 69 Abs. 1 BPersVG) empfiehlt sich in der Praxis dennoch eine frühzeitige Einbindung der Beschäftigtenvertretung (BVerwG NZA-RR 2012, 447). Eine eigene Fragebogenaktion des Personalrats, um den Handlungsbedarf im Arbeitsschutz zu ermitteln, ist nach der Rechtsprechung allenfalls in engen Ausnahmefällen denkbar (BVerwG, Beschl. v. 8.8.2012 – 6 PB 8/12, NZA-RR 2013, 53).

G. Durchsetzung

I. Aufsichtsbehörden

78   Für die Aufsichtsbehörden gehört ein Blick in die Unterlagen zur Gefährdungsbeurteilung zu jeder Betriebsbesichtigung (LASI LV 59 S. 7). Dabei wird zumindest **stichprobenartig geprüft,** ob der Arbeitgeber die Gefährdungsbeurteilung durchgeführt und dokumentiert hat, sowie ob die Beurteilung der betrieblichen Realität entspricht, plausibel und nicht zuletzt aktuell ist (LASI LV 59 S. 10). Stellt die Behörde Mängel in der Gefährdungsbeurteilung fest, wird sie den Arbeitgeber darauf **hinweisen,** sofern nötig **beraten** und auf eine Behebung drängen (LASI LV 59 S. 11 ff.). Bei schweren Mängeln oder bei uneinsichtigen Arbeitgebern kann sie die Beurteilungspflicht auch per **Anordnung** nach § 22 Abs. 3 Satz 1 Nr. 1 ArbSchG durchsetzen bzw. nach § 22 Abs. 3 Satz 1 Nr. 2 i. V. m. Satz 2 ArbSchG zur Abwendung einer Gefahr sogar die weiteren Arbeiten bis zur Festlegung der notwendigen Schutzmaßnahmen untersagen.

II. Beschäftigte

79   Arbeitnehmer haben nach § 5 Abs. 1 ArbSchG i. V. m. § 618 Abs. 1 BGB einen einklagbaren **Anspruch** gegen ihren Arbeitgeber **auf Durchführung der Gefährdungsbeurteilung** für ihren Arbeitsplatz (BAG Urt. v. 12. 8. 2008 – 9 AZR 1117/06, NZA 2009, 102). Weil jedoch der Arbeitgeber über die Art und Weise der Gefährdungsbeurteilung entscheidet, ist der Anspruch insoweit nur auf eine rechtmäßige Ausfüllung dieses Spielraums gerichtet. In mitbestimmten Betrieben besteht dementsprechend nur ein Anspruch darauf, dass der Arbeitgeber die **Initiative** ergreift, um mit dem Betriebsrat eine **mitbestimmte Regelung** zur Gefährdungsbeurteilung zu erreichen (BAG NZA 2009, 102), auf deren Grundlage dann die Beurteilung durchzuführen ist, sofern nicht bereits eine entsprechende Betriebsvereinbarung besteht.

III. Betriebsrat

80   Gestützt auf sein Mitbestimmungsrecht gemäß § 87 Abs. 1 Nr. 7 BetrVG kann der Betriebsrat den Arbeitgeber zwingen, eine Gefährdungsbeurteilung durchzuführen, indem er von seinem diesbezüglichen **Initiativrecht** (→ Rn. 75) Gebrauch macht. Das gilt nicht nur, wenn die Gefährdungen im Betrieb noch überhaupt nicht (mitbestimmt) beurteilt wurden. Der Betriebsrat kann auch bislang ungeregelte Details einer Regelung zuführen (z. B. die erforderliche Qualifikation der mit der Durchführung betrauten Personen, BAG 18. 8. 2009 – 1 ABR 43/08 – NZA 2009, 1434). Eine **unvollständige** Gefährdungsbeurteilung ist jederzeit auf Initiative eines Betriebspartners zu ergänzen, insbesondere wenn einzelne Gefährdungsfaktoren (z. B. die Raumtemperatur nach Anhang Nr. 3.5) nicht berücksichtigt wurden.

H. Sanktionen

81   Die Durchführung der Gefährdungsbeurteilung ist nicht unmittelbar sanktioniert, wohl aber die fehlende Dokumentation nach Abs. 3. Gemäß § 9 Abs. 1 Nr. 1

handelt **ordnungswidrig,** wer die Gefährdungsbeurteilung nicht richtig, nicht vollständig oder nicht rechtzeitig **dokumentiert** (→ § 9 Rn. 5).

§ 3a   Einrichten und Betreiben von Arbeitsstätten

(1) [1]Der Arbeitgeber hat dafür zu sorgen, dass Arbeitsstätten so eingerichtet und betrieben werden, dass Gefährdungen für die Sicherheit und die Gesundheit der Beschäftigten möglichst vermieden und verbleibende Gefährdungen möglichst gering gehalten werden. [2]Beim Einrichten und Betreiben der Arbeitsstätten hat der Arbeitgeber die Maßnahmen nach § 3 Absatz 1 durchzuführen und dabei den Stand der Technik, Arbeitsmedizin und Hygiene, die ergonomischen Anforderungen sowie insbesondere die vom Bundesministerium für Arbeit und Soziales nach § 7 Absatz 4 bekannt gemachten Regeln und Erkenntnisse zu berücksichtigen. [3]Bei Einhaltung der bekannt gemachten Regeln ist davon auszugehen, dass die in dieser Verordnung gestellten Anforderungen diesbezüglich erfüllt sind. [4]Wendet der Arbeitgeber diese Regeln nicht an, so muss er durch andere Maßnahmen die gleiche Sicherheit und den gleichen Schutz der Gesundheit der Beschäftigten erreichen.

(2) [1]Beschäftigt der Arbeitgeber Menschen mit Behinderungen, hat er die Arbeitsstätte so einzurichten und zu betreiben, dass die besonderen Belange dieser Beschäftigten im Hinblick auf die Sicherheit und den Schutz der Gesundheit berücksichtigt werden. [2]Dies gilt insbesondere für die barrierefreie Gestaltung von Arbeitsplätzen, Sanitär-, Pausen- und Bereitschaftsräumen, Kantinen, Erste-Hilfe-Räumen und Unterkünften sowie den zugehörigen Türen, Verkehrswegen, Fluchtwegen, Notausgängen, Treppen, und Orientierungssystemen, die von den Beschäftigten mit Behinderungen benutzt werden.

(3) [1]Die zuständige Behörde kann auf schriftlichen Antrag des Arbeitgebers Ausnahmen von den Vorschriften dieser Verordnung einschließlich ihres Anhanges zulassen, wenn
1. der Arbeitgeber andere, ebenso wirksame Maßnahmen trifft oder
2. die Durchführung der Vorschrift im Einzelfall zu einer unverhältnismäßigen Härte führen würde und die Abweichung mit dem Schutz der Beschäftigten vereinbar ist.

[2]Der Antrag des Arbeitgebers kann in Papierform oder elektronisch übermittelt werden. [3]Bei der Beurteilung sind die Belange der kleineren Betriebe besonders zu berücksichtigen.

(4) **Anforderungen in anderen Rechtsvorschriften, insbesondere im Bauordnungsrecht der Länder, gelten vorrangig, soweit sie über die Anforderungen dieser Verordnung hinausgehen.**

Übersicht

Schrifttum: *Harms,* Nochmals – Anspruch des gewerblichen Mieters auf Schutz vor sommerlicher Hitze?, ZMR 2007, 432; *Heilmann,* Die neue Arbeitsstättenverordnung: Verschlechterung des Arbeitsschutzes, AiB 2004, 598; *Jarass,* Bindungswirkung von Verwaltungsvorschriften, JuS 1999, 105; *Kolbe,* Arbeitsschutz in der Hitzewelle?, BB 2010, 2762; *Kohte/Faber,* Novellierung des Arbeitsstättenrechts – Risiken und Nebenwirkungen einer legislativen Schlankheitskur, DB 2005, 224; *Kreizberg,* Barrierefreie Arbeitsstätten, BPUVZ 2016, 266; *Kruse,* Barrierefreie Gestaltung der betrieblichen Infrastruktur, DGUV-Forum 2016, Nr. 3, 18; *Länderausschuss für Arbeitsschutz und Sicherheitstechnik (LASI),* Überwachungs- und Beratungstätigkeit der Arbeitsschutzbehörden der Länder (LASI LV 1), 2016; *Penz,* Barrierefreiheit in der Arbeitswelt, DGUV-Forum 2016, Nr. 3, 8; *Pfeifer,* Innentemperatur nach Mietrecht oder Arbeitsstättenverordnung?, DWW 2007, 196; *Remmert,* Rechtsprobleme von Verwaltungsvorschriften, Jura 2004, 728; *Taeger/Rose,* Kontroverse um das neue Arbeitsstättenrecht: „Umkehr der Beweislast" ohne dramatische Folgen, DB 2005, 1852; *Welti,* Rechtliche Voraussetzungen von Barrierefreiheit, NVwZ 2012, 725; *Wiebauer,* Die Novelle der Arbeitsstättenverordnung 2016, NZA 2017, 220; *ders.,* Sachverhaltsermittlung der Arbeitsschutzaufsicht, DVBl 2017, 1463; *ders.,* Behördliche Anordnungen im Arbeitsschutz, NVwZ 2017, 1653.

A. Allgemeines

§3a bildet das **Herzstück** der Arbeitsstättenverordnung (*Lorenz* in Kollmer/ **1**
Klindt/Schucht ArbStättV § 3a Rn. 1):
- **Abs. 1** enthält die **grundlegende Verpflichtung des Arbeitgebers,** Sicherheit und Gesundheit der Beschäftigten beim Einrichten und Betreiben von Arbeitsstätten zu gewährleisten. Die Verordnung einschließlich ihres Anhanges konkretisiert diese allgemeine Vorgabe durch verbindliche Anforderungen. Ferner regelt Absatz 1 die Rechtsfolgen, die sich für den Arbeitgeber aus der Anwendung bzw. Nichtanwendung der Technischen Regeln für Arbeitsstätten ergeben.
- **Abs. 2** bezieht sich auf die Schutzpflicht des Arbeitgebers gegenüber den in seiner Arbeitsstätte beschäftigten **Menschen mit Behinderungen.**
- **Abs. 3** ermöglicht behördliche **Ausnahmebewilligungen** im Einzelfall für Abweichungen des Arbeitgebers von den Anforderungen der ArbStättV.
- **Abs. 4** schließlich regelt das Verhältnis zwischen dem Arbeitsstättenrecht und den für Arbeitsstätten durch **andere Rechtsvorschriften** festgelegten Anforderungen.

Bedingt durch die Einführung der Regelung zur Gefährdungsbeurteilung in § 3 **2**
ArbStättV durch die Änderungsverordnung **2010** wurde der **vorherige § 3** – inhaltlich nahezu unverändert – zu § 3a. (BR-Drs. 262/10 S. 28). Im Zuge der erneuten Änderung **2016** wurde die Vorschrift weiter konkretisiert und ergänzt (BR-Drs. 506/16 S. 28). Systematisch regelt § 3 die Festlegung der Schutzmaßnahmen, § 3a einerseits ihre Durchführung, andererseits aber auch die Grundpflicht, deren Erfüllung die Maßnahmen dienen. Die **beiden Vorschriften überschneiden sich** also, was ihrer Entstehungsgeschichte geschuldet ist, die Rechtsanwendung jedoch erschwert (→ Rn. 10 ff.).

B. Grundpflichten des Arbeitgebers beim Einrichten und Betreiben von Arbeitsstätten (Abs. 1)

I. Allgemeines

3   Die Generalklausel des Abs. 1 Satz 1 konkretisiert die allgemeine Arbeitgeberverantwortung für den Arbeitsschutz gemäß § 3 Abs. 1 ArbSchG speziell für das Arbeitsstättenrecht. Sie enthält die grundlegende, an den Arbeitgeber gerichtete **Verpflichtung,** die **Sicherheit und Gesundheit der Beschäftigten beim Einrichten und Betreiben der Arbeitsstätte zu gewährleisten.** Dazu muss er die im Rahmen der Gefährdungsbeurteilung nach § 3 Abs. 1 ArbStättV festgelegten Schutzmaßnahmen durchführen (Abs. 1 Satz 2) und dabei den Stand der Technik, Arbeitsmedizin und Hygiene, die ergonomischen Anforderungen sowie die vom Ausschuss für Arbeitsstätten (ASTA, § 7) ermittelten und vom BMAS bekannt gemachten Regeln und Erkenntnisse berücksichtigen (Abs. 1 Sätze 2−4).

II. Normadressat: Arbeitgeber

4   Adressat der ArbStättV ist nach § 3a Abs. 1 der Arbeitgeber i. S. d. § 2 Abs. 3 ArbSchG. Die Verpflichtungen nach § 3a Abs. 1 bestehen **unabhängig davon, ob** er **Eigentümer oder** lediglich **Besitzer** (Mieter, Pächter, Leasing- oder Franchise-Nehmer) der Arbeitsstätte ist. Die ArbStättV stellt auf das Einrichten und Betreiben der Arbeitsstätte als tatsächliche Vorgänge ungeachtet ihrer privatrechtlichen Grundlage ab (so i.Erg. schon BVerwG, Urt. v. 29.4.1983, GewA 1983, 339). Nach § 13 ArbSchG können zusätzlich weitere Personen im Betrieb Arbeitsschutzverantwortung tragen.

5   Bei **Miete, Pacht oder Leasing** sollte sich der Arbeitgeber **vertraglich** gegenüber dem Eigentümer das Recht ausbedingen, Änderungen auch baulicher Art durchführen zu dürfen, die von der zuständigen Behörde formlos durch Revisions- oder Auflageschreiben oder durch Anordnung zur Erfüllung arbeitsstättenrechtlicher Pflichten verlangt werden. Ist der Eigentümer vertraglich nicht verpflichtet, baulichen Änderungen zuzustimmen, und verweigert er im konkreten Fall seine Zustimmung, so dass der Arbeitgeber seine Pflichten aus der ArbStättV nicht erfüllen kann, so dürfen in den betroffenen Teilen der Arbeitsstätte keine Beschäftigten eingesetzt werden (in diese Richtung auch *Faber/Feldhoff* in HK-ArbSchR ArbStättV Rn. 23). In letzter Konsequenz kann die Behörde dem Arbeitgeber − nach Abwägung aller Umstände − den weiteren Betrieb der Arbeitsstätte teilweise (wenn sich der ordnungswidrige Zustand auf einen abgrenzbaren Bereich bezieht) oder ganz untersagen. Freilich ist nach dem Grundsatz der Verhältnismäßigkeit vorab auch die Möglichkeit einer Ausnahmebewilligung nach Abs. 3 zu prüfen.

6   Zwar wird i. d. R. der Arbeitgeber auch dann, wenn eine vertragliche Vereinbarung der oben erwähnten Art nicht getroffen wurde, nach dem Zweck des Miet-, Pacht- oder Leasingvertrages einen **Anspruch auf Zustimmung** des Eigentümers zu den erforderlichen baulichen Änderungen haben (so auch BVerwG GewA 1983, 339). Stimmt der Eigentümer aber dennoch nicht zu, ist der Arbeitgeber darauf angewiesen, die Erteilung der Zustimmung gerichtlich einzuklagen. Die Behörde ist dabei nicht verpflichtet, den Ausgang des Rechtsstreits abzuwarten, sondern kann − wenn der Grundsatz der Verhältnismäßigkeit gewahrt ist und nach gewissenhafter, den Einzelfallumständen gerecht werdender Prüfung und nach Berücksichtigung einer evtl. drohenden Existenzgefährdung bei einem kleinen oder mittelständischen Betrieb – von dem vorerwähnten Mittel der Betriebsuntersagung Gebrauch machen. Der Arbeitgeber hat dann zwar möglicherweise Schadensersatzansprüche gegenüber dem Eigentümer, kann aber die Arbeitsstätte nur eingeschränkt (bei Teiluntersagung) oder gar nicht mehr weiterbetreiben.

Behördliche Anordnungen gegen den Eigentümer, der nicht zugleich Arbeitgeber ist, **scheiden** demgegenüber **aus.** Normadressat der ArbStättV ist der Arbeitgeber, nicht der Eigentümer oder Vermieter der Arbeitsstätte. Ohne besondere Vereinbarung im Mietvertrag stellt es daher nach umstrittener Auffassung auch **keinen Mangel der Mietsache** i. S. d. § 536 BGB dar, wenn die gemieteten Räumlichkeiten nicht der ArbStättV entsprechen, etwa weil sich die Räume extrem aufheizen (OLG Karlsruhe 17.12.2009 – 9 U 42/09 – MDR 2010, 564; OLG Frankfurt 19.1.2007 – 2 U 106/06 – NZM 2007, 330; a. A. OLG Naumburg 13.10.2009 – 9 U 45/09 – NZM 2011, 35 m. w. N.; wie hier *Harms* ZMR 2007, 432; *Pfeifer* DWW 2007, 196 und jurisPR–MietR 9/2007 Anm. 2; a. A. Faber/Feldhoff in HK–ArbSchR ArbStättV Rn. 24). Dasselbe gilt für das private Baurecht. Beauftragt der Arbeitgeber einen Bauunternehmer mit der Errichtung der Arbeitsstätte, muss er selbst durch vertragliche Vorgaben dafür sorgen, dass die Räumlichkeiten den Vorgaben der ArbStättV genügen. Andernfalls stellt die Abweichung von arbeitsschutzrechtlichen Bestimmungen **keinen Sachmangel i. S. d. § 633 BGB** dar (OLG Naumburg 26.11.1999 – 6 U 1476/97 – BauR 2000, 274; a. A. OLG Brandenburg 11.7.2002 – 12 U 182/01 – BauR 2002, 1562). Dies gilt um so mehr, als die ArbStättV seit 2004 weitgehend ohne absolute Vorgaben auskommt und einzelfallbezogen auf die Gefährdungsbeurteilung abstellt. **7**

III. Schutzziel: Sicherheit und Gesundheitsschutz (Abs. 1 Satz 1)

§ 1 Abs. 1 nennt als Ziel der Schutzmaßnahmen in Arbeitsstätten das Begriffspaar „Sicherheit und Schutz der Gesundheit". Seit 2016 lehnt sich die Formulierung des Satzes 1 an das **Vorsorgegebot** nach § 4 Nr. 1 ArbSchG an, wonach Gefährdungen möglichst vermieden werden, und wo das nicht möglich ist zumindest minimiert werden sollen. **8**

Das Begriffspaar „Schutz der Gesundheit und Sicherheit der Arbeitnehmer" findet sich bereits in der Ermächtigungsgrundlage des **Art. 153 Abs. 1 lit. a AEUV** (i. V. m. Abs. 2 Satz 1 lit. b). Demnach können das Europäische Parlament und der Rat Mindestvorschriften zur „Verbesserung insbesondere der Arbeitsumwelt zum Schutz der Gesundheit und der Sicherheit der Arbeitnehmer" erlassen. Der Begriff der **„Arbeitsumwelt"** weist in diesem Zusammenhang auf die ganzheitliche Ausrichtung als Leitbild für den präventiven Arbeitsschutzes hin. (*Kollmer* in Kollmer/Klindt/Schucht ArbSchG § 1 Rn. 16). **9**

Einigkeit besteht darüber, dass die Gewährleistung von **Sicherheit** lediglich einen **Unterfall** des Gesundheitsschutzes im Hinblick auf Gefahren und Folgen der angewandten Technik bildet (*Koll* in Koll/Janning/Pinter ArbSchG § 1 Rn. 3; *Wilrich* in Nöthlichs 4010 § 1 ArbSchG Anm. 1.1.1.1; *Kohte* in MHdBArbR § 292 Rn. 3). Der Begriff bezieht sich insofern auf den „klassischen" technischen und betriebsbezogenen Arbeitsschutz (*Pieper* ArbSchG § 1 Rn. 7). Der Begriff der **Gesundheit** geht darüber hinaus, ist jedoch seinerseits gesetzlich nicht definiert. Als allgemein anerkannt kann gelten, dass der arbeitsschutzrechtliche Gesundheitsbegriff **nicht** der weiten Definition der Weltgesundheitsorganisation **(WHO)** folgt, wonach Gesundheit ein „Zustand völligen körperlichen, seelischen und sozialen **10**

Wohlbefindens" ist, weil dieser Ansatz über den Schutz der körperlichen Unversehrtheit und die Verhütung pathologischer Zustände hinausgeht (*Wlotzke* FS Däubler S. 654, 659; *Koll* in Koll/Janning/Pinter ArbSchG § 1 Rn. 3; *Kohte* in HK-ArbSchR ArbSchG § 1 Rn. 9; *Wilrich* in Nöthlichs 4010 § 1 ArbSchG Anm. 1.1.1.2; zur Gesetzeshistorie *Wiebauer* in Landmann/Rohmer ArbSchG § 1 Rn. 15; *Kollmer* in Kollmer/Klindt/Schucht ArbSchG § 1 Rn. 17 f.).

11   Das Arbeitsschutzrecht soll den Arbeitnehmer vor gesundheitlichen und ergonomischen **Beeinträchtigungen** schützen, indem präventiv das Entstehen einer Gefahr verhindert wird (*Kollmer* in Kollmer/Klindt/Schucht ArbSchG § 1 Rn. 19). Bloße Belästigungen oder Befindlichkeitsstörungen sind mangels potentieller Gefahr für ein geschütztes Rechtsgut nicht erfasst, solange sie sich nicht auf die Gesundheit auswirken. Das bedeutet nicht, dass das Arbeitsschutzrecht und damit die ArbStättV nur vor unmittelbar körperlichen Beeinträchtigungen schützten. Dies wird auch durch § 3 Abs. 1 Satz 3 ArbStättV deutlich, der ausdrücklich die Berücksichtigung psychischer Belastungen am Arbeitsplatz vorschreibt. Das BAG formuliert als Ziel des Arbeitsschutzes im Anschluss an *Wlotzke* (in: MHdBArbR, 2. Aufl. 2000, § 206 Rn. 35) zutreffend, die psychische und physische Integrität des Arbeitnehmers zu erhalten, der arbeitsbedingten Beeinträchtigungen ausgesetzt ist, die zu medizinisch **feststellbaren Verletzungen oder Erkrankungen** führen oder führen können (BAG Beschl. v. 18.8.2009 – NZA 2009, 1434; zustimmend *Kollmer* in Kollmer/Klindt/Schucht ArbSchG § 1 Rn. 20; zur Übereinstimmung dieser Definition mit der des ILO-Übereinkommens Nr. 155 *Wiebauer* in Landmann/Rohmer GewO ArbSchG § 1 Rn. 16).

IV. Umsetzung der Schutzpflicht (Abs. 1 Satz 2)

12   **1. Durchführung der Schutzmaßnahmen.** Abs. 1 Satz 2 verlangt zuallererst eine Selbstverständlichkeit: Im Rahmen der Gefährdungsbeurteilung nach § 3 Abs. 1 hat der Arbeitgeber die bestehenden Gefährdungen ermittelt und bewertet und schließlich festgelegt, welche Maßnahmen erforderlich sind, um diese Gefährdungen zu vermeiden oder jedenfalls zu minimieren. In der Folge muss er die auf diesem Wege festgelegten Schutzmaßnahmen nunmehr durchführen.

13   **2. Berücksichtigung des Standes der Technik, Arbeitsmedizin und Hygiene sowie der ergonomischen Anforderungen.** Der zweite Halbsatz ist etwas konkreter: Bei der Durchführung dieser Maßnahmen hat der Arbeitgeber den Stand der Technik, Arbeitsmedizin und Hygiene, die ergonomischen Anforderungen sowie die bekanntgemachten ASR zu **berücksichtigen.** Es fällt auf, dass § 3 Abs. 1 Satz 4 und § 3a Abs. 1 Satz 2 unterschiedlich formuliert sind. Bei der Festlegung der Schutzmaßnahmen gilt der Stand der Technik, Arbeitsmedizin und Hygiene als verbindliche Vorgabe (→ § 3 Rn. 48 ff.), bei ihrer Durchführung ist er nur zu berücksichtigen.

14   Hintergrund ist die bewährte **Regelungssystematik des Arbeitsschutzrechts.** § 3 Abs. 1 Satz 4 gibt das Schutzniveau verbindlich vor, das der Arbeitgeber mit den Schutzmaßnahmen erreichen muss. Abweichungen von diesem Niveau nach unten sind unzulässig. Bei der Umsetzung aber, also der Frage, wie er dieses Niveau erreicht, verfügt er über einen **Gestaltungsspielraum.** Deshalb ist insoweit der Stand der Technik, Arbeitsmedizin und Hygiene lediglich zu berücksichtigen, weil das entsprechende Schutzniveau möglicherweise auch durch eine Kombination von Maßnahmen erreicht werden kann, die jede für sich diesem Stand nicht entsprechen.

Der Stand der Technik, Arbeitsmedizin und Hygiene ist in § 2 Abs. 11 definiert. **15** Diesen Stand zu bestimmen, ist **eigenverantwortliche Aufgabe des Arbeitgebers** (→ § 3 Rn. 54). Dasselbe gilt für die Feststellung der ergonomischen Anforderungen. In der Praxis bieten vor allem die Arbeitsstättenregeln **(ASR)** dem Arbeitgeber eine wesentliche Hilfestellung. Sind sie vom BMAS bekannt gemacht, muss er sie ohnehin berücksichtigen (→ Rn. 34 ff.).

V. Bedeutung der Technischen Regeln (Abs. 1 Sätze 2–4)

1. Notwendige Konkretisierung. Mit der Gefährdungsbeurteilung als zentra- **16** lem Anknüpfungspunkt ist das moderne Arbeitsschutzrecht auf einen betrieblichen Gestaltungsspielraum ausgelegt. Wirksamer Arbeitsschutz ist nur unter Berücksichtigung der Umstände des Einzelfalls möglich. Hinzu kommt, dass sich die Arbeitswissenschaft ständig fortentwickelt. Der Stand der Technik ist eben kein starrer Zustand, sondern eine Momentaufnahme in einem ständig fortschreitenden Prozess. Die heutige ArbStättV enthält daher wie andere moderne Arbeitsschutzverordnungen und im Gegensatz zur ArbStättV 1975 nahezu keine konkret formulierten Anforderungen mehr, sondern **nur noch Schutzzielbestimmungen** und **Rahmenvorgaben** (BR-Drs. 450/04 S. 21). Der Anhang stellt grundlegende Konkretisierungen dieser allgemeinen Anforderungen zusammen, verzichtet aber ebenfalls auf die Vorgabe absoluter Werte und belässt dem Arbeitgeber somit seinen Spielraum.

Weil der Rahmen jedoch verbindlich vorgegeben ist und zwingend durch be- **17** triebliche Regelungen ausgefüllt werden muss, bedeutet dieser Spielraum für den Arbeitgeber nicht zwingend ein Mehr an Freiheit, wohl aber ein Mehr an Verantwortung. Die ArbStättV lässt sich **nicht schematisch** anwenden, sondern verlangt nach einer **einzelfallbezogenen Prüfung** und Festlegung der erforderlichen Maßnahmen im Rahmen der Gefährdungsbeurteilung (→ § 3 Rn. 46 ff.). Der Arbeitgeber muss im Detail selbst feststellen, durch welche geeigneten Maßnahmen er die Arbeitsstätte so einrichten und betreiben kann, dass von ihr keine Gefährdungen für Sicherheit und Gesundheit der Beschäftigten ausgehen. Diese Festlegung kann er nicht nach eigenem Ermessen treffen, sondern er ist dabei an den Stand der Technik, Arbeitsmedizin und Hygiene sowie an sonstige gesicherte arbeitswissenschaftliche Erkenntnisse gebunden.

2. Von den Arbeitsstätten-Richtlinien zu den Technischen Regeln für **18** **Arbeitsstätten.** Für die Praxis sind solche abstrakten Vorgaben kaum zu handhaben. Schon § 3 Abs. 2 **ArbStättV 1975** sah daher vor, dass „der Bundesminister für Arbeit und Sozialordnung unter Hinzuziehung der fachlich beteiligten Kreise" sog. **Arbeitsstätten-Richtlinien** (ASRL) aufzustellen hatte, die im Benehmen mit den Ländern im Bundesarbeitsblatt bekanntgemacht wurden. Diese ASRL gaben die allgemein anerkannten sicherheitstechnischen, arbeitsmedizinischen und hygienischen Regeln sowie die sonstigen gesicherten arbeitswissenschaftlichen Erkenntnissen wieder und machten die ArbStättV so für den Arbeitgeber handhabbar.

Zur **Ausfüllung der Rahmenvorschriften** der alten Arbeitsstättenverordnung **19** wurden insgesamt 30 ASRL aufgestellt und bekannt gemacht, die in der Zusammenfassung wichtiger, in der Praxis anerkannter Regeln und Erkenntnisse für die konkrete Umsetzung der Vorgaben der Arbeitsstättenverordnung enthielten, u. a. detaillierte Anforderungen an die einzuhaltenden Raumtemperaturen in Arbeitsräumen oder die erforderliche Mindestfläche der Sichtverbindung nach außen.

20 Die ArbStättV 2004 hat dieses Zusammenspiel von Rechtsnormen und ergänzenden **technischen Regeln** bzw. Richtlinien im Grundsatz beibehalten. Das **BMAS ermittelt** die Regeln allerdings **nicht mehr selbst,** vielmehr wurde diese Aufgabe dem 2004 nach dem Vorbild bestehender Gremien in anderen Bereichen (z. B. Ausschuss für Gefahrstoffe, § 20 GefStoffV) neu geschaffenen **Ausschuss für Arbeitsstätten (ASTA) übertragen** (§ 7 Abs. 3 Nrn. 1 und 2). Das BMAS entscheidet lediglich darüber, ob die vom ASTA ermittelten Regeln und Erkenntnisse im Gemeinsamen Ministerialblatt bekanntgemacht werden (§ 7 Abs. 4). Diese Technischen Regeln für Arbeitsstätten sind an die Stelle der früheren Arbeitsstätten-Richtlinien getreten. Auch die vormalige Abkürzung ASR („Arbeitsstättenregeln") wurde übernommen, was in der Praxis eine gewisse Verwechslungsgefahr birgt. Um in der Übergangszeit keine Lücke entstehen zu lassen, galten die alten Arbeitsstätten-Richtlinien gemäß § 8 Abs. 2 ArbStättV so lange fort, bis sie durch eine neue Technische Regel aktualisiert wurden, längstens bis zum 31.12.2012. Bis auf die alte ASRL 7/1 (Sichtverbindung nach außen) wurden mittlerweile alle alten Arbeitsstätten-Richtlinien durch neue Technische Regeln ersetzt (→ Rn. 32).

21 Die ungültig gewordenen Richtlinien haben nicht jede Bedeutung verloren. Sie können auch weiterhin als **Orientierungshilfe** zur Ausfüllung der allgemeinen Vorgaben der ArbStättV herangezogen werden (*Pieper* ArbStättV § 3a Rn. 6). Allerdings kann der Arbeitgeber nicht mehr davon ausgehen, dass diese Richtlinien noch dem Stand der Technik entsprächen. Die Einhaltung der alten Richtlinien garantiert ihm also nicht, dass er seine Pflichten aus der ArbStättV in vollem Umfang erfüllt.

22 **3. Rechtsnatur der ASR. a) Rechtscharakter und Drittwirkung.** In ihrer Wirkung ähneln die bekanntgemachten ASR den im europäischen Produktsicherheitsrecht gebräuchlichen harmonisierten Normen, nach deren Vorbild das System der technischen Regeln auch konstruiert wurde (*Kohte* in MHdBArbR § 290 Rn. 35) – freilich ohne die europarechtlichen Folgewirkungen wie etwa das formalisierte Verfahren zur Behandlung von Einwänden gegen harmonisierte Normen. Wie die harmonisierten Normen gelten die bekanntgemachten ASR **für die Normadressaten** (hier also die Arbeitgeber) **nicht verbindlich.** Bei den ASR handelt es sich um technische Normen, nicht um verbindliche Rechtsnormen. Der Arbeitgeber muss sie nicht einhalten, sondern **nur berücksichtigen** (Satz 2), und darf von ihnen auch ohne Begründung abweichen, wenn er das Schutzziel auf andere Weise genauso gut erfüllt (Satz 4). Den ASR kommt damit nicht etwa konstitutive, sondern nur **deklaratorische „gutachterliche" Bedeutung** zu. Sie dienen darüber hinaus dem Zweck, Auseinandersetzungen über die Anforderungen der ArbStättV soweit möglich zu vermeiden (BVerwG 31.1.1997 – 1 C 20/95 – NZA 1997, 482).

23 Letztendlich gebunden ist der Arbeitgeber nur an die allgemeine Vorgabe des § 3a Abs. 1 Satz 1: Er muss dafür sorgen, dass seine Arbeitsstätten so eingerichtet und betrieben werden, dass von ihnen keine Gefährdung für Sicherheit und Gesundheit der Beschäftigten ausgeht. Den normativen Standard, dem er dabei genügen muss, gibt § 3 Abs. 1 vor: Die Schutzmaßnahmen müssen dem Stand der Technik, Arbeitsmedizin und Hygiene entsprechen; sonstige gesicherte arbeitswissenschaftliche Erkenntnisse sind zu berücksichtigen. Die rechtliche Bedeutung der bekanntgemachten ASR für den Arbeitgeber besteht in ihrer **Vermutungswirkung:** Hält er sich an die Regeln, kommt ihm die widerlegbare Vermutung des § 3a Abs. 1 Satz 3 zugute (→ Rn. 38 ff.); er profitiert also von einer erhöhten

Rechtssicherheit. Für die Behörden wiederum resultiert aus der Vermutungswirkung (wie bei den harmonisierten Normen im Produktsicherheitsrecht) zugleich ein gewisses Maß an **Verbindlichkeit** der bekanntgemachten ASR. Arbeitsschutzmaßnahmen, die den bekanntgemachten ASR entsprechen, kann die Arbeitsschutzaufsicht nur unter verschärften Voraussetzungen beanstanden (→ Rn. 30 f.).

Ohne Bekanntmachung im Gemeinsamen Ministerialblatt greift keine Vermu- 24
tungswirkung. Wie die früheren Arbeitsstätten-Richtlinien stellen die vom ASTA beschlossenen ASR daher zunächst einmal lediglich **antizipierte Sachverständigengutachten** dar (vgl. *Kohte* in MHdBArbR, § 293 Rn. 8; *Pieper* § 3a ArbStättV Rn. 5); sie tragen wie private technische Regeln auch zur Bestimmung des Stands der Technik, Arbeitsmedizin und Hygiene bzw. zur Ermittlung der sonstigen gesicherten arbeitswissenschaftlichen Erkenntnisse (§ 3 Abs. 1 Sätze 3 und 4) bei (vgl. BVerwG 31. 1. 1997 – 1 C 20/95 – NZA 1997, 482; *Opfermann/Streit* § 7 Rn. 14). „Verrechtlicht" werden sie erst durch die Bekanntmachung nach § 7 Abs. 4 ArbStättV. Insofern kann man die bekanntgemachten ASR als **normkonkretisierende Verwaltungsvorschriften mit Drittwirkung** bezeichnen (vgl. *Eberstein/Meyer* Abschn. IV Nr. 3 der Einführung; *Opfermann/Streit* § 3 Rn. 65; *Kolbe* BB 2010, 2763), wobei sich ihre rechtliche Außenwirkung jedoch abschließend aus § 3a Abs. 1 Sätze 2–4 ArbStättV ergibt (allgemein zur Außenwirkung normkonkretisierender Verwaltungsvorschriften *Remmert* Jura 2004, 728, 731 ff. m. w. N.).

Die **ASR** sind insofern „**Zwittergeschöpfe",** als sie ihrem Inhalt nach rein 25
technische Regeln sind, mit der Bekanntmachung aber den Charakter als Verwaltungsvorschrift erlangen. Drittwirkung entfalten Sie aufgrund der ausdrücklichen Regelung in § 3a Abs. 1. Die ASR sind eben nicht bloß Vorgabe für die Verwaltung, sondern sie sind insbesondere dem Arbeitgeber an die Hand gegeben, um ihm aufzuzeigen, wie aus fachkundiger Sicht die Anforderungen der ArbStättV zu erfüllen sind.

Der Beschluss oder die Bekanntmachung einer ASR **bewirken** jedoch **nicht,** 26
dass die darin formulierten Regeln und Erkenntnisse automatisch **als wissenschaftlich gesichert gälten** oder als Stand der Technik, Arbeitsmedizin und Hygiene anzusehen wären. Vielmehr ist bei der Anwendung der ASR aus Sicht des Arbeitgebers und aus Sicht der Behörde stets zu fragen, ob die in einer ASR niedergelegten Regeln und Erkenntnisse noch auf dem aktuellen Stand sind und insofern dem normativen Standard des § 3 Abs. 1 Sätze 3 und 4 entsprechen (BVerwG 31. 1. 1997 – 1 C 20/95 – NZA 1997, 482). Allerdings bringen die ASR, auch wenn sie keine Rechtsnormen sind, vergleichbar mit anderen Richtlinien die sachverständigen Erfahrungen zum Ausdruck (vgl. BVerwG 21. 6. 2001 – 7 C 21/00 – NVwZ 2001, 1165 zur TA Luft), so dass der Arbeitgeber sie als dokumentierte allgemein anerkannte Regeln oder gesicherte arbeitswissenschaftliche Erkenntnisse ansehen kann, solange ihm keine Anhaltspunkte für eine Fehleinschätzung bekannt sind (BVerwG 31. 1. 1997 – 1 C 20/95 – NZA 1997, 482).

b) Fehlerhaftes Zustandekommen von ASR. Verfahrensfehler bei der Er- 27
stellung und Verabschiedung einer Technischen Regel im Ausschuss für Arbeitsstätten führen nach der Rechtsprechung nicht zu deren Unwirksamkeit, da die ASR **keinen normativen Charakter** haben, sondern ihre Bedeutung im Bereich des **Tatsächlichen** erlangen. Entspricht eine solche Regel ohne normative Verbindlichkeit tatsächlich dem Stand des Fachwissens, scheitert ihre Anwendbarkeit nicht schon etwa an einer unvollständigen Hinzuziehung der fachlich beteiligten Kreise (BVerwG 31. 1. 1997 – 1 C 20/95 – NZA 1997, 482).

28 Dies gilt jedoch nur für die Bedeutung der ASR als sachkundige Zusammenfassung von Regeln und Erkenntnissen. **Vermutungswirkung** (§ 3a Abs. 1 Satz 3) kann nur eine **verfahrensmäßig korrekt** zustandegekommene und nach § 7 Abs. 4 ordnungsgemäß bekanntgemachte Technische Regel entfalten. Gesetzliche Verfahrensregelungen sind für normkonkretisierende Verwaltungsvorschriften von besonderer Bedeutung, weil sie die Richtigkeit des Ergebnisses gewährleisten sollen (*Jarass* JuS 1999, 105, 109). Ein Verstoß gegen die Vorgaben § 7 Abs. 1 und 2 steht daher der Vermutungswirkung entgegen. Ohne besondere Anhaltspunkte kann der Arbeitgeber allerdings davon ausgehen, dass bekanntgemachte ASR ordnungsgemäß zustandegekommen sind.

29 **c) Gerichtliche Überprüfbarkeit.** Hinsichtlich der Bindung der Gerichte an die ASR ist **zu unterscheiden:** Solange eine Technische Regel nicht nach § 7 Abs. 4 im Gemeinsamen Ministerblatt bekanntgemacht ist, greift die gesetzliche Vermutungswirkung des § 3a Abs. 1 Satz 3 nicht. Eine vom ASTA beschlossene, vom BMAS aber **nicht bekanntgemachte** ASR ist daher in gleicher Weise wie sonstige im Rahmen des § 3a Abs. 1 zur Anwendung kommende technische Regeln (DIN[-EN]-Normen o. a.) **gerichtlich überprüfbar.** Wenn es in einem Streitfall darauf ankommt, können die Gerichte also insbesondere prüfen, ob die Festlegungen einer ASR tatsächlich dem normativen Standard des § 3 Abs. 1 Sätze 3 und 4 entsprechen.

30 **Mit Bekanntmachung** durch das BMAS wird eine ASR hingegen nach Maßgabe des § 3a Abs. 1 Satz 3 zur normkonkretisierenden Verwaltungsvorschrift mit Außenwirkung (→ Rn. 24). Als solche ist sie nach der Rechtsprechung des BVerwG auch von den Gerichten zu beachten (BVerwG 19.12.1985 – 7 C 65/82 – NVwZ 1986, 208 – Wyhl; BVerwG 10.1.1995 – 7 B 112/94 – NVwZ 1995, 994). Voraussetzung ist freilich, dass die Verwaltungsvorschrift sich im Rahmen der gesetzlichen Vorgabe hält, sich also auf eine Konkretisierung der gesetzlichen Rahmenvorschriften beschränkt (*Jarass* JuS 1999, 105, 110 m. w. N.).

31 Stützt sich eine behördliche Maßnahme auf die Vorgaben einer bekanntgemachten ASR, kann sich das Verwaltungsgericht bei der inhaltlichen Überprüfung der Maßnahme demnach grundsätzlich auf die Feststellung beschränken, ob die ASR korrekt angewendet wurden. Für eine von der Technischen Regel abweichende Bewertung des Sachverhalts gelten dann hohe Anforderungen im Hinblick auf die dafür erforderliche Tatsachengrundlage. In Anlehnung an die Rechtsprechung des BVerwG zu den Verwaltungsvorschriften nach § 48 Abs. 1 Satz 1 BImSchG können nur **gesicherte neue Erkenntnisse** in Wissenschaft und Technik eine bekanntgemachte ASR obsolet werden lassen, wenn sie den der Technischen Regel zugrundeliegenden Bewertungen und Prognosen den Boden entziehen (BVerwG 21.6.2001 – 7 C 21/00 – NVwZ 2001, 1460 – zur TA Luft).

32 **4. Überblick über die bekannt gegebenen ASR.** Bis August 2018 hat das BMAS 20 vom ASTA beschlossene Technische Regeln für Arbeitsstätten gemäß § 7 Abs. 4 im Gemeinsamen Ministerialblatt bekannt gemacht:

> **ASR V3** Gefährdungsbeurteilung, Ausgabe Juli 2017 (GMBl 2017, 390) konkretisiert die Anforderungen an die Gefährdungsbeurteilung nach § 3 und beschreibt eine Vorgehensweise zu deren Durchführung.
>
> **ASR V3 a.2** Barrierefreie Gestaltung von Arbeitsstätten, Ausgabe August 2012 (GMBl 2012, 663; zuletzt geändert GMBl 2018, 469)

konkretisiert die Anforderungen des § 3a Abs. 2, wonach der Arbeitgeber Arbeitsstätten so einrichten und betreiben muss, dass die besonderen Belange der dort beschäftigten Menschen mit Behinderungen im Hinblick auf die Sicherheit und den Gesundheitsschutz berücksichtigt werden.

ASR A1.2 Raumabmessungen und Bewegungsflächen, Ausgabe September 2013 (GMBl. 2013, S. 910; zuletzt geändert GMBl 2018, 471)
konkretisiert die Anforderungen an Raumabmessungen von Arbeitsräumen und Bewegungsflächen in § 3a Abs. 1 sowie v. a. in den Punkten 1.2 und Punkt 3.1 des Anhangs.

ASR A1.3 Sicherheits- und Gesundheitsschutzkennzeichnung, Ausgabe Februar 2013 (GMBl. 2013, S. 334; zuletzt geändert GMBl 2017, 398)
übernimmt die grundlegenden Inhalte der BGV A8 (Sicherheits- und Gesundheitsschutzkennzeichnung am Arbeitsplatz) und konkretisiert die Anforderungen für die Sicherheits- und Gesundheitsschutzkennzeichnung in Arbeitsstätten sowie die Anforderungen an die Gestaltung von Flucht- und Rettungsplänen nach § 4 Abs. 4. Nach § 3a ArbStättV in Verbindung mit Nr. 1.3 des Anhangs sind Sicherheits- und Gesundheitsschutzkennzeichnungen dann einzusetzen, wenn die Risiken für Sicherheit und Gesundheit der Beschäftigten nicht durch technische oder organisatorische Maßnahmen vermieden oder ausreichend begrenzt werden können. Der ASTA hat die ursprüngliche Regel aus dem April 2007 (GMBl. 2007, S. 674) 2013 überarbeitet und ergänzt. Wendet der Arbeitgeber die im Zuge dessen geänderten Sicherheitszeichen in einer bestehenden Arbeitsstätte nicht an, so hat er mit der Gefährdungsbeurteilung zu ermitteln, ob die in der Arbeitsstätte verwendeten Sicherheitszeichen weiterhin ausreichen.

ASR A1.5/1,2 Fußböden, Ausgabe Februar 2013 (GMBl 2013, S. 348; zuletzt geändert GMBl 2018, 471)
ersetzt die frühere ASRL 8/1 und konkretisiert die Anforderungen für das Einrichten und Betreiben von Fußböden nach § 3a Abs. 1 und § 4 Abs. 2 sowie nach Punkt 1.5 Abs. 1 und 2 des Anhangs. Die Anhänge der Technischen Regel beruhen auf der BGR/GUV-R 181 „Fußböden in Arbeitsräumen und Arbeitsbereichen mit Rutschgefahr" des Sachgebiets „Bauliche Einrichtungen und Handel" im Fachbereich „Handel und Logistik" der Deutschen Gesetzlichen Unfallversicherung (DGUV). Der ASTA hat die grundlegenden Inhalte der Anhänge der BGR/GUV-R 181 in Anwendung des Kooperationsmodells (→ § 7 Rn. 8d) als ASR in sein Regelwerk übernommen.

ASR A1.6 Fenster, Oberlichter, lichtdurchlässige Wände, Ausgabe Januar 2012 (GMBl 2012, S. 5; zuletzt geändert GMBl 2018, 472)
ersetzt die frühere ASRL 8/4 (Lichtdurchlässige Wände) und konkretisiert die Anforderungen an das Einrichten und Betreiben von Fenstern, Oberlichtern und lichtdurchlässigen Wänden in § 3a Abs. 1 sowie insbesondere in den Punkten 1.5 Abs. 3 und 1.6 des Anhangs.

ASR A1.7 Türen und Tore, Ausgabe November 2009 (GMBl 2009, S. 1619; zuletzt geändert GMBl 2018, 472)
ersetzt die früheren ASRL 10/1 (Türen und Tore), ASRL 10/5 (Glastüren, Türen mit Glaseinsatz), ASRL 10/6 (Schutz gegen Ausheben, Herausfallen und Herabfallen von Türen und Toren) und ASRL 11/1–5 (Kraftbetätigte Türen und Tore) und konkretisiert die Anforderungen an das Einrichten und Betreiben von Türen

und Toren in § 3a Abs. 1 und § 4 Abs. 3 sowie insbesondere in den Punkten 1.7 und 2.3 Abs. 2 des Anhangs.

ASR A1.8 Verkehrswege, Ausgabe November 2012 (GMBl 2012, S. 1210; zuletzt geändert GMBl 2018, 473)
ersetzt die früheren ASRL 17/1,2 (Verkehrswege), ASRL 18/1−3 (Fahrtreppen und Fahrsteige) und ASRL 20 (Steigeisengänge und Steigleitern) und konkretisiert die Anforderungen an das Einrichten und Betreiben von Verkehrswegen in § 3a Abs. 1 und § 4 Abs. 4 sowie der Punkte 1.8, 1.9, 1.10 und 1.11 des Anhangs.

ASR A2.1 Schutz vor Absturz und herabfallenden Gegenständen, Betreten von Gefahrenbereichen, Ausgabe November 2012 (GMBl 2012, S. 1220; zuletzt geändert GMBl 2018, 473)
ersetzt die früheren ASRL 8/5 (Nicht durchtrittsichere Dächer) und ASRL 12/1−3 (Schutz gegen Absturz und herabfallende Gegenstände) und konkretisiert die Anforderungen an das Einrichten und Betreiben von Arbeitsplätzen und Verkehrswegen zum Schutz vor Absturz oder herabfallenden Gegenständen sowie die damit verbundenen Maßnahmen bezüglich des Betretens von Dächern oder anderen Gefahrenbereichen nach § 3a Abs. 1 in Verbindung mit Punkt 1.5 Abs. 4 und Punkt 2.1 des Anhangs.

ASR A2.2 Maßnahmen gegen Brände, Ausgabe Mai 2018 (GMBl 2018, 446)
ersetzt die frühere ASRL 13/1,2 (Feuerlöscheinrichtungen) und konkretisiert die Anforderungen an die Ausstattung von Arbeitsstätten mit Brandmelde- und Feuerlöscheinrichtungen sowie die damit verbundenen organisatorischen Maßnahmen für das Betreiben nach § 3a Abs. 1, § 4 Abs. 3 und § 6 Abs. 3 einschließlich der Punkte 2.2 und 5.2 Abs. 1 g des Anhangs

ASR A2.3 Fluchtwege und Notausgänge, Flucht- und Rettungsplan, Ausgabe August 2007 (GMBl 2007, S. 902; zuletzt geändert GMBl 2017, 8)
konkretisiert die Anforderungen an das Einrichten und Betreiben von Fluchtwegen und Notausgängen sowie an den Flucht- und Rettungsplan nach § 3a Abs. 1 und § 4 Abs. 4 sowie Anhang Nr. 2.3, um im Gefahrenfall das sichere Verlassen der Arbeitsstätte zu gewährleisten.

ASR A3.4 Beleuchtung, Ausgabe April 2011 (GMBl. 2011, S. 303; zuletzt geändert GMBl 2014, 287)
ersetzt die früheren ASRL 7/3 (Künstliche Beleuchtung) und ASRL 41/3 (Künstliche Beleuchtung für Arbeitsplätze und Verkehrswege im Freien) und konkretisiert die Anforderungen an das Einrichten und Betreiben der Beleuchtung von Arbeitsstätten in § 3a Abs. 1 sowie insbesondere im Punkt 3.4 Abs. 1 und 2 des Anhangs. Darüber hinaus werden die Anforderungen im Punkt 3.5 Abs. 2 des Anhangs bezüglich des Blendschutzes bei Sonneneinstrahlung konkretisiert.
Mit Bekanntmachung dieser Technischen Regel hat sich die LASI-Handlungsanleitung zur Beleuchtung von Arbeitsstätten (LV 41 vom April 2005), welche die Übergangsphase überbrücken sollte, dem Grunde nach erledigt. Die dort zusammengefassten Erkenntnisse können allerdings weiterhin im Rahmen der Gefährdungsbeurteilung mit berücksichtigt werden.

ASR A3.4/7 Sicherheitsbeleuchtung, optische Sicherheitsleitsysteme, Ausgabe Mai 2009 (GMBl. 2009 S. 684; zuletzt geändert GMBl 2017, 400)
ersetzt die frühere ASRL 7/4 (Sicherheitsbeleuchtung) und konkretisiert die Anforderungen nach § 3 Abs. 1 und § 4 Abs. 3 und 4 sowie Anhang Nr. 2.3 Abs. 1

und Nr. 3.4 Abs. 7 für die Sicherheitsbeleuchtung und zur optischen Sicherheitsleitsystemen in Arbeitsstätten.

ASR A3.5 Raumtemperatur, Ausgabe Juni 2010 (GMBl 2010, S. 751; zuletzt geändert GMBl 2018, 474)
ersetzt die frühere ASRL 6 (Raumtemperaturen) und konkretisiert die Anforderungen an Raumtemperaturen in § 3a Abs. 1 sowie insbesondere in Punkt 3.5 des Anhangs.

ASR A3.6 Lüftung, Ausgabe Januar 2012 (GMBl. 2012, S. 92; zuletzt geändert GMBl 2018, 474)
ersetzt die frühere ASRL 5 (Lüftung) und konkretisiert die Anforderungen an die Lüftung in § 3a Abs. 1 und § 4 Abs. 3 sowie in Punkt 3.6 des Anhangs.

ASR A3.7 Lärm, Ausgabe Mai 2018 (GMBl. 2018, 456)
konkretisiert die in § 3a Abs. 1 und Punkt 3.7 des Anhangs formulierten Anforderungen an die Reduzierung der Schalldruckpegel in Arbeitsstätten und an Arbeitsplätzen in Arbeitsräumen.

ASR A4.1 Sanitärräume, Ausgabe September 2013 (GMBl. 2013, 919; zuletzt geändert GMBl 2017, 401)
ersetzt die früheren ASRL 34/1–5 (Umkleideräume, ASRL 35/1–4 (Waschräume), ASRL 35/5 (Waschgelegenheiten außerhalb erforderlicher Waschräume, ASRL 37/1 (Toilettenräume), ASRL 47/1–3,5 (Waschräume für Baustellen) und ASRL 48/1,2 (Toiletten und Toilettenräume auf Baustellen). Sie konkretisiert die in § 3a Abs. 1 und § 4 Abs. 2 sowie v. a. in den Punkten 4.1 und 5.2 Abs. 1 lit. a, d und f des Anhangs geregelten Anforderungen an das Einrichten und Betreiben von Sanitärräumen und Waschgelegenheiten für Arbeitsstätten.

ASR A4.2 Pausen- und Bereitschaftsräume, Ausgabe August 2012 (GMBl 2012, S. 660; zuletzt geändert GMBl 2018, 474)
ersetzt die früheren ASRL 29/1–4 (Pausenräume), ASRL 31 (Liegeräume) und ASRL 45/1–6 (Tagesunterkünfte auf Baustellen) und konkretisiert die Anforderungen an Pausenräume und Pausenbereiche, Bereitschaftsräume sowie an Einrichtungen zum Hinlegen und Ausruhen für schwangere Frauen und stillende Mütter nach Nr. 4.2 und Nr. 5.2 Abs. 1 b) und c) des Anhangs.

ASR A4.3 Erste-Hilfe-Räume, Mittel und Einrichtungen zur Ersten Hilfe, Ausgabe Dezember 2010 (GMBl 2010, S. 1764; zuletzt geändert GMBl 2018, 475)
ersetzt die früheren ASRL 38/2 (Sanitätsräume) und ASRL 39/1,3 (Mittel und Einrichtungen zur Ersten Hilfe) und konkretisiert die Anforderungen an Mittel und Einrichtungen zur Ersten Hilfe sowie an Erste-Hilfe-Räume beim Einrichten und Betreiben von Arbeitsstätten in § 3a Abs. 1 und § 4 Abs. 5 sowie Punkt 4.3 des Anhangs.

ASR A4.4 Unterkünfte, Ausgabe Juni 2010 (GMBl 2010, S. 751; zuletzt geändert GMBl 2017, 402)
konkretisiert die Anforderungen an das Einrichten und Betreiben von Unterkünften für Arbeitsstätten nach § 3a Abs. 1 und im Punkt 4.4 des Anhangs.

Zum 1.1.2013 außer Kraft getreten und nicht ersetzt wurde die alte ASRL 7/1 – **Sichtverbindung nach außen.** 2004 war die entsprechende Anforderung in der ArbStättV entfallen, 2016 wurde sie allerdings in Ziff. 3.4 des Anhangs wieder aufgenommen. Es steht zu erwarten, dass der ASTA sich dieser Frage annehmen wird.

Bis dahin ist allerdings Vorsicht geboten, da die neue Regelung zur Sichtverbindung gegenüber der früheren Rechtslage zurückhaltender formuliert ist. Bereits angekündigt hat der ASTA eine neue **ASR zur Bildschirmarbeit** sowie eine **ASR A5.2 – Straßenbaustellen.** Beide sind (Stand August 2018) jedoch noch nicht vom BMAS bekannt gegeben.

33   Infolge der **Erweiterung des Arbeitsplatzbegriffs** (§ 2 Abs. 4) im Dezember 2016 (→ § 2 Rn. 51 ff.) lassen sich im Übrigen die Empfehlungen der zuvor bekanntgemachten ASR nicht ohne Weiteres auf die aktuelle Fassung der ArbStättV anwenden, weil sie noch auf den alten Arbeitsplatzbegriff abstellen. Der ASTA hat sämtliche ASR unter diesem Gesichtspunkt überprüft; das Ergebnis hat das BMAS im Mai 2018 bekannt gemacht (GMBl 2018, 475). Demnach sind bei folgenden acht ASR **keine Änderungen** hinsichtlich des Arbeitsplatzbegriffs veranlasst:
– ASR V3;
– ASR A1.3;
– ASR A1.7;
– ASR A1.8;
– ASR A3.5;
– ASR A3.6;
– ASR A4.2;
– ASR A4.4.
Bei diesen ASR wirkt sich die Änderung des Arbeitsplatzbegriffs nach Einschätzung des ASTA mithin nicht aus. Für die übrigen ASR gilt gemäß **§ 8 Abs. 2 ArbStättV** eine Übergangsregelung: Sie sind bis zur Bekanntmachung einer Neufassung durch das BMAS unter **Verwendung des alten Arbeitsplatzbegriffs** gemäß § 2 Abs. 2 ArbStättV a. F. (bis 2016) anzuwenden.

VI. Berücksichtigung der ASR (Abs. 1 Sätze 2 und 4)

34   Die ASR geben den gesicherten Stand von Wissenschaft und Technik wieder und **müssen** deshalb nach ihrer amtlichen Bekanntmachung vom Arbeitgeber bei der Einrichtung und dem Betrieb von Arbeitsstätten **berücksichtigt werden.** Dies gilt freilich nur, soweit sich die Technischen Regeln darauf beschränken, die Vorgaben der Verordnung zu konkretisieren und nicht etwa eigenständige Regelungen ohne Anknüpfungspunkt in der ArbStättV formulieren (vgl. *Kohte* in MHdBArbR, § 294 Rn. 43). Was in diesem Zusammenhang unter „berücksichtigen" zu verstehen ist, ergibt sich im Rückschluss zu Satz 4: Der Arbeitgeber muss die ASR nicht anwenden, er muss ihren Inhalt aber zur Kenntnis nehmen und sich mit ihnen auseinandersetzen (→ § 3 Rn. 51; *Kohte* in MHdBArbR, § 294 Rn. 10). Entscheidet er sich gegen die Anwendung der Technischen Regeln, ist dafür **keine Erlaubnis** der zuständigen Arbeitsschutzbehörde notwendig.

35   Aus der Funktion der ASR, die bestehenden Regeln und Erkenntnisse zu sammeln und ggf. weiterzuentwickeln wird teilweise der Schluss gezogen, die ASR gingen anderen anerkannten Regeln und gesicherten Erkenntnissen vor (*Opfermann/Streit* § 3 Rn. 62). Das stimmt jedenfalls insofern, als die ASR einen verbindlichen Mindest-Schutzstandard setzen. Der Arbeitgeber darf von einer bekanntgemachten Technischen Regel gemäß Satz 4 nur unter der Voraussetzung abweichen, dass er **gleichwertige Ersatzmaßnahmen** trifft.

36   **Umstritten** ist die Frage der **Beweislast** für die Gleichwertigkeit. Einigkeit besteht nur darüber, dass sich die Lösung aus den allgemeinen verwaltungsrechtlichen Grundsätzen ergibt, da die frühere Nachweispflicht des Arbeitgebers (§ 4 Abs. 2 S. 2

ArbStättV 1975) im Zuge der Neufassung 2004 gestrichen wurde. Es gilt also der **Untersuchungsgrundsatz** gemäß § 24 VwVfG. Die Behörde muss den Sachverhalt also von Amts wegen aufklären, den Arbeitgeber trifft dabei allerdings gemäß § 26 Abs. 2 Satz 1 VwVfG eine Mitwirkungspflicht. Er muss insbesondere fundiert begründen, warum er seine Maßnahme für gleichwertig hält und hierzu die entsprechende Dokumentation der Gefährdungsbeurteilung (§ 3 Abs. 3) vorlegen (s. LASI Leitlinien ArbStättV Anm. D1). Erst wenn trotz aller behördlichen Anstrengungen die Frage der Gleichwertigkeit nicht eindeutig zu klären ist, kommt die materielle Beweislast zum Tragen, also die Frage, zu wessen Lasten die verbleibenden Zweifel gehen. Dass der **Arbeitgeber** trotz Wegfalls der früheren ausdrücklichen Regelung die Beweislast tragen soll, wird insbesondere mit dem Grundsatz begründet, dass denjenigen, der sich auf eine Ausnahme beruft, die Beweislast für deren Voraussetzungen trifft (*Kohte/Faber* DB 2005, 224, 228; *Heilmann* AiB 2004, 598, 600 f.; im Erg. ebenso *Opfermann/Streit* § 3 Rn. 64; *Pieper* § 3a ArbStättV Rn. 12).

Nach der Gegenansicht handelt es sich bei den Maßnahmen nach Satz 4 nicht **37** um Ausnahmen von der Regel, sondern um eine gleichwertige Option. Demnach gelte der allgemeine Grundsatz, dass die **Behörde** die Beweislast für einen belastenden Verwaltungsakt (hier: § 22 Abs. 3 ArbSchG) trage (*Taeger/Rose* DB 2005, 1852 ff.; *Schmatz/Nöthlichs* 4204 § 3 Anm. 1.4; *Lorenz* in Kollmer/Klindt/Schucht ArbStättV § 3a Rn. 7; *Kollmer* ArbStättV, § 3 Rn. 38). Für letztere Ansicht spricht nicht nur die Gesetzeshistorie (*Taeger/Rose* DB 2005, 1852), sondern auch die Formulierung des § 3 Abs. 1 Satz 3, wonach die ASR nur zu berücksichtigen sind, aber nicht grundsätzlich verbindlich gelten.

VII. Vermutungswirkung (Abs. 1 Satz 3)

Obwohl die ASR als Regeln der Technik keine zwingende Geltung beanspruchen **38** können, erlangen sie über die Regelung des Abs. 1 Satz 3 dennoch eine gewisse Verbindlichkeit. Die vom ASTA erarbeiteten und durch das BMAS bekannt gegebenen Technischen Regeln konkretisieren beispielhaft die in der Verordnung genannten Schutzziele auf der Grundlage des gesicherten Standes von Wissenschaft und Technik (BR-Drs. 450/04 S. 25). Hält sich der Arbeitgeber an die Vorgaben der Technischen Regel, so **ist davon auszugehen,** dass er insoweit die die Anforderungen der Verordnung erfüllt.

Diese **gesetzliche Vermutung** knüpft an die Rechtspraxis zur Vermutungswir- **39** kung der früheren Arbeitsstätten-Richtlinien an (*Lorenz* in Kollmer/Klindt/ Schucht ArbStättV § 3a Rn. 5): Danach durften die Beteiligten grundsätzlich darauf **vertrauen,** dass der Inhalt der Richtlinien den aktuellen Stand der allgemein anerkannten, sicherheitstechnischen, arbeitsmedizinischen und hygienischen Regeln sowie der sonstigen gesicherten arbeitswissenschaftlichen Erkenntnissen i. S. d. § 3 Abs. 1 Nr. 1 ArbStättV a. F. bzw. § 4 Nr. 3 ArbSchG richtig und vollständig wiedergab, soweit kein Anhaltspunkt für eine Fehlbeurteilung vorlag (vgl. BVerwG v. 31.1.1997 – 1 C 20/95 – AP Nr. 1 zu § 3 ArbStättV = NZA 1997, 482).

Die **sachliche Reichweite** der Vermutungswirkung nach Abs. 1 Satz 3 ergibt **40** sich aus dem Wort „diesbezüglich". Die Einhaltung der ASR indiziert nur insoweit die Einhaltung der ArbStättV, als die betreffenden Fragen in der Technischen Regel **erschöpfend behandelt** sind. Ohne eindeutige Anhaltspunkte kann der Arbeitgeber jedoch davon ausgehen, dass der ASTA in den ASR in diesem Sinne abschließende Regelungen zu den behandelten Fragen trifft.

41   Eine absolute Garantie geben die ASR dem Arbeitgeber in keinem Fall. Bei Einhaltung der Technischen Regel wird die Erfüllung der Arbeitsschutzpflichten aus der Verordnung nur **widerlegbar** vermutet (a. A. *Wilrich* in Schmatz/Nöthlichs 4204 § 3 Anm. 1.3, der aus dem Fehlen der einschränkenden Formulierung „in der Regel" auf die Unwiderlegbarkeit der Vermutung schließt; wie hier *Opfermann/Streit* § 3a Rn. 63). Insofern gilt nichts anderes als für die gerichtliche Kontrolle bekannt gemachter ASR (→ Rn. 30). Maßgeblich sind allein der Stand der Technik, Arbeitsmedizin und Hygiene sowie die sonstigen gesicherten arbeitswissenschaftlichen Erkenntnisse. Bei den bekanntgemachten ASR ist grundsätzlich davon auszugehen, dass sie diesem normativen Standard entsprechen. Das hindert die Behörde aber nicht, gestützt auf gesicherte neue Erkenntnisse in Wissenschaft und Technik nachzuweisen, dass der Inhalt der vom Arbeitgeber angewendeten Technischen Regel veraltet ist. In einem solchen Fall wäre die gesetzliche Vermutung widerlegt; die Einhaltung der Vorgaben der ASR allein wäre dann nicht ausreichend, um den Vorgaben der ArbStättV zu entsprechen.

42   In der Übergangsphase bis zum 31.12.2012 (§ 8 Abs. 2) sollte die Vermutungswirkung nach h. M. auch für die **alten Arbeitsstätten-Richtlinien** gelten, soweit diese noch nicht durch Technische Regeln des ASTA ersetzt waren (*Lorenz* in Kollmer/Klindt/Schucht ArbStättV § 3a Rn. 6; *Pieper* ArbStättV § 3a Rn. 6; *Opfermann/Streit* § 3a Rn. 67). Diese entsprechende Anwendung des § 3a Abs. 1 Satz 3 endete jedenfalls mit dem Außerkrafttreten der letzten verbliebenen Richtlinien zum 1.1.2013. Seither können die Alt-ASRL allenfalls noch als **Orientierungshilfe** herangezogen werden.

C. Schutz der behinderten Beschäftigten in der Arbeitsstätte (Abs. 2)

I. Allgemeines

43   Abs. 2 regelt die speziellen Pflichten des Arbeitgebers zum Schutz der behinderten Beschäftigten beim Einrichten und Betreiben der Arbeitsstätte. Die Bestimmung ist mit der ArbStättV 2004 neu in das Arbeitsstättenrecht aufgenommen worden und ergänzt die in Umsetzung der europäischen Arbeitsstättenrichtlinie (Anhang I Ziff. 20) und der europäischen Baustellenrichtlinie (Anhang IV, Teil A, Ziff. 17) bereits getroffenen **beschäftigungsfördernden Regelungen für Menschen mit Behinderungen** in § 164 Abs. 4 Satz 1 Nr. 4 SGB IX (§ 84 Abs. 4 Satz 1 Nr. 4 SGB IX a. F.) um entsprechende flankierende Arbeitsschutzbestimmungen (vgl. BR-Drs. 450/04, S. 25).

44   **§ 164 Abs. 4 Satz 1 Nr. 4 SGB IX** gibt schwerbehinderten Menschen gegen ihren Arbeitgeber einen individuellen einklagbaren **Rechtsanspruch auf behinderungsrechte Einrichtung und Unterhaltung der Arbeitsstätten** einschließlich der Betriebsanlagen, Maschinen und Geräte sowie der Gestaltung der Arbeitsplätze, des Arbeitsumfeldes, der Arbeitsorganisation und der Arbeitszeit unter besonderer Berücksichtigung der Unfallgefahr. Weigert sich der Arbeitgeber, zumutbare Maßnahmen zur behinderungsgerechten Gestaltung der Arbeitsstätte oder des Arbeitsplatzes zu ergreifen, können betroffene Beschäftigte Leistungsverweigerungsrechte und Schadensersatzansprüche gegen den Arbeitgeber geltend machen (BAG Urt. v. 4.10.2005 – 9 AZR 632/04, NZA 2006, 442; LAG RhPf

Urt. v. 5. 6. 2008 – 10 Sa 699/07, BeckRS 2008, 55356; LAG Hamm Urt. v.
1. 3. 2007 – 15 (19) Sa 1088/06, BeckRS 2007, 44231).

II. Normadressat und geschützter Personenkreis

Für Arbeitgeber, die keine Menschen mit Behinderungen beschäftigen, gelten **45**
die Verpflichtungen des Abs. 2 nach dem eindeutigen Gesetzeswortlaut nicht. Diese
Beschränkung des arbeitsstättenrechtlichen Behindertenschutzes auf diejenigen
Arbeitgeber, die bereits Menschen mit Behinderungen beschäftigen, wird
zum Teil mit der Begründung kritisiert, sie schaffe einen **negativen Anreiz** gegen
die Beschäftigung behinderter Menschen und widerspreche deshalb den Grundprinzipien des modernen Behindertenrechts des SGB IX und der EU-Antidiskriminierungsrichtlinie 2007/78/EG, das eine gleichberechtigte Teilhabe behinderter
Menschen in allen Lebensbereichen, d. h. auch im Arbeitsleben, zum Ziel habe (*Faber/Feldhoff* in HK-ArbSchR ArbStättV Rn. 118; *Kohte/Faber* DB 2005, 224, 227).
Als Abhilfe wird vorgeschlagen, § 3a Abs. 2 ArbStättV im Lichte der rahmengesetzlichen Vorgaben der §§ 3 und 4 ArbSchG dahingehend auszulegen, dass **Neu- und
Umbauten barrierefrei** gestaltet und bestehende Arbeitsstätten schrittweise optimiert werden müssten, auch wenn im konkreten Fall keine behinderten Menschen
beschäftigt würden (*Kohte* in MHdBArbR, § 293 Rn. 19; *Faber/Feldhoff* in HK-
ArbSchR ArbStättV Rn. 119).

Dem ist entgegenzuhalten, dass das Arbeitsschutzrecht (und damit das Arbeits **46**
stättenrecht) darauf ausgerichtet ist, immer bezogen auf die **konkreten betrieblichen Verhältnisse** Sicherheit und Gesundheitsschutz der Beschäftigten bei der
Arbeit zu gewährleisten (§ 1 Abs. 1 Satz 1 ArbSchG, § 1 Abs. 1 ArbStättV). Jede Verpflichtung des Arbeitgebers, die besonderen Schutzbedürfnisse der bei ihm tätigen
Beschäftigten zu berücksichtigen (so auch § 4 Nr. 6 ArbSchG) kann dabei als negativer Anreiz gesehen werden. Die Förderung bzw. Erleichterung der Beschäftigung
von Menschen mit Behinderungen gehört dagegen nicht zu den Aufgaben des
Arbeitsschutz- und Arbeitsstättenrechts, sondern ist Gegenstand der einschlägigen
Vorschriften insbesondere des SGB IX (*Lorenz* in Kollmer/Klindt/Schucht Arb
StättV § 3a Rn. 11). Wenn also unter sozialrechtlichen Aspekten jede Arbeitsstätte
ungeachtet der konkret dort tätigen Beschäftigten barrierefrei ausgestaltet werden
sollte (was mit Blick auf den Inklusionszweck des SGB IX politisch sinnvoll sein
mag), so gehörte eine solche Regelung nicht in die ArbStättV, sondern ins **Sozialgesetzbuch.** Die zugrunde liegende politische Entscheidung gebührt dabei dem
Gesetzgeber.

Geschützt durch § 3a Abs. 2 wird der **Personenkreis der behinderten Be 47
schäftigten.** Dazu gehören nicht nur diejenigen Beschäftigten, die schwerbehindert oder einem Schwerbehinderten gleichgestellt sind (§ 2 Abs. 2 und 3 SGB IX),
sondern **alle Beschäftigten mit einer Behinderung** (*Lorenz* in Kollmer/Klindt/
Schucht ArbStättV § 3a Rn. 10; *Faber/Feldhoff* in HK-ArbSchR ArbStättV
Rn. 116). Der arbeitsstättenrechtliche Begriff der Behinderung knüpft an den sozialrechtlichen **Behinderungsbegriff des § 2 Abs. 1 SGB IX** an. Dieser definiert
seit der Neufassung 2018 Menschen mit Behinderungen als Menschen, die körperliche, seelische, geistige oder Sinnesbeeinträchtigungen haben, die in Wechselwirkung mit einstellungs- und umweltbedingten Barrieren an der gleichberechtigten Teilhabe an der Gesellschaft mit hoher Wahrscheinlichkeit länger als sechs
Monate hindern können. Eine Beeinträchtigung in diesem Sinne liegt vor, wenn
der Körper- und Gesundheitszustand von dem für das Lebensalter typischen Zu-

stand abweicht. Übertragen auf das Arbeitsschutzrecht liegt eine **Behinderung i. S. d. § 3 a Abs. 2** demnach vor, wenn die körperliche Funktion, geistige Fähigkeit oder seelische Gesundheit mit hoher Wahrscheinlichkeit länger als sechs Monate von dem für das Lebensalter typischen Zustand abweicht und dadurch Einschränkungen am Arbeitsplatz oder in der Arbeitsstätte bestehen (ASR V3a.2 Nr. 3.1 Satz 1). Behinderungen in diesem Sinne können z. B. sein Gehbehinderungen oder Lähmungen, die die Benutzung einer Gehhilfe oder eines Rollstuhls erforderlich machen, Kleinwüchsigkeit, starke Seheinschränkungen, die sich mit den üblichen Sehhilfen (Brillen, Kontaktlinsen) nicht oder nur unzureichend kompensieren lassen, Schwerhörigkeit oder erhebliche Krafteinbußen durch Muskelerkrankungen (ASR V3a.2 Nr. 3.1 Satz 2 und 3).

III. Berücksichtigung der besonderen Belange behinderter Beschäftigter (Satz 1)

48 **1. Grundsatz.** Satz 1 verlangt vom Arbeitgeber, die Arbeitsstätte so einzurichten und zu betreiben, dass die besonderen Belange der behinderten Beschäftigten im Hinblick auf ihre Sicherheit und den Schutz ihrer Gesundheit berücksichtigt werden. **Schutzziel** dieser Verpflichtung ist es **spezifische Gefährdungen,** die infolge der Gestaltung der Arbeitsstätte oder bei ihrem Betrieb für Beschäftigte mit Behinderungen entstehen können, zu vermeiden. Satz 1 knüpft damit die Bestimmung des § 4 Nr. 6 ArbSchG für das Arbeitsstättenrecht. Nach dieser Vorschrift muss der Arbeitgeber bei den von ihm zu treffenden Maßnahmen des Arbeitsschutzes stets die speziellen Gefahren für besonders schutzbedürftige Beschäftigtengruppen berücksichtigen. Bezogen auf das Arbeitsstättenrecht bedeutet dies, dass der Arbeitgeber **beim Einrichten und Betreiben der Arbeitsstätte** den **Auswirkungen der Behinderung** und der **sich daraus ergebenden besonderen Schutzbedürftigkeit** der behinderten Beschäftigten Rechnung tragen muss. Er hat deshalb im Rahmen der Gefährdungsbeurteilung nach § 3 zu ermitteln, welchen speziellen Gefährdungen die Beschäftigten aufgrund ihrer konkreten Behinderung am Arbeitsplatz und in der Arbeitsstätte ausgesetzt sind und welche individuellen Schutzmaßnahmen infolgedessen erforderlich sind, um deren Sicherheit und Gesundheitsschutz bei der Arbeit zu gewährleisten.

49 **2. Insbesondere: Barrierefreie Gestaltung (Satz 2).** Nach Satz 2 ist den besonderen Belangen behinderter Beschäftigter insbesondere durch eine barrierefreie Gestaltung der Arbeitsstätte Rechnung zu tragen. Diese Verpflichtung ist der **zentrale Bestandteil des arbeitsstättenrechtlichen Behindertenschutzes.** Sie ergänzt die bereits bestehende baurechtliche Pflicht zur barrierefreien Gestaltung öffentlich zugänglicher baulicher Anlagen, die in den Bauordnungen der Länder geregelt ist (§ 50 MBO, Art. 48 BayBO, § 55 BauO NRW). Konkretisiert werden die Vorgaben des Satzes 2 durch die Arbeitsstättenregel **ASR V3a.2 „Barrierefreie Gestaltung von Arbeitsstätten".**

50 **a) Räumlicher Anwendungsbereich.** Nicht die gesamte Arbeitsstätte ist zwingend barrierefrei zu gestalten. Die Verpflichtung des Arbeitgebers ist nach dem Wortlaut des § 3a Abs. 2 Satz 2 **räumlich beschränkt** auf die **Bereiche der Arbeitsstätte,** die von den **Beschäftigten mit Behinderungen benutzt werden** oder zu denen diese **Zugang haben müssen** (ASR V3a.2 Nr. 2 Abs. 1 Satz 3). Barrierefrei zu gestalten sind deshalb nur diejenigen Bereiche und Einrichtungen der Arbeitsstätte, die von den Beschäftigten mit Behinderungen während ihrer Arbeit üblicherweise betreten oder benutzt werden (*Lorenz* in Kollmer/ Klindt/Schucht ArbStättV § 3 a Rn. 13; LASI-Leitlinien ArbStättV Anm. D2). Dazu gehören nach der nicht abschließenden Aufzählung in 3 a Abs. 2 Satz 2 jedenfalls die Arbeitsplätze, die Sanitär-, Pausen- und Bereitschaftsräume, Kantinen und Erste-Hilfe-Räume sowie die zugehörigen Türen, Verkehrswege, Fluchtwege, Notausgänge, Treppen und Orientierungssysteme sowie Pausen- und Sanitärräume.

b) Barrierefreie Gestaltung. Der arbeitsstättenrechtliche **Begriff der Bar- 51 rierefreiheit** entspricht der Definition in § 4 des Behindertengleichstellungsgesetzes des Bundes – BGG (BR-Drs. 450/04 S. 25). Danach ist eine barrierefreie Gestaltung der Arbeitsstätte gegeben, wenn bauliche und sonstige Anlagen, Transport- und Arbeitsmittel, Systeme der Informationsverarbeitung, akustische, visuelle und taktile Informationsquellen und Kommunikationseinrichtungen für Beschäftigte mit Behinderungen in der allgemein üblichen Weise, ohne besondere Erschwernis und grundsätzlich ohne fremde Hilfe zugänglich und nutzbar sind (ASR V 3 a.2 Nr. 3.2). Zur Konkretisierung des Begriffs können auch einschlägige Technische Normen herangezogen werden (*Welti* NVwZ 2012, 725, 728).

Die **erforderlichen Maßnahmen** zur barrierefreien Gestaltung der Arbeits- 52 stätte bestimmen sich nach den Auswirkungen der Behinderung und den sich daraus ergebenden **individuellen Erfordernissen der behinderten Beschäftigten** (ASR V 3 a.2 Nr. 4 Abs. 1; LASI-Leitlinien ArbStättV Anm. D2). Der Arbeitgeber muss nur die Maßnahmen zur barrierefreien Gestaltung der Arbeitsstätte treffen, die aufgrund der konkreten Behinderung des jeweiligen Beschäftigten erforderlich sind, damit dieser in der Lage ist, die von ihm genutzten Bereiche und Einrichtungen der Arbeitsstätte in der allgemein üblichen Weise, ohne besondere Erschwernis und grundsätzlich ohne fremde Hilfe zu betreten und zu benutzen. So bedeutet barrierefrei für Rollstuhlfahrer eine rollstuhlgerechte Gestaltung von Verkehrs- und Fluchtwegen, Toiletten, Notausgängen und anderen baulichen Einrichtungen. Bei blinden oder gehörlosen Beschäftigten muss der Arbeitgeber dafür sorgen, dass diese Beschäftigten in die Lage versetzt werden, visuelle Sicherheits- und Gesundheitsschutzkennzeichnungen oder akustische Warnsignale in einer für sie geeigneten Weise wahrzunehmen.

c) Konkretisierung durch die ASR V 3 a.2. Die ASR V 3 a.2 enthält folgende 53 **grundlegende Vorgaben für die barrierefreie Gestaltung der Arbeitsstätte:**
– Der Arbeitgeber muss zunächst durch eine **Gefährdungsbeurteilung** ermitteln, welche Maßnahmen zur barrierefreien Gestaltung der Arbeitsstätte aufgrund der individuellen Erfordernisse der behinderten Beschäftigten getroffen werden müssen (ASR V 3 a.2 Nr. 2 Abs. 1 Satz 2 und Nr. 4 Abs. 1 Satz 1).
– Die barrierefreie Gestaltung der Arbeitsstätte ist nach ASR V 3 a.2 Nr. 4 Abs. 1 Satz 2 **vorrangig mit technischen Maßnahmen** durchzuführen. Organisatorische oder personenbezogene Maßnahmen sind nur dann zulässig, wenn die im Rahmen der Gefährdungsbeurteilung ermittelten technischen Maßnahmen mit offensichtlich unverhältnismäßigen Aufwendungen verbunden wären (ASR V 3 a.2 Nr. 2 Abs. 2).
– Für **Beschäftigte mit einer nicht mehr ausreichend vorhandenen Sinnesfähigkeit** (z. B. eingeschränktes Seh- oder Hörvermögen) sind Ausgleichsmaßnahmen nach dem **Zwei-Sinne-Prinzip** vorzunehmen (ASR V 3 a.2 Nr. 4 Abs. 3). Dieses verlangt, dass Informationen mindestens für zwei der drei Sinne

„Hören, Sehen, Tasten" zugänglich sein müssen (z. B. gleichzeitige optische und akustische Alarmierung, ASR V 3 a.2. Nr. 3.3).

– Für **Beschäftigte mit nicht ausreichend vorhandenen motorischen Fähigkeiten** (z. B. Gehbehinderung) sind **barrierefrei gestaltete alternative Ausgleichsmaßnahmen** vorzusehen, z. B. das Öffnen einer Tür mechanisch mit Türgriffen und zusätzlich elektromechanisch mit Tastern oder Näherungsschaltern oder das Überwinden eines Höhenunterschiedes mittels Treppe und zusätzlich durch eine Rampe oder einen Aufzug (ASR V 3 a.2 Nr. 4 Abs. 4).

54 Die speziellen Anforderungen an die **barrierefreie Gestaltung der einzelnen Bauteile und Einrichtungen der Arbeitsstätte** sind in den **Anhängen zur ASR V 3 a.2** enthalten (ASR V 3 a.2 Nr. 5). Derzeit gibt es neun Anhänge mit ergänzenden Anforderungen für die barrierefreie Gestaltung

– der Raumabmessungen und Bewegungsflächen (Anhang A1.2),
– der Sicherheits- und Gesundheitsschutzkennzeichnung (Anhang A1.3),
– der Fenster, Oberlichter und lichtdurchlässigen Wände (Anhang A1.6),
– der Türen und Tore (Anhang A1.7),
– der Verkehrswege (Anhang A1.8),
– der Fluchtwege und Notausgänge sowie des Flucht- und Rettungsplanes (Anhang A2.3),
– der Sicherheitsbeleuchtung und optischen Sicherheitsleitsysteme (Anhang A3.4/7),
– der Erste-Hilfe-Räume, Mittel und Einrichtungen zur Ersten Hilfe (Anhang A4.3), sowie
– der Unterkünfte (Anhang A4.4).

Die ASR V 3 a.2 wird **fortlaufend um weitere Anhänge ergänzt.** In Arbeit sind ist unter anderem ein weiterer Anhang mit ergänzenden Anforderungen für die barrierefreie Gestaltung von Sanitärräumen (Anhang A4.1) (BAuA, Aktuelle Informationen aus dem Ausschuss für Arbeitsstätten (ASTA), Ergebnisse der 5. Sitzung des ASTA am 6. 4. 2017).

D. Behördliche Ausnahmegenehmigung für Abweichungen (Abs. 3)

55 § 3 a Abs. 3 enthält eine Ausnahmeregelung für **Abweichungen von den Vorschriften der ArbStättV.** Danach kann die zuständige Behörde auf Antrag des Arbeitgebers Ausnahmen von den Vorschriften der ArbStättV einschließlich ihres Anhangs zulassen, wenn der Arbeitgeber entweder andere wirksame Maßnahmen trifft (Satz 1 Nr. 1) oder die Durchführung der Vorschrift im Einzelfall zu einer unverhältnismäßigen Härte führen würde und die Abweichung mit dem Schutz der Beschäftigten vereinbar ist (Satz 1 Nr. 2). Diese Ausnahmeregelung entspricht mit Ausnahme der Kleinbetriebsregelung in Satz 3 inhaltlich der Vorläuferbestimmung des § 4 Abs. 1 ArbStättV 1975.

I. Anwendungsbereich

56 Die Ausnahmeregelung des Abs. 3 bezieht sich nur auf **Abweichungen von den Vorschriften der ArbStättV und ihres Anhangs.** Nicht erfasst werden Abweichungen von den normkonkretisierenden Vorgaben der Arbeitsstättenregeln

(ASR), denn die Anwendung dieser Regeln ist dem Arbeitgeber nicht verbindlich vorgeschrieben (→ Rn. 34 ff.).

Absatz 3 ermächtigt nicht zu Ausnahmen von Vorgaben in anderen Rechtsnor- **57** men, etwa den **Unfallverhütungsvorschriften** (UVV) der gesetzlichen Unfallversicherung. Allerdings entbindet eine Ausnahme von den Vorschriften der ArbStättV auch von gleichlautenden Vorgaben der UVV (*Wilrich* in Nöthlichs, 4204 § 3 Anm. 3.1). Im Übrigen ermöglicht § 14 der Unfallverhütungsvorschrift DGUV Vorschrift 1 (Grundsätze der Prävention) Ausnahmebewilligungen durch die Berufsgenossenschaften. § 14 Abs. 2 Satz 1 DGUV Vorschrift 1 entspricht inhaltlich § 3a Abs. 3 Satz 1 ArbStättV. § 14 Abs. 3 DGUV Vorschrift 1 stellt sicher, dass der zuständige Unfallversicherungsträger bei der Entscheidung die einschlägigen staatlichen Arbeitsschutzregeln berücksichtigt.

Zu beachten ist, dass die geltende ArbStättV in der Regel nur noch **Schutzziele** **58** vorgibt. Der Arbeitgeber ist in der Wahl der geeigneten Maßnahmen frei, wie er den geforderten Schutzstandard erreicht; insoweit bedarf er auch keiner Ausnahmebewilligung nach § 3a Abs. 3. Auch wenn zu einer dieser Vorschriften konkretisierende ASR bestehen, kann der Arbeitgeber ohne vorherige behördliche Einschaltung **selbst über die Art** der Maßnahmen **entscheiden,** d. h. den Festlegungen der ASR folgen oder irgendeine andere, ebenso wirksame Maßnahme treffen (Abs 1 Satz 4). Da die Behörde jedenfalls berechtigt bleibt, vom Arbeitgeber getroffene abweichende Maßnahmen ggf. im Nachhinein zu überprüfen, kann es sinnvoll sein, die beabsichtigten Maßnahmen vorher mit der Behörde zu erörtern und evtl. **abzustimmen** (vgl. die behördliche Beratungspflicht gem. § 21 Abs. 1 Satz 2 ArbSchG, dazu *Wiebauer* in Landmann/Rohmer GewO ArbSchG § 21 Rn. 27 ff.). Zur Frage der Beweislast → Rn. 36 f.

An einigen Stellen weist die ArbStättV ausdrücklich auf diesen Entscheidungs- **59** spielraum des Arbeitgebers hin. Sowohl im Paragraphenteil als auch im Anhang zur VO finden sich Wendungen wie *„soweit erforderlich"* (z. B. Rauchverbot, § 5 Abs. 1 Satz 2) oder *„Wenn es die Art der Tätigkeit oder gesundheitliche Gründe erfordern"* (z. B. Anh. Nr. 4.1 Abs. 2 Satz 1). Die vorgesehenen Maßnahmen sind also nicht in jedem Fall verbindlich zu treffen, sondern nur bei konkretem Bedarf. Bis 2016 stellte auch die Vorbemerkung zum Anhang klar, dass die dortigen Vorgaben nur gelten, soweit die konkreten Umstände dies erfordern. Der Verordnungsgeber vertrat zu Recht die Auffassung, dass dieser Vorbemerkung neben der ausdrücklichen Regelung zur Gefährdungsbeurteilung in § 3 keine eigene Bedeutung mehr zukam.

Nur wenn in einer Vorschrift das Gebotene **konkret** beschrieben ist (z. B. Anh. **60** Nr. 3.6 Abs. 3: kein Luftzug bei Klimaanlagen) oder das Vorhandensein bestimmter Räume oder Einrichtungen gefordert ist (z. B. Anh. Nr. 4.1), muss der Arbeitgeber, wenn er davon abweichen will, eine Ausnahme nach Abs. 3 beantragen. Theoretisch gilt dies auch für konkret durch die ArbStättV oder den Anhang vorgegebene (Grenz-)Werte. Seit der Änderung des Anh. Nr. 3.7 im Jahr 2010 enthält die ArbStättV allerdings überhaupt keine solchen absoluten Zahlenwerte mehr.

Für Alt-Arbeitsstätten, die zum Zeitpunkt des Beginns ihrer Einrichtung nicht **61** der ArbStättV unterlagen, sieht die Übergangsregelung des § 8 Abs. 1 bis 31.12.2020 einen begrenzten **Bestandsschutz** vor. Eine Modernisierungspflicht zur Anpassung an den neuesten Stand der ArbStättV besteht demnach bis zu diesem Zeitpunkt grundsätzlich nicht, soweit die Mindestvorschriften des Anhangs II der Arbeitsstättenrichtlinie eingehalten sind. Auch insoweit bedarf es also keiner behördlichen Ausnahmegenehmigung.

II. Materielle Voraussetzungen (Abs. 3 Satz 1)

62   § 3a Abs. 3 enthält ebenso wie § 4 Abs. 1 ArbStättV 1975 **zwei materielle Gründe für die Zulassung einer Abweichung von den Vorschriften der ArbStättV** und ihres Anhangs. Der Arbeitgeber muss entweder eine andere, ebenso wirksame Maßnahme treffen (Satz 1 Nr. 1) oder geltend machen können, dass die Durchführung der Vorschrift in seinem Fall zu einer unverhältnismäßigen Härte führen würde und die begehrte Abweichung mit dem Schutz der Beschäftigten vereinbar ist (Satz 1 Nr. 2).

63   **1. Gleich wirksame Ersatzmaßnahme (Nr. 1).** Bei genauer Betrachtung erweist sich Nr. 1 als Relikt aus einer Zeit, als die ArbStättV noch sehr konkret gefasste Vorgaben enthielt, von denen der Arbeitgeber nicht abweichen durfte (z. B. zur Raumgröße, § 23 ArbStättV 1975). Nachdem die VO dem Arbeitgeber in dieser Hinsicht aber nunmehr einen **Bewertungs- und Gestaltungsspielraum** überlässt, besteht für eine diesbezügliche Ausnahmebewilligung grundsätzlich kein Bedarf mehr. Der Arbeitgeber darf **alternative Maßnahmen** treffen, ohne dass er einer behördlichen Zustimmung bedürfte (*Faber/Feldhoff* in HK-ArbSchR ArbStättV Rn. 124). Wie groß etwa die ausreichende Grundfläche eines Arbeitsraums nach Anh. Nr. 1.2 Abs. 1 ist, hängt davon ab, wie der Arbeitgeber die Nutzung im Einzelnen ausgestaltet (Anh. Nr. 1.2 Abs. 2). Eine an sich unzureichende Raumgröße kann demnach etwa durch eine alternative Arbeitsorganisation ausgeglichen werden, ohne dass hierfür eine Genehmigung beantragt werden müsste.

64   Vor diesem Hintergrund lässt sich fragen, ob das Alternative der Nr. 1 in der modernen ArbStättV **überhaupt noch einen Anwendungsbereich** hat (in diese Richtung *Faber/Feldhoff* in HK-ArbSchR ArbStättV Rn. 124). Allerdings stellt auch die geltende ArbStättV den Arbeitsschutz natürlich nicht zur Disposition des Arbeitgebers. Er muss durch technische und organisatorische Maßnahmen im Rahmen des Einrichtens und Betreibens der Arbeitsstätte den vorgegebenen Standard erreichen. Raum für Ausnahmegenehmigungen ist demnach etwa, wenn abweichend von § 4 Nr. 2 und Nr. 5 ArbSchG solche technischen oder organisatorischen Maßnahmen im Einzelfall durch **persönliche Schutzmaßnahmen** ersetzt werden sollen (z. B. Gehörschutz statt Lärmschutz nach Anh. Nr. 3.7).

65   Letztlich kommt eine Ausnahmegenehmigung nach Nr. 1 immer dann in Betracht, wenn eine nach der ArbStättV eigentlich **verbindlich vorgeschriebene Maßnahme** durch eine andere Vorkehrung ersetzt wird, die der VO zwar nicht genügt, die aber dennoch das dahinter stehende Ziel erreicht. Mit anderen Worten: Die Wirksamkeit des Arbeitsschutzes darf durch die Maßnahme **nicht verringert** werden (BVerwG Urt. v. 31.1.1997 – 1 C 20/95, NZA 1997, 482). So hat das BVerwG (aaO) beispielsweise festgestellt, dass eine „herausgehobene Atmosphäre der Geschäftsräume" keinen Ausgleich bieten kann für eine fehlende Sichtverbindung nach außen (zu § 7 Abs. 1 Satz 1 ArbStättV 1975/1996). Im Ergebnis ist damit der Anwendungsbereich der Nr. 1 sehr, sehr klein.

66   **2. Härtefälle (Nr. 2).** Eine unverhältnismäßige Härte kann aus technischen oder wirtschaftlichen Gründen gegeben sein (VG Gießen 9.11.2011 – 8 K 1476/09.GI – GewA 2012, 270). Ein **technischer** Härtefall liegt vor, wenn die Einhaltung der vorgeschriebenen Anforderungen nach dem Stand der Technik oder aus betrieblichen Gründen nicht möglich ist. Ein **wirtschaftlicher** Härtefall ist gegeben, wenn die mit der Durchführung der Vorschrift verbundene Kostenbelastung in einem deutlichen Missverhältnis zu der dadurch bezweckten Verbesserung für die

Sicherheit und den Gesundheitsschutz der Beschäftigten steht (so die Unterscheidung bei *Lorenz* in Kollmer/Klindt/Schucht ArbStättV § 3a Rn. 18; VG Gießen 9.11.2011 aaO). Maßgebliches Kriterium ist die **Zumutbarkeit** für den Arbeitgeber. Erforderlich ist daher immer eine **Abwägung** gegen das hohe Gut des Gesundheitsschutzes – allein eine betriebswirtschaftliche Betrachtung (z. B. Kosten der Maßnahme überschreiten die wirtschaftliche Leistungsfähigkeit des Arbeitgebers) kann eine Ausnahme nicht rechtfertigen (ebenso *Faber/Feldhoff* in HK-ArbSchR ArbStättV Rn. 125). Dabei ist im Rahmen der Härtefallregelung besonders Rücksicht auf **kleine und mittelständische Betriebe** zu nehmen (→ Rn. 74 ff.).

In Härtefällen braucht der Arbeitgeber **keine** andere, **ebenso wirksame** Maßnahme i. S. v. Nr. 1 anzubieten. Es genügt jede mit dem Schutz der Arbeitnehmer vereinbare Lösung. Auch die Bereitstellung persönlicher Schutzausrüstung kommt danach in Betracht, allerdings nur, soweit der erforderliche Schutz der Arbeitnehmer nicht über zumutbare Ersatzmaßnahmen baulicher oder technischer Art erreicht werden kann. Im **Ausnahmeantrag** hat der Arbeitgeber anzugeben, in welchem Umfang er einer Vorschrift abweichen will und wie der Schutz der Arbeitnehmer auch bei der erstrebten Abweichung noch gewährleistet ist. Die Behörde kann Abweichungen bis zu einem gerade noch vertretbaren Schutzniveau gestatten. **67**

Dabei ist zu berücksichtigen, dass die Anforderungen der VO mit einem **Sicherheitszuschlag** versehen sind, der von der Behörde bei Gewährung der Ausnahme voll ausgeschöpft werden kann (*Wilrich* in Nöthlichs 4204 § 3 Anm. 3.2.2). Bei den vorwiegend der Hygiene oder der menschengerechten Gestaltung der Arbeit dienenden Vorschriften ist die Behörde im Übrigen freier bei der Herabsetzung oder der Abstandnahme von einzelnen Anforderungen als bei den Vorschriften zum Schutz gegen Unfallgefahren (vgl. *Opfermann/Streit* § 3a Rn. 122), beispielsweise in Bezug auf die Bereitstellung eines Pausenraumes (Anh. Nr. 4.2 Abs. 1) in kleineren Betrieben (siehe das Beispiel bei *Faber/Feldhoff* in HK-ArbSchR ArbStättV Rn. 125). **68**

III. Verfahren und Entscheidung

1. Antrag des Arbeitgebers. Die Bewilligung einer Ausnahme von den Vorschriften der ArbStättV erfordert einen „schriftlichen" **Antrag des Arbeitgebers bei der zuständigen Arbeitsschutzbehörde** (Satz 1). Gemäß Satz 2 gilt allerdings kein strenges Schriftformerfordernis; der Arbeitgeber kann den **Antrag** auf entweder in **Papierform** oder **elektronisch** bei der Behörde einreichen. Die Möglichkeit der Antragstellung auf elektronischem Weg ist mit der Änderungsverordnung 2016 in die ArbStättV aufgenommen worden, um das Verfahren für den Arbeitgeber zu vereinfachen (BR-Drs. 506/16, S. 42). **69**

Weil der Antrag die Grundlage der behördlichen Entscheidung bildet, ist er zu **begründen.** Dem schriftlichen Antrag muss sich mindestens entnehmen lassen, von welchen Vorschriften der ArbStättV abgewichen werden soll, wie das Erfordernis der Abweichung begründet wird und mit welchen Maßnahmen Sicherheit und Gesundheitsschutz dennoch gewährleistet werden sollen (*Faber/Feldhoff* in HK-ArbSchR ArbStättV Rn. 123). **70**

Im Gegensatz zu § 14 Abs. 1 Satz 2 DGUV Vorschrift 1 verlangt die ArbStättV **nicht,** dass dem Antrag auf Ausnahmebewilligung eine **Stellungnahme der betrieblichen Arbeitnehmervertretung** beigefügt wird. Betriebsintern unterliegt allerdings die Frage, ob von einer vom Arbeitgeber bei der Behörde erwirkten Aus- **71** nahmebewilligung Gebrauch gemacht werden kann, der Mitbestimmung des Betriebsrats (→ Rn. 107). Zudem sehen die internen Verfahrensvorschriften der Länderbehörden vor, dass vom Arbeitgeber eine Stellungnahme des Betriebs- oder Personalrats angefordert wird, wenn er eine Ausnahmebewilligung beantragt (LASI LV 1 S. 37 f.).

72   **2. Zuständige Behörde.** Die **örtliche Zuständigkeit** richtet sich nach § 3 des jeweiligen Landes-Verwaltungsverfahrensgesetzes (VwVfG). Zuständig ist i. d. R. die Arbeitsschutzbehörde, in deren Dienstbezirk der Betrieb, für den die Ausnahme beantragt wird, seinen Sitz hat (§ 3 Abs. 1 Nr. 2 VwVfG). Dies gilt auch für Unternehmen mit mehreren Niederlassungen, d. h. es besteht hier keine zentrale Zuständigkeit des Gewerbeaufsichtsamtes, in dessen Bezirk das Unternehmen seinen Sitz hat. Die **sachliche Zuständigkeit** regeln die Länder jeweils selbst (siehe die Auflistung bei *Schucht* in Kollmer/Klindt/Schucht ArbSchG § 21 Rn. 65 ff.)

IV. Ermessensentscheidung

73   **1. Entscheidungsspielraum.** Die Behörde „**kann**" die beantragte Maßnahme bewilligen, muss es aber nicht. Damit ist ihr jedoch nur ein gewisser Ermessensspielraum bei der Beurteilung eingeräumt, ob eine verlangte Ausnahme mit dem Schutzzweck der VO vereinbar ist. Liegen hingegen die Voraussetzungen nach Nr. 1 oder Nr. 2 des Abs. 3 Satz 1 eindeutig vor, so wäre es im Regelfall als ermessensfehlerhaft anzusehen, wenn die Behörde dem Ausnahmeantrag nicht stattgäbe (in diese Richtung auch *Wilrich* in Nöthlichs, 4204 § 3 Anm. 3.3). Es liegt dann eine Ermessensschrumpfung („**Ermessensreduzierung** auf Null") in dem Sinne vor, dass jede andere als die naheliegende, für den Arbeitgeber günstige Lösung ermessensfehlerhaft und damit rechtswidrig wäre. Die Behörde kann den Bescheid über die Ausnahme allerdings gemäß § 36 Abs. 2 VwVfG mit zweckentsprechenden Nebenbestimmungen versehen (Auflagen, Bedingungen, Beschränkungen oder Befristungen; s. VG Gießen 9.11.2011 – 8 K 1476/09.GI – GewA 2012, 270).

74   **2. Kleinbetriebsklausel.** Absatz 3 **Satz 3** verpflichtet die Arbeitsschutzbehörden ausdrücklich, bei ihrer Entscheidung über die Zulassung der Ausnahme die Belange der kleineren Betriebe besonders zu berücksichtigen. Diese Kleinbetriebsregelung wurde auf Antrag des Landes Baden-Württemberg in die ArbStättV 2004 aufgenommen und wie folgt begründet (BR-Drs. 666/3/03 vom 11.3.2004):

„Nur mit einer Kleinbetriebsregelung wird dem Verhältnismäßigkeitsgrundsatz entsprochen, da jeder Arbeitsplatz in einem Kleinbetrieb bisher mit 40-mal höheren Bürokratiekosten belastet ist als in einem Großunternehmen. Deshalb sind weitgehende Ausnahmen für Kleinbetriebe mit bis zu 20 Beschäftigten von den Vorschriften der Arbeitsstättenverordnung zu ermöglichen. Durch den ausdrücklichen Hinweis auf die besonderen Probleme dieser Betriebe soll die Aufsichtsbehörde angehalten werden, dies besonders zu würdigen."

75   Die Vorschrift bereitet in der Anwendung einige Probleme. Zum einen definiert die Verordnung nicht, was unter einem kleineren Betrieb zu verstehen ist. Maßgeblich ist nach allgemeiner Auffassung die Zahl der Beschäftigten. Mit Blick auf andere arbeitsschutzrechtliche Ausnahmeregelungen (§ 11 ASiG, § 22 SGB VII) und die Entstehungsgeschichte der ArbStättV 2004 (bayerischer Entwurf, BR-Drs. 666/03 S. 25 f.) wird überwiegend auf eine Obergrenze von **20 Arbeitnehmern** abgestellt (*Pieper* ArbStättV § 3a Rn. 27; *Wilrich* in Nöthlichs, 4204 § 3 Anm. 3.2.1;

Lorenz in Kollmer/Klindt/Schucht ArbStättV § 3a Rn. 19). *Opfermann/Streit* (§ 3a Rn. 129) ziehen hingegen mit Blick auf § 6 Abs. 3 Satz 1 ArbStättV und die Kleinbetriebsklausel des § 23 Abs. 1 KSchG die Grenze bei maximal 10 Arbeitnehmern.

Für die Erteilung der Ausnahme sind immer die **Umstände des Einzelfalls unter Berücksichtigung der Betriebsgröße** maßgeblich (VG Gießen 9.11.2011 – 8 K 1476/09.GI – GewA 2012, 270). Die Vorschrift ist richtigerweise so zu lesen, dass sich das Ermessen der Behörde bei der Beurteilung der Abweichung graduell mit abnehmender Betriebsgröße reduziert. Ergo: je kleiner der Betrieb, desto eher soll eine Ausnahme gewährt werden (kritisch *Opfermann/Streit* § 3a Rn. 126f.). Den Interessen des „kleinen" Arbeitgebers kommt in der Abwägung mit anderen Worten ein besonderes Gewicht zu. Insoweit geht es indes allein um eine **strikte Anwendung des Verhältnismäßigkeitsgrundsatzes.** Vom europarechtlich zwingenden Schutzniveau darf auch kleinen Arbeitgebern allein aufgrund der Betriebsgröße kein Dispens erteilt werden (in diese Richtung auch *Faber/Feldhoff* in HK-ArbSchR ArbStättV Rn. 126). **76**

In erweiternder, europarechtskonformer Auslegung ist die Vorschrift außerdem so zu lesen, dass **Mittelbetriebe mit einer Größe von 20 bis 200 Arbeitnehmern** ebenfalls überproportional von den Erleichterungen profitieren. Art. 153 Abs. 2 des Vertrags über die Arbeitsweise der Europäischen Union (AEUV) privilegiert nämlich ausdrücklich KMU: **77**

„**Art. 153**

(1) Zur Verwirklichung der Ziele des Artikels 151 unterstützt und ergänzt die Union die Tätigkeit der Mitgliedstaaten auf folgenden Gebieten: a) Verbesserung insbesondere der Arbeitsumwelt zum Schutz der Gesundheit und der Sicherheit der Arbeitnehmer, …

(2) Zu diesem Zweck können das Europäische Parlament und der Rat … in den in Absatz 1 Buchstaben a bis i genannten Bereichen … durch Richtlinien Mindestvorschriften erlassen, die schrittweise anzuwenden sind. Diese **Richtlinien sollen keine** verwaltungsmäßigen, finanziellen oder **rechtlichen** Auflagen **vorschreiben,** die der Gründung und Entwicklung von **kleinen und mittleren Unternehmen entgegenstehen**."

V. Rechtsschutz

Die behördliche Entscheidung über eine beantragte Ausnahme ist ein Verwaltungsakt. Gegen einen ablehnenden Bescheid kann der betroffene **Arbeitgeber** daher – sofern landesrechtlich statthaft – **Widerspruch** einlegen oder **Verpflichtungsklage** vor dem VG erheben (§§ 42 Abs. 1, 68ff. VwGO). Im **Widerspruchsverfahren** nach § 68 VwGO prüft die Exekutive selbst durch die Widerspruchsbehörde Recht- und Zweckmäßigkeit eines Verwaltungsaktes. Die Länder haben hierzu vielfältige Sonder- und Ausnahmeregelungen erlassen. Insbesondere Bayern und Niedersachsen haben sich für eine grundsätzliche **Abschaffung** des Widerspruchsverfahrens entschieden. In NRW bleibt es jedenfalls für den Bereich des Arbeitsschutzes bestehen (§ 110 Abs. 3 Satz 2 Nr. 2 JustG NRW). Zur Übersicht über die einschlägigen **Länderregelungen** *Dolde/Porsch* in Schoch/Schneider/Bier VwGO § 68 Rn. 14f. **78**

Im verwaltungsgerichtlichen Verfahren unterliegt die **behördliche Ermessensausübung** nur einer eingeschränkten Prüfung. Das Verwaltungsgericht prüft gemäß § 114 VwGO nur, ob die gesetzlichen Grenzen des Ermessens überschritten sind oder von dem Ermessen in einer dem Zweck der Ermächtigung nicht entsprechenden Weise Gebrauch gemacht ist (zur **Ermessensfehlerlehre** *Sachs* in Stelkens/Bonk/Sachs VwVfG § 40 Rn. 62ff., 73ff.). Dabei kann die Behörde **79** ihre Ermessenserwägungen auch noch im verwaltungsgerichtlichen Verfahren ergänzen.

80   Weil das Arbeitsschutzrecht der Sicherheit und Gesundheit der **Beschäftigten** dient, sind diese durch eine Ausnahmebewilligung gegenüber dem Arbeitgeber in ihren eigenen Rechten betroffen. Infolgedessen steht ihnen die Möglichkeit offen, gegen eine solche Ausnahmebewilligung – sofern statthaft – Widerspruch einzulegen bzw. **(Dritt-)Anfechtungsklage** zu erheben. Auch insoweit gilt freilich, dass es lediglich einen Anspruch auf ermessensfehlerfreie Entscheidung der Behörde gibt.

81   Der **Betriebsrat** ist trotz seiner Unterstützungsfunktion im Arbeitsschutz nach § 89 Abs. 1 und 2 BetrVG **nicht widerspruchs- bzw. klagebefugt** (BVerwG, Urt. v. 9.7.1992 – 7 C 32/91, BVerwGE 90, 304).

E. Anforderungen nach anderen Rechtsvorschriften unberührt (Abs. 4)

82   Das Verhältnis zwischen den Vorgaben des Arbeitsstättenrechts und den Anforderungen, die für Arbeitsstätten durch andere Rechtsvorschriften aufgestellt werden, regelt Absatz 4. Besonders hervorgehoben wird dabei das Bauordnungsrecht der Länder, das die Anforderungen an die Errichtung von Gebäuden regelt. Es gilt der Grundsatz, dass die ArbStättV die Geltung konkurrierender Regelungen nicht beeinträchtigt, d. h. beide Regelungen sind grundsätzlich **nebeneinander anwendbar.** Nur soweit die anderen Vorschriften weitergehende Anforderungen statuieren als die ArbStättV, gelten sie vorrangig. Das heißt umgekehrt: Das begrenzte Schutzniveau der ArbStättV bietet dem Arbeitgeber keine Rechtfertigung dafür, von anderweitig geregelten Anforderungen an Arbeitsstätten nach unten abzuweichen. Mit anderen Worten: Die jeweils weiter gehende Rechtsvorschrift ist einzuhalten (BR-Drs. 506/16 S. 28).

83   Berührungspunkte ergeben sich zum einen mit **anderen Arbeitsschutzverordnungen.** Zu denken ist unter anderem an die Vorschriften der BetrSichV über Arbeitsmittel und die Vorgaben der GefStoffV zur Gestaltung der der Arbeitsplätze. Für den Arbeitgeber ist es in einem solchen Fall sinnvoll sein, die Gefährdungsbeurteilung nach § 5 ArbSchG als **Gesamtbeurteilung** auf alle einschlägigen Arbeitsschutzverordnungen zu erstrecken. Unberührt bleiben im Übrigen auch die Unfallverhütungsvorschriften (*Wilrich* in Nöthlichs 4204 § 1 Anm. 4.7).

84   Für das Verhältnis zum **Bauordnungsrecht** bedeutet das gleichberechtigte Nebeneinander der Rechtsbereiche, dass der Arbeitgeber im Ergebnis die jeweils strengere Vorschrift einhalten muss (ebenso *Faber/Feldhoff* in HK-ArbSchR ArbStättV Rn. 26). Trotz der Deregulierungstendenz im öffentlichen Baurecht können einzelne Vorgaben in der ArbStättV sowie in den Bauordnungen der Länder miteinander kollidieren. Gegenüber den Arbeitsschutzbehörden kann sich der Arbeitgeber dabei nicht auf einen großzügigeren Maßstab nach Baurecht berufen. Umgekehrt kann die Bauaufsicht baurechtliche Vorgaben auch durchsetzen, wenn die ArbStättV im konkreten Fall weniger streng ist. In Härtefällen kann bei der zuständigen Aufsichtsbehörde (Amt für Arbeitsschutz bzw. Gewerbeaufsichtsamt oder Bauordnungsbehörde bzw. Bauamt) eine Ausnahmegenehmigung beantragt werden (s. § 3a Abs. 3 und die entsprechenden Ausnahmebestimmungen der Landesbauordnungen). Inwieweit die ArbStättV im Baugenehmigungsverfahren zu prüfen ist, hängt von der Regelung der Genehmigungsfähigkeit in der jeweiligen Landes-

bauordnung ab. Sofern danach die Zulässigkeit eines Vorhabens daran geknüpft ist, dass „öffentlich-rechtliche Vorschriften nicht entgegenstehen" (vgl. § 75 Abs. 1 Satz 1 BauO NRW), muss auch die ArbStättV geprüft werden (*Wilrich* in Nöthlichs, 4204 § 1 Anm. 4.2.2).

Unberührt bleiben schließlich auch die Bestimmungen des **Zivilrechts.** Dies **85** gilt sowohl für das Mietrecht und das private Baurecht (→ Rn. 4ff.) als auch für sonstige Vertragsbeziehungen des Arbeitgebers. Dieser kann beispielsweise nicht etwa von einem Kaufvertrag über einen Drucker zurücktreten, wenn sich im Nachhinein herausstellt, dass dieser wegen seiner Geräuschentwicklung nicht den Vorgaben der ArbStättV entspricht (LG Stuttgart Urt. v. 25.3.1997 – 3 KfH O 56/97, NJW-RR 1998, 1276.

F. Mitbestimmung

I. Betriebsrat

1. Aufgaben und Beteiligungsrechte des Betriebsrats im Arbeitsschutz. 86 In den Erwägungsgründen der Rahmenrichtlinie betont der europäische Gesetzgeber die Bedeutung des Betriebsrats für den Arbeitsschutz. Es sei unerlässlich, die Arbeitnehmer-Vertreter in die Lage zu versetzen, durch eine **angemessene Mitwirkung** zu überprüfen und zu gewährleisten, dass die erforderlichen Schutzmaßnahmen getroffen würden. Konkrete Regelungen dazu finden sich vor allem in Art. 11 der Richtlinie (dazu *Kohte* in EAS 6100 Rn. 105ff.).

Im deutschen Recht regelt in erster Linie das BetrVG die Beteiligungsrechte und **87** die zugehörigen Pflichten der betrieblichen Arbeitnehmervertretung. So gehört es gemäß **§ 80 Abs. 1 BetrVG** zu den **allgemeinen Aufgaben** des Betriebsrats,
– darüber zu wachen, dass der Arbeitgeber das staatliche Arbeitsschutzrecht und die Unfallverhütungsvorschriften **beachtet** (Nr. 1),
– beim Arbeitgeber konkrete Arbeitsschutzmaßnahmen, die er für sinnvoll hält, zu **beantragen** (Nr. 2), sowie
– Maßnahmen des Arbeitsschutzes zu **fördern** (Nr. 9).

Diese allgemeinen Aufgaben konkretisiert **§ 89 Abs. 1 BetrVG.** Demnach ge- **88** hört es zu den Pflichten des Betriebsrats,
– sich dafür einzusetzen, dass Arbeitsschutzrecht und die Unfallverhütung im Betrieb **durchgeführt werden** (Satz 1) – sowohl vom Arbeitgeber als auch von den Arbeitnehmern (*Wilrich* in Nöthlichs 4012 Anm. 6.5.1), sowie
– bei der Bekämpfung von Unfall- und Gesundheitsgefahren die für den Arbeitsschutz zuständigen Behörden, die Träger der gesetzlichen Unfallversicherung und sonstige Stellen (z. B. die Betriebsärzte und Fachkräfte für Arbeitssicherheit, Fitting § 89 Rn. 17) durch Anregung, Beratung und Auskunft zu **unterstützen** (Satz 2).

Schließlich gehört zu den Aufgaben im Arbeitsschutz auch, **Beschwerden** von **89** Arbeitnehmern im Arbeitsschutz entgegenzunehmen und gegebenenfalls gegenüber dem Arbeitgeber zu unterstützen (§ 85 BetrVG; *Wiebauer* NZA 2015, 22, 24).

Um seine Aufgaben wahrnehmen zu können, sichert das Gesetz dem Betriebsrat **90** Zugang zu den erforderlichen Informationen (Übersicht bei *Wiebauer* in Landmann/Rohmer GewO ArbSchG § 3 Rn. 80f.).

Von besonderer Bedeutung ist das nicht ausdrücklich geregelte **Überwachungs-** **91** **recht** des Betriebsrats im Arbeitsschutz, das sich im Rückschluss aus der Überwachungspflicht gemäß § 89 Abs. 1 Satz 1 BetrVG ergibt (Fitting § 89 Rn. 11;

Faber/Kiesche in HK-ArbSchR BetrVG § 89 Rn. 8; *Kania* in ErfK BetrVG § 89 Rn. 4). Dazu gehört ein Zutrittsrecht zu den Arbeitsplätzen im Betrieb, um dort den Arbeitsschutz zu überprüfen. Hierzu ist lediglich eine Anmeldung erforderlich, aber keine Begründung gegenüber dem Arbeitgeber (BAG Beschl. v. 21.1.1972 – 6 ABR 17/79, DB 1982, 1277; *Gutzeit* in GK-BetrVG § 89 Rn. 11). Stellt der Betriebsrat dabei Verstöße fest, kann er nach einem innerbetrieblichen Abhilfeversuch auch die zuständige **Aufsichtsbehörde einschalten.**

92   Indes ist der Betriebsrat keineswegs auf eine bloße Überwachung des Arbeitsschutzes im Betrieb beschränkt. Er soll vielmehr aktiv den Schutz der Beschäftigten mitgestalten. Diese Mitwirkung erfolgt nicht immer in Form echter Mitbestimmung, sondern bisweilen auch durch eine bloße **Verfahrensbeteiligung.** Im Rahmen der ArbStättV relevant ist v. a. die Vorschrift des **§ 90 Abs. 2 BetrVG,** die den Arbeitgeber verpflichtet, die **Planung von betrieblichen Baumaßnahmen,** von technischen Anlagen, sowie von Arbeitsverfahren, Arbeitsabläufen und Arbeitsplätzen mit dem Betriebsrat so rechtzeitig zu beraten, dass dessen Vorschläge berücksichtigt werden können. Die Betriebspartner sollen dabei auch die gesicherten arbeitswissenschaftlichen Erkenntnisse über die menschengerechte Gestaltung der Arbeit berücksichtigen.

93   **2. Mitbestimmung über Unfallverhütung und Gesundheitsschutz, § 87 Abs. 1 Nr. 7 BetrVG. a) Gegenstand der Mitbestimmung.** Das bedeutendste Mitbestimmungsrecht des Betriebsrats im Arbeitsschutz regelt § 87 Abs. 1 Nr. 7 BetrVG. Danach hat der Betriebsrat bei betrieblichen Regelungen über den Gesundheitsschutz mitzubestimmen, wenn der Arbeitgeber diese aufgrund einer **öffentlich-rechtlichen Rahmenvorschrift** zu treffen hat und ihm bei der Gestaltung **Handlungsspielräume** verbleiben (BAG Beschl. v. 28.7.1981 – 1 ABR 65/79, DB 1982, 386; Beschl. v. 15.1.2002 – 1 ABR 13/01, NZA 2002, 995; Beschl. v. 8.6.2004 – 1 ABR 4/03, NZA 2004, 1175). Dadurch soll im Interesse der betroffenen Arbeitnehmer eine möglichst **effiziente Umsetzung** des gesetzlichen Arbeitsschutzes im Betrieb erreicht werden (BAG Beschl. v. 15.1.2002 – 1 ABR 13/01, NZA 2002, 995; Beschl. v. 8.6.2004 – 1 ABR 13/03, NZA 2004, 1175; Beschl. v. 18.3.2014 – 1 ABR 73/12, NZA 2014, 855).

94   Das Mitbestimmungsrecht setzt ein, wenn eine gesetzliche **Handlungspflicht** objektiv besteht und wegen des Fehlens einer zwingenden Vorgabe **betriebliche Regelungen** verlangt, um das vom Gesetz vorgegebene Ziel des Arbeits- und Gesundheitsschutzes zu erreichen. Eine näher ausgestaltbare Rahmenvorschrift liegt vor, wenn die gesetzliche Regelung Maßnahmen zur Gewährleistung des Gesundheitsschutzes erfordert, diese aber nicht selbst im Einzelnen beschreibt, sondern dem Arbeitgeber lediglich ein zu erreichendes Schutzziel vorgibt. Ob die Rahmenvorschrift dem Gesundheitsschutz **unmittelbar oder mittelbar** dient, ist dabei unerheblich (BAG Beschl. v. 26.8.1997 – 1 ABR 16/97, NZA 1998, 441; BAG Beschl. v. 8.6.2004 – 1 ABR 4/03, NZA 2005, 227; BAG NZA 2014, 855).

95   Voraussetzung der Mitbestimmung ist also, dass das staatliche Arbeitsschutzrecht oder das Unfallverhütungsrecht der Berufsgenossenschaften dem Arbeitgeber eine **verbindliche Pflicht** auferlegt, ihm aber zugleich einen **Spielraum** dabei einräumt, **wie** er diese Pflicht erfüllt (*Wank* § 3 Rn. 16). Wie alle modernen Arbeitsschutzverordnungen enthält auch die ArbStättV zahlreiche solche Rahmenvorschriften, angefangen bei der **Generalklausel des § 3a Abs. 1 Satz 1,** aber auch konkreter gefasst z. B. in § 4 Abs. 1 Satz 1 oder in § 5 Abs. 1 Satz 1. Eingeengt wird der Spielraum des Arbeitgebers durch die **konkretisierenden Vorschriften des**

Anhangs, der aber wiederum dem Arbeitgeber in aller Regel mehr als eine Möglichkeit zur Erfüllung seiner Pflichten bietet.

Keine ausfüllungsbedürftigen Rahmenvorschriften i. S. d. § 87 Abs. 1 Nr. 7 **96** BetrVG sind **Verwaltungsvorschriften** der staatlichen Behörden oder Richtlinien und Merkblätter der Unfallversicherungsträger sowie die vom ASTA gemäß § 7 ArbStättV ermittelten **Arbeitsstättenregeln** (BAG Beschl. v. 6. 12. 1983 – 1 ABR 43/ 81, NJW 1984, 1476; Fitting § 87 Rn. 269; *Richardi* § 87 Rn. 563; *Matthes* in MHdBArbR § 254 Rn. 11). Dasselbe gilt für **Entscheidungen der Arbeitsschutzbehörden** im Einzelfall. Letztere bestimmen allerdings die Reichweite des mitbestimmungspflichtigen Gestaltungsspielraums. Ist der Arbeitgeber aufgrund einer behördlichen Anordnung verpflichtet, eine bestimmte Arbeitsschutzmaßnahme vorzunehmen, kann der Betriebsrat unter Berufung auf sein Mitbestimmungsrecht keine davon abweichende Regelung verlangen (BAG Beschl. v. 26. 5. 1983 – 1 ABR 9/87, NZA 1988, 811; Beschl. v. 26. 5. 1988 – 1 ABR 9/87, NZA 1988, 811; s. a. BAG Beschl. v. 11. 12. 2012 – 1 ABR 78/11, NZA 2013, 913; LAG RhPf, Beschl. v. 17. 11. 2011 – 10 TaBV 35/11; *Gutzeit* in GK-BetrVG § 87 Rn. 631; kritisch *Nitsche* in HK-ArbSchR BetrVG § 87 Rn. 20). Umgekehrt wird durch eine behördliche **Ausnahmebewilligung** (etwa nach § 3a Abs. 3 ArbStättV) der Gestaltungsspielraum des Arbeitgebers erweitert. Zwar unterliegt der Antrag auf eine solche Bewilligung nicht der Mitbestimmung (*Wilrich* in Nöthlichs 4012 Anm. 6.3), wohl aber die Frage, wie der dadurch erweiterte Spielraum ausgefüllt werden soll (*Gutzeit* in GK-BetrVG § 87 Rn. 632; *Klebe* in D/K/W § 87 Rn. 215).

Der **Begriff des Gesundheitsschutzes** in § 87 Abs. 1 Nr. 7 BetrVG stimmt mit **97** dem des ArbSchG überein. Erfasst sind Maßnahmen, die dazu dienen, die psychische und physische Integrität des Arbeitnehmers zu erhalten, der arbeitsbedingten Beeinträchtigungen ausgesetzt ist, die zu medizinisch feststellbaren Verletzungen oder Erkrankungen führen oder führen können (BAG Beschl. v. 18. 8. 2009 – 1 ABR 43/08, NZA 2009, 1434; BAG NZA 2014, 855). Somit fällt nahezu die gesamte ArbStättV in den Anwendungsbereich des Mitbestimmungsrechts gemäß § 87 Abs. 1 Nr. 7 BetrVG. Eine **konkrete Gesundheitsgefahr** ist **nicht** Voraussetzung (BAG NZA 2004, 1175; NZA 2005, 227; s. a. → Rn. 103). Nicht der Mitbestimmung nach § 87 Abs. 1 Nr. 7 BetrVG unterliegen Vorschriften, die nicht dem Gesundheitsschutz, sondern **anderen Rechtsgütern dienen.** Dies betrifft etwa die Einrichtung getrennter Toilettenräume für Männer und Frauen nach Anhang Nr. 4.1 Abs. 1 Satz 2 (*Gutzeit* in GK-BetrVG § 87 Rn. 618) oder die Vorgabe verschließbarer Einrichtungen in Umkleideräumen (Anhang Nr. 4.1 Abs. 3 Satz 3 lit. b) sowie auf Baustellen (Anhang Nr. 5.2 Abs. 1 lit. d).

Der Mitbestimmung unterliegen **nur betriebliche Regelungen** und **keine 98 Rechtsfragen.** Das bedeutet, dass Arbeitgeber und Betriebsrat nur innerhalb der von der ArbStättV eingeräumten Spielräume gestalten können (Fitting § 87 Rn. 275; *Wank* § 3 Rn. 20). Die **Auslegung unbestimmter Rechtsbegriffe** hingegen steht nicht zur Disposition der Betriebspartner (*Wlotzke* FS Wißmann S. 426, 436; a. A. *Fabricius* BB 1997, 1254, 1257; *Faber* Grundpflichten S. 484 ff.; einschränkend *Siemes* NZA 1998, 232, 234). So erstreckt sich die Mitbestimmung auf die Frage, auf welche Weise den festgestellten Gefährdungen bei Einrichtung und Betrieb der Arbeitsstätte am sinnvollsten zu begegnen ist, weil der Arbeitgeber hier aus mehreren gleichermaßen zulässigen Gestaltungen jeweils die passende auswählen kann. Die Betriebspartner können aber nicht verbindlich definieren, welcher Sicherheitsstandard als ausreichend anzusehen ist (*Gutzeit* in GK-BetrVG § 87 Rn. 622). Als **Akt der Rechtsanwendung** müssen die Betriebspartner hierfür die in der ArbStättV verwendeten unbestimmten Rechtsbegriffe (z. B. „wirksam" in § 5 Abs. 1 Satz 1) auslegen, um den vorgegebenen Schutzstandard zu ermitteln. Ob sie diese Auslegung zutreffend vorgenommen haben, ist jedoch eine Rechtsfrage, die im Streitfall **gerichtlich** zu klären ist.

99 Das Erfordernis einer Regelung dient zudem als **Abgrenzung zu mitbestimmungsfreien Einzelmaßnahmen.** Das Mitbestimmungsrecht aus § 87 Abs. 1 Nr. 7 BetrVG greift nur, wenn die Anwendung einer arbeitsschutzrechtlichen Rahmenvorschrift eine betriebliche Regelung notwendig macht, in der Arbeitgeber und Betriebsrat gemeinsam festlegen, in welcher Weise das vorgegebene Schutzziel erreicht werden soll. Die Mitbestimmung setzt mithin einen **kollektiven Tatbestand** voraus, für den eine **abstrakt–generelle Lösung** erforderlich ist (BAG NZA 2009, 1434; NZA 2014, 855). Allerdings unterliegt nach der Rechtsprechung des BAG bei der Unterweisung (vgl. § 6 ArbStättV) auch deren konkret arbeitsplatz- oder aufgabenbezogener Inhalt der Mitbestimmung (BAG Beschl. v. 11. 1. 2011 – 1 ABR 104/09, NZA 2011, 651; Beschl. v. 8. 11. 2011 – 1 ABR 42/10, DB 2012, 1213). Obwohl hier die konkreten Ergebnisse der Gefährdungsbeurteilung für den jeweiligen Arbeitsplatz einbezogen werden, handelt es sich demnach noch um eine abstrakte Regelung, jedenfalls soweit die Vorgaben zur Unterweisung für alle gleichartigen Arbeitsplätze unabhängig von ihrer Anzahl im Betrieb gleichermaßen gelten.

100 Die **Umsetzung** der abstrakten Regelung im Einzelfall, beispielsweise die Kennzeichnung von Fluchtwegen und Notausgängen nach Nr. 2.3 Abs. 1 des Anhangs, ist allein Sache des Arbeitgebers (*Kohte* in Kollmer/Klindt/Schucht ArbSchG § 3 Rn. 81; *Richardi* § 87 Rn. 577; *Faber* Grundpflichten S. 465). Der Betriebsrat kann und soll diese allerdings überwachen (§ 80 Abs. 1 Nr. 1 BetrVG). Ein eigener Entscheidungsspielraum bleibt dem Arbeitgeber bei der Umsetzung allenfalls im Rahmen der mitbestimmten Regelung (z. B. optische Gestaltung der Arbeitsstätte ohne sicherheitsrelevante Auswirkungen, *Hecht* in Kollmer/Klindt/Schucht Syst B Rn. 18; *Merten/Klein* DB 1998, 673, 675).

101 **Reine Einzelmaßnahmen,** die sich konkret auf einen einzelnen Arbeitnehmer beziehen und keine Auswirkungen über diesen Einzelfall hinaus haben, unterliegen **nicht** der Mitbestimmung. Allerdings hat der Betriebsrat über die betriebliche Regelung der arbeitsplatzbezogenen Gefährdungsbeurteilung nach abstrakten Kriterien auch dann mitzubestimmen, wenn faktisch hiervon nur ein einzelner Arbeitsplatz im Betrieb betroffen ist (LAG Nds Beschl. v. 25. 1. 1988 – 3 TaBV 72/87, AiB 1988, 110; *Wank* § 87 Rn. 18; *Gutzeit* in GK-BetrVG § 87 Rn. 633; *Klebe* in D/K/K/W § 87 Rn. 226). Zudem hat das BAG bei der Durchführung der Gefährdungsbeurteilung für einen konkreten Arbeitsplatz einen kollektiven Bezug aus der erforderlichen Vertretung des Arbeitnehmers bei Krankheit oder Urlaub abgeleitet (BAG Beschl. v. 12. 8. 2008 – 9 AZR 1117/06, NZA 2009, 102).

102 Bei der **Leiharbeit** richtet sich die Frage, ob der Betriebsrat beim Entleiher oder der dem Verleiher über eine konkrete Regelung mitzubestimmen hat, danach, welcher Arbeitgeber die mitbestimmungspflichtige Entscheidung trifft (BAG Beschl. v. 19. 6. 2001 – 1 ABR 43/00, NZA 2001, 1263; Beschl. v. 17. 6. 2008 – 1 ABR 39/07, DB 2008, 2658). Im Arbeitsschutz vertritt somit der Betriebsrat im Entleiherbetrieb auch die Interessen der dort eingesetzten Leiharbeitnehmer, soweit es um **Arbeitsschutzmaßnahmen des Entleihers** geht (LAG Hmb Beschl. v. 9. 4. 2014 – 5 TaBV 15/13; Fitting § 87 Rn. 293).

103 **b) Mitbestimmung bei § 3a ArbStättV.** § 3a **Abs. 1** konkretisiert die arbeitsschutzrechtliche Grundpflicht des § 3 Abs. 1 Satz 1 ArbSchG. Diese **arbeitsstät-**

tenrechtliche Generalklausel lässt dem Arbeitgeber einen erheblichen Gestaltungsspielraum und eröffnet daher als **Rahmenregelung** die Mitbestimmung des Betriebsrats (BAG Beschl. v. 28.3.2017 – 1 ABR 25/15, NZA 2017, 1132; Beschl. v. 18.7.2017 – 1 ABR 59/15, NZA 2017, 1615). Die tatbestandliche Weite solcher arbeitsschutzrechtlichen Generalklauseln wurde in der Vergangenheit im mitbestimmungsrechtlichen Kontext kritisch gesehen. Teilweise wurde vertreten, die Mitbestimmung setze nicht bloß eine Gefährdung, sondern das Bestehen einer **unmittelbaren objektiven Gesundheitsgefahr** voraus (so noch BAG Beschl. v. 11.12.2002 – 1 ABR 81/11, AP Nr. 19 zu § 87 BetrVG 1972 Gesundheitsschutz; BAG NZA 2004, 1175; instruktiv zur Entstehung dieses Missverständnisses *Oberberg* RdA 2015, 180ff.; s.a. *Wiebauer* in Landmann/Rohmer GewO ArbSchG § 3 Rn. 100ff.). Mit zwei Entscheidungen aus dem Jahr 2017 hat das BAG aber zutreffend klargestellt, dass ein ausfüllungsbedürftiger Regelungsspielraum des Arbeitgebers nach § 3a Abs. 1 ArbStättV immer schon dann besteht, wenn die Gefährdungsbeurteilung **Gefährdungen** zu Tage gefördert hat (BAG NZA 2017, 1132 und BAG NZA 2017, 1615).

Umgekehrt heißt das aber auch: **Ohne Durchführung der Gefährdungs-** **104** **beurteilung** gibt es **keine Mitbestimmung** über die Auswahl der Schutzmaßnahmen nach § 3a Abs. 1 (LAG Nürnberg Beschl. v. 9.12.2015 – 4 TaBV 13/14, BeckRS 2016, 69602). Erforderlichenfalls muss der Betriebsrat die Beurteilung mittels seines Initiativrechts erzwingen.

Im Übrigen begründet § 87 Abs. 1 Nr. 7 BetrVG auch im Rahmen der General- **105** klausel des § 3a Abs. 1 ArbStättV **kein umfassendes Mitbestimmungsrecht** bei allen Maßnahmen des Arbeitgebers im Zusammenhang mit der Arbeitsstätte, die Auswirkungen auf die Gesundheit der Beschäftigten haben können. Die Mitbestimmung erstreckt sich nur auf Maßnahmen, die zumindest mittelbar zur Umsetzung der Vorgaben der ArbStättV dienen; sie gibt dem Betriebsrat aber **kein Abwehrrecht** gegen z.B. Baumaßnahmen, die unter Umständen zu gesundheitlichen Beeinträchtigungen der Beschäftigten führen könnten (LAG LSA Beschl. v. 9.3.2010 – 6 TaBV 15/09; LAG Nürnberg Beschl. v. 4.2.2003 – 6 (2) TaBV 39/01, NZA-RR 2003, 588 für die geplante Montage von Mobilfunkantennen auf dem Dach eines Betriebsgebäudes).

Die spezielle Berücksichtigung der Belange von Beschäftigten mit Behinderun- **106** gen, insbesondere die **barrierefreie Gestaltung** der Arbeitsstätte nach **Abs. 2** eröffnet dem Arbeitgeber einen ausfüllungsbedürftigen Regelungsspielraum und damit die Mitbestimmung des Betriebsrats. Abs. 2 dient auch nicht in erster Linie der Inklusion behinderter Menschen, sondern gerade ihrem Gesundheitsschutz, indem speziell für sie bestehende Gefährdungen ausgeschlossen oder minimiert werden sollen (→ Rn. 48). Die Mitbestimmung scheidet in Ermangelung eines kollektiven Tatbestands nur dann aus, wenn die betreffenden Maßnahmen spezifisch auf die Bedürfnisse eines einzelnen Beschäftigten zugeschnitten sind und nicht auf die potentiellen Bedürfnisse einer ganzen Gruppe (z.B. sehbehinderte Menschen oder Rollstuhlfahrer).

Die Möglichkeit des Arbeitgebers, gemäß **Abs. 3** bei der Aufsichtsbehörde einer **107** **Ausnahmebewilligung** zu beantragen, unterliegt als solche nicht der Mitbestimmung (*Gutzeit* in GK-BetrVG § 87 Rn. 644). Darüber aber, ob der Arbeitgeber von einer bewilligten Ausnahme Gebrauch machen kann, hat der Betriebsrat wiederum mitzubestimmen, weil es insoweit um die konkrete Auswahl der betrieblichen Schutzmaßnahmen geht.

108 **c) Durchführung der Mitbestimmung.** Mitbestimmung heißt im Rahmen des § 87 Abs. 1 BetrVG, dass Arbeitgeber und Betriebsrat gemeinsam und gleichberechtigt über die betreffende Regelung entscheiden. Eine Einigung zwischen ihnen kann, muss aber nicht durch eine förmliche **Betriebsvereinbarung** festgeschrieben werden, die unmittelbar normative Wirkung auch gegenüber den Arbeitnehmern des Betriebs entfaltet (§ 77 Abs. 3 Satz 1 BetrVG). Möglich ist auch eine formlose Übereinkunft der Betriebspartner (sog. **Regelungsabrede**), die der Arbeitgeber dann gesondert umsetzt (*Gutzeit* in GK-BetrVG § 87 Rn. 668; *Fitting* § 87 Rn. 289). Zum **Muster für eine Betriebsvereinbarung** zur Bildschirmarbeit gemäß den Vorgaben der ArbStättV siehe *Schrader* in Schaub/Schrader/Straube/Vogelsang, 5. Teil unter X.2.d).

109 Auf die subjektive **Regelungsbereitschaft** des Arbeitgebers kommt es für das Mitbestimmungsrecht des § 87 Abs. 1 Nr. 7 BetrVG **nicht** an (BAG NZA 2002, 995; NZA 2005, 227; NZA 2014, 855). Der Betriebsrat ist also nicht etwa nur zu beteiligen, wenn der Arbeitgeber sich entschließt, z. B. die Durchführung der Gefährdungsbeurteilung nach § 3 ArbStättV zu regeln. Er kann auch von sich aus aktiv werden und den Arbeitgeber zu Verhandlungen über eine solche Regelung zwingen (**Initiativrecht,** LAG SchlH Beschl. v. 1.10.2013 – 1 TaBV 33/13; *Wilrich* sicher ist sicher 2014, 521; *Fitting* § 87 Rn. 288; *Richardi* § 87 Rn. 578; *Nitsche* in HK-ArbSchR BetrVG§ 87 Rn. 76 f.). Voraussetzung ist aber, dass objektiv eine gesetzliche Handlungspflicht des Arbeitgebers besteht (LAG Nürnberg NZA-RR 2003, 588; *Rossa/Salomon* AuA 2012, 278). Zur gerichtlichen Durchsetzung dieses Initiativrechts muss der Betriebsrat eindeutig formulieren, welche betrieblichen Regelungen aus seiner Sicht in Betracht kommen (BAG Beschl. v. 18.8.2009 – 1 ABR 45/08; BAG NZA 2002, 995; *Schmidt* AuR Sonderheft 2011, 382).

110 Kommt zwischen den Betriebspartnern keine Einigung zustande, so entscheidet gemäß § 87 Abs. 2 BetrVG auf Antrag einer Seite die **Einigungsstelle** (§ 76 BetrVG) mit verbindlicher Wirkung. Sie muss über die strittigen Fragen eine **eigene** gestaltende **Entscheidung** treffen und darf sich nicht darauf beschränken, dem Arbeitgeber für seine Regelung allgemeine Grundsätze vorzugeben (BAG Beschl. v. 11.2.2014 – 1 ABR 72/12, NZA 2014, 989; Beschl. v. 11.1.2011 – 1 ABR 104/09, NZA 2011, 651; BAG NZA 2005, 227). Weder der Betriebsrat noch die Einigungsstelle können unter Verzicht auf das Mitbestimmungsrecht dem Arbeitgeber die alleinige Entscheidung über eine Arbeitsschutzfrage überlassen (BAG NZA 2005, 227).

111 **d) Rechtsfolgen. Öffentlich-rechtlich** bleibt der Arbeitgeber ungeachtet der Mitbestimmungsrechte des Betriebsrats vollumfänglich für den Arbeitsschutz verantwortlich (*Richardi* § 87 Rn. 548; *Gutzeit* in GK-BetrVG § 87 Rn. 612). Die erforderliche Abstimmung mit dem Betriebsrat rechtfertigt also keine Versäumnisse im Arbeitsschutz. Die Aufsichtsbehörden richten ihre Anordnungen in jedem Fall an den Arbeitgeber.

112 Nach h. M. ist die Mitbestimmung des Betriebsrats im Bereich des § 87 Abs. 1 BetrVG **Wirksamkeitsvoraussetzung** für die Maßnahmen des Arbeitgebers (st. Rspr. seit BAG Urt. v. 7.9.1956 – 1 AZR 646/54, AP Nr. 2 zu § 56 BetrVG; s. a. BAG Urt. v. 22.6.2010 – 1 AZR 853/08, NZA 2010, 1243; *Gutzeit* NZA 2008, 255). Das soll auch für die Mitbestimmung im Arbeitsschutz gelten (BAG Beschl. v. 16.6.1998 – 1 ABR 68/97, NZA 1999, 49; *Gutzeit* in GK-BetrVG § 87 Rn. 669; *Fitting* § 87 Rn. 290; *Kohte/Faber* jurisPR-ArbR 33/2009 Anm. 5; **a. A.** *Richardi* § 87 Rn. 584; *Matthes* in MHdBArbR § 254 Rn. 25; s. a. *Wiebauer* in Landmann/Rohmer GewO ArbSchG § 3 Rn. 115 f.). Damit ist gemeint, dass einseitige (also nicht mitbestimmte) Arbeitsschutzmaßnahmen des Arbeitgebers **gegenüber den Arbeitnehmern** nicht wirksam sind. Die Beschäftigten können wiederum die Arbeit unter arbeitsschutzwidrigen Bedingungen verweigern (*Gutzeit* in GK-BetrVG § 87 Rn. 669; *Klebe* in D/K/K/W § 87 Rn. 260).

Allerdings ergibt sich aus der fehlenden Mitbestimmung allein **kein Leistungs-** **113** **verweigerungsrecht** der Beschäftigten, ebenso wie umgekehrt die Beteiligung des Betriebsrats unzureichende Schutzmaßnahmen nicht legitimiert (Fitting § 87 Rn. 291; *Matthes* in MHdBArbR § 254 Rn. 26; *Zange* AuA 2010, 403, 404; a. A. *Nitsche* in HK-ArbSchR ArbStättV § 87 Rn. 73). Die Beschäftigten können – ungeachtet der Frage der Mitbestimmung – ihre Arbeit nur einstellen, wenn **objektiv** die Arbeitsbedingungen den Vorgaben des ArbSchG und der Arbeitsschutzverordnungen widersprechen.

Anerkannt ist ein einseitiges Entscheidungsrecht des Arbeitgebers in **Notfällen,** **114** also bei konkreten Gefahren, die sofortige Gegenmaßnahmen verlangen und deshalb keine Zeit für eine Beteiligung des Betriebsrats lassen (BAG Beschl. v. 17.11.1998 – 1 ABR 1 ABR 12/98, NZA 1999, 662; *Kania* in ErfK § 87 Rn. 8; *Gutzeit* in GK-BetrVG § 87 Rn. 669; *Nitsche* in HK-ArbSchR BetrVG § 87 Rn. 73). Die Mitbestimmung ist in diesen Fällen umgehend nachzuholen, wobei der Betriebsrat freilich nicht an die vom Arbeitgeber vorläufig einseitig gesetzten Regelungen gebunden ist. Davon zu unterscheiden sind sog. **Eilfälle,** die zwar ebenfalls eine schnelle Entscheidung verlangen, für die der Arbeitgeber aber z. B. durch Absprachen im Voraus Vorsorge treffen kann. Hier tritt das Mitbestimmungsrecht nach h. M. nicht zurück (BAG NZA 1999, 662; *Kania* in ErfK § 87 Rn. 7; *Gutzeit* in GK-BetrVG § 87 Rn. 669; *Nitsche* in HK-ArbSchR BetrVG § 87 Rn. 73; wegen der problematischen Auswirkungen der Theorie der Wirksamkeitsvoraussetzung hier a. A. Fitting § 87 Rn. 290).

Ungeachtet der Frage der Wirksamkeit mitbestimmungswidriger Maßnahmen **115** hat es der Betriebsrat selbst in der Hand, sein Mitbestimmungsrecht im Arbeitsschutz durchzusetzen. Über sein **Initiativrecht** kann er selbst eine mitbestimmte Regelung erzwingen. Darüber hinaus erkennt ihm das BAG einen **Unterlassungsanspruch** für betriebsverfassungswidriges Verhalten sowie einen **Beseitigungsanspruch** für die Folgen solcher Rechtsverstöße zu (BAG Beschl. v. 3.5.1994 – 1 ABR 24/93, NZA 1995, 40; BAG NZA 1999, 49; *Gutzeit* in GK-BetrVG § 87 Rn. 669; *Hecht* in Kollmer/Klindt/Schucht Syst B Rn. 22; *Nitsche* in HK-ArbSchR BetrVG § 87 Rn. 73; *Richardi* § 87 Rn. 134 ff.).

3. Mitbestimmung bei betrieblichen Änderungen. § 87 Abs. 1 Nr. 7 **116** BetrVG regelt die Mitbestimmung abschließend, soweit es um die Ausfüllung der arbeitsschutzrechtlichen Rahmentatbestände geht. Im Rahmen der ArbStättV hat darüber hinaus allerdings das korrigierende Mitbestimmungsrecht des **§ 91 BetrVG** Bedeutung. Dieses greift ein, wenn (bevorstehende) Änderungen der Arbeitsplätze, des Arbeitsablaufs oder der Arbeitsumgebung im Widerspruch zu gesicherten arbeitswissenschaftlichen Erkenntnissen über die **menschengerechte Gestaltung der Arbeit** stehen und Beschäftigte in besonderer Weise belasten. Der Widerspruch muss (für Fachleute, Fitting § 91 Rn. 12) offensichtlich sein. Dass dabei Arbeitsschutzrecht verletzt wird, ist gerade nicht Voraussetzung (BAG Beschl. v. 6.12.1983 – 1 ABR 43/81, DB 1984, 775). § 91 BetrVG greift also vor allem, wenn gesicherte arbeitswissenschaftliche Erkenntnisse noch nicht verbindlicher Bestandteil des Arbeitsschutzrechts geworden sind (nach § 4 Nr. 3 ArbSchG nur zu berücksichtigen).

117   Der Betriebsrat kann dann angemessene Maßnahmen zur Abwendung, Milderung oder zum Ausgleich der Belastung verlangen. Das Mitbestimmungsrecht aus § 91 steht **selbständig** neben der Mitbestimmung nach § 87 Abs. 1 Nr. 7 BetrVG und kommt auch dann zum Tragen, wenn der Betriebsrat bei der Entscheidung über die betreffende Änderung beteiligt wurde (*Weber* in GK-BetrVG § 91 Rn. 23 f.; Fitting § 91 Rn. 3). Der Betriebsrat kann auch selbst die **Initiative** ergreifen und Maßnahmen zur Entlassung vorschlagen (*Weber* in GK-BetrVG § 91 Rn. 1), im Streitfall kann er eine Regelung über die **Einigungsstelle** erzwingen (§ 91 Sätze 2 und 3).

118   **4. Freiwillige Vereinbarungen.** Über den durch die ArbStättV verbindlich festgeschriebenen Mindeststandard hinaus kann der Betriebsrat keine weiteren Schutzmaßnahmen in Bezug auf Einrichtung und Betrieb der Arbeitsstätte erzwingen. Ihm bleibt nur die Möglichkeit, den Arbeitgeber für eine freiwillige Vereinbarung nach **§ 88 Nr. 1 BetrVG** über **zusätzliche Maßnahmen** zur Verhütung von Arbeitsunfällen und Gesundheitsschädigungen zu gewinnen. Gegenstand einer solchen Vereinbarung können beispielsweise größere Arbeitsräume, eine über das erforderliche Maß hinausgehende Klimatisierung dieser Räume oder zusätzliche Sanitär- oder Pausenräume sein.

II. Arbeitnehmerrechte in betriebsratslosen Betrieben

119   Besteht im Betrieb kein Betriebsrat, so laufen die betriebsverfassungsrechtlichen Überwachungs- und Beteiligungsrechte leer. Der Arbeitgeber ist dann lediglich gemäß § 81 Abs. 3 BetrVG verpflichtet, die Arbeitnehmer zu allen Maßnahmen zu hören, die Auswirkungen auf ihre Sicherheit und Gesundheit haben können.

III. Personalvertretungsrecht im Öffentlichen Dienst

120   In den Betrieben und Dienststellen des Öffentlichen Dienstes richtet sich die Beteiligung der Beschäftigtenvertretung nicht nach den Vorschriften des BetrVG, sondern nach den **Personalvertretungsgesetzen** des Bundes und der Länder. Die danach bestehenden Aufgaben und Beteiligungsrechte des Personalrats im Arbeitsschutz sind mit denen des Personalrats in privatwirtschaftlichen Betrieben **ähnlich, aber nicht deckungsgleich.** Im Folgenden soll insoweit nur ein kurzer Überblick auf Grundlage des Bundespersonalvertretungsgesetzes (BPersVG) gegeben werden (zu den Einzelheiten siehe *Nitsche* in HK-ArbSchR BPersVG Rn. 1 ff. einschließlich eines Überblicks zu den landespersonalvertretungsrechten unter Rn. 79 ff.).

121   Die Überwachung des Arbeitsschutzrechts einschließlich der Unterstützung der zuständigen Stellen gehört auch zu den **Aufgaben** des Personalrats (§ 68 Abs. 1 Nr. 2, § 81 Abs. 1 BPersVG). Er ist zu Besprechungen und Besichtigungen hinzuziehen (§ 81 Abs. 2 und 3 BPersVG), erhält die zugehörigen Niederschriften (§ 81 Abs. 4 BPersVG) sowie Abdrucke der Unfallanzeigen (§ 81 Abs. 5 BPersVG). § 68 Abs. 2 BPersVG sichert ihm zudem ein allgemeines Unterrichtungs- und Einsichtsrecht.

122   Das zentrale **Mitbestimmungsrecht** des Personalrats im Arbeitsschutz ist in **§ 75 Abs. 3 Nr. 11 BPersVG** geregelt, ergänzt vor allem durch die Mitbestimmungstatbestände der Nrn. 10 und 16. Ein bedeutender Unterschied zu § 87 Abs. 1 Nr. 7 BetrVG liegt darin, dass **nicht nur** die Ausfüllung arbeitsschutzrechtlicher **Rahmenvorschriften** der Mitbestimmung unterliegt. Der Mitbestimmungstatbestand erfasst alle Arbeitsschutzmaßnahmen, die nach gesetzlicher Vorschrift oder aus freiem Entschluss des Dienststellenleiters ergriffen werden (BVerwG Beschl. v. 17.2.1986 – & P 21/84, NVwZ 1986, 924; Beschl. v. 14.2.2013 – 6 PB 1/13, NZA-RR 2013, 390). Lediglich vorbereitende Maßnahmen sind hiervon ausgenommen, wozu das BVerwG auch die Gefährdungsbeurteilung zählt (BVerwG Beschl. v. 14.10.2002 – 6 P 7/01, NZA-RR 2003, 273; Beschl. v. 5.3.2012 – 6 PB 25/11, NZA-RR 2012, 447). Dem folgend verfügt der Personalrat gemäß § 70 Abs. 1 BPersVG über ein inhaltlich uneingeschränktes **Initiativrecht** im Arbeitsschutz (*Nitsche* in HK-ArbSchR BPersVR Rn. 12).

G. Durchsetzung

I. Aufsichtsbehörden

Die Überwachung des gesetzlichen Arbeitsschutzes ist gemäß § 21 Abs. 1 Satz 1 **123** ArbSchG **staatliche Aufgabe.** Die Arbeitsschutzbehörden der Länder haben deshalb darüber zu wachen, dass Arbeitgeber die Vorgaben der ArbStättV einhalten. Zu diesem Zweck sind die Aufsichtsbeamten insbesondere befugt, **Arbeitsstätten zu betreten, zu besichtigen und zu prüfen** (§ 22 Abs. 2 ArbSchG; dazu im Einzelnen *Wiebauer* DVBl 2017, 1463). Stellen sie Verstöße fest, so wirken sie im Rahmen der Beratung (§ 21 Abs. 1 Satz 2 a. E. ArbSchG) auf deren Beseitigung hin. Regelmäßig werden die Beanstandungen in einem sog. **Revisionsschreiben** festgehalten, das dem Arbeitgeber lediglich den Nachbesserungsbedarf vor Augen führt, aber als solches keinen Verwaltungsakt darstellt (*Schucht* in Kollmer/Klindt/Schucht ArbSchG § 21 Rn. 12; *Wiebauer* NVwZ 2017, 1653, 1654). Führt diese kooperative Handlungsweise nicht zum Erfolg, ermöglicht § 22 Abs. 3 ArbSchG **hoheitliche Anordnungen** zum Arbeitsschutz, die nötigenfalls zwangsweise durchgesetzt werden können.

Konkrete Maßnahmen können allerdings nur dann hoheitlich angeordnet werden, wenn sie durch Gesetz oder Verordnung **konkret vorgegeben.** Das gilt **124** insbesondere für einige Pflichten des Anhangs der ArbStättV (z. B.: Türen von Notausgängen müssen sich nach außen öffnen lassen, Anhang Nr. 2.3 Abs. 2 Satz 2). Soweit aber dem Arbeitgeber ein **Gestaltungsspielraum** verbleibt, muss die Behörde diesen respektieren und mindestens alternative Maßnahmen zulassen. Zugleich aber hat sie dafür zu sorgen, dass die Anordnung dem **Bestimmtheitsgebot** des § 37 Abs. 1 VwVfG genügt – was zu erheblichen Formulierungsproblemen führen kann (im Einzelnen *Wiebauer* NVwZ 2017, 1653, 1655f.).

II. Beschäftigte

Im Arbeitsverhältnis konkretisieren die Vorgaben der ArbStättV die Fürsorge- **125** bzw. Rücksichtspflicht des Arbeitgebers gemäß § 241 Abs. 2 BGB. Über § 618 Abs. 1 BGB werden sie ins Arbeitsvertragsrecht transformiert und wirken auf diese Weise zugleich als unabdingbare privatrechtliche Pflicht des Arbeitgebers im Sinne eines einzuhaltenden Mindeststandards (BAG Urt. v. 12.8.2008 – 9 AZR 1117/06, NZA 2009, 102). Sie entfalten somit eine **Doppelwirkung** als öffentlich-rechtliche Verpflichtung einerseits und als Vertragspflicht andererseits (BAG Urt. v. 19.5.2009 – 9 AZR 241/08, NZA 2009, 775; ausführlich *Wiebauer* in Landmann/Rohmer ArbSchG Einl. vor § 15 Rn. 13ff.; *Schucht* in Kollmer/Klindt/Schucht ArbSchG § 15 Rn. 20ff.; *Nebe* in HK-ArbSchR BGB § 618 Rn. 7ff.).

126   Nach ganz herrschender Meinung steht den Arbeitnehmern aus § 618 Abs. 1 BGB ein gerichtlich **einklagbarer Anspruch** gegen den Arbeitgeber auf Erfüllung der transformierten Arbeitsschutzpflichten zu (BAG Urt. v. 17.2.1998 – 9 AZR 130/97, NZA 1999, 33; Urt. v. 12.8.2008 – 9 AZR 1117/06, NZA 2009, 102). Daraus folgt insbesondere der privatrechtliche Anspruch auf einen tabakrauchfreien Arbeitsplatz (→ § 5 Rn. 44 ff.).

127   Darüber hinaus folgt aus der privatrechtlichen Wirkung der ArbStättV, dass Arbeitnehmer ihre Arbeitsleistung gemäß § 273 BGB so lange verweigern können, bis der Arbeitgeber die sie betreffenden Vorschriften der ArbStättV einhält. Grenze dieses **Zurückbehaltungsrechts** ist der Grundsatz der Verhältnismäßigkeit. Dieses Arbeitsverweigerungsrecht ist für die Arbeitnehmer indes nicht ohne Risiko. Ihren Entgeltanspruch behalten sie nur im Falle der rechtmäßigen Zurückhaltung ihrer Arbeitsleistung. Das **Irrtumsrisiko** trägt der Arbeitnehmer, und eine unberechtigte Arbeitsverweigerung rechtfertigt als Vertragsverletzung arbeitsrechtliche Maßnahmen bis hin zu Abmahnung und Kündigung.

128   Auch **Schadensersatzansprüche** gegen den Arbeitgeber sind denkbar, allerdings spielen diese angesichts der **Haftungsbeschränkungen** nach dem Recht der gesetzlichen Unfallversicherung (§§ 104 ff. SGB VII) in der Praxis keine große Rolle.

H. Sanktionen

129   Verstöße gegen einzelne Pflichten des § 3a sind unmittelbar mit **Bußgeld** bedroht:

– unterbliebene, nicht vollständige oder nicht richtige Dokumentation (§ 9 Abs. 1 Nr. 1)

– Verletzung der Generalklausel (Gewährleistung der sicheren Einrichtung und des sicheren Betriebs, § 9 Abs. 1 Nr. 2)

– Verletzung der Vorschriften des Abs. 2 über die Berücksichtigung der Belange von Menschen mit Behinderungen (§ 9 Abs. 1 Nr. 5)

§ 4   Besondere Anforderungen an das Betreiben von Arbeitsstätten

(1) [1]**Der Arbeitgeber hat die Arbeitsstätte instand zu halten und dafür zu sorgen, dass festgestellte Mängel unverzüglich beseitigt werden.** [2]**Können Mängel, mit denen eine unmittelbare erhebliche Gefahr verbunden ist, nicht sofort beseitigt werden, hat er dafür zu sorgen, dass die gefährdeten Beschäftigten ihre Tätigkeit unverzüglich einzustellen.**

(2) [1]**Der Arbeitgeber hat dafür zu sorgen, dass Arbeitsstätten den hygienischen Erfordernissen entsprechend gereinigt werden.** [2]**Verunreinigungen und Ablagerungen, die zu Gefährdungen führen können, sind unverzüglich zu beseitigen.**

(3) **Der Arbeitgeber hat die Sicherheitseinrichtungen, insbesondere Sicherheitsbeleuchtung, Brandmelde- und Feuerlöscheinrichtungen, Signalanlagen, Notaggregate und Notschalter sowie raumlufttechnische Anlagen instand zu halten und in regelmäßigen Abständen auf ihre Funktionsfähigkeit prüfen zu lassen.**

(4) [1]**Der Arbeitgeber hat dafür zu sorgen, dass Verkehrswege, Fluchtwege und Notausgänge ständig freigehalten werden, damit sie jederzeit**

benutzbar sind. [2]Der Arbeitgeber hat Vorkehrungen so zu treffen, dass die Beschäftigten bei Gefahr sich unverzüglich in Sicherheit bringen und schnell gerettet werden können. [3]Der Arbeitgeber hat einen Flucht- und Rettungsplan aufzustellen, wenn Lage, Ausdehnung und Art der Benutzung der Arbeitsstätte dies erfordern. [4]Der Plan ist an geeigneten Stellen in der Arbeitsstätte auszulegen oder auszuhängen. [5]In angemessenen Zeitabständen ist entsprechend diesem Plan zu üben.

(5) Der Arbeitgeber hat beim Einrichten und Betreiben von Arbeitsstätten Mittel und Einrichtungen zur Ersten Hilfe zur Verfügung zu stellen und regelmäßig auf ihre Vollständigkeit und Verwendungsfähigkeit prüfen zu lassen.

Übersicht

A. Überblick

§ 4 ArbStättV befasst sich weiterhin mit dem Thema „Besondere Anforderungen **1** an das Betreiben von Arbeitsstätten". Insoweit ist in der arbeitsstättenrechtlichen Literatur von **Kardinalpflichten für das Betreiben von Arbeitsstätten** die Rede, welche die Generalklausel des § 3 a Abs. 1 ArbStättV konkretisieren (so *Faber/Feldhoff* in HK-ArbSchR ArbStättV Rn. 94). Diese Inhalte waren ursprünglich in den §§ 52–55 ArbStättV 1975 und damit im Siebten Kapitel der ArbStättV 1975 über den „Betrieb der Arbeitsstätten" geregelt. Konkret regelt die Norm **arbeitgeberseitige Betreiberpflichten**, und zwar Instandhaltungs- und Mängelbeseitigungspflichten in Bezug auf die Arbeitsstätte (Abs. 1), Reinigungspflichten in Bezug auf die Arbeitsstätte (Abs. 2), Instandhaltungspflichten in Bezug auf die Sicherheitseinrichtungen (Abs. 3), Vorsorgepflichten zum Zwecke der Freihaltung von Verkehrswegen, Fluchtwegen und Notausgängen (Abs. 4) sowie Zurverfügungstellungs- und Prüfungspflichten in Bezug auf Mittel und Einrichtungen zur Ersten Hilfe (Abs. 5). Bei der **Ermittlung des Stands der Technik, Arbeitsmedizin und**

Hygiene i. S. d. § 3a Abs. 1 S. 2 ArbStättV kann neben den **Technischen Regeln für Arbeitsstätten (ASR) auch auf Industrienormen** zurückgegriffen werden (*Faber/Feldhoff* in HK-ArbSchR ArbStättV Rn. 94).

2   Die im Gewand der Verordnung zur Änderung von Arbeitsschutzverordnungen vom 30. 11. 2016 (BGBl. I S. 2681, ber. 2017 S. 2839) erfolgte Reform des Arbeitsstättenrechts im Jahr 2016 brachte **insgesamt vier Änderungen** in Bezug auf § 4 ArbStättV mit sich: Erstens wurde § 4 Abs. 1 S. 2 ArbStättV sprachlich neu gefasst, um zu verdeutlichen, dass „bei kurzfristig festgestellten Mängeln in der Arbeitsstätte, die zu ernsten Gefährdungen der Beschäftigten führen, (...) nur die Tätigkeit der jeweils gefährdeten Personen unverzüglich einzustellen ist" (BR-Drs. 506/16, S. 28). Zweitens erfuhr die Regelung in § 4 Abs. 3 ArbStättV eine **Neufassung.** Mit dieser Änderung zielte der Verordnungsgeber auf eine Klarstellung dahingehend ab, „dass bauliche oder technische Anlagen nicht nur sachgerecht zu warten, sondern auch instand zu halten sind" (BR-Drs. 506/16, S. 28). Drittens wurden die beiden Sätze am Anfang des Abs. 4 umgestaltet. Schließlich gab es viertens noch **geringfügige sprachliche Modifikationen** in Abs. 5. Was die beiden zuletzt genannten Änderungen anbetrifft, gibt es freilich keine näheren Erläuterungen in der Verordnungsbegründung in Bezug auf etwaige Motive des Verordnungsgebers.

3   Europarechtlich dient § 4 ArbStättV der Umsetzung von Art. 6 Richtlinie 89/654/EWG (sog. EG-Arbeitsstättenrichtlinie). Diese Norm aus dem europäischen Arbeitsschutzrecht regelt „Allgemeine Verpflichtungen" und statuiert die folgenden Pflichten der Arbeitgeber:

– Freihalten von Verkehrswegen zu Notausgängen und Fluchtwegen und der Notausgänge und Fluchtwege selbst
– Instandhaltung der Arbeitsstätten, der Anlagen und Einrichtungen sowie möglichst umgehende Beseitigung festgestellter Mängel
– regelmäßige Reinigung der Arbeitsstätten, der Anlagen und Einrichtungen zur Gewährleistung angemessener Hygienebedingungen
– regelmäßige Wartung der Sicherheitseinrichtungen und -vorrichtungen zur Verhütung oder Beseitigung von Gefahren und Prüfung auf deren Funktionsfähigkeit

4   Aus der **Perspektive der Unfallverhütungsvorschriften** (UVV) ist auf § 11 DGUV Vorschrift 1 hinzuweisen. Diese Vorschrift befasst sich mit „Maßnahmen bei Mängeln". Rechtsdogmatisch rechnen die Unfallverhütungsvorschriften zum **Sozialversicherungsrecht,** da sie auf das Siebte Buch Sozialgesetzbuch – Gesetzliche Unfallversicherung – zurückzuführen sind. Konkret sieht § 15 Abs. 1 S. 1 Hs. 1 SGB VII vor, dass die Unfallversicherungsträger „unter Mitwirkung der Deutschen Gesetzlichen Unfallversicherung e. V. als autonomes Recht Unfallverhütungsvorschriften über Maßnahmen zur Verhütung von Arbeitsunfällen, Berufskrankheiten und arbeitsbedingten Gesundheitsgefahren oder für eine wirksame Erste Hilfe erlassen" können. Mögliche Gegenstände von UVV werden in § 15 Abs. 1 S. 1 Hs. 2 Nr. 1 SGB VII geregelt. Danach rechnen auch „Einrichtungen, Anordnungen und Maßnahmen, welche die Unternehmer zur Verhütung von Arbeitsunfällen, Berufskrankheiten und arbeitsbedingten Gesundheitsgefahren zu treffen haben, sowie die Form der Übertragung dieser Aufgaben auf andere Personen" zu den tauglichen Regelungsgegenständen von UVV.

5   Die **Leitlinien zur Arbeitsstättenverordnung,** die vom **Länderausschuss für Arbeitsschutz und Sicherheittechnik (LASI)** herausgegeben werden, befassen sich nicht mit jenen Inhalten, die in § 4 ArbStättV niedergelegt sind.

B. Die einzelnen Absätze

I. Instandhaltung, Mängelbeseitigung und Tätigkeitseinstellung (Abs. 1)

§ 4 Abs. 1 ArbStättV, der § 53 Abs. 1 ArbStättV 1975 („Instandhaltung. Prüfun- **6** gen") entspricht und Art. 6 zweiter Gedankenstrich Richtlinie 89/654/EWG (sog. EG-Arbeitsstättenrichtlinie) in nationales Recht umsetzt (BR-Drs. 450/04, S. 26), verpflichtet den Arbeitgeber in S. 1, „die Arbeitsstätte instand zu halten und dafür zu sorgen, dass festgestellte Mängel unverzüglich beseitigt werden." **Zentrale Rechtsbegriffe** in Abs. 1 sind damit die **Instandhaltung** einerseits und die **Mängelbeseitigung** andererseits. Während inzwischen definiert ist, was unter der Instandhaltung i. S. d. Arbeitsstättenrechts zu verstehen ist (→ Rn. 7), gibt es für die Mängelbeseitigung noch immer keine vergleichbare gesetzliche Hilfestellung. In S. 2 wird die Pflicht zur unverzüglichen Einstellung der Tätigkeit bei einer qualifizierten Gefahrenlage geregelt.

1. Instandhaltung und Mängelbeseitigung (S. 1). Der Begriff der **Instand- 7 haltung** ist seit der Reform des Arbeitsstättenrechts im Jahr 2016 in § 2 Abs. 10 ArbStättV **definiert.** Danach umfasst die Instandhaltung „die Wartung, Inspektion, Instandsetzung und Verbesserung der Arbeitsstätten zum Erhalt des baulichen und technischen Zustandes". Jede dieser Tätigkeiten fällt damit bereits für sich unter den Instandhaltungsbegriff (BR-Drs. 506/16, S. 27). Im Unterschied zum Betriebssicherheitsrecht (§ 10 BetrSichV; vgl. *Schucht* maschinenrichtlinie aktuell II/2015, 25 ff.) und zur TRBS 1112 über die „Instandhaltung" kennt die ArbStättV **keine Vorgaben für die Durchführung von Instandhaltungsmaßnahmen bzw. -arbeiten.**
Die Erfüllung der Pflicht aus Abs. 1 S. 1 setzt im Ergebnis voraus, dass im Betrieb **Wartungsintervalle und die Gegenstände der Wartungsarbeiten** festgelegt werden sowie die entsprechenden **Zuständigkeiten innerhalb der Betriebsorganisation** geklärt werden. Als Grundlage dient insoweit die **Gefährdungsbeurteilung** gemäß § 3 Abs. 1 ArbStättV (*Faber/Feldhoff* in HK-ArbSchR ArbStättV Rn. 95).
Die an die Instandhaltungsarbeiten gekoppelte Verpflichtung zur **Mängelbesei- 8 tigung** bezieht sich **bei systematischer Auslegung** (vgl. § 1 Abs. 1 ArbStättV) auf sämtliche Mängel der Arbeitsstätte, durch welche die Sicherheit und der Schutz der Gesundheit der Beschäftigten gefährdet werden können. Wichtig ist in diesem Zusammenhang, dass die Arbeitgeber dafür sorgen müssen, etwaige Mängel **unverzüglich zu beseitigen.** Zuvor sind die Mängel freilich z. B. im Rahmen der zur Instandhaltung rechnenden Inspektion **festzustellen.** In § 53 Abs. 1 S. 1 ArbStättV 1975 wurde hingegen noch verlangt, dass „festgestellte Mängel möglichst umgehend" beseitigt werden. Unverzüglich dürfte die Mängelbeseitigung de lege lata sein, wenn sie „ohne schuldhaftes Zögern" (vgl. § 121 Abs. 1 S. 1 BGB) erfolgt (so auch *Faber/Feldhoff* in HK-ArbSchR ArbStättV Rn. 95). In praxi bedeutet dies, dass ein Arbeitgeber nach Kenntnisnahme vom festgestellten Mangel sofort die notwendigen Maßnahmen zur Mängelbehebung einzuleiten und diese zügig durchzuführen hat. Vor diesem Hintergrund dürfte sich die in Rede stehende Rechtslage im Vergleich zur ArbStättV 1975 kaum geändert haben.
Die arbeitsstättenrechtliche Arbeitgeberpflicht zur unverzüglichen Mängelbesei- **9** tigung wird arbeitsschutzrechtlich von korrespondierenden **Unterstützungs-**

pflichten der Beschäftigten flankiert: Gemäß § 16 Abs. 1 ArbSchG haben die Beschäftigten „dem Arbeitgeber oder dem zuständigen Vorgesetzten jede von ihnen festgestellte unmittelbare Gefahr für die Sicherheit und Gesundheit sowie jeden an den Schutzsystemen festgestellten Defekt unverzüglich zu melden" (ausführlich *Schucht* in Kollmer/Klindt/Schucht ArbSchG § 16 Rn. 6 ff.).

Neben diese sog. Meldepflicht aus dem allgemeinen Arbeitsschutzrecht treten genuine **Meldepflichten aus den Unfallverhütungsvorschriften (UVV).** Geregelt sind diese in § 16 Abs. 1 S. 1, Abs. 2 S. 2 DGUV Vorschrift 1 und damit im Rahmen der als „Besondere Unterstützungspflichten" genannten Pflichten der Versicherten. Die Meldepflicht aus § 16 Abs. 1 S. 1 DGUV Vorschrift 1 bezieht sich auf „jede von ihnen [den Versicherten] festgestellte unmittelbare erhebliche Gefahr für die Sicherheit und Gesundheit sowie jeden an den Schutzvorrichtungen und Schutzsystemen festgestellten Defekt", wohingegen die Regelung in § 16 Abs. 2 S. 2 DGUV Vorschrift 1 auf Mängel erstens bei Arbeitsmitteln oder sonstigen Einrichtungen, zweitens im Zusammenhang mit Arbeitsstoffen und drittens bei Arbeitsverfahren oder Arbeitsabläufen abstellt. Festgestellte Mängel hat der Versicherte gemäß § 16 Abs. 2 S. 1 DGUV Vorschrift 1 selbst **unverzüglich zu beseitigen,** wenn dies zu seiner Arbeitsaufgabe gehört und er über die notwendige Befähigung verfügt (sog. **unfallverhütungsrechtliche Beseitigungspflicht;** vgl. hierzu *Schucht* in Kollmer/Klindt/Schucht ArbSchG § 16 Rn. 26).

10   **2. Unverzügliche Einstellung der Tätigkeit bei unmittelbarer erheblicher Gefahr (S. 2).** Abs. 1 S. 2 verpflichtet die Arbeitgeber für den Fall, dass Mängel, mit denen eine **unmittelbare erhebliche Gefahr für die Beschäftigten** verbunden ist, nicht sofort beseitigt werden können, dafür zu sorgen, „dass die gefährdeten Beschäftigten ihre Tätigkeit unverzüglich einstellen." Die **Verpflichtung zur unverzüglichen Einstellung der Tätigkeit bis zur Mängelbehebung** ist daher an die Existenz **einer arbeitsstättenrechtlich qualifizierten Gefahrenlage** gekoppelt. Dieser **qualifizierte Gefahrenbegriff** wird auch in § 9 Abs. 2 S. 1, 2, Abs. 3 S. 1, 3 ArbSchG verwendet (zum Verhältnis dieser Normen zu § 4 Abs. 1 S. 2 ArbStättV *Faber/Feldhoff* in HK-ArbSchR ArbStättV Rn. 96). In der Gesetzesbegründung zu § 9 ArbSchG wird die unmittelbare erhebliche Gefahr als Sachlage definiert, „bei der der Eintritt eines Schadens sehr wahrscheinlich ist oder sein Eintritt nicht mehr abgewendet werden kann und der Schaden nach Art oder Umfang besonders schwer ist" (BT-Drs. 13/3540 S. 18). Die arbeitsschutzrechtliche Literatur setzt die unmittelbare erhebliche Gefahr mit einer Sachlage gleich, bei der „ernsthaft mit einer alsbaldigen, nicht nur geringfügigen Schädigung der Gesundheit der Beschäftigten zu rechnen" sei (*Kollmer* Arbeitsschutzgesetz, Rn. 232, zu § 9 Abs. 3 S. 1 ArbSchG) bzw. „in der mit hoher Wahrscheinlichkeit ein schwerer Gesundheitsschaden droht" (*Faber/Feldhoff* in HK-ArbSchR ArbStättV Rn. 96). Eine solche Gefahrenlage kann z. B. bei **Bränden, Explosionen, Wassereinbrüchen, dem Freiwerden gefährlicher Stoffe, einem Defekt an einer Schutzverkleidung zur Verhinderung von Quetschgefahren oder sonstigen erheblichen Betriebsstörungen** vorliegen (vgl. *Wlotzke,* FS Hanau, 1999, 317, 325; *Otto* in NK-ArbR ArbSchG § 16 Rn. 2; *Kohte* in MHdBArbR § 292 Rn. 65; *Faber/Feldhoff* in HK-ArbSchR ArbStättV Rn. 96). Damit zeichnet sich diese spezifische Gefahr durch eine **verwirklichungs- und rechtsgutbezogene Qualifikation** aus (vgl. aus polizeirechtlicher Perspektive auch *Krugmann* NVwZ 2006, 152, 154). Dogmatisch wichtig ist dabei die **Unterscheidung zwischen Gefahr und Schaden** i. S. e. realisierten Gefahr. Die Gefahr liegt naturgemäß im Vorfeld eines Schadens,

sodass arbeitsschutzrechtlich ein Anknüpfen an den Gefahrenbegriff tunlich ist, um den Eintritt von Schäden präventiv zu verhindern.

Eine unverzügliche Einstellung der Tätigkeit bis zur Mängelbehebung ist vor allem dann geboten, wenn die Beschäftigten im Falle einer Fortsetzung ihrer Tätigkeit einer **handgreiflichen Unfall- oder Gesundheitsgefahr mit dem Risiko nicht unerheblicher Verletzungsfolgen oder Gesundheitsbeeinträchtigungen** ausgesetzt wären. Der Arbeitgeber muss bei einer solchen Sachlage die gefährdeten Beschäftigten unmissverständlich anweisen, die Tätigkeit im Gefahrenbereich solange einzustellen, bis die betreffenden Mängel beseitigt worden sind.

Mit der Reform des Arbeitsstättenrechts im Jahr 2016 wurde klargestellt, dass im **11** Übrigen, d. h. außerhalb des betroffenen Gefahrenbereichs, **unverändert weitergearbeitet werden kann** (BR-Drs. 506/16, S. 28). Weil zuvor in § 4 Abs. 1 S. 1 ArbStättV a. F. in diesem Zusammenhang die Rede davon war, dass „die Arbeit insoweit einzustellen" ist, hielt der Verordnungsgeber eine **Klarstellung** für geboten, auch wenn sich in der Sache nichts geändert hat; denn auch unter der Geltung der früheren Bestimmung konnte das statuierte Arbeitsverbot schon aus **Gründen der Verhältnismäßigkeit** nur für die gefährlichen Arbeitsbereiche Geltung beanspruchen.

Die Regelung in Abs. 1 S. 2 ist im Zusammenhang mit § 11 DGUV Vorschrift 1 **12** zu lesen, der sich mit „Maßnahmen bei Mängeln" befasst. Danach muss der Unternehmer „das Arbeitsmittel oder die Einrichtung der weiteren Benutzung" entziehen oder stilllegen bzw. das Arbeitsverfahren oder den Arbeitsablauf abbrechen, „bis der Mangel behoben ist", wenn „bei einem Arbeitsmittel, einer Einrichtung, einem Arbeitsverfahren bzw. Arbeitsablauf ein Mangel" auftritt, „durch den für die Versicherten sonst nicht abzuwendende Gefahren entstehen".

Insoweit wird in den **DGUV-Regeln** in Bezug auf § 11 DGUV Vorschrift 1 zunächst zu Recht auf den Zusammenhang mit § 16 DGUV Vorschrift 1 hingewiesen (Abschnitt 2.10.1 der DGUV Regel 100-001 „Grundsätze der Prävention"; → Rn. 9). Sodann wird an derselben Stelle konkretisiert, was unter Arbeitsmitteln, Einrichtungen, Arbeitsverfahren und Arbeitsablauf zu verstehen sein soll. Schließlich wird festgelegt, wann ein Mangel an einer Einrichtung oder einem Arbeitsmittel vorliegt bzw. wann ein Arbeitsablauf oder ein Arbeitsverfahren einen Mangel aufweist.

Ein **Mangel an einer Einrichtung oder an einem Arbeitsmittel** soll dann vorliegen, wenn z. B. „die Schutzeinrichtung oder das Schutzsystem in ihrer Funktion beeinträchtigt sind." Exemplarisch wird in diesem Kontext auf feststehende trennende Schutzeinrichtungen hingewiesen, die nicht verschraubt oder angeschweißt werden. Ein **Arbeitsablauf oder -verfahren** wiederum soll dann einen Mangel aufweisen, „wenn bei einem oder mehreren Arbeitsschritten Gefahren nicht sicher ausgeschlossen werden können" (vgl. Abschnitt 2.10.1 der DGUV Regel 100-001). Dies ist z. B. der Fall, „wenn die für bestimmte Arbeiten benötigten speziellen Arbeitsmittel nicht zur Verfügung stehen".

3. Ordnungswidrigkeiten und Straftaten. Wer nicht sicherstellt, „dass die **13** gefährdeten Beschäftigten ihre Tätigkeit unverzüglich einstellen" und damit gegen § 4 Abs. 1 S. 2 ArbStättV verstößt, handelt im Falle schuldhaften, d. h. vorsätzlichen oder fahrlässigen, Verhaltens **ordnungswidrig**, § 9 Abs. 1 Nr. 6 ArbStättV.

Weil § 9 Abs. 1 Nr. 6 ArbStättV wiederum auf die Ordnungswidrigkeiten gemäß § 25 Abs. 1 Nr. 1 ArbSchG verweist, kann die betreffende Ordnungswidrigkeit mit einer **Geldbuße bis zu 5.000 Euro** geahndet werden, § 25 Abs. 2 ArbSchG.

14   In diesem Zusammenhang darf sodann nicht übersehen werden, dass die betreffende Ordnungswidrigkeit zu einer **Straftat** hochgestuft werden kann, wenn eine **vorsätzliche Handlung** in Rede steht, die „das Leben oder die Gesundheit von Beschäftigten gefährdet". In diesem Szenario liegt eine Straftat gemäß § 26 Nr. 2 ArbSchG vor, § 9 Abs. 2 Ar-bStättV. Sie kann mit „Freiheitsstrafe bis zu einem Jahr oder mit Geldstrafe" bestraft werden.

II. Reinigung der Arbeitsstätten (Abs. 2)

15   Mit Abs. 2, der § 54 ArbStättV 1975 („Reinhaltung der Arbeitsstätte") entspricht und Art. 6 dritter Gedankenstrich Richtlinie 89/654/EWG (sog. EG-Arbeitsstättenrichtlinie) in nationales Recht umsetzt (BR-Drs. 450/04, S. 26), wird der Arbeitgeber in S. 1 verpflichtet, für eine **Reinigung der Arbeitsstätten** zu sorgen. S. 2 verlangt sodann die **unverzügliche Beseitigung von Verunreinigungen und Ablagerungen.** Die Regelung in S. 2 ist als **ergänzende Bestimmung zur allgemeinen Reinigungspflicht** in S. 1 anzusehen, weil sie sich mit einer **spezifischen Reinigungssituation,** das ist die Existenz von gefahrbringenden Verschmutzungen, befasst.

16   Was die **Häufigkeit und Intensität der Reinigung der Arbeitsstätten** anbetrifft, sollen sich diese **Reinigungsmodalitäten** gemäß S. 1 ausdrücklich nach den **hygienischen Erfordernissen** innerhalb der Arbeitsstätte richten. Die arbeitgeberseitige Herausforderung in Bezug auf die Reinigungspflicht besteht daher in erster Linie darin, „betriebsspezifische Regelungen festzulegen" (*Faber/Feldhoff* in HK-ArbSchR ArbStättV Rn. 97); denn die hygienischen Verhältnisse und damit die Reinigungserfordernisse sind davon abhängig, ob es sich bei der betreffenden Arbeitsstätte z. B. um eine Schule oder um eine Chemiefabrik handelt. In der Literatur wird insoweit die Aufstellung eines sog. **Hygieneplans** empfohlen, der sich mit **Reinigungsmitteln, -methoden und -intervallen** befasst und idealiter aus den **Ergebnissen der Gefährdungsbeurteilung** gemäß § 3 Abs. 1 ArbStättV abgeleitet wird (*Faber/Feldhoff* in HK-ArbSchR ArbStättV Rn. 97).

Für die **Konkretisierung** können die **Technischen Regeln für Arbeitsstätten (ASR)** herangezogen werden. Wichtig ist im vorliegenden Zusammenhang die ASR A4.1 „Sanitärräume" (Ausgabe: September 2013, GMBl. S. 919, zuletzt geändert durch GMBl. 2017 S. 401), vgl. Punkt 1 ASR A4.1. Die ASR A4.1 gilt gemäß Punkt 2 „für das Einrichten und Betreiben von Sanitärräumen sowie von Waschgelegenheiten in Arbeitsstätten, die den Beschäftigten zur Verfügung stehen." So sind etwa **Toilettenräume und ihre Einrichtungen** „in Abhängigkeit von der Häufigkeit der Nutzung zu reinigen und bei Bedarf zu desinfizieren". Im Falle täglicher Nutzung sind die genannten Räume und Einrichtungen „mindestens täglich" zu reinigen (vgl. Punkt 5.1 Abs. 3 ASR A4.1). Für **Waschräume und ihre Einrichtungen** gilt gemäß Punkt 6.1 Abs. 8 ASR A4.1 im Ergebnis dieselbe Vorgabe zur Reinigung.

17   Bei der flankierenden Regelung in S. 2 ist tatbestandlich darauf zu achten, dass die festgestellten Verunreinigungen und Ablagerungen dezidiert geeignet sein müssen, **zu Gefährdungen zu führen.** Wo umgekehrt keine Gefährdung (für die Beschäftigten) besteht, wird die betreffende Pflicht gerade nicht aktiviert. Relevant können vorliegend z. B. glatte Böden als Folge ausgelaufener Flüssigkeiten sein, die als **Verunreinigungen** mit Ausrutschgefahren einhergehen können. **Ablagerungen** wiederum können dazu führen, dass Beschäftigte stolpern können. **Unverzüglich** dürften entsprechende Beseitigungshandlungen erneut dann sein, wenn sie „ohne schuldhaftes Zögern" (vgl. § 121 Abs. 1 S. 1 BGB) erfolgen (→ Rn. 8).

Wenn und soweit ein Arbeitgeber seine arbeitsstättenrechtliche Pflicht zur Reinigung der Arbeitsstätte verletzt, gibt § 618 Abs. 1 BGB i. V. m. § 315 Abs. 3 BGB den betroffenen Beschäftigten einen einklagbaren **Anspruch auf Erfüllung der Reinigungspflicht** (vgl. LAG RhPf, Urt. v. 19.12.2008 – 9 Sa 427/08 – juris, Rn. 23, BeckRS 2009, 55988). In diesem Kontext können freilich regelmäßig **keine festen Reinigungsintervalle** oder **eine bestimmte Art und Weise der Reinigung** verlangt werden, weil § 4 Abs. 2 ArbStättV dem Arbeitgeber **Ermessen bei der Erfüllung der Reinigungspflicht** einräumt. Kommt der Arbeitgeber seiner Reinigungspflicht trotz entsprechender Aufforderung durch den Beschäftigten jedoch gar nicht nach, kann dieser ausnahmsweise unmittelbar auf eine der Billigkeit entsprechende Leistung des Arbeitgebers **in Form konkreter Reinigungshandlungen mit konkreten Reinigungsintervallen** klagen (vgl. LAG RhPf, Urt. v. 19.12.2008 – 9 Sa 427/08 – juris, Rn. 16, 31, BeckRS 2009, 55988). **18**

Die Reinigungspflicht kann nur dann auf eigene Beschäftigte übertragen werden, wenn die Durchführung etwaiger Reinigungsarbeiten **vom Arbeitsvertrag bzw. Direktionsrecht** gedeckt ist (vgl. LAG Rheinland-Pfalz, Urt. v. 19.12.2008 – 9 Sa 427/08 – juris, Rn. 29, BeckRS 2009, 55988). **19**

III. Instandhaltung und Prüfung der Sicherheitseinrichtungen (Abs. 3)

Abs. 3 knüpft an § 53 Abs. 2 ArbStättV 1975 („Instandhaltung. Prüfungen") an und setzt Art. 6 vierter Gedankenstrich Richtlinie 89/654/EWG (sog. EG-Arbeitsstättenrichtlinie) sowie Nr. 4.2 des Teils A des Anhangs IV der Richtlinie 92/57/EWG (sog. EG-Baustellenrichtlinie) in nationales Recht um (BR-Drs. 450/04, S. 26). Der Arbeitgeber ist danach verpflichtet, die **Sicherheitseinrichtungen**, d. h. Einrichtungen zur Verhütung oder Beseitigung von Gefahren in der Arbeitsstätte (*Lorenz* in Kollmer/Klindt/Schucht ArbSchG ArbStättV § 4 Rn. 8), **instandzuhalten** und **in regelmäßigen Abständen** auf ihre **Funktionsfähigkeit prüfen** zu lassen. Damit soll sichergestellt werden, dass die der Sicherheit der Beschäftigten dienenden Einrichtungen jederzeit funktionstüchtig sind (vgl. BR-Drs. 450/04, S. 26). **20**

Mit Blick auf die **nicht-abschließende Aufzählung** in Abs. 3 („insbesondere") zählen die folgenden Einrichtungen zu den Sicherheitseinrichtungen:

– Sicherheitsbeleuchtung;
– Brandmelde- und Feuerlöscheinrichtungen;
– Signalanlagen;
– Notaggregate und Notschalter;
– raumlufttechnischen Anlagen.

Instandhalten ist gemäß § 2 Abs. 10 ArbStättV „die Wartung, Inspektion, Instandsetzung oder Verbesserung der Arbeitsstätten zum Erhalt des baulichen und technischen Zustandes." Bis 2016 war in § 4 Abs. 3 ArbStättV a. F. insoweit nur vom sachgerechten Warten der Sicherheitseinrichtungen die Rede (zum Anlass für die Gesetzesänderung → Rn. 2).

Was die **Prüfung der Funktionsfähigkeit der Sicherheitseinrichtungen** anbetrifft, wird – im Unterschied zu § 53 Abs. 2 ArbStättV 1975 (für eine Orientierung an dieser Norm indes *Faber/Feldhoff* in HK-ArbSchR ArbStättV Rn. 98) – in Abs. 3 auf die **Vorgabe bestimmter Prüffristen für die Sicherheitseinrichtun-** **21**

gen verzichtet. Der Verordnungsgeber wies in diesem Zusammenhang darauf hin, dass Prüfintervalle „dem jeweiligen Stand der Technik" unterlägen und „in aktueller Form und sachbezogen Gegenstand des Regelwerks" seien (BR-Drs. 450/04, S. 26). Die **konkreten Prüffristen für die erforderlichen Funktionsprüfungen** sind daher vom Arbeitgeber **im Rahmen der Gefährdungsbeurteilung gemäß § 3 Abs. 1 ArbStättV zu ermitteln und festzulegen** (*Lorenz* in Kollmer/Klindt/Schucht ArbSchG ArbStättV § 4 Rn. 9; *Faber/Feldhoff* in HK-ArbSchR ArbStättV Rn. 98).

Der Arbeitgeber kann in diesem Zusammenhang ohne Weiteres auf die entsprechenden Angaben in den **Technischen Regeln für Arbeitsstätten (ASR)** zurückgreifen. So bestimmt etwa die ASR A2.2 „Maßnahmen gegen Brände" (Ausgabe: Mai 2018, GMBl. 2018 S. 446) in Punkt 7.5.2 Abs. 1 S. 2, dass **Feuerlöscher** zur Sicherstellung der Funktionsfähigkeit „alle zwei Jahre durch einen Fachkundigen zu warten" sind. **Kraftbetätigte Türen** wiederum sind gemäß Punkt 10.2 Abs. 1 S. 2 der ASR A1.7 „Türen und Tore" (Ausgabe: November 2009, GMBl. S. 1619, zuletzt geändert durch GMBl. 2018 S. 472) „mindestens einmal jährlich" auf ihren sicheren Zustand zu prüfen. Typischerweise sehen die ASR indes keine konkreten Fristen für die regelmäßig wiederkehrenden Funktionsprüfungen vor, sondern verweisen diesbezüglich auf die **Angaben des Herstellers** (vgl. etwa Punkt 7.5.1 Abs. 1 S. 1 ASR A2.2 für Brandmelde- und Feuerlöscheinrichtungen, Punkt 6 Abs. 3 S. 2 der ASR A3.4/7 „Sicherheitsbeleuchtung, optische Sicherheitsleitsysteme" (Ausgabe: Mai 2009, GMBl. S. 684, zuletzt geändert durch GMBl. 2017 S. 400) für Sicherheitsbeleuchtungen und Sicherheitsleitsysteme und Punkt 6.6 Abs. 1 S. 3 der ASR A3.6 „Lüftung" (Ausgabe: Januar 2012, GMBl. S. 92, zuletzt geändert durch GMBl. 2018 S. 474) für raumlufttechnische Anlagen). Bei **Arbeitsstätten in Sonderbauten** (z. B. Verkaufsstätten, Hochhäuser oder Krankenhäuser, vgl. Art. 2 Abs. 4 bayBO) sind die Prüffristen in den einschlägigen Landesverordnungen über die Prüfung von sicherheitstechnischen Anlagen und Einrichtungen in Sonderbauten (vgl. z. B. in Bayern die Verordnung über Prüfungen von sicherheitstechnischen Anlagen und Einrichtungen [Sicherheitsanlagen-Prüfverordnung – SPrüfV] vom 3. 8. 2001 (bayGVBl. S. 593) oder in Nordrhein-Westfalen die Verordnung über die Prüfung technischer Anlagen und wiederkehrende Prüfungen von Sonderbauten (Prüfverordnung – PrüfVO NRW) vom 24. 11. 2009 (nwGVBl. S. 723) zu beachten (krit. wegen der unterschiedlichen Schutzzwecke von Arbeitsstätten- und Bauordnungsrecht *Faber/Feldhoff* in HK-ArbSchR ArbStättV Rn. 98).

22　　Arbeitsstättenrechtlich ungeregelt ist, wer das Instandhalten und Prüfenlassen der Sicherheitseinrichtungen vorzunehmen hat. Aus diesem Grund sollten **interne Lösungen** ohne Weiteres zulässig sein, sodass insbesondere kein Erfordernis besteht, **externe Dienstleister** zu beauftragen. In der Literatur wird in diesem Zusammenhang zu Recht darauf hingewiesen, dass die betreffende Person auch **nicht fachkundig** i. S. d. § 2 Abs. 12 ArbStättV sein muss, weil es insoweit an einer entsprechenden gesetzlichen Vorgabe fehlt (*Wiebauer* in Landmann/Rohmer GewO ArbStättV § 4 Rn. 7a). Gegen diese Sichtweise könnte zwar eingewendet werden, dass bezüglich der Prüftätigkeit erstens vom Prüfenlassen die Rede ist und ein Prüfenlassen zweitens für die Notwendigkeit der Auslagerung spreche. Überzeugend wäre eine solche Argumentation aber nicht, weil im Ergebnis nichts dafür ersichtlich ist, warum das Instandhalten der Sicherheitseinrichtungen in eigener Regie soll vorgenommen werden können, das Prüfen auf deren Funktionsfähigkeit hingegen nicht. Gerade wenn die Kompetenz für diese Tätigkeiten intern vorhanden ist (was regelmäßig der Fall sein dürfte), wäre eine Pflicht zur Beauftragung externer

Dienstleister **auch unverhältnismäßig**. Aus diesem Grund ist davon auszugehen, dass der Verordnungsgeber mit dem prima facie differenziert anmutenden Gesetzestext keine unterschiedlichen Inhalte verbunden hat. Für diese Sichtweise spricht nicht zuletzt, dass vor der arbeitsstättenrechtlichen Reform im Jahr 2016 (→ Rn. 2) insoweit vom „warten und auf ihre Funktionsfähigkeit prüfen zu lassen" die Rede war (§ 4 Abs. 3 ArbStättV a. F.), d. h. einem Warten- und Prüfenlassen. Mit dem **Wechsel zum Instandhalten** (in Abgrenzung zum Instandhaltenlassen) wollte der Verordnungsgeber zwar klarstellen, dass es in diesem Zusammenhang nicht nur auf das sachgerechte Warten ankommt. Ausweislich der Verordnungsbegründung kommt der Art der Formulierung (aktivisch oder passivisch) aber keine Bedeutung zu (zum Ganzen BR-Drs. 506/16, S. 28).

Der **Ordnungswidrigkeitentatbestand** in § 9 Abs. 1 Nr. 4 ArbStättV a. F. **23** wurde im Zuge der Reform des Arbeitsstättenrechts im Jahr 2016 schon wieder gestrichen. Danach sollte ordnungswidrig handeln, wer vorsätzlich oder fahrlässig „entgegen § 4 Absatz 3 eine dort genannte Sicherheitseinrichtung nicht oder nicht in der vorgeschriebenen Weise warten oder prüfen lässt". Ursächlich für die Streichung dürfte die **fehlende Bestimmtheit der Norm** gewesen sein (so *Wiebauer* in Landmann/Rohmer GewO ArbStättV § 4 Rn. 7a).

IV. Vorkehrungen für die Flucht und Rettung im Gefahrenfall (Abs. 4)

Mit der Regelung in Abs. 4 werden Art. 6 erster Gedankenstrich Richtlinie 89/ **24** 654/EWG (sog. EG-Arbeitsstättenrichtlinie), die Ziff. 4.1, 4.2 des Anhangs I der Richtlinie 89/654/EWG sowie die Nrn. 3.2, 3.4 des Teils A des Anhangs IV der Richtlinie 92/57/EWG (sog. EG-Baustellenrichtlinie) in nationales Recht umgesetzt. Zugleich werden die früher auf mehrere Vorschriften (vgl. die §§ 19 S. 3, 52 Abs. 1, 55 ArbStättV 1975) verstreuten Regelungen über das Freihalten von Verkehrs- und Rettungswegen sowie die Vorkehrungen für die Flucht und Rettung im Gefahrenfall **in einer prägnanten Norm zusammengefasst** (BR-Drs. 450/04 S. 26).

Eine **Konkretisierung** der arbeitsstättenrechtlichen Anforderungen aus § 4 **25** Abs. 4 ArbStättV erfolgt durch die **Technischen Regeln für Arbeitsstätten (ASR)** im Allgemeinen und erstens die ASR A1.3 „Sicherheits- und Gesundheitsschutzkennzeichnung" (Ausgabe: Februar 2013, GMBl. S. 334, zuletzt geändert durch GMBl. 2017 S. 398; vgl. Punkt 1 ASR A1.3), zweitens die ASR A1.8 „Verkehrswege" (Ausgabe: November 2012, GMBl. S. 1210, zuletzt geändert durch GMBl. 2018 S. 473; vgl. Punkt 1 ASR A1.8) und drittens die ASR A2.3 „Fluchtwege und Notausgänge, Flucht- und Rettungsplan" (Ausgabe: August 2007, GMBl. S. 902, zuletzt geändert durch GMBl. 2017 S. 8; vgl. Punkt 1 ASR A2.3) im Besonderen.

1. Freihaltung von Verkehrswegen, Fluchtwegen und Notausgängen 26 (S. 1). S. 1 verpflichtet die Arbeitgeber, dafür zu sorgen, dass Verkehrswege, Fluchtwege und Notausgänge stets freigehalten werden, damit sie jederzeit benutzt werden können. Die **Verpflichtung zur Freihaltung von Verkehrswegen, Fluchtwegen und Notausgängen** richtet sich zwar nunmehr primär an den Arbeitgeber, ist im Ergebnis aber auch von den Beschäftigten zu beachten, und zwar im Rahmen ihrer Pflicht zur Eigen- und Fremdvorsorge gemäß § 15 Abs. 1 ArbSchG einerseits und als Bestandteil der allgemeinen Unterstützungspflichten gemäß § 15 DGUV Vorschrift 1 andererseits (vgl. auch *Wiebauer* in Landmann/Rohmer GewO Arb-

StättV § 4 Rn. 10). Vor der Reform des Arbeitsstättenrechts im Jahr 2016 (→ Rn. 2) war § 4 Abs. 4 S. 1 ArbStättV a. F. im Übrigen ohne spezifischen Personenbezug formuliert („Verkehrswege, Fluchtwege und Notausgänge müssen ständig freigehalten werden"), sodass **Arbeitgeber wie Beschäftigte Adressaten der Norm** waren (*Lorenz* in Kollmer/Klindt/Schucht ArbSchG ArbStättV § 4 Rn. 11).

Die sicherheitstechnischen Anforderungen an die **Einrichtung und Gestaltung** von **Verkehrswegen sowie Fluchtwegen und Notausgängen** sind (weiterhin) in den Nrn. 1.8 („Verkehrswege") und 2.3 („Fluchtwege und Notausgänge") des Anhangs der ArbStättV geregelt, die wiederum durch die einschlägigen **Technischen Regeln für Arbeitsstätten (ASR)** konkretisiert werden (→ Rn. 25).

27   Wer gegen die Regelung in § 4 Abs. 4 S. 1 ArbStättV verstößt, indem er nicht dafür sorgt, „dass Verkehrswege, Fluchtwege und Notausgänge freigehalten werden, handelt im Falle schuldhaften, d. h. vorsätzlichen oder fahrlässigen, Verhaltens **ordnungswidrig,** § 9 Abs. 1 Nr. 7 ArbStättV.

Weil § 9 Abs. 1 Nr. 7 ArbStättV wiederum auf die Ordnungswidrigkeiten gemäß § 25 Abs. 1 Nr. 1 ArbSchG verweist, kann die betreffende Ordnungswidrigkeit mit einer **Geldbuße bis zu 5 000 Euro** geahndet werden, § 25 Abs. 2 ArbSchG.

28   In diesem Zusammenhang darf sodann nicht übersehen werden, dass die betreffende Ordnungswidrigkeit zu einer **Straftat** hochgestuft werden kann, wenn eine **vorsätzliche Handlung** in Rede steht, die „das Leben oder die Gesundheit von Beschäftigten gefährdet". In diesem Szenario liegt eine Straftat gemäß § 26 Nr. 2 ArbSchG vor, § 9 Abs. 2 ArbStättV. Sie kann mit „Freiheitsstrafe bis zu einem Jahr oder mit Geldstrafe" bestraft werden.

29   **2. Vorkehrungen bei Gefahr (S. 2).** In Erfüllung des Abs. 4 S. 2 muss der Arbeitgeber **Vorkehrungen zur Flucht oder Rettung der Beschäftigten im Gefahrenfall** treffen. Diese Vorgabe soll ausweislich der Verordnungsbegründung „über vorbeugende Maßnahmen hinaus gewährleisten, dass die Beschäftigten im Brand- oder Katastrophenfall wissen, wie sie sich schnell aus dem Gefahrenbereich in Sicherheit bringen bzw. von außen gerettet werden können" (vgl. BR-Drs. 450/04, S. 26). Die von bestimmten Arbeiten ausgehenden spezifischen Gefährdungen können zudem weitergehende Sicherheitsvorkehrungen erforderlich machen. Gemeint sind damit z. B. Vorkehrungen, die es den Beschäftigten im Tunnelbau ermöglichen, sich beim Eindringen von Wasser oder Material in Sicherheit zu bringen, sodass mit der Regelung auch Nr. 10.1 lit. d) des Abschnitts II des Teils B des Anhangs IV der Richtlinie 92/57/EWG (→ Rn. 24) umgesetzt wird (BR-Drs. 450/04, S. 26).

Zu den vom Arbeitgeber in diesem Zusammenhang zu treffenden **Notfallmaßnahmen** gehören z. B. die Aufstellung eines Alarmplans, eines Flucht- und Rettungsplans (vgl. dazu Abs. 4 S. 3–5), einer Brandschutzordnung sowie eines speziellen Notfallplans für besondere Katastrophenfälle (z. B. für Ereignisse wie Überschwemmungen oder Explosionen) und Gefahrensituationen (z. B. Amokläufe oder Terroranschläge).

Abs. 4 S. 2 ergänzt schließlich die arbeitsschutzrechtlich in § 10 ArbSchG statuierten Pflichten des Arbeitgebers im Zusammenhang mit **Erster Hilfe und sonstigen Notfallmaßnahmen.** Ausdrücklich erwähnt wird in diesem Zusammenhang auch die **Evakuierung der Beschäftigten** (§ 10 Abs. 1 S. 1, Abs. 2 S. 1 ArbSchG). Just dieser Themenkreis wiederum ist notwendiger Bestandteil der Unterweisung gemäß § 6 ArbStättV (*Wiebauer* in Landmann/Rohmer GewO ArbStättV § 4 Rn. 11; siehe auch *Faber/Feldhoff* in HK-ArbSchR ArbStättV Rn. 99).

Der Ordnungswidrigkeitentatbestand in § 9 Abs. 1 Nr. 6 ArbStättV a. F. wurde **30** im Zuge der Reform des Arbeitsstättenrechts im Jahr 2016 (→ Rn. 1) wieder gestrichen. Danach sollte ordnungswidrig handeln, wer vorsätzlich oder fahrlässig „entgegen § 4 Absatz 4 Satz 2 eine Vorkehrung nicht trifft". Ursächlich für die Streichung dürfte die **fehlende Bestimmtheit der Norm** gewesen sein (so *Wiebauer* in Landmann/Rohmer GewO ArbStättV § 4 Rn. 14).

3. Aufstellung eines Flucht- und Rettungsplans (S. 3–5). Die **Verpflich-** **31** **tung des Arbeitgebers zur Aufstellung eines Flucht- und Rettungsplans** ist detailliert in Abs. 4 S. 3–5 geregelt.

Konkretisiert wird diese arbeitsstättenrechtliche Pflicht durch die ASR A2.3 (→ Rn. 25) im Allgemeinen und durch deren Punkt 9 im Besonderen; denn dort wird der „Flucht- und Rettungsplan" detailliert geregelt. Die ASR gilt gemäß Punkt 2 S. 1, 2 „für das Einrichten und Betreiben von Fluchtwegen in Gebäuden und vergleichbaren Einrichtungen, zu denen Beschäftigte im Rahmen ihrer Arbeit Zugang haben, sowie für das Erstellen von Flucht- und Rettungsplänen und das Üben entsprechend dieser Pläne. Dabei ist die Anwesenheit von anderen Personen zu berücksichtigen." Im Anschluss daran wird geregelt, in welchen Fällen die ASR A2.3 nicht gelten soll (z. B. für das Einrichten und Betreiben von „nicht allseits umschlossenen und im Freien liegenden Arbeitsstätten", lit. a)). Sodann erfüllt auch Punkt 6 ASR A1.3 (→ Rn. 25) mit seiner Regelung der **„Gestaltung von Flucht- und Rettungsplänen"** eine konkretisierende Funktion. Die ASR regelt gemäß Punkt 2 die „Gestaltung der Sicherheits- und Gesundheitsschutzkennzeichnung einschließlich der Gestaltung von Flucht- und Rettungsplänen".

Ein **Flucht- und Rettungsplan** ist nach S. 3 i. V. m. Punkt 9 Abs. 1 ASR A2.3 **32** **für die Bereiche in Arbeitsstätten aufzustellen,** „in denen die Lage, die Ausdehnung oder die Art der Benutzung der Arbeitsstätte dies erfordern."

In der ASR A2.3 werden in diesem Zusammenhang die folgenden Szenarien genannt:

– unübersichtliche Flucht- und Rettungswegführung (z. B. über Zwischengeschosse, durch größere Räume, gewinkelte oder von den normalen Verkehrswegen abweichende Wegführung)
– bei einem hohen Anteil an ortsunkundigen Personen (z. B. Arbeitsstätten mit Publikumsverkehr)
– in Bereichen mit einer erhöhten Gefährdung, wenn sich aus benachbarten Arbeitsstätten Gefährdungsmöglichkeiten ergeben (z. B. durch explosions- bzw. brandgefährdete Anlagen oder Stofffreisetzung)

Hinweise für die **Gestaltung von Flucht- und Rettungsplänen** sind in Punkt 9 Abs. 2–4 ASR A2.3 enthalten (siehe insoweit zur ASR A1.3 → Rn. 31).

Die **Flucht- und Rettungspläne** sind nach S. 4 i. V. m. Punkt 9 Abs. 5 ASR **33** A2.3 in den Bereichen der Arbeitsstätte, für die sie aufgestellt worden sind, **an geeigneten Stellen auszulegen oder auszuhängen.** Geeignete Stellen sind vor allem zentrale Bereiche in Fluchtwegen, an denen sich häufiger Personen aufhalten (z. B. vor Aufzugsanlagen, in Pausenräumen, in Eingangsbereichen, vor Zugängen zu Treppen oder an Kreuzungspunkten von Verkehrswegen).

Punkt 9 Abs. 6 ASR A2.3 verpflichtet den Arbeitgeber, die **Beschäftigten** re- **34** gelmäßig über den **Inhalt der Flucht- und Rettungspläne** sowie über das **Verhalten im Gefahrenfall** zu **informieren.** Die Information muss in verständlicher Form durchgeführt werden und hat vorzugsweise mindestens einmal jährlich im Rahmen einer Begehung der Fluchtwege zu erfolgen.

35   Der Arbeitgeber hat schließlich gemäß S. 5 i. V. m. Punkt 9 Abs. 7 S. 1 ASR
A2.3 auf der Grundlage der Flucht- und Rettungsplans **Räumungs- bzw. Rettungsübungen in angemessenen Zeitabständen** durchzuführen. Mithilfe dieser Übungen soll **mindestens** überprüft werden, ob die Alarmierung zu jeder
Zeit unverzüglich ausgelöst werden kann, die Alarmierung alle anwesenden Personen im Gebäude erreicht, die sich im Gebäude aufhaltenden Personen über die
Bedeutung der jeweiligen Alarmierung im Klaren sind und die Fluchtwege
schnell und sicher benutzt werden können, Punkt 9 Abs. 7 S. 2 ASR A2.3. Die
Aufzählung in der ASR A2.3 ist folglich nicht als abschließende Regelung zu
verstehen. Bei der Festlegung der Häufigkeit und des Umfangs der Räumungsübungen sowie deren Durchführung sind gemäß Punkt 9 Abs. 7 S. 3 ASR A2.3
ggf. die zuständigen Behörden hinzuziehen. In der Literatur wird in diesem Zusammenhang darauf hingewiesen, dass die **effektive Organisation des Ret-
tungswesens** voraussetze, „dass die Erfahrungen der Betroffenen gezielt genutzt
werden", wobei Rettungsübungen als Wirksamkeitskontrolle i. S. d. § 3 Abs. 1
S. 2 ArbStättV angesehen werden könnten (*Faber/Feldhoff* in HK-ArbSchR Arb-
StättV Rn. 99).

36   Punkt 10 ASR A2.3 befasst sich mit abweichenden bzw. ergänzenden Anforderungen für Baustellen und legt insbesondere fest, dass sich Arbeitgeber auf Baustellen, auf denen Beschäftigte mehrerer Arbeitgeber tätig werden, „bei der Festlegung
von Maßnahmen zur Gestaltung von Fluchtwegen abzustimmen" haben, Punkt 10
Abs. 1 ASR A2.3. Hintergrund der spezifischen Regelung sind die **örtlichen und
betrieblichen Gegebenheiten auf Baustellen**, die namentlich einer ausnahms-
losen Anwendung der Vorgaben aus den Punkten 5, 6 ASR A2.3 entgegenstehen,
Punkt 10 Abs. 2 S. 1 ASR A2.3.

V. Mittel und Einrichtungen zur Ersten Hilfe (Abs. 5)

37   Mit der abschließenden Bestimmung in Abs. 5 wird zum einen an die früheren
Regelungen in den §§ 39 Abs. 1, 53 Abs. 3 ArbStättV 1975 angeknüpft. Zum anderen dient die Regelung der nationalen Umsetzung der europarechtlichen Vorgaben
aus Ziff. 19 des Anhangs I der Richtlinie 89/654/EWG (sog. EG-Arbeitsstättenrichtlinie) und Nr. 13 des Teils A des Anhangs IV der Richtlinie 92/57/EWG (sog.
EG-Baustellenrichtlinie; vgl. zum Ganzen BR-Drs. 450/04, S. 26).
      Der Arbeitgeber hat danach die erforderlichen **Mittel und Einrichtungen zur
Ersten Hilfe zur Verfügung zu stellen** und diese **regelmäßig auf ihre Vollständigkeit und Verwendungsfähigkeit prüfen zu lassen**.

38   Eine **Konkretisierung** der arbeitsstättenrechtlichen Anforderungen aus § 4
Abs. 5 ArbStättV erfolgt durch die **Technischen Regeln für Arbeitsstätten
(ASR)** bzw. die ASR A4.3 „Erste-Hilfe-Räume, Mittel und Einrichtungen zur
Ersten Hilfe" (Ausgabe: Dezember 2010, GMBl. S. 1764, zuletzt geändert durch
GMBl. 2018 S. 475), vgl. Punkt 1 ASR A4.3. Die ASR gilt gemäß Punkt 2 Abs. 1
„für Anforderungen an Mittel und Einrichtungen zur Ersten Hilfe sowie Erste-
Hilfe-Räume oder vergleichbare Einrichtungen und deren Bereitstellung." In den
„Begriffsbestimmungen" in Punkt 3 ASR A4.3 werden u. a. die Begriffe **„Erste
Hilfe"** (Punkt 3.1), **„Mittel zur Ersten Hilfe"** (Punkt 3.4) und **„Einrichtungen
zur Ersten Hilfe"** (Punkt 3.5) definiert.

39   In diesem Zusammenhang sind schließlich auch die Inhalte aus Nr. 4.3 Abs. 1 des
Anhangs zur ArbStättV in den Fokus des Interesses zu rücken. Danach sind Erste-
Hilfe-Räume oder vergleichbare Bereiche „entsprechend der Art der Gefährdun-

gen in der Arbeitsstätten oder der Anzahl der Beschäftigten, der Art der auszuübenden Tätigkeiten sowie der räumlichen Größe der Betriebe zur Verfügung zu stellen."

Mittel zur Ersten Hilfe sind gemäß Punkt 3.4 ASR A4.3 Erste-Hilfe-Material **40** wie z. B. Verbandmaterial, Hilfsmittel oder Rettungsdecken, ggf. erforderliche medizinische Geräte wie z. B. automatisierte externe Defibrillatoren oder Beatmungsgeräte und Arzneimittel (z. B. Antidot), die zur Ersten Hilfe benötigt werden. Technische Hilfsmittel zur Rettung aus Gefahr für Leben und Gesundheit wie z. B. Meldeeinrichtungen oder Rettungstransportmittel wiederum sind gemäß Punkt 3.5 ASR A4.3 **Einrichtungen zur Ersten Hilfe. Meldeeinrichtungen** sind sodann gemäß Punkt 3.6 ASR A4.3 „Kommunikationsmittel, um im Notfall unverzüglich einen Notruf absetzen zu können". **Rettungstransportmittel** schließlich dienen gemäß Punkt 3.7 ASR A4.3 „dem fachgerechten, schonenden Transport Verletzter oder Erkrankter zur weiteren Versorgung im Erste-Hilfe-Raum, zum Arzt oder ins Krankenhaus".

Mit Blick auf die **Erste Hilfe im Betrieb** sind schließlich **arbeitsschutzrecht-** **41** **lich** die Regelung in § 10 ArbSchG („Erste Hilfe und sonstige Notfallmaßnahmen") sowie **unfallverhütungsrechtlich** die DGUV Vorschrift 1 „Grundsätze der Prävention" zu beachten. Der dritte Abschnitt der DGUV Vorschrift 1 befasst sich in den §§ 24 ff. allein mit dem Thema „Erste Hilfe". Insgesamt besteht dieser Abschnitt aus den folgenden Regelungen:
– Allgemeine Pflichten des Unternehmers (§ 24);
– Erforderliche Einrichtungen und Sachmittel (§ 25);
– Zahl und Ausbildung der Ersthelfer (§ 26);
– Zahl und Ausbildung der Betriebssanitäter (§ 27);
– Unterstützungspflichten der Versicherten (§ 28).

Wer entgegen Abs. 5 „ein Mittel oder eine Einrichtung zur Ersten Hilfe nicht **42** zur Verfügung stellt", handelt im Falle schuldhaften, d. h. vorsätzlichen oder fahrlässigen, Verhaltens **ordnungswidrig,** § 9 Abs. 1 Nr. 8 ArbStättV.

Weil § 9 Abs. 1 Nr. 8 ArbStättV wiederum auf die Ordnungswidrigkeiten gemäß § 25 Abs. 1 Nr. 1 ArbSchG verweist, kann die betreffende Ordnungswidrigkeit mit einer **Geldbuße bis zu 5.000 Euro** geahndet werden, § 25 Abs. 2 ArbSchG.

In diesem Zusammenhang darf sodann nicht übersehen werden, dass die betref- **43** fende Ordnungswidrigkeit zu einer **Straftat** hochgestuft werden kann, wenn eine **vorsätzliche Handlung** in Rede steht, die „das Leben oder die Gesundheit von Beschäftigten gefährdet". In diesem Szenario liegt eine Straftat gemäß § 26 Nr. 2 ArbSchG vor, § 9 Abs. 2 ArbStättV. Sie kann mit „Freiheitsstrafe bis zu einem Jahr oder mit Geldstrafe" bestraft werden.

C. Arbeitsschutzrechtlicher Vollzug

Auf Verstöße gegen die besonderen Anforderungen an das Betreiben von Ar- **44** beitsstätten kann mit **arbeitsschutzrechtlichen Maßnahmen** reagiert werden. Wenn und soweit ein Arbeitgeber gegen die Vorgaben aus § 4 ArbStättV verstößt, indem z. B.
– die Arbeitsstätte nicht instandgehalten wird,
– die Arbeitsstätte nicht den hygienischen Erfordernissen entsprechend gereinigt wird,

– die Sicherheitseinrichtungen nicht in regelmäßigen Abständen auf ihre Funktionsfähigkeit geprüft werden oder
– die Verkehrswege nicht ständig freigehalten werden,

kommen ohne Weiteres **Arbeitsschutzmaßnahmen gemäß § 22 Abs. 3 S. 1 Nr. 1 ArbSchG** in Betracht (näher *Kunz* in Kollmer/Klindt/Schucht ArbSchG § 22 Rn. 74 ff.). Danach kann die **zuständige Behörde im Einzelfall anordnen,** „welche Maßnahmen der Arbeitgeber und die verantwortlichen Personen oder die Beschäftigten zur Erfüllung der Pflichten zu treffen haben, die sich aus diesem Gesetz und den auf Grund dieses Gesetzes erlassenen Rechtsverordnungen ergeben". Dass diese Befugnisnorm in concreto anwendbar ist, folgt daraus, dass die ArbStättV **eine auf das ArbSchG gestützte Rechtsverordnung** ist.

§ 5 Nichtraucherschutz

(1) ¹**Der Arbeitgeber hat die erforderlichen Maßnahmen zu treffen, damit die nicht rauchenden Beschäftigten in Arbeitsstätten wirksam vor den Gesundheitsgefahren durch Tabakrauch geschützt sind.** ²**Soweit erforderlich, hat der Arbeitgeber ein allgemeines oder auf einzelne Bereiche der Arbeitsstätte beschränktes Rauchverbot zu erlassen.**

(2) **In Arbeitsstätten mit Publikumsverkehr hat der Arbeitgeber beim Einrichten und Betreiben von Arbeitsräumen der Natur des Betriebes entsprechende und der Art der Beschäftigung angepasste technische oder organisatorische Maßnahmen nach Absatz 1 zum Schutz der nicht rauchenden Beschäftigten zu treffen.**

Übersicht

Schrifttum: *Bergwitz,* Das betriebliche Rauchverbot, NZA-RR 2004, 169–180; *Bissels/Falter,* Die Nutzung von E-Zigaretten am Arbeitsplatz, BB 2015, 2999; *Bronhofer,* Nichtraucher in den Betrieben schützen, AuA 2008, 340–341; *Buchner,* Nichtraucherschutz am Arbeitsplatz, BB 2002, 2382–2385; *Cosack,* Verpflichtung des Arbeitgebers bzw. Dienstherrn zum Erlaß eines generellen Rauchverbots am Arbeitsplatz, DB 1999, 1450–1455; *Dietrich,* Nichtraucherschutz am Arbeitsplatz, Diss Göttingen 2007; *Düwell,* Nichtraucherschutz im Betrieb, AiB 2002, 400–403; *ders.,* Neu geregelt: Schutz des Arbeitnehmers vor den Gefahren des Passivrauchens, jurisPR-ArbR 20/2008 Anm. 6; *ders.,* Neue Gesetze zum Schutz vor den Gefahren des Passivrauchens, FA 2008, 74–77; *Ebert,* Raucherclub versus Nichtraucherschutz, NVwZ 2010, 26–29; *Entzer/Sauer,* Nichtraucherschutz im Hotel- und Gaststättengewerbe, BB 2008, 1116–1120; *Gietl,* Rauchen in bayerischen Gaststätten nach dem GSG 2010, GewA 2010, 344–348; *Ginal/Pinetzki,* „Dicke Luft" im Betrieb – Nichtraucherschutz am Arbeitsplatz, ArbR Aktuell 2012, 369; *Grimm/Windeln,* Nichtraucherschutz im Betrieb – arbeitsrechtliche Konsequenzen und Folgeprobleme betrieblicher Rauchverbote, ArbRB 2008, 273–276; *Haag/Zinke,* Nichtrauchern gebührt Vorrang, AuA 2003, 8–12; *Klocke,* Anspruch auf tabakrauchfreien Arbeitsplatz, jurisPR-ArbR 46/2015 Anm. 5; *Kock,* Nichtraucherschutz am Arbeitsplatz, NJW 2017, 198; *Kohte/Bernhardt,* Recht auf rauchfreien Arbeitsplatz, jurisPR-ArbR 12/2020 Anm. 4; *Kühn,* Rauchfreier Arbeitsplatz? Zur Beschäftigung von Arbeitnehmern in Raucherräumen, BB 2010, 120–124; *Künzl,* Rauchen und Nichtraucherschutz im Arbeitsverhältnis, ZTR 1999, 531–539; *Lange,* Die Transformation öffentlich-rechtlicher Arbeitsschutznormen über § 618 Abs. 1 BGB in das Arbeitsvertragsrecht, SAE 2010, 152; *Martin Lorenz,* Nichtraucherschutz am Arbeitsplatz, DB 2003, 721–723; *Mathias Lorenz,* Überblick zum Nichtraucherschutz nach § 5 ArbStättV, ArbRB 2007, 273–275; *Merenyi,* Zum bestehenden Schutz vor den Gefahren des Passivrauchens aus stoff- und arbeitsschutzrechtlicher Sicht, StoffR 2008, 200–206 und StoffR 2009, 2–8; *Raif/Böttcher,* Nichtraucherschutz – haben Raucher im Betrieb ausgequalmt?, AuR 2009, 289–291; *Rathgeber,* Passivrauchen am Arbeitsplatz aus Sicht der Berufsgenossenschaften, BG 2003, 175–179; *Riehm,* Nichtraucherschutz am Arbeitsplatz, AuA 2006, 284–285; *Rossi/Lenski,* Föderale Regelungsbefugnisse für öffentliche Rauchverbote, NJW 2006, 2657–2661; *Schillo,* Rauchen am Arbeitsplatz, DB 1997, 2022–2025; *Schmieding,* Nichtraucherschutz am Arbeitsplatz, ZTR 2004, 12–15; *Stück,* Nichtraucherschutz, AuA 2009, 140–144; *Schulze-Osterloh,* Öffentlich-rechtlicher Nichtraucherschutz am Arbeitsplatz, FS Kreutz (2010), S. 463–470; *Sperl,* Nichtraucherschutz am Arbeitsplatz, AiB 2006, 207–209; *Thelen,* Nichtraucherschutz am Arbeitsplatz, 2016; *Uhl/Polloczek,* die Auswirkungen des neuen Passivrauchschutzgesetzes auf das Rauchen im Betrieb, BB 2008, 1114–1116; *von Steinau- Steinrück/Kuntzsch,* Rauchen am Arbeitsplatz, NJW-Spezial 2018, 370; *Wellenhofer-Klein,* Der rauchfreie Arbeitsplatz, RdA 2003, 155–161; *Wendtland,* Das Rauchen in Gaststätten: Ein Härtetest für die Kompetenzordnung nach der Föderalismusreform, DÖV 2007, 647–652; *Windeln,* Nichtraucherschutz am Arbeitsplatz, ArbRB 2016, 50; *Wölfel,* Kein uneingeschränkter Anspruch auf rauchfreien Arbeitsplatz, DB 2016, 2609.

A. Entstehungsgeschichte und Hintergrund

I. Gesetzliche Regelung zum Nichtraucherschutz

1   Die am 3. Oktober 2002 in Kraft getretene Vorschrift des damaligen § 3a Arb-StättV a. F. (Art. 7 der VO zur Rechtsvereinfachung im Bereich der Sicherheit und des Gesundheitsschutzes bei der Bereitstellung von Arbeitsmitteln und deren Benutzung bei der Arbeit, der Sicherheit beim Betrieb überwachungsbedürftiger Anlagen und der Organisation des betrieblichen Arbeitschutzes vom 27. September 2002, BGBl. Nr. 70 vom 2.10.2002, 3177, 3815) normierte erstmals den Nichtraucherschutz in Arbeitsstätten **öffentlich-rechtlich.** Die Regelung ging auf eine interfraktionelle Initiative des Deutschen Bundestages für einen verbesserten Nichtraucherschutz am Arbeitsplatz zurück und übernimmt den Wortlaut des Beschlusses vom 31. Mai 2001 (BT-Drs. 14/3231). Voraus gegangen war ein jahrzehntelanger Grundsatzstreit.

2   Mit der Regelung des Nichtraucherschutzes am Arbeitsplatz im damaligen § 3a ArbStättV 1975 wurde eine fraktionsübergreifende **Initiative des Deutschen Bundestages** zum Nichtraucherschutz auf der Grundlage eines Beschlusses vom 31. Mai 2001 (BT-Drs. 14/3231) umgesetzt. Eine mit dem Beschlusstext der Initiative identische eigenständige Vorschrift zum Nichtraucherschutz wurde in die Arbeitsstättenverordnung integriert. Mit der Bestimmung wurde die in der Praxis als unzureichend empfundene Vorschrift des damaligen **§ 32 ArbStättV 1975** (Nichtraucherschutz in Aufenthaltsräumen) **ersetzt.** Gleichzeitig wurde § 5 ArbStättV 1975 (Lüftung, vgl. nunmehr Anh. 3.6) ergänzt (vgl. BR-Drs. 301/02, S. 108–109). Der Arbeitgeber ist seither ausdrücklich zu **wirksamen Maßnahmen** zum Schutz der nicht rauchenden Beschäftigten bei der Arbeit verpflichtet. Letztlich wurde damit nur die bis dahin ergangene **Rechtsprechung** zum Nichtraucherschutz am Arbeitsplatz auf Mindestniveau in der ArbStättV festgeschrieben. Der Verordnungsgeber erwartete sich mit der rechtlichen Umsetzung ein größeres Maß an **Rechtssicherheit** und ein **einheitliches Schutzniveau** bundesweit. Gleichzeitig sollte die Bestimmung dem Arbeitgeber – angesichts der Vielgestaltigkeit der betrieblichen Verhältnisse – den notwendigen Regelungsspielraum in Bezug auf die konkret zu veranlassenden Schutzmaßnahmen **belassen** (vgl. BR-Drs. 301/02).

3   Im Zuge der großen ArbStättV-Novelle 2004 wurde § 3a a. F. ohne inhaltliche Änderung zu § 5 n. F. **Verschärft** wurde die Regelung mit Wirkung ab 1.9.2008 durch die Einfügung eines Satzes 2 in § 5 Abs. 1 ArbStättV, wonach auch Rauchverbote oder teilweise Rauchverbote erforderlich sein können. 2016 schließlich wurde Abs. 2 neu gefasst, um klar zu stellen, dass der Arbeitgeber auch in Bereichen der Arbeitsstätte mit **Publikumsverkehr** Vorkehrungen zum Nichtraucherschutz treffen muss, was der Wortlaut der vorherigen Fassung nicht eindeutig erkennen ließ. Aus Sicht des Verordnungsgebers handelte es sich gleichwohl um eine lediglich redaktionelle Korrektur, da sich die Pflicht, zumindest angepasste Maßnahmen zu treffen, aus dem Regelungszusammenhang mit Anhang Nr. 3.6 (Lüftung) ergeben habe (BR-Drs. 506/16 S. 29).

4   Die Vorschrift ist wie folgt aufgebaut:

–   Generalklauselartig bestimmt § 5 zunächst, dass der Arbeitgeber **„erforderliche Maßnahmen"** zu treffen hat, um die nicht rauchenden Beschäftigten in Arbeitsstätten wirksam vor den Gesundheitsgefahren durch Tabakrauch zu schützen.

– Dabei präzisiert § 5 Abs. 1 Satz 2, dass „geeignete Maßnahme" auch ein **allgemeines Rauchverbot** für den Gesamtbetrieb oder für **einzelne Bereiche** einer Arbeitsstätte sein kann.

– Als Ausnahme gilt eine „mildere Regelung" in Arbeitsstätten mit **Publikumsverkehr.** Hier tritt an die Stelle der „erforderlichen Schutzmaßnahmen" eine Art **Minimierungsverpflichtung** des Arbeitgebers unter Berücksichtigung von Art und die Natur des Betriebes.

– Neben § 5 ist Anh. 3.6 über die „Lüftung" der Arbeitsplätze in vollem Umfang anwendbar.

§ 5 ArbStättV regelt ausschließlich den Nichtraucherschutz zugunsten der Be- **5** schäftigten im Betrieb. Darüber hinausgehende allgemeine Rauchverbotsregelungen enthalten die Nichtraucherschutzgesetze des Bundes und der Länder, die grundsätzlich neben der ArbStättV Anwendung finden (→ Rn. 45 ff.). Allerdings gilt § 5 ArbStättV auch an Arbeitsplätzen, die an sich nicht der ArbStättV unterliegen (§ 1 Abs. 2 → § 1 Rn. 26 ff.).

II. Tabakkonsum als Rechtsproblem

Die Vorschriften der ArbStättV über den Nichtraucherschutz sind kein nationa- **6** ler Alleingang. § 5 setzt die Ziffern 16.3, 16.4 des Anhangs I der europäischen Arbeitsstättenrichtlinie und 15.5 des Anhangs IV Teil A der europäischen Baustellenrichtlinie in deutsches Recht um (BR-Drs. 450/04 S. 27).

Diese Vorgaben tragen eindeutigen wissenschaftlichen Erkenntnissen Rech- **7** nung, die von der Gesundheitsschädlichkeit des Passivrauchens ausgehen. Bereits seit geraumer Zeit ist allgemein anerkannt, dass Tabakrauch **zahlreiche gesundheitsschädliche Bestandteile,** darunter auch krebsfördernde, enthält (*Dietrich* S. 3 ff. m. w. N.; *Wilrich* in Schmatz/Nöthlichs 4204 § 5 Anm. 2 m. w. N.). Zu den Akutauswirkungen gehören Augen-, Hals-, Nasenreizungen sowie Husten, Atembeschwerden und Übelkeit. Als mögliche Langzeitauswirkungen sind neben Herz- und Kreislauferkrankungen vor allem das erhöhte allgemeine Krebsrisiko zu nennen (vgl. *Künzl* BB 1999, 2187). Zur Gesundheitsgefährdung durch Tabakrauch am Arbeitsplatz hat die Senatskommission zur Prüfung gesundheitlicher Arbeitsstoffe der deutschen Forschungsgemeinschaft **(MAK-Kommission)** seit 1985 (und jährlich wiederkehrend) festgestellt, dass Tabakrauch eine Vielzahl krebserzeugender Stoffe enthalte, und sich deren krebserzeugende Wirkung in geeigneten Tierversuchen eindeutig nachweisen lasse. Dabei seien im **Nebenstromrauch,** der beim Passivrauchen anteilsmäßig stärker als beim Aktivrauchen beteiligt ist, krebserzeugende Substanzen zum Teil stärker vertreten als im Hauptstromrauch (vgl. *Wlotzke* in MHdBArbR § 212 Rn. 36 a m. w. N.).

Die am 27.2.2005 in Kraft getretene Tabakrahmenkonvention der Weltgesund- **8** heitsorganisation (WHO) schreibt dementsprechend in ihrem Art. 8 für alle Vertragsstaaten verbindlich fest, dass diese von der Gesundheitsgefährlichkeit des Passivrauchens auszugehen haben. Art. 8 der Konvention lautet:

„(1) Die Vertragsparteien erkennen an, dass wissenschaftliche Untersuchungen eindeutig bewiesen haben, dass Passivrauchen Tod, Krankheit und Invalidität verursacht.

(2) Jede Vertragspartei beschließt in Bereichen bestehender innerstaatlicher Zuständigkeit nach innerstaatlichem Recht wirksame gesetzgeberische, vollziehende, administrative und/oder sonstige Maßnahmen zum Schutz vor Passivrauchen am Arbeitsplatz in geschlossenen Räumen, in öffentlichen Verkehrsmitteln, an geschlossenen öffentlichen Orten und gegebenenfalls an sonstigen öffentlichen Orten, führt solche Maßnahmen durch und

setzt sich auf anderen Zuständigkeitsebenen aktiv für die Annahme und Durchführung solcher Maßnahmen ein."

Die Bundesrepublik Deutschland hat die Konvention am 24.10.2003 unterzeichnet und mit Gesetz vom 19.11.2004 (BGBl 2004 II S. 1538) ratifiziert (siehe auch Deutsches Krebsforschungszentrum [Hrsg.], Perspektiven für Deutschland: Das Rahmenübereinkommen der WHO zur Eindämmung des Tabakgebrauchs, 2011).

9   § 5 ArbStättV trägt den eindeutigen und auf der Grundlage der Tabakrahmenkonvention verbindlichen wissenschaftlichen Erkenntnissen Rechnung und geht von der Gesundheitsschädlichkeit des Passivrauchens aus (BT-Drs. 16/5049 S. 7). In der Technischen Regel für Gefahrstoffe TRGS 905 (Ausgabe März 2016) ist Passivrauchen dementsprechend als krebserzeugend und reproduktionstoxisch/entwicklungsschädigend (jew. Kategorie 1A) sowie als keimzellmutagen (Kategorie 2) eingestuft (ausführlich dazu Begründung des AGS zu Passivrauchen in TRGS 905, Ausgabe Mai 2002, abrufbar unter http://www.baua.de/de/Themen-von-A-Z/ Gefahrstoffe/TRGS/Begruendungen-905-906.html, siehe auch *Merenyi* StoffR 2008, 200 ff.).

10   Seit etwa 2008 hat sich mit den elektrischen Zigaretten (**E-Zigaretten**) eine neue Form des Nikotinkonsums als Alternative zur herkömmlichen Zigarette Stück für Stück am Markt etabliert. Bei diesen Produkten werden in der Regel nikotinhaltige Flüssigkeiten (sog. Liquids) verdampft; der Konsument atmet diesen Dampf ein und nimmt die Inhaltsstoffe so auf. Die rechtliche Einordnung der E-Zigaretten und insbesondere der Liquids ist umstritten. Nach dem Tabakerzeugnisgesetz vom 4.4.2016 (TabakerzG, BGBl I S. 569) sind sie **keine Tabakerzeugnisse;** ihr Vertrieb unterliegt aber als „verwandte Erzeugnisse" nach §§ 2 Nr. 2, 13 ff. TabakerzG konkreten Beschränkungen. Die zugrundeliegende Tabakrichtlinie der EU (2014/40/EU) kennt diese Unterscheidung ebenfalls. Zur Frage, ob E-Zigaretten dem § 5 ArbStättV unterfallen → Rn. 19 ff.

III. Verfassungsrechtliche Rahmenbedingungen

11   Auch das BVerfG macht sich in seinem **Gaststätten-Rauchverbotsurteil** vom 30.7.2008 (1 BvR 3262/07 u. a. BVerfGE 121, 317) das **Ergebnis von Studien** zu eigen, in denen die Gefahren des Passivrauchens als erwiesen vorausgesetzt werden.

12   Bei der Frage nach dem „richtigen" **Konzept für den Nichtraucherschutz** im Rahmen seiner grundgesetzlichen Schutzpflicht für die Gesundheit der Nichtraucher billigt das BVerfG dem Gesetzgeber einen **weiten Gestaltungsspielraum** zu (Nichtannahmebeschluss vom 9.2.1998 – 1 BvR 2234/97, NJW 1998, 2961 f.; ähnlich zum Nichtraucherschutz im Gaststättenrecht BVerfG 30.7.2008, BVerfGE 121, 317). Der Gesetz- und Verordnungsgeber habe mit den Nichtraucherschutzregelungen der ArbStättV „in vielfältiger Weise" von seiner Schutzpflicht zu Gunsten des Bürgers „Gebrauch gemacht". Erfasst seien – im Hinblick auf § 32 ArbStättV a. F. – insbesondere die Lebensbereiche, denen sich der Einzelne (am Arbeitsplatz) nicht ohne weiteres entziehen könne. Es sei nicht ersichtlich, dass die derzeitigen gesetzgeberischen Maßnahmen (und damit auch § 32 ArbStättV a. F.) **evident unzureichend** wären. Die Verfassungsmäßigkeit des damaligen öffentlich-rechtlichen Nichtraucherschutzrechts am Arbeitsplatz wurde damit vom BVerfG bestätigt (vgl. auch *Schillo/Behling* DB 1997, 2022, mit weiteren Rechtsprechungsnachweisen).

Die **Gesetzgebungskompetenz** des Bundes zum Nichtraucherschutz am Arbeitsplatz un- **13** terscheidet sich nicht von derjenigen für den **allgemeinen Arbeitsschutz.** Sie folgt für Arbeitsverhältnisse in der freien Wirtschaft und für sonstige Beschäftigte im öffentlichen Dienst aus Art. 74 Abs. 1 Nr. 12 GG (*Bergwitz*, NZA-RR 2004, 169 ff.). Für den Schutz der Bundesbeamten besteht eine ausschließliche Bundeskompetenz gemäß § 73 Abs. 1 Nr. 8 GG (*Schmidt am Busch* in Kollmer/Klindt/Schucht Einl. A Rn. 50). Für den Arbeitsschutz der Beamten in den Ländern hat der Bund seit der Föderalismusreform keine Gesetzgebungskompetenz mehr, allerdings gilt das ArbSchG einschließlich seiner Verordnungsermächtigungen auch insoweit fort, solange nicht die Länder eigene Regelungen hierzu erlassen (ausführlich *Wiebauer* in Landmann/Rohmer GewO Vorbem. vor § 1 ArbSchG Rn. 31 ff.; *Schmidt am Busch* in Kollmer/Klindt/Schucht Einl. A Rn. 51).

IV. Nichtraucherschutz in der Rechtsprechung: Die Vorgeschichte

Die frühere Rechtsprechung zum Nichtraucherschutz am Arbeitsplatz schwankte **14** erheblich, ließ aber seit jeher eine **Tendenz** zum **Schutz der Nichtraucher** erkennen. Die Gesetzesinitiative zur Verankerung des Nichtraucherschutzes in der ArbStättV stützte sich ausdrücklich auf diese Rechtsprechung (BT-Drs. 14/3231 S. 4). Die meisten Gerichtsurteile betrafen Arbeitsvertragsrecht oder öffentliches Dienstrecht, selten war die Verfügung einer Gewerbeaufsichtsbehörde Gegenstand eines Rechtsstreits.

– Das LAG Baden-Württemberg vertrat im Jahr 1977 noch die Auffassung, ein Arbeitgeber sei **nicht verpflichtet,** dem Arbeitnehmer auf Verlangen einen tabakrauchfreien Arbeitsplatz zur Verfügung zu stellen (LAG Baden-Württemberg Urt. v. 9.12.1977, Az.: 7 Sa 163/77; DB 1978, 213 ff.).

– Das VG Köln hingegen vertrat schon 1978 die Ansicht, die **Fürsorgepflicht** gebiete es dem (öffentlich-rechtlichen) Dienstherrn, ein **Rauchverbot** zu erlassen, wenn einzelne Beamte in ihren Arbeitsräumen durch Tabakrauch Belästigungen ausgesetzt sind (VG Köln, Urt. v. 31.3.1978, Az.: 3 L 302/78; DB 1978, 1599–1600 = MDR 1978, 604–605).

– Das VG Freiburg (Breisgau) wiederum judizierte 1978, dass – solange die Rechtsordnung in Deutschland das Rauchen (trotz seiner Gefährlichkeit) grundsätzlich **zulasse** – vom Arbeitgeber grundsätzlich nicht verlangt werden könne, dass er einen tabakrauchfreien Arbeitsraum zur Verfügung stellt (VG Freiburg, Urt. v. 18.5.1978, Az.: VS V 117/77; NJW 1978, 2352–2354).

– Das ArbG Berlin erachtete im Jahre 1988 Belastungen der Atemluft durch Tabakrauch in Arbeitsräumen im Grundsatz bestenfalls nur noch solange als zulässig, als sich auch nur ein einzelner Nichtraucher **belästigt** im seinem Wohlbefinden beeinträchtigt **fühlt** (ArbG Berlin, Urt. v. 26.10.1988, Az.: 9 Ca 400/87, *Eberstein/Meyer* Kz.: 6.5, S. E-24).

– Das ArbG Hamburg ging sogar von einer Schmerzensgeldpflicht des Arbeitgebers aus, sofern dieser über längere Zeit einen Arbeitnehmer dem Einfluss tabakrauchender Kollegen aussetzte: Hier handele es sich um eine Vertragsverletzung, die zum Schadensersatz verpflichte. Es könne auf Grund unerlaubter Handlung **Schmerzensgeld** zuerkannt werden (ArbG Hamburg, Urt. v. 14.4.1989, Az.: 13 Ca 340/87, *Eberstein/Meyer,* Kz.: 6.5, S. E-35).

– Um die grundsätzliche Frage, ob ein Arbeitgeber auf Grund seines Hausrechts berechtigt sei, ein **Rauchverbot** am Arbeitsplatz einzuführen, ging es bei einer Entscheidung des LAG Frankfurt im Jahre 1989. Hier war das hessische LAG der Auffassung, dass der Arbeitgeber auf Grund seines Eigentums- und **Hausherrenrechts** grundsätzlich berechtigt sei, das Rauchverbot einzuführen. Dieses Recht folge auch aus dem **Direktionsrecht des Arbeitgebers** (LAG Frankfurt v. 6.7.1989, Az.: 9 Sa 1295/88, *Eberstein/Meyer,* Kz.: 6.5, S. E-41).

– Das LAG München vertrat in zwei Entscheidungen aus dem Jahr 1990 einen **eher „raucherfreundlicheren"** Standpunkt: Gemäß einer Entscheidung vom 27.11.1990 folge „weder aus tariflichen noch aus gesetzlichen Arbeitsschutzvorschriften" ein ausdrückliches und absolutes Rauchverbot am Arbeitsplatz. Allerdings könne eine besondere Anfälligkeit der Konstitution eines Arbeitnehmers „eine starke Rücksichtnamepflicht des Arbeitgebers" auslösen. Das Gericht schränkte allerdings ein, dass der Erlass eines allgemeinen betrieblichen Rauchverbots der **Mitbestimmung durch den Betriebsrat** unterliege.

– Ein Urteil des LAG München vom 2.3.1990 ging in eine ähnliche Richtung: **Nur bei Personen** mit besonderen **medizinischen** Empfänglichkeiten und **Leiden** bestehe in der medizinischen Wissenschaft „offenbar Einigkeit", dass Passivrauchen normaler Intensität zu gesundheitlichen Schäden führen könne. Bei Nichtrauchern könne sich aber eine besondere Schutzbedürftigkeit aus einer konkreten und dauerhaften Atemwegserkrankung ergeben, die zu einer teilweisen Freistellung von der Arbeitspflicht am bisherigen Arbeitsplatz führen könne (vgl. LAG München, v. 27.11.1990, Az.: 2 Sa 542/90, *Eberstein/Meyer*, Kz.: 6.5, S. E–56 sowie v. 2.3.1990, Az.: 6 Sa 88/90, *Eberstein/Meyer*, Kz.: 6.5, S. E–47).

– Das LAG Hamm erkannte dann im Jahre 1990 den **Anspruch auf einen tabakfreien Arbeitsplatz** an: Dem Anspruch der nicht rauchenden Beschäftigten gegenüber ihrem Arbeitgeber stünden keine ins Gewicht fallende Rechte der Raucher entgegen. Den Anspruch auf einen tabakrauchfreien Arbeitsplatz könne der Arbeitgeber auch dadurch erfüllen, dass er **allen** in dem betreffenden Raum Beschäftigten aufgebe, dort **überhaupt nicht mehr zu rauchen.** Also auch nicht bei Abwesenheit aller anderen dort tätigen Arbeitnehmer (LAG Hamm, Urt. v. 26.4.1990, Az.: 17 Sa 128/90, *Eberstein/Meyer*, Kz.: 6.5, S. E-65).

– In eine ähnliche Richtung ging dann auch ein Urteil des VG München im Jahre 1992: Der Diensther (eines Beamten) sei durch die ihm obliegende **Fürsorgepflicht** gehalten, abzuhelfen, wenn ein Beamter an seinem Arbeitsplatz durch Tabakrauch in seiner **Gesundheit beeinträchtigt** werde (VG München, Urt. v. 28.4.1992, Az.: M 12 K 90 3016, *Eberstein/Meyer*, Kz.: 6.5, S. E-74).

– Das ArbG Frankfurt stellte 1994 fest, dass sowohl Raucher als auch Nichtraucher ihre Neigungen jeweils auf die **Entfaltungsfreiheit** des Art. 2 Abs. 1 GG stützen könnten. Da jedoch der Raucher in Ausübung seiner Neigung Schadstoffe emittiere, müssten seiner Entfaltungsfreiheit Grenzen gesetzt werden. Dabei sei als Orientierungsmaßstab die Gesundheit, nicht das subjektive Denken des Rauchers maßgeblich (ArbG Frankfurt, Urt. v. 18.1.1994, Az.: 8 Ca 2783/93; AiB 1994, 570f.). In der Berufungsinstanz entschied das LAG Frankfurt (Urt. v. 24.11.1994 – 5 Sa 732/94, AuR 1995, 283), dass **jegliche wahrnehmbare Belastung** der Atemluft durch Tabakrauch **nicht mehr** den Anforderungen der Arbeitsstättenverordnung entspreche. Bereits bei dessen Wahrnehmbarkeit sei der Arbeitgeber verpflichtet, **geeignete Maßnahmen** zu ergreifen, die es vermieden, Beschäftigte dieser belasteten Atemluft auszusetzen. Ein **Anspruch** des Beschäftigten auf einen tabakrauchfreien Arbeitsplatz leitete das LAG aus § 618 BGB (§ 62 Abs. 1 HGB) i.V.m. § 5 ArbStättV 1975 her.

– Das **BAG** schließlich billigte 1998 einer unter chronischen **Atemwegserkrankungen** leidenden Arbeitnehmerin gemäß § 618 Abs. 1 BGB einen **Anspruch auf einen tabakrauchfreien Arbeitsplatz** zu (BAG Urt. v. 17.2.1998, 9 AZR 84/97, NJW 1999, 162; hierzu *Hanau* EWiR 1998, 925f.; kritisch *Dübbers* ArbuR 1999, 115; *Streckel* EzA § 618 BGB Nr. 14; *Bieler* BuW 1998, 911ff.). Das Urteil stand am Beginn einer inzwischen deutlich ausgeweiteten Rechtsprechung des BAG zum Anspruch auf einen rauchfreien Arbeitsplatz (s. u. Rn. 44ff.).

– Das **LAG Frankfurt** stellte allerdings fest, dass Flugbegleiter keinen rauchfreien Arbeitsplatz verlangen könnten (Urt. v. 28.10.1998, Az.: 2 SaGA 1824/98, AuA 1999, 34). Die Natur der Dienstleistung eines Flugbegleiters gestatte dies nun einmal nicht. Maßnahmen, um Flüge mit Rauchmöglichkeit zur Verfügung zu stellen (z.B. gesonderte Raucherkabine, technische Verbesserung von Lüftungs- und Klimaanlagen), seien wegen unzumutbaren Aufwands die Fluggesellschaften nicht zu realisieren.

B. Geltungsbereich

I. Umfassender Anwendungsbereich

Um den Nichtraucherschutz am Arbeitsplatz **umfassend** und in allen Tätig- **15**
keitsbereichen zu gewährleisten, gilt § 5 gemäß § 1 Abs. 2 ausdrücklich auch an Arbeitsplätzen, die im Übrigen nicht der ArbStättV unterfallen (→ § 1 Rn. 26 ff.). Die
Vorschrift ist damit auch anwendbar
– im Reisegewerbe und im Marktverkehr;
– in Transportmitteln im öffentlichen Verkehr, sowie
– in land- und forstwirtschaftlichen Betrieben außerhalb der bebauten Flächen.
Für die dem Bundesberggesetz unterliegenden Betriebe ergibt sich der Nichtraucherschutz aus § 12 Abs. 6 i.V. m. Anhang 1 Nr. 11.3 der Allgemeinen Bundesbergverordnung (ABBergV).

Der umfassende Anwendungsbereich beinhaltet, dass der Arbeitgeber Nichtrau- **16**
cherschutz-Maßnahmen auch z. B. auf Jahrmärkten, im Zusammenhang mit öffentlichen Verkehrsmitteln (zur Flugbegleiterproblematik vor Inkrafttreten des
Bundesnichtraucherschutzgesetzes vgl. nur BAG 8.5.1996 – 5 AZR 971/94 –
NZA 1996, 927), in Gaststätten und auf Schiffen zu treffen hat. Für die Reisegewerbe, im Marktverkehr sowie im öffentlichen Verkehr wird jedoch **häufig** die
„mildere Bestimmung" des **sekundären Nichtraucherschutzes** des Abs. 2 einschlägig sein.

II. Persönlicher Schutzbereich: Nicht rauchende Beschäftigte

Auch der geschützte Personenkreis ist in § 5 ausdrücklich festgeschrieben: Ge- **17**
schützt sind lediglich die nicht rauchenden Beschäftigten bei der Arbeit, einschließlich der leitenden Angestellten und arbeitnehmerähnlichen Personen. § 5 kommt
also keine drittschützende Wirkung zu (so auch VG Düsseldorf 13.2.2007 – 3 K
3344/06). **Nicht Schutzsubjekt** der Vorschrift sind:
– selbst bei der Arbeit (erlaubt) **rauchende** Beschäftigte (*Faber/Feldhoff* in HK-
ArbSchR ArbStättV Rn. 103); allerdings können sich Raucher, die lediglich in
ihrer Freizeit bzw. außerhalb der Arbeitsstätte rauchen, auf § 5 berufen (*Dietrich*
S. 45 f.);
– der **Arbeitgeber** selbst oder seine Mitgesellschafter, sofern sie nicht auch Beschäftigte des Betriebs sind (z. B. als angestellte Geschäftsführer);
– **dritte Personen,** z. B. Kunden und Angehörige der Beschäftigten (VG Düsseldorf 13.2.2007 – 3 K 3344/06: Rechtsanwalt in einer Gerichtskantine; → § 1
Rn. 12);
– Beschäftigte, die sich **nicht zum Zwecke der Arbeit** am Arbeitsplatz befinden
(sondern z. B. für Nebentätigkeiten oder in der Freizeit); eine Arbeits- oder Mit-
tagspause oder ein Bereitschaftsaufenthalt unterbricht nach Sinn und Zweck der
Vorschrift den Beschäftigungs- und Schutzzusammenhang allerdings nicht.

Infolgedessen dient § 5 **nicht** dem **allgemeinen Gesundheitsschutz** in dem
Sinne, dass Raucher dazu bewegt werden sollten, den Tabakkonsum aufzugeben
(*Faber/Feldhoff* in HK-ArbSchR ArbStättV Rn. 103). Welche Schutzmaßnahmen
der Arbeitgeber treffen muss, richtet sich ausschließlich danach, was zum Schutz
der nicht rauchenden Beschäftigten erforderlich ist.

III. Gefährdung: Tabakrauch

18   § 5 bezweckt den Schutz der nicht rauchenden Beschäftigten vor den Gefahren des Tabakrauchs. Unter **„Rauchen"** ist im allgemeinen und wissenschaftlichen Sprachgebrauch das Einatmen des Rauchs zu verstehen, der bei dem Verbrennungs-vorgang (Pyrolyse) von Tabakwaren entsteht (OVG Münster, Urt. v. 4.11.2014 – 4 A 775/14, GewA 2015, 113).

19   **Nicht** erfasst ist die Nutzung elektrischer Zigaretten (sog. **E-Zigaretten**). Bei der Verwendung dieser Produkte entsteht kein Rauch, sondern Dampf. Auch han-delt es sich bei den verwendeten Liquids nicht um Tabakerzeugnisse (→ Rn. 10). Deshalb unterfällt der Gebrauch von E-Zigaretten nicht den Rauchverboten nach den Nichtraucherschutzgesetzen der Länder (OVG Münster GewA 2015, 113 zum NiSchG NRW; **a. A.** die Bundesregierung BT-Drs. 17/8772 S. 15f.; *Stollmann* NVwZ 2012, 401, 405). Die Verwaltungspraxis hingegen differenziert teilweise – wenig überzeugend – zwischen nikotinhaltigen Liquids, die unter das Rauchverbot fallen sollen, und nikotinfreien Liquids, die nicht erfasst seien (vgl. Landratsamt Ansbach, Merkblatt Rauchverbot in Gaststätten – Bayern, Stand 28.12.2015).

20   Inwieweit eine Gefährdung der Gesundheit Dritter durch die Exposition mit dem Dampf der E-Zigaretten besteht, ist bisher wissenschaftlich nicht geklärt (aus-führlich OVG Münster GewA 2015, 113 m. w. N.). Vor diesem Hintergrund findet auch § 5 ArbStättV auf E-Zigaretten **keine Anwendung** (*Bissels/Falter* BB 2015, 2999, 3000; *Müller* NVwZ 2015, 383, 384; *Voigt* in: Forum Nr. 3.4.5), weil diese Vorschrift gerade auf der erwiesenen Gesundheitsgefährdung durch Passivrauchen aufbaut. Der Verordnungsgeber hätte im Rahmen der Änderungsverordnung 2016, mit der auch § 5 geändert wurde, Gelegenheit gehabt, die Einbeziehung der E-Zigarette eindeutig zu regeln. Dass er darauf verzichtet hat und weiterhin auf „Tabakrauch" abstellt, lässt nur den Schluss zu, dass der Tabakdampf der E-Zigaret-ten de lege lata nicht erfasst ist (i.Erg. ebenso *von Steinau- Steinrück/Kuntzsch* NJW-Spezial 2018, 370, 371).

21   Das bedeutet indes lediglich, dass der Arbeitgeber nicht verpflichtet ist, Schutz-maßnahmen gegen die Nutzung von E-Zigaretten im Betrieb zu ergreifen. Eine dahingehende Verpflichtung ergibt sich auch aus den allgemeinen Regelun-gen des ArbSchG, weil für den Dampf aus E-Zigaretten anders als für den Tabak-rauch die Gesundheitsschädlichkeit für die Umstehenden bislang nicht geklärt ist (*Windeln* ArbRB 2016, 50, 53). Der Arbeitgeber ist dessen ungeachtet nicht gehin-dert, gestützt auf sein **Hausrecht** die Nutzung solcher Produkte im Betrieb zu un-tersagen (vgl. VG Gießen, Urt. v. 20.2.2013 – 5 K 455/12.GI, NVwZ-RR 2013, 643; ablehnend *von Steinau-Steinrück/Kuntzsch* NJW-Spezial 2018, 370, 371, die eine dahingehende Weisung im Arbeitsverhältnis für unbillig halten), wie es etwa die Deutsche Bahn für ihre Fernverkehrszüge getan hat (Beförderungsbedingungen der Deutschen Bahn AG, gültig ab 13.12.2015, Ziff. 6.1). Als Maßnahme zum Ordnungsverhalten bedarf solches Verbot allerdings regelmäßig der **Mitbestim-mung** des Betriebsrats nach § 87 Abs. 1 Nr. 1 BetrVG (→ Rn. 51ff.) bzw. des Per-sonalrats (vgl. § 75 Abs. 3 Nr. 15 BPersVG).

C. Schutzmaßnahmen (Abs. 1)

I. Erforderliche Maßnahmen

Der Arbeitgeber ist also zu einem wirksamen Nichtraucherschutz für **Beschäf-** 22
tigte (nicht: für Dritte, → Rn. 17), genauer gesagt: zu **erforderlichen** Maßnahmen verpflichtet. Damit bringt Abs. 1 Satz 1 klar zum Ausdruck, dass die Gesundheitsschädlichkeit des Passivrauchens nicht in Frage steht. Die Nichtraucher müssen
also nicht nachweisen, dass sie durch den Tabakrauch in ihrer Gesundheit gefährdet
sind (BAG Urt. v. 10.5.2016 – 9 AZR 347/15, NZA 2016, 1134). Abgesehen von
objektiv ganz und gar unerheblichem Kontakt mit Tabakrauch am Arbeitsplatz
(z. B. im Freien bei ausreichend Ausweichraum) ist die Pflicht des Arbeitgebers
nicht an quantitative oder qualitative Kriterien gebunden. Grundsätzlich ist eine
Gesundheitsgefährdung daher bereits zu bejahen, wenn ein Beschäftigter bei der
Arbeit häufig Orte aufsuchen muss, an denen geraucht wird (*Lorenz* in Kollmer/
Klindt/Schucht, § 5 ArbStättV Rn. 6).

Für die Schutzmaßnahmen gilt nach der neueren Rechtsprechung ein sehr stren- 23
ger Maßstab. In die Atemluft der nicht rauchenden Beschäftigten darf kein Tabakrauch gelangen (*Schmieding* ZTR 2004, 12, 13). Der Arbeitgeber muss also gewährleisten, dass im Aufenthaltsbereich der nicht rauchenden Beschäftigten **keine**
Tabakrauchemissionen nachweisbar oder wahrnehmbar sind (BAG NZA
2016, 1134; zustimmend *Kock* NJW 2017, 198, 200: nicht zu sehen, nicht zu schme-
cken und nicht zu riechen). Damit gilt ein objektiver Maßstab; auf die individuelle
gesundheitliche Disposition der jeweiligen nicht rauchenden Beschäftigten kommt
es nicht an. Im Ergebnis liegt die Darlegungs- und Beweislast beim Arbeitgeber
(*Wölfel* DB 2016, 2609, 2610). Dieses an sich zutreffende Ergebnis bedarf allerdings
einer Einschränkung: Keinen Schutz bietet § 5 vor der **bloßen Geruchsbelästi-**
gung infolge von Tabakrauch (z. B. wegen des Geruchs der Textilien, die mit Rauch
in Berührung gekommen sind). Deshalb kann kein Beschäftigter verlangen, dass an
seinem Arbeitsplatz auch außerhalb seiner Arbeitszeit nicht geraucht wird (LAG Berlin 18.3.2005 – 6 Sa 2585/04).

Art und Weise der Maßnahmen hat der Verordnungsgeber **nicht vorgegeben,** 24
um dem Arbeitgeber den notwendigen Regelungsspielraum und die notwendige
Flexibilität zu belassen. Der Betriebsinhaber hat beim Nichtraucherschutz mit anderen Worten zwar kein Entschließungsermessen (er muss zwingend tätig werden
und verhindern, dass Nichtraucher Tabakrauch ausgesetzt werden), jedoch ein Aus-
wahlermessen bei der Wahl der richtigen Mittel (*Raif/Böttcher* AuR 2009, 289, 290;
Buchner BB 2002, 2382, 2384). Ob er das Schutzziel erreicht, ist wiederum gerichtlich voll überprüfbar (*Ritter* NJW 2009, 2702, 2703). Eingeschränkt ist diese Flexibilität durch Abs. 1 Satz 2, wonach **„geeignete"** „Maßnahme" auch ein **allgemei-**
nes Rauchverbot für den Gesamtbetrieb oder für **einzelne Bereiche** einer
Arbeitsstätte ist (BT-Drucks. 16/5049, S. 10). Der Arbeitgeber muss ein solches Verbot also zumindest erwägen und auf seine Erforderlichkeit prüfen. Bei der Einführung und Ausgestaltung betrieblicher Rauchverbote hat er im Übrigen einen **wei-**
ten Regelungs- und **Gestaltungsspielraum,** benötigt aber die Mitbestimmung
des Betriebsrats nach § 87 Abs. 1 Nr. 1 und Nr. 7 BetrVG (→ Rn. 51 ff.).

Ausgangspunkt der Maßnahmen des Arbeitgebers zum Nichtraucherschutz ist 25
wie bei allen Arbeitsschutzmaßnahmen die **Gefährdungsbeurteilung** gemäß § 3.
Der Arbeitgeber muss in einem ersten Schritt ermitteln, an welchen Arbeitsplätzen

und bei welchen Tätigkeiten nicht rauchende Beschäftigte Tabakrauch ausgesetzt sein können (*Faber/Feldhoff* in HK-ArbSchR ArbStättV Rn. 104). Steht dies fest, so hat er die **erforderlichen Schutzmaßnahmen** festzulegen. In Betracht kommen vor allem **technische** Vorkehrungen (z. B. Einbau von Lüftungsanlagen; zu den Details siehe ASR A3.6, dazu *Voigt* in: Forum Nr. 3.4.1) und **organisatorische** Maßnahmen (z. B. Trennen von Rauchern und Nichtrauchern in verschiedenen Büroräumen etc.), nötigenfalls auch ein Rauchverbot (*Buchner* BB 2002, 2382, 2384; → Rn. 27 ff.).

26   Geeignete Maßnahmen können sein:
- Räumliche Trennung von Rauchern und Nichtrauchern;
- Raucherzonen;
- Lüftungstechnische Maßnahmen (Be- und Entlüftung);
- Abbau von Zigarettenautomaten;
- Schaffung von Raucherecken, -räumen oder Raucherinseln in Fluren (ggf. mit speziellen Entlüftungssystemen);
- Aufstellung von Rauchercontainern/-pavillons auf Werksgelände (für Raucherpausen im Produktionsbereich);
- Installation von sog. Smokefreesystems (Raucherkabine mit speziellem Rauchabzug) in Großraumbüros;
- Arbeitsunterbrechungen;
- Rauchverbote.

Vgl. weiterführend die von der Bundeszentrale für gesundheitliche Aufklärung – BZgA herausgegebene Broschüre „Rauchfrei am Arbeitsplatz – Ein Leitfaden für Betriebe", Ausgabe 2008, mit zahlreichen Praxisbeispielen und Mustervereinbarungen, abrufbar im Internet unter http://www.bzga.de, sowie die Vorschläge von *Voigt* in: Forum Nr. 3.4.3.

II. Rauchverbote (Abs. 1 S. 2)

27   Satz 2 schränkt die Flexibilität des Arbeitgebers beim Nichtraucherschutz in gewissem Maße ein. Danach sind „**geeignete** Maßnahmen" auch **allgemeine Rauchverbote** für den Gesamtbetrieb oder für **einzelne Bereiche** einer Arbeitsstätte (BT-Drs. 16/5049, S. 10). Die Amtliche Begründung zum Verordnungsentwurf des Gesetzes zum Schutz vor den Gefahren des Passivrauchens (BT-Drs. 16/5049, S. 10) trifft keine nähere Aussage über die Reichweite der Bestimmung. Richtigerweise ist Satz 2 so zu lesen, dass es der Arbeitgeber nach wie vor „federführend" in der Hand hat, wie er den Nichtraucherschutz technisch und organisatorisch sicherstellen möchte.

28   Da es beim Nichtraucherschutz aber um die **Abwägung** a) der Ansprüche der Beschäftigten auf Schutz vor Tabakrauch einerseits und b) des Rechts der Raucher, auch am Arbeitsplatz rauchen zu können andererseits sowie c) der unternehmerischen Gestaltungsfreiheit des Arbeitgebers geht (*Stück* AuA 2009, 140, f.; *Wellenhofer-Klein* RdA 2003, 155, 161), kann ein **totales Rauchverbot** im gesamten Betriebsgebäude oder auf dem gesamten Betriebsgelände unter Umständen unverhältnismäßig sein. Eine solche Unverhältnismäßigkeit kann nur unter Abwägung aller Umstände und örtlichen Gegebenheiten **von Fall zu Fall** beurteilt werden. **Faktoren** im Rahmen der einzelbetrieblichen Abwägung können z. B. die Anzahl oder der **Quotient** Rauchender im Verhältnis zu den Nichtrauchern, die Unmöglichkeit anderweitiger „milderer" Maßnahmen organisatorischer oder technischer Art, die **Branchenüblichkeit** („auf dem Bau oder in der Bank") sowie individuelle

Empfindlichkeiten, aber auch die Größe des Betriebes und die **Toleranz** der Belegschaftsangehörigen, also höchst subjektive Komponenten, sein (vgl. zu dem Spannungsbogen: BAG 19. 1. 1999 – 1 AZR 499/98 – NZA 1999, 546; ferner LAG Frankfurt 11. 8. 2000 – 2 Sa 1000/99 – NZA-RR 2001, 77)

Vor diesem Hintergrund hat Satz 2 die Funktion eines arbeitsrechtlichen **Recht** **29** **fertigungsgrundes** für den „verschärft in Aktion tretenden" Arbeitgeber. Mit Blick auf die Rechte der Raucher muss dieser allerdings immer auch andere, weniger einschneidende Maßnahmen in Erwägung ziehen, um unverhältnismäßige Einschränkungen zu vermeiden (BAG 19. 1. 1999 – 1 AZR 499/98 – NZA 1999, 546). D. h.: Das **totale** Rauchverbot ist **ultima ratio**. Das **teilweise Rauchverbot** in einzelnen Bereichen der Arbeitsstätte sowie **anderweitige** organisatorische und technische Maßnahmen sind vorher und **vorrangig** im Sinne der Verhältnismäßigkeit der Maßnahme vom Arbeitgeber **zu prüfen** (*Faber/Feldhoff* in HK–ArbSchR ArbStättV Rn. 105; a. A. *Kock* NJW 2017, 198, 200: Rauchverbot grundsätzlich geboten). Angesichts der Tatsache, dass für Tabakrauch kein „Unbedenklichkeitsgrenzwert" existiert, ist zumindest ein partielles Rauchverbot jedoch immer dann erforderlich, wenn anders keine **rauchfreie Atemluft** in der Arbeitsstätte zu gewährleisten ist (*Ritter* NJW 2009, 2702, 2703; *Lorenz* ArbRB 2007, 273, 274 f.; *Schmieder* ZTR 2004, 12, 13; *Merenyi* StoffR 2009, 2, 5).

Im Rahmen dieser Prüfung spielt auch eine erhebliche Rolle, wie sich die **lüf** **30** **tungstechnische** und **arbeitsorganisatorische** Situation im Betrieb gestaltet (Arbeiten unter freiem Himmel, im Großraumbüro, in Einzelbüros, Klimaanlage ja oder nein etc.). Eine Rolle dürfte auch spielen, wie sich die **Willensbildung** der Belegschaft und der **Mitarbeitervertretung** darstellt. Unter Umständen ist es ratsam, dass der Arbeitgeber – möglichst im Einvernehmen mit Betriebsrat oder Personalrat – eine kurze Umfrage startet (in Zeiten des Internets unproblematisch elektronisch möglich). Hier ist „alles erlaubt", was hilfreich und Erkenntnis fördernd wirkt.

III. Kein Verzicht auf Nichtraucherschutz

Ein **einstimmiger** (oder gar mehrheitlicher) **Verzicht** auf Maßnahmen von **31** Seiten der Belegschaft oder des Betriebsrates oder eine „Aushebelung" des § 5 per **Betriebsvereinbarung** ist **nicht möglich**, da es sich bei § 5 um eine öffentlichrechtliche Arbeitsschutzvorschrift mit transformatorischer Schutzwirkung in das Arbeits- und Zivilrecht hinein handelt, § 619 BGB analog (so auch *Bergwitz* NZA-RR 2004, 169, 175 f.). Eine bestehende Kompromissbereitschaft der nicht rauchenden Beschäftigten kann der Arbeitgeber aber bei seiner Abwägung, ob ein Rauchverbot erforderlich ist, mit berücksichtigen.

D. Arbeitsstätten mit Publikumsverkehr (Abs. 2)

Die Schranke des § 5 Abs. 2 sieht bewusst eine Einschränkung der stringenten **32** Regelung des Abs. 1 vor, da Beschäftigte in **Arbeitsstätten mit Publikumsverkehr** damit rechnen müssen und sich im Regelfall bei der Einstellung in das Arbeitsverhältnis darüber im Klaren sind, dass sie auf Grund dieser spezifischen beruflichen Situation einer höheren Tabakrauchbelastung ausgesetzt sind (ähnlich wie Beschäftigte in Chemiefabriken, im öffentlichen Straßenverkehr oder in gefahrgeneigten Betrieben, die ebenfalls mit einer überdurchschnittlichen einschlägigen

Belastung rechnen müssen). Betroffen sind Betriebe, in denen die Tätigkeit mit Kontakt zu betriebsfremden Personen verbunden ist, die erwarten, dort rauchen zu dürfen (*Schulze-Osterloh,* FS Kreutz, 2010, S. 463, 467). Die Einschränkung des Nichtraucherschutzes in diesen Betrieben soll der „Vielfalt der betrieblichen Realität Rechnung" tragen (vgl. BT-Drs. 14/5325, S. 4). Auch sind **unzumutbare Belastungen** der betroffenen Unternehmer bis hin zur Gefährdung der Rentabilität des Betriebs zu vermeiden. § 5 Abs. 1 ArbStättV ist keine „Generalklausel", die im Interesse des Arbeitnehmerschutzes mittelbar ein Verbot von Tätigkeiten ermöglichte, die gewerberechtlich und nach anderen Vorschriften erlaubt sind (BAG 19.5.2009 – 9 AZR 241/08 – NZA 2009, 775; kritisch zur Vereinbarkeit des § 5 Abs. 2 mit dem Schutzkonzept des ArbSchG hingegen *Schulze-Osterloh,* FS Kreutz, 2010, S. 463, 468ff.; noch weitergehend [„materiell rechtswidrig"] *Merenyi* StoffR 2009, 2, 5f.).

Die jeweilige Erwartungshaltung des Publikums kann sich jedoch im Laufe der Zeit ändern. Im Luftverkehrssektor hat sich schon vor geraumer Zeit ein Rauchverbot sowohl bei innerdeutschen Flügen als auch bei Transatlantikflügen weitgehend durchgesetzt. Auch die Deutsche Bahn AG hatte in Bahnhöfen und Zügen das Rauchen weitestgehend bereits zurückgedrängt, als das Bundesnichtraucherschutzgesetz am 1.9.2007 in Kraft trat.

I. Voraussetzungen der Begrenzung

33   Als Arbeitsstätten mit Publikumsverkehr sind alle Arbeitsstätten zu definieren, zu denen auch Außenstehende (z.B. Kunden, Besucher) Zugang haben und in denen solche **Außenstehenden rauchen dürfen** (vgl. BAG, Urt. v. 10.5.2016 – 9 AZR 347/15, NZA 2016, 1134). Um eine Arbeitsstätte mit Publikumsverkehr handelt es sich allerdings nicht schon automatisch, wenn ein einzelner Besucher z.B. eine Amtsstube aufsucht, um einen Antrag abzugeben. Vielmehr muss der Betrieb **darauf ausgelegt sein,** dass er **regelmäßig** von Externen betreten wird, die sich dort auch nicht nur ganz kurzzeitig aufhalten.

34   Genauso wenig handelt es sich um eine Arbeitsstätte mit Publikumsverkehr i. S. d. Abs. 2, wenn an einem öffentlich zugänglichen Ort ein **Rauchverbot ausgesprochen oder üblich** ist (z.B. in einer U-Bahn-Station, in einem Krankenhaus oder in einem Wartesaal, wenn dort Rauchverbot herrscht). Insbesondere an Orten, an denen bereits kraft Gesetzes oder Rechtsverordnung ein Rauchverbot gilt, ist Abs. 2 **nicht anwendbar.** Arbeitsstätten mit Publikumsverkehr können beispielsweise sein: Gaststätten, Hotel-Lounges, Bahnhöfe, Flughäfen und Seehäfen (sofern Rauchen in der jeweiligen Zone erlaubt ist), öffentliche Plätze, Ladengeschäfte, Wartehalle in einer Behörde (falls Rauchen erlaubt ist). Entscheidend ist in erster Linie jeweils die ausdrückliche oder stillschweigende **Widmung** einer Zone als zulässiger Raucherbereich. Auf die **Verkehrsanschauung,** ob in einer Arbeitsstätte dieser Art üblicherweise geraucht wird, kann es entgegen der Auffassung des BAG **nicht** ankommen (so aber BAG NZA 2016, 1134; wie hier kritisch *Klocke* jurisPR-ArbR 46/2016 Anm. 5). Über die Frage, ob das Publikum rauchen darf oder nicht, entscheidet im Rahmen der Gesetze allein der Arbeitgeber aufgrund seiner unternehmerischen Freiheit.

II. Rechtsfolge: Angepasste Schutzmaßnahmen

35   Auch in Arbeitsstätten mit Publikumsverkehr muss der Arbeitgeber **zwingend Schutzmaßnahmen** zugunsten der nicht rauchenden Beschäftigten treffen (BR-

Drs. 506/16 S. 29). Aus Gründen der Zumutbarkeit werden ihm aber an die besondere Situation angepasste und unter Umständen weniger aufwändige Schutzmaßnahmen erlaubt (BT-Drs. 14/3231, S. 4–5), welche der Natur des Betriebes Rechnung tragen. Abs. 2 ersetzt also das Vermeidungsgebot des Abs. 1 unter Abwägung der widerstreitenden Grundrechte durch ein **Minimierungsgebot** (BAG NZA 2016, 1134; *Lorenz* in Kollmer/Klindt/Schucht ArbStättV § 5 Rn. 10; *Faber/Feldhoff* in HK-ArbSchR ArbStättV Rn. 107).

1. Zumutbarkeit und unternehmerische Freiheit. Maßstab für die Wahl **36** der Schutzmaßnahmen ist das Kriterium der **Zumutbarkeit** (BAG NZA 2016, 1134, so auch schon BAG Urt. v. 8.5.1996 – 5 AZR 971/94, NJW 1996, 3028; BAG Urt. v. 19.5.2009 – 9 AZR 241/08, NZA 2009, 775). Bei der Prüfung, welche Schutzmaßnahmen erforderlich und dem Arbeitgeber zumutbar sind, ist eine Abwägung zwischen der unternehmerischen Betätigungsfreiheit gemäß Art. 12 Abs. 1 GG und der Schutzpflicht aus Art. 2 Abs. 2 Satz 1 GG vorzunehmen (*Lange* SAE 2010, 152, 156).

Das kann auch dazu führen, dass die **unternehmerische Freiheit** des Arbeit- **37** gebers hinter dem notwendigen Schutz der Beschäftigten zurücktreten muss. Infolgedessen, so das BAG, könne der Arbeitgeber unter Umständen (allein aufgrund des Nichtraucherschutzes nach § 5 ArbStättV) verpflichtet sein, seine unternehmerische Tätigkeit zu beschränken (BAG NZA 2016, 1134). Auf den ersten Blick scheint dieses Ergebnis der Gesetzessystematik zu widersprechen, schließlich trägt Abs. 2 gerade dem Umstand Rechnung, dass in manchen Arbeitsstätten geraucht werden darf. Zuvor hatte das BAG betont, dass der Unternehmer im Grundsatz frei darüber entscheiden könne, ob er eine erlaubte Tätigkeit ausüben wolle. So lange das Rauchen in der Arbeitsstätte nicht gesetzlich verboten sei, könne kein Arbeitnehmer ein betriebliches Rauchverbot verlangen, weil dies einen Eingriff in die unternehmerische Freiheit des Arbeitgebers bedeuten würde (so BAG Urt. v. 8.5.1996 – 5 AZR 971/94 – NZA 1996, 927 zum Anspruch auf einen rauchfreien Arbeitsplatz in einem Verkehrsflugzeug). Eine gerichtliche Überprüfung könne sich nur darauf erstrecken, ob die unternehmerische Entscheidung offenbar unsachlich oder willkürlich sei (BAG Urt. v. 19.5.2009 – 9 AZR 241/08, NZA 2009, 775; kritisch *Faber/Feldhoff* in HK-ArbSchR ArbStättV Rn. 108). Von dieser Begrenzung auf eine Willkürkontrolle hat sich das BAG in seiner Entscheidung aus dem Jahr 2016 (NZA 2016, 1134) ausdrücklich verabschiedet.

In aller Regel bleibt es dennoch dabei, dass der Arbeitgeber auch nach § 5 Arb- **38** StättV nicht verpflichtet ist, seinen Kunden über die allgemeinen gesetzlichen Vorgaben hinaus das Rauchen in der Arbeitsstätte zu untersagen. Etwas anderes gilt nur, wenn der Arbeitgeber keine **konkreten Tatsachen** anzuführen hat (z. B. Kundeninteressen oder Wettbewerbsdruck), warum ein vollwertiger Nichtraucherschutz in der Arbeitsstätte nicht möglich sein soll (*Kohte* in MHdBArbR § 293 Rn. 22; s. a. *Ritter* NJW 2009, 2702, 2703). Dann (und nur dann) setzen sich im Rahmen der erforderlichen Güterabwägung die Interessen der nicht rauchenden Beschäftigten auf ganzer Linie durch, sodass der Arbeitgeber verpflichtet ist, trotz Publikumsverkehrs einen vollwertigen Nichtraucherschutz auf dem Niveau des Abs. 1 zu gewährleisten.

2. Angepasste Schutzmaßnahmen; Gestaltungsspielraum. Bei der Wahl **39** der angepassten Schutzmaßnahmen nach Abs. 2 gesteht die VO dem Arbeitgeber einen gerichtlich nur auf Ermessensfehler überprüfbaren **Gestaltungsspielraum** zu (BT-Drs. 14/3231, S. 4–5; BAG NZA 2016, 1134). Beschränkt wird seine Minimierungspflicht zudem durch die sog. *Ubiquität,* also durch das allgemeine Vorhandensein schädlicher Stoffe an der jeweiligen Örtlichkeit. Insoweit kann vom Arbeitgeber i. d. R. **nicht** verlangt werden, am Arbeitsplatz **günstigere** Bedingungen zu schaffen, als sie ansonsten an einem **vergleichbaren Platz** mit Publikumsverkehr, an dem nicht geraucht wird, vorhanden wären (BAG Urt. v. 8.5.1996 – 5 AZR 315/95, NZA 1997, 86).

40   Folgende **Minimierungsmaßnahmen** kommen praktisch für den Arbeitgeber in Betracht:

– Einrichtung oder Zur-Verfügung-Stellen einer **rauchfreien Zone** oder eines „etwas besser geschützten" Areals (z. B. „Pausenraum") in einer Nebenräumlichkeit;

– Kulante **Pausenregelung** (z. B. Gestattung, in regelmäßigen Abständen das Gebäude für einige Minuten zu verlassen, um „durchzuschnaufen");

– Bessere technische **Lüftungsmöglichkeiten,** Hochschalten der Klimaanlage (der komplette Einbau einer extrem aufwändigen Klimaanlage wird aber im Regelfall nicht zuzumuten sein);

– Wechselschichten oder **Personalwechsel,** sodass nicht die gleichen Personen stets in stark rauchbelasteten Räumen tätig sein müssen;

– Bei nachweislicher besonderer gesundheitlicher Disposition: **Befreiung** bestimmter Personen (z. B. asthmakranke Kellner) von einer Tätigkeit in besonders stark rauchbelasteten Räumlichkeiten, sofern wirtschaftlich vertretbar.

41   **3. Besonders geschützte Personengruppen. Absolute Beschäftigungsverbote** werden durch die Begrenzung der Schutzpflichten nach Abs. 2 nicht berührt. So dürfen **Schwangere** vor dem Hintergrund der Einstufung des Passivrauchens als krebserzeugend vor der TRGS 905 (→ Rn. 9) gemäß § 11 Abs. 1 MuSchG nicht an Arbeitsplätzen eingesetzt werden, bei denen sie Tabakrauch ausgesetzt sind (VG Bayreuth 12.7.2005 – B 3 S 05.952 zur Tätigkeit einer schwangeren Frau als Verkäuferin in einer Spielhalle noch unter Geltung der früheren MuSchArbV). Gemäß § 22 Abs. 1 Nr. 6 JArbSchG dürfen auch **Jugendliche** nicht mit Tätigkeiten beschäftigt werden, bei denen sie Tabakrauch ausgesetzt sind (*Lorenz* in Kollmer/Klindt/Schucht ArbStättV § 5 Rn. 11).

E. Betriebliche Umsetzung

I. Direktionsrecht, Durchsetzung von Rauchverboten

42   Die überwiegende Mehrheit der Nichtraucher spricht sich erfahrungsgemäß für ein **Rauchverbot** am Arbeitsplatz aus. § 5 Abs. 1 Satz 2 bietet hierfür auch gegenüber den Rauchern im Betrieb eine rechtliche Grundlage. Vorrangig ist aber zu prüfen, ob nicht weniger einschneidende Maßnahmen ausreichen. Dabei ist es so, dass auch von den Rauchern entsprechende Vorgaben eher **akzeptiert** werden, **wenn** der Arbeitgeber eindeutige Regelungen trifft, wenn also beispielsweise durch gut sichtbare Schilder an das Rauchverbot erinnert und dadurch der Wille zur Durchsetzung deutlich gemacht wird, wenn das Thema Nichtraucherschutz einen wichtigen Platz in der betrieblichen Kommunikation erhält, wenn Hilfen zur Nikotinentwöhnung angeboten werden und wenn vor allem auch die **Belange der Raucher** berücksichtigt werden.

43   Durchsetzen kann der Arbeitgeber die organisatorischen Maßnahmen zum Nichtraucherschutz auf Grundlage seines **Direktionsrechts** gem. §§ 106 GewO

(*Bergwitz* NZA-RR 2004, 169, 177 ff. m. w. N.). § 5 Abs. 1 Satz 1 verpflichtet auch, gegen Raucher einzuschreiten, die den betrieblichen Nichtraucherschutz missachten (vgl. BAG 17.2.1998 – 9 AZR 84/97 – NZA 1998, 1231). Falls erforderlich sind auch Abmahnungen und Kündigungen in Betracht zu ziehen. Wiederholte Verstöße eines Beschäftigten gegen ein betriebliches Rauchverbot etwa können nach erfolgloser und ggf. wiederholt erfolgter **Abmahnung** eine ordentliche verhaltensbedingte **Kündigung** des Arbeitsverhältnisses rechtfertigen (LAG Düsseldorf 17.6.1997 – 16 Sa 346/97 – AiB 1998, 238; LAG Köln 20.1.2011 – 7 Sa 848/10; vgl. auch LAG Mainz 27.8.2009 – 11 Sa 207/09; LAG Bremen 27.6.2012 – 2 Sa 43/11; *Künzl* ZTR 1999, 531, 537; *Stück* AuA 2009, 140, 142 m. w. N.). Mittelbar sind auch die Raucher im Betrieb über § 15 Abs. 1 Satz 2 ArbSchG zum Schutz der Nichtraucher nach Maßgabe der betrieblichen Arbeitsschutzbestimmungen verpflichtet (*Wilrich* in Nöthlichs, 4204 § 5 Anm. 1).

II. Individueller Anspruch auf einen rauchfreien Arbeitsplatz

§ 5 ArbStättV wirkt über die Regelung des **§ 618 Abs. 1 BGB** auf das Arbeitsverhältnis ein (BAG Urt. v. 10.5.2016 – 9 AZR 347/15, NZA 2016, 1134). Der Arbeitgeber hat danach die Arbeitsstätte so einzurichten und zu unterhalten und die Arbeit so zu regeln, dass seine Arbeitnehmer gegen Gefahren für Leben und Gesundheit soweit geschützt sind, „als die Natur der Dienstleistung es gestattet". Die öffentlich-rechtlichen Arbeitsschutznormen konkretisieren den Inhalt dieser Organisationspflichten (BAG 19.5.2009 – 9 AZR 241/08 – NZA 2009, 775). Gefährden die Arbeitsbedingungen die Gesundheit des Arbeitnehmers, ist der Arbeitgeber demnach im Rahmen seiner Organisationsmacht regelmäßig verpflichtet, für Abhilfe zu sorgen (BAG 17.2.1998 – 9 AZR 84/97 – NZA 1998, 1231; *Wiebauer* in Landmann/Rohmer GewO ArbSchG Vorbem. zu § 15 Rn. 31 ff.). **44**

Einen Anspruch auf einen rauchfreien Arbeitsplatz bejahte das BAG auf dieser Grundlage **vor Inkrafttreten des § 3 a ArbStättV a. F.** allerdings nur unter engen Voraussetzungen. Der Arbeitgeber genüge seiner Schutzpflicht in der Regel, wenn die Belastung nicht über das sonst übliche Maß hinausgehe. Ein völlig rauchfreier Arbeitsplatz etwa im Großraumbüro war demnach grundsätzlich nicht geschuldet (BAG NZA 1998, 1231). Lediglich Arbeitnehmer, die aufgrund ihrer gesundheitlichen Disposition besonders anfällig für Beeinträchtigungen durch Tabakrauch waren, konnten einen rauchfreien Arbeitsplatz verlangen (BAG 17.2.1998 NZA 1998, 1231). **45**

Diesen Anspruch auf einen rauchfreien Arbeitsplatz hat das **BAG** in seiner Entscheidung vom 19.5.2009 bekräftigt (BAG NZA 2009, 775) und im Urt. v. 10.5.2016 (BAG NZA 2016, 1134) klargestellt, dass dieser Anspruch **nicht die Darlegung einer konkreten Gesundheitsgefahr durch Passivrauchen voraussetzt.** Nicht zuletzt im Hinblick auf die ausdrückliche Regelung in Art. 8 der WHO-Tabakrahmenkonvention (→ Rn. 8) besteht kein Spielraum mehr, im Einzelfall die Gesundheitsgefährdung durch Passivrauchen in Zweifel zu ziehen (*Düwell* FA 2008, 74, 77; *Kohte/Bernhardt* jurisPR-ArbR 12/2010 Anm. 4). Demnach **steht grundsätzlich jedem Arbeitnehmer nach § 618 Abs. 1 BGB i. V. m. § 5 Abs. 1 ArbStättV ein rauchfreier Arbeitsplatz zu,** der im Einzelfall auch per einstweiliger Verfügung durchgesetzt werden kann (*Nebe/Kiesow* jurisPR-ArbR 40/2011 Anm. 2). Im Beamtenverhältnis besteht derselbe Anspruch aufgrund der beamtenrechtlichen Fürsorgepflicht (*Nebe/Kiesow* jurisPR-ArbR 40/2011 Anm. 2). Wie der Arbeitgeber bzw. Dienstherr diesen Anspruch erfüllt (etwa durch technische oder **46** durch organisatorische Maßnahmen), entscheidet er nach pflichtgemäßem Ermessen selbst. Einen Anspruch auf **konkrete Schutzmaßnahmen** oder gar auf ein allgemeines Rauchverbot im Betrieb gibt es **nicht** (*Lorenz* in Kollmer/Klindt/Schucht ArbStättV § 5 Rn. 12). Versäumnisse des Arbeitgebers berechtigen die zum Passivrauchen gezwungenen Nichtraucher jedoch zur **Zurückhaltung** ihrer Arbeitsleistung und können **Schadensersatzansprüche** begründen, die freilich regelmäßig an Beweisproblemen hinsichtlich der Kausalität sowie des Schadensumfangs scheitern dürften (*Cosack* DB 1999, 1450, 1454f.; *Bergwitz* NZA-RR 2004, 169, 174f.). Zudem stellt die anhaltende Gefährdung durch Tabakrauch einen **wichtigen Grund** zur Kündigung des Arbeitsverhältnisses dar (LSG Darmstadt 11.10.2006 – L 6 AL 24/05 – NJW 2007, 1835; *Bergwitz* NZA-RR 2004, 169, 174).

46a   Seinen arbeitsvertraglichen Anspruch auf einen rauchfreien Arbeitsplatz kann jeder Beschäftigte **gerichtlich geltend machen.** Der Leistungsantrag ist darauf zu richten, dass der Arbeitgeber einen tabakrauchfreien Arbeitsplatz zur Verfügung stellt (*Kock* NJW 2017, 198, 199). Nachdem die generelle Gesundheitsschädlichkeit des Tabakrauchs nicht mehr in Frage steht, können sich die Beschäftigten im Prozess auf die Darlegung beschränken, dass in der Arbeitsstätte geraucht wird und der entstehende Rauch auch am jeweiligen Arbeitsplatz wahrnehmbar ist. Die **Darlegungslast,** dass alle gemäß § 5 erforderlichen Schutzmaßnahmen getroffen wurden, liegt beim Arbeitgeber (*Kock* NJW 2017, 198, 199f.).

47   Freilich zeigt schon ein Blick auf § 5 Abs. 2 ArbStättV, dass das Recht auf einen rauchfreien Arbeitsplatz nicht unbeschränkt gilt. Die Begrenzung der Schutzpflicht des Arbeitgebers in **Arbeitsstätten mit (rauchendem) Publikumsverkehr** schlägt auf den vertragsrechtlichen Anspruch nach § 618 Abs. 1 BGB durch (zu den Folgen dieser Begrenzung → Rn. 35ff.).

III. Rechte der Raucher

48   Als Ausprägung der allgemeinen Handlungsfreiheit (Art. 2 Abs. 1 GG) ist auch das Rauchen im Betrieb geschützt, soweit dabei nicht die Rechte anderer, insbesondere also der Gesundheitsschutz, beeinträchtigt werden. Anspruch auf bestimmte Maßnahmen haben allerdings auch die rauchenden Beschäftigten **nicht** (*Bergwitz* NZA-RR 2004, 169, 179f.). Insbesondere muss der Arbeitgeber **keine vergüteten Rauchpausen** gewähren (LAG Nürnberg Urt. v. 5.8.2007 – 2 Sa 132/15, BB 2015, 2622; LAG Kiel, Beschl. v. 21.6.2007 – 4 TaBV 12/07) und kann darauf bestehen, dass Beschäftigte „zur Pause ausstempeln". Auch unbezahlte Arbeitsunterbrechungen während der Kernarbeitszeit kann er verbieten (LAG Düsseldorf, Beschl. v. 19.4.2016 – 14 TaBV 6/16, ZTR 2016, 459; OVG Münster 29.3.2010 – 1 A 812/08 – NJW 2011, 164; **einschränkend** *Lorenz* in Kollmer/ Klindt/Schucht ArbStättV § 5 Rn. 16).

49   Es steht dem Arbeitgeber frei, den Rauchern zum Beispiel eine räumlich abgetrennte „**Raucherecke**" zur Verfügung zu stellen, aber er ist dazu nicht verpflichtet, erst recht nicht zur Einrichtung von Raucherräumen. Raucher können auf Freiflächen verwiesen werden (BAG 19.1.1999 – 1 AZR 499/98 – NZA 1999, 546). Nicht einmal ein Raucherunterstand kann verlangt werden, sofern die Weigerung des Arbeitgebers nicht im Einzelfall als schikanös zu werten ist (VG Köln 29.2.2008 – 19 K 3549/07 – NWVBl 2008, 319). Auch wenn der Arbeitgeber das Rauchen im Betrieb lange Zeit geduldet hat, erwächst daraus **kein arbeitsvertragliches Recht auf Rauchen** am Arbeitsplatz (LAG Frankfurt 11.8.2000 – 2 Sa 1000/99 – NZA-RR 2000, 77; *Stück* AuA 2009, 140, 141).

Nichtraucher müssen umgekehrt **Kulanzregelungen** zugunsten der Raucher, **50** z. B. nur rauchfreie halbe Tage, Beschränkung der Anzahl gerauchter Zigaretten oder rauchfreie Raumteile, nicht akzeptieren. Kündigungen oder Schlechterstellungen von Nichtrauchern, die auf ihrem Recht auf einen rauchfreien Arbeitsplatz bestehen, verletzen das **Maßregelungsverbot** des § 612a BGB und können vor dem Arbeitsgericht angefochten werden.

IV. Mitbestimmung

1. Regelung durch Betriebsvereinbarung. Die Betriebspartner sind **grund-** **51** **sätzlich befugt,** durch Betriebsvereinbarung ein betriebliches Rauchverbot zu erlassen (BAG, Urt. v. 19.1.1999 – 1 AZR 499/98, NZA 1999, 546). Das BAG gesteht den **Betriebspartnern** bei der Bewertung und beim Ausgleich der zu berücksichtigenden betrieblichen Belange – im entschiedenen Fall ging es um ein generelles Rauchverbot auf dem Betriebsgelände, aber mit Raucherecken – einen **weiten Gestaltungsspielraum** zu. Arbeitnehmern sei es im Falle einer Regelung durch Betriebsvereinbarung zumutbar, sich in bestimmte, hierfür vorgesehene und in der Betriebsvereinbarung festgeschriebene Raucherecken (vorwiegend: im Freien, allerdings mit Wind- und Wetterschutz) zu begeben (BAG 19.1.1999, a. a. O.).

Auf dieser Grundlage können **Betriebsvereinbarungen zum Nichtraucher-** **52** **schutz** einen wesentlichen Beitrag zur betriebsspezifischen Umsetzung der ArbStättV leisten. Begrenzt wird die Gestaltungsfreiheit der Betriebspartner – neben den gesetzlichen Rahmenbedingungen (→ Rn. 63) – in erster Linie durch die Verpflichtung, die freie **Entfaltung der Persönlichkeit** der im Betrieb beschäftigten Arbeitnehmer zu schützen und zu fördern (§ 75 Abs. 2 BetrVG; LAG Düsseldorf, Beschl. v. 19.4.2016 – 14 TaBV 6/16, ZTR 2016, 459). Im Ergebnis heißt das für die Frage des Nichtraucherschutzes nichts anderes, als dass die Rechte der Raucher nicht stärker als nötig und damit **nicht unverhältnismäßig** eingeschränkt werden dürfen (*Bergwitz* NZA-RR 2004, 169, 171f. m. w. N.). Allerdings galt auch schon 1999, also vor Einführung des § 3a ArbStättV a. F. (jetzt § 5), ein vollständiges Rauchverbot in sämtlichen geschlossenen Räumen der Arbeitsstätte nicht als unverhältnismäßig. Nur das Rauchen auf Freiflächen konnte nicht verboten werden (BAG 19.1.1999, a. a. O.). Ein solches lückenloses Verbot auf dem gesamten Betriebsgelände dürfte auch heute noch eines sachlichen Rechtfertigungsgrundes bedürfen, um dem Verdikt der Unverhältnismäßigkeit zu entgehen. Erst recht können die Betriebspartner keinen Einfluss auf die private Lebensführung der Arbeitnehmer nehmen und diese etwa zur Abstinenz in der Freizeit anhalten (BAG 19.1.1999, a. a. O.; zur Zulässigkeit sogenannter „Nichtraucherprämien" s. *von Steinau-Steinrück/von Vogel* NJW-Spezial 2006, 177f.).

Ohnehin **muss** der Arbeitgeber den Betriebsrat an der Entscheidung **betei-** **53** **ligen,** wie der Nichtraucherschutz gemäß § 5 im Betrieb gewährleistet werden soll. Der Arbeitnehmervertretung steht gemäß **§ 87 Abs. 1 Nr. 7 BetrVG** ein **Mitbestimmungsrecht** beim Arbeitsschutz zu, also auch bei der Frage des Nichtraucherschutzes. Für Rauchverbote ergibt sich zudem ein Mitbestimmungsrecht aus § 87 Abs. 1 **Nr. 1** BetrVG, weil damit das Verhalten der Arbeitnehmer im Betrieb geregelt wird (zur Abgrenzung zum mitbestimmungsfrei zu regelnden Arbeitsverhalten *Künzl* ZTR 1999, 531, 534). Das Mitbestimmungsrecht umfasst nicht nur die Einführung, sondern auch die konkrete Ausgestaltung eines solchen Rauchverbots (LAG Hamm 8.10.2004 – 10 TaBV 21/04). Deshalb hat der Betriebsrat auch mitzubestimmen, wenn als Ergebnis der (mitbestimmungsbedürftigen!) Gefährdungsbeurteilung feststeht, dass nur ein Rauchverbot einen ausreichenden Nichtraucherschutz gewährleistet (dies verkennend a. A. *Uhl/Polloczek* BB 2008, 1114, 1115). Entsprechende Beteiligungsrechte bestehen im Personalvertretungsrecht zugunsten des Personalrats (etwa § 75 Abs. 3 Nrn. 11 und 15 BPersVG). Nicht der Mitbestimmung unterliegt demgegenüber die Frage, ob Raucherpausen vergütet werden oder nicht (LAG Kiel 21. 6. 2007 – 4 TaBV 12/07). Das schließt rein deklaratorische Regelungen zur Vergütung in der Betriebsvereinbarung nicht aus (s. u. Muster § 4).

54   Sofern im Betrieb ein Betriebsrat gewählt wurde, kann der Arbeitgeber allein demnach keine Regelungen zum Nichtraucherschutz im Betrieb treffen. Ein von ihm einseitig auf Grundlage seines Direktionsrechts verhängtes Rauchverbot etwa wäre nach der vom BAG in ständiger Rechtsprechung vertretenen Theorie der **Wirksamkeitsvoraussetzung** unverbindlich (vgl. BAG 16. 6. 1998 – 1 ABR 68/97 – NZA 1999, 49; *Kohte/Faber* jurisPR-ArbR 33/2009 Anm. 5; *Faber* AiB 2005, 514, 518; → § 3a Rn. 112).

55   Umgekehrt kann der Betriebsrat selbst die Initiative ergreifen und vom Arbeitgeber eine Regelung zum Nichtraucherschutz im Betrieb verlangen. In den Angelegenheiten der erzwingbaren Mitbestimmung in sozialen Angelegenheiten nach § 87 BetrVG billigt ihm die Rechtsprechung nämlich ein eigenes **Initiativrecht** zu (BAG 14. 11. 1974 – 1 ABR 65/73 – BB 1975, 420; *Kania* in ErfK BetrVG § 87 Rn. 9 m. w. N.). Weigert sich der Arbeitgeber, kann der Betriebsrat die Einigungsstelle anrufen und so eine Regelung erzwingen (§§ 87 Abs. 2, 76 Abs. 5 Satz 1 BetrVG).

56   **2. Muster-Betriebsvereinbarung.** Seit das Rauchen in der Gesellschaft mehr und mehr auf dem Rückzug ist und der Nichtraucherschutz immer stärker in den Fokus rückt, ist auch das Angebot an verfügbaren Muster-Betriebsvereinbarungen für betriebliche Rauchverbote spürbar angestiegen. Entsprechende Vorlagen finden sich etwa

— in der Studie „Umgang mit Nichtraucherschutz im Betrieb" der Hans-Böckler-Stiftung (Hrsg.), 2011, mit Übersicht über Regelungsinhalte tatsächlich abgeschlossener Betriebsvereinbarungen;

— bei *Ginal/Pinetzki*, „Dicke Luft" im Betrieb – Nichtraucherschutz am Arbeitsplatz, ArbR Aktuell 2012, 369, 372;

— bei *Stück*, Nichtraucherschutz, AuA 2009, 140, 144;

— bei *Bronhofer*, Nichtraucher in den Betrieben schützen, AuA 2008, 340, 341.

Zum möglichen Inhalt einer Betriebsvereinbarung zum Nichtraucherschutz s. auch *Raif/Böttcher* AuR 2009, 289, 291, sowie *Voigt* in: Forum Nr. 3.4.4.

57   Das nachfolgende Muster kann als Anregung für Betriebs- und Personalräte sowie Personalleiter dienen. Es baut auf einer Vorlage der Bundeszentrale für gesundheitliche Aufklärung auf (BzgA [Hrsg.], Rauchfrei am Arbeitsplatz – Ein Leitfaden für Betriebe, 2. Aufl. 2008):

„Präambel

Rauchen schadet der Gesundheit. Auch die Gesundheitsgefahren des Passivrauchens sind wissenschaftlich erwiesen. Der Gesetzgeber hat diesen Erkenntnissen Rechnung getragen und verpflichtet den Arbeitgeber, im Betrieb Maßnahmen zum Schutz der nicht rauchenden Beschäftigten zu ergreifen (§ 5 der Arbeitsstättenverordnung).

Betriebsrat und Geschäftsführung verfolgen vor diesem Hintergrund gemeinsam das Ziel, Mitarbeiterinnen und Mitarbeiter konsequent vor den gesundheitlichen Gefährdungen durch Passivrauchen am Arbeitsplatz zu schützen. Eine betriebliche Regelung zu diesem Thema soll Konflikte zwischen Rauchern und Nichtrauchern vermeiden. Soweit es mit dem vorgegebenen Ziel vereinbar ist, wird auch den Interessen der rauchenden Beschäftigten Rechnung getragen. Auf Grundlage dieser Erwägungen schließen die Betriebspartner folgende Vereinbarung über Nichtraucherschutz:

§ 1 Grundsatz

Diese Betriebsvereinbarung dient dem Schutz der nicht rauchenden Beschäftigten vor gesundheitlicher Gefährdung und Belastung durch Passivrauchen am Arbeitsplatz. Sie soll zu einer Verbesserung des Arbeitsklimas beitragen und die Gleichbehandlung von rauchenden und nicht rauchenden Beschäftigten gewährleisten.

§ 2 Geltungsbereich

(1) Diese Betriebsvereinbarung gilt für alle im Betrieb beschäftigten Mitarbeiterinnen und Mitarbeiter einschließlich der Auszubildenden.

(2) Das Rauchverbot (§ 3) gilt auch für Besucher und externe Dienstleister.

§ 3 Rauchverbot

Es gilt ein uneingeschränktes Rauchverbot
- an allen Arbeitsplätzen, auch in Einzelbüros,
- auf allen Gängen,
- in der Kantine, im Kasino und in der Caféteria,
- in allen Tee- und Kaffeeküchen,
- auf allen Toiletten, in allen Sanitär- und Umkleideräumen,
- in allen Fahrstühlen,
- in allen Lehr- und Unterrichtsräumen,
- in allen Konferenz- und Sitzungsräumen,
- in allen Aufenthalts- und Pausenräumen,
- in allen Dienstfahrzeugen, sowie
- in allen überdachten Innenhöfen.

§ 4 Möglichkeiten zum Rauchen:

(1) Das Rauchen ist in besonders gekennzeichneten Bereichen auf dem Betriebsgelände möglich. Zum Schutz vor Wind und Regen werden Unterstände eingerichtet. Die Einrichtung dieser Schutzunterstände oder „Raucherpavillons" im Außenbereich geschieht nach den jeweils örtlich möglichen Gegebenheiten.

(2) Raucherpausen sind keine Arbeitszeit. Die rauchenden Beschäftigten sind verpflichtet, sich für den Zeitraum des Rauchens auszustempeln.

§ 5 Verantwortlichkeit

Jeder Vorgesetzte trägt in seinem Verantwortungsbereich dafür Sorge, dass die Regelungen dieser Vereinbarung bekannt gemacht werden und die Umsetzung sichergestellt ist. Neu eintretende Mitarbeiter sind vor Abschluss des Arbeitsvertrags in geeigneter Form auf das Rauchverbot hinzuweisen.

§ 6 Konsequenzen bei Verstoß

Ein Verstoß gegen das betriebliche Rauchverbot hat regelmäßig eine Abmahnung zur Folge. Wiederholte Verstöße können zu einer Kündigung des Arbeitsverhältnisses führen.

§ 7 Maßnahmen zur Aufklärung und Rauchentwöhnung

(1) Über die Gesundheitsgefahren des Rauchens und Passivrauchens wird im Betrieb verstärkt aufgeklärt. Der Betriebsärztliche Dienst organisiert in regelmäßigen Abständen Aufklärungs- und Entwöhnungsangebote im Rahmen der betrieblichen Gesundheitsförderung. Multiplikatorenschulungen zur Raucherberatung werden ebenso wie Raucherentwöhnungskurse ab dem ... (Datum) betriebsintern angeboten und entsprechend der Nachfrage durchgeführt.

(2) Der Verkauf von Tabakerzeugnissen im Gebäude oder auf dem Betriebsgelände ist untersagt. Zigarettenautomaten werden bis zum … (Datum) abgebaut.

§ 8 Schlussbestimmung
Diese Betriebsvereinbarung tritt mit ihrer Unterzeichnung in Kraft. Sie kann mit einer Frist von drei Monaten zum Ende eines Kalendervierteljahres gekündigt werden."

58   **3. Rauchverbote im Öffentlichen Dienst.** Lange Zeit war es auch im Öffentlichen Dienst üblich, Rauchverbote durch **Dienstanweisung** oder durch Dienstvereinbarung zu regeln (s. beispielsweise die Gemeinsame Bekanntmachung der Bayer:schen Staatskanzlei und der Bayerischen Staatsministerien vom 3. Mai 2004, AllMBl 2004 S. 234 sowie das Muster bei BzgA [Hrsg.], Rauchfrei am Arbeitsplatz – Ein Leitfaden für Betriebe, 2. Aufl. 2008, S. 57 ff.).

59   Mit Inkrafttreten der **Nichtraucherschutzgesetze** des Bundes und der Länder (→ Rn. 60 f.) haben sich diese Anweisungen weitestgehend erledigt. All diese Gesetze sehen ein **grundsätzliches Rauchverbot in öffentlichen Einrichtungen** (v. a. Behörden, Dienststellen, Gerichte, Schulen) vor. Ein Regelungsbedürfnis besteht insofern nur, soweit die einschlägige gesetzliche Regelung Ausnahmen vorsieht, seien es Bereichsausnahmen für bestimmte Räume (z. B. Vernehmungsräume bei der Polizei oder in Gefängnissen) oder Ausnahmen im Einzelfall nach Ermessen des Behördenleiters (z. B. Raucherräume). Wie eine Dienstanweisung oder -vereinbarung zur Ausfüllung der verbleibenden Spielräume aussehen kann, hängt daher von der Art der Dienststelle ab sowie dem Bundesland, in dem sie liegt.

F. Nichtraucherschutzgesetze des Bundes und der Länder

60   Zeitgleich mit der Einführung des § 5 Abs. 1 Satz 2 ArbStättV ist am 1. 9. 2007 das **Bundesnichtraucherschutzgesetz** (BNichtrSchG, BGBl 2007 I S. 1595) in Kraft getreten. Danach ist in den öffentlichen Einrichtungen des Bundes, in Verkehrsmitteln des öffentlichen Personenverkehrs und in öffentlichen Personenbahnhöfen das Rauchen in geschlossenen Räumen verboten (§ 1 Abs. 1 und 2 BNichtrSchG). Zulässig ist die Einrichtung gesonderter Raucherräume (§ 1 Abs. 3 BNichtrSchG).

61   Für umfassende Regelungen zum Rauchen in der Öffentlichkeit fehlte dem Bund nach umstrittener Auffassung die Gesetzgebungskompetenz (*Wendtland* DÖV 2007, 647 ff.; *Rossi/Lenski* NJW 2006, 2657 ff.). Seit 2007 haben daher alle **Bundesländer Nichtraucherschutzgesetze** erlassen, die im Detail allerdings recht unterschiedliche Regelungen über das Rauchen in Behörden, Schulen, Gaststätten und anderen öffentlichen Orten enthalten (siehe auch die Übersicht bei *Düwell* jurisPR-ArbR 20/2008 Anm. 8):

- **Baden-Württemberg:** Landesnichtraucherschutzgesetz vom 25. 7. 2007 (GBl 2007 S. 337; dazu *Entzer/Sauer* BB 2008, 1116 ff.), zuletzt geändert durch Gesetz vom 3. 3. 2009 (GBl 2009 S. 81)
- **Bayern:** Gesundheitsschutzgesetz vom 23. 7. 2010 (GVBl 2010 S. 314; dazu *Gietl* GewA 2010, 344 ff.)
- **Berlin:** Nichtraucherschutzgesetz vom 16. 11. 2007 (GVBl 2007 S. 578), zuletzt geändert durch Gesetz vom 3. 6. 2010 (GVBl 2010 S. 285)
- **Brandenburg:** Nichtraucherschutzgesetz vom 18. 12. 2007 (GVBl 2007 S. 346), zuletzt geändert durch Gesetz vom 25. 1. 2016 (GVBl I 2016 Nr. 5)
- **Bremen:** Nichtraucherschutzgesetz vom 18. 12. 2007, zuletzt geändert durch ÄnderungsG vom 6. 6. 2018 (BremGBl 2018 S. 254)

- **Hamburg:** Passivraucherschutzgesetz vom 11.7.2007 (GVBl 2007 S. 211), zuletzt geändert durch Gesetz vom 12.12.2017 (GVBl 2017 S. 386)
- **Hessen:** Nichtraucherschutzgesetz vom 6.9.2007 (GVBl 2007 S. 568; dazu *Düwell* FA 2008, 74, 76), zuletzt geändert durch Gesetz vom 27.9.2012 (GVBl 2012 S. 290)
- **Mecklenburg–Vorpommern:** Nichtraucherschutzgesetz vom 12.7.2007 (GVOBl 2007 S. 239), zuletzt geändert durch Gesetz vom 4.7.2014 (GVOBl. M-V 2014 S. 315)
- **Niedersachsen:** Nichtraucherschutzgesetz vom 12.7.2007 (GVBl 2007 S. 337), zuletzt geändert durch Gesetz vom 10.12.2008 (GVBl 2008 S. 380)
- **Nordrhein–Westfalen:** Nichtraucherschutzgesetz vom 20.12.2007 (GV 2007 S. 742), zuletzt geändert durch Gesetz vom 4.12.2012 (GV 2012 S. 635)
- **Rheinland-Pfalz:** Nichtraucherschutzgesetz vom 5.10.2007 (GVBl 2007 S. 188), zuletzt geändert durch Gesetz vom 26.5.2009 (GVBl 2009 S. 205)
- **Saarland:** Nichtraucherschutzgesetz vom 21.11.2007 (ABl 2008 S. 75), zuletzt geändert durch Gesetz vom 15.3.2017 (ABl I 2017 I S. 476)
- **Sachsen:** Nichtraucherschutzgesetz vom 26.10.2007 (GVBl. 2007 S. 495), zuletzt geändert durch Gesetz vom 14.6.2012 (GVBl 2012 S. 270)
- **Sachsen-Anhalt:** Nichtraucherschutzgesetz vom 19.12.2007 (GVBl 2007 S. 464; dazu *Düwell* FA 2008, 74, 76f.), zuletzt geändert durch Gesetz vom 7.8.2014 (GVBl LSA 2014 S. 386)
- **Schleswig-Holstein:** Nichtraucherschutzgesetz vom 10.12.2007 (GVOBl 2007 S. 485), zuletzt geändert durch Gesetz vom 25.4.2009 (GVOBl 2009 S. 222)
- **Thüringen:** Nichtraucherschutzgesetz vom 20.12.2007 (GVBl 2007 S. 257), zuletzt geändert durch Gesetz vom 2.7.2012 (GVBl 2012 S. 245)

Auf den ersten Blick dürfte der Nichtraucherschutz nach den verschiedenen **62** Ländergesetzen zum Schutz vor dem Passivrauchen sowie nach dem Bundesnichtraucherschutzgesetz mit der ArbStättV nichts zu tun haben. Das Bundesnichtraucherschutzgesetz ist auf alle möglichen Rechtsgrundlagen gestützt, explizit **nicht** jedoch auf das **Arbeitsschutzrecht** nach Art. 74 Abs. 1 Nr. 12 GG. Die Ländergesetze nennen als geschützten Personenkreis überwiegend die „Bevölkerung". Spezifisch arbeitsschutzrechtliche Regelungen konnten insoweit mit Blick auf § 5 ArbStättV schon aus kompetenzrechtlichen Gründen nicht getroffen werden (Art. 72 Abs. 1 GG).

Die Nichtraucherschutzgesetze setzen jedoch die für alle geltenden äußeren **63** **Rahmenbedingungen,** innerhalb derer die spezifisch arbeitsschutzrechtliche Nichtraucherschutzregelung des § 5 anzuwenden ist. Soweit etwa kraft Landesgesetz ein Rauchverbot in Gaststätten gilt (z. B. Art. 3 Abs. 1 BayGSG, § 3 Abs. 1 NiSchG NRW), spielt es keine Rolle, ob der Wirt ein Rauchverbot nach § 5 Abs. 1 Satz 2 ArbStättV für erforderlich hält oder nicht (BAG 19.5.2009 – 9 AZR 241/08 – NZA 2009, 775). Der Regelungsspielraum des Arbeitgebers nach § 5 Abs. 1 und Abs. 2 besteht nur im Rahmen der geltenden Gesetze einschließlich der Nichtraucherschutzgesetze. Die jeweiligen Ländervorschriften respektive das BNichtrSchG beabsichtigen zwar nicht den Schutz der Arbeitnehmer im Betrieb. Ist jedoch ein Verhalten (hier: das Rauchen) aufgrund Landes- oder Bundesrecht explizit verboten, so ist auch der Beschäftigte **in seiner Eigenschaft als „normaler Bürger"** im Falle des Verstoßes gegen dieses spezielle öffentliche Recht in seinen subjektiven Rechten betroffen, und der unfreiwillige Passivraucher kann sich auf die landesrechtlichen oder bundesrechtlichen Vorschriften zum Schutz der Nichtraucher berufen.

64   Demnach sind § 5 ArbStättV und die Nichtraucherschutzgesetze grundsätzlich **nebeneinander anwendbar** (BVerfG 30.7.2009 – 1 BvR 3262/07 u.a. – NJW 2008, 2409). Zum Regelungskonflikt kann es nur im Ausnahmefall kommen, wenn ein Landesgesetz das Rauchen in einem Betrieb mit Publikumsverkehr nicht vollständig verbietet, insoweit aber Schutzmaßnahmen zugunsten nicht rauchender Dritter verlangt, die speziell für die Beschäftigten faktisch nur durch ein absolutes Rauchverbot zu verwirklichen wären (so der komplizierte Sachverhalt im zitierten Urteil des BVerfG vom 30.7.2009). Nur bei einem solchen echten Regelungskonflikt kommt der Grundsatz „**Bundesrecht bricht Landesrecht**" gemäß Art. 31 GG zum Tragen und die großzügigere Vorschrift des § 5 Abs. 2 ArbStättV geht hinsichtlich der Beschäftigten der Landesvorschrift zum Schutz der Allgemeinheit vor (BVerfG 30.7.2009 aaO; BAG 19.5.2009 aaO; im Ergebnis ebenso *Kühn* BB 2010, 120).

§ 6 Unterweisung der Beschäftigten

(1) **Der Arbeitgeber hat den Beschäftigten ausreichende und angemessene Informationen anhand der Gefährdungsbeurteilung in einer für die Beschäftigten verständlichen Form und Sprache zur Verfügung zu stellen über**
1. **das bestimmungsgemäße Betreiben der Arbeitsstätte,**
2. **alle gesundheits- und sicherheitsrelevanten Fragen im Zusammenhang mit ihrer Tätigkeit,**
3. **Maßnahmen, die zur Gewährleistung der Sicherheit und zum Schutz der Gesundheit der Beschäftigten durchgeführt werden müssen, und**
4. **arbeitsplatzspezifische Maßnahmen, insbesondere bei Tätigkeiten auf Baustellen oder an Bildschirmgeräten,**

und sie anhand dieser Informationen zu unterweisen.

(2) **Die Unterweisung nach Absatz 1 muss sich auf Maßnahmen im Gefahrenfall erstrecken, insbesondere auf**
1. **die Bedienung von Sicherheits- und Warneinrichtungen,**
2. **die Erste Hilfe und die dazu vorgehaltenen Mittel und Einrichtungen und**
3. **den innerbetrieblichen Verkehr.**

(3) **[1]Die Unterweisung nach Absatz 1 muss sich auf Maßnahmen der Brandverhütung und Verhaltensmaßnahmen im Brandfall erstrecken, insbesondere auf die Nutzung der Fluchtwege und Notausgänge. [2]Diejenigen Beschäftigten, die Aufgaben der Brandbekämpfung übernehmen, hat der Arbeitgeber in der Bedienung der Feuerlöscheinrichtungen einzuweisen.**

(4) **[1]Die Unterweisungen müssen vor Aufnahme der Tätigkeit stattfinden. [2]Danach sind sie mindestens jährlich zu wiederholen. [3]Sie haben in einer für die Beschäftigten verständlichen Form und Sprache zu erfolgen. [4]Unterweisungen sind unverzüglich zu wiederholen, wenn sich die Tätigkeiten der Beschäftigten, die Arbeitsorganisation, die Arbeits- und Fertigungsverfahren oder die Einrichtungen und Betriebsweisen in der Arbeitsstätte wesentlich verändern und die Veränderung mit zusätzlichen Gefährdungen verbunden ist.**

A. Überblick

§ 6 ArbStättV regelt **seit der Reform des Arbeitsstättenrechts im Jahr 2016** **1** die „Unterweisung der Beschäftigten" (*Schucht* CCZ 2017, 120, 123 f.). Damit wurden erstmals unterweisungsspezifische Regelungen in das nationale Arbeitsstättenrecht übernommen (*Faber/Feldhoff* in HK-ArbSchR ArbStättV Rn. 111). Die Norm regelt Inhalte der eng mit der Gefährdungsbeurteilung verbundenen Unterweisung (Abs. 1), den Zusammenhang mit „Maßnahmen im Gefahrenfall" (Abs. 2) und „Maßnahmen der Brandverhütung und Verhaltensmaßnahmen im Brandfall" (Abs. 3) sowie Modalitäten der Unterweisung (Abs. 4).

Die Neufassung des § 6 ArbStättV **konkretisiert im Ergebnis die allgemeine arbeitsschutzrechtliche Unterweisungsregelung des § 12 ArbSchG für den Bereich des Arbeitsstättenrechts** (*Faber/Feldhoff* in HK-ArbSchR ArbStättV Rn. 111). Z.T. geht § 6 ArbStättV indes inhaltlich auch über § 12 ArbSchG hinaus (*Faber/Feldhoff* in HK-ArbSchR ArbStättV Rn. 111). Damit wurde die ArbStättV inhaltlich und konzeptionell an jene Arbeitsschutzverordnungen angepasst, die bereits entsprechende Unterweisungsregelungen aufweisen (vgl. § 12 BetrSichV, § 14 BioStoffV, § 14 GefStoffV, § 8 OStrV und § 11 LärmVibrationsArbSchV). Der Verordnungsgeber weist darauf hin, dass damit für den Arbeitgeber und die Arbeitsschutzakteure „eine erhebliche Erleichterung und Vereinfachung" einhergehe, „da sich nunmehr die Systematik des betrieblichen Arbeitsschutzes in allen wesentlichen Arbeitsschutzverordnungen einheitlich wiederfindet" (BR-Drs. 506/16, S. 29).

In diesem Zusammenhang ist freilich darauf zu achten, dass sich die genannten arbeitsschutzrechtlichen Unterweisungsvorgaben sowohl **inhaltlich als auch konzeptionell unterscheiden** können (*Wiebauer* in Landmann/Rohmer GewO ArbStättV § 6 Rn. 2). Aus diesem Grund tut jeder Rechtsanwender gut daran, sich intensiv mit der jeweils in concreto anwendbaren Unterweisungsvorschrift zu befassen, um nicht Annahmen aus einem arbeitsschutzrechtlichen Bereich ohne Weiteres auf einen anderen, ggf. abweichend geregelten, Bereich zu übertragen. Arbeitsstättenrechtlich kommt es entsprechend allein auf die Inhalte des § 6 ArbStättV an.

2   Zuvor befasste sich § 6 ArbStättV a. F. mit dem Thema „Arbeitsräume, Sanitärräume, Pausen- und Bereitschaftsräume, Erste-Hilfe-Räume, Unterkünfte". Diese Regelungen wurden durch Art. 1 der Verordnung zur Änderung von Arbeitsschutzverordnungen (BGBl. I 2016 S. 2681, ber. 2017 S. 2839) in den Anhang der ArbStättV verschoben und mit den dort bereits vorhandenen Bestimmungen für Arbeitsräume (vgl. Nr. 1.2 des Anhangs der ArbStättV), Sanitärräume (vgl. Nr. 4.1 des Anhangs der ArbStättV), Pausen- und Bereitschaftsräume (vgl. Nr. 4.2 des Anhangs der ArbStättV), Erste-Hilfe-Räume (vgl. Nr. 4.3 des Anhangs der ArbStättV) und Unterkünfte (vgl. Nr. 4.4 des Anhangs der ArbStättV) zusammengefasst (dies begrüßend *Wiebauer* in Landmann/Rohmer GewO ArbStättV § 6 Rn. 1; *ders.* NZA 2017, 220, 223). Die **Zusammenführung der Regelungsinhalte zum gleichen Sachverhalt** soll im Ergebnis die Anwendung der ArbStättV erleichtern (vgl. BR-Drs. 506/16, S. 29).

3   Europarechtlich dient § 6 ArbStättV der Umsetzung von Art. 12 RL 89/391/EWG (sog. Arbeitsschutz-Rahmenrichtlinie oder EG-Rahmenrichtlinie; vgl. hierzu *Klindt/Schucht* in Franzen/Gallner/Oetker RL 89/391/EWG Rn. 1 ff.), der gemäß Art. 16 Abs. 3 RL 89/391/EWG dezidiert auch für Arbeitsstätten gilt (vgl. auch BR-Drs. 506/16, S. 29). Europarechtlich relevant ist daneben Art. 6 Abs. 2 RL 90/270/EWG (sog. EG-Bildschirmarbeitsrichtlinie). Schließlich sind mit Art. 7 RL 89/654/EWG (sog. EG-Arbeitsstättenrichtlinie) und Art. 6 Abs. 1 RL 90/270/EWG zwei Normen zu nennen, die sich mit der **Unterrichtung** befassen und daher die Ausgestaltung des § 6 ArbStättV ebenfalls mitbestimmt haben (vgl. *Wiebauer* in Landmann/Rohmer GewO ArbStättV § 6 Rn. 1); denn genuine Unterrichtungsinhalte sind Gegenstand des § 6 Abs. 1 S. 1 ArbStättV (→ Rn. 9 ff.).

4   Aus der **Perspektive der Unfallverhütungsvorschriften** (UVV) ist in diesem Zusammenhang auf § 4 DGUV Vorschrift 1 hinzuweisen. Diese Vorschrift befasst sich mit der „Unterweisung der Versicherten". Rechtsdogmatisch rechnen die Unfallverhütungsvorschriften zum **Sozialversicherungsrecht,** da sie auf das Siebte Buch Sozialgesetzbuch – Gesetzliche Unfallversicherung – zurückzuführen sind. Konkret sieht § 15 Abs. 1 S. 1 Hs. 1 SGB VII vor, dass die Unfallversicherungsträger „unter Mitwirkung der Deutschen Gesetzlichen Unfallversicherung e. V. als autonomes Recht Unfallverhütungsvorschriften über Maßnahmen zur Verhütung von Arbeitsunfällen, Berufskrankheiten und arbeitsbedingten Gesundheitsgefahren oder für eine wirksame Erste Hilfe erlassen" können. Mögliche Gegenstände von UVV

werden in § 15 Abs. 1 S. 1 Hs. 2 Nr. 1 SGB VII geregelt. Danach rechnen auch „Einrichtungen, Anordnungen und Maßnahmen, welche die Unternehmer zur Verhütung von Arbeitsunfällen, Berufskrankheiten und arbeitsbedingten Gesundheitsgefahren zu treffen haben, sowie die Form der Übertragung dieser Aufgaben auf andere Personen" zu den tauglichen Regelungsgegenständen von UVV.

Die **Leitlinien zur Arbeitsstättenverordnung,** die vom **Länderausschuss** 5 **für Arbeitsschutz und Sicherheitstechnik (LASI)** herausgegeben werden, befassen sich nicht mit jenen Inhalten, die in § 6 ArbStättV niedergelegt sind.

§ 6 ArbStättV gilt gemäß § 1 Abs. 3 S. 1 Nr. 2 ArbStättV auch für **Telearbeits-** 6 **plätze,** „soweit der Arbeitsplatz von dem im Betrieb abweicht" (vgl. *Pieper/Stiel* AiB 2017 Nr. 1, 49; *Wiebauer* NZA 2017, 220, 223). Zu beachten ist freilich, dass § 6 ArbStättV mit Blick auf Telearbeitsplätze nur insoweit gilt, als die „Anforderungen unter Beachtung der Eigenart von Telearbeitsplätzen auf diese anwendbar sind", § 1 Abs. 3 S. 2 ArbStättV. Einer Unterweisung über Fluchtwege und Notausgänge in der Privatwohnung bedarf es daher nicht (so anschaulich *Wiebauer* NZA 2017, 220, 223).

Telearbeitsplätze „sind vom Arbeitgeber fest installierte Bildschirmarbeitsplätze im Privatbereich der Beschäftigten, für die der Arbeitgeber eine mit den Beschäftigten vereinbarte wöchentliche Arbeitszeit und die Dauer der Einrichtung festgelegt hat", § 2 Abs. 7 S. 1 ArbStättV (krit. zur neuen Regelung *Wiebauer* NZA 2017, 220, 223; siehe auch *Pieper/Stiel* AiB 2017 Nr. 1, 49, 49f.).

B. Die einzelnen Absätze

I. Pflicht zur Unterweisung (Abs. 1)

Abs. 1 regelt die **genuin arbeitsstättenrechtliche Pflicht der Arbeitgeber** 7 **zur Unterweisung.** Der Rechtsbegriff des Unterweisens findet freilich erst am Ende des Abs. 1 Verwendung, während sich der Beginn des Abs. 1 mit den zuvor zu übermittelnden Informationen befasst. Im Folgenden Abs. 2 wird sodann auf die „Unterweisung nach Absatz 1" verwiesen und damit klargestellt, dass Abs. 1 in toto die arbeitsstättenrechtliche Unterweisung zum Gegenstand hat, auch wenn sich diese de lege lata aus zwei Elementen zusammensetzt.

1. Ziel und Bedeutung der Unterweisung. Das originäre **Ziel der Unter-** 8 **weisung** besteht darin, die Beschäftigten zu einem **sicherheits- und gesundheitsgerechten Verhalten** bei der Arbeit anzuhalten (*Pieper/Stiel* AiB 2017 Nr. 1, 49, 50). Die Unterweisung soll es den Beschäftigten ermöglichen, die Gefährdungen für ihre Sicherheit und Gesundheit zu erkennen und die Schutzmaßnahmen und Verhaltensregeln zur Abwehr dieser Gefährdungen zu beachten und zu befolgen (siehe auch *Steffek* in Kollmer/Klindt/Schucht ArbSchG § 12 Rn. 1). Vehikel sind insoweit spezifische Informationen, die auf die individuelle Tätigkeit der Beschäftigten zugeschnitten sind (siehe auch *Faber/Feldhoff* in HK-ArbSchR ArbStättV Rn. 112 mit Blick auf die in Abs. 1 Nr. 4 explizit genannten Baustellen und Bildschirmarbeitsplätze). Die Unterweisung kann damit als das wichtigste Instrument qualifiziert werden, das die Beschäftigten in die Lage versetzt, Maßnahmen und Anordnungen des Arbeitsschutzes richtig zu erfassen und sich anschließend gesundheitsgerecht zu verhalten. Zusammen mit der in Abs. 1 genannten Gefährdungsbeurteilung ist die **Unterweisung** ein **zentraler Bestandteil des präventiven Arbeits- und Gefahrenschutzes.**

9 **2. Bestandteile der Unterweisung.** Die arbeitsstättenrechtliche Unterweisung gemäß Abs. 1 besteht aus **zwei Teilen:** Der Arbeitgeber muss den Beschäftigten zunächst „ausreichende und angemessene Informationen anhand der Gefährdungsbeurteilung" zu den in den Nrn. 1–4 aufgeführten Inhalten zur Verfügung stellen. Anschließend muss er die Beschäftigten „anhand dieser Informationen" unterweisen, indem er ihnen zu den **einzelnen Unterweisungsthemen konkrete praxisbezogene Anweisungen und Erläuterungen** gibt, die speziell auf den Arbeitsplatz oder den Aufgabenbereich der Beschäftigten zugeschnitten sind (vgl. § 12 Abs. 1 S. 1 ArbSchG; siehe auch *Wiebauer* NZA 2017, 220, 223). Die Unterweisung ist damit im Ergebnis eine **Kombination aus theoretischer Wissensvermittlung und praxisbezogenen Erläuterungen.** Die sich anschließenden Absätze (Abs. 2, 3) erweitern die Unterrichtungs- und Unterweisungsthemen aus Abs. 1 Nrn. 1–4 um weitere Aspekte, die für die Zwecke der Unterweisung als relevant erachtet werden. Insoweit kann von den **grundlegenden Unterweisungsthemen** (Abs. 1) einerseits und den **speziellen Unterweisungsthemen** (Abs. 2, 3) andererseits gesprochen werden.

10 Mit Blick auf die betreffende **Zweiteilung der arbeitsstättenrechtlichen Unterweisung** kann systematisch zwischen **Unterrichtung einerseits und Unterweisung andererseits** unterschieden werden. Der erste Schritt besteht in der Unterrichtung, woran sich die konkrete Unterweisung im zweiten Schritt anschließt (*Wiebauer* in Landmann/Rohmer GewO ArbStättV § 6 Rn. 3).

11 **3. Zur Verfügung zu stellende Informationen.** Der Arbeitgeber hat den Beschäftigten im Rahmen der Unterweisung gemäß Abs. 1 im ersten Schritt **ausreichende und angemessene Informationen zu den konkreten Unterweisungsthemen** zur Verfügung zu stellen. Dies gilt nicht nur für die grundlegenden Unterrichtungs- bzw. Unterweisungsthemen in § 6 Abs. 1 Nrn. 1–4 ArbStättV, sondern auch für die speziellen Unterweisungsthemen in den beiden folgenden Absätzen. Damit wird eine spezifische **Pflicht der Arbeitgeber zur Unterrichtung** aus der Taufe gehoben (→ Rn. 9). **Gesetzessystematisch** ist der Zusammenhang mit § 14 ArbSchG sowie § 81 Abs. 1 BetrVG zu beachten (*Wiebauer* in Landmann/ Rohmer GewO ArbStättV § 6 Rn. 4; *ders.* NZA 2017, 220, 223): § 14 ArbSchG regelt die „Unterrichtung und Anhörung der Beschäftigten des öffentlichen Dienstes" und § 81 BetrVG die „Unterrichtungs- und Erörterungspflicht des Arbeitgebers".

12 **Ausreichend und angemessen** sind die vom Arbeitgeber stammenden Informationen, wenn sie als Grundlage für die anschließende Unterweisung der Beschäftigten geeignet sind. Um die **Anforderung an die Geeignetheit** in diesem Kontext zu erfüllen, ist es erforderlich, dass den Beschäftigten Kenntnisse über die Gefährdungen, denen sie bei ihrer Tätigkeit oder in ihrem Arbeitsbereich ausgesetzt sind, die für sie relevanten Inhalte der einschlägigen Arbeitsschutzvorschriften (ArbStättV und Technische Regeln für Arbeitsstätten [ASR]), die zu beachtenden Schutzmaßnahmen und Verhaltensregeln sowie das Verhalten im Gefahrenfall vermittelt werden.

Zu konzedieren ist, dass die Pflicht zur Zurverfügungstellung ausreichender und angemessener Informationen **unbestimmt** ist. Vor diesem Hintergrund ist eine Konkretisierung auch durch die **Fokussierung auf die Eigenverantwortung des Arbeitgebers** vorzunehmen. Die Arbeitgeber selbst sollen in erster Linie darüber entscheiden können, wann die betreffende arbeitsstättenrechtliche Pflicht erfüllt ist (*Wiebauer* in Landmann/Rohmer GewO ArbStättV § 6 Rn. 4). So richtig diese Aussage ist, so bleibt es im Ergebnis bei einer objektiv zu beurteilenden arbeitsstättenrechtlichen Pflicht, sodass im Einzelfall eine Diskrepanz zwischen der Einschätzung des Arbeitgebers und der zuständigen Arbeitsschutzbehörde vorliegen kann, die im **Zweifelsfall von der zuständigen Verwaltungsgerichtsbarkeit** geklärt werden muss.

Mit Blick auf die **den Umfang der Unterweisung gemäß § 12 Abs. 1 S. 1 ArbSchG** konkretisierende Vorgabe, ausreichend und angemessen zu unterweisen, wird in der Literatur betont, dass damit „die Gefährdungslage am konkreten Arbeitsplatz in Bezug genommen" werde (*Wiebauer* in Landmann/Rohmer GewO ArbSchG § 12 Rn. 15). Je geringer insoweit die Gefährdung sei, desto knapper könne die Unterweisung ausfallen. Diese Erwägungen lassen sich ohne Weiteres auf die arbeitsstättenrechtliche Unterrichtung gemäß § 6 Abs. 1 S. 1 ArbStättV übertragen.

Die Informationen sind den Beschäftigten in einer für sie **verständlichen** **13** **Form und Sprache** zur Verfügung zu stellen. Diese Vorgabe für die Unterrichtung entspricht jener für die Unterweisung, die wiederum in § 6 Abs. 4 S. 3 Arb-StättV geregelt ist. Auch wenn mit dieser doppelten Regelung Raum für eine Sichtweise geschaffen wird, wonach Informationen, die nicht auf einen konkreten Arbeitsbereich bezogen sind, in der Sprache des zugrunde liegenden Arbeitsvertrags zur Verfügung gestellt werden können, auch wenn diese Sprache in concreto nicht empfangsfähig ist (*Rieble,* FS Löwisch, S. 229, 242 f.), kann diese artifizielle Trennung in der Praxis nicht überzeugen (*Wiebauer* in Landmann/Rohmer GewO Arb-StättV § 6 Rn. 9); denn jedenfalls im zweiten Schritt der Unterweisung muss der Beschäftigte verstehen, was der Arbeitgeber ihm konkret mitteilt.

4. Unterweisung anhand spezifischer Informationen. Abs. 1 regelt am **14** Ende, dass der Arbeitgeber die **Beschäftigten anhand der zur Verfügung ge-stellten Informationen zu unterweisen** hat. Vor diesem Hintergrund darf es der Arbeitgeber im Rahmen der Unterweisung ausdrücklich nicht dabei bewenden lassen, den Beschäftigten die betreffenden Informationen zur weiteren Verwendung bzw. zum Selbststudium zur Verfügung zu stellen. Das durch die Informationen ver-mittelte Wissen ist lediglich die **(theoretische) Grundlage für die darauf aufset-zende Unterweisung der Beschäftigten.** Die Unterweisung selbst besteht aus konkreten Anweisungen, Erläuterungen und ggf. auch Übungen, die den Beschäf-tigten die Unterweisungsinhalte praxisbezogen veranschaulichen und vermitteln sollen. Dies folgt nicht zuletzt aus § 12 Abs. 1 S. 2 ArbSchG, wonach die arbeits-schutzrechtliche Unterweisung „Anweisungen und Erläuterungen" umfasse. **An-weisungen** sind arbeitsschutzrechtlich **konkrete und verbindliche Verhaltens-anforderungen,** „die sich auf bestimmte Arbeitsplätze und konkrete Situationen im Betrieb beziehen" (*Kohte* in Kollmer/Klindt/Schucht ArbSchG § 4 Rn. 32). Das **Ziel der Unterweisung** liegt darin, dass die **Beschäftigten die Informatio-nen,** die ihnen vermittelt werden, **verstehen und anschließend in die Praxis umsetzen (können).**

5. Bedeutung der Gefährdungsbeurteilung für die Unterweisung. Nach **15** § 6 Abs. 1 ArbStättV hat der Arbeitgeber den Beschäftigten ausreichende und an-gemessene Informationen „anhand der Gefährdungsbeurteilung" zur Verfügung zu stellen und sie anhand dieser Informationen zu unterweisen. Damit wird klar-gestellt, dass die **Ergebnisse der Gefährdungsbeurteilung die Grundlage** dafür bilden, welche Informationen im Rahmen der Unterweisung an die Beschäftigten weiterzugeben sind (vgl. BR-Drs. 506/16, S. 29). Der **Inhalt der arbeitsstätten-**

rechtlichen Unterweisung wird damit **maßgeblich von der Gefährdungs-beurteilung gemäß § 3 Abs. 1 ArbStättV bestimmt,** die letztlich ihr **Ausgangs- und Bezugspunkt** ist. Der Grund für die unterweisungsspezifische Bedeutung der Gefährdungsbeurteilung liegt darin, dass erst dadurch „die Gefährdungsfaktoren des konkreten Arbeitsplatzes bzw. der Tätigkeit ermittelt und entsprechende Maßnahmen abgeleitet" werden (*Faber/Feldhoff* in HK–ArbSchR ArbStättV Rn. 113).

Diese Vorgabe ergibt sich im Übrigen bereits daraus, dass die Unterweisung gemäß § 12 Abs. 1 S. 4 ArbSchG **an die Gefährdungsentwicklung angepasst** sein muss. Die Ergebnisse der Gefährdungsbeurteilung müssen deshalb bei jeder Unterweisung berücksichtigt werden, die der Arbeitgeber nach § 6 Abs. 4 ArbStättV durchzuführen hat.

16　　**6. Inhalte der Unterweisung. a) Überblick.** § 6 ArbStättV enthält in Abs. 1–3 **konkrete Vorgaben für die Inhalte der Unterweisung.** Zunächst regelt Abs. 1 die **grundlegenden Unterrichtungs- bzw. Unterweisungsthemen.** Dazu gehören

– das bestimmungsgemäße Betreiben der Arbeitsstätte (Nr. 1),
– alle gesundheits- und sicherheitsrelevanten Fragen im Zusammenhang mit der Tätigkeit (Nr. 2),
– die Maßnahmen, die zur Gewährleistung der Sicherheit und zum Schutz der Gesundheit der Beschäftigten durchgeführt werden müssen (Nr. 3) und
– die arbeitsplatzspezifischen Maßnahmen, insbesondere bei Tätigkeiten auf Baustellen oder an Bildschirmgeräten (Nr. 4).

Die grundlegenden Unterrichtungs- bzw. Unterweisungsthemen sind ersichtlich **abschließend formuliert,** da der Gesetzgeber insoweit auf ein vorangestelltes „insbesondere" verzichtet hat. Gerade durch die Statuierung dieser genuin arbeitsstättenrechtlichen Inhalte ist der Verordnungsgeber im Jahr 2016 über die allgemeine arbeitsschutzrechtliche Unterweisungsvorgabe in § 12 ArbSchG hinausgegangen (*Pieper/Stiel* AiB 2017 Nr. 1, 49, 50. Umgekehrt darf sich der Arbeitgeber gerade nicht auf „allgemeine Gefährdungen der Arbeitsstätte beschränken" (*Faber/Feldhoff* in HK–ArbSchR ArbStättV Rn. 112).

17　　In den beiden folgenden Absätzen erfahren **zwei spezielle Unterweisungsthemen** eine gesonderte Regelung, um ihre Bedeutung besonders hervorzuheben und darauf hinzuweisen, dass sie ein **elementarer Bestandteil der arbeitsstättenrechtlichen Unterweisung** sind. Es handelt sich insoweit um Maßnahmen für den **Gefahrenfall** (Abs. 2) einerseits und der **Brandverhütung sowie im Brandfall** (Abs. 3) andererseits.

18　　**b) Bestimmungsgemäßes Betreiben der Arbeitsstätte (Nr. 1).** Das bestimmungsgemäße Betreiben der Arbeitsstätte **umfasst alle sicherheits- und gesundheitsrelevanten Fragen,** die mit dem Benutzen, Instandhalten und Optimieren der Arbeitsstätte sowie der Organisation und Gestaltung der Arbeit einschließlich der Arbeitsabläufe in der Arbeitsstätte zusammenhängen (vgl. zum Begriff des Betreibens der Arbeitsstätte § 2 Abs. 9 ArbStättV). Relevant sind folglich nur **genuin arbeitsschutzrechtliche Informationen,** was sich – angesichts des weit gefassten Wortlauts – zum einen **aus der Gesetzessystematik** und zum anderen aus der **ausdrücklichen Bezugnahme auf die Ergebnisse aus der Gefährdungsbeurteilung** ergibt (siehe auch *Wiebauer* in Landmann/Rohmer GewO ArbStättV § 6 Rn. 7 zur Gefährdungsbeurteilung). Konsequenterweise wird in der Literatur in diesem Zusammenhang exemplarisch das **Freihalten von Verkehrs-,**

Flucht- und Rettungswegen genannt, § 4 Abs. 4 ArbStättV (*Wiebauer* in Land-
mann/Rohmer GewO ArbStättV § 6 Rn. 7).

c) Gesundheits- und sicherheitsrelevante Fragen im Zusammenhang   **19**
mit der Tätigkeit der Beschäftigten (Nr. 2). Zweitens gehören alle gesund-
heits- und sicherheitsrelevanten Fragen, die mit der konkreten Tätigkeit der Beschäftigten in der Arbeitsstätte zusammenhängen, zu den notwendigen Inhalten
der arbeitsstättenrechtlichen Unterrichtung und Unterweisung gemäß § 6 Abs. 1
ArbStättV. Insoweit kann es etwa um die speziellen Gefährdungen gehen, die von
den verwendeten Arbeitsmitteln und -stoffen ausgehen, und um die dabei zu beachtenden Schutzmaßnahmen bzw. Verhaltensregeln.

d) Maßnahmen zur Gewährleistung der Sicherheit und zum Schutz der   **20**
Gesundheit der Beschäftigten (Nr. 3). Drittens rechnen die „Maßnahmen, die
zur Gewährleistung der Sicherheit und zum Schutz der Gesundheit der Beschäftigten durchgeführt werden müssen", zum Unterrichtungs- und Unterweisungsinhalt. Darunter fallen alle technischen, organisatorischen und individuellen Maßnahmen, die der Arbeitgeber zur Gewährleistung der Sicherheit und zum Schutz
der Beschäftigten in der Arbeitsstätte getroffen hat. Erfasst werden damit **Schutzmaßnahmen für die Beschäftigten.**

e) Arbeitsplatzspezifische Maßnahmen (Nr. 4). Viertens schließlich wer-   **21**
den die arbeitsplatzspezifischen Maßnahmen in Bezug genommen, und zwar insbesondere, d.h. keinesfalls abschließend, „bei Tätigkeiten auf Baustellen oder an
Bildschirmgeräten". **Arbeitsplätze** sind gemäß § 2 Abs. 4 ArbStättV „Bereiche, in
denen Beschäftigte im Rahmen ihrer Arbeit tätig sind" (näher zum neuen Arbeitsplatzbegriff *Wiebauer* NZA 2017, 220, 221).

7. Qualifikation des Unterweisenden. § 6 ArbStättV befasst sich nicht mit   **22**
der Qualifikation des die Unterweisung konkret durchführenden Personals. Der insoweit in die Pflicht genommene **Arbeitgeber** hat im Ergebnis – wie **bei der
arbeitsstättenrechtlichen Gefährdungsbeurteilung** gemäß § 3 Abs. 2 Arb-
StättV – freilich dafür zu sorgen, dass die Unterweisung **fachkundig durchgeführt** wird. Richtigerweise dürfen daher nur solche Personen mit der Durchführung der Unterweisung beauftragt werden, die gemäß § 2 Abs. 12 S. 1 ArbStättV die
erforderlichen Fachkenntnisse für die Vermittlung der Unterweisungsthemen
haben.

II. Maßnahmen im Gefahrenfall (Abs. 2)

Gemäß § 6 Abs. 2 ArbStättV muss sich die **Unterweisung** auch auf die **Maß-**   **23**
nahmen im Gefahrenfall erstrecken. Besondere Erwähnung finden in diesem
Zusammenhang die Bedienung von Sicherheits- und Warneinrichtungen (Nr. 1),
die Erste Hilfe und die dazu vorgehaltenen Mittel und Einrichtungen (Nr. 2) sowie
der innerbetriebliche Verkehr (Nr. 3).

Im Unterschied zu Abs. 1 Nrn. 1–4 bedarf es bei Abs. 2 **keiner spezifischen
Unterrichtung.** Dieses Ergebnis ergibt sich **aus grammatikalischer und systematischer Auslegung,** da die Unterrichtung explizit nur in Abs. 1 erwähnt wird.

III. Maßnahmen der Brandverhütung und Verhaltensmaßnahmen im Brandfall (Abs. 3)

24 Als zweites gesondert geregeltes und ebenfalls reines Unterweisungsthema (→ Rn. 23) werden die **Maßnahmen der Brandverhütung** und die **Verhaltensmaßnahmen im Brandfall** gemäß § 6 Abs. 3 S. 1 ArbStättV in den Fokus des Interesses gerückt. Zu diesem Themenkreis gehört insbesondere die **Nutzung der Fluchtwege und Notausgänge.**

Im Ergebnis wird damit der **Aspekt des Brandschutzes** als besonders wichtiges arbeitsstättenrechtliches Thema besonders betont. Aufgrund der praktischen Bedeutung von Brandereignissen im Allgemeinen ist diese gesetzgeberische Entscheidung zu begrüßen, weil sie einen Beitrag dazu leisten kann, die oftmals gravierenden (Personen- und Sach-)Schäden im Brandfall präventiv zu verhindern bzw. zu reduzieren.

25 Abs. 3 S. 2 enthält eine **spezielle Unterweisungsregelung für die sog. Brandschutzhelfer;** denn **Brandschutzhelfer** sind gemäß Punkt 3.9 der ASR A2.2 „Maßnahmen gegen Brände" (Ausgabe: Mai 2018, GMBl. S. 446) „die Beschäftigten, die der Arbeitgeber für Aufgaben der Brandbekämpfung bei Entstehungsbränden benannt hat." Diese müssen in die **Bedienung der Feuerlöscheinrichtungen** eingewiesen werden. **Feuerlöscheinrichtungen** sind gemäß Punkt 3.6 ASR A2.2 „tragbare oder fahrbare Feuerlöscher, Wandhydranten und weitere handbetriebene Geräte zur Bekämpfung von Entstehungsbränden."

Gesetzessystematisch ist an dieser Stelle auf § 10 Abs. 2 S. 1 ArbSchG aufmerksam zu machen, demzufolge der Arbeitgeber diejenigen Beschäftigten zu benennen hat, „die Aufgaben der Ersten Hilfe, Brandbekämpfung und Evakuierung der Beschäftigten übernehmen." Hinzuweisen ist zudem auf die Regelung in § 4 Abs. 3 ArbStättV, die sich mit Brandmelde- und Feuerlöscheinrichtungen befasst, und zwar unter den Aspekten der Instandhaltung einerseits und des Prüfenlassens auf ihre Funktionsfähigkeit andererseits.

26 Die **Konkretisierung der arbeitsstättenrechtlichen Vorgaben** aus Abs. 3 erfolgt durch die **Technischen Regeln für Arbeitsstätten (ASR).** Im Fokus des Interesses steht vorliegend die schon erwähnte ASR A2.2 (→ Rn. 25), vgl. Punkt 1 ASR A2.2. Die ASR A2.2 gilt gemäß Punkt 2 Abs. 1 „für das Einrichten und Betreiben von Arbeitsstätten mit Feuerlöscheinrichtungen sowie für weitere Maßnahmen zur Erkennung, Alarmierung sowie Bekämpfung von Entstehungsbränden." Zu erwähnen sind vorliegend **die spezifischen Unterweisungsregelungen** in Punkt 7.2 ASR A2.2 (in Bezug auf die Beschäftigten) und in Punkt 7.3 Abs. 4 ASR A2.2 (in Bezug auf die Brandschutzhelfer i. S. d. Punkts 3.9 ASR A2.2; → Rn. 25). Hervorgehoben wird in Punkt 7.3 Abs. 5 ASR A2.2, dass **praktische Übungen (Löschübungen)** „im Umgang mit Feuerlöscheinrichtungen (…) zur fachkundigen Unterweisung der Brandschutzhelfer" rechnen, wobei empfohlen wird, „die Unterweisung mit Übung in Abständen von 3 bis 5 Jahren zu wiederholen."

Ferner ist vorliegend auf Punkt 9 Abs. 6 der ASR A2.3 „Fluchtwege und Notausgänge, Flucht- und Rettungsplan" (Ausgabe: August 2007, GMBl. S. 902, zuletzt geändert durch GMBl. 2017 S. 8) hinzuweisen, auch wenn diese ASR in Bezug auf Abs. 3 keine Konkretisierungsfunktion übernimmt, vgl. Punkt 1 ASR A2.3. Danach hat der Arbeitgeber „die Beschäftigten über den Inhalt der Flucht- und Rettungspläne, sowie über das Verhalten im Gefahrenfall regelmäßig in verständlicher Form, vorzugsweise mindestens einmal jährlich im Rahmen einer Begehung der Fluchtwege zu informieren".

Gesetzessystematisch ist Abs. 3 ganz generell auch im Zusammenhang ins- **27** besondere mit Nr. 2.2 des Anhangs der ArbStättV zu lesen; denn dort werden die „Maßnahmen gegen Brände" geregelt. Zu erwähnen sind **wegen ihrer spezifi-schen Brandbezüge** sodann die **Anforderungen an Energieverteilungsanla-gen** in Nr. 1.4 **und an Baustellen** in Nr. 5.2 jeweils des Anhangs der ArbStättV. Das **Kennzeichnen von brandschutztechnischen Ausrüstungen** wiederum rechnet gemäß § 2 Abs. 8 S. 2 Nr. 3 ArbStättV u. a. zum **Einrichten von Arbeits-stätten.**

IV. Modalitäten der Unterweisung (Abs. 4)

Abs. 4 befasst sich abschließend mit den **Modalitäten der Unterweisung,** d. h. **28** konkret mit

– dem Zeitpunkt der Unterweisung (S. 1),
– ihrer Wiederholung im Allgemeinen (S. 2),
– ihrer Form und Sprache (S. 3) und
– ihrer Wiederholung in besonderen Szenarien (S. 4).

1. Zeitpunkt der Unterweisung (S. 1). Was zunächst den **Zeitpunkt** der **29** Unterweisung anbelangt, gibt Abs. 4 S. 1 eindeutig vor, dass sie „vor Aufnahme der Tätigkeit" stattfinden muss. Die Regelung steht damit im Einklang mit dem die ar-beitsschutzrechtliche Unterweisung regelnden § 12 Abs. 1 S. 3 ArbSchG, der eben-falls darauf abstellt, dass sie „vor Aufnahme der Tätigkeit der Beschäftigten erfol-gen" soll. Die Vorgabe gilt im Übrigen nicht nur für die erste Unterweisung nach der Einstellung der Beschäftigten (vgl. § 12 Abs. 1 S. 3 ArbSchG), sondern auch **für die anlassbezogenen Wiederholungsunterweisungen** gemäß Abs. 4 S. 4. Die Beschäftigten dürfen erst **dann ihre Tätigkeit aufnehmen,** wenn sie entspre-chend unterwiesen worden sind.

Die Unterweisung soll **während der Arbeitszeit der Beschäftigten** stattfin- **30** den, § 12 Abs. 1 S. 2 ArbSchG. Mit dieser Vorgabe soll zum einen erreicht werden, dass die Unterweisung möglichst praxisnah, d. h. **unter realistischen Arbeits-bedingungen und bei laufendem Betrieb** durchgeführt wird. Zum anderen wird damit klargestellt, dass den Beschäftigten die für die Unterweisung benötigte Zeit **als Arbeitszeit zu vergüten** ist. Dies gilt auch für Teilzeitbeschäftigte, die au-ßerhalb ihrer regelmäßigen Arbeitszeit an einer Unterweisung teilnehmen.

Keine Rolle spielt umgekehrt der Zeitpunkt, in dem der zugrunde liegende Ar-beitsvertrag abgeschlossen wurde (*Wiebauer* in Landmann/Rohmer GewO Arb-StättV § 6 Rn. 14).

2. Wiederholung (S. 2). Sodann sind die arbeitsstättenrechtlichen Unterwei- **31** sungen „mindestens jährlich zu wiederholen", Abs. 4 S. 2. Im Unterschied zu § 12 ArbSchG statuiert der Verordnungsgeber folglich im Arbeitsstättenrecht eine klare **Vorgabe zu den Intervallen,** in denen die Unterweisung zu wiederholen ist; denn gemäß § 12 Abs. 1 S. 4 ArbSchG muss die Unterweisung nur „erforderlichen-falls regelmäßig wiederholt werden", wobei zugleich klargestellt wird, dass die Un-terweisung „an die Gefährdungsentwicklung" anzupassen ist.

Eine entsprechende Bestimmung gibt es zum einen in § 4 Abs. 1 Hs. 2 DGUV **32** Vorschrift 1, wonach die Unterweisung „erforderlichenfalls wiederholt werden, mindestens aber einmal jährlich erfolgen" muss (darauf hinweisend auch *Faber/Feld-hoff* in HK-ArbSchR ArbStättV Rn. 114). Zum anderen fordern auch **zahlreiche weitere Arbeitsschutzverordnungen** eine jährliche Wiederholung der Unter-

weisung (vgl. auch *Schucht* CCZ 2017, 120, 124). Besonders hervorzuheben sind in diesem Zusammenhang die folgenden arbeitsschutzrechtlichen Bestimmungen:
- § 12 Abs. 1 S. 3 BetrSichV;
- § 14 Abs. 3 S. 1 BioStoffV;
- § 19 Abs. 1 S. 2 EMFV;
- § 14 Abs. 2 S. 5 GefStoffV;
- § 8 Abs. 1 S. 2 OStrV.

33   Der **Zweck der jährlichen Wiederholungsunterweisung** besteht in erster Linie darin, den Beschäftigten die Inhalte und Themen der vorausgegangenen Unterweisungen wieder in Erinnerung zu rufen und damit die zuletzt vermittelten arbeitsstättenrechtlich relevanten Informationen und Erkenntnisse aufzufrischen. Sodann soll mit der jährlichen Wiederholung der Unterweisung sichergestellt werden, dass die Unterweisung stets an die aktuelle Gefährdungssituation angepasst wird und die Beschäftigten ggf. auch über neue oder zusätzliche Gefährdungen informiert und belehrt werden. Die Wiederholungsunterweisungen bieten schließlich den Beschäftigten die Möglichkeit, ihrerseits im Dialog mit dem jeweiligen Arbeitgeber arbeitsschutzrelevante Themen der Unterweisung mitzugestalten, indem sie ihre Erfahrungen in den institutionalisierten Unterweisungsprozess einbringen.

34   Aufgrund der Regelung in Abs. 4 S. 2 kann ohne Weiteres festgehalten werden, dass die Unterweisung – im Übrigen ebenso wie die **Gefährdungsbeurteilung** gemäß § 3 Abs. 1 ArbStättV – **kein einmaliger Vorgang** ist. Sie muss vielmehr regelmäßig aktualisiert und ggf. an geänderte Gegebenheiten angepasst werden. Das **dynamische Element der Unterweisung** kommt in § 12 Abs. 1 S. 4 ArbSchG normativ zum Ausdruck (→ Rn. 15; siehe auch *Faber/Feldhoff* in HK-ArbSchR ArbStättV Rn. 113).

35   **3. Form und Sprache (S. 3).** Die Unterweisung muss nach Abs. 4 S. 3 in **verständlicher Form und Sprache** durchgeführt werden. Im Ergebnis wird die Unterweisung **grundsätzlich mündlich** erfolgen müssen, um den Anforderungen an die Form zu genügen; denn die Unterweisung ist ausdrücklich mehr als die bloße Unterrichtung durch das Zurverfügungstellen von arbeitsstättenrechtlich relevanten Informationen in schriftlicher Form (vgl. auch *Wiebauer* in Landmann/Rohmer GewO ArbStättV § 6 Rn. 16). Was die **Sprache** anbelangt, wird sich der Unterweisende auf den **Empfängerhorizont** einstellen müssen, damit die übermittelten Informationen auch empfangsfähig sind, d. h. tatsächlich verstanden und in praktisches Handeln umgesetzt werden. Dies kann ohne Weiteres dazu führen, dass die Unterweisung nicht in der **Vertragssprache** erfolgen kann, wenn und weil diese in concreto nicht gesprochen und verstanden wird (so auch *Wiebauer* in Landmann/Rohmer GewO ArbStättV § 6 Rn. 17).

36   Letztlich muss bei der Konkretisierung des **Gebots der Verständlichkeit von Form und Sprache** stets die Verwirklichung des Ziels im Vordergrund stehen, **Sicherheit und Schutz der Gesundheit der Beschäftigten beim Einrichten und Betreiben von Arbeitsstätten** zu gewährleisten, § 1 Abs. 1 ArbStättV. Gerade bei der Unterweisung darf nicht übersehen werden, dass dieses arbeitsschutzrechtliche Instrument nicht nur auf den Schutz des konkret Unterwiesenen abzielt, sondern auch der **Arbeitssicherheit der übrigen Beschäftigten** dient (*Wiebauer* in Landmann/Rohmer GewO ArbStättV § 6 Rn. 16).

37   **4. Anlassbezogene Wiederholung (S. 4).** Abs. 4 S. 4 regelt die **anlassbezogene Wiederholung der Unterweisung.** Eine solche Wiederholung der arbeitsstättenrechtlichen Unterweisung ist dann erforderlich, wenn die Beschäftigten als

Folge bestimmter Veränderungen in der Arbeitsstätte, die ihren Arbeitsbereich oder ihre Tätigkeit betreffen oder sich darauf auswirken, einer neuen arbeitsstättenrechtlichen Gefährdungslage ausgesetzt sind. Aus diesem Grund gilt schon bei der allgemeinen arbeitsschutzrechtlichen Unterweisung die Regelung in § 12 Abs. 1 S. 3 ArbSchG, wonach die Beschäftigten nicht nur bei der Einstellung, sondern auch „bei Veränderungen im Aufgabenbereich, der Einführung neuer Arbeitsmittel oder einer neuen Technologie vor Aufnahme ihrer Tätigkeit" zu unterweisen sind. Im Ergebnis ist Abs. 4 S. 4 eine Konkretisierung von § 12 Abs. 1 S. 3 ArbSchG, indem er insoweit das Einrichten und Betreiben von Arbeitsstätten in den Blick nimmt (*Faber/Feldhoff* in HK-ArbSchR ArbStättV Rn. 114).

Vor diesem Hintergrund knüpft Abs. 4 S. 4 unmittelbar an die allgemeine ar- **38** beitsschutzrechtliche Regelung zur anlassbezogenen Wiederholung (→ Rn. 37) an und konkretisiert sie für das Arbeitsstättenrecht. Danach ist die Unterweisung **unverzüglich zu wiederholen,** wenn **tatbestandlich zwei Voraussetzungen** erfüllt sind: Der Arbeitgeber muss erstens **eine wesentliche Veränderung** der Tätigkeit der Beschäftigten, der Arbeitsorganisation, der Arbeits- und Fertigungsverfahren oder der Einrichtungen und Betriebsweisen in der Arbeitsstätte vorgenommen haben, die zweitens **mit zusätzlichen Gefährdungen** für die betroffenen Beschäftigten verbunden ist. Ob die Beschäftigten im Falle einer wesentlichen Veränderung neuen oder erhöhten Gefährdungen ausgesetzt sind, ist durch eine **Gefährdungsbeurteilung** gemäß § 3 Abs. 1 ArbStättV zu ermitteln. In der Literatur wird zu Recht darauf hingewiesen, dass die Gefährdungsbeurteilung in den genannten Fällen wesentlicher Veränderungen ohnehin zu aktualisieren ist (*Wiebauer* in Landmann/Rohmer GewO ArbStättV § 6 Rn. 15). Hervorzuheben ist, dass de lege lata beide Voraussetzungen **kumulativ erfüllt** sein müssen, um die Pflicht zur unverzüglichen Wiederholungsunterweisung zu aktivieren.

In der arbeitsstättenrechtlichen Literatur wird in diesem Zusammenhang der Fo- **39** kus insbesondere auf die **wesentliche Veränderung der Arbeitsorganisation** gerückt; denn daraus lasse sich ableiten, dass **psychische Belastungen als Gefährdungsfaktor** im Rahmen der arbeitsstättenrechtlichen Unterweisung ohne Weiteres relevant sein können, weil anerkannt sei, dass sich psychische Belastungen auch aus der Gestaltung der Arbeitsorganisation ergeben können (vgl. zum Ganzen *Faber/Feldhoff* in HK-ArbSchR ArbStättV Rn. 114; siehe zur Arbeitsorganisation als Teil des Betreibens gemäß § 2 Abs. 9 ArbStättV auch *Wiebauer* NZA 2017, 220, 221).

Auf der Rechtsfolgenseite wird der **Rechtsbegriff der Unverzüglichkeit** **40** arbeitsstättenrechtlich nicht näher definiert. Unverzüglich dürfte die anlassbezogene Wiederholungsunterweisung dann durchgeführt sein, wenn sie „ohne schuldhaftes Zögern" (vgl. § 121 Abs. 1 S. 1 BGB) erfolgt. Für die Inhalte der Unterweisung gelten die Vorgaben aus § 6 Abs. 1–3 ArbStättV, wobei der Fokus in diesem Kontext auf die geänderte arbeitsstättenrechtliche Gefährdungslage zu richten ist, um diese fest im Bewusstsein der Beschäftigten zu verankern, damit die Sicherheit und der Schutz der Gesundheit der Beschäftigten beim Einrichten und Betreiben von Arbeitsstätten gewährleistet bleibt.

Der **Zweck der anlassbezogenen Wiederholungsunterweisung** besteht **41** darin, die Beschäftigten nach wesentlichen Veränderungen in der Arbeitsstätte, die ihren Arbeitsbereich oder ihre Tätigkeit betreffen, möglichst zeitnah über die neue Gefährdungslage einerseits und die Schutzmaßnahmen und Verhaltensregeln zur Abwehr der sich daraus ergebenden zusätzlichen Gefährdungen andererseits zu informieren und zu belehren. Aus diesem Grund soll in diesem Szenario die turnusmäßige Unterweisungspflicht nach jeweils einem Jahr ausdrücklich keine Geltung beanspruchen.

42 Die Beschäftigten dürfen erst dann unter den wesentlich veränderten Arbeitsbedingungen tätig werden, wenn sie gemäß Abs. 4 S. 4 entsprechend unterwiesen worden sind.

43 **5. Ordnungswidrigkeiten und Straftaten.** Wer nicht sicherstellt, „dass die Beschäftigten vor Aufnahme der Tätigkeit unterwiesen werden" und damit gegen § 6 Abs. 4 S. 1 ArbStättV verstößt, handelt im Falle schuldhaften, d. h. vorsätzlichen oder fahrlässigen, Verhaltens **ordnungswidrig, §** 9 Abs. 1 Nr. 9 ArbStättV.
Weil § 9 Abs. 1 Nr. 9 ArbStättV wiederum auf die Ordnungswidrigkeiten gemäß § 25 Abs. 1 Nr. 1 ArbSchG verweist, kann die betreffende Ordnungswidrigkeit mit einer **Geldbuße bis zu 5 000 Euro** geahndet werden, § 25 Abs. 2 ArbSchG.

44 In diesem Zusammenhang darf sodann nicht übersehen werden, dass die betreffende Ordnungswidrigkeit zu einer **Straftat** hochgestuft werden kann, wenn eine **vorsätzliche Handlung** in Rede steht, die „das Leben oder die Gesundheit von Beschäftigten gefährdet". In diesem Szenario liegt eine Straftat gemäß § 26 Nr. 2 ArbSchG vor, § 9 Abs. 2 ArbStättV. Sie kann mit „Freiheitsstrafe bis zu einem Jahr oder mit Geldstrafe" bestraft werden.

C. Dokumentation

45 Etwaige **Vorgaben zur Dokumentation** werden in § 6 ArbStättV zwar nicht statuiert, was in der Verordnungsbegründung hervorgehoben wird (BR-Drs. 506/16, S. 30; vgl. zum Hintergrund auch *Wiebauer* NZA 2017, 220, der insoweit auf ein Entgegenkommen gegenüber der Arbeitgeberseite hinweist; siehe auch → Rn. 47). Die Dokumentation der Unterweisung ist arbeitsschutzrechtlich aber gleichwohl tunlich; denn § 4 Abs. 1 Hs. 3 DGUV Vorschrift 1 verlangt ausdrücklich die Dokumentation der „Unterweisung der Versicherten" (so auch *Wiebauer* in Landmann/Rohmer GewO ArbStättV § 6 Rn. 19; *ders.* NZA 2017, 220, 223; siehe auch *Schucht* CCZ 2017, 120, 124).
Vorgaben zur Dokumentation der Unterweisung gibt es im Übrigen auch im sonstigen Arbeitsschutzrecht (vgl. nur vgl. § 12 Abs. 1 S. 4 BetrSichV, § 14 Abs. 3 S. 2 BioStoffV und § 14 Abs. 2 S. 7 GefStoffV; siehe auch *Wiebauer* in Landmann/Rohmer GewO ArbSchG § 12 Rn. 25; *Schucht* CCZ 2017, 120, 124).

46 Im Übrigen tun die Arbeitgeber auch deshalb gut daran, die Durchführung der Unterweisung gemäß § 6 ArbStättV zu dokumentieren, um damit gegenüber den Arbeitsschutzbehörden und den Aufsichtspersonen der Unfallversicherungsträger den Nachweis zu führen, die betreffende arbeitsstättenrechtliche Pflicht ordnungsgemäß erfüllt zu haben. Dokumentiert werden sollten insbesondere das Datum bzw. der Zeitraum der Unterweisung, die Namen der Unterwiesenen bzw. Teilnehmer, der Name des Unterweisenden bzw. Trainers und der Inhalt der Unterweisung.
Ein „Muster für die Dokumentation der Unterweisung" steht in Abschnitt 2.3.1 DGUV-Regel 100-001 „Grundsätze der Prävention" zur Verfügung. Das in concreto zugrunde liegende Formblatt für die Dokumentation der Unterweisung sollte von allen Beteiligten (Unterwiesene bzw. Teilnehmer einerseits und Unterweisender bzw. Trainer andererseits) unterschrieben werden. Die Unterwiesenen bzw. Teilnehmer bestätigen mit der Unterschrift, dass sie an der Unterweisung teilgenommen und den Inhalt der Unterweisung verstanden haben.

Bemerkenswerterweise war noch in § 6 Abs. 5 des Verordnungsentwurfs der **47**
Bundesregierung vom 30.10.2014 eine Regelung vorgesehen, wonach der Arbeitgeber nach jeder Unterweisung ihren Inhalt und den Zeitraum, in dem sie durchgeführt wurde, schriftlich dokumentieren sollte (vgl. BR-Drs. 509/14, S. 6). Diese
Regelung wurde jedoch nicht in die Verordnung zur Änderung von Arbeitsschutzverordnungen vom 30.11.2016 übernommen (→ siehe auch Rn. 45).

D. Arbeitsschutzrechtlicher Vollzug

Auf Verstöße gegen die Unterweisungspflicht kann mit **arbeitsschutzrecht-** **48**
lichen Maßnahmen reagiert werden. Wenn und soweit ein Arbeitgeber gegen
die Vorgaben aus § 6 ArbStättV verstößt, indem z. B.
– die arbeitsstättenrechtliche Unterweisung unterlassen wird,
– nicht über die erforderlichen Inhalte unterrichtet wird,
– die Wiederholung der Unterweisung nicht mindestens jährlich erfolgt oder
– die Unterweisung nicht in einer für die Beschäftigten verständlichen Form und
  Sprache durchgeführt wird,
kommen ohne Weiteres **Arbeitsschutzmaßnahmen gemäß § 22 Abs. 3 S. 1**
Nr. 1 ArbSchG in Betracht (näher *Kunz* in Kollmer/Klindt/Schucht ArbSchG
§ 22 Rn. 74 ff.). Danach kann die **zuständige Behörde im Einzelfall anordnen,**
„welche Maßnahmen der Arbeitgeber und die verantwortlichen Personen oder die
Beschäftigten zur Erfüllung der Pflichten zu treffen haben, die sich aus diesem Gesetz und den auf Grund dieses Gesetzes erlassenen Rechtsverordnungen ergeben".
Dass diese Befugnisnorm in concreto anwendbar ist, folgt daraus, dass die ArbStättV
eine auf das ArbSchG gestützte Rechtsverordnung ist.

E. Bedeutung der Unterweisung für die Beschäftigten

Aus der Perspektive der Beschäftigten wiederum ist auf die Regelung in § 15 **49**
Abs. 1 S. 1 ArbSchG aufmerksam zu machen. Danach sind die Beschäftigten verpflichtet, „nach ihren Möglichkeiten sowie gemäß der Unterweisung und Weisung
des Arbeitgebers für ihre Sicherheit und Gesundheit bei der Arbeit Sorge zu tragen." In gleicher Weise haben die Beschäftigten gemäß § 15 Abs. 1 S. 2 ArbSchG
„auch für die Sicherheit und Gesundheit der Personen zu sorgen, die von ihren
Handlungen oder Unterlassungen bei der Arbeit betroffen sind" (ausführlich zur
sog. Pflicht zur Eigen- und Fremdvorsorge *Schucht* in Kollmer/Klindt/Schucht
ArbSchG § 15 Rn. 30 ff.).

F. Mitbestimmung bei der Unterweisung

I. Betriebsrat

Das BAG hat im Jahr 2004 entschieden, dass der Betriebsrat bei der **Ausgestal-** **50**
tung der Unterweisung im Anwendungsbereich des § 12 ArbSchG ein Mitbestimmungsrecht nach § 87 Abs. 1 Nr. 7 BetrVG hat (vgl. BAG NZA 2005,
227 ff.). Die betreffende Regelung in Nr. 7 bezieht sich auf „Regelungen über die
Verhütung von Arbeitsunfällen und Berufskrankheiten sowie über den Gesund-

heitsschutz im Rahmen der gesetzlichen Vorschriften oder der Unfallverhütungsvorschriften".

Zur Begründung dieser Sichtweise hat das BAG ausgeführt, dass es sich bei § 12 ArbSchG um „eine gesetzliche Regelung über den Gesundheitsschutz" handele, die als ausfüllungsbedürftige Rahmenvorschrift ausgestaltet sei, die dem Arbeitgeber nicht zwingend vorgebe, wie er die Unterweisung im Einzelnen durchzuführen habe. Vielmehr verbleiben **Handlungsspielräume für die Arbeitgeber.** Diese Spielräume beziehen sich insbesondere auf „Art, Umfang und konkrete Inhalte der Unterweisung" (zum Ganzen BAG NZA 2005, 227, 230). Zu beachten ist freilich, dass dem betriebsverfassungsrechtlichen Mitbestimmungsrecht allein **arbeitsplatzbezogene kollektive Regelungen** unterfallen (*Wiebauer* in Landmann/Rohmer GewO ArbStättV § 6 Rn. 20).

Kein Gegenstand der betriebsverfassungsrechtlichen Mitbestimmung ist hingegen die bloße Unterrichtung gemäß § 14 ArbSchG bzw. § 6 Abs. 1 ArbStättV (BAG NZA 1991, 817, 819; *Wiebauer* in Landmann/Rohmer GewO ArbStättV § 6 Rn. 20).

II. Personalrat

51   Mit Blick auf den Personalrat gilt im Übrigen nichts anderes: Der Personalrat hat bei der Durchführung der Unterweisung ein Mitbestimmungsrecht gemäß § 75 Abs. 3 Nr. 11 BPersVG bzw. den entsprechenden Bestimmungen der Personalvertretungsgesetze der Länder. Bei der Unterweisung handelt es sich um „Maßnahmen zur Verhütung von Dienst- und Arbeitsunfällen sowie sonstigen Gesundheitsschädigungen" i. S. d. § 75 Abs. 3 Nr. 11 BPersVG (*Wiebauer* in Landmann/Rohmer GewO ArbStättV § 6 Rn. 20).

§ 7 Ausschuss für Arbeitsstätten

(1) [1]**Beim Bundesministerium für Arbeit und Soziales wird ein Ausschuss für Arbeitsstätten gebildet, in dem fachkundige Vertreter der Arbeitgeber, der Gewerkschaften, der Länderbehörden, der gesetzlichen Unfallversicherung und weitere fachkundige Personen, insbesondere der Wissenschaft, in angemessener Zahl vertreten sein sollen.** [2]**Die Gesamtzahl der Mitglieder soll 16 Personen nicht überschreiten.** [3]**Für jedes Mitglied ist ein stellvertretendes Mitglied zu benennen.** [4]**Die Mitgliedschaft im Ausschuss für Arbeitsstätten ist ehrenamtlich.**

(2) [1]**Das Bundesministerium für Arbeit und Soziales beruft die Mitglieder des Ausschusses und die stellvertretenden Mitglieder.** [2]**Der Ausschuss gibt sich eine Geschäftsordnung und wählt den Vorsitzenden aus seiner Mitte.** [3]**Die Geschäftsordnung und die Wahl des Vorsitzenden bedürfen der Zustimmung des Bundesministeriums für Arbeit und Soziales.**

(3) [1]**Zu den Aufgaben des Ausschusses gehört es,**

1. **dem Stand der Technik, Arbeitsmedizin und Hygiene entsprechende Regeln und sonstige gesicherte wissenschaftliche Erkenntnisse für die Sicherheit und Gesundheit der Beschäftigten in Arbeitsstätten zu ermitteln,**
2. **Regeln und Erkenntnisse zu ermitteln, wie die Anforderungen dieser Verordnung erfüllt werden können, sowie Empfehlungen für weitere**

Maßnahmen zur Gewährleistung der Sicherheit und zum Schutz der Gesundheit der Beschäftigten auszuarbeiten und

3. das Bundesministerium für Arbeit und Soziales in allen Fragen der Sicherheit und der Gesundheit der Beschäftigten in Arbeitsstätten zu beraten.

[2]Bei der Wahrnehmung seiner Aufgaben soll der Ausschuss die allgemeinen Grundsätze des Arbeitsschutzes nach § 4 des Arbeitsschutzgesetzes berücksichtigen. [3]Das Arbeitsprogramm des Ausschusses für Arbeitsstätten wird mit dem Bundesministerium für Arbeit und Soziales abgestimmt. [4]Der Ausschuss arbeitet eng mit den anderen Ausschüssen beim Bundesministerium für Arbeit und Soziales zusammen. [5]Die Sitzungen des Ausschusses sind nicht öffentlich. [6]Beratungs- und Abstimmungsergebnisse des Ausschusses sowie Niederschriften der Untergremien sind vertraulich zu behandeln, soweit die Erfüllung der Aufgaben, die den Untergremien oder den Mitgliedern des Ausschusses obliegen, dem nicht entgegenstehen.

(4) Das Bundesministerium für Arbeit und Soziales kann die vom Ausschuss nach Absatz 3 ermittelten Regeln und Erkenntnisse sowie Empfehlungen im Gemeinsamen Ministerialblatt bekannt machen.

(5) [1]Die Bundesministerien sowie die zuständigen obersten Landesbehörden können zu den Sitzungen des Ausschusses Vertreter entsenden. [2]Diesen ist auf Verlangen in der Sitzung das Wort zu erteilen.

(6) Die Geschäfte des Ausschusses führt die Bundesanstalt für Arbeitsschutz und Arbeitsmedizin.

Übersicht

Schrifttum: *Amtliche Begründung* zur Arbeitsstättenverordnung, Bonn/Berlin, Stand: 20. April 2004, Nr. 450/04 (zit.: BR-Drs. zu § 7); *Bundesanstalt für Arbeitsschutz und Arbeitsmedizin (BAuA)*, Ausschuss für Arbeitsstätten (ASTA), Stand: 2018 https://www.baua.de/DE/Aufgaben/Geschaeftsfuehrung-von-Ausschuessen/ASTA/ASTA_node.html

A. Der Ausschuss für Arbeitsstätten als „Ersatzverordnungsgeber"

1   § 7 bestimmt die Einsetzung eines mit sachverständigen Mitgliedern pluralistisch besetzten Gremiums der im Arbeitsschutz wesentlich Verantwortung tragenden Akteure (BR-Drs. 450/04 zu § 7). Die Vorschrift regelt die **Einrichtung, Zusammensetzung, Aufgaben** und **Arbeitsweise** des Ausschusses für Arbeitsstätten, der in Anlehnung an die bereits bestehenden Ausschüsse für Gefahrstoffe (§ 20 GefStoffV), biologische Arbeitsstoffe (§ 19 BioStoffV), Betriebssicherheit (§ 21 BetrSichV, § 9 OStrV, § 12 LärmVibrationsArbSchV), sowie Produktsicherheit (§ 33 ProdSG) beim Bundesministerium für Arbeit und Soziales (BMAS) gebildet wurde (*Lorenz* in Kollmer/Klindt/Schucht ArbStättV § 7 Rn. 2).

I. Aufgaben, Hauptzweck, Vorgehensweise

2   Der Ausschuss für Arbeitsstätten bezweckt, durch seine Arbeit zu einer **Entlastung des Verordnungsgebers,** der zuständigen Behörden der Länder und der Unfallversicherungsträger beizutragen (*Wiebauer* in Landmann/Rohmer GewO ArbStättV § 7 Rn. 2). Aufgabe dieses Ausschusses ist es, das Bundesministerium für Arbeit und Soziales in Fragen des Arbeitsstättenrechts zu beraten, dem Stand der Technik entsprechende (Technische) Regeln und Erkenntnisse (Arbeitsstättenregeln, kurz: ASR) zu ermitteln und ausfüllungsbedürftige Anforderungen der Verordnung zu konkretisieren. Seine Hauptaufgabe aber ist die **Erarbeitung eines neuen technischen Regelwerkes** für Arbeitsstätten. Das neue Regelwerk konkretisiert die ausfüllungsbedürftigen Bestimmungen der novellierten Arbeitsstättenverordnung und löst die früheren Arbeitsstätten-Richtlinien (ASRL) ab (*Lorenz* in Kollmer/Klindt/Schucht ArbStättV § 7 Rn. 6).Die Einrichtung des Ausschusses für Arbeitsstätten bezweckt die **Mitwirkung** der betroffenen Kreise und dadurch einer breiten Akzeptanz der von ihm ermittelten Arbeitsstättenregeln. Die Arbeit des Ausschusses nach dem Vorbild bereits bestehender Ausschüsse soll auch durch Verzicht auf die Erarbeitung besonderer Verwaltungsvorschriften zu einer Entlastung des Verordnungsgebers sowie der zuständigen Behörden der Länder und der Unfallversicherungsträger führen (BR-Drs. 450/04 zu § 7).

3   Bei der Erarbeitung eines umfassenden technischen Regelwerkes greift der Ausschuss zunächst auf die vorhandenen Arbeitsstättenrichtlinien zurück. Die **Initiative** zur Erstellung von Regeln oder zur Überarbeitung der Arbeitsstättenrichtlinien geht von den Mitgliedern des Ausschusses aus, der daraufhin seine Arbeit aufnimmt. Die Arbeit der Fachausschüsse der Unfallversicherungsträger wird mit der des Ausschusses für Arbeitsstätten **verzahnt.** Ziel ist dabei, Arbeitgebern, Beschäftigten sowie den Aufsichtsdiensten der Länder und Unfallversicherungsträgern ein abgestimmtes Regelwerk an die Hand zu geben und Doppelarbeit zu vermeiden. Die Begrenzung der Gesamtzahl der Mitglieder gewährleistet die **Arbeitsfähigkeit** des Gremiums (BR-Drs. 450/04 zu § 7).

II. Rechtsnatur des ASTA und der ASR

3a   Der ASTA ist ein **Verband des öffentlichen Rechts** ohne Rechtsfähigkeit im zivilrechtlichen Sinne. Er übt keine Hoheitsgewalt gegenüber Dritten aus (*Wilrich* in Schmatz/Nöthlichs, 4202 § 7 Nr. 1.1; dem folgend: (*Wiebauer* in Landmann/ Rohmer GewO ArbStättV § 7 Rn. 4).

Die Arbeitsstätten-Richtlinien **(ASR)** wiederum sind nicht dem Normen- **3b** gefüge der ArbStättV zugehörig. Gleichwohl sind gerade ihnen die allgemein anerkannten sicherheitstechnischen, arbeitsmedizinischen und hygienischen Regeln sowie die gesicherten arbeitswissenschaftlichen Erkenntnisse über Arbeitsstätten im Sinne des § 3a Abs. 1 ArbStättV zu entnehmen. Die Richtlinien haben die Funktion, diese Regeln und Erkenntnisse **darzustellen** und zu dokumentieren, um damit für Arbeitgeber und Arbeitnehmer sowie die zuständigen Behörden die anerkannten Regeln und Erkenntnisse **greifbar zu machen.** (in diesem Sinne: *VG Gießen,* Urt. v. 9.11.2011 – 8K 1476/09, Beck RS 2012, 47854). Nach der Rechtsprechung des *Bundesarbeitsgerichts* **konkretisieren die ASR** im Rahmen ihres Anwendungsbereichs **Anforderungen** der Arbeitsstättenverordnung. Das hat zur Folge, dass bei ihrer Einhaltung der Arbeitgeber **davon ausgehen kann,** die entsprechenden Anforderungen der Verordnung erfüllt zu haben; wählt er eine andere Lösung, so muss diese mindestens die gleiche Sicherheit und die gleichen Gesundheitsschutz für die Beschäftigten erreichen (so: *BAG* Beschl. v. 18.7.2017 – 1 ABR 59/15, Beck RS 2017,128317 = BAG NZA 2017, 1615 = BAG DB 2017, 2682).

Unbeschadet der durchaus geäußerten und bedenkenswerten **Kritik** an einer An- **3c** ordnung der Vermutungswirkung in den Arbeitschutzverordnungen (so: *Faber* in HK-ArbSchR ArbSchG § 18, 19 Rn. 52, 53) hat sich die Vermutungswirkung der ASR wie auch des anderweitigen untergesetzlichen Regelwerks im Arbeitsschutz in rechtlicher Literatur **durchgesetzt.** Insbesondere wird davon ausgegangen, dass die Technischen Regeln für Arbeitsstätten sowie die DGUV-Informationen bei einschlägigen Unternehmen als bekannt vorausgesetzt werden dürfen (so zuletzt: *VGH München,* Beschl. v. 26.5.2017 – 22 ZB 17.733, Beck RS 113734). Derartige Regeln hat jeder Arbeitgeber, so der VGH München, zu berücksichtigen, um der nach § 3 Abs. 1 ArbStättV ergebenden Pflicht gerecht zu werden, da es sich bei dem Regelwerk um eine nach § 7 Abs. 4 ArbStättV bekannt gemachte Bestimmung handelt.

Die ASR gehören somit zum Gemeingut des Wirtschaftsverwaltungsrechts in **3d** Deutschland.

III. Verfahren der Regelsetzung

Das **Verfahren** der Regelsetzung hat sich gegenüber der früheren Rechtslage **er-** **4** **heblich geändert:** Die bisherigen Arbeitsstätten-Richtlinien (ASRL), die für eine lange Übergangszeit nach wie vor ihre Gültigkeit behalten, wurden vom damaligen Bundesminister(-ium) für Arbeit und Sozialordnung (BMA, jetzt: BMAS), unter Hinzuziehung der fachlich beteiligten Kreise einschließlich der Spitzenorganisationen der Arbeitnehmer und Arbeitgeber aufgestellt und im Benehmen mit den für den Arbeitsschutz zuständigen obersten Landesbehörden im Bundesarbeitsblatt bekannt gemacht (vgl. § 3 Abs. 2 ArbStättV 1975). Das neue technische Regelwerk für Arbeitsstätten wird nicht mehr vom BMAS, sondern von einem **unabhängigen Fachgremium** erarbeitet, dem Ausschuss für Arbeitsstätten. Der BMAS macht dann die vom Ausschuss ermittelten Regeln bekannt und verleiht ihnen dadurch Rechtsverbindlichkeit als Arbeitsstättenregeln im Sinne von § 3 Abs. 1 S. 2 und 3 ArbStättV. Dieser Genehmigungsvorbehalt stellt klar, dass der Verordnungsgeber dem Ausschuss für Arbeitsstätten zwar die Aufgabe der Regel**erstellung** übertragen hat, **nicht** aber die Befugnis zur eigenständigen Regel**setzung** (vgl. auch *Wiebauer* in Landmann/Rohmer GewO ArbStättV § 7 Rn. 3ff.).

Bislang war nur eine schwache Form der fachlich beteiligten Weise bei der Erarbeitung der früheren ASRL vorgesehen. Dies hat sich nun geändert: Der Ausschuss für Arbeitsstätten, nicht mehr das BMAS, prägt seitdem den Stand der Technik im Arbeitsstättenrecht (vgl. auch *Taeger*, S. 34).

IV. Änderungen seit 2004

4a   Seit ihrer Einführung im Jahr 2004 wurde die Vorschrift des §§ 7 mehrmals geändert. Vor allem wurden die Regelungen zu den Ausschüssen denjenigen anderer Arbeitsschutzverordnungen angeglichen. Sinn und Zweck war es hierbei, dass all diese Ausschüsse nach **gleichen** Vorgaben und **Rahmenbedingungen** arbeiten (so *Wiebauer* in Landmann/Rohmer GewO ArbStättV § 7 Rn. 5). Insbesondere sichert die Pflicht nach § 7 Abs. 3 S. 3 zur **Abstimmung des Arbeitsprogramms** mit dem BMAS dem Ministerium die politisch und fachlich gewünschte einheitliche Steuerung der Ausschüsse (BR-Drs. 262/10, S. 28).

4b   Seit der Novelle im Jahre 2016 kann der ASTA nach § 7 Abs. 3 S. 1 Nr. 2 nunmehr auch **Empfehlungen** aussprechen, und nicht nur mehr Regeln und Erkenntnisse ermitteln (*Wiebauer* in Landmann/Rohmer GewO ArbStättV § 7 Rn. 5).

B. Zusammensetzung des Ausschusses (Abs. 1)

5   Der Ausschuss für Arbeitsstätten ist ein **pluralistisch** zusammengesetztes **Fachgremium,** besetzt mit fachkundigen Vertretern der Arbeitgeber, Gewerkschaften, der Länderbehörden, der gesetzlichen Unfallversicherung und weiterer Sachverständigen, insbesondere aus der Wissenschaft (s. *Wiebauer* in Landmann/Rohmer GewO ArbStättV § 7 Rn. 6 und *Lorenz* in Kollmer/Klindt/Schucht ArbStättV § 7 Rn. 1 ff.). Der Ausschuss besteht aus insgesamt 16 Personen, die – wie auch schon im Ausschuss für Betriebssicherheit – ehrenamtlich (Abs. 1 S. 2) arbeiten und daher keine Vergütung erhalten. Ursprünglich wurde eine starre Regelung zu paritätischen Besetzung des Ausschusses getroffen (siehe unten); diese Regelung wurde aber mit Änderung der Verordnung im Jahre 2010 **aufgeweicht:** Nunmehr gilt lediglich die Vorgabe, dass alle mitwirkenden Kreise in angemessener Zahl vertreten sein sollen. Die grundsätzliche **Begrenzung der Mitgliederzahl auf 16** soll die Arbeitsfähigkeit des Gremiums gewährleisten. Um die Kontinuität des Ausschusses zu sichern, ist zudem für jedes Mitglied ein Stellvertreter zu benennen (*Wiebauer* in Landmann/Rohmer GewO ArbStättV § 7 Rn. 6).

Die ursprüngliche Fassung des § 7 aus dem Jahr 2004 enthielt eine starre Zusammensetzung: Private Arbeitgeber 2, öffentliche Arbeitgeber 1, zuständige Landesbehörden 3, Gewerkschaften 3, Unfallversicherungsträger 3, sachverständige Personen insbesondere aus der Wissenschaft 3. Jedes Mitglied hat einen Stellvertreter. Im Bundesrats-Entwurf war die Wirtschaft stärker gewichtet als in der jetzt beschlossenen Fassung. Außerdem hatte der Bundesrats-Entwurf vorgesehen, der Ausschuss dürfe mit Zwei-Drittel-Mehrheit beschließen (was es z. B. ermöglicht hätte, die Gewerkschaftsvertreter zu überstimmen). Jetzt ist das Konsens-Prinzip vorgesehen. Der alte BMAS-Entwurf vom Vorjahr, der nicht in den Bundesrat eingebracht wurde, hatte ebenfalls die Gesamtzahl 15 für den Ausschuss vorgegeben, aber keinen konkreten Schlüssel festgelegt, sondern eine „angemessene" Vertretung der verschiedenen Interessengruppen vorgesehen (vgl. *Taeger*, S. 35 und http://www.igmetall.de/gesundheit/arbeit_oekologie/04_08_01.html).

C. Berufung der Mitglieder, Geschäftsordnung (Abs. 2)

Die üblichen **Verfahrensregeln** über die Berufung der Ausschussmitglieder, die **6** Wahl des Vorsitzenden und die Geschäftsordnung (BR-Drs. 450/04 zu § 7) trifft **Absatz 2:** Die ehrenamtlich tätigen Mitglieder des Ausschusses werden – ebenso wie ihre Stellvertreter – vom BMAS berufen. Das Ministerium ist dabei nicht an die Vorschläge der beteiligten Kreise gebunden (Abs. 2 S. 1). Ob eine Berufung **auf Zeit** oder **unbefristet** erfolgt, liegt im Ermessen des BMAS; die ArbStättV macht dazu keine Vorgaben. Die Mitglieder werden **persönlich berufen,** und nicht etwa in ihrer Funktion (etwa als Gewerkschafts- oder Landesministeriumsvertreter). Ihre Mitgliedschaft endet daher nicht ohne weiteres mit dem Ausscheiden aus dem entsprechenden Amt oder aus dem Verband (*Wilrich* in Schmatz/Nöthlichs, 4202 § 7 Nr. 1.2) Dabei kann durchaus die Situation auftreten, dass das BMAS mit Blick auf die ausgewogene Besetzung des Ausschusses über eine Abberufung zu entscheiden hat (*Wiebauer* in Landmann/Rohmer GewO ArbStättV § 7 Rn. 8).

Eine Änderung im Vergleich zur Ursprungsfassung des § 7 Abs. 2: Damals ent- **6a** schieden über die personelle Zusammensetzung des Ausschusses noch in erster Linie die dort vertretenen Kreise. Diese Regelung wurde durch Änderungsverordnung im Jahre 2010 gestrichen. Es ist jedoch nach wie vor davon auszugehen, dass die personelle Zusammensetzung des Ausschusses in erster Linie von den dort vertretenen Fachkreisen beeinflusst, wenn nicht sogar bestimmt wird (so *Lorenz* in Kollmer/Klindt/Schucht ArbStättV § 7 Rn. 4)

D. Aufgaben des Ausschusses (Abs. 3)

I. Grundziele

In **Absatz 3** werden die Aufgaben des Ausschusses für Arbeitsstätten näher be- **7** schrieben. Der Arbeitsstättenausschuss, dem damit eine hohe Verantwortung auferlegt wurde (*Taeger*, S. 34), hat im Wesentlichen drei Aufgaben (*Wiebauer* in Landmann/Rohmer GewO ArbStättV § 7 Rn. 9): Er soll

– das Bundesministerium für Arbeit und Soziales in allen Fragen der Sicherheit und des Gesundheitsschutzes in Arbeitsstätten **beraten** (Abs. 3 S. 1 Nr. 3),
– dem **Stand der Technik,** der Arbeitsmedizin und der Hygiene entsprechende Regeln und Erkenntnisse **ermitteln** (Abs. 3 S. 1 Nr. 1), mittels derer die ausfüllungsbedürftigen Anforderungen der Verordnung konkretisiert werden (Technische Regeln für Arbeitsstätten, ASR) sowie
– **Empfehlungen** für weitere Maßnahmen ausarbeiten, die Sicherheit und Gesundheit der Beschäftigten gewährleisten sollen (Abs. 3 S. 1 Nr. 1).

Zielsetzung ist also die Erstellung eines ausgewogenen, streng am Bedarf der Pra- **7a** xis ausgerichteten **Regelwerkes,** deren Zweck es war und ist, die bisherigen Arbeitsstätten-Richtlinien (ASRL) abzulösen. Mit dem Regelwerk wird den Arbeitgebern, den Aufsichtsdiensten der Länder und den Unfallversicherungsträgern ein rechtssicheres Kriterium in die Hand gegeben, mit dessen Hilfe sie beurteilen können, wie die Zielsetzungen der Generalklauseln der Verordnung praxisgerecht umgesetzt werden können (*Lorenz* in Kollmer ArbStättV § 7 Abs. 3). Der Ausschuss ist mithin ein **Akteur der Politikberatung.** Der Arbeitsstättenausschuss hat nach § 7 Abs. 3 Nr. 3 das BMAS fachlichen Fragen der Sicherheit und des Gesundheitsschutzes in Arbeitsstätten zu beraten. Der Beratungsauftrag kann auch die Fortentwicklung der Gesetzgebung und letztlich auch die Arbeitsschutzpolitik betreffen. Sinn und Zweck der Beratung ist es auch, frühzeitig die Praktikabilität und Akzeptanz rechtspolitische Vorhaben innerhalb der betroffenen Kreise (Sozialpartner, Aufsicht, Wissenschaft) „abzuklopfen" (so sehr zu Recht: *Faber* in HK-ArbSchR ArbSchG §§ 18, 19 Rn. 25).

II. Neue Akzente

7b   Mit der durch Art. 9 der *VO zur Rechtsvereinfachung und Stärkung der medizinischen Vorsorge* vom 18.12.2008 erfolgten und am 24.12.2008 in Kraft getretenen Änderung des § 7 Abs. 3 und 4 ArbStättV wird das Aufgabenfeld des Arbeitstättenausschusses an den Auftrag der übrigen beratenden Ausschüsse nach den Verordnungen zum Arbeitsschutzgesetz angepasst. Damit wird ein **Gleichklang** des Ausschussauftrags mit der Regelung in **§ 4 Nr. 3 ArbSchG** hergestellt, der den Arbeitgeber dazu anhält, bei seinen Schutzmaßnahmen den Stand der Technik sowie sonstige gesicherte arbeitswissenschaftliche Erkenntnisse zu berücksichtigen. Die Regelung dient dazu, ein **einheitliches Schutzniveau** für die Beschäftigten über alle Gefährdungsarten hinweg zu erreichen und leistet einen Beitrag zur Rechtsangleichung (vgl. BR-Drs. 643/08 S. 45).

8   Die **Initiative** zur Erstellung neuer Regeln oder zur Überarbeitung der vorhandenen Arbeitsstätten-Richtlinien (ASRL) liegt – im Unterschied zur früheren Rechtslage (vgl. § 3 Abs. 2 ArbStättV 1975) – nicht mehr beim BMAS, sondern beim Ausschuss für Arbeitsstätten. Konkrete Vorgaben dafür, wie das neue Regelwerk erarbeitet werden soll, gibt es nicht. Grundsätzlich kann eine neue Regel oder Erkenntnis mit der einfachen Mehrheit der Ausschussmitglieder beschlossen werden. Der Verordnungsgeber hat den Ausschussmitgliedern lediglich in der amtlichen Begründung zur Verordnung die Vorgabe „mit auf den Weg gegeben", dass bei der Ermittlung der Regeln ein **breiter Konsens** zu erzielen sei (BR-Drs. 450/05 S. 29, so auch *Wiebauer* in Landmann/Rohmer GewO ArbStättV § 7 Rn. 11).

8a   Bei der Wahrnehmung seiner Aufgaben **soll** der Ausschuss die allgemeinen Grundsätze des Arbeitsschutzes nach § 4 des Arbeitsschutzgesetzes **berücksichtigen.** Dies betont nochmals den erforderlichen Praxisbezug der Tätigkeit des Ausschusses (*Wiebauer* in Landmann/Rohmer GewO ArbStättV § 7 Rn. 11).

Gemeinschaftsrechtlich **problematisch** ist, dass der Ausschuss für Arbeitsstätten nach § 7 Abs. 3 Satz 2 die Grundsätze **nur berücksichtigen „soll".** Die in § 4 ArbSchG normierten Grundsätze entsprechen jedoch den Vorgaben des Art. 6 der RL 89/391, welche die Mitgliedstaaten direkt verpflichten. Nach der jetzt normierten Regelung in § 7 ArbStättV wäre es möglich, dass das BMAS Regeln und Erkenntnisse bekannt macht, die von Art. 6 der RL 89/391 abweichen. Auch wenn in einem solchen Fall die Gerichte, die zur impliziten Rechtskontrolle solcher Regeln zuständig sind, in richtlinienkonformer Auslegung feststellen müssten, dass eine solche Regel nicht zu berücksichtigen wäre, mag bereits eine solche Befugnis des BMAS gemeinschaftsrechtswidrig sein (*Kohte/Faber* DB 2005, 227).

III. Schwerpunkte der ersten Jahre

8b   In den ersten Jahren lag ein Schwerpunkt der Tätigkeit des ASTA darauf, die alten Arbeitsstätten-Richtlinien (ASRL) in neue Technische Regeln (ASR) zu überführen. Diese Aufgabe ist mittlerweile so gut wie abgeschlossen. Durch die Änderung vor allem des Arbeitsplatzbegriffs im Zuge der Änderungsverordnung 2016 war der Ausschuss erneut aufgerufen, das Technische Regelwerk **zu überarbeiten** und an die neuen Begriffsbestimmungen (§ 8 Abs. 2) anzupassen (*Wiebauer* in Landmann/Rohmer GewO ArbStättV § 7 Rn. 12).

IV. Leitfaden, Vernetzung mit den Unfallversicherungsträgern, Empfehlungen

a) Leitfaden. Der Ausschuss für Arbeitsstätten hat in einem *Leitfaden zur einheit-* **8c** *lichen Erstellung von Regeln für Arbeitsstätten* allgemeine Vorgaben für die Technischen Regeln formuliert. Sinn und Zweck ist es, dass die Regeln im Interesse einer möglichst breiten und branchenübergreifenden Anwendbarkeit so allgemein wie möglich und so konkret wie für die Auslösung der Vermutungswirkung im Sinne von § 3a Abs. 1 S. 3 notwendig formuliert werden. Die Arbeitsstättenrichtlinien sollen nicht im Widerspruch zu sonstigen Rechtsvorschriften, insbesondere auch nicht zum Bauordnungsrecht der Länder, stehen dürfen (*Wiebauer* in Landmann/Rohmer GewO ArbStättV § 7 Rn. 13, *Leitfaden* Seite 2–3). Die **Bezeichnung der ASR** richtet sich nach ihrem Inhalt und ihrem Bezug zur ArbStättV. Regeln zu Grundsatzfragen tragen fortan das Kürzel „ASR G" und werden fortlaufend nummeriert. Regel zum Verordnungsteil hingegen sind mit „ASR V" gekennzeichnet, und werden um die Ziffer des Paragrafen, dessen Vorgaben konkretisiert werden, ergänzt. Bislang ist es so, dass sich die häufigsten Regeln auf den Anhang der ArbStättV beziehen; sie werden als „ASR A" sowie mit der betreffenden Nummer des Anhangs bezeichnet. Die **Gliederung** aller ASR folgt demselben Muster: 1. Zielstellung, 2. Anwendungsbereich, 3. Begriffsbestimmungen, 4. Fachinhalte (*Wiebauer* in Landmann/Rohmer GewO ArbStättV § 7 Rn. 14, *Leitfaden* S. 4ff.).

b) Unfallversicherungsträger. Die Arbeit des Ausschusses für Arbeitsstätten **8d** wird mit den **Fachausschüssen** der Unfallversicherungsträger **verzahnt.** Sinn und Zweck ist es hierbei, **Doppelarbeit** und widersprüchliche Regelungen zu vermeiden (*Wiebauer* in Landmann/Rohmer GewO ArbStättV § 7 Rn. 15). Grundlage hierfür sind die *„Leitlinien zu künftigen Gestaltung des Vorschriften- und Regelwerks im Arbeitsschutz"*, die als Anlage 3 Bestandteil des *Leitfadens zur einheitlichen Erstellung von Regeln für Arbeitsstätten* sind; außerdem sind diese im Bundesarbeitsblatt veröffentlicht (BArbl. 6/2003, S. 48–50). In den Leitlinien wird das Verhältnis zwischen staatlichen Arbeitsschutzvorschriften und den Vorschriften der Unfallversicherungsträger ebenso beschrieben wie ein Verfahren zur Gewährleistung der Kohärenz beider Regelwerke. Danach sollen sich die Unfallverhütungsvorschriften auf diejenigen Bereiche beschränken, in denen neben dem Arbeitsschutzgesetz keine speziellen Arbeitsschutzvorschriften bestehen, oder diese jedenfalls nicht durch ein Technisches Regelwerk zusätzlich konkretisiert werden. Soweit danach eine Nebeneinander möglich ist, müssen staatliche Arbeitsschutzvorschriften und Unfallverhütungsvorschriften miteinander verknüpft sein (*Wiebauer* in Landmann/Rohmer GewO ArbStättV § 7 Rn. 15). Die Unfallversicherungsträger sind in den Ausschüssen, hier also im ASTA, beteiligt und wirken an der Ermittlung der Technischen Regeln nach dem sog. **Kooperationsmodell** mit; danach stimmen sich der Ausschuss für Arbeitsstätten sowie die zuständigen Fachausschüsse der Unfallversicherungsträgern untereinander ab. Der ASTA kann Regeln der Unfallversicherers Träger in das eigene Technische Regelwerk aufnehmen (*Wiebauer* in Landmann/Rohmer GewO ArbStättV § 7 Rn. 16).

8e   **c) Empfehlungen.** Ebenfalls im Jahr 2016 neu hinzugekommen ist in § 7 Abs. 3 Nr. 2 das Recht des ASTA, Empfehlungen auszuarbeiten. Etwas eigenwillig: Obwohl man eigentlich die Regelungen zu den Ausschüssen in den Arbeitsschutzverordnungen weitestgehend vereinheitlicht wollte, weicht das Empfehlungsrecht von den Parallelvorschriften zum Ausschuss für Betriebssicherheit und Ausschuss für Gefahrstoffe ab (*Wiebauer* in Landmann/Rohmer GewO ArbStättV § 7 Rn. 16a). Dies erklärt sich dadurch, dass die Empfehlungen des ASTA darauf gerichtet sind, was der Arbeitgeber über die verbindlichen Vorgaben der ArbStättV hinaus **zusätzlich** für den Arbeitsschutz in Arbeitsstätten unternehmen kann – analog § 9 Abs. 3 S. 1 Nr. 4 ArbMedVV (*Wiebauer* in Landmann/Rohmer GewO ArbStättV § 7 Rn. 16a; BR-Drs. 643/08 S. 39); also eine Art Arbeitsschutz-Schöpfungsrecht, das zukünftig mit einer gehörigen Portion Sorgfalt zu betrachten ist.

E. Amtliche Bekanntmachung der Regeln und Erkenntnisse (Abs. 4)

9   Die vom Ausschuss für Arbeitsstätten ermittelten Regeln **können** nach Absatz 4 vom Bundesministerium für Arbeit und Soziales amtlich bekannt gegeben werden (BR-Drs. 450/04 zu § 7 Abs. 4). Ebenso wie die früheren Arbeitsstätten-Richtlinien (ASRL) (vgl. § 3 Abs. 2 S. 2 ArbStättV 1975) müssen also auch die neuen Arbeitsstättenregeln (ASR) des Ausschusses für Arbeitsstätten erst vom BMAS bekannt gemacht werden, damit sie rechtliche Bindungswirkung im Sinne von § 3 Abs. 1 S. 2 und 3 ArbStättV erhalten. Der Verordnungsgeber hat ausdrücklich bestimmt, dass das BMAS die vom Ausschuss ermittelten Regeln und Erkenntnisse bekannt machen **„kann".** Das BMAS ist nicht an die Beschlüsse des Ausschusses zur Regelsetzung gebunden, sondern kann frei darüber entscheiden, ob und wann eine vom Ausschuss ermittelte Regel als rechtsverbindliche Regel und Erkenntnisse bekannt gegeben werden soll. Damit besteht ein **Genehmigungsvorbehalt** durch das BMAS (*Lorenz* in Kollmer/Klindt/Schucht ArbStättV § 7 Rn. 10).; vgl. aber auch *Taeger*, S. 35, wonach das BMAS im Prinzip keine Wahl hat; so wohl auch *Wiebauer* in Landmann/Rohmer GewO ArbStättV § 7 Rn. 17).

10   Eine bestimmte **Form** der Bekanntmachung gibt es im Unterschied zur früheren Rechtslage **nicht** mehr. Doch **können** auch die neuen Regeln und Erkenntnisse – ebenso wie die bisherigen Arbeitsstätten-Richtlinien – im **Gemeinsamen Ministerialblatt** veröffentlicht werden (*Lorenz* in Kollmer/Klindt/Schucht ArbStättV § 7 Rn. 6). Es besteht aber zumindest die Option, künftig (kostensparend) **nur noch im Internet** (vgl. http://www.baua.de/de/Themen-von-A-Z/Arbeitsstaetten/ASTA/Aktuelles.html?__nnn=true&__nnn=true) zu veröffentlichen.

10a   Im Gegensatz zu den früheren Arbeitsstätten-Richtlinien nach § 3 Abs. 2 ArbStättV 1975 ist (wie die Ermittlung des Stands der Technik, Arbeitsmedizin und Hygiene) die Ermittlung der ASR im Grunde genommen allein Sache des fachkundig besetzten Ausschusses. Das BMAS hat **keinen unmittelbaren Einfluss** auf den **Inhalt der Regeln** mehr; allerdings kann das Ministerium den Eintritt der Vermutungswirkung verhindern, indem es die **Bekanntmachung ablehnt.** Von einer Bekanntmachung absehen muss das BMAS, wenn eine Technische Regel wegen Verfahrensfehlern im Ausschuss nicht ordnungsgemäß zustande gekommen ist (*Wiebauer* in Landmann/Rohmer GewO ArbStättV § 7 Rn. 18). Die Funktion des BMAS wird daher insoweit auf eine Veto- und Notarfunktion reduziert. Zum **aktuellen Veröffentlichungsstand** siehe Kap. C (S. 333 ff.).

F. Geschäftsführungs- und Verfahrensregeln (Abs. 2, 5 und 6)

Abs. 5 ermöglicht die Teilnahme von Vertreterinnen und Vertretern der Bun- **11** desministerien und der zuständigen obersten Landesbehörden an den Sitzungen des Ausschusses. Die Geschäfte des Ausschusses wird, wie bei den bereits bestehenden Ausschüssen, die Bundesanstalt für Arbeitsschutz und Arbeitsmedizin führen, um den dort vorhandenen Sachverstand und die Erfahrungen zu nutzen (**Abs. 6;** BR-Drs. 450/04 zu § 7).

Obwohl der Ausschuss für Arbeitsstätten inhaltlich unabhängig arbeiten kann, **11a** sichert die ArbStättV dem BMAS in formeller Hinsicht einen **erheblichen Einfluss** auf den Ausschuss. So ist nicht nur die Berufung der Ausschussmitglieder Sache des Ministeriums; darüber hinaus bedarf sowohl die Geschäftsordnung als auch die Wahl des Vorsitzenden seiner Zustimmung (§ 7 Abs. 2) Die Beratungs- und Abstimmungsergebnisse der ASTA sowie die Niederschriften der Untergremien sind in der Regel **vertraulich zu behandeln** (§ 7 Abs. 3 S. 6). Das **Arbeitsprogramm** muss der Ausschuss für Arbeitsstätten ebenfalls mit dem BMAS abstimmen (§ 7 Abs. 3 S. 2).

Der Ausschuss gibt sich eine **Geschäftsordnung** und wählt einen Vorsitzenden **12** aus seiner Mitte (Abs. 2 S. 2). Beide Maßnahmen bedürfen zu ihrer Wirksamkeit der Zustimmung des BMAS (Abs. 2 S. 3). Den Bundesministerien sowie den zuständigen obersten Landesbehörden ist das Recht eingeräumt worden, an den Sitzungen des Ausschusses teilzunehmen und dort das Wort zu ergreifen (Abs. 5). Dadurch soll es auch den Ländern, die nicht durch eigene Mitglieder im Ausschuss vertreten sind, ermöglicht werden, auf dessen Tätigkeit Einfluss zu nehmen und vorzuschlagen, dass bestimmte Regeln ermittelt bzw. überarbeitet werden sollen.

Technische Regeln werden dank Beschlussfassung ermittelt, wobei die **einfache** **13** **Mehrheit** ausreicht. Allerdings gibt es gute Gründe dafür, nach konsensualen Lösungen zu suchen (vgl. *Taeger,* S. 35).

G. Arbeitsweise

Grundlage für die Arbeit der Arbeitsgruppen sind die *„Leitlinien zur Erstellung* **14** *von Regeln für Arbeitsstätten",* die vom ASTA beschlossen wurden. Der Ausschuss tagt in der Regel zweimal im Jahr. Seine wichtigste Aufgabe ist die Konkretisierung der in der ArbStättV gestellten Anforderungen. Der Ausschuss bildete von Anfang an Arbeitsgruppen unter Leitung eines Mitgliedes des ASTA und beauftragte sie mit der Erarbeitung von Regeln für Arbeitsstätten (Arbeitsstättenregeln – ASRL) entsprechend den von ihm festgelegten Prioritäten.

Der ASTA arbeitet nach einer **Geschäftsordnung und Verfahrensgrundsät-** **15** **zen,** die er sich selbst gegeben hat. Die untergeordneten Arbeitsgruppen des ASTA werden von Mitgliedern des ASTA geleitet. Sie werden besetzt durch entsprechende Fachleute aus dem ASTA und von außerhalb. Sachverständige Experten können hinzugezogen werden. Themen und Mitglieder der Arbeitsgruppen werden vom ASTA bestimmt. Die Sitzungen sind nicht öffentlich (Abs. 3 S. 5). Die Geschäfte des Ausschusses führt gemäß § 7 Abs. 6 die Bundesanstalt für Arbeitsschutz und Arbeitsmedizin; bei ihr handelt es sich um eine nicht rechtsfähige Körperschaft des öffentlichen Rechts, die unmittelbar dem BMAS untersteht (Wilrich in Schmatz/Nöthlichs 4204 § 7 Nr. 3; (ferner: *Wiebauer* in Landmann/Rohmer GewO ArbStättV § 7 Rn. 20).

16 Vorsitz und Geschäftsführung (Stand: 1.10.2018)

Vorsitzender	Herr Ernst-Friedrich PERNACK Ministerium für Arbeit, Soziales, Gesundheit, Frauen und Familie des Landes Brandenburg Henning-von-Tresckow-Straße 2−13 14467 Potsdam
	Stellvertreter/in des Vorsitzenden Frau Andrea FERGEN IG Metall Vorstand Wilhelm-Leuschner-Str. 79 60329 Frankfurt am Main
	und Herr Dietmar ARZT Landesvereinigung Baden-Württembergischer Arbeitgeber-verbände Löffelstr. 22−24 70597 Stuttgart
Geschäftsführung	Bundesanstalt für Arbeitsschutz und Arbeitsmedizin Gruppe 2.4 „Arbeitsstätten, Maschinen- und Betriebs-sicherheit" Ansprechpartnerinnen: Herr Dr. Andreas Richter Frau Kerstin Ziegenbalg Fabricestraße 8 01099 Dresden

Anhang: Geschäftsordnung für den Ausschuss für Arbeitsstätten

Inhaltsverzeichnis

§ 1 Aufgaben des Ausschusses

(1) Der Ausschuss für Arbeitsstätten (ASTA) ist eine Einrichtung im Geschäftsbereich des Bundesministeriums für Arbeit und Soziales (BMAS). Der Ausschuss hat die Aufgabe,

1. dem Stand der Technik, Arbeitsmedizin und Arbeitshygiene entsprechende Regeln und sonstige gesicherte wissenschaftliche Erkenntnisse für die Sicherheit und Gesundheit der Beschäftigten in Arbeitsstätten zu ermitteln,
2. Regeln zu ermitteln, wie die in der Verordnung über Arbeitsstätten gestellten Anforderungen erfüllt werden können, und
3. das Bundesministerium für Arbeit und Soziales in Fragen der Sicherheit und des Gesundheitsschutzes in Arbeitsstätten zu beraten.

Bei der Wahrnehmung seiner Aufgaben berücksichtigt der Ausschuss insbesondere § 4 „Allgemeine Grundsätze" des Arbeitsschutzgesetzes.

(2) Der Ausschuss kann Untergremien nach §§ 7 und 8 einrichten und bildet einen Koordinierungskreis nach § 9.

(3) Bei übergreifenden Aufgaben und Themen beteiligt der Ausschuss die anderen Ausschüsse des BMAS nach § 18 Abs. 2 Nr. 5 ArbSchG. Die Organisation der fachlichen Zusammenarbeit wird in den Koordinierungskreisen der betroffenen Ausschüsse nach § 9 festgelegt.

(4) Der Ausschuss gibt sich für die Dauer der Berufungsperiode ein Arbeitsprogramm. Das Arbeitsprogramm und eventuelle Änderungen/Ergänzungen werden im Einvernehmen mit dem BMAS festgelegt.

§ 2 Mitglieder

(1) Der Ausschuss setzt sich zusammen aus fachkundigen Vertretern der Arbeitgeber, der Gewerkschaften, der Länderbehörden, der gesetzlichen Unfallversicherung und weiteren fachkundigen Personen, insbesondere der Wissenschaft, in angemessener Zahl.

(2) Die Mitglieder des Ausschusses sind in ihrer fachlichen Meinung unabhängig und weisungsfrei.

(3) Das BMAS beruft die Mitglieder des Ausschusses und für jedes Mitglied einen Stellvertreter in der Regel für die Dauer einer Berufungsperiode von vier Jahren.

(4) Die Mitgliedschaft im Ausschuss und seinen Gremien ist ehrenamtlich.

§ 3 Vorsitz

(1) Der Ausschuss wählt mit der Mehrheit seiner Mitglieder den Vorsitzenden und dessen Stellvertreter aus seiner Mitte. Die Wahl bedarf der Zustimmung des BMAS.

(2) Der Vorsitzende oder sein(e) Stellvertreter können mit der Mehrheit von zwei Dritteln der Mitglieder des Ausschusses von ihren Ämtern entbunden werden.

(3) Der Vorsitzende – im Verhinderungsfall sein(e) Stellvertreter – vertritt den Ausschuss im Rahmen der in § 1 gestellten Aufgaben gegenüber dem BMAS. Der Vorsitzende und sein(e) Stellvertreter können an den Sitzungen aller Untergremien teilnehmen.

(4) Nach Ablauf der Berufungsperiode führen der Vorsitzende und sein(e) Stellvertreter ihre Aufgaben bis zur Neuwahl weiter.

§ 4 Sitzungen

(1) Der Vorsitzende beruft den Ausschuss nach Bedarf – mindestens jedoch einmal im Jahr – ein. Auf Verlangen des BMAS oder mindestens eines Fünftels der Mitglieder hat der Vorsitzende den Ausschuss ebenfalls einzuberufen.

(2) Die Einladungsfrist beträgt sechs Wochen. In dringenden Fällen kann der Vorsitzende den Ausschuss auch in einer kürzeren Frist zu einer Sondersitzung einberufen; die Einladungsfrist beträgt in diesem Fall zwei Wochen.

(3) Der Einladung zur Sitzung ist eine Tagesordnung beizufügen, die der Vorsitzende unter Berücksichtigung von Vorschlägen der Mitglieder und des BMAS festlegt. Die Beratungsunterlagen sind der Tagesordnung beizufügen, spätestens jedoch vier Wochen vor der Ausschusssitzung zur Verfügung zu stellen; für Sondersitzungen gilt dafür eine Frist von zwei Wochen.

(4) Mitglieder, die an einer Sitzungsteilnahme verhindert sind, teilen dies ihrem Stellvertreter und der Geschäftsführung des Ausschusses rechtzeitig vorher mit.

(5) Die Stellvertreter erhalten die Einladung mit Tagesordnung und Beratungsunterlagen nachrichtlich. Sie können an den Sitzungen des Ausschusses teilnehmen. Bei Anwesenheit der Mitglieder besteht für deren Stellvertreter kein Stimmrecht; im Verhinderungsfall üben die Stellvertreter das Stimmrecht aus.

(6) Das BMAS, die betroffenen Bundesministerien und die zuständigen obersten Landesbehörden erhalten die Einladung mit Tagesordnung und Beratungsunterlagen nachrichtlich.

(7) Änderungen oder Ergänzungen der Tagesordnung werden berücksichtigt, wenn sie im Einvernehmen mit dem Vorsitzenden spätestens zwei Wochen vor der Sitzung den Mitgliedern des Ausschusses mit Begründung und ggf. Unterlagen zugegangen sind. Das BMAS kann Änderungen oder Ergänzungen der Tagesordnung verlangen. Die Tagesordnung kann auch während der Sitzung geändert oder ergänzt werden, wenn die Mehrheit der anwesenden Mitglieder damit einverstanden ist.

(8) Die betroffenen Bundesministerien und die zuständigen obersten Landesbehörden haben das Recht, zu den Sitzungen des Ausschusses einen Vertreter zu entsenden. Die Teilnahme an der Sitzung ist rechtzeitig vor der Ausschusssitzung der Geschäftsführung mitzuteilen. Diese Vertreter haben Gaststatus; ihnen ist auf Verlangen in der Sitzung das Wort zu erteilen.

(9) Die Sitzungen des Ausschusses und seiner Gremien sind nicht öffentlich.

(10) Die Beratungsergebnisse und Beschlussvorlagen der Untergremien werden im Ausschuss durch den jeweiligen Vorsitzenden oder einen Vertreter mündlich erläutert.

(11) Zur Erfüllung seiner Aufgaben kann der Ausschuss Experten anhören, Gutachten beziehen oder Untersuchungen durch Dritte vornehmen lassen. Er kann einzelne oder mehrere Mitglieder mit der Erledigung bestimmter Aufgaben betrauen.

(12) Soweit durch Maßnahmen nach Absatz 11 Kosten entstehen, ist die vorherige Zustimmung der Geschäftsführung des Ausschusses und des BMAS erforderlich.

§ 5 Beschlussfassung

(1) Der Ausschuss ist beschlussfähig, wenn mindestens vier Fünftel der Mitglieder anwesend sind.

(2) Bei der Beratung des BMAS nach § 1 sowie der Beschlussfassung im Ausschuss ist Einstimmigkeit anzustreben.

(3) Beschlüsse werden mit der Mehrheit der anwesenden Stimmberechtigten gefasst. § 11 bleibt unberührt. Mit den Stimmen von mindestens einem Fünftel der anwesenden Stimmberechtigten kann ein vom Beschluss abweichendes Minderheitsvotum gefasst werden. In diesem Fall ist die vom Beschluss abweichende Auffassung zu begründen und zusammen mit dem Abstimmungsergebnis in die Ergebnisniederschrift nach § 6 aufzunehmen.

(4) In Ausnahmefällen können Beschlüsse des Ausschusses auf schriftlichem Wege gefasst werden. Eine schriftliche Beschlussfassung ist nur dann zulässig, wenn die Mehrheit der anwesenden Stimmberechtigten des Ausschusses diesem Verfahren zustimmt. Wird die Durchführung eines schriftlichen Verfahrens beschlossen erhalten die Mitglieder die notwendigen Beratungsunterlagen zugesandt; die Stellvertreter erhalten die Unterlagen nachrichtlich. Der Vorsitzende legt eine Frist von mindestens vier Wochen für die Stimmabgabe fest. Schriftliche Beschlüsse werden mit der Mehrheit der Mitglieder des Ausschusses gefasst. Vom Beschluss abweichende Auffassungen sind auf Verlangen in die Ergebnisniederschrift nach § 6 aufzunehmen.

§ 6 Ausschussangelegenheiten und Ergebnisniederschriften

(1) Über jede Sitzung und jede schriftliche Beschlussfassung des Ausschusses ist von der Geschäftsführung eine Ergebnisniederschrift anzufertigen, welche die Beratungs- und Abstimmungsergebnisse sowie den Wortlaut der Beschlüsse und die Teilnehmerliste enthält. Eine Ausfertigung für die Akten ist vom Vorsitzenden des Ausschusses sowie vom Protokollführer zu unterzeichnen. Die Ergebnisniederschriften werden den Mitgliedern, deren Stellvertretern, dem BMAS, den zuständigen obersten Landesbehörden und den beteiligten Bundesministerien übersandt und nicht veröffentlicht. Die nach § 4 Abs. 11 hinzugezogenen Experten können die Ergebnisniederschrift oder Auszüge daraus erhalten, soweit deren Fachfragen betroffen sind.

(2) Die Sitzungsteilnehmer können schriftlich bei der Geschäftsführung oder spätestens in der nächsten Sitzung Einwendungen gegen die Ergebnisniederschrift vorbringen; die Einwände werden in dieser Sitzung behandelt.

(3) Die Beratungen, die Abstimmungsergebnisse und die Ergebnisniederschriften des Ausschusses sind vertraulich zu behandeln. Vertraulichkeit ist auch bei den internen fachlichen Abstimmungsprozessen innerhalb der in § 2 Abs. 1 genannten Kreise zu wahren. Die Vertraulichkeit der Sitzungen und der Ergebnisniederschriften lässt die Behandlung von Arbeitsthemen in der Organisation der Ausschussmitglieder zur Einholung von weiterem Sachverstand zu. Jede öffentliche Verlautbarung im Namen des Ausschusses oder seiner Untergremien zu deren Belangen oder zu Belangen von Mitgliedern des Ausschusses oder seiner Untergremien bedarf der Zustimmung des BMAS.

§ 7 Unterausschüsse, Projektgruppen

(1) Der Ausschuss kann Unterausschüsse einrichten und deren Aufgaben bestimmen. Für befristete Aufgaben kann er auch Projektgruppen einrichten. Die Einrichtung von Unterausschüssen oder Projektgruppen bedarf der Zustimmung des BMAS.

(2) Der Ausschuss betraut ein Mitglied oder ein stellvertretendes Mitglied des Ausschusses für den Vorsitz eines Unterausschusses/einer Projektgruppe und benennt die Unterausschuss-/Projektgruppenmitglieder im Einvernehmen mit dem BMAS. Die Besetzung der Unterausschüsse/Projektgruppen soll 12 ständige Unterausschuss-/Projektgruppenmitglieder nicht überschreiten.

(3) Die Unterausschüsse/Projektgruppen wählen den Stellvertreter des Vorsitzenden aus ihrer Mitte. Der Stellvertreter des Vorsitzenden soll dem Ausschuss angehören.

(4) Die Unterausschüsse/Projektgruppen konkretisieren die ihnen übertragenen Aufgaben und fertigen Arbeits- und Zeitpläne an.

(5) Die Arbeits- und Zeitpläne sowie Projektskizzen sind im Einvernehmen mit dem BMAS zu erstellen und bedürfen der Zustimmung des Ausschusses.

(6) Zur Erfüllung der Aufgaben des Unterausschusses/der Projektgruppe kann der Vorsitzende mit Zustimmung der Mehrheit der Unterausschuss-/Projektgruppenmitglieder befristet Experten hinzuziehen, Gutachten einholen, Untersuchungen durch Dritte vornehmen lassen oder einzelne Unterausschuss/Projektgruppenmitglieder mit der Erledigung bestimmter Aufgaben betrauen.

(7) Soweit durch Maßnahmen nach Absatz 6 Kosten entstehen, sind die vorherige Zustimmung der Geschäftsführung des Ausschusses und des BMAS erforderlich.

(8) Die Einladungen, Beratungsunterlagen und Beschlussvorlagen werden auch der Geschäftsführung des Ausschusses zur Verfügung gestellt. Die Geschäftsführung hat das Recht, an den Sitzungen der Unterausschüsse/Projektgruppen teilzunehmen. Ihr ist auf Verlangen in der Sitzung das Wort zu erteilen.

(9) Über die Arbeitsergebnisse der Unterausschüsse/Projektgruppen wird im Ausschuss regelmäßig durch ein Unterausschuss-/Projektgruppenmitglied des jeweiligen Gremiums schriftlich berichtet und bei Bedarf mündlich erläutert.

(10) Die Beratungsergebnisse und Beschlussvorlagen werden schriftlich über die Geschäftsführung dem Ausschuss rechtzeitig zur Verfügung gestellt.

(11) Über jede Sitzung der Unterausschüsse/Projektgruppen ist eine Ergebnisniederschrift anzufertigen, welche die Beratungs- und Abstimmungsergebnisse sowie die Teilnehmerliste enthält. Eine Ausfertigung für die Akten ist vom jeweiligen Vorsitzenden sowie vom Protokollführer zu unterzeichnen. Die Ergebnisniederschriften über die Sitzungen der Unterausschüsse/Projektgruppen sind den Unterausschuss-/Projektgruppenmitgliedern des jeweiligen Unterausschusses/der jeweiligen Projektgruppe, dem Koordinierungskreis, der Geschäftsführung und dem BMAS zuzusenden. Die Mitglieder des Ausschusses haben das Recht die Ergebnisniederschriften einzusehen.

(12) Die Sitzungsteilnehmer können schriftlich bei der die Ergebnisniederschrift fertigenden Stelle oder spätestens in der nächsten Sitzung Einwendungen gegen die Ergebnisniederschrift vorbringen; die Einwände werden in dieser Sitzung behandelt.

(13) Die Beratungen, die Abstimmungsergebnisse sowie die Ergebnisniederschriften des Unterausschusses/der Projektgruppe sind vertraulich zu behandeln, soweit nicht die Erfüllung der Unterausschuss/der Projektgruppe oder seinen Unterausschuss-/Projektgruppenmitgliedern obliegenden Aufgaben dem entgegenstehen. Im letztgenannten Fall ist für eine angemessene Wahrung der Vertraulichkeit zu sorgen.

§ 8　Arbeitskreise

(1) Die Unterausschüsse können zur Behandlung spezieller Themen zeitlich befristete Arbeitskreise einrichten und deren Aufgaben bestimmen. Die Anzahl der Arbeitskreismitglieder soll 12 Personen nicht überschreiten. Die Einrichtung der Arbeitskreise bedarf der Zustimmung des Ausschusses und des BMAS. Die Unterausschüsse fertigen für die Arbeitskreise Projektskizzen und Arbeits- und Zeitpläne an.

(2) Der Unterausschuss bestimmt den Vorsitzenden eines Arbeitskreises. Der Vorsitzende eines Arbeitskreises soll dem Unterausschuss angehören. Der Unterausschuss bestimmt im Einvernehmen mit dem Vorsitzenden des Arbeitskreises die Arbeitskreismitglieder.

(3) Zu den Sitzungen kann der Vorsitzende mit Zustimmung der Mehrheit der Arbeitskreismitglieder Experten hinzuziehen. § 7 Abs. 7 gilt entsprechend.

(4) Die Arbeitsergebnisse werden dem Unterausschuss schriftlich zur Verfügung gestellt.

(5) Über jede Sitzung eines Arbeitskreises ist eine Ergebnisniederschrift anzufertigen, welche die Beratungs- und Abstimmungsergebnisse sowie die Teilnehmerliste enthält. Eine Ausfertigung für die Akten ist vom jeweiligen Vorsitzenden sowie vom Protokollführer zu unterzeichnen. Ergebnisniederschriften über die Sitzung der Arbeitskreise sind dem Vorsitzenden des jeweiligen Unterausschusses, den Arbeitskreismitgliedern des jeweiligen Arbeitskreises, der Geschäftsführung und dem BMAS zuzusenden.

(6) Die Sitzungsteilnehmer können schriftlich bei der die Ergebnisniederschrift fertigenden Stelle oder spätestens in der nächsten Sitzung Einwendungen gegen die Ergebnisniederschrift vorbringen; die Einwände werden in dieser Sitzung behandelt.

(7) Die Beratungen, die Abstimmungsergebnisse sowie die Ergebnisniederschriften des Arbeitskreises sind vertraulich zu behandeln, soweit nicht die Erfüllung der dem Arbeitskreis oder seinen Arbeitskreismitgliedern obliegenden Aufgaben dem entgegen steht. Im letztgenannten Fall ist für eine angemessene Wahrung der Vertraulichkeit zu sorgen.

§ 9 Koordinierungskreis

(1) Der Koordinierungskreis hat die Aufgabe, die Arbeit des Ausschusses zu steuern und bei Planungs- und Querschnittsaufgaben des Ausschusses mitzuwirken, insbesondere
a) die Arbeitsgebiete der Unterausschüsse/Projektgruppen so abzustimmen, dass Überschneidungen und Lücken möglichst vermieden und nur in begründeten Fällen zugelassen werden,
b) die Beteiligung der betroffenen Unterausschüsse/Projektgruppen sicherzustellen,
c) die fachliche Zusammenarbeit mit den anderen Ausschüssen des BMAS zu organisieren und
d) die Abstimmung mit anderen Regelsetzern herbeizuführen.

(2) Mitglieder des Koordinierungskreises sind der Ausschussvorsitzende und die Vorsitzenden der Unterausschüsse/Projektgruppen. Im Koordinierungskreis muss mindestens jeweils ein Mitglied beider Sozialpartner, der Unfallversicherungsträger und der Länder vertreten sein. Der Koordinierungskreis wird vom Ausschussvorsitzenden geleitet.

(3) Über jede Sitzung des Koordinierungskreises ist von der Geschäftsführung eine Ergebnisniederschrift anzufertigen, welche die Beratungsergebnisse und die Teilnehmerliste enthält. Eine Ausfertigung für die Akten ist vom Vorsitzenden sowie vom Protokollführer zu unterzeichnen. Die Ergebnisniederschrift ist den Mitgliedern des Ausschusses und dem BMAS zuzusenden.

(4) Die Sitzungsteilnehmer können schriftlich bei der die Ergebnisniederschrift fertigenden Stelle oder spätestens in der nächsten Sitzung Einwände gegen die Ergebnisniederschrift vorbringen, die in dieser Sitzung behandelt werden.

(5) Die Beratungsergebnisse und die Ergebnisniederschriften des Koordinierungskreises sind vertraulich zu behandeln, soweit nicht die Erfüllung der den Koordinierungskreismitgliedern obliegenden Aufgaben dem entgegensteht. Im letztgenannten Fall ist für eine angemessene Wahrung der Vertraulichkeit zu sorgen.

§ 10   Geschäftsführung

(1) Die Geschäfte des Ausschusses und des Koordinierungskreises führt die Bundesanstalt für Arbeitsschutz und Arbeitsmedizin. Sie nimmt an deren Sitzungen teil.

(2) Die Geschäftsführung hat den Ausschuss und den Koordinierungskreis im Rahmen der gesetzlich festgelegten Beratungsaufgaben administrativ und fachlich zu unterstützen; sie koordiniert die administrativen Angelegenheiten des Ausschusses.

(3) Die Geschäftsführung registriert alle Anfragen an den Ausschuss und an seine Untergremien und koordiniert und dokumentiert deren Beantwortung. Die Abstimmung der Antwortentwürfe erfolgt im Regelfall im schriftlichen Verfahren innerhalb einer angemessenen Frist im Einvernehmen mit dem BMAS. Der Ausschuss kann mit Zustimmung des BMAS ein vereinfachtes Verfahren festlegen.

(4) Der Vorsitzende des Ausschusses ist berechtigt, der Geschäftsführung für die Durchführung der dem Ausschuss obliegenden Aufgaben administrative Weisungen zu erteilen.

§ 11   Annahme und Änderung der Geschäftsordnung

Annahme sowie Änderungen der Geschäftsordnung bedürfen der Zustimmung von zwei Dritteln der Mitglieder des Ausschusses und der Zustimmung des BMAS.

§ 12   Inkrafttreten der Geschäftsordnung

Diese Geschäftsordnung tritt am 1. Oktober 2009 in Kraft. Sie tritt zum Ende der Berufungsperiode des Ausschusses mit Ausnahme des § 3 Abs. 4 außer Kraft.

§ 8   Übergangsvorschriften

(1) [1]Soweit für Arbeitsstätten,
1. die am 1. Mai 1976 eingerichtet waren oder mit deren Einrichtung vor diesem Zeitpunkt begonnen worden war oder
2. die am 20. Dezember 1996 eingerichtet waren oder mit deren Einrichtung vor diesem Zeitpunkt begonnen worden war und die zum Zeitpunkt der Einrichtung die Gewerbeordnung keine Anwendung fand,

in dieser Verordnung Anforderungen gestellt werden, die umfangreiche Änderungen der Arbeitsstätte, der Betriebseinrichtungen, Arbeitsverfahren oder Arbeitsabläufe notwendig machen, gelten hierfür bis zum 31. Dezember 2020 mindestens die entsprechenden Anforderungen des Anhangs II der Richtlinie 89/654/EWG des Rates vom 30. November 1989 über Mindestvorschriften für Sicherheit und Gesundheitsschutz in Arbeitsstätten (ABl. EG Nr. L 393 S. 1). [2]Soweit diese Arbeitsstätten oder ihre Betriebseinrichtungen wesentlich erweitert oder umgebaut oder die Arbeitsverfahren oder Arbeitsabläufe wesentlich umgestaltet werden, hat der Arbeitgeber die erforderlichen Maßnahmen zu treffen, damit diese Änderungen, Erweiterungen oder Umgestaltungen mit den Anforderungen dieser Verordnung übereinstimmen.

(2) Bestimmungen in den vom Ausschuss für Arbeitsstätten ermittelten und vom Bundesministerium für Arbeit und Soziales im Gemeinsamen Ministerialblatt bekannt gemachten Regeln für Arbeitsstätten, die Anforderungen an den Arbeitsplatz enthalten, gelten unter Berücksichtigung der Begriffsbestimmung des Arbeitsplatzes in § 2 Absatz 2 der Arbeitsstät-

tenverordnung vom 12. August 2004 (BGBl. I S. 2179), die zuletzt durch Artikel 282 der Verordnung vom 31. August 2015 (BGBl. I S. 1474) geändert worden ist, solange fort, bis sie vom Ausschuss für Arbeitsstätten überprüft und erforderlichenfalls vom Bundesministerium für Arbeit und Soziales im Gemeinsamen Ministerialblatt neu bekannt gemacht worden sind.

Übersicht

Schrifttum: *Amtliche Begründung* zur Arbeitsstättenverordnung, Bonn/Berlin, Stand: 20. 4. 2004, BR-Drs. Nr. 450/04; *Amtliche Begründung zur* Änderung von Arbeitsschutzverordnungen vom 30. 10. 2014, BR-Drs. Nr. 450/04; *Kohte/Faber,* Novellierung des Arbeitsstättenrechts – Risiken und Nebenwirkungen einer legislativen Schlankheitskur, DB 2005, 224–231.

A. Bestandsschutz für Alt-Arbeitsstätten (Abs. 1)

I. Überblick

Der Bestandsschutz älterer Arbeitsstätten ist in § 8 Abs. 1 geregelt. **Absatz 1** **1 Satz 1** entspricht den Absätzen 1 und 3 des bisherigen § 56 ArbStättV und soll dem schutzwürdigen Interesse an Bestandsschutz einmal getroffener Verwaltungsentscheidungen für Arbeitsstätten Rechnung tragen,

– **die schon vor dem Inkrafttreten** der bisherigen Arbeitsstättenverordnung **im Mai 1976 errichtet waren,** respektive
– mit deren Errichtung zu diesem Zeitpunkt bereits begonnen worden war oder
– die erst seit der Ausdehnung des Geltungsbereichs im Dezember 1996 den Vorschriften der Arbeitsstättenverordnung unterliegen und die zu diesem Zeitpunkt bereits errichtet waren,
– oder mit deren Errichtung zu diesem Zeitpunkt bereits begonnen worden war.

ür diese Arbeitsstätten gelten seit der Änderung im Dezember 2016 ultimativ bis 31. 12. 2020 vorbehaltlich des Satzes 2 **nur die Anforderungen** des **Anhangs II** der EG-Arbeitsstättenrichtlinie (vgl. auch *Wiebauer* in Landmann/Rohmer GewO § 8 ArbStättV Rn. 1). Weitere Übergangsvorschriften für bereits errichtete

Arbeitsstätten sind nicht erforderlich. In **Härtefällen** können die Behörden Ausnahmegenehmigung nach § 3a Abs. 3 erteilen (BR-Drs. 450/04 zu § 8).

2   **Satz 2** setzt Artikel 5 der EG-Arbeitsstättenrichtlinie um und stellt klar, dass auch bei Arbeitsstätten mit Bestandsschutz ggf. durchgeführte **wesentliche Änderungen**, Erweiterungen oder Umgestaltungen der Arbeitsstätte oder der Arbeitsverfahren oder der Arbeitsabläufe mit den Anforderungen der Verordnung im Einklang stehen müssen (BR-Drs. 450/04 S. 30 zu § 8).

II. Die Grundsatzanforderungen des Anhanges II der EG-ArbStättRL

2a   Die Übergangsvorschrift des §§ 8 Abs. 1 S. 1 entstammt noch der alten Arb-StättV aus dem Jahr 1975. Dessen *§ 56 ArbStättV* a. F. regelte in eingeschränkter Form den Bestandsschutz für bestimmte bereits errichtete Arbeitsstätten (BR-Drs. Nr. 450/04 Begr. S. 28 zu Nr. 10). Ein gewisser **Bestandsschutz** wiederum ist Ausfluss des verfassungsrechtlich verbürgten **Eigentumsrechts** (Art. 14 GG), steht aber in einem Spannungsfeld des zu anderen Grundrechten, wie zu Beispiel dem Grundrecht auf körperliche Unversehrtheit (Art. 2 Abs. 2 GG). Diese von 1975 herrührende Übergangsvorschrift wiederum galt **nur für existierende** Arbeitsstätten, die vor Mai 1976 (im öffentlichen Dienst: vor 1996) bereits **eingerichtet und betrieben** wurden. Die Anforderungen für Arbeitsstätten in diesen betroffenen Betrieben wurden aus der EG-Arbeitsstättenrichtlinie aus dem Jahr 1989 (siehe Text unten) übernommen. Diese Übergangsvorschrift gilt jedoch nur noch für solche Betriebe, die seit 1976 – respektive 1996 für den öffentlichen Dienst – **keinen Umbau** oder **keine Renovierung** der Arbeitsstätte oder keine Umstellung der Arbeitsverfahren sowie der Arbeitsabläufe durchgeführt haben. (BR-Drs. Nr. 450/ 04 Begr. S. 28 zu Nr. 10). Sofern es solche Betriebe **überhaupt noch gibt,** gelten für diese Betriebe nur die leicht reduzierten Anforderungen des Anhangs II der EG-Arbeitsstättenrichtlinie. In der Praxis dürfte es aber kaum noch Betriebe geben, die seit dieser Zeit nicht die Arbeitsstätte, ihre Betriebseinrichtungen oder die Arbeitsverfahren (gerade Letzteres!) modernisiert haben. Die Innovationszyklen in der Wirtschaft haben sich in den letzten Jahren noch einmal drastisch verkürzt.

2b   Das Auslaufen der Bestandsschutzvorschriften ist vor allem damit begründet worden, dass diese Bestimmungen in der Praxis **kaum noch eine Rolle** spielen (BR-Drs. 506/16, S. 30); immerhin betreffen sie 40 Jahre alte Arbeitsstätten. Schließlich fügten sich die Bestandsschutzregelungen nicht ohne weiteres in das durch das Arbeitsplatzgesetz gesetzlich vorgegebene Konzept des Bestandsschutzes. Stichhaltig ist auch das Argument von *Faber,* wonach ein zeitlich unbegrenzter Bestandsschutz § 3 Abs. 1 S. 3 i. V. m. § 4 Nr. 3 Arbeitschutzgesetzes widerspreche, wonach der Bestandsschutz jedenfalls dann zeitlich limitiert ist, wenn sich der **Stand der Technik fortentwickelt** hat (*Faber/Feldhoff* in HK-ArbSchR Rn. 128). Deshalb ist auch davon auszugehen, dass diese eigentlich überholte Ausnahmevorschrift des § 8 mittelfristig aus der ArbStättV ersatzlos gestrichen werden kann. Die Ausnahme soll noch für eine Übergangszeit bis zum Ende des Jahres 2020 gültig bleiben, und dann **automatisch außer Kraft** treten. Nach dieser Frist kann in **begründeten Einzelfällen** auch weiterhin eine Ausnahmegenehmigung nach § 3 Abs. 4 bei den zuständigen Behörden (im Regelfall: Gewerbeaufsichtsämter) beantragt werden (BR-Drs. Nr. 450/04 Begr. S. 28 zu Nr. 10).

3   Die EU-Mindestanforderungen, kraft § 8 Abs. 1 materiell-rechtlicher Bestandteil dieser VO, die von **allen** (auch Alt-) Arbeitsstätten eingehalten werden müssen:

**RICHTLINIE DES RATES über die Mindestvorschriften für
Sicherheit und Gesundheitsschutzes in Arbeitsstätten
(Erste Einzelrichtlinie im Sinne des Artikels 16 Absatz 1 der Richtlinie 89/391/EWG)**

Vom 30. November 1989 (89/654/EWG)

...

Anhang II

**Mindestvorschriften für Sicherheit und Gesundheitsschutz
in bereits genutzten Arbeitsstätten
nach Artikel 4 der Richtlinie**

1. **Vorbemerkung**

   Die Anforderungen dieses Anhangs gelten in allen Fällen, in denen die Eigenschaften der Arbeitsstätte oder der Tätigkeit, die Umstände oder eine Gefahr dies erfordern.

2. **Stabilität und Festigkeit**

   Gebäude für Arbeitsstätten müssen eine der Nutzungsart entsprechenden Konstruktion und Festigkeit aufweisen.

3. **Elektrische Anlagen**

   Von elektrischen Anlagen darf keine Brand- oder Explosionsgefahr ausgehen; Personen müssen angemessen vor Unfallgefahren bei direktem oder indirektem Kontakt geschützt sein.

   Bei der elektrischen Anlage und den Schutzvorrichtungen sind die Spannung, die äußeren Einwirkungsbedingungen und die Fachkenntnisse der Personen zu berücksichtigen, die zu Teilen der Anlage Zugang haben.

4. **Fluchtwege und Notausgänge**

   4.1 Fluchtwege und Notausgänge müssen frei von Hindernissen bleiben und auf möglichst kurzem Weg ins Freie oder in einen sicheren Bereich führen.

   4.2 Alle Arbeitsplätze müssen bei Gefahr von den Arbeitnehmern schnell und in größter Sicherheit verlassen werden können.

   4.3 Fluchtwege und Notausgänge müssen in ausreichender Anzahl vorhanden sein.

   4.4 Türen von Notausgängen müssen sich nach außen öffnen.

   Türen von Notausgängen dürfen nicht so verschlossen werden, dass sie nicht leicht und unmittelbar von jeder Person geöffnet werden können, die sie im Notfall benutzen müsste.

   Schiebe- und Drehtüren sind als Nottüren nicht zulässig.

   4.5 Fluchtwege und Notausgänge als solche sind gemäß den innerstaatlichen Bestimmungen zur Umsetzung der Richtlinie 77/576/EWG zu kennzeichnen.

   Diese Kennzeichnung Muss an geeigneten Stellen angebracht und dauerhaft sein.

   4.6 Notausgänge dürfen nicht mittels eines Schlüssels verschlossen werden.

   Fluchtwege und Notausgänge sowie die dorthin führenden Durchgänge und Türen dürfen nicht durch Gegenstände versperrt werden, so dass sie jederzeit ungehindert benutzt werden könne.

   4.7 Fluchtwege und Notausgänge, bei denen eine Beleuchtung notwendig ist, müssen für den Fall, dass die Beleuchtung ausfällt, über eine ausreichende Sicherheitsbeleuchtung verfügen.

5. **Brandmeldung und -bekämpfung**

   5.1 In den Arbeitsstätten müssen je nach Abmessung und Nutzung der Gebäude, nach vorhanden Einrichtungen, nach physikalischen und chemischen Eigenschaften der vorhandenen Stoffe und nach der größtmöglichen Zahl anwesender

Personen Feuerlöscheinrichtungen und erforderlichenfalls Brandmelder und Alarmanlagen vorhanden sein.

5.2 Nichtselbständige Feuerlöscheinrichtungen müssen leicht zu erreichen und zu handhaben sein.

Sie sind gemäß den innerstaatlichen Bestimmungen zur Umsetzung der Richtlinie 77/576/EWG zu kennzeichnen.

Diese Kennzeichnung Muss an geeigneten Stellen angebracht und dauerhaft sein.

6. Lüftung umschlossener Arbeitsräume

In umschlossenen Arbeitsräumen Muss unter Berücksichtigung der Arbeitsverfahren und der körperlichen Beanspruchung der Arbeitnehmer ausreichend gesundheitlich zuträgliche Atemluft vorhanden sein.

Bei Verwendung einer lüftungstechnischen Anlage muss diese jederzeit funktionsfähig sein.

Eine etwaige Störung Muss durch eine Warneinrichtung angezeigt werden, wenn dies mit Rücksicht auf die Gesundheit der Arbeit erforderlich ist.

7. Raumtemperatur

7.1 In den Arbeitsräumen muss während der Arbeitszeit unter Berücksichtigung der angewandten Arbeitsmethoden und der körperlichen Beanspruchung der Arbeitnehmer eine Raumtemperatur herrschen, die dem menschlichen Organismus angemessen ist.

7.2 In Pausen-, Bereitschafts-, Sanitär-, Kantinen- und Sanitätsräumen muss die Temperatur den spezifischen Nutzungszweck der Räume entsprechen.

8. Natürliche und künstliche Beleuchtung der Räume

8.1 Die Arbeitsstätten müssen möglichst ausreichend Tageslicht erhalten und mit Einrichtungen für eine der Sicherheit und dem Gesundheitsschutz der Arbeitnehmer angemessene künstliche Beleuchtung ausgestattet sein.

8.2 Arbeitsstätten, in denen die Arbeitnehmer bei Ausfall der künstlichen Beleuchtung in besonderem Maße Gefahren ausgesetzt sind, müssen eine ausreichende Sicherheitsbeleuchtung haben.

9. Türen und Tore

9.1 Durchsichtige Türen müssen in Augenhöhe gekennzeichnet sein.

9.2 Schwingtüren und -tore müssen durchsichtig sein oder Sichtfenster haben.

10. Gefahrenbereiche

Befinden sich in den Arbeitsstätten durch die Art der Arbeit bedingte Gefahrenbereiche, in denen Sturzgefahr für die Arbeitnehmer oder die Gefahr des Herabfallens von Gegenständen besteht, so müssen diese Bereiche nach Möglichkeit mit Vorrichtungen ausgestattet sein, die unbefugte Arbeitnehmer am Betreten dieser Bereiche hindern.

Zum Schutz der Arbeitnehmer, die zum Betreten der Gefahrenbereiche befugt sind, sind entsprechende Vorkehrungen zu treffen.

Die Gefahrenbereiche müssen gut sichtbar gekennzeichnet sein.

11. Pausenräume und Pausenbereiche

11.1 Den Arbeitnehmern ist ein leicht erreichbarer Pausenraum oder entsprechender Pausenbereich zur Verfügung zu stellen, wenn Sicherheits- oder Gesundheitsgründe, insbesondere wegen der Art der ausgeübten Tätigkeit oder der eine bestimmte Obergrenze übersteigenden Anzahl der im Betrieb beschäftigten Personen, dies erfordern.

Dies gilt nicht, wenn die Arbeitnehmer in Büroräumen oder vergleichbaren Arbeitsräumen beschäftigt sind und dort gleichwertige Voraussetzungen für eine Erholung während der Pausen gegeben sind.

11.2   Pausenräume und Pausenbereiche müssen mit Tischen und Sitzgelegenheiten mit Rückenlehne ausgestattet sein.

11.3   In den Pausenräumen und Pausenbereichen sind angemessene Maßnahmen zum Schutz der Nichtraucher vor Belästigungen durch Tabakrauch zu treffen.

12.   Schwangere Frauen und stillende Mütter
Schwangere Frauen und stillende Mütter müssen sich unter geeigneten Bedingungen hinlegen und ausruhen können.

13.   Sanitärräume

13.1   Umkleideräume, Kleiderschränke

13.1.1 Den Arbeitnehmern sind geeignete Umkleideräume zur Verfügung zu stellen, wenn sie bei ihrer Tätigkeit besondere Arbeitskleidung tragen müssen und es ihnen aus gesundheitlichen oder sittlichen Gründen nicht zuzumuten ist, sich in einem anderen Raum umzukleiden.
Die Umkleideräume müssen leicht zugänglich und von ausreichender Größe sein.

13.1.2 Diese Umkleideräume müssen mit abschließbaren Einrichtungen ausgestattet sein, in denen jeder Arbeitnehmer seine Kleidung während der Arbeitszeit aufbewahren kann.
Kleiderschränke für Arbeitskleidung sind von Kleiderschränken für Privatkleidung zu trennen, wenn die Umstände dies erfordern (z. B. Umgang mit gefährlichen Stoffen, Feuchtigkeit, Schmutz).

13.1.3 Für Frauen und Männer sind getrennte Umkleideräume oder aber eine getrennte Benutzung dieser Räume vorzusehen.

13.2   Duschen, Toiletten und Handwaschbecken

13.2.1 Die Arbeitsplätze sind so einzurichten, dass den Arbeitnehmern in der Nähe des Arbeitsplatzes folgendes zur Verfügung steht:
– Duschen, wenn die Art ihrer Tätigkeit dies erfordert;
– besondere Räume, die mit Toiletten und Handwaschbecken in ausreichender Zahl ausgestattet sind

13.2.2 Die Duschen und Waschgelegenheiten müssen fließendes Wasser (erforderlichen falls warmes Wasser) haben.

13.2.3 Für Frauen und Männer sind getrennte Duschen oder aber eine getrennte Benutzung dieser Duschen vorzusehen.
Für Frauen und Männer sind getrennte Toiletten oder aber eine getrennte Benutzung der Toiletten vorzusehen.

14.   Mittel für die Erste Hilfe
Die Arbeitsstätten müssen mit Mitteln für die Erste Hilfe ausgestattet sein.
Diese Erste-Hilfe-Mittel müssen entsprechend gekennzeichnet und leicht zugänglich sein.

15.   Behinderte Arbeitnehmer
Die Arbeitsstätten sind gegebenenfalls behindertengerecht zu gestalten.
Dies gilt insbesondere für Türen, Verbindungswege, Treppen, Duschen, Waschgelegenheiten und Toiletten, die von Behinderten benutzt werden sowie für Arbeitsplätze, an denen behinderte Arbeitnehmer unmittelbar tätig sind.

16.   Verkehr von Fußgängern und Fahrzeugen
Arbeitsplätze in geschlossenen Räumen und im Freien sind so zu gestalten, dass sie sicher begangen und befahren werden können.

17.   Arbeitsstätten im Freien (besondere Bestimmungen)
Werden die Arbeitnehmer auf Arbeitsplätze im Freien beschäftigt, so sind die Arbeitsplätze nach Möglichkeit so einzurichten, dass die Arbeitnehmer

a) gegen Witterungseinflüsse und gegebenenfalls gegen das Herabfallen von Gegenständen geschützt sind,

b) weder Geräuschen mit einem für die Gesundheit unzuträglichen Lärmpegel noch schädlichen Wirkungen von außen (z. B. Gasen, Dämpfen, Staub) ausgesetzt sind,

c) bei Gefahr rasch ihren Arbeitsplatz verlassen können bzw. ihnen rasch Hilfe geleistet werden kann,

d) nicht ausgleiten oder abstürzen können.

III. Umfang des Bestandsschutzes für „1976er-Arbeitsstätten" (Abs. 1 Satz 1)

4   **1. Grundsatz.** Grundsätzlich findet die ArbStättV auch auf Arbeitsstätten Anwendung, die beim Inkrafttreten der VO bereits errichtet oder in Errichtung befindlich waren **(sog. „Alt-Arbeitsstätten").** Unbeachtlich bleiben nur die Anforderungen der VO, deren Realisierung im Einzelfall bei einer „Alt-Arbeitsstätte" umfangreiche Änderungen bedingen würde.

5   Gleiches gilt bei Herausgabe, Änderung oder Neufassung von Vorschriften, Regeln und Erkenntnissen (insbes. ASRL, vgl. § 3 Abs. 2). In entsprechender Anwendung des § 8 **gelten** deren Anforderungen **nicht** für Arbeitsstätten, die beim Inkrafttreten bzw. der Herausgabe oder Bekanntgabe dieser Vorschriften, Regeln und Erkenntnisse bereits errichtet oder in Errichtung befindlich waren, soweit damit umfangreiche Änderungen verbunden sind. Auch hier ist die Beurteilung **einzelfallbezogen,** d. h. abgestellt auf die jeweiligen besonderen Verhältnisse einer Arbeitsstätte, vorzunehmen.

Die ArbStättV ist erstmals ist am 1.5.1976 in Kraft getreten (§ 58 Abs. 11 ArbStättV 1975). Die Arbeitsstätten-Richtlinien (ASRL) wurden zum überwiegenden Teil erst später bekannt gegeben; für die darin festgelegten Anforderungen ist maßgeblicher Zeitpunkt i. S. d. Abs. 1 nicht das Inkrafttreten der VO, sondern der Zeitpunkt der Bekanntgabe der jeweiligen ASRL. Für Baustellen ist die Besonderheit zu beachten, dass der Bestandsschutz nach Abs. 1 bei ihrer Auflösung erlischt. Die Bedeutung des Abs. 1 für Baustellen liegt daher heute nur noch beim Bestandsschutz gegenüber Rechtsänderungen (Erlass einer die §§ 44 ff. ArbStättV 1975 berührenden ÄnderungsVO) und gegenüber Änderungen von Regeln und Erkenntnissen i. S. d. § 3 Abs. 1, insbesondere der ASRL zu den §§ 44 ff. ArbStättV 1975.

6   **2. Umfangreiche Änderungen.** Damit ist auf den **Umfang der** notwendigen **baulichen** Änderungen oder den Umfang der Auswirkungen auf die Einrichtungen (Betriebseinrichtungen, Raumausstattung) abgestellt. Dieser lässt sich technisch (Umfang des Eingriffs in die Bausubstanz) oder wirtschaftlich (Kosten der Änderungsmaßnahmen einschließl. aller Folgekosten durch Produktionsausfall u. ä.) betrachten. In beiden Fällen ist letztlich der **finanzielle Aufwand** das entscheidende Beurteilungskriterium (so auch – der hier vertretenen Auffassung folgend – VG Koblenz, Urt. v. 4.6.1984 – 9 K 1/84 –, ebenso *Heinen/Tentrop/Wienecke,* Erl. zu § 56 Abs. 1).

7   Die **wirtschaftliche Zumutbarkeit** ist mit zu beachten, da sich der finanzielle Aufwand für eine bestimmte Maßnahme je nach der wirtschaftlichen Leistungsfähigkeit eines Betriebs unterschiedlich auswirkt. Die Folgekosten einer Änderung (z. B. könnte die Erfüllung der Anforderungen i. V. m. der früheren ASRL 34/1–5 dazu führen, dass der Umkleideraum baulich erweitert oder ein zusätzlicher Umkleideraum eingerichtet werden müsste) sind ebenso zu berücksichtigen wie z. B. Produktionsausfälle, die bei Änderungen im Fertigungsbereich oder an Fertigungseinrichtungen (z. B. Lärmschutzmaßnahmen) eintreten können, weil die Änderung nicht ohne Unterbrechung oder Drosselung der Produktion durchgeführt werden kann (ebenso *Heinen/Tentrop/Wienecke,* wie zuvor). Mit Blick auf die wirtschaftliche Belastung insgesamt kann daher auch eine Änderung, die selbst nur einen geringen finanziellen Aufwand erfordert, dennoch „umfangreich" i. S. v. Abs. 1 sein, z. B. dann, wenn sie zu einem Wandel der Eigenart der Arbeitsstätte und, verbunden damit, zu wesentlichen wirtschaftlichen Einbußen für den betroffenen Betrieb führen würde.

Entscheidend dürfte bei der Abwägung, so das OVG Bremen, vor allem auch sein, **7a** ob der konkrete Nutzen, der durch die Anpassungsmaßnahme bewirkt wird, in einem angemessenen Verhältnis zu deren Kosten steht (*OVG Bremen* 22.6.1995 – 1 BA 49/94). Der Begriff der **„umfangreichen Änderung"** ist daher nicht statisch zu verstehen, sondern relativ im Sinne einer **Kosten–Nutzung–Abwägung.** Um den Nutzen einer Anpassungsmaßnahmen bestimmen zu können, kann insbesondere auch auf die Ergebnisse der **Gefährdungsbeurteilung** zurückgegriffen werden. Liegt eine solche nicht oder nicht ordnungsgemäß vor, so geht dies zulasten des Arbeitgebers, der sich auf den Bestandsschutz berufen möchte (so zu Recht *Faber/ Feldhoff* in HK-ArbSchR Rn. 130)

Dem mag man entgegenhalten, dass damit Bestandsschutz-Entscheidungen an teilweise schwierige und mit Unsicherheiten behaftete Prognosen gebunden werden. Indessen ist die Beurteilung von Bestandsschutzfragen im Grundsatz nicht retrospektiv, sondern wirkungs- und damit zukunftsbezogen angelegt. Von daher kann es dann nicht entscheidend sein, ob sich im Einzelfall die Wirkung von Maßnahmen einfach oder schwierig beurteilen lässt. Der Bestandsschutz würde jedenfalls wesentlich ausgehöhlt, wenn man die technische Realisierbarkeit sowie die Finanzierbarkeit des unmittelbaren Aufwands aus dem Kontext feststehender oder zu erwartender Folgewirkungen lösen und isoliert betrachten wollte. Dass an die Darlegung und Glaubhaftmachung von Folgewirkungen strenge Maßstäbe anzulegen sind, versteht sich dabei von selbst. An unspezifizierte und nicht nachvollziehbare Darlegungen kann sich keine Bestandsschutzwirkung knüpfen.

3. Neubauten: kein Bestandsschutz. Für **Neubauten** in einer Arbeitsstätte **8** (Bau eines zusätzlichen Gebäudes, Verlegung von Arbeitsplätzen im Freien in ein neu zu errichtendes Gebäude) gilt der Bestandsschutz **nicht.** Dies gilt unabhängig davon, ob eine „wesentliche" Erweiterung, Umbau oder Umgestaltung vorliegt. Denn Fragen des Bestandsschutzes sind nicht berührt, und zwar auch nicht im Hinblick auf Art. 14 Abs. 1 Satz 1 GG unter dem Aspekt des „überwirkenden Bestandsschutzes". Der **„überwirkende Bestandsschutz"** setzt voraus, dass der bisherige Zustand legal war und die beabsichtigte Änderung zum Erhalt der „funktionsgerechten Nutzung" des Eigentums notwendig erscheint (s. BVerwG, Urt. v. 17.1.1986 – 4 C 80, 82, NJW 1986 S. 2126), in Fällen der angesprochenen Art ist die weitere funktionsgerechte Nutzung der Arbeitsstätte regelmäßig nicht in Frage gestellt. Es könnten nur finanzielle Erwägungen (Verteuerung der Baukosten) gegen die Anwendung der ArbStättV geltend gemacht werden. Kostenüberlegungen jedoch spielen für den „überwirkenden Bestandsschutz" keine Rolle (siehe dazu auch OVG Münster, Urt. v. 9.7.1987 – 21 A 2354/85):

Das Gericht verneinte die Anwendbarkeit des § 56 ArbStättV 1975 auf den Bau einer Fertigungshalle, die entgegen § 28 Abs. 1 ArbStättV 1975 offen (nicht durch Wände eingefasst) errichtet werden sollte. Die Annahme eines „überwirkenden Bestandsschutzes" lehnte es mit der Begründung ab: Es könne im gegebenen Fall dahinstehen, ob der bisherige Zustand als legal oder illegal anzusehen sei. Denn jedenfalls sei eine funktionsgerechte Nutzung der Ar-

beitsstätte auch dann weiterhin möglich, wenn eine geschlossene Halle, für die das Betriebsgelände genügend Platz biete, erstellt werden müsse. Die vorgebrachten **finanziellen Gründe**
seien **unbeachtlich.**

IV. Durchbrechungen des Bestandsschutzes (Abs. 1 Satz 2)

9   **1. Grundprinzip.** Der Alt-Arbeitsstätten gewährte **Bestandsschutz** wird, wie
eingangs unter Rn. 2a und 2b besprochen, **durchbrochen,** wenn der Arbeitgeber
dort nachträglich bestimmte **Veränderungen** vornimmt. Betroffen sind neben
baulichen Veränderungen, die zu führen, dass Arbeitsstätten oder ihre Betriebseinrichtungen wesentlich erweitert oder umgebaut werden, auch technische oder organisatorische Maßnahmen, durch die bestehende Arbeitsverfahren oder Arbeitsabläufe wesentlich umgestaltet werden. Nicht mehr erfasst wird im Unterschied
zum früheren Recht (vgl. § 56 Abs. 2 Nr. 2 ArbStättV 1975) der Fall, dass der Arbeitgeber die Nutzung der Arbeitsstätte wesentlich ändert. Die Regelung beruht
auf dem Gedanken, dass es dem Arbeitgeber bei einer wesentlichen Änderung der
Arbeitsstätte **zugemutet werden kann,** im Rahmen der **ohnehin erforder-**
lichen Baumaßnahmen auch der VO soweit wie möglich Rechnung zu tragen (so
auch: *Faber/Feldhoff* in HK-ArbSchR Rn. 132).

10   Das Vorliegen einer **wesentlichen** Veränderung im o. g. Sinn **verpflichtet den**
Arbeitgeber, von sich aus die erforderlichen **Maßnahmen** zu treffen, damit die
beabsichtigten Änderungen, Erweiterungen oder Umgestaltungen mit den Anforderungen der Arbeitsstättenverordnung übereinstimmen. Diese Regelung beinhaltet eine Verschärfung gegenüber der früheren Rechtslage (vgl. § 56 Abs. 2 Arb-
StättV 1975), nach der die Anpassung der Alt-Arbeitsstätte an die Anforderungen
der Arbeitsstättenverordnung vom Arbeitgeber erst auf entsprechendes Verlangen
der zuständigen Aufsichtsbehörde vorgenommen werden musste. In Härtefällen
kann der Arbeitgeber bei der zuständigen Aufsichtsbehörde eine Ausnahme nach
§ 3 Abs. 3 ArbStättV beantragen.

11   **2. „Wesentliche(r)" Erweiterung oder Umbau.** „Wesentlich" heißt, dass es
sich um Erweiterungen, Umbauten oder Umgestaltungen in einem Ausmaß handeln muss, in deren Rahmen umfangreiche Änderungen, um die es hier geht, nicht
zu einem unzumutbaren Mehraufwand bei den Baukosten führen. Das Länderbau-
recht sieht für Fälle wesentlicher Änderungen eine ohne weiteres bestehende Pflicht
zur Anpassung aller vom Bauvorhaben unmittelbar berührten Teile der Anlage an
das jeweils geltende Recht vor. (vgl. auch *Wiebauer* in Landmann/Rohmer GewO
ArbStättV § 8 Rn. 11). Für behördliche Forderungen, die eine Anpassung auch
nicht unmittelbar berührter Bauteile zum Gegenstand haben, gilt die räumlich-ge-
genständliche Einschränkung, dass die Bauteile mit dem Vorhaben in einem kon-
struktiven Zusammenhang stehen müssen; ferner die wirtschaftliche Begrenzung
im Sinne einer Zumutbarkeit. Wird die Arbeitsstätte in einem Maß verändert, dass
sie einer neu eingerichteten Arbeitsstätte gleichkommt, so findet die ArbStättV
ohne Einschränkung auf die gesamte in diesem Sinne neue Arbeitsstätte Anwendung (*Wilrich* in Schmatz/Nöthlichs 4204 § 8 Anm. 1.3)

Wie die vorstehenden Darlegungen erkennen lassen, besteht zwischen den Begriffen „umfangreich" (Satz 1) und „wesentlich" (Satz 2) keine Identität. Mit dem Wort „wesentlich" wird
auf sehr viel weitergehende Maßnahmen als mit den „umfangreichen Änderungen" i. S. v.
Abs. 1 abgehoben.

3. Eigenverantwortung. Zu beachten ist schließlich, dass der Arbeitgeber **11a**
nach § 8 Abs. 1 ArbStättV in eigener Verantwortung zu prüfen hat, ob eine den Bestandsschutz durchbrechende wesentliche Änderung vorliegt und Anpassungsmaßnahmen zu treffen sind. Nach § 56 Abs. 1 der früheren ArbStättV 1975 entstand die
Anpassungspflicht erst auf Verlangen der zuständigen Behörde. Eine Berufung auf
Bestandsschutz kommt insbesondere bei Neu- und Erweiterungsbauten (z. B. auf
einem bereits bestehenden Betriebsgelände) nicht in Betracht. Hier fehlt es insoweit
an einem schützenswerten Vertrauen in die Beständigkeit getätigter Investitionen,
welches Grundvoraussetzung für jeden Bestandsschutz ist (siehe *Faber/Feldhoff* in
HK-ArbSchR Rn. 133)

V. Praktische Auswirkungen der Bestandsschutzregelung im Vergleich zu 1975

§ 8 Abs. 1 hat die Bestandsschutzregelung für die sog. Alt-Arbeitsstätten gegen- **12**
über der früheren Rechtslage (vgl. § 56 ArbStättV 1975) **in zwei** wesentlichen
Punkten geändert (*Lorenz* in Kollmer ArbStättV § 8 Abs. 1):
– Die bisherigen Unterschiede zwischen **gewerblichen** und nichtgewerblichen
 Alt-Arbeitsstätten (vgl. § 56 Abs. 1 und 3 ArbStättV 1975) wurden beseitigt mit
 der Folge, dass der Bestandsschutz künftig **für alle** Alt-Arbeitsstätten einheitlich
 geregelt ist.
– **Erheblich verschärft** gegenüber der alten Bestimmung (vgl. § 56 Abs. 2
 ArbStättV 1975) wurde die Regelung über die Durchbrechung des Bestandsschutzes für den Fall, dass in einer bestehenden Arbeitsstätte **nachträglich
 wesentliche Veränderungen** vorgenommen werden. Bisher musste der Arbeitgeber die geänderte Arbeitsstätte erst auf entsprechendes Verlangen der
 zuständigen Aufsichtsbehörde an die Vorgaben der Arbeitsstättenverordnung
 anpassen (behördlich angeordnete Anpassungspflicht). Jetzt wird diese Pflicht
 unmittelbar dadurch ausgelöst, dass der Arbeitgeber eine wesentliche Änderung
 in der bestehenden Arbeitsstätte vornimmt (automatische Anpassungspflicht).

B. Übergangsvorschrift für Technische Regeln (Abs. 2)

Da die Erstellung neuer technischer Regelwerke (ASRG/ASR) erfahrungs- **13**
gemäß längere Zeit benötigt, hat der Gesetzgeber eine zeitlich befristete Übergangsregelung für die Fortgeltung der Arbeitsstätten-Richtlinien getroffen: **Abs. 2**
regelt, dass die Arbeitsstättenrichtlinien bis zu ihrer Überarbeitung fortgelten. Ursprünglich war die Begrenzung des Fortgeltens der Arbeitsstättenrichtlinien auf
sechs Jahre festgelegt; diese Klausel sollte sicherstellen, dass die angestrebte Straffung
und Aktualisierung der Richtlinien kurzfristig erfolgt (BR-Drs. 450/04 zu § 8). Mit
der Änderung im Jahr 2016 gilt die Regelung, dass den alten ASRL (in denen noch
der zeitlich eingeschränkte Begriff „Arbeitsplatz" im Sinne von § 2 Abs. 2 a. F. zugrunde liegt, weitergelten, bis der Ausschuss für Arbeitsstätten (§ 7) sie überprüft
und gegebenenfalls entsprechend angepasst hat. Damit soll verhindert werden, dass
es für die Betriebe durch die neue Arbeitsplatzdefinition unmittelbar zu höheren
Aufwendungen kommt (BR-Drs. 506/16 S. 30; *Wiebauer* in Landmann/Rohmer
GewO ArbStättV § 8 Rn. 13).

Allerdings gibt es in dieser Hinsicht **keinen echten** Bestandsschutz mehr. Maß- **14**
geblich ist allein die Entscheidung des Ausschusses für Arbeitsstätten für oder gegen

eine Anpassung der ASRL/ASR. **Geänderte Regeln** werden dann vom BMAS nach § 7 Abs. 4 neu bekannt gemacht; sie gelten ab dann unter Verwendung des neuen Arbeitsplatzbegriffs (*Wiebauer* in Landmann/Rohmer GewO ArbStättV § 8 Rn. 14 und 15, wonach sich die Übergangsregelung auch zu der Frage ausschweige, ab wann der neue Arbeitsplatzbegriff für Technische Regeln gelten soll, bei denen der ASTA einen Anpassungsbedarf verneint).

C. Anwendung der ArbStättV in den neuen Bundesländern

15   Das damalige BMA (nunmehr: BMAS) hat dazu in „Abschnitt F" der Bek. zur „Rechtsangleichung des Arbeitsschutzrechts in den neuen Bundesländern einschließlich Berlin-Ost" v. 5.7.1991 (BArbl. 9/1991 S. 76) die folgenden näheren Erläuterungen bekannt gegeben – deren praktische Bedeutung allerdings mittlerweile „gegen Null" tendiert:

„**1. Grundsatz**

Die „Verordnung über Arbeitsstätten (Arbeitsstättenverordnung – ArbStättV) vom 20. März 1975 (BGBl. I S. 729), zuletzt geändert durch Verordnung vom 1. August 1983 (BGBl. I S. 1057)" gilt im Beitrittsgebiet seit dem 3. Oktober 1990 für alle Arbeitsstätten mit Ausnahme der Arbeitsstätten, die durch § 1 Absatz 1 Satz 2 (untertägige Bergbaubetriebe) und Absatz 2 der Verordnung vom Geltungsbereich ausgenommen sind.

2. Neu errichtete Arbeitsstätten

Nach dem 3. Oktober 1990 errichtete Arbeitsstätten müssen den Vorschriften der Arb-StättV entsprechen, sofern nicht die zuständige Behörde eine Ausnahme nach § 4 erteilt hat.

3. Bestehende Arbeitsstätten

Auf die am 3. Oktober 1990 bestehenden Arbeitsstätten und auf die Arbeitsstätten, mit deren Errichtung zu diesem Zeitpunkt begonnen worden ist, ist § 56 ArbStättV anzuwenden. Danach sind bei diesen Arbeitsstätten die Anforderungen der Verordnung zu erfüllen mit Ausnahme solcher Anforderungen, deren Erfüllung umfangreiche Änderungen der Arbeitsstätte (Gebäude), der Betriebseinrichtungen (fest installierte technische Anlagen), der Arbeitsverfahren (Produktion) oder der Arbeitsabläufe (Betriebsorganisationen) erfordern. Das kann z. B. der Fall sein bei Vorschriften über die Raumabmessungen.

Die zuständige Behörde kann jedoch Änderungen entsprechend den Vorschriften der Verordnung verlangen, wenn der Unternehmer die Arbeitsstätte, die Betriebseinrichtungen, die Arbeitsverfahren, die Arbeitsabläufe oder die Nutzung der Arbeitsstätte wesentlich ändert oder vermeidbare Gefahren für Leben oder Gesundheit der Beschäftigten zu befürchten sind.

Nicht unter diese Ausnahme nach § 56 fallen alle Betriebsvorschriften. Einrichtungs- und Ausstattungsvorschriften (z. B. Bereitstellung von Mittel zur Ersten Hilfe) sowie Sicherheits- und Schutzvorschriften (z. B. Beseitigung von Stolperstellen)."

§9   Straftaten und Ordnungswidrigkeiten

(1) **Ordnungswidrig im Sinne des § 25 Absatz 1 Nummer 1 des Arbeitsschutzgesetzes handelt, wer vorsätzlich oder fahrlässig**
1. **entgegen § 3 Absatz 3 eine Gefährdungsbeurteilung nicht richtig, nicht vollständig oder nicht rechtzeitig dokumentiert,**
2. **entgegen § 3a Absatz 1 Satz 1 nicht dafür sorgt, dass eine Arbeitsstätte in der dort vorgeschriebenen Weise eingerichtet ist oder betrieben wird,**
3. **entgegen § 3a Absatz 1 Satz 2 in Verbindung mit Nummer 4.1 Absatz 1 des Anhangs einen dort genannten Toilettenraum oder eine dort ge-**

nannte mobile, anschlussfreie Toilettenkabine nicht oder nicht in der vorgeschriebenen Weise zur Verfügung stellt,

4. entgegen § 3a Absatz 1 Satz 2 in Verbindung mit Nummer 4.2 Absatz 1 des Anhangs einen dort genannten Pausenraum oder einen dort genannten Pausenbereich nicht oder nicht in der vorgeschriebenen Weise zur Verfügung stellt,

5. entgegen § 3a Absatz 2 eine Arbeitsstätte nicht in der dort vorgeschriebenen Weise einrichtet oder betreibt,

6. entgegen § 4 Absatz 1 Satz 2 nicht dafür sorgt, dass die gefährdeten Beschäftigten ihre Tätigkeit unverzüglich einstellen,

7. entgegen § 4 Absatz 4 Satz 1 nicht dafür sorgt, dass Verkehrswege, Fluchtwege und Notausgänge freigehalten werden,

8. entgegen § 4 Absatz 5 ein Mittel oder eine Einrichtung zur Ersten Hilfe nicht zur Verfügung stellt,

9. entgegen § 6 Absatz 4 Satz 1 nicht sicherstellt, dass die Beschäftigten vor Aufnahme der Tätigkeit unterwiesen werden.

(2) Wer durch eine in Absatz 1 bezeichnete vorsätzliche Handlung das Leben oder die Gesundheit von Beschäftigten gefährdet, ist nach § 26 Nummer 2 des Arbeitsschutzgesetzes strafbar.

Übersicht

Schrifttum: *Adam,* Die Begrenzung der Aufsichtspflichten in der Vorschrift des § 130 OWiG, wistra 2003, 285; *Auffermann,* Straftaten am Arbeitsplatz, AuA 2014, 695; *Esser/Keuthen,* Strafrechtliche Risiken am Bau – Überlegungen zum Tatbestand der Baugefährdung (§ 319 StGB) und seinem Verhältnis zu §§ 222, 229 StGB, NStZ 2011, 314; *Länderausschuss für Arbeitsschutz und Sicherheitstechnik (LASI) – Hrsg.,* Bußgeldkataloge zur Arbeitsstättenverordnung – LASI LV

56, 2013; *Noak,* Einführung ins Ordnungswidrigkeitenrecht, ZJS 2012, 175 ff., 329 ff. und 458 ff.; *Schorn,* Die straf- und ordnungswidrigkeitenrechtliche Verantwortlichkeit im Arbeitsschutzrecht und deren Abwälzung, BB 2010, 1345; *Theile/Petermann,* Die Sanktionierung von Unternehmen nach dem OWiG, JuS 2011, 496; *Wiebauer,* Strafbarkeit und bußgeldrechtliche Ahndung von Arbeitsschutzverstößen, ArbRAktuell 2017, 534 und ArbRAktuell 2017, 562; *Wilrich,* Verantwortlichkeit und Pflichtenübertragung im Arbeitsschutzrecht, DB 2009, 1294; *ders.,* Verantwortlichkeit und Haftung im Arbeitsschutz, DB 2008, 182.

A. Sanktionen für Pflichtverletzungen

1   Seit 2010 sind die Vorschriften der ArbStättV unmittelbar bußgeldbewehrt. Verstöße gegen die in Abs. 1 aufgeführten Pflichten kann die **zuständige Arbeitsschutzbehörde** entsprechend ahnden. Werden durch eine vorsätzliche Pflichtverletzung Leben oder Gesundheit von Beschäftigten gefährdet, handelt es sich sogar um eine **Straftat** (Abs. 2). Dabei regelt § 9 nur die Pflichten, deren Verletzung mit einer Sanktion bedroht sind und verweist für weitere Einzelheiten auf die Ermächtigungsgrundlage des **§ 25 ArbSchG** (Ordnungswidrigkeiten) und **§ 26 ArbSchG** (Straftaten); siehe **Anh. 1.**

2   **2016** wurden die Bußgeldtatbestände der ArbStättV grundlegend **überarbeitet.** In diesem Zuge sind die Bußgeldandrohungen entfallen für die versäumte Wartung oder Prüfung von Sicherheitseinrichtungen (Abs. 1 Nr. 4 a. F.), für versäumte Vorkehrungen zu Flucht der Beschäftigten im Notfall (Abs. 1 Nr. 6 a. F.). Die verbleibenden Tatbestände wurden neu geordnet und ergänzt.

3   ArbSchG und ArbStättV regeln die Sanktionen für Verstöße im Arbeitsschutz nicht abschließend. Bußgeldtatbestände mit Bezug zum Arbeitsschutz enthalten auch einzelne Unfallverhütungsvorschriften der gesetzlichen Unfallversicherung i. V. m. **§ 209 Abs. 1 Nr. 1 SGB VII.** In strafrechtlicher Hinsicht sind v. a. die Tatbestände der fahrlässigen Tötung und der fahrlässigen Körperverletzung (**§§ 222, 229 StGB**) von Bedeutung.

B. Bußgeldtatbestände (Abs. 1)

I. Pflichtverletzung

4   Absatz 1 listet **abschließend** (Ausnahme: → Rn. 34) die Pflichten der ArbStättV auf, deren Verletzung nach § 25 ArbSchG unmittelbar mit einem Bußgeld geahndet werden kann. Es handelt sich in allen Fällen des § 9 um **echte Unterlassungsdelikte** (vgl. *Rengier* in KK-OWiG § 8 Rn. 8): Tathandlung ist die Nichterfüllung der in der jeweiligen Nummer genannten Pflicht (zum Inhalt der Pflichten im Einzelnen siehe bei der betreffenden Vorschrift).

5   Nach **Nr. 1** handelt ordnungswidrig, wer entgegen § 3 Abs. 3 eine Gefährdungsbeurteilung nicht richtig, nicht vollständig oder nicht rechtzeitig dokumentiert. **Nicht richtig** ist die Dokumentation, wenn die Aufzeichnungen vom tatsächlichen Ergebnis der Gefährdungsbeurteilung abweichen, Gefährdungen also etwa kleiner gemacht werden als ermittelt. Der Nachweis dürfte im Einzelfall freilich schwer werden und kann in erster Linie über einen Widerspruch zu vorbereitenden Unterlagen gelingen. **Nicht vollständig** ist die Dokumentation, wenn nicht alle festgestellten Gefährdungen dokumentiert werden. Auch eine gänzlich fehlende Dokumentation ist denklogisch nicht vollständig. **Rechtzeitig** dokumentiert ist die Gefährdungsbeurteilung gemäß § 3 Abs. 3 Satz 1 nur, wenn die Dokumentation bei Aufnahme der betreffenden Tätigkeit bereits vorliegt.

Probleme bereiten kann der Tatbestand der **Nr. 2**: die Bußgeldbewehrung der **6** Generalklausel des § 3a Abs. 1 Satz 1. Das verfassungsrechtliche **Bestimmtheitsgebot** (Art. 103 Abs. 2 GG) verlangt, dass Sanktionstatbestände so klar umrissen werden, dass für den Normadressaten eindeutig erkennbar ist, ob ein beabsichtigtes Verhalten von der Sanktionsnorm erfasst ist oder nicht (BVerfG 25.7.1962 – 2 BvL 4/62 – BVerfGE 14, 245; BVerfG 22.6.2010 – 2 BvR 2559/08 u.a. – BVerfGE 126, 170). Legt eine Sanktionsnorm – wie § 9 ArbStättV – das bewehrte Verhalten nicht selbst fest, sondern verweist sie auf eine verwaltungsrechtliche Vorschrift, müssen beide Vorschriften in ihrer Gesamtheit den verfassungsrechtlichen Bestimmtheitsanforderungen genügen (BVerfG 17.11.2009 – 1 BvR 2717/08 – NJW 2010, 754). Das Gebot der Bestimmtheit des Gesetzes darf, so das BVerfG, allerdings nicht übersteigert werden; die Gesetze würden sonst zu starr und kasuistisch und könnten dem Wandel der Verhältnisse oder der Besonderheit des Einzelfalls nicht mehr gerecht werden. Diese Gefahr läge nahe, wenn der Gesetzgeber stets jeden Straftatbestand bis ins letzte ausführen müsste, anstatt sich auf die wesentlichen für die Dauer gedachten Bestimmungen über Voraussetzungen, Art und Maß der Strafe zu beschränken (BVerfG 25.7.1962, a.a.O.; BVerfG 22.6.2010, a.a.O.). Es genügt, wenn sich mit Hilfe der üblichen Auslegungsmethoden, insbesondere durch Heranziehung anderer Vorschriften desselben Gesetzes, durch Berücksichtigung des Normzusammenhangs oder aufgrund einer **gefestigten Rechtsprechung** eine zuverlässige Grundlage für die Auslegung und Anwendung der Norm gewinnen lässt, sodass der Einzelne die Möglichkeit hat, die Reichweite des Verbots zu erkennen (BVerfG 21.6.1977 – 2 BvR 308/77 – BVerfGE 45, 363).

Unter Berücksichtigung dieser Maßgabe ist auch der Tatbestand des § 9 Abs. 1 **7** Nr. 2 **hinreichend bestimmt.** Soweit Technische Regeln bestehen, ist das verbindlich zu erreichende Sicherheitsniveau durch § 3a Abs. 1 Satz 4 eindeutig vorgegeben. Genügen die Arbeitsschutzmaßnahmen des Arbeitgebers dieser Zielvorgabe nicht, ist der objektive Tatbestand der Nr. 2 erfüllt. Soweit die Vorgaben der ArbStättV nicht durch ASR konkretisiert werden, genügt der Arbeitgeber seiner Pflicht, wenn er im Rahmen der Gefährdungsbeurteilung den Stand der Technik, Arbeitsmedizin und Hygiene sowie die sonstigen gesicherten arbeitswissenschaftlichen Erkenntnisse **sorgfältig ermittelt** und seinen Schutzmaßnahmen zugrunde legt. Nachweisbar ist dies durch die **dokumentierte Gefährdungsbeurteilung.** Fehler des Arbeitgebers in diesem Zusammenhang können im Rahmen des subjektiven Tatbestands sowie bei der Prüfung des Pflichtwidrigkeitszusammenhangs (→ Rn. 20) berücksichtigt werden. Der Eintritt einer **konkreten Gefahr** ist im Umkehrschluss zu § 9 Abs. 2 **nicht** erforderlich; es genügt die objektive Pflichtverletzung.

Abs. 1 **Nr. 3** sanktioniert Versäumnisse des Arbeitgebers in Bezug auf seine Ver- **8** pflichtung gemäß Anhang Nr. 4.1 Abs. 1, den Beschäftigten **Toilettenräume** oder – bei Arbeiten im Freien oder auf Baustellen – Toilettenkabinen zur Verfügung zu stellen. Auch Verstöße gegen die vorgeschriebene Art und Weise sind ausdrücklich bußgeldbewehrt. Damit ist Bezug genommen auf die Vorgabe, dass für Männer und Frauen getrennte Toiletten einzurichten oder eine getrennte Nutzung zu ermöglichen ist, sowie auf die vorgeschriebene Mindestausstattung und die örtlichen Vorgaben gemäß Anhang Nr. 4.1 Abs. 1.

Nr. 4 sanktioniert in gleicher Weise die Pflicht des Arbeitgebers gemäß Anhang **9** Nr. 4.2 Abs. 1, **Pausenräume** oder **Pausenbereiche** zur Verfügung zu stellen, wenn in der Arbeitsstätte mehr als 10 Beschäftigte tätig sind und die Arbeitsräume keine gleichwertige Erholung zulassen. Mangels Erwähnung in § 9 Abs. 1 Nr. 4 ist die Pflicht, Räume für Bereitschaftszeiten zur Verfügung zu stellen (Anhang Nr. 4.2 Abs. 1 Satz 3) nicht bußgeldbewehrt. Dasselbe gilt für die Vorgabe, dass für schwangere oder stillende Mütter die Gelegenheit bestehen muss, sich während der Pausen und soweit erforderlich auch während der Arbeitszeit hinzulegen und auszuruhen (Anhang Nr. 4.2 Abs. 1 Satz 4).

10   **Nr. 5** sichert die behindertengerechte Gestaltung der Arbeitsstätte, soweit dort Menschen mit Behinderung beschäftigt werden. Gemeint ist in erster Linie die **barrierefreie Gestaltung** gemäß § 3a Abs. 2 Satz 2. Die Pflicht zur Berücksichtigung der Belange dieser Beschäftigten nach § 3a Abs. 2 Satz 1 ist insbesondere dann verletzt, wenn der Arbeitgeber diesen Aspekt überhaupt nicht in seine Überlegungen einstellt, was insbesondere anhand der Dokumentation der Gefährdungsbeurteilung nachprüfbar ist. Inwieweit eine unzureichende Berücksichtigung geahndet werden kann, ist eine Frage des Sorgfaltsmaßstabs im konkreten Einzelfall (→ Rn. 20).

11   **Nr. 6** dient unmittelbar der Sicherheit der Beschäftigten bei **gefährlichen Mängeln** i. S. d. § 4 Abs. 1 Satz 2. Der Arbeitgeber bzw. die verantwortlichen Personen im Betrieb müssen im Gefahrenfall unverzüglich dafür sorgen, dass die betroffenen Beschäftigten ihre Arbeiten einstellen, um Gesundheitsschäden zu verhindern.

12   **Nr. 7** droht dem Arbeitgeber ein Bußgeld an, wenn er nicht gewährleistet, dass **Verkehrs- und Fluchtwege** sowie **Notausgänge** freigehalten werden. Verstöße können z. B. im Parken oder Abstellen von Lasten auf Fluchtwegen oder vor Notausgängen liegen (*Pelz* in Kollmer/Klindt/Schucht § 25 Rn. 76). Durch die Neufassung 2016 trifft die Sanktionsdrohung nur noch den Arbeitgeber, nicht mehr denjenigen, der für das Hindernis unmittelbar verantwortlich ist. Der Arbeitgeber kann sich nur exculpieren, wenn er alle ihm nach den konkreten Umständen zumutbaren Maßnahmen unternommen hat, um den Verstoß zu verhindern. Kommt es dennoch zu Verstößen, ist ggf. eine Aufsichtspflichtverletzung zu prüfen (§ 130 OWiG, → Rn. 31 ff.).

13   Gemäß **Nr. 8** handelt der Arbeitgeber ordnungswidrig, wenn er unter Verstoß gegen § 4 Abs. 5 die erforderlichen **Mittel und Einrichtungen zur Ersten Hilfe** nicht zur Verfügung stellt. Welche Mittel und Einrichtungen das sind, kann er der ASR A4.3 entnehmen; Abweichungen sind nur bei gleichem Schutzstandard möglich. Zwar erfasst der objektive Tatbestand nicht die Pflicht zur regelmäßigen Prüfung. Unvollständige oder nicht verwendungsfertige Mittel und Einrichtungen der Ersten Hilfe unterfallen dennoch der Nr. 8, weil damit nicht die erforderlichen Mittel und Einrichtungen zur Verfügung gestellt werden. Der Arbeitgeber kann sich nur exculpieren, wenn er darlegt, dass er ursprünglich die geforderten Mittel und Einrichtungen zur Verfügung gestellt und regelmäßig geprüft hat. Nur dann sind ihm trotzdem festgestellte Mängel nicht anzulasten.

14   **Nr. 9** schließlich sanktioniert Verstöße gegen die Unterweisungspflicht. Durch den beschränkten Verweis auf § 6 Abs. 4 Satz 1 gilt dies nur für die **erstmalige Unterweisung** vor Aufnahme einer Tätigkeit, nicht aber für ihre Wiederholung, auch nicht bei wesentlicher Änderung der Tätigkeit nach § 6 Abs. 4 Satz 4. Demgegenüber ist vor Übertragung einer gänzlich neuen Tätigkeit eine erstmalige Unterweisung nach § 6 Abs. 4 Satz 1 erforderlich. Die (schwierige) Abgrenzung kann nur anhand der konkreten Umstände des Einzelfalls erfolgen.

II. Vorsatz oder Fahrlässigkeit

Mit Bußgeld belegt werden können nur vorsätzlich oder fahrlässig begangene **15** Pflichtverletzungen.

Vorsätzlich handelt ein Täter,
der die Pflichtverletzung entweder beabsichtigt (zielgerichteter Erfolgswille),
der sich wissentlich pflichtwidrig verhält, oder
der es für möglich hält, dass sein Verhalten gegen Arbeitsschutzpflichten verstößt,
die Pflichtverletzung aber billigend in Kauf nimmt (Eventualvorsatz)
(im Einzelnen s. *Rengier* in KK-OWiG § 10 Rn. 6, 10, 11).

Fahrlässig handelt ein Täter, der sich objektiv pflichtwidrig verhält, obwohl er **16** dies mindestens erkennen kann (*Rengier* in KK-OWiG § 10 Rn. 15 f.). Maßstab der erforderlichen **Sorgfalt** ist das Verhalten eines besonnenen und gewissenhaften Menschen in der betreffenden Situation, wobei besonderes Wissen des Täters die Anforderungen anhebt (*Rengier* in KK-OWiG § 10 Rn. 18).

Hierher gehören auch die Fälle **bewusster Fahrlässigkeit,** in denen der Täter **17** die Möglichkeit der Pflichtverletzung erkennt, sie aber nicht billigend in Kauf nimmt, sondern darauf vertraut, dass sein Verhalten schon noch pflichtgemäß sein wird. Vom Eventualvorsatz unterscheidet sich die bewusste Fahrlässigkeit dadurch, dass der Täter trotz erkannter objektiver Gefährlichkeit seines Handelns ernsthaft und nicht nur vage auf ein Ausbleiben des tatbestandlichen Erfolges vertraut (BGH, Urt. v. 22.3.2012 – 4 StR 558/11, NJW 2012, 1524).

Bezugspunkt des subjektiven Tatbestands ist das **pflichtwidrige Verhalten,** **18** nicht etwa ein hierdurch bewirkter Gefährdungserfolg. Wer beispielsweise wissentlich einen Notausgang durch einen Aktenschrank blockiert, handelt auch dann vorsätzlich, wenn er der Überzeugung ist, dass eine Evakuierung der Arbeitsstätte im Notfall durch die anderen, freien Notausgänge problemlos gewährleistet wäre. Zur Problematik der offenen Erfolgsdelikte → Rn. 20 ff.

Irrtümer können den Vorsatz ausschließen. Trifft der Arbeitgeber objektiv un- **19** zureichende Schutzmaßnahmen in der subjektiven Überzeugung, diese genügten dem Stand der Technik, so begeht er keine vorsätzliche Pflichtverletzung (**Tatbestandsirrtum,** § 11 Abs. 1 Satz 1 OWiG). Hätte er seinen Fehler erkennen müssen, kann die Tat dennoch als fahrlässiger Verstoß geahndet werden (§ 11 Abs. 1 Satz 2 OWiG).

III. Pflichtwidrigkeitszusammenhang bei fahrlässigen Erfolgsdelikten

Soweit die Bußgeldtatbestände unmittelbar die Verletzung einzelner, klar umris- **20** sener Pflichten sanktionieren, bereitet die Prüfung des Tatbestands wenige Probleme. Taten nach § 9 Abs. 1 **Nrn. 2, 5 und 7** aber knüpfen jeweils an einen **Erfolg** (Gefährdung nicht vermieden/Belange von Beschäftigten mit Behinderungen nicht berücksichtigt/Wege nicht freigehalten), der vielerlei Ursachen haben kann. In diesen Fällen muss die Aufsichtsbehörde feststellen

1. worin der tatbestandliche Erfolg liegt
   (z. B.: Ein Notausgang wird durch ausrangierte Bücher blockiert.)
2. welche konkrete Verhaltenspflicht der Arbeitgeber verletzt hat
   (z. B.: Die Beschäftigten wurden nicht regelmäßig auf die Notwendigkeit hingewiesen, Notausgänge frei zu halten.)

3. ob die Pflichtverletzung mitursächlich für den tatbestandlichen Erfolg ist (im Beispiel: Hätte der Beschäftigte, der die Bücher dort abgestellt hat, dies bei pflichtgemäßer Belehrung unterlassen?)
4. ob dieser Ursachenzusammenhang für den Arbeitgeber vorhersehbar war und ob er ihn durch zumutbare Maßnahmen abwenden konnte. (im Beispiel: Musste der Arbeitgeber damit rechnen, dass seine Beschäftigten ohne regelmäßige Belehrung Notausgänge blockieren könnten?)

21 Eine Ahndung als Ordnungswidrigkeit setzt ein mithin **objektiv pflichtwidriges Verhalten** des Täters voraus. Die Aufsichtsbehörde muss also eine konkrete Pflicht feststellen, gegen welche verstoßen wurde (z. B. Durchführung der Gefährdungsbeurteilung oder Freihalten von Notausgängen). Die Pflichtwidrigkeit kann auch darin bestehen, dass der Täter eine Aufgabe übernommen hat, für die er die erforderlichen Fähigkeiten nicht besitzt (sog. **Übernahmeverschulden,** BGH, Urt. v. 8.2.1957 – 1 StR 514/56, NJW 1957, 719). Unter diesem Gesichtspunkt kann der Arbeitgeber verpflichtet sein, sich bei der Durchführung der Gefährdungsbeurteilung fachkundig beraten zu lassen, wenn er selbst nicht über die erforderlichen Fachkenntnisse verfügt, um die bestehenden Gefährdungen zu erkennen und zu bewerten.

22 Neben einer objektiven Pflichtwidrigkeit setzt der Vorwurf der Fahrlässigkeit die **Vorhersehbarkeit** der Tatbestandsverwirklichung voraus. Atypische Kausalverläufe können den Vorwurf ausschließen. Vor allem **grob fahrlässiges Verhalten anderer** muss der Täter in der Regel nicht voraussehen (*Rengier* in KK-OWiG § 10 Rn. 31). Gefährdungen bei der Arbeit, die erst dadurch entstehen, dass sich Beschäftigte bewusst trotz pflichtgemäßer Unterweisung über ausdrückliche sicherheitsrelevante Anweisungen hinwegsetzen (z. B. Verwendung von Absturzsicherungen), können daher den Vorwurf der Fahrlässigkeit ausschließen (vgl. OLG Rostock, Urt. v. 10.9.2004 – 1 Ss 80/04 I 72/04, ArbuR 2006, 128) – wenn nicht solche Umgehungen aufgrund der Umstände der Tätigkeit als naheliegender Gefährdungsfaktor zu berücksichtigen gewesen wären.

23 Schließlich setzt eine Ahndung bei Erfolgsdelikten wie § 9 Abs. 1 Nrn. 2 und 5 voraus, dass sich gerade die durch die Pflichtwidrigkeit gesetzte Gefahr im Erfolgseintritt verwirklicht. Dieser **Pflichtwidrigkeitszusammenhang** fehlt, wenn der Erfolg im Falle eines pflichtgemäßen Alternativverhaltens ebenfalls eingetreten wäre (*Rengier* in KK-OWiG § 10 Rn. 32 f.).

Beispiel: Der Arbeitgeber vernachlässigt im Rahmen der Gefährdungsbeurteilung aus Zeitgründen eine Prüfung der Notausgänge (Anhang Nr. 2.3). Bei einer Betriebsrevision stellt die Aufsichtsbehörde zufällig fest, dass eine der Türen wegen eines Defekts unter bestimmten Umständen blockieren kann. Allerdings wäre dieser Defekt auch bei einer sorgfältigen Prüfung im Rahmen der Gefährdungsbeurteilung nicht aufgefallen. Hier hat der Arbeitgeber schuldhaft und pflichtwidrig gehandelt, auch liegt ein Verstoß gegen die Pflicht zur Vermeidung von Gefährdungen nach § 3a Abs. 1 Satz 1 vor. Eine Ahndung nach § 9 Abs. 1 Nr. 2 scheidet dennoch aus, weil auch ein pflichtgemäßes Verhalten des Arbeitgebers den Tatererfolg nicht verhindert hätte.

IV. Rechtfertigungs- und Entschuldigungsgründe

24 Generell **indiziert** die Erfüllung des objektiven und subjektiven Bußgeldtatbestands die **Rechtswidrigkeit** der Tat. Im Einzelfall können jedoch – in erster Linie bei Vorsatz – besondere Gründe wie ein rechtfertigender Notstand (§ 16 OWiG) oder eine rechtfertigende Pflichtenkollision ausnahmsweise die Rechtswidrigkeit ausschließen (dazu im Einzelnen *Rengier* in KK-OWiG vor §§ 15, 16 Rn. 1 ff.).

Darüber hinaus setzt eine Ahndung voraus, dass der Täter **vorwerfbar** gehandelt 25 hat. Er muss insbesondere nach seinen persönlichen Kenntnissen und Fähigkeiten in der Lage gewesen sein, die ihm obliegenden Pflichten zu erfüllen (*Rengier* in KK-OWiG § 10 Rn. 40). Jenseits besonderer Beeinträchtigungen (§ 12 Abs. 2 OWiG) kann im Arbeitsschutz v. a. die Frage eine Rolle spielen, inwieweit der Inhalt seiner konkreten Pflichten im Einzelfall für den Arbeitgeber erkennbar war. Ein **Verbotsirrtum** steht einer Ahndung indes nur entgegen, wenn er **unvermeidbar** war (§ 11 Abs. 2 OWiG). Gemeint sind Fälle, in denen der Normadressat seine gesetzlichen Arbeitsschutzpflichten nach der ArbStättV nicht kannte und auch nach sachkundiger Beratung nicht hätte erkennen können. In aller Regel scheidet ein nach diesen Kriterien unvermeidbarer Verbotsirrtum aus, zumal der Arbeitgeber spätestens im Rahmen der Gefährdungsbeurteilung ohnehin verpflichtet ist, die einschlägigen Rechtsvorschriften zu ermitteln (zu den **Erkundigungspflichten** im Einzelnen *Rengier* in KK-OWiG § 11 Rn. 57 ff.). Zur Klärung steht ihm zudem die Aufsichtsbehörde beratend zur Verfügung (§ 21 Abs. 1 Satz 1 ArbSchG; *Henzler* in Müller-Gugenberger WiStrR § 34 Rn. 30).

V. Verantwortlichkeit

1. Primär: Arbeitgeber. Als Täter einer Ordnungswidrigkeit nach § 9 kommt 26 in erster Linie der **Arbeitgeber** in Betracht, an den sich die ArbStättV ganz überwiegend richtet. Lediglich vereinzelt sind auch die **Beschäftigten** Adressat von Pflichten (s. § 15 ArbSchG), die allerdings in der ArbStättV (wie in fast allen anderen Arbeitsschutzverordnungen) nicht bußgeldbewehrt sind. Mit der Neufassung des § 4 Abs. 4 Satz 1 im Jahr 2016 ist die unmittelbare (bis dahin bußgeldbewehrte) Verpflichtung auch der Beschäftigten, Verkehrs- und Fluchtwege freizuhalten, entfallen. Auch insoweit droht nunmehr nur noch dem Arbeitgeber bei Verstößen ein Bußgeld.

Gemäß **§ 30 Abs. 1 OWiG** kann zusätzlich **gegen das Unternehmen** ein 27 Bußgeld verhängt werden, wenn ein vertretungsberechtigtes Organ, ein vertretungsberechtigter Gesellschafter oder ein Betriebs- oder Unternehmensleiter (vgl. § 13 Abs. 1 Nr. 2–4 ArbSchG, nicht aber Nr. 5!) Arbeitsschutzpflichten verletzt (*Gercke* in Gercke/Kraft/Richter ArbStrafR Rn. 67 ff.). Der unmittelbare Täter muss also kraft Gesetzes oder kraft Auftrags eine mit **Leitungsbefugnissen** verbundene Stellung innehaben (im Einzelnen *Rogall* in KK-OWiG § 30 Rn. 61 ff.). Auf diesem Wege kann somit der Arbeitgeber selbst belangt werden, auch wenn es sich nicht um eine natürliche Person handelt, sondern um eine juristische Person oder um eine rechtsfähige Personengesellschaft.

2. Weitere Verantwortliche Personen. Neben dem Arbeitgeber sind auch 28 gesetzliche Vertreter (§ 9 Abs. 1 OWiG) und gewillkürte **Beauftragte** (§ 9 Abs. 2 OWiG) für Pflichtverletzungen verantwortlich. Damit können die verantwortlichen Personen i. S. d. § 13 Abs. 1 **Nr. 1–3** ArbSchG auch im Bußgeldverfahren für Verstöße gegen Arbeitsschutzrecht zur Verantwortung gezogen werden (§ 9 Abs. 1 Satz 1 OWiG, § 14 Abs. 1 Satz 1 StGB), wobei allerdings wegen des Schuldprinzips im Sanktionenrecht strenger als im auf Prävention ausgerichteten Verwaltungsrecht festzustellen ist, welchem Vertreter im konkreten Fall überhaupt ein Verschulden anzulasten ist (*Wieser* afp 2007, 185, 186).

29   § 9 Abs. 2 Satz 1 Nr. 1 OWiG (§ 14 Abs. 2 Satz 1 Nr. 1 StGB) erfasst die nach § 13 Abs. 1 **Nr. 4** ArbSchG verantwortlichen **Betriebsleiter** sowie die ihnen gleichgestellten **Unternehmensleiter** (§ 9 Abs. 2 Satz 2 OWiG, § 14 Abs. 2 Satz 2 StGB). Eine ausdrückliche Beauftragung ist nicht erforderlich (BGH Urt. v. 4.7.1989 – VI ZR 23/89, DB 1989, 2272; *Gürtler* in Göhler § 9 Rn. 17). Maßgeblich ist wie im Rahmen des ArbSchG nicht die Bezeichnung, sondern die tatsächliche Ausgestaltung der Leitungsposition mit eigener Entscheidungsbefugnis (BayObLG Beschl. v. 28.10.1987 – 3 Ob OWi 120/87, wistra 1988, 162). Unproblematisch, weil ausdrücklich erwähnt, genügt hier die Leitung eines Betriebsteils (hierzu *Wilrich* DB 2008, 182, 183 f.).

30   Als Pendant zu § 13 Abs. 1 **Nr. 5** ArbSchG müssen nach § 9 Abs. 2 Satz 1 Nr. 2 OWiG (§ 14 Abs. 2 Satz 1 Nr. 2 StGB) auch solche Personen für die Verletzung von Arbeitgeberpflichten einstehen, die **ausdrücklich beauftragt** sind, Arbeitsschutzpflichten in eigener Verantwortung wahrzunehmen. Im Unterschied zum ArbSchG verlangt weder das OWiG noch das StGB einen schriftlichen Auftrag, sondern nur einen ausdrücklichen. Allerdings gilt für die inhaltliche **Bestimmtheit des Auftrags** hier ein besonders strenger Maßstab – nur derjenige kann für Pflichtverletzungen zur Verantwortung gezogen werden der seine Verantwortlichkeit kannte oder hätte kennen müssen (*Gürtler* in Göhler § 9 Rn. 27; ausführlich *Wilrich* in Nöthlichs 4010 § 13 Anm. 3). Indes können – im Unterschied zu § 13 ArbSchG – Verstöße eines Beauftragten auch geahndet werden, wenn die Beauftragung selbst rechtlich unwirksam ist (§ 9 Abs. 3 OWiG, § 14 Abs. 3 StGB).

VI. Aufsichtspflichtverletzungen

31   Als **Auffangtatbestand** ermöglicht **§ 130 OWiG** zudem die Verhängung eines Bußgeldes gegen den Arbeitgeber, wenn dieser Arbeitsschutzverstöße im Betrieb schuldhaft nicht verhindert, ohne dass ihm im Zusammenhang mit der Delegation seiner Pflichten ein konkretes Verschulden nachgewiesen werden kann. Als Inhaber ist er verpflichtet, seinen Betrieb so zu organisieren, dass es nicht zur Verletzung von Unternehmer- bzw. Arbeitgeberpflichten kommt. In Verbindung mit § 9 OWiG können auf diesem Wege wiederum auch verantwortliche Personen i. S. d. § 13 Abs. 1 ArbSchG für eine **unzureichende Betriebsorganisation** in ihrem Zuständigkeitsbereich zur Verantwortung gezogen werden (LG Osnabrück, Urt. v. 20.9.2013 – 10 KLs 16/13, juris).

32   Eine Ahndung nach § 130 OWiG scheidet aus, wenn der Arbeitgeber oder die betreffende verantwortliche Person selbst wegen einer konkreten Tat verfolgt werden kann (BayObLG, Beschl. v. 17.8.1998 – 3 ObOWi 83/98, NStZ-RR 1999, 248; *Rogall* in KK-OWiG § 130 Rn. 124). **Tathandlung** ist die schuldhafte Verletzung der erforderlichen Aufsichtsmaßnahmen. Dabei hängt das **Ausmaß der Aufsichtspflicht** nach der Rechtsprechung von den Umständen des Einzelfalls ab, u. a. von der Organisation des Betriebs, von der Vielfalt, der Art und der Bedeutung der zu beachtenden Vorschriften und von der praktischen Durchführbarkeit der Überwachung. Entscheidend für den Umfang der von einem Betriebsinhaber zu treffenden Aufsichtsmaßnahmen ist demnach die Sorgfalt, die von einem ordentlichen Angehörigen des jeweiligen Tätigkeitsbereiches verlangt werden kann, um die Verletzung betriebsbezogener Pflichten zu verhindern (OLG Düsseldorf, Beschl. v. 12.11.1998 – 2 Ss (OWi) 385/98, NStZ-RR 1999, 151; ausführlich *Rogall* in KK-OWiG § 130 Rn. 39 ff.). Gesteigerte Anforderungen gelten, wenn bereits in der Vergangenheit Verstöße bekannt geworden sind (BayObLG, Beschl. v.

10.8.2001 – 3 ObOWi 51/2001, NJW 2002, 766). Begrenzt wird die Aufsichtspflicht jedenfalls durch das Kriterium der Zumutbarkeit der Aufsichtsmaßnahmen (*Rogall* in KK-OWiG § 130 Rn. 51 f.).

Als **objektive Bedingung der Ahndung** setzt § 130 OWiG voraus, dass infolge **33** der Aufsichtspflichtverletzung im Betrieb bzw. Unternehmen eine rechtswidrige Tat begangen wurde. Vorsatz bzw. Fahrlässigkeit des Inhabers müssen sich indes nur auf seine eigene Pflichtverletzung erstrecken, nicht auf diese sog. **Anknüpfungstat** (OLG Frankfurt, Urt. v. 6.7.1984 – 6 Ws (Kart) 8/83, DB 1984, 2612). Die Anknüpfungstat muss ihrerseits selbst mit Strafe oder Bußgeld bedroht sein, wobei eine Ahndung gegenüber dem Aufsichtspflichtigen nicht voraussetzt, dass auch der Handelnde für seine Tat zur Rechenschaft gezogen wird. Es genügt, dass die Verletzung der Aufsichtspflicht das **Risiko** für Verstöße gegen Arbeitsschutzpflichten objektiv wesentlich **erhöht** hat (*Gercke* in Gercke/Kraft/Richter ArbStrafR Rn. 81).

VII. Ahndung sonstiger Pflichtverletzungen

Die Aufzählung der zu ahndenden Pflichtverletzungen in Abs. 1 ist abschlie- **34** ßend. Wegen des sanktionsrechtlichen **Analogieverbots** (Art. 103 Abs. 2 GG, § 3 OWiG, § 1 StGB) ist es nicht möglich, vergleichbare Verstöße ebenfalls nach § 9 zu ahnden. Allerdings können nach § 25 Abs. 1 Nr. 2 ArbSchG auch nicht unmittelbar mit Bußgeld bedrohte Pflichtverletzungen geahndet werden Voraussetzung ist eine **vollziehbare Anordnung** nach § 22 Abs. 3 ArbSchG, mit der die zuständige Behörde dem Normadressaten konkrete Vorgaben zur Erfüllung der betreffenden Pflicht gemacht hat. Verstöße gegen eine solche Anordnung können mit einem Bußgeld von bis zu 25 000 Euro geahndet werden; bei Beschäftigten beträgt das Höchstmaß 5.000 Euro (§ 25 Abs. 2 ArbSchG).

VIII. Rechtsfolgen: Geldbuße und Nebenfolgen

Der Bußgeldrahmen, innerhalb dessen die Behörde das Bußgeld nach pflicht- **35** gemäßem Ermessen festsetzt, ergibt sich nicht aus § 9 ArbStättV, sondern unmittelbar aus § 25 Abs. 2 ArbSchG. Demnach beträgt das Bußgeld **höchstens 5.000 Euro.** Das Mindestmaß liegt bei 5 Euro (§ 17 Abs. 1 OWiG). Der Bußgeldrahmen für Aufsichtspflichtverletzungen richtet sich gemäß § 130 Abs. 3 Satz 2 OWiG gleichermaßen nach diesen Vorgaben.

Die zuständigen Länderbehörden sind gehalten, sich bei der Zumessung der **36** Geldbuße auf bundesweit einheitliche **Regelsätze** zu stützen, die je nach den Umständen des Einzelfalls erhöht oder vermindert werden (LASI-Bußgeldkataloge zur Arbeitsstättenverordnung, LV 56). Die Schuldform (Vorsatz oder Fahrlässigkeit) ist bei der Bemessung der Geldbuße zu berücksichtigen, ebenso die Form des Vorsatzes bzw. die Frage, ob der Täter bewusst fahrlässig gehandelt hat (*Rengier* in KK-OWiG § 10 Rn. 5, 15). Für **fahrlässige Verstöße** kann nur eine Geldbuße von **maximal 2.500 Euro** verhängt werden (§ 17 Abs. 2 OWiG i. V. m. § 25 Abs. 2 ArbSchG).

Jenseits der Geldbuße als primärer Sanktion lässt das OWiG auch die Verhän- **37** gung von **Nebenfolgen** zu, namentlich die Einziehung von Gegenständen (§§ 22 ff. OWiG) sowie den **Verfall** (§ 29 a OWiG), wobei im Arbeitsschutz in aller Regel nur letzterer in Betracht kommt. Regelmäßig wird der wirtschaftliche Wert, den der Täter aus seinem pflichtwidrigen Verhalten erlangt hat, über die Geldbuße abgeschöpft. Über den Verfall nach § 29 a Abs. 1 OWiG ist eine solche Abschöpfung auch möglich, wenn z. B. aus Opportunitätsgründen kein Bußgeldbescheid ergeht. Außerdem erlaubt es § 29a Abs. 2 OWiG, beim Arbeitgeber einen wirtschaftlichen Vorteil abzuschöpfen, der durch das ordnungswidrige Verhalten einer verantwortlichen Person im Betrieb entstanden ist.

38   Rechtskräftige Bußgeldentscheidungen gegen den Arbeitgeber wegen Verstößen gegen die ArbStättV sind als Taten bei Ausübung eines Gewerbes oder einer sonstigen wirtschaftlichen Unternehmung gemäß § 149 Abs. 2 Nr. 3 lit. a GewO in das **Gewerbezentralregister** einzutragen, wenn die Geldbuße mehr als 200,– € beträgt. Der erforderliche Zusammenhang zur unternehmerischen Tätigkeit ist bei der Verletzung der daran anknüpfenden arbeitsschutzrechtlicher Pflichten unproblematisch gegeben (vgl. § 2 Abs. 1 der Ersten Gewerbezentralregister-Verwaltungsvorschrift vom 29.7.1985 – BAnz. Beil. Nr. 149a S. 31). Dasselbe gilt für entsprechende Bußgeldentscheidungen gegen verantwortliche Personen i. S. d. § 9 OWiG (§ 149 Abs. 2 Nr. 3 lit. b GewO).

IX. Bußgeldverfahren und Rechtsbehelfe

39   Die formellen Vorschriften für das Bußgeldverfahren enthalten die **§§ 35 ff. OWiG.** Ergänzend verweist § 46 Abs. 1 OWiG auf die Regelungen der StPO. Grundsätzlich führt die **zuständige Verwaltungsbehörde** das Bußgeldverfahren durch (§ 35 Abs. 1 OWiG). Welche Behörde das ist, ergibt sich aus den §§ 36–39 OWiG i. V. m. den landesrechtlichen Zuständigkeitsregeln. Unter bestimmten Voraussetzungen liegt die Ahndung auch in der Zuständigkeit der Gerichte (§§ 45 i. V. m. 40 OWiG, § 68 OWiG).

40   Stellt die zuständige Behörde einen Verstoß fest, muss sie nach **pflichtgemäßem Ermessen** entscheiden, ob sie ein Bußgeldverfahren einleitet (**Opportunitätsprinzip,** § 47 Abs. 1 OWiG). Bei der Prüfung, ob die Ahndung eines festgestellten Verstoßes im öffentlichen Interesse liegt, muss die Behörde also allgemeine rechtsstaatliche Grundsätze zwingend berücksichtigen. Insbesondere kann sie durch eine gleichmäßige Verwaltungspraxis in der Vergangenheit gebunden sein (im Einzelnen *Mitsch* in KK-OWiG § 47 Rn. 107 ff.).

41   Im Bußgeldverfahren gilt gemäß § 46 Abs. 1 OWiG i. V. m. § 160 Abs. 1 und 2 StPO der **Untersuchungsgrundsatz;** die zuständige Behörde hat den Sachverhalt von Amts wegen zu erforschen. Sie kann dazu alle ihr tauglich erscheinenden Erkenntnisquellen nutzen (*Noak* ZJS 2012, 458, 459). Sie kann die Ermittlungen gemäß § 46 Abs. 1 und 2 OWiG i. V. m. § 161 Abs. 1 StPO auch durch die **Polizei** vornehmen lassen. Gemäß § 55 Abs. 1 OWiG muss der Betroffene Gelegenheit erhalten, sich zu der Beschuldigung zu äußern. In der Praxis erfolgt diese **Anhörung** regelmäßig durch Übersendung eines entsprechenden Anhörungsbogens. Der Betroffene ist allerdings nur verpflichtet, Angaben zu seiner Person zu machen (§ 111 Abs. 1 OWiG). Im Übrigen steht es ihm frei, ob er sich zu dem Vorwurf äußern will (nemo-tenetur-Prinzip). Auf dieses **Schweigerecht** ist er gemäß § 46 Abs. 1 OWiG i. V. m. § 136 Abs. 1 Satz 2 StPO hinzuweisen.

42   Im Übrigen stehen der Behörde dieselben **Befugnisse** zu wie der **Staatsanwaltschaft im Ermittlungsverfahren** (§ 46 Abs. 2 OWiG), beispielsweise zur Sicherstellung und Beschlagnahme von Gegenständen (§§ 94 ff. StPO) oder Durchsuchung (§§ 102 ff. StPO). Bestimmte besonders einschneidende Befugnisse wie eine vorläufige Festnahme oder die Beschlagnahme von Postsendungen schließt § 46 Abs. 3 Satz 1 OWiG jedoch ausdrücklich aus. Darüber hinaus scheiden mit Blick auf den Grundsatz der Verhältnismäßigkeit weitere Befugnisse der StPO wie etwa eine Telekommunikationsüberwachung nach § 100a StPO oder der Einsatz verdeckter Ermittler nach § 110a StPO aus (*Noak* ZJS 2012, 458, 460). Im Einzelfall kann der Betroffene eine **gerichtliche Entscheidung** über die Zulässigkeit der behördlichen Ermittlungsmaßnahmen verlangen (§ 62 OWiG), soweit diese über die bloße Sachverhaltsaufklärung hinaus in prozessuale oder materielle Rechte eingreift (*Kurz* in KK–OWiG § 62 Rn. 5).

Das Bußgeldverfahren endet **43**

– mit einer **(zwingenden) Einstellung** nach § 46 Abs. 1 OWiG i. V. m. § 170 Abs. 2 Satz 1 StPO, wenn die Ermittlungen keinen hinreichenden Tatverdacht ergeben haben,

– mit einer **Einstellung aus Opportunitätsgründen,** wenn die Behörde dies nach pflichtgemäßem Ermessen für zweckmäßig erachtet (§ 47 Abs. 1 Satz 2 OWiG),

– mit Ausspruch einer **Verwarnung** nach § 56 OWiG (mit oder ohne Erhebung eines Verwarnungsgeldes bis zu 55,– €), wenn es sich um eine geringfügige Ordnungswidrigkeit handelt und der Betroffene sein Einverständnis erklärt, oder

– durch **Bußgeldbescheid** gemäß § 65 f. OWiG, mit dem ein Bußgeld sowie evtl. Nebenfolgen verbindlich festgesetzt werden.

Gegen einen Bußgeldbescheid kann der Betroffene gemäß § 67 OWiG binnen **44** zwei Wochen nach Zustellung **Einspruch** einlegen. Dieser hindert Rechtskraft und Vollstreckbarkeit des Bescheids (§ 66 Abs. 2 Nr. 1 lit. a OWiG). Die Behörde prüft sodann die Zulässigkeit des Einspruchs und entscheidet darüber hinaus, ob sie den Bußgeldbescheid mit Blick auf die Einwände des Einspruchsführers aufrecht erhält oder nicht (§ 69 Abs. 1 und 2 OWiG). Nimmt sie den Bescheid nicht zurück, so übersendet sie die Akten über die Staatsanwaltschaft zur Entscheidung an das **zuständige Amtsgericht** (§ 69 Abs. 3 OWiG).

C. Straftaten (Abs. 2)

I. Überblick

Kommen zur einfachen Pflichtverletzung nach Abs. 1 **erschwerende Um-** **45** **stände** hinzu, kann der Verstoß in einigen Fällen als Straftat geahndet werden. **§ 26 ArbSchG** regelt insoweit spezifisch arbeitsschutzrechtliche Tatbestände (zum Wortlaut der Vorschrift → Rn. 1). Danach stehen unter Strafe

– beharrliche Verstöße gegen eine vollziehbare behördliche Anordnung (Nr. 1),

– ein vorsätzlicher Verstoß gegen eine vollziehbare behördliche Anordnung, wenn hierdurch Leben oder Gesundheit eines Beschäftigten gefährdet wurden (Nr. 2 Alt. 2) sowie

– eine vorsätzliche Pflichtverletzung, die den Tatbestand einer Ordnungswidrigkeit (u. a.) nach § 9 Abs. 1 ArbStättV erfüllt, wenn hierdurch Leben oder Gesundheit eines Beschäftigten gefährdet wurden (Nr. 2 Alt. 1).

Der Verweis auf § 26 Nr. 2 ArbSchG in § 9 Abs. 2 ArbStättV ist dabei lediglich **46** **deklaratorischer** Natur. Die gesetzliche Strafvorschrift findet ohnehin Anwendung, auch schließt der Verweis lediglich auf Nr. 2 eine Bestrafung nach Nr. 1 nicht etwa aus.

Bleibt es nicht nur bei einer konkreten Gefahr, sondern werden Personen tatsäch- **47** lich in ihrer Gesundheit geschädigt oder kommen gar ums Leben, sind darüber hinaus die **allgemeinen Straftatbestände des StGB** einschlägig (→ Rn. 54 ff.), v. a.

– fahrlässige Körperverletzung (§ 229 StGB) und
– fahrlässige Tötung (§ 222 StGB).

II. Qualifizierter Verstoß gegen vollziehbare Anordnung (§ 26 Nr. 1, Nr. 2 Alt. 2 ArbSchG)

48   Keine arbeitsstättenrechtlichen Besonderheiten bestehen hinsichtlich der Straftatbestände, die an Verstöße gegen eine vollziehbare Anordnung der Aufsichtsbehörde nach **§ 22 Abs. 3 ArbSchG** anknüpfen. Keine Rolle spielen insoweit insbesondere die Bußgeldtatbestände des § 9 Abs. 1 ArbStättV. Voraussetzung einer Ahndung ist insoweit, dass die Behörde eine arbeitsschutzrechtliche Pflicht im **Einzelfall konkretisiert** und entweder die Rechtsbehelfsfristen abgelaufen sind oder Rechtsbehelfe ausnahmsweise keine aufschiebende Wirkung entfalten (dazu im Einzelnen *Pelz* in Kollmer/Klindt/Schucht ArbSchG § 25 Rn. 101 ff.; *Wiebauer* in Landmann/Rohmer ArbSchG § 25 Rn. 8 ff.). Zur Straftat wird der Verstoß durch seine **Beharrlichkeit** (dazu *Pelz* in Kollmer/Klindt/Schucht ArbSchG § 26 Rn. 8; *Wiebauer* in Landmann/Rohmer ArbSchG § 26 Rn. 5 ff.) oder durch Eintritt einer mindestens fahrlässig verursachten **konkreten Gesundheitsgefahr** (→ Rn. 49 f.).

III. Qualifizierte Pflichtverletzung (§ 26 Nr. 2 Alt. 1 ArbSchG)

49   **1. Konkrete Lebens- oder Gesundheitsgefahr.** Demgegenüber knüpft die Strafbarkeit nach § 26 Nr. 2 Alt. 1 ArbSchG direkt an die Bußgeldtatbestände des § 9 Abs. 1 ArbStättV an. Der Grund für die Einstufung eines Delikts nach Nr. 2 als Straftat liegt darin, dass der Täter nicht nur seine Arbeitsschutzpflichten verletzt hat, sondern diese Verletzung tatsächlich auch zu einer konkreten Gefahr für die Beschäftigten geführt hat. Erforderlich ist mindestens eine **drohende Gesundheitsschädigung** i. S. eines Hervorrufens oder Steigerns eines krankhaften Zustandes, wobei es auf dessen Dauer nicht ankommt (*Eser/Sternberg-Lieben* in Schönke/Schröder StGB § 223 Rn. 5). Eine **psychische Beeinträchtigung** stellt nur dann eine Gesundheitsschädigung dar, wenn sie einen pathologischen, somatisch objektivierbaren Zustand hervorruft (BGH, Beschl. v. 9.10.2002 – 5 StR 42/02, NJW 2003, 150). Eine besonders schwere Gefährdung ist nicht erforderlich, doch fallen gänzlich **unerhebliche Beeinträchtigungen** wie ein Schnupfen als Folge von Kälte oder leichte Kopfschmerzen als Folge kurzzeitiger Lärmbelastung nicht unter den Tatbestand (*Ambs* in Erbs/Kohlhaas ArbSchG § 26 Rn. 5; *Henzler* in Müller-Gugenberger WiStrR § 34 Rn. 34).

50   § 26 Nr. 2 ArbSchG ist ein **konkretes Gefährdungsdelikt**. Nicht das abstrakt gefährliche Verhalten allein ist Anknüpfungspunkt der Strafdrohung, sondern eine durch die Pflichtverletzung bewirkte konkrete Gefahr. Die Schädigung muss also nur konkret gedroht, aber nicht eingetreten sein; gleichwohl belegt ein eingetretener Schaden als Zwischenstadium die konkrete Gefahr. Erforderlich, aber auch ausreichend ist, dass der Täter durch sein pflichtwidriges Verhalten eine kritische Situation herbeigeführt hat, in der aus einer objektiven ex-post-Sicht die Sicherheit einer bestimmten Person so stark beeinträchtigt war, dass nach allgemeiner Lebenserfahrung unter Berücksichtigung der Umstände des Einzelfalls der Eintritt eines Gesundheitsschadens **nur noch vom Zufall abhing** (vgl. BGH, Urt. v. 30.3.1995 – 4 StR 725/94, NJW 1995, 3131; *Heine/Bosch* in Schönke/Schröder StGB Rn. 3 vor § 306 ff.). Ist eine solche konkrete Gefahr einmal eingetreten, spielt es keine Rolle, ob sie durch spätere Maßnahmen abgewendet wurde (*Ambs* in Erbs/Kohlhaas Arb-SchG § 26 Rn. 6).

Beispiel: Der Arbeitgeber duldet, dass im Zusammenhang mit Umbaumaßnahmen Arbeits-materialien vor einem Notausgang gelagert werden. So lange kein Notfall eintritt, ist dieser Zu-stand lediglich abstrakt gefährlich und kann von der Aufsichtsbehörde nach § 9 Abs. 1 Nr. 7 ArbStättV i. V. m. § 25 Abs. 1 Nr. 1 ArbSchG mit einem Bußgeld geahndet werden. Kommt es aber im Betrieb zu einem Brand mit starker Rauchentwicklung, und stehen flüchtende Be-schäftigte vor dem blockierten Notausgang, so besteht nach der Lebenserfahrung die konkrete Gefahr zumindest einer Rauchvergiftung. Auch wenn sich die Beschäftigten sodann auf einem anderen Weg in Sicherheit bringen können, steht eine Strafbarkeit des Arbeitgebers nach § 26 Nr. 2 ArbSchG im Raum.

Voraussetzung ist, dass die konkrete Gefahr auf einer **vorsätzlichen Pflichtver-** **51** **letzung** des Arbeitgebers (bzw. der verantwortlichen Person) beruht. Für den er-forderlichen Kausalzusammenhang genügt allerdings die **Mitursächlichkeit** des Täterverhaltens (*Pelz* in Kollmer/Klindt/Schucht ArbSchG § 26 Rn. 13). Im Falle tatsächlicher oder beinahe eingetretener Unfälle (etwa infolge unzureichender Ab-sturzsicherung) dürfte die Kausalität in der Regel einfach festzustellen sein, zumal ein mitwirkendes Verschulden des Gefährdeten die Strafbarkeit nicht ausschließt. Soweit es aber um arbeitsbedingte Belastungen geht, die sich potentiell negativ auf die Gesundheit eines Beschäftigten ausgewirkt haben (z. B. durch unzureichende Lüftung oder durch Lärm, Anh. Nr. 3.6 und 3.7 ArbStättV), ist ein **wissenschaft-** **lich gesicherter Zusammenhang** erforderlich (*Ambs* in Erbs/Kohlhaas ArbSchG § 26 Rn. 6).

2. Subjektiver Tatbestand: Gefährdungsvorsatz. § 26 Nr. 2 ArbSchG ver- **52** langt ausdrücklich eine **vorsätzliche Pflichtverletzung.** Fahrlässig begangene Pflichtwidrigkeiten sind demnach auch dann nicht strafbar, wenn sie zu einer kon-kreten Gefahr für Leben und Gesundheit von Beschäftigten geführt haben. Der Vorsatz (→ Rn. 15) muss sich darüber hinaus auf die eingetretene Gefahr beziehen (Gefährdungsvorsatz; *Pelz* in Kollmer/Klindt/Schucht ArbSchG § 26 Rn. 18).

Es genügt, dass der Täter den Eintritt einer Gefahr als naheliegende Möglichkeit **53** voraussieht und **billigend in Kauf nimmt** (BGH, Urt. v. 15.12.1967 – 4 StR 441/67, NJW 1968, 1244). Eine eventuelle **Verletzung** muss vom Vorsatz **nicht umfasst** sein. Deshalb entfällt die Strafbarkeit nicht, wenn der Täter darauf ver-traut, dass die Gefahr sich nicht verwirklichen wird.

IV. Fahrlässige Körperverletzung und fahrlässige Tötung

Vor allem schwerwiegende Arbeitsunfälle ziehen regelmäßig Strafverfahren nach **54** sich, wenn sich im Nachhinein zeigt, dass erhebliche Verstöße gegen Arbeitsschutz-recht (mit) Ursache waren. In der Regel lautet der Vorwurf dann auf fahrlässige Körperverletzung oder fahrlässige Tötung.

§ 222 StGB – Fahrlässige Tötung

Wer durch Fahrlässigkeit den Tod eines Menschen verursacht, wird mit Freiheitsstrafe bis zu fünf Jahren oder mit Geldstrafe bestraft.

§ 229 StGB – Fahrlässige Körperverletzung

Wer durch Fahrlässigkeit die Körperverletzung einer anderen Person verursacht, wird mit Freiheitsstrafe bis zu drei Jahren oder mit Geldstrafe bestraft.

55   **Körperverletzung** ist nach der Grundnorm des § 223 StGB eine körperliche Misshandlung oder eine Gesundheitsbeeinträchtigung, wobei sich beide Alternativen überschneiden, aber nicht deckungsgleich sind. Als körperliche Misshandlung gilt eine üble, unangemessene Behandlung, durch die das Opfer in seinem körperlichen Wohlbefinden nicht nur unerheblich beeinträchtigt wird (BGH, Urt. v. 22.11.1991 – 2 StR 225/91, MDR 1992, 320; *Eser/Sternberg-Lieben* in Schönke/Schröder StGB § 223 Rn. 3). Gesundheitsschädigung ist jedes Hervorrufen oder Steigern eines krankhaften Zustandes; psychische Beeinträchtigungen sind nur erfasst, soweit sie einen medizinisch bedeutsamen Krankheitswert besitzen (*Eser/Sternberg-Lieben* in Schönke/Schröder StGB § 223 Rn. 5 f.; → Rn. 49).

56   Der strafrechtliche Begriff der **Fahrlässigkeit** deckt sich mit dem des Ordnungswidrigkeitenrechts. Auch für die Abgrenzung von Vorsatz und Fahrlässigkeit nach § 15 StGB bzw. § 10 OWiG gelten dieselben Kriterien (→ Rn. 15 ff.). Als **fahrlässige Erfolgsdelikte** setzen die §§ 222 und 229 StGB voraus, dass der Täter durch die Verletzung einer objektiven Sorgfaltspflicht die Körperverletzung oder der Tod eines Menschen in vorhersehbarer Weise (mit) verursacht hat.

57   **Objektive Sorgfaltspflichten** ergeben sich im Arbeitsschutz vor allem aus dem ArbSchG, den ArbSchVOen – einschließlich der ArbStättV – sowie den Unfallverhütungsvorschriften der Unfallversicherungsträger (LG Osnabrück, Urt. v. 20.9.2013 – 10 KLs 16/13, juris; *Kraft* in Gercke/Kraft/Richter ArbStrafR Rn. 1013 f.). Auch **Technische Regeln** (einschließlich ASR gem. § 7 Abs. 3 ArbStättV) und sonstige **arbeitswissenschaftliche Erkenntnisse** können den Sorgfaltsmaßstab prägen, wenn aus objektiver Sicht von einem besonnenen und gewissenhaften Arbeitgeber in der Situation des Täters zu erwarten ist, dass er diese Regeln kennt und einhält (vgl. LG Augsburg, Urt. v. 8.12.1978 – KLs 2 Js 10540/77, juris; *Henzler* in Müller-Gugenberger WiStrR § 34 Rn. 65). Maßgeblich sind aber immer die **Umstände des Einzelfalls,** aus denen sich bei besonderen Gefährdungslagen sogar strafrechtliche Sorgfaltspflichten ergeben können, die über die allgemeinen Rechtsnormen und Regelwerke hinausgehen (BGH, Urt. v. 25.9.1990 – 5 StR 187/90, NJW 1991, 501).

58   Die Pflichtverletzung muss **ursächlich** sein für den Tod oder die Körperverletzung eines Menschen. Der BGH stellt für die Prüfung des sog. **Pflichtwidrigkeitszusammenhangs** darauf ab, ob die durch die Pflichtverletzung geschaffene Gefahr sich in der Verletzung verwirklicht hat (BGH, Beschl. v. 26.11.1970 – 4 StR 26/70, NJW 1971, 388). Eine **eigenverantwortliche Selbstgefährdung** des Geschädigten schließt die Strafbarkeit wegen Fahrlässigkeit aus. Missachtet ein Beschäftigter in voller Kenntnis die einschlägigen Arbeitsschutzregeln, ohne dass der Arbeitgeber ihn in diesem Beschluss in irgendeiner Weise bestärkt hat, so ist letzterer für einen daraus resultierenden Arbeitsunfall nicht verantwortlich (OLG Rostock, Urt. v. 10.9.2004 – 1 Ss 80/04 I 72/04, ArbuR 2006, 128). Hingegen entlastet es den Arbeitgeber nicht, wenn eigene Versäumnisse ein wesentlicher Grund waren, weshalb der geschädigte Beschäftigte sich selbst gefährdet hat. Hat er etwa unzureichende oder zu wenig Schutzausrüstung angeschafft, kann er sich seiner Verantwortung nicht allein durch Anweisungen an seine Beschäftigten entledigen (OLG Naumburg, Beschl. v. 25.3.1996 – 2 Ss 27/96, NZA-RR 1997, 19 unter Annahme einer Garantenpflicht des Arbeitgebers; *Henzler* in Müller-Gugenberger WiStrR § 34 Rn. 71).

59   Schließlich setzt die Strafbarkeit voraus, dass der wesentliche Kausalverlauf bis zu der durch seine Pflichtverletzung verursachten Verletzung für den Täter unter den konkreten Umständen sowie nach seinen persönlichen Kenntnissen und Fähigkeiten **vorhersehbar** war (*Sternberg-Lieben/Schuster* in Schönke/Schröder StGB § 15 Rn. 180ff., 199ff.). Dabei kommt den staatlichen **Arbeitsschutzvorschriften** ebenso wie den autonomen Unfallverhütungsvorschriften **Indizwirkung** zu: Wer sich über ihr geltende gesetzliche oder behördliche Vorschriften hinwegsetzt, kann sich, abgesehen von außergewöhnlichen Kausalverläufen, in aller Regel nicht darauf berufen, für ihn sei ein durch die Verletzung der Vorschriften verursachter Unfall nicht vorhersehbar gewesen (OLG Karlsruhe, Urt. v. 16.12.1999 – 3 Ss 43/99, NStZ-RR 2000, 141; *Kraft* in Gercke/Kraft/Richter ArbStrafR Rn. 1025). Das gilt allerdings nicht, wenn der Verstoß über Jahre hinweg gängige Praxis war und auch von den zuständigen Aufsichtsbehörden zwar gesehen aber **nicht beanstandet** worden ist (BGH, Beschl. v. 5.4.2000 – 1 StR 79/00, StV 2001, 108; *Henzler* in Müller-Gugenberger WiStR § 34 Rn. 70).

V. Konkurrenzen

In der Praxis sind die **Gefährdungsdelikte** des § 26 ArbSchG nahezu bedeu- **60** tungslos, weil kaum je eine bloße konkrete Gefährdung festgestellt oder zur Anzeige gebracht wird, die dann ein Strafverfahren nach sich ziehen könnte. Wenn hingegen Personen verletzt werden, tritt faktisch das **Verletzungsdelikt** gemäß § 222 oder § 229 StGB in den Vordergrund, schon weil der Gefährdungsvorsatz im Einzelnen schwer nachweisbar ist. Rechtstechnisch allerdings tritt das vorsätzliche Gefährdungsdelikt wegen des schwerer wiegenden Schuldvorwurfs nicht hinter das fahrlässige Verletzungsdelikt zurück (*Schmitz* in HK–ArbSchR ArbSchG § 26 Rn. 18; *Sternberg-Lieben/Bosch* in Schönke/Schröder StGB vor § 52 Rn. 118). Nach a. A. ist das Gefährdungsdelikt gegenüber dem Verletzungsdelikt subsidiär (so wohl *Sternberg-Lieben/Hecker* in Schönke/Schröder StGB § 319 Rn. 17 für die Baugefährdung; *Henzler* in Müller-Gugenberger WiStR § 34 Rn. 37). Ein **eigenständiger Unwertgehalt** ist dem Gefährdungsdelikt allerdings in jedem Fall zuzuschreiben, wenn mehr Personen gefährdet als verletzt wurden (*Kraft* in Gercke/Kraft/Richter ArbStrafR Rn. 1069; *Sternberg-Lieben/Hecker* in Schönke/Schröder StGB § 319 Rn. 17; *Esser/Keuthen,* NStZ 2011, 314, 322).

VI. Strafverfahren

Die Verfolgung von Straftaten obliegt der Staatsanwaltschaft. Im Gegensatz zum **61** Bußgeldverfahren gilt hier das **Legalitätsprinzip** (§ 152 Abs. 2 StPO): Straftaten müssen verfolgt werden. Eine Einstellung des Verfahrens liegt grundsätzlich nicht im Ermessen der Staatsanwaltschaft (allerdings mit zahlreichen Ausnahmen gem. §§ 153ff. StPO). Stellt die zuständige Behörde im Zuge des Bußgeldverfahrens Anhaltspunkte für eine Straftat fest (hier also für den Eintritt einer konkreten Gefahr durch die im Raume stehende Pflichtverletzung), so muss sie das Verfahren zwingend an die Staatsanwaltschaft **abgeben (§ 41 Abs. 1 OWiG).**

Anhang Anforderungen und Maßnahmen
für Arbeitsstätten nach § 3 Abs. 1

Inhaltsübersicht

1 Allgemeine Anforderungen

1   Seit 2004 befasst sich die Nr. 1 des Anhangs der ArbStättV mit den allgemeinen Anforderungen. Gegenstand dieser inhaltlich umfangreichen Anforderungen sind „Anforderungen an Konstruktion und Festigkeit von Gebäuden" (Nr. 1.1), „Abmessungen von Räumen, Luftraum" (Nr. 1.2), „Sicherheits- und Gesundheitsschutzkennzeichnung" (Nr. 1.3), „Energieverteilungsanlagen (Nr. 1.4), „Fußböden, Wände, Decken, Dächer (Nr. 1.5), „Fenster, Oberlichter" (Nr. 1.6), „Türen, Tore" (Nr. 1.7), „Verkehrswege" (Nr. 1.8), „Fahrtreppen, Fahrsteige" (Nr. 1.9), „Laderampen" (Nr. 1.10) und „Steigleitern, Steigeisengänge" (Nr. 1.11).

2   Die Vorgaben aus Nr. 1 des Anhangs der ArbStättV wurden zunächst durch die Verordnung zur Umsetzung der Richtlinie 2006/25/EG zum Schutz der Arbeitnehmer vor Gefährdungen durch künstliche Strahlung und zur Änderung von Arbeitsschutzverordnungen vom 19.7.2010 (BGBl. I 2010 S. 960) und sodann durch die Verordnung zur Änderung von Arbeitsschutzverordnungen vom 30.11.2016 (BGBl. I 2016 S. 2681, ber. 2017 S. 2839) verändert. Die Modifikationen durch die arbeitsstättenrechtliche Reform im Jahr 2016 waren insoweit freilich weitaus umfangreicher. Auf die Änderungen wird zurückzukommen sein, wenn auf die entsprechenden Inhalte im Rahmen der Kommentierung näher eingegangen wird.

3   Insgesamt drei Leitlinien (G1.1, G1.2 und G1.8) aus den **Leitlinien zur Arbeitsstättenverordnung,** die vom **Länderausschuss für Arbeitsschutz und Sicherheitstechnik (LASI)** herausgegeben werden, befassen sich mit Inhalten, die in Nr. 1 des Anhangs der ArbStättV niedergelegt sind. Auf die Leitlinien soll bei der Kommentierung der betreffenden Inhalte näher eingegangen werden, wenn und soweit dies angezeigt ist.

1.1 Anforderungen an Konstruktion und Festigkeit von Gebäuden

Gebäude für Arbeitsstätten müssen eine der Nutzungsart entsprechende Konstruktion und Festigkeit aufweisen.

1   Nr. 1.1 des Anhangs der ArbStättV befasst sich mit den „Anforderungen an Konstruktion und Festigkeit von Gebäuden", die **für die Einrichtung und das Betreiben von Arbeitsstätten genutzt** werden. **Ziel der Regelung** ist die Gewährleistung einer genuin arbeitsstättenrechtlichen Stabilität und Festigkeit von Gebäuden (BR-Drs. 450/04, S. 31 f.). Die Vorgabe ist mit der ArbStättV 2004 neu in das Arbeitsstättenrecht aufgenommen worden. Seitdem wurde sie weder inhaltlich noch sprachlich modifiziert. Angepasst wurde indes die Überschrift, die vor 2016 noch „Konstruktion und Festigkeit von Gebäuden" lautete. Die Änderung wurde in der Verordnungsbegründung als **redaktionelle Anpassung** bezeichnet (BR-Drs. 506/16, S. 31). Sie entspricht Ziff. 2 des Anhangs I der Richtlinie 89/654/EWG (sog. EG-Arbeitsstättenrichtlinie) und setzt gleichzeitig Nr. 1.1 des Teils A des Anhanges IV der Richtlinie 92/57/EG (sog. EG-Baustellenrichtlinie) sowie – zusammen mit Nr. 5.2 des Anhangs der ArbStättV – die speziellen Anforderungen aus Nr. 1.1 des Abschnitts II des Teils B des Anhangs IV der Richtlinie 92/57/EG in nationales Recht um (vgl. BR-Drs. 450/04, S. 31 f.).

2   Der Verordnungsgeber belässt es im Rahmen der Nr. 1.1 des Anhangs der ArbStättV bei der allgemeinen Vorgabe, wonach die arbeitsstättenrechtlich relevanten

Gebäude „eine der Nutzungsart entsprechende Konstruktion und Festigkeit aufweisen" müssen. Der verwendete **Rechtsbegriff der Arbeitsstätte** wird in § 2 Abs. 1, 2 ArbStättV definiert. Diesbezüglich gibt **es keine Konkretisierung durch die Technischen Regeln für Arbeitsstätten.**

Die grundsätzlichen Anforderungen an die Konstruktion und Festigkeit von Gebäuden sind im Übrigen **Gegenstand des Bauordnungsrechts der (Bundes-) Länder** und sind vom Bauherren zu erfüllen. Das Arbeitsstättenrecht richtet sich hingegen an den Arbeitgeber, der in Kenntnis der speziellen betrieblichen Gegebenheiten und der sich daraus ergebenden Anforderungen entscheiden muss, ob er ein Gebäude als Arbeitsstätte i. S. d. § 2 Abs. 1, 2 ArbStättV für seine betrieblichen Zwecke nutzen kann. Die **Nutzung eines Gebäudes als Arbeitsstätte** kann dazu führen, dass **bestimmte betriebstechnische oder bauliche Maßnahmen** (u. a. die Aufstellung von Maschinen oder Anlagen, die Einrichtung von Registraturen oder Lagern oder die Veränderungen der Bausubstanz z. B. durch das Durchbrechen oder Herausnehmen von Wänden oder Decken, den Einbau von Aufzügen oder zusätzlichen Treppen, Türen und Fenstern) vorgenommen werden, die **zusätzliche Anforderungen an die Konstruktion und Festigkeit von Gebäuden** (z. B. die erhöhte Tragfähigkeit der Geschossdecken) stellen (vgl. zum Ganzen Leitlinien zur Arbeitsstättenverordnung, hrsg. v. Länderausschuss für Arbeitsschutz und Sicherheitstechnik, 2009, Leitlinie G1.1, S. 19).

Durch die Anforderung in Nr. 1.1 des Anhangs der ArbStättV soll im Ergebnis gewährleistet werden, dass die über die allgemeinen Vorgaben des Baurechts hinausgehenden speziellen arbeitsstättenrechtlichen „Anforderungen an Stabilität und Festigkeit" von Gebäuden, die dezidiert als Arbeitsstätten gemäß § 2 Abs. 1, 2 ArbStättV genutzt werden, eingehalten werden. Gerade aus diesem Grund wurde seitens des Verordnungsgebers dezidiert eine bundeseinheitliche Regelung im Rahmen des nationalen Arbeitsstättenrechts für erforderlich gehalten (vgl. zum Ganzen BR-Drs. 450/04, S. 31 f.).

Die zuständige Arbeitsschutzbehörde kann vom Arbeitgeber im Einzelfall verlangen, dass er ihr **die Eignung des Gebäudes als Arbeitsstätte nachweist** (vgl. **3** Leitlinien zur Arbeitsstättenverordnung, hrsg. v. Länderausschuss für Arbeitsschutz und Sicherheitstechnik, 2009, Leitlinie G1.1, S. 19).

1.2 Abmessungen von Räumen, Luftraum

(1) **Arbeitsräume, Sanitär-, Pausen- und Bereitschaftsräume, Kantinen, Erste-Hilfe-Räume und Unterkünfte müssen eine ausreichende Grundfläche und eine, in Abhängigkeit von der Größe der Grundfläche der Räume, ausreichende lichte Höhe aufweisen, so dass die Beschäftigten ohne Beeinträchtigung ihrer Sicherheit, ihrer Gesundheit oder ihres Wohlbefindens die Räume nutzen oder ihre Arbeit verrichten können.**

(2) **Die Abmessungen der Räume richten sich nach der Art ihrer Nutzung.**

(3) **Die Größe des notwendigen Luftraumes ist in Abhängigkeit von der Art der physischen Belastung und der Anzahl der Beschäftigten sowie der sonstigen anwesenden Personen zu bemessen.**

Nr. 1.2 des Anhangs der ArbStättV befasst sich mit dem Thema „Abmessung von **1** Räumen, Lufträumen" und bezieht sich auf **Arbeitsräume und sonstige Räume der Arbeitsstätte** (Sanitär-, Pausen- und Bereitschaftsräume, Kantinen, Erste-

Hilfe-Räume und Unterkünfte). **Ziel der Regelung** ist just unter dem Aspekt der Abmessungen neben dem Schutz der körperlichen Sicherheit und Gesundheit der Beschäftigten auch deren Wohlbefinden bei der Arbeit; denn die Beschäftigten sollen ihre Arbeit gemäß Abs. 1 **ausdrücklich ohne Beeinträchtigung ihres Wohlbefindens** verrichten können. Die Vorgabe hatte bis zur Reform des Arbeitsstättenrechts im Jahr 2016 die Regelungen in § 6 Abs. 1, 6 ArbStättV a. F. ergänzt (→ *Lorenz* in Kollmer/Klindt/Schucht ArbSchG ArbStättV Nr. 1.2 des Anhangs Rn. 1). Nunmehr sind die Regelungsinhalte des § 6 ArbStättV a. F. freilich Gegenstand der Nr. 4 des Anhangs der ArbStättV (vgl. BR-Drs. 506/16, S. 29), wobei die Vorgaben aus den genannten Abs. 1 und 6 wiederum Eingang in die Nr. 1.2 des Anhangs der ArbStättV fanden.

Die Regelung in Nr. 1.2 des Anhangs der ArbStättV setzt Ziff. 15.1 Hs. 1 des Anhanges I der Richtlinie 89/654/EWG (sog. EG-Arbeitsstättenrichtlinie) um und orientiert sich weitgehend am Inhalt der Vorläuferregelung in § 23 ArbStättV 1975 (BR-Drs. 450/04, S. 32). Anders als zuvor in § 23 ArbStättV („Raumabmessungen. Luftraum") hat der Verordnungsgeber **aus Gründen der Flexibilität** auf konkrete Maßvorgaben für die Grundfläche und lichte Höhe der jeweiligen Räume in der Arbeitsstätte einerseits sowie die Größe des notwendigen Luftraums („Mindestluftraum" i. S. d. § 23 Abs. 4 ArbStättV 1975) andererseits verzichtet (siehe indes auch → Rn. 8). So sollen z. B. die „differierenden Mindesthöhen für Aufenthaltsräume Berücksichtigung finden", die sich den Landesbauordnungen ergeben (vgl. zum Ganzen BR-Drs. 450/04, S. 32). Statt dessen hat er entweder das Adjektiv „ausreichend" vorangestellt (in Bezug auf die Grundfläche und die lichte Höhe) oder eine Beziehung zur Art der physischen Belastung sowie zur Anzahl der Beschäftigten (in Bezug auf die Größe des notwendigen Luftraums) hergestellt.

Durch Art. 1 der Verordnung zur Änderung von Arbeitsschutzverordnungen vom 30. 11. 2016 (BGBl. I 2016 S. 2681, ber. 2017 S. 2839) wurde alle drei Absätze der Nr. 1.2 des Anhangs der ArbStättV modifiziert. Bei den Änderungen handelte es sich laut Verordnungsbegründung um „redaktionelle Anpassungen" (BR-Drs. 506/16, S. 31). Auf den ersten Blick sichtbar war die Inbezugnahme der „Sanitär-, Pausen- und Bereitschaftsräume, Kantinen, Erste-Hilfe-Räume und Unterkünfte" in Abs. 1 S. 1.

2   Die **Konkretisierung der allgemeinen arbeitsstättenrechtlichen Vorgaben** an die Abmessung von Räumen und den Luftraum erfolgt durch die **Technischen Regeln für Arbeitsstätten (ASR)**. Im Fokus des Interesses stehen vorliegend erstens die ASR A1.2 „Raumabmessungen und Bewegungsflächen" (Ausgabe: September 2013, GMBl. S. 910, zuletzt geändert durch GMBl. 2018 S. 471; vgl. Punkt 1 ASR A1.2), zweitens die ASR 4.1 „Sanitärräume" (Ausgabe: September 2013, GMBl. S. 919, zuletzt geändert durch GMBl. 2017 S. 401), drittens die ASR A4.2 „Pausen- und Bereitschaftsräume" (Ausgabe: August 2012, GMBl. S. 660, zuletzt geändert durch GMBl. 2018 S. 474), viertens die ASR A4.3 „Erste-Hilfe-Räume, Mittel und Einrichtungen zur Ersten Hilfe" (Ausgabe: Dezember 2010, GMBl. S. 1764, zuletzt geändert durch GMBl. 2018 S. 475) und schließlich fünftens die ASR 4.4 „Unterkünfte" (Ausgabe: Juni 2010, GMBl. S. 751, zuletzt geändert durch GMBl. 2017 S. 402).

3   **Inhaltlich** regelt die Nr. 1.2 des Anhangs der ArbStättV Anforderungen an die Grundfläche und die lichte Höhe in Bezug auf Arbeitsräume und weitere Räume (Abs. 1), befasst sich mit dem Zusammenhang zwischen den Abmessungen der Räume und der Art ihrer Nutzung (Abs. 2) und setzt sich mit der Größe des notwendigen Luftraums auseinander (Abs. 3).

Arbeitsräume und – seit der Reform der ArbStättV im Jahr 2016 (→ Rn. 1) – **4** **Sanitär-, Pausen und Bereitschaftsräume, Kantinen, Erste-Hilfe-Räume und Unterkünfte** müssen gemäß Abs. 1 eine **ausreichende Grundfläche und eine ausreichende lichte Höhe** aufweisen. Damit soll erreicht werden, dass „die Beschäftigten ohne Beeinträchtigung ihrer Sicherheit, ihrer Gesundheit oder ihres Wohlbefindens" ihre Arbeit verrichten können. Neu eingefügt wurden in diesem Zusammenhang im Jahr 2016 die Wörter „die Räume nutzen" (vgl. BR-Drs. 506/16, S. 8). **Arbeitsräume** sind gemäß § 2 Abs. 3 ArbStättV „Räume, in denen Arbeitsplätze innerhalb von Gebäuden dauerhaft eingerichtet sind". Die **übrigen Räume** werden in den **Technischen Regeln für Arbeitsstätten (ASR)** definiert; (vgl. Punkt 3.1 ASR A4.1 mit der Definition des Sanitärraums, Punkt 3.1 ASR A4.2 mit der Definition des Pausenraums und Punkt 3.3 ASR A4.2 mit der Definition des Bereitschaftsraums, Punkt 3.9 ASR A4.3 mit der Definition des Erste-Hilfe-Raums und Punkt 3.1 ASR A4.4). Was diese Räume anbelangt, hat sich die Rechtslage freilich durch deren Aufnahme nicht geändert: Zuvor ordnete § 6 Abs. 6 ArbStättV a. F. an, dass die **Anforderungen an Arbeitsräume** aus § 6 Abs. 1 ArbStättV a. F. entsprechend gelten sollten. § 6 Abs. 1 ArbStättV a. F. wiederum befasste sich mit den Aspekten „Grundfläche", „Höhe" und „Luftraum" (siehe auch *Wiebauer* in Landmann/Rohmer GewO ArbStättV Nr. 1.2 des Anhangs Rn. 6).

Konkretisiert werden diese Vorgaben durch die ASR A1.2 (→ Rn. 2). Sie gilt gemäß Punkt 2 Abs. 1 „für das Einrichten und Betreiben von Arbeitsräumen". Näher zu betrachten sind in diesem Zusammenhang die Punkte 5 ASR A1.2 unter dem Aspekt der **„Grundflächen von Arbeitsräumen"** und 6 ASR A1.2 bezüglich der lichten Höhen von Arbeitsräumen.

Für die **Bemessung der Grundflächen der Arbeitsräume** sind nach Nr. 5 **5** Abs. 1, 2 ASR A1.2 die folgenden Faktoren maßgeblich:
– die Bewegungsflächen der Beschäftigten am Arbeitsplatz (Abs. 1)
– Flächen für Verkehrswege einschließlich der Fluchtwege und Gänge zu den Arbeitsplätzen und zu gelegentlich benutzten Betriebseinrichtungen (Abs. 1)
– Stellflächen für Arbeitsmittel, Einbauten und Einrichtungen (Abs. 1)
– Funktionsflächen für alle Betriebs- und bzw. Benutzungszustände von Arbeitsmitteln, Einbauten und Einrichtungen (Abs. 1)
– Flächen für Sicherheitsabstände, soweit sie nicht bereits in den Stell- oder Funktionsflächen berücksichtigt sind (Abs. 1)
– die Anzahl der Arbeitsplätze (Abs. 2)
– die Tätigkeit der Beschäftigten (Abs. 2)

Die **Mindestgrundfläche** beträgt gemäß Punkt 5 Abs. 3 ASR A1.2 **insgesamt 6** **8 m² für einen Arbeitsraum** und **mindestens 6 m² für jeden weiteren Arbeitsplatz**. Für **Büro- und Bildschirmarbeitsplätze** wiederum gelten gemäß Punkt 5 Abs. 4 ASR A1.2 folgende **Richtwerte**:
– In Zellenbüros (vgl. Punkt 3.8 ASR A1.2) beträgt der Flächenbedarf für jeden Arbeitsplatz einschließlich Möblierung und anteiliger Verkehrsflächen im Raum 8–10 m².
– Für Großraumbüros mit einer Grundfläche von 400 m² oder mehr (vgl. Punkt 3.10 ASR A1.2) ist aufgrund des höheren Verkehrsflächenbedarfs und der größeren Störwirkungen (z. B. akustisch oder visuell) von einem Flächenbedarf von 12–15 m² für jeden Arbeitsplatz auszugehen.

Im Anhang 2 der ASR A1.2 sind **beispielhafte Gestaltungslösungen** zu den einzelnen Bürotypen aufgeführt.

7   Für die **Bemessung der lichten Höhe von Arbeitsräumen** kommt es gemäß
Punkt 6 Abs. 1 ASR A1.2 auf die folgenden Faktoren an:
– die Bewegungsfreiräume für die Beschäftigten
– die Nutzung der Arbeitsräume
– die technischen Anforderungen wie z. B. der Platzbedarf für Lüftung und Beleuchtung
– die Erfordernisse hinsichtlich des Wohlbefindens der Beschäftigten
  Die **Mindesthöhe von Arbeitsräumen** bemisst sich nach der Größe der
Grundfläche und ist gemäß Punkt 6 Abs. 2 ASR A1.2 wie folgt gestaffelt:
– mindestens 2,5 m bei bis zu 50 m²;
– mindestens 2,75 m bei mehr als 50 m²;
– mindestens 3 m bei mehr als 100 m²;
– mindestens 3,25 m bei mehr als 2 000 m².
  Diese Maße können gemäß Punkt 6 Abs. 3 S. 1, 2 ASR A1.2 um bis zu 0,25 m
herabgesetzt werden, wenn sich als Ergebnis der Gefährdungsbeurteilung gemäß
§ 3 Abs. 1 ArbStättV ergibt, dass keine gesundheitliche Bedenken bestehen. Die
lichte Höhe von 2,50 m darf jedoch keinesfalls unterschritten werden, Punkt 6
Abs. 3 S. 3 ASR A1.2. Zudem darf es im Falle der Unterschreitung der lichten Höhen gemäß Punkt 6 Abs. 2 ASR A1.2 „zu keiner Beeinträchtigung der Sicherheit,
der Gesundheit oder des Wohlbefindens der Beschäftigen kommen", Punkt 6
Abs. 5 ASR A1.2. In Arbeitsräumen mit bis zu 50 m² Grundfläche, in denen überwiegend leichte oder sitzende Tätigkeit ausgeübt wird, kann die lichte Höhe auf das
nach Landesbauordnungsrecht zulässige Maß herabgesetzt werden, wenn dies mit
der Nutzung der Arbeitsräume vereinbar ist, Punkt 6.4 ASR A1.2. Räume mit
Schrägdecken dürfen schließlich gemäß Punkt 6 Abs. 6 ASR A1.2 nur dann als Arbeitsräume genutzt werden, wenn die Anforderungen an Aufenthaltsräume mit
Schrägdecken nach Landesbauordnungsrecht erfüllt sind und zusätzlich die Vorgaben der Abs. 2–5 eingehalten werden.

8   In den **Leitlinien zur Arbeitsstättenverordnung** wird darauf hingewiesen,
dass § 23 Abs. 1–3 ArbStättV 1975 für die Frage, ob die Grundfläche und die lichte
Höhe jeweils ausreichend i. S. d. Abs. 1 sind, „als Erkenntnisquelle und Orientierung" herangezogen werden kann. Zugleich seien insoweit „die zulässigen Mindestmaße der Landesbauordnung zu beachten". Von diesen Mindestmaßen müsse
„nur dann nach oben abgewichen werden, wenn die spezifischen Anforderungen,
die sich aus der Nutzung eines Raums als Arbeitsstätte ergeben, dies erfordern." So
dürfte sich ein Aufenthaltsraum i. S. d. Baurechts mit einer Grundfläche von 16 m²
und einer lichten Höhe von 2,4 m zwar für Bürozwecke einsetzen lassen; „für die
Nutzung als Zahnarztpraxis mit den hierzu notwendigen Ausstattungsgegenstän-
den und der Anwesenheit weiterer Personen" sowie „für die Durchführung von
Löt- oder Schweißarbeiten mit entsprechender Rauchentwicklung und ggf. der
Notwendigkeit, lüftungstechnische Maßnahmen durchzuführen", dürfte dies aber
nicht gelten (vgl. zum Ganzen Leitlinien zur Arbeitsstättenverordnung, hrsg. v.
Länderausschuss für Arbeitsschutz und Sicherheitstechnik, 2009, Leitlinie G1.2,
S. 20)

9   Gemäß Abs. 2 richten sich die Abmessungen der Räume nach der jeweiligen
Nutzungsart. Aus den ASR A4.1–A4.4 lassen sich die folgenden Anforderungen
an die Abmessung entnehmen:
– Bei Sanitärräumen ist die ASR A4.1 (→ Rn. 2) zu beachten, die gemäß Punkt 2
  „für das Einrichten und Betreiben von Sanitärräumen sowie von Waschgelegenheiten in Arbeitsstätten, die den Beschäftigten zur Verfügung stehen", gilt. Mit

Blick auf die Abmessung gilt Punkt 5.3 ASR A4.1 für Toilettenräume, Punkt 6.3 für Waschräume und Punkt 7.3 für Umkleideräume.

– Bei Pausenräumen ist die ASR A4.1 (→ Rn. 2) zu beachten, die gemäß Punkt 2 „für das Einrichten und Betreiben von Pausenräumen und Pausenbereichen sowie von Bereitschaftsräumen für Beschäftigte in Arbeitsstätten, in Gebäuden oder im Freien" gilt. Die ASR „gilt auch für Einrichtungen zum Hinlegen und Ausruhen für schwangere Frauen und stillende Mütter." Mit Blick auf die Abmessung gilt Punkt 4.1 Abs. 9 ASR A4.2.

– Bei Erste-Hilfe-Räumen ist die ASR A4.3 (→ Rn. 2) zu beachten, die gemäß Punkt 2 Abs. 1 „für Anforderungen an Mittel und Einrichtungen zur Ersten Hilfe sowie Erste-Hilfe-Räume oder vergleichbare Einrichtungen und deren Bereitstellung" gilt. Mit Blick auf die Abmessung gilt Punkt 6.1 Abs. 4 ASR A4.3.

– Bei Unterkünften ist die ASR A4.4 (→ Rn. 2) zu beachten, die gemäß Punkt 2 S. 1 „für das Einrichten und Betreiben von Unterkünften im Bereich von Arbeitsstätten" gilt. Mit Blick auf die Abmessung gelten die Punkte 5.2 Abs. 1 und 5.3 Abs. 2 ASR A4.4 (ausführlich zum Ganzen *Lorenz* in Kollmer/Klindt/ Schucht ArbSchG ArbStättV Nr. 1.2 des Anhangs Rn. 6).

In Nr. 1.2 Abs. 3 ASR A1.2 wird festgelegt, wie die „Größe des notwendigen **10** Luftraumes" zu bemessen ist. Der Luftraum ist der freie Raum, der nach Abzug des Volumens der Einbauten noch zur Verfügung steht (vgl. Punkt 7 Abs. 1 ASR A1.2). In der Verordnungsbegründung wurde insoweit im Jahr 2004 ausgeführt, dass damit „die recht statischen Anforderungen des bisherigen § 23 Absatz 4 durch eine flexibel angelegte Schutzzielbestimmung" ersetzt werden sollten (BR-Drs. 450/04, S. 32).

Laut Abs. 3 sollen insoweit die folgenden Faktoren maßgeblich sein:
– die Art der physischen Belastung
– die Anzahl der Beschäftigten
– die sonstigen anwesenden Personen

Für den **Mindestluftraum für jeden ständig anwesenden Beschäftigten in Arbeitsräumen** gilt gemäß Punkt 7 Abs. 1 ASR A1.2 Folgendes
– 12 m³ bei überwiegend sitzender Tätigkeit
– 15 m³ bei überwiegend nichtsitzender Tätigkeit
– 18 m³ bei überwiegend körperlicher Arbeit

Wenn sich schließlich in Arbeitsräumen neben den ständig anwesenden Beschäftigten auch andere Personen nicht nur vorübergehend aufhalten, muss gemäß Punkt 7 Abs. 2 S. 1 ASR A1.2 „für jede zusätzliche Person ein Mindestluftraum von 10 m³" vorgesehen werden. Für Verkaufsräume, Schank- und Speiseräume in Gaststätten, Schulungs- und Besprechungsräume sowie Unterrichtsräume in Schulen beansprucht diese Vorgabe freilich keine Geltung, Punkt 7 Abs. 2 S. 2 ASR A1.2.

Die **Entscheidung über die Größe der Arbeitsstätte** unterliegt der erzwing- **11** baren **Mitbestimmung gemäß § 87 Abs. 1 Nr. 7 BetrVG** (*Wiebauer* in Landmann/Rohmer GewO ArbStättV Anhang Rn. 9). Die betreffende Regelung in Nr. 7 befasst sich mit „Regelungen über die Verhütung von Arbeitsunfällen und Berufskrankheiten sowie über den Gesundheitsschutz im Rahmen der gesetzlichen Vorschriften oder der Unfallverhütungsvorschriften."

1.3 Sicherheits- und Gesundheitsschutzkennzeichnung

(1) [1]Unberührt von den nachfolgenden Anforderungen sind Sicherheits- und Gesundheitsschutzkennzeichnungen einzusetzen, wenn Gefährdungen der Sicherheit und Gesundheit der Beschäftigten nicht durch technische oder organisatorische Maßnahmen vermieden oder ausreichend begrenzt werden können. [2]Die Ergebnisse der Gefährdungsbeurteilung und die Maßnahmen nach § 3 Absatz 1 sind dabei zu berücksichtigen.

(2) [1]Die Kennzeichnung ist nach der Art der Gefährdung dauerhaft oder vorübergehend nach den Vorgaben der Richtlinie 92/58/EWG des Rates vom 24. Juni 1992 über Mindestvorschriften für die Sicherheits- und/oder Gesundheitsschutzkennzeichnung am Arbeitsplatz (Neunte Einzelrichtlinie im Sinne des Artikels 16 Absatz 1 der Richtlinie 89/391/EWG) (ABl. EG Nr. L 254 S. 23 auszuführen. [2]Diese Richtlinie gilt in der jeweils aktuellen Fassung. [3]Wird diese Richtlinie geändert oder nach den in dieser Richtlinie vorgesehenen Verfahren an den technischen Fortschritt angepasst, gilt sie in der geänderten im Amtsblatt der Europäischen Gemeinschaften veröffentlichten Fassung nach Ablauf der in der Änderungs- oder Anpassungsrichtlinie festgelegten Umsetzungsfrist. [4]Die geänderte Fassung kann bereits ab Inkrafttreten der Änderungs- oder Anpassungsrichtlinie angewendet werden.

1 Die Nr. 1.3 des Anhangs der ArbStättV regelt seit 2004 die „Sicherheits- und Gesundheitsschutzkennzeichnung". **Ziel der Regelung** ist der Schutz der Beschäftigten just durch die betreffende Kennzeichnung. Die Regelung „enthält grundsätzliche Festlegungen in Bezug auf Sicherheits- und Gesundheitsschutzkennzeichnung am Arbeitsplatz". Sie kam erstmals mit der ArbStättV 2004 in das nationale Arbeitsstättenrecht und diente von Anfang an der nationalen Umsetzung der Richtlinie 92/58/EWG durch „einen gleitenden Verweis" auf die jeweils aktuelle Fassung dieser Richtlinie (zum Ganzen BR-Drs. 450/04, S. 32).

Umfangreich geändert wurde die Nr. 1.3 des Anhangs der ArbStättV zunächst durch Art. 4 der Verordnung zur Umsetzung der Richtlinie 2006/25/EG zum Schutz der Arbeitnehmer vor Gefährdungen durch künstliche Strahlung und zur Änderung von Arbeitsschutzverordnungen vom 19.7.2010 (BGBl. I 2010 S. 960). Damals wurde nicht nur ein neuer Abs. 3 eingefügt („Die Sicherheits- und Gesundheitsschutzkennzeichnung in der Arbeitsstätte oder am Arbeitsplatz hat nach dem Stand der Technik zu erfolgen. Den an den technischen Fortschritt angepassten Stand der Technik geben die nach § 7 Absatz 4 bekannt gemachten Regeln wieder."); darüber hinaus wurde – neben diversen kleineren (sprachlichen) Änderungen – in Nr. 1.3 Abs. 2 S. 1 des Anhangs der ArbStättV a. F. gestrichen. Die Norm lautete: „Die Kennzeichnung ist an geeigneten Stellen deutlich erkennbar anzubringen." Alles in allem sollte es sich um **redaktionelle Änderungen** handeln, die „zum besseren Verständnis" beitragen sollen (BR-Drs. 262/10, S. 29).

Im Jahr 2016 wurde schließlich Abs. 1 S. 2 neu gefasst. Die ursprüngliche Fassung der Norm im Jahr 2004 lautete wie folgt: „Die Ergebnisse der Gefährdungsbeurteilung sind dabei nicht zu berücksichtigen." Zudem wurde Abs. 3 wieder aufgehoben. Beide Änderungen gingen auf Art. 1 der Verordnung zur Änderung von Arbeitsschutzverordnungen vom 30.11.2016 (BGBl. I 2016 S. 2681, ber. 2017 S. 2839) zurück, wobei es sich jeweils um „redaktionelle Anpassungen" handeln sollte (BR-Drs. 506/16, S. 31).

Die **Konkretisierung der allgemeinen arbeitsstättenrechtlichen Vorga-** 2
ben an die „Sicherheits- und Gesundheitsschutzkennzeichnung" erfolgt durch die
Technischen Regeln für Arbeitsstätten (ASR). Im Fokus des Interesses steht
vorliegend die ASR A1.3 „Sicherheits- und Gesundheitsschutzkennzeichnung"
(Ausgabe: Februar 2013, GMBl. S. 334, zuletzt geändert durch GMBl. 2017
S. 398), vgl. Punkt 1 ASR A1.3. Die ASR regelt gemäß Punkt 2 die „Gestaltung
der Sicherheits- und Gesundheitsschutzkennzeichnung einschließlich der Gestaltung von Flucht- und Rettungsplänen". **Im Rahmen der Gefährdungsbeurtei-**
lung gemäß § 3 Abs. 1 ArbStättV wiederum ist die Notwendigkeit einer Sicher-
heits- und Gesundheitsschutzkennzeichnung und von Flucht- und Rettungsplänen
sowie von Sicherheitsleitsystemen zu prüfen. In den **Begriffsbestimmungen** in
Punkt 3 ASR A1.3 wird u. a. der zentrale Begriff der **„Sicherheits- und Gesund-**
heitsschutzkennzeichnung" (Punkt 3.1) definiert.

Inhaltlich regelt Abs. 1, wann „Sicherheits- und Gesundheitsschutzkennzeich- 3
nungen" einzusetzen sind. Eine **Sicherheits- und Gesundheitsschutzkenn-**
zeichnung „ist eine Kennzeichnung, die (…) jeweils mittels eines Sicherheitszeichens, einer Farbe, eines Leucht- oder Schallzeichens, verbaler Kommunikation
oder eines Handzeichens eine Sicherheits- und Gesundheitsschutzaussage
(Sicherheitsaussage) ermöglicht, Punkt 3.1 ASR A1.3. Eine Kennzeichnung in
diesem Sinne ist immer dann erforderlich, wenn die Risiken für die Sicherheit
und Gesundheit der Beschäftigten nicht durch kollektive technische Maßnahme
oder durch arbeitsorganisatorische Maßnahmen vermieden oder ausreichend begrenzt werden können (vgl. auch BR-Drs. 450/04, S. 32). Ob und wenn ja, inwieweit solche Kennzeichnungen erforderlich sind, ist **im Rahmen der Ge-**
fährdungsbeurteilung gemäß § 3 Abs. 1 ArbStättV zu prüfen. Abs. 2 wiederum
beinhaltet den Verweis auf die Richtlinie 92/58/EWG. Laut Verordnungsbegründung soll die **Verwendung einer harmonisierten Kennzeichnung**
dazu beitragen, „die Risiken aufgrund sprachlicher und kultureller Unterschiede
in einem Europa mit Freizügigkeit für die Beschäftigten zu minimieren" (BR-
Drs. 450/04, S. 32).

Die Anwendung der ASR A1.3 soll die Mindestanforderungen der Richt- 4
linie 92/58/EWG erfüllen, Punkt 2 ASR 1.3. In Punkt 4 Abs. 1 ASR A1.3 und damit innerhalb der allgemeinen Anforderungen („Allgemeines") wird bereits darauf
hingewiesen, dass „eine erforderliche Sicherheits- und Gesundheitsschutzkenn-
zeichnung" schon bei der Planung von Arbeitsstätten zu berücksichtigen sein soll.
Die „Kennzeichnung" ist sodann Gegenstand von Punkt 5 ASR A1.3 und befasst
sich mit den folgenden **Kennzeichnungsaspekten:**
– „Sicherheits- und Zusatzzeichen" (Punkt 5.1 ASR A1.3);
– „Sicherheitsmarkierungen für Hindernisse und Gefahrstellen" (Punkt 5.2 ASR
  A1.3);
– „Markierungen von Fahrwegen" (Punkt 5.3 ASR A1.3);
– „Leuchtzeichen" (Punkt 5.4 ASR A1.3);
– „Schallzeichen" (Punkt 5.5 ASR 1.3);
– „Verbale Kommunikation" (Punkt 5.6 ASR 1.3);
– „Handzeichen" (Punkt 5.7 ASR 1.3).
Anhang 1 der ASR A1.3 sieht eine **Darstellung der einschlägigen Sicher-**
heitszeichen und -aussagen vor. Die Beschäftigten sind vor der Arbeitsaufnahme
und danach in regelmäßigen Zeitabständen „über die Bedeutung der eingesetzten
Sicherheits- und Gesundheitsschutzkennzeichnung zu unterweisen", Punkt 4
Abs. 12 S. 1 ASR A1.3. Die Unterweisung sollte jährlich durchgeführt werden, „so-

fern sich nicht aufgrund der Ergebnisse der Gefährdungsbeurteilung andere Zeiträume ergeben", Punkt 4 Abs. 12 S. 4 ASR A1.3.

5   Die ASR A1.3 konkretisiert im Übrigen auch § 4 Abs. 4 ArbStättV, vgl. Punkt 1
ASR A1.3 (→ § 4 Rn. 25). Die betreffende Norm befasst sich mit den Vorkehrungen für die Flucht und Rettung im Gefahrenfall. Dies gilt namentlich für Punkt 6
ASR A1.3, weil dort die **„Gestaltung von Flucht- und Rettungsplänen"** geregelt ist (→ § 4 Rn. 31 ff.).

1.4 Energieverteilungsanlagen

[1]**Anlagen, die der Versorgung der Arbeitsstätte mit Energie dienen, müssen so ausgewählt, installiert und betrieben werden, dass die Beschäftigten
vor dem direkten oder indirekten Berühren spannungsführender Teile geschützt sind und dass von den Anlagen keine Brand- oder Explosionsgefahren ausgehen.** [2]**Bei der Konzeption und der Ausführung sowie der Wahl
des Materials und der Schutzvorrichtungen sind Art und Stärke der verteilten Energie, die äußeren Einwirkbedingungen und die Fachkenntnisse der
Personen zu berücksichtigen, die zu Teilen der Anlage Zugang haben.**

1   Die Nr. 1.4 des Anhangs der ArbStättV regelt arbeitsstättenrechtlich die **Energieverteilungsanlagen. Ziel der Regelung** ist der Schutz der Beschäftigten vor den
Gefährdungen im Zusammenhang mit Energieverteilungsanlagen. Seit 2004 wurde
nur im S. 1 aus „keine Brand- oder Explosionsgefahr ausgeht" durch die neue Wort-
folge „keine Brand- oder Explosionsgefahren ausgehen" ersetzt (vgl. Art. 1 der Verordnung zur Änderung von Arbeitsschutzverordnungen vom 30. 11. 2016; BGBl. I
S. 2681, ber. 2017 S. 2839). Die Regelung „enthält Anforderungen an die Konzeption und Ausführung von Anlagen, die die Arbeitsstätten mit Energie (Strom, Gas
etc.) versorgen, soweit diese integraler Bestandteil der Arbeitsstätte sind" (BR-Drs.
450/04, S.32). Die Bestimmung ist mit der ArbStättV 2004 neu in das nationale
Arbeitsstättenrecht aufgenommen worden. Sie setzt Ziff. 3 des Anhangs I der Richtlinie 89/654/EWG (sog. EG-Arbeitsstättenrichtlinie) und Nr. 2 des Teils A des Anhangs IV der Richtlinie 92/57/EG (sog. EG-Baustellenrichtlinie) in nationales
Recht um (BR-Drs. 450/04, S. 32).

2   **Inhaltlich** zielt die Vorgabe zunächst auf den Schutz der Beschäftigten vor Un-
fall-, Brand- und Explosionsgefahren im Zusammenhang mit Energieverteilungsanlagen ab (S. 1). Laut Verordnungsbegründung soll durch „die Bestimmung zum
Schutz vor direktem oder indirektem Berühren von spannungsführenden Teilen
(…) möglichen Gesundheitsschäden im Falle des Einwirkens von gefährlichen Kör-
perströmen (ab über 50 V Wechsel- und über 120 V Gleichspannung) entgegen-
gewirkt werden. Indirektes Berühren liegt vor, wenn in der Gefahrenzone die Luft-
strecke zwischen Mensch und spannungsführendem Teil und Mensch mit einem
Vorlichtbogen überbrückt wird". Die speziellen Bedingungen der Arbeitsstätte wie
z. B. Feuchträume oder ein besonderer Berührungsschutz müssen in diesem
Zusammenhang berücksichtigt werden (zum Ganzen BR-Drs. 450/04, S. 32 f.).
Sodann wird in S. 2 geregelt, welche Aspekte bei der Konzeption, Ausführung,
Materialauswahl und den Schutzvorrichtungen Berücksichtigung finden sollen.

3   In der DGUV Vorschrift 3 über „Elektrische Anlagen und Betriebsmittel" werden die grundlegenden sicherheitstechnischen Anforderungen an das **Errichten,
Ändern, Instandhalten und Betreiben elektrischer Anlagen und Betriebsmittel** statuiert.

Gesetzessystematisch ist die Nr. 1.4 des Anhangs der ArbStättV ganz generell **4** auch im Zusammenhang mit § 6 Abs. 3 ArbStättV zu lesen; denn dort werden **brandspezifische Themen unter dem Aspekt der Unterweisung** geregelt (→ § 6 Rn. 23 ff.).

1.5 Fußböden, Wände, Decken, Dächer

(1) [1]Die Oberflächen der Fußböden, Wände und Decken der Räume müssen so gestaltet sein, dass sie den Erfordernissen des sicheren Betreibens entsprechen sowie leicht und sicher zu reinigen sind. [2]Arbeitsräume müssen unter Berücksichtigung der Art des Betriebes und der physischen Belastungen eine angemessene Dämmung gegen Wärme und Kälte sowie eine ausreichende Isolierung gegen Feuchtigkeit aufweisen. [3]Auch Sanitär-, Pausen- und Bereitschaftsräume, Kantinen, Erste-Hilfe-Räume und Unterkünfte müssen über eine angemessene Dämmung gegen Wärme und Kälte sowie eine ausreichende Isolierung gegen Feuchtigkeit verfügen.

(2) [1]Die Fußböden der Räume dürfen keine Unebenheiten, Löcher, Stolperstellen oder gefährlichen Schrägen aufweisen. [2]Sie müssen gegen Verrutschen gesichert, tragfähig, trittsicher und rutschhemmend sein.

(3) [1]Durchsichtige oder lichtdurchlässige Wände, insbesondere Ganzglaswände in Arbeitsräumen oder im Bereich von Verkehrswegen, müssen deutlich gekennzeichnet sein. [2]Sie müssen entweder aus bruchsicherem Werkstoff bestehen oder so gegen die Arbeitsplätze in Arbeitsräumen oder die Verkehrswege abgeschirmt sein, dass die Beschäftigten nicht mit den Wänden in Berührung kommen und beim Zersplittern der Wände nicht verletzt werden können.

(4) Dächer aus nicht durchtrittsicherem Material dürfen nur betreten werden, wenn Ausrüstungen benutzt werden, die ein sicheres Arbeiten ermöglichen.

In Nr. 1.5 des Anhangs der ArbStättV werden seit 2004 **Fußböden, Wände, 1 Decken und Dächer** arbeitsstättenrechtlich reguliert. **Ziel der Regelung,** mit der sicherheitstechnische und hygienische Anforderungen an die betreffenden Bauelemente formuliert werden (BR-Drs. 450/04, S. 33), ist der Schutz der Beschäftigten vor den Gefährdungen, die bei der Benutzung dieser Bauteile entstehen können (z. B. Ausrutschen, Stolpern oder Absturz). Inhaltlich korrespondiert die Regelung mit den §§ 8, 45 Abs. 3 ArbStättV 1975, die sich mit den Themen „Fußböden, Wände, Decken, Dächer" (§ 8) und „Unterkünfte auf Baustellen" (§ 45) befassten, und setzt zugleich die Ziff. 9 des Anhangs I der Richtlinie 89/654/EWG (sog. EG-Arbeitsstättenrichtlinie) sowie die Nr. 6 des Abschnitts I des Teils B des Anhangs IV der Richtlinie 92/57/EG (sog. EG-Baustellenrichtlinie) und die Nr. 14.2 des Abschnitts II des Teils B des Anhangs IV der Richtlinie 92/57/EG in nationales Recht um (BR-Drs. 450/04, S. 33).

Durch die arbeitsstättenrechtliche Reform im Jahr 2016 wurden die Abs. 1, 3 neu gefasst. So wurde insbesondere Abs. 1 S. 3 neu eingefügt. Im Abs. 4 wurden die Wörter „vorhanden sind" durch die Wörter „benutzt werden" ersetzt (vgl. zum Ganzen Art. 1 der Verordnung zur Änderung von Arbeitsschutzverordnungen vom 30. 11. 2016; BGBl. I S. 2681, ber. 2017 S. 2839). Alles in allem sollte es sich insoweit indes nur um „redaktionelle Anpassungen" handeln (BR-Drs. 506/16, S. 31).

2   Die **Konkretisierung der allgemeinen arbeitsstättenrechtlichen Vorgaben** an Fußböden, Wände, Decken und Dächer erfolgt durch die **Technischen Regeln für Arbeitsstätten (ASR)**. Im Fokus des Interesses stehen vorliegend erstens die ASR A1.5/1,2 „Fußböden" (Ausgabe: Feburar 2013, GMBl. S. 348, zuletzt geändert durch GMBl. 2018 S. 471; vgl. Punkt 1 ASR A1.5/1,2), zweitens die ASR A1.6 „Fenster, Oberlichter, lichtdurchlässige Wände" (Ausgabe: Januar 2012, GMBl. S. 472, zuletzt geändert durch GMBl. 2018 S. 472; vgl. Punkt 1 ASR A1.6) und schließlich drittens die ASR 2.1 „Schutz vor Absturz und herabfallenden Gegenständen, Betreten von Gefahrenbereichen" (Ausgabe: November 2012, GMBl. S. 1220, zuletzt geändert durch GMBl. 2018 S. 473; vgl. Punkt ASR A2.1).

3   **Inhaltlich** setzt sich die Nr. 1.5 des Anhangs der ArbStättV im Wesentlichen mit den Oberflächen der genannten Bauelemente sowie mit dem Aspekt der Dämmung von Arbeitsräumen und sonstigen Räumen (Abs. 1), mit der Beschaffenheit von Fußböden (Abs. 2), mit durchsichtigen und lichtdurchlässigen Wänden (Abs. 3) und schließlich mit Dächern aus nicht-durchtrittsicherem Material (Abs. 4) auseinander. Zu beachten ist, dass im Zuge der arbeitsstättenrechtlichen Reform im Jahr 2016 (→ Rn. 1) aus „Arbeitsplätzen" in Nr. 1.5 Abs. 1 S. 2 des Anhangs der ArbStättV a. F. nunmehr „Arbeitsräume" in Nr. 1.5 Abs. 1 S. 2 des Anhangs der ArbStättV wurden. **Arbeitsräume** sind gemäß § 2 Abs. 3 ArbStättV „Räume, in denen Arbeitsplätze innerhalb von Gebäuden dauerhaft eingerichtet sind." Damit zielte der Verordnungsgeber darauf ab, eine **ungewollte Verschärfung der Anforderungen zu vermeiden,** weil zugleich die Arbeitsplatzdefinition in § 2 Abs. 4 ArbStättV modifiziert wurde; denn insoweit wurde die **zeitliche Mindestdauer** aus § 2 Abs. 4 ArbStättV a. F. gestrichen, § 2 Abs. 4 ArbStättV (instruktiv zum Ganzen *Wiebauer* NZA 2017, 220, 221). Im Ergebnis müssen daher etwa Abstellkammern oder Archivräume nicht die betreffenden Anforderungen an die Dämmung und die Isolierung erfüllen (*Wiebauer* in Landmann/Rohmer GewO ArbStättV Anhang Rn. 13).

4   Die ASR A1.5/1,2 kann dazu dienen, die Anforderungen aus den Abs. 1, 2 zu konkretisieren. Sie gilt gemäß Punkt 2 Abs. 1 „für das Einrichten und Betreiben von Fußböden in Arbeitsstätten." In den **„Begriffsbestimmungen"** in Punkt 3 ASR A1.5/1,2 wird u. a. der **zentrale Begriff des Fußbodens** (Punkt 3.1) definiert. Danach umfassen Fußböden „nicht nur die statisch wirksame Tragschicht, den Fußbodenaufbau und die Oberfläche, sondern auch Auflagen" wie z. B. Matten, Roste oder Teppiche. Inhaltlich werden in Punkt 4 ASR 1.5/1,2 allgemeine Regelungen **(„Allgemeines")** in Bezug auf Fußböden getroffen. Gemäß Punkt 2 Abs. 1 ASR A1.5/1,2 müssen Fußböden etwa „so beschaffen sein, instand gehalten und gereinigt werden, dass sie unter Berücksichtigung der Art der Nutzung, der betrieblichen Verhältnisse und der Witterungseinflüsse sicher benutzt werden können." Im Anschluss daran werden besondere Anforderungen wie die **„Schutzmaßnahmen gegen Stolpern"** (Punkt 5 ASR A1.5/1,2), **„Schutzmaßnahmen gegen Ausrutschen"** (Punkt 6 ASR A1.5/1,2), **„Schutzmaßnahmen gegen besondere physikalische Einwirkungen"** (Punkt 7 ASR A1.5/1,2) sowie zur **„Kennzeichnung"** (Punkt 8 ASR A1.5/1,2) statuiert. Die Reinigung der Fußböden ist Gegenstand der Regelung in Punkt 9 ASR 1.5/1,2. **„Abweichende/ergänzende Anforderungen für Baustellen"** werden abschließend in Punkt 10 A1.5/1,2 aus der Taufe gehoben. Im Anhang 1 der ASR A1.5/1,2 sind die **„Verfahren zur Prüfung der rutschhemmenden Eigenschaft und des Verdrängungsraums (Begehungsverfahren – Schiefe Ebene)"** niedergelegt, während sich der Anhang 2 der ASR A1.5/1,2 mit den **„Anforderungen an die Rutschhemmung von Fußböden"** befasst.

Die ASR A1.6 wiederum zielt auf die Regelung in Abs. 3 ab. Sie gilt gemäß 5
Punkt 2 „für das Einrichten und das Betreiben von Fenstern, Oberlichtern und
lichtdurchlässigen Wänden in Arbeitsstätten." In den „**Begriffsbestimmungen**"
in Punkt 3 ASR A1.6 wird u. a. der **zentrale Begriff der lichtdurchlässigen
Wände** (Punkt 3.9) definiert. Insoweit soll es sich um Wände mit lichtdurchlässigen
Flächen handeln, „die bis in die Nähe des Fußbodens reichen und aus Glas, Kunststoff oder anderen transparenten Materialien bestehen." In Punkt 4.3 ASR A1.6
werden die Anforderungen an lichtdurchlässige Wände näher konturiert, wohingegen sich Punkt 5 ASR A1.6 mit dem Thema „Reinigung, Instandhaltung einschließlich Prüfungen" auch in Bezug auf lichtdurchlässige Wände befasst.

Schließlich steht Abs. 4 im Zusammenhang mit der ASR 2.1, die gemäß Punkt 2 6
Abs. 1 zum Schutz der Beschäftigten vor Absturz und vor herabfallenden Gegenständen sowie für das Betreten von Dächern oder Gefahrenbereichen"; denn Punkt
7.1 ASR A2.1 befasst sich mit nicht-durchtrittsicheren Dächern und Bauteilen. In
Punkt 3.11 ASR A2.1 wird definiert, wann Bauteile durchtrittsicher sein sollen.
Danach handelt es sich um Bauteile, „die beim Betreten nicht brechen und durch
die Beschäftigte nicht hindurch stürzen können." Umgekehrt sind nicht-durchtritt-
sicher etwa Dachoberlichter, lichtdurchlässige Dächer, Verglasungen oder Photovoltaikelemente.

1.6 Fenster, Oberlichter

(1) [1]Fenster, Oberlichter und Lüftungsvorrichtungen müssen sich von
den Beschäftigten sicher öffnen, schließen, verstellen und arretieren lassen.
[2]Sie dürfen nicht so angeordnet sein, dass sie in geöffnetem Zustand eine
Gefahr für die Beschäftigten darstellen.

(2) Fenster und Oberlichter müssen so ausgewählt oder ausgerüstet und
eingebaut sein, dass sie ohne Gefährdung der Ausführenden und anderer
Personen gereinigt werden können.

Durch die Vorgaben der Nr. 1.6 des Anhangs der ArbStättV werden **Fenster** 1
und Oberlichter arbeitsstättenrechtlichen Regelungen unterworfen. **Ziel der
Regelung,** die seit 2004 keine Änderung erfahren hat, ist erstens der Schutz der
Beschäftigten vor den Gefährdungen, die bei der Benutzung dieser Bauteile ent-
stehen können (z. B. Anstoßen, Quetschen, oder Absturz). Zweitens sollen mit
Blick auf Abs. 2 auch das Reinigungspersonal sowie ggf. unbeteiligte Dritte
geschützt werden. Die Regelung setzte im Jahr 2004 auf § 9 ArbStättV 1975
(„Fenster. Oberlichter") auf und führte zu einer verbesserten Umsetzung europa-
rechtlicher Bestimmungen; denn durch die neue Fassung wurden Ziff. 10 des
Anhangs I der Richtlinie 89/654/EWG (sog. EG-Arbeitsstättenrichtlinie) sowie
Nr. 7 des Abschnitts I des Teils B des Anhangs IV der Richtlinie 92/57/EG (sog.
EG-Baustellenrichtlinie) „vollständig in nationales Recht umgesetzt" (BR-Drs.
450/04, S. 33).

Die **Konkretisierung der allgemeinen arbeitsstättenrechtlichen Vorga-** 2
ben an Fenster und Oberlichter erfolgt durch die **Technischen Regeln für Arbeitsstätten (ASR).** Im Fokus des Interesses steht vorliegend die ASR A1.6 „Fenster, Oberlichter, lichtdurchlässige Wände" (Ausgabe: Januar 2012, GMBl. S. 5,
zuletzt geändert durch GMBl. 2018 S. 472), vgl. Punkt 1 ASR A1.6. Die ASR gilt
gemäß Punkt 2 „für das Einrichten und das Betreiben von Fenstern, Oberlichtern
und lichtdurchlässigen Wänden in Arbeitsstätten." In den „**Begriffsbestimmun-**

gen" in Punkt 3 ASR A1.6 werden u. a. die beiden Begriffe **„Fenster"** (Punkt 3.1) und **„Oberlichter"** (Punkt 3.8) definiert.

3   Geregelt wird in Nr. 1.6 des Anhangs der ArbStättV zunächst die **Handhabung von Fenstern, Oberlichtern und Lüftungsvorrichtungen** (Abs 1.). Zu beachten ist in diesem Zusammenhang, dass die Regelung in Abs. 1 „ausschließlich auf die ausstattungsmäßig vorhandenen Funktionen" abzielt und nur „Fenster, Oberlichter und Lüftungsvorrichtungen" betrifft, „die sich öffnen lassen". So soll es zur sicheren Benutzung gehören, „dass Fenster, die mit Feststellvorrichtungen versehen sind, sich auch sicher arretieren lassen" (zum Ganzen BR-Drs. 450/04, S. 33). Im Anschluss daran geht es darum, **etwaige Gefährdungen bei der Reinigung von Fenstern und Oberlichtern** auszuschließen (Abs. 2).

4   Konturiert werden die Anforderungen aus Nr. 1.6 des Anhangs der ArbStättV zum einen durch die Punkte 4.1 ASR A1.6 (**„Fenster"**) und 4.2 ASR A1.6 (**„Dachoberlichter"**). Was die Inhalte aus Abs. 2 anbelangt, regelt Punkt 5 ASR A1.6 die **„Reinigung, Instandhaltung einschließlich Prüfungen"** insbesondere von Fenstern und Dachoberlichtern.

1.7 Türen, Tore

(1) **Die Lage, Anzahl, Abmessungen und Ausführung insbesondere hinsichtlich der verwendeten Werkstoffe von Türen und Toren müssen sich nach der Art und Nutzung der Räume oder Bereiche richten.**

(2) **Durchsichtige Türen müssen in Augenhöhe gekennzeichnet sein.**

(3) **Pendeltüren und -tore müssen durchsichtig sein oder ein Sichtfenster haben.**

(4) **Bestehen durchsichtige oder lichtdurchlässige Flächen von Türen und Toren nicht aus bruchsicherem Werkstoff und ist zu befürchten, dass sich die Beschäftigten beim Zersplittern verletzen können, sind diese Flächen gegen Eindrücken zu schützen.**

(5) **Schiebetüren und -tore müssen gegen Ausheben und Herausfallen gesichert sein. Türen und Tore, die sich nach oben öffnen, müssen gegen Herabfallen gesichert sein.**

(6) **[1]In unmittelbarer Nähe von Toren, die vorwiegend für den Fahrzeugverkehr bestimmt sind, müssen gut sichtbar gekennzeichnete, stets zugängliche Türen für Fußgänger vorhanden sein. [2]Diese Türen sind nicht erforderlich, wenn der Durchgang durch die Tore für Fußgänger gefahrlos möglich ist.**

(7) **Kraftbetätigte Türen und Tore müssen sicher benutzbar sein. Dazu gehört, dass sie**
a) ohne Gefährdung der Beschäftigten bewegt oder zum Stillstand kommen können,
b) mit selbsttätig wirkenden Sicherungen ausgestattet sind,
c) auch von Hand zu öffnen sind, sofern sie sich bei Stromausfall nicht automatisch öffnen.

(8) **Besondere Anforderungen gelten für Türen im Verlauf von Fluchtwegen (Nummer 2.3).**

1   Die Nr. 1.7 des Anhangs der ArbStättV setzt sich arbeitsstättenrechtlich mit dem Aspekt der Türen und Tore auseinander. **Ziel der seit 2004 weitgehend unver-**

änderten Regelung (in Abs. 8 wurde 2016 „Nummer" für „Ziffer" eingesetzt) ist der Schutz der Beschäftigten vor den Gefährdungen, die bei der Benutzung dieser Bauteile entstehen können (z. B. Anstoßen, Quetschen oder Einzug). Die betreffende Regelung fasst die früheren Inhalte aus den §§ 10 f. ArbStättV 1975 „in Form betriebsnaher Schutzziele zusammen und aktualisiert Regelungen zu Notabschalteinrichtungen kraftbetätigter Türen nach dem Stand der Technik" und setzt zugleich Ziff. 11 des Anhangs I der Richtlinie 89/654/EWG (sog. EG-Arbeitsstättenrichtlinie) sowie Nr. 9 des Teils A des Anhangs IV der Richtlinie 92/57/EG (sog. EG-Baustellenrichtlinie) und Nr. 8 des Abschnitts I des Teils B des Anhangs IV der Richtlinie 92/57/EG in nationales Recht um (BR–Drs. 450/04, S. 33).

Die **Konkretisierung der allgemeinen arbeitsstättenrechtlichen Vorga-** 2
ben an Türen und Tore erfolgt durch die **Technischen Regeln für Arbeitsstätten (ASR).** Im Fokus des Interesses steht vorliegend die ASR A1.7 „Türen und Tore" (Ausgabe: November 2009, GMBl. S. 1619, zuletzt geändert durch GMBl. 2018 S. 472), vgl. Punkt 1 ASR A1.7. Die ASR gilt gemäß Punkt 2 Abs. 1 „für das Einrichten und Betreiben von Türen und Toren in Gebäuden und auf dem Betriebsgelände sowie in vergleichbaren betrieblichen Einrichtungen, die sich auf dem Gelände eines Betriebes oder einer Baustelle befinden und zu denen Beschäftigte im Rahmen ihrer Arbeit Zugang haben. Sie gilt nicht für Türen und Tore von maschinellen Anlagen (…) und nicht für provisorische Türen und Tore auf Baustellen." In den **„Begriffsbestimmungen"** in Punkt 3 ASR A1.7 werden u. a. die beiden Begriffe **„Tore"** (Punkt 3.15) und **„Türen"** (Punkt 3.16) definiert.

Gegenstand der ausführlichen Regelung in Nr. 1.7 des Anhangs der Arb- 3
StättV ist zunächst die Betonung der Bedeutung der Art und Nutzung der Räume oder Bereiche für die Lage, Anzahl, Abmessungen und Ausführung von Türen und Toren (Abs. 1), bevor durchsichtige Türen (Abs. 2), Pendeltüren und -tore (Abs. 3) und Gefährdungen durch das Zersplittern von Türen und Toren aus nicht-bruchsicherem Werkstoff (Abs. 4) in den Fokus des Interesses gerückt werden. Im Anschluss daran folgen weitere Sonderregelungen für Schiebentüren und -tore (Abs. 5), in Bezug auf die Kennzeichnungsvorgaben für spezifische Türen (Abs. 6) und in Bezug auf die sichere Benutzbarkeit kraftbetätigter Türen und Tore (Abs. 7). Abgeschlossen wird die die Regelung in Nr. 1.7 des Anhangs der ArbStättV durch einen Verweis auf Fluchtwege (Abs. 8).

Die **„Planung von Türen und Toren"** ist Gegenstand des Punkts 4 ASR 4
A1.7, während die **„Auswahl von Türen und Toren"** in Punkt 5 ASR A1.7 geregelt ist. Im Anschluss daran wird die **„Sicherung gegen mechanische Gefährdungen"** (Punkt 6 ASR A1.7), die **„Sicherung der Flügelbewegung"** (Punkt 7 ASR A1.7), und die **„Sicherheit der Steuerung"** (Punkt 8 ASR A1.7) näher konkretisiert. Die **„Anforderungen an Türen und Tore im Verlauf von Fluchtwegen"** ist sodann Gegenstand des Punkts 9 ASR A1.7, bevor die Technische Regel für Arbeitsstätten mit Punkt 10 ASR A1.7 über die **„Instandhaltung einschließlich sicherheitstechnischer Prüfung"** schließt.

1.8 Verkehrswege

(1) **Verkehrswege, einschließlich Treppen, fest angebrachte Steigleitern und Laderampen müssen so angelegt und bemessen sein, dass sie je nach ihrem Bestimmungszweck leicht und sicher begangen oder befahren werden können und in der Nähe Beschäftigte nicht gefährdet werden.**

(2) **Die Bemessung der Verkehrswege die dem Personenverkehr, Güterverkehr oder Personen- und Güterverkehr dienen, muss sich nach der Anzahl der möglichen Benutzer und der Art des Betriebes richten.**

(3) **Werden Transportmittel auf Verkehrswegen eingesetzt, muss für Fußgänger ein ausreichender Sicherheitsabstand gewahrt werden.**

(4) **Verkehrswege für Fahrzeuge müssen an Türen und Toren, Durchgängen, Fußgängerwegen und Treppenaustritten in ausreichendem Abstand vorbeiführen.**

(5) **Soweit Nutzung und Einrichtung der Räume es zum Schutz der Beschäftigten erfordern, müssen die Begrenzungen der Verkehrswege gekennzeichnet sein.**

(6) **Besondere Anforderungen gelten für Fluchtwege (Nummer 2.3).**

1   In Nr. 1.8 des Anhangs der ArbStättV werden die „Verkehrswege" geregelt. Die inhaltlichen Vorgaben sind seit dem Inkrafttreten der ArbStättV 2004 bislang grundsätzlich unverändert geblieben (in Abs. 6 wurde 2016 freilich „Nummer" für „Ziffer" eingesetzt). **Ziel der Regelung** ist der Schutz der Beschäftigten vor den Gefahren, die vom innerbetrieblichen Personen- und Güterverkehr ausgehen. Mit der Regelung in Nr. 1.8 des Anhangs der ArbStättV werden zum einen die Festlegungen des früheren § 17 ArbStättV 1975 übernommen. Zum anderen stehen hinter der Regelung europarechtlich die Vorgaben aus den Ziff. 12.1–12.4 des Anhangs I der Richtlinie 89/654/EWG (sog. EG-Arbeitsstättenrichtlinie) einerseits sowie den Nrn. 10.1–10.4 des Teils A des Anhangs IV der Richtlinie 92/57/EG (sog. EG-Baustellenrichtlinie) und Nr. 9 des Abschnitts I des Teils B des Anhangs IV der Richtlinie 92/57/EG andererseits (vgl. zum Ganzen BR-Drs. 450/04, S. 33).

2   Die **Konkretisierung der allgemeinen arbeitsstättenrechtlichen Vorgaben** an die „Verkehrswege" erfolgt durch die **Technischen Regeln für Arbeitsstätten (ASR).** Im Fokus des Interesses steht vorliegend die ASR A1.8 „Verkehrswege" (Ausgabe: November 2012, GMBl. S. 1210, zuletzt geändert durch GMBl. 2018 S. 473), vgl. Punkt 1 ASR A1.8. Die ASR gilt gemäß Punkt 2 S. 1 „für das Einrichten und Betreiben von Verkehrswegen inklusive Treppen, ortsfesten Steigleitern und Steigeisengängen, Laderampen sowie Fahrsteigen und Fahrtreppen." Sie gilt nicht für Zu- und Abgänge in, an und auf Arbeitsmitteln i. S. v. § 2 Abs. 1 BetrSichV und für Fahrzeuge sowie dazugehörige Anhänger, die für die Beförderung von Personen und den Gütertransport bestimmt sind, Punkt 2 S. 2 ASR AA1.8. In den **„Begriffsbestimmungen"** in Punkt 3 ASR A1.8 wird u. a. der zentrale Begriff der **„Verkehrswege"** (Punkt 3.1) definiert.

3   Die Nr. 1.8 des Anhangs der ArbStättV befasst sich zunächst mit der Auslegung und Bemessung von Verkehrswegen (Abs. 1), wobei **Verkehrswege** gemäß Punkt 3.1 ASR A1.8 „für den Fußgänger- oder Fahrzeugverkehr (personengesteuert oder automatisiert) oder für die Kombination aus beiden bestimmte Bereiche auf dem Gelände eines Betriebs oder auf Baustellen" sind. Dementsprechend zielt Abs. 2 auf „drei Kategorien von Verkehrswegen" ab (BR-Drs. 450/04, S. 33) und richtet den Fokus mit Blick auf deren Bemessung auf die Anzahl der möglichen Benutzer und die Art des Betriebs. Sodann wird ein ausreichender Sicherheitsabstand für Fußgänger verlangt, wenn „Transportmittel auf Verkehrswegen eingesetzt" werden (Abs. 3). Besondere Vorgaben in Bezug auf den Abstand gibt es auch bei Verkehrswegen für Fahrzeuge (Abs. 4). Abgeschlossen wird die Regelung in Nr. 1.8 des Anhangs der ArbStättV mit einer Kennzeichnungsbestimmung (Abs. 5) und einem Verweis auf Fluchtwege (Abs. 6).

Punkt 4 ASR A1.8 regelt das **„Einrichten von Verkehrswegen"**, wobei Punkt **4** 4.1 ASR A1.8 allgemeine Anforderungen (**„Allgemeines"**) an die Ausführung und Gestaltung von Verkehrswegen statuiert. Diese werden ergänzt durch besondere Vorgaben für die **„Wege für den Fußgängerverkehr"** (Punkt 4.2 ASR A1.8) und die **„Wege für den Fahrzeugverkehr"** (Punkt 4.3 ASR A1.8). Die **„Kennzeichnung und Abgrenzung der Verkehrswege"** ist Gegenstand des Punkts 4.4 ASR A1.8. Im Anschluss daran werden die Anforderungen an **„Treppen"** (Punkt 4.5 ASR A1.8), **„Steigeisengänge und Steigleitern"** (Punkt 4.6 ASR A1.8), **„Laderampen"** (Punkt 4.7 ASR A1.8) und **„Fahrtreppen und Fahrsteige"** (Punkt 4.8 ASR A1.8) konkretisiert, die freilich arbeitsstättenrechtlich z. T. in den Nrn. 1.9– 1.11 des Anhangs der ArbStättV gesondert geregelt werden. Die Maßnahmen für das sichere **„Betreiben von Verkehrswegen"** sind in Punkt 5 ASR A1.8 geregelt. Danach müssen die Beschäftigten u. a. „gefährdungsbezogen in die Benutzung der Verkehrswege und über die betrieblichen Verkehrsregeln unterwiesen sein", wobei der Fokus auch auf die Überschneidung innerbetrieblicher Regelungen (z. B. Parkflächen, die zum Betriebsgelände gehören) mit öffentlichen Anforderungen (z. B. die Straßenverkehrsordnung) gerichtet wird, Punkt 5 Abs. 2 ASR A1.8. Sodann wird die **„Instandhaltung und sicherheitstechnische Funktionsprüfung"** der Verkehrswege in Punkt 6 ASR A1.8 zum Gegenstand dieser Technischen Regel für Arbeitsstätten. **„Abweichende/ergänzende Anforderungen für Baustellen"** sind abschließend in Punkt 7 ASR A1.8 niedergelegt.

Der **erforderliche Sicherheitsabstand beim Einsatz von Transportmit- 5 teln auf Verkehrswegen,** der in Nr. 1.8 Abs. 3 ASR A.1.8 geregelt ist, ist Gegenstand der **Leitlinien zur Arbeitsstättenverordnung.** Konkret geht es um die Beantwortung der Frage nach dem Erfordernis einer Ausnahmezulassung der zuständigen Behörde mit Blick auf den Sicherheitsabstand von Verkehrswegen für kraftbetriebene oder schienengebundene Beförderungsmittel; denn anders als zuvor in § 17 Abs. 2 ArbStättV 1975 gibt es in Nr. 1.8 Abs. 3 ASR A1.8 keine konkreten Maßzahlen mehr (früher wurde ein Sicherheitsabstand von mindestens 0,5 m auf beiden Seiten des Verkehrswegs verlangt). Laut den Leitlinien muss der Arbeitgeber **nunmehr das Erfordernis des ausreichenden Sicherheitsabstands** dergestalt konkretisieren, dass er den Stand der Sicherheitstechnik, der Arbeitsmedizin und der Arbeitshygiene zugrunde legt. Eine Ausnahmezulassung durch die zuständige Behörde soll nur noch dann erforderlich sein, „in denen zwar aufgrund der Eigenschaften der Arbeitsstätte oder der Tätigkeit, der Umstände oder einer Gefahr ein ausreichender Sicherheitsabstand erforderlich wäre, der vorhandene Sicherheitsabstand jedoch nicht ausreichend ist, andere, ebenso wirksame Maßnahmen nicht getroffen wurden, derartige Maßnahmen im Einzelfall zu einer unverhältnismäßigen Härte führen würden und die Abweichung mit dem Schutz der Beschäftigten vereinbar ist" (vgl. zum Ganzen Leitlinien zur Arbeitsstättenverordnung, hrsg. v. Länderausschuss für Arbeitsschutz und Sicherheitstechnik, 2009, Leitlinie G1.8, S. 20).

Die ASR A1.8 konkretisiert im Übrigen auch § 4 Abs. 4 ArbStättV, vgl. Punkt 1 **6** ASR A1.8 (→ § 4 Rn. 25). Die betreffende Norm befasst sich mit den Vorkehrungen für die Flucht und Rettung im Gefahrenfall.

1.9 Fahrtreppen, Fahrsteige

[1]**Fahrtreppen und Fahrsteige müssen so ausgewählt und installiert sein, dass sie sicher funktionieren und sicher benutzbar sind.** [2]**Dazu gehört, dass die Notbefehlseinrichtungen gut erkennbar und leicht zugänglich sind und nur solche Fahrtreppen und Fahrsteige eingesetzt werden, die mit den notwendigen Sicherheitsvorrichtungen ausgestattet sind.**

1   Seit 2004 befasst sich die Nr. 1.9 des Anhangs der ArbStättV mit **Fahrtreppen und Fahrsteigen. Ziel der Regelung** ist der Schutz der Beschäftigten vor den besonderen Gefährdungen bei der Benutzung der betreffenden Einrichtungen (z. B. Sturz-, Stolper-, Quetsch- oder Scherstellen). Die Regelung entspricht § 18 ArbStättV 1975, der seinerzeit die zusätzlichen Anforderungen an Fahrtreppen und Fahrsteige regelte, und setzt die Ziff. 13 des Anhangs I der Richtlinie 89/654/EWG (sog. EG-Arbeitsstättenrichtlinie) sowie die Nr. 10 des Abschnitts I des Teils B des Anhangs IV der Richtlinie 92/57/EG (sog. EG-Baustellenrichtlinie) in nationales Recht um (BR-Drs. 450/04, S. 33).

2   Die **Konkretisierung der allgemeinen arbeitsstättenrechtlichen Vorgaben** an Fahrtreppen und Fahrsteige erfolgt über die Technischen Regeln für Arbeitsstätten. Im Fokus des Interesses steht vorliegend die ASR A1.8 „Verkehrswege" (Ausgabe: November 2012, GMBl. S. 1210, zuletzt geändert durch GMBl. 2018 S. 473), vgl. Punkt 1 ASR A1.8. Die ASR gilt gemäß Punkt 2 S. 1 „für das Einrichten und Betreiben von Verkehrswegen inklusive Treppen, ortsfesten Steigleitern und Steigeisengängen, Laderampen sowie Fahrsteigen und Fahrtreppen." Sie gilt nicht für Zu- und Abgänge in, an und auf Arbeitsmitteln i. S. v. § 2 Abs. 1 BetrSichV oder für Fahrzeuge sowie dazugehörige Anhänger, die für die Beförderung von Personen und den Gütertransport bestimmt sind, Punkt 2 S. 2 ASR AA1.8. In den **„Begriffsbestimmungen"** in Punkt 3 ASR A1.8 werden u. a. auch die beiden Begriffe **„Fahrsteige"** (Punkt 3.24) und **„Fahrtreppen"** (Punkt 3.25) definiert.

3   **Inhaltlich** zielt die Nr. 1.9 des Anhangs der ArbStättV darauf ab, dass Fahrtreppen und Fahrsteige sicher sind, wobei sich der Aspekt der Sicherheit zum einen auf das Funktionieren und zum anderen zum und zum anderen auf die Benutzbarkeit bezieht. Im Unterschied zu Nr. 1.10 Abs. 3 des Anhangs der ArbStättV wird in diesem Zusammenhang nicht zugleich das Erfordernis der einfachen Benutzbarkeit statuiert. Wesentliche Bedeutung für die Gewährleistung der Sicherheit in diesem Sinne soll **Notbefehlseinrichtungen und notwendigen Sicherheitsvorrichtungen** zukommen. **Fahrsteige** sind gemäß Punkt 3.24 ASR A1.8 „kraftbetriebene Anlagen mit umlaufenden stufenlosen Bändern zur Beförderung von Personen zwischen zwei gleicher oder unterschiedlicher Höhe liegenden Verkehrsebenen." **Fahrtreppen** wiederum sind gemäß Punkt 3.25 ASR A1.8 „kraftbetriebene Anlagen mit umlaufenden Stufenbändern zur Beförderung von Personen zwischen zwei auf unterschiedlicher Höhe liegenden Verkehrsebenen."

4   Punkt 4.8 ASR A1.8 befasst sich ausführlich mit dem Thema **„Fahrtreppen und Fahrsteige".** Im Übrigen sind die Anforderungen an den Betrieb von Fahrtreppen und Fahrsteigen gemäß Punkt 5 Abs. 9–11 ASR A1.8 zu beachten. Danach sind die Beschäftigten etwa durch geeignete Maßnahmen (z. B. Unterweisung, Sicherheitskennzeichnung und Aufschriften) auf die besonderen Gefährdungen bei der Benutzung von Fahrtreppen und Fahrsteigen hinzuweisen, Punkt 5 Abs. 10 ASR A1.8. Der sichere Betrieb namentlich von Fahrtreppen und Fahrsteigen muss gemäß Punkt 6 Abs. 3 S. 1 ASR A1.8 „durch regelmäßige Funktionsprüfungen" gewährleistet werden (→ Nr. 1.11 Rn. 4).

1.10 Laderampen

(1) **Laderampen sind entsprechend den Abmessungen der Transportmittel und der Ladung auszulegen.**

(2) **Sie müssen mindestens einen Abgang haben; lange Laderampen müssen, soweit betriebstechnisch möglich, an jedem Endbereich einen Abgang haben.**

(3) [1]**Sie müssen einfach und sicher benutzbar sein.** [2]**Dazu gehört, dass sie nach Möglichkeit mit Schutzvorrichtungen gegen Absturz auszurüsten sind; das gilt insbesondere in Bereichen von Laderampen, die keine ständigen Be- und Entladestellen sind.**

In Nr. 1.10 des Anhangs der ArbStättV wird unverändert das **Recht der Laderampen** behandelt. **Ziel der Regelung** ist der Schutz der Beschäftigten gegen die Gefahr des Absturzes von Laderampen. Die Regelung basiert auf § 21 ArbStättV 1975, der sich mit „Laderampen" befasste, und setzt zugleich die Ziff. 12.1, 14.1–14.3 des Anhangs I der Richtlinie 89/654/EWG (sog. EG-Arbeitsstättenrichtlinie) sowie die Nrn. 10.1, 11.1–11.3 des Teils A des Anhangs IV der Richtlinie 92/57/EG (sog. EG-Baustellenrichtlinie) in nationales Recht um (vgl. BR-Drs. 450/04, S. 34). **1**

Die **Konkretisierung der allgemeinen arbeitsstättenrechtlichen** Vorgaben an Laderampen erfolgt durch die Technischen Regeln für Arbeitsstätten. Im Fokus des Interesses steht vorliegend die ASR A1.8 „Verkehrswege" (Ausgabe: November 2012, GMBl. S. 1210, zuletzt geändert durch GMBl. 2018 S. 473), vgl. Punkt 1 ASR A1.8. Die ASR gilt gemäß Punkt 2 S. 1 „für das Einrichten und Betreiben von Verkehrswegen inklusive Treppen, ortsfesten Steigleitern und Steigeisengängen, Laderampen sowie Fahrsteigen und Fahrtreppen." Sie gilt nicht für Zu- und Abgänge in, an und auf Arbeitsmitteln i. S. v. § 2 Abs. 1 BetrSichV und für Fahrzeuge sowie dazugehörige Anhänger, die für die Beförderung von Personen und den Gütertransport bestimmt sind, Punkt 2 S. 2 ASR AA1.8. In den **„Begriffsbestimmungen"** in Punkt 3 ASR A1.8 wird u. a. auch der **Begriff der Laderampe** (Punkt 3.22) definiert. **2**

Die Nr. 1.10 des Anhangs der ArbStättV befasst sich mit der **Auslegung von Laderampen** (Abs. 1), mit ihren **Abgängen** (Abs. 2) und ihrer sicheren und einfachen **Benutzbarkeit** (Abs. 3). Damit, dass die Laderampen „entsprechend den transportierten Lasten" auszulegen sind, reagierte der Verordnungsgeber beim Erlass der ArbStättV 2004 auf die **zuvor unzureichende Umsetzung europarechtlicher Vorgaben.** Konkret ging es insoweit um die Ziff. 14.1 des Anhangs I der Richtlinie 89/654/EWG und die Nr. 11.1 des Teils A des Anhangs IV der Richtlinie 92/57/EG (BR-Drs. 450/04, S. 34). Zur **Benutzbarkeit in diesem Sinne** rechnet insbesondere die **Ausrüstung mit Schutzvorrichtungen gegen Absturz. Laderampen** sind gemäß Punkt 3.22 ASR A1.8 „bauliche Einrichtungen für das Be- und Entladen von Fahrzeugen. Laderampen sind erhöhte horizontale Flächen, um das Be- und Entladen ohne große Höhenunterschiede zu ermöglichen. Andockstationen sind keine Laderampen im Sinne dieser Definition." **3**

Punkt 4.7 ASR A1.8 befasst sich mit **„Laderampen"** im Allgemeinen und mit der **Breite von Laderampen** im Besonderen (Abs. 1, 2). Das **Thema der Abgänge** wird in den Abs. 3, 4 behandelt. Was schließlich **etwaige Absturzrisiken** **4** anbelangt, sieht Punkt 4.7 Abs. 5 ASR A1.8 die Ausstattung mit Umwehrungen (vorzugsweise Geländer) für bestimmte Verkehrsbereiche wie z. B. Laderampenkanten oder Treppenzugänge vor.

1.11 Steigleitern, Steigeisengänge

[1]Steigleitern und Steigeisengänge müssen sicher benutzbar sein. [2]Dazu gehört, dass sie
a) **nach Notwendigkeit über Schutzvorrichtungen gegen Absturz, vorzugsweise über Steigschutzeinrichtungen verfügen,**
b) **an ihren Austrittsstellen eine Haltevorrichtung haben,**
c) **nach Notwendigkeit in angemessenen Abständen mit Ruhebühnen ausgerüstet sind.**

1   Seit 2004 unverändert befasst sich die Nr. 1.11 des Anhangs der ArbStättV mit **Steigleitern und Steigeisengängen. Ziel der Regelung** ist der Schutz der Beschäftigten gegen die Gefahr des Abstürzens, Ausgleitens oder Abrutschens bei der Benutzung dieser Einrichtungen. Historisch knüpft die Nr. 1.11 des Anhangs der ArbStättV an § 20 ArbStättV 1975 („Steigleitern, Steigeisengänge") an, indem deren Inhalte „in Form flexibler Schutzziele" zusammengefasst wurden (BR-Drs. 450/04, S. 34). Europarechtlich werden Ziff. 12.1 des Anhangs I der Richtlinie 89/654/EWG (sog. EG-Arbeitsstättenrichtlinie) und Nr. 10.1 des Teils A des Anhangs IV der Richtlinie 92/57/EG (sog. EG-Baustellenrichtlinie) in nationales Recht umgesetzt (BR-Drs. 450/04, S. 34).

2   Die **Konkretisierung der allgemeinen arbeitsstättenrechtlichen Vorgaben** an Steigleitern und Steigeisengänge erfolgt durch die Technischen Regeln für Arbeitsstätten. Im Fokus des Interesses steht vorliegend die ASR A1.8 „Verkehrswege" (Ausgabe: November 2012, GMBl. S. 1210, zuletzt geändert durch GMBl. 2018 S. 473), vgl. Punkt 1 ASR A1.8. Die ASR gilt gemäß Punkt 2 S. 1 „für das Einrichten und Betreiben von Verkehrswegen inklusive Treppen, ortsfesten Steigleitern und Steigeisengängen, Laderampen sowie Fahrsteigen und Fahrtreppen." Sie gilt nicht für Zu- und Abgänge in, an und auf Arbeitsmitteln i. S. v. § 2 Abs. 1 BetrSichV und für Fahrzeuge sowie dazugehörige Anhänger, die für die Beförderung von Personen und den Gütertransport bestimmt sind, Punkt 2 S. 2 ASR AA1.8. In den **„Begriffsbestimmungen"** in Punkt 3 ASR A1.8 werden u. a. die Begriffe **„Steigeisen"** (Punkt 3.12), **„Steigeisengänge"** (Punkt 3.13) und **„Steigleitern"** (Punkt 3.14) definiert.

3   Gemäß S. 1 müssen Steigleitern und Steigeisengänge „sicher benutzbar sein". Im Unterschied zu Nr. 1.10 Abs. 3 des Anhangs der ArbStättV wird in diesem Zusammenhang nicht zugleich das Erfordernis der einfachen Benutzbarkeit statuiert. In S. 2 wird sodann konturiert, welche Voraussetzungen in jedem Fall erfüllt sein müssen, damit von der sicheren Benutzbarkeit auszugehen ist. Aufgrund des Wortlauts der Nr. 1.11 S. 2 des Anhangs der ArbStättV besteht freilich kein Zweifel daran, dass im Einzelfall weitere Voraussetzungen zu erfüllen sein können, um die betreffenden Anforderungen zu erfüllen. **Steigleitern** sind gemäß Punkt 3.14 ASR A1.8 „senkrecht oder nahezu senkrecht ortsfest angebrachte Leitern, bestehend aus zwei Seitenholmen mit dazwischen liegenden Sprossen oder einem Mittelholm, an dem beidseitig höhengleich Sprossen angebracht sind." **Steigeisengänge** wiederum werden gemäß Punkt 3.13 ASR A.18 „durch ein- oder zweiläufig übereinander angeordnete Steigeisen gebildet."

Steigeisengänge und Steigleitern sind gemäß Punkt 4.6.1 Abs. 1 S. 1, 2 ASR   **4**
A1.8 nur zulässig, wenn entweder der Einbau einer Treppe betriebstechnisch nicht
möglich ist oder sie nur gelegentlich von einer geringen Anzahl unterwiesener Be-
schäftigten z. B. zu Wartungsarbeiten genutzt werden. Was die zuletzt genannte Alternative anbetrifft, muss sich die Lösung auf das Ergebnis der Gefährdungsbeurtei-
lung gemäß § 3 ArbStättV zurückführen lassen, Punkt 4.61 Abs. 1 S. 2 ASR A1.8.
In Punkt 4.6.2 ASR A1.8 werden „**Gestaltung und Einbau**" von Steigeisen und
Steigleitern behandelt. Sodann folgen Regelungen zu den „**Einrichtungen zum
Schutz gegen Absturz**" in Punkt 4.6.3 ASR A1.8. Hervorzuheben ist sodann
Punkt 5 Abs. 8 ASR A1.8, der spezifische Sicherheitsvorgaben für den „Transport
von Lasten über Steigleitern und Steigeisengänge" aus der Taufe hebt. Der sichere
Betrieb namentlich von Steigleitern und Steigeisengängen muss gemäß Punkt 6
Abs. 3 S. 1 ASR A1.8 „durch regelmäßige Funktionsprüfungen" gewährleistet wer-
den (→ Nr. 1.9 Rn. 4).

2 Maßnahmen zum Schutz vor besonderen Gefahren

Unverändert regelt die Nr. 2 des Anhangs der ArbStättV ausweislich ihrer Über-   **1**
schrift „Maßnahmen zum Schutz vor besonderen Gefahren". Konkret wird in
diesem Zusammenhang zunächst der „Schutz vor Absturz und herabfallenden Gegenständen, Betreten von Gefahrenbereichen" (Nr. 2.1) geregelt, bevor die „Maßnahmen gegen Brände" (Nr. 2.2) und die „Fluchtwege und Notausgänge" (Nr. 2.3)
in den Fokus des Interesses rücken.
Laut Verordnungsbegründung werden in der Nr. 2 des Anhangs der ArbStättV
„technische und organisatorische Maßnahmen beschrieben, die den Schutz der Beschäftigten vor besonderen arbeitsstättenspezifischen Gefährdungen zum Ziel haben" (BR-Drs. 450/04, S. 34).
Die Vorgaben aus Nr. 2 des Anhangs der ArbStättV wurden im Rahmen der   **2**
jüngsten Reform des Arbeitsstättenrechts in Gestalt von Art. 1 der Verordnung zur
Änderung von Arbeitsschutzverordnungen vom 30.11.2016 (BGBl. I 2016 S. 2681,
ber. 2017 S. 2839) bereits zum zweiten Mal seit 2004 verändert, wobei die zuletzt
erfolgte Änderung allein die Nr. 2.1 des Anhangs der ArbStättV betraf. Zuvor
brachte Art. 4 der Verordnung zur Umsetzung der Richtlinie 2006/25/EG zum
Schutz der Arbeitnehmer vor Gefährdungen durch künstliche Strahlung und zur
Änderung von Arbeitsschutzverordnungen vom 19.7.2010 (BGBl. I 2010 S. 960)
kaum spürbare Änderungen in den Nrn. 2.2 und 2.3 des Anhangs der ArbStättV
mit sich.
Die **Leitlinien zur Arbeitsstättenverordnung,** die vom **Länderausschuss**   **3**
für Arbeitsschutz und Sicherheitstechnik (LASI) herausgegeben werden, befassen sich nicht mit jenen Inhalten, die in Nr. 2 des Anhangs der ArbStättV niedergelegt sind.

2.1 Schutz vor Absturz und herabfallenden Gegenständen, Betreten von Gefahrenbereichen

(1) [1]**Arbeitsplätze und Verkehrswege, bei denen eine Absturzgefahr für
Beschäftigte oder die Gefahr des Herabfallens von Gegenständen besteht,
müssen mit Schutzvorrichtungen versehen sein, die verhindern, dass Be-**

schäftigte abstürzen oder durch herabfallende Gegenstände verletzt werden können. [2]Sind aufgrund der Eigenart des Arbeitsplatzes oder der durchzuführenden Arbeiten Schutzvorrichtungen gegen Absturz nicht geeignet, muss der Arbeitgeber die Sicherheit der Beschäftigten durch andere wirksame Maßnahmen gewährleisten. [3]Eine Absturzgefahr besteht bei einer Absturzhöhe von mehr als 1 Meter.

(2) Arbeitsplätze und Verkehrswege, die an Gefahrenbereiche grenzen, müssen mit Schutzvorrichtungen versehen sein, die verhindern, dass Beschäftigte in die Gefahrenbereiche gelangen.

(3) [1] Die Arbeitsplätze und Verkehrswege nach den Absätzen 1 und 2 müssen gegen unbefugtes Betreten gesichert und gut sichtbar als Gefahrenbereich gekennzeichnet sein. [2]Zum Schutz derjenigen, die diese Bereiche betreten müssen, sind geeignete Maßnahmen zu treffen.

1   Nr. 2.1 des Anhangs der ArbStättV befasst sich mit dem Schutz vor Absturz und herabfallenden Gegenständen sowie dem Betreten von Gefahrenbereichen. Mit der Bestimmung wurde 2004 der zuvor geltende § 12 ArbStättV 1975 („Schutz gegen Absturz und herabfallende Gegenstände") übernommen (BR-Drs. 450/04, S. 34). Zugleich dient die Regelung in Nr. 2.1 dés Anhangs der ArbStättV der Umsetzung von Ziff. 12.5 des Anhangs I der Richtlinie 89/654/EWG (sog. EG-Arbeitsstättenrichtlinie) einerseits und von Nr. 10.4 des Teils A des Anhangs IV der Richtlinie 92/57/EG (sog. EG-Baustellenrichtlinie) sowie der Nrn. 5, 10.1 lit. b), 14.1 des Abschnitts II des Teils B des Anhangs IV der Richtlinie 92/57/EG andererseits.

Die Nr. 2.1 des Anhangs der ArbStättV wurde durch die Reform des Arbeitsstättenrechts im Jahr 2016 **umfangreich modifiziert** (siehe zum europarechtlichen Hintergrund auch *Wiebauer* NZA 2017, 220, 221). So wurden zum einen mit Abs. 1 S. 2, 3 neue Sätze eingefügt. Zum anderen wurden die bisherigen Inhalte neu strukturiert, sodass es nun die Abs. 1–3 gibt, wohingegen zuvor nur ein Absatz existierte (vgl. zum Ganzen Art. 1 der Verordnung zur Änderung von Arbeitsschutzverordnungen vom 30.11.2016 (BGBl. I 2016 S. 2681, ber. 2017 S. 2839).

2   Die **Konkretisierung der allgemeinen arbeitsstättenrechtlichen Vorgaben** an den Schutz vor Absturz und herabfallenden Gegenständen erfolgt durch die **Technischen Regeln für Arbeitsstätten (ASR)**. Im Fokus des Interesses steht vorliegend die ASR A2.1 „Schutz vor Absturz und herabfallenden Gegenständen, Betreten von Gefahrenbereichen" (Ausgabe: November 2012, GMBl. S. 1220, zuletzt geändert durch GMBl. 2018 S. 473), vgl. Punkt 1 ASR A2.1. Die ASR A2.1 gilt zum Schutz der Beschäftigten „vor Absturz und vor herabfallenden Gegenständen sowie für das Betreten von Dächern oder Gefahrenbereichen." In den **„Begriffsbestimmungen"** in Punkt 3 ASR A2.1 wird u. a. der zentrale Begriff des Absturzes (Punkt 3.1) definiert.

3   **Inhaltlich** regelt Abs. 1 das Erfordernis von Schutzvorrichtungen im Falle von Absturzgefahren. Gemäß Punkt 3.1 ASR A2.1 ist ein **Absturz** „das Herabfallen von Personen auf eine tiefer gelegene Fläche oder einen Gegenstand" ist. Als **Absturz** soll danach zudem „das Durchbrechen durch eine nicht tragfähige Fläche oder das Hineinfallen und das Versinken in flüssigen oder körnigen Stoffen" gelten. Sodann sind Schutzvorrichtungen auch dann erforderlich, wenn Arbeitsplätze und Verkehrswege an Gefahrenbereiche grenzen (Abs. 2). Abschließend werden Kennzeichnungspflichten in Bezug auf die betreffenden Arbeitsplätze und Verkehrswege aus der Taufe gehoben, die dezidiert als Gefahrenbereiche auszuweisen sind (Abs. 3).

Was die **zentrale Regelung** in Nr. 2.1 Abs. 1 S. 1 des Anhangs der ArbStättV zu **4** den **Schutzvorrichtungen im Falle bestehender Absturzgefahren** anbetrifft, war diese bereits seit 2004 Gegenstand der ArbStättV. Sie war indes bis zum Jahr 2016 mit jenem Regelungsinhalt in einem Satz verbunden, der nunmehr separat in Nr. 2.1 Abs. 2 des Anhangs der ArbStättV Eingang gefunden hat (siehe auch → Rn. 1).

Durch den **neuen Abs. 1 S. 2** wiederum soll dem Umstand Rechnung getragen werden, „dass es auch Arbeitsplätze gibt, für die fest installierte Schutzvorrichtungen zum Schutz vor Absturz der Beschäftigten nicht möglich oder nicht geeignet sind" (BR-Drs. 506/16, S. 31). So können etwa an Bundeswasserstraßen Arbeiten an Uferböschungen oder auch direkt am Wasser durchzuführen sein (z. B. der Einbau von Schüttsteinen oder die Reparaturen an Spundwandufern), wobei in diesen Arbeitsbereichen feste Absturzsicherungen typischerweise nicht vorhanden oder auch nicht geeignet sind. Aus diesem Grund ist der jeweilige Arbeitgeber verpflichtet, „auf der Grundlage der Gefährdungsbeurteilung andere, ebenso wirksame Maßnahmen zum Schutz der Beschäftigten" durchzuführen. In Betracht kommen in solchen Fällen z. B. Anseilschutz oder Rettungswesten. Die Beschäftigten sind gemäß § 6 ArbStättV „über die geeigneten und festgelegten Maßnahmen zu unterweisen" (zum Ganzen BR-Drs. 506/16, S. 31).

Die Regelung in Nr. 2.1 Abs. 1 S. 2 des Anhangs der ArbStättV ist zusätzlich **5** auch auf **Arbeitsplätze auf Baustellen** anwendbar. Vor diesem Hintergrund wird mit der 2016 neu eingefügten Vorgabe auch Nr. 5.2 des Abschnitts II des Teils B des Anhangs IV der Richtlinie 92/57/EG in nationales Recht umgesetzt (zum Ganzen BR-Drs. 506/16, S. 31 f.).

Neu ist auch die Bestimmung in Nr. 2.1 Abs. 1 S. 3 des Anhangs der ArbStättV. **6** Danach wird arbeitsstättenrechtlich festgelegt, dass eine rechtlich relevante Absturzgefahr bei einer Absturzhöhe von mehr als einem Meter bestehen soll. In der Verordnungsbegründung wird in diesem Zusammenhang darauf hingewiesen, dass diese Einschätzung auf den Ausschuss für Arbeitsstätten (ASTA) zurückzuführen sei. Ab der betreffenden Höhe müsse der Arbeitgeber daher mittels „der Gefährdungsbeurteilung prüfen, ob Maßnahmen gegen Absturz der Beschäftigten erforderlich sind" (BR-Drs. 506/16, S. 32).

Punkt 4 ASR A2.1 regelt die „Beurteilung der Gefährdungen und Rangfolge **7** der Schutzmaßnahmen" im Zusammenhang mit Absturz und herabfallenden Gegenständen sowie die Rangfolge der vom Arbeitgeber aufgrund des **Ergebnisses der Gefährdungsbeurteilung** festzulegenden Schutzmaßnahmen. Danach sind zunächst die Gefährdungen für die Beschäftigten zu ermitteln und zu beurteilen, wobei in Punkt 4.1 Abs. 1 ASR A2.1 **Kriterien wie z. B. die Absturzhöhe oder der Abstand von der Absturzkante** vorgegeben sind, die mindestens Berücksichtigung finden sollen. Was unter einer **Absturzkante,** d. h. einer Kante, über die Beschäftigte abstürzen können, konkret zu verstehen sein soll, ist in Punkt 3.2 ASR A2.1 näher geregelt. Die Liste der Kriterien ist damit ersichtlich nicht abschließend. Im Anschluss daran geht es um die „Rangfolge der Maßnahmen zum Schutz vor Absturz" in Punkt 4.2 ASR A2.1, wonach bauliche und technische Maßnahmen Vorrang vor organisatorischen und individuellen Schutzmaßnahmen haben sollen. Der Fokus soll bei der Rangfolge der Maßnahmen stets zunächst auf den **Absturzsicherungen** liegen, wobei eine Absturzsicherung gemäß Punkt 3.5 ASR A2.1 „eine zwangsläufig wirksame Einrichtung [ist], die einen Absturz auch ohne bewusstes Mitwirken der Beschäftigten verhindert". Exemplarisch werden in diesem Zusammenhang Umwehrungen und Abdeckungen genannt.

Die „Maßnahmen zum Schutz vor Absturz" sind sodann in Punkt 5 ASR A2.1 geregelt. Dazu gehören Sicherheitsmaßnahmen mit Blick auf Absturzkanten (Punkt 5.1 ASR A2.1), Bodenöffnungen (Punkt 5.2 ASR A2.1) und Wandöffnungen (Punkt 5.3 ASR A2.1) sowie geeignete Maßnahmen (z. B. Ketten oder Seile) und eine gut sichtbare Kennzeichnung der Gefahrenbereiche von Arbeitsplätzen und Verkehrswegen, bei denen der Abstand mehr als 2,0 m zur Absturzkante beträgt, (Punkt 5.4 ASR A2.1). In Punkt 6 ASR A2.1 werden die „Maßnahmen zum Schutz vor herabfallenden Gegenständen" getroffen, wobei ein besonderes Augenmerk auf dem „Gefahrenbereich herabfallende Gegenstände" liegt (Punkt 6.1 ASR A2.1). Abgeschlossen werden die spezifischen Vorgaben der ASR A2.1 mit Arbeitsplätzen und Verkehrswegen auf Dächern (Punkt 7) einerseits, wobei der Aspekt nicht-durchtrittsicherer Dächer und Bauteile besonders geregelt ist (Punkt 7.1), und abweichenden bzw. ergänzenden Anforderungen an Baustellen (Punkt 8) andererseits. Die baustellenbezogenen Anforderungen reichen bis zur Punkt 8.4 ASR A2.1 mit dem **„Schutz gegen herabfallende Gegenstände".**

2.2 Maßnahmen gegen Brände

(1) **Arbeitsstätten müssen je nach**
a) **Abmessung und Nutzung,**
b) **der Brandgefährdung vorhandener Einrichtungen und Materialien,**
c) **der größtmöglichen Anzahl anwesender Personen**
mit einer ausreichenden Anzahl geeigneter Feuerlöscheinrichtungen und erforderlichenfalls Brandmeldern und Alarmanlagen ausgestattet sein.

(2) **Nicht selbsttätige Feuerlöscheinrichtungen müssen als solche dauerhaft gekennzeichnet, leicht zu erreichen und zu handhaben sein.**

(3) **Selbsttätig wirkende Feuerlöscheinrichtungen müssen mit Warneinrichtungen ausgerüstet sein, wenn bei ihrem Einsatz Gefahren für die Beschäftigten auftreten können.**

1   Die Nr. 2.2 des Anhangs der ArbStättV befasst sich mit „Maßnahmen gegen Brände". **Ziel der Regelung** ist der Schutz der Beschäftigten vor Gefährdungen durch Brände. Die Bestimmung, mit der ein vorbeugender Schutz der Beschäftigten vor Brandgefahren sichergestellt werden soll, knüpft an § 13 ArbStättV 1975 („Schutz gegen Entstehungsbrände") an und setzt Ziff. 5 des Anhangs I der Richtlinie 89/654/EWG (sog. EG-Arbeitsstättenrichtlinie) sowie Nr. 4 des Teils A des Anhangs IV der Richtlinie 92/57/EG (sog. EG-Baustellenrichtlinie) in nationales Recht um (vgl. BR-Drs. 450/04, S. 34).

Die **Überschrift** der Nr. 2.2 des Anhangs der ArbStättV wurde durch Art. 4 der Verordnung zur Umsetzung der Richtlinie 2006/25/EG zum Schutz der Arbeitnehmer vor Gefährdungen durch künstliche optische Strahlung und zur Änderung von Arbeitsschutzverordnungen vom 19.7.2010 (BGBl. I 2010 S. 960) geändert, wobei es sich insoweit um eine redaktionelle Anpassung **zum Zwecke des besseren Verständnisses** handeln sollte (BR-Drs. 262/10, S. 29). Zuvor hieß die entsprechende Überschrift noch „Schutz vor Entstehungsbränden" und war damit noch enger mit der Überschrift des § 13 ArbStättV 1975 verzahnt.

2   Die **Konkretisierung der allgemeinen arbeitsstättenrechtlichen Vorgaben** an die „Maßnahmen gegen Brände" erfolgt durch die **Technischen Regeln für Arbeitsstätten (ASR).** Im Fokus des Interesses steht vorliegend die erst kürzlich veröffentlichte ASR A2.2 „Maßnahmen gegen Brände" (Ausgabe: Mai 2018, GMBl. 2018 S. 446), vgl. Punkt 1 ASR A2.2. Die ASR A2.2 gilt gemäß Punkt 2 Abs. 1 „für das Einrichten und Betreiben von Arbeitsstätten mit Feuerlöscheinrichtungen sowie für weitere Maßnahmen zur Erkennung, Alarmierung sowie Bekämpfung von Entstehungsbränden." In den **„Begriffsbestimmungen"** in Punkt 3 ASR A2.2 werden u. a. die Begriffe **„Brandgefährdung"** (Punkt 3.1), **„Entstehungsbrände"** (Punkt 3.4) oder **„Feuerlöscheinrichtungen"** (Punkt 3.6) definiert.

Inhaltlich befasst sich die Nr. 2.2 ASR A2.2 zunächst mit der Anzahl insbesondere geeigneter Feuerlöscheinrichtungen (Abs. 1), bevor die Anforderungen an nicht-selbsttätige (Abs. 2) sowie selbsttätig wirkende Feuerlöscheinrichtungen (Abs. 3) in den Fokus des Interesses rücken. **Feuerlöscheinrichtungen** sind gemäß Punkt 3.6 ASR A2.2 „tragbare oder fahrbare Feuerlöscher, Wandhydranten und weitere handbetriebene Geräte zur Bekämpfung von Entstehungsbränden". **3**

Konturiert werden die Anforderungen aus Nr. 2.2 des Anhangs der ArbStättV durch Punkt 4 ASR A2.2, der im Anschluss an die Begriffsbestimmungen (→ Rn. 2) die **„Eignung von Feuerlöschern und Löschmitteln"** regelt. Darauf wiederum folgt das Regelungsregime für die **„Ausstattung für alle Arbeitsstätten"** (Punkt 5 ASR A2.2), welches sich zunächst mit den erforderlichen Einrichtungen zur **„Branderkennung und Alarmierung"** auseinandersetzt, Punkt 5.1 ASR A2.2. In Punkt 5.2 ASR A2.2 wird sodann im Kapitel über die **„Grundausstattung mit Feuerlöscheinrichtungen"** insbesondere statuiert, welche **Anzahl von Feuerlöscheinrichtungen** bereitzustellen ist. Zugleich werden die **„Anforderungen an die Bereitstellung von Feuerlöscheinrichtungen"** in Punkt 5.3 ASR A2.2 geregelt. Danach sind Feuerlöscher z. B. „gut sichtbar und leicht erreichbar" in Arbeitsstätten anzubringen. Im Anschluss daran wird die **„Ausstattung von Arbeitsstätten mit erhöhter Brandgefährdung"** in Punkt 6 ASR A2.2 geregelt, wobei sich Punkt 6.1 ASR A2.2 mit der **„Feststellung der erhöhten Brandgefährdung"** befasst und Punkt 6.2 ASR A2.2 die zusätzlichen Maßnahmen bei erhöhter Brandgefährdung regelt. Die **„Organisation des betrieblichen Brandschutzes"** ist Gegenstand des Punkts 7 ASR A2.2, wobei die organisatorischen Brandschutzmaßnahmen in Punkt 7.1 ASR A2.2, die **„Unterweisung"** in Punkt 7.2 ASR A2.2, die **„Brandschutzhelfer"** (Punkt 7.3 ASR A2.2), die Brandschutzbeauftragten (Punkt 7.4) und **„Instandhaltung und Prüfung"** (Punkt 7.5 ASR A2.2) in Bezug genommen werden. Was die **Brandschutzhelfer** anbetrifft, bei denen es sich gemäß Punkt 3.9 ASR A2.2 um die Beschäftigten handelt, „die der Arbeitgeber für Aufgaben der Brandbekämpfung bei Entstehungsbränden benannt hat", muss der Arbeitgeber „eine ausreichende Anzahl von Beschäftigten durch Unterweisung und Übung im Umgang mit Feuerlöscheinrichtungen zur Bekämpfung von Entstehungsbränden vertraut" machen, Punkt 7.3 Abs. 1 ASR A2.2. Maßgeblich ist für die Bestimmung der notwendigen Anzahl gemäß Punkt 7.3 Abs. 2 ASR A2.2 die **Gefährdungsbeurteilung**, wobei regelmäßig ein **Anteil von 5% der Beschäftigten ausreichen soll. Brandschutzbeauftragte** wiederum sind gemäß Punkt 3.10 ASR A2.2 „Personen, die vom Arbeitgeber bestellt werden und ihn zu Themen des betrieblichen Brandschutzes beraten und unterstützen." Im Falle einer ermittelten erhöhten Brandgefährdung „kann die Benennung eines Brandschutzbeauftragten zweckmäßig sein", Punkt 7.4 S. 1 ASR A2.2. In Punkt 8 ASR A2.2 schließlich werden abweichende/ergänzende Anforderungen für Baustellen aufgestellt. **4**

Gesetzessystematisch ist die Nr. 2.2 des Anhangs der ArbStättV ganz generell auch im Zusammenhang mit § 6 Abs. 3 ArbStättV zu lesen; denn dort werden **5**

brandspezifische Themen unter dem Aspekt der Unterweisung geregelt
(→ § 6 Rn. 24 ff.).

2.3 Fluchtwege und Notausgänge

(1) [1]Fluchtwege und Notausgänge müssen

a) sich in Anzahl, Anordnung und Abmessung nach der Nutzung, der Einrichtung und den Abmessungen der Arbeitsstätte sowie nach der höchstmöglichen Anzahl der dort anwesenden Personen richten,

b) auf möglichst kurzem Weg ins Freie oder, falls dies nicht möglich ist, in einen gesicherten Bereich führen,

c) in angemessener Form und dauerhaft gekennzeichnet sein.

[2]Sie sind mit einer Sicherheitsbeleuchtung auszurüsten, wenn das gefahrlose Verlassen der Arbeitsstätte für die Beschäftigten, insbesondere bei Ausfall der allgemeinen Beleuchtung, nicht gewährleistet ist.

(2) [1]Türen im Verlauf von Fluchtwegen oder Türen von Notausgängen müssen

a) sich von innen ohne besondere Hilfsmittel jederzeit leicht öffnen lassen, solange sich Beschäftigte in der Arbeitsstätte befinden

b) in angemessener Form und dauerhaft gekennzeichnet sein.

[2]Türen von Notausgängen müssen sich nach außen öffnen lassen. [3]In Notausgängen, die ausschließlich für den Notfall konzipiert und ausschließlich im Notfall benutzt werden, sind Karussell- und Schiebetüren nicht zulässig.

1   Nr. 2.3 des Anhangs der ArbStättV enthält Vorgaben für „Fluchtwege und Notausgänge". Die Bestimmung orientiert sich an § 19 ArbStättV 1975, der „Zusätzliche Anforderungen an Rettungswege" statuierte, und setzt zugleich Ziff. 4 des Anhangs I der Richtlinie 89/654/EWG (sog. EG-Arbeitsstättenrichtlinie) sowie Nr. 3 des Teils A des Anhangs IV der Richtlinie 92/57/EG (sog. EG-Baustellenrichtlinie) in nationales Recht um (vgl. BR-Drs. 450/04, S. 34). Der frühere arbeitsstättenrechtliche Begriff des Rettungswegs ist 2004 durch den Begriff des Fluchtwegs ersetzt worden.

Die Bestimmung blieb seit 2004 weitgehend unverändert. Allein die Nr. 2.3 Abs. 2 S. 3 des Anhangs der ArbStättV wurde im Jahr 2010 durch Art. 4 der Verordnung zur Umsetzung der Richtlinie 2006/25/EG zum Schutz der Arbeitnehmer vor Gefährdungen durch künstliche Strahlung und zur Änderung von Arbeitsschutzverordnungen vom 19.7.2010 (BGBl. I 2010 S. 960) leicht modifiziert (→ Rn. 8).

2   Die **Konkretisierung der allgemeinen arbeitsstättenrechtlichen Vorgaben** an die „Maßnahmen gegen Brände" erfolgt durch die **Technischen Regeln für Arbeitsstätten (ASR).** Im Fokus des Interesses steht vorliegend die ASR A2.3 „Fluchtwege und Notausgänge, Flucht- und Rettungsplan" (Ausgabe: August 2007, GMBl. S. 902, zuletzt geändert durch GMBl. 2017 S. 8), vgl. Punkt 1 ASR A2.3. Die ASR A2.3 gilt gemäß Punkt 2 S. 1, 2 „für das Einrichten und Betreiben von Fluchtwegen sowie Notausgängen in Gebäuden und vergleichbaren Einrichtungen, zu denen Beschäftigte im Rahmen ihrer Arbeit Zugang haben, sowie für das Erstellen von Flucht- und Rettungsplänen und das Üben entsprechend dieser Pläne. Dabei ist die Anwesenheit von anderen Personen zu berücksichtigen." Im

Anschluss daran wird geregelt, in welchen Fällen die ASR A2.3 nicht gelten soll (z. B. für das Einrichten und Betreiben von „nicht allseits umschlossenen und im Freien liegenden Arbeitsstätten", lit. a)). In den **„Begriffsbestimmungen"** in Punkt 3 ASR A2.3 werden u. a. die Begriffe **„Fluchtwege"** (Punkt 3.1), **„Notausgang"** (Punkt 3.6) oder **„Gesicherter Bereich"** (Punkt 3.5) definiert.

Inhaltlich befasst sich die Nr. 2.3 ASR A2.2 zunächst mit grundlegenden An- **3** forderungen an Fluchtwege und Notausgänge (Abs. 1), bevor die Türen im Verlauf von Fluchtwegen und von Notausgängen in den Fokus des Interesses gerückt werden (Abs. 2). **Fluchtwege** sind gemäß Nr. 3.1 ASR A2.3 „Verkehrswege, an die besondere Anforderungen zu stellen sind und die der Flucht aus einem möglichen Gefährdungsbereich und in der Regel zugleich der Rettung von Personen dienen. Fluchtwege führen ins Freie oder in einen gesicherten Bereich." Fluchtwege in diesem Sinne „sind auch die im Bauordnungsrecht definierten Rettungswege, sofern sie selbstständig begangen werden können." **Gesicherter Bereich** wiederum ist gemäß Nr. 3.5 ASR A2.3 „ein Bereich, in dem Personen vorübergehend vor einer unmittelbaren Gefahr für Leben und Gesundheit geschützt sind." In diesem Zusammenhang werden exemplarisch benachbarte Brandabschnitte oder notwendige Treppenräume genannt. Ein **Notausgang** ist schließlich gemäß Nr. 3.6 ASR A2.3 „ein Ausgang im Verlauf eines Fluchtweges, der direkt ins Freie oder in einen gesicherten Bereich führt."

Grundlegende Sicherheitsvorgaben in Bezug auf die Anzahl, Ausfüh- 4 rung und Gestaltung der Fluchtwege und Notausgänge (zu den Begriffen → Rn. 3) in der Arbeitsstätte werden in Abs. 1 aus der Taufe gehoben. Danach müssen sich Fluchtwege und Notausgänge gemäß S. 1 z. B. in ihrer Anzahl nach der Nutzung und der höchstmöglichen Anzahl der dort anwesenden Personen richten (lit. a)), auf möglichst kurzem Weg ins Freie führen (lit. b)) sowie in angemessener Form sowie dauerhaft gekennzeichnet sein (lit. c)). Eine **Kennzeichnung ist dauerhaft,** wenn sie unter normalen Umständen nicht entfernt werden kann, ohne Spuren zu hinterlassen (vgl. zur vergleichbaren Anforderungen an die CE-Kennzeichnung im Produktsicherheitsrecht Leitfaden für die Umsetzung der Produktvorschriften der EU 2016 („Blue Guide"), hrsg. v. der Europäischen Kommission, 2016, Abschnitt 4.5.1.4). S. 2 befasst sich im Anschluss daran mit **dem ggf. bestehenden Erfordernis einer Sicherheitsbeleuchtung.** Diese muss dann vorhanden sein, „wenn das gefahrlose Verlassen der Arbeitsstätte für die Beschäftigten (…) nicht gewährleistet ist". Was die Sicherheitsbeleuchtung anbelangt, spielt diese auch in Nr. 3.4 Abs. 7 des Anhangs der ArbStättV eine Rolle (→ Anh. Nr. 3.4 Rn. 14f.).

Die betreffenden Anforderungen aus Nr. 2.3 Abs. 1 des Anhangs der ArbStättV **5** werden durch die Punkte 4–8 ASR A2.3 mit Leben erfüllt. Zunächst regelt Punkt 4 ASR A2.3 **allgemeine Anforderungen („Allgemeines") an das Einrichten und Betreiben von Fluchtwegen und Notausgängen.** Aus der Gefährdungsbeurteilung kann in diesem Zusammenhang das Erfordernis folgen, einen zweiten Fluchtweg vorzusehen, und zwar in Abhängigkeit von den spezifischen Verhältnissen wie z. B. einer erhöhten Brandgefahr, Punkt 4 Abs. 5 ASR A2.3. **Aufzüge** wiederum sind als Teil des Fluchtwegs unzulässig, Punkt 4 Abs. 4 ASR A2.3. Punkt 5 ASR A2.3 befasst sich sodann mit der **Anordnung und Abmessung der Fluchtwege.** Die **Fluchtweglänge** muss danach möglichst kurz sein und darf maximal 35 m betragen, Punkt 5 Abs. 2 ASR A2.3. Für die **Festlegung der Mindestbreite der Fluchtwege** kommt es gemäß Punkt 5 Abs. 3 ASR A2.3 auf die höchstmögliche Anzahl der Personen an, die im Bedarfsfall den Fluchtweg benutzen. Insgesamt soll die Mindestbreite zwischen 0,875 m (bis 5 Personen im Einzugsgebiet) und 2,40 m (bis 400 Personen im Einzugsgebiet) betragen. In Punkt 6 ASR A2.3 werden spezifische Vorgaben für die **Ausführung von Fluchtwegen** gemacht. Danach dürfen Fluchtwege etwa **keine Ausgleichsstufen** aufweisen, Punkt 6 Abs. 7 S. 1 ASR A2.3. Die Anforderungen an die **Kennzeichnung der Flucht-wege, Notausgänge, Notausstiege und Türen** sind in Punkt 7 ASR A2.3 statu-iert, wohingegen Punkt 8 ASR A2.3 die **Ausstattung der Fluchtwege mit einer Sicherheitsbeleuchtung** vorsieht, wenn bei Ausfall der allgemeinen Beleuchtung das gefahrlose Verlassen der Arbeitsstätte nicht gewährleistet ist. Der „**Flucht- und Rettungsplan**" in Punkt 9 ASR A2.3 spielt hingegen bei der Konkretisierung der Anforderungen aus § 4 Abs. 4 ArbStättV eine hervorgehobene Rolle (→ § 4 Rn. 24 ff.). Die **abweichenden/ergänzenden Anforderungen an Baustellen** sind schließlich Gegenstand der Bestimmung in Punkt 10 ASR A2.3.

6   Was die **Kennzeichnung** anbelangt, müssen Fluchtwege gemäß Punkt 7.2 ASR A2.3 ggf. mit einem **optischen Sicherheitsleitsystem** ausgestattet sein. Voraus-setzung ist insoweit eine erhöhte Gefährdung aufgrund der örtlichen oder betrieb-lichen Bedingungen. Diese spezifische Gefährdung kann insbesondere bei großen zusammenhängenden oder mehrgeschossigen Gebäudekomplexen, bei einem ho-hen Anteil ortsunkundiger Personen oder einem hohen Anteil an Personen mit ein-geschränkter Mobilität vorliegen. Die **Anforderungen an die Ausführung und den Betrieb optischer Sicherheitsleitsysteme** sind in den Punkten 5 und 6 der ASR A3.4/7 „Sicherheitsbeleuchtung, optische Sicherheitsleitsysteme" (Ausgabe Mai 2009, GMBl. S. 684, zuletzt geändert durch GMBl. 2017 S. 400) geregelt.

7   Abs. 2 regelt die arbeitsstättenrechtlichen **Anforderungen an Türen im Ver-lauf von Fluchtwegen und Türen von Notausgängen.** Arbeitsstättenrechtlich gibt es danach **Vorgaben zum Öffnen der Türen ohne besondere Hilfsmittel von Innen** (S. 1 lit. a)) einerseits und zur **dauerhaften Kennzeichnung in an-gemessener Form** (S. 1 lit. b)) andererseits (zur Dauerhaftigkeit der Kennzeich-nung → Rn. 4). S. 2 befasst sich mit dem **Öffnen von Türen von Notausgängen nach außen.** Sog. **Karussell- und Schiebetüren** sind schließlich gemäß S. 3 bei solchen Notausgängen unzulässig, „die ausschließlich für den Notfall konzipiert und ausschließlich im Notfall benutzt werden".

Die **Konkretisierung** erfolgt durch Punkt 6 ASR 2.3, der sich mit dem Thema der „Ausführung" befasst. So müssen **manuell betätigte Türen in Notausgän-gen** in Fluchtrichtung aufschlagen (Abs. 1 S. 1), müssen sich **Türen im Verlauf von Fluchtwegen und Notausstiege** „leicht und ohne besondere Hilfsmittel öff-nen lassen, solange Personen im Gefahrenfalle auf die Nutzung des entsprechenden Fluchtweges angewiesen sind" (Abs. 3 S. 1) und müssen **verschließbare Türen und Tore** im Verlauf von Fluchtwegen „jederzeit von innen ohne besondere Hilfs-mittel leicht zu öffnen sein" (Abs. 4 S. 1). Sog. **Karussell- und Schiebetüren,** die ausschließlich manuell betätigt werden, sind gemäß Punkt 6 Abs. 2 S. 1 ASR A2.3 im Verlauf von Fluchtwegen unzulässig. **Automatische Türen und Tore** in die-sem Kontext dürfen generell „nicht in Notausgängen eingerichtet und betrieben werden, die ausschließlich für den Notfall konzipiert und ausschließlich im Notfall benutzt werden", Punkt 6 Abs. 2 S. 3 ASR A2.3.

8   Erst durch Art. 4 der Verordnung zur Umsetzung der Richtlinie 2006/25/EG zum Schutz der Arbeitnehmer vor Gefährdungen durch künstliche Strahlung und zur Änderung von Arbeitsschutzverordnungen vom 19.7.2010 (BGBl. I 2010 S. 960) wurde Nr. 2.3 Abs. 2 S. 3 neu gefasst und an den Wortlaut der Punkt 6 Abs. 2 S. 3 ASR A2.3 angepasst. Dahinter stand die Überlegung, die nationalen

arbeitsstättenrechtlichen Anforderungen insoweit an die Vorgaben der EG-Arbeitsstättenrichtlinie (→ Rn. 1) anzupassen; denn gemäß Ziff. 4.4 des Anhangs I der Richtlinie 89/654/EWG sind Schiebe- und Drehtüren „als Nottüren nicht zulässig". Das EG-Arbeitsstättenrecht kennt daneben freilich auch „Türen von Notausgängen" (Ziff. 4.4 des Anhangs I der Richtlinie 89/654/EWG) und „Türen im Verlauf von Fluchtwegen" (Ziff. 11.7 des Anhangs I der Richtlinie 89/654/EWG). Vor der arbeitsstättenrechtlichen Reform galt das entsprechende Verbot indes für sämtliche Notausgänge, sodass national strengere Anforderungen zu beachten waren. Von Seiten des Verordnungsgebers war es jedoch nie beabsichtigt, insoweit die europarechtlichen Vorgaben zu verschärfen (zum Ganzen BR-Drs. 262/1/10, S. 8).

Die ASR A2.3 konkretisiert im Übrigen auch § 4 Abs. 4 ArbStättV, vgl. Punkt 1 **9** ASR A2.3 (→ § 4 Rn. 25). Die betreffende Norm befasst sich mit den Vorkehrungen für die Flucht und Rettung im Gefahrenfall. Dies gilt namentlich für Punkt 9 ASR A2.3 mit seiner **detaillierten Regelung des Flucht- und Rettungsplans** (→ § 4 Rn. 31 ff.).

3 Arbeitsbedingungen

Nr. 3 des Anhangs der ArbStättV befasst sich mit den „Arbeitsbedingungen". Mit **1** diesem weiten Begriff werden die folgenden Aspekte erfasst: Erstens die „Bewegungsfläche" (Nr. 3.1), zweitens die „Anordnung der Arbeitsplätze" (Nr. 3.2), drittens die „Ausstattung" (Nr. 3.3), viertens die „Beleuchtung und Sichtverbindung" (Nr. 3.4), fünftens die „Raumtemperatur" (Nr. 3.5), sechstens die „Lüftung" (Nr. 3.6) und schließlich siebtens „Lärm" (Nr. 3.7).

Dieser Teil des arbeitsstättenrechtlichen Anhangs, der bereits Gegenstand der **2** ArbStättV 2004 war, erfuhr im Rahmen der Reform des Arbeitsstättenrechts im Jahr 2016 **erhebliche Veränderungen.** Modifikationen gab es freilich auch zuvor schon durch die Verordnung zur Umsetzung der Richtlinie 2006/25/EG zum Schutz der Arbeitnehmer vor Gefährdungen durch künstliche Strahlung und zur Änderung von Arbeitsschutzverordnungen vom 19.7.2010 (BGBl. I 2010 S. 960).

Insgesamt zwei Leitlinien (H3.4_1 und H3.4_2) aus den **Leitlinien zur Ar- 3 beitsstättenverordnung,** die vom **Länderausschuss für Arbeitsschutz und Sicherheitstechnik** (LASI) herausgegeben werden, befassen sich mit Inhalten, die in Nr. 3 des Anhangs der ArbStättV niedergelegt sind. Auf die Leitlinien soll bei der Kommentierung der betreffenden Inhalte näher eingegangen werden, wenn und soweit dies angezeigt ist.

3.1 Bewegungsfläche

(1) **Die freie unverstellte Fläche am Arbeitsplatz muss so bemessen sein, dass sich die Beschäftigten bei ihrer Tätigkeit ungehindert bewegen können.**

(2) **Ist dies nicht möglich, muss den Beschäftigten in der Nähe des Arbeitsplatzes eine andere ausreichend große Bewegungsfläche zur Verfügung stehen.**

Die Nr. 3.1 des Anhangs der ArbStättV regelt seit 2004 **ohne jede Änderung 1** die „Bewegungsfläche". Sie setzt auf § 24 ArbStättV 1975 auf („Bewegungsfläche am Arbeitsplatz") und dient zugleich der Umsetzung von Ziff. 15.2 des Anhangs I der Richtlinie 89/654/EWG (sog. EG-Arbeitsstättenrichtlinie). **Ziel der Regelung** ist die Gewährleistung einer ausreichenden Bewegungsfreiheit am Arbeitsplatz als Grundbedingung für „das Wohlbefinden der Beschäftigten am Arbeitsplatz" (zum Ganzen BR-Drs. 450/04, S. 35).

2   Die **Konkretisierung der allgemeinen arbeitsstättenrechtlichen Vorgaben** an die „Bewegungsfläche" erfolgt durch die **Technischen Regeln für Arbeitsstätten (ASR)**. Im Fokus des Interesses steht vorliegend die ASR A1.2 „Raumabmessungen und Bewegungsflächen" (Ausgabe: September 2013, GMBl. S. 910, zuletzt geändert durch GMBl. 2018 S. 471), vgl. Punkt 1 ASR A1.2. Die ASR A1.2 gilt gemäß Punkt 2 Abs. 1 für das Einrichten und Betreiben von Arbeitsräumen." In den **„Begriffsbestimmungen"** in Punkt 3 ASR A1.2 werden u. a. die Begriffe **„Bewegungsflächen"** (Punkt 3.1) und **„Bewegungsfreiraum"** (Punkt 3.2) definiert.

3   **Inhaltlich** befasst sich die Nr. 3.1 des Anhangs der ArbStättV zum einen mit der Bemessung der freien unverstellten Fläche am Arbeitsplatz (Abs. 1). Zum anderen regelt Abs. 2 sodann die Verpflichtung der Arbeitgeber zur Bereitstellung einer ausreichend großen Bewegungsfläche in der Nähe des Arbeitsplatzes für den Fall, dass dies am Arbeitsplatz selbst nicht möglich ist.

4   Abs. 1 verlangt, dass die „freie unverstellte Fläche am Arbeitsplatz" so bemessen ist, dass eine **ungehinderte Bewegung der Beschäftigten bei ihrer Tätigkeit** ohne Weiteres möglich ist. Der Rechtsbegriff des Arbeitsplatzes wird in § 2 Abs. 4 ArbStättV definiert. Danach sind **Arbeitsplätze** „Bereiche, in denen Beschäftigte im Rahmen ihrer Arbeit tätig sind." **Bewegungsflächen** sind gemäß Nr. 3.1 ASR A1.2 „zusammenhängende unverstellte Bodenflächen am Arbeitsplatz, die mindestens erforderlich sind, um den Beschäftigten bei ihrer Tätigkeit wechselnde Arbeitshaltungen sowie Ausgleichsbewegungen zu ermöglichen." Eng mit diesem Begriff verknüpft ist der Begriff des **Bewegungsfreiraums**. Insoweit soll es sich um den zusammenhängenden unverstellten Raum am Arbeitsplatz handeln, der mindestens erforderlich ist, um den Beschäftigten bei ihrer Tätigkeit wechselnde Arbeitshaltungen sowie Ausgleichsbewegungen zu ermöglichen, Punkt 3.2 ASR A1.2.

5   **Konkretisiert** wird diese allgemein gehaltene **Pflicht zur Bereitstellung einer ausreichenden Bewegungsfläche am Arbeitsplatz** aus Nr. 3.1 Abs. 1 des Anhangs der ArbStättV durch die Punkte 4ff. ASR A1.2. Gemäß Punkt 4 Abs. 2 ASR A1.2 muss **am Arbeitsplatz ausreichend Bewegungsfreiraum** vorhanden sein, sodass die Beschäftigten alle Arbeitsaufgaben erledigen können und nicht durch Einbauten, Einrichtungen oder sonstige Gegenstände in ihrer Bewegungsfreiheit eingeschränkt werden. Ausgangspunkt für die Ermittlung der Größe des notwendigen Bewegungsfreiraums sind gemäß Punkt 4.3 ASR A1.2 die **Körpermaße des Menschen**. In Punkt 5.1 ASR A1.2 werden sodann die **„Bewegungsflächen der Beschäftigten am Arbeitsplatz"** geregelt. Zum Zwecke der **Festlegung der Bewegungsfläche** sind zunächst „alle während der Tätigkeit einzunehmenden Körperhaltungen zu berücksichtigen", Punkt 5.1.1 Abs. 1 ASR A1.2. Im Anschluss daran wird festgelegt, dass die **Mindestgröße der Bewegungsfläche 1,50 m²** betragen muss, Punkt 5.1.1 Abs. 2 ASR A1.2. Dieselbe Vorgabe war früher in § 24 Abs. 1 S. 2 ArbStättV 1975 statuiert. Die **Bemessung der Tiefe und Breite der Bewegungsfläche** ist wiederum **abhängig von der Körperhaltung der Beschäftigten** bei der Ausführung ihrer Tätigkeit: Bei **sitzenden und stehenden Tätigkeiten** muss die Tiefe und Breite der Bewegungsfläche mindestens 1,00 m betragen, Punkt 5.1.2 ASR A1.2. Für Arbeitsplätze mit stehender

und nicht aufrechter Körperhaltung wird sodann gemäß Punkt 5.1.3 Abs. 1 ASR A1.2 eine Mindesttiefe von 1,20 m vorgegeben. Bei Tätigkeiten mit anderen Körperhaltungen sind die Maße für die Bewegungsfläche „im Rahmen der Gefährdungsbeurteilung gesondert zu ermitteln und festzulegen", Punkt 5.1.3 Abs. 2 ASR A1.2. Sind **mehrere Arbeitsplätze unmittelbar nebeneinander angeordnet,** muss die Breite der Bewegungsfläche an jedem Arbeitsplatz mindestens 1,20 m betragen, Punkt 5.1.4 ASR A1.2. Die **Bewegungsflächen für die Beschäftigten** dürfen sich schließlich gemäß Punkt 5.1.5 Abs. 1 ASR A1.2 **nicht** mit Bewegungsflächen für andere Arbeitsplätze, Flächen für Verkehrswege einschließlich Fluchtwegen und Gängen zu anderen Arbeitsplätzen und Gängen zu gelegentlich genutzten Betriebseinrichtungen, Stellflächen und Funktionsflächen für Arbeitsmittel, Einbauten und Einrichtungen sowie Flächen für Sicherheitsabstände **überlagern. Ausnahmsweise** ist eine Überlagerung der Bewegungsfläche am Arbeitsplatz des jeweiligen Nutzers mit Stellflächen von selbst benutzten mobilen Arbeitsmitteln, Funktionsflächen von selbst benutzten Arbeitsmitteln, Einbauten und Einrichtungen (z. B. Schrankauszüge und -türen oder Fensterflügel) und Flächen für Sicherheitsabstände (z. B. am Schrankauszug) möglich, wenn die Sicherheit, Gesundheit oder das Wohlbefinden der Beschäftigten dadurch nicht beeinträchtigt wird, Punkt 5.1.5 Abs. 2 ASR A1.2.

Nr. 3.1 Abs. 2 des Anhangs der ArbStättV verpflichtet den Arbeitgeber zur **Be-** **6** **reitstellung einer ausreichend großen Bewegungsfläche in der Nähe des Arbeitsplatzes** (vgl. zum Arbeitsplatzbegriff → Rn. 4), soweit dies am Arbeitsplatz selbst nicht möglich ist. Der Begriff der Unmöglichkeit wird zwar nicht näher konkretisiert; gemeint dürften aber **betriebstechnische Gründe** sein (vgl. auch Punkt 5.1.1 ASR A1.2). Damit sieht das geltende Arbeitsstättenrecht einen **eindeutigen Vorrang der freien unverstellten Fläche am Arbeitsplatz** (Abs. 1) vor der ausreichend großen Bewegungsfläche in der Nähe des Arbeitsplatzes vor (Abs. 2).

Mit Blick auf die konkretisierende ASR A1.2 kommt es folglich darauf an, ob es in concreto unmöglich ist, den Beschäftigten eine Bewegungsfläche mit einer Mindestgröße von 1,50 m² zur Verfügung zu stellen (was z. B. an Kassenarbeitsplätzen oder Bedienplätzen von Maschinen der Fall sein kann). Im Falle der Unmöglichkeit muss die Bewegungsfläche in der Nähe des Arbeitsplatzes ebenfalls **mindestens 1,50 m²** groß sein (vgl. Punkt 5.1.1 Abs. 2 S. 1 ASR A1.2). Die Anforderungen an die Tiefe und Breite der Bewegungsfläche (vgl. Punkt 5.1.2–5.1.4 ASR A1.2) sowie das Verbot der Überlagerung mit anderen Bewegungsflächen (vgl. Punkt 5.1.5 ASR A1.2) gelten auch für die Bewegungsfläche in der Nähe des Arbeitsplatzes.

3.2 Anordnung der Arbeitsplätze

Arbeitsplätze sind in der Arbeitsstätte so anzuordnen, dass Beschäftigte
a) sie sicher erreichen und verlassen können,
b) sich bei Gefahr schnell in Sicherheit bringen können,
c) durch benachbarte Arbeitsplätze, Transporte oder Einwirkungen von außerhalb nicht gefährdet werden.

Nr. 3.2 befasst sich mit der „Anordnung der Arbeitsplätze" in der Arbeitsstätte. **1** Die Bestimmung knüpfte 2004 zwar an § 51 Abs. 2 ArbStättV 1975 („Anforderungen") an, übertrug aber die **auf Wasserfahrzeuge und schwimmende Anlagen beschränkte Anforderung** auf alle Arbeitsplätze. Die für Baustellen geltende Bestimmung in § 44 Abs. 3 Nr. 2 ArbStättV 1975 („Arbeitsplätze und Verkehrswege auf Baustellen"), wonach bei „Baustellen in allseits umschlossenen Räumen (…) dafür gesorgt sein" musste, dass „die Arbeitnehmer sich bei Gefahr schnell in Sicherheit bringen können", spielte bei der Neufassung der betreffenden Regelungsinhalte ebenfalls eine Rolle. Europarechtlich relevant sind im vorliegenden Kontext die Ziff. 21.3 lit. c) des Anhangs I der Richtlinie 89/654/EWG (sog. EG-Arbeitsstättenrichtlinie) einerseits und die Nr. 3.2 des Teils A des Anhangs IV der Richtlinie 92/57/EG (sog. EG-Baustellenrichtlinie) andererseits. Während danach nur entsprechende Vorgaben für Arbeitsplätze im Freien (Richtlinie 89/654/EWG) bzw. auf Baustellen (Richtlinie 92/57/EG) vorgesehen sind, **erweitert das nationale Arbeitsstättenrecht das Regelungskonzept auf alle Arbeitsplätze** (vgl. zum Ganzen BR-Drs. 450/04, S. 35). Die in Rede stehende Bestimmung ist seit 2004 unverändert geblieben.

2   Eine **Konkretisierung** der allgemeinen arbeitsstättenrechtlichen Anforderungen an die „Anordnung der Arbeitsplätze" durch die **Technischen Regeln für Arbeitsstätten (ASR)** erfolgt nicht; denn bislang gibt es keine entsprechende ASR.

3   Inhaltlich sind bei der **Anordnung der Arbeitsplätze in der Arbeitsstätte** de lege lata drei Anforderungen zu beachten: Erstens die **Gewährleistung eines sicheren Zugangs,** zweitens eine **schnelle Fluchtmöglichkeit für den Gefahrenfall** und drittens die **Abschirmung gegen Gefährdungen durch äußere Einwirkungen. Arbeitsplätze** sind gemäß § 2 Abs. 4 ArbStättV „Bereiche, in denen Beschäftigte im Rahmen ihrer Arbeit tätig sind."

Ein **sicherer Zugang** liegt vor, wenn der Arbeitsplatz von den Beschäftigten jederzeit gefahrlos betreten oder verlassen werden kann. Das Erfordernis einer **Fluchtmöglichkeit für den Gefahrenfall** ergänzt die arbeitsstättenrechtlichen Pflichten des Arbeitgebers aus § 4 Abs. 4 ArbStättV (→ § 4 Rn. 23 ff.) sowie aus Nr. 2.3 des Anhangs der ArbStättV. Erforderlich ist in diesem Zusammenhang insbesondere, dass jeder Arbeitsplatz an einen Fluchtweg und Notausgang angebunden ist, sodass sich die Beschäftigten im Gefahrenfall schnell in Sicherheit bringen können (*Lorenz* in Kollmer/Klindt/Schucht ArbSchG ArbStättV Nr. 3.2 des Anhangs Rn. 2). Aufgrund **von Erfahrungen in der praktischen Arbeitsgestaltung und Hinweisen aus dem Vollzug** wurde 2004 die Regelung in Nr. 3.2 lit. c) des Anhangs der ArbStättV in das nationale Arbeitsstättenrecht aufgenommen (BR-Drs. 450/04, S. 35). Zur **Vermeidung allfälliger Gefährdung der Beschäftigten am Arbeitsplatz durch benachbarte Arbeitsplätze, Transporte oder Einwirkungen von außerhalb** bedarf es grundsätzlich einer Anordnung der Arbeitsplätze in der Arbeitsstätte, die einen **ausreichenden Sicherheitsabstand** zwischen benachbarten Arbeitsplätzen sowie zu den daran vorbeiführenden Verkehrs- bzw. Transportwegen einerseits und anderen äußeren Gefahrenquellen (z. B. Maschinen, Gefahrstoffe) andererseits mit sich bringt. Soweit dies in concreto unmöglich ist, müssen **andere gleichwertige Schutzmaßnahmen** (z. B. geeignete Abtrennungen) getroffen werden.

3.3 Ausstattung

(1) **Jedem Beschäftigten muss mindestens eine Kleiderablage zur Verfügung stehen, sofern keine Umkleideräume vorhanden sind.**

(2) [1]**Kann die Arbeit ganz oder teilweise sitzend verrichtet werden oder lässt es der Arbeitsablauf zu, sich zeitweise zu setzen, sind den Beschäftigten am Arbeitsplatz Sitzgelegenheiten zur Verfügung zu stellen.** [2]**Können**

aus betriebstechnischen Gründen keine Sitzgelegenheiten unmittelbar am Arbeitsplatz aufgestellt werden, obwohl es der Arbeitsablauf zulässt, sich zeitweise zu setzen, müssen den Beschäftigten in der Nähe der Arbeitsplätze Sitzgelegenheiten bereitgestellt werden.

Die Nr. 3.3 des Anhangs der ArbStättV regelt die „Ausstattung" im Allgemeinen **1** und befasst sich mit **Kleiderablagen und Sitzgelegenheiten am Arbeitsplatz für die Beschäftigten** im Besonderen. Die betreffende Regelung in Abs. 1 geht auf § 34 Abs. 6 ArbStättV 1975 („Umkleideräume. Kleiderablagen") zurück und setzt Ziff. 18.1.4 des Anhangs I der Richtlinie 89/654/EWG (sog. EG-Arbeitsstättenrichtlinie) sowie Nr. 14.1.4 des Teils A des Anhangs IV der Richtlinie 92/57/EG (sog. EG-Baustellenrichtlinie) in nationales Recht um.

Weil der Verordnungsgeber es zunächst bei der die Kleiderablage betreffenden Regelung bewenden ließ (Abs. 1), fand Abs. 2 erst im Jahr 2010 Eingang in die Nr. 3.3 des Anhangs der ArbStättV. Hintergrund dieser Reform war das **Übereinkommen über den Gesundheitsschutz im Handel und in Büros (Übereinkommen 120) der Internationalen Arbeitsorganisation (ILO).** Gemäß Art. 14 dieses Übereinkommens sind den Arbeitnehmern „geeignete Sitzgelegenheiten in ausreichender Zahl zur Verfügung zu stellen; die Arbeitnehmer müssen in vertretbarem Maße die Möglichkeit haben, diese zu benutzen." Während dieser Inhalt früher in § 25 ArbStättV 1975 („Ausstattung") und damit im nationalen Arbeitsstättenrecht umgesetzt war, verhielt sich die neue ArbStättV 2004 nicht zu diesem Inhalt internationaler Provenienz. Weil die Bundesrepublik Deutschland das betreffende Übereinkommen 120 indes schon 1973 ratifiziert hatte, wurde freilich 2010 der **arbeitsstättenrechtliche Reformbedarf** erkannt (zum Ganzen BR-Drs. 262/10, S. 29). Schließlich wurde wiederum Abs. 1 durch Art. 1 der Verordnung zur Änderung von Arbeitsschutzverordnungen vom 30.11.2016 (BGBl. I 2016 S. 2681, ber. 2017 S. 2839) leicht verändert.

Eine **Konkretisierung** der allgemeinen arbeitsstättenrechtlichen Anforderun- **2** gen an die „Anordnung der Arbeitsplätze" durch die **Technischen Regeln für Arbeitsstätten (ASR)** erfolgt nicht; denn bislang gibt es keine entsprechende ASR.

Die Vorgabe in Abs. 1 betrifft nur **Arbeitsstätten ohne Umkleideräume,** wo- **3** bei zunächst auf die Umkleideräume gemäß § 6 Abs. 2 S. 3 ArbStättV a. F. Bezug genommen wurde. Erst im Zuge der arbeitsstättenrechtlichen Reform im Jahr 2016 (→ Rn. 1) erfolgt eine **redaktionelle Anpassung** dergestalt, dass der aufgrund der Neufassung des § 6 ArbStättV nunmehr ohnehin fehlgehende Verweis auf § 6 Abs. 2 S. 3 ArbStättV a. F. gestrichen wurde (vgl. BR-Drs. 506/16, S. 32). Das **Recht der Umkleideräume** ist arbeitsstättenrechtlich seit 2016 in den Nrn. 4.3, 4.4 des Anhangs der ArbStättV statuiert.

Inhaltlich unverändert ist die Pflicht der Arbeitgeber, jedem Beschäftigten als Ersatz für fehlende Umkleideräume **mindestens eine Kleiderablage** zur Verfügung zu stellen. Im Unterschied zur früheren Regelung in § 34 Abs. 6 ArbStättV 1975 wird seitens des Verordnungsgebers nicht mehr zur Pflicht gemacht, dass für jeden Beschäftigten auch „ein abschließbares Fach zur Aufbewahrung persönlicher Wertgegenstände vorhanden sein" muss. Just die Diskussion um die **Pflicht zur Zurverfügungstellung einer abschließbaren Kleiderablage** prägte den Anlauf, das nationale Arbeitsstättenrecht bereits im Jahr 2014 zu reformieren (siehe BR-Drs. 509/14, S. 9, einerseits und BR-Drs. 509/1/14, S. 14, andererseits; zusammenfassend *Wiebauer* NZA 2017, 220, 223). Eine **Pflicht zur Zurverfügungstellung**

von abschließbaren Fächern neben Kleiderablagen besteht indes de lege lata noch auf Baustellen, Nr. 5.2 Abs. 1 S. 2 lit. d) des Anhangs der ArbStättV (siehe auch *Pieper/Stiel* AiB 2017 Nr. 1 49, 51; siehe auch Nr. 4.1 Rn. 20 zu den verschließbaren Einrichtungen in Umkleideräumen). Dessen ungeachtet kann der Arbeitgeber **aufgrund seiner allgemeinen Fürsorgepflicht** im Einzelfall verpflichtet sein, für die Beschäftigten geeignete Einrichtungen zum Schutz ihrer Kleidungsstücke und Wertgegenstände zur Verfügung zu stellen (vgl. BAG NJW 1959, 1555, 1556; NJW 1965, 2173, 2174). Abgesehen davon sind **verschließbare Einrichtungen** gemäß Nr. 4.1 Abs. 3 S. 3 lit. b) des Anhangs der ArbStättV in **Umkleideräumen** vorgesehen (→ Nr. 4.1 Rn. 20; siehe auch *Wiebauer* in Landmann/ Rohmer GewO ArbStättV Anhang Rn. 39).

4   Die vergleichsweise neue Regelung in Nr. 3.3 Abs. 2 des Anhangs der ArbStättV (→ Rn. 1) verpflichtet den Arbeitgeber, den Beschäftigten **Sitzgelegenheiten** zur Verfügung stellen, wenn diese entweder ihre Arbeit ganz oder teilweise im Sitzen verrichten oder es der Arbeitsablauf zulässt, dass sich die Beschäftigten zeitweise während ihrer Arbeit hinsetzen. Die betreffende Pflicht kann damit von **zwei alternativen Sachverhalten** aktiviert werden. Im Falle der Aktivierung der Pflicht sind die Sitzgelegenheiten **vorrangig am Arbeitsplatz** zur Verfügung zu stellen. Falls dies in concreto aus betriebstechnischen Gründen nicht möglich ist, kann die Pflicht durch die Bereitstellung einer Sitzgelegenheit in der Nähe des Arbeitsplatzes erfüllt werden. **Arbeitsplätze** sind gemäß § 2 Abs. 4 ArbStättV „Bereiche, in denen Beschäftigte im Rahmen ihrer Arbeit tätig sind."

Was die **Anforderungen an die Beschaffenheit und Ausführung der Sitzgelegenheiten** anbetrifft, konnte früher auf die Technischen Regeln für Arbeitsstätten (ASR) zurückgegriffen werden. Konkret stand die ASR 25/1 „Sitzgelegenheiten" (Ausgabe Oktober 1985) im Fokus des Interesses. Diese ASR ist derzeit jedoch **nicht mehr anwendbar** (näher *Lorenz* in Kollmer/Klindt/Schucht ArbSchG ArbStättV Nr. 3.3 des Anhangs Rn. 3).

3.4 Beleuchtung und Sichtverbindung

(1) **Der Arbeitgeber darf als Arbeitsräume nur solche Räume betreiben, die möglichst ausreichend Tageslicht erhalten und die eine Sichtverbindung nach außen haben.**

Dies gilt nicht für
1. **Räume, bei denen betriebs-, produktions- oder bautechnische Gründe Tageslicht oder einer Sichtverbindung nach außen entgegenstehen,**
2. **Räume, in denen sich Beschäftigte zur Verrichtung ihrer Tätigkeit regelmäßig nicht über einen längeren Zeitraum oder im Verlauf der täglichen Arbeitszeit nur kurzzeitig aufhalten müssen, insbesondere Archive, Lager-, Maschinen- und Nebenräume, Teeküchen,**
3. **Räume, die vollständig unter Erdgleiche liegen, soweit es sich dabei um Tiefgaragen oder ähnliche Einrichtungen, um kulturelle Einrichtungen, um Verkaufsräume oder um Schank- und Speiseräume handelt,**
4. **Räume in Bahnhofs- oder Flughafenhallen, Passagen oder innerhalb von Kaufhäusern und Einkaufszentren,**
5. **Räume mit einer Grundfläche von mindestens 2000 Quadratmetern, sofern Oberlichter oder andere bauliche Vorrichtungen vorhanden sind, die Tageslicht in den Arbeitsraum lenken.**

(2) ¹Pausen- und Bereitschaftsräume sowie Unterkünfte müssen möglichst ausreichend mit Tageslicht beleuchtet sein und eine Sichtverbindung nach außen haben. ²Kantinen sollen möglichst ausreichend Tageslicht erhalten und eine Sichtverbindung nach außen haben.

(3) **Räume, die bis zum 3.** Dezember 2016 eingerichtet worden sind oder mit deren Einrichtung begonnen worden war und die die Anforderungen nach Absatz 1 Satz 1 oder Absatz 2 nicht erfüllen, dürfen ohne eine Sichtverbindung nach außen weiter betrieben werden, bis sie wesentlich erweitert oder umgebaut werden.

(4) In Arbeitsräumen muss die Stärke des Tageslichteinfalls am Arbeitsplatz je nach Art der Tätigkeit reguliert werden können.

(5) Arbeitsstätten müssen mit Einrichtungen ausgestattet sein, die eine angemessene künstliche Beleuchtung ermöglichen, so dass die Sicherheit und der Schutz der Gesundheit der Beschäftigten gewährleistet sind.

(6) Die Beleuchtungsanlagen sind so auszuwählen und anzuordnen, dass dadurch die Sicherheit und die Gesundheit der Beschäftigten nicht gefährdet werden.

(7) Arbeitsstätten, in denen bei Ausfall der Allgemeinbeleuchtung die Sicherheit der Beschäftigten gefährdet werden kann, müssen eine ausreichende Sicherheitsbeleuchtung haben.

In der Nr. 3.4 des Anhangs der ArbStättV wird die „Beleuchtung und Sichtver- **1** bindung" geregelt. Gegenstand der Regelung ist sowohl die **Beleuchtung mittels Tageslichts als auch die künstliche Beleuchtung** einschließlich der ggf. erforderlichen **Sicherheitsbeleuchtung. Ziel der Regelung** ist der Schutz der Sicherheit und Gesundheit der Beschäftigten durch die Gewährleistung ausreichender Lichtverhältnisse insbesondere in Arbeitsräumen. Die Bestimmung knüpft historisch an § 7 ArbStättV 1975 an und setzt die Ziff. 8, 21.2 des Anhangs I der Richtlinie 89/654/EWG (sog. EG-Arbeitsstättenrichtlinie) sowie die Nrn. 8.1–8.3 des Teils A des Anhangs IV der Richtlinie 92/57/EG (sog. EG-Baustellenrichtlinie) und die Nr. 5 des Abschnitts I des Teils B des Anhangs IV der Richtlinie 92/57/EG in nationales Recht um.

Die Nr. 3.4 des Anhangs der ArbStättV wurde im Jahr 2016 umfangreich modifiziert: Erstens wurden die ursprünglichen drei Absätze allesamt neu gefasst, zweitens wurden nach dem ersten Absatz vier neue Absätze eingefügt (Abs. 2–5) und drittens wurden die ursprünglichen Abs. 1 und 2 nach hinten verschoben und firmieren nunmehr als Abs. 6 und 7. Alle Änderungen sind Folge des Art. 1 der Verordnung zur Änderung von Arbeitsschutzverordnungen vom 30.11.2016 (BGBl. I 2016 S. 2681, ber. 2017 S. 2839).

Die **Konkretisierung der allgemeinen arbeitsstättenrechtlichen Vorga- 2 ben** an die „Beleuchtung und Sichtverbindung" erfolgt durch die **Technischen Regeln für Arbeitsstätten (ASR).** Im Fokus des Interesses stehen vorliegend erstens die ASR A3.4 „Beleuchtung" (Ausgabe: April 2011, GMBl. S. 303, zuletzt geändert durch GMBl. 2014 S. 287) und zweitens die ASR A3.4/7 „Sicherheitsbeleuchtung, optische Sicherheitsleitsysteme" (Ausgabe: Mai 2009, GMBl. S. 684, zuletzt geändert durch GMBl. 2017 S. 400).

Inhaltlich regelt die Nr. 3.4 des Anhangs der ArbStättV zunächst, dass als Ar- **3** beitsräume nur Räume mit möglichst viel Tageslicht und einer Sichtverbindung nach außen betrieben werden dürfen, wobei zugleich in fünf Nummern festgelegt wird, für welche Räume diese Anforderung keine Geltung beanspruchen soll (Abs. 1). Sodann werden in Abs. 2 entsprechende Anforderungen an Pausen- und Bereitschaftsräume sowie Unterkünfte formuliert, wobei für Kantinen abgeschwächte Anforderungen gelten sollen. Für Räume, die bis zum 3.12.2016 eingerichtet worden sind, gelten Sonderregeln in Bezug auf die Sichtverbindung nach außen (Abs. 3). Die Regulierung der Stärke des Tageslichteinfalls am Arbeitsplatz ist Gegenstand von Abs. 4. Die künstliche Beleuchtung wiederum kommt in Abs. 5 zur Sprache, bevor Auswahl und Anordnung der Beleuchtungsanlagen geregelt werden (Abs. 6). Wann ausreichende Sicherheitsbeleuchtungen notwendig sind, ist schließlich Gegenstand des abschließenden Abs. 7.

4   Was Abs. 1 S. 1 anbelangt, müssen Arbeitsräume „möglichst ausreichend Tageslicht erhalten und (…) eine Sichtverbindung nach außen haben". **Arbeitsräume** sind gemäß § 2 Abs. 3 ArbStättV „Räume, in denen Arbeitsplätze innerhalb von Gebäuden dauerhaft eingerichtet sind". Das Wort „möglichst" bezieht sich an dieser Stelle wohl nur auf den Aspekt „Tageslicht" und damit umgekehrt nicht auch auf die „Sichtverbindung" (so auch *Wiebauer* NZA 2017, 220, 224; im Ergebnis abzuleiten aus einem Umkehrschluss aus BR-Drs. 506/16, S. 32, zur vergleichbaren Rechtslage in Abs. 2 S. 1). In der Verordnungsbegründung wird darauf hingewiesen, dass **natürliches Tageslicht** „bei der Beleuchtung von Arbeitsräumen einen sehr hohen Stellenwert" einnehme. „In Verbindung mit einer ungehinderten Sichtverbindung nach außen wirkt sich das Tageslicht positiv auf die physische Gesundheit (…) sowie auf die psychische Gesundheit (…) der Beschäftigten bei der Arbeit aus" (BR-Drs. 506/16, S. 32).

Sodann wurde der Abs. 1 im Jahr 2016 dergestalt reformiert (→ Rn. 1), dass „die Sichtverbindung nach außen" wieder in das nationale Arbeitsstättenrecht aufgenommen wurde (insoweit an die frühere Regelung in § 7 Abs. 1 S. 1 ArbStättV 1975 anknüpfend; siehe auch *Wiebauer* NZA 2017, 220, 223). Der damalige Verordnungsgeber hielt die Sichtverbindung nach außen arbeitsstättenrechtlich für entbehrlich, weil das Landesbauordnungsrecht für Aufenthaltsräume Fenster bzw. eine Beleuchtung mit Tageslicht zwingend vorsah (*Wiebauer* NZA 2017, 220 223). Die kürzlich vollzogene Wende ist insoweit konsequent, als die Überschrift der Nr. 3.4 des Anhangs der ArbStättV von Anfang an „Beleuchtung und Sichtverbindung" hieß. Dessen ungeachtet gab es vor der jüngsten Reform in der Tat **keine Rechtsgrundlage für die Forderung nach einer zusätzlichen Sichtverbindung** nach außen (*Lorenz* in Kollmer/Klindt/Schucht ArbSchG ArbStättV Nr. 3.4 des Anhangs Rn. 4; *Schucht* CCZ 2017, 120, 124). Dieses Ergebnis wurde auch in den Leitlinien zur Arbeitsstättenverordnung nicht in Zweifel gezogen (Leitlinien zur Arbeitsstättenverordnung, hrsg. v. Länderausschuss für Arbeitsschutz und Sicherheitstechnik, 2009, Leitlinie H3.4_1, S. 22). Die ursprüngliche Formulierung in Nr. 3.4 Abs. 1 des Anhangs der ArbStättV wurde als „rechtlich unbestimmt und in sich widersprüchlich" angesehen. Der Grund für diese **selbstkritische Einschätzung des Verordnungsgebers** lag darin, dass zwar einerseits von „müssen" als Pflicht die Rede war, andererseits aber die Wörter „möglichst ausreichend" „als unverbindliche Empfehlung in der Praxis ausgelegt" wurden. Zudem sei „nicht zwingend in allen Bereichen von Arbeitsstätten Tageslicht erforderlich", wobei in diesem Zusammenhang auf Fotolabore hingewiesen wird, in denen „aus betriebsspezifischen Gründen Tageslicht" nicht erlaubt sei. Alles in allem führten die ursprünglichen Vorgaben laut Verordnungsgeber „daher häufig zu Missverständnissen und Konflikten sowie in der Folge zu vielen Anfragen von Arbeitgebern, Architekten und Bauingenieuren sowie bei der Arbeitsschutzaufsicht der Länder." Hinzu kamen die **uneinheitliche Auslegung** der unbestimmten Rechtsbegriffe in den Betrieben und die **Abweichung von der technischen Normung,** „die zusätzlich eine Sichtverbindung nach außen festlegt". Ganz generell entspreche die **Forderung nach Sichtverbindung ins Freie dem Stand der Technik,** weil natürliches Licht am Arbeitsplatz und die Sichtverbindung ins Freie „unter dem Gesichtspunkt der zunehmenden psychischen Belastungen (...) für Beschäftigten in Arbeits- und Aufenthaltsräumen notwendig" seien. Aus **Klarstellungsgründen und zur Bereinigung von Unstimmigkeiten** sollte die „grundsätzliche Anforderung der Sichtverbindung nach außen für die Beschäftigten, die in Arbeitsräumen tätig werden oder sich in Pausen- und Bereitschaftsräumen, Unterkünften und Kantinen aufhalten," daher wieder in die ArbStättV aufgenommen werden (zum Ganzen BR-Drs. 506/16, S. 32; siehe auch *Schucht* CCZ 2017, 120, 124).

Im Hinblick auf die Aussagen des Verordnungsgebers ist es **bemerkenswert,** dass die Nr. 3.4 Abs. 1 des Anhangs der ArbStättV weiterhin eine Kombination aus „Müssen" (= „darf als Arbeitsräume nur solche Räume betreiben") und „möglichst ausreichend" darstellt; denn gerade diese Rechtsetzungstechnik wurde unter der Nr. 3.4 Abs. 1 des Anhangs der ArbStättV a. F. rückblickend kritisiert (krit. auch *Wiebauer* NZA 2017, 220, 224). In der Literatur wird vorgeschlagen, die Wörter „möglichst ausreichend" als Verweis auf die Ausnahmetatbestände in Abs. 1 S. 2 (→ Rn. 6) zu verstehen, wobei zugleich eingeräumt wird, dass diese Auslegung wiederum mit den einleitenden Wörtern in Abs. 1 S. 2 („Dies gilt nicht für") konfligiere (*Wiebauer* NZA 2017, 220, 224).

Weil Abs. 1 S. 1 „möglichst ausreichend Tageslicht" verlangt, kann nach wie vor **5** ohne Weiteres auf **Leitlinien zur Arbeitsstättenverordnung** aus dem Jahr 2009 zurückgegriffen werden; denn dort wird definiert, was unter dem **unbestimmten Rechtsbegriff „möglichst ausreichend"** zu verstehen sein soll. Danach soll „möglichst" so auszulegen sein, „dass es im Einzelfall hinreichende Gründe geben kann, die eine Beleuchtung mit ausreichendem Tageslicht einschränken oder ausschließen." Sodann wird darauf hingewiesen, dass das Rohbaumaß senkrecht stehender Fenster gemäß den Landesbauordnungen mindestens 1/8 der Grundfläche betragen muss. Wenn dieses Maß eingehalten wird, könne bei mittleren Sehaufgaben im Allgemeinen von einem ausreichenden Tageslichtquotienten ausgegangen werden. Schließlich wird festgehalten, dass es empfehlenswert sei, die Arbeitsplätze in Fensternähe anzuordnen (zum Ganzen Leitlinien zur Arbeitsstättenverordnung, hrsg. v. Länderausschuss für Arbeitsschutz und Sicherheitstechnik, 2009, Leitlinie H3.4_2, S. 23).

Wie schon früher in § 7 Abs. 1 S. 2 ArbStättV 1975, sieht Abs. 1 S. 2 „differen- **6** zierte Ausnahmeregelungen" vor. Aufgeführt sind dort Arbeitsräume, „bei denen die tatsächlichen Gegebenheiten eine Sichtverbindung nach außen faktisch nicht oder nur mit unvertretbaren Kosten zulassen". Exemplarisch werden in der Verordnungsbegründung die folgenden Arbeitsräume aufgeführt, bei denen Ausnahmen als gerechtfertigt erscheinen (BR-Drs. 506/16, S. 32):

– Räume, bei denen betriebs-, produktions- oder bautechnische Gründe entgegenstehen,
– spezielle ärztliche Behandlungsräume,
– sehr große Arbeitsräume,
– Einkaufszentren mit Verkaufsräumen,
– Schank- und Speisegaststätten,
– Räume in Flughäfen,

- Räume in Bahnhöfen,
- Räume in Sportstadien,
- Räume in mehrstöckigen Produktionsanlagen.

Mithilfe der Ausnahmetatbestände sollen im Ergebnis **Missverständnisse und Unklarheiten vermieden** werden (so *Pieper/Stiel* AiB 2017 Nr. 1, 49, 51).

7   Die ASR A3.4 findet gemäß Punkt 2 Abs. 1 S. 1 „Anwendung auf die natürliche und künstliche Beleuchtung von Arbeitsstätten in Gebäuden und fliegenden Bauten oder im Freien, soweit dem betriebstechnische Gründe nicht entgegenstehen" (z. B. in Räumen in Fotolaboren oder in Gasträumen). Gemäß Punkt 4.1 Abs. 1 S. 1 ASR A3.4 müssen Arbeitsstätten „möglichst ausreichend Tageslicht erhalten". Die Beleuchtung mit Tageslicht ist gegenüber der Beleuchtung mit ausschließlich künstlichem Licht vorzugswürdig, Punkt 4.1 Abs. 1 S. 2 ASR A3.4. Der Grund für diesen Vorrang besteht darin, dass das Tageslicht Gütemerkmale wie z. B. Dynamik, Farbe, Richtung oder die Menge des Lichts aufweise, „die in ihrer Gesamtheit von künstlicher Beleuchtung nicht zu erreichen sind", Punkt 4.1 Abs. 1 S. 3 ASR A3.4. Unter welchen Voraussetzungen die **Anforderung nach ausreichendem Tageslicht** erfüllt wird, folgt aus Punkt 4.1 Abs. 3 ASR A3.4. Danach soll es darauf ankommen, ob in Arbeitsräumen

- am Arbeitsplatz ein Tageslichtquotient i. S. d. Punkts 3.11 ASR A3.4 größer als 2%, bei Dachoberlichtern größer als 4% erreicht wird oder
- das Verhältnis von lichtdurchlässiger Fenster-, Tür- oder Wandfläche bzw. Oberlichtfläche zur Raumgrundfläche mindestens 1:10 (entspricht ca. 1:8 Rohbaumaße) beträgt.

Wenn und soweit die Forderung nach ausreichendem Tageslicht in bestehenden Arbeitsstätten oder aufgrund spezifischer betriebstechnischer Anforderungen nicht eingehalten werden kann, sind gemäß Punkt 4.1 Abs. 3 S. 3 ASR A3.4 **im Rahmen der Gefährdungsbeurteilung** gemäß § 3 Abs. 1 ArbStättV andere Maßnahmen zur Gewährleistung der Sicherheit und des Gesundheitsschutzes erforderlich. Erwähnt wird in diesem Zusammenhang die Einrichtung und Nutzung von Pausenräumen mit hohem Tageslichtanfall in Verbindung mit einer geeigneten Pausengestaltung, Punkt 4.1 Abs. 3 S. 4 ASR A3.4.

8   Für **Pausen- und Bereitschaftsräume sowie Unterkünfte** gelten gemäß Abs. 2 S. 1 dieselben Anforderungen wie für Arbeitsräume gemäß Abs. 1 S. 1: Sie „müssen möglichst ausreichend mit Tageslicht beleuchtet sein und eine Sichtverbindung nach außen haben". Das Wort „möglichst" soll sich an dieser Stelle laut Verordnungsbegründung sowohl auf das Tageslicht als auch die Sichtverbindung beziehen (so deutlich BR-Drs. 506/16, S. 32; a. A. *Wiebauer* NZA 2017, 220, 224). Dieser gesetzgeberische Wille sollte bei der Auslegung des Abs. 2 S. 1 berücksichtigt werden **(genetische Auslegung)**, auch wenn zu konzedieren ist, dass der Wortlaut des Abs. 2 S. 1 diese von Abs. 1 S. 1 abweichende Auslegung an sich nicht hergibt. Im Übrigen besteht ein Unterschied zwischen den beiden Regelungen nur insoweit, als die Arbeitsräume gemäß Abs. 1 S. 1 „möglichst ausreichend Tageslicht erhalten" müssen, wohingegen die Räume gemäß Abs. 2 S. 1 „mit Tageslicht beleuchtet sein" müssen. Inhaltliche Unterschiede dürften damit freilich nicht verbunden sein. Für diese Sichtweise spricht auch der Blick in den Verordnungsentwurf der Bundesregierung vom 30.10.2014, weil die Pausen- und Bereitschaftsräume sowie Unterkünfte damals unter dem Aspekt der „Beleuchtung und Sichtverbindung" ebenfalls den Arbeitsräumen gleichgestellt werden sollten (BR-Drs. 509/14, S. 9). Zu beachten ist, dass die **Ausnahmetatbestände** gemäß Abs. 1 S. 2 in der Tat nicht auf die Sachverhalte in Abs. 2 anwendbar sind, obwohl

insbesondere die Nrn. 4, 5 insoweit ohne Weiteres Anwendung finden könnten (*Wiebauer* NZA 2017, 220, 224). Vertretbar dürfte insoweit in der Tat eine Auslegung sein, die über das Wort „möglichst" zu vergleichbaren Ergebnissen wie in Abs. 1 S. 2 führt, insbesondere wenn man dieses Wort mit der Verordnungsbegründung auch auf die Sichtverbindung nach außen bezieht (vgl. *Wiebauer* NZA 2017, 220, 224).

Anders verhält es sich indes mit den **Kantinen** in Abs. 2 S. 2; denn insoweit spricht der Verordnungsgeber nur vom „sollen" und damit nicht vom „müssen" (krit. zur Regelung *Wiebauer* NZA 2017, 220, 224). Zwingende gesetzliche Pflichten lassen sich daher mit Blick auf die Kantinen nicht aus Abs. 2 S. 2 ableiten (*Schucht* CCZ 2017, 120, 124). Dies ist insoweit bemerkenswert, als die Kantinen im Verordnungsentwurf vom 30.10.2014 unter dem Aspekt der „Beleuchtung und Sichtverbindung" nicht abweichend von den Arbeits-, Pausen- und Bereitschaftsräumen sowie Unterkünften und damit ebenso streng reguliert werden sollten (BR-Drs. 509/14, S. 9).

Keine Regelung haben die **Sanitär- und Erste-Hilfe-Räume** in Abs. 2 erfahren. Sie waren noch Gegenstand des Verordnungsentwurfs der Bundesregierung vom 30.10.2014. Vorgesehen war seinerzeit, dass auch diese Räume „ausreichend Tageslicht erhalten und eine Sichtverbindung nach außen haben" müssen (BR-Drs. 509/14, S. 9). Grund für diese Änderung war die **Kritik der Arbeitgeberseite im Allgemeinen und der Bundesvereinigung der Deutschen Arbeitgeberverbände e. V. (BDA)** im Besonderen (siehe *Wiebauer* NZA 2017, 220, 223 f.). Diese Kritik der Arbeitgeber wird sich auch auf den soeben erwähnten, **inhaltlich modifizierten Umgang mit den Kantinen** ausgewirkt haben.

In Abs. 3 ist eine **Übergangsbestimmung** festgelegt worden, die dezidiert dem **9 Bestandsschutz unter dem Aspekt der fehlenden Sichtverbindung nach außen** dienen soll. Räume, die bis zum Stichtag, das ist der 3.12.2016, eingerichtet worden oder mit deren Einrichtung begonnen worden war, müssen die Anforderungen aus Abs. 1 S. 1, Abs. 2 nicht erfüllen. Sie dürfen auch ohne Sichtverbindung nach außen weiter betrieben werden, und zwar bis sie **wesentlich erweitert oder umgebaut** werden. Aus der Verordnungsbegründung ergibt sich, wann von einer wesentlichen Erweiterung bzw. einem wesentlichen Umbau auszugehen ist. Danach soll es darauf ankommen, „ob diese Maßnahmen von ihrer Art oder ihrem Umfang her geeignet sind, gleichzeitig auch eine Sichtverbindung nach außen baulich herzustellen". Dies kann z. B. bei Arbeiten an Außenwänden der Fall sein kann. Demgegenüber soll es mit Blick auf das **Erfordernis der Wesentlichkeit** nicht entscheidend sein, welcher **finanzielle Aufwand mit den Erweiterungs- und Umbauarbeiten** einhergeht (zum Ganzen BR-Drs. 506/16, S. 33).

Neu aufgenommen wurde Abs. 4 in der Nr. 3.4 des Anhangs der ArbStättV. **10** Die Verordnungsbegründung verliert freilich kein Wort über diese neue Bestimmung (vgl. BR-Drs. 506/16, S. 32 f.). Inhaltlich geht es allein um die zu ermöglichende **Regulierung der Stärke des Tageslichteinfalls am Arbeitsplatz** gemäß § 2 Abs. 4 ArbStättV. Bezugspunkt für die Bestimmung sind allein **Arbeitsräume** i. S. d. § 2 Abs. 3 ArbStättV.

Die **künstliche Beleuchtung,** die zuvor in Nr. 3.4 Abs. 1 des Anhangs der Arb- **11** StättV a. F. geregelt war, ist nunmehr Gegenstand des Abs. 5. Inhaltlich unverändert regelt das Arbeitsstättenrecht die Ausstattung der Arbeitsstätten mit Einrichtungen, „die eine angemessene künstliche Beleuchtung ermöglichen". Damit soll ausdrücklich die **Sicherheit und der Gesundheitsschutz der Beschäftigten gewährleistet** werden.

12   Die **Beleuchtungsanlagen** sind nach Abs. 6 im Anschluss an Nr. 3.4 Abs. 2 des Anhangs der ArbStättV a. F. so auszuwählen und anzuordnen, dass dadurch die Sicherheit und Gesundheit der Beschäftigten nicht gefährdet werden. Bis zum Inkrafttreten der arbeitsstättenrechtlichen Reform im Jahr 2016 (→ Rn. 1) sollten sich insoweit „keine Unfall- oder Gesundheitsgefahren ergeben können".

13   Diese Anforderungen werden durch Punkt 5 ASR A3.4 im Hinblick auf die „Künstliche Beleuchtung in Gebäuden" und in Punkt 6 ASR A3.4 im Hinblick auf die „Künstliche Beleuchtung im Freien" konkretisiert. Zu beachten sind in diesem Zusammenhang die beiden Anhänge der ASR A3.4: Anhang 1 regelt „Beleuchtungsanforderungen für Arbeitsräume, Arbeitsplätze und Tätigkeiten", wohingegen Anhang 2 entsprechend „Beleuchtungsanforderungen für Arbeitsräume, Arbeitsplätze und Tätigkeiten im Freien" statuiert. Gemäß Punkt 5.2 Abs. 1 S. 1 ASR A3.4 sind die Mindestwerte der Beleuchtungsstärken gemäß Anhang 1 der ASR A3.4 beim Einrichten und Betreiben von Arbeitsstätten einzuhalten. Dementsprechend verweist Punkt 6.1 Abs. 1 S. 1 ASR A3.4 für das Einrichten und Betreiben von Arbeitsstätten im Freien auf die Vorgaben aus Anhang 2 der ASR A3.4. Sodann werden „Betrieb, Instandhaltung und orientierende Messung" in Punkt 7 ASR A3.4 geregelt. „Abweichende/ergänzende Anforderungen für Baustellen" sind schließlich Gegenstand des Punkts 8 ASR A3.4.

14   Der abschließende und die **Sicherheitsbeleuchtung** in den Fokus des Interesses rückende Abs. 7 war zuvor in Nr. 3.4 Abs. 3 des Anhangs der ArbStättV a. F. geregelt. Anders als zuvor, als auf allfällige Unfallgefahren für die Beschäftigten abgestellt wurde, werden seit 2016 (→ Rn. 1) etwaige Gefährdungen für die Sicherheit der Beschäftigten in Bezug genommen. Bezugspunkt ist weiterhin der „Ausfall der Allgemeinbeleuchtung" in Arbeitsstätten. **Sicherheitsbeleuchtung** ist gemäß Punkt 3.1 ASR A3.4/7 „eine Beleuchtung, die dem gefahrlosen Verlassen der Arbeitsstätten und dem Verhüten von Unfällen dient, die durch Ausfall der künstlichen Allgemeinbeleuchtung entstehen können." Die Sicherheitsbeleuchtung wird auch in Nr. 2.3 Abs. 2 S. 2 des Anhangs der ArbStättV erwähnt (→ Anh. Nr. 2.3 Rn. 4).

15   **Konkretisiert** werden die Anforderungen aus Abs. 7 weiterhin durch die ASR A3.4/7 (zuvor entsprechend ASR A3.4/3). Der Anwendungsbereich der ASR A3.4/7 wird in Punkt 2 Abs. 1 S. 1 dergestalt festgezurrt, dass sie „für das Einrichten und Betreiben von Sicherheitsbeleuchtung und von optischen Sicherheitsleitsystemen in Arbeitsstätten" Geltung beansprucht. In den Begriffsbestimmungen wird u. a. der zentrale Begriff der **„Sicherheitsbeleuchtung"** (Punkt 3.1; → Rn. 14) definiert. Gemäß Punkt 4.2 ASR A3.4/7 sind vorliegend die folgenden Arbeitsstätten relevant:

- bestimmte Laboratorien,
- Arbeitsplätze, die aus technischen Gründen dunkel gehalten werden müssen,
- elektrische Betriebsräume und Räume für haustechnische Anlagen, die bei Ausfall der künstlichen Beleuchtung betreten werden müssen,
- der unmittelbare Bereich von langnachlaufenden Arbeitsmitteln mit nicht zu schützenden bewegten Teilen, die Unfallgefahren verursachen können,
- Steuereinrichtungen für ständig zu überwachende Anlagen,
- Arbeitsplätze in der Nähe heißer Bäder oder Gießgruben, die aus produktionstechnischen Gründen nicht durch Geländer oder Absperrungen gesichert werden können,
- Bereiche um Arbeitsgruben, die aus arbeitsablaufbedingten Gründen nicht abgedeckt werden können,
- Arbeitsplätze auf Baustellen.

Die „**Anforderungen an die Sicherheitsbeleuchtung und Richtwerte**"
sind in Punkt 4.3 ASR A3.4/7 geregelt. „**Betrieb, Instandhaltung und Prüfung**" sind Gegenstand des Punkts 6 ASR A3.4/7. „**Abweichende/ergänzende
Vorgaben für Baustellen**" bilden in Punkt 7 ASR A3.4/7 den Abschluss.

Im Übrigen ist darauf aufmerksam zu machen, dass **eine ungeeignete Be-**   16
**leuchtung als psychische Belastung im Rahmen der Gefährdungsbeurtei-
lung** zu berücksichtigen sein kann, § 3 Abs. 1 S. 3 ArbStättV (*Pieper/Stiel* AiB 2017
Nr. 1, 49, 51).

3.5 Raumtemperatur

(1) **Arbeitsräume, in denen aus betriebstechnischer Sicht keine spezifischen Anforderungen an die Raumtemperatur gestellt werden, müssen
während der Nutzungsdauer unter Berücksichtigung der Arbeitsverfahren
und der physischen Belastungen der Beschäftigten eine gesundheitlich zuträgliche Raumtemperatur haben.**

(2) **Sanitär-, Pausen- und Bereitschaftsräume, Kantinen, Erste-Hilfe-
Räume und Unterkünfte müssen während der Nutzungsdauer unter Berücksichtigung des spezifischen Nutzungszwecks eine gesundheitlich zuträgliche Raumtemperatur haben.**

(3) **Fenster, Oberlichter und Glaswände müssen unter Berücksichtigung der Arbeitsverfahren und der Art der Arbeitsstätte eine Abschirmung gegen übermäßige Sonneneinstrahlung ermöglichen.**

Die Nr. 3.5 des Anhangs der ArbStättV regelt die „Raumtemperatur". **Ziel der**   1
Regelung ist der Schutz der Beschäftigten vor Gefährdungen ihrer Gesundheit
durch unzuträgliche Raumtemperaturen und übermäßige Sonneneinstrahlung. Die
Bestimmung hat die Vorgaben aus §§ 6, 9 Abs. 2 ArbStättV 1975 neu gefasst. Sie setzt
die Ziff. 7.1, 7.3 des Anhangs I der Richtlinie 89/654/EWG (sog. EG-Arbeitsstättenrichtlinie) und Nr. 7 des Teils A des Anhangs IV der Richtlinie 92/57/EG (sog.
EG-Baustellenrichtlinie) sowie Nr. 4.1 des Abschnitts I des Teils B des Anhangs IV
der Richtlinie 92/57/EG in nationales Recht um (BR-Drs. 450/04, S. 36).

Geändert wurde die Nr. 3.5 des Anhangs der ArbStättV durch Art. 1 der Verordnung zur Änderung von Arbeitsschutzverordnungen vom 30.11.2016 (BGBl. I
2016 S. 2681, ber. 2017 S. 2839). Konkret wurde ein neuer Abs. 2 geschaffen, dessen Inhalte freilich zuvor weitgehend Gegenstand der Nr. 3.5 Abs. 1 des Anhangs
der ArbStättV n. F. waren. Die beiden ursprünglichen Absätze wurden neu gefasst.

Die Konkretisierung der allgemeinen arbeitsstättenrechtlichen Vorgaben an die   2
„Raumtemperatur" erfolgt durch die **Technischen Regeln für Arbeitsstätten
(ASR)**. Im Fokus des Interesses stehen vorliegend erstens die ASR A3.5 „Raumtemperatur" (Ausgabe: Juni 2010, GMBl. S. 751, zuletzt geändert durch GMBl.
2018 S. 474; vgl. Punkt 1 ASR A3.5) und zweitens die ASR 4.4 „Unterkünfte"
(Ausgabe: Juni 2010, GMBl. S. 751, zuletzt geändert durch GMBl. 2017 S. 402;
vgl. Punkt 2.4 ASR A3.5).

Inhaltlich befasst sich die Nr. 3.5 des Anhangs der ArbStättV mit den allgemeinen   3
Anforderungen an Raumtemperaturen in Bezug auf Arbeitsräume (Abs. 1), Sanitär-,
Pausen-, Bereitschaftsräume, Kantinen, Erste-Hilfe-Räume und Unterkünfte
(Abs. 2) und mit der Abschirmung gegen übermäßige Sonneneinstrahlung (Abs. 3).

Abs. 1 nimmt die Arbeitgeber dahingehend in die Pflicht, dass sie in allen Ar-   4
beitsräumen der Arbeitsstätte, an die betriebstechnisch keine spezifischen raumkli-

matischen Anforderungen gestellt werden, „während der Nutzungsdauer (…) eine gesundheitlich zuträgliche Raumtemperatur" sicherstellen. **Arbeitsräume** sind gemäß § 2 Abs. 3 ArbStättV „Räume, in denen Arbeitsplätze innerhalb von Gebäuden dauerhaft eingerichtet sind". Die **Raumtemperatur** ist gemäß Punkt 3.1 S. 1 ASR A3.5 „die vom Menschen empfundene Temperatur". Sie wird u. a. durch die Lufttemperatur und die Temperatur der umgebenden Flächen bestimmt, wobei Fenster, Decken, Wände und Fußböden in Bezug genommen werden. Die Lufttemperatur wiederum ist gemäß Punkt 3.2 ASR „die Temperatur der den Menschen umgebenden Luft ohne Einwirkung von Wärmestrahlung." Anders als vor der arbeitsstättenrechtlichen Reform im Jahr 2016 (→ Rn. 1) wird nunmehr nicht mehr auf die **gesamte Arbeitszeit**, sondern auf die **tatsächliche Nutzungsdauer** abgestellt (vgl. BR-Drs. 506/16, S. 33). Unverändert sind die Arbeitsverfahren und die physischen Belastungen der Beschäftigten zu berücksichtigen. Der in diesem Zusammenhang zuvor in Nr. 3.5 Abs. 1 des Anhangs der ArbStättV a. F. noch genannte **spezifische Nutzungszweck** ist hingegen nun in Abs. 2 geregelt und betrifft daher nicht mehr die Arbeitsräume.

5   Die ASR A3.5 gilt gemäß Punkt 2 Abs. 1 „für Arbeits-, Pausen-, Bereitschafts-, Sanitär-, Kantinen- und Erste-Hilfe-Räume, an die betriebstechnisch keine spezifischen raumklimatischen Anforderungen gestellt werden". In den **„Begriffsbestimmungen"** in Punkt 3 ASR A3.5 werden u. a. die Begriffe **„Raumtemperatur"** (Punkt 3.1) und „Lufttemperatur" (Punkt 3.2) definiert. Eine **gesundheitlich zuträgliche Raumtemperatur** liegt gemäß Punkt 4.1 Abs. 2 ASR A3.5 vor, „wenn die Wärmebilanz (Wärmezufuhr, Wärmeerzeugung und Wärmeabgabe) des menschlichen Körpers ausgeglichen ist."

Gemäß Punkt 4.1 Abs. 4 ASR A3.5 genügt für die meisten Arbeitsplätze die Lufttemperatur zur Beurteilung, „ob eine gesundheitlich zuträgliche Raumtemperatur vorhanden ist". Sodann wird festgelegt, dass an Arbeitsplätzen mit erheblichem betriebstechnisch bedingten Wärmeeinfluss mit Belastungen durch Lufttemperatur, Luftfeuchte, Luftgeschwindigkeit, Wärmestrahlung, Arbeitsschwere oder Bekleidung im Rahmen der Gefährdungsbeurteilung zu prüfen ist, „ob und welche technischen, organisatorischen oder personenbezogenen Maßnahmen erforderlich sind und ob Hitzearbeit vorliegt", Punkt 4.1 Abs. 5 ASR A3.5. Die Messung der Lufttemperatur erfolgt gemäß Punkt 4.1 Abs. 6 S. 1 ASR A3.5 mittels eines strahlungsgeschützten Thermometers.

6   In Arbeitsräumen muss die Lufttemperatur mindestens den Werten in Tabelle 1 entsprechen, Punkt 4.2 Abs. 1 ASR A3.5. Die Lufttemperatur ist während der gesamten Nutzungsdauer zu gewährleisten. In der Tabelle 1 werden die **beiden folgende Differenzierungskriterien** angeführt:
– überwiegende Körperhaltung
– Arbeitsschwere

Was die **überwiegende Körperhaltung** anbelangt, wird zwischen „Sitzen" einerseits und „Stehen, Gehen" andererseits unterschieden. Mit Blick auf die **überwiegende Körperhaltung** wiederum gibt es die Kategorien „leicht", „mittel" und „schwer". Diese Kategorien werden in der Tabelle 2 näher konkretisiert. Danach ist erstens eine **leichte Arbeitsschwere** „leichte Hand-/Armarbeit mit ruhigem Sitzen bzw. Stehen verbunden mit gelegentlichem Gehen". Eine **mittlere Arbeitsschwere** ist zweitens „mittelschwere Hand-/Arm- oder Beinarbeit im Sitzen, Gehen oder Stehen". Drittens ist eine **schwere Arbeitsschwere** „schwere Hand-/Arm-, Bein- und Rumpfarbeit im Gehen oder Stehen".

Bei „Sitzen" als überwiegender Körperhaltung gilt Folgendes:

- Arbeitsschwere leicht: +20 °C,
- Arbeitsschwere mittel: +19 °C.

Bei „Stehen, Gehen" als überwiegender Körperhaltung gilt Folgenden:
- Arbeitsschwere leicht: +19 °C,
- Arbeitsschwere mittel: +17 °C,
- Arbeitsschwere schwer: +12 °C.

Wenn und soweit die genannten Mindestwerte trotz Ausschöpfung der technischen Möglichkeiten nicht eingehalten werden können, muss der **Schutz gegen zu niedrige Temperaturen** gemäß Punkt 4.2 Abs. 2 ASR A.3.5 in der folgenden **Rangfolge** gewährleistet werden:
- arbeitsplatzbezogene technische Maßnahmen (z. B. Wärmestrahlungsheizung oder Heizmatten),
- organisatorische Maßnahmen (z. B. Aufwärmzeiten),
- personenbezogene Maßnahmen (z. B. geeignete Kleidung).

Was den Abs. 2 anbelangt, handelt es sich im Wesentlichen um jene Inhalte, wel- **7** che die gesundheitlich zuträgliche Raumtemperatur betreffen, die zuvor in Nr. 3.5 Abs. 1 des Anhangs der ArbStättV a. F. geregelt waren. **Neu** ist freilich, dass die allgemeinen Anforderungen an Raumtemperaturen seit 2016 auch für **Unterkünfte** gelten (BR-Drs. 506/16, S. 33); denn die waren zuvor nicht in Nr. 3.5 Abs. 1 des Anhangs der ArbStättV aufgeführt.

Gemäß Punkt 4.2 Abs. 4 ASR A3.5 muss in **Pausen-, Bereitschafts-, Sani- 8 tär-, Kantinen- und Erste-Hilfe-Räumen** während der Nutzungsdauer eine Mindestlufttemperatur von mindestens +21 °C herrschen. **Stationäre Toilettenanlagen,** die für Beschäftigte bei Arbeiten im Freien oder für gelegentlich genutzte Arbeitsstätten eingerichtet werden, müssen während der Nutzungsdauer eine Lufttemperatur von +21 °C erreichen, Punkt 4.2 Abs. 5 ASR A 3.5. In **Waschräumen mit Duschen** soll die Lufttemperatur während der Nutzungsdauer mindestens +24 °C betragen, Punkt 4.2 Abs. 6 ASR A3.5.

Die ASR A4.4 gilt gemäß Punkt 2 „für das Einrichten und Betreiben von Unterkünften im Bereich von Arbeitsstätten." In den **Begriffsbestimmungen** in Punkt 3 ASR A4.4 wird u. a. der zentrale Begriff der **„Unterkünfte"** (Punkt 3.1) definiert. Danach sind **Unterkünfte** „Räume, die den Beschäftigten zu Wohnzwecken in der Freizeit dienen. Hierzu zählen auch Baracken, Wohncontainer, Wohnwagen und andere Raumzellen." Was die Raumtemperatur anbelangt, müssen **Unterkünfte** während der Nutzungsdauer auf mindestens +21 °C geheizt werden können, Punkt 5.1 Abs. 3 ASR A4.4.

In Abs. 3 wird schließlich im Anschluss an Nr. 3.5 Abs. 2 des Anhangs der Arb- **9** StättV a. F. geschrieben, dass Fenster, Oberlichter und Glaswände „eine Abschirmung gegen übermäßige Sonneneinstrahlung ermöglichen" müssen. Laut **Verordnungsbegründung** war mit Blick auf diese Regelung zugleich „zur Klarstellung eine redaktionelle Anpassung erforderlich"; denn nicht die gesamte Arbeitsstätte ist generell gegen übermäßige Sonneneinstrahlung zu schützen. Vielmehr reiche es aus, wenn „die entsprechenden Fenster, Oberlichter und Glaswände „in Arbeitsräumen geeignete Maßnahmen (…) gegen übermäßige Sonneneinstrahlung ermöglichen, um die Sicherheit und Gesundheit der Beschäftigten bei den beruflichen Tätigkeiten zu gewährleisten" (zum Ganzen BR-Drs. 506/16, S. 33). Die Vorgängernorm verlangte hingegen noch, „eine Abschirmung der Arbeitsstätten gegen übermäßige Sonneneinstrahlung" zu ermöglichen.

Fenster, Oberlichter und Glaswände, die der Tageslichtversorgung dienen, **10** sind gemäß Punkt 4.3 Abs. 1 ASR A3.5 „so zu gestalten, dass eine ausreichende

Tageslichtversorgung gewährleistet ist und gleichzeitig störende Blendung und übermäßige Erwärmung vermieden werden." Wenn und soweit die Sonneneinstrahlung durch Fenster, Oberlichter und Glaswände zu einer **Erhöhung der Raumtemperatur** über +26 °C führt, sind diese Bauteile gemäß Punkt 4.3 Abs. 2 S. 1 ASR A3.5 **mit geeigneten Sonnenschutzsystemen** auszurüsten; eine störende direkte Sonneneinstrahlung auf den Arbeitsplatz ist zu vermeiden, Punkt 4.3 Abs. 2 S. 2 ASR A3.5. Beispiele für die Gestaltung der Sonnenschutzsysteme werden in Punkt 4.3 Abs. 3 ASR A3.5 i. V. m. Tabelle 3 aufgeführt.

11   Zum **Schutz der Beschäftigten gegen zu hohe Raumtemperaturen** bestimmt Punkt 4.2 Abs. 3 S. 1 ASR A3.5, dass die **Lufttemperatur in Arbeitsräumen** sowie in Pausen-, Bereitschafts-, Sanitär-, Kantinen- und Erste-Hilfe-Räumen **maximal +26 °C** betragen soll. Wenn die **Außenlufttemperatur über +26 °C** beträgt und dies dazu führt, dass trotz Verwendung geeigneter Sonnenschutzmaßnahmen i. S. d. Punkts 4.3 ASR A3.5 der **Höchstwert für die Innenlufttemperatur von +26 °C überschritten** wird, soll der Arbeitgeber gemäß Punkt 4.4 Abs. 1 S. 1 ASR A3.5 **zusätzliche Maßnahmen zum Schutz der Beschäftigten ergreifen;** denn in Einzelfällen kann das Arbeiten bei diesen hohen Temperaturen zu Gesundheitsgefährdungen führen, Punkt 4.4 Abs. 1 S. 2 ASR A3.5. Im Falle von **höheren Innenlufttemperaturen als +30 °C** muss der Arbeitgeber gemäß Punkt 4.4 Abs. 2 S. 1 ASR A3.5 eine **Gefährdungsbeurteilung** gemäß § 3 Abs. 1 ArbStättV durchführen und Maßnahmen gemäß Tabelle 4 treffen (z. B. effektive Steuerung des Sonnenschutzes wie z. B. Jalousien auch nach der Arbeitszeit geschlossen halten, effektive Steuerung der Lüftungseinrichtungen wie z. B. Nachtauskühlung, Reduzierung der inneren thermischen Lasten wie z. B. elektrische Geräte nur bei Bedarf betreiben, Lüftung in den frühen Morgenstunden, Nutzung von Gleitzeitregelungen zur Arbeitszeitverlagerung, Lockerung der Bekleidungsregelungen, Bereitstellung geeigneter Getränke wie z. B. Trinkwasser). In diesem Zusammenhang sollen **technische und organisatorische Maßnahmen Vorrang vor personenbezogenen Maßnahmen** haben, Punkt 4.4 Abs. 2 S. 2 ASR A3.5. Überschreitet die **Innenlufttemperatur sogar +35 °C,** ist der Raum für die Zeit der Überschreitung ohne zusätzliche technische Maßnahmen (z. B. Luftduschen oder Wasserschleier), organisatorische Maßnahmen (z. B. Entwärmungsphasen) oder persönliche Schutzausrüstungen (z. B. Hitzeschutzkleidung) wie bei **Hitzearbeit** nicht als Arbeitsraum geeignet, Punkt 4.4 Abs. 3 ASR A3.5.

12   Der **Betriebsrat** hat bei einer Überschreitung der Innenlufttemperaturen von +26 °C, +30 °C und +35 °C ein **Mitbestimmungsrecht gemäß § 87 Abs. 1 Nr. 7 BetrVG** bei den vom Arbeitgeber zu treffenden **Maßnahmen zur Wärmeentlastung der Beschäftigten** (vgl. LAG Schleswig-Holstein Beschl. v. 1.10.2013 – 1 TaBV 33/13 – juris; siehe auch *Wiebauer* in Landmann/Rohmer GewO ArbStättV Anhang Rn. 50).

13   Wenn und soweit keine geeigneten Schutzmaßnahmen seitens des Arbeitgebers getroffen werden, ist an die **Rechte der Beschäftigten** aus § 273 Abs. 1 BGB auf Verweigerung der Arbeitsleistung und – bei unmittelbarer erheblicher Gefahr – aus § 9 Abs. 3 ArbSchG auf Entfernung zu denken (*Wiebauer* in Landmann/Rohmer GewO ArbStättV Anhang Rn. 50).

3.6 Lüftung

(1) **In Arbeitsräumen, Sanitär-, Pausen- und Bereitschaftsräumen, Kantinen, Erste-Hilfe-Räumen und Unterkünften muss unter Berücksichtigung des spezifischen Nutzungszwecks, der Arbeitsverfahren, der physischen Belastungen und der Anzahl der Beschäftigten sowie der sonstigen anwesenden Personen während der Nutzungsdauer ausreichend gesundheitlich zuträglicher Atemluft vorhanden sein.**

(2) **[1]Ist für das Betreiben von Arbeitsstätten eine raumlufttechnische Anlage erforderlich, muss diese jederzeit funktionsfähig sein. [2]Bei raumlufttechnischen Anlagen muss eine Störung durch eine selbsttätige Warneinrichtung angezeigt werden. [3]Es müssen Vorkehrungen getroffen sein, durch die die Beschäftigten im Fall einer Störung gegen Gesundheitsgefahren geschützt sind.**

(3) **Werden raumlufttechnische Anlagen verwendet, ist sicherzustellen, dass die Beschäftigten keinem störenden Luftzug ausgesetzt sind.**

(4) **Ablagerungen und Verunreinigungen in raumlufttechnischen Anlagen, die zu einer unmittelbaren Gesundheitsgefährdung durch die Raumluft führen können, müssen umgehend beseitigt werden.**

In Nr. 3.6 des Anhangs der ArbStättV wird die „Lüftung" geregelt. **Ziel der** **1** **Regelung** ist zum einen die Gewährleistung einer gesundheitlich zuträglichen Atemluft und zum anderen der Schutz der Beschäftigten gegen Gefährdungen ihrer Gesundheit durch den Betrieb raumlufttechnischer Anlagen (infolge von Luftzügen, Ablagerungen und Verunreinigungen). Die Bestimmung formuliert die zuvor in § 5 ArbStättV 1975 statuierten Anforderungen „in zeitgemäßer Form neu". Sie setzt Ziff. 6 des Anhangs I der Richtlinie 89/654/EWG (sog. EG-Arbeitsstättenrichtlinie) und Nr. 5 des Teils A des Anhangs IV der Richtlinie 92/57/EG (sog. EG-Baustellenrichtlinie) sowie Nr. 3 des Abschnitts I des Teils B des Anhangs IV der Richtlinie 92/57/EG in nationales Recht um (BR-Drs. 450/04, S. 36).

Während Abs. 4 seit 2004 unverändert ist, gab es zwischenzeitlich Modifikationen in Bezug auf die Abs. 1–3. Ursächlich war insoweit Art. 1 der Verordnung zur Änderung von Arbeitsschutzverordnungen vom 30.11.2016 (BGBl. I 2016 S. 2681, ber. 2017 S. 2839).

Die **Konkretisierung der allgemeinen arbeitsstättenrechtlichen Vorga-** **2** **ben** an die „Lüftung" erfolgt durch die **Technischen Regeln für Arbeitsstätten (ASR).** Im Fokus des Interesses steht vorliegend die erst kürzlich veröffentlichte ASR A3.6 „Lüftung" (Ausgabe: Januar 2012, GMBl. S. 92, zuletzt geändert durch GMBl. 2018 S. 474), vgl. Punkt 1 ASR A3.6. Die ASR A3.6 gilt gemäß Punkt 2 „für Arbeitsräume in umschlossenen Arbeitsräumen und berücksichtigt die Arbeitsverfahren, die körperliche Belastung und die Anzahl der Beschäftigten sowie der sonstigen anwesenden Personen. Es wird empfohlen, diese ASR auch für Pausen-, Bereitschafts-, Erste-Hilfe-, Sanitärräume und Unterkünfte anzuwenden." Für **Tätigkeiten mit Gefahrstoffen oder biologischen Arbeitsstoffen** wird in Punkt 2.3 ASR A3.6 auf die spezielleren Rechtsvorschriften einschließlich der entsprechenden Technischen Regeln verwiesen. In den **„Begriffsbestimmungen"** in Punkt 3 ASR A3.6 werden u. a. die Begriffe **„Lüftung"** (Punkt 3.1) und **„Raumlufttechnische Anlagen"** (Punkt 3.3) definiert.

3   **Inhaltlich** regelt die Nr. 3.6 des Anhangs der ArbStättV, dass in Arbeitsräumen
und – seit 2016 – in weiteren Räumen „während der Nutzungsdauer ausreichend
gesundheitlich zuträgliche Atemluft vorhanden sein" muss (Abs. 1). **Arbeitsräume**
sind gemäß § 2 Abs. 3 ArbStättV „Räume, in denen Arbeitsplätze innerhalb von Gebäuden dauerhaft eingerichtet sind". Der Verordnungsgeber hat die – ursprünglich
nur für umschlossene Arbeitsräume – geltende Anforderung nunmehr **auf Sani-
tär-, Pausen-, und Bereitschaftsräume, Kantinen, Erste-Hilfe-Räume und
Unterkünfte ausgedehnt;** denn auch in diesen Sozialräumen der Arbeitsstätte soll
es eine **gesundheitlich zuträgliche Atemluft während der Nutzungsdauer**
geben (BR-Drs. 506/16, S. 33; siehe auch *Wiebauer* NZA 2017, 220, 224). Lüftung
ist gemäß Punkt 3.1 ASR A3.6 „die Erneuerung der Raumluft durch direkte oder
indirekte Zuführung von Außenluft. Die Lüftung erfolgt durch freie Lüftung oder
Raumlufttechnische Anlagen." Die übrigen Absätze befassen sich mit **raumlufttechnischen Anlagen.** Bei den diesen sog. **RLT-Anlagen** handelt es sich gemäß
Punkt 3.3 ASR A3.6 um „Anlagen mit maschineller Förderung der Luft, Luftreinigung (Filtern) und mindestens einer thermodynamischen Luftbehandlungsfunktion
(Heizen, Kühlen, Befeuchten, Entfeuchten). Die RLT-Anlagen müssen stets funktionsfähig sein (Abs. 2), bei ihrer Verwendung darf es zu keinen störenden Luftzügen
kommen (Abs. 3) und potenziell gefährliche Ablagerungen und Verunreinigungen
müssen umgehend beseitigt werden (Abs. 4). Im Zuge der bereits angesprochenen
arbeitsstättenrechtlichen Reform im Jahr 2016 (→ Rn. 1) wurde Abs. 3 **auf RLT-
Anlagen beschränkt;** denn die betreffenden Anforderungen seien „nicht generell
für alle Lüftungseinrichtungen sinnvoll anwendbar (BR–Drs. 506/16, S. 33). Ursprünglich nahm Nr. 3.6 Abs. 3 des Anhangs der ArbStättV „Klimaanlagen oder
mechanische Belüftungseinrichtungen" in Bezug.

4   Gemäß Punkt 4.1 Abs. 1 S. 1 ASR A3.6 muss in umschlossenen Arbeitsräumen
eine „gesundheitlich zuträgliche Atemluft in ausreichender Menge vorhanden
sein." Dies soll dann der Fall sein, wenn die Atemluft der Außenluftqualität entspricht, Punkt 4.1 Abs. 1 S. 2 ASR A3.6. Im Falle der Beeinträchtigung der Innenraumluftqualität in Arbeitsräumen gemäß Punkt 4.1 Abs. 2 ASR A3.6 durch Stofflasten (z. B. eine schlecht gewartete RLT-Anlage oder das Auftreten von Schimmel,
Punkt 4.2 Abs. 1 ASR A3.6), Feuchtelasten (z. B. die Wasserdampfabgabe aus Prozessen oder der anwesenden Personen, Punkt 4.3 Abs. 1 ASR A3.6) oder Wärmelasten (z. B. infolge von Geräten und Maschinen oder der Sonneneinstrahlung,
Punkt 4.4 Abs. 1 ASR A3.6), muss der Arbeitgeber die erforderlichen Maßnahmen
zur Beseitigung der Lasten gemäß Punkt 4.3 ASR A3.6 treffen. Danach gilt fol-
gende Reihenfolge:
- Last vermeiden (Nr. 1),
- Last minimieren (Nr. 2),
- Quelle kapseln (Nr. 3),
- Last quellennah abführen (Nr. 4).

Wenn und soweit trotz bestimmungsgemäßer Nutzung des Arbeitsraums und der
Lüftung Beschwerden von Beschäftigten über die Luftqualität auftreten, muss der
Arbeitgeber gemäß Punkt 4.1 Abs. 5 ASR A3.6 prüfen, ob und ggf. welche wei-
teren Maßnahmen durchzuführen sind. In Betracht kommen in diesem Zusam-
menhang die folgenden Maßnahmen:
- zeitweise verstärkte Lüftung,
- Änderung der Raumnutzung,
- Umsetzen der Beschäftigten in andere Räume,
- Einbau oder Anpassung einer RLT-Anlage (zum Begriff → Rn. 3).

Für die **Lüftung von Arbeitsräumen** stehen dem Arbeitgeber gemäß Punkt **5**
3.1 ASR A3.6 (→ Rn. 3) zwei Wege zur Verfügung: **Erstens die freie Lüftung
und zweitens die Verwendung von raumlufttechnischen Anlagen** (sog.
RLT-Anlagen; → Rn. 3). In Punkt 5 ASR A3.6 wird die „**Freie Lüftung**" geregelt, wobei die Fensterlüftung als die einfachste Form der freien Lüftung beschrieben wird, Punkt 5.1 Abs. 1 S. 1 ASR A3.6. Gemäß Punkt 5.1 Abs. 2 ASR
3.6 kann die freie Lüftung von Räumen „als Stoßlüftung oder kontinuierliche Lüftung erfolgen". Die Anforderungen an RLT-Anlagen sind in Punkt 6 ASR A3.6
näher konturiert. Sie sind gemäß Punkt 6.1 S. 1 ASR A3.6 erforderlich, wenn eine
freie Lüftung z. B. wegen der Abmessungen der Räume oder der umliegenden Bebauung nicht ausreicht. RLT-Anlagen müssen dem **Stand der Technik** entsprechen und sind **bestimmungsgemäß zu betreiben,** Punkt 6.2 Abs. 1 ASR A3.6.
Anforderungen an „**Inbetriebnahme, Wartung und Prüfung**" sind in Punkt
6.6 ASR A3.6 statuiert. Demzufolge gibt es Vorgaben für die sachgerechte Wartung
(Abs. 2) und die Überprüfung der Funktionsfähigkeit (Abs. 3). Zu Zwecken der
Dokumentation muss der Arbeitgeber gemäß Punkt 6.6 Abs. 4 ASR A3.6 „über
die aktuellen Unterlagen der RLT-Anlagen verfügen oder dazu Zugang haben".
„**Abweichende/ergänzende Anforderungen für Baustellen**" sind in Punkt 7
ASR A3.6 geregelt.

3.7 Lärm

[1]**In Arbeitsstätten ist der Schalldruckpegel so niedrig zu halten, wie es
nach der Art des Betriebes möglich ist.** [2]**Der Schalldruckpegel am Arbeitsplatz in Arbeitsräumen ist in Abhängigkeit von der Nutzung und den zu
verrichtenden Tätigkeiten so weit zu reduzieren, dass keine Beeinträchtigungen der Gesundheit der Beschäftigten entstehen.**

Die Nr. 3.7 des Anhangs der ArbStättV regelt seit 2004 den Aspekt des Lärms in **1**
arbeitsstättenrechtlicher Hinsicht. **Ziel der Regelung** ist der Schutz der Beschäftigten vor Beeinträchtigungen ihrer Gesundheit durch Lärm bzw. einen zu hohen
Schalldruckpegel. Relevant sind in diesem Zusammenhang seit der Reform der
ArbStättV im Jahr 2010 (→ Rn. 5) insbesondere die sog. **extra-auralen Lärmwirkungen,** d. h. „physiologische, psychische und soziale Wirkungen von Schall auf
den Menschen, mit Ausnahme der Wirkungen, die das Hörorgan betreffen" (Punkt
3.4 ASR A3.7). M.a.W. entstehen die extra-auralen Gefährdungen der Gesundheit
durch einen Geräuschpegel, der unterhalb der Schwelle zum gehörschädigenden
Lärm liegt, von den Beschäftigten jedoch bei ihrer Tätigkeit als störende oder belastende Geräuscheinwirkung empfunden wird. Die **maßgebliche Schwelle für
Schädigungen des Gehörs der Beschäftigten** liegt bei 80 dB(A), § 6 S. 1 Nr. 2
LärmVibrationsArbSchV (siehe auch BR-Drs. 262/10, S. 29). So können sich die
Geräuschkulissen in Großraumbüros oder Call-Centern negativ auf die physische
und psychische Gesundheit auswirken (vgl. zum Ganzen *Lorenz* in Kollmer/
Klindt/Schucht ArbSchG ArbStättV Nr. 3.7 des Anhangs Rn. 1). Allerdings kann
ab einem Dauerschallpegel von 70 dB(A) eine reversible (aurale) Hörminderung
(sog. Vertäubung) auftreten, Punkt 4 Abs. 2 ASR A3.7 (→ Rn. 2). Mit der Bestimmung werden die Ziff. 21.3 lit. b) des Anhangs I der Richtlinie 89/654/EWG (sog.
EG-Arbeitsstättenrichtlinie) und die Nr. 6.1 des Teils A des Anhangs IV der Richtlinie 92/57/EG (sog. EG-Baustellenrichtlinie) in nationales Recht umgesetzt (BR-
Drs. 450/04, S. 36).

Die Bestimmung wurde durch Art. 4 der Verordnung zur Umsetzung der Richtlinie 2006/25/EG zum Schutz der Arbeitnehmer vor Gefährdungen durch künstliche Strahlung und zur Änderung von Arbeitsschutzverordnungen vom 19.7.2010 (BGBl. I 2010 S. 960) modifiziert: Ersetzt wurde damals der ursprüngliche S. 2 durch einen neuen S. 2. Ursprünglich war freilich noch vorgesehen, dass der S. 2 ganz gestrichen wird (BR-Drs. 262/10, S. 14).

2   Die **Konkretisierung der allgemeinen arbeitsstättenrechtlichen Vorgaben** an „Lärm" erfolgt durch die **Technischen Regeln für Arbeitsstätten (ASR).** Im Fokus des Interesses steht vorliegend die erst kürzlich veröffentlichte ASR A3.7 „Lärm" (Ausgabe: Mai 2018, GMBl. S. 456), vgl. Punkt 1 ASR A3.7. Die ASR A3.7 gilt gemäß Punkt 2 Abs. 1 „für das Einrichten und Betreiben von Arbeitsstätten und Arbeitsplätzen in Arbeitsräumen, um Gefährdungen und Beeinträchtigungen für Sicherheit und Gesundheit von Beschäftigten von Lärmeinwirkungen zu vermeiden." Im nächsten Absatz wird geregelt, in welchen Fällen die ASR A3.7 nicht gelten soll, d. h. mit Blick auf „Gefährdungen von Gesundheit und Sicherheit der Beschäftigten durch Lärmeinwirkungen einschließlich extra-auraler Wirkungen im Hörschallbereich mit Frequenzen zwischen 16 Hz und 16 kHz ab einem A-bewerteten äquivalenten Dauerschallpegel von 80 dB(A)." In den **„Begriffsbestimmungen"** in Punkt 3 ASR A3.7 werden u. a. die Begriffe **„Geräusch"** (Punkt 3.6), **„Lärm"** (Punkt 3.8) oder **„Störgeräusch"** (Punkt 3.14) definiert (vgl. zu den Konkretisierungsmöglichkeiten vor der Veröffentlichung der ASR A3.7 *Lorenz* in Kollmer/Klindt/Schucht ArbSchG ArbStättV Nr. 3.7 des Anhangs Rn. 4ff.).

3   **Inhaltlich** geht es in der Nr. 3.7 des Anhangs der ArbStättV darum, „den Schalldruckpegel so niedrig zu halten, wie es nach der Art des Betriebes möglich ist" (S. 1). Im Ergebnis zielt das Arbeitsstättenrecht darauf ab, „dass keine Beeinträchtigungen der Gesundheit der Beschäftigten entstehen" (S. 2). **Lärm** ist gemäß § 2 Abs. 1 LärmVibrationsArbSchV bzw. Punkt 3.8 ASR A3.7 „jeder Schall, der zu einer Beeinträchtigung des Hörvermögens oder zu einer sonstigen mittelbaren oder unmittelbaren Gefährdung von Sicherheit und Gesundheit der Beschäftigten führen kann."

Gemäß Punkt 4 Abs. 5 ASR A3.7 können Unfälle und arbeitsbedingte Gesundheitsgefährdungen entstehen, „wenn Fehlentscheidungen oder -leistungen zu einer Gefährdung des Beschäftigten durch andere Personen führen". In diesem Zusammenhang kann **Lärm z. B. die folgenden Konsequenzen** mit sich bringen:

- die Wahrnehmung von akustischen Gefahrensignalen beeinträchtigen,
- die Aufmerksamkeit und Konzentration herabsetzen,
- die Sprachkommunikation beeinträchtigen,
- die Fehlerquote erhöhen,
- die Reaktionsfähigkeit verringern,
- die Risikobereitschaft erhöhen,
- die Sicherheit bei manuellen Tätigkeiten vermindern.

4   Zentrale Bedeutung kommt in S. 1 dem **Rechtsbegriff des Schalldruckpegels** zu. Der Schalldruckpegel ist der maßgebliche Richtwert für die Ermittlung der Geräuschexposition bzw. Lärmbelastung der Beschäftigten Er wird in Dezibel (dB) gemessen. Mit dem ersten Satz wird **ein allgemeines Lärmminimierungsgebot für den gesamten Bereich der Arbeitsstätte** formuliert. Dementsprechend muss der Arbeitgeber alle betriebstechnisch möglichen und wirtschaftlich zumutbaren Maßnahmen ergreifen, um die Lärmbelastung der Beschäftigten in der Arbeitsstätte möglichst gering zu halten. Taugliche Maßnahmen zur Lärmminimie-

rung können z. B. der Einsatz lärmarmer Arbeitsmittel (→ Rn. 6), die räumliche Trennung von Arbeitsplätzen und Lärmquellen sowie die schallabsorbierende Ausführung von Fußböden, Decken, Wänden, Möbelteilen und Stellwänden sein (vgl. zum Ganzen *Lorenz* in Kollmer/Klindt/Schucht ArbSchG ArbStättV Nr. 3.7 Rn. 3).

S. 2 formuliert hingegen ein **spezielles Lärmminimierungsgebot dezidiert** 5 **für Arbeitsplätze in Arbeitsräumen. Arbeitsplätze** sind gemäß § 2 Abs. 4 Arb-StättV „Bereiche, in denen Beschäftigte im Rahmen ihrer Arbeit tätig sind". **Arbeitsräume** sind gemäß § 2 Abs. 3 ArbStättV „Räume, in denen Arbeitsplätze innerhalb von Gebäuden dauerhaft eingerichtet sind". Ursprünglich sollte der Beurteilungspegel am Arbeitsplatz in Arbeitsräumen gemäß Nr. 3.7 S. 2 des Anhangs der ArbStättV „auch unter Berücksichtigung der von außen einwirkenden Geräusche höchstens 85 dB (A) betragen; soweit dieser Beurteilungspegel nach der betrieblich möglichen Lärmminderung zumutbarerweise nicht einzuhalten ist, darf er bis zu 5 dB (A) überschritten werden." Diese Vorgabe wurde mit Inkrafttreten der Verordnung zum Schutz der Beschäftigten vor Gefährdungen durch Lärm und Vibrationen (Lärm- und Vibrations-Arbeitsschutzverordnung − LärmVibrations-ArbSchV) vom 6. 3. 2007 (BGBl. I S. 261) obsolet; denn seitdem werden Lärmbelastungen ≥ 80 dB(A), „die am Arbeitsplatz zu Schädigungen des Gehörs der Beschäftigten führen können", von der LärmVibrationsArbSchV erfasst. Damit entstand eine **Inkonsistenz zwischen ArbStättV und LärmVibrationsArbSchV** (zum Ganzen BR-Drs. 262/10, S. 29), die durch die arbeitsstättenrechtliche Reform im Jahr 2010 aus der Welt geschaffen wurde (→ Rn. 1).

Der Anwendungsbereich der Nr. 3.7 S. 2 ist folglich auf Lärmbelastungen unterhalb der Schwelle zum gehörschädigenden Lärm von ≥ 80 dB(A) beschränkt (BR-Drs. 262/1/10, S. 9). Mit dem neuen S. 2 sollte ausweislich der Verordnungsbegründung unterstrichen werden, „dass in Abhängigkeit von der Nutzung der Arbeitsstätte und den darin verrichteten Tätigkeiten zur Vermeidung mittelbarer oder unmittelbarer Gefährdungen von Sicherheit oder Gesundheit durch Lärmeinwirkungen spezifische Maßnahmen erforderlich sind, die sich am Stand der Technik für den Schallschutz orientieren müssen." Insoweit sollten insbesondere die extraauralen Schallwirkungen im Hörschallbereich unterhalb des in der LärmVibrations-ArbSchV festgelegten unteren Auslösewerts von 80 dB(A) berücksichtigt werden (zum Ganzen BR-Drs. 262/1/10, S. 9f.).

Punkt 4 ASR A3.7 befasst sich mit extra-auralen und reversiblen Lärmwirkun- 6 gen. Extra-aurale Lärmwirkungen können gemäß Punkt 4. Abs. 4 ASR A3.7 folgende Bereiche betreffen:

− Beeinträchtigung der Sprachverständlichkeit und der akustischen Orientierung,
− Störung der Arbeitsleistung (kognitive Leistung),
− psychische Wirkung,
− physiologische Wirkung (Aktivierung des zentralen und vegetativen Nervensystems).

In der zugehörigen Abbildung 1 wird eine vereinfachte Darstellung akuter extraauraler Lärmwirkungen gegeben.

Die **„Pegelwerte für Tätigkeiten an Arbeitsplätzen in Arbeitsräumen sowie raumakustische Anforderungen an Arbeitsräume"** sind Gegenstand des Punkts 5 ASR A3.7. Insoweit wird zwischen den maximal zulässigen Beurteilungspegeln (Punkt 5.1 ASR A3.7) einerseits und den raumakustischen Anforderungen (Punkt 5.2 A3.7) andererseits unterschieden. Anschließend werden die **„Beurteilung von Gefährdungen durch Lärm beim Einrichten von Arbeitsstätten"**

(Punkt 6 ASR A3.7) und die „**Beurteilung von Gefährdungen durch Lärm beim Betreiben von Arbeitsstätten**" (Punkt 7 ASR A3.7) geregelt. Die „**Maßnahmen zum Lärmschutz**" wiederum sind in Punkt 8 ASR A3.7 statuiert. Danach sind technische Maßnahmen vor organisatorischen und persönlichen Maßnahmen zu ergreifen, Punkt 8 Abs. 1 ASR A3.7. Beim Einrichten und Betreiben der Arbeitsstätte ist gemäß Punkt 8 Abs. 3 S. 1 ASR A3.7 auf die Auswahl lärmarmer Arbeitsmittel zu achten.

Abschließend werden die folgenden „Maßnahmen zum Lärmschutz" abgehandelt:

– „**Technische Schutzmaßnahmen**" (Punkt 8.1 ASR A3.7),
– „**Organisatorische Maßnahmen**" (Punkt 8.2 ASR A3.7),
– „**Verhaltenspräventive und persönliche Maßnahmen**" (Punkt 8.3 ASR A3.7).

Innerhalb der technischen Maßnahmen „hat die Lärmminderung an der Quelle (primäre Schutzmaßnahme) Vorrang vor der Lärmminderung auf dem Ausbreitungsweg und raumakustischen Maßnahmen (sekundäre Schutzmaßnahme)", Punkt 8.1 ASR A3.7. Was die organisatorischen Maßnahmen anbetrifft, werden damit Lärmminderungsmaßnahmen verstanden, „die zu einer räumlichen oder zeitlichen Trennung von der Lärmquelle und damit geringerem Lärmexposition der Beschäftigten führen", Punkt 8.2 Abs. 1 ASR A3.7. Schließlich können verhaltenspräventive Maßnahmen durch Unterweisung oder Information z. B. zu lärmarmen Arbeiten, Vermeiden unnötiger Lärmerzeugung und tätigkeitsfremder Geräuschquellen (Radio usw.) vermittelt werden, Punkt 8.3 Abs. 1 ASR A3.7.

7   Im Übrigen ist darauf aufmerksam zu machen, dass **störende Geräusche oder Lärm als psychische Belastungen im Rahmen der Gefährdungsbeurteilung** zu berücksichtigen sein können, § 3 Abs. 1 S. 3 ArbStättV (*Pieper/Stiel* AiB 2017 Nr. 1, 49, 51).

4 Sanitär-, Pausen- und Bereitschaftsräume, Kantinen, Erste-Hilfe-Räume und Unterkünfte

1   In Nr. 4 des Anhangs der ArbStättV werden die „Sanitärräume" (Nr. 4.1), die „Pausen- und Bereitschaftsräume" (Nr. 4.2), die „Erste-Hilfe-Räume" (Nr. 4.3) und die „Unterkünfte" (Nr. 4.4) geregelt. Dementsprechend lautet die Überschrift für die Nr. 4 „Sanitär-, Pausen- und Bereitschaftsräume, Kantinen, Erste-Hilfe-Räume und Unterkünfte". Auf die nicht gesondert in den Überschriften der einzelnen Nummern erwähnten Kantinen wird innerhalb des Nr. 4.1 des Anhangs der ArbStättV Bezug genommen. Die Kantinen waren im Übrigen noch nicht Gegenstand der **Überschrift der Nr. 4**, als die ArbStättV im Jahr 2004 erlassen wurde. Sie wurden vielmehr erst durch die arbeitsstättenrechtliche Reform im Jahr 2016 in die Überschrift aufgenommen (→ Rn. 2).

2   Durch die **Reform des Arbeitsstättenrechts** im Jahr 2016 in Gestalt des Art. 1 der Verordnung zur Änderung von Arbeitsschutzverordnugnen vom 30.11.2016 (BGBl. I S. 2681, ber. 2017 S. 2839) wurde die Nr. 4 des Anhangs der ArbStättV **signifikant verändert**. Seitdem beinhaltet diese Nummer zum einen die Inhalte von § 6 ArbStättV a. F. und führt sie zum anderen mit schon früher vorhandenen Vorgaben zu Arbeits-, Sanitär- und Sozialräumen im Anhang der ArbStättV a. F. zusammen (BR-Drs. 506/16, S. 29; dies begrüßend *Wiebauer* in Landmann/Rohmer

GewO ArbStättV § 6 Rn. 1; *ders.,* NZA 2017, 220, 223). Im Ergebnis soll es sich um eine „Zusammenfassung von gleichen Sachverhalten" handeln (BR-Drs. 506/16, S. 33). Der neue § 6 ArbStättV regelt demgegenüber nun die „Unterweisung der Beschäftigten". Vor dieser Reform blieb die Nr. 4 des Anhangs der ArbStättV freilich seit 2004 unverändert (siehe indes → Nr. 4.4 Rn. 4 zur Modifikation des § 6 Abs. 5 ArbStättV a. F. durch Art. 4 der Verordnung zur Umsetzung der Richtlinie 2006/25/EG zum Schutz der Arbeitnehmer vor Gefährdungen durch künstliche Strahlung und zur Änderung von Arbeitsschutzverordnungen vom 19.7.2010 (BGBl. I 2010 S. 960)).

Insgesamt **sechs Leitlinien** (E1–E6) aus den **Leitlinien zur Arbeitsstätten-** 3 **verordnung,** die vom **Länderausschuss für Arbeitsschutz und Sicherheits- technik (LASI)** herausgegeben werden, befassen sich mit Inhalten, die in Nr. 4 des Anhangs der ArbStättV niedergelegt sind. Auf die Leitlinien soll bei der Kommentierung der betreffenden Inhalte näher eingegangen werden, wenn und soweit dies angezeigt ist.

4.1 Sanitärräume

(1) **Der Arbeitgeber hat Toilettenräume zur Verfügung zu stellen.** [2]**Toilettenräume sind für Männer und Frauen getrennt einzurichten oder es ist eine getrennte Nutzung zu ermöglichen.** [3]**Toilettenräume sind mit verschließbaren Zugängen, einer ausreichenden Anzahl von Toilettenbecken und Handwaschgelegenheiten zur Verfügung zu stellen.** [4]**Sie müssen sich sowohl in der Nähe der Arbeitsräume als auch in der Nähe von Kantinen, Pausen- und Bereitschaftsräumen, Wasch- und Umkleideräumen befinden.** [5]**Bei Arbeiten im Freien und auf Baustellen mit wenigen Beschäftigten sind mobile, anschlussfreie Toilettenkabinen in der Nähe der Arbeitsplätze ausreichend.**

(2) **Der Arbeitgeber hat – wenn es die Art der Tätigkeit oder gesundheitliche Gründe erfordern – Waschräume zur Verfügung zu stellen.** [2]**Diese sind für Männer und Frauen getrennt einzurichten oder es ist eine getrennte Nutzung zu ermöglichen.** [3]**Bei Arbeiten im Freien und auf Baustellen mit wenigen Beschäftigten sind Waschgelegenheiten ausreichend.** [4]**Waschräume sind**

a) **in der Nähe von Arbeitsräumen und sichtgeschützt einzurichten,**

b) **so zu bemessen, dass die Beschäftigten sich den hygienischen Erfordernissen entsprechend und ungehindert reinigen können; dazu müssen fließendes warmes und kaltes Wasser, Mittel zum Reinigen und gegebenenfalls zum Desinfizieren sowie zum Abtrocknen der Hände vorhanden sein,**

c) **mit einer ausreichenden Anzahl geeigneter Duschen zur Verfügung zu stellen, wenn es die Art der Tätigkeit oder gesundheitliche Gründe erfordern.**

[5]**Sind Waschräume nicht erforderlich, müssen in der Nähe des Arbeitsplatzes und der Umkleideräume ausreichende und angemessene Waschgelegenheiten mit fließendem Wasser (erforderlichenfalls mit warmem Wasser), Mitteln zum Reinigen und zum Abtrocknen der Hände zur Verfügung stehen.**

(3) **Der Arbeitgeber hat geeignete Umkleideräume zur Verfügung zu stellen, wenn die Beschäftigten bei ihrer Tätigkeit besondere Arbeitsbekleidung tragen müssen und es ihnen nicht zuzumuten ist, sich in einem anderen Raum umzukleiden.** [2]**Umkleideräume sind für Männer und Frauen getrennt einzurichten oder es ist eine getrennte Nutzung zu ermöglichen.** [3]**Umkleideräume müssen**

a) **leicht zugänglich und von ausreichender Größe und sichtgeschützt eingerichtet werden; entsprechend der Anzahl gleichzeitiger Benutzer muss genügend freie Bodenfläche für ungehindertes Umkleiden vorhanden sein,**

b) **mit Sitzgelegenheiten sowie mit verschließbaren Einrichtungen ausgestattet sein, in denen jeder Beschäftigte seine Kleidung aufbewahren kann.**

Kleiderschränke für Arbeitskleidung und Schutzkleidung sind von Kleiderschränken für persönliche Kleidung und Gegenstände zu trennen, wenn Umstände dies erfordern.

(4) **Wasch- und Umkleideräume, die voneinander räumlich getrennt sind, müssen untereinander leicht erreichbar sein.**

1   In Nr. 4.1 des Anhangs I der ArbStättV werden im Anschluss an § 6 Abs. 2 ArbStättV a. F. Regelungen zu den **Sanitärräumen** getroffen. Die frühere Bestimmung aus § 6 Abs. 2 ArbStättV a. F. ersetzte im Jahr 2004 die §§ 34 Abs. 1, 35 Abs. 1, 37 Abs. 1, 48 ArbStättV 1975 und setzte Ziff. 18 des Anhangs I der Richtlinie 89 654/EWG (sog. EG-Arbeitsstättenrichtlinie) sowie Nr. 14 des Teils A des Anhangs IV der Richtlinie 92/57/EG (sog. EG-Baustellenrichtlinie) über die „Sanitärräume" in nationales Recht um (BR-Drs. 450/04, S. 27).

Die Nr. 4.1 des Anhangs der ArbStättV erfuhr erstmals seit 2004 durch Art. 1 der Verordnung zur Änderung von Arbeitsschutzverordnungen vom 30.11.2016 (BGBl. I S. 2681, ber. 2017 S. 2839) eine neue Fassung.

2   Die **Konkretisierung** der allgemeinen arbeitsstättenrechtlichen Vorgaben an die „Sanitärräume" erfolgt durch die **Technischen Regeln für Arbeitsstätten (ASR)**. In den Fokus des Interesses steht vorliegend die ASR A4.1 „Sanitärräume" (Ausgabe: September 2013, GMBl. S. 919, zuletzt geändert durch GMBl. 2017 S. 401) zu rücken, vgl. Punkt 1 ASR A4.1. Die ASR A4.1 gilt gemäß Punkt 2 „für das Einrichten und Betreiben von Sanitärräumen sowie von Waschgelegenheiten in Arbeitsstätten, die den Beschäftigten zur Verfügung stehen." In den **„Begriffsbestimmungen"** in Punkt 3 ASR A4.1 werden u. a. die Begriffe **„Sanitärräume"** (Punkt 3.1), **„Toilettenräume"** (Punkt 3.3), **„Waschräume"** (Punkt 3.9) und **„Waschgelegenheiten"** (Punkt 3.11) definiert.

3   **Inhaltlich** befasst sich Abs. 1 mit Toilettenräumen und anschlussfreien Toilettenkabinen. Gemäß Punkt 3.3 ASR A4.1 beinhalten **Toilettenräume** „mindestens eine Toilette und eine Handwaschgelegenheit sowie gegebenenfalls Urinal und Toilettenzelle." Sodann werden Waschräume und -gelegenheiten arbeitsstättenrechtlich reguliert (Abs. 2). **Waschräume** sind gemäß Punkt 3.9 ASR A4.1 „Räume mit Einrichtungen (…), die es den Beschäftigten ermöglichen, sich den hygienischen Erfordernissen entsprechend zu reinigen." **Waschgelegenheiten** sind gemäß Punkt 3.11 ASR A4.1 „Einrichtungen mit fließendem Wasser und einem geschlossenen Wasserabflusssystem, die es den Beschäftigten ermöglichen, sich den hygienischen Erfordernissen entsprechend zu reinigen." Im Anschluss daran wird die Zurverfügungstellung von Umkleideräumen in den Fokus des Interesses gerückt (Abs. 3). Abschließend geht es um die leichte Erreichbarkeit von räumlich getrennten Wasch- und Umkleideräumen untereinander (Abs. 4).

In Abs. 1 S. 1, 3 werden allgemeine Anforderungen an **Toilettenräume** (zum **4** Begriff → Rn. 3) **und ihre Ausstattung z. B. mit Toilettenbecken** formuliert. Während Abs. 1 S. 1 vor der arbeitsstättenrechtlichen Reform im Jahr 2016 (→ Rn. 1) in § 6 Abs. 2 S. 1 ArbStättV a. F. geregelt war, war die nunmehr in Abs. 1 S. 3 anzutreffende Regelung vor der betreffenden Reform noch prominenter in Nr. 4.1 Abs. 1 S. 1 des Anhangs der ArbStättV a. F. platziert. In der Sache hat sich insoweit freilich nichts geändert. Anders als noch in § 37 Abs. 1 S. 3 ArbStättV müssen die Toilettenräume de lege lata nicht mehr „ausschließlich den Betriebsangehörigen zur Verfügung stehen", wenn „mehr als fünf Arbeitnehmer beschäftigt" werden.

Die unbestimmten Vorgaben in Nr. 4.1 Abs. 1 S. 1, 3 des Anhangs der ArbStättV **5** zu den **Toilettenräumen** werden für die Praxis durch die ASR A4.1 konkretisiert. Was die wichtige „Mindestanzahl an Toiletten einschließlich Urinale, Handwaschgelegenheiten" anbetrifft, gilt Punkt 5.2 Abs. 3 ASR A4.1 i. V. m. Tabelle 2. **Toiletten** sind gemäß Punkt 3.7 ASR A4.1 „Toilettenbecken oder Hocktoiletten". Maßgeblich sind danach **zwei Faktoren,** das ist zum einen die **Anzahl der männlichen und weiblichen Beschäftigten** sowie zum anderen die (hohe oder niedrige) **Gleichzeitigkeit der Nutzung der Toiletten durch die Beschäftigten.** Bei niedriger Gleichzeitigkeit können die Beschäftigten die Toiletteräume zu jeder Zeit aufsuchen (z. B. im Büro), wohingegen sie bei hoher Gleichzeitigkeit in der Regel die Toilettenräume nur in den Pausen aufsuchen können (z. B. Bandarbeit oder Lehrer im Unterrichtsdienst), Punkt 5.2 Abs. 3 ASR A4.1. In Punkt. 5.2 Abs. 4 ASR A4.1 wird die Ausstattung der Toilettenräume für die männlichen Beschäftigten mit Urinalen geregelt und zugleich das quantitative Verhältnis von Urinalen zu Toiletten geklärt. und **Urinale** sind gemäß Punkt 3.8 ASR A4.1 „Bedürfnisstände ausgeführt als Becken oder Rinnen". Insgesamt soll ein Toilettenraum **nicht mit mehr als zehn Toilettenzellen und zehn Urinalen** ausgestattet sein, Punkt 5.5 ASR A4.1. Hervorzuheben ist in diesem Zusammenhang, dass es sich um eine **Soll-Regelung** handelt, sodass die ASR A4.1 kein striktes Verbot für Toilettenräume statuiert, welche die genannten „Höchstvorgaben" überschreiten. Für den Fall einer Überschreitung wird indes seitens des verantwortlichen Arbeitsgebers eine nachvollziehbare Begründung i. S. e. Ausnahmefalls gegeben werden müssen. Detaillierte **Vorgaben für die Abmessungen der Bewegungsflächen** in den Toilettenräumen oder Toilettenzellen sowie der Trennwände und Türen von Toilettenzellen werden in Punkt 5.3 ASR A4.1 statuiert. Punkt 5.4 ASR A4.1 regelt anschließend die **Ausstattung der Toilettenzellen und Toilettenräume mit nur einer Toilette** mit innen abschließbaren Türen, Hygienebedarf wie namentlich Kleiderhaken, Papierhalter, Toilettenbürste, Hygienebehälter mit Deckel und Toilettenpapier (Abs. 1) und Handwaschgelegenheiten (Abs. 2). Punkt 5.1 ASR A4.1 hebt schließlich Vorgaben für die Lüftung (Abs. 1) und Reinigung der Toilettenräume (Abs. 2, 3) aus der Taufe. So müssen (und damit nicht „sollen" wie bei den Waschräumen; → Rn. 12) Toilettenräume, die täglich genutzt werden, mindestens täglich gereinigt werden, Punkt 5.1 Abs. 3 ASR A4.1.

Aus Nr. 4.1 Abs. 1 S. 2 des Anhangs der ArbStättV ergibt sich, dass Toiletten- **6** räume „für Männer und Frauen getrennt einzurichten" sind bzw. dass eine getrennte Nutzung möglich sein muss. Diese Vorgabe war zuvor in § 6 Abs. 2 S. 4 ArbStättV a. F. geregelt. Damit wird dem Arbeitgeber im Ergebnis ein **Wahlrecht** eingeräumt, wie er die Nutzung der Toilettenräume in Bezug auf Männer und

Frauen regelt. Allerdings wird in der Literatur darauf hingewiesen, dass dieses Wahlrecht durch die §§ 3 Abs. 1, 3 a Abs. 1 ArbStättV begrenzt werde (*Wiebauer* in Landmann/Rohmer GewO ArbStättV Anhang Rn. 60). Gemäß § 37 Abs. 1 S. 2 ArbStättV 1975 sollten „für Frauen und Männer vollständig getrennte Toilettenräume vorhanden sein", wenn mehr als fünf Arbeitnehmer verschiedenen Geschlechts beschäftigt wurden. In den **Leitlinien zur Arbeitsstättenverordnung** wird in diesem Zusammenhang darauf hingewiesen, dass es dem Stand der Hygiene entspreche, „Sanitärräume für eine größere Zahl von gleichzeitig in der Arbeitsstätte Beschäftigten getrennt einzurichten." Die Möglichkeit der getrennten Nutzung komme danach „den besonderen Belangen kleiner Betriebe" entgegen. Schließlich könne die **Arbeitnehmergrenze aus der ArbStättV 1975 weiterhin als Orientierungshilfe** Berücksichtigung finden (zum Ganzen Leitlinien zur Arbeitsstättenverordnung, hrsg. v. Länderausschuss für Arbeitsschutz und Sicherheitstechnik, 2009, Leitlinie E1, S. 14)

Innerhalb der allgemeinen Regelungen zu den **Sanitärräumen** i. S. d. Punkts 3.1 ASR A4.1, d. h. zu den Umkleide-, Wasch- und Toilettenräumen, wird innerhalb der konkretisierenden Technischen Regeln für Arbeitsstätten (ASR) freilich strenger festgelegt, dass für weibliche und männliche Beschäftigte getrennte Sanitärräume einzurichten sind, Punkt 4 Abs. 6 S 1 ASR A4.1. Ausnahmen bestehen erstens nur für **Betriebe mit bis zu neun Beschäftigten**, wenn eine zeitlich getrennte Nutzung sichergestellt ist, Punkt 4 Abs. 6 S. 2 ASR A4.1. Zweitens ermöglicht Punkt 4 Abs. 7 S. 1 ASR A4.1 in **Betrieben mit bis zu fünf Beschäftigten** „eine Kombination von Toiletten-, Wasch- und Umkleideräumen bei einer zeitlich nach Geschlecht getrennten Nutzung durch weibliche und männliche Beschäftigte", sofern eine wirksame Lüftung gewährleistet ist. Schließlich sieht Punkt 8.1 Abs. 3 ASR A4.1 eine **Sonderregelung für Baustellen** bis 21 Beschäftigte vor, die dezidiert auf die Vorgabe aus Punkt 4 Abs. 6 ASR A4.1 Bezug nimmt. Wenn und soweit eine zeitlich getrennte Nutzung sichergestellt ist, kann in diesem Fall u. a. auf getrennt eingerichtete Toilettenräume verzichtet werden.

7   Nr. 4.1 Abs. 1 S. 4 des Anhangs der ArbStättV bestimmt zur **Lage der Toilettenräume**, dass sich diese in der Nähe der Arbeitsräume sowie der Kantinen, Pausen-, Bereitschafts-, Wasch- und Umkleideräume befinden müssen. Die Regelung war zuvor Gegenstand des Nr. 4.1 Abs. 1 S. 2 des Anhangs der ArbStättV a. F., wobei die **Kantinen** erst im Zuge der arbeitsstättenrechtlichen Reform im Jahr 2016 (→ Rn. 1) Eingang in die Aufzählung der relevanten Räume fanden. Sodann stellte die vorangehende Regelung auch noch auf die „Nähe der Arbeitsplätze" ab (vgl. zum Hintergrund *Wiebauer* NZA 2017, 220, 221). **Arbeitsräume** sind gemäß § 2 Abs. 4 ArbStättV „Räume, in denen Arbeitsplätze innerhalb von Gebäuden dauerhaft eingerichtet sind".

In Punkt 5.2 Abs. 1 ASR A4.1 werden drei Hinweise zur Erfüllung der betreffenden arbeitsstättenrechtlichen Anforderung gegeben: Erstens soll die Weglänge zu den Toilettenräumen nicht länger als 50 m sein und darf 100 m nicht überschreiten. Die Toilettenräume müssen sich zweitens im gleichen Gebäude befinden und dürfen nicht weiter als eine Etage von ständigen Arbeitsplätzen entfernt sein. Der Weg von ständigen Arbeitsplätzen in Gebäuden zu Toiletten soll schließlich drittens nicht durchs Freie führen.

8   Dass die **Zurverfügungstellung von mobilen, anschlussfreien Toilettenkabinen** ausreichen kann, ist Gegenstand des neuen Nr. 4.1 Abs. 1 S. 5 des Anhangs der ArbStättV. Voraussetzung für die Zulässigkeit dieses Vorgehens ist erstens, dass

sich die Toilettenkabinen in der Nähe der Arbeitsplätze befinden. Zweitens muss es sich um Arbeitstätigkeiten im Freien oder auf Baustellen mit wenigen Beschäftigten handeln. Inhaltlich war diese Regelung zuvor in § 6 Abs. 2 S. 5 ArbStättV a. F. statuiert, wobei der Verordnungsgeber damals noch auf „abschließbare Toiletten" abgestellt hat.

Konkretisiert wird diese Bestimmung durch Punkt 8.2 Abs. 1 ASR A4.1. Danach sind Toilettenräume auf Baustellen bereitzustellen, wenn „mehr als zehn Beschäftigte länger als zwei zusammenhängende Wochen gleichzeitig beschäftigt" werden, Punkt 8.2 Abs. 1 S. 1 ASR A4.1. Entsprechend kommen mobile und anschlussfreie Toilettenkabinen auf Baustellen mit bis zu zehn Beschäftigten in Betracht, Punkt 8.2 Abs. 1 S. 2 ASR A4.1 (siehe ergänzend auch Leitlinien zur Arbeitsstättenverordnung, hrsg. v. Länderausschuss für Arbeitsschutz und Sicherheitstechnik, 2009, Leitlinie E2, S. 14, mit der Inbezugnahme der §§ 47 f. ArbStättV 1975).

Für alle **Sanitärräume** i. S. d. Punkts 3.1 ASR A4.1 (→ Rn. 6) und damit auch **9** für die **Toiletträume** i. S. d. Punkts 3.3 ASR A4.1 gelten die **allgemeinen Anforderungen an ihre Einrichtung und ihren Betrieb** gemäß Punkt 4 ASR A4.1 (**„Allgemeines"**). Zu den allgemeinen Vorgaben gehören insbesondere das Verbot der zweckwidrigen Nutzung der Sanitärräume (Abs. 1), Vorgaben zur lichten Höhe (Abs. 2) und zur Einsicht von außen (Abs. 3), zur Beleuchtung (Abs. 4) und Lufttemperatur (Abs. 5), zur Kennzeichnung (Abs. 8), zum Geruchsverschluss (Abs. 9), zu den Heizeinrichtungen (Abs. 11), zur Reinigung des Schuhwerks (Abs. 12) und zur Be- und Entlüftung (Abs. 13).

Im Anschluss an § 6 Abs. 2 S. 2, 4, 5 ArbStättV a. F. einerseits und Nr. 4.1 Abs. 2 **10** des Anhangs der ArbStättV a. F. andererseits regelt Nr. 4.1 Abs. 2 des Anhangs der ArbStättV nunmehr seit 2016 (→ Rn. 1) zusammenfassend das die Arbeitsstätten betreffende **Recht der Waschräume** (zum Begriff → Rn. 3) **und Waschgelegenheiten** (zum Begriff → Rn. 3).

Weiterhin müssen **Waschräume** zur Verfügung gestellt werden, wenn es die **11** **Art der Tätigkeit** oder **gesundheitliche Gründe** erfordern. Diese Vorgabe, die zuvor in § 6 Abs. 2 S. 2 ArbStättV a. F. statuiert war, folgt inzwischen aus Nr. 4.1 Abs. 2 S. 1 des Anhangs der ArbStättV.

Konkretisiert wird diese Vorgabe durch Punkt 6.1 Abs. 1 ASR A4.1 (→ Rn. 2). Danach sind Waschräume „nach Art der Tätigkeit oder gesundheitlichen Gründen gemäß Kategorie A, B oder C vorzusehen", wobei die Kategorie A auf mäßig schmutzende Tätigkeiten, die Kategorie B auf stark schmutzende Tätigkeiten und die Kategorie auf sehr stark schmutzende Tätigkeiten verweist. In der Kategorie C werden zudem gesundheitliche Gründe, Tätigkeiten mit stark geruchsbelästigenden Stoffen, das Tragen von körpergroßflächiger persönlicher Schutzausrüstung, Tätigkeiten unter besonderen klimatischen Bedingungen (Hitze, Kälte) oder bei Nässe sowie schwere körperliche Arbeit erfasst.

Mit Blick auf die **Anzahl der in den Waschräumen befindlichen Wasch-** **12** **und Duschplätze** ist Punkt 6.2 Abs. 2 ASR A4.1 i. V. m. den Tabellen 4, 5.1 und 5.2 zu beachten. Die in den Tabellen angegebene **Mindestzahl** darf nicht unterschritten werden. Maßgeblich sind erneut (wie bei den Toiletträumen; → Rn. 5) **zwei Faktoren,** und zwar erstens die höchste **Anzahl der Beschäftigten,** die in der Regel den Waschraum nutzen, und zweitens die **Gleichzeitigkeit der Nutzung der Waschräume** (vgl. Tabelle 4 für die Kategorie A) **bzw. der Wasch- und Duschräume** (vgl. Tabellen 5.1 für die Kategorie B und 5.2 für die Kategorie C) durch die Beschäftigten. Bei niedriger Gleichzeitigkeit nutzen die Beschäftigten die Waschräume zu unterschiedlichen Zeiten, wohingegen sie bei hoher Gleichzeitigkeit Waschräume gemeinsam aufsuchen (z. B. am Schichtende), Punkt. 6.2 Abs. 2 ASR A4.1.

Detaillierte Vorgaben für die **Abmessungen der Bewegungsfläche in den Waschräumen** sowie die **Mindestgrundfläche der Duschplätze** sind in Punkt 6.3 ASR A4.1 geregelt. Sodann wird in Punkt 6.4 Abs. 1 ASR A4.1 die **Ausstattung der Wasch- und Duschplätze** mit fließend warmem und kaltem Wasser in Trinkwasserqualität i. S. d. Trinkwasserverordnung, Seifenablage, Handtuchhalter, Haltegriff, Einrichtungen zum Trocknen der Handtücher und Vorrichtungen zur Haartrocknung detailliert vorgegeben. In Waschräumen sollen sich zusätzlich Abfallbehälter und Kleiderhaken bzw. Kleiderablagen befinden, Punkt 6.4 Abs. 5 ASR A4.1.

Vorgaben zur Lüftung bzw. Entlüftung von Waschräumen sind Gegenstand des Punkts 6.1 Abs. 3, 4 ASR A4.1. Die **Reinigung der Waschräume** wiederum soll den Vorgaben aus Punkt 6.1 Abs. 7, 8 ASR A4.1 folgen. So sollen (und damit umgekehrt nicht „müssen" wie bei den Toilettenräumen; → Rn. 5) Waschräume, die täglich genutzt werden, täglich gereinigt werden, Punkt 6.1 Abs. 8 S. 2 ASR A4.1 Schließlich werden in Punkt 6.1 Abs. 2 ASR A4.1 die **Anforderungen an die Ausstattung der Waschgelegenheiten** konkretisiert, wenn Waschräume gemäß Nr. 4.1 Abs. 2 S. 5 des Anhangs der ArbStättV nicht erforderlich sind (siehe zu Waschgelegenheiten auch → Rn. 14).

13   Aus Nr. 4.1 Abs. 2 S. 2 des Anhangs der ArbStättV folgt wiederum, dass Waschräume „für Männer und Frauen getrennt einzurichten" sind bzw. dass eine getrennte Nutzung möglich sein muss. Diese Vorgabe war bis zur arbeitsstättenrechtlichen Reform im Jahr 2016 (→ Rn. 1) in § 6 Abs. 2 S. 4 ArbStättV a. F. geregelt. Damit wird dem Arbeitgeber im Ergebnis ein **Wahlrecht** eingeräumt, wie er die Nutzung der Waschräume in Bezug auf Männer und Frauen regelt (→ Rn. 6 zu den Aussagen der LASI-Leitlinien zur Arbeitsstättenverordnung in Bezug auf die getrennte Nutzung von Sanitärräumen bzw. Waschräumen). Die Rechtslage ist mit Blick auf die ArbStättV 1975 als **Erleichterung für die Arbeitgeber** anzusehen; denn gemäß § 35 Abs. 1 S. 2 ArbStättV 1975 sollten die Waschräume für Frauen und Männer getrennt sein (vgl. auch *Lorenz* in Kollmer/Klindt/Schucht ArbSchG ArbStättV 6 Rn. 8).

Zu beachten ist in diesem Zusammenhang freilich erneut die Konkretisierung durch die ASR A4.1. In den allgemeinen Regelungen zu den Sanitärräumen i. S. d. Punkt 3.1 ASR A4.1 und damit auch zu den Waschräumen wird festgelegt, dass für weibliche und männliche Beschäftigte getrennte Sanitärräume einzurichten sind, Punkt 4 Abs. 6 S 1 ASR A4.1. Ausnahmen bestehen erstens nur für **Betriebe mit bis zu neun Beschäftigten**, wenn eine zeitlich getrennte Nutzung sichergestellt ist, Punkt 4 Abs. 6 S. 2 ASR A4.1 (siehe auch → Rn. 6 zu den Toilettenräumen). In diesem Fall ist ein unmittelbarer Zugang zwischen Wasch- und Umkleideräumen erforderlich, Punkt 4 Abs. 6 S. 3 ASR A4.1. Zweitens ermöglicht Punkt 4 Abs. 7 S. 1 ASR A4.1 in **Betrieben mit bis zu fünf Beschäftigten** „eine Kombination von Toiletten-, Wasch- und Umkleideräumen bei einer zeitlich nach Geschlecht getrennten Nutzung durch weibliche und männliche Beschäftigte", sofern eine wirksame Lüftung gewährleistet ist. Schließlich sieht Punkt 8.1 Abs. 3 ASR A4.1 eine **Sonderregelung für Baustellen** bis 21 Beschäftigte vor, die dezidiert auf die Vorgabe aus Punkt 4 Abs. 6 ASR A4.1 Bezug nimmt. Wenn und soweit eine zeitlich getrennte Nutzung sichergestellt ist, kann in diesem Fall u. a. auf getrennt eingerichtete Waschräume verzichtet werden.

Dass die **Zurverfügungstellung von Waschgelegenheiten** unabhängig da- 14
von in Betracht kommt, dass in concreto die Voraussetzungen in Abs. 2 S. 5 vorliegen (→ Rn. 12), ist Gegenstand des neuen Nr. 4.1 Abs. 2 S. 3 des Anhangs der Arb-
StättV. Danach müssen **Arbeitstätigkeiten im Freien oder auf Baustellen mit
wenigen Beschäftigten** in Rede stehen. Inhaltlich war diese Regelung bis zum
Jahr 2016 (→ Rn. 1) in § 6 Abs. 2 S. 5 ArbStättV a. F. statuiert.
   Konkretisiert wird diese Bestimmung durch Punkt 8.3 Abs. 1 ASR A4.1. Danach sind **Waschräume**, d. h. umgekehrt nicht Waschgelegenheiten, auf Baustellen bereitzustellen, wenn „mehr als zehn Beschäftigte länger als zwei zusammenhängende Wochen gleichzeitig beschäftigt" werden, Punkt 8.3 Abs. 1 S. 1 ASR
A4.1 (siehe ergänzend auch Leitlinien zur Arbeitsstättenverordnung, hrsg. v. Länderausschuss für Arbeitsschutz und Sicherheitstechnik, 2009, Leitlinie E2, S. 14,
mit der Inbezugnahme der §§ 47 f. ArbStättV 1975).
   Was die **Lage der Waschräume** anbelangt, müssen sich diese gemäß Nr. 4.1 15
Abs. 2 S. 4 lit. a) des Anhangs der ArbStättV in der **Nähe von Arbeitsräumen**
(zum Begriff → Rn. 7) befinden und **sichtgeschützt** sein. Die vorangehende Bestimmung in Nr. 4.1 Abs. 2 S. 1 lit. a) des Anhangs der ArbStättV a. F. stellte insoweit
noch auf den **Arbeitsplatz** ab (vgl. zu den Hintergründen *Wiebauer* NZA 2017,
220, 221).
   Gemäß Punkt 6.2 Abs. 1 ASR A4.1 können in diesem Zusammenhang die drei
folgenden Hinweise **zum Zwecke der Konkretisierung** zugrunde gelegt werden: Erstens darf der Weg von den Arbeitsplätzen in Gebäuden zu den Waschräumen 300 m nicht überschreiten. Er soll zweitens nicht durchs Freie führen. Waschräume dürfen drittens auch in einer anderen Etage eingerichtet sein.
   Sodann ist in diesem Zusammenhang auch Punkt 6.1 Abs. 5 ASR A4.1 zu
beachten, wonach Wasch- und Umkleideräume „einen unmittelbaren Zugang
zueinander haben" sollen. Im Falle einer **räumlichen Trennung von Wasch-
und Umkleideräumen** „darf der Weg zwischen diesen Sanitärräumen nicht durchs
Freie oder durch Arbeitsräume führen", Punkt 6.1 Abs. 5 S. 2 ASR A4.1. Bei einer
Entfernung von bis zu 10 m auf gleicher Etage soll freilich gemäß Punkt 6.1 Abs. 5
S. 3 ASR A4.1 von einer **leichten Erreichbarkeit** auszugehen sein (siehe zum
unmittelbaren Zugang zwischen Wasch- und Umkleideräumen auch → Rn. 13 für
den Fall, dass keine getrennt eingerichteten Sanitärräume eingerichtet sind).
   Für alle **Sanitärräume** i. S. d. Punkts 3.1 ASR A4.1 (→ Rn. 6) und damit auch 16
für die **Waschräume** i. S. d. Punkts 3.9 ASR A4.1 gelten die **allgemeinen Anforderungen an ihre Einrichtung und ihren Betrieb** gemäß Punkt 4 ASR A4.1
(„**Allgemeines**"). Zu den allgemeinen Vorgaben gehören insbesondere das Verbot
der zweckwidrigen Nutzung der Sanitärräume (Abs. 1), Vorgaben zur lichten Höhe
(Abs. 2) und zur Einsicht von außen (Abs. 3), zur Beleuchtung (Abs. 4) und Lufttem-
peratur (Abs. 5), zur Kennzeichnung (Abs. 8), zum Geruchsverschluss (Abs. 9), zu
den Heizeinrichtungen (Abs. 11), zur Reinigung des Schuhwerks (Abs. 12) und zur
Be- und Entlüftung (Abs. 13).
   Im Rahmen der jüngsten arbeitsstättenrechtlichen Reform (→ Rn. 1) wurde die 17
Nr. 4.1 Abs. 3 des Anhangs der ArbStättV und damit das **Recht der Umkleide-
räume** umfangreich umgestaltet, und zwar wie folgt:
– Die beiden ersten Sätze wurden neu hinzugefügt bzw. aus § 6 Abs. 2 S. 3, 4 Arb-
   StättV a. F. in den Anhang verschoben.
– Im neuen S. 3 wurden die Wörter „nach § 6 Abs. 2 Satz 3" nach „Umkleide-
   räume" gestrichen.
– Im neuen S. 4 wurde das Wort „die" nach „wenn" eingefügt.

Mit den Änderungen sollten schon vorher vorhandene Sachverhalte zusammengefasst und redaktionell angepasst werden (BR–Drs. 506/16, S. 12, 33).

18   Gemäß Nr. 4.1 Abs. 3 S. 1 des Anhangs der ArbStättV sind im Anschluss an § 6 Abs. 2 S. 3 ArbStättV a. F. Umkleideräume für die Beschäftigten einzurichten. Die Pflicht zur Zurverfügungstellung von Umkleideräumen ist daran gekoppelt, dass die Beschäftigten „bei ihrer Tätigkeit besondere Arbeitskleidung tragen müssen". Hinzu kommt die Voraussetzung, dass es den Beschäftigten „nicht zuzumuten ist, sich in einem anderen Raum umzukleiden". Bei **europarechtskonformer Auslegung** muss die Unzumutbarkeit „aus gesundheitlichen oder sittlichen Gründen" hergeleitet werden, Ziff. 18.1.1 S. 1 des Anhangs I der Richtlinie 89/654/EWG. Was die Technischen Regeln für Arbeitsstätten (ASR) anbelangt, ist das **Erfordernis besonderer Arbeitskleidung** gemäß Punkt 7.2 Abs. 2 ASR A4.1 (→ Rn. 2) dann anzunehmen, „wenn die Arbeitskleidung betriebsbedingt getragen werden muss." In der ASR A4.1 werden in diesem Zusammenhang gesundheitliche Gründe, die spezifische Art der Tätigkeit oder eine Weisung des Arbeitgebers z. B. zur einheitlichen Darstellung des Betriebs genannt. Eine **Unzumutbarkeit** wiederum soll gemäß Punkt 7.2 Abs. 3 ASR A4.1 dann gegeben sein, wenn z. B. „der Raum nicht gegen Einsichtnahme von außen geschützt, gleichzeitig von weiteren Personen anderweitig genutzt oder nicht abgeschlossen werden kann."

19   Sodann wird in Abs. 3 S. 2 im Anschluss an § 6 Abs. 2 S. 4 ArbStättV a. F. klargestellt, dass Umkleideräume für Männer und Frauen getrennt einzurichten sind oder eine getrennte Nutzung zu ermöglichen ist. Eine entsprechende Vorgabe gibt es für **Toilettenräume** in Abs. 1 S. 2 und für **Waschräume** in Abs. 2 S. 2 (→ Rn. 6 zu den Aussagen der LASI-Leitlinien zur Arbeitsstättenverordnung in Bezug auf die getrennte Nutzung von Sanitärräumen bzw. Umkleideräumen; siehe auch → Rn. 13 zu den Waschräumen).

Weil Umkleideräume auch Sanitärräume i. S. d. Punkts 3.1 ASR A4.1 sind, gilt insoweit erneut die konkretisierende Bestimmung in Punkt 4 Abs. 6 ASR A4.1 (→ Rn. 13).

20   In Abs. 3 S. 3, 4 geht es schließlich um die **Ausstattung der Umkleideräume.** Danach müssen Umkleideräume insbesondere leicht zugänglich sein, eine ausreichende Größe haben, sichtgeschützt sein und ausreichend freie Bodenfläche für ein ungehindertes Umkleiden haben (S. 3 lit. a)). Im Anschluss daran werden Sitzgelegenheiten und verschließbare Einrichtungen verlangt (S. 3 lit. b)). Nach **Sinn und Zweck der arbeitsstättenrechtlichen Anforderungen** steht mit Blick auf die Verschließbarkeit der Einrichtungen (siehe dazu, ob die Arbeitgeber ein Recht auf Öffnung haben, *Wiebauer* in Landmann/Rohmer GewO ArbStättV Anhang Rn. 67) in erster Linie die wegen der zu tragenden Arbeitskleidung zu wechselnde (Privat-)Kleidung im Fokus (vgl. Abs. 3 S. 1). Fraglich ist, ob die typischerweise gar nicht zu wechselnden Jacken, Mäntel etc. ebenfalls verschließbar zu verstauen sind. Dagegen spricht, dass es sich insoweit nicht um **Wechselkleidung** handelt, sondern im Ergebnis um solche Kleidung, die im vorliegenden Zusammenhang keine Relevanz hat (weil sie gerade nicht gewechselt wird). Die betreffenden Anforderungen an Umkleideräume und Kleiderschränke beziehen sich jedoch allein auf den Umstand, dass besondere Arbeitskleidung getragen werden muss. Damit ist dezidiert der Umkleidevorgang für die arbeitsstättenrechtliche Regelung in Bezug auf Umkleideräume und Kleiderschränke bestimmend. Für diese Auslegung spricht schließlich auch die **Analyse der arbeitsstättenrechtlichen Literatur:** So wird die für die Einrichtung von Umkleideräumen erforderliche Unzumutbarkeit unter dem **Aspekt der sittlichen Unzumutbarkeit** (→ Rn. 18) gerade damit begründet, dass „zum Tragen der Arbeitskleidung mehr als nur eine Jacke oder Mantel abgelegt werden" muss (*Wiebauer* in Landmann/Rohmer GewO ArbStättV Anhang der ArbStättV Rn. 66). Wenn erst diese Umstände eine sittliche Unzumutbarkeit i. S. d. Richtlinie 89/654/EWG und damit die Notwendigkeit spezifischer Umkleideräume begründen, kann sich das Erfordernis der verschließbaren Einrichtung richtigerweise auch nur auf die diese Unzumutbarkeit begründende Kleidung beziehen (siehe auch → Nr. 3.3 Rn. 3 zur Diskussion um die abschließbare Kleiderablage und Nr. 4.1 Rn. 20 zu den verschließbaren Einrichtungen in Umkleideräumen).

Die Trennung der Kleiderschränke für Arbeitskleidung und Schutzkleidung von jenen für persönliche Kleidung und Gegenstände ist schließlich Gegenstand von S. 4, wobei die Trennung daran gekoppelt ist, dass „die Umstände dies erfordern."

Was die konkrete **Ausgestaltung der Umkleideräume** anbetrifft, sind die **21** Vorgaben zur räumlichen Anordnung der Räume gemäß Punkt 7.2 Abs. 4 ASR A4.1 zu beachten, Danach wird auf Punkt 6.1 Abs. 5 ASR A4.1 verwiesen (→ Rn. 15). Für **Umkleideräume für Beschäftigte, die an Hitzearbeitsplätzen beschäftigt sind,** gilt wiederum Punkt 7.2 Abs. 5 ASR A4.1. Die Anforderungen an die **Abmessungen der Bewegungsfläche in den Umkleideräumen** sind in Punkt 7.3 ASR A4.1 geregelt. Sodann wird in Punkt 7.4 ASR A4.1 u. a. die Ausstattung der Umkleideräume mit Sitzgelegenheiten (Abs. 1), Vorrichtungen zum Trocknen von feuchter Arbeits- und Schutzkleidung (Abs. 5), sowie Abfallbehältern, Spiegeln und Kleiderablagen (Abs. 6) konturiert. **Vorgaben zur Lüftung** von Umkleideräumen sind Gegenstand des Punkts 7.1 Abs. 1 ASR A4.1. Gemäß Punkt 7.2 ASR A4.1 sind Umkleideräume „in Abhängigkeit von der Häufigkeit der Nutzung zu reinigen und bei Bedarf zu desinfizieren."

Teilweise zu weit geht in diesem Zusammenhang freilich die konkretisierende **22** Regelung in Punkt 7.4 Abs. 2 S. 1 ASR A4.1. Danach muss für jeden Beschäftigten zur Aufbewahrung der Kleidung „eine ausreichend große, belüftete und abschließbare Einrichtung mit Ablagefach vorhanden sein"; denn jedenfalls für die **Anforderung der Belüftung** gibt es keinen Anknüpfungspunkt in Nr. 4.1 Abs. 3 S. 3 des Anhangs der ArbStättV. Wenn und soweit **Schränke** bereitgestellt werden, sind die Mindestmaße gemäß Punkt 7.4 Abs. 2 S. 2 ASR A4.1 zu beachten. Aus dem Zusammenhang mit Punkt 7.4 Abs. 2 S. 1 ASR A4.1 ergibt sich, dass nicht jede abschließbare Einrichtung zugleich ein Schrank i. S. d. Punkts 7.4 Abs. 2 S. 2 ist, sodass die betreffende Anforderung z. B. nicht für **Schließfächer oder Spinde** gilt.

Die Regelung in Punkt 7.4 Abs. 2 S. 3 ASR A4.1 wiederum nimmt Bezug auf Nr. 4.1 Abs. 3 S. 4 des Anhangs der ArbStättV.

Für alle **Sanitärräume** i. S. d. Punkts 3.1 ASR A4.1 (→ Rn. 6) und damit auch **23** für die **Umkleideräume** gelten die **allgemeinen Anforderungen an ihre Einrichtung und ihren Betrieb** gemäß Punkt 4 ASR A4.1 („**Allgemeines**"). Zu den allgemeinen Vorgaben gehören insbesondere das Verbot der zweckwidrigen Nutzung der Sanitärräume (Abs. 1), Vorgaben zur lichten Höhe (Abs. 2) und zur Einsicht von außen (Abs. 3), zur Beleuchtung (Abs. 4) und Lufttemperatur (Abs. 5), zur Kennzeichnung (Abs. 8), zum Geruchsverschluss (Abs. 9), zu den Heizeinrichtungen (Abs. 11), zur Reinigung des Schuhwerks (Abs. 12) und zur Be- und Entlüftung (Abs. 13).

Sofern **keine Umkleideräume vorhanden sind,** muss jedem Beschäftigten **24** „mindestens eine Kleiderablage zur Verfügung stehen". Diese arbeitsstättenrechtliche Vorgabe folgt (weiterhin) aus Nr. 3.3 des Anhangs der ArbStättV, der sich mit dem Thema der „Ausstattung" befasst.

25 Was schließlich die **Erreichbarkeit räumlich voneinander getrennter Wasch- und Umkleideräume** anbelangt, gilt weiterhin Abs. 4, sodass sie untereinander leicht errreichbar sein müssen (zur Konkretisierung durch die ASR A4.1 → Rn. 15, 21).

4.2 Pausen- und Bereitschaftsräume

(1) **Bei mehr als zehn Beschäftigten oder wenn die Sicherheit und der Schutz der Gesundheit es erfordern, ist den Beschäftigten ein Pausenraum oder ein entsprechender Pausenbereich zur Verfügung zu stellen.** [2]**Dies gilt nicht, wenn die Beschäftigten in Büroräumen oder vergleichbaren Arbeitsräumen beschäftigt sind und dort gleichwertige Voraussetzungen für eine Erholung während der Pausen gegeben sind.** [3]**Fallen in die Arbeitszeit regelmäßig und häufig Arbeitsbereitschaftszeiten oder Arbeitsunterbrechungen und sind keine Pausenräume vorhanden, so sind für die Beschäftigten Räume für Bereitschaftszeiten einzurichten.** [4]**Schwangere Frauen und stillende Mütter müssen sich während der Pausen und, soweit es erforderlich ist, auch während der Arbeitszeit unter geeigneten Bedingungen hinlegen und ausruhen können.**

(2) **Pausenräume oder entsprechende Pausenbereiche sind**
a) **für die Beschäftigten leicht erreichbar an ungefährdeter Stelle und in ausreichender Größe bereitzustellen,**
b) **entsprechend der Anzahl der gleichzeitigen Benutzer mit leicht zu reinigenden Tischen und Sitzgelegenheiten mit Rückenlehne auszustatten,**
c) **als separate Räume zu gestalten, wenn die Beurteilung der Arbeitsbedingungen und der Arbeitsstätte dies erfordern.**

(3) **Bereitschaftsräume und Pausenräume, die als Bereitschaftsräume genutzt werden, müssen dem Zweck entsprechend ausgestattet sein.**

1 Nr. 4.2 des Anhangs der ArbStättV befasst sich nunmehr umfangreicher als zuvor mit dem Thema „Pausen- und Bereitschaftsräume"; denn die neue Nr. 4.2 des Anhangs der ArbStättV knüpft zum einen an die alte Nr. 4.2 des Anhangs der ArbStättV a. F. und zum anderen an § 6 Abs. 3 ArbStättV a. F. an. Ganz konkret stellt Abs. 1 eine Übernahme des § 6 Abs. 3 ArbStättV a. F. dar, wohingegen der neue Abs. 2 dem früheren Abs. 1 und entsprechend der neue Abs. 3 dem früheren Abs. 2 entspricht. Ursächlich für diese Reform war Art. 1 der Verordnung zur Änderung von Arbeitsschutzverordnungen vom 30.11.2016 (BGBl. I S.2681, ber. 2017 S.2839).

Die Regelung in Abs. 1 geht auf die §§ 29 Abs. 1, 30 S. 1, 31 ArbStättV 1975 zurück und setzt die Ziff. 16.1, 16.4, 17 des Anhangs I der Richtlinie 89/654/EWG (sog. EG-Arbeitsstättenrichtlinie) einerseits und die Nrn. 15.1, 15.3, 16 des Teils A des Anhangs IV der Richtlinie 92/57/EG (sog. EG-Baustellenrichtlinie) andererseits in nationales Recht um (BR-Drs. 450/04/, S. 28). Die Abs. 2, 3 wiederum knüpfen an die §§ 29, 30, 45 Abs. 1 Nr. 2, Abs. 5 ArbStättV 1975 an und dienen der Umsetzung der europarechtlichen Vorgaben aus den Ziff. 16.1, 16.2., 16.4 des Anhangs I der Richtlinie 89/654/EWG einerseits sowie der Ziff. 15.1–15.3 des Teils A des Anhangs IV der Richtlinie 92/57/EWG andererseits (BR-Drs. 450/04, S. 37).

2 Die Konkretisierung der allgemeinen arbeitsstättenrechtlichen Vorgaben an „Pausen- und Bereitschaftsräume" erfolgt durch die **Technischen Regeln für Ar-**

beitsstätten (ASR). Im Fokus des Interesses steht vorliegend die ASR A4.2 „Pausen- und Bereitschaftsräume" (Ausgabe: August 2012, GMBl. S. 660, zuletzt geändert durch GMBl. 2018 S. 474), vgl. Punkt 1 ASR A4.2. Die ASR gilt gemäß Punkt 2 „für das Einrichten und Betreiben von Pausenräumen und Pausenbereichen sowie von Bereitschaftsräumen für Beschäftigte in Arbeitsstätten, in Gebäuden oder im Freien. Sie gilt auch für Einrichtungen zum Hinlegen und Ausruhen für schwangere Frauen und stillende Mütter." In den **„Begriffsbestimmungen"** in Punkt 3 ASR A4.2 werden u. a. die Begriffe **„Pausenräume"** (Punkt 3.1), **„Pausenbereiche"** (Punkt 3.2) oder **„Bereitschaftsräume"** (Punkt 3.3) definiert.

Inhaltlich befasst sich Abs. 1 mit der Zurverfügungstellung von Pausenräumen 3 und -bereichen bzw. Räumen für Bereitschaftszeiten. **Pausenräume** sind gemäß Punkt 3.1 S. 1 ASR A4.2 „allseits umschlossene Räume, die der Erholung oder dem Aufenthalt der Beschäftigten während der Pause oder bei Arbeitsunterbrechung dienen." Bei Arbeitsstätten im Freien oder auf Baustellen können dies z. B. auch Räume in vorhandenen Gebäuden sowie in Baustellenwagen, absetzbaren Baustellenwagen oder in Containern sein, Punkt 3.1 S. 2 ASR A4.2. **Pausenbereiche** wiederum sind gemäß Punkt 3.2 „abgetrennte Bereiche innerhalb von Räumen der Arbeitsstätte, die der Erholung oder dem Aufenthalt der Beschäftigten während der Pause oder bei Arbeitsunterbrechung dienen." Im Anschluss daran werden in Abs. 2 konkretere Anforderungen an Pausenräume und -bereiche statuiert (Abs. 2). Abschließend werden die Bereitschaftsräume als solche genutzten Pausenräume in den Fokus des Interesses gerückt (Abs. 3). Gemäß Punkt 3.3 S. 1 ASR A4.2 sind **Bereitschaftsräume** „allseits umschlossene Räume, die dem Aufenthalt der Beschäftigten während der Arbeitsbereitschaft oder bei Arbeitsunterbrechungen dienen." Bei Arbeitsstätten im Freien oder auf Baustellen können dies z. B. auch Räume in vorhandenen Gebäuden sowie in Baustellenwagen, absetzbaren Baustellenwagen oder in Containern sein, Punkt 3.3 S. 2 ASR A4.2.

In Nr. 4.2 Abs. 1 des Anhangs der ArbStättV wird die Pflicht der Arbeitgeber zur 4 Zurverfügungstellung von Pausen- und Bereitschaftsräumen geregelt. Die Regelung war bis 2016 Gegenstand des § 6 Abs. 3 ArbStättV a. F. (→ Rn. 1). Arbeitsstättenrechtlich werden in diesem Zusammenhang **Grundsatzregelungen für Pausen- und Bereitschaftsräume** getroffen, indem der Arbeitgeber je nach Art der Beanspruchung bei der Arbeit „passende Räume für Pausen, Bereitschaftszeiten und Ruhezeiten zur Verfügung zu stellen" hat (vgl. BR-Drs. 450/04, S. 27, zu § 6 Abs. 3 ArbStättV a. F.). Auch wenn die Arbeitgeber nicht verpflichtet sind, „für jede Art der Erholung einen gesonderten Raum bereitzustellen", muss sichergestellt werden, „dass die Räume ihren verschiedenen Funktionen entsprechend von den Beschäftigten genutzt werden können" (BR-Drs. 450/14, S. 27f., zu § 6 Abs. 3 ArbStättV a. F.).

In Abs. 1 S. 1, 2 wird die Pflicht der Arbeitgeber zur Bereitstellung von **Pausen- 5 räumen und -bereichen** geregelt (zu den Begriffen → Rn. 3). Die entsprechenden Regelungen in § 6 Abs. 3 S. 1, 2 ArbStättV 1975 a. F. lösten im Jahr 2004 die alte arbeitsstättenrechtliche Vorgabe in § 29 Abs. 1 ArbStättV 1975 ab, wobei die ArbStättV 2004 von Anfang an und damit im Unterschied zu § 29 Abs. 1 S. 1 ArbStättV 1975 die Möglichkeit vorsah, den Beschäftigten **Pausenbereiche** zur Verfügung zu stellen. Demgegenüber stellte § 29 Abs. 1 ArbStättV 1975 **nur auf Pausenräume** ab.

Darüber, ob Pausenräume oder Pausenbereiche eingerichtet werden, kann der Arbeitgeber frei entscheiden; denn insoweit existiert ein **uneingeschränktes Wahlrecht,** das sich unmittelbar aus dem **Wortlaut der Norm** ableiten lässt.

6   Pausenräume oder -bereiche sind erstens gemäß Nr. 4.2 Abs. 1 S. 1 des Anhangs der ArbStättV einzurichten, wenn **mehr als zehn Beschäftigte in der Arbeitsstätte tätig** sind. Damit hat sich mit Blick auf die erforderliche Anzahl an Beschäftigten im Vergleich zu § 29 Abs. 1 S. 1 ArbStättV 1975 nichts geändert: Die betreffende Pflicht gilt nach wie vor erst dann, wenn elf Beschäftigte oder mehr vorhanden sind.

Entsprechend sieht Punkt 4.1 Abs. 2 S. 1 ASR A4.1 vor, dass ein Pausenraum oder -bereich zur Verfügung zu stellen ist, „wenn mehr als zehn Beschäftigte einschließlich Zeitarbeitnehmern gleichzeitig in der Arbeitsstätte tätig sind." Dabei sollen Beschäftigte nicht berücksichtigt werden, die „aufgrund des Arbeitszeitgesetzes keinen Anspruch auf Ruhepausen haben" (z. B. Teilzeitkräfte mit bis zu sechs Stunden täglicher Arbeitszeit) oder die „überwiegend außerhalb der Arbeitsstätte tätig sind" (z. B. Außendienstmitarbeiter oder Kundendienstmonteure)", Punkt 4.1 Abs. 2 S. 2 ASR A4.1.

7   Wenn nur bis zu zehn Beschäftigte vorhanden sind, sind Pausenräume oder -bereiche gemäß Abs. 1 S. 1 einzurichten, „wenn die Sicherheit und der Schutz der Gesundheit es erfordern". Wann diese **Sicherheits- und Gesundheitsgründe** vorliegen, wird in Punkt 4.1 Abs. 3 S. 2 ASR A4.2 konturiert. Danach sollen die folgenden Sachverhalte relevant sein:

–   Arbeiten mit erhöhter Gesundheitsgefährdung in Hitze, Kälte, Nässe oder Staub;
–   Überschreitung der Auslösewerte für Lärm oder Vibrationen,
–   Gefährdungen beim Umgang mit biologischen Arbeitsstoffen oder Gefahrstoffen,
–   unzuträgliche Gerüche,
–   überwiegende Arbeiten im Freien,
–   andauernde, einseitig belastende Körperhaltung mit eingeschränktem Bewegungsraum wie z. B. Steharbeit,
–   schwere körperliche Arbeit,
–   stark schmutzende Tätigkeit,
–   Arbeitsräume/Bereiche ohne Tageslicht,
–   Arbeitsräume/Bereiche, zu denen üblicherweise Dritte (z. B. Kunden, Publikum, Mitarbeiter von Fremdfirmen) Zutritt haben.

Eine vergleichbare und nicht-abschließende Liste relevanter Sachverhalte beinhalten die **LASI-Leitlinien zur Arbeitsstättenverordnung** (vgl. Leitlinien zur Arbeitsstättenverordnung, hrsg. v. Länderausschuss für Arbeitsschutz und Sicherheitstechnik, 2009, Leitlinie E3, S. 15).

8   Was die **Pausenbereiche** anbelangt, sind diese gemäß den **LASI-Leitlinien zur Arbeitsstättenverordnung** „so in einer Arbeitsstätte anzuordnen, dass diese optisch von den Arbeitsplätzen abgetrennt sind und Zonen der Erholung darstellen" (Leitlinien zur Arbeitsstättenverordnung, hrsg. v. Länderausschuss für Arbeitsschutz und Sicherheitstechnik, 2009, Leitlinie E4, S. 16). Nach Punkt 4.1 Abs. 1 S. 2 ASR A4.1 sind Pausenbereiche „Pausenräumen gleichgestellt, wenn sie gleichwertige Bedingungen für die Pause gewährleisten." In den Pausenbereichen darf insbesondere kein Lärm, kein Staub und Schmutz und dürfen insbesondere keine Gerüche auftreten. Sie müssen zudem frei von Publikumsverkehr sein (vgl. zum Ganzen Leitlinien zur Arbeitsstättenverordnung, hrsg. v. Länderausschuss für Arbeitsschutz und Sicherheitstechnik, 2009, Leitlinie E4, S. 16).

9   Gemäß Abs. 1. S. 2 bedarf es keines Pausenraums bzw. -bereichs, wenn die Beschäftigten in Büroräumen oder vergleichbaren Arbeitsräumen tätig sind. Für die Aktivierung dieser Bereichsausnahme ist freilich erforderlich, dass „dort gleichwertige Voraussetzungen für eine Erholung während der Pause gegeben sind." Gemäß Punkt 4.1 Abs. 4 S. 1 ASR A4.2 ist dies der Fall, sofern die betreffenden Räume „während der Pause frei von arbeitsbedingten Störungen (…) sind." Exemplarisch werden in diesem Zusammenhang Publikumsverkehr und Telefonate als denkbare Störungen genannt. Als **vergleichbare Arbeitsräume** werden z. B. Registraturen oder Bibliotheken aufgeführt.

Im Anschluss an § 6 Abs. 3 S. 3 ArbStättV a. F. befasst sich Nr. 4.2 Abs. 1 S. 3 des **10** Anhangs der ArbStättV **mit der Arbeitgeberpflicht zur Einrichtung von Räumen für Bereitschaftszeiten** (zum als Synonym und in Abs. 3 verwendeten Begriff der Bereitschaftsräume → Rn. 3) für die Beschäftigten. Die Räume für Bereitschaftszeiten waren zuvor Gegenstand der Regelung in § 30 ArbStättV 1975 über die „Bereitschaftsräume". Die entsprechende Pflicht ist tatbestandlich daran geknüpft, dass erstens in die Arbeitszeit „regelmäßig und häufig Arbeitsbereitschaftszeiten oder Arbeitsunterbrechungen" fallen und zweitens keine Pausenräume vorhanden sind. Die beiden Anforderungen sind daher **kumulativ zu erfüllen.**

Gemäß Punkt 5 Abs. 1 ASR A4.2 muss ein Bereitschaftsraum immer dann zur Verfügung stehen, „wenn während der Arbeit regelmäßig und in erheblichem Umfang (in der Regel mehr als 25 Prozent der Arbeitszeit) Arbeitsbereitschaft oder Arbeitsunterbrechungen auftreten." Exemplarisch wird in diesem Zusammenhang das Szenario beschrieben, dass nicht vorhergesehen werden kann, wann eine Arbeitsaufnahme erfolgt, wobei auf **Krankenhäuser, Berufsfeuerwehren, Rettungsdienste oder Fahrbereitschaften** hingewiesen wird.

Gemäß Abs. 1 S. 3 führen **vorhandene Pausenräume** i. S. d. Punkts 3.1 ASR **11** A4.2 dazu, dass keine Räume für Bereitschaftszeiten einzurichten sind. In diesem Zusammenhang ist zunächst festzuhalten, dass die Existenz von Pausenbereichen i. S. d. Punkts 3.2. ASR A4.2 tatbestandlich folglich nicht ausreicht. Entsprechend heißt es in Punkt 5 Abs. 2 ASR A4.1, dass ein Pausenraum grundsätzlich als Bereitschaftsraum genutzt werden kann, wobei auf Punkt 5 Abs. 4 ASR A4.1 verwiesen wird. Danach „muss der als Bereitschaftsraum genutzte Raum zusätzlich mit Liegen ausgestattet sein", wenn die Arbeitsbereitschaft oder Arbeitsunterbrechung in den Nachtstunden liegt oder die Arbeitszeit einschließlich der Bereitschaftszeit länger als zwölf Stunden ist, Punkt 5 Abs. 4 S. 1 ASR A4.1. Aufgrund dieser Vorgabe wird die Möglichkeit, in praxi Pausenräume als Bereitschaftsräume zu nutzen, nicht unerheblich eingeschränkt (*Lorenz* in Kollmer/Klindt/Schucht ArbSchG ArbStättV § 6 Rn. 19).

In Nr. 4.2 Abs. 1 S. 4 des Anhangs der ArbStättV werden schließlich – wie zuvor **12** in § 6 Abs. 3 S. 4 ArbStättV – die **Pausen von schwangeren Frauen und stillenden Müttern** unter dem Aspekt des Arbeitsschutzrechts verhandelt. Mit der Regelung wurde im Jahr 2004 § 31 S. 1 ArbStättV 1975 ersetzt, der Liegeräume für werdende und stillende Mütter während der Pausen und ggf. auch während der Arbeitszeit vorsah. Im Unterschied zu § 31 S. 1 ArbStättV 1975 verlangt Abs. 1 S. 4 nicht mehr, dass **spezifische Liegeräume** eingerichtet werden. Allgemeiner wird nunmehr die Arbeitgeberpflicht formuliert, dass sich schwangere Frauen und stillende Mütter „unter geeigneten Bedingungen hinlegen und ausruhen können". Aus diesem Grund wird die arbeitsstättenrechtliche Pflicht schon dann erfüllt, wenn spezielle Einrichtungen zum Hinlegen, Ausruhen und Stillen vorhanden sind (vgl. *Lorenz* in Kollmer/Klindt/Schucht ArbSchG ArbStättV § 6 Rn. 20). Die Aktivierung dieser Pflicht ist freilich weiterhin an **zwei Sachverhalte** geknüpft, und zwar **erstens an Pausen und zweitens an die Arbeitszeit.** Anders als in § 31 S. 1 ArbStättV 1975 ist die die Arbeitszeit betreffende Regelung freilich weiter gefasst, weil es insoweit nur noch auf die **Erforderlichkeit** ankommen soll. Dem-gegenüber nahm die ArbStättV 1975 dezidiert die Erforderlichkeit „aus gesund-heitlichen Gründen" in Bezug. Ob das Hinlegen und Ausruhen in diesem Sinne er-forderlich ist, wird allein **aus der Perspektive der betreffenden schwangeren Frau bzw. stillenden Mutter** zu beurteilen sein, sodass sich insoweit eine objekti-vierende Betrachtungsweise verbietet.

13   Was die **Einrichtungen für schwangere Frauen und stillende Mütter** an-belangt, erfolgt eine Konkretisierung in Punkt 6 ASR A4.2. Danach müssen die Einrichtungen zum Hinlegen, Ausruhen und Stillen erstens „am Arbeitsplatz oder in unmittelbarer Nähe in einer Anzahl vorhanden sein, die eine jederzeitige Nutz-barkeit sicherstellen", Punkt 6 Abs. 1 S. 1 ASR A4.1. Die Privatsphäre muss bei der Nutzung gewährleistet sein. Zweitens müssen die Einrichtungen gemäß Punkt 6 Abs. 2 ASR A4.1 „gepolstert und mit einem wasch- und wegwerfbaren Belag aus-gestattet sein." Drittens gelten für die betreffenden Räume die Anforderungen aus Punkt 4.1 Abs. 5–11 ASR A4.1.

14   Die frühere Regelung in Nr. 4.2 Abs. 1 des Anhangs der ArbStättV a. F. wurde 2016 (→ Rn. 1) zur neuen Nr. 4.2 Abs. 2 des Anhangs der ArbStättV. Inhaltlich un-verändert dient der neue Abs. 2 dazu, die inhaltlichen Vorgaben aus § 6 Abs. 3 Arb-StättV a. F. bzw. nunmehr Nr. 4.2 Abs. 1 des Anhangs der ArbStättV mit Regelun-gen zur **Lage, Gestaltung und Ausstattung der Pausenräume und -bereiche** (zu den Begriffen → Rn. 3) zu flankieren. **Konkret** werden Anforderungen an Pausenräume und -bereiche in Bezug auf die leichte Erreichbarkeit und die Größe (lit. a)), die Ausstattung mit leicht zu reinigenden Tischen und Sitzgelegenheiten mit Rückenlehne (lit. b)) und die Gestaltung unter dem Aspekt der Separierung (lit. c)) statuiert.

15   Konkretisiert werden die Anforderungen aus Abs. 2 durch die ASR A4.2 (→ Rn. 2). Pausenräume und -bereiche sollen nach Punkt 4.1 Abs. 5 S. 1 ASR A4.2 „leicht und sicher über Verkehrswege erreichbar sein." Der Zeitbedarf zum Erreichen der Pausenräume soll fünf Minuten je Wegstrecke zu Fuß oder mit be-trieblichen Verkehrsmitteln nicht überschreiten, Punkt 4.1 Abs. 5 S. 2 ASR A4.2. Schließlich darf die Wegstrecke zu Pausenbereichen gemäß Punkt 4.1 Abs. 5 S. 3 A4.2 die Länge von 100 m nicht überschreiten. Sodann müssen Pausenräume und -bereiche nach Punkt 4.1 Abs. 8 ASR A4.2 frei von arbeitsbedingten Störungen z. B. durch Produktionsabläufe, Publikumsverkehr oder Telefonate sein. **Pausen-bereiche** sind zudem gemäß Punkt 4.3 Abs. 2 ASR A4.2 von den Arbeitsbereichen optisch abzutrennen, wobei exemplarisch auf mobile Trennwände, Möbel oder ge-eignete Pflanzen verwiesen wird. Die **Grundfläche von Pausenräumen** muss mindestens 6,00 m² betragen, Punkt 4.1 Abs. 9 S. 3 ASR A4.2. Bei gleichzeitiger Nutzung der Pausenräume oder -bereiche durch mehrere Beschäftigte muss gemäß Punkt 4.1 Abs. 9 S. 1 ASR A4.2 für jeden Beschäftigten eine Grundfläche von min-destens 1,00 m² einschließlich Sitzgelegenheit und Tisch vorhanden sein. Schließ-lich müssen Pausenräume und Pausenbereiche gemäß Punkt 4.1 Abs. 12 S. 1–4 ASR A4.2 entsprechend der Anzahl der gleichzeitig anwesenden Benutzer mit leicht zu reinigenden Tischen und Sitzgelegenheiten mit Rückenlehne sowie einem Abfallbehälter mit Deckel ausgestattet sein. Bei Bedarf sind Kleiderablagen und der Zugang zu Trinkwasser zur Verfügung zu stellen, Punkt 4.1 Abs. 12 S. 6 ASR A4.2.

16   Gemäß Nr. 4.2. Abs. 3 des Anhangs der ArbStättV müssen Bereitschaftsräume (zum Begriff → Rn. 3) und als solche genutzte Pausenräume „dem Zweck entspre-chend ausgestattet sein". Die Regelung war zuvor inhaltsgleich in Nr. 4.2 Abs. 2 des

Anhangs der ArbStättV a. F. geregelt. Mit den Bereitschaftsräumen in Abs. 3 ist im Ergebnis nichts anderes gemeint als mit den Räumen für Bereitschaftszeiten in Abs. 1 (→ Rn. 10; so auch *Lorenz* in Kollmer/Klindt/Schucht ArbSchG § 6 ArbStättV Rn. 17 zur vergleichbaren Rechtslage gemäß § 6 Abs. 3 S. 3 a. F.).

Mit Blick auf den konkretisierenden Punkt 5 Abs. 3 ASR A4.2 (→ Rn. 2) müssen Bereitschaftsräume mindestens den Anforderungen an Pausenräume entsprechen. Auf die erforderliche Ausstattung der Bereitschaftsräume mit Liegen wurde oben bereits hingewiesen (→ Rn. 11). Wenn und soweit Liegen einzurichten sind, gilt darüber hinaus Punkt 5 Abs. 5 ASR A4.2, der einen Katalog mit insgesamt 6 Anforderungen beinhaltet. In Punkt 5 Abs. 4 S. 2 ASR A4.2 wird sodann darauf hingewiesen, dass ohne Weiteres weitere Anforderungen an die zweckentsprechende Ausstattung von Bereitschaftsräumen im Rahmen der vorgesehenen Nutzung ermittelt werden können.

Schließlich ist § 8 Abs. 3 S. 1 GefStoffV in den Fokus des Interesses zu rücken. **17** Danach muss der Arbeitgeber „sicherstellen, dass die Beschäftigten in Arbeitsbereichen, in denen sie Gefahrstoffen ausgesetzt sein können, keine Nahrungs- oder Genussmittel zu sich nehmen." Für diesen Fall müssen geeignete Bereiche vor Aufnahme der Tätigkeiten eingerichtet werden, und zwar vom Arbeitgeber, § 8 Abs. 3 S. 2 GefStoffV (siehe auch *Wiebauer* in Landmann/Rohmer GewO ArbStättV Anhang Rn. 72).

4.3 Erste-Hilfe-Räume

(1) Erste-Hilfe-Räume oder vergleichbare Bereiche sind entsprechend der Art der Gefährdungen in der Arbeitsstätte oder der Anzahl der Beschäftigten, der Art der auszuübenden Tätigkeiten sowie der räumlichen Größe der Betriebe zur Verfügung zu stellen.

(2) Erste-Hilfe-Räume müssen an ihren Zugängen als solche gekennzeichnet und für Personen mit Rettungstransportmitteln leicht zugänglich sein.

(3) Sie sind mit den erforderlichen Mitteln und Einrichtungen zur Ersten Hilfe auszustatten. ²An einer deutlich gekennzeichneten Stelle müssen Anschrift und Telefonnummer der örtlichen Rettungsdienste angegeben sein.

(4) Darüber hinaus sind überall dort, wo es die Arbeitsbedingungen erfordern, Mittel und Einrichtungen zur Ersten Hilfe aufzubewahren. ²Sie müssen leicht zugänglich und einsatzbereit sein. ³Die Aufbewahrungsstellen müssen als solche gekennzeichnet und gut erreichbar sein.

In Nr. 4.3 des Anhangs der ArbStättV wird weiterhin das Recht der „Erste- **1** Hilfe-Räume" behandelt. Durch Art. 1 der Verordnung zur Änderung von Arbeitsschutzverordnungen vom 30.11.2016 (BGBl. I S. 2681, ber. 2017 S. 2839) wurde die betreffende Nummer indes insoweit ergänzt, als die früheren Inhalte des § 6 Abs. 4 ArbStättV a. F. in den Abs. 1 überführt wurden. Die Vorgaben aus Abs. 1 wiederum waren zuvor in § 38 ArbStättV 1975 („Sanitätsräume") geregelt. Sie dienen zugleich der nationalen Übernahme von Ziff. 19.1 des Anhangs I der Richtlinie 89/654/EWG (sog. EG-Arbeitsstättenrichtlinie) einerseits und der Nrn. 13.1, 13.2 und 13.4 S. 1 des Teils A des Anhangs IV der Richtlinie 92/57/EWG (sog. EG-Baustellenrichtlinie) andererseits (vgl. zum Ganzen BR-Drs. 450/04, S. 28). Mit Abs. 2

wird hingegen an die §§ 38 f. ArbStättV 1975 angeknüpft, wobei § 39 ArbStättV 1975 die „Mittel und Einrichtungen zur Ersten Hilfe" zum Gegenstand hatte. Europarechtlich beachtlich sind in diesem Zusammenhang die Ziff. 19.2, 19.3 des Anhangs I der Richtlinie 89/654/EWG sowie die Ziff. 13.3 und 13.4 des Teils A des Anhangs IV der Richtlinie 92/57/EG (vgl. zum Ganzen BR-Drs. 450/04, S. 37).

2   Die **Konkretisierung** der allgemeinen arbeitsstättenrechtlichen Vorgaben an „Erste-Hilfe-Räume" erfolgt über die **Technischen Regeln für Arbeitsstätten (ASR).** Im Fokus des Interesses steht vorliegend die ASR A4.3 „Erste-Hilfe-Räume, Mittel und Einrichtungen zur Ersten Hilfe" (Ausgabe: Dezember 2010, S. 1764, zuletzt geändert durch GMBl. 2018 S. 475), vgl. Punkt 1 ASR A4.3. Die ASR gilt gemäß Punkt 2 Abs. 1 „für Anforderungen an Mittel und Einrichtungen zur Ersten Hilfe sowie Erste-Hilfe-Räume oder vergleichbare Einrichtungen und deren Bereitstellung." In den **„Begriffsbestimmungen"** in Punkt 3 ASR A4.3 werden u. a. die Begriffe **„Erste Hilfe"** (Punkt 3.1), **„Mittel zur Ersten Hilfe"** (Punkt 3.4), **„Einrichtungen zur Ersten Hilfe"** (Punkt 3.5) und **„Erste-Hilfe-Räume und vergleichbare Einrichtungen"** (Punkt 3.9) definiert.

3   **Inhaltlich** befasst sich Abs. 1 zunächst mit der Zurverfügungstellung von Erste-Hilfe-Räumen oder vergleichbaren Bereichen. Gemäß Punkt 3.9 S. 1 ASR A4.3 sind **Erste-Hilfe-Räume und vergleichbare Einrichtungen** „speziell vorgesehene Räume, in denen bei einem Unfall oder bei einer Erkrankung im Betrieb Erste Hilfe geleistet oder die ärztliche Erstversorgung durchgeführt werden kann." Mit Erste-Hilfe-Räumen vergleichbare Einrichtungen sind gemäß Punkt 3.9 S. 2 ASR A4.3 z. B. „Rettungsfahrzeuge, transportable Raumzellen (Erste-Hilfe-Container) oder Arztpraxisräume. Als vergleichbare Einrichtungen gelten auch besonders eingerichtete, vom übrigen Raum abgetrennte Erste-Hilfe-Bereiche", Punkt 3.9 S. 3 ASR A4.3. Im Anschluss daran wird die Kennzeichnung der Zugänge von Erste-Hilfe-Räumen und das Erfordernis ihrer leichten Zugänglichkeit für Personen mit Rettungstransportmitteln geregelt (Abs. 2). Abschließend werden die Mittel und Einrichtungen zur Ersten Hilfe in in den Fokus des Interesses gerückt, und zwar unter dem Aspekt der Ausstattung der Erste-Hilfe-Räume mit ihnen (Abs. 3) und ihrer Aufbewahrung (Abs. 4).

4   In Nr. 4.3 Abs. 1 des Anhangs der ArbStättV wird im Anschluss an § 6 Abs. 4 ArbStättV a. F. die Pflicht der Arbeitgeber aus der Taufe gehoben, **Erste-Hilfe-Räume oder vergleichbare Bereiche zur Verfügung zu stellen.** Abweichend von § 38 ArbStättV 1975, der sich mit Sanitätsräumen befasste und exakte Vorgaben dazu machte, wann mindestens ein Sanitätsraum bzw. eine vergleichbare Einrichtung vorhanden sein musste, verhält sich Abs. 1 diesbezüglich nicht konkret. Vielmehr lässt es der Verordnungsgeber dabei bewenden, dass die betreffenden Räume bzw. Bereiche „entsprechend der Art der Gefährdungen in der Arbeitsstätte oder der Anzahl der Beschäftigten, der Art der auszuübenden Tätigkeiten sowie der räumlichen Größe der Betriebe" vorzuhalten sind.

Konkretisiert wird Abs. 1 durch Punkt 6 ASR A4.3, der sich mit dem Thema **„Erste-Hilfe-Räume und vergleichbare Einrichtungen"** befasst. Danach ist ein Erste-Hilfe-Raum oder vergleichbare Einrichtung (zum Begriff → Rn. 3) erstens in Betrieben mit mehr als 1 000 Beschäftigten und zweitens in Betrieben mit mehr als 100 Beschäftigten, wenn besondere Unfall- oder Gesundheitsgefahren bestehen, erforderlich, Punkt 6 Abs. 1 ASR A4.3. Die ASR nimmt insoweit folglich Anleihen bei der früheren Rechtslage gemäß § 38 Abs. 1 Nrn. 1, 2 ArbStättV 1975. Ob die betreffenden Unfall- oder Gesundheitsgefahren in diesem Sinne verliegen, muss der Arbeitgeber **im Rahmen der Gefährdungsbeurteilung** gemäß § 3 Abs. 1 ArbStättV ermitteln (*Lorenz* in Kollmer/Klindt/Schucht ArbSchG ArbStättV § 6 Rn. 23).

Darüber hinaus statuiert Nr. 4.3 Abs. 2−4 des Anhangs der ArbStättV Anforde-   **5** rungen an die **Kennzeichnung und Ausstattung von Erste-Hilfe-Räumen** (zum Begriff → Rn. 3) **sowie an die Aufbewahrung von Mitteln und Einrichtungen zur Ersten Hilfe. Mittel zur Ersten Hilfe** sind gemäß Punkt 3.4 ASR A4.3 Erste-Hilfe-Material wie z. B. Verbandmaterial, Hilfsmittel oder Rettungsdecken, ggf. erforderliche medizinische Geräte wie z. B. automatisierte externe Defibrillatoren oder Beatmungsgeräte und Arzneimittel (z. B. Antidot), die zur Ersten Hilfe benötigt werden. Technische Hilfsmittel zur Rettung aus Gefahr für Leben und Gesundheit wie z. B. Meldeeinrichtungen oder Rettungstransportmittel wiederum sind gemäß Punkt 3.5 ASR A4.3 **Einrichtungen zur Ersten Hilfe. Meldeeinrichtungen** sind sodann gemäß Punkt 3.6 ASR A4.3 „Kommunikationsmittel, um im Notfall unverzüglich einen Notruf absetzen zu können". **Rettungstransportmittel** schließlich dienen gemäß Nr. 3.7 ASR A4.3 „dem fachgerechten, schonenden Transport Verletzter oder Erkrankter zur weiteren Versorgung im Erste-Hilfe-Raum, zum Arzt oder ins Krankenhaus". Die Inhalte waren zuvor Gegenstand des Nr. 4.3 Abs. 1−3 des Anhangs der ArbStättV a. F., wobei es im Rahmen der arbeitsstättenrechtlichen Reform im Jahr 2016 (→ Rn. 1) zu leichten sprachlichen Modifikationen kam (vgl. BR–Drs. 506/16, S. 13).

Die konkretisierende ASR A4.3 (→ Rn. 2) enthält in Punkt 6.1 detaillierte Hin-   **6** weise zu den **baulichen Anforderungen an Erste-Hilfe-Räume und vergleichbare Einrichtungen.** So sollen die in Rede stehenden Räume und vergleichbaren Einrichtungen im Erdgeschoss liegen und müssen mit einer Krankentrage leicht erreichbar sein, Punkte 6.1 Abs. 1 S. 1 ASR A4.3. Die **„Ausstattung von Erste-Hilfe-Räumen und vergleichbaren Einrichtungen"** ist sodann in Punkt 6.2 ASR A4.3 geregelt. Der konkrete Bedarf an Inventar, Mitteln zur Ersten Hilfe, Pflegematerial, Rettungsgeräten und -transportmitteln ist durch eine **Gefährdungsbeurteilung** gemäß § 3 Abs. 1 ArbStättV zu ermitteln, Punkt 6.2 S. 1 ASR A4.3. **Rettungsgeräte** sind gemäß Punkt 3.8 ASR A4.3 „technische Hilfsmittel zur Personenrettung aus Gefahrensituationen." Exemplarisch wird im Anschluss daran aufgeführt, was geeignetes Inventar (z. B. Instrumententisch mit Schublade), geeignetes Mittel zur ersten Hilfe (z. B. Inhalt des großen Verbandskastens) und geeignetes Pflegematerial sowie sonstige Hilfsmittel (z. B. Einmalauflagen für Decken) sind.

Erste-Hilfe-Räume und vergleichbare Einrichtungen sowie Aufbewahrungsorte für Mittel zur Ersten Hilfe sind nach Maßgabe des Punkts 4 der Anlage 1 der ASR A1.3 „Sicherheits- und Gesundheitsschutzkennzeichnung" (Ausgabe: Februar 2013, GMBl. S. 334, zuletzt geändert durch GMBl. 2017 S. 398) zu kennzeichnen, Punkt 7 Abs. 1 S. 1 ASR A4.3. Dort werden die „Rettungszeichen" dargestellt. Die Lage der Erste-Hilfe-Räume und vergleichbaren Einrichtungen ist im **Flucht- und Rettungsplan** gemäß Punkt 9 Abs. 3 der ASR A2.3 „Fluchtwege und Notausgänge, Flucht- und Rettungsplan" (August 2007, GMBl. S. 902, zuletzt geändert durch GMBl. 2017 S. 8) anzugeben, Punkt 7 Abs. 2 ASR A4.3.

Die ASR A4.3 konkretisiert im Übrigen auch § 4 Abs. 5 ArbStättV, vgl. Punkt 1   **7** ASR A4.3 (→ § 4 Rn. 38). Die betreffende Norm befasst sich mit den Mitteln und Einrichtungen zur Ersten Hilfe.

4.4 Unterkünfte

(1) Der Arbeitgeber hat angemessene Unterkünfte für Beschäftigte zur Verfügung zu stellen, gegebenenfalls auch außerhalb der Arbeitsstätte, wenn es aus Gründen der Sicherheit und zum Schutz der Gesundheit erforderlich ist. [2]Die Bereitstellung angemessener Unterkünfte kann insbesondere wegen der Abgelegenheit der Arbeitsstätte, der Art der auszuführenden Tätigkeiten oder der Anzahl der im Betrieb beschäftigten Personen erforderlich sein. [3]Kann der Arbeitgeber erforderliche Unterkünfte nicht zur Verfügung stellen, hat er für eine andere angemessene Unterbringung der Beschäftigten zu sorgen.

(2) Unterkünfte müssen entsprechend ihrer Belegungszahl ausgestattet sein mit:
a) Wohn- und Schlafbereich (Betten, Schränken, Tischen, Stühlen),
b) Essbereich,
c) Sanitäreinrichtungen.

(3) Wird die Unterkunft von Männern und Frauen gemeinsam genutzt, ist dies bei der Zuteilung der Räume zu berücksichtigen.

1 Nr. 4.4 des Anhangs der ArbStättV befasst sich am Ende der Nr. 4 mit den Unterkünften. Diese waren zwar bereits im Jahr 2004 Gegenstand der Nr. 4.4 des Anhangs der ArbStättV; im Jahr 2016 wurden durch Art. 1 der Verordnung zur Änderung von Arbeitsschutzverordnugnen vom 30.11.2016 (BGBl. I S. 2681, ber. 2017 S. 2839) aber auch noch die früheren Inhalte des § 6 Abs. 5 ArbStättV a. F. in Nr. 4.4 Abs. 1 des Anhangs der ArbStättV verschoben. Die Vorgaben aus Abs. 1 waren zuvor in § 40a ArbStättV 1975 („Gemeinschaftsunterkünfte") geregelt und wurden im Jahr 2004 an die moderne Arbeitswelt angepasst (BR-Drs. 450/04, S. 28). Abs. 2 wiederum dient europarechtlich der Umsetzung von Nr. 15.4 des Teils A des Anhangs IV der Richtlinie 92/57/EWG (sog. EG-Baustellenrichtlinie; BR-Drs. 450/04, S. 37).

2 Die **Konkretisierung** der allgemeinen arbeitsstättenrechtlichen Vorgaben an Unterkünfte erfolgt über die **Technischen Regeln für Arbeitsstätten (ASR)**. Im Fokus des Interesses steht vorliegend die ASR A4.4 „Unterkünfte" (Ausgabe: Juni 2010, GMBl. S. 751, zuletzt geändert durch GMBl. 2017 S. 402), vgl. Punkt 1 ASR A4.4. Die ASR gilt gemäß Punkt 2 S. 1 „für das Einrichten und Betreiben von Unterkünften im Bereich von Arbeitsstätten." In den **„Begriffsbestimmungen"** in Punkt 3 ASR A4.4 werden die drei Begriffe **„Unterkünfte"** (Punkt 3.1), **„Schlafbereich"** (Punkt 3.2) und **„Wohnbereich"** (Punkt 3.3) definiert.

3 **Inhaltlich** befasst sich Abs. 1 zunächst mit der Zurverfügungstellung von angemessenen Unterkünften für Beschäftigte. Gemäß Punkt 3.1 ASR A4.4 sind **Unterkünfte** „Räume, die den Beschäftigten zu Wohnzwecken in der Freizeit dienen. Hierzu zählen auch Baracken, Wohncontainer, Wohnwagen und andere Raumzellen." Im Anschluss daran wird die Ausstattung von Unterkünften geregelt (Abs. 2), bevor die Zuteilung der Räume im Falle der gemeinsamen Nutzung der Unterkunft von Männern und Frauen in den Fokus des Interesses gerückt wird (Abs. 3).

4 In Nr. 4.4 Abs. 1 des Anhangs der ArbStättV wird im Anschluss an § 6 Abs. 5 ArbStättV a. F. die Pflicht der Arbeitgeber zur **Zurverfügungstellung von angemessenen Unterkünften** (zum Begriff → Rn. 3) geregelt. Ursprünglich galt diese Pflicht nur für „Beschäftigte auf Baustellen", § 6 Abs. 5 ArbStättV a. F. Der Verordnungsgeber hat durch Art. 4 der Verordnung zur Umsetzung der Richtlinie 2006/25/EG zum Schutz der Arbeitnehmer vor Gefährdungen durch künstliche Strahlung und zur Änderung von Arbeitsschutzverordnungen vom 19.7.2010 (BGBl. I 2010 S. 960) freilich dafür gesorgt, dass die betreffende Pflicht auf sämtliche Beschäftigte ausgeweitet wird; denn bei einer Beschränkung der Pflicht auf Unterkünfte auf Baustellen sei die „Bereitstellung von Unterkünften für Beschäftigte durch den Arbeitgeber (…) nicht ausreichend in der ArbStättV geregelt." Etwaige Anforderungen an Unterkünfte z. B. bei der Unterbringung von Saisonarbeitskräften blieben unberücksichtigt. Die Ausweitung dieser arbeitsstättenrechtlichen Pflicht wurde aufgrund praktischer Erfahrungen als „sinnvoll und notwendig" angesehen (vgl. zum Ganzen BR-Drs. 262/10, S. 28; siehe auch Leitlinien zur Arbeitsstättenverordnung, hrsg. v. Länderausschuss für Arbeitsschutz und Sicherheitstechnik, 2009, Leitlinie E6, S. 17).

Im Ergebnis sind angemessene Unterkünfte zur Verfügung zu stellen, wenn es **aus 5 Sicherheits- und Gesundheitsgründen erforderlich** ist, Abs. 1 S. 1. In Abs. 1 S. 2 werden **drei Sachverhalte** aufgeführt, die insbesondere und damit nicht abschließend eine Erforderlichkeit in diesem Sinne begründen können: Erstens die „Abgelegenheit der Arbeitsstätte" (vgl. zum sprachlichen Wechsel auf „des Arbeitsplatzes" anstelle von „der Baustelle" im Jahr 2010 BR-Drs. 262/10, S. 12), zweitens die „Art der auszuführenden Tätigkeiten" und drittens die „Anzahl der im Betrieb beschäftigten Personen". **Arbeitsräume** sind gemäß § 2 Abs. 3 ArbStättV „Räume, in denen Arbeitsplätze innerhalb von Gebäuden dauerhaft eingerichtet sind."

In Punkt 6 Abs. 1 A4.4 wird konkretisiert, wann die **Bereitstellung von Unterkünften auf Baustellen** erforderlich sein soll. Die dort aufgeführten sieben Szenarien sollen freilich nur als Beispiele zu verstehen sein. Im Übrigen ist die Erforderlichkeit **im Rahmen der Gefährdungsbeurteilung** gemäß § 3 Abs. 1 ArbStättV zu ermitteln (vgl. *Lorenz* in Kollmer/Klindt/Schucht ArbSchG ArbStättV § 6 Rn. 25).

Wenn und soweit Unterkünfte zur Verfügung gestellt werden, genügen **Ge- 6 meinschaftsunterkünfte,** Punkt 5.2 Abs. 1 A4.4. Dementsprechend existiert **keine arbeitsstättenrechtliche Pflicht zur Zurverfügungstellung von Einzelunterkünften** (*Wiebauer* in Landmann/Rohmer GewO ArbStättV Anhang Rn. 85). Abgesehen davon sind die Unterkünfte gemäß Punkt 5.2 Abs. 1 S. 1 ASR A4.4 so zu bemessen, dass jeder Bewohner **mindestens 8 m^2 Nutzfläche** hat. Die Tabelle im Rahmen des Punkts 5.2 Abs. 1 S. 1 ASR A4.4 regelt die „Mindestnutzflächen pro Bewohner".

Das Arbeitsstättenrecht verhält sich nicht zur **Kostenfrage in Bezug auf die 7 Bereitstellung von Unterkünften.** Aus diesem Grund existiert insoweit **keine Pflicht zur unentgeltlichen Überlassung erforderlicher Unterkünfte** (*Wiebauer* in Landmann/Rohmer GewO ArbStättV Anhang Rn. 86). Ob und wenn ja, welche **Kostenerstattungsansprüche** der Beschäftigten gegen den jeweiligen Arbeitgeber existieren, ist **anhand der allgemeinen arbeitsvertraglichen Regelungen** zu ermitteln (*Wiebauer* in Landmann/Rohmer GewO ArbStättV Anhang der ArbStättV Rn. 86).

Wenn und soweit Unterkünfte in Erfüllung der arbeitsstättenrechtlichen Pflicht 8 zur Verfügung gestellt werden, ist zu beachten, dass diese **Bestandteil der Arbeitsstätte** gemäß § 2 Abs. 2 Nr. 2 ArbStättV sind (Leitlinien zur Arbeitsstättenverordnung, hrsg. v. Länderausschuss für Arbeitsschutz und Sicherheitstechnik, 2009, Leitlinie E6, S. 17). Dies gilt nicht nur, wenn sich die Unterkünfte auf dem Gelände eines Betriebs befinden (so wohl auch *Wiebauer* in Landmann/Rohmer GewO ArbStättV Anhang Rn. 88).

Im Ergebnis gilt nichts anderes, wenn Arbeitgeber **auf freiwilliger Grundlage** Unterkünfte zur Verfügung stellen. Der betreffende Arbeitgeber muss in diesem Fall für die Erfüllung der Anforderungen aus Nr. 4.4 des Anhangs der ArbStättV Sorge tragen (Leitlinien zur Arbeitsstättenverordnung, hrsg. v. Länderausschuss für Arbeitsschutz und Sicherheitstechnik, 2009, Leitlinie E6, S. 17).

9   Dem Verordnungsgeber zufolge soll die betreffende Pflicht zur Bereitstellung von Unterkünften entfallen, wenn „ein anderweitiger Ausgleich vom Arbeitgeber" für den Fall geschaffen wird, dass die Beschäftigten in Gaststätten oder Pensionen untergebracht werden (vgl. BR-Drs. 262/12, S. 28). Die Arbeitgeber müssen danach **den mit der Unterkunftsbeschaffung verbundenen Mehraufwand ausgleichen.** Damit sollte bereits im Jahr 2004 auf jenes Phänomen in der Praxis reagiert werden, wonach sich die Beschäftigten im Falle einer Auswärtsbeschäftigung ihre Unterkunft regelmäßig selbst beschaffen (zum Ganzen BR-Drs. 450/04, S. 28).

10   Wenn die erforderlichen Unterkünfte in concreto nicht zur Verfügung gestellt werden können, muss der Arbeitgeber „für eine andere angemessene Unterbringung" Sorge tragen, Abs. 1 S. 3.

11   In Nr. 4.4 Abs. 2 des Anhangs der ArbStättV geht es im Anschluss an die Nr. 4.4 Abs. 1 des Anhangs der ArbStättV a. F. um die **Ausstattung der Unterkünfte** (zum Begriff → Rn. 3). In Bezug genommen werden in diesem Kontext der Wohn- und Schlafbereich (lit. a)), der Essbereich (lit. b)) und der Sanitärbereich (lit. c)).

Konkretisiert werden diese arbeitsstättenrechtlichen Anforderungen durch Punkt 5.4 ASR A4.4 (→ Rn. 2). Danach müssen Unterkünfte z. B. über **technische Einrichtungen** wie etwa ein Telefon verfügen, „die eine schnellstmögliche Alarmierung der zuständigen Polizeidienststelle, der Feuerwehr oder des Notarztes ermöglichen", Punkt 5.4 Abs. 1 ASR A4.4. Was die **erforderlichen Sanitäreinrichtungen** anbelangt, wird auf die Regelungen der ASR A4.1 „Sanitärräume" (Ausgabe: September 2013, GMBl. S. 919, zuletzt geändert durch GMBl. 2017 S. 401) verwiesen, Punkt 5.2 Abs. 3 ASR A4.4.

12   Schließlich ist die **gemeinsame Nutzung der Unterkünfte von Männern und Frauen** bei der Zuteilung der Räume zu berücksichtigen, Nr. 4.4 Abs. 3 des Anhangs der ArbStättV. Die Vorgabe wurde im Jahr 2016 (→ Rn. 1) sprachlich neu gefasst (vgl. BR-Drs. 506/16, S. 13).

Gemäß Punkt 4.4 ASR A4.4 (→ Rn. 2) müssen in diesem Fall die **Voraussetzungen für deren getrennte Unterbringung** gegeben sein. Bei **Schichtbetrieb** müssen für die Unterbringung der Beschäftigten verschiedener Schichten im Übrigen getrennte Schlafbereiche zur Verfügung stehen, Punkt 4 Abs. 5 ASR A4.4.

13   Die Zuweisung von Unterkünften unterliegt – entsprechend den Regeln für Werkdienstwohnungen – nicht der **Mitbestimmung** des Betriebsrats gemäß § 87 Abs. 1 Nr. 9 BetrVG. Die Nr. 9 bezieht sich auf die „Zuweisung und Kündigung von Wohnräumen, die den Arbeitnehmern mit Rücksicht auf das Bestehen eines Arbeitsverhältnisses vermietet werden, sowie die allgemeine Festlegung der Nutzungsbedingungen". In Betracht kommt jedoch ein Mitbestimmungsrecht gemäß § 87 Abs. 1 Nr. 7 BetrVG, das sich mit den „Regelungen über die Verhütung von Arbeitsunfällen und Berufskrankheiten sowie über den Gesundheitsschutz im Rahmen der gesetzlichen Vorschriften oder der Unfallverhütungsvorschriften" befasst (näher *Wiebauer* in Landmann/Rohmer GewO ArbStättV Anhang Rn. 88).

5 Ergänzende Anforderungen und Maßnahmen für besondere Arbeitsstätten und Arbeitsplätze

Beim Erlass der ArbStättV im Jahr 2004 befasst sich die Nr. 5 des Anhangs der **1** ArbStättV mit den ergänzenden Anforderungen an besondere Arbeitsstätten. Erst kürzlich wurde die Überschrift freilich im Zuge der letzten arbeitsstättenrechtlichen Reform (→ Rn. 2) neu gefasst und nimmt nunmehr „Ergänzende Anforderungen und Maßnahmen für besondere Arbeitsstätten und Arbeitsplätze" in Bezug. Gegenstand dieser Anforderungen sind „Arbeitsplätze in nicht allseits umschlossenen Arbeitsstätten und Arbeitsplätze im Freien" (Nr. 5.1) und „Baustellen" (Nr. 5.2).

Die Vorgaben aus Nr. 5 des Anhangs der ArbStättV wurden zunächst durch die **2** Verordnung zur Umsetzung der Richtlinie 2006/25/EG zum Schutz der Arbeitnehmer vor Gefährdungen durch künstliche Strahlung und zur Änderung von Arbeitsschutzverordnungen vom 19.7.2010 (BGBl. I 2010 S. 960) und sodann durch die Verordnung zur Änderung von Arbeitsschutzverordnungen vom 30.11.2016 (BGBl. I 2016 S. 2681, ber. 2017 S. 2839) verändert. Die Modifikationen durch die zuletzt genannte Reform waren im Vergleich weitaus umfangreicher.

Insgesamt eine Leitlinie (IE5.1.1) aus den **Leitlinien zur Arbeitsstättenver-** **3** **ordnung,** die vom **Länderausschuss für Arbeitsschutz und Sicherheitstechnik (LASI)** herausgegeben werden, befasst sich mit Inhalten, die in Nr. 5 des Anhangs der ArbStättV niedergelegt sind. Auf diese Leitlinie soll bei der Kommentierung des betreffenden Inhalts näher eingegangen werden.

5.1 Arbeitsplätze in nicht allseits umschlossenen Arbeitsplätzen und Arbeitsplätze im Freien

[1]Arbeitsplätze in nicht allseits umschlossenen Arbeitsstätten und Arbeitsplätze im Freien sind so einzurichten und zu betreiben, dass sie von den Beschäftigten bei jeder Witterung sicher und ohne Gesundheitsgefährdung erreicht, benutzt und wieder verlassen werden können. [2]Dazu gehört, dass diese Arbeitsplätze gegen Witterungseinflüsse geschützt sind oder den Beschäftigten geeignete persönliche Schutzausrüstungen zur Verfügung gestellt werden. [3]Werden die Beschäftigten auf Arbeitsplätzen im Freien beschäftigt, so sind die Arbeitsplätze nach Möglichkeit so einzurichten, dass die Beschäftigten nicht gesundheitsgefährdenden äußeren Einwirkungen ausgesetzt sind.

Nr. 5.1 des Anhangs der ArbStättV befasste sich seit 2004 mit dem Thema **1** „Nicht allseits umschlossene und im Freien liegende Arbeitsstätten". Die Überschrift wurde erst im Zuge der arbeitsstättenrechtlichen Reform im Jahr 2016 geändert. **Ziel der Regelung** ist der Schutz der Beschäftigten vor äußeren Einflüssen bei Tätigkeiten, die nicht in umschlossenen Räumen ausgeübt werden (BR-Drs. 450/04, S. 37). Die Vorgabe knüpft insbesondere an § 42 ArbStättV 1975 („Ortsgebunde Arbeitsplätze im Freien") an und dient der Umsetzung von Ziff. 21.3 lit. a)−b) des Anhangs I der Richtlinie 89/654/EWG (sog. EG-Arbeitsstättenrichtlinie) einerseits sowie von Nr. 6.1 des Teils A des Anhangs IV der Richtlinie 92/57/EWG (sog. EG-Baustellenrichtlinie) sowie Nr. 3 des Abschnitts II des Teils B des

Anhangs IV der Richtlinie 92/57/EG andererseits in nationales Recht (BR-Drs. 450/04, S. 37). Relevant war zuvor zudem § 28 ArbStättV 1975 („Nicht allseits umschlossene Arbeitsräume"), auch wenn er in der maßgeblichen Verordnungsbegründung nicht ausdrücklich genannt wird.

Zunächst war die Nr. 5.1 des Anhangs der ArbStättV durch Art. 4 der Verordnung zur Umsetzung der Richtlinie 2006/25/EG zum Schutz der Arbeitnehmer vor Gefährdungen durch künstliche Strahlung und zur Änderung von Arbeitsschutzverordnungen vom 19.7.2010 (BGBl. I 2010 S. 960) redaktionell angepasst worden (BR-Drs. 262/10, S. 29), bevor sie wenige Jahre später durch Art. 1 der Verordnung zur Änderung von Arbeitsschutzverordnungen vom 30.11.2016 (BGBl. I 2016 S. 2681, ber. 2017 S. 2839) nochmals leicht reformiert wurde.

2　　**Inhaltlich** befasst sich die Nr. 5.1 des Anhangs der ArbStättV mit dem sicheren Erreichen, Benutzen und Verlassen von Arbeitsplätzen in nicht allseits umschlossenen Arbeitsstätten und im Freien (S. 1), mit der Bedeutung des Schutz gegen Witterungseinflüsse und von persönlicher Schutzausrüstung (S. 2) und nochmals gesondert mit der Beschäftigung auf Arbeitsplätzen im Freien (S. 3).

3　　Mit der Regelung in Nr. 5.1 S. 1 des Anhangs der ArbStättV werden z. B. **Verkaufsstände im Freien oder Autowaschanlagen** in Bezug genommen (*Lorenz* in Kollmer/Klindt/Schucht ArbSchG ArbStättV Nr. 5.1 des Anhangs Rn. 2), wobei jeweils Arbeitsplätze im Fokus des Interesses stehen. **Arbeitsplätze** sind gemäß § 2 Abs. 4 ArbStättV „Bereiche, in denen Beschäftigte im Rahmen ihrer Arbeit tätig sind." Die betreffenden Arbeitsplätze müssen „bei jeder Witterung" sicher zu erreichen, zu benutzen und zu verlassen sein. Ergänzend wird darauf hingewiesen, dass die genannten Tätigkeiten auch „ohne Gesundheitsgefährdung" vorzunehmen sein müssen. Ein inhaltlich relevanter Unterschied zwischen der Sicherheit einerseits und der fehlenden Gesundheitsgefährdung andererseits dürfte nicht bestehen, zumal mit der Sicherheit vorliegend ersichtlich die **körperliche Sicherheit** in Bezug genommen wird (siehe auch *Klindt/Schucht* in Franzen/Gallner/Oetker RL 89/391/EWG Rn. 2; *Wiebauer* in Landmann/Rohmer GewO ArbSchG § 1 Rn. 13). Die spezifischen äußeren Einflüsse, die auf das Wetter während eines bestimmten Zeitraums und damit insbesondere auf Regen, Schnee, Wind, Hitze und Kälte abstellen (*Lorenz* in Kollmer/Klindt/Schucht ArbSchG ArbStättV Nr. 5.1 des Anhangs Rn. 3), sind wiederum von den anderen äußeren Einwirkungen gemäß S. 3 abzugrenzen (→ Rn. 5). Gemäß § 2 Abs. 1 Nr. 2 ArbStättV rechnen wiederum auch „Orte im Freien auf dem Gelände eines Betriebs" zu den Arbeitsstätten, „sofern sie zur Nutzung von Arbeitsstätten vorgesehen sind."

Anders als zuvor in den §§ 28 Abs. 1 S. 1, 42 Abs. 1 ArbStättV 1975 kommt es mit Blick auf das Einrichten und Betreiben von Arbeitsplätzen in nicht allseits umschlossenen Arbeitsstätten und im Freien nicht mehr auf die **betriebstechnische Erforderlichkeit** an. Damit ist jedoch nicht gesagt, dass die Einrichtung entsprechender Arbeitsplätze nunmehr unbeschränkt möglich ist. Die vom Länderausschuss für Arbeitsschutz und Sicherheitstechnik herausgegebenen **Leitlinien zur Arbeitsstättenverordnung** stellen insoweit klar, dass erstens § 3 Abs. 1 S. 1 ArbSchG zu beachten sei. Danach ist der Arbeitgeber „verpflichtet, die erforderlichen Maßnahmen des Arbeitsschutzes unter Berücksichtigung der Umstände zu treffen, die Sicherheit und Gesundheit der Beschäftigten bei der Arbeit beeinflussen." Grenzen werden sodann auch durch die Regelungen in § 4 Nrn. 1, 2 ArbSchG gesetzt. Gemäß § 4 Nr. 1 ArbSchG ist die Arbeit „so zu gestalten, dass eine Gefährdung für das Leben sowie die physische und die psychische Gesundheit möglichst vermieden und die verbleibende Gefährdung möglichst gering gehalten wird" (sog. Minimierungsgebot; vgl. *Kohte* in Kollmer/Klindt/Schucht ArbSchG § 4 Rn. 9). Die folgende Nr. 2 stellt wiederum klar, dass „Gefahren an ihrer Quelle zu bekämpfen" sind. Nach alledem ergebe sich ein Vorrang, Arbeitsplätze in geschlossenen Räumen einzurichten, aus dem ArbSchG. Erst wenn nachweisbare betriebstechnische Gründe in concreto gegen diesen Vorrang streiten, dürfe auf die in Nr. 5.1 des Anhangs der ArbStättV beschriebenen Szenarien ausgewichen werden (vgl. zum Ganzen Leitlinien zur Arbeitsstättenverordnung, hrsg. v. Länderausschuss für Arbeitsschutz und Sicherheitstechnik, 2009, Leitlinie I5.1.1, S. 24).

Im Jahr 2016 (→ Rn. 1) wurden die Wörter „und im Freien sind so zu gestalten" durch die Wörter „und Arbeitsplätze im Freien sind so einzurichten und zu betreiben" ersetzt.

Was den **Schutz gegen Witterungseinflüsse** in S. 2 anbelangt, verweisen die **4** Leitlinien zur Arbeitsstättenverordnung darauf, dass das **Minimierungsgebot** aus § 4 Nr. 1 ArbSchG (→ Rn. 3) i. V. m. dem **Vorrang kollektiver Schutzmaßnahmen** aus § 4 Nr. 5 ArbSchG einen Schutz der Arbeitsplätze „vorrangig durch bauliche Maßnahmen" vorsehe. Erst wenn dies unmöglich sei, komme die **Zurverfügungstellung von geeigneter persönlicher Schutzausrüstung** in Betracht. Die **Bereitstellung und Benutzung von persönlicher Schutzausrüstung** richtet sich wiederum nach den §§ 3ff. ArbSchG i. V. m. der Verordnung über Sicherheit und Gesundheitsschutz bei der Benutzung persönlicher Schutzausrüstungen bei der Arbeit (PSA-Benutzungsverordnung – PSA-BV; vgl. zum Ganzen Leitlinien zur Arbeitsstättenverordnung, hrsg. v. Länderausschuss für Arbeitsschutz und Sicherheitstechnik, 2009, Leitlinie I5.1.1, S. 24; siehe zum Vorrang kollektiver Schutzmaßnahmen auch *Kohte* in Kollmer/Klindt/Schucht ArbSchG § 4 Rn. 25ff.; zur neuen PSA-Verordnung und damit aus produktsicherheitsrechtlicher Perspektive *Schucht* EuZW 2016, 407ff.).

Im Jahr 2016 (→ Rn. 1) wurde das Wort „diese" nach „dass" neu eingefügt.

Bei Arbeitsplätzen (zum Begriff → Rn. 3) im Freien sollen die Beschäftigten ge- **5** mäß S. 3 auch nicht „gesundheitsgefährdenden äußeren Einwirkungen" ausgesetzt sein. Erst im Jahr 2010 (→ Rn. 1) wurden in S. 3 die Wörter „schädlichen Wirkungen von außen (zum Beispiel Gasen, Dämpfen, Staub)" durch die Wörter „gesundheitsgefährdenden äußeren Einwirkungen" ersetzt. Weil damit **inhaltlich keine Änderung** einhergehen sollte (→ Rn. 1), geht es insoweit folglich weiterhin z. B. um **Gase, Dämpfe oder Staub**, sodass diese Einwirkungen sorgfältig von den Witterungseinflüssen aus den S. 1, 2 zu trennen sind (→ Rn. 3f.). Erneut gilt, dass der **Vorrang kollektiver Schutzmaßnahmen** (→ Rn. 4) zu beachten ist (*Lorenz* in Kollmer/Klindt/Schucht ArbSchG ArbStättV Anh. Nr. 5.1 Rn. 4).

5.2 Baustellen

(1) [1]**Die Beschäftigten müssen**

a) **sich gegen Witterungseinflüsse geschützt umkleiden, waschen und wärmen können,**

b) **über Einrichtungen verfügen, um ihre Mahlzeiten einnehmen und gegebenenfalls auch zubereiten zu können,**

c) **in der Nähe der Arbeitsplätze über Trinkwasser oder ein anderes alkoholfreies Getränk verfügen können.**

[2]**Weiterhin sind auf Baustellen folgende Anforderungen umzusetzen:**

d) **Sind Umkleideräume nicht erforderlich, muss für jeden regelmäßig auf der Baustelle anwesenden Beschäftigten eine Kleiderablage und ein ab-**

schließbares Fach vorhanden sein, damit persönliche Gegenstände unter Verschluss aufbewahrt werden können.

e) Unter Berücksichtigung der Arbeitsverfahren und der physischen Belastungen der Beschäftigten ist dafür zu sorgen, dass ausreichend gesundheitlich zuträgliche Atemluft vorhanden ist.

f) Beschäftigte müssen die Möglichkeit haben, Arbeitskleidung und Schutzkleidung außerhalb der Arbeitszeit zu lüften und zu trocknen.

g) In regelmäßigen Abständen sind geeignete Versuche und Übungen an Feuerlöscheinrichtungen und Brandmelde- und Alarmanlagen durchzuführen.

(2) [1]Schutzvorrichtungen, die ein Abstürzen von Beschäftigten an Arbeitsplätzen und Verkehrswegen auf Baustellen verhindern, müssen vorhanden sein:

1. unabhängig von der Absturzhöhe bei
   a) Arbeitsplätzen am und über Wasser oder an und über anderen festen oder flüssigen Stoffen, in denen man versinken kann,
   b) Verkehrswegen über Wasser oder anderen festen oder flüssigen Stoffen, in denen man versinken kann,
2. bei mehr als 1 Meter Absturzhöhe an Wandöffnungen, an freiliegenden Treppenläufen und -absätzen sowie
3. bei mehr als 2 Meter Absturzhöhe an allen übrigen Arbeitsplätzen.

[2]Bei einer Absturzhöhe bis zu 3 Metern ist eine Schutzvorrichtung entbehrlich an Arbeitsplätzen und Verkehrswegen auf Dächern und Geschossdecken von baulichen Anlagen mit bis zu 22,5 Grad Neigung und nicht mehr als 50 Quadratmeter Grundfläche, sofern die Arbeiten von hierfür fachlich qualifizierten und körperlich geeigneten Beschäftigten ausgeführt werden und diese Beschäftigten besonders unterwiesen sind. [3]Die Absturzkante muss für die Beschäftigten deutlich erkennbar sein.

(3) [1]Räumliche Begrenzungen der Arbeitsplätze, Materialien, Ausrüstungen und ganz allgemein alle Elemente, die durch Ortsveränderung die Sicherheit und die Gesundheit der Beschäftigten beeinträchtigen können, müssen auf geeignete Weise stabilisiert werden. [2]Hierzu zählen auch Maßnahmen, die verhindern, dass Fahrzeuge, Erdbaumaschinen und Förderzeuge abstürzen, umstürzen, abrutschen oder einbrechen.

(4) [1]Werden Beförderungsmittel auf Verkehrswegen verwendet, so müssen für andere, den Verkehrsweg nutzende Personen ein ausreichender Sicherheitsabstand oder geeignete Schutzvorrichtungen vorgesehen werden. [2]Die Wege müssen regelmäßig überprüft und gewartet werden.

(5) [1]Bei Arbeiten, aus denen sich im besonderen Maße Gefährdungen für die Beschäftigten ergeben können, müssen geeignete Sicherheitsvorkehrungen getroffen werden. [2]Dies gilt insbesondere für Abbrucharbeiten sowie Montage- oder Demontagearbeiten. [3]Zur Erfüllung der Schutzmaßnahmen des Satzes 1 sind

a) bei Arbeiten an erhöhten oder tiefer gelegenen Standorten Standsicherheit und Stabilität der Arbeitsplätze und ihrer Zugänge auf geeignete Weise zu gewährleisten und zu überprüfen, insbesondere nach einer Veränderung der Höhe oder Tiefe des Arbeitsplatzes,

b) bei **Aushubarbeiten, Brunnenarbeiten, unterirdischen oder Tunnel-**
arbeiten die Erd- oder Felswände so abzuböschen, zu verbauen oder an-
derweitig so zu sichern, dass sie während der einzelnen Bauzustände
standsicher sind; vor Beginn von Erdarbeiten sind geeignete Maßnah-
men durchzuführen, um die Gefährdung durch unterirdisch verlegte
Kabel und andere Versorgungsleitungen festzustellen und auf ein Min-
destmaß zu verringern,
c) bei **Arbeiten, bei denen Sauerstoffmangel auftreten kann, geeignete**
Maßnahmen zu treffen, um einer Gefahr vorzubeugen und eine wirk-
same und sofortige Hilfeleistung zu ermöglichen; Einzelarbeitsplätze
in Bereichen, in denen erhöhte Gefährdung durch Sauerstoffmangel be-
steht, sind nur zulässig, wenn diese ständig von außen überwacht wer-
den und alle geeigneten Vorkehrungen getroffen sind, um eine wirk-
same und sofortige Hilfeleistung zu ermöglichen,
d) **beim Auf-, Um- sowie Abbau von Spundwänden und Senkkästen an-**
gemessene Vorrichtungen vorzusehen, damit sich die Beschäftigten
beim Eindringen von Wasser und Material retten können,
e) **bei Laderampen Absturzsicherungen vorzusehen,**
f) **bei Arbeiten, bei denen mit Gefährdungen aus dem Verkehr von Land-,**
Wasser- oder Luftfahrzeugen zu rechnen ist, geeignete Vorkehrungen zu
treffen.

[4]**Abbrucharbeiten, Montage- oder Demontagearbeiten, insbesondere der**
Auf- oder Abbau von Stahl- oder Betonkonstruktionen, die Montage oder
Demontage von Verbau zur Sicherung von Erd- oder Felswänden oder
Senkkästen sind fachkundig zu planen und nur unter fachkundiger Auf-
sicht sowie nach schriftlicher Abbruch-, Montage- oder Demontageanwei-
sung durchzuführen; die Abbruch-, Montage- oder Demontageanweisung
muss die erforderlichen sicherheitstechnischen Angaben enthalten; auf die
Schriftform kann verzichtet werden, wenn für die jeweiligen Abbruch-,
Montage- der Demontagearbeiten besondere sicherheitstechnische An-
gaben nicht erforderlich sind.

(6) [1]**Vorhandene elektrische Freileitungen müssen nach Möglichkeit au-**
ßerhalb des Baustellengeländes verlegt oder freigeschaltet werden. [2]**Wenn**
dies nicht möglich ist, sind geeignete Abschrankungen, Abschirmungen
oder Hinweise anzubringen, um Fahrzeuge und Einrichtungen von diesen
Leitungen fern zu halten.

Die Nr. 5.2 des Anhangs der ArbStättV regelte im Jahr 2004 zunächst „Zusätz- **1**
liche Anforderungen für Baustellen". Die Überschrift wurde indes im Zuge der
arbeitsstättenrechtlichen Reform im Jahr 2016 geändert. **Ziel der Regelung** ist
die Statuierung von notwendigen Anforderungen an Baustellen, die in der Richtlinie 92/57/EWG (sog. EG-Baustellenrichtlinie) geregelt sind. In Bezug werden
insbesondere Maßnahmen zur Stabilisierung von Materialien und Ausrüstungen,
Maßnahmen zum Schutz von Personen und die Verkehrswege auf Baustellen mit
besonderen Gefährdungslagen genommen (zum Ganzen BR-Drs. 450/04, S. 38).
Die Vorgabe setzt die Nrn. 1.1, 1.2, 4.2, 5, 6.2, 6.3, 10.2, 11.3, 14.1.4, 18.2, 18.3
des Teils A des Anhangs IV der Richtlinie 92/57/EWG und die Nrn. 1.1, 1.2, 2.3,
10−12.2, 13 des Abschnitts II des Teils B des Anhangs IV der Richtlinie 92/57/EG
in nationales Recht um (BR-Drs. 450/04, S. 38).

Die Nr. 5.2 wurde umfangreich durch Art. 1 der Verordnung zur Änderung von Arbeitsschutzverordnungen vom 30.11.2016 (BGBl. I 2016 S. 2681, ber. 2017 S. 2839) geändert.

2   **Inhaltlich** befasst sich die Nr. 5.2 des Anhangs der ArbStättV zunächst mit Anforderungen an die Ausstattung von Baustellen (Abs. 1), bevor Schutzvorrichtungen zur Verhinderung von Abstürzen auf Baustellen in den Fokus des Interesses gerückt werden (Abs. 2). Sodann wird auf die Aspekte der Stabilisierung z. B. von Materialien und Ausrüstungen (Abs. 3) und der Verkehrswege (Abs. 4) eingegangen. In Abs. 5 werden besonders gefährliche Arbeiten auf Baustellen wie z. B. Abbrucharbeiten in Bezug genommen. Abschließend regelt Abs. 6 Baustellen mit elektrischen Freileitungen.

Arbeitsstättenrechtlich sind „Orte auf Baustellen" gemäß § 2 Abs. 1 Nr. 3 ArbStättV ohne Weiteres Arbeitsstätten, „sofern sie zur Nutzung für Arbeitsplätze vorgesehen sind."

3   In Abs. 1 werden in einem umfangreichen Katalog zunächst die Beschäftigten auf Baustellen (S. 1 lit. a)–c)) und sodann die Baustellen selbst (S. 2 lit. d)–g)) in den Fokus des Interesses gerückt. Im Wesentlichen werden **grundlegende Sanitäreinrichtungen und Schutzmaßnahmen für die Beschäftigten auf Baustellen** statuiert (*Lorenz* in Kollmer/Klindt/Schucht ArbSchG ArbStättV Nr. 5.2 des Anhangs Rn. 2). Der verwendete Arbeitsplatzbegriff (S. 1 lit. c)) wird in § 2 Abs. 4 ArbStättV definiert. Danach sind **Arbeitsplätze** „Bereiche, in denen Beschäftigte im Rahmen ihrer Arbeit tätig sind." Zu den betreffenden Anforderungen rechnen gemäß S. 2 lit. d) auch eine **Kleiderablage und ein abschließbares Fach,** wenn keine Umkleideräume erforderlich sind (siehe auch → Nr. 3.3 Rn. 3 zur Diskussion um die abschließbare Kleiderablage und Nr. 4.1 Rn. 20 zu den verschließbaren Einrichtungen in Umkleideräumen).

Im Jahr 2016 (→ Rn. 1) wurden die Wörter „körperlichen Beanspruchung" durch die Wörter „physischen Belastungen" ersetzt.

4   Die Inhalte in Abs. 2 wurden erst 2016 (→ Rn. 1) neu in die Nr. 5.2 des Anhangs der ArbStättV aufgenommen. Sie regeln nunmehr „Anforderungen an Sicherungen, die ein Abstürzen von Beschäftigten an Arbeitsplätzen [zum Begriff → Rn. 3] und Verkehrswegen auf Baustellen verhindern sollen". Die Aufnahme dieser Inhalte wurde deshalb als erforderlich angesehen, „weil die Bau-Berufsgenossenschaft konkrete Regelungen zu ‚Absturzgefahren auf Baustellen' im staatlichen Vorschriftenwerk angemahnt und in diesem Zusammenhang auf die Regelungen der UVV C22 Bauarbeiten hingewiesen hat." Der Verordungsgeber hat sich vor diesem Hintergrund dazu entschieden, die Vorgaben aus der betreffenden UVV weitgehend in die ArbStättV zu übernehmen. Die Kriterien und erforderlichen Maßnahmen wurden wiederum „überwiegend inhaltsgleich" aus Punkt 8 der ASR A2.1 „Schutz vor Absturz und herabfallenden Gegenständen, Betreten von Gefahrenbereichen" (Ausgabe: November 2012, GMBl. S. 1220, zuletzt geändert durch GMBl. 2018 S. 473) übernommen (zum Ganzen BR-Drs. 506/16, S. 33). Punkt 8 ASR A2.1 befasst sich mit dem Thema **„Abweichende/ergänzende Anforderungen für Baustellen".**

5   Durch den neuen Abs. 2 (→ Rn. 4) wurden die genuinen **Vorgaben zur Stabilisierung** nunmehr zum Gegenstand der Regelung in Abs. 3. Ansonsten ist der Inhalt des Abs. 3 seit 2004 unverändert geblieben. Im Ergebnis verlangt der Verordnungsgeber in S. 1 eine Stabilisierung „auf geeignete Weise", d. h. er macht keine konkreten Vorgaben zu den einzusetzenden Mitteln. Was stabilisiert werden soll, ist sehr weit gefasst. Entscheidend ist, dass alle Elemente, die durch eine Ortsveränderung gefährlich für die Beschäftigten werden können, zu berücksichtigen sind.

Die explizit genannten räumlichen Begrenzungen der Arbeitsplätze (zum Begriff → Rn. 3), Materialien und Ausrüstungen sind daher nur als **praktisch besonders wichtige Beispiele** aufzufassen.

In S. 2 wird klargestellt und konkretisiert, dass auch solche Maßnahmen relevant sind, „die verhindern, dass Fahrzeuge, Erdbaumaschinen und Förderzeuge abstürzen, umstürzen, abrutschen oder einbrechen." Die Praxis zeigt, dass gerade die Einhaltung der Anforderungen gemäß Abs. 3 einen wichtigen Beitrag zur Arbeitsstättensicherheit leisten kann.

Entsprechend sind die **Sicherheitsmaßnahmen für Verkehrswege, auf de- 6 nen Beförderungsmittel verwendet werden,** nunmehr in Abs. 4 geregelt. Inhaltlich sind die Anforderungen an die Verkehrswege freilich seit 2004 unverändert. S. 1 verlangt mit Blick auf den betreffenden Verkehrsweg nutzende Personen, dass entweder ein **ausreichender Sicherheitsabstand oder geeignete Schutzvorrichtungen** vorhanden sind. Dem Wortlaut zufolge besteht folglich insoweit ein **Wahlrecht der Arbeitgeber** in Bezug auf die beiden Alternativen. Ausdrücklich erwähnt wird im anschließenden S. 2, dass die Wege „regelmäßig überprüft und gewartet werden" müssen. Maßgebliche Bedeutung für die Bestimmung der festzulegenden Intervalle wird der **Gefährdungsbeurteilung** gemäß § 3 Abs. 1 ArbStättV zukommen.

Abs. 5 befasst sich mit **besonders gefährlichen Arbeiten auf Baustellen.** In- 7 soweit sind **geeignete Sicherheitsvorkehrungen** zu treffen, S. 1. Als Beispiele für die betreffenden Arbeiten werden nicht-abschließend Abbrucharbeiten sowie Montage- oder Demontagearbeiten genannt. Bis zur Reform der ArbStättV im Jahr 2016 (→ Rn. 1) war insoweit noch vom „Auf- oder Abbau von Massivbauelementen" die Rede. Zudem waren die betreffenden Inhalte noch in Abs. 4 geregelt.

Innerhalb der Schutzmaßnahmen gemäß S. 3 gab es ebenfalls Änderungen durch die betreffende arbeitsstättenrechtliche Reform, und zwar die folgenden:
- In lit. b) wurde das Wort „Ausschachtungen" durch das Wort „Aushubarbeiten" ersetzt. Zudem wurden die Wörter „geeignete Verschalungen oder Abschrägungen vorzusehen" durch die Wörter „die Erd- oder Felswände so abzuböschen, zu verbauen oder anderweitig so zu sichern, dass sie während der einzelnen Bauzustände standsicher sind" ersetzt.
- In lit. c) wurden die Wörter „Gefahr von" durch die Wörter „Gefährdung durch" ersetzt.
- Nach lit. e) wurde ein neuer lit. f) eingefügt.

S. 4 wurde schließlich neu gefasst und deutlich erweitert: Aus dem bisherigen Nr. 5.2 Abs. 4 S. 4 des Anhangs der ArbStättV a. F. wurde ein Halbsatz, an den sich zwei weitere Halbsätze anschließen. Folgerichtig wurden auch an dieser Stelle die „Arbeiten mit schweren Massivbauelementen" durch die „Montage- oder Demontagearbeiten" ersetzt. Aus der „Montage oder Demontage von Spundwänden" wurde wiederum die „Montage oder Demontage von Verbau zur Sicherung von Erd- oder Felswänden".

Entscheidend war jedoch die Substituierung der „befähigten Person" durch die **Fachkunde:** Die betreffenden Arbeiten „sind fachkundig zu planen" und dürfen „nur unter fachkundiger Aufsicht" durchgeführt werden. Der Verordnungsgeber beabsichtigte mit dieser Änderung, das Gewollte zum Ausdruck zu bringen (BR-Drs. 506/16, S. 34). Wer **fachkundig** ist, ist in § 2 Abs. 12 ArbStättV definiert.

Schließlich wurde der bisherige Abs. 5 durch die arbeitsstättenrechtliche Reform 8 im Jahr 2016 (→ Rn. 1) zum neuen Abs. 6. Im Übrigen blieb der Inhalt des Abs. 6 seit 2004 unverändert. Elektrische Freileitungen müssen danach gemäß S. 1 weiterhin möglichst „außerhalb des Baustellengeländes verlegt oder freigeschaltet werden." Erst wenn dies nicht möglich ist, sollen die Maßnahmen aus S. 2 zur Anwendung kommen. Die **Stoßrichtung der Abschrankungen, Abschirmungen oder Hinweise** ist das **Fernhalten von Fahrzeugen und Einrichtungen von den elektrischen Freileitungen.**

9   Zu beachten ist, dass zahlreiche **Technische Regeln für Arbeitsstätten (ASR)** einen eigenen Punkt mit abweichenden bzw. ergänzenden Anforderungen für Baustellen beinhalten (siehe auch *Lorenz* in Kollmer/Klindt/Schucht ArbSchG ArbStättV Anh. Nr. 5.2 Rn. 7).

6 Maßnahmen zur Gestaltung von Bildschirmarbeitsplätzen

1   Nr. 6 enthält die grundsätzlichen Anforderungen und Festlegungen zur Gestaltung und Organisation von Bildschirmarbeitsplätzen und übernimmt die europäische Bildschirmrichtlinie 90/270/EWG, die bis 2016 durch die BildscharbV umgesetzt war. Die entsprechenden Anforderungen an Bildschirmarbeitsplätze wurden inhaltsgleich aus der BildscharbV übernommen, soweit sie nicht bereits in der ArbStättV enthalten waren. Die BildscharbV wurde aufgehoben (BR-Drs. 506/16 S. 34).

2   Bildschirmarbeitsplätze sind heute **normale Büroarbeitsplätze** mit Computer, Bildschirm, Drucker und sonstigen technischen Zubehör. Diese Arbeitsplätze sind in Büro- und Verwaltungsbereichen bei rund 40% aller Beschäftigten (17 Millionen in Deutschland) eingerichtet. Im Jahr 1990, bei Einführung der europäischen Bildschirmarbeitsrichtlinie, handelte es sich bei der Bildschirmarbeit noch um eine Sonderform der Büroarbeit. Zahlreiche technische Neuerungen (Flachbildschirme, Laptops, Beleuchtung und so weiter) und Fortschritte in der Entwicklung der Anwendersoftware haben die Arbeit im Büro gegenüber früher erheblich verändert. Die Arbeit der Beschäftigten wird an solchen Arbeitsplätzen ganz entscheidend von der **Datenverarbeitungstechnik** bestimmt. Bei Bildschirmarbeit handelt es sich um Arbeitsplätze mit einer Schnittstelle zwischen Mensch und elektronischer Datenverarbeitung. Indem die Anforderungen an diese Arbeitsplätze in der ArbStättV verankert wurden, hat der Verordnungsgeber die Möglichkeit eröffnet, dass sie vom ASTA in einem **untergesetzlichen Regelwerk** – das den Stand der Technik repräsentiert – konkretisiert werden. Ziel ist auf diesem Wege eine präzise und moderne Unterstützung der Praxis nach dem Stand der Technik für diese Arbeitsplätze (BR-Drs. 506/16 S. 34).

3   Bereits die erweiternde Definition des Bildschirmgeräts in § 2 Abs. 6 trägt der **technischen Entwicklung** Rechnung. Bildschirmgeräte sind nicht mehr nur Bildschirme (so noch § 2 Abs. 1 BildscharbV), sondern Funktionseinheiten mit einer Schnittstelle zwischen Mensch und elektronischer Datenverarbeitung mit regelmäßig einer Vielzahl weiterer Komponenten. Die Bildschirmarbeitsrichtlinie lässt nach ihrem Art. 2 lit. b eine solchermaßen weit gefasste Definition zu. Inhaltlich übernimmt die ArbStättV in Anhang Nr. 6 weitestgehend unverändert die früheren Vorgaben der BildscharbV. Hinzugekommen sind Vorgaben zu alternativen Eingabemethoden (Nr. 6.3 Abs. 3) sowie zu mobilen Bildschirmgeräten (Nr. 6.4). Ergänzend schreibt § 3 Abs. 1 Satz 3 ausdrücklich die Berücksichtigung bildschirmarbeitstypischer Gefährdungen für die Augen vor (*Wiebauer* NZA 2017, 220, 222). Augenuntersuchungen sind hingegen in der ArbMedVV geregelt. Gemäß dem dortigen Anhang Teil 4 Abs. 2 Nr. 1 muss der Arbeitgeber eine angemessene, ggf. auch ärztliche, Untersuchung der Augen ermöglichen.

Damit sind das Einrichten und Betreiben von Bildschirmarbeitsplätzen in Ar- **4** beitsstätten, die Durchführung der Gefährdungsbeurteilung und die erforderlichen Maßnahmen abgestimmt in der ArbStättV zusammengefasst. So können zum Beispiel **ergonomische und psychische Aspekte** der Bildschirmarbeit „integral" mit Aspekten der Beleuchtung, der Akustik (Lärmentwicklung) und dem Flächen- und Raumbedarf in Arbeitsstätten bereits beim Einrichten und Betreiben umfassend berücksichtigt werden. Der Verordnungsgeber verspricht sich davon im Hinblick auf die Sicherheit und die Gesundheit der Beschäftigten bei der Büroarbeit positive Synergieeffekte (BR-Drs. 506/16 S. 35). Zu den **spezifischen Gefährdungen** bei der Bildschirmarbeit s. *Faber/Feldhoff* in HK-ArbSchR ArbStättV Rn. 136ff und Rn. 152ff. Zu den **Ausnahmen vom Anwendungsbereich** s. die Kommentierung zu § 1 Abs. 4.

Bis der ASTA spezielle Arbeitsstättenregeln zur Bildschirmarbeit entwickelt, **5** können Arbeitgeber auf bereits vorhandene **Arbeitshilfen** zurückgreifen, die allerdings noch auf die Vorgaben der BildscharbV abstellen. Diese decken also unter Umständen nicht alle Vorgaben des Anhangs 6 vollständig ab, stehen mit ihnen aber jedenfalls im Einklang. Zu nennen sind insbesondere:

- **DGUV-Information 215–410:** Bildschirm- und Büroarbeitsplätze – Leitfaden für die Gestaltung, Stand September 2015 (online unter http://publikationen. dguv.de);
- **DGUV-Information 215–450:** Softwareergonomie, Stand August 2016 (online unter http://publikationen.dguv.de);
- BG-Information BGI 5001: Büroarbeit – sicher, gesund und erfolgreich (online unter http://www.gda-portal.de/de/Arbeitsprogramme/Bueroarbeit.html);
- Bundesanstalt für Arbeitsschutz und Arbeitsmedizin (BAuA, Hrsg.), Wohlbefinden im Büro – Arbeits- und Gesundheitsschutz bei der Büroarbeit, 7. Aufl. 2010 (online unter http://www.baua.de/de/Publikationen/Broschueren/A11.html);
- Bayerisches Landesamt für Gesundheit und Lebensmittelsicherheit (LGL, Hrsg.), Checkliste und Formblatt „Dokumentation der Gefährdungsbeurteilung" bei Büro und Bildschirmarbeit (online unter http://www.lgl.bayern.de/arbeits schutz/rechtsgrundlagen/arbeitsmedizin/buero_bildschirmarbeitsplaetze.htm);
- DIN EN ISO 9241 „Ergonomische Anforderungen für Bürotätigkeiten mit Bildschirmgeräten";
- DIN EN ISO 9241 „Ergonomie der Mensch-System-Interaktion".

6.1 Allgemeine Anforderungen an Bildschirmarbeitsplätze

(1) [1]**Bildschirmarbeitsplätze sind so einzurichten und zu betreiben, dass die Sicherheit und der Schutz der Gesundheit der Beschäftigten gewährleistet sind.** [2]**Die Grundsätze der Ergonomie sind auf die Bildschirmarbeitsplätze und die erforderlichen Arbeitsmittel sowie die für die Informationsverarbeitung durch die Beschäftigten erforderlichen Bildschirmgeräte entsprechend anzuwenden.**

(2) **Der Arbeitgeber hat dafür zu sorgen, dass die Tätigkeiten der Beschäftigten an Bildschirmgeräten insbesondere durch andere Tätigkeiten oder regelmäßige Erholungszeiten unterbrochen werden.**

(3) **Für die Beschäftigten ist ausreichend Raum für wechselnde Arbeitshaltungen und -bewegungen vorzusehen.**

(4) Die Bildschirmgeräte sind so aufzustellen und zu betreiben, dass die Oberflächen frei von störenden Reflexionen und Blendungen sind.

(5) Die Arbeitstische oder Arbeitsflächen müssen eine reflexionsarme Oberfläche haben und so aufgestellt werden, dass die Oberflächen bei der Arbeit frei von störenden Reflexionen und Blendungen sind.

(6) [1]Die Arbeitsflächen sind entsprechend der Arbeitsaufgabe so zu bemessen, dass alle Eingabemittel auf der Arbeitsfläche variabel angeordnet werden können und eine flexible Anordnung des Bildschirms, des Schriftguts und der sonstigen Arbeitsmittel möglich ist. [2]Die Arbeitsfläche vor der Tastatur muss ein Auflegen der Handballen ermöglichen.

(7) Auf Wunsch der Beschäftigten hat der Arbeitgeber eine Fußstütze und einen Manuskripthalter zur Verfügung zu stellen, wenn eine ergonomisch günstige Arbeitshaltung auf andere Art und Weise nicht erreicht werden kann.

(8) [1]Die Beleuchtung muss der Art der Arbeitsaufgabe entsprechen und an das Sehvermögen der Beschäftigten angepasst sein; ein angemessener Kontrast zwischen Bildschirm und Arbeitsumgebung ist zu gewährleisten. [2]Durch die Gestaltung des Bildschirmarbeitsplatzes sowie der Auslegung und der Anordnung der Beleuchtung sind störende Blendungen, Reflexionen oder Spiegelungen auf dem Bildschirm und den sonstigen Arbeitsmitteln zu vermeiden.

(9) [1]Werden an einem Arbeitsplatz mehrere Bildschirmgeräte oder Bildschirme betrieben, müssen diese ergonomisch angeordnet sein. [2]Die Eingabegeräte müssen sich eindeutig dem jeweiligen Bildschirmgerät zuordnen lassen.

(10) Die Arbeitsmittel dürfen nicht zu einer erhöhten, gesundheitlich unzuträglichen Wärmebelastung am Arbeitsplatz führen.

1 Bei Bildschirmarbeit handelt es sich um Arbeitsplätze mit einer Schnittstelle zwischen Mensch und elektronischer Datenverarbeitung. Die Arbeit der Beschäftigten wird an solchen Arbeitsplätzen ganz wesentlich durch die Tätigkeit mit EDV-Einrichtungen bestimmt.

Die Arbeit an Bildschirmarbeitsplätzen ist – wie an allen anderen Arbeitsplätzen auch – gemäß § 3a Abs. 1 Satz 1 so zu organisieren und zu gestalten, dass Belastungen der Beschäftigten an Bildschirmgeräten **vermieden** oder so weit wie möglich **verringert** werden. Anhang Nr. 6.1 Abs. 1 wiederholt und konkretisiert diese Vorgabe insbesondere vor dem Hintergrund, dass § 3a auf **Telearbeitsplätze,** bei welchen es sich besonders häufig um Bildschirmarbeitsplätze handelt, gemäß § 1 Abs. 3 keine Anwendung findet.

2 Die Tätigkeiten während des Arbeitstages an Bildschirmarbeitsplätzen sind so zu organisieren, dass die Arbeit regelmäßig durch „andere Tätigkeiten" **(Mischarbeit)** oder durch **Erholungszeiten** unterbrochen wird. Abs. 2 setzt damit Art. 7 der europäischen Bildschirmarbeitsrichtlinie in deutsches Recht um. Diese „anderen Tätigkeiten" oder „Erholungszeiten" sind als Ausgleich gedacht und dienen dazu, die einseitige Belastung der Beschäftigten bei der Arbeit an Bildschirmgeräten (Belastung der Augen, Zwangshaltungen usw.) zu verringern und Fehlbelastungen zu vermeiden (BR-Drs. 506/16 S. 34). Die Rechtsprechung verlangt vom Arbeitgeber hier im Einzelfall erhebliche organisatorische Anstrengungen, um auf gesundheitliche Einschränkungen einzelner Beschäftigter einzugehen. Das kann dazu führen, dass er echte Mischarbeit anbieten muss und bloße Bildschirmpausen nicht ausreichen (LAG Berlin-Brandenburg, Urt. v. 24. 4. 2014 – 21 Sa 1689/13; *Faber/Feldhoff* in HK-ArbSchR ArbStättV Rn. 173, die in Rn. 176 für einen generellen Vorrang der Mischarbeit plädieren).

Derartige Pausen sind **keine Pausen i. S. d. Arbeitszeitgesetzes,** sondern be- 3
zahlte Arbeitsunterbrechungen (BR–Drs. 656/96 vom 5. 9. 1996; *Lohbeck* ZTR 2001, 502, 504; *Faber/Feldhoff* in HK-ArbSchR ArbStättV Rn. 177; zur Vergütungspflicht *Kohte* in Kollmer/Klindt/Schucht ArbSchG § 3 Rn. 92). Das bedeutet allerdings nicht, dass der Arbeitnehmer für nicht gewährte Arbeitsunterbrechungen eine Vergütung fordern könnte; einen solchen Ausgleich steht die gesundheitspolitische Zielrichtung der Vorschriften über die Bildschirmarbeit entgegen (LAG Rostock Urt. v. 15. 9. 2011 – 5 Sa 268/10, ZTR 2012, 334).

Die Absätze 3–10 dienen der Umsetzung der an mehreren Stellen des Anhangs 4
der europäischen Bildschirmarbeitsrichtlinie verankerten allgemeinen Anforderungen an die Gestaltung von Bildschirmarbeitsplätzen (s. a. die Empfehlungen von *Felske* in Forum Nr. 8.3.2–8.3.5).

6.2   Allgemeine Anforderungen an Bildschirme und Bildschirmgeräte

(1) **¹Die Text- und Grafikdarstellungen auf dem Bildschirm müssen entsprechend der Arbeitsaufgabe und dem Sehabstand scharf und deutlich sowie ausreichend groß sein. ²Der Zeichen- und der Zeilenabstand müssen angemessen sein. ³Die Zeichengröße und der Zeilenabstand müssen auf dem Bildschirm individuell eingestellt werden können.**

(2) **¹Das auf dem Bildschirm dargestellte Bild muss flimmerfrei sein. ²Das Bild darf keine Verzerrungen aufweisen.**

(3) **¹Die Helligkeit der Bildschirmanzeige und der Kontrast der Text- und Grafikdarstellungen auf dem Bildschirm müssen von den Beschäftigten einfach eingestellt werden können. ²Sie müssen den Verhältnissen der Arbeitsumgebung individuell angepasst werden können.**

(4) **Die Bildschirmgröße und -form müssen der Arbeitsaufgabe angemessen sein.**

(5) **Die von den Bildschirmgeräten ausgehende elektromagnetische Strahlung muss so niedrig gehalten werden, dass die Sicherheit und die Gesundheit der Beschäftigten nicht gefährdet werden.**

Die Vorschrift dient der Umsetzung der Nrn. 1 lit. a) und 2 lit. f) des Anhangs 1
der europäischen Bildschirmarbeitsrichtlinie.

Bei einem Sehabstand von einem halben Meter empfiehlt sich eine **Zeichen-** 2
höhe (Großbuchstaben) von 3,2–4,5 mm, bei größerem Sehabstand entsprechend größer. Eine gute **Lesbarkeit** erfordert bei Fließtexten, dass mindestens 80 Zeichen je Zeile angezeigt werden können, und dass die übliche Groß-/Kleinschreibung verwendet wird (DGUV-Information 215-410 S. 35). Bei einem Sehabstand von 500 mm sollte die Höhe der Großbuchstaben 3,2 mm nicht unterschreiten (*Opfermann/Streit* Anh. Nr. 6 Rn. 44).

LCD-Bildschirme liefern bereits bei einer Bildwiederholfrequenz von 60 Hz ein 3
flimmerfreies Bild, bei Röhrenbildschirme empfiehlt sich hingegen eine Frequenz von mindestens 100 Hz (DGUV-Information 215-410 S. 38).

4   Die Helligkeit ist **leicht einstellbar,** wenn sich Stellteile im Sichtfeld des Beschäftigten befinden oder die Einstellung durch ein intuitiv bedienbares On-
Screen-Menü möglich ist (DGUV-Information 215-410 S. 40).

5   Die Unfallversicherungsträger empfehlen für normale Büroanwendungen
mindestens einen **17-Zoll-LCD-Bildschirm** (oder 19-Zoll Röhrenmonitor
(DGUV-Information 215-410 S. 35).

6   Unter Strahlungsgesichtspunkten problematisch kann im Büro vor allem ein
drahtloses Netzwerk (WLAN) sein. Zur Minimierung der Strahlenexposition sollte
ein Abstand von einigen zehn Zentimetern zur Funkantenne eingehalten werden
(DGUV-Information 215-410 S. 77). Den Gesundheitsschutz der Beschäftigten gegenüber **elektromagnetischen Feldern** konkretisiert die Arbeitsschutzverordnung zu elektromagnetischen Feldern (EMFV).

6.3 Anforderungen an Bildschirmgeräte und Arbeitsmittel für die orts-
gebundene Verwendung an Arbeitsplätzen

(1) [1]**Bildschirme müssen frei und leicht dreh- und neigbar sein sowie
über reflexionsarme Oberflächen verfügen.** [2]**Bildschirme, die über reflektierende Oberflächen verfügen, dürfen nur dann betrieben werden, wenn
dies aus zwingenden aufgabenbezogenen Gründen erforderlich ist.**

(2) **Tastaturen müssen die folgenden Eigenschaften aufweisen:**
1. sie müssen vom Bildschirm getrennte Einheiten sein,
2. sie müssen neigbar sein,
3. die Oberflächen müssen reflexionsarm sein,
**4. die Form und der Anschlag der Tasten müssen den Arbeitsaufgaben an-
gemessen sein und eine ergonomische Bedienung ermöglichen,**
**5. die Beschriftung der Tasten muss sich vom Untergrund deutlich ab-
heben und bei normaler Arbeitshaltung gut lesbar sein.**

(3) **Alternative Eingabemittel (zum Beispiel Eingabe über den Bildschirm, Spracheingabe, Scanner) dürfen nur eingesetzt werden, wenn dadurch die Arbeitsaufgaben leichter ausgeführt werden können und keine
zusätzlichen Belastungen für die Beschäftigten entstehen.**

1   Die Vorschrift dient der Umsetzung der Nr. 1 lit. a) und b) des Anhangs der europäischen Bildschirmarbeitsrichtlinie. Die Regelung des Abs. 3 wurde im Zuge
der Überführung der Bildschirmarbeitsvorschriften in die ArbStättV im Jahr 2016
ergänzt, um der technischen Entwicklung Rechnung zu tragen. Eine entsprechende ausdrückliche Vorgabe enthält die Bildschirmarbeitsrichtlinie nicht. Der
Verordnungsgeber hat hier die europäischen Vorgaben „**zeitgemäß interpretiert**" (BR-Drs. 506/16 S. 26).

2   Die konkreten Anforderungen an die **Reflexionseigenschaften** der eingesetzten **Bildschirme** hängen maßgeblich von den am Arbeitsplatz vorhandenen Licht-
quellen ab. Anhaltspunkte liefert DIN EN ISO 9241-307 (DGUV Information
215-410 S. 40f.). Um einen idealen **Blickwinkel** von ca. 35° zu ermöglichen,
muss der Gerätefuß eine Einstellung ermöglichen, bei welcher die Gehäuseunter-
kante unmittelbar über der Arbeitsfläche liegt und der Bildschirm um etwa 35°
nach hinten geneigt ist (DGUV Information 215-410 S. 42).

3   Um eine ergonomisch günstige **Arbeitshaltung** einnehmen zu können, empfiehlt die DGUV Information 215-410 (S. 42) im nicht höhenverstellten Zustand
eine Neigung der **Tastatur** zwischen 0° und 12° und eine Bauhöhe (in der mittle-

ren Tastaturreihe) von höchstens 30 mm. Im höhenverstellten Zustand (Tastaturfüße ausgeklappt) dürfe der Neigungswinkel der Tastatur maximal 15° betragen. Unter diesen Umständen könne auf eine zusätzliche **Handballenauflage** regelmäßig verzichtet werden.

Um störende **Reflexionen** zu vermeiden, empfiehl die DGUV Information **4** 215-410 (S. 44) die ausschließliche Verwendung von Tastaturen mit hellen Tasten und dunkler Beschriftung. Eine ergonomische Bedienung der Tastatur ist gegeben, wenn Benutzer eine sichere Rückmeldung der **Tastenbetätigung** erhalten sowie ein schnelles Auffinden der jeweiligen Taste und eine gute Fingerführung gewährleistet sind (DGUV Information 215-410 S. 44).

Die Bedeutung **alternativer Eingabemittel** nimmt mit fortschreitender tech- **5** nischer Entwicklung immer weiter zu. Abs. 3 regelt hierzu in erster Linie als Anknüpfungspunkt für künftige technische Regeln allgemeine Anforderungen.

6.4 Anforderungen an tragbare Bildschirmgeräte für die ortsveränderliche Verwendung an Arbeitsplätzen

(1) **Größe, Form und Gewicht tragbarer Bildschirmgeräte müssen der Arbeitsaufgabe entsprechend angemessen sein.**

(2) **Tragbare Bildschirmgeräte müssen**
1. über Bildschirme mit reflexionsarmen Oberflächen verfügen und
2. so betrieben werden, dass der Bildschirm frei von störenden Reflexionen und Blendungen ist.

(3) **Tragbare Bildschirmgeräte ohne Trennung zwischen Bildschirm und externem Eingabemittel (insbesondere Geräte ohne Tastatur) dürfen nur an Arbeitsplätzen betrieben werden, an denen die Geräte nur kurzzeitig verwendet werden oder an denen die Arbeitsaufgaben mit keinen anderen Bildschirmgeräten ausgeführt werden können.**

(4) **Tragbare Bildschirmgeräte mit alternativen Eingabemitteln sind den Arbeitsaufgaben angemessen und mit dem Ziel einer optimalen Entlastung der Beschäftigten zu betreiben.**

(5) **Werden tragbare Bildschirmgeräte ortsgebunden an Arbeitsplätzen verwendet, gelten zusätzlich die Anforderungen nach Nummer 6.1.**

Konkrete Vorschriften für **Laptops, Notebooks, Tablets, Smartphones** und **1** so weiter finden sich in der europäischen Bildschirmarbeitsrichtlinie aus den 1990er-Jahren keine. Der Verordnungsgeber hat daher die Richtlinie „zeitgemäß interpretiert" (BR-Drs. 506/16 S. 26) und solche – für die Praxis zweifellos sinnvollen – Vorgaben im Zuge der Überführung in den Anhang der ArbStättV 2016 ergänzt.

Auch die Anforderungen an tragbare Bildschirmgeräte gelten insoweit nur, soweit **2** diese **an Arbeitsplätzen** (§ 2 Abs. 4) in einer Arbeitsstätte (§ 2 Abs. 1 und 2) oder an Telearbeitsplätzen i. S. d. § 2 Abs. 7 verwendet werden. Nicht erfasst ist vor allem der Einsatz tragbarer Geräte im Rahmen mobiler Arbeit, weil diese nicht in den Anwendungsbereich der ArbStättV fällt (→ § 1 Rn. 38; *Faber/Feldhoff* in HK-ArbSchR ArbStättV Rn. 165; kritisch *Calle* in Lambach/Prümper RdA 2014, 345 noch zur BildscharbV). Anhaltspunkte für die allgemeinen arbeitsschutzrechtlichen Anforderungen an den mobilen Einsatz von Bildschirmgeräten (jenseits der ArbStättV) bietet Anhang 1 (Mobil arbeiten) der DGUV Information 215-410 (s. a. *Wiebauer* NZA 2016, 1430, 1431).

3   **Alternative Eingabemittel** (Abs. 4) sind gemäß Nr. 6.3 Abs. 3 beispielsweise Touchscreens, Spracheingabe oder Scanner.

4   Eine **ortsgebundene Verwendung** (Abs. 5) liegt vor, wenn ein tragbares Bildschirmgerät dauerhaft an einem konkreten Arbeitsplatz installiert und nicht dazu bestimmt ist, vorübergehend an anderen Orten eingesetzt zu werden. Für diese Form der Verwendung gelten dann auch insbesondere die arbeitsplatzbezogenen Anforderungen der Nr. 6.1.

6.5 Anforderungen an die Benutzerfreundlichkeit von Bildschirmarbeitsplätzen

(1) **[1]Beim Betreiben der Bildschirmarbeitsplätze hat der Arbeitgeber dafür zu sorgen, dass der Arbeitsplatz den Arbeitsaufgaben angemessen gestaltet ist. [2]Er hat insbesondere geeignete Softwaresysteme bereitzustellen.**

(2) **Die Bildschirmgeräte und die Software müssen entsprechend den Kenntnissen und Erfahrungen der Beschäftigten im Hinblick auf die jeweilige Arbeitsaufgabe angepasst werden können.**

(3) **Das Softwaresystem muss den Beschäftigten Angaben über die jeweiligen Dialogabläufe machen.**

(4) **[1]Die Bildschirmgeräte und die Software müssen es den Beschäftigten ermöglichen, die Dialogabläufe zu beeinflussen. [2]Sie müssen eventuelle Fehler bei der Handhabung beschreiben und eine Fehlerbeseitigung mit begrenztem Arbeitsaufwand erlauben.**

(5) **Eine Kontrolle der Arbeit hinsichtlich der qualitativen oder quantitativen Ergebnisse darf ohne Wissen der Beschäftigten nicht durchgeführt werden.**

1   Die Vorschrift dient in erster Linie der Umsetzung der Nr. 3 des Anhangs der europäischen Bildschirmarbeitsrichtlinie. Sie betrifft in erster Linie das Zusammenwirken von Mensch und Arbeitsmittel **(Software-Ergonomie).** Dabei kann die Software nur dann sinnvoll beurteilt werden, wenn die Arbeitsaufgaben klar umrissen sind und feststeht, welche Nutzer mit welchen Fähigkeiten mit welchen Programmen arbeiten sollen (DGUV Information 215-410 S. 78).
Konkretisierungen enthalten:
– DGUV-Information 215-410 S. 78ff.,
– DGUV-Information 215-450,
– DIN EN ISO 9241 Teile 11–16, Teil 110, Teil 143 und Teil 171.

2   Als Fremdkörper im arbeitsschutzrechtlichen Regelungskontext der ArbStättV erscheint die Vorgabe des Abs. 5, dass der Arbeitgeber die **Arbeitsergebnisse** ohne Wissen der Beschäftigten weder in qualitativer noch in quantitativer Hinsicht **kontrollieren** darf. Grundlage ist die entsprechende europarechtliche Vorgabe in Anhang Nr. 3 lit. b) der Bildschirmarbeitsrichtlinie. Dieses Verbot dient insofern dem **Schutz der psychischen Gesundheit,** als die Beschäftigten keine heimliche Überwachung fürchten müssen, was wiederum erheblichen Stress bedeuten könnte.

3   Indes wäre es verfehlt, daraus zu schließen, Abs. 5 diene wie § 87 Abs. 1 Nr. 6 BetrVG dem **Schutz der Persönlichkeitsrechte** der Beschäftigten (so aber *Faber/Feldhoff* in HK-ArbSchR ArbStättV Rn. 171). Gegen einen solchen arbeitsschutz-fremden Schutzzweck spricht zum einen die eindeutige und ausdrücklich auf Sicherheit und Gesundheitsschutz bei der Arbeit an Bildschirmgeräten beschränkte **Zielsetzung** gemäß Art. 1 Abs. 1 der europäischen Bildschirmarbeitsrichtlinie. Zum anderen wäre eine solche persönlichkeitsschützende Vorschrift nicht von der **Verordnungsermächtigung** der §§ 18, 19 ArbSchG gedeckt, die ihrerseits auf die Schutzzwecke des § 1 Abs. 1 ArbSchG beschränkt sind; der Persönlichkeitsschutz zählt auch hier gerade nicht dazu (*Kollmer* in Kollmer/Klindt/Schucht ArbSchG § 1 Rn. 38 ff).

C. Technische Regeln für Arbeitsstätten

Übersicht

ASR V 3 – Gefährdungsbeurteilung

(GMBl. 2017 S. 390)

Die Technischen Regeln für Arbeitsstätten (ASR) geben den Stand der Technik, Arbeitsmedizin und Hygiene sowie sonstige gesicherte arbeitswissenschaftliche Erkenntnisse für das Einrichten und Betreiben von Arbeitsstätten wieder.

Sie werden vom Ausschuss für Arbeitsstätten ermittelt bzw. angepasst und vom Bundesministerium für Arbeit und Soziales im Gemeinsamen Ministerialblatt bekannt gemacht.

Diese ASR V3 konkretisiert im Rahmen des Anwendungsbereichs die Anforderungen der Verordnung über Arbeitsstätten. Bei Einhaltung der Technischen Regeln kann der Arbeitgeber insoweit davon ausgehen, dass die entsprechenden Anforderungen der Verordnung erfüllt sind. Wählt der Arbeitgeber eine andere Lösung, muss er damit mindestens die gleiche Sicherheit und den gleichen Gesundheitsschutz für die Beschäftigten erreichen.

Inhalt

1 Zielstellung

Diese ASR konkretisiert die Anforderungen an die Gefährdungsbeurteilung nach § 3 Arbeitsstättenverordnung (ArbStättV) im Rahmen der Beurteilung der Arbeitsbedingungen nach Arbeitsschutzgesetz (ArbSchG). Sie beschreibt eine Vorgehensweise zur Durchführung dieser Gefährdungsbeurteilung nach § 3 ArbStättV.

2 Anwendungsbereich

Diese ASR gilt für die Durchführung der Gefährdungsbeurteilung beim Einrichten und Betreiben von Arbeitsstätten sowie bei Telearbeitsplätzen gemäß § 2 Absatz 7 ArbStättV bei der erstmaligen Beurteilung der Arbeitsbedingungen und des Arbeitsplatzes soweit der Arbeitsplatz von dem im Betrieb abweicht.

Hinweis:
In dieser ASR V3 sind die Anforderungen an die Gefährdungsbeurteilung für die Belange von Menschen mit Behinderungen berücksichtigt.

3 Begriffsbestimmungen

3.1 Die **Gefährdungsbeurteilung** nach § 3 ArbStättV ist die auf das Einrichten und Betreiben der Arbeitsstätte ausgerichtete systematische Ermittlung und Beurteilung aller möglichen Gefährdungen der Beschäftigten einschließlich der Festlegung der erforderlichen Maßnahmen für Sicherheit und Gesundheit bei der Arbeit.

3.2 Eine **Gefährdung** bezeichnet die Möglichkeit eines Gesundheitsschadens oder einer gesundheitlichen Beeinträchtigung ohne bestimmte Anforderungen an deren Ausmaß oder Eintrittswahrscheinlichkeit.

3.3 Eine **Gefahr** bezeichnet eine Sachlage, die bei ungehindertem Ablauf des zu erwartenden Geschehens mit hinreichender Wahrscheinlichkeit zu einem Gesundheitsschaden oder einer gesundheitlichen Beeinträchtigung führt.

3.4 **Wechselwirkung** im Sinne dieser ASR ist die gegenseitige Beeinflussung von Gefährdungen oder Maßnahmen, wodurch sich Ausmaß und Art der Gefährdung verändern können.

4 Allgemeine Grundsätze

(1) Die Gefährdungsbeurteilung dient insbesondere als:
- Instrument zur Beurteilung der Arbeitsbedingungen,
- Grundlage zur Entscheidungsfindung, ob und welche Maßnahmen des Arbeitsschutzes notwendig sind,
- Handlungskonzept für die Verbesserung von Sicherheit und Gesundheitsschutz in der Arbeitsstätte (siehe Punkt 5, Abb. 1).

Hinweis:
In Verbindung mit Neubau oder baulichen Änderungen von Arbeitsstätten können im Rahmen der Gefährdungsbeurteilung wichtige und maßgebende Parameter, Rahmenbedingungen und Qualitäten beschrieben und festgelegt werden. Die Gefährdungsbeurteilung kann den Planern für das Einrichten (Entwurfsplanung) wichtige Gestaltungshinweise geben (siehe Punkt 4.2.1).

(2) Die Gefährdungsbeurteilung ist systematisch und fachkundig durchzuführen, insbesondere:
- beim Einrichten von Arbeitsstätten und
- beim Betreiben von Arbeitsstätten.

(3) Die Gefährdungsbeurteilung ist vor Aufnahme der Tätigkeiten durchzuführen und zu dokumentieren.

(4) Sie ist zu überprüfen und bei Bedarf zu aktualisieren, insbesondere:
- bei wesentlichen Veränderungen in der Arbeitsstätte, z. B.:
  - der Umgestaltung der bestehenden Arbeitsstätte,
  - der Festlegung von Arbeitsplätzen,
  - der Änderung von Arbeitsverfahren,
  - der Änderung der Arbeitsabläufe und der Arbeitsorganisation,
  - im Zusammenhang mit dem Einsatz anderer Arbeitsmittel oder Arbeitsstoffe,
  - im Zusammenhang mit der Änderung oder Beschaffung von Maschinen, Geräten und Einrichtungen,
  - im Zusammenhang mit Instandhaltung,
- bei der Änderung von relevanten Rechtsvorschriften oder von Technischen Regeln,
- bei neuen arbeitswissenschaftlichen Erkenntnissen bzw. Veränderungen des Standes der Technik, Arbeitsmedizin und Hygiene,
- nach dem Erkennen von kritischen Situationen (z. B. Beinahe-Unfällen, Fehlzeiten infolge arbeitsbedingter Gesundheitsbeeinträchtigungen sowie Erkenntnissen aus der arbeitsmedizinischen Vorsorge),
- nach Bekanntwerden einer Behinderung bei Beschäftigten oder
- nach Arbeitsunfällen und Berufskrankheiten.

4.1 Fachkunde

(1) Der Arbeitgeber hat sicherzustellen, dass die Gefährdungsbeurteilung fachkundig durchgeführt wird. Verfügt der Arbeitgeber nicht selbst über die entsprechenden Kenntnisse, hat er sich fachkundig beraten zu lassen.

(2) Fachkundig ist, wer über die zur Erfüllung der in dieser Technischen Regel bestimmten Aufgaben erforderlichen Fachkenntnisse verfügt. Zu den Anforderungen zählen eine entsprechende Berufsausbildung, Berufserfahrung oder eine zeitnah ausgeübte entsprechende berufliche Tätigkeit. Die Fachkenntnisse sind durch Teilnahme an Schulungen oder Unterweisungen auf aktuellem Stand zu halten.

(3) Umfang und Tiefe der notwendigen Kenntnisse, z. B. über das einschlägige Vorschriften- und Regelwerk, insbesondere die Technischen Regeln für Arbeitsstätten, können in Abhängigkeit von der zu beurteilenden Gefährdung unterschiedlich sein.

(4) Fachkundig im Sinne von Absatz 2 können insbesondere betriebliche Führungskräfte oder die Fachkraft für Arbeitssicherheit oder die Betriebsärztin oder der Betriebsarzt sein.

(5) Die Anforderungen an die Fachkunde sind abhängig von den zu beurteilenden Gefährdungen und müssen im Sinne dieser ASR nicht in einer Person vereinigt sein. Zur fachkundigen Durchführung der Gefährdungsbeurteilung gehören konkrete Kenntnisse der zu beurteilenden Arbeitsstätten und Tätigkeiten.

4.2 Gegenstand der Gefährdungsbeurteilung

Bei der Durchführung der Gefährdungsbeurteilung für Arbeitsstätten sind in Bezug auf das Einrichten sowie auf das Betreiben unterschiedliche Sachverhalte von Bedeutung. Der Arbeitgeber hat die mit der Arbeitsstätte verbundenen Gefährdungen unabhängig voneinander zu ermitteln und zu beurteilen. Mögliche Wechselwirkungen sind zu berücksichtigen. Sie können sich insbesondere auch im Zusammenwirken mit Arbeitsmitteln, Arbeitsstoffen, Arbeitsabläufen bzw. der Arbeitsorganisation sowie den Gefährdungsfaktoren gemäß Punkt 5.2.2 ergeben.

4.2.1 Einrichten von Arbeitsstätten

(1) Einrichten ist das Bereitstellen und Ausgestalten der Arbeitsstätte. Es umfasst u. a.:
– bauliche Maßnahmen oder Veränderungen, insbesondere Neu- und Umbau sowie Erweiterungsmaßnahmen von Arbeitsstätten,
– das Ausstatten mit Maschinen, Anlagen, Bildschirmgeräten, Mobiliar, anderen Arbeitsmitteln sowie Beleuchtungs-, Lüftungs-, Heizungs-, Feuerlösch- und Versorgungseinrichtungen,
– das Anlegen und Kennzeichnen von Verkehrs- und Fluchtwegen, Kennzeichnen von Gefahrenstellen und brandschutztechnischen Ausrüstungen sowie
– das Festlegen von Arbeitsplätzen unter Berücksichtigung der geplanten Tätigkeiten.

(2) Die Integration des Arbeitsschutzes in die Planung von Arbeitsstätten ist von grundlegender Bedeutung. Nach dem Einrichten einer Arbeitsstätte lassen sich Veränderungen nur mit einem zusätzlichen Aufwand realisieren. Um dies zu vermeiden, sind zweckmäßigerweise bereits im Planungsprozess von Neu- oder Umbauten die Nutzung der Arbeitsstätte und der Stand der Technik, Arbeitsmedizin und Hygiene sowie die ergonomischen Anforderungen zu ermitteln und als Anfor-

derung an die Arbeitsstätte festzuhalten. Werden Grundsätze der barrierefreien Gestaltung bereits bei der Planung von Arbeitsstätten berücksichtigt, können vorausschauende Lösungen die Kosten für eine nachträgliche Anpassung und einen aufwendigen Umbau von Arbeitsstätten bei einer künftigen Beschäftigung von Menschen mit Behinderungen verringern oder vermeiden.

(3) Im Rahmen der Gefährdungsbeurteilung müssen Abnutzungserscheinungen und ggf. vorhandene Wirkungsgradverluste von getroffenen Maßnahmen des Arbeitsschutzes berücksichtigt werden (z. B. Beleuchtung, Lüftung, Sonnenschutz, Kennzeichnung), damit die Schutzziele der ArbStättV dauerhaft und zuverlässig erreicht werden.

(4) Die Festlegung von Arbeitsplätzen ist notwendig, damit arbeitsplatzbezogene Gestaltungsmaßnahmen getroffen werden können (z. B. Zugänge zu den Arbeitsplätzen, Bewegungsflächen, Anordnung der Leuchten).

(5) Bei der prospektiven Betrachtung ist auch die Nutzung durch unterschiedliche Personengruppen (siehe Punkt 5.1 Absätze 5 und 6) zu berücksichtigen.

(6) Die Veränderung der Leistungsvoraussetzungen der Beschäftigten im Verlauf der Nutzungsdauer der Arbeitsstätte kann einen Einfluss auf die Planung haben (z. B. kann eine Verringerung des individuellen Sehvermögens bei zunehmendem Alter der Beschäftigten eine höhere Anforderung an die Beleuchtungsqualität erfordern).

(7) Beabsichtigt ein Arbeitgeber eine bauliche Anlage zur Nutzung als Arbeitsstätte zu mieten oder zu erwerben, so ist es angezeigt, vor der Einrichtung des Objekts anhand einer Gefährdungsbeurteilung zu prüfen, ob die Vorgaben der ArbStättV eingehalten werden können. Sonst ist ggf. keine oder nur eine eingeschränkte Nutzung möglich.

(8) Sofern vorhanden, sind die Informationen zu Sicherheit und Gesundheitsschutz aus der nach Baustellenverordnung geforderten Unterlage für mögliche spätere Arbeiten, z. B. Reinigung oder Instandhaltung, zu berücksichtigen.

4.2.2 Betreiben von Arbeitsstätten

(1) Das Betreiben von Arbeitsstätten umfasst das Benutzen, Instandhalten und Optimieren der Arbeitsstätten, die Organisation und die Gestaltung von Arbeits- und Fertigungsverfahren sowie der Arbeitsabläufe in der Arbeitsstätte.

(2) Der Arbeitgeber hat sicherzustellen, dass die Arbeitsstätte nach dem Stand der Technik, Arbeitsmedizin und Hygiene sowie den ergonomischen Anforderungen betrieben wird. Dieses gilt auch für angemietete Objekte (z. B. Büroflächen, Verkaufsräume, Produktions- oder Lagerräume).

(3) In der Gefährdungsbeurteilung müssen auch Situationen berücksichtigt werden, die vom Normalbetrieb abweichen (z. B. Störungen, Stromausfälle, extreme Witterungseinflüsse).

(4) Weiterhin sind Gefährdungen zu ermitteln und zu beurteilen, mit denen z. B. bei Bränden, Unfällen, Überfällen oder sonstigen Betriebsstörungen zu rechnen ist (z. B. Gestaltung von Fluchtwegen und Notausgängen, Flucht- und Rettungspläne).

5 Prozessschritte der Gefährdungsbeurteilung

Die Prozessschritte werden in der folgenden Abbildung 1 dargestellt.

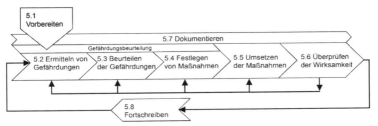

Abb. 1: Schematische Darstellung der Prozessschritte der Gefährdungsbeurteilung

5.1 Vorbereiten

(1) Die Gefährdungsbeurteilung ist je nach Art der Tätigkeiten in der Arbeitsstätte durchzuführen. Daher kann es erforderlich sein, eine Gliederung (z. B. in Arbeitsbereiche oder Tätigkeitsgruppen) vorzunehmen.

(2) Wenn von Beschäftigten arbeitsbereichsübergreifende Tätigkeiten (z. B. Hausmeistertätigkeiten, Instandhaltung, Reinigung) ausgeführt werden, ist zu prüfen, ob diese Tätigkeiten gesondert zu betrachten sind.

(3) Bei gleichartigen Arbeitsbedingungen können Arbeitsplätze oder Tätigkeiten innerhalb einer Arbeitsstätte zusammengefasst betrachtet werden.

(4) Erforderlichenfalls sind Tätigkeiten so zu erfassen, dass auch ihre Dauer bzw. Häufigkeit (z. B. temporär, täglich, quartalsweise, jährlich) erkennbar sind.

(5) Es ist zu berücksichtigen, ob in der Arbeitsstätte besondere Personengruppen beschäftigt werden (z. B. Praktikanten, Jugendliche, werdende oder stillende Mütter, Leiharbeitnehmer, Beschäftigte ohne ausreichende Deutschkenntnisse, Menschen mit Behinderungen).

(6) Gefährdungen durch sonstige in der Arbeitsstätte anwesende Personen (z. B. Beschäftigte von Fremdfirmen, Beschäftigte im Rahmen von Dienst- und Werkverträgen, Besucher, Kunden) sind zu berücksichtigen.

(7) In Arbeitsstätten, in denen Beschäftigte mehrerer Arbeitgeber tätig werden, haben sich diese Arbeitgeber bei der Festlegung von Maßnahmen zur Vermeidung gegenseitiger Gefährdungen der Beschäftigten abzustimmen (z. B. auf Baustellen, Bürogemeinschaften).

(8) Für Telearbeitsplätze gilt nur der Anhang Nummer 6 „Maßnahmen zur Gestaltung von Bildschirmarbeitsplätzen" der ArbStättV soweit der Arbeitsplatz von dem im Betrieb abweicht.

5.2 Ermitteln von Gefährdungen

(1) Ziel der Ermittlung ist die systematische Identifizierung von möglichen Gefährdungen, deren Quellen und gefahrbringenden Bedingungen.

(2) Das Ermitteln beinhaltet die Erfassung des Planungs- oder Ist-Zustandes (z. B. durch Beobachten, Befragen, Messen, Berechnen oder Abschätzen) sowie die anschließende Benennung und Beschreibung der Gefährdungen.

5.2.1 Vorgehensweise beim Ermitteln von möglichen Gefährdungen

(1) Zur fachkundigen Ermittlung von möglichen Gefährdungen sind systematisch alle unter Punkt 5.1 „Vorbereiten" festgelegten Arbeitsbereiche, Tätigkeitsgruppen, Personengruppen sowie bereichsübergreifende Arbeitsaufgaben bezüglich der Gefährdungsfaktoren gemäß Punkt 5.2.2 und deren Wechselwirkungen (siehe Punkt 4.2) zu betrachten.

Bei der Ermittlung von möglichen Gefährdungen (siehe Definition, Punkt 3.2) werden keine bestimmten Anforderungen an das Ausmaß oder die Eintrittswahrscheinlichkeit eines Gesundheitsschadens oder einer gesundheitlichen Beeinträchtigung gestellt.

(2) Sofern es zur fachkundigen Informationsgewinnung erforderlich ist, sind die relevanten Quellen heranzuziehen, z. B.:

– das einschlägige Vorschriften- und Regelwerk, insbesondere die Technischen Regeln für Arbeitsstätten sowie weitere Technische Regeln,
– branchenspezifische Regeln und Informationen sowie Gefährdungs- und Belastungskataloge insbesondere der Unfallversicherungsträger,
– Herstellerinformationen (z. B. Bedienungsanleitungen, Gebrauchsanleitungen, Betriebsanleitungen),
– vorhandene Verfahrens-, Arbeits- und Betriebsanweisungen,
– Aufzeichnungen und Erkenntnisse über Unfälle, Erkrankungen, Behinderungen, Schadensfälle, kritische Situationen, Beinahe-Unfälle,
– Betriebsbegehungsprotokolle, Arbeitsschutzausschussprotokolle, dokumentierte Befragungsergebnisse, Prüfbücher, Unterlagen für Instandhaltung (z. B. gemäß BaustellV bzw. RAB 32 „Unterlage für spätere Arbeiten"),
– Baugenehmigungen und mitgeltende Unterlagen (z. B. Brandschutzkonzepte),
– behördliche Anordnungen,
– Berechnungsprognosen oder Protokolle durchgeführter Messungen (z. B. zu Lärm, Klima, Gefahrstoffen),
– Erfahrungswerte von vergleichbaren Arbeitsplätzen oder
– Angaben aus Datenbanken.

(3) Zur Ermittlung der Gefährdung beim Einrichten und Betreiben von Arbeitsstätten können z. B. folgende Methoden einzeln oder kombiniert angewandt werden:

– Prüfung von Planungsunterlagen, Bauzeichnungen und -plänen,
– Abschätzen von Messgrößen anhand von Technischen Unterlagen (z. B. Maschinenkennzahlen, Emissionskennzahlen),
– Durchführung von Modellrechnungen, Simulationen, Profilvergleichsverfahren u. ä.,
– Besichtigung der betrieblichen Gegebenheiten (z. B. mit Erfassung der Arbeitsorganisation, der Arbeitsabläufe, der Arbeitszeiten, der einzelnen Tätigkeiten, der Arbeitsmittel, Arbeitsverfahren, Arbeitsstoffe sowie des Arbeitsumfelds),
– Messungen zur Feststellung von räumlichen Gegebenheiten, Ermittlung von Konzentrationen, Temperaturen, Emissionen usw. oder
– Befragungen von Beschäftigten, Führungskräften und weiteren Arbeitsschutzakteuren.

5.2.2 Gefährdungsfaktoren

Beim Ermitteln von möglichen Gefährdungen sind insbesondere die im Anhang mit arbeitsstättenbezogenen Beispielen und Erläuterungen aufgeführten Gefährdungsfaktoren relevant.

5.3 Beurteilen von Gefährdungen

Um die Sicherheit und den Gesundheitsschutz der Beschäftigten bei der Arbeit zu gewährleisten und kontinuierlich zu verbessern, hat der Arbeitgeber die ermittelten Gefährdungen systematisch dahingehend zu beurteilen, ob Maßnahmen des Arbeitsschutzes erforderlich sind. Für das Beurteilen der Gefährdung im Hinblick auf das zu erreichende Schutzziel nach ArbStättV sind zunächst Beurteilungsmaßstäbe erforderlich, die in der Regel aus dem einschlägigen Vorschriften- und Regelwerk sowie aus der Fachliteratur abzuleiten sind (siehe Punkt 5.3.1 Absätze 1 bis 3).

Fehlen solche Beurteilungsmaßstäbe müssen diese betrieblich vereinbart werden (siehe Punkt 5.3.1 Absatz 4).

Anhand dieser Beurteilungsmaßstäbe erfolgt danach das Beurteilen der Gefährdungen (siehe Punkt 5.3.2).

5.3.1 Ermittlung von Beurteilungsmaßstäben

Bei der Ermittlung bzw. Festlegung dieser Maßstäbe ist in folgender Reihenfolge vorzugehen:

1. Zunächst ist zu prüfen, ob die in der ArbStättV aufgeführten Schutzziele durch Technische Regeln für Arbeitsstätten konkretisiert werden.

   Sofern in den Technischen Regeln für Arbeitsstätten Anforderungen, Maße oder Werte vorhanden sind, bilden diese einen konkreten Maßstab für das Beurteilen der Gefährdung. Bei Einhaltung dieses konkreten Maßstabs und einer diesem Maßstab entsprechenden Maßnahmenumsetzung erlangt der Arbeitgeber nach § 3a Absatz 1 Satz 3 ArbStättV die Vermutungswirkung, dass die Anforderungen erfüllt sind.

2. Sofern in den Technischen Regeln für Arbeitsstätten keine Anforderungen, Maße oder Werte zu finden sind, ist zu prüfen, ob für die betrachtete Gefährdung andere gesicherte arbeitswissenschaftliche Erkenntnisse existieren, die insbesondere Angaben zu Grenz-, Schwellen- oder Richtwerten enthalten. Es kann sich dabei z. B. um Veröffentlichungen der Unfallversicherungsträger, der Bundesanstalt für Arbeitsschutz und Arbeitsmedizin (BAuA) oder des Länderausschusses für Arbeitsschutz und Sicherheitstechnik (LASI) handeln.

3. Fehlen gesicherte arbeitswissenschaftliche Erkenntnisse, insbesondere mit Angaben zu Grenz-, Schwellen- oder Richtwerten, so ist zu prüfen, ob zumindest arbeitswissenschaftliche Erkenntnisse mit qualitativen Maßstäben verfügbar sind, z. B. Forschungsberichte, wissenschaftliche Veröffentlichungen sowie einschlägige Normen.

4. Betriebliche Beurteilungsmaßstäbe sind vom Arbeitgeber eigenständig zu entwickeln und zu verwenden, wenn anhand der in den Nummern 1 bis 3 beschriebenen Vorgehensweise keine verwendbaren Beurteilungsmaßstäbe ermittelt werden können. Dabei sind insbesondere folgende Aspekte zu berücksichtigen:
   – Art, Ausmaß, Dauer und Häufigkeit einer Exposition,
   – gefahrbringende Bedingungen, durch die eine Gefährdung bei der Arbeit wirksam werden kann (z. B. Umgebungsbedingungen, Zeitdruck, Unordnung, Verschleiß),

– durch Qualifikation und Unterrichtung oder Unterweisung erworbene Befähigung der Beschäftigten, eine Gefährdung rechtzeitig wahrzunehmen und einschätzen zu können.

5.3.2 Durchführung der Beurteilung

Der vorliegende Planungs- oder Ist-Zustand mit den ermittelten Gefährdungen wird anhand des gemäß Punkt 5.3.1 herangezogenen Beurteilungsmaßstabs beurteilt.

Beim Beurteilen der Gefährdungen sind insbesondere einzubeziehen:
– alle den Gefährdungen ausgesetzten Beschäftigten, einschließlich besonderer Personengruppen (siehe Punkt 5.1 Absatz 5),
– die Gefährdungen durch die Anwesenheit sonstiger Personen in der Arbeitsstätte (siehe Punkt 5.1 Absatz 6),
– alle Betriebszustände, neben dem Normalbetrieb z. B. auch Auf-, Um- und Abbau, Reinigung, Instandhaltung,
– die Erkennbarkeit und Vermeidbarkeit einer Gesundheitsgefährdung Wichtige Merkmale sind insbesondere:
  • unmittelbare oder nur mittelbare (z. B. durch Messinstrumente oder Warneinrichtungen) Wahrnehmbarkeit der Gefährdung,
  • beaufsichtigter oder unbeaufsichtigter Betrieb,
  • schnelles oder langsames Auftreten der Gefährdung (z. B. Schnelllauftore),
  • technisch oder organisatorisch bedingte Einschränkungen, sich der Gefährdung entziehen zu können (z. B. Behinderung durch persönliche Schutzausrüstung (PSA), Zwangsverriegelung von Schutztüren).
– Wechselwirkungen
Die Gefährdungsfaktoren sind sowohl einzeln als auch im Zusammenhang zu beurteilen.

5.3.3 Ergebnis der Beurteilung der Gefährdungen

(1) Folgende Beurteilungsergebnisse sind möglich:
1. Maßnahmen sind erforderlich:
   – Das Ergebnis der Beurteilung erfordert unverzüglich Maßnahmen.
   – Es besteht eine unmittelbare Gefahr für die Gesundheit, z. B. Absturz an ungesicherten Absturzkanten. Es müssen unverzüglich geeignete Maßnahmen zur Beseitigung bzw. Reduzierung der Gefährdung ergriffen werden.
   – Das Ergebnis der Beurteilung erfordert Maßnahmen.
     Es besteht eine Gesundheitsgefährdung, z. B. durch unzureichende Lüftung, Raumtemperatur, Beleuchtung. Geeignete Maßnahmen zur Beseitigung bzw. Reduzierung der Gefährdung müssen ergriffen werden.
2. Der unter Punkt 5.3.1 ermittelte Beurteilungsmaßstab ist eingehalten.
(2) Eine Verbesserung von Sicherheit und Gesundheitsschutz ist anzustreben (vgl. ArbSchG), z. B. Installation einer Strahlungsheizung statt Konvektionsheizung in Werkstätten, Verbesserung der Bürogestaltung.

5.4 Festlegen von Maßnahmen

5.4.1 Allgemeine Grundsätze für die Festlegung von Maßnahmen

(1) Die beim Beurteilen der Gefährdungen gewonnenen Erkenntnisse bilden die Basis für das Festlegen der erforderlichen Maßnahmen des Arbeitsschutzes.

(2) Die Maßnahmen müssen dem Stand der Technik, Arbeitsmedizin und Hygiene sowie den Anforderungen der Ergonomie entsprechen und insbesondere sind die vom Bundesministerium für Arbeit und Soziales nach § 7 Absatz 4 ArbStättV bekannt gemachten Regeln und Erkenntnisse zu berücksichtigen. Gesicherte arbeitswissenschaftliche Erkenntnisse sind zu berücksichtigen. Die Maßnahmen müssen geeignet sein, die ermittelten Gefährdungen zu beseitigen bzw. soweit zu reduzieren, dass das Schutzziel erreicht wird.

(3) Werden die in den Technischen Regeln für Arbeitsstätten genannten Maßnahmen eingehalten, so ist davon auszugehen, dass die Schutzziele der ArbStättV erreicht werden. Es gilt die Vermutungswirkung.

(4) Weicht der Arbeitgeber von den in den Technischen Regeln genannten Maßnahmen ab oder fehlen diese, muss er durch andere Maßnahmen die gleiche Sicherheit und den gleichen Schutz der Gesundheit der Beschäftigten erreichen. Dies ist nach Punkt 5.7 zu dokumentieren.

(5) Die Unterweisung der Mitarbeiter hinsichtlich der möglicherweise verbleibenden Gefährdungen sowie ggf. der Auswirkung der festgelegten Maßnahme bzw. deren Umsetzung ist integraler Bestandteil der jeweiligen Maßnahme.

(6) Beim Festlegen von Maßnahmen sind die Zusammenhänge bzw. die Wechselwirkungen aus den resultierenden Gefährdungsfaktoren von Arbeitsstätte, Arbeitsplatz, Arbeitsmitteln, Arbeitsstoffen, Arbeitsorganisation und Arbeitsaufgabe zu berücksichtigen.

(7) Sollten sich bedingt durch Maßnahmen zur Beseitigung bzw. Reduzierung von Gefährdungen neue Gefährdungen für die Beschäftigten ergeben, sind auch diese in die Gefährdungsbeurteilung einzubeziehen (z. B. bei vorgesehener Installation einer Absauganlage die Beurteilung der neuen Geräuschquelle).

5.4.2 Maßnahmenhierarchie

(1) Bei der Auswahl der Maßnahmen hat der Arbeitgeber den im ArbSchG festgelegten Grundsatz der Vermeidung von Gefährdungen zu prüfen und wenn möglich umzusetzen (z. B. belastende Wärmequelle aus Arbeitsbereich entfernen).

(2) Soweit die Vermeidung von Gefährdungen gemäß Absatz 1 nicht möglich ist, muss beim Festlegen von Maßnahmen die folgende Maßnahmenhierarchie berücksichtigt werden (siehe Abb. 2).

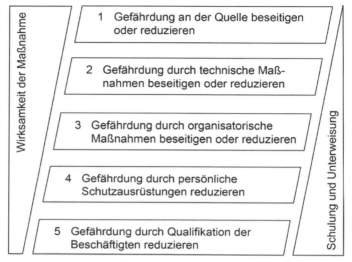

Abb. 2: Maßnahmenhierarchie

1. Zunächst ist zu prüfen, ob Gefährdungen an den Quellen zu beseitigen oder zu reduzieren sind (z. B. belastende Wärme unmittelbar abführen oder ein Gerät mit geringerer Wärmeentwicklung wählen).
2. Ist dies nicht möglich, ist zu prüfen, ob die Gefährdungen durch technische Maßnahmen zu beseitigen oder zu reduzieren sind (z. B. Klimatisierung der Arbeitsräume, Wärmeschutzschilde, Luftschleier).
3. Sind technische Maßnahmen nicht möglich, ist zu prüfen, ob die Gefährdungen durch organisatorische Maßnahmen zu beseitigen oder zu reduzieren sind (z. B. Änderung von Arbeitsabläufen, um die Aufenthaltsdauer im wärmebelasteten Arbeitsbereich zu vermeiden bzw. zu verringern, wie etwa durch Rotation von Mitarbeitern oder durch das Festlegen von Entwärmungsphasen in geeigneten Räumen).
4. Sind organisatorische Maßnahmen nicht möglich, ist zu prüfen, ob die Gefährdungen durch den Einsatz von persönlicher Schutzausrüstung zu vermeiden oder zu reduzieren sind (z. B. PSA gegen Absturz).
5. Sind die vorgenannten Maßnahmen nicht möglich, ist zu prüfen, ob die Schutzziele durch Qualifikation der Beschäftigten zu erreichen sind.

(3) Zur Erreichung des Schutzziels kann es erforderlich sein, Maßnahmen zu kombinieren. Dabei sind die Hierarchiestufen zu beachten.

(4) Im Einzelfall können Maßnahmen aus einer niedrigeren Hierarchiestufe eine gleichwertige Schutzwirkung erreichen (z. B. regelmäßige Unterbrechung der Tätigkeiten in durch Sommerhitze belasteten Räumen anstatt Klimatisierung).

5.5 Umsetzen von Maßnahmen

(1) Die festgelegten Maßnahmen sind entsprechend Punkt 5.3.3 zu priorisieren und umzusetzen.

(2) Wurde eine Entscheidung für eine Maßnahme getroffen, sind die hieraus resultierenden Umsetzungsschritte zu konkretisieren.

Hinweis:
Falls erforderlich, ist für umfangreichere Maßnahmen eine Ablaufplanung zu erstellen, in der z. B. Zeitziele, Übergangsmaßnahmen, festgelegte Termine, Verantwortliche und andere Beteiligte genannt werden.

5.6 Überprüfen der Wirksamkeit der Maßnahmen

(1) Die Umsetzung und Wirksamkeit der festgelegten Maßnahmen sind zu überprüfen. Dabei ist festzustellen, ob die Maßnahmen vollständig umgesetzt wurden und dazu geführt haben, die Gefährdungen zu beseitigen bzw. hinreichend zu reduzieren, und ob gegebenenfalls neue Gefährdungen entstanden sind. Die Prüfung kann z. B. durch Beobachten, Messen oder Befragen (siehe Punkt 5.2) erfolgen.

(2) Sollten weitere oder andere Maßnahmen erforderlich sein, weil z. B. trotz der Umsetzung der festgelegten Maßnahmen Schutzziele nicht erreicht werden, dann sind die vorherigen Teilschritte entsprechend Abbildung 1 (siehe Punkt 5) zu wiederholen.

5.7 Dokumentation

5.7.1 Grundsätze der Dokumentation

(1) Die Dokumentation gemäß § 3 Absatz 3 ArbStättV ist Bestandteil der Unterlagen nach § 6 ArbSchG. Sie muss vor Aufnahme der Tätigkeiten vorliegen.

(2) Die Dokumentation dient mit als Grundlage für die Planung und Gestaltung der betrieblichen Prozesse, z. B. für Neu- und Umbauten, Unterweisungen, Betriebsanweisungen. Sie erleichtert es, Verantwortliche und Termine in Hinblick auf Maßnahmen des Arbeitsschutzes nachvollziehbar festzuhalten.

(3) Sie ist die Basis für die Arbeit der betrieblichen Akteure im Arbeitsschutz (insbesondere Arbeitgeber, verantwortliche Personen nach § 13 ArbSchG (z. B. Führungskräfte), Betriebs- und Personalräte, Fachkräfte für Arbeitssicherheit, Betriebsärzte und Sicherheitsbeauftragte) sowie des Arbeitsschutzausschusses.

(4) Die Dokumentation erfolgt schriftlich und kann als Papierdokument oder in elektronischer Form vorliegen. Sie muss in einer verbindlichen Version verfügbar sein.

(5) Werden Hilfen zur Dokumentation der Gefährdungsbeurteilung, z. B. der Unfallversicherungsträger, verwendet, sind sie an die betrieblichen Bedingungen anzupassen. Insbesondere ist sicherzustellen, dass alle Betriebsteile und Tätigkeiten (ggf. auch unterschiedliche Betriebszustände, z. B. Instandhaltung) erfasst werden.

(6) Der Umfang der Dokumentation richtet sich z. B. nach der Betriebsgröße, Betriebsstruktur oder Art und Ausmaß der Gefährdungen. Insbesondere
- in kleinen Betrieben, bei überschaubaren Strukturen oder bei geringen Gefährdungen kann die Dokumentation gemäß Punkt 5.7.2 ausreichen.
- bei komplexeren Situationen und hohem Gefährdungspotential müssen der Dokumentation erforderlichenfalls weitere Unterlagen zugeordnet werden (siehe Punkt 5.7.3).

Hinweis:
Die Dokumentation kann die Grundlage für die erforderliche Abstimmung sein, z. B.:
- *bei Zusammenarbeit von Beschäftigten mehrerer Arbeitgeber in einer Arbeitsstätte,*
- *bei gemeinsamer Nutzung einer Arbeitsstätte durch mehrere Arbeitgeber,*
- *zur Information weiterer in der Arbeitsstätte anwesender Personen.*

5.7.2 Mindestanforderungen

(1) Die Dokumentation muss mindestens Folgendes enthalten:
- die jeweilige Bezeichnung der erfassten Arbeitsplätze, Arbeitsbereiche und Tätigkeiten sowie ggf. der zusammengefassten gleichartigen Arbeitsplätze oder Tätigkeiten,
- die jeweils festgestellten Gefährdungen,
- die Ergebnisse der Beurteilung der festgestellten Gefährdungen,
- die bezogen auf die festgestellten Gefährdungen jeweils festgelegten Maßnahmen (inklusive Umsetzung siehe Punkt 5.5 Absatz 2) sowie
- das Ergebnis der Wirksamkeitsüberprüfung.

(2) Aus den im Rahmen der Gefährdungsbeurteilung erstellten bzw. aus den mitgeltenden Unterlagen (z. B. Organigramme, Dienstverteilungspläne, Pflichtenübertragung) müssen die für die Durchführung der Gefährdungsbeurteilung und die Wirksamkeitskontrolle Verantwortlichen sowie das Datum der Erstellung bzw. der Aktualisierung hervorgehen.

5.7.3 Weitere Unterlagen

Um die erforderliche Plausibilität und Aussagefähigkeit der Dokumentation zu erreichen, kann es erforderlich sein, weitere, im Verlaufe der Gefährdungsbeurteilung verwendete oder erstellte Unterlagen der Dokumentation beizufügen oder auf diese Unterlagen zu verweisen. Solche Unterlagen können z. B. sein:
- die für umfangreichere Maßnahmen erstellte Ablaufplanung (siehe Punkt 5.5),
- Ausführungen, auf welche betriebliche Situation (z. B. Einrichten, Normalbetrieb, Instandhaltung, Reinigung) sich die Gefährdungen beziehen,
- die für die Ergebnisse der einzelnen Prozessschritte relevanten Unterlagen (z. B. Messprotokolle, Erkenntnisse aus Gesundheitsberichten, Unfallberichte),
- die verwendeten Beurteilungsmaßstäbe (siehe Punkt 5.3.1),
- Dokumente, aus denen die Entscheidungsfindung hervorgeht, wenn z. B. konkurrierende Schutzziele oder Maßnahmen abgewogen wurden,
- Angabe der Personen, die an der Gefährdungsbeurteilung beteiligt waren.

Hinweise:
1. Hinsichtlich der Beteiligungsrechte der betrieblichen Interessenvertretung gelten die Bestimmungen des Betriebsverfassungsgesetzes bzw. der jeweiligen Personalvertretungsgesetze.
2. Der Arbeitgeber hat sicherzustellen, dass Betriebsärzte und Fachkräfte für Arbeitssicherheit zur Erfüllung ihrer Aufgaben nach den Bestimmungen des Arbeitssicherheitsgesetzes auf die Dokumentation zugreifen können.

5.8 Fortschreiben

Die Gefährdungsbeurteilung ist kontinuierlich zu überprüfen und zu aktualisieren. Dazu sind insbesondere die in Punkt 4 Absatz 4 aufgeführten Grundsätze und Anlässe zu berücksichtigen.

6 Abweichende/ergänzende Anforderungen für Baustellen

(1) Auf Baustellen ist ergänzend zu Punkt 5.1 Absatz 7 der Sicherheits- und Gesundheitsschutzplan nach § 3 Absatz 2 Nummer 2 Baustellenverordnung in der Planungsphase zu berücksichtigen.

(2) Auf Baustellen kann ergänzend zu Punkt 5.7.3 der Sicherheits- und Gesundheitsschutzplan nach § 3 Absatz 3 Nummer 3 Baustellenverordnung für die Ausführungsphase eine weitere Unterlage der Dokumentation der Gefährdungsbeurteilung sein.

Ausgewählte Literaturhinweise

– GDA – Gemeinsame Deutsche Arbeitsschutzstrategie: Leitlinie Gefährdungsbeurteilung und Dokumentation (http://www.gda-portal.de)
– Informationsportal der BAuA zur Gefährdungsbeurteilung: (http://www.gefaehrdungsbeurteilung.de)

Anhang

Erläuterungen mit Beispielen zu den Gefährdungsfaktoren

Bei der Gefährdungsbeurteilung im Sinne der ArbStättV und dieser ASR ist insbesondere das Auftreten folgender Gefährdungen zu prüfen.

1 Mechanische Gefährdungen

Mechanische Gefährdungen können z. B. sein:

– Sturz- und Stolperstellen (z. B. durch die Beschaffenheit des Fußbodens, des Bodenbelags, der Auftrittsfläche; durch Steigungen oder Gefälle in Verkehrswegen; Feuchtigkeitsanfall, Verschmutzungen, witterungsbedingte Glätte),
– Absturzstellen (z. B. an höher gelegenen Arbeitsplätzen und Verkehrswegen – auch bei Reinigung oder Instandhaltung – einschließlich Rampen, Treppen und Steigleitern; Hindurchbrechen beim Betreten von Dächern, Decken, Oberlichtern; in Bereichen, die an Wasserflächen, Becken o. ä. angrenzen),
– bewegte Transportmittel/Arbeitsmittel (z. B. durch die Beschaffenheit der Verkehrswege und der Kreuzungsbereiche (Abmessungen, Oberflächen, Beleuchtung, Einsehbarkeit); bei gemeinsamer Nutzung von Verkehrswegen durch Fußgänger und Fahrzeuge),
– Quetsch- und Scherstellen (z. B. an kraftbetriebenen Fenstern, Türen und Toren; an kraftbetriebenen Regalen, Fahrtreppen und -steigen),
– herabfallende Gegenstände (z. B. aufgrund der Anordnung von Lagerflächen oberhalb von Arbeitsplätzen und Verkehrswegen),
– gefährliche Oberflächen (z. B. Ecken, Kanten, raue Oberflächen von Gebäuden/Bauteilen; Schneiden an feststehenden oder beweglichen Bauteilen).

2 Elektrische Gefährdungen

Elektrische Gefährdungen können z. B. sein:

– elektrischer Schlag oder Störlichtbögen bei Annäherung an oder bei direkter Berührung von Spannung führenden Teilen elektrischer Anlagen (z. B. Freileitungen, Fahrdrähte, Sammelschienen). In Bezug auf Arbeitsstätten kann dies vorkommen z. B. bei Arbeiten an elektrischen Anlagen, der Beladung von Eisenbahnwaggons, Arbeiten auf Baustellen im Hoch- bzw. Tiefbau oder bei Arbeiten in Umspannwerken.

3 Gefahrstoffe

Gefährdungen durch Gefahrstoffe im Sinne der ArbStättV können z. B. sein:
- Innenraumluftverunreinigungen durch einen schadstoffbelasteten Baukörper bzw. schadstoffbelastete Baumaterialien, raumlufttechnische Anlagen oder Einrichtungsgegenstände, z. B. Formaldehyd oder andere Aldehyde, Holzschutzmittel, Flammschutzmittel, Fasern, Biozide, Weichmacher, organische Lösemittel (VOC), Passivrauchen am Arbeitsplatz,
- Verdrängung der Atemluft, z. B. in Bereichen mit sauerstoffreduzierter Atmosphäre, beim Einsatz von Sauerstoff verdrängenden Gasen als Löschmittel.

4 Biologische Arbeitsstoffe (Biostoffe)

Biologische Gefährdungen im Sinne der ArbStättV durch Verunreinigungen und Ablagerungen können z. B. sein:
- Schimmelpilz-Wachstum in Räumen,
- Verkeimung in raumlufttechnischen Anlagen oder Klimaanlagen,
- Hygieneaspekte in Arbeits- oder Sanitärräumen,
- Legionellen-Vermehrung in Trinkwasseranlagen (Aerosolbildung).

5 Brand- und Explosionsgefährdungen

Brand- und Explosionsgefährdungen können z. B. sein:
- leicht entflammbare Materialien (z. B. Verpackungen, Dekorationsmaterialien, Vorhänge) in Verbindung mit einer wirksamen Zündquelle (z. B. offene Flammen, heiße Oberflächen, Funkenschlag),
- Ansammlung brennbarer Rückstände (z. B. Fette, Stäube) in lüftungstechnischen Anlagen,
- sichtbare Ablagerungen von brennbarem Staub auf Böden und Arbeitsgeräten.

6 Thermische Gefährdungen

Thermische Gefährdungen können z. B. sein:
- berührbare heiße oder kalte Oberflächen (z. B. von heißen/kalten Rohrleitungen, Heizeinrichtungen an Arbeitsplätzen oder direkt an Verkehrswegen und Durchgängen),
- heiße oder kalte Medien (z. B. Heißdampf, heiße oder kalte Flüssigkeiten), die aus zur Arbeitsstätte gehörenden Anlagen austreten und in Arbeitsbereiche und Verkehrswege gelangen können.

7 Gefährdungen durch spezielle physikalische Einwirkungen

Gefährdungen durch spezielle physikalische Einwirkungen können z. B. sein:
- Lärm und Vibrationen an Arbeitsplätzen bei entsprechenden baulichen Gegebenheiten (z. B. Raumabmessungen, Beschaffenheit von Wänden, Böden, Decken und weiterer Oberflächen, Raumakustik, Übertragung von Körperschall und Vibrationen durch den Baukörper),
- natürliche optische Strahlung (Sonnenstrahlung) bei Arbeiten im Freien.

8 Gefährdungen durch Arbeitsumgebungsbedingungen

Gefährdungen durch Arbeitsumgebungsbedingungen können z. B. sein:
- Hitze (hohe Temperaturen am Arbeitsplatz), z. B. aufgrund direkter Sonneneinstrahlung, hoher Außentemperaturen, technologisch bedingter Wärmequellen,
- Kälte, z. B. bei Arbeiten in Kühlräumen oder in tiefkalten Arbeitsbereichen, bei Arbeiten im Freien,
- Klima, z. B. bei häufigem Tätigkeitswechsel oder starken Schwankungen der Raumtemperatur zwischen „warm" und „kalt", durch Zugluft,
- Luftqualität, z. B. bei hoher Belegung von Arbeitsräumen oder bei Geruchsbelastung,

– Beleuchtung, z. B. aufgrund geringer Beleuchtungsstärke, starker Reflektion, Blendung, Lichtfarbe, Übergänge zwischen hellen und dunklen Bereichen, Schlagschatten, geringem Tageslichtanteil,
– Anordnung und Gestaltung der Arbeitsplätze sowie der Pausen-, Bereitschafts- und Sanitärräume, z. B. deren Zugänglichkeit und Größe, Beeinflussung durch benachbarte Arbeitsplätze und Bereiche.

In Gefahr- oder Notfällen können zusätzliche Gefährdungen entstehen z. B. durch:
– Anordnung und Beschaffenheit der Feuerlöscheinrichtungen, der Melde- und Alarmierungseinrichtungen, der Erste-Hilfe-Einrichtungen sowie der Sicherheits- und Gesundheitsschutzkennzeichnung,
– Art und Anzahl der Fluchtmöglichkeiten, Länge, Breite und Verlauf der Fluchtwege; Beleuchtung und Kennzeichnung der Wege.

9 Gefährdungen durch physische Belastung/Arbeitsschwere

Physische Gefährdungen im Sinne der ArbStättV können z. B. sein:
– Zwangshaltungen (insbesondere durch Arbeiten im Hocken, im Knien, mit Rumpfbeugen, mit Verdrehen oder über Kopf),
– Sitzen oder Stehen ohne die Möglichkeit des Haltungswechsels (z. B. bei Bildschirmarbeit),
– manuelle Transporte über Schwellen, Treppen oder Rampen.

10 Gefährdungen durch psychische Faktoren

Durch die Gestaltung der Arbeitsstätte bedingte psychische Gefährdungen können z. B. sein:
– Lärm, z. B. Maschinenlärm aus benachbarten Arbeitsbereichen, Signale aus benachbarten Bereichen, tonhaltige Geräusche der Lüftung,
– Klima, z. B. Zugluft, häufige Temperaturschwankungen,
– Vibrationen, z. B. aus benachbarten Maschinenhallen,
– schlechte Wahrnehmbarkeit von Signalen oder Anzeigen, z. B. in Leitwarten, Leitstellen,
– Beleuchtung, z. B. Lichtfarbe, Flimmern,
– räumliche Gestaltung von Büroarbeitsplätzen, z. B. in Großraumbüros, Callcentern,
– die Arbeitsorganisation und Arbeitsablaufgestaltung,
– nicht den ergonomischen Grundsätzen entsprechende Softwaregestaltung,
– Raum- oder Gebäudenutzungskonzepte, die den Arbeitsabläufen nicht angemessen sind.

11 Gefährdungen durch sonstige Einwirkungen

Sonstige Gefährdungen können z. B. sein:
– Gewaltandrohung oder Gewaltanwendung in Behörden, Kliniken, Kreditinstituten, Spielhallen, Verkaufsstellen, Tankstellen usw.,
– Tiere, z. B. beißen, treten, quetschen, schlagen, stechen,
– Pflanzen, z. B. stechen, schneiden, sensibilisieren.

ASR V3 a.2 – Barrierefreie Gestaltung von Arbeitsstätten

(GMBl. 2012 S. 663, geänd. durch GMBl. 2013 S. 930, GMBl. 2014 S. 281, GMBl. 2015 S. 111, GMBl. 2016 S. 442 und GMBl. 2013 S. 469)

Die Technischen Regeln für Arbeitsstätten (ASR) geben den Stand der Technik, Arbeitsmedizin und Hygiene sowie sonstige gesicherte arbeitswissenschaftliche Erkenntnisse für das Einrichten und Betreiben von Arbeitsstätten wieder.

Sie werden vom Ausschuss für Arbeitsstätten ermittelt bzw. angepasst und vom Bundesministerium für Arbeit und Soziales im Gemeinsamen Ministerialblatt bekannt gemacht.

Diese ASR V3 a.2 konkretisiert im Rahmen des Anwendungsbereichs die Anforderungen der Verordnung über Arbeitsstätten. Bei Einhaltung der Technischen Regeln kann der Arbeitgeber insoweit davon ausgehen, dass die entsprechenden Anforderungen der Verordnung erfüllt sind. Wählt der Arbeitgeber eine andere Lösung, muss er damit mindestens die gleiche Sicherheit und den gleichen Gesundheitsschutz für die Beschäftigten erreichen.

Inhalt

Diese ASR V3 a.2 wird fortlaufend ergänzt.

1 Zielstellung

Diese ASR konkretisiert die Anforderungen gemäß § 3 a Abs. 2 der Arbeitsstättenverordnung. Danach hat der Arbeitgeber Arbeitsstätten so einzurichten und zu betreiben, dass die besonderen Belange der dort beschäftigten Menschen mit Behinderungen im Hinblick auf die Sicherheit und den Gesundheitsschutz berücksichtigt werden.

2 Anwendungsbereich

(1) Das Erfordernis nach barrierefreier Gestaltung von Arbeitsstätten im Hinblick auf die Sicherheit und den Gesundheitsschutz ergibt sich immer dann, wenn Menschen mit Behinderungen beschäftigt werden. Die Auswirkung der Behinderung und die daraus resultierenden individuellen Erfordernisse sind im Rahmen der Gefährdungsbeurteilung für die barrierefreie Gestaltung der Arbeitsstätte zu berücksichtigen. Es sind die Bereiche der Arbeitsstätte barrierefrei zu gestalten, zu denen die Beschäftigten mit Behinderungen Zugang haben müssen.

(2) Sind in bestehenden Arbeitsstätten die im Rahmen der Gefährdungsbeurteilung nach Absatz 1 ermittelten technischen Maßnahmen zur barrierefreien Gestaltung mit Aufwendungen verbunden, die offensichtlich unverhältnismäßig sind, so kann der Arbeitgeber auch durch organisatorische oder personenbezogene Maßnahmen die Sicherheit und den Gesundheitsschutz der Beschäftigten mit Behinderungen in vergleichbarer Weise sicherstellen.

(3) Die Pflichten des Arbeitgebers aus Absatz 1 beziehen sich nicht nur auf im Betrieb namentlich bekannte schwerbehinderte Beschäftigte, sondern auf alle Beschäftigten mit einer Behinderung. Eine Behinderung kann demnach auch dann vorliegen, wenn eine Schwerbehinderung nicht besteht (der Grad der Behinderung also weniger als 50 beträgt) oder die Feststellung einer Behinderung nicht beantragt worden ist.

Hinweise:
1. *Erforderliche Anpassungsmaßnahmen von Arbeitsstätten richten sich für schwerbehinderte Beschäftigte und diesen gleichgestellte Beschäftigte mit Blick auf das behinderungsgerechte Einrichten und Betreiben von Arbeitsstätten zudem nach § 81 Abs. 4 Nr. 4 Neuntes Buch Sozialgesetzbuch Rehabilitation und Teilhabe behinderter Menschen (SGB IX).*
2. *Das Erfordernis nach einer barrierefreien Gestaltung der Arbeitsstätte ergibt sich nicht, wenn Beschäftigte mit einer Behinderung trotz einer barrierefreien Gestaltung nicht zur Ausführung der erforderlichen Tätigkeiten fähig sind und diese Fähigkeiten auch nicht erwerben können.*

3 Begriffsbestimmungen

3.1 Eine **Behinderung** liegt vor, wenn die körperliche Funktion, geistige Fähigkeit oder psychische Gesundheit mit hoher Wahrscheinlichkeit länger als sechs Monate von dem für das Lebensalter typischen Zustand abweicht und dadurch Einschränkungen am Arbeitsplatz oder in der Arbeitsstätte bestehen. Behinderungen können z. B. sein: eine Gehbehinderung, eine Lähmung, die die Benutzung einer Gehhilfe oder eines Rollstuhls erforderlich macht, Kleinwüchsigkeit oder eine starke Seheinschränkung, die sich mit üblichen Sehhilfen wie Brillen bzw. Kontaktlinsen nicht oder nur unzureichend kompensieren lässt. Zu Behinderungen zählen z. B. auch Schwerhörigkeit oder erhebliche Krafteinbußen durch Muskelerkrankungen.

3.2 Eine **barrierefreie Gestaltung der Arbeitsstätte** ist gegeben, wenn bauliche und sonstige Anlagen, Transport- und Arbeitsmittel, Systeme der Informationsverarbeitung, akustische, visuelle und taktile Informationsquellen und Kommunikationseinrichtungen für Beschäftigte mit Behinderungen in der allgemein üblichen Weise, ohne besondere Erschwernisse und grundsätzlich ohne fremde

Hilfe zugänglich und nutzbar sind (in Anlehnung an § 4 des Gesetzes zur Gleichstellung behinderter Menschen – BGG).

3.3 Das **Zwei-Sinne-Prinzip** ist ein Prinzip der alternativen Wahrnehmung. Alle Informationen aus der Umwelt werden vom Menschen über die Sinne aufgenommen. Fällt ein Sinn aus, ist die entsprechende Informationsaufnahme durch einen anderen Sinn notwendig. Informationen müssen deshalb nach dem Zwei-Sinne-Prinzip mindestens für zwei der drei Sinne „Hören, Sehen, Tasten" zugänglich sein (z. B. gleichzeitige optische und akustische Alarmierung).

3.4 **Visuelle Zeichen** sind sichtbare Zeichen. Das sind kodierte Signale, z. B. Schriften, Bilder, Symbole, Handzeichen oder Leuchtzeichen (z. B. Warnleuchten).

3.5 **Akustische Zeichen** sind hörbare Zeichen. Das sind kodierte Signale, z. B. Schallzeichen (z. B. Sirene), Sprache oder Laute.

3.6 **Taktile Zeichen** sind fühl- oder tastbare Zeichen. Fühlbare Zeichen sind kodierte Signale, z. B. Bodenindikatoren, Rippen- oder Noppenplatten. Tastbare Zeichen ermöglichen eine Verständigung mit erhabenen Schriften und Symbolen (z. B. Braille'sche Blindenschrift, geprägte Reliefpläne).

4 Allgemeines

(1) Die Maßnahmen zur barrierefreien Gestaltung sind durch die individuellen Erfordernisse der Beschäftigten mit Behinderungen bestimmt. Hierbei sind technische Maßnahmen vorrangig durchzuführen.

(2) Ist das Vorliegen der Behinderung und ihrer Auswirkungen auf die Sicherheit und den Gesundheitsschutz nicht offensichtlich, kann der Arbeitgeber Informationen über zu berücksichtigende Behinderungen von Beschäftigten z. B.

– direkt von den behinderten Beschäftigten,
– durch die Schwerbehindertenvertretung,
– durch das betriebliche Eingliederungsmanagement,
– durch die Gefährdungsbeurteilung oder
– durch Erkenntnisse aus Begehungen durch die Fachkraft für Arbeitssicherheit oder den Betriebsarzt

erhalten.

(3) Zum Ausgleich einer nicht mehr ausreichend vorhandenen Sinnesfähigkeit (insbesondere Sehen oder Hören) ist das Zwei-Sinne-Prinzip zu berücksichtigen.

(4) Zum Ausgleich nicht ausreichend vorhandener motorischer Fähigkeiten sind barrierefrei gestaltete alternative Maßnahmen vorzusehen, z. B.

– das Öffnen einer Tür mechanisch mit Türgriffen und zusätzlich elektromechanisch mit Tastern oder durch Näherungsschalter oder
– das Überwinden eines Höhenunterschiedes mittels Treppe und zusätzlich einer Rampe oder eines Aufzugs.

Hinweise:

1. An Arbeitsstätten, die ganz oder teilweise öffentlich zugänglich sind, stellt das Bauordnungsrecht der Länder auch dann Anforderungen an die Barrierefreiheit, wenn dort keine Menschen mit Behinderungen beschäftigt sind.

2. Werden Grundsätze des barrierefreien Bauens bereits bei der Planung von Baumaßnahmen berücksichtigt, können vorausschauende Lösungen die Kosten für eine nachträgliche Anpassung und einen aufwendigen Umbau von Arbeitsstätten bei einer künftigen Beschäftigung von Menschen mit Behinderungen verringern oder *vermeiden.*

5 Maßnahmen

Die in den folgenden Anhängen genannten Anforderungen ergänzen die jeweils genannte ASR hinsichtlich der barrierefreien Gestaltung von Arbeitsstätten. Am Ende der Absätze wird in Klammern auf den jeweils betreffenden Abschnitt der in Bezug genommenen ASR verwiesen.

Anhang A1.2: Ergänzende Anforderungen zur ASR A1.2

„Raumabmessungen und Bewegungsflächen" zu 4 Allgemeines

(1) Bei der Festlegung der Grundflächen von Arbeitsräumen sind die besonderen Belange von Beschäftigten mit Behinderungen so zu berücksichtigen, dass sie ohne Beeinträchtigung ihrer Sicherheit, ihrer Gesundheit oder ihres Wohlbefindens ihre Arbeit verrichten können. Je nach Auswirkung der Behinderung ist insbesondere auf Nutzbarkeit der Arbeitsräume zu achten. (ASR A1.2 Pkt. 4 Abs. 1)

(2) Für die Ermittlung der Grundflächen und Höhen des notwendigen Bewegungsfreiraumes am Arbeitsplatz sind in Abhängigkeit von den individuellen Erfordernissen der Beschäftigten mit Behinderungen erforderlichenfalls weitere Zuschläge zu berücksichtigen, z. B. für individuelle Hilfsmittel wie Prothesen, Unterarmgehhilfen oder Sauerstoffgeräte. (ASR A1.2 Pkt. 4 Abs. 3)

zu 5 Grundflächen von Arbeitsräumen

(3) In Abhängigkeit von den individuellen Erfordernissen der Beschäftigten mit Behinderungen sind zusätzliche Flächen notwendig, z. B. für persönliche Assistenz, Assistenzhund (z. B. Blindenführhund), medizinische Hilfsmittel oder Elektrorollstuhl. (ASR A1.2 Pkt. 5 Abs. 1)

(4) Für Rollatoren, Rollstühle oder Gehhilfen von Beschäftigten sind gegebenenfalls zusätzliche Stellflächen erforderlich, z. B. im Fall des Umsetzens vom Rollstuhl auf einen Arbeitsstuhl. Sofern Abstellplätze für Rollstühle außerhalb des Arbeitsraumes eingerichtet werden, z. B. im Eingangsbereich, ist für das Umsetzen von einem Außen- auf einen Innenrollstuhl eine Umsetzfläche von mindestens 1,50 m x 1,80 m notwendig. (ASR A1.2 Pkt. 5 Abs. 1)

zu 5.1 Bewegungsflächen der Beschäftigten am Arbeitsplatz

(5) Wenn sich Beschäftigte am Arbeitsplatz von einem Rollstuhl auf einen Arbeitsstuhl umsetzen müssen, ist eine Bewegungsfläche von mindestens 1,50 m × 1,50 m erforderlich. Die Bewegungsflächen für das Umsetzen dürfen sich mit zusätzlich notwendigen Flächen nach Absatz 3 und zusätzlichen Stellflächen nach Absatz 4 überlagern (siehe Abbildung 1). (ASR A1.2 Pkt. 5.1.1 Abs. 2)

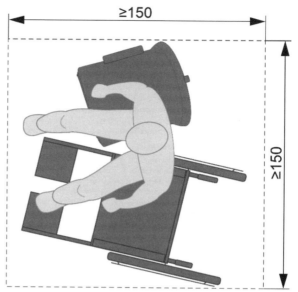

Abb. 1: Mindestgröße der Bewegungsfläche für das Umsetzen am Arbeitsplatz (Maße in cm)

(6) Für Beschäftigte, die einen Rollstuhl benutzen, muss die Bewegungsfläche bei Nicht-unterfahrbarkeit von Ausrüstungs- und Ausstattungselementen mindestens 1,50 m × 1,50 m und bei Unterfahrbarkeit mindestens 1,50 m × 1,20 m (siehe Abbildung 2) betragen. (ASR A1.2 Pkt. 5.1.2)

(7) Für nebeneinander angeordnete Arbeitsplätze gilt Absatz 6, sofern sich zwischen diesen Arbeitsplätzen Trennwände befinden. Sind Trennwände nicht vorhanden, reicht eine Breite der Bewegungsfläche von 1,20 m aus, wenn dabei die Erreichbarkeit des Arbeitsplatzes gewähr-leistet ist. (ASR A1.2 Pkt. 5.1.4)

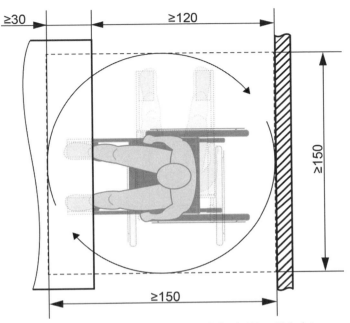

Abb. 2: Überlagerung von Stell- und Bewegungsflächen bei Unterfahrbarkeit von Ausrüstungs- und Ausstattungselementen (Maße in cm)

zu 5.2 Flächen für Verkehrswege

(8) Ergänzende Anforderungen an Flächen für Verkehrswege sind im Anhang A1.8: Ergänzende Anforderungen zur ASR A1.8 „Verkehrswege" und für Fluchtwege im Anhang A2.3: Ergänzende Anforderungen zur ASR A2.3 „Fluchtwege und Notausgänge, Flucht- und Rettungsplan" enthalten. (ASR A1.2 Pkt. 5.2)

Hinweis:
Ergänzende Anforderungen an Flächen an Türen sind im Anhang A1.7: Ergänzende Anforderungen zur ASR A1.7 „Türen und Tore" enthalten.

zu 5.5 Flächen für Sicherheitsabstände

(9) Für Beschäftigte, die einen Rollstuhl benutzen, muss zur Vermeidung von Ganzkörperquetschungen bei seitlicher Anfahrbarkeit der Sicherheitsabstand mindestens 0,90 m betragen. (ASR A1.2 Pkt. 5.5)

Anhang A1.3: Ergänzende Anforderungen zur ASR A1.3

„Sicherheits- und Gesundheitsschutzkennzeichnung"

(1) Bei der Sicherheits- und Gesundheitsschutzkennzeichnung sind die Belange der Beschäftigten mit Behinderungen so zu berücksichtigen, dass die sicherheitsrelevanten Informationen verständlich übermittelt werden. Zum Ausgleich einer nicht mehr ausreichend vorhandenen Sinnesfähigkeit ist das Zwei-Sinne-Prinzip zu berücksichtigen. Dies wird erreicht, indem

– für Beschäftigte, die visuelle Zeichen nicht wahrnehmen können, ersatzweise taktile oder akustische Zeichen bzw.

– für Beschäftigte, die akustische Zeichen nicht wahrnehmen können, ersatzweise taktile oder visuelle Zeichen

eingesetzt werden.

(2) Die Sicherheitsaussagen der Sicherheitszeichen (ASR A1.3 Punkt 5.1, Anhang 1) müssen für Beschäftigte mit Sehbehinderung im Sinne des Absatzes 1 taktil erfassbar oder hörbar dargestellt werden, z. B.

– auf Reliefplänen oder -grundrissen, indem ihre Registriernummer (z. B. M014 für „Kopfschutz benutzen") in Braille'scher Blindenschrift oder „Profilschrift" dargestellt ist,

– mit funkgestützten Informations- oder Leitsystemen (z. B. RFID-Technologie, In-house Navigations- und Informationssystem).

(3) Die Sicherheitszeichen bzw. Schriftzeichen sowie die Kennzeichnung von Behältern und Rohrleitungen mit Gefahrstoffen gemäß Tabelle 3 der ASR A1.3 sind zu vergrößern, falls die Sehbehinderung eines Beschäftigten dies erfordert. (ASR A1.3 Punkt 5.1 Abs. 9; Punkt 7 Abs. 2)

(4) Sicherheitszeichen müssen für Rollstuhlbenutzer und Kleinwüchsige aus ihrer Augenhöhe erkennbar sein. (ASR A1.3 Punkt 5.1 Abs. 6)

(5) Für blinde Beschäftigte müssen taktile Kennzeichnungen in einem ausreichenden Abstand von Hindernissen und Gefahrenstellen vorhanden sein (z. B. taktil erkennbare Bodenmarkierungen bei unterlaufbaren Treppen oder Fußleisten an Absturzsicherungen). (ASR A1.3 Punkt 5.2)

(6) Für blinde Beschäftigte sind Fahrwegbegrenzungen auf dem Boden taktil erfassbar auszuführen, z. B. durch erhabene Markierungsstreifen oder unterschiedlich strukturierte Oberflächen. (ASR A1.3 Punkt 5.3 Abs. 1)

(7) Für Beschäftigte mit Hörbehinderung gemäß Absatz 1 sind die Sicherheitsaussagen der Schallzeichen taktil erfassbar oder visuell darzustellen, z. B. Vibrationsalarm (Mobiltelefon). (ASR A1.3 Punkt 5.5)

(8) Ergänzende Anforderungen an Flucht- und Rettungspläne sind in Anhang A2.3: Ergänzende Anforderungen zur ASR A2.3 „Fluchtwege und Notausgänge, Flucht- und Rettungsplan" im Absatz 5 enthalten.

Anhang A1.6: Ergänzende Anforderungen zur ASR A1.6 „Fenster, Oberlichter, lichtdurchlässige Wände"

(1) Bei der Festlegung der Anordnung und Gestaltung der Fenster, Oberlichter und lichtdurchlässigen Wände sind die besonderen Anforderungen von Beschäftigten mit Behinderungen zu berücksichtigen. Je nach Einbausituation und Auswirkung der Behinderung ist insbesondere auf Wahrnehmbarkeit, Erkennbarkeit, Erreichbarkeit und Nutzbarkeit zu achten.

(2) Für sehbehinderte und blinde Beschäftigte sind Gefährdungen durch geöffnete Fensterflügel im Aufenthaltsbereich oder im Bereich von Verkehrswegen, z. B. durch eine Begrenzung des Öffnungswinkels oder eine Absperrung des Öffnungsbereiches, während der Öffnungsdauer zu vermeiden. (ASR A1.6 Punkt 4.1.1 Absatz 4)

(3) Bedienelemente von Fenstern und Oberlichtern (z. B. Griffe oder Kurbeln bei Handbetätigung und Taster oder Schalter bei Kraftbetätigung), die von Beschäftigten mit Behinderungen benutzt werden müssen, sind je nach Auswirkung der Behinderung gemäß den Absätzen 4 bis 7 wahrnehmbar, erkennbar, erreichbar und nutzbar zu gestalten.

(4) **Wahrnehmbarkeit** und **Erkennbarkeit der Funktion** der Bedienelemente sind gegeben, wenn sie für Beschäftigte mit Sehbehinderung visuell kontrastierend und für blinde Beschäftigte taktil erfassbar gestaltet sind.

(5) **Erreichbarkeit** der Bedienelemente ist gegeben, wenn für kleinwüchsige Beschäftigte, für Beschäftigte, die einen Rollstuhl benutzen und für Beschäftigte deren Hand-/Arm-Motorik eingeschränkt ist, Bedienelemente in einer Höhe von 0,85 bis 1,05 m angeordnet sind. Für Beschäftigte, die einen Rollstuhl benutzen, müssen Bedienelemente so angeordnet sein, dass bei seitlicher Anfahrbarkeit ein Gang mit einer Breite von mindestens 0,90 m vorhanden ist (Abb. 1).

Hinweis:
Die Erreichbarkeit der Bedienelemente darf durch Einbauten (z. B. Heizkörper, Fensterbänke) nicht eingeschränkt werden.

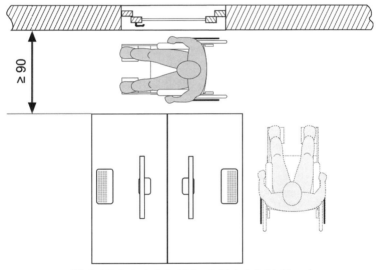

Abb. 1: Mindestbreite bei seitlicher Anfahrbarkeit (Maß in cm)

(6) **Nutzbarkeit** der Bedienelemente für **handbetätigte** Fenster und Oberlichter:
– Für die Nutzbarkeit von Bedienelementen von handbetätigten Fenstern und Oberlichtern soll für Beschäftigte mit Einschränkungen der Hand-/Arm-Motorik die Kraftübertragung durch Formschluss zwischen Hand und Bedienelement unterstützt werden. Kombinierte Bewegungen, z. B. gleichzeitiges Drehen und Ziehen, sollen vermieden werden bzw. in Einzelbewegungen ausführbar sein.
– Für Beschäftigte mit Einschränkungen der Hand-/Arm-Motorik sowie für Beschäftigte, die eine Gehhilfe oder einen Rollstuhl benutzen darf der maximale Kraftaufwand für das Öffnen oder Schließen von handbetätigten Fenstern oder Oberlichtern nicht mehr als 30 N betragen. Das maximale Drehmoment für handbetätigte Beschläge darf nicht größer als 5 Nm

sein. Können die Maximalwerte für Kraft oder Drehmoment nicht eingehalten werden, sind alternative Maßnahmen, z. B. Griffverlängerungen oder kraftbetätigte Fenster und Oberlichter, vorzusehen.

(7) **Nutzbarkeit** der Bedienelemente für **kraftbetätigte** Fenster und Oberlichter ist gegeben, wenn für Beschäftigte mit Einschränkungen der Hand-/Arm-Motorik die aufzubringende Kraft für die Bedienung der Schalter und Taster 5 N nicht überschreitet.

(8) Sofern die Maßnahmen nach den Absätzen 4 bis 7 nicht geeignet sind, die Bedienelemente von Fenstern und Oberlichtern zu benutzen, sollen Fernsteuerungen (z. B. Fernbedienungen) eingesetzt werden.

(9) Werden akustische oder optische Warnsignale als Schutzmaßnahme gegen mechanische Gefährdungen beim Öffnen und Schließen von kraftbetätigten Fenstern und Oberlichtern eingesetzt, ist für sehbehinderte und blinde Beschäftigte sowie für Beschäftigte mit Hörbehinderung das Zwei-Sinne-Prinzip anzuwenden. (ASR A1.6 Punkt 4.1.2 Absatz 1, 3. Spiegelstrich)

(10) Die Kennzeichnung durchsichtiger, nicht strukturierter Flächen von lichtdurchlässigen Wänden muss auch für Beschäftigte, die einen Rollstuhl benutzen und für kleinwüchsige Beschäftigte aus ihrer Augenhöhe erkennbar sein. Diese Kennzeichnung kann z. B. aus 8 cm breiten durchgehenden Streifen bestehen, die in einer Höhe von 40 bis 70 cm über dem Fußboden angebracht sind. Für Beschäftigte mit Sehbehinderung ist die Kennzeichnung visuell kontrastierend zu gestalten. (ASR A1.6 Punkt 4.3 Absatz 1)

Anhang A1.7: Ergänzende Anforderungen zur ASR A1.7 „Türen und Tore"

(1) Bei den Festlegungen zur Anordnung der Türen und Tore sowie deren Abmessungen sind die besonderen Anforderungen von Beschäftigten mit Behinderungen zu berücksichtigen. Je nach Auswirkung der Behinderung ist insbesondere auf Erkennbarkeit, Erreichbarkeit, Bedienbarkeit und Passierbarkeit zu achten.

(2) Erkennbarkeit wird erreicht, indem Türen für blinde Beschäftigte taktil wahrnehmbar (z. B. taktil eindeutig erkennbare Türblätter oder -zargen) und für Beschäftigte mit einer Sehbehinderung visuell kontrastierend gestaltet sind. Hierbei ist insbesondere auf den Kontrast zwischen Wand und Tür sowie zwischen Bedienelement und Türflügel zu achten.

(3) Erreichbarkeit von Drehflügeltüren ist gegeben, wenn für Beschäftigte, die eine Gehhilfe oder einen Rollstuhl benutzen, eine freie Bewegungsfläche sowie eine seitliche Anfahrbarkeit gemäß Abb. 1 gewährleistet wird. Wird die Bewegungsfläche, in die die Tür nicht aufschlägt, durch eine gegenüberliegende Wand begrenzt, muss die Breite der Bewegungsfläche von 120 cm auf 150 cm erhöht werden.

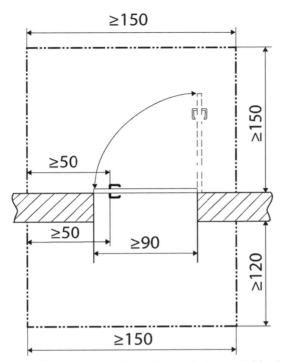

Abb. 1: Freie Bewegungsfläche sowie seitliche Anfahrbarkeit vor Drehflügeltüren
(Maße in cm)

(4) Erreichbarkeit von Schiebetüren ist gegeben, wenn für Beschäftigte, die eine Gehhilfe oder einen Rollstuhl benutzen, eine freie Bewegungsfläche sowie eine seitliche Anfahrbarkeit gemäß Abb. 2 gewährleistet wird. Werden die Bewegungsflächen durch gegenüberliegende Wände begrenzt, muss die Breite der Bewegungsflächen von 120 cm auf 150 cm erhöht werden.

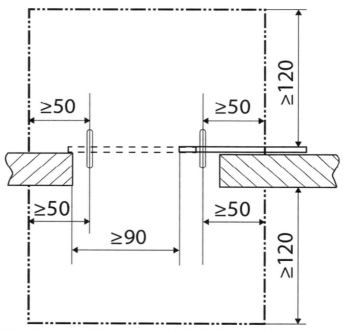

Abb. 2: Freie Bewegungsfläche sowie seitliche Anfahrbarkeit vor Schiebetüren (Maße in cm)

(5) Neben manuell betätigten Karusselltüren ist für Beschäftigte, die eine Gehhilfe oder einen Rollstuhl benutzen und für blinde Beschäftigte eine Drehflügel- oder eine Schiebetür anzuordnen.

(6) Kraftbetätigte Karusselltüren können von Beschäftigten, die eine Gehhilfe oder einen Rollstuhl benutzen, genutzt werden, wenn insbesondere folgende Bedingungen erfüllt sind.

– Die Geschwindigkeit der Drehbewegung muss den Bedürfnissen dieser Beschäftigten angepasst werden können.

– Ein automatisches Zurücksetzen der reduzierten Geschwindigkeit darf frühestens nach einer Drehung der Tür um 360° möglich sein.

– Diese Karusselltüren sind baulich so zu dimensionieren, dass sie in gerader Durchfahrt befahren werden können und an jeder Stelle der Durchfahrt eine ausreichend große Bewegungsfläche von 1,30 m Länge × 1,00 m Breite gewährleistet ist.

– NOT-HALT-Einrichtungen (z. B. Schalter, Taster, Sensoren) müssen erreichbar und bedienbar sein.

– Die Gestaltung (z. B. Material, Struktur) des Bodenbelages innerhalb dieser Karusselltüren darf die Bewegung eines Rollstuhls oder eines Rollators in der vorgesehenen Richtung nicht beeinflussen.

Für blinde Beschäftigte ist neben kraftbetätigten Karusselltüren eine Drehflügel- oder Schiebetür anzuordnen.

(7) Die Anforderungen an Schlupftüren in Torflügeln entsprechen denen an Drehflügeltüren.

(8) Werden Bewegungsmelder als Türöffner verwendet, sind bei deren Betrieb die Belange von kleinwüchsigen (Unterlaufen), blinden (Tastbereich des Langstockes) und gehbehinderten (Gehgeschwindigkeit) Beschäftigten zu berücksichtigen.

(9) Bedienelemente von Türen und Toren, z. B. Türgriffe, Schalter, elektronische Zugangssysteme (z. B. Kartenleser), Notbehelfseinrichtungen (Abschalt- und NOTHALT-Einrichtungen), „Steuerungen mit Selbsthaltung" (Impulssteuerung) und „Steuerungen ohne Selbsthaltung" (Totmannsteuerung), müssen wahrnehmbar, erkennbar, erreichbar und nutzbar sein.

- **Wahrnehmbarkeit** und **Erkennbarkeit** der Funktion werden erreicht, wenn Bedienelemente für sehbehinderte Beschäftigte kontrastreich und für blinde Beschäftigte taktil erfassbar gestaltet sind. Dabei ist ein unbeabsichtigtes Auslösen zu vermeiden. Für sehbehinderte und blinde Beschäftigte sind Sensortasten nicht zulässig.

- **Erreichbarkeit** für kleinwüchsige Beschäftigte und für Beschäftigte, die einen Rollstuhl benutzen und deren Hand-/Arm-Motorik eingeschränkt ist, ist gegeben, wenn Bedienelemente grundsätzlich in einer Höhe von 0,85 m angeordnet sind. Schlösser und Türgriffe können z. B. leichter erreicht und benutzt werden bei Verwendung von Beschlaggarnituren, bei denen das Schloss oberhalb des Türgriffes angeordnet ist.

- **Erreichbarkeit** für Beschäftigte, die einen Rollstuhl benutzen, ist gegeben, wenn Bedienelemente so angeordnet sind, dass eine freie Bewegungsfläche bei frontaler Anfahrbarkeit von mindestens 1,50 m × 1,50 m und bei seitlicher Anfahrbarkeit von mindestens 1,50 m × 1,20 m vorhanden ist (analog Abb. 1). Dabei müssen die Bedienelemente von kraftbetätigten Drehflügeltüren und Toren mindestens 2,50 m vor der in den Bewegungsraum aufschlagenden Tür und 1,50 m in der Gegenrichtung angebracht sein. Bedienelemente von kraftbetätigten Schiebetüren müssen sich bei frontaler Anfahrt mindestens 1,50 m vor und hinter der Schiebetür befinden.

- **Nutzbarkeit** ist gegeben, wenn für Beschäftigte mit Einschränkung der Hand-/Arm-Motorik die maximal aufzuwendende Kraft zur Bedienung von Schaltern und Tastern 5,0 N beträgt.

- Für die **Nutzbarkeit** von Türgriffen soll für Beschäftigte mit Einschränkungen der Hand-/Arm-Motorik die Kraftübertragung durch Formschluss zwischen Hand und Bedienelement unterstützt werden (z. B. ergonomisch geformte Griffe). Drehgriffe (z. B. Knäufe) oder eingelassene Griffe sollen nicht verwendet werden. Eine kombinierte Bewegung (z. B. gleichzeitiges Drehen und Drücken) soll vermieden werden bzw. in Einzelbewegungen ausführbar sein.

- Für das Zuziehen von Türen ist für Beschäftigte, die einen Rollstuhl benutzen, eine horizontale Griffstange als Schließhilfe geeignet.

(10) Für Beschäftigte, die eine Gehhilfe oder einen Rollstuhl benutzen oder deren Hand-/Arm-Motorik eingeschränkt ist, darf der maximale Kraftaufwand für das Öffnen von handbetätigten Türen und Toren zur Einleitung einer Bewegung, z. B. des Türblatts, und für die Bedienung handbetätigter Beschläge, z. B. des Drückers, nicht mehr als 25 N betragen. Das maximale Moment für handbetätigte Beschläge darf nicht größer als 2,5 Nm sein. Können die Maximalwerte für Kraft oder Drehmoment nicht eingehalten werden, sind kraftbetätigte Türen und Tore vorzusehen.

Bei sensorisch gesteuerten Türen und Toren ist für sehbehinderte und blinde Beschäftigte sicherzustellen, dass keine Gefährdung durch das Öffnen des Flügels entsteht. Das kann erreicht werden, indem der Flügel rechtzeitig geöffnet wird oder, falls der Flügel in einen quer verlaufenden Verkehrsweg aufschlägt, beim Öffnen ein akustisches Signal ertönt.

(11) Durch das selbstständige Schließen von Türen mit Türschließern dürfen für Beschäftigte, die eine Gehhilfe oder einen Rollstuhl benutzen oder deren Hand-/Arm-Motorik eingeschränkt ist, keine Gefährdungen entstehen. Dies kann z. B. durch die Einstellung der Schließverzögerung erreicht werden.

(12) Für Beschäftigte, die einen Rollator oder Rollstuhl benutzen oder eine Fußhebeschwäche haben, sind untere Tür- oder Toranschläge und Schwellen zu vermeiden. Sind diese

technisch erforderlich, dürfen sie nicht höher als 20 mm sein. Dieser Höhenunterschied ist durch Schrägen anzugleichen (Abb. 3).

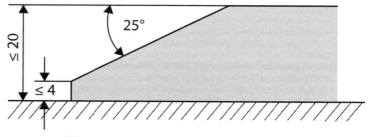

Abb. 3: Schräge an einer Tür- oder Torschwelle (Maße in mm)

(13) Für Beschäftigte, die einen Rollstuhl benutzen, ist eine lichte Durchgangsbreite von Türen und Toren von mindestens 0,90 m erforderlich. (abweichend von ASR A1.7 Punkt 4 Abs. 6)

(14) Bei Ausfall der Antriebsenergie darf für Beschäftigte mit eingeschränkter Hand-/Arm-Motorik der Kraftaufwand zum manuellen Öffnen kraftbetätigter Türen und Tore zur Einleitung einer Bewegung und ebenso für die Bedienung handbetätigter Beschläge nicht mehr als 25 N betragen. Das maximale Moment für die Bedienung handbetätigter Beschläge darf nicht größer als 2,5 Nm sein. Falls dies nicht erreicht werden kann, sind durch die Gefährdungsbeurteilung alternative Maßnahmen festzulegen (z. B. zweiter Ausgang, Patenschaften). (abweichend von ASR A1.7 Punkt 5 Abs. 2 Satz 1)

(15) Ergänzende Anforderungen hinsichtlich der Kennzeichnung von Türen und Toren im Einbahnverkehr sind in dieser ASR im Anhang A1.3 enthalten. (ASR A1.7 Punkt 5 Abs. 4)

(16) Flügel von Türen und Toren, die zu mehr als drei Viertel ihrer Fläche aus einem durchsichtigen Werkstoff bestehen, müssen durch Sicherheitsmarkierungen so gekennzeichnet sein, dass sie für Beschäftigte mit Sehbehinderung, Beschäftigte die einen Rollstuhl benutzen und für kleinwüchsige Beschäftigte aus deren Augenhöhe erkennbar sind (ASR A1.7 Punkt 5 Abs. 7). Sicherheitsmarkierungen können z. B. aus 8 cm breiten durchgehenden Streifen bestehen, die in einer Höhe von 40–70 cm und 120–160 cm angebracht sind. Die Hauptschließkante von rahmenlosen Glas-Drehflügeltüren ist visuell kontrastierend zu gestalten.

(17) Ist eine Quetschgefährdung für Beschäftigte, die einen Rollstuhl benutzen, zwischen den hinteren Kanten der Flügel (Nebenschließkanten) von kraftbetätigten Schiebetüren/-toren und festen Teilen der Umgebung beim Betrieb nicht bereits durch Maßnahmen nach ASR A1.7 Punkt 6 Abs. 1 auszuschließen, müssen Sicherheitsabstände von > 900 mm nach Abb. 4 eingehalten werden. (abweichend von ASR A1.7 Punkt 6 Abs. 7 Abb. 2 und 3)

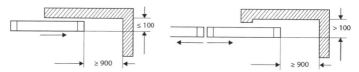

Abb. 4: Vermeiden von Quetschgefährdungen zum Schutz von Beschäftigten, die einen Rollstuhl benutzen (Maße in mm)

(18) Für Beschäftigte, die einen Rollstuhl benutzen, müssen Quetschstellen zwischen dem Flügel und festen Teilen der Umgebung an kraftbetätigten Dreh- und Faltflügeltüren oder -to-

ren vermieden werden. Dazu muss der hinter dem Flügel gelegene Bereich bei größtmöglicher Flügelöffnung über seine gesamte Tiefe eine lichte Weite von mindestens 900 mm aufweisen (Abb. 5) (abweichend zu ASR A1.7 Punkt 6 Abs. 8). Kann dieser Wert nicht eingehalten werden, sind weitere Sicherheitsmaßnahmen (siehe ASR A1.7 Punkt 6 Abs. 1) notwendig.

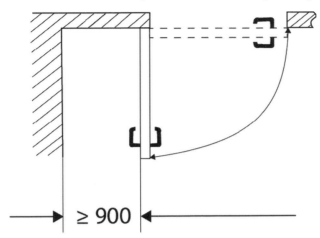

Abb. 5: Vermeiden von Quetschgefährdung (Maße in mm)

(19) Der Kraftaufwand für das manuelle Öffnen von kraftbetätigten Schiebetüren, Schnelllauftoren und Karusselltüren im Verlauf von Fluchtwegen bei Ausfall der Kraftbetätigung, z. B. bei Ausfall der Energiezufuhr, richtet sich nach Abs. 14. (abweichend von ASR A1.7 Punkt 9 Abs. 1 und Punkt 10.1 Abs. 3)

(20) Weitere Bestimmungen zur barrierefreien Gestaltung von Türen und Toren im Verlauf von Fluchtwegen sind im Anhang A2.3 dieser ASR enthalten.

Anhang A1.8: Ergänzende Anforderungen zur ASR A1.8

„Verkehrswege"

zu 4.1 Allgemeines

(1) Beim Einrichten und Betreiben von Verkehrswegen sind die besonderen Anforderungen von Beschäftigten mit Behinderungen zu berücksichtigen. Je nach Auswirkung der Behinderung ist insbesondere auf Wahrnehmbarkeit, Erkennbarkeit und Nutzbarkeit zu achten.

(2) Die Querneigung von Verkehrswegen, die von Beschäftigten mit einem Rollator oder einem Rollstuhl benutzt werden, darf nicht mehr als 2,5 % betragen. (ASR A1.8 Punkt 4.1 Abs. 2)

(3) Schrägrampen (geneigte Verkehrswege nach ASR A1.8 Punkt 3.23), die von Beschäftigten mit einem Rollator oder einem Rollstuhl benutzt werden, dürfen eine Längsneigung von 6 % nicht überschreiten. Bei einer Längsneigung von mehr als 3 % sind ab 10 m Länge Podeste mit einer nutzbaren Länge von mindestens 1,50 m vorzusehen. Bei mehr als 6 % Neigung ist die Nutzbarkeit des Verkehrsweges durch geeignete Maßnahmen herzustellen. Geeignet sind z. B. ein Hublift oder ein Elektrorollstuhl, ggf. eine assistierende Person. (ASR A1.8 Punkt 4.1 Abs. 4)

Hinweis: Eine Rampe gemäß DIN 18040-1 Nr. 4.3.8 ist eine spezielle bauliche Anlage, die nicht in dieser ASR behandelt wird.

(4) Für Beschäftigte, die einen Rollator oder einen Rollstuhl benutzen und für Beschäftigte, die eine Fußhebeschwäche haben, müssen Verkehrswege schwellenlos sein. Sind Schwellen technisch unabdingbar, dürfen sie nicht höher als 20 mm sein. Dieser Höhenunterschied ist durch Schrägen anzugleichen. Eine Gestaltungslösung enthält Anhang A1.7: Ergänzende Anforderungen zur ASR A1.7 „Türen und Tore" Abs. 12. (ASR A1.8 Punkt 4.1 Abs. 5)

(5) Für Beschäftigte, die einen Rollator oder einen Rollstuhl benutzen, muss an Schrägrampen, einschließlich deren Podesten, das seitliche Abkommen, Kippen und Abstürzen verhindert werden. Dies kann z. B. mit einer seitlichen Begrenzung, wie einem Radabweiser (Höhe mindestens 0,10 m) oder einer Wand erfolgen. (ASR A1.8 Punkt 4.1 Abs. 6)

(6) Verkehrswegkreuzungen und -einmündungen müssen für Beschäftigte mit Behinderungen je nach Auswirkung der Behinderung wahrnehmbar und erkennbar sein. Wahrnehmbarkeit und Erkennbarkeit werden erreicht, wenn diese Bereiche für Beschäftigte mit Sehbehinderung visuell kontrastierend gestaltet sind. Für blinde Beschäftigte ist das Zwei-Sinne-Prinzip anzuwenden, z. B. durch ein zusätzliches akustisches Signal an Schranken oder Ampeln oder durch taktile Markierungen (z. B. Bodenmarkierung). (ASR A1.8 Punkt 4.1 Abs. 7)

(7) Wird als verkehrssichernde Maßnahme an Verkehrswegkreuzungen und -einmündungen ein Drehkreuz verwendet, ist für Beschäftigte, die eine Gehhilfe oder einen Rollstuhl benutzen, ein alternativer Verkehrsweg einzurichten. (ASR A1.8 Punkt 4.1 Abs. 7)

(8) Bei Maßnahmen des Winterdienstes ist zu berücksichtigen, dass für Beschäftigte, die einen Rollator oder einen Rollstuhl benutzen, die beräumte Breite des Verkehrsweges eine sichere Benutzbarkeit gewährleistet.

Wenn notwendig, sind bei beeinträchtigenden Witterungseinflüssen vorhandene kontrastierende oder taktile Markierungen für sehbehinderte und blinde Beschäftigte frei zu halten oder geeignete temporäre Ersatzmaßnahmen zu treffen. (ASR A1.8 Punkt 4.1 Abs. 8)

zu 4.2 Wege für den Fußgängerverkehr

(9) Für Beschäftigte, die eine Gehhilfe oder einen Rollstuhl benutzen, müssen Verkehrswege unabhängig von der Anzahl der Personen im Einzugsgebiet ausreichend breit sein. Mögliche Begegnungsfälle, Richtungswechsel und Rangiervorgänge sind zu berücksichtigen. (abweichend von ASR A1.8 Tabelle 2)

(10) Die Mindestbreite von Verkehrswegen ergibt sich für Beschäftigte, die eine Gehhilfe oder einen Rollstuhl benutzen, aus den Breiten von Fluchtwegen nach Anhang A2.3: Ergänzende Anforderungen zur ASR A2.3 „Fluchtwege und Notausgänge, Flucht- und Rettungsplan", Abs. 2.

– Für den Begegnungsfall von Beschäftigten, die einen Rollstuhl benutzen
– mit anderen Personen ist eine Verkehrswegbreite von 1,50 m,
– mit anderen Personen, die einen Rollstuhl benutzen, ist eine Verkehrswegbreite von 1,80 m zu gewährleisten.

Abweichend davon ist eine Verkehrswegbreite von 1,00 m ausreichend, wenn der Verkehrsweg bis zur nächsten Begegnungsfläche einsehbar ist. Die Begegnungsfläche muss für den Begegnungsfall von Beschäftigten, die einen Rollstuhl benutzen,
– mit anderen Personen mindestens 1,50 m × 1,50 m und
– mit anderen Personen, die einen Rollstuhl benutzen, mindestens 1,80 m × 1,80 m betragen. (abweichend von ASR A1.8 Tab. 2)

Hinweis: Die Bewegungsflächen vor Türen sind zu berücksichtigen (siehe Anhang A1.7: Ergänzende Anforderungen zur ASR A1.7 „Türen und Tore" Abs. 3 und 4).

(11) Für Beschäftigte, die einen Rollator oder einen Rollstuhl benutzen, müssen Gänge zu persönlich zugewiesenen Arbeitsplätzen, Wartungsgänge und Gänge zu gelegentlich benutzten Betriebseinrichtungen mindestens 0,90 m breit sein. Dies kann auch für Beschäftigte, die Geh-

hilfen benutzen, notwendig sein. Ist eine Nutzung der Gänge nur von einer Seite möglich („Sackgasse"),
- ist eine Wendemöglichkeit (mindestens 1,50 m × 1,50 m) einzurichten oder
- soll die Länge für das Rückwärtsfahren 3 m nicht überschreiten.

Die Breiten von Verkehrswegen in Nebengängen von Lagereinrichtungen sind im Rahmen der Gefährdungsbeurteilung festzulegen, müssen aber mindestens den Werten nach Tabelle 2 der ASR A1.8 entsprechen.

(12) Für Beschäftigte, die einen Rollator oder einen Rollstuhl benutzen, sind zum Überwinden von nicht vermeidbaren Ausgleichsstufen alternative Maßnahmen zu treffen, z. B. Treppensteighilfen, Treppenlifte oder Plattformaufzüge. (ASR A1.8 Punkt 4.2 Abs. 3)

(13) Für Beschäftigte mit Sehbehinderung müssen Ausgleichsstufen auf Verkehrswegen visuell kontrastierend und für blinde Beschäftigte durch taktil erfassbare Bodenstrukturen gestaltet sein.

Hinweis: Für Beschäftigte mit motorischen Einschränkungen ist im Rahmen der Gefährdungsbeurteilung zu prüfen, ob an Ausgleichsstufen auf Verkehrswegen Handläufe erforderlich sind.

zu 4.3 Wege für den Fahrzeugverkehr

(14) Für Beschäftigte, die einen Rollator oder einen Rollstuhl benutzen, muss der Randzuschlag mindestens Z 1 = 0,90 m betragen. Abweichend davon kann der Randzuschlag für den ausschließlichen Fahrzeugverkehr auf bis zu 0,50 m reduziert werden, wenn
- die Fahrgeschwindigkeit auf 6 km/h begrenzt und ein Ausweichen möglich ist oder
- das Fahrzeug mit einem Personenerkennungssystem ausgestattet ist.
(ASR A1.8 Punkt 4.3 Abs. 3)

(15) Die Summe aus doppeltem Rand- und einfachem Begegnungszuschlag darf auch bei einer geringen Anzahl von Verkehrsbegegnungen nicht herabgesetzt werden. (abweichend von ASR A1.8 Punkt 4.3 Abs. 4)

(16) Personenerkennungssysteme müssen so ausgeführt und angeordnet sein, dass auch Beschäftigte, die eine Gehhilfe, einen Rollstuhl oder einen Langstock benutzen sowie kleinwüchsige Beschäftigte rechtzeitig erkannt werden. (ASR A1.8 Punkt 4.3 Abs. 9 und 10)

zu 4.4 Kennzeichnung und Abgrenzung von Verkehrswegen

(17) Lassen sich Gefährdungen im Verlauf von Verkehrswegen nicht durch technische Maßnahmen verhindern oder beseitigen oder ergeben sich Gefährdungen durch den Fahrzeugverkehr aufgrund unübersichtlicher Betriebsverhältnisse, sind diese Verkehrswege für Beschäftigte mit Behinderung nach Anhang A1.3: Ergänzende Anforderungen zur ASR A1.3 „Sicherheits- und Gesundheitsschutzkennzeichnung" zu kennzeichnen. (ASR A1.8 Punkt 4.4 Abs. 1)

(18) Die Abgrenzung zwischen niveaugleichen Verkehrswegen und umgebenden Arbeits- und Lagerflächen sowie zwischen Wegen für den Fußgänger- und Fahrzeugverkehr muss
- für Beschäftigte mit Sehbehinderung visuell kontrastierend,
- für blinde Beschäftigte nach dem Zwei-Sinne-Prinzip, z. B. durch taktil erfassbare Bodenstrukturen oder akustische Warnsysteme, gestaltet sein. (ASR A1.8 Punkt 4.4 Abs. 2)

zu 4.5 Treppen

(19) Für Beschäftigte, die einen Rollator oder einen Rollstuhl benutzen, sind an Treppen alternative Maßnahmen zu treffen, z. B. Schrägrampen, Treppensteighilfen, Treppenlifte, Plattformaufzüge oder Aufzüge.

(20) Für Beschäftigte mit Sehbehinderung müssen die erste und letzte Stufe des Treppenlaufs mindestens an der Stufenvorderkante visuell kontrastierend gestaltet und erkennbar sein.

(21) Für blinde Beschäftigte ist die oberste Stufe von Treppenläufen am Beginn der Antrittsfläche (siehe Abb. 2) über die gesamte Treppenbreite taktil erfassbar zu gestalten, z. B. durch unterschiedliche Bodenstrukturen.

(22) Für blinde Beschäftigte muss gewährleistet sein, dass Treppen unterhalb einer lichten Höhe von 2,10 m nicht unterlaufen werden können. Dies kann erreicht werden z. B. mit Umwehrungen, Brüstungen, Pflanzkübeln oder durch Möblierung.

(23) Für Beschäftigte mit Gehbehinderung, z. B. mit einer Fußhebeschwäche, müssen Treppen geschlossene Stufen haben. Unterschneidungen sind grundsätzlich nicht zulässig. Abweichend davon ist bei geschlossenen Stufen mit schrägen Setzstufen eine Unterschneidung (u) von maximal 2 cm zulässig (siehe Abb. 1). Ausgenommen sind Treppen, die ausschließlich als Fluchtweg in Abwärtsrichtung genutzt werden. (abweichend von ASR A1.8 Abb. 4)

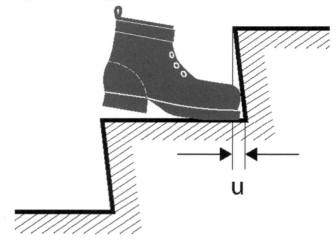

Abb. 1: Unterschneidung an einer schrägen Setzstufe

(24) Für Beschäftigte, deren motorische Einschränkungen es erfordern (z. B einseitige Armlähmung), müssen Treppen beidseitig Handläufe haben, die nicht unterbrochen sind. Die Handläufe sollen in einer Höhe von 0,80 m bis 0,90 m angeordnet sein, gemessen lotrecht von der Oberkante des Handlaufs zur Stufenvorderkante. (ASR A1.8 Punkt 4.5 Abs. 10)

(25) Für blinde Beschäftigte und Beschäftigte mit Sehbehinderung müssen die Enden der wandseitigen Handläufe am Anfang und Ende von Treppen um das Maß des Auftritts an der An- bzw. Austrittsfläche fortgeführt werden (Abb. 2). Am Treppenauge darf der Handlauf nicht um das Maß des Auftritts fortgeführt werden. Die Enden der Handläufe sollen abgerundet sein und nach unten oder zur Wandseite auslaufen. Halterungen für Handläufe sollen an der Unterseite angeordnet sein.

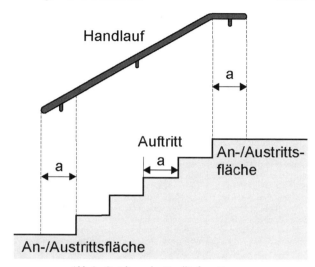

Abb. 2: Gestaltung der Handläufe an Treppen

(26) Für Beschäftigte mit Sehbehinderung sollen Handläufe sich visuell kontrastierend vom Hintergrund abheben.

(27) Für blinde Beschäftigte sollen an Handläufen taktile Informationen zur Orientierung angebracht sein, z. B. die Stockwerkbezeichnung.

(28) Für kleinwüchsige Beschäftigte sind zusätzliche Handläufe in einer Höhe von 0,65 m vorzusehen.

zu 4.6 Steigeisengänge und Steigleitern und Laderampen

(29) Sollen Steigeisengänge, Steigleitern oder Laderampen von Beschäftigten mit Behinderungen benutzt werden, sind im Rahmen der Gefährdungsbeurteilung entsprechend den Auswirkungen der Behinderungen im Einzelfall geeignete Maßnahmen zu treffen.

zu 4.7 Fahrtreppen und Fahrsteige

(30) Für Beschäftigte mit motorischen Einschränkungen, für Beschäftigte mit Sehbehinderung und für blinde Beschäftigte sind Fahrtreppen bzw. Fahrsteige nutzbar, wenn die Geschwindigkeit maximal 0,5 m/s beträgt. An Fahrtreppen ist ein Vorlauf von mindestens 3 Stufen erforderlich.

(31) Für Beschäftigte mit Sehbehinderung muss der Übergang zwischen Stauraum und Fahrtreppe bzw. Fahrsteig visuell kontrastierend gestaltet sein, z. B. durch eine hinterleuchtete Fuge oder durch eine farbliche Gestaltung des Kamms.

(32) Für blinde Beschäftigte muss gewährleistet sein, dass Fahrtreppen und Fahrsteige unterhalb einer lichten Höhe von 2,10 m nicht unterlaufen werden können. Dies kann erreicht werden z. B. mit Umwehrungen, Brüstungen, Pflanzkübeln oder durch Möblierung.

Anhang A2.3: Ergänzende Anforderungen zur ASR A2.3

„Fluchtwege und Notausgänge, Flucht- und Rettungsplan"

(1) Bei Festlegung der Anordnung und Abmessungen der Fluchtwege und Notausgänge sind die besonderen Anforderungen von Personen mit Behinderungen zu berücksichtigen. (ASR A2.3 Punkt 5 Abs. 1)

(2) Im Falle des Bewegens in Fluchtrichtung ohne Begegnung ist für Personen mit Behinderung, die eine Gehhilfe oder einen Rollstuhl benutzen, eine lichte Mindestbreite für Fluchtwege von 1,00 m erforderlich. Dabei darf die lichte Breite des Fluchtweges stellenweise für das Einzugsgebiet

– bis 5 Personen für Einbauten, Einrichtungen oder Türen,
– bis 20 Personen für Türen

auf nicht weniger als 0,90 m reduziert werden. Ist eine Fluchtrichtung vorgesehen, bei der eine Begegnung mit anderen Personen mit Behinderung stattfindet, ist eine Mindestbreite für Fluchtwege von 1,50 m erforderlich. (abweichend von ASR A2.3 Punkt 5 Abs. 3)

(3) Vor Türen und Toren im Fluchtweg sind für Personen mit Behinderung, die eine Gehhilfe oder einen Rollstuhl benutzen, freie Bewegungsflächen sowie eine seitliche Anfahrbarkeit gemäß Abb. 1 erforderlich. Bei einer zusätzlichen Einschränkung der Hand-/Arm-Motorik ist zu prüfen, ob bei Wandstärken größer als 0,26 m eine Betätigung des Türdrückers möglich ist. Bei Einschränkungen der visuellen Wahrnehmung ist auf den Kontrast zwischen Wand und Tür sowie zwischen Bedienelement und Türflügel zu achten. (ASR A2.3 Punkt 5 Abs. 3)

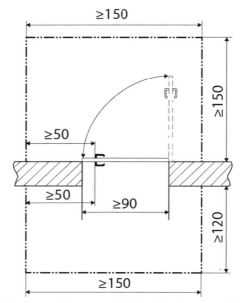

Abb. 1: Freie Bewegungsfläche sowie seitliche Anfahrbarkeit vor Drehflügeltüren im Fluchtweg (Maße in cm)

(4) Sofern in gesicherten Bereichen in Treppenräumen ein kurzzeitiger Zwischenaufenthalt von Personen mit Behinderung, die eine Gehhilfe oder einen Rollstuhl benutzen, zu erwarten ist, müssen diese so ausgeführt sein, dass die Mindestbreite der Fluchtwege nicht eingeschränkt wird.(ASR A2.3 Punkt 6 Abs. 5)

(5) Bei der Gestaltung von Flucht- und Rettungsplänen sind die Belange der Beschäftigten mit Behinderungen so zu berücksichtigen, dass die für sie sicherheitsrelevanten Informationen verständlich übermittelt werden. Dies wird z. B. erfüllt, wenn
– Beschäftigten mit Sehbehinderung nach Anhang A1.3 Abs. 2 gestaltete Informationen ausgehändigt sind,
– für Beschäftigte mit Sehbehinderung die Größe der Zeichen gemäß Tabelle 3 der ASR A1.3 erhöht ist oder
– für Rollstuhlbenutzer und Kleinwüchsige die Flucht- und Rettungspläne aus ihrer Augenhöhe erkennbar sind.
(ASR A1.3 Punkt 6; ASR A2.3 Punkt 9 Abs. 2)

(6) Führen Fluchtwege durch Schrankenanlagen mit Drehkreuz muss für Personen mit Behinderung, die eine Gehhilfe oder einen Rollstuhl benutzen, ein alternativer Fluchtweg vorhanden sein. (abweichend von ASR A2.3 Punkt 4 Abs. 7)

(7) Für Beschäftigte, die einen Rollstuhl benutzen und deren Hand-/Arm-Motorik eingeschränkt ist, dürfen Bedienelemente einschließlich der Entriegelungseinrichtungen maximal eine Höhe von 0,85 m haben. Im begründeten Einzelfall sind andere Maße zulässig. Der maximale Kraftaufwand darf nicht mehr als 25 N oder 2,5 Nm betragen. Können die Maximalwerte für Kraft und Drehmoment nicht eingehalten werden, sind elektrische Entriegelungssysteme vorzusehen. Dabei muss die Not-Auf-Taste in einer Höhe von 0,85 m und mindestens 2,50 m vor der aufschlagenden Tür und 1,50 m in Gegenrichtung angebracht sein. (abweichend von ASR A2.3 Punkt 6 Abs. 3 und 4)

(8) Die Alarmierung von Beschäftigten mit Seh- oder Hörbehinderungen, die gefangene Räume nutzen, erfordert die Berücksichtigung des Zwei-Sinne-Prinzips. (ASR A2.3 Punkt 6 Abs. 10)

(9) Für ein sicheres Verlassen ins Freie oder in einen gesicherten Bereich können besondere organisatorische Maßnahmen für Beschäftigte mit Behinderungen erforderlich sein. Das ist z. B. die Benennung einer ausreichenden Anzahl eingewiesener Personen, die gegebenenfalls im Gefahrfall die Beschäftigten mit Behinderungen auf bestehende oder sich abzeichnende Gefahren oder Beeinträchtigungen hinweisen, sie begleiten oder ihnen behilflich sind (Patenschaften). Die notwendigen Maßnahmen sind im Rahmen der Gefährdungsbeurteilung im Einzelfall zu ermitteln und mit den an der organisatorischen Maßnahme beteiligten Beschäftigten abzustimmen.

(10) Bei Räumungsübungen sind die Belange der Beschäftigten mit Behinderungen zu berücksichtigen, z. B. Anwenden von Evakuierungshilfen. (ASR A2.3 Punkt 9 Abs. 7)

Anhang A3.4/7: Ergänzende Anforderungen zur ASR A3.4/7

„Sicherheitsbeleuchtung, optische Sicherheitsleitsysteme"

Bei optischen Sicherheitsleitsystemen sind die Belange von Beschäftigten mit Sehbehinderung so zu berücksichtigen, dass die sicherheitsrelevanten Informationen auf andere Art verständlich übermittelt werden. Dies kann dadurch erreicht werden, dass diese Informationen, dem Zwei-Sinne-Prinzip folgend, zusätzlich zum visuellen über einen anderen Sinneskanal durch taktile Zeichen oder Schallzeichen aufgenommen werden können.

Möglichkeiten, die Informationen des optischen Sicherheitsleitsystems für Beschäftigte mit Sehbehinderung taktil erfassbar oder hörbar zu ergänzen sind z. B.:
– dynamisch-akustische Fluchtleitsysteme, z. B. höher oder tiefer werdende Tonfolgen für aufwärts oder abwärts führende Treppen, schneller werdende Tonfolgen für die Weiterleitung im Gebäude oder Sprachansagen zur Richtungsorientierung, oder

– Profilierung der Leitmarkierung ggf. mit Fluchtrichtungserkennung, z. B. durch deren Anstrichdicke, Riffelprofile, Einwebungen oder durch thermische Verbindung von profilierten langnachleuchtenden Leitmarkierungen in Fußbodenbelägen.

Bei Leitmarkierungen in Fußböden sind Stolperstellen und Rutschgefährdungen zu vermeiden (siehe ASR A1.5/1,2 „Fußböden").

Anhang A4.3: Ergänzende Anforderungen zur ASR A4.3

„Erste-Hilfe-Räume, Mittel und Einrichtungen zur Ersten Hilfe"

(1) Beim Einrichten und Betreiben von Erste-Hilfe-Räumen und bei der Ausstattung der Arbeitsstätte mit Mitteln und Einrichtungen zur Ersten Hilfe sind die besonderen Belange von Beschäftigten mit Behinderungen zu berücksichtigen.

Hinweis:

Ist im Rahmen der Organisation der Ersten Hilfe oder im Ergebnis der Gefährdungsbeurteilung festgelegt worden, dass Beschäftigte mit Behinderungen Aufgaben der Ersten Hilfe übernehmen, müssen die Mittel und Einrichtungen zur Ersten Hilfe durch sie wahrnehmbar, erkennbar, erreichbar und benutzbar sein.

(2) Bei der Verteilung und Anbringung der Verbandkästen innerhalb der Arbeitsstätte sind im Rahmen der Organisation der Ersten Hilfe die besonderen Belange von Beschäftigten mit Behinderungen zu berücksichtigen.

Dies kann z. B. erreicht werden, indem:
– für Beschäftigte, die einen Rollstuhl benutzen, die Anfahrbarkeit gegeben ist,
– für Beschäftigte, die einen Rollstuhl benutzen und für kleinwüchsige Beschäftigte die Benutzung der Verbandkästen in einer Höhe von 0,85 m bis 1,05 m möglich ist oder
– für Beschäftigte mit einer Geh- oder Sehbehinderung ein zusätzlicher Verbandkasten an ihrem Arbeitsplatz bereitgestellt wird.

(ASR A4.3 Punkt 4 Abs. 3 und 4)

(3) Meldeeinrichtungen müssen für Beschäftigte mit Behinderungen wahrnehmbar, erkennbar, erreichbar und nutzbar sein. Dies kann z. B. durch nachfolgend aufgeführte Maßnahmen erreicht werden.

– **Wahrnehmbarkeit** und **Erkennbarkeit** der Meldeeinrichtungen sind gegeben, wenn sie für Beschäftigte mit Sehbehinderung visuell kontrastierend und für blinde Beschäftigte taktil erfassbar gestaltet sind.
– **Erreichbarkeit** der Meldeeinrichtungen ist für Beschäftigte, die einen Rollstuhl benutzen, gegeben, wenn die Anfahrbarkeit gewährleistet ist.
– **Erreichbarkeit** der Bedienelemente der Meldeeinrichtungen (wandmontiert oder Rufsäulen) ist gegeben, wenn sie für kleinwüchsige Beschäftigte und für Beschäftigte, die einen Rollstuhl benutzen, in einer Höhe von 0,85 m bis 1,05 m angeordnet sind.
– Bei der **Nutzung** von Meldeeinrichtungen sind die Belange der Beschäftigten mit Behinderungen so zu berücksichtigen, dass der Notruf verständlich übermittelt werden kann. Dies kann z. B. erreicht werden, indem
  • Beschäftigte mit Sprach- oder Hörbehinderung einen vorgefertigten Notruf absetzen können (z. B. Telefon mit Notrufeinrichtung, Notfallfax),
  • Beschäftigte, deren Hand-Arm-Motorik eingeschränkt ist, die Meldeeinrichtungen benutzen können, z. B. mit Sprachsteuerung, oder
  • Beschäftigte mit Sehbehinderung und blinde Beschäftigte ein Telefon mit Notruftaste nutzen können.

(ASR A4.3 Punkt 5.1)

(4) Für Beschäftigte, die einen Rollstuhl benutzen, ist für den Zugang zum ErsteHilfe-Raum eine lichte Durchgangsbreite der Tür gemäß Absatz 3 Anhang A1.7: Ergänzende Anforderungen zur ASR A1.7 „Türen und Tore" zu gewährleisten. Schrägrampen zum Ausgleich

von Höhenunterschieden sind gemäß Absatz 3 Anhang A1.8: Ergänzende Anforderungen zur ASR A1.8 „Verkehrswege" zu gestalten. (ASR A4.3 Punkt 6.1 Abs. 5)

Anhang A4.4: Ergänzende Anforderungen zur ASR A4.4

„Unterkünfte"

(1) Werden Beschäftigte mit Behinderungen in Unterkünften untergebracht, so sind deren besondere Belange so zu berücksichtigen, dass Sicherheit und Gesundheitsschutz gewährleistet sind.

(2) Werden bestehende Einrichtungen, wie Küchen, Vorratsräume, sanitäre Einrichtungen und Mittel zur Ersten Hilfe, von Beschäftigten mit Behinderungen benutzt, bestimmen deren individuellen Erfordernisse die Maßnahmen zur barrierefreien Gestaltung. (ASR A4.4 Punkt 4 Absatz 3)

(3) Bei der Übermittlung der Informationen (z. B. Brandschutzordnung, Alarmplan) hat der Arbeitgeber das Zwei-Sinne-Prinzip anzuwenden, wenn Bewohner mit einer Seh- oder Hörbehinderung untergebracht sind. (ASR A4.4 Punkt 4 Absatz 6)

(4) Sollen bestehende Einrichtungen, wie Hotels und Pensionen, von Beschäftigten mit Behinderungen als Unterkunft genutzt werden, bestimmen deren individuellen Erfordernisse die Möglichkeit der Nutzung. (ASR A4.4 Punkt 4 Absatz 7)

(5) Werden Beschäftigte untergebracht, die einen Rollstuhl benutzen, muss in jedem Raum, ausgenommenen dem Windfang, eine freie Bewegungsfläche von mindestens 1,50 × 1,50 m vorhanden sein. Für Beschäftigte, die eine Gehhilfe oder einen Rollator benutzen, ist eine freie Bewegungsfläche von mindestens 1,20 × 1,20 m vorzusehen. Werden zwei oder mehr Beschäftigte untergebracht, die einen Rollator oder einen Rollstuhl benutzen, ist die freie Bewegungsfläche entsprechend anzupassen. (ASR A4.4 Punkt 5.2 Absatz 1 sowie Punkt 5.4 Absatz 6 Satz 3)

(6) Die Möglichkeit zum Waschen, Trocknen und Bügeln von Kleidung sowie die Zubereitungs-, Aufbewahrungs-, Kühl- und Spülgelegenheiten müssen für blinde Beschäftigte, Kleinwüchsige und für Beschäftigte, die einen Rollstuhl benutzen, erreichbar und benutzbar sein. (ASR A4.4 Punkt 5.4 Absätze 7 und 8)

Hinweis:
Für die barrierefreie Gestaltung von Unterkünften gelten zudem die in dieser ASR V3a.2 in den jeweiligen Anhängen beschriebenen ergänzenden Anforderungen.

ASR A1.2 – Raumabmessungen und Bewegungsflächen

(GMBl. 2013 S. 910, geänd. durch GMBl. 2017 S. 398 und GMBl. 2018 S. 471)

Die Technischen Regeln für Arbeitsstätten (ASR) geben den Stand der Technik, Arbeitsmedizin und Arbeitshygiene sowie sonstige gesicherte arbeitswissenschaftliche Erkenntnisse für das Einrichten und Betreiben von Arbeitsstätten wieder.

Sie werden vom Ausschuss für Arbeitsstätten ermittelt bzw. angepasst und vom Bundesministerium für Arbeit und Soziales im Gemeinsamen Ministerialblatt bekannt gegeben.

Diese ASR A1.2 konkretisiert im Rahmen des Anwendungsbereichs die Anforderungen der Verordnung über Arbeitsstätten. Bei Einhaltung der Technischen Regeln kann der Arbeitgeber insoweit davon ausgehen, dass die entsprechenden Anforderungen der Verordnungen erfüllt sind. Wählt der Arbeitgeber eine andere Lösung, muss er damit mindestens die gleiche Sicherheit und den gleichen Gesundheitsschutz für die Beschäftigten erreichen.

Inhalt

1 Zielstellung

Diese Arbeitsstättenregel konkretisiert die Anforderungen an Raumabmessungen von Arbeitsräumen und Bewegungsflächen in § 3a Absatz 1 der Arbeitsstättenverordnung sowie insbesondere in den Punkten 1.2 und 3.1 des Anhanges der Arbeitsstättenverordnung.

2 Anwendungsbereich

(1) Diese Arbeitsstättenregel gilt für das Einrichten und Betreiben von Arbeitsräumen.

(2) Die Abmessungen aller weiteren Räume, wie Sanitärräume (ASR A4.1), Pausen- und Bereitschaftsräume (ASR A4.2), Erste-Hilfe-Räume (ASR A4.3) und Unterkünfte (ASR A4.4) richten sich gemäß Punkt 1.2 Absatz 2 des Anhangs der Arbeitsstättenverordnung nach der Art ihrer Nutzung.

Hinweis:

Für die barrierefreie Gestaltung der Raumabmessungen und Bewegungsflächen gilt die ASR V3a.2 „Barrierefreie Gestaltung von Arbeitsstätten", Anhang A1.2: Ergänzende Anforderungen zur ASR A1.2 „Raumabmessungen und Bewegungsflächen".

3 Begriffsbestimmungen

3.1 **Bewegungsflächen** sind zusammenhängende unverstellte Bodenflächen am Arbeitsplatz, die mindestens erforderlich sind, um den Beschäftigten bei ihrer Tätigkeit wechselnde Arbeitshaltungen sowie Ausgleichsbewegungen zu ermöglichen.

3.2 **Bewegungsfreiraum** ist der zusammenhängende unverstellte Raum am Arbeitsplatz, der mindestens erforderlich ist, um den Beschäftigten bei ihrer Tätigkeit wechselnde Arbeitshaltungen sowie Ausgleichsbewegungen zu ermöglichen.

3.3 **Gänge zu den Arbeitsplätzen** sind Verkehrswege, die dem ungehinderten Zutritt zu den persönlich zugewiesenen Arbeitsplätzen dienen (siehe ASR A1.8 „Verkehrswege").

3.4 **Gänge zu gelegentlich benutzten Betriebseinrichtungen** sind Verkehrswege, die dem ungehinderten Zutritt zur Nutzung von Betriebseinrichtungen (z. B. Heizungen, Fenster, Elektroversorgung) dienen (siehe ASR A1.8 „Verkehrswege").

3.5 **Stellflächen** sind die Bodenflächen, die für Arbeitsmittel (z. B. Roh-, Hilfs- und Betriebsstoffe, Produkte des jeweiligen Arbeitsschrittes, Arbeitsstühle, Arbeitswagen, Werkzeugcontainer, Hebemittel), Einbauten, Einrichtungen und sonstige Gegenstände (z. B. Abfälle) benötigt werden, unabhängig davon, ob diese den Boden berühren oder nicht.

3.6 **Funktionsflächen** sind die Bodenflächen, die von beweglichen Teilen von Arbeitsmitteln, Einbauten und Einrichtungen überdeckt werden.

3.7 **Flächen für Sicherheitsabstände** sind die Bodenflächen an Arbeitsplätzen, Arbeitsmitteln, Einbauten und Einrichtungen, die erforderlich sind, um Gefährdungen von Beschäftigten zu vermeiden.

3.8 **Zellenbüros** sind als Einzel- oder Mehrpersonenbüros in der Regel entlang der Fassade angeordnet und über einen gemeinsamen Flur zugänglich. Mehrpersonenbüros umfassen in der Regel bis sechs Büro- oder Bildschirmarbeitsplätze.

3.9 **Gruppenbüros** sind für die Einrichtung von in der Regel bis zu 25 Büro- oder Bildschirmarbeitsplätzen vorgesehene fensternahe Raumeinheiten, die mit Stellwänden oder flexiblen Raumgliederungssystemen deutlich voneinander abgegrenzt werden.

3.10 **Großraumbüros** sind organisatorische und räumliche Zusammenfassungen von Büro- oder Bildschirmarbeitsplätzen auf einer 400 m[1] oder mehr umfassenden Grundfläche, die mit Stellwänden gegliedert sein können.

3.11 **Kombibüros** sind in der Regel Kombinationen aus Zellenbüro und Großraumbüro. Die „Arbeitskojen" sind in der Regel mit je einem Beschäftigten besetzt, um einen Gemeinschaftsraum mit Besprechungsecken, Registraturen, Serviceeinrichtungen, Teeküchen u. a. gruppiert und durch Glaswände und -türen mit dem Gemeinschaftsraum verbunden.

---

[1] Am Arbeitsplatz muss ausreichend Bewegungsfreiraum vorhanden sein, so dass Beschäftigte alle Arbeitsaufgaben erledigen können und nicht, z. B. durch Einbauten, Einrichtungen oder sonstige Gegenstände, in ihrer Bewegungsfreiheit eingeschränkt sind.

4 Allgemeines

(1) Arbeitsräume müssen eine ausreichende Grundfläche und Höhe sowie einen ausreichenden Luftraum aufweisen. Damit soll sichergestellt sein, dass die Beschäftigten ohne Beeinträchtigung ihrer Sicherheit, ihrer Gesundheit oder ihres Wohlbefindens ihre Arbeit verrichten können.

(3) Ausgangspunkt für die Ermittlung der Grundflächen und Höhen des notwendigen Bewegungsfreiraumes sind die Körpermaße des Menschen. Die in dieser ASR aufgeführten Werte stellen das Minimum für Bewegungsfreiräume dar, wobei Zuschläge von Kleidung und Körperbewegungen berücksichtigt sind. Weitere Zuschläge z. B. für persönliche Schutzausrüstungen oder für die Handhabung von Arbeitsgegenständen und Arbeitsmitteln sind erforderlichenfalls festzulegen.

(4) Für bestimmte Arbeitsplätze, z. B. Kassenarbeitsplätze, Schulungs- und Besprechungsarbeitsplätze, Arbeitsplätze in Operationsbereichen, können auf Grund ihrer spezifischen betriebstechnischen oder ergonomischen Anforderungen von den Regelungen dieser ASR abweichende Gestaltungen notwendig sein. Diese sind im Rahmen einer Gefährdungsbeurteilung zu ermitteln und festzulegen. Hierfür können branchenspezifische Hilfen herangezogen werden (siehe Punkt Ausgewählte Literaturhinweise).

5 Grundflächen von Arbeitsräumen

(1) Die erforderlichen Grundflächen für Arbeitsräume ergeben sich aus folgenden Flächen:
- Bewegungsflächen der Beschäftigten am Arbeitsplatz,
- Flächen für Verkehrswege einschließlich der Fluchtwege und Gänge zu den Arbeitsplätzen und zu gelegentlich benutzten Betriebseinrichtungen,
- Stellflächen für Arbeitsmittel, Einbauten und Einrichtungen,
- Funktionsflächen für alle Betriebs- bzw. Benutzungszustände von Arbeitsmitteln, Einbauten und Einrichtungen und
- Flächen für Sicherheitsabstände, soweit sie nicht bereits in den Stell- oder Funktionsflächen berücksichtigt sind.

Beispiele für erforderliche Grundflächen von Arbeitsplätzen sind in den Anhängen 1 und 2 dargestellt.

(2) Bei der Bemessung der Grundfläche der Arbeitsräume sind entsprechend der Anzahl der Arbeitsplätze und der Tätigkeit zusätzlich zu den erforderlichen Flächen nach Absatz 1 die Einhaltung des Mindestluftraums nach Punkt 7 sowie gegebenenfalls weitere Anforderungen, z. B. an die Luftqualität (siehe ASR A3.6 „Lüftung") oder an die Akustik, zu berücksichtigen.

(3) Unabhängig von Absatz 1 und von der Tätigkeit dürfen als Arbeitsräume nur Räume genutzt werden, deren Grundflächen mindestens 8 m² für einen Arbeitsplatz zuzüglich mindestens 6 m² für jeden weiteren Arbeitsplatz betragen.

(4) Für Büro- und Bildschirmarbeitsplätze ergibt sich bei Einrichtung von Zellenbüros als Richtwert ein Flächenbedarf von 8 bis 10 m² je Arbeitsplatz einschließlich Möblierung und anteiliger Verkehrsflächen im Raum. Für Großraumbüros ist angesichts der höheren Verkehrsflächenbedarfs und ggf. größerer Störwirkungen (z. B. akustisch, visuell) von 12 bis 15 m² je Arbeitsplatz auszugehen. Beispielhafte Gestaltungslösungen zu den einzelnen Bürotypen sind dem Anhang 2 zu entnehmen.

5.1 Bewegungsflächen der Beschäftigten am Arbeitsplatz

5.1.1 Allgemeine Anforderungen

(1) Zur Festlegung der Bewegungsfläche sind alle während der Tätigkeit einzunehmenden Körperhaltungen zu berücksichtigen.

(2) Die Bewegungsfläche muss mindestens 1,50 m² betragen. Ist dies aus betriebstechnischen Gründen nicht möglich, muss den Beschäftigten in der Nähe des Arbeitsplatzes eine mindestens 1,50 m² große Bewegungsfläche zur Verfügung stehen (siehe Abb. 1).

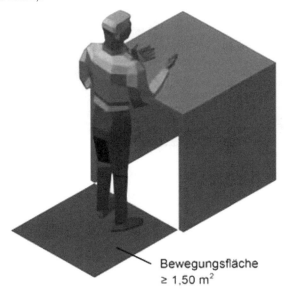

Bewegungsfläche
≥ 1,50 m²

Abb. 1: Mindestgröße der Bewegungsfläche im Sitzen und Stehen
(Quelle: VBG Hamburg [www.vbg.de])

5.1.2 Sitzende und stehende Tätigkeiten

Die Tiefe und die Breite der Bewegungsfläche für Tätigkeiten im Sitzen und Stehen müssen mindestens 1,00 m betragen (siehe Abb. 2 und 3).

Abb. 2: Mindesttiefe der Bewegungsfläche im Sitzen und Stehen
(Quelle: VBG Hamburg [www.vbg.de])

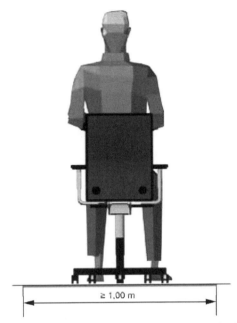

Abb. 3: Mindestbreite der Bewegungsfläche im Sitzen und Stehen
(Quelle: VBG Hamburg [www.vbg.de])

5.1.3 Tätigkeiten mit anderen Körperhaltungen

(1) Die Tiefe der Bewegungsfläche an Arbeitsplätzen mit stehender nicht aufrechter Körperhaltung muss mindestens 1,20 m betragen (siehe Abb. 4).

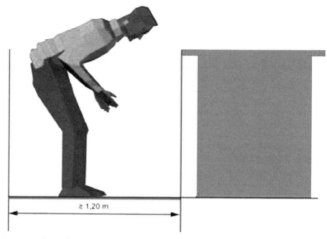

Abb. 4: Mindesttiefe der Bewegungsfläche für Arbeitsplätze mit stehender nicht aufrechter Körperhaltung (Quelle: VBG Hamburg [www.vbg.de])

(2) Für Beschäftigte, die für ihre Tätigkeit andere Körperhaltungen einnehmen müssen, sind die Maße für die Bewegungsfläche im Rahmen der Gefährdungsbeurteilung gesondert zu ermitteln und festzulegen.

5.1.4 Nebeneinander angeordnete Arbeitsplätze

Sind mehrere Arbeitsplätze unmittelbar nebeneinander angeordnet, muss die Breite der Bewegungsfläche an jedem Arbeitsplatz mindestens 1,20 m betragen (siehe Abb. 5).

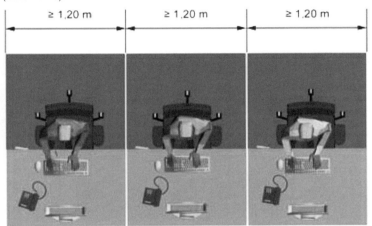

Abb. 5: Breite der Bewegungsfläche für nebeneinander angeordneten Arbeitsplätze mit sitzender oder stehender Körperhaltung
(Quelle: VBG Hamburg [www.vbg.de])

5.1.5 Überlagerung von Bewegungsflächen

(1) Bewegungsflächen dürfen sich nicht überlagern mit: – Bewegungsflächen anderer Arbeitsplätze,
– Flächen für Verkehrswege, einschließlich Fluchtwegen und Gängen zu anderen Arbeitsplätzen und Gängen zu gelegentlich genutzten Betriebseinrichtungen,
– Stellflächen für Arbeitsmittel, Einbauten und Einrichtungen,
– Funktionsflächen für Arbeitsmittel, Einbauten und Einrichtungen und
– Flächen für Sicherheitsabstände.
(2) Abweichend von Absatz 1 ist eine Überlagerung der Bewegungsfläche am Arbeitsplatz des jeweiligen Nutzers möglich mit:
– Ausschuss für Arbeitsstätten – ASTA-Geschäftsführung – BAuA – www.baua.de
– Stellflächen von selbst benutzten mobilen Arbeitsmitteln,
– Funktionsflächen von selbst benutzten Arbeitsmitteln, Einbauten und Einrichtungen (z. B. Schrankauszüge und -türen, Fensterflügel) und
– Flächen für Sicherheitsabstände (z. B. am Schrankauszug, siehe Abb. 10).
Dabei darf es zu keiner Beeinträchtigung der Sicherheit, der Gesundheit oder des Wohlbefindens der Beschäftigten kommen.

5.2 Flächen für Verkehrswege

(1) Maße zu Höhen und Breiten von Verkehrswegen einschließlich Gängen zu den Arbeitsplätzen und gelegentlich benutzten Betriebseinrichtungen sind in der ASR A1.8 „Verkehrswege" geregelt.

(2) Maße zu Höhen und Breiten von Fluchtwegen sind in der ASR A2.3 „Fluchtwege und Notausgänge, Flucht- und Rettungsplan" geregelt.

5.3 Stellflächen für Arbeitsmittel, Einbauten und Einrichtungen

Stellflächen müssen entsprechend den äußeren Abmessungen der Arbeitsmittel, Einbauten und Einrichtungen berücksichtigt werden (siehe Abb. 6 und 7).

Abb. 6: Stellfläche eines Schrankes (Quelle: VBG Hamburg [www.vbg.de])

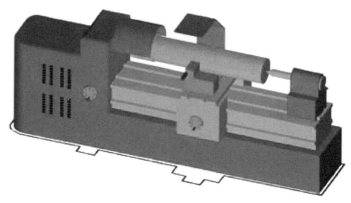

Abb. 7: Stellfläche einer Drehmaschine (Quelle: VBG Hamburg [www.vbg.de])

5.4 Funktionsflächen für Arbeitsmittel, Einbauten und Einrichtungen

Für die Ermittlung der Funktionsflächen müssen die Flächen für alle Betriebszustände, z. B. auch für Instandhaltung und Werkzeugwechsel, berücksichtigt werden (siehe Abb. 8 und 9).

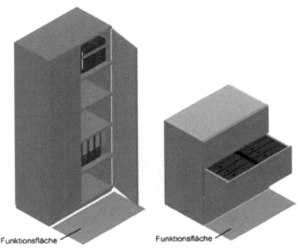

Abb. 8: Funktionsflächen von Schränken (Quelle: VBG Hamburg [www.vbg.de])

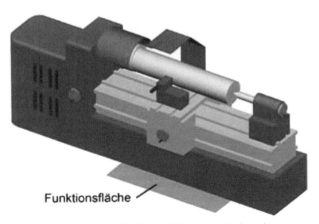

Abb. 9: Funktionsfläche für den Schlitten einer Drehmaschine
(Quelle: VBG Hamburg [www.vbg.de])

5.5 Flächen für Sicherheitsabstände

Flächen zur Einhaltung von notwendigen Sicherheitsabständen, soweit diese nicht bereits in den Stell- oder Funktionsflächen berücksichtigt sind, sind im Rahmen der Gefährdungsbeurteilung festzulegen (siehe Abb. 10). Zur Vermeidung von Ganzkörperquetschungen muss der Sicherheitsabstand mindestens 50 cm betragen. Weitere Hinweise dafür können z. B. aus den Herstellerangaben entnommen werden.

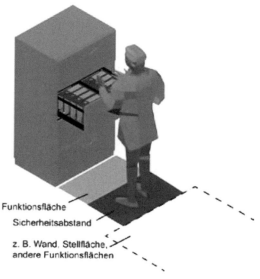

Funktionsfläche

Sicherheitsabstand

z. B. Wand, Stellfläche,
andere Funktionsflächen

Abb. 10: Beispiel für Funktionsfläche und Sicherheitsabstand zur Benutzung eines Schrankes (Quelle: VBG Hamburg [www.vbg.de])

6 Lichte Höhen von Arbeitsräumen

(1) Die erforderliche lichte Höhe von Räumen ist abhängig von:
− den Bewegungsfreiräumen für die Beschäftigten,
− der Nutzung der Arbeitsräume,
− den technischen Anforderungen, z. B. Platzbedarf für Lüftung und Beleuchtung, und
− den Erfordernissen hinsichtlich des Wohlbefindens der Beschäftigten.

(2) In Abhängigkeit von der Grundfläche muss die lichte Höhe von Arbeitsräumen betragen:

− 50 m²	mindestens 2,50 m
− 50 m²	mindestens 2,75 m
− 100 m²	mindestens 3,00 m
− 2000 m²	mindestens 3,25 m

(3) Die in Absatz 2 genannten Maße können um 0,25 m herabgesetzt werden, wenn keine gesundheitlichen Bedenken bestehen. Das ist im Rahmen der Gefährdungsbeurteilung zu ermitteln. Eine lichte Höhe von 2,50 m darf jedoch nicht unterschritten werden.

(4) Unabhängig von Absatz 3 kann in Arbeitsräumen bis zu 50 m² Grundfläche, in denen überwiegend leichte oder sitzende Tätigkeit ausgeübt wird, die lichte Höhe auf das nach Landesbaurecht zulässige Maß herabgesetzt werden, wenn dies mit der Nutzung der Arbeitsräume vereinbar ist.

(5) Bei Unterschreitung der lichten Höhen nach Absatz 2 darf es zu keiner Beeinträchtigung der Sicherheit, der Gesundheit oder des Wohlbefindens der Beschäftigten kommen.

(6) Sollen Räume mit Schrägdecken als Arbeitsräume genutzt werden, müssen die Anforderungen an Aufenthaltsräume mit Schrägdecken nach Landesbaurecht erfüllt sein. Über den Arbeitsplätzen und freien Bewegungsflächen sind die Anforderungen des Absätze 2 bis 5 einzuhalten. Für die Anforderungen an die lichte Höhe von Verkehrswegen und Fluchtwegen gelten die Bestimmungen der ASR A1.8 „Verkehrswege" bzw. der ASR A2.3 „Fluchtwege und Notausgänge, Flucht- und Rettungsplan".

7 Luftraum

(1) Arbeitsräume sind so einzurichten, dass der freie, durch das Volumen von Einbauten nicht verringerte Luftraum für jeden ständig anwesenden Beschäftigten mindestens
- 12 m³ bei überwiegend sitzender Tätigkeit,
- 15 m³ bei überwiegend nichtsitzender Tätigkeit und
- 18 m³ bei schwerer körperlicher Arbeit
beträgt.

(2) Wenn sich in Arbeitsräumen neben den ständig anwesenden Beschäftigten auch andere Personen nicht nur vorübergehend aufhalten, ist für jede zusätzliche Person ein Mindestluftraum von 10 m³ vorzusehen. Dies gilt nicht für Verkaufsräume, Schank- und Speiseräume in Gaststätten, Schulungs- und Besprechungsräume sowie für Unterrichtsräume in Schulen.

Ausgewählte Literaturhinweise

Informationen der Unfallversicherungsträger
- DGUV Information 208-002 Sitz-Kassenarbeitsplätze 10/2015
- DGUV Information 208-003 Steh-Kassenarbeitsplätze 03/2014 aktualisiert 05/2015
- DGUV Information 215-441 Büroraumplanung, Hilfen für das systematische Planen und Gestalten von Büros 09/2016
- DGUV Information 207-017 Neu- und Umbauplanung im Krankenhaus unter Gesichtspunkten des Arbeitsschutzes 09/2011
- DGUV Information 215-410 Bildschirm- und Büroarbeitsplätze, Leitfaden für die Gestaltung 09/2015

Veröffentlichungen des Länderausschusses für Arbeitsschutz und Sicherheitstechnik (LASI-Veröffentlichungen)
- LV 20 Handlungsanleitung zur Beurteilung der Arbeitsbedingungen an Kassenarbeitsplätzen, Oktober 1999
- LV 50 Bewegungsergonomische Gestaltung von andauernder Steharbeit, März 2009

Weitere Literaturstellen

Handlungshilfen:

- INFO-MAP: Büroräume planen (VBG), Juni 2009
- Arbeitswissenschaftliche Erkenntnisse Nr. 106: Die systemische Beurteilung von Bildschirmarbeit (BAuA), 1. Auflage. Bremerhaven: Wirtschaftsverlag NW Verlag für neue Wissenschaft GmbH, 1999
- Quartbroschüre: Qualifizierung, Q 6 Büroraumtypen und Ergonomieprobleme. Humanisierung in Büro und Verwaltung (BAuA) 1. Auflage. Dortmund: 2001 (vergriffen)

Anhang 1

Beispiel für die Grundfläche eines Arbeitsplatzes in einer Fertigungsstätte

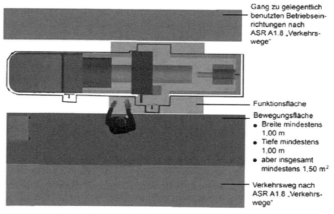

Abb. 11: Grundriss (Quelle: VBG Hamburg [www.vbg.de])
Verkehrsweg nach ASRA1.8 „Verkehrswege"

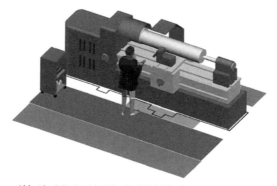

Abb. 12: 3 D-Ansicht (Quelle: VBG Hamburg [www.vbg.de])

Anhang 2

Beispiele für Grundflächen von Arbeitsplätzen in Büroräumen

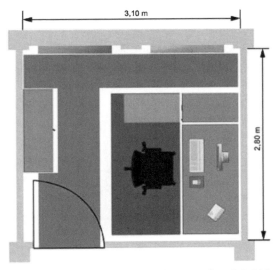

Abb. 13: Zellenbüro/Einzelbüro Beispiel 1
(Quelle: VBG Hamburg [www.vbg.de])

Beispiel für ein Zellenbüro (Einzelbüros entlang der Fassade angeordnet und über einen gemeinsamen Flur zugänglich) jeweils mit Sitz-/Steharbeitstisch, Rollcontainer in Arbeitstischhöhe und Schiebetürenschrank

Flächenbedarf pro Arbeitsplatz: 8,68 m²

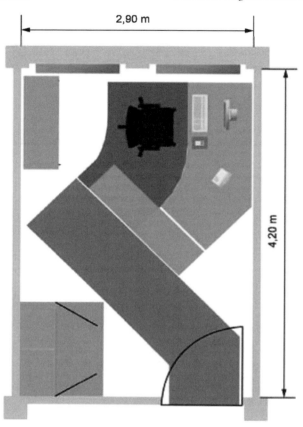

Abb. 14: Zellenbüro/Einzelbüro Beispiel 2
(Quelle: VBG Hamburg [www.vbg.de])

Beispiel für heute übliche Büroarbeit (Kombination zwischen Bildschirmarbeit und „klassischer" Bürotätigkeit)

Flächenbedarf pro Arbeitsplatz: 12,18 m²

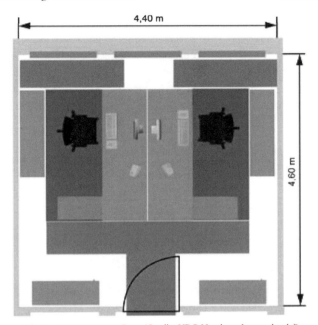

Abb. 15: Zwei-Personen-Büro (Quelle: VBG Hamburg [www.vbg.de])

Beispiel für ein Zwei-Personen-Büro jeweils mit Sitz-/Steharbeitstisch, Rollcontainer in Arbeitstischhöhe, Regalen und Schiebetürenschränken

Flächenbedarf pro Arbeitsplatz: 10,12 m²

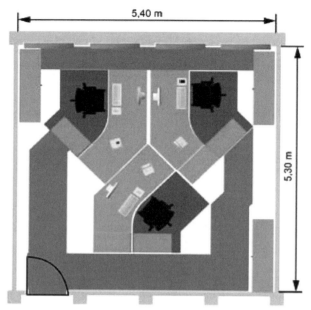

Abb. 16: Drei-Personen-Büro (Quelle: VBG Hamburg [www.vbg.de])

In diesem Beispiel bestand die Notwendigkeit, ein Zweipersonenbüro mit einem dritten Arbeitsplatz auszustatten. Durch den Austausch alter CRT-Monitore durch moderne LCD-Bildschirme konnte die Arbeitsplatztiefe von 1000 auf 800 mm verringert werden. Auch konnte auf Flügeltürenschränke durch die inzwischen üblichen ONLINEDokumente verzichtet werden.

Flächenbedarf pro Arbeitsplatz: 9,54 m^2

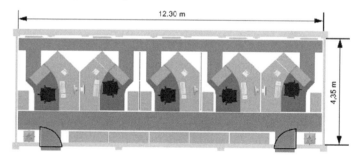

Abb. 17: Gruppenbüro (Quelle: VBG Hamburg [www.vbg.de])

Die Ausstattung in diesem Gruppenbüro beschränkt sich auf Arbeitstisch mit Freiformplatte, Rollcontainer am Arbeitstisch, Querrollladenschrank und Schiebetürenschränken zur gemeinsamen Nutzung.

Flächenbedarf pro Arbeitsplatz: 10,70 m²

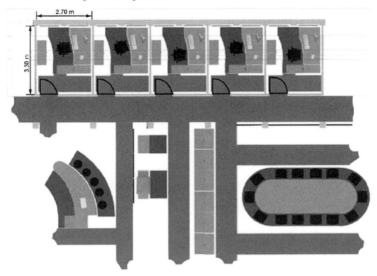

Abb. 18: Kombibüro (Quelle: VBG Hamburg [www.vbg.de])

Das Kombibüro in diesem Beispiel nimmt insgesamt viel Grundfläche pro Arbeitsplatz in Anspruch, jedoch ist der „individuelle" Flächenbedarf pro Einzelbürozelle (Arbeitstisch, Rollcontainer, Schiebetürenschrank) relativ gering.

Flächenbedarf pro Arbeitsplatz: 8,91 m²

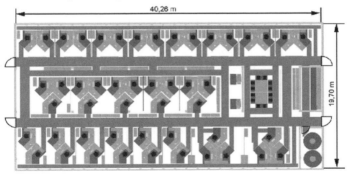

Abb. 19: Großraumbüro (Quelle: VBG Hamburg [www.vbg.de])

In diesem Beispiel eines Großraumbüros sind die Arbeitsplätze ausgestattet mit Arbeitstischen, Rollcontainern, persönlichen Schiebetürenschränken und Schiebetürenschränken zur gemeinsamen Nutzung. Außerdem sind Funktionsflächen wie Besprechungsraum, Teeküche und Kommunikationsraum berücksichtigt.

Flächenbedarf pro Arbeitsplatz: 16,18 m²

ASR A1.3 – Sicherheits- und Gesundheitsschutzkennzeichnung

(GMBl. 2013, S. 334, geänd. durch GMBl. 2017 S. 7 und GMBl. 2017 S. 398)

Die Technischen Regeln für Arbeitsstätten (ASR) geben den Stand der Technik, Arbeitsmedizin und Arbeitshygiene sowie sonstige gesicherte arbeitswissenschaftliche Erkenntnisse für das Einrichten und Betreiben von Arbeitsstätten wieder.

Sie werden vom **Ausschuss für Arbeitsstätten** ermittelt bzw. angepasst und vom Bundesministerium für Arbeit und Soziales bekannt gegeben.

Diese ASR A1.3 konkretisiert im Rahmen des Anwendungsbereichs die Anforderungen der Verordnung über Arbeitsstätten. Bei Einhaltung der Technischen Regeln kann der Arbeitgeber insoweit davon ausgehen, dass die entsprechenden Anforderungen der Verordnung erfüllt sind. Wählt der Arbeitgeber eine andere Lösung, muss er damit mindestens die gleiche Sicherheit und den gleichen Gesundheitsschutz für die Beschäftigten erreichen.

Die vorliegende Technische Regel ASR A1.3 schreibt die Technische Regel ASR A1.3 (GMBl 2007, S. 674) fort und wurde unter Federführung des Fachausschusses „Sicherheitskennzeichnung" der Deutschen Gesetzlichen Unfallversicherung (DGUV) in Anwendung des Kooperationsmodells (vgl. Leitlinienpapier[1] zur Neuordnung des Vorschriften- und Regelwerks im Arbeitsschutz vom 31. August 2011) erarbeitet.

Inhalt

1 Zielstellung

Diese ASR konkretisiert die Anforderungen für die Sicherheits- und Gesundheitsschutzkennzeichnung in Arbeitsstätten. Nach § 3a der Arbeitsstättenverordnung in Verbindung mit Ziffer 1.3 des Anhangs sind Sicherheitsund Gesundheitsschutzkennzeichnungen dann einzusetzen, wenn die Risiken für Sicherheit und Gesundheit anders nicht zu vermeiden oder ausreichend zu minimieren sind. Diese ASR konkretisiert auch die Gestaltung von Flucht- und Rettungsplänen gemäß § 4 Abs. 4 Arbeitsstättenverordnung.

---

[1] http://www.gda-portal.de/de/VorschriftenRegeln/VorschriftenRegeln.html.

2 Anwendungsbereich

Mit Inkrafttreten der Arbeitsstättenverordnung wird die Richtlinie 92/58/EWG[2] über Mindestvorschriften für die Sicherheits- und Gesundheitsschutzkennzeichnung am Arbeitsplatz über einen gleitenden Verweis für den Geltungsbereich der Arbeitsstättenverordnung in nationales Recht umgesetzt. Die Anwendung dieser ASR erfüllt die Mindestanforderungen der Richtlinie 92/58/EWG.

Die Gestaltung der Sicherheits- und Gesundheitsschutzkennzeichnung einschließlich der Gestaltung von Flucht- und Rettungsplänen wird in dieser ASR geregelt. Die Notwendigkeit einer Sicherheits- und Gesundheitsschutzkennzeichnung und von Flucht- und Rettungsplänen sowie von Sicherheitsleitsystemen ist im Rahmen der Gefährdungsbeurteilung zu prüfen.

Hinweis:
Für die barrierefreie Gestaltung der Sicherheits- und Gesundheitsschutzkennzeichnung gilt die ASR V3a.2 „Barrierefreie Gestaltung von Arbeitsstätten", Anhang A1.3: Ergänzende Anforderungen zur ASR A1.3 „Sicherheits- und Gesundheitsschutzkennzeichnung"

3 Begriffsbestimmungen

3.1 **Sicherheits- und Gesundheitsschutzkennzeichnung** ist eine Kennzeichnung, die – bezogen auf einen bestimmten Gegenstand, eine bestimmte Tätigkeit oder eine bestimmte Situation – jeweils mittels eines Sicherheitszeichens, einer Farbe, eines Leucht- oder Schallzeichens, verbaler Kommunikation oder eines Handzeichens eine Sicherheits- und Gesundheitsschutzaussage (Sicherheitsaussage) ermöglicht.

3.2 **Sicherheitszeichen** ist ein Zeichen, das durch Kombination von geometrischer Form und Farbe sowie graphischem Symbol eine bestimmte Sicherheits- und Gesundheitsschutzaussage ermöglicht.

3.3 **Verbotszeichen** ist ein Sicherheitszeichen, das ein Verhalten, durch das eine Gefahr entstehen kann, untersagt.

3.4 **Warnzeichen** ist ein Sicherheitszeichen, das vor einem Risiko oder einer Gefahr warnt.

3.5 **Gebotszeichen** ist ein Sicherheitszeichen, das ein bestimmtes Verhalten vorschreibt.

3.6 **Rettungszeichen** ist ein Sicherheitszeichen, das den Flucht- und Rettungsweg oder Notausgang, den Weg zu einer Erste-Hilfe-Einrichtung oder diese Einrichtung selbst kennzeichnet.

3.7 **Brandschutzzeichen** ist ein Sicherheitszeichen, das Standorte von Feuermelde- und Feuerlöscheinrichtungen kennzeichnet.

3.8 **Zusatzzeichen** ist ein Zeichen, das zusammen mit einem der unter Nummer 3.2 beschriebenen Sicherheitszeichen verwendet wird und zusätzliche Hinweise liefert.

---

[2] Richtlinie 92/58/EWG des Rates über Mindestvorschriften für die Sicherheits- und/oder Gesundheitsschutzkennzeichnung am Arbeitsplatz (Neunte Einzelrichtlinie im Sinne von Artikel 16 Absatz 1 der Richtlinie 89/391/EWG) vom 24. Juni 1992 (ABl. EU Nr. L 245 S. 23)

3.9 **Kombinationszeichen** ist ein Zeichen, bei dem Sicherheitszeichen und Zusatzzeichen auf einem Träger aufgebracht sind.

3.10 **Graphisches Symbol** ist eine Darstellung, die eine Situation beschreibt oder ein Verhalten vorschreibt und auf einem Sicherheitszeichen oder einer Leuchtfläche angeordnet ist.

3.11 **Sicherheitsfarbe** ist eine Farbe, der eine bestimmte, auf die Sicherheit bezogene Bedeutung zugeordnet ist.

3.12 **Leuchtzeichen** ist ein Zeichen, das von einer Einrichtung mit durchsichtiger oder durchscheinender Oberfläche erzeugt wird, die von hinten erleuchtet wird und dadurch als Leuchtfläche erscheint oder selbst leuchtet.

3.13 **Schallzeichen** ist ein kodiertes akustisches Signal ohne Verwendung einer menschlichen oder synthetischen Stimme, z. B. Hupen, Sirenen oder Klingeln.

3.14 **Verbale Kommunikation** ist eine Verständigung mit festgelegten Worten unter Verwendung einer menschlichen oder synthetischen Stimme.

3.15 **Handzeichen** ist eine kodierte Bewegung und Stellung von Armen und Händen zur Anweisung von Personen, die Tätigkeiten ausführen, die ein Risiko oder eine Gefährdung darstellen können.

3.16 **Erkennungsweite** ist der größtmögliche Abstand zu einem Sicherheitszeichen, bei dem dieses noch lesbar und hinsichtlich Form und Farbe erkennbar ist.

3.17 **Langnachleuchtendes Sicherheitszeichen** ist ein Sicherheitszeichen, das nach Ausfall der Allgemeinbeleuchtung eine bestimmte Zeit nachleuchtet. Obwohl die Sicherheitsfarben Rot und Grün im nachleuchtenden Zustand nicht dargestellt werden können, bleiben graphisches Symbol und geometrische Form erhalten und es besteht ein Sicherheitsgewinn gegenüber den nicht langnachleuchtenden Sicherheitszeichen.

4 Allgemeines

(1) Schon bei der Planung von Arbeitsstätten ist eine erforderliche Sicherheits- und Gesundheitsschutzkennzeichnung (z. B. bei der Erstellung von Flucht- und Rettungsplänen) so weit wie möglich zu berücksichtigen.

(2) Die Sicherheits- und Gesundheitsschutzkennzeichnung darf nur für Hinweise im Zusammenhang mit Sicherheit und Gesundheitsschutz verwendet werden.

(3) Die Kennzeichnungsarten (z. B. Leuchtzeichen, Handzeichen, Sicherheitszeichen) sind entsprechend der Gefährdungsbeurteilung auszuwählen.

(4) Für ständige Verbote, Warnungen, Gebote und sonstige sicherheitsrelevante Hinweise (z. B. Rettung, Brandschutz) sind Sicherheitszeichen insbesondere entsprechend Anhang 1 zu verwenden. Sicherheitszeichen können als Schilder, Aufkleber oder als aufgemalte Kennzeichnung ausgeführt werden. Diese sind dauerhaft auszuführen (z. B. für die Standorte von Feuerlöschern).

(5) Hinweise auf zeitlich begrenzte Risiken oder Gefahren sowie Notrufe zur Ausführung bestimmter Handlungen (z. B. Brandalarm) sind durch Leucht-, Schallzeichen oder verbale Kommunikation zu übermitteln.

(6) Wenn zeitlich begrenzte risikoreiche Tätigkeiten (z. B. Anschlagen von Lasten im Kranbetrieb, Rückwärtsfahren von Fahrzeugen mit Personengefährdung) ausgeführt werden, sind Anweisungen mittels Handzeichen entsprechend Anhang 2 oder verbaler Kommunikation vorzunehmen.

(7) Verschiedene Kennzeichnungsarten dürfen gemeinsam verwendet werden, wenn im Rahmen der Gefährdungsbeurteilung festgestellt wird, dass eine Kenn-

zeichnungsart allein zur Vermittlung der Sicherheitsaussage nicht ausreicht. Bei gleicher Wirkung kann zwischen verschiedenen Kennzeichnungsarten gewählt werden.

(8) Die Wirksamkeit einer Kennzeichnung darf nicht durch eine andere Kennzeichnung oder durch sonstige betriebliche Gegebenheiten beeinträchtigt werden (z. B. keine Verwendung von Schallzeichen bei starkem Umgebungslärm).

(9) Kennzeichnungen, die für ihre Funktion eine Energiequelle benötigen, müssen für den Fall, dass diese ausfällt, über eine selbsttätig einsetzende Notversorgung verfügen, es sei denn, dass bei Unterbrechung der Energiezufuhr kein Risiko mehr besteht (z. B. wenn bei Netzausfall der Schließvorgang eines elektrisch betriebenen Tores unterbrochen wird und gleichzeitig die Sicherheitskennzeichnung – Warnleuchte, Hupe – ausfällt).

(10) Ist das Hör- oder Sehvermögen von Beschäftigten eingeschränkt (z. B. beim Tragen von persönlichen Schutzausrüstungen), ist eine geeignete Kennzeichnungsart ergänzend oder alternativ einzusetzen.

(11) Zur Kennzeichnung und Standorterkennung von Material und Ausrüstung zur Brandbekämpfung sind Brandschutzzeichen nach Anhang 1 zu verwenden.

(12) Die Beschäftigten sind vor Arbeitsaufnahme und danach in regelmäßigen Zeitabständen über die Bedeutung der eingesetzten Sicherheits- und Gesundheitsschutzkennzeichnung zu unterweisen. Insbesondere ist über die Bedeutung selten eingesetzter Kennzeichnungen zu informieren. Für Einweiser, die Handzeichen nach Punkt 5.7 anwenden, ist eine spezifische Unterweisung erforderlich. Die Unterweisung sollte jährlich erfolgen, sofern sich nicht aufgrund der Ergebnisse der Gefährdungsbeurteilung andere Zeiträume ergeben. Darüber hinaus muss auch bei Änderungen der eingesetzten Sicherheits- und Gesundheitsschutzkennzeichnung eine Unterweisung erfolgen.

(13) Der Arbeitgeber hat durch regelmäßige Kontrolle und gegebenenfalls erforderliche Instandhaltungsarbeiten dafür zu sorgen, dass Einrichtungen für die Sicherheits- und Gesundheitsschutzkennzeichnung wirksam sind. Dies gilt insbesondere für Leucht- und Schallzeichen, langnachleuchtende Materialien sowie technische Einrichtungen zur verbalen Kommunikation (z. B. Lautsprecher, Telefone). Die zeitlichen Abstände der Kontrollen sind im Rahmen der Gefährdungsbeurteilung festzulegen.

5 Kennzeichnung

5.1 Sicherheitszeichen und Zusatzzeichen

(1) Sicherheitszeichen und Zusatzzeichen müssen den festgelegten Gestaltungsgrundsätzen nach Tabelle 1 bzw. 2 entsprechen. Die Bedeutung von geometrischer Form und Sicherheitsfarbe für Sicherheitszeichen sind der Tabelle 1 zu entnehmen.

(2) Für die in Anhang 1 festgelegten Sicherheitsaussagen dürfen nur die entsprechend zugeordneten Sicherheitszeichen verwendet werden. Es besteht die Möglichkeit der Verwendung von Zusatzzeichen, die der Verdeutlichung besonderer Situationen oder der Konkretisierung der Sicherheits- und Gesundheitsschutzaussage dienen.

(3) Brandschutzzeichen können in Verbindung mit einem Richtungspfeil als Zusatzzeichen nach Abb. 1 verwendet werden.

Abb. 1: Richtungspfeile für Brandschutzzeichen

(4) Rettungszeichen für Mittel und Einrichtungen zur Ersten Hilfe können in Verbindung mit einem Richtungspfeil als Zusatzzeichen nach Abb. 2 verwendet werden.

Abb. 2: Richtungspfeile für Rettungszeichen sowie für Mittel und Einrichtungen zur Ersten Hilfe

(5) Eine Anhäufung von Sicherheitszeichen ist zu vermeiden. Ist das Sicherheitszeichen nicht mehr notwendig, ist dieses zu entfernen.

Tabelle 1: Kombination von geometrischer Form und Sicherheitsfarbe und ihre Bedeutung für Sicherheitszeichen

Geometrische Form	Bedeutung	Sicher-heits-farbe	Kontrast-farbe zur Sicher-heitsfarbe	Farbe des graphischen Symbols	Anwendungsbeispiele
Kreis mit Diagonalbalken	Verbot	Rot	Weiß[a]	Schwarz	– Rauchen verboten – Kein Trinkwasser – Berühren verboten
Kreis	Gebot	Blau	Weiß[a]	Weiß[a]	– Augenschutz benutzen – Schutzkleidung benutzen – Hände waschen
gleichseitiges Dreieck mit gerundeten Ecken	Warnung	Gelb	Schwarz	Schwarz	– Warnung vor heißer Oberfläche – Warnung vor Biogefährdung – Warnung vor elektri-scher Spannung
Quadrat	Gefahrlosig-keit	Grün	Weiß[a]	Weiß[a]	– Erste Hilfe – Notausgang – Sammelstelle
Quadrat	Brandschutz	Rot	Weiß[a]	Weiß[a]	– Brandmeldetelefon – Mittel und Geräte zur Brandbekämpfung – Feuerlöscher

[a] Die Farbe Weiß schließt die Farbe für langnachleuchtende Materialien unter Tageslichtbedingungen, wie in ISO 3864-4, Ausgabe März 2011 beschrieben, ein.

Die in den Spalten 3, 4 und 5 bezeichneten Farben müssen den Spezifikationen von ISO 3864-4, Ausgabe März 2011 entsprechen. Es ist wichtig, einen Leuchtdichtekontrast sowohl zwischen dem Sicherheitszeichen und seinem Hintergrund als auch zwischen dem Zusatzzeichen und seinem Hintergrund zu erzielen (z. B. Lichtkante).

Tabelle 2: Geometrische Form, Hintergrundfarben und Kontrastfarben für Zusatzzeichen

Geometrische Form	Bedeutung	Hinter-grundfarbe	Kontrastfarbe zur Hinter-grundfarbe	Farbe der zusätzlichen Sicherheitsinformation
Rechteck	Zusatz-informationen	Weiß	Schwarz	beliebig
		Farbe des Sicherheits-zeichens	Schwarz oder Weiß	

(6) Sicherheitszeichen sind deutlich erkennbar und dauerhaft anzubringen. Deutlich erkennbar bedeutet unter anderem, dass Sicherheitszeichen in geeigneter Höhe – fest oder beweglich – anzubringen sind und die Beleuchtung (natürlich oder künstlich) am Anbringungsort ausreichend ist. Verbots-, Warn- und Gebotszeichen müssen sichtbar, unter Berücksichtigung etwaiger Hindernisse am Zugang zum Gefahrbereich angebracht werden. Besonders in lang gestreckten Räumen (z. B. Fluren) sollen Rettungs- bzw. Brandschutzzeichen in Laufrichtung jederzeit erkennbar sein (z. B. Winkelschilder).

(7) Ist eine Sicherheitsbeleuchtung nicht vorhanden, muss auf Fluchtwegen die Erkennbarkeit der dort notwendigen Rettungs- und Brandschutzzeichen durch Verwendung von langnachleuchtenden Materialien auch bei Ausfall der Allgemeinbeleuchtung für den Zeitraum der Flucht in einen gesicherten Bereich erhalten bleiben. Hierbei ist eine ausreichende Anregung der langnachleuchtenden Produkte sicherzustellen. Diesbezügliche Anforderungen enthält die ASR A3.4/7 „Sicherheitsbeleuchtung, optische Sicherheitsleitsysteme".

(8) Sicherheitszeichen müssen aus solchen Werkstoffen bestehen, die gegen die Umgebungseinflüsse am Anbringungsort widerstandsfähig sind. Bei der Auswahl der Werkstoffe sind unter anderem mechanische Einwirkungen, feuchte Umgebung, chemische Einflüsse, Lichtbeständigkeit, Versprödung von Kunststoffen sowie Feuerbeständigkeit zu berücksichtigen.

(9) Bei der Auswahl von Sicherheitszeichen ist der Zusammenhang zwischen Erkennungsweiten und Größe der Sicherheitszeichen bzw. Schriftzeichen zu berücksichtigen (Tabelle 3).

Tabelle 3: **Vorzugsgrößen von Sicherheits-, Zusatz- und Schriftzeichen für beleuchtete Zeichen, abhängig von der Erkennungsweite**

Erkennungsweite [m]	Schriftzeichen (Ziffern und Buchstaben) Schriftgröße (h) [mm]	Verbots- und Gebotszeichen Durchmesser (d) [mm]	Warnzeichen Basis (b) [mm]	Rettungs-, Brandschutz- und Zusatzzeichen Höhe (a) [mm]
0,5	2	12,5	25	12,5
1	4	25	50	25
2	8	50	100	
3	10	100		50
4	14		200	
5	17	200		
6	20		300	100
7	23			
8	27			
9	30	300	400	
10	34			150
11	37			
12	40			
13	44	400	600	
14	47			
15	50			
16	54	600		200
17	57			
18	60			
19	64			
20	67			
21	70			
22	74			
23	77			
24	80			
25	84	900	900	300
26	87			
27	90			
28	94			
29	97			
30	100			

5.2 Sicherheitsmarkierungen für Hindernisse und Gefahrstellen

(1) Die Kennzeichnung von Hindernissen und Gefahrstellen ist durch gelb-schwarze oder rot-weiße Streifen (Sicherheitsmarkierungen) deutlich erkennbar und dauerhaft auszuführen (siehe Abb. 3). Die Streifen sind in einem Neigungswinkel von etwa 45° anzuordnen. Das Breitenverhältnis der Streifen beträgt 1:1. Die Kennzeichnung soll den Ausmaßen der Hindernisse oder Gefahrstellen entsprechen.

Abb. 3: Sicherheitsmarkierungen

(2) Gelb-schwarze Streifen sind vorzugsweise für ständige Hindernisse und Gefahrstellen zu verwenden (z. B. Stellen, an denen besondere Gefahren des Anstoßens, Quetschens, Stürzens bestehen). Bei langnachleuchtender Ausführung wird die Erkennbarkeit der Hindernisse bei Ausfall der Allgemeinbeleuchtung erhöht.

(3) Rot-weiße Streifen sind vorzugsweise für zeitlich begrenzte Hindernisse und Gefahrstellen zu verwenden (z. B. Baugruben).

(4) An Scher- und Quetschkanten mit Relativbewegung zueinander sind die Streifen gegensinnig geneigt zueinander anzubringen.

5.3 Markierungen von Fahrwegen

(1) Die Kennzeichnung von Fahrwegsbegrenzungen ist farbig, deutlich erkennbar sowie durchgehend auszuführen. Wird die Markierung auf dem Boden angebracht, so kann dies z. B. durch mindestens 5 cm breite Streifen oder durch eine vergleichbare Nagelreihe (mindestens drei Nägel pro Meter), in einer gut sichtbaren Farbe – vorzugsweise Weiß oder Gelb – mit ausreichendem Kontrast zur Farbe der Bodenfläche erreicht werden.

(2) Eine Verwendung von langnachleuchtenden Produkten für die Markierung von Fahrwegen hat den Vorteil, dass bei Ausfall der Allgemeinbeleuchtung die Sicherheitsaussage für eine bestimmte Zeit aufrechterhalten bleibt.

5.4 Leuchtzeichen

(1) Leuchtzeichen sind deutlich erkennbar anzubringen. Die Helligkeit (Leuchtdichte) der abstrahlenden Fläche muss sich von der Leuchtdichte der umgebenden Flächen deutlich unterscheiden, ohne zu blenden.

(2) Leuchtzeichen dürfen nur bei Vorliegen von zu kennzeichnenden Gefahren oder Hinweiserfordernissen in Betrieb sein. Die Sicherheitsaussage von Leuchtzeichen darf nach Wegfall der zu kennzeichnenden Gefahr nicht mehr erkennbar sein. Dies kann durch Verdecken der abstrahlenden Fläche erreicht werden.

(3) Leuchtzeichen für eine Warnung dürfen intermittierend („blinkend") nur dann betrieben werden, wenn eine unmittelbare Gefahr droht. Diese Forderung bedeutet, dass warnende Leuchtzeichen kontinuierlich oder intermittierend, hinweisende Leuchtzeichen ausschließlich kontinuierlich betrieben werden dürfen.

(4) Wird ein intermittierend betriebenes Warnzeichen anstelle eines Schallzeichens oder zusätzlich eingesetzt, müssen die Sicherheitsaussagen identisch sein.

5.5 Schallzeichen

(1) Schallzeichen müssen deutlich wahrnehmbar und ihre Bedeutung betrieblich festgelegt und eindeutig sein.

(2) Schallzeichen müssen so lange eingesetzt werden, wie dies für die Sicherheitsaussage erforderlich ist.

(3) Ein betrieblich festgelegtes Notsignal muss sich von anderen betrieblichen Schallzeichen und von den beim öffentlichen Alarm verwendeten Signalen unverwechselbar unterscheiden. Der Ton des betrieblich festgelegten Notsignals soll kontinuierlich sein.

5.6 Verbale Kommunikation

Die verbale Kommunikation muss kurz, eindeutig und verständlich formuliert sein. Im Rahmen der Gefährdungsbeurteilung ist für besondere Einsatzsituationen die Verwendung von technischen Einrichtungen (z. B. Lautsprecher, Megaphon) festzulegen.

5.7 Handzeichen

(1) Handzeichen müssen eindeutig eingesetzt werden, leicht durchführbar und erkennbar sein und sich deutlich von anderen Handzeichen unterscheiden. Handzeichen, die mit beiden Armen gleichzeitig erfolgen, müssen symmetrisch gegeben werden und dürfen nur eine Aussage darstellen.

(2) Für die in Anhang 2 aufgeführten Bedeutungen von Handzeichen dürfen nur die dort zugeordneten Handzeichen verwendet werden.

(3) Einweiser müssen geeignete Erkennungszeichen, vorzugsweise in gelber Ausführung, tragen (z. B. Westen, Kellen, Manschetten, Armbinden, Schutzhelme). Um eine gute Wahrnehmung zu erzielen, können Erkennungszeichen je nach Einsatzbedingungen (z. B. langnachleuchtend oder retroreflektierend) ausgeführt sein.

6 Gestaltung von Flucht- und Rettungsplänen

(1) Flucht- und Rettungspläne (Beispiel siehe Anhang 3) müssen eindeutige Anweisungen zum Verhalten im Gefahr- oder Katastrophenfall enthalten sowie den Weg an einen sicheren Ort darstellen. Flucht- und Rettungspläne müssen aktuell, übersichtlich, ausreichend groß und mit Sicherheitszeichen nach Anhang 1 gestaltet sein.

(2) Aus dem Plan muss ersichtlich sein, welche Fluchtwege von einem Arbeitsplatz oder dem jeweiligen Standort aus zu nehmen sind, um in einen sicheren Bereich oder ins Freie zu gelangen. In diesem Zusammenhang sind Sammelstellen zu kennzeichnen. Außerdem sind Kennzeichnungen für Standorte von Erste-Hilfe- und Brandschutzeinrichtungen in den Flucht- und Rettungsplan aufzunehmen. Zur sicheren Orientierung ist der Standort des Betrachters im Flucht- und Rettungsplan zu kennzeichnen.

(3) Soweit auf einem Flucht- und Rettungsplan nur ein Teil des Gebäudegrundrisses dargestellt ist, muss eine Übersichtsskizze die Lage im Gesamtkomplex verdeutlichen. Der Grundriss in Flucht- und Rettungsplänen ist vorzugsweise im Maßstab 1:100 darzustellen. Die Plangröße ist an die Grundrissgröße anzupassen

und sollte das Format DIN A3 nicht unterschreiten. Für besondere Anwendungsfälle, z. B. Hotel- oder Klassenzimmer, kann auch das Format DIN A4 verwendet werden. Der Flucht- und Rettungsplan muss farbig angelegt sein.

7 Kennzeichnung von Lagerbereichen sowie von Behältern und Rohrleitungen mit Gefahrstoffen

(1) Die Einstufung und Kennzeichnung von Gefahrstoffen in Behältern und Rohrleitungen hat gemäß den Regelungen der Gefahrstoffverordnung, insbesondere der TRGS 201 „Einstufung und Kennzeichnung bei Tätigkeiten mit Gefahrstoffen" zu erfolgen.

(2) Hinsichtlich der Erkennungsweite ist Tabelle 3 anzuwenden. Bei der Verwendung von Gefahrensymbolen zusammen mit der Gefahrenbezeichnung an Rohrleitungen ist zu berücksichtigen, dass üblicherweise das Verhältnis der Höhe des kombinierten Zeichens zu seiner Breite ungefähr 1,4:1 beträgt.

(3) Orte, Räume oder umschlossene Bereiche, die für die Lagerung erheblicher Mengen gefährlicher Stoffe oder Zubereitungen verwendet werden, sind mit einem geeigneten Warnzeichen nach Anhang 1 zu versehen oder gemäß TRGS 201 „Einstufung und Kennzeichnung bei Tätigkeiten mit Gefahrstoffen" zu kennzeichnen.

Anhang 1

Sicherheitszeichen und Sicherheitsaussagen

(nach DIN EN ISO 7010 „Graphische Symbole – Sicherheitsfarben und Sicherheitszeichen – Registrierte Sicherheitszeichen", Ausgabe Oktober 2012 und DIN 4844-2 „Graphische Symbole – Sicherheitsfarben und Sicherheitszeichen – Teil 2: Registrierte Sicherheitszeichen", Ausgabe Dezember 2012)

1 Verbotszeichen

P001	Allgemeines Verbotszeichen[3]	P002	Rauchen verboten
P003	Keine offene Flamme; Feuer, offene Zündquelle und Rauchen verboten	P004	Für Fußgänger verboten

[3] Dieses Zeichen darf nur in Verbindung mit einem Zusatzzeichen angewendet werden, das das Verbot konkretisiert.

P005 Kein Trinkwasser	P006 Für Flurförderzeuge verboten
P007 Kein Zutritt für Personen mit Herzschrittmachern oder implantierten Defibrillatoren[4]	P010 Berühren verboten
P011 Mit Wasser löschen verboten	P012 Keine schwere Last[5]

[4] Das Verbot gilt auch für sonstige aktive Implantate.

[5] „Schwer" ist abhängig von dem Zusammenhang, in dem das Sicherheitszeichen verwendet werden soll. Das Sicherheitszeichen ist erforderlichenfalls in Verbindung mit einem Zusatzzeichen anzuwenden, das die maximale zulässige Belastung konkretisiert (z. B. max. 100 kg).

P013	Eingeschaltete Mobiltelefone verboten		P014	Kein Zutritt für Personen mit Implantaten aus Metall
P015	Hineinfassen verboten		P020	Aufzug im Brandfall nicht benutzen
P021	Mitführen von Hunden verboten[6]		P022	Essen und Trinken verboten

[6] Das Verbot gilt auch für andere Tiere.

P023 Abstellen oder Lagern verboten	P024 Betreten der Fläche verboten
P027 Personenbeförderung verboten	P028 Benutzen von Handschuhen verboten
P031 Schalten verboten	D-P006 Zutritt für Unbefugte verboten[7]

[6] aus DIN 4844-2 „Graphische Symbole – Sicherheitsfarben und Sicherheitszeichen"
Ausgabe Dezember 2012

P016 Mit Wasser spritzen verboten

P009 Aufsteigen verboten
(In der Bedeutung von Besteigen für
Unbefugte verboten)

WSP001 Laufen verboten[8]

[8] aus DIN 4844-2 „Graphische Symbole – Sicherheitsfarben und Sicherheitszeichen"
Ausgabe Dezember 2012

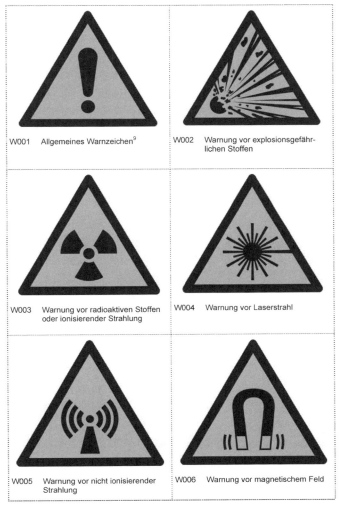

W001 Allgemeines Warnzeichen[9]

W002 Warnung vor explosionsgefährlichen Stoffen

W003 Warnung vor radioaktiven Stoffen oder ionisierender Strahlung

W004 Warnung vor Laserstrahl

W005 Warnung vor nicht ionisierender Strahlung

W006 Warnung vor magnetischem Feld

[9] Dieses Zeichen darf nur in Verbindung mit einem Zusatzzeichen angewendet werden, das die Gefahr konkretisiert.

W007 Warnung vor Hindernissen am Boden	W008 Warnung vor Absturzgefahr
W009 Warnung vor Biogefährdung	W010 Warnung vor niedriger Temperatur/ Frost
W011 Warnung vor Rutschgefahr	W012 Warnung vor elektrischer Spannung

W021 Warnung vor feuergefährlichen
      Stoffen

W023 Warnung vor ätzenden Stoffen

W024 Warnung vor Handverletzungen

W025 Warnung vor gegenläufigen
      Rollen[10]

W026 Warnung vor Gefahren durch das
      Aufladen von Batterien

W027 Warnung vor optischer
      Strahlung

[10] Die Warnung gilt auch für Einzugsgefahren anderer Art.

W028   Warnung vor brandfördernden Stoffen

W029   Warnung vor Gasflaschen

D-W021 Warnung vor explosionsfähiger Atmosphäre[11]

[11] aus DIN 4844-2 „Graphische Symbole – Sicherheitsfarben und Sicherheitszeichen" Ausgabe Dezember 2012

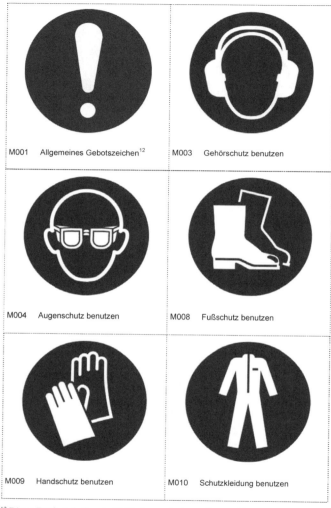

12 Dieses Zeichen darf nur in Verbindung mit einem Zusatzzeichen angewendet werden, welches das Gebot konkretisiert.

M011   Hände waschen

M012   Handlauf benutzen

M013   Gesichtsschutz benutzen

M014   Kopfschutz benutzen

M015   Warnweste benutzen

M017   Atemschutz benutzen

M018 Auffanggurt benutzen	M020 Rückhaltesystem benutzen
M021 Vor Wartung oder Reparatur freischalten	M022 Hautschutzmittel benutzen
M023 Übergang benutzen	M024 Fußgängerweg benutzen

| M026 | Schutzschürze benutzen | WSM001 Rettungsweste benutzen[13] |

[11] aus DIN 4844-2 „Graphische Symbole – Sicherheitsfarben und Sicherheitszeichen"
Ausgabe Dezember 2012

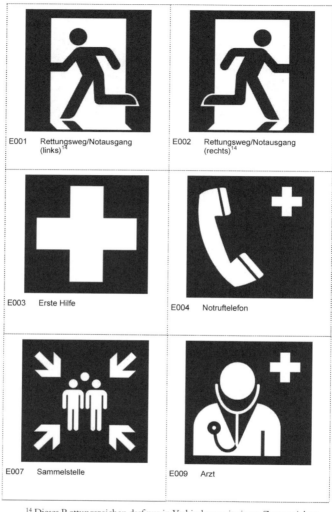

E001 Rettungsweg/Notausgang (links)[14]

E002 Rettungsweg/Notausgang (rechts)[14]

E003 Erste Hilfe

E004 Notruftelefon

E007 Sammelstelle

E009 Arzt

[14] Dieses Rettungszeichen darf nur in Verbindung mit einem Zusatzzeichen (Richtungspfeil, Abb. 2) verwendet werden.

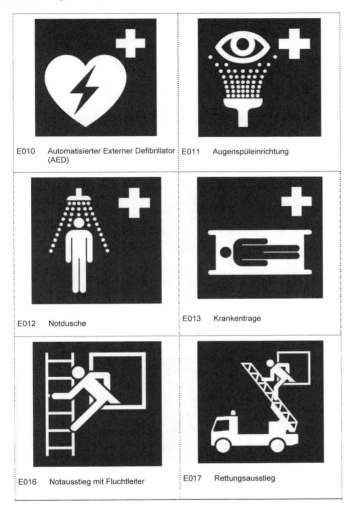

E010 Automatisierter Externer Defibrillator (AED)	E011 Augenspüleinrichtung
E012 Notdusche	E013 Krankentrage
E016 Notausstieg mit Fluchtleiter	E017 Rettungsausstieg

WSE001 Öffentliche Rettungsausrüstung[15]   D-E019 Notausstieg[15]

Beispiel für Rettungsweg/Notausgang (E002) mit Zusatzzeichen (Richtungspfeil)

Beispiel für Rettungsweg/Notausgang (E002) mit Zusatzzeichen (Richtungspfeil)

[15] aus DIN 4844-2 „Graphische Symbole – Sicherheitsfarben und Sicherheitszeichen"
Ausgabe Dezember 2012

F001   Feuerlöscher

F002   Löschschlauch

F003   Feuerleiter

F004   Mittel und Geräte zur Brandbekämpfung

F005   Brandmelder

F006   Brandmeldetelefon

Anhang 2

Handzeichen

1 Allgemeine Handzeichen

Bedeutung	Beschreibung	Bildliche Darstellung	Vereinfachte Darstellung
Achtung Anfang Vorsicht	Rechten Arm nach oben halten, Handfläche zeigt nach vorn		
Halt Unterbrechung Bewegung nicht weiter ausführen	Beide Arme seitwärts waagerecht ausstrecken, Handflächen zeigen nach vorn		
Halt - Gefahr	Beide Arme seitwärts waagerecht ausstrecken, Handflächen zeigen nach vorn und Arme abwechselnd anwinkeln und strecken		

2 Handzeichen für Bewegungen – vertikal

Bedeutung	Beschreibung	Bildliche Darstellung	Vereinfachte Darstellung
Heben Auf	Rechten Arm nach oben halten, Handfläche zeigt nach vorn und macht eine langsame, kreisende Bewegung		
Senken Ab	Rechten Arm nach unten halten, Handfläche zeigt nach innen und macht eine langsame kreisende Bewegung		
Langsam	Rechten Arm waagerecht ausstrecken, Handfläche zeigt nach unten und wird langsam auf- und abbewegt		

3 Handzeichen für Bewegungen – horizontal

Bedeutung	Beschreibung	Bildliche Darstellung	vereinfachte Darstellung
Abfahren	Rechten Arm nach oben halten, Handfläche zeigt nach vorn und Arm seitlich hin- und herbewegen		
Herkommen	Beide Arme beugen, Handflächen zeigen nach innen und mit den Unterarmen heranwinken		
Entfernen	Beide Arme beugen, Handflächen zeigen nach außen und mit den Unterarmen wegwinken		
Rechts fahren – vom Einweiser aus gesehen	Den rechten Arm in horizontaler Haltung leicht anwinkeln und seitlich hin- und herbewegen		
Links fahren – vom Einweiser aus gesehen	Den linken Arm in horizontaler Haltung leicht anwinkeln und seitlich hin- und herbewegen		
Anzeige einer Abstandsver-ringerung	Beide Handflächen parallel halten und dem Abstand entsprechend zusammenführen		

Anhang 3

Beispiel eines Flucht- und Rettungsplans

(nach DIN ISO 23601 „Sicherheitskennzeichnung – Flucht- und Rettungspläne", Ausgabe Dezember 2010)

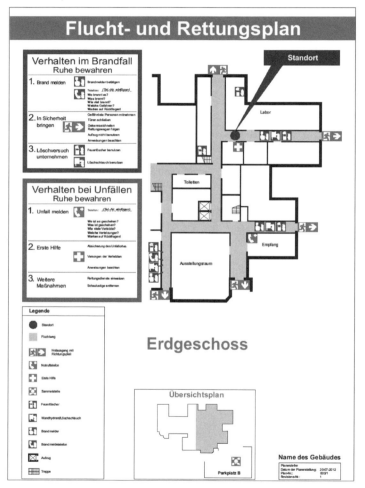

ASR A1.5/1,2 – Fußböden

(GMBl. 2013 S. 348, geänd. durch GMBl. 2013 S. 931, GMBl. 2017 S. 7 und GMBl. 2018 S. 471)

Die Technischen Regeln für Arbeitsstätten (ASR) geben den Stand der Technik, Arbeitsmedizin und Hygiene sowie sonstige gesicherte arbeitswissenschaftliche Erkenntnisse für das Einrichten und Betreiben von Arbeitsstätten wieder.

Sie werden vom Ausschuss für Arbeitsstätten ermittelt bzw. angepasst und vom Bundesministerium für Arbeit und Soziales bekannt gemacht.

Diese ASR A1.5/1,2 konkretisiert im Rahmen des Anwendungsbereichs die Anforderungen der Verordnung über Arbeitsstätten. Bei Einhaltung der Technischen Regeln kann der Arbeitgeber insoweit davon ausgehen, dass die entsprechenden Anforderungen der Verordnung erfüllt sind. Wählt der Arbeitgeber eine andere Lösung, muss er damit mindestens die gleiche Sicherheit und den gleichen Gesundheitsschutz für die Beschäftigten erreichen.

Die Anhänge der vorliegenden Technischen Regel beruhen auf der BGR/GUV-R 181 „Fußböden in Arbeitsräumen und Arbeitsbereichen mit Rutschgefahr" des Sachgebiets „Bauliche Einrichtungen und Handel" im Fachbereich „Handel und Logistik" der Deutschen Gesetzlichen Unfallversicherung (DGUV). Der Ausschuss für Arbeitsstätten hat die grundlegenden Inhalte der Anhänge der BGR/GUV-R 181 in Anwendung des Kooperationsmodells (vgl. Leitlinienpapier[1] zur Neuordnung des Vorschriften- und Regelwerks im Arbeitsschutz vom 31. August 2011) als ASR in sein Regelwerk übernommen.

Inhalt

1 Zielstellung

Diese Arbeitsstättenregel konkretisiert die Anforderungen für das Einrichten und Betreiben von Fußböden nach § 3a Abs. 1 und § 4 Abs. 2 sowie nach Punkt 1.5 Abs. 1 und 2 des Anhangs der Arbeitsstättenverordnung.

---

[1] http://www.gda-portal.de/de/VorschriftenRegeln/VorschriftenRegeln.html.

2 Anwendungsbereich

(1) Diese Arbeitsstättenregel gilt für das Einrichten und Betreiben von Fußböden in Arbeitsstätten.

(2) gestrichen

Hinweis:
   Zusätzliche Anforderungen an die barrierefreie Gestaltung werden zu einem späteren Zeitpunkt als Anhang in die ASR V3a.2 „Barrierefreie Gestaltung von Arbeitsstätten" eingefügt.

3 Begriffsbestimmungen

3.1 **Fußböden** im Sinne dieser Arbeitsstättenregel umfassen nicht nur die statisch wirksame Tragschicht, den Fußbodenaufbau und die Oberfläche, sondern auch Auflagen, z. B. Matten, Roste oder Teppiche.

3.2 Eine **Rutschgefahr** liegt vor, wenn aufgrund einer zu geringen Rutschhemmung der Fußbodenoberfläche, einer unmittelbaren Änderung der Rutschhemmung der Fußbodenoberfläche oder des Verrutschens eines Bodenbelages, die Möglichkeit des Ausrutschens von Beschäftigten oder Wegrutschens von Fahrzeugen oder Einrichtungsgegenständen besteht.

Rutschhemmung ist eine Eigenschaft der Fußbodenoberfläche, die das Ausrutschen wirksam verhindert.

3.3 Eine **gefährliche Schräge** liegt vor, wenn der Fußboden aufgrund seiner Neigung bzw. Steigung nicht mehr sicher betrieben, also begangen, befahren oder zum Abstellen genutzt werden kann. Dies ist in der Regel bei Fußböden ab einer Neigung von 36 Prozent (ca. 20°) gegeben, sofern nicht ohnehin schon aufgrund anderer Vorschriften ein niedrigerer Wert einzuhalten ist. Anforderungen an die Begeh- und Befahrbarkeit von Schrägrampen enthält die ASR A1.8 „Verkehrswege".

3.4 **Stolperstellen** sind Änderungen der Oberfläche in begehbaren Bereichen des Fußbodens, durch die erhöhte Sturzgefährdungen hervorgerufen werden. Stolperstellen entstehen z. B. durch Höhenunterschiede, die an Absätzen oder durch Unebenheiten oder an Übergängen von der Waagerechten in ein Gefälle oder eine Steigung oder durch unmittelbar auftretende Änderungen der Rutschhemmung der Fußbodenoberfläche auftreten. Unter ebenen Bedingungen in Räumen gelten bereits Höhenunterschiede von mehr als 4 mm als Stolperstelle. Auch bei Spaltenbreiten von mehr als 20 mm im Fußboden sowie bei der Verwendung von Rosten mit einer Maschenteilung von mehr als 35 × 51 mm liegen Stolperstellen vor. Eine Stolperstelle kann auch temporär auftreten, z. B. aufgrund einer Durchbiegung an der Verbindungsstelle verschiedener Fußböden.

3.5 Der Fußboden ist **tragfähig,** wenn er eine der Nutzungsart entsprechende Konstruktion und Festigkeit aufweist und auch das Aufbringen von Lasten, z. B. durch das Aufstellen von Einrichtungen oder durch das Befahren mit Transportmitteln, nicht zu Beschädigungen, zur Bildung von Unebenheiten oder zu Gefährdungen von Beschäftigten in darunter liegenden Bereichen aufgrund der Ablösung von Fußbodenteilen führt.

3.6 Ein Fußboden ist **trittsicher,** wenn dessen Eigenschaften, z. B. Festigkeit, Belastbarkeit, Ebenheit, Rutschhemmung, ein sicheres Begehen ermöglichen. Deshalb ist bei der Beurteilung, inwieweit eine Trittsicherheit gegeben ist, die übliche Art der Gehaufgabe zu berücksichtigen, z. B. die Gehgeschwindigkeiten, die Art des genutzten Schuhwerks oder das ggf. erforderliche Tragen von Lasten. Weiterhin können auch visuelle Eindrücke die beim Begehen von Fußböden erforderliche Einschätzung der Fußbodenoberfläche und das Erkennen ggf. vorhandener Mängel erschweren und so die Trittsicherheit negativ beeinflussen, z. B. Aufmerksamkeit erfordernde Ereignisse außerhalb des Fußbodenbereichs oder ein unregelmäßiges Fußbodendesign.

3.7 **Unebenheiten** eines Fußbodens sind Abweichungen des Höhenmaßes innerhalb einer Fläche, z. B. bei welligen Fußbodenoberflächen, die beim Begehen oder Befahren zu Gefährdungen führen.

3.8 Die **R–Gruppe** ist ein Maßstab für den Grad der Rutschhemmung auf der Grundlage des mittels des in Anhang 1 beschriebenen Verfahrens ermittelten mittleren Neigungswinkels. Bodenbeläge werden in Abhängigkeit von ihrer Rutschhemmung in fünf R-Gruppen (von R 9 bis R 13) unterteilt, wobei Bodenbeläge mit der R-Gruppe R 9 den geringsten und mit der R-Gruppe R 13 den höchsten Anforderungen an die Rutschhemmung genügen.

3.9 Der **Verdrängungsraum** eines Bodenbelags ist der zur Gehebene hin offene Hohlraum unterhalb der Gehebene zur Aufnahme oder Ableitung von gleitfördernden Stoffen.

3.10 Bei einer **Vertiefung** handelt es sich um eine Stelle, die vom Höhenmaß innerhalb einer Fläche nach unten abweicht und dadurch beim Begehen oder Befahren zu Gefährdungen führen kann. Dies ist beispielsweise bei Löchern, Dellen oder un- abgedeckten Rinnen der Fall, wenn diese zu Stolper- oder Umknickgefahren oder aufgrund der Ansammlung von Flüssigkeiten zu Rutschgefahren führen.

4 Allgemeines

(1) Fußböden müssen so beschaffen sein, instand gehalten und gereinigt werden, dass sie unter Berücksichtigung der Art der Nutzung, der betrieblichen Verhältnisse und der Witterungseinflüsse sicher benutzt werden können.

(2) Im Rahmen von Begehungen ist sicherzustellen, dass auch in selten genutzten Bereichen Mängel zeitnah erkannt werden können. Festgestellte Mängel müssen unverzüglich beseitigt werden. Können Mängel, mit denen eine unmittelbare erhebliche Gefahr verbunden ist, nicht sofort beseitigt werden, darf dieser Fußbodenbereich nicht genutzt werden, z. B. im Falle einer fehlenden Abdeckung einer Bodenöffnung.

(3) Fußböden in Räumen dürfen keine Unebenheiten, Vertiefungen, Stolperstellen oder gefährlichen Schrägen aufweisen. Sie müssen gegen Verrutschen bzw. Kippen (z. B. bei Abdeckungen) gesichert, tragfähig, trittsicher und rutschhemmend sein.

(4) Fußböden sollen ohne Neigung angelegt werden. Ausgenommen sind funktionelle Neigungen, z. B. zur Ableitung von Flüssigkeiten.

(5) Von Fußböden dürfen keine gesundheitlichen Gefährdungen und sollen keine spürbaren elektrostatischen Aufladungen oder unzuträglichen Gerüche ausgehen. Unzuträgliche Gerüche und gesundheitliche Gefährdungen können beispielsweise durch Ausdünstungen bzw. Emissionen aus Fußbodenmaterialien, Klebstoffen und Konservierungsmitteln verursacht werden oder z. B. bei Nutzungs-

änderungen von Arbeitsstätten entstehen. Empfehlenswert ist daher die Auswahl emissionsarmer Materialien.

(6) Fußböden müssen gegen die zu erwartenden Einwirkungen, z. B. durch Säuren, Laugen, Hitze oder Vibrationen, so beständig sein, dass die erforderlichen Eigenschaften erhalten bleiben.

(7) Können Flüssigkeiten oder Gefahrstoffe auf den Fußboden gelangen, darf er diese Stoffe nicht so aufnehmen und speichern, dass sich hierdurch Gefährdungen für die Beschäftigten ergeben, z. B. durch Emissionen, Schimmelpilze oder Brandgefahren.

(8) Sofern in Räumen mit Gefahrstoffen oder biologischen Arbeitsstoffen umgegangen wird, ist der Fußboden so zu gestalten, dass ein unbemerktes Ansammeln derartiger Stoffe in Bereichen, die mit den in diesen Räumen vorgesehenen Reinigungsverfahren nicht erreicht werden können, ausgeschlossen ist. Dies kann z. B. durch einen geschlossenen und mit abgerundeten Übergängen zu den Wänden und ggf. zu den Einrichtungen versehenen Fußboden erreicht werden (Kehlsockel).

(9) Die optische Gestaltung der Fußbodenoberflächen darf das sichere Begehen oder Befahren nicht beeinträchtigen. Beispielsweise sind durch detailreiche oder unregelmäßige oder hochglänzende Designs sowie durch Motive, die zu optischen Täuschungen führen, Beeinträchtigungen möglich.

(10) In Bereichen, die im Rahmen ihrer üblichen Nutzung durchgehend begangen werden müssen, dürfen sich die Fußbodenoberflächen hinsichtlich ihrer Rutschhemmung nicht so voneinander unterscheiden, dass es zu Stolper- und Rutschgefahren kommen kann. Dies kann gegeben sein, wenn sich die Oberflächenbeschaffenheiten innerhalb eines Fußbodens (z. B. bei Abdeckungen, Markierungen oder aufgeklebten Folien) oder von angrenzenden Fußböden hinsichtlich der Rutschhemmung um mehr als eine R-Gruppe unterscheiden.

(11) Ablaufrinnen in Fußböden von Verkehrswegen, z. B. zur Ableitung von Flüssigkeiten, müssen unter Berücksichtigung der Art der Verkehrsmittel, der Art des Transportgutes und der ggf. gleichzeitigen Nutzung durch Fußgänger so gestaltet und in den Fußboden integriert sein, dass sie den zu erwartenden Belastungen standhalten und eine sichere Benutzung der Verkehrswege gewährleistet ist. Dies ist gegeben, wenn Belastungen, z. B. das Überfahren mit schweren Fahrzeugen oder mit Flurförderzeugen mit harten Transportrollen, nicht zu Verformungen oder Beschädigungen der Ablaufrinnen und dadurch zu Stolper- oder Rutschgefahren führen.

(12) Soweit sich andauernde Steharbeit nicht vermeiden lässt, müssen die Fußböden an den Steharbeitsplätzen ausreichend wärmegedämmt und zur Verminderung der Belastungen des Skelett- und Bewegungssystems mit ergonomischen Bodenbelägen (ausreichend stoßdämpfend und elastisch) ausgestattet sein. Die Verwendung von Fußbodenauflagen darf nicht zur Entstehung von Stolperstellen führen.

5 Schutzmaßnahmen gegen Stolpern

(1) Eine geeignete Maßnahme zur Vermeidung von Stolperstellen an Höhenunterschieden bis 2 cm ist z. B. eine Anschrägung mit einem Winkel von höchstens 25°, z. B. bei Kanten an Bodenbelägen. Größere Höhenunterschiede sollen durch begehbare Schrägrampen überbrückt werden, die den an Verkehrswege bzw.

Fluchtwege gerichteten Anforderungen der Arbeitsstättenverordnung entsprechen (siehe z. B. ASR A1.8 „Verkehrswege" und ASR A2.3 „Fluchtwege und Notausgänge, Flucht- und Rettungsplan") und keine gefährliche Schräge bilden. Anschluss- und Versorgungsleitungen müssen so verlegt sein, dass sie keine Stolperstellen bilden, z. B. entlang von Einrichtungsgegenständen, Wänden oder Decken. Das kann z. B. mit einer ausreichenden Anzahl von Anschlussmöglichkeiten in einer geeigneten Lage erreicht werden (z. B. durch Anbringen einer Steckdose im näheren Umfeld der Verbrauchseinrichtung, um dadurch auf dem Boden liegende Kabel zu vermeiden).

(2) Leisten, Abdeckungen, Ablauföffnungen, Ablaufrinnen, Profile oder Ähnliches in begehbaren Bereichen von Fußböden müssen so gestaltet und installiert sein, dass sich hierdurch keine Stolpergefahren ergeben. Dies ist beispielsweise gegeben, wenn sie kipp- und trittsicher, bündig sowie höhengleich mit der Fußbodenoberfläche verlegt und ausreichend fest im Fußboden verankert sind.

(3) Technisch und baulich nicht vermeidbare Stolperstellen sind neben der nach Punkt 8 erforderlichen Kennzeichnung ggf. durch weitere Schutzmaßnahmen, z. B. durch Absperrungen oder Handläufe, zu sichern.

6 Schutzmaßnahmen gegen Ausrutschen

(1) Fußbodenoberflächen müssen unter Berücksichtigung der Art der Nutzung sowie der zu erwartenden gleitfördernden Stoffe, z. B. Wasser, Fett, Öl, Staub, eine sichere Benutzung ermöglichen. Rutschgefahren können sich weiterhin beispielsweise durch Witterungseinflüsse im Außenbereich, durch von außen durch Fußgänger oder Verkehrsmittel eingebrachte Nässe, durch nicht beseitigte Verunreinigungen oder durch eine Abnutzung der Fußbodenoberfläche ergeben.

Rutschgefahren sind durch entsprechende Schutzmaßnahmen zu vermeiden. Als Schutzmaßnahmen kommen insbesondere geeignete Fußbodenbeläge infrage, z. B. Beläge mit einer hohen Rutschhemmung oder zusätzlich einem Verdrängungsraum. Als geeignet können Fußbodenbeläge betrachtet werden, die hinsichtlich ihrer R- Gruppe oder ihres Verdrängungsraumes den in Anhang 2 genannten Anforderungen entsprechen.

(2) Im Außenbereich sind Maßnahmen gegen witterungsbedingte Glätte erforderlich, z. B. ausreichend große Überdachungen vor Gebäudeeingängen oder ein wirksamer Winterdienst.

(3) Gebäudeeingänge sind so einzurichten, dass der Eintrag von Schmutz und Nässe nicht zu Rutschgefahren führt. Dies kann durch Sauberlaufzonen in Form von Schmutz- und Feuchtigkeitsaufnehmern erreicht werden, die hinsichtlich ihrer Länge, Breite und des Materials auf den zu erwartenden Personenverkehr ausgelegt sind und in ihrer Laufrichtung über die gesamte Durchgangsbreite mindestens 1,5 m lang sind. Sauberlaufzonen müssen gegen Verrutschen gesichert sein und dürfen keine Stolperstellen bilden, z. B. indem sie bündig mit dem unmittelbar daran anschließenden Bodenbelag abschließen.

Sofern Flüssigkeiten oder gleitfördernde Stoffe in einem solchen Umfang auf den Fußboden gelangen, dass dadurch eine Rutschgefahr für Personen besteht, sind geeignete Maßnahmen zu ergreifen. Fließfähige Flüssigkeiten lassen sich beispielsweise durch ein ausreichendes Fußbodengefälle abführen (z. B. ein Gefälle von mindestens 2 Prozent bei Flüssigkeiten mit wasserähnlichen Fließeigenschaften). Das Ableiten von Flüssigkeiten über Verkehrswege ist nach Möglichkeit zu

vermeiden. Eine geeignete Maßnahme gegen die Ausrutschgefahr aufgrund gleitfördernder Stoffe, z. B. Öl oder Speisereste, sind Bodenbeläge mit ausreichendem
Verdrängungsraum.

(4) Ist die erforderliche Rutschhemmung kurzzeitig herabgesetzt und lassen sich
die Ursachen hierfür nicht unverzüglich beseitigen, ist der betreffende Bereich zu
kennzeichnen und erforderlichenfalls abzusperren.

7 Schutzmaßnahmen gegen besondere physikalische Einwirkungen

(1) Fußböden an Arbeitsplätzen müssen so gegen Wärme und Kälte gedämmt
sein, dass ein ausreichender Schutz sowohl gegen eine unzuträgliche Wärmeableitung als auch gegen eine unzuträgliche Wärmezuführung besteht. Dies kann beispielsweise mit geeigneten Fußbodenkonstruktionen, Baustoffen, Fußbodenauffla-
gen oder Heiz- bzw. Kühleinrichtungen erreicht werden.

Ein ausreichender Schutz gegen Wärmeableitung oder Wärmezuführung liegt
in Arbeitsräumen vor, wenn die Oberflächentemperatur des Fußbodens nicht
mehr als 3 °C unter oder 6 °C über der Lufttemperatur liegt. Sofern die Oberflächentemperatur des Fußbodens +29 °C bei Fußbodenheizungen überschreitet
oder soweit ein ausreichender Schutz gegen Wärmeableitung, z. B. aus hygienischen oder betriebstechnischen Gründen, nicht möglich ist, sind geeignete Ersatzmaßnahmen vorzusehen.

(2) Fußböden an Arbeitsplätzen müssen so eingerichtet sein, dass es nicht zu
Durchfeuchtungen oder einem Aufsteigen von Feuchtigkeit aus dem Untergrund
kommen kann. Ist dies nicht möglich, sind geeignete Maßnahmen zu treffen, z. B.
die Verwendung von feuchtigkeitssperrenden Auflagen oder von Rosten.

(3) In explosions- oder explosivstoffgefährdeten Bereichen muss der Fußboden
so ausgeführt sein, dass Zündgefahren durch Reißfunken oder elektrostatische Aufladungen vermieden werden.

(4) Fußböden an Arbeitsplätzen müssen so eingerichtet sein, dass diese keine
unzuträglichen Erschütterungen auf Beschäftigte übertragen.

8 Kennzeichnung

Fußbodenstellen, an denen sich die Gefahr des Stolperns oder Ausrutschens
technisch nicht vermeiden lässt, sind entsprechend der ASR A1.3 „Sicherheits-
und Gesundheitsschutzkennzeichnung" zu kennzeichnen.

9 Reinigung

(1) Die Oberflächen von Fußböden müssen leicht zu reinigen sein und entsprechend den hygienischen Erfordernissen gereinigt werden, wenn nicht ohnehin aufgrund anderer Rechtsvorschriften weitergehende Anforderungen zu berücksichtigen sind, z. B. im Gesundheits- oder im Lebensmittelbereich. Verunreinigungen
und Ablagerungen, die zu Gefährdungen führen können, sind unverzüglich zu beseitigen.

(2) Die Reinigungsverfahren sowie Reinigungs- oder Pflegemittel sind so auszuwählen, dass die jeweilige Fußbodenoberfläche nach der Reinigung oder Unterhaltspflege noch über die erforderlichen Eigenschaften, z. B. Rutschhemmung verfügt. Der Auswahl sind die Angaben bzw. Pflegehinweise des Fußbodenherstellers und des Herstellers des jeweiligen Reinigungsmittels zugrunde zu legen. Weiterhin sind die Gefahren zu berücksichtigen,

– die von der Verwendung von Reinigungsmitteln, die Gefahrstoffe im Sinne der Gefahrstoffverordnung sind oder

– die bei der Reinigung von gegebenenfalls im Bodenbereich befindlichen Einrichtungen, z. B. einer Elektroinstallation,

ausgehen können.

(3) Die mit der Reinigung beauftragten Personen sind über die Ergebnisse nach Abs. 2 Satz 1 zu unterweisen.

(4) Sofern sich aufgrund der Reinigung zeitlich beschränkte Rutschgefahren ergeben, z. B. bei Nassreinigungsverfahren bis zum Zeitpunkt der Trocknung der Fußbodenoberfläche, sind die Reinigungsarbeiten soweit möglich zu Zeiten durchzuführen, in denen diese Bereiche nicht genutzt werden. Ist dies nicht möglich, sind die Bereiche bis zur Wiederherstellung der erforderlichen Rutschhemmung abzugrenzen oder zumindest entsprechend zu kennzeichnen.

(5) Fußböden in Außenbereichen, zu denen Beschäftigte im Rahmen ihrer Arbeit Zugang haben, müssen so gereinigt bzw. geräumt oder gestreut werden, dass sich keine Stolper- oder Rutschgefahren ergeben.

10 Abweichende/ergänzende Anforderungen für Baustellen

Werden auf Baustellen Fußböden und Trittflächen von Treppen mit temporären Belägen, z. B.

– Malerabdeckvliese als Schutz vor Verschmutzung,

– PVC-Folien als Feuchtigkeitssperren,

– Auflagen aus Pappe als Schutz vor Beschädigung oder

– Auflagen gegen Funkenflug,

abgedeckt, ist auf eine ausreichende Trittsicherheit zu achten. Hierzu hat der Arbeitgeber geeignete Maßnahmen zur Sicherung gegen Verrutschen, zur Rutschhemmung und zur Vermeidung von Unebenheiten oder Stolperstellen durchzuführen.

Technische Maßnahmen sind z. B. Verkleben/Befestigen von Rändern und Stößen, Sicherung gegen Faltenbildung und Verschieben. Organisatorische Maßnahmen sind z. B. Absperren von Bereichen oder Unterweisung der Beschäftigten zum Betreten der temporären Beläge.

Ausgewählte Literaturhinweise

– DGUV Information 208–007 Roste – Auswahl und Betrieb 01/1996 aktualisiert 05/2013

– DGUV Information 208–008 Montage 01/2017

– DGUV Information 207–006 Bodenbeläge für nassbelastete Barfußbereiche 06/2015

– DGUV Information 208–041 Bewertung der Rutschgefahr unter Betriebsbedingungen 01/2011

– IFA Institut für Arbeitsschutz der Deutschen Gesetzlichen Unfallversicherung; Geprüfte Bodenbeläge – Positivliste, in: IFA-Handbuch Sicherheit und Gesundheitsschutz am Arbeitsplatz, Erich Schmidt Verlag GmbH & Co. KG, Berlin

– DIN 51130:2014-02 Prüfung von Bodenbelägen – Bestimmung der rutschhemmenden Eigenschaft – Arbeitsräume und Arbeitsbereiche mit Rutschgefahr, Begehungsverfahren – Schiefe Ebene

Anhang 1

Verfahren zur Prüfung der rutschhemmenden Eigenschaft und des Verdrängungsraums[1] (Begehungsverfahren – Schiefe Ebene)

1 Rutschhemmende Eigenschaft

Eine Prüfperson mit Prüfschuhen begeht in aufrechter Haltung mit Schritten einer halben Schuhlänge vor- und rückwärts den zu prüfenden Bodenbelag, dessen Neigung vom waagerechten Zustand beginnend bis zum Akzeptanzwinkel *(a)* gesteigert wird (siehe Abb. 1). Dieser sogenannte Akzeptanzwinkel ist der Winkel, bei dem die Prüfperson nicht mehr sicher gehen kann und zu rutschen beginnt. Der Akzeptanzwinkel wird auf mit Gleitmittel bestrichenem Bodenbelag ermittelt. Der erreichte mittlere Akzeptanzwinkel (mittlerer Gesamtakzeptanzwinkel) dient anschließend zur Beurteilung des Grades der Rutschhemmung (siehe Tabelle 1). Subjektive Einflüsse auf den Akzeptanzwinkel werden durch ein Kalibrierverfahren eingegrenzt.

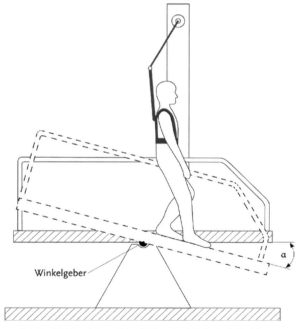

Winkelgeber

Abb. 1: Prüfeinrichtung (Schiefe Ebene) mit Sicherheitseinrichtung

---

[1] Gilt nicht für nassbelastete Barfußbereiche.

Tabelle 1: Zuordnung der korrigierten mittleren Gesamtakzeptanzwinkel zu den Klassen der Rutschhemmung

Korrigierter mittlerer Gesamtakzeptanzwinkel	Klasse der Rutschhemmung (R–Gruppe)
6 bis 10°	R 9
über 10° bis 19°	R 10
über 19° bis 27°	R 11
über 27° bis 35°	R 12
über 35°	R 13

2 Verdrängungsraum

Der Probekörper wird mit einer Paste bündig abgeglichen und seine Masse vor und nach dem Abgleichen gemessen. Aus der Massendifferenz und der Dichte der Paste wird das Volumen des Verdrängungsraumes errechnet. Bodenbeläge mit Verdrängungsraum sind mit dem Kennzeichen „V" in Verbindung mit der Kennzahl für das Mindestvolumen des Verdrängungsraums versehen und werden in die in Tabelle 2 genannten Gruppen unterteilt.

Tabelle 2: Zuordnung der Bezeichnung des Verdrängungsraumes zu den Mindestvolumina

Bezeichnung des Verdrängungsraumes	Mindestvolumen des Verdrängungsraumes [cm³/dm²]
V 4	4
V 6	6
V 8	8
V 10	10

Anhang 2

Anforderungen an die Rutschhemmung von Fußböden

Dieser Anhang beschränkt sich auf solche Arbeitsräume, Arbeitsbereiche und betriebliche Verkehrswege, deren Fußböden mit gleitfördernden Medien in Kontakt kommen, wo also die Gefahr des Ausrutschens zu vermuten ist.

Der mit dem Begehungsverfahren (Schiefe Ebene) ermittelte mittlere Gesamtakzeptanzwinkel ist für die Einordnung eines Bodenbelages in eine von fünf Bewertungsgruppen maßgebend. Die Bewertungsgruppe dient als Maßstab für den Grad der Rutschhemmung, wobei Bodenbeläge mit der Bewertungsgruppe R 9 den geringsten und mit Bewertungsgruppe R 13 den höchsten Anforderungen an die Rutschhemmung genügen.

Fußböden, bei denen wegen des Anfalls besonders gleitfördernder Stoffe ein Verdrängungsraum unterhalb der Gehebene erforderlich ist, sind durch ein „V" in Verbindung mit der Kennzahl für das Mindestvolumen des Verdrängungsraums zu kennzeichnen.

Die in der nachstehenden Tabelle vorgenommene Zuordnung von Arbeitsräumen, Arbeitsbereichen und betrieblichen Verkehrswegen zu Bewertungsgruppen erhebt nicht den Anspruch auf Vollständigkeit. Nicht aufgeführte Arbeitsräume, Arbeitsbereiche und betriebliche Verkehrswege sind, entsprechend der in ihnen zu erwartenden Rutschgefahr (z. B. je nach Häufigkeit, Menge und Art der auftretenden gleitfördernden Stoffe), in Analogie zur Tabelle einer Bewertungsgruppe zuzuordnen.

Die Prüfung der Rutschhemmung erfolgt mit einem Prüfschuh, dessen Sohle profiliert ist. Bei rauen oder profilierten Fußbodenoberflächen und bei Fußböden mit Verdrängungsraum trägt der Formschluss mit dem Sohlenprofil zur Rutschhemmung bei. Bei der Auswahl der Bewertungsgruppe ist daher zu berücksichtigen, welches Schuhwerk getragen wird.

Die Messergebnisse der Prüfmethode zur Bestimmung der Rutschhemmung von Bodenbelägen im Betriebszustand (Gleitreibungskoeffizient (p)) können nicht direkt mit den Messergebnissen der Prüfung (Akzeptanzwinkel (a)) auf der Schiefen Ebene verglichen werden. Der Gleitreibungskoeffizient (p) kann deshalb nicht zur Einordnung in eine R-Gruppe herangezogen werden.

Nummer	Arbeitsräume, -bereiche und betriebliche Verkehrswege	Bewertungsgruppe der Rutschgefahr (R-Gruppe)	Verdrängungsraum mit Kennzahl für das Mindestvolumen
0	**Allgemeine Arbeitsräume und -bereiche*)**		
0.1	Eingangsbereiche, innen**)	R 9	
0.2	Eingangsbereiche, außen	R 11 oder R 10	V 4
0.3	Treppen, innen***)	R 9	
0.4	Außentreppen	R 11 oder R 10	V 4
0.5	Schrägrampen, innen***) (z. B. Rollstuhlrampen, Ausgleichsschrägen, Transportwege)	Eine R-Gruppe höher als für den Zugangsbelag erforderlich	V-Wert des Zugangsbelags, falls zutreffend
0.6	Sanitärräume		
0.6.1	Toiletten	R 9	
0.6.2	Umkleide- und Waschräume	R 10	
0.7	Pausenräume (z. B. Aufenthaltsraum, Betriebskantinen)	R 9	
0.8	Erste-Hilfe-Räume und vergleichbare Einrichtungen (siehe ASR A4.3)	R 9	
1	**Herstellung von Margarine, Speisefett, Speiseöl**		
1.1	Fettschmelzen	R 13	V 6

*) für Fußböden in barfuß begangenen Nassbereichen siehe GUV-Information „Bodenbeläge für nassbelastete Barfußbereiche" (DGUV Information 207−006).

**) Eingangsbereiche gemäß Nummer 0.1 sind die Bereiche, die durch Eingänge direkt aus dem Freien betreten werden und in die Feuchtigkeit von außen hereingetragen werden kann (siehe auch Punkt 6 Abs. 3, Verwendung von Schmutz- und Feuchtigkeitsaufnehmer). Für anschließende Bereiche oder andere großflächige Räume ist Punkt 4 Abs. 10 zu beachten.

***) Treppen, Rampen gemäß Nummer 0.3 und 0.5 sind diejenigen, auf die Feuchtigkeit von außen hineingetragen werden kann. Für anschließende Bereiche ist Punkt 4 Abs. 10 zu beachten.

Nummer	Arbeitsräume, -bereiche und betriebliche Verkehrswege	Bewertungsgruppe der Rutschgefahr (R-Gruppe)	Verdrängungs-raum mit Kenn-zahl für das Mindestvolumen
1.2	Speiseölraffinerie	R 13	V 4
1.3	Herstellung und Verpackung von Margarine	R 12	
1.4	Herstellung und Verpackung von Speisefett, Abfüllen von Speiseöl	R 12	
2	**Milchbe- und -verarbeitung, Käseherstellung**		
2.1	Frischmilchverarbeitung einschließlich Butterei	R 12	
2.2	Käsefertigung, -lagerung und Verpackung	R 11	
2.3	Speisefabrikation	R 12	
3	**Schokoladen- und Süßwaren-herstellung**		
3.1	Zuckerkocherei	R 12	
3.2	Kakaoherstellung	R 12	
3.3	Rohmassenherstellung	R 11	
3.4	Eintafelei, Hohlkörper- und Pralinenfabrikation	R 11	
4	**Herstellung von Backwaren (Bäckereien, Konditoreien, Dauerbackwaren-Herstellung)**		
4.1	Teigbereitung	R 11	
4.2	Räume, in denen vorwiegend Fette oder flüssige Massen verarbeitet werden	R 12	
4.3	Spülräume	R 12	V 4
5	**Schlachtung, Fleischbearbeitung, Fleischverarbeitung**		
5.1	Schlachthaus	R 13	V 10
5.2	Kutterraum, Darmschleimerei	R 13	V 10
5.3	Fleischzerlegung	R 13	V 8
5.4	Wurstküche	R 13	V 8
5.5	Kochwurstabteilung	R 13	V 8
5.6	Rohwurstabteilung	R 13	V 6
5.7	Wursttrockenraum	R 12	
5.8	Darmlager	R 12	
5.9	Pökelei, Räucherei	R 12	

Nummer	Arbeitsräume, -bereiche und betriebliche Verkehrswege	Bewertungsgruppe der Rutschgefahr (R-Gruppe)	Verdrängungs-raum mit Kenn-zahl für das Mindestvolumen
5.10	Geflügelverarbeitung	R 12	V 6
5.11	Aufschnitt- und Verpackungs-abteilung	R 12	
5.12	Handwerksbetrieb mit Verkauf	R 12	V 8*)
6	**Be- und Verarbeitung von Fisch, Feinkostherstellung**		
6.1	Be- und Verarbeitung von Fisch	R 13	V 10
6.2	Feinkostherstellung	R 13	V 6
6.3	Mayonnaiseherstellung	R 13	V 4
7	**Gemüsebe- und -verarbeitung**		
7.1	Sauerkrautherstellung	R 13	V 6
7.2	Gemüsekonservenherstellung	R 13	V 6
7.3	Sterilisierräume	R 11	
7.4	Räume, in denen Gemüse für die Verarbeitung vorbereitet wird	R 12	V 4
8	**Nassbereiche bei der Nahrungs-mittel- und Getränkeherstellung (soweit nicht besonders erwähnt)**		
8.1	Lagerkeller, Gärkeller	R 10	
8.2	Getränkeabfüllung, Fruchtsaftherstellung	R 11	
9	**Küchen, Speiseräume**		
9.1	Gastronomische Küchen (Gaststättenküchen, Hotelküchen)	R 12	
9.2	Küchen für Gemeinschafts-verpflegung in Heimen, Schulen, Kindertageseinrichtungen, Sanatorien	R 11	
9.3	Küchen für Gemeinschafts-verpflegung in Krankenhäusern, Kliniken	R 12	

---

*) Wurde überall ein einheitlicher Bodenbelag verlegt, kann der Verdrängungsraum auf Grund einer Gefährdungsbeurteilung (unter Berücksichtigung des Reinigungsverfahrens, der Arbeitsabläufe und des Anfalls an gleitfördernden Stoffen auf den Fußboden) bis auf V 4 ge-senkt werden.

Nummer	Arbeitsräume, -bereiche und betriebliche Verkehrswege	Bewertungsgruppe der Rutschgefahr (R-Gruppe)	Verdrängungsraum mit Kennzahl für das Mindestvolumen
9.4	Großküchen für Gemeinschaftsverpflegung in Mensen, Kantinen, Fernküchen	R 12	V 4
9.5	Aufbereitungsküchen (Fast-Food-Küchen, Convenience- und Imbissbetriebe)	R 12	
9.6	Auftau- und Anwärmküchen	R 10	
9.7	Kaffee- und Teeküchen, Küchen in Hotels-Garni, Stationsküchen	R 10	
9.8	Spülräume		
9.8.1	Spülräume zu 9.1, 9.4, 9.5	R 12	V 4
9.8.2	Spülräume zu 9.2	R 11	
9.8.3	Spülräume zu 9.3	R 12	
9.9	Speiseräume, Gasträume, Kantinen, einschließlich Serviergängen	R 9	
10	**Kühlräume, Tiefkühlräume, Kühlhäuser, Tiefkühlhäuser**		
10.1	für unverpackte Ware	R 12	
10.2	für verpackte Ware	R 11	
11	**Verkaufsstellen, Verkaufsräume**		
11.1	Warenannahme Fleisch		
11.1.1	für unverpackte Ware	R 11	
11.1.2	für verpackte Ware	R 10	
11.2	Warenannahme Fisch	R 11	
11.3	Bedienungsgang für Fleisch und Wurst		
11.3.1	für unverpackte Ware	R 11	
11.3.2	für verpackte Ware	R 10	
11.4	Bedienungsgang für Fleisch und Wurst, verpackte Ware	R 10	
11.5	Bedienungsgang für Molkerei- und Feinkosterzeugnisse, unverpackte Ware	R 10	

Nummer	Arbeitsräume, -bereiche und betriebliche Verkehrswege	Bewertungsgruppe der Rutschgefahr (R-Gruppe)	Verdrängungsraum mit Kennzahl für das Mindestvolumen
11.6	Bedienungsgang für Fisch		
11.6.1	für unverpackte Ware	R 12	
11.6.2	für verpackte Ware	R 11	
11.7	Bedienungsgänge, ausgenommen Nr. 11.3 bis 11.6	R 9	
11.8	Fleischvorbereitungsraum		
11.8.1	zur Fleischbearbeitung, ausgenommen Nr. 5	R 12	V 8
11.8.2	zur Fleischverarbeitung, ausgenommen Nr. 5	R 11	
11.9	Blumenbinderäume und -bereiche	R 11	
11.10	Verkaufsbereiche mit Backöfen		
11.10.1	zum Herstellen von Backware	R 11	
11.10.2	zum Aufbacken vorgefertigter Backware	R 10	
11.11	Verkaufsbereiche mit Fritteusen oder Grillanlagen	R 12	V 4
11.12	Verkaufsräume, Kundenräume	R 9	
11.13	Vorbereitungsbereiche für Lebensmittel zum SB-Verkauf	R 10	
11.14	Kassenbereiche, Packbereiche	R 9	
11.15	Verkaufsbereiche im Freien	R 11 oder R 10	V 4
12	**Räume des Gesundheitsdienstes/der Wohlfahrtspflege**		
12.1	Desinfektionsräume (nass)	R 11	
12.2	Vorreinigungsbereiche der Sterilisation	R 10	
12.3	Fäkalienräume, Ausgussräume, unreine		
	Pflegearbeitsräume	R 10	
12.4	Sektionsräume	R 10	

Nummer	Arbeitsräume, -bereiche und betriebliche Verkehrswege	Bewertungsgruppe der Rutschgefahr (R-Gruppe)	Verdrängungsraum mit Kennzahl für das Mindestvolumen
12.5	Räume für medizinische Bäder, Hydrotherapie, Fango-Aufbereitung	R 11	
12.6	Waschräume von OP's, Gipsräume	R 10	
12.7	Sanitäre Räume, Stationsbäder	R 10	
12.8	Räume für medizinische Diagnostik und Therapie, Massageräume	R 9	
12.9	OP-Räume	R 9	
12.10	Stationen mit Krankenzimmern und Flure	R 9	
12.11	Praxen der Medizin, Tageskliniken	R 9	
12.12	Apotheken	R 9	
12.13	Laborräume	R 9	
12.14	Friseursalons	R 9	
13	**Wäscherei**		
13.1	Räume mit Durchlaufwaschmaschinen (Waschröhren) oder mit Waschschleudermaschinen	R 9	
13.2	Räume mit Waschmaschinen, bei denen die Wäsche tropfnass entnommen wird	R 11	
13.3	Räume zum Bügeln und Mangeln	R 9	
14	**Kraftfutterherstellung**		
14.1	Trockenfutterherstellung	R 11	
14.2	Kraftfutterherstellung unter Verwendung von Fett und Wasser	R 11	V 4
15	**Lederherstellung, Textilien**		
15.1	Wasserwerkstatt in Gerbereien	R 13	
15.2	Räume mit Entfleischmaschinen	R 13	V 10
15.3	Räume mit Leimlederanfall	R 13	V 10
15.4	Fetträume für Dichtungsherstellung	R 12	
15.5	Färbereien für Textilien	R 11	

Nummer	Arbeitsräume, -bereiche und betriebliche Verkehrswege	Bewertungsgruppe der Rutschgefahr (R-Gruppe)	Verdrängungs- raum mit Kenn- zahl für das Mindestvolumen
16	**Lackierereien**		
16.1	Nassschleifbereiche	R 12	V 10
16.2	Pulverbeschichtung	R 11	
16.3	Lackierung	R 10	
17	**Keramische Industrie**		
17.1	Nassmühlen (Aufbereitung kerami- scher Rohstoffe)	R 11	
17.2	Mischer Umgang mit Stoffen wie Teer, Pech, Graphit, Kunstharzen	R 11	V 6
17.3	Pressen (Formgebung) Umgang mit Stoffen wie Teer, Pech, Graphit, Kunstharzen	R 11	V 6
17.4	Gieß-, Druckgussbereiche	R 12	
17.5	Glasierbereiche	R 12	
18	**Be- und Verarbeitung von Glas und Stein**		
18.1	Steinsägerei, Steinschleiferei	R 11	
18.2	Glasformung von Hohlglas, Behäl- terglas	R 11	
18.3	Schleifereibereiche für Hohlglas, Flachglas	R 11	
18.4	Isolierglasfertigung		
	Umgang mit Trockenmittel	R 11	V 6
18.5	Verpackung, Versand von Flachglas		
	Umgang mit Antihaftmittel	R 11	V 6
18.6	Ätz- und Säurepolieranlagen für Glas	R 11	
19	**Betonwerke**		
19.1	Betonwaschplätze	R 11	
20	**Lagerbereiche**		
20.1	Lagerräume für Öle und Fette	R 12	V 6
20.2	Lagerräume für verpackte Lebens- mittel	R 10	
20.3	Lagerbereiche im Freien	R 11 oder R 10	V 4

Nummer	Arbeitsräume, -bereiche und betriebliche Verkehrswege	Bewertungsgruppe der Rutschgefahr (R-Gruppe)	Verdrängungs- raum mit Kenn- zahl für das Mindestvolumen
21	**Chemische und thermische Behandlung von Eisen und Metall**		
21.1	Beizereien	R 12	
21.2	Härtereien	R 12	
21.3	Laborräume	R 11	
22	**Metallbe- und -verarbeitung, Metall-Werkstätten**		
22.1	Galvanisierräume	R 12	
22.2	Graugussbearbeitung	R 11	V 4
22.3	Mechanische Bearbeitungsbereiche (z. B. Dreherei, Fräserei), Stanzerei, Presserei, Zieherei (Rohre, Drähte) und Bereiche mit erhöhter Öl-Schmiermittelbelastung	R 11	V 4
22.4	Teilereinigungsbereiche, Abdämpf- bereiche	R 12	
23	**Werkstätten für Fahrzeug- Instandhaltung**		
23.1	Instandsetzungs- und Wartungsräume	R 11	
23.2	Arbeits- und Prüfgrube	R 12	V 4
23.3	Waschhalle, Waschplätze	R 11	V 4
24	**Werkstätten für das Instandhalten von Luftfahrzeugen**		
24.1	Flugzeughallen	R 11	
24.2	Werfthallen	R 12	
24.3	Waschplätze	R 11	V 4
25	**Abwasserbehandlungsanlagen**		
25.1	Pumpenräume	R 12	
25.2	Räume für Schlammentwässerungs- anlagen	R 12	
25.3	Räume für Rechenanlagen	R 12	
25.4	Standplätze von Arbeitsplätzen, Arbeitsbühnen und Wartungspodeste	R 12	
26	**Feuerwehrhäuser**		
26.1	Fahrzeug-Stellplätze	R 12	

Nummer	Arbeitsräume, -bereiche und betriebliche Verkehrswege	Bewertungsgruppe der Rutschgefahr (R-Gruppe)	Verdrängungs- raum mit Kenn- zahl für das Mindestvolumen
26.2	Räume für Schlauchpflegeeinrich- tungen	R 12	
27	**Funktionsräume in der Atem- schutz-Übungsanlage**		
27.1	Vorbereitungsraum	R 10	
27.2	Konditionsraum	R 10	
27.3	Übungsraum	R 11	
27.4	Schleuse	R 10	
27.5	Zielraum	R 11	
27.6	Wärmegewöhnungsraum	R 11	
27.7	Leitstand	R 9	
28	**Schulen und Kindertages- einrichtungen**		
28.1	Eingangsbereiche, Flure, Pausen- hallen	R 9	
28.2	Klassenräume, Gruppenräume	R 9	
28.3	Treppen	R 9	
28.4	Toiletten, Waschräume	R 10	
28.5	Lehrküchen in Schulen (siehe auch Nr. 9)	R 10	
28.6	Küchen in Kindertageseinrichtun- gen (siehe auch Nr. 9)	R 10	
28.7	Maschinenräume für Holzbearbei- tung	R 10	
28.8	Fachräume für Werken	R 10	
28.9	Pausenhöfe	R 11 oder R 10	V 4
29	**Geldinstitute**		
29.1	Schalterräume	R 9	
30	**Betriebliche Verkehrswege in Außenbereichen**		
30.1	Gehwege	R 11 oder R 10	V 4
30.2	Laderampen		
30.2.1	überdacht	R 11 oder R 10	V 4
30.2.2	nicht überdacht	R 12 oder R 11	V 4

Nummer	Arbeitsräume, -bereiche und betriebliche Verkehrswege	Bewertungsgruppe der Rutschgefahr (R-Gruppe)	Verdrängungsraum mit Kennzahl für das Mindestvolumen
30.3	Schrägrampen (z. b. für Rollstühle, Ladebrücken)	R 12 oder R 11	V 4
30.4	Betankungsbereiche		
30.4.1	überdacht	R 11	
30.4.2	nicht überdacht	R 12	
31	**Parkbereiche**		
31.1	Garagen, Hoch- und Tiefgaragen ohne Witterungseinfluss*)	R 10	
31.2	Garagen, Hoch- und Tiefgaragen mit Witterungseinfluss	R 11 oder R 10	V 4
31.3	Parkflächen im Freien	R 11 oder R 10	V 4

Anwendungsbeispiel

Der Arbeitsbereich Nummer 6.3 Mayonnaiseherstellung wird mit der Bewertungsgruppe R 13 der Rutschgefahr bewertet. Die Größe des Mindestvolumens des Verdrängungsraumes wird mit V 4, entsprechend mindestens 4 cm³/dm², angegeben. Bei der Auswahl eines geeigneten Bodenbelages können unter Berücksichtigung der betrieblichen Bedingungen des Einzelfalls Bodenbeläge in die Betrachtung einbezogen werden, denen nach Prüfung folgende Eigenschaften bescheinigt worden sind:

Rutschhemmung	Verdrängungsraum
R 13	V 4
R 13	V 6
R 13	V 8
R 13	V 10

*) Die Fußgängerbereiche, die nicht von Rutschgefahr durch Witterungseinflüsse, wie Schlagregen oder eingeschleppte Nässe, betroffen sind.

ASR A1.6 – Fenster, Oberlichter, lichtdurchlässige Wände

(GMBl. 2012 S. 5, geänd. durch GMBl. 2014 S. 284 und GMBl. 2018 S. 472)

Die Technischen Regeln für Arbeitsstätten (ASR) geben den Stand der Technik, Arbeitsmedizin und Arbeitshygiene sowie sonstige gesicherte arbeitswissenschaftliche Erkenntnisse für das Einrichten und Betreiben von Arbeitsstätten wieder.

Sie werden vom **Ausschuss für Arbeitsstätten** ermittelt bzw. angepasst und vom Bundesministerium für Arbeit und Soziales im Gemeinsamen Ministerialblatt bekannt gegeben.

Diese ASR A1.6 konkretisiert im Rahmen des Anwendungsbereichs die Anforderungen der Verordnung über Arbeitsstätten. Bei Einhaltung der Technischen Regeln kann der Arbeitgeber insoweit davon ausgehen, dass die entsprechenden Anforderungen der Verordnung erfüllt sind. Wählt der Arbeitgeber eine andere Lösung, muss er damit mindestens die gleiche Sicherheit und den gleichen Gesundheitsschutz für die Beschäftigten erreichen.

Inhalt

1 Zielstellung

Diese ASR konkretisiert die Anforderungen an das Einrichten und Betreiben von Fenstern, Oberlichtern und lichtdurchlässigen Wänden in § 3a Abs. 1 sowie insbesondere in den Punkten 1.5 Abs. 3 und 1.6 des Anhanges der Arbeitsstättenverordnung.

2 Anwendungsbereich

Diese ASR gilt für das Einrichten und das Betreiben von Fenstern, Oberlichtern und lichtdurchlässigen Wänden in Arbeitsstätten.

Hinweis:

Für die barrierefreie Gestaltung der Fenster, Oberlichter und lichtdurchlässigen Wände gilt die ASR V3a.2 „Barrierefreie Gestaltung von Arbeitsstätten", Anhang A1.6: Ergänzende Anforderungen zur ASR A1.6 „Fenster, Oberlichter, lichtdurchlässige Wände".

3 Begriffsbestimmungen

3.1 **Fenster** sind Bauteile zur natürlichen Beleuchtung. Hierzu zählen auch Schaufenster. Darüber hinaus können sie sowohl der Sichtverbindung nach außen als auch der Lüftung dienen.

Beispiele für Bauarten von Fenstern siehe Abbildung 1.

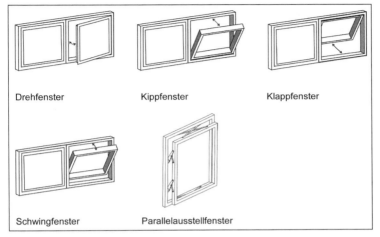

Drehfenster   Kippfenster   Klappfenster

Schwingfenster   Parallelausstellfenster

Abb. 1: Bauarten von Fenstern

3.2 **Flügel** sind diejenigen beweglichen Bauteile, die Öffnungen von Fenstern oder Oberlichtern schließen oder freigeben. Flügel sind z. B. Drehflügel, Kippflügel, Klappflügel, Schwingflügel, Wendeflügel und Schiebeflügel.

3.3 **Kraftbetätigt** sind Fenster und Oberlichter, wenn die für die Bewegung der Flügel erforderliche Energie vollständig oder teilweise von Kraftmaschinen zugeführt wird.

3.4 **Ferngesteuert** sind Flügel dann, wenn sie vom festen Bedienungsstandort aus nicht oder nicht vollständig zu übersehen sind; ferngesteuert sind auch Flügel, deren Antrieb durch Steuerimpulse gesteuert wird, die z. B. von einem Sender (z. B. mobile Fernbedienung) oder Sensor (z. B. Windsensor) ausgehen.

3.5 **Bewegungsraum** ist der Raum, in dem die Flügel Öffnungs- und Schließbewegungen ausführen.

3.6 **Sicherheitsglas** ist ein Glas, das durch besondere Behandlung wie Vorspannen oder Laminieren bruchsicher ist und die Verletzungsgefährdung im Falle einer Beschädigung verhindert oder minimiert. Keine ausreichenden Sicherheitseigenschaften haben u. a. Floatglas, Profilbauglas mit und ohne Drahteinlage, Ornamentgläser, teilvorgespanntes Glas und Draht(spiegel)glas in monolithischer Form.

- **Einscheibensicherheitsglas (ESG)** zerfällt bei Bruch in der Regel in kleine, relativ stumpfkantige Krümel, wodurch die Verletzungsgefährdung herabgesetzt wird.

- **Verbundsicherheitsglas (VSG)** besteht aus zwei oder mehr Glasscheiben, die durch mindestens eine organische Zwischenschicht zu einer Einheit verbunden werden. Bei einem Bruch haften die Bruchstücke an der Folie und es besteht eine Splitterbindung, wodurch die Verletzungsgefährdung geringer ist als bei anderen Glaserzeugnissen.

3.7 **Splitterschutzfolien** sind selbstklebende Folien, die nachträglich auf plane Glasflächen fachgerecht aufgeklebt werden und in Kombination mit der entsprechenden Glasscheibe die Sicherheitseigenschaften verbessern können.

3.8 **Oberlichter** nach Arbeitsstättenverordnung sind in Dach- bzw. Deckenflächenintegrierte Bauteile – im Weiteren Dachoberlicht genannt –, die der natürlichen Beleuchtung und ggf. der Lüftung dienen. Dachoberlichter werden oft mit einem Rauch-Wärme-Abzug (RWA) kombiniert. Ausführungen von Dachoberlichtern sind z. B. Lichtkuppeln, Lichtbänder und Lichtplatten. Obere Teile von Fenstern und Türen, die umgangssprachlich als Oberlichter bezeichnet werden, sind im Sinne dieser Regel Fenster.

Abb. 2: Dachoberlicht (Lichtkuppel)

3.9 **Lichtdurchlässige Wände** sind Wände mit lichtdurchlässigen Flächen, die bis in die Nähe des Fußbodens reichen und aus Glas, Kunststoff oder anderen transparenten Materialien bestehen. Sie sind in der Regel feststehende Raum- oder Gebäudeabschlüsse, die keine Lüftungsfunktion haben. Sie können aber auch aus einzelnen mobilen Bauteilen bestehen bzw. aufgebaut werden.

3.10 **Reinigungsbalkone** sind Balkone, die ausschließlich für Reinigungs- und Instandhaltungsarbeiten am Gebäude vorgesehen sind.

3.11 **Befahranlagen** sind Vorrichtungen, z. B. bewegliche Steigleitern mit innen liegenden Zwischenpodesten, Reinigungsbrücken oder Fassadenaufzüge, die zum Gebäude gehören, am Gebäude verbleiben und für Reinigungs- und Instandhaltungsarbeiten am Gebäude oder an Gebäudeeinrichtungen benutzt werden.

3.12 **Steuerung ohne Selbsthaltung** (Totmannsteuerung) ist eine Steuereinrichtung, die eine kontinuierliche Betätigung der Steuereinrichtung für die Flügelbewegung erfordert.

3.13 **Absturzsichernde Verglasungen** sind Vertikalverglasungen, tragende Glasbrüstungen mit Handlauf oder Geländerausfachungen aus Glas, die ein Abstürzen der Beschäftigten verhindern.

3.14 **Instandhaltungsarbeiten** umfassen alle Maßnahmen zur Bewahrung des Soll-Zustandes (Wartung), zur Feststellung und Beurteilung des Ist-Zustandes (Inspektion) und zur Wiederherstellung des Soll-Zustandes (Instandsetzung) oder Verbesserung des Ist-Zustandes.

4 Sicherheitsanforderungen bei Planung und Auswahl

In Arbeitsstätten dürfen nur Fenster, Dachoberlichter und lichtdurchlässige Wände verwendet werden, die hinsichtlich ihrer Beschaffenheitsanforderungen den europäischen und nationalen Vorschriften (z. B. Produktrecht) entsprechen, die für die Verwendung in der Arbeitsstätte geeignet sind und sicher betrieben werden können.

Die Einbausituation und das Betreiben von Fenstern, Dachoberlichtern und lichtdurchlässigen Wänden stellen Anforderungen an die Nutzungssicherheit, die auch die Beschaffenheit von Fenstern betreffen kann. Daher ist beim Einrichten und Betreiben der Arbeitsstätte über die EG-Konformitätsbewertung hinaus die Eignung und Verwendbarkeit von Fenstern für die vorgesehene Nutzung zu prüfen und ggf. die erforderlichen baulichen Maßnahmen und Veränderungen am Einbauort vorzunehmen (wenn z. B. durch Einrichtungsgegenstände neue Gefahrenstellen entstehen).

4.1 Fenster

4.1.1 Allgemeine Anforderungen

(1) Der Arbeitgeber hat bereits bei der Auswahl der eingesetzten Materialien im Rahmen einer Gefährdungsbeurteilung die Nutzung und Einbausituation zu berücksichtigen. Dies gilt insbesondere für die Auswahl der Glasart.

(2) Sofern Arbeitsplätze oder Verkehrswege an Fenster grenzen, deren Brüstungshöhe zur Absturzsicherung nicht ausreichend (siehe ASR A2.1 „Schutz vor Absturz und herabfallenden Gegenständen, Betreten von Gefahrenbereichen") ist und eine Absturzgefährdung besteht, muss eine andere ständige Sicherung gegen Absturz vorhanden sein. Bei feststehenden Fensterflügeln erfüllt auch eine absturzsichernde Verglasung, die den baurechtlichen Bestimmungen entspricht, diese Forderung.

(3) Flügel von Fenstern müssen gegen unbeabsichtigtes Verlassen der Führungs- und Befestigungselemente gesichert sein.

(4) Gefährdungen durch geöffnete Flügel müssen vermieden oder minimiert werden. Gefährdungen, wie Anstoßen oder Quetschen, können vorliegen, wenn sich die Flügel im Aufenthaltsbereich von Beschäftigten oder im Bereich von Verkehrswegen unkontrolliert bewegen oder die erforderliche Breite von Verkehrswegen einschränken. Unkontrollierte Bewegungen von Flügeln können z. B. durch Dämpfungseinrichtungen, Auffangbügel, mechanische oder elektrische Verstelleinrichtungen vermieden werden.

(5) Von Griffen, Hebeln und Schlössern dürfen bei bestimmungsgemäßem Gebrauch keine Gefährdungen für die Beschäftigten ausgehen. Das wird beispielsweise erreicht, wenn:
– Griffe und Hebel gerundet und in jeder Stellung eines Flügels mindestens 25 mm zu feststehenden Teilen des Fensters oder der Fensterlaibung angeordnet sind,
– Hebel für Panikbeschläge seitlich drehbar oder als Wippe ausgebildet sind,
– Hebel für Kippfenster zurückversetzt in der Fensternische angeordnet sind oder
– Griffe und Hebel von einem sicheren Standort betätigt werden können.

(6) Kurbeln, als Einrichtungen für die Handbetätigung, dürfen nicht zurückschlagen und müssen gegen Abgleiten und unbeabsichtigtes Abziehen gesichert sein.

(7) Sonnenschutzsysteme (siehe Punkt 4.3 der ASR A3.5 „Raumtemperatur") müssen so installiert sein, dass sie das Öffnen der Fenster für die Lüftung nicht verhindern.

(8) Bodentief eingebaute Fenster, z. B. Schaufenster, müssen hinsichtlich der Bruchsicherheit den für lichtdurchlässige Wände festgelegten Anforderungen entsprechen.

(9) Sofern Fenster als Notausstieg Teil eines Flucht- oder Rettungsweges sind, gelten zusätzlich die Anforderungen der ASR A2.3 „Fluchtwege und Notausgänge, Flucht- und Rettungsplan".

4.1.2 Besondere Anforderungen an kraftbetätigte Fenster

(1) Von kraftbetätigten Fenstern können in Abhängigkeit von der Einbausituation, der Steuerung oder der Nutzung spezifische, insbesondere mechanische Gefährdungen ausgehen. Eine wirksame Sicherung gegen diese Gefährdungen, wie Quetschen oder Anstoßen, muss vorhanden sein. Dies kann durch eine einzelne Schutzmaßnahme oder eine Kombination der folgenden beispielhaften Schutzmaßnahmen erreicht werden:
- Einbauhöhe des Fensters von mehr als 2,50 m,
- Eingriffsweite < 8 mm (z. B. an Einzugsstellen zwischen Schiebeflügeln),
- akustische oder optische Warnsignale,
- langsame Flügelbewegung,
- geringe Schließkräfte,
- Einrichtungen vor dem Fenster, die einen Zugang zum Bewegungsraum verhindern,
- Not-Halt-Einrichtung am Fenster,
- druckempfindliche Schutzeinrichtungen, z. B. Schaltleisten oder Kontaktschläuche,
- berührungslos wirkende Schutzeinrichtungen, z. B. Lichtschranken oder Lichtgitter,
- Steuerung ohne Selbsthaltung (Totmannsteuerung) oder
- gerundete, gepolsterte Kanten.

(2) Bei ferngesteuerten Fensterflügeln sind die damit verbundenen erhöhten Gefährdungen (z. B. unbemerkte Schließvorgänge) zu beachten und entsprechende Maßnahmen (z. B. vorausgehendes Warnsignal) zu ergreifen.

(3) Flügel müssen in ihren Endstellungen selbsttätig zum Stillstand kommen.

(4) Sind kraftbetätigte Flügel so eingerichtet, dass sie auch von Hand geöffnet werden können, müssen Hand- und Kraftantrieb gegeneinander verriegelt sein, sofern der Kraftantrieb mechanische Rückwirkungen auf den Handantrieb hat. Können Flügel bei Ausfall eines Beschlagelementes abstürzen oder herabschlagen und können hierdurch Personen gefährdet werden, so sind Sicherheitsvorrichtungen notwendig. Dies können z. B. doppelte Aufhängungen, Sicherheitsscheren oder Fangvorrichtungen sein.

(5) Sind Einrichtungen für die Handbetätigung von Flügeln vorhanden, dürfen sie mit festen oder beweglichen Teilen der Umgebung keine Quetsch- und Scherstellen bilden. Die Handbetätigung muss vom Fußboden oder von einem anderen sicheren Standplatz aus erfolgen können.

(6) Fenster mit elektrischem Antrieb dürfen nur verwendet werden, wenn sie eine Netztrenneinrichtung (z. B. Hauptschalter, geeignete Steckverbindungen) besitzen, mit der die Anlage allpolig vom Stromnetz getrennt werden kann. Die Netz-

trenneinrichtung muss an geeigneter Stelle angebracht und gegen irrtümliches oder unbefugtes Einschalten sicherbar sein. Dies gilt sinngemäß auch für pneumatische und hydraulische Antriebe; Restenergien müssen ohne Gefährdung von Beschäftigten ableitbar sein.

(7) Bauteile, von denen der sichere Betrieb der kraftbetätigten Fenster abhängt, müssen für Instandhaltung und Prüfung leicht zugänglich sein.

4.2 Dachoberlichter

(1) Gefährdungen durch geöffnete Dachoberlichter müssen vermieden oder minimiert werden. Gefährdungen können z. B. sein:
– Einengung des Verkehrsweges,
– Absturz von Beschäftigten,
– Herabfallen von Gegenständen durch die Öffnung oder
– Zugluft.

(2) Dachoberlichter sind in der Regel nicht durchtrittsicher. Deshalb sind geeignete Maßnahmen gegen Absturz zu treffen (siehe ASR A2.1 „Schutz vor Absturz und herabfallenden Gegenständen, Betreten von Gefahrenbereichen").

(3) Für die Auswirkungen der Sonneneinstrahlung auf das Raumklima durch Dachoberlichter sind die Anforderungen der ASR A3.5 „Raumtemperatur" zu beachten.

(4) Für beleuchtungstechnische Anforderungen an Dachoberlichter sind die Vorgaben der ASR A3.4 „Beleuchtung" zu beachten.

4.3 Lichtdurchlässige Wände

(1) In der Nähe von Arbeitsplätzen und im Bereich von Verkehrswegen ist die Kennzeichnung von durchsichtigen, nicht strukturierten Flächen in Augenhöhe erforderlich. Dies kann z. B. durch ausreichend große Bildzeichen, Symbole, farbige Tönungen oder Klebefolien erfolgen. Diese müssen sich je nach Beleuchtung und Hintergrund gut erkennbar abheben. Die diesbezüglichen Vorgaben der ASR A1.3 „Sicherheits- und Gesundheitsschutzkennzeichnung" sind zu berücksichtigen.

(2) Weiter reichende Schutzmaßnahmen sind dort erforderlich, wo trotz Kenntlichmachung die Gefährdung besteht, dass Beschäftigte in die lichtdurchlässige Wandfläche hineinstürzen oder beim Zersplittern der Wände verletzt werden können. Solche Gefährdungen können z. B. auftreten:
– im Bereich von Absätzen, Treppen oder Stufen,
– bei Menschengedränge oder
– beim Transport von Material.
Geeignete Schutzmaßnahmen sind die Verwendung von bruchsicherem Glas oder einem anderen bruchsicheren Werkstoff. Beim Einsatz von nichtbruchsicherem Werkstoff ist eine feste Abschirmung wie ein Geländer, ein Netz oder ein Gitter erforderlich.

(3) Flächen von lichtdurchlässigen Wänden gelten als bruchsicher, wenn sie die baurechtlichen Bestimmungen für Sicherheitsglas erfüllen (z. B. Einscheiben- und Verbundsicherheitsglas). In der Praxis ist darauf zu achten, dass die verschiedenen Arten von Sicherheitsglas nicht für alle Anwendungen geeignet sind. Die Entscheidung, ob Einscheibensicherheitsglas, Verbundsicherheitsglas oder andere Werkstoffe eingesetzt werden, muss unter Berücksichtigung der unterschiedlichen Brucheigenschaften und der Einbausituation im Rahmen der Gefährdungsbeurtei-

lung gefällt werden. Kunststoffe mit vergleichbarer Bruchsicherheit sind zulässig. Die Bruchsicherheit hängt entscheidend davon ab, dass derartige Flächen keine Beschädigungen aufweisen und keine unzulässigen Spannungen oder Belastungen auf die Flächen einwirken (siehe Anhang).

(4) Bei bestehenden nicht bruchsicheren Glasflächen, deren Austausch zu einer unverhältnismäßigen Härte führen würde, lässt sich die Schutzwirkung gegen Verletzungsgefahren bei Glasbruch durch fachgerechtes und ganzflächiges Aufkleben von geeigneten Splitterschutzfolien verbessern. Dabei ist die zeitlich begrenzte Schutzwirkung (Herstellerangaben) dieser Folien zu beachten.

(5) Lichtdurchlässige Wände sowie deren Bestandteile, z. B. Rahmen, Befestigungsteile und Glaselemente, müssen so eingebaut oder verankert werden, dass Beschäftigte nicht durch herabfallende Teile (z. B. von versetzbaren Raumteilern zur Abtrennung von Arbeitsplätzen) verletzt werden können.

(6) Sofern Arbeitsplätze oder Verkehrswege an lichtdurchlässige Wände grenzen und für die Beschäftigten eine Absturzgefährdung besteht, muss eine ständige Sicherung gegen Absturz vorhanden sein.

Dies ist z. B. gewährleistet wenn die Wand aus einer absturzsichernden Verglasung besteht oder ein Geländer montiert ist.

5 Reinigung, Instandhaltung einschließlich Prüfungen

(1) Bereits bei der Planung der Fenster, Dachoberlichter oder lichtdurchlässigen Wände muss der Arbeitgeber darauf achten, dass eine sichere Instandhaltung und Reinigung gewährleistet wird. Dies gilt insbesondere, wenn hierzu bauliche Vorrichtungen zur Durchführung von Instandhaltungs- und Reinigungsarbeiten erforderlich sind.

(2) Die Reinigung oder Instandhaltung von Fenstern, Dachoberlichtern und lichtdurchlässigen Wänden muss von einer sicheren Standfläche mit ausreichendem Bewegungsfreiraum aus erfolgen können. Diese kann dauerhaft oder zeitweilig eingerichtet sein.

Sichere Standflächen sind z. B.:
– Reinigungsbalkone,
– Befahranlagen oder
– Standroste mit Anschlageinrichtungen für Persönliche Schutzausrüstung gegen Absturz (PSAgA).

Sind solche sicheren Standflächen nicht vorhanden, können Reinigungs- und Instandhaltungsarbeiten z. B. auch von Hebebühnen und Gerüsten durchgeführt werden, wenn die baulichen Voraussetzungen und geeignete Aufstellflächen gegeben sind.

Hochziehbare Personenaufnahmemittel (z. B. Arbeitskörbe, Arbeitsbühnen und Arbeitssitze) dürfen nur nachrangig in exponierten Teilbereichen eingesetzt werden, wenn sichere Standplätze nicht einrichtbar sind.

(3) Bei Reinigungs- und Instandhaltungsarbeiten mit Absturzgefährdung sind geeignete Maßnahmen zum Schutz gegen Absturz (z. B. feste oder mobile Umwehrungen, PSAgA) erforderlich. Dabei ist die Rangfolge der Schutzmaßnahmen nach ASR A2.1 „Schutz vor Absturz und herabfallenden Gegenständen, Betreten von Gefahrenbereichen" einzuhalten.

(4) Für Reinigungs- und Instandhaltungsarbeiten müssen für den Einsatz von tragbaren Leitern, Vorrichtungen nach Absatz 2 vorhanden sein. Dabei muss für

den sicheren Stand der Leiter eine ausreichend breite und tragfähige Fläche gewährleistet sein. Werden bei der Benutzung von Leitern bestehende Sicherungen gegen Absturz unwirksam, ist die Anbringung von Absturzsicherungen vorzunehmen. Die Bereitstellung und Benutzung von Leitern sind in der Betriebssicherheitsverordnung und in der TRBS 2121 Teil 2 „Gefährdungen von Personen durch Absturz – Bereitstellung und Benutzung von Leitern" geregelt.

(5) Rahmenlose mobile Glaswände sind regelmäßig auf Beschädigungen des Glases, insbesondere auf Kantenverletzungen bei ESG, und auf den festen Sitz der Beschläge hin zu prüfen, um Glasbruch vorzubeugen.

(6) Für die Reinigung von ESG sollen keine scharfen Klingen oder andere Werkzeuge, die die Oberfläche des Glases beschädigen können, verwendet werden, da dies zum Bruch der Scheibe führen kann.

(7) Bei kraftbetätigten Fenstern und Dachoberlichtern ist zusätzlich das Folgende zu beachten:

– Vor Reinigungs- und Instandhaltungsarbeiten muss der Antrieb abgeschaltet und gegen irrtümliches und unbefugtes Einschalten, sowie gegen unbeabsichtigte Bewegung gesichert werden. Hiervon ausgenommen bleibt der Probelauf (Funktionsprüfung).

– Die Instandhaltung darf nur durch vom Arbeitgeber beauftragte Personen durchgeführt werden, die mit den jeweiligen Arbeiten vertraut sind.

– Kraftbetätigte Fenster müssen nach den Vorgaben des Herstellers vor der ersten Inbetriebnahme, nach wesentlichen Änderungen sowie wiederkehrend sachgerecht auf ihren sicheren Zustand geprüft werden. Die wiederkehrende Prüfung sollte mindestens einmal jährlich erfolgen. In die Prüfung sind auch die Fangvorrichtungen einzubeziehen. Die Ergebnisse der sicherheitstechnischen Prüfung sind zu dokumentieren.

– Die sicherheitstechnische Prüfung von kraftbetätigten Fenstern darf nur durch Sachkundige durchgeführt werden, die die Funktionstüchtigkeit der Schutzeinrichtungen beurteilen und überprüfen können.

Ausgewählte Literaturhinweise:

– Verordnung über Sicherheit und Gesundheitsschutz bei der Bereitstellung von Arbeitsmitteln und deren Benutzung bei der Arbeit, über Sicherheit beim Betrieb überwachungsbedürftiger Anlagen und über die Organisation des betrieblichen Arbeitsschutzes (Betriebssicherheitsverordnung – BetrSichV)

– TRBS 2121 Gefährdung von Personen durch Absturz – Allgemeine Anforderungen

– TRBS 2121 Teil 2 Gefährdungen von Personen durch Absturz – Bereitstellung und Benutzung von Leitern

– TRBS 2121 Teil 3 Gefährdungen von Personen durch Absturz – Bereitstellung und Benutzung von Zugangs- und Positionierungsverfahren unter Zuhilfenahme von Seilen

– TRAV Technische Regeln für die Verwendung von absturzsichernden Verglasungen (Deutsches Institut für Bautechnik)

– TRLV Technische Regeln für die Verwendung von linienförmig gelagerten Verglasungen (Deutsches Institut für Bautechnik)

– TRPV Technische Regeln für die Bemessung und Ausführung punktförmig gelagerter Verglasungen (Deutsches Institut für Bautechnik)

– RAB 32 Regeln zum Arbeitsschutz auf Baustellen – Unterlage für spätere Arbeiten

– DGUV Vorschrift 38 Bauarbeiten 01.04.1977 aktualisiert 01/1997

– DGUV Information 208–014 Glastüren, Glaswände 10/2010

– DGUV Information 208–016 Handlungsanleitung für den Umgang mit Leitern und Tritten 11/2007

- VFF Merkblatt KB.01:2017-07 Kraftbetätigte Fenster (Verband Fenster- und Fassade (VFF) in Frankfurt) Juli 2017
- Glas- und Fassadenreinigung – Instandhaltung sicher und wirtschaftlich planen (BG BAU)

Anhang

Einsatz von Sicherheitsglas

Einscheibensicherheitsglas (ESG) und Verbundsicherheitsglas (VSG) haben verschiedene Brucheigenschaften und sind daher für unterschiedliche Anwendungen geeignet.

ESG ist thermisch vorgespanntes Glas, das bei Zerstörung in kleine stumpfkantige Glaskrümel (würfelförmige Fragmente) zerfällt und damit weitgehend vor Verletzungen schützt.

Restrisiken durch das Bruchverhalten beim Zerbersten einer Scheibe aus ESG sind allerdings zum Einen das explosionsartige Zerspringen der Scheibe in Glaskrümel und zum Anderen das Zusammenhalten größerer Schollen aus noch zusammenhängenden Glaskrümeln, die beim Herunterfallen Beschäftigte treffen und Verletzungen verursachen können.

ESG ist gegen stumpfe Schläge auf die Scheibenfläche sehr robust, weil es sich durchbiegen kann. An den Kantenbereichen hingegen ist es sehr empfindlich.

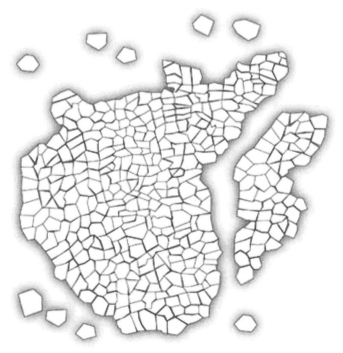

Abb. 3: Bruchbild ESG

VSG besteht aus zwei oder mehreren Glasscheiben, die durch mindestens eine organische Zwischenschicht zu einer Einheit verbunden werden. Bei mechanischer Überlastung (z. B. Stoß, Schlag und Beschuss) bricht VSG zwar an, aber die Bruchstücke haften fest an der Zwischenlage. Es entstehen somit keine losen, scharfkantigen Glasbruchstücke; die Verletzungsgefahr wird weitgehend herabgesetzt.

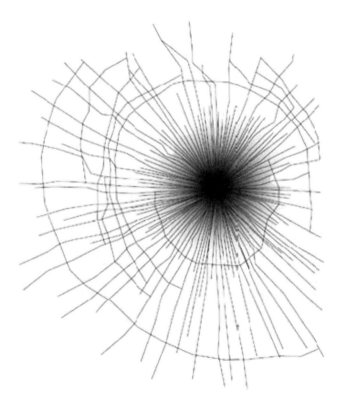

Abb. 4: Bruchbild VSG

Je nach Zusammensetzung und Dicke ist VSG von splitterbindend bis hin zu sprengwirkungshemmend. Es findet daher häufig Verwendung in Fenstern, Türen und Abtrennungen, die Personen und hohe Sachwerte schützen, z. B. an Kassenschaltern oder bei Juwelieren.

Verglichen mit ESG kommt es bei Schlägen frontal gegen die Scheibe aus VSG schneller zum Bruch.

VSG ist nicht für jeden Anwendungsfall der sicherere Werkstoff. Bei rahmenlosen Ganzglastüren beispielsweise wird in der Regel ESG verwendet, da mit VSG die Flügel zu schwer werden. Diese Türen werden in der Regel nur an zwei Bändern (Scharnieren) gehalten. Kommt es zum Bruch eines solchen Flügels aus VSG, besteht die Gefahr, dass die Scheibe ihre Statik verliert und zusammenhängend als Ganzes zusammenbricht. Dabei kann sie eine Person unter sich begraben.

ASR A1.7 – Türen und Tore

(GMBl. 2009 S. 1619, geänd. durch GMBl. 2010 S. 284, GMBl. 2017 S. 399 und GMBl. 2018 S. 472)

Die Technischen Regeln für Arbeitsstätten (ASR) geben den Stand der Technik, Arbeitsmedizin und Arbeitshygiene sowie sonstige gesicherte arbeitswissenschaftliche Erkenntnisse für das Einrichten und Betreiben von Arbeitsstätten wieder.

Sie werden vom **Ausschuss für Arbeitsstätten** (ASTA) ermittelt bzw. angepasst und vom Bundesministerium für Arbeit und Soziales nach § 7 der Arbeitsstättenverordnung im Gemeinsamen Ministerialblatt bekannt gegeben.

Diese ASR A1.7 konkretisiert im Rahmen ihres Anwendungsbereichs Anforderungen der Verordnung über Arbeitsstätten. Bei Einhaltung der Technischen Regeln kann der Arbeitgeber insoweit davon ausgehen, dass die entsprechenden Anforderungen der Verordnung erfüllt sind. Wählt der Arbeitgeber eine andere Lösung, muss er damit mindestens denselben Sicherheits- und Gesundheitsschutz für die Beschäftigten erreichen.

Der Ausschuss für Arbeitsstätten hat grundlegende Inhalte der BGR 232 „Kraftbetätigte Fenster, Türen und Tore" des Fachausschusses „Bauliche Einrichtungen" der Deutschen Gesetzlichen Unfallversicherung (DGUV) in Anwendung des Kooperationsmodells (BArbBl. 6/2003 S. 48) als ASR in sein Regelwerk übernommen.

Inhalt

1 Zielstellung

Diese Arbeitsstättenregel konkretisiert die Anforderungen an das Einrichten und Betreiben von Türen und Toren in § 3 Abs. 1 und § 4 Abs. 3 sowie insbesondere in den Punkten 1.7 und 2.3 Abs. 2 des Anhanges der Arbeitsstättenverordnung.

2 Anwendungsbereich

(1) Diese Arbeitsstättenregel gilt für das Einrichten und Betreiben von Türen und Toren in Gebäuden und auf dem Betriebsgelände sowie in vergleichbaren betrieblichen Einrichtungen, die sich auf dem Gelände eines Betriebes oder einer Baustelle befinden und zu denen Beschäftigte im Rahmen ihrer Arbeit Zugang haben. Sie gilt nicht für Türen und Tore von maschinellen Anlagen (z. B. Aufzugsanlagen) und nicht für provisorische Türen und Tore auf Baustellen.

(2) gestrichen

Hinweis:
Für die barrierefreie Gestaltung der Türen und Tore gilt die ASR V3 a.2 „Barrierefreie Gestaltung von Arbeitsstätten", Anhang A1.7: Ergänzende Anforderungen zur ASR A1.7 „Türen und Tore".

3 Begriffsbestimmungen

3.1 **Abstürzen** ist die unkontrollierte, nicht ausgeglichene Bewegung von vertikal bewegten Flügeln im Fall des Versagens eines einzelnen Tragmittels oder der Gewichtsausgleichssysteme.

3.2 **Bewegungsraum** ist der Raum, in dem die Flügel Öffnungs- und Schließbewegungen ausführen.

3.3 Der **Fallweg** von Torflügeln ist die senkrechte Strecke, die die Hauptschließkante nach dem Versagen der Tragmittel bis zum erfolgten Fangen durch die Fangvorrichtung zurücklegt.

3.4 **Fangvorrichtungen** sind Einrichtungen, die im Falle des Flügelabsturzes selbsttätig auf den Flügel oder das Bauteil, das mit ihm fest verbunden ist (z. B. Wickelwelle), wirken und ihn halten. Hierzu zählen auch Getriebe, die imstande sind, den Flügel zu halten, wenn tragende Getriebeteile versagen (Sicherheitsgetriebe).

3.5 **Flügel** sind diejenigen beweglichen Anlagenteile, die Tür- oder Toröffnungen schließen oder freigeben.

3.6 **Gefährdungen an Türen und Toren** ergeben sich besonders durch:
- Quetsch-, Einzugs- oder Scherstellen mit festen oder beweglichen Teilen der Flügel und der Umgebung (z. B. an den Schließkanten),
- Absturzgefährdung an angrenzenden Treppenabgängen oder höher gelegenen Arbeitsplätzen,
- Angestoßen oder Erfasst werden durch den Flügel.

3.7 **Herausfallen** ist das ungewollte Verlassen des Tor- oder Türflügels aus der Führung.

3.8 Türen und Tore sind **kraftbetätigt,** wenn die für das Öffnen oder Schließen der Flügel erforderliche Energie vollständig oder teilweise von Kraftmaschinen zugeführt wird.

3.9 **Nachlaufweg** ist der Weg des kraftbetätigten Flügels, von der Einleitung des Stoppvorganges bis zum Stillstand.

3.10 Mit der **NOT-HALT-Einrichtung** kann im Fall einer Gefährdung die Flügelbewegung bewusst zum Stillstand gebracht werden.3.11 **Schließkanten** sind (siehe Tabelle):
- Hauptschließkante ist jede Schließkante eines Flügels, deren Abstand von der parallelen Gegenschließkante oder Gegenfläche die Öffnungsweite bestimmt,
- Gegenschließkante ist jede Schließkante, die einer Haupt- oder Nebenschließkante des Flügels gegenüberliegt,
- Nebenschließkante ist jede andere Schließkante des Flügels, die nicht Haupt- oder Gegenschließkante ist.

ASR A1.7

Tabelle: Schließkanten von Türen und Toren

	Tür/Tor	Schließkante
a)	**Drehflügel-türen/ -tore** sind Türen mit einem oder zwei Flügeln, die sich um die senk-rechte Achse an einer Flügelkante drehen.	
b)	**Schiebetüren/ -tore** sind Türen mit einem oder mehreren sich horizontal bewe-genden Türflü-geln, die sich auf ihrer eigenen Ebene über eine Öffnung hinweg bewegen.	
c)	**Faltflügel-türen/ -tore** sind Türen mit zwei oder meh-reren Flügeln, die miteinander ge-lenkig verbunden sind und bei de-nen eine Seite des Türflügels mit der Zarge verbunden ist.	

455

	Tür/Tor	Schließkante
d)	**Karusselltüren** sind Türen mit zwei oder mehreren Türflügeln, die mit einer gemeinsamen vertikalen Drehachse innerhalb einer Einfassung verbunden sind.	
e)	**Rolltore** sind Tore mit einem Flügel, der vertikal bewegt wird und sich beim Öffnen auf eine Wickelwelle aufwickelt.	
f)	**Sektionaltore** sind Tore mit einem Flügel, der aus einer Anzahl von horizontal miteinander verbundenen Sektionen besteht und in der Regel beim Öffnen vertikal angehoben wird. Die Ablage des Flügels in der oberen Öffnungsposition ist abhängig vom jeweiligen Typ (z. B. waagerecht, senkrecht, gefaltet).	

	Tür/Tor	Schließkante
g)	**Kipptore** sind Tore mit einem Flügel, der bei der Betätigung eine Kippbewegung ausführt und vollständig geöffnet in der oberen, waagerechten Endstellung verbleibt.	Nebenschließkante, Nebenschließkante, Gegenschließkante, Hauptschließkante
h)	**Schiebetore** sind Tore mit einem oder mehreren Flügeln, die horizontal bewegt werden.	Gegenschließkante, Nebenschließkante, Hauptschließkante

3.12 **Schlupftüren** sind Türen, die in Torflügeln eingebaut sind.

3.13 **Schutzeinrichtungen** sind Einrichtungen zum Schutz vor Gefährdungen, z. B. der Quetschgefährdung an Schließkanten:
- trennende Schutzeinrichtungen, wie Abdeckungen,
- druckempfindliche Schutzeinrichtungen, wie Schaltleisten oder -matten,
- berührungslos wirkende Schutzeinrichtungen, wie Lichtschranken oder Aktiv-Infrarot-Systeme.

3.14 Die **Steuerung** ist der Bestandteil der Antriebseinheit, der von außen kommende Steuerbefehle annimmt, diese verarbeitet und Ausgangssignale zum Betrieb des Antriebes erzeugt:
- Steuerung mit Selbsthaltung (Impulssteuerung) ist eine Steuereinrichtung, die nur eine einmalige Betätigung zum Auslösen der vollständigen Flügelbewegung erfordert. Steuerimpulse werden z. B. durch Drucktaster, Kontaktschwellen, Lichtschranken, Radareinrichtungen, Zugschalter oder durch im Fußboden verlegte Induktionsschleifen ausgelöst oder gehen von einem elektrischen Sender, einer Licht- oder Schallquelle aus.
- Steuerung ohne Selbsthaltung (Totmannsteuerung) ist eine Steuereinrichtung, die eine kontinuierliche Betätigung für die Flügelbewegung erfordert.

3.15 **Tore** sind bewegliche Raumabschlüsse, vorzugsweise für den Verkehr mit Fahrzeugen und für den Transport von Lasten mit oder ohne Personenbegleitung.

3.16 **Türen** sind bewegliche Raumabschlüsse, vorzugsweise für den Fußgängerverkehr.

3.17 **Tragmittel** sind Bauteile oder Einrichtungen zum Tragen des Flügels, z. B. Feder, Stahldrahtseil, Kette, Gurt, Rolle, Trommel, Welle, Hebelarm sowie sonstige Kraftübertragungselemente zwischen Antriebsquelle und Flügel (z. B. Getriebe).

4 Planung von Türen und Toren

(1) Türen und Tore sind so anzuordnen, dass sie sicher bedient werden können. Durch ihre Anordnung dürfen keine zusätzlichen Gefährdungen entstehen, beispielsweise durch Aufschlagen des Flügels in einen Treppenlauf.

(2) Türen und Tore sollen so angeordnet und gestaltet sein, dass sich möglichst kurze Wege innerhalb der Arbeitsstätte ergeben und keine Gefährdungen durch Windbelastung entstehen. Die Entstehung von störendem Luftzug (Zugluft) sollte vermieden werden (siehe ASR A3.6 „Lüftung").

(3) Türen und Tore müssen so angebracht sein, dass sie in geöffnetem Zustand die erforderliche Mindestbreite vorbeiführender Verkehrswege nicht einengen (siehe ASR A1.8 „Verkehrswege").

(4) Die Betätigung von Türen und Toren muss vom Fußboden aus oder von einem anderen sicheren Bedienort aus möglich sein.

(5) Griffe und andere Einrichtungen für die Betätigung von Türen und Toren dürfen mit festen und beweglichen Teilen der Tür oder des Tores oder deren Umgebung keine Quetsch- oder Scherstellen bilden.

(6) Die Durchgangsbreite und -höhe von Türen und Toren richtet sich nach den Mindestmaßen von Fluchtwegen (siehe ASR A2.3 „Fluchtwege und Notausgänge, Flucht- und Rettungsplan").

Türen und Tore in Zugängen, die nur der Bedienung, Überwachung und Wartung dienen, sollen 0,50 m in der lichten Durchgangsbreite und 1,80 m in der lichten Durchgangshöhe nicht unterschreiten. Auf die Anstoßgefährdung im Kopfbereich, die aufgrund dieser verringerten Durchgangshöhe besteht, ist mit einer Kennzeichnung nach ASR A1.3 „Sicherheits- und Gesundheitsschutzkennzeichnung" hinzuweisen.

(7) Rahmen von Türen und Toren dürfen keine Stolperstellen bilden (siehe ASR A1.5/1,2 „Fußböden"). Höhenunterschiede sollen durch Schrägen angeglichen oder gekennzeichnet (siehe ASR A1.3) werden.

5 Auswahl von Türen und Toren

(1) In Arbeitsstätten dürfen nur Türen und Tore verwendet werden, die hinsichtlich ihrer Beschaffenheitsanforderungen den europäischen und nationalen Vorschriften (z. B. Produktrecht) entsprechen und die für die Verwendung in der Arbeitsstätte geeignet und sicher sind. Bei der Ausführung der Türen und Tore sind unter anderem das Bio- und Gefahrstoffrecht (z. B. dichtschließend, Sicherheitsschleusen) sowie das Baurecht (z. B. feuerhemmend, feuerbeständig, selbstschließend) zu beachten.

Die Einbausituation und das Betreiben von Türen und Toren stellen Anforderungen an die Nutzungssicherheit, die auch die Beschaffenheit von Türen und Toren betreffen kann. Daher sind beim Einrichten und Betreiben der Arbeitsstätte über die EG-Konformitätsbewertung hinaus die Eignung und Verwendbarkeit von Türen und Toren für die vorgesehene Nutzung zu prüfen und ggf. die erforderlichen baulichen Maßnahmen und Veränderungen am Einbauort vorzunehmen

(z. B. durch Einrichtungsgegenstände zusätzlich entstandene Quetschstellen, die zu sichern sind).

(2) Damit Beschäftigte bei Ausfall der Antriebsenergie bei kraftbetätigten Türen und Toren nicht eingeschlossen werden können, müssen sich diese ohne besonderen Kraftaufwand (siehe Punkt 10.1 Abs. 3) auch von Hand öffnen lassen. Abweichend von Satz 1 dürfen schwere, kraftbetätigte Tore anstelle mit Handbetrieb auch unter bestimmungsgemäßer Verwendung von Hilfsmitteln, z. B. bereitgestellte hydraulische/pneumatische Hebezeuge oder Notstromaggregate, verwendet werden, wenn die ursprüngliche Energiezufuhr ausgefallen ist.

(3) In Räumen, in denen z. B. gesundheitsgefährdende Gase, Dämpfe oder Stäube in die Raumluft gelangen können, müssen Türen und Tore deren Eindringen in angrenzende Bereiche der Arbeitsstätte verhindern. Dies kann z. B. durch ein selbstständiges und dichtes Schließen der Türen und Tore erreicht werden.

(4) Türen und Tore, die nur in einer Richtung benutzt werden sollen, sind entsprechend auf beiden Seiten als Einbahnverkehr zu kennzeichnen.

(5) Bei Torflügeln mit eingebauter Schlupftür darf eine kraftbetätigte Flügelbewegung nur bei geschlossener Schlupftür möglich sein. Die Flügelbewegung muss zum Stillstand kommen, wenn die Schlupftür geöffnet wird. Im Fall von mechanisch bewegten Brandschutztoren mit Schlupftüren sind die den baurechtlichen Zulassungen zugrunde liegenden Ausführungen zu beachten.

(6) Damit Beschäftigte nicht durch zersplitternde Flächen von Türen und Toren gefährdet werden, müssen diese Flächen bruchsicher sein oder die Füllungen müssen durch feste Abschirmungen (z. B. Stabgitter) so geschützt sein, dass sie beim Öffnen und Schließen nicht eingedrückt oder Personen nicht durch diese hindurchgedrückt werden können. Werkstoffe für durchsichtige Flächen gelten als bruchsicher, wenn sie die baurechtlichen Bestimmungen für Sicherheitsglas erfüllen (z. B. Einscheiben- und Verbundsicherheitsglas). Die Bruchsicherheit hängt entscheidend davon ab, dass das Glas nicht beschädigt ist und dass keine unzulässigen Spannungen oder Belastungen auf das Glas einwirken (siehe Punkt 10.1 Abs. 4). Kunststoffe mit vergleichbarer Bruchsicherheit sind zulässig. Drahtglas ist kein Sicherheitsglas.

(7) Flügel von Türen und Toren, die zu mehr als drei Vierteln ihrer Fläche aus einem durchsichtigen Werkstoff bestehen, müssen in Augenhöhe so gekennzeichnet sein, dass sie deutlich wahrgenommen werden können. Hierzu können z. B. ausreichend große Bildzeichen, Symbole oder farbige Tönungen verwendet werden. Sie sollen sich je nach Hintergrund und Beleuchtungssituation gut erkennbar abheben. Die Wahrnehmbarkeit der Türen und Tore wird durch die Gestaltung mit auffallenden Griffen oder einer Handleiste verbessert.

6 Sicherung gegen mechanische Gefährdungen

(1) Bei kraftbetätigten Türen und Toren muss eine wirksame Sicherung vor mechanischen Gefährdungen bis zu einer Höhe von 2,50 m über dem Fußboden oder einer anderen dauerhaften Zugangsebene vorhanden sein. Dies kann durch eine einzelne oder eine Kombination der folgenden Sicherungsmaßnahmen erreicht werden:

- Einhalten von Sicherheitsabständen (siehe Abs. 5 bis 8),
- Einbauen von trennenden Schutzeinrichtungen an den Schließkanten, wie Gehäuse, Abdeckungen, Verkleidungen, feststehende Schutzflügel,

- Formgebung von Flügeloberflächen und vorstehenden Teilen in geeigneter Weise,
- Torbetätigung mit einer manuellen Steuerung ohne Selbsthaltung (Totmannsteuerung, siehe Punkt 8.1),
- Begrenzung der Kräfte, die durch den Torflügel erzeugt werden, wenn er auf eine Person oder einen Gegenstand auftrifft,
- Einbau von schaltenden Schutzeinrichtungen (druckempfindliche oder berührungslos wirkende Schutzeinrichtungen).

(2) Beim Betrieb von Türen und Toren darf der Nachlaufweg des Flügels nach Auslösen einer druckempfindlichen Schutzeinrichtung nicht größer sein als deren Verformungsweg. Bei Flügeln ohne Sicherheitseinrichtung an den Schließkanten darf der Nachlaufweg nicht größer als 50 mm sein, sofern mit dem Nachlauf eine gefährdende Flügelbewegung verbunden ist.

(3) Die erforderlichen Sicherheitsabstände müssen auch während der betrieblichen Nutzung dauerhaft eingehalten werden.

(4) Die Gefährdung, dass Beschäftigte beim Betrieb von vertikal bewegten Flügeln erfasst oder eingezogen werden, kann z. B. durch die Verwendung glattflächiger Flügel vermieden werden. Andernfalls, wie bei Rollgittern, sind weitere Sicherungsmaßnahmen (siehe Abs. 1) notwendig.

(5) Zusätzliche Sicherungen an Quetsch- und Scherstellen an Nebenschließkanten sind nicht erforderlich:
- bei Nebenschließkanten, deren Gegenschließkanten sich am Sturz der Türoder Toröffnung befinden,
- wenn der Spalt zwischen Nebenschließkante und Gegenschließkante maximal 8 mm beträgt,
- wenn die Nebenschließkanten z. B. durch hohlwandige Gummi-, Kunststoffleisten oder Haarbürsten so nachgiebig gestaltet sind, dass sie im zusammengedrückten Zustand einen Sicherheitsabstand für die Finger von mindestens 25 mm ermöglichen.

(6) Die Gefährdung, dass Finger eingezogen werden, besteht nicht, wenn die Flügel von automatischen Schiebetüren/-toren und festen Teilen ihrer Umgebung in einem Abstand s von 8 mm oder weniger aneinander vorbeilaufen (Abb. 1). Ein Abscheren oder Quetschen von Fingern wird verhindert, wenn der Abstand t zwischen Flügeln und Bauteilen 25 mm oder mehr beträgt (Abb. 1).

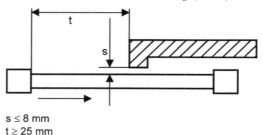

s ≤ 8 mm
t ≥ 25 mm

Abb. 1: Vermeiden von Einzugs- und Schergefährdung zum Schutz der Finger

(7) Damit zwischen den hinteren Kanten der Flügel (Nebenschließkanten) von kraftbetätigten Schiebetüren/-toren und festen Teilen der Umgebung beim Betrieb

keine Quetschstellen entstehen, müssen genügend große Sicherheitsabstände verbleiben:
- für Flügel, die in einem Abstand von maximal 100 mm an feststehenden, geschlossenen Bauteilen entlang laufen, sind mindestens 200 mm Sicherheitsabstand notwendig (Abb. 2),
- für Flügel, die in einem Abstand von mehr als 100 mm an feststehenden Bauteilen entlang laufen, sind mindestens 500 mm Sicherheitsabstand notwendig (Abb. 3).

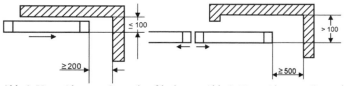

Abb. 2: Vermeiden von Quetschgefährdung zum Schutz des Kopfbereiches

Abb. 3: Vermeiden von Quetschgefährdung zum Schutz des Körpers

(8) Damit kraftbetätigte Dreh- und Faltflügeltüren oder -tore hinsichtlich Quetschstellen (zwischen dem Flügel und festen Teilen der Umgebung) sicher betrieben werden können, muss bei größtmöglicher Flügelöffnung der hinter dem Flügel gelegene Bereich über seine gesamte Tiefe eine lichte Weite von mindestens 500 mm aufweisen (Abb. 4). Abweichend hiervon genügt eine lichte Weite von mindestens 200 mm, wenn die Tiefe des vom geöffneten Flügel und festen Teilen seiner Umgebung gebildeten Bereichs höchstens 250 mm beträgt (Abb. 5). Können diese Werte nicht eingehalten werden, sind weitere Sicherheitsmaßnahmen (siehe Abs. 1) notwendig.

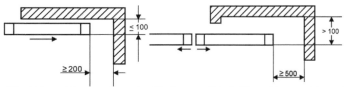

Abb. 4: Vermeiden von Quetschgefährdung zum Schutz des Körpers

Abb. 5: Vermeiden von Quetschgefährdung zum Schutz des Kopfbereiches

(9) Damit Flügel, die für die Handbetätigung angefasst werden müssen, weil zusätzliche Einrichtungen (z. B. Kurbeln oder Haspelkettenantriebe) nicht vorhanden sind, sicher verwendet werden können, müssen diese auf der inneren und äußeren Seite über Einrichtungen zur Handbetätigung verfügen, z. B. Klinken, Griffe, Griffmulden, Griffplatten. Wenn Türen und Tore nur von einer Seite betätigt werden sollen, braucht nur diese Seite mit solchen Einrichtungen ausgerüstet sein.

(10) Einrichtungen für die Handbetätigung, z. B. Kurbeln oder Ketten, von Türen und Toren müssen sicher verwendet werden können und müssen gegen Zurückschlagen, Abgleiten und unbeabsichtigtes Abziehen gesichert sein.

(11) Hat der Antrieb von kraftbetätigten Türen und Toren mechanische Rückwirkung auf den Handantrieb, müssen Hand- und Kraftantrieb gegeneinander verriegelt sein.

7 Sicherung der Flügelbewegung

(1) Für den sicheren Betrieb von Toren müssen selbsttätig wirkenden Einrichtungen für die Endstellung vorhanden sein, die Beschäftigte gegen unbeabsichtigtes Schließen der Tore (z. B. Zuschlagen durch Windeinwirkung) schützen.

(2) Schiebetüren und -tore dürfen nur betrieben werden, wenn ein Pendeln der Flügel quer zur Bewegungsrichtung der Türen und Tore ausgeschlossen ist.

(3) Senkrecht bewegte Torflügel sind durch Gegengewichte oder andere technische Einrichtungen (z. B. Antriebe, Federn) so auszugleichen, dass sie sich nicht unbeabsichtigt schließen. Bei der Verwendung von Toren darf die Kraft an der Hauptschließkante bei einer Bewegung durch nicht ausgeglichene Gewichte maximal 150 N betragen.

(4) Besteht durch Gegengewichte von Torflügeln eine Quetsch-, Scher- oder Stoßgefährdung oder die Gefährdung des Eingezogenwerdens, darf das Tor nur betrieben werden, wenn die Laufbahn der Gegengewichte bis 2,50 m über der Zugangsebene verdeckt ist.

(5) Bei senkrecht bewegten kraftbetätigten Türen und Toren mit Seil-, Gurt- oder Kettenaufhängung muss das Schlaffwerden des Tragmittels verhindert werden, sofern nicht direkt auf den Flügel wirkende Fangvorrichtungen vorhanden sind.

7.1 Sicherung gegen Abstürzen der Flügel

(1) Beim Betrieb von senkrecht bewegten Flügeln müssen diese mit Fangvorrichtungen gesichert sein, die beim Versagen der Tragmittel ein Abstürzen der Flügel selbsttätig verhindern.

(2) Von Fangvorrichtungen nach Absatz 1 kann abgesehen werden:
- bei Flügeln mit Seil- oder Kettenaufhängung, deren Eigengewicht durch Gegengewicht ausgeglichen ist, wenn zusätzliche Seile oder Ketten vorhanden sind, die allein das Flügelgewicht zu tragen imstande sind,
- bei Flügeln mit Seil- oder Kettenaufhängung, deren Eigengewicht durch Federn ausgeglichen ist, wenn beim Bruch eines Seils oder einer Kette das Flügelgewicht ausgeglichen bleibt und der Antrieb so beschaffen ist, dass er allein das Flügelgewicht zu tragen imstande ist,
- bei Flügeln ohne Seil- oder Kettenaufhängung, deren Eigengewicht durch Federn ausgeglichen ist, wenn der Antrieb so beschaffen ist, dass er allein das Flügelgewicht zu tragen imstande ist,
- bei Flügeln mit zwei Antrieben, wenn jeder Antrieb so ausgelegt ist, dass er das Flügelgewicht allein zu tragen imstande ist und wenn bei Ausfall eines Antriebes eine weitere Bewegung des Flügels selbsttätig verhindert ist, spätestens wenn der Flügel seine untere Endstellung erreicht hat,
- bei Flügeln, die unmittelbar hydraulisch oder pneumatisch angetrieben werden, wenn an den Arbeitszylindern Einrichtungen vorhanden sind, die bei Rohr- oder Leitungsbruch ein Absenken des Flügels verhindern.

7.2 Sicherung gegen Herausfallen der Flügel

(1) Tür- und Torflügel müssen gegen unbeabsichtigtes Verlassen der Führungseinrichtungen gesichert sein.

(2) Beim Öffnen oder Schließen der Flügel von kraftbetätigten Türen und Toren müssen diese in ihren Endstellungen selbsttätig zum Stillstand kommen. Können Flügel beim Versagen der Begrenzungseinrichtungen über ihre Endstellungen hinausfahren, müssen Notendschalter oder feste Anschläge in Verbindung mit einer Überlastsicherung vorhanden sein.

(3) Begrenzungseinrichtungen, wie Stopper oder Anschläge, müssen eine ausreichende Festigkeit aufweisen.

8 Sicherheit der Steuerung

8.1 Steuerung ohne Selbsthaltung

An Türen und Toren kann bei Steuerung ohne Selbsthaltung (Totmannsteuerung) auf die Sicherungen nach Punkt 6 verzichtet werden, wenn:
- bei manuell betätigter Steuerung ohne Selbsthaltung die Flügelbewegung durch das Loslassen der Befehlseinrichtung unmittelbar zum Stillstand kommt und
- die Befehlseinrichtung so angeordnet ist, dass der Gefahrenbereich vom Bedienungsstandort aus vollständig eingesehen werden kann und
- die Bedienung der Befehlseinrichtung durch unbefugte Personen durch technische oder organisatorische Maßnahmen ausgeschlossen wird und
- die Schließgeschwindigkeit der Flügel, gemessen an der Hauptschließkante, maximal 0,5 m/s beträgt.

8.2 Steuerung mit Selbsthaltung (Impulssteuerung)

(1) Impulsgesteuerte Flügelbewegungen dürfen nur durch die hierfür vorgesehenen Befehlseinrichtungen ausgelöst werden.

(2) Impulsgesteuerte Türen und Tore sind so zu betreiben, dass Beschäftigte z. B. gegen Quetschgefährdungen geschützt sind. Dazu müssen die entsprechenden Schutzeinrichtungen so beschaffen sein, dass beim Auftreten eines Fehlers in der Einrichtung, der einen Befehl zur Unterbrechung der gefährdenden Flügelbewegung verhindern würde,
- die Schutzwirkung der Einrichtung erhalten bleibt (Einfehlersicherheit) oder
- der Fehler spätestens in einer der Endlagen des Flügels selbsttätig erkannt wird und ein Befehl zum Verhindern einer weiteren gefährdenden Flügelbewegung erfolgt (Testung).

8.3 Abschalt- und NOT-HALT-Einrichtungen

(1) Damit gefährdende Flügelbewegungen nach Abschalten des Antriebes oder bei Ausfall der Energieversorgung (z. B. elektrisch, pneumatisch, hydraulisch) für den Antrieb verhindert werden, muss nach Abschalten des Antriebes oder des Ausfalls der Energieversorgung die Bewegung der Flügel unmittelbar zum Stillstand kommen. Eine unbeabsichtigte erneute Bewegung der Flügel darf nicht möglich sein. Abweichend von Satz 1 dürfen Flügel von kraftbetätigten Türen und Toren,

die einen Brandabschluss bilden, nur verwendet werden, wenn sie bei Ausfall der Energieversorgung ohne Gefährdung von Beschäftigten selbsttätig schließen.

(2) Werden zur Sicherung von Quetsch- und Scherstellen an Schließkanten von Brandabschlüssen Einrichtungen verwendet, die bei Berührung oder Unterbrechung durch einen Beschäftigten die Flügelbewegung zum Stillstand bringen, muss sich der im Brandfall eingeleitete Schließvorgang nach Freigabe dieser Sicherheitseinrichtung selbsttätig fortsetzen.

(3) Eine NOT-HALT-Einrichtung ist dann erforderlich, wenn im Ergebnis einer Gefährdungsbeurteilung festgestellt wird, dass durch diese Maßnahme eine zusätzliche Sicherheit erreicht werden kann. Abweichend von Satz 1 sind kraftbetätigte Karusselltüren unmittelbar an den Zugangsstellen mit NOT-HALT-Einrichtungen auszurüsten. NOT-HALT-Einrichtungen sind so anzubringen, dass sie gut sichtbar und schnell erreichbar sind.

(4) Türen und Tore mit elektrischem Antrieb dürfen nur verwendet werden, wenn sie eine Netztrenneinrichtung (z. B. Hauptschalter, geeignete Steckverbindungen) besitzen, mit der die Anlage allpolig vom Stromnetz getrennt werden kann. Die Netztrenneinrichtung muss gegen irrtümliches oder unbefugtes Einschalten gesichert sein. Dies gilt sinngemäß auch für pneumatische und hydraulische Antriebe; Restenergien sind ohne Gefährdung von Beschäftigten abzuleiten.

9 Anforderungen an Türen und Tore im Verlauf von Fluchtwegen

(1) Automatische Schiebetüren und Schnelllauftore (ausgenommen Feuer- und Rauchschutztüren und -tore) dürfen nur verwendet werden, wenn sie bei Ausfall der Energiezufuhr selbsttätig öffnen oder über eine manuelle Öffnungsmöglichkeit (Break-out) verfügen. Automatische Karusselltüren dürfen nur verwendet werden, wenn sich Teile der Innenflügel ohne größeren Kraftaufwand (siehe Punkt 10.1 Abs. 3) von Hand und ohne Hilfsmittel sowie in jeder Stellung der Tür auf die erforderliche Fluchtwegbreite öffnen lassen. Weitere Bestimmungen zu Türen und Toren im Verlauf von Fluchtwegen enthält die ASR A2.3 „Fluchtwege und Notausgänge, Flucht- und Rettungsplan".

(2) Die Anzahl und Lage von Türen und Toren ergibt sich insbesondere aus den Fluchtweglängen nach ASR A2.3.

10 Instandhaltung einschließlich sicherheitstechnischer Prüfung

(1) Die Betriebs-, Instandhaltungs- und Prüfanleitungen des Herstellers sind zu beachten und müssen in der Arbeitsstätte verfügbar sein. Türen und Tore unterliegen durch betriebliche Veränderungen (insbesondere Nutzungsänderungen,Nachrüstungen und Umbauten) Einflüssen, die im Hinblick auf die Sicherheit neue Voraussetzungen schaffen können. Bei der Beurteilung, ob Türen und Tore unter veränderten Nutzungsbedingungen noch ausreichend sicher sind, ist das Ergebnis der sicherheitstechnischen Prüfung zu berücksichtigen. Der Hersteller sollte mit einbezogen werden.

(2) Bauteile, von denen der sichere Betrieb der Türen und Tore abhängt, müssen für die Instandhaltung und Prüfung leicht zugänglich sein.

10.1 Instandhaltung

(1) Vor Instandhaltungsarbeiten müssen Flügel gegen unbeabsichtigte Bewegung gesichert werden.

(2) Vor Instandhaltungsarbeiten muss der Antrieb der Türen und Tore abgeschaltet und gegen irrtümliches und unbefugtes Einschalten gesichert werden. Hiervon ausgenommen bleibt der Probelauf (Funktionsprüfung).

(3) Der Kraftaufwand für das Öffnen oder Schließen von Hand sollte für Türen 220 N und für Tore 260 N nicht überschreiten. Für kraftbetätigte Tore darf in begründeten Fällen der maximale Kraftaufwand um 50 Prozent überschritten werden.

(4) Rahmenlose Glastüren und Glasschiebeelemente sind regelmäßig auf Beschädigungen des Glases, insbesondere auf Kantenverletzungen und auf den festen Sitz der Beschläge bzw. Türbänder hin zu prüfen, um Glasbruch vorzubeugen.

(5) Die Instandsetzung von Türen und Toren darf nur durch Personen durchgeführt werden, die mit den jeweiligen Instandsetzungsarbeiten vertraut sind.

10.2 Sicherheitstechnische Prüfung

(1) Kraftbetätigte Türen und Tore müssen nach den Vorgaben des Herstellers vor der ersten Inbetriebnahme, nach wesentlichen Änderungen sowie wiederkehrend sachgerecht auf ihren sicheren Zustand geprüft werden. Die wiederkehrende Prüfung sollte mindestens einmal jährlich erfolgen. Die Ergebnisse der sicherheitstechnischen Prüfung sind aufzuzeichnen und in der Arbeitsstätte aufzubewahren.

(2) Die sicherheitstechnische Prüfung von kraftbetätigten Türen und Toren darf nur durch Sachkundige durchgeführt werden, die die Funktionstüchtigkeit der − Ausschuss für Arbeitsstätten − ASTA-Geschäftsführung − BAuA − www.baua.de -Schutzeinrichtungen beurteilen und mit geeigneter Messtechnik, die z. B. den zeitlichen Kraftverlauf an Schließkanten nachweist, überprüfen können. Des Weiteren sind die länderspezifischen baurechtlichen Bestimmungen (z. B. Technische Prüfverordnung) zu beachten.

(3) Brandschutztüren und -tore sind nach der allgemeinen bauaufsichtlichen Zulassung bzw. dem Prüfzeugnis regelmäßig zu prüfen, damit sie im Notfall einwandfrei schließen (z. B. Feststellanlagen einmal monatlich durch den Betreiber und einmal jährlich durch den Sachkundigen).

(4) Die sicherheitstechnische Prüfung schließt die Überprüfung des Vorhandenseins einer vollständigen technischen Dokumentation und der Betriebsanleitung ein.

Ausgewählte Literaturhinweise:
− DGUV Information 208−022 Türen und Tore 09/2017
− DGUV Information 208−026 Sicherheit von kraftbetätigten Karusselltüren 09/2007

ASR A1.8 – Verkehrswege

(GMBl. 2012 S. 1210, geänd. GMBl. 2014 S. 284, GMBl. 2016 S. 442 und
GMBl. 2018 S. 473)

Die Technischen Regeln für Arbeitsstätten (ASR) geben den Stand der Technik, Arbeitsmedizin und Arbeitshygiene sowie sonstige gesicherte arbeitswissenschaftliche Erkenntnisse für das Einrichten und Betreiben von Arbeitsstätten wieder.

Sie werden vom **Ausschuss für Arbeitsstätten** ermittelt bzw. angepasst und vom Bundesministerium für Arbeit und Soziales im Gemeinsamen Ministerialblatt bekannt gegeben.

Diese ASR A1.8 konkretisiert im Rahmen des Anwendungsbereichs die Anforderungen der Verordnung über Arbeitsstätten. Bei Einhaltung der Technischen Regeln kann der Arbeitgeber insoweit davon ausgehen, dass die entsprechenden Anforderungen der Verordnung erfüllt sind. Wählt der Arbeitgeber eine andere Lösung, muss er damit mindestens die gleiche Sicherheit und den gleichen Gesundheitsschutz für die Beschäftigten erreichen.

Inhalt

1 Zielstellung

Diese ASR konkretisiert die Anforderungen an das Einrichten und Betreiben von Verkehrswegen in § 3a Abs. 1 und § 4 Abs. 4 sowie der Punkte 1.8, 1.9, 1.10 und 1.11 des Anhangs der Arbeitsstättenverordnung.

2 Anwendungsbereich

Diese ASR gilt für das Einrichten und Betreiben von Verkehrswegen inklusive Treppen, ortsfesten Steigleitern und Steigeisengängen, Laderampen sowie Fahrsteigen und Fahrtreppen. Sie gilt nicht für Zu- und Abgänge in, an und auf Arbeitsmitteln im Sinne von § 2 Abs. 1 der Betriebssicherheitsverordnung und für Fahrzeuge sowie dazugehörige Anhänger, die für die Beförderung von Personen und den Gütertransport bestimmt sind.

Diese ASR findet keine Anwendung auf Steigeisen, Steigeisengängen und Steigleitern an Hausschornsteinen, die ausschließlich als Angriffswege für die Feuerwehr dienen.

Hinweise:

Sofern entsprechende Gefährdungen vorliegen, ist diese Arbeitsstättenregel insbesondere in Verbindung mit folgenden ASR anzuwenden:

– Sicherheitszeichen: ASR A 1.3 „Sicherheits- und Gesundheitsschutzkennzeichnung",

– *Schutz vor Absturz und herabfallenden Gegenständen, Verkehrswege auf nicht durchtritt-sicheren Dächern: ASR A2.1 „Schutz vor Absturz und herabfallenden Gegenständen, Betreten von Gefahrenbereichen“,*
– *Fluchtwege: ASR A2.3 „Fluchtwege und Notausgänge, Flucht- und Rettungsplan“,*
– *Beleuchtung: ASR A3.4 „Beleuchtung“ und*
– *Sicherheitsbeleuchtung: ASR A3.4/3 „Sicherheitsbeleuchtung, optische Sicherheitsleit-systeme“.*

Für die barrierefreie Gestaltung der Verkehrswege gilt die ASR V3a.2 „Barrierefreie Ge-staltung von Arbeitsstätten“, Anhang A1.8: Ergänzende Anforderungen zur ASR A1.8 „ Verkehrswege“.

3 Begriffsbestimmungen

3.1 **Verkehrswege** sind für den Fußgänger- oder Fahrzeugverkehr (personen-gesteuert oder automatisiert) oder für die Kombination aus beiden bestimmte Be-reiche auf dem Gelände eines Betriebes oder auf Baustellen. Dazu gehören ins-besondere Flure, Gänge einschließlich Laufstege und Fahrsteige, Bühnen und Galerien, Treppen, ortsfeste Steigleitern und Laderampen.

3.2 **Gänge zu gelegentlich benutzten Betriebseinrichtungen** sind Ver-kehrswege, die dem ungehinderten Zutritt zur Nutzung von Betriebseinrichtun-gen (z. B. Heizungen, Fenster, Elektroversorgung) dienen.

3.3 **Wartungsgänge** sind Verkehrswege, die ausschließlich der Wartung und der Inspektion dienen.

3.4 **Lagereinrichtungen** sind ortsfeste sowie verfahrbare Regale und Schränke.

3.5 **Schmalgänge** sind Verkehrswege für kraftbetriebene Flurförderzeuge in Regalanlagen ohne beidseitigen Randzuschlag von jeweils mindestens 0,50 m zwi-schen den am weitesten ausladenden Teilen der Flurförderzeuge einschließlich ihrer Last und festen Teilen der Umgebung. Ausgenommen sind Gänge von Einfahrrega-len. Einfahrregal ist ein Regalsystem, das eine Art Blocklagerung ermöglicht, in dem mehrere Paletten hintereinander und übereinander gelagert werden, wobei diese auf mit den Stützen verbundenen Auflageschienen abgesetzt werden. Die Flurförderzeuge fahren dabei in die Regalgassen ein.

3.6 **Fahrzeuge** im Sinne dieser Regel sind z. B.:
– Kraftwagen oder -räder für die Personenbeförderung und den Lastentransport,
– Flurförderzeuge, ausgenommen manuell zu bewegende Flurförderzeuge (z. B. Handgabelhubwagen, Sackkarre),
– kraftbetriebene fahrbare Arbeitsmaschinen und Arbeitseinrichtungen und
– manuell betriebene Fahrzeuge (z. B. Fahrräder).

3.7 **Treppe** ist ein fest mit dem Bauwerk verbundenes, unbewegbares Bauteil, das mindestens aus einem Treppenlauf besteht.

3.8 **Treppenlauf** ist die ununterbrochene Folge von mindestens drei Treppen-stufen zwischen zwei Ebenen.

3.9 **Hilfstreppen** sind Treppen, die zu nicht regelmäßig begangenen Bereichen führen, z. B. Zugänge zu Laufstegen, Arbeitsbühnen, Arbeitsgruben.

3.10 **Bautreppen** sind ein- oder mehrläufige Treppen, die ausschließlich im Zuge von Bauarbeiten errichtet und benutzt werden.

Hinweis:
Gerüsttreppen und Treppentürme sind Arbeitsmittel im Sinne der Betriebssicherheitsverordnung und werden daher hier nicht erfasst.

3.11 **Zwischenpodest (Ruhepodest)** ist der Treppenabsatz zwischen zwei Treppenläufen.

3.12 **Steigeisen** sind einzelne, vorwiegend an senkrechten Bauteilen fest angebrachte Auftritte.

3.13 **Steigeisengänge** werden durch ein- oder zweiläufig übereinander angeordnete Steigeisen gebildet.

3.14 **Steigleitern** sind senkrecht oder nahezu senkrecht ortsfest angebrachte Leitern, bestehend aus zwei Seitenholmen mit dazwischen liegenden Sprossen oder einem Mittelholm, an dem beidseitig höhengleich Sprossen angebracht sind.

3.15 **Steiggänge** sind senkrecht oder nahezu senkrecht angeordnete Aufstiege mit ein- oder zweiläufig übereinander angeordneten, fest angebrachten oder als fester Bestandteil angeordneten Auftritten, z. B. Steigeisen, Steigstufen, Steigkästen sowie Steigleitern. Sie können mit geeigneten Schutzeinrichtungen gegen Absturz ausgerüstet sein.

3.16 **Fallhöhe** ist die mögliche Absturzhöhe innerhalb eines Steigleiterlaufes bzw. Steigeisenganges (siehe Abb. 1). Diese kann von der Gesamthöhe abweichen.

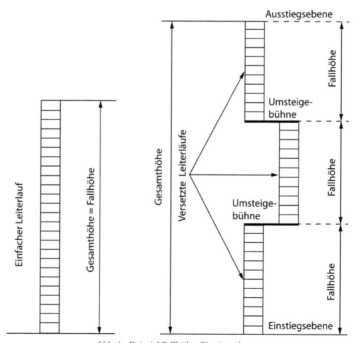

Abb. 1: Beispiel Fallhöhe, Einstiegsebene

3.17 **Steigschutzeinrichtungen** sind Auffangsysteme als Teil der Schutzausrüstung gegen den Absturz von Personen von Steiggängen. Sie bestehen aus einer festen Führung und dem dazu gehörigen Auffanggerät. Dieses wird mit dem Auffanggurt verbunden.

3.18 **Rückenschutz** ist eine Einrichtung, die die Absturzgefahr an Steigleitern vermindert.

3.19 **Haltevorrichtung** ist eine Einrichtung, die an den Ein- und Ausstiegsstellen von Steiggängen das Festhalten des Benutzers ermöglicht.

3.20 **Ruhebühnen** sind ein- oder mehrteilige Plattformen zum Ausruhen von Personen, welche unmittelbar an oder neben Steigleitern oder Steigeisengängen angeordnet sind.

3.21 **Einstiegsebene** ist die Ebene der Umgebung oder die Umsteigebühne, von der mit der Besteigung der Steigleiter begonnen wird (siehe Abb. 1).

3.22 **Laderampen** sind bauliche Einrichtungen für das Be- und Entladen von Fahrzeugen. Laderampen sind erhöhte horizontale Flächen, um das Be- und Entladen ohne große Höhenunterschiede zu ermöglichen. Andockstationen sind keine Laderampen im Sinne dieser Definition.

3.23 **Schrägrampen** sind geneigte Verkehrswege, die unterschiedlich hohe Ar- beits- oder Verkehrsflächen verbinden.

3.24 **Fahrsteige** sind kraftbetriebene Anlagen mit umlaufenden stufenlosen Bändern zur Beförderung von Personen zwischen zwei auf gleicher oder unterschiedlicher Höhe liegenden Verkehrsebenen. Es können geeignete Transporteinrichtungen (z. B. Einkaufswagen) mitgeführt werden.

3.25 **Fahrtreppen** sind kraftbetriebene Anlagen mit umlaufenden Stufenbändern zur Beförderung von Personen zwischen zwei auf unterschiedlicher Höhe liegenden Verkehrsebenen.

3.26 **Balustrade** ist der beidseitige Teil der Fahrtreppe oder des Fahrtsteigs, der wie ein Geländer aufgrund seiner Festigkeit die Sicherheit des Benutzers gewährleistet sowie den Handlauf aufnimmt.

3.27 **Fahrsteigpalette** ist das den Benutzer aufnehmende und sich in Fahrtrichtung bewegende Flächensegment.

3.28 **Kamm** ist ein gezackter Bereich an jedem Zu- oder Abgang, der in die Rillen der den Benutzer aufnehmenden Fläche von Fahrsteigen oder Fahrtreppen eingreift.

3.29 **Laufstege** bei Bauarbeiten sind waagerechte oder geneigte Verkehrswege, die Arbeits- oder Verkehrsflächen miteinander verbinden.

4 Einrichten von Verkehrswegen

4.1 Allgemeines

(1) Damit im späteren Betrieb von Verkehrswegen keine Gefährdungen für Sicherheit und Gesundheit der Beschäftigten ausgehen, ist bereits bei der Planung von Verkehrswegen die Art des Betriebes zu berücksichtigen, beispielsweise beim Einsatz von Flurförderzeugen in Schmalgängen (siehe Punkt 4.3 Abs. 10) oder bei der Festlegung von Verkehrsrichtungen.

(2) Verkehrswege sind übersichtlich zu führen und sollen möglichst gradlinig verlaufen.

Die Verkehrswege eines Höhenniveaus (Geschosses) müssen grundsätzlich waagerecht angelegt sein. Nicht vermeidbare Höhenunterschiede, z. B. zwischen benachbarten Gebäudeteilen, oder wenn z. B. ein Gefälle zum Ableiten von Flüssigkeiten erforderlich ist, sind in Abhängigkeit vom Verkehrsaufkommen, der jeweiligen Verkehrsart und den verwendeten Transportmitteln vorzugsweise durch Schrägrampen auszugleichen. Dabei müssen Gefährdungen, z. B. durch Kippen, Auslaufen oder Wegrollen, vermieden werden.

(3) Verkehrswege sind so einzurichten, dass die Belastung der Beschäftigten, die Lasten manuell transportieren, möglichst gering gehalten wird. Folgende Einflussfaktoren sind besonders in Betracht zu ziehen:

- Länge und Neigung des Transportweges,
- Gesamtgewicht des manuell zu bewegenden Flurförderzeuges bzw. des Transportmittels,
- Häufigkeit der Transporttätigkeit,
- Beschaffenheit der Rollen und Lenkeinrichtungen und
- Positioniergenauigkeit.

(4) Schrägrampen für den Fahr- und Gehverkehr dürfen in Abhängigkeit von der Art der Nutzung die in Tabelle 1 aufgeführten Neigungen nicht überschreiten.

Tabelle 1: Maximale Neigungen für unterschiedliche Nutzungsarten von Schrägrampen

	Art der Rampe	Maximale Neigung
1	Schrägrampe im Verlauf von Fluchtwegen	3,5° (6%)
2	Schrägrampe beim Einsatz von Flurförderzeugen ohne Fahrantrieb bzw. manuell zu bewegender Transportmittel (bei der Neuanlage von Arbeitsstätten)	3,5° (6%)
3	Schrägrampen im Regelfall (sofern nicht Ziffer 1 oder 2 anzuwenden ist)	5° (8%)
4	Schrägrampe zur Anwendung im Einzelfall entsprechend Gefährdungsbeurteilung	7° (12,5%)★

★ Abweichungen von Ziffer 4 sind gemäß Bauordnung der Länder möglich, z. B. bei Garagen.

(5) Verkehrswege müssen eine ebene und trittsichere Oberfläche aufweisen, um Gefährdungen durch z. B. Stolpern, Umstürzen oder Wegrutschen zu vermeiden. Einbauten, z. B. Schachtabdeckungen, Roste, Abläufe, sind bündig in die Verkehrswege einzupassen. Der Oberflächenbelag ist den maximalen Beanspruchungen, z. B. durch Schleifen, Rollen, Druck, Stoß und Schlag sowie der Verkehrsbelastung, entsprechend zu wählen.

(6) Beschäftigte müssen auf Verkehrswegen vor Gefährdungen durch Absturz oder durch herabfallende Gegenstände, umstürzende Lasten oder Beförderungsmittel durch geeignete Maßnahmen geschützt sein (siehe ASR A2.1 „Schutz vor Absturz und herabfallenden Gegenständen, Betreten von Gefahrenbereichen").

(7) Verkehrswegkreuzungen und -einmündungen müssen übersichtlich gestaltet und einsehbar sein. Ist dies nicht möglich, sind verkehrssichernde Maßnahmen zu ergreifen, z. B. Drehkreuze, Schranken, Ampeln, Blinkleuchten, Spiegel, Hinweisschilder. Dies gilt auch für Kreuzungen zwischen Verkehrswegen und Gleisen.

(8) Im Freien liegende Verkehrswege, insbesondere Treppen, Laderampen, Fahrsteige, Gebäudeein- und -ausgänge, müssen sicher benutzbar sein. Hierbei sind Witterungseinflüsse zu berücksichtigen. Erforderliche Schutzmaßnahmen können z. B. eine Überdachung, ein Windschutz oder ein Winterdienst sein.

Hinweis:
Ergänzende Anforderungen an Verkehrswege auf nicht durchtrittsicheren Dächern enthält ASR A2.1 „Schutz vor Absturz und herabfallenden Gegenständen, Betreten von Gefahrenbereichen".

4.2 Wege für den Fußgängerverkehr

(1) Die Mindestbreite der Wege für den Fußgängerverkehr ist nach Tabelle 2 zu bemessen.

Tabelle 2: Mindestbreite der Wege für den Fußgängerverkehr

Verkehrsweg	Lichte Breite [m]
Die Mindestbreite von Verkehrswegen ergibt sich aus den Breiten von Fluchtwegen der ASR A2.3 (diese richten sich nach der Anzahl der Personen im Einzugsgebiet):	
bis 5	0,875
bis 20	1,00
bis 200	1,20
bis 300	1,80
bis 400	2,40
	Eine Unterschreitung der Mindestbreite der Flure von maximal 0,15 m an Türen kann vernachlässigt werden. Die lichte Breite darf jedoch an keiner Stelle weniger als 0,80 m betragen.
Gänge zu persönlich zugewiesenen Arbeitsplätzen, Hilfstreppen	0,60
Wartungsgänge, Gänge zu gelegentlich benutzten Betriebseinrichtungen	0,50
Verkehrswege für Fußgänger – zwischen Lagereinrichtungen und -geräten – in Nebengängen von Lagereinrichtungen für die ausschließliche Be- und Entladung von Hand	1,25 0,75
Verkehrswege zwischen Schienenfahrzeugen mit Geschwindigkeiten < 30 km/h und ohne feste Einbauten in den Verkehrswegen Rangiererwege	1,00 1,30

(2) Die lichte Höhe über Verkehrswegen muss mindestens 2,00 m betragen. Eine Unterschreitung der lichten Höhe von maximal 0,05 m an Türen kann vernachlässigt werden. Für Wartungsgänge darf eine lichte Mindesthöhe von 1,90 m nicht unterschritten werden. Eine Unterschreitung der Mindesthöhe an Türen und Toren im Verlauf von Wartungsgängen von maximal 0,10 m kann vernachlässigt werden (siehe ASR A1.7 „Türen und Tore").

Hinweis:
  Beim Errichten von neuen Arbeitsstätten muss die lichte Mindesthöhe über Verkehrswegen mindestens 2,10 m betragen.

(3) Verkehrswege dürfen nicht durch einzelne Stufen unterbrochen werden. Können Höhenunterschiede nicht durch eine Schrägrampe (siehe Punkt 4.1 Abs. 2) ausgeglichen werden, ist eine Stufenfolge von mindestens zwei zusammenhängenden Stufen mit parallel verlaufenden Stufenkanten und gleichen Stufenabmessungen zulässig. Die Stufenfolge ist nach ASR A1.3 „Sicherheits- und Gesundheitsschutzkennzeichnung" zu kennzeichnen. Verkehrswege, die gleichzeitig als Fluchtweg dienen, dürfen keine Ausgleichsstufen enthalten (siehe ASR A2.3 „Fluchtwege und Notausgänge, Flucht- und Rettungsplan").

(4) Unmittelbar vor und hinter Türen müssen Absätze und Treppen einen Abstand von mindestens 1,0 m, bei aufgeschlagener Tür noch eine Podesttiefe von 0,5 m einhalten (siehe Abb. 2).

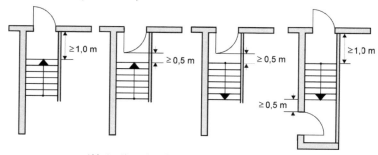

Abb. 2: Abstandsmaße von Treppen zu Türöffnungen

4.3 Wege für den Fahrzeugverkehr

(1) Fußgänger- und Fahrzeugverkehr sind so zu führen, dass Beschäftigte nicht gefährdet werden.

(2) Wege für den Fahrzeugverkehr müssen in einem Mindestabstand von 1 m an Türen und Toren, Durchgängen, Durchfahrten und Treppenaustritten vorbeiführen.

Hinweis:
  Es hat sich bewährt, den Fußgängerverkehr in diesen Bereichen zusätzlich durch ein Geländer vom Fahrzeugverkehr zu trennen.

(3) Die Mindestbreite der Wege für den Fahrzeugverkehr berechnet sich aus der Summe (siehe Abb. 3)
– der größten Breite des Transportmittels oder Ladegutes (a_T),

– des Randzuschlags (Z_1) und
– des Begegnungszuschlags (Z_2).

    Sicherheitszuschläge (Rand- und Begegnungszuschläge) sind abhängig von der Fahrgeschwindigkeit und der Kombination von Fußgänger- und Fahrzeugverkehr (siehe Tabelle 3). Bei Geschwindigkeiten des Fahrzeugverkehrs größer als 20 km/h sind größere Werte für Z_1 und Z_2 erforderlich.

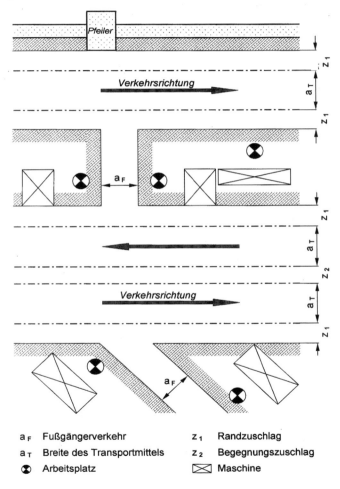

a_F	Fußgängerverkehr	z_1	Randzuschlag
a_T	Breite des Transportmittels	z_2	Begegnungszuschlag
⊗	Arbeitsplatz	⊠	Maschine

Abb. 3: Verkehrswegbreiten, sicherheitszuschläge (siehe auch Tabellen 2 und 3)

Tabelle 3: Mindestmaße von Sicherheitszuschlägen für die Verkehrswegbreiten für Geschwindigkeiten < 20 km/h

Betriebsart	Randzuschlag	Begegnungszuschlag
Fahrzeugverkehr	$2\,Z_1 = 2 \times 0{,}50\,m = 1{,}00\,m$	$Z_2 = 0{,}40\,m$
Gemeinsamer Fußgänger- und Fahrzeugverkehr	$2\,Z_1 = 2 \times 0{,}75\,m = 1{,}50\,m$	$Z_2 = 0{,}40\,m$

(4) Bei einer geringen Anzahl von Verkehrsbegegnungen (ca. 10 pro h) darf die Summe aus doppeltem Rand- und einfachem Begegnungszuschlag bis auf 1,10 m herabgesetzt werden, wenn dadurch keine zusätzliche Gefährdung für die Beschäftigten entsteht.

(5) Bei manuell zu bewegenden Flurförderzeugen sind die Sicherheitszuschläge entsprechend der Gefährdungsbeurteilung festzulegen.

(6) An Kurven und zweckmäßigerweise auch an Kreuzungen ist die Breite des Verkehrsweges in Abhängigkeit von den Wenderadien der Fahrzeuge einschließlich des Ladegutes zu bemessen. Hierbei sind die entsprechenden Angaben der Hersteller zu berücksichtigen.

(7) Die Mindesthöhe über Verkehrswegen für Transportmittel ergibt sich aus der größten Höhe des Fahrzeugs einschließlich Ladung in Transportstellung sowie dem stehenden oder sitzenden Fahrer. Zu dieser Höhe ist ein Sicherheitszuschlag von mindestens 0,20 m anzusetzen. Die lichte Höhe muss über die gesamte Breite des Verkehrsweges, der von Transportmitteln genutzt werden kann, eingehalten werden.

(8) Werden Verkehrswege auch als Feuerwehrzufahrten genutzt, so sind diese mindestens mit einem Lichtraumprofil von 3,50 m × 3,50 m einzurichten. Sie sind ständig freizuhalten und dürfen, z.B. durch nachträgliche Einbauten, nicht eingeengt werden.

(9) Werden geeignete Personenerkennungssysteme beim Einsatz automatisch gesteuerter Transportmittel (fahrerlos betrieben) verwendet, sind Abweichungen aufgrund der Gefährdungsbeurteilung bei der Bemessung der Rand- und Begegnungszuschläge zulässig.

(10) Bei gleichzeitigem Aufenthalt von kraftbetriebenen Flurförderzeugen, z.B. Regal- und Kommissionierstapler, und Fußgängern in Schmalgängen müssen geeignete technische bzw. bauliche Schutzmaßnahmen (z.B. Personenerkennungssystem) installiert werden.

4.4 Kennzeichnung und Abgrenzung von Verkehrswegen

(1) Lassen sich Gefährdungen im Verlauf von Verkehrswegen nicht durch technische Maßnahmen verhindern oder beseitigen, oder ergeben sich Gefährdungen durch den Fahrzeugverkehr aufgrund unübersichtlicher Betriebsverhältnisse (z.B. durch Arbeits- und Lagerflächen ohne feste Einbauten), sind die Verkehrswege gemäß ASR A1.3 „Sicherheits- und Gesundheitsschutzkennzeichnung" deutlich erkennbar zu kennzeichnen, z.B. eine dauerhafte Gefahr in Form einer Ausgleichsstufe im Verkehrsweg durch gelbschwarze Streifen oder eine zeitlich begrenzte Gefahr ausgehend von ausgelaufener Flüssigkeit durch das Warnzeichen W011 „Warnung vor Rutschgefahr". Eine Kennzeichnung kann entfallen, wenn die Verkehrswege durch feststehende Betriebseinrichtungen (z.B. Regale) eindeutig bestimmt sind und sich dadurch keine Gefährdungen ergeben.

(2) Zur Kenntlichmachung der Abgrenzung zwischen niveaugleichen Verkehrswegen und umgebenden Arbeits- und Lagerflächen, sowie zwischen Wegen für den Fußgänger- und Fahrzeugverkehr können verschiedene Markierungsformen (z. B. dauerhafte Farbmarkierung, Markierungsleuchten) eingesetzt werden.

(3) Wenn es das Ergebnis der Gefährdungsbeurteilung erforderlich macht, sind Geländer oder Leitplanken zur Abgrenzung zwischen niveaugleichen Verkehrswegen und umgebenden Arbeits- und Lagerflächen sowie zwischen Wegen für den Fußgänger- und Fahrzeugverkehr zu setzen.

4.5 Treppen

(1) Treppen sind so zu gestalten, dass diese sicher und leicht begangen werden können. Das wird erreicht durch ausreichend große, ebene, rutschhemmende, erkennbare und tragfähige Auftrittsflächen in gleichmäßigen, mit dem Schrittmaß übereinstimmenden Abständen.

(2) Die Steigungen und Auftritte einer Treppe, die zwei Geschosse verbindet, dürfen nicht voneinander abweichen. Die Treppenstufen sollen kontrastreich und möglichst ohne störende Blendung des Benutzers ausgeleuchtet sein (siehe ASR A3.4 „Beleuchtung").

(3) Unter Berücksichtigung der Unfallgefahren sind Treppen mit geraden Läufen solchen mit gewendelten Läufen oder gewendelten Laufteilen vorzuziehen. Im Verlauf des ersten Fluchtweges sind gewendelte Treppen und Spindeltreppen unzulässig (siehe ASR A2.3 „Fluchtwege und Notausgänge, Flucht- und Rettungsplan").

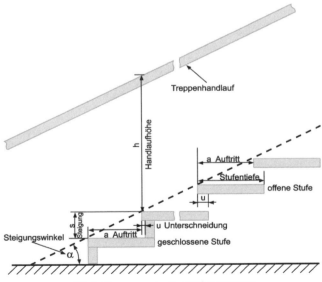

Abb. 4: Benennung einzelner Teile an Treppen

(4) Für Treppen (siehe Abb. 4) ergibt sich als Beziehung zwischen Schrittlänge (SL), Auftritt (a) und Steigung (s) die Schrittmaßregel 2 × s + a = SL. Für eine gute Begehbarkeit einer Treppe soll die Schrittlänge zwischen 59 und 65 cm betragen.

In Arbeitsstätten darf die Steigung (s) zwischen 14 bis 19 cm, der Auftritt (a) zwischen 26 bis 32 cm und der Steigungswinkel (a) zwischen 24° bis 36° variieren (siehe Tabelle 4).

Als besonders sicher begehbar haben sich Treppen erwiesen, deren Stufen einen Auftritt von 29 cm und eine Steigung von 17 cm aufweisen.

Tabelle 4: Auftritte und Steigungen unterschiedlicher Treppen

Anwendungsbereich/Bauten	Auftritt (a) [cm]	Steigung (s) [cm]
Freitreppen	32 bis 30	14 bis 16
Versammlungsstätten, Verwaltungsgebäude der öffentlichen Verwaltung, Schulen, Horte, Kindertageseinrichtungen	31 bis 29	15 bis 17
gewerbliche Bauten, sonstige Gebäude	30 bis 26	16 bis 19
Hilfstreppen	30 bis 21★	14 bis 21

★ Bei Stufen, deren Auftritt a < 24 cm ist, muss die Unterschneidung (u) mindestens so groß sein, dass insgesamt eine Stufentiefe u + a = 24 cm erreicht wird.

(5) Hilfstreppen, die selten und nur von unterwiesenen Personen begangen werden, dürfen bis zu einem Steigungswinkel von 45° ausgeführt sein.

(6) Bei Treppenläufen mit einem Steigungswinkel bis 36° muss nach höchstens 18 Trittstufen ein Zwischenpodest vorhanden sein. In begründeten Ausnahmefällen kann in bestehenden Arbeitsstätten davon abgewichen werden. Bei Hilfstreppen mit einem Steigungswinkel größer als 36° ist nach jedem Treppenlauf mit einem Höhenunterschied von 3 m ein Zwischenpodest erforderlich.

(7) Die freien Seiten der Treppen, Treppenabsätze und Treppenöffnungen müssen durch Geländer gesichert sein. Die Höhe der Geländer muss lotrecht über der Stufenvorderkante mindestens 1,00 m betragen. Bei Absturzhöhen von mehr als 12 m muss die Geländerhöhe mindestens 1,10 m betragen (siehe ASR A2.1 „Schutz vor Absturz und herabfallenden Gegenständen, Betreten von Gefahrenbereichen").

(8) Die Geländer müssen so ausgeführt sein, dass sie in der angebrachten Mindesthöhe eine Horizontalkraft von mindestens 500 N/m aufnehmen können. Abweichend genügt eine Horizontalkraft von 300 N/m für Geländer an Treppen von Wartungsgängen.

(9) Geländer müssen so ausgeführt sein, dass Personen nicht hindurchstürzen können. Das Füllstabgeländer mit senkrecht angebrachten Stäben ist dem Knieleistengeländer vorzuziehen. Der lichte Abstand zwischen den Füllstäben darf dabei nicht mehr als 18 cm betragen (siehe ASR A2.1 „Schutz vor Absturz und herabfallenden Gegenständen, Betreten von Gefahrenbereichen").

(10) Treppen müssen:
– einen Handlauf haben,
– an beiden Seiten Handläufe haben, wenn die Stufenbreite mehr als 1,5 m beträgt und zusätzlich

– Zwischenhandläufe haben, mit denen die Stufenbreite in zwei gleiche Breitenabschnitte unterteilt wird, wenn sie mehr als 4,0 m beträgt.

In bestehenden Arbeitsstätten müssen Treppen mit mehr als 4 Stufen mindestens einen Handlauf haben, soweit das Bauordnungsrecht der Länder einen Handlauf nicht schon bei geringerer Stufenzahl fordert.

(11) Treppenhandläufe müssen dem Benutzer einen sicheren Halt bieten. Hierzu wird eine ergonomische Gestaltung des Handlaufs empfohlen, die ein sicheres Umgreifen ermöglicht. Dies wird dadurch gewährleistet, dass der Durchmesser bzw. die Breite des Handlaufes zwischen 2,5 und 6 cm beträgt. An den freien Seiten der Treppen müssen Handläufe ohne Unterbrechung über den gesamten Treppenlauf in einer Höhe zwischen 0,80 und 1,15 m führen. Ein Mindestabstand von 5 cm zu benachbarten Bauteilen ist einzuhalten. Die Enden der Handläufe müssen so gestaltet sein, dass Beschäftigte daran nicht hängen bleiben oder abgleiten können.

(12) Um dem Abrutschen und Hängenbleiben an den Stufenvorderkanten vorzubeugen, sollen deren Radien zwischen 2 und 10 mm liegen.

(13) Die Trittflächen von Treppen müssen rutschhemmend ausgeführt sein.

(14) Stolperstellen (z. B. hoch stehende Kantenprofile) auf Treppen sind nicht zulässig.

4.6 Steigeisengänge und Steigleitern

4.6.1 Allgemeine Anforderungen

(1) Steigeisengänge und Steigleitern sind wegen der höheren Absturzgefahr und der höheren körperlichen Anstrengung nur zulässig, wenn der Einbau einer Treppe betriebstechnisch nicht möglich ist. Auf Grundlage der Gefährdungsbeurteilung können Steigleitern oder Steigeisengänge gewählt werden, wenn der Zugang nur gelegentlich (z. B. zu Wartungsarbeiten) von einer geringen Anzahl unterwiesener Beschäftigter genutzt werden muss. Der Transport von Werkzeugen oder anderen Gegenständen durch die Beschäftigten darf die sichere Nutzung von Steigeisengängen und Steigleitern nicht wesentlich behindern. Die Möglichkeit der Rettung der Beschäftigten ist dabei jederzeit sicherzustellen. Bei Verwendung von Persönlicher Schutzausrüstung gegen Absturz (PSAgA), muss ein Rettungssystem zur Verfügung stehen, dass an jeder beliebigen Stelle eine Rettung von Personen aus Notlagen ermöglicht.

(2) In bestimmten Bereichen mit besonderen Gefährdungen ist der Einsatz von Steigeisengängen und Steigleitern unzulässig. Dies gilt z. B. in Bereichen, in denen Erstickungsgefahr droht, wie in Deponien bei Schächten mit einer inneren Bauhöhe von mehr als 5,00 m.

Hinweis:

Werden Steigeisengänge und Steigleitern in explosionsgefährdeten Bereichen eingesetzt, sind besondere Anforderungen zu beachten (siehe TRBS 2152 Teil 1 „Gefährliche explosionsfähige Atmosphäre – Beurteilung der Explosionsgefährdung").

(3) Steigeisengänge und Steigleitern sind aus dauerhaften Werkstoffen herzustellen und gegen Korrosion zu schützen. Dabei sind sie nach den jeweiligen Betriebsverhältnissen auszuwählen.

(4) Die Befestigung der Steigeisen und Steigleitern muss zuverlässig und dauerhaft sein. Zu berücksichtigen sind dabei die zu erwartenden Belastungen und die Tragfähigkeit des Befestigungssystems und des Verankerungsgrundes.

4.6.2 Gestaltung und Einbau

(1) Steigeisen und Steigleitern müssen trittsicher sein. Hierzu gehört auch die Rutschhemmung, deren Ausführung sich nach den betrieblichen Verhältnissen richtet.

(2) Die Auftrittsbreiten von Steigeisen und Steigleitersprossen sind in der Regel ausreichend dimensioniert, wenn folgende Mindestmaße eingehalten werden:
– bei einläufigen Steigeisengängen mindestens 300 mm,
– bei zweiläufigen Steigeisengängen mindestens 150 mm,
– bei Sprossen an Steigleitern mit Seitenholmen mindestens 350 mm,
– bei Sprossen an Steigleitern mit Seitenholmen mit Steigschutzeinrichtung beidseitig der Führungsschiene mindestens 150 mm und
– bei Sprossen bei Steigleitern mit Mittelholm beidseitig mindestens 150 mm.

Ausreichende Fußfreiraumtiefen sind in der Regel gegeben, wenn mindestens 150 mm zwischen Wandfläche und Auftrittsachse oder mindestens 160 mm gemessen von Wandfläche und Auftrittsvorderkante eingehalten werden.

(3) Ein- und Ausstiege an Steigeisengängen und Steigleitern müssen sicher begehbar sein. Dazu ist die Haltevorrichtung an der Austrittstelle bei Steigleitern mindestens 1,10 m, bei Steigeisengängen mindestens 1 m über die Austrittstelle hinauszuführen (Schnittstelle zum Übergang auf höher gelegene Verkehrswege, z. B. auf Dächern, siehe ASR A2.1 „Schutz vor Absturz und herabfallenden Gegenständen, Betreten von Gefahrenbereichen").

Im Allgemeinen darf der Abstand von der Standfläche bis zum untersten Steigeisen bei Steigeisengängen höchstens einen Steigeisenabstand, abweichend davon in Schächten zwei Steigeisenabstände, betragen. Die Steigeisenabstände dürfen maximal 333 mm betragen. Der lotrechte Abstand zwischen oberstem Steigeisen und Austrittsstelle darf höchstens einen Steigeisenabstand betragen. Bei Schächten im Straßenbau mit Einstiegsöffnungen von nicht mehr als 650 mm Durchmesser kann der Abstand bis auf 500 mm vergrößert werden. Wenn sich durch nachträgliches Aufbringen/Erhöhen der Straßendecke Änderungen ergeben, sind in Ausnahmefällen 650 mm bei bestehenden Anlagen statthaft.

(4) Der Abstand von der Vorderkante des Auftritts bis zu festen Bauteilen oder fest angebrachten Gegenständen muss bei Schächten auf der begehbaren Seite so groß sein, dass die Rettung von Personen jederzeit gewährleistet ist.

(5) An Steigeisengängen und Steigleitern müssen in Abständen von höchstens 10 m geeignete Ruhebühnen vorhanden sein. Für den Fall der Verwendung von Steigschutzeinrichtungen mit Schiene (z. B. zum Besteigen von Schornsteinen, Antennen) darf der Abstand bis auf maximal 25 m verlängert werden, wenn die Benutzung nur durch körperlich geeignete Beschäftigte erfolgt, die nachweislich im Benutzen des Steigschutzes geübt und regelmäßig unterwiesen sind.

(6) Im Bereich der Ruhebühnen müssen Steigeisengänge und Steigleitern ungehindert begehbar sein.

4.6.3 Einrichtungen zum Schutz gegen Absturz

(1) Die Sicherungsmaßnahmen gegen Absturz sind unter Berücksichtigung der Fallhöhe (siehe Punkt 3.16) und der betriebsspezifischen Gefährdungen festzulegen.

(2) Einrichtungen zum Schutz gegen Absturz können ortsfest (Steigschutzeinrichtung, Rückenschutz) oder ortsveränderlich (z. B. Dreibein mit Höhensicherungsgerät mit Rettungsfunktion) ausgeführt sein.

(3) Bei Abweichungen des Steigganges von der Senkrechten muss bereits vor der Ausstattung mit Steigschutzeinrichtungen geprüft werden, ob die Funktion der Steigschutzeinrichtung auch unter diesen Umständen gewährleistet ist.

(4) Steigeisengänge und Steigleitern mit mehr als 5 m Fallhöhe müssen mit Einrichtungen zum Schutz gegen Absturz ausgestattet sein. Solche Einrichtungen sind z. B.:

- mitlaufendes Auffanggerät mit fester Führung (Steigschutzeinrichtung),
- mitlaufendes Auffanggerät an beweglicher Führung,
- durchgehender Rückenschutz, beginnend zwischen 2,2 m und 3 m oberhalb der Standfläche der Person und
- Bauteile oder Streben, die aufgrund ihrer Anordnung und Beschaffenheit geeignet sind, den Rückenschutz zu ersetzen.

(5) Bei Fallhöhen von mehr als 10 m dürfen nur PSAgA (z. B. Steigschutzeinrichtungen) vorgesehen werden. Dies gilt, unabhängig von der Fallhöhe, auch für Steigeisengänge und Steigleitern:

- die bei der Rettung von Personen begangen werden müssen,
- in umschlossenen und engen Räumen (z. B. Silos, Schächte),
- an Masten und Gerüsten von elektrischen Freileitungsnetzen und Schaltanlagen und
- in Anlagen der Siedlungswasserwirtschaft.

(6) Bestehen besondere Gefährdungen beim Einstieg in Schächte (z. B. Abwasserschächte), sind die unter Punkt 4.6.3 Abs. 4 und 5 genannten Schutzmaßnahmen gegen Absturz bereits bei Fallhöhen unter 5 m erforderlich.

(7) Zur Sicherstellung der Rettung von Personen aus oder über Steigeisengängen und Steigleitern mit Steigschutzeinrichtungen darf kein zusätzlicher Rückenschutz angebracht sein, da dieser eine Rettung behindert.

(8) Die Nutzung der Steigschutzeinrichtungen muss bereits an der Einstiegsebene möglich sein.

4.7 Laderampen

(1) Die Breite der Laderampe ist so zu wählen, dass – sofern Längsverkehr mit kraftbetriebenen Transportmitteln vorgesehen ist – der Mindestabstand (Randzuschlag Z 1 siehe Tabelle 3) zu festen Bauteilen gewährleistet ist.

(2) Die Breite von Laderampen darf 0,80 m nicht unterschreiten.

(3) Laderampen müssen über geeignete Auf- bzw. Abgänge verfügen. Wenn betriebstechnisch möglich, sind Auf- bzw. Abgänge als Treppen oder als geneigte sicher begeh- oder befahrbare Flächen auszuführen. Die Auf- bzw. Abgänge sollen möglichst nahe an den Be- und Entladestellen angeordnet sein.

(4) Laderampen mit einer Länge von mehr als 20 m müssen, sofern betriebstechnisch möglich, an jedem Endbereich einen Abgang haben.

(5) Besteht die Gefährdung, dass Personen oder Flurförderzeuge abstürzen können (siehe ASR A2.1 „Schutz vor Absturz und herabfallenden Gegenständen, Betreten von Gefahrenbereichen"), müssen folgende Verkehrsbereiche durch Umwehrungen – vorzugsweise durch Geländer – gesichert sein:

- Laderampenkanten, insbesondere Bereiche, die keine ständigen Be- und Entladestellen sind,
- Seiten von Schrägrampen,
- Treppenzugänge und
- Laderampenkanten bei integrierten Hubtischen.

4.8 Fahrtreppen und Fahrsteige

Hinweis:

In Arbeitsstätten müssen Fahrtreppen und Fahrsteige hinsichtlich ihrer Beschaffenheitsanforderungen den europäischen und nationalen Vorschriften, z. B. der Neunten Verordnung zum Produktsicherheitsgesetz, entsprechen. Sie müssen für die Nutzung in Arbeitsstätten geeignet sein und sicher betrieben werden können.

(1) Die Einbausituation und das Betreiben von Fahrtreppen und Fahrsteigen stellen Anforderungen an die Nutzungssicherheit, die auch deren Beschaffenheit betreffen kann. Daher ist beim Einrichten und Betreiben in der Arbeitsstätte im Rahmen der Gefährdungsbeurteilung die Eignung und Verwendbarkeit von Fahrtreppen und Fahrsteigen für die vorgesehene Nutzung zu prüfen und ggf. die erforderlichen baulichen Sicherungsmaßnahmen und Veränderungen am Einbauort vorzunehmen (z. B. durch Einrichtungsgegenstände zusätzlich entstandene Quetschstellen sind zu sichern). Dabei sind die Herstellerangaben (z. B. Einbau- oder Betriebsanleitung) zu berücksichtigen.

(2) Fahrtreppen oder Fahrsteige sind immer ein Teil der Verkehrswege. Sie müssen deshalb den zu- und abführenden Verkehrsströmen angepasst sein.

(3) Die Breite des Stauraums (siehe Abb. 5) muss mindestens der Breite der Fahrtreppe oder des Fahrsteiges entsprechen. Die Tiefe muss mindestens 2,5 m – gemessen vom Ende der Balustrade – betragen. Sie darf auf 2,0 m verringert werden, wenn der Stauraum in der Breite mindestens auf die doppelte Breite der Fahrtreppe oder des Fahrsteiges vergrößert wird.

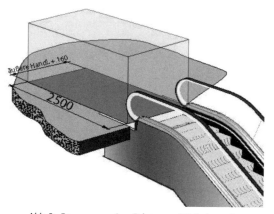

Abb. 5: Stauraum an einer Fahrtreppe (Maße in mm)

(4) Beim Einrichten sind die nachfolgenden Maßnahmen anzuwenden:
– Der senkrechte Abstand über den Stufen- oder Bandoberflächen zu festen Teilen der Umgebung (Durchgangshöhe) muss mindestens 2,3 m betragen.
– Beim Umfassen des Handlaufs muss der horizontale Abstand zwischen der Handlaufaußenseite und festen Teilen der Anlage und der Umgebung mindestens 8 cm betragen.

– Der horizontale Abstand zwischen Handlauf und den Kanten der Deckendurchbrüche oder den Unterkanten der Balustraden bei sich kreuzenden Fahrtreppen oder Fahrsteigen muss mindestens 40 cm betragen, soweit nicht zur Vermeidung von Verletzungen zwischen der Balustrade und den Kanten der Gefahrbereich durch Abweiser gesichert ist, die durch ihre Formgebung und ihre Anordnung den Gefahrbereich verdecken und Personen, die in den Gefahrbereich kommen, abweisen.

(5) Beim Einrichten ist sicherzustellen, dass das Besteigen der Außenseite der Balustrade verhindert wird, z. B. durch Geländer.

(6) Beim Einrichten von Fahrtreppen und Fahrsteigen in Arbeitsstätten ist darauf zu achten, dass das Stillsetzen der Anlage durch NOT-HALT-Einrichtungen an den Zu- und Abgängen zu jeder Zeit gewährleistet ist. NOT-HALT-Einrichtungen sind gut erkennbar und leicht erreichbar anzuordnen. Die Abstände zwischen den NOTHALT-Einrichtungen dürfen 30 m bei Fahrtreppen sowie 40 m bei Fahrsteigen nicht überschreiten. Falls erforderlich, müssen zusätzliche NOT-HALT-Einrichtungen vorgesehen werden, um diese Abstände einzuhalten.

(7) Um Stolpern oder Ausrutschen zu vermeiden, müssen die angrenzenden Bodenbeläge an die Rutschhemmung der Zu- und Abgänge der Fahrtreppen und Fahrsteige angepasst sein.

(8) Fahrtreppen und Fahrsteige dürfen (außer im Notfall) nur ein- oder ausgeschaltet werden, wenn sich auf ihnen keine Personen befinden und sollen deshalb von der Schaltstelle aus gut überblickt werden können.

(9) Von Hand bewegte Transporteinrichtungen dürfen auf Fahrtreppen und Fahrsteigen nur benutzt werden, wenn im Rahmen der Gefährdungsbeurteilung Maßnahmen festgelegt wurden, die einen sicheren Transport gewährleisten, z. B.:

– Sollen auf Fahrtreppen und Fahrsteigen Transporteinrichtungen, z. B. Kofferkulis, Einkaufswagen oder Gepäckwagen befördert werden, hat der Betreiber dafür zu sorgen, dass Fahrsteige und Transporteinrichtungen aufeinander abgestimmt und besondere Maßnahmen für den sicheren Betrieb festgelegt werden, z. B. das selbsttätige Feststellen der Transporteinrichtungen auf den Fahrsteigpaletten und das Maximalgewicht der Ladung.

– Damit Fahrsteige im Notfall (z. B. bei Stillstand) gefahrlos verlassen werden können, ist die Breite der Transporteinrichtungen auf die Fahrsteigbreite abzustimmen. Ein gefahrloses Verlassen der Fahrsteige ist in der Regel gegeben, wenn die Fahrsteige 0,40 m breiter als die Transporteinrichtung sind.

– Zur Vermeidung von Gefährdungen, z. B. Quetschung durch nachfolgende Transporteinrichtungen, wenn sich eine vorausfahrende Transporteinrichtung nicht von der Fahrsteigpalette löst, sollten in Abstimmung mit dem Hersteller zusätzliche NOT-HALT-Einrichtungen vorgesehen werden.

– Beim Mitführen von Transporteinrichtungen sollte der Stauraum abweichend von Abs. 3 mindestens 5 m tief sein.

5 Betreiben von Verkehrswegen

(1) Bei der Benutzung von Verkehrswegen können sich Gefährdungen, insbesondere durch:

– die Art der Nutzung (z. B. gemeinsamer Fußgänger- und Fahrzeugverkehr),
– die betrieblichen Verhältnisse (z. B. Schichtbetrieb mit unterschiedlicher Verkehrsdichte oder Besucherdichte),

- Verschmutzungen (z. B. Verunreinigungen und Ablagerungen),
- Witterungsverhältnisse (z. B. Glatteis) oder
- Vegetation

ergeben.

Für die Sicherheit auf Verkehrswegen sind geeignete Schutzmaßnahmen (z. B. innerbetriebliche Verkehrsregeln, geeignete Warnkleidung, farbliche Markierungen, Reinigungsverfahren, Winterdienst, Überdachung) im Rahmen der Gefährdungsbeurteilung festzulegen und umzusetzen.

(2) Die Beschäftigten müssen gefährdungsbezogen in die Benutzung der Verkehrswege und über die betrieblichen Verkehrsregeln unterwiesen sein. Dies betrifft auch Verkehrsbereiche, in denen sich innerbetriebliche Regelungen mit öffentlichen Anforderungen überschneiden (z. B. Straßenverkehrsordnung auf Parkflächen, die zum Betriebsgelände gehören).

(3) Die erforderliche Mindestbreite der Verkehrswege (siehe Tabellen 2 und 3, Abb. 3) muss ständig freigehalten werden, damit sie jederzeit benutzt werden können.

(4) Verkehrswege im Freien und in Gebäuden sind für die Dauer der Benutzung ausreichend so zu beleuchten (siehe ASR A3.4 „Beleuchtung"), dass eine sichere Benutzung gewährleistet wird.

(5) Transporte dürfen nur dann durchgeführt werden, wenn die für einen sicheren Transport ausreichende Sicht über den Verkehrsweg gegeben ist.

(6) Wenn die Sichtverhältnisse es erfordern, dürfen Fahrzeuge nur eingesetzt werden, wenn sie mit einer ausreichenden Beleuchtungseinrichtung ausgerüstet sind und diese eingeschaltet ist.

(7) Transportvorgänge über Treppen sollen so durchgeführt werden, dass für den Transportierenden eine Hand zum Festhalten am Handlauf frei bleibt und ihm die Sicht auf die Treppe durch das Transportgut nicht verdeckt wird.

(8) Zum Transport von Lasten über Steigleitern und Steigeisengänge sind geeignete Hilfsmittel (z. B. Winden, Lasthaken, Seile) einzusetzen. Beschäftigte dürfen Lasten über Steigleitern und Steigeisengänge nur dann transportieren, wenn sie dabei beide Hände frei haben und die Gefährdung durch herabfallende Gegenstände vermieden wird (z. B. durch Verwendung eines Rucksacks oder einer verschließbaren Werkzeugtasche am Gürtel). Durch die mitgeführte Last darf die Bewegungsfreiheit nicht eingeschränkt werden (z. B. durch Hängenbleiben am Rückenschutz).

(9) Auf die besonderen Gefährdungen bei der Benutzung von Fahrtreppen und Fahrsteigen ist durch geeignete Maßnahmen (z. B. Unterweisung, Sicherheitskennzeichnung und Aufschriften) hinzuweisen. So birgt z. B. das Gehen auf Fahrtreppen durch unterschiedliche oder zu große Steigung der Stufen Stolper- und Sturzgefahren.

(10) Unmittelbar aufeinander folgende Fahrtreppen oder Fahrsteige ohne Zwischenausgänge oder Verteilerebenen müssen mit gleicher Laufgeschwindigkeit betrieben werden.

(11) Bei Mängeln, die sich aus dem Betrieb ergeben und zur Gefährdung von Personen führen können, muss die Fahrtreppe oder der Fahrsteig stillgesetzt werden. Solche Mängel sind z. B.:

- Fremdkörper, die an den Einlaufstellen (Kamm) der Stufen bzw. Bänder oder an den Einlaufstellen der Handläufe in die Balustrade eingeklemmt sind,
- Handlaufbeschädigungen,
- gefahrbringende Vandalismusschäden,

– unzulässiger Vor- bzw. Nachlauf des Handlaufes,
– unzulässige Einzugstellen zwischen den Stufen oder dem Band und dem Balustradensockel oder
– Beschädigungen an Kämmen, Sockelbürsten, Balustradenverkleidung.

6 Instandhaltung und sicherheitstechnische Funktionsprüfung

(1) Verkehrswege und deren Sicherheitseinrichtungen sind je nach Art und Häufigkeit der Benutzung und der vorhandenen Gefahren in regelmäßigen Abständen auf ihre ordnungsgemäße Funktion zu überprüfen und, falls erforderlich, instand zu setzen. Art, Umfang und Fristen der Überprüfung richten sich nach dem Ergebnis der Gefährdungsbeurteilung. Für Fahrtreppen und Fahrsteige sind die Wartungshinweise der Hersteller zu beachten.

(2) Vor und während der Instandhaltungsarbeiten an Fahrtreppen und Fahrsteigen müssen diese abgesperrt werden.

(3) Der sichere Betrieb von Steigleitern und Steigeisengängen sowie von Fahrtreppen und Fahrsteigen ist zur Verhütung und Beseitigung von Gefahren durch regelmäßige Funktionsprüfungen – insbesondere der sicherheitstechnischen Einrichtungen – zu gewährleisten. Der sichere Zu- und Abgang zu Fahrtreppen und Fahrsteigen ist jederzeit zu gewährleisten (siehe Punkt 4.8 Abs. 3).

Hinweis:
Die sicherheitstechnischen Prüfungen für Fahrtreppen und Fahrsteige erfolgen nach den Vorgaben der Betriebssicherheitsverordnung.

7 Abweichende/ergänzende Anforderungen für Baustellen

(1) Zwischen Baustraßen und Böschungskanten bzw. Verbaukanten sind Sicherheitsabstände (gemäß DIN 4124 „Baugruben und Gräben") einzuhalten.

(2) Laufstege bei Bauarbeiten müssen mindestens 0,5 m breit sein und dürfen nur bis zu einer Neigung von 1:1,75 (etwa 30°) verwendet werden. Sie müssen Trittleisten haben, wenn sie steiler als 1:5 (etwa 11°) sind.

(3) Abweichend von Punkt 4.1 Abs. 5 dürfen Abdeckungen von Öffnungen in Verkehrswegen auf Baustellen höchstens 5 cm über die umgebende Oberfläche überragen.

(4) Abweichend von Punkt 4.2, Tabelle 2 beträgt die Mindestbreite der Verkehrswege auf Baustellen 0,50 m. Für Verkehrswege zu besonderen Arbeitsplätzen in Tunneln, Stollen und Durchpressungen gelten die Mindestabmessungen aus Tabelle 5 und Abb. 6. Auf die Regelungen der ASR A2.1 „Schutz vor Absturz und herabfallenden Gegenständen, Betreten von Gefahrenbereichen" wird verwiesen.

Tabelle 5: Mindestbreite von Verkehrswegen zu besonderen Arbeitsplätzen in Tunneln, Stollen und Durchpressungen

Länge [m] von Tunneln, Stollen und Durch-pressungen	Mindestlichtmaß (MLM) [m]		
	Kreisquerschnitt Durchmesser	Rechteckquerschnitt	
		Höhe	Breite
<50	0,80	0,80	0,60
50 – <100	1,00	1,00	0,60
> 100	1,20	1,20	0,60
Steigschächte müssen einen freien Querschnitt von mindestens 0,70 × 0,70 m haben.			

Abb. 6: Mindestlichtmaß (MLM) von Verkehrswegen in Tunneln, Stollen und Durchpressungen

(5) Abweichend von Punkt 4.2 Abs. 2 darf auf Baustellen die lichte Mindesthöhe über Verkehrswegen von 2,00 m unterschritten werden, wenn diese aus baulichen Gegebenheiten nicht eingehalten werden kann.

(6) Abweichend von Punkt 4.3 Abs. 3 muss bei kombiniertem Fußgänger- und Fahrzeugbetrieb bei Bauarbeiten im Tunnel ein Gehweg mit einem freien Mindestquerschnitt von 1,00 m Breite und 2,00 m Höhe vorhanden sein. Kann dieser Querschnitt aus bautechnischen Gründen nicht eingehalten werden, müssen – ausgenommen bei Förderung mit Stetigförderern – in Abständen von höchstens 50 m auffällig gekennzeichnete und beleuchtete Schutznischen von mindestens 1,00 m Tiefe, 1,00 m Länge und 2,00 m Höhe vorhanden sein und ständig freigehalten werden. Lässt sich bei Gleis- oder Stetigfördererbetrieb der Mindestquerschnitt für den Gehweg aus bautechnischen Gründen nicht einhalten, darf dessen Breite bis auf 0,50 m verringert werden.

(7) Bei Bautreppen kann die Steigung (s) zwischen 18 und 25 cm betragen. Der Auftritt (a) muss mindestens 18 cm und die Unterschneidung (u) mindestens 3 cm groß sein. Der Steigungswinkel (a) einer Bautreppe kann zwischen 30° und 55° variieren. Geringfügige Abweichungen an der An- und Austrittstufe sind zulässig.

(8) Abweichend von Punkt 4.5 Abs. 8 müssen die Geländer- und Zwischenholme an Treppen, die bei Bauarbeiten genutzt werden, so ausgeführt sein, dass sie eine Einzellast in ungünstigster Richtung von 300 N aufnehmen können. Dabei darf die elastische Durchbiegung nicht mehr als 3,5 cm betragen.

(9) Abweichend von Punkt 4.5 Abs. 7 und 9 genügt auf Baustellen an freiliegenden Treppenläufen und Podesten mit mehr als 1,00 m Absturzhöhe Seitenschutz, bestehend aus Geländer- und mindestens einem Zwischenholm.

(10) Für Handläufe bei Bautreppen bedarf es keiner ergonomischen Ausgestaltung des Handlaufes im Sinne von Punkt 4.5 Abs. 11.

(11) Abweichend von Punkt 4.5 Abs. 12 kann bei Bautreppen auf die Abrundung der Stufenvorderkante verzichtet werden.

Ausgewählte Literaturhinweise:

- DGUV Information 240–410 Handlungsanleitung für die arbeitsmedizinische Vorsorge nach dem Berufsgenossenschaftlichen Grundsatz G 41 „Arbeiten mit Absturzgefahr" 01/2010
- DGUV Information 208–001 Ladebrücken, Informationen zum Arbeitsschutz (Merkblatt M 74) 08/2010
- DGUV Information 208–005 Treppen 04/1991 aktualisiert 07/2010
- DGUV Information 208–028 Fahrtreppen und Fahrsteige; Teil 1: Sicherer Betrieb 04/2009
- DGUV Information 208–029 Fahrtreppen und Fahrsteige; Teil 2: Montage, Demontage und Instandhaltung 12/2007
- DGUV Information 208–030 Personenschutz beim Einsatz von Flurförderzeugen in Schmalgängen 03/2016
- DGUV Information 208–032 Auswahl und Benutzung von Steigleitern 05/2013
- DGUV Regel 103–008 Steiggänge für Behälter und umschlossene Räume 05/2007

ASR A2.1 – Schutz vor Absturz und herabfallenden Gegenständen, Betreten von Gefahrenbereichen

(GMBl. 2012 S. 1220, geänd. durch GMBl. 2013 S. 482, GMBl. 2014 S. 284, GMBl. 2017 S. 400 und GMBl. 2018 S. 473)

Die Technischen Regeln für Arbeitsstätten (ASR) geben den Stand der Technik, Arbeitsmedizin und Hygiene sowie sonstige gesicherte arbeitswissenschaftliche Erkenntnisse für das Einrichten und Betreiben von Arbeitsstätten wieder.

Sie werden vom **Ausschuss für Arbeitsstätten** ermittelt bzw. angepasst und vom Bundesministerium für Arbeit und Soziales bekannt gemacht.

Diese ASR A2.1 konkretisiert im Rahmen des Anwendungsbereiches die Anforderungen der Verordnung über Arbeitsstätten. Bei Einhaltung der Technischen Regeln kann der Arbeitgeber insoweit davon ausgehen, dass die entsprechenden Anforderungen der Verordnung erfüllt sind. Wählt der Arbeitgeber eine andere Lösung, muss er damit mindestens die gleiche Sicherheit und den gleichen Gesundheitsschutz für die Beschäftigten erreichen.

Inhalt

1 Zielstellung

Diese ASR konkretisiert die Anforderungen an das Einrichten und Betreiben von Arbeitsplätzen und Verkehrswegen zum Schutz vor Absturz oder herabfallenden Gegenständen sowie die damit verbundenen Maßnahmen bezüglich des Betretens von Dächern oder anderen Gefahrenbereichen nach § 3a Abs. 1 der Arbeitsstättenverordnung in Verbindung mit Punkt 1.5 Abs. 4 und Punkt 2.1 des Anhangs.

2 Anwendungsbereich

(1) Diese ASR gilt zum Schutz der Beschäftigte vor Absturz und vor herabfallenden Gegenständen sowie für das Betreten von Dächern oder Gefahrenbereichen.

(2) Diese ASR gilt nicht für das Einrichten und Betreiben von Arbeitsplätzen und Verkehrswegen, die Bestandteil eines Arbeitsmittels sind, das in den Regelungsbereich der Betriebssicherheitsverordnung fällt.

(3) gestrichen

Hinweis:

Beim Reinigen von Fenstern, Oberlichtern und lichtdurchlässigen Wänden ist diese Arbeitsstättenregel in Verbindung mit der ASR A1.6 „Fenster, Oberlichter, lichtdurchlässige Wände" anzuwenden.

3 Begriffsbestimmungen

3.1 Absturz ist das Herabfallen von Personen auf eine tiefer gelegene Fläche oder einen Gegenstand. Als Absturz gilt auch das Durchbrechen durch eine nicht tragfähige Fläche oder das Hineinfallen und das Versinken in flüssigen oder körnigen Stoffen.

3.2 Absturzkante ist die Kante, über die Beschäftigte abstürzen können (siehe Abb. 1).

Eine Absturzkante ist definiert als:
- Kante zu einer mehr als 60° geneigten Fläche (z. B. einer Dachfläche),
- Übergang einer durchtrittsicheren zu einer nicht durchtrittsicheren Fläche,
- Übergang von Flächen mit unterschiedlichen Neigungswinkeln von einer bis zu 20° geneigten Fläche zu einer mehr als 60° geneigten Fläche oder
- die gedachte Linie an gewölbten Flächen, ab der der Neigungswinkel einer Tangente größer als 60° ist.

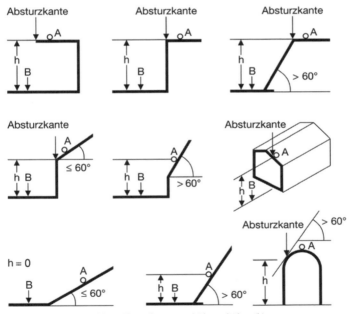

Abb. 1 Absturzkanten und Absturzhöhen (h)

h = senkrechter Höhenunterschied zwischen A = Standfläche bzw. der Absturzkante und
B = Auftrefffläche

3.3 Absturzhöhe im Sinne dieser ASR (siehe Abb. 1) ist der senkrechte Höhenunterschied zwischen der Standfläche der Beschäftigten an Arbeitsplätzen und

Verkehrswegen bzw. der Absturzkante und der angrenzenden tiefer liegenden ausreichend großen und tragfähigen Fläche (Auftrefffläche).

3.4 Abrutschen im Sinne dieser ASR ist ein unkontrolliertes Abgleiten von Beschäftigten bei Arbeiten auf geneigten Flächen (z. B. aufgrund der Neigung oder der Beschaffenheit der Standfläche) über eine Absturzkante.

3.5 Absturzsicherung im Sinne dieser ASR ist eine zwangsläufig wirksame Einrichtung, die einen Absturz auch ohne bewusstes Mitwirken der Beschäftigten verhindert, z. B. eine Umwehrung (siehe auch Punkt 3.8) oder Abdeckung.

3.6 Auffangeinrichtung im Sinne dieser ASR ist eine zwangsläufig wirksame Einrichtung, die abstürzende Beschäftigte auch ohne deren bewusstes Mitwirken auffängt und vor einem weiteren Absturz schützt, z. B. Schutznetz, Schutzwand oder Schutzgerüst.

3.7 Individuelle Schutzmaßnahmen dienen dem Schutz vor Absturz einzelner Beschäftigter oder dem Auffangen abstürzender Beschäftigter, z. B. Persönliche Schutzausrüstung gegen Absturz (PSAgA).

3.8 Umwehrung ist eine Einrichtung zum Schutz der Beschäftigten gegen Absturz, z. B. Brüstung, Geländer, Gitter oder Seitenschutz. Im Gegensatz zum meist durchbrochenen Geländer handelt es sich bei einer Brüstung um eine geschlossene, in der Regel massiv ausgeführte Wandscheibe bzw. im Fall der Fensterbrüstung um einen Teil einer Außenwand.

3.9 Gefahrenbereiche im Sinne dieser ASR sind Bereiche, in denen Beschäftigte nicht durch bauliche Maßnahmen vor einer Gefährdung durch Absturz oder herabfallende Gegenstände geschützt sind.

3.10 Herabfallende Gegenstände sind auch solche Materialien, die umstürzen, abgleiten, abrollen oder auslaufen können.

3.11 Durchtrittsicher sind Bauteile, die beim Betreten nicht brechen und durch die Beschäftigte nicht hindurch stürzen können. Nicht durchtrittsichere Bauteile können z. B. sein:
– Faserzement-Wellplatten,
– Asbestzement-Wellplatten,
– Bitumen-Wellplatten,
– Dachoberlichter (z. B. Lichtplatten, Lichtbänder, Lichtkuppeln),
– lichtdurchlässige Dächer (z. B. Glasdächer, Dächer aus Kunststoff),
– Verglasungen (z. B. Shed-Dächer) oder
– Solar-, Photovoltaikelemente.

4 Beurteilung der Gefährdungen und Rangfolge der Schutzmaßnahmen

4.1 Gefährdung durch Absturz

(1) Bei der Ermittlung und Beurteilung der für die Beschäftigten mit ihrer Arbeit verbundenen Gefährdungen sind mindestens folgende Kriterien zu berücksichtigen:
– Absturzhöhe,
– Art, Dauer der Tätigkeit, körperliche Belastung,
– Abstand von der Absturzkante,
– Beschaffenheit des Standplatzes (Neigungswinkel), der Standfläche (z. B. Rutschhemmung),

– Beschaffenheit der tiefer gelegenen Fläche, z. B. Schüttgüter (versinken, ersticken), Wasser (versinken, ertrinken), Beton (harter Aufschlag), Bewehrungsanschlüsse (aufspießen), Behälter mit Flüssigkeiten, Gegenstände oder Maschinen einschließlich deren bewegter Teile, die sich auf dieser Fläche befinden und

– Beschaffenheit der Arbeitsumgebung und gefährdende äußere Einflüsse, z. B. Sichtverhältnisse, Erkennbarkeit (z. B. Beleuchtung, Tageszeit, Blendwirkung durch helle Flächen oder Gegenlicht, Markierungen), Vibrationen, gleichgewichtsbeeinflussende Faktoren, Witterungseinflüsse (z. B. Wind, Eis und starker Schneefall).

(2) Im Rahmen der Gefährdungsbeurteilung kann der Arbeitgeber u. a. die Hinweise aus den Planungsunterlagen für bauliche Anlagen heranziehen.

(3) Befinden sich Arbeitsplätze oder Verkehrswege 0,2 m bis 1,0 m oberhalb einer angrenzenden Fläche oder besteht die Gefährdung des Abrutschens oder unabhängig von der vorgenannten Höhe die Gefährdung des Hineinfallens oder des Versinkens in Stoffen, ist im Rahmen der Gefährdungsbeurteilung zu ermitteln, ob und welche Schutzmaßnahmen nach Punkt 4.2 erforderlich sind.

(4) Eine Gefährdung durch Absturz liegt bei einer Absturzhöhe von mehr als 1,0 m vor.

4.2 Rangfolge der Maßnahmen zum Schutz vor Absturz

Bauliche und technische Maßnahmen haben Vorrang vor organisatorischen und individuellen Schutzmaßnahmen. Sie sind entsprechend der nachfolgenden Rangfolge zu treffen.

1. Absturzsicherungen
2. Lassen sich aus betriebstechnischen Gründen (z. B. Arbeitsverfahren, zwingende technische Gründe) Absturzsicherungen nicht verwenden, müssen an deren Stelle Auffangeinrichtungen vorhanden sein.
3. Lassen sich keine Absturzsicherungen oder Auffangeinrichtungen einrichten, sind Persönliche Schutzausrüstungen gegen Absturz (PSAgA) als individuelle Schutzmaßnahme zu verwenden. Die geeignete PSAgA muss sich aus der Gefährdungsbeurteilung ergeben. Voraussetzung für die Verwendung von PSAgA ist das Vorhandensein geeigneter Anschlageinrichtungen. Die Beschäftigten müssen in der Benutzung der PSAgA eingewiesen und über die Durchführung der erforderlichen Rettungsmaßnahmen, z. B. über den Auffangvorgang, unterwiesen werden (Erste Hilfe und Rettungsgeräte siehe ASR A4.3 „Erste-Hilfe-Räume, Mittel und Einrichtungen zur Ersten Hilfe").
4. Lassen die Eigenart und der Fortgang der Tätigkeit und Besonderheiten des Arbeitsplatzes die vorgenannten Schutzmaßnahmen nicht zu, darf auf die Anwendung von PSAgA im Einzelfall (z. B. Boden- und Wandöffnungen von Szenenflächen bei Bühnen) nur dann verzichtet werden, wenn:
   – die Arbeiten von fachlich qualifizierten und körperlich geeigneten Beschäftigten ausgeführt werden,
   – der Arbeitgeber für den begründeten Ausnahmefall eine besondere Unterweisung durchgeführt hat und
   – die Absturzkante für die Beschäftigten deutlich erkennbar ist.

4.3 Gefährdung durch herabfallende Gegenstände

Bei der Ermittlung und Beurteilung der für die Beschäftigten mit ihrer Arbeit verbundenen Gefährdungen sind mindestens folgende Kriterien zu berücksichtigen:

– Höhenunterschied zwischen der Fläche, von der aus Gegenstände herabfallen können, und den Bereichen, die von Beschäftigten begangen oder befahren werden können,

– Beschaffenheit des Gegenstandes, z. B. Form, Gewicht, Konsistenz (z. B. Schüttgüter, Flüssigkeiten) und

– äußere Einflüsse, z. B. Witterungseinflüsse wie Wind.

4.4 Rangfolge der Maßnahmen zum Schutz vor herabfallenden Gegenständen

Bauliche und technische Maßnahmen haben Vorrang vor organisatorischen und individuellen Schutzmaßnahmen. Sie sind entsprechend der nachfolgenden Rangfolge zu treffen.

1. Reicht die bauliche Ausführung nicht aus, ein Herabfallen von Gegenständen zu verhindern, sind zum Schutz der Beschäftigten Fußleisten, Schutzwände, Schutzgitter oder vergleichbare Einrichtungen anzubringen.

2. Lassen sich die Maßnahmen nach Nr. 1 aus betriebstechnischen Gründen nicht durchführen, müssen an deren Stelle die tiefer gelegenen Arbeitsplätze und Verkehrswege durch Schutzeinrichtungen, z. B. Schutzdächer oder Fangnetze, gesichert werden.

3. Lassen sich Bereiche aus betriebstechnischen Gründen nicht durch Maßnahmen nach Nr. 1 und 2 sichern, muss eine zeitlich-organisatorische Trennung in Verbindung mit einer Absperrung und Kennzeichnung des Gefahrenbereiches oder einer Überwachung (z. B. Warnposten) des Gefahrenbereiches erfolgen.

4. Lassen sich Bereiche aus betriebstechnischen Gründen nicht durch Maßnahmen nach Nr. 1, 2 und 3 sichern, ist Persönliche Schutzausrüstung (PSA) zu verwenden, soweit diese als Ergebnis der Gefährdungsbeurteilung geeignet ist. Die Beschäftigten sind in der Benutzung der PSA zu unterweisen.

5 Maßnahmen zum Schutz vor Absturz

5.1 Sicherung an Absturzkanten

(1) Umwehrungen müssen entsprechend der Nutzung so gestaltet sein, dass sie den zu erwartenden Belastungen standhalten und ein Hinüber- oder Hindurchfallen von Beschäftigten verhindern. Bewegliche Teile der Umwehrungen dürfen nur aus der Schutzstellung gebracht werden, wenn dieses betrieblich erforderlich ist und andere Schutzmaßnahmen getroffen sind. Sie müssen in der Schutzstellung gesichert werden können und dürfen sich nicht in Richtung des Absturzbereiches öffnen lassen.

(2) Die Umwehrungen müssen mindestens 1,00 m hoch sein. Die Höhe der Umwehrungen darf bei Brüstungen bis auf 0,80 m verringert werden, wenn die Tiefe der Umwehrung mindestens 0,20 m beträgt und durch die Tiefe der Brüstung ein gleichwertiger Schutz gegen Absturz gegeben ist.

Beträgt die Absturzhöhe mehr als 12 m, muss die Höhe der Umwehrung mindestens 1,10 m betragen.

Ergibt sich bei der Gefährdungsbeurteilung, dass in bestehenden Arbeitsstätten die Einhaltung der Höhe der Umwehrung mit Aufwendungen verbunden ist, die offensichtlich unverhältnismäßig sind, so hat der Arbeitgeber dies individuell zu beurteilen. Bei der Gefährdungsbeurteilung hat der Arbeitgeber zu prüfen, wie durch andere oder ergänzende Maßnahmen die Sicherheit und der Gesundheitsschutz der Beschäftigten in vergleichbarer Weise gesichert werden kann; die erforderlichen Maßnahmen hat er durchzuführen. Eine solche Maßnahme kann z. B. die Zugangsbeschränkung zur Absturzkante sein. Die ergänzenden Maßnahmen können solange herangezogen werden, bis die bestehenden Arbeitsstätten wesentlich umgebaut werden.

(3) Wenn für die Umwehrung Geländer verwendet werden, müssen diese:
- eine geschlossene Füllung aufweisen,
- mit senkrechten Stäben versehen sein (Füllstabgeländer) oder
- aus Handlauf, Knieleiste und Fußleiste bestehen (Knieleistengeländer).

(4) Bei Füllstabgeländern mit senkrechten Zwischenstäben darf deren lichter Abstand nicht mehr als 0,18 m betragen. Der Abstand zwischen der Unterkante der Umwehrung bis zur Fußbodenoberkante darf 0,18 m nicht überschreiten (siehe Abb. 2).

Hinweis:
Bei Gebäuden, in denen mit dauernder oder häufiger Anwesenheit von Kindern gerechnet werden muss, können geringere Abstände erforderlich sein.

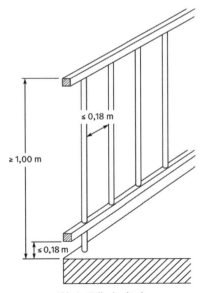

Abb. 2: Füllstabgeländer

(5) Bei Knieleistengeländern darf der Abstand zwischen Fuß- und Knieleiste, zwischen Knieleiste und Handlauf oder zwischen zwei Knieleisten nicht größer als 0,50 m sein. Die Fußleisten müssen eine Höhe von mindestens 0,05 m haben und unmittelbar an der Absturzkante angeordnet sein (siehe Abb. 3).

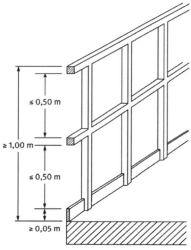

Abb. 3: Knieleistengeländer

(6) Kann die Umwehrung bei vorgesetzten Füllstabgeländern nicht bündig mit der Absturzkante abschließen und entsteht dadurch nach außen hin ein Spalt, darf dessen lichte Breite (Abstand zwischen Absturzkante und Unterkante der Umwehrung) 0,06 m nicht überschreiten (siehe Abb. 4).

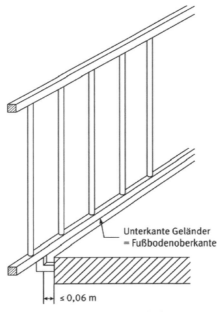

Abb. 4: Vorgesetztes Füllstabgeländer

(7) Die Umwehrungen müssen so beschaffen und angebracht sein, dass an ihrer Oberkante eine Horizontallast H = 1000 N/m aufgenommen werden kann. Abweichend genügt ein Lastansatz:
– von H = 500 N/m für Umwehrungen an Bühnen und Laufstegen mit lotrechten Verkehrslasten von höchstens 5000 N/m² und
– von H = 300 N/m für Umwehrungen in Bereichen oder an Verkehrswegen, die nur zu Inspektions- oder Wartungszwecken begangen werden (z. B. Tankdächer, Schauöffnungen an Öfen) sowie an Steckgeländern.

5.2 Sicherung an Bodenöffnungen

(1) Bodenöffnungen müssen gesichert sein:
– durch feste oder abnehmbare, gegen unbeabsichtigtes Ausheben gesicherte Umwehrungen oder
– durch Abdeckungen.

(2) Abdeckungen, z. B. Luken-, Schacht-, Rutschen-, Gruben-, Falltüren, müssen so gestaltet und installiert sein, dass sich hierdurch keine Stolpergefahren ergeben und sie der Nutzungsart entsprechend tragfähig sein. Sie müssen sicher zu handhaben und gegen unbeabsichtigtes Bewegen (Auf- und Zuklappen, Verschieben) zu sichern sind. Diese Forderung ist z. B. dann erfüllt, wenn:
– Abdeckungen von gesicherten Standplätzen aus geöffnet werden können,
– klappbare Abdeckungen in geöffnetem Zustand festgestellt werden können oder

– Abdeckungen, für deren Betätigung eine Kraft von mehr als 250 N erforderlich ist, mit entsprechenden Hilfseinrichtungen, z. B. zusätzlich mit Gewichtsausgleich, hydraulisch betätigten Hubvorrichtungen oder Gasdruckfedern, ausgestattet sind.

(3) Bewegliche Abdeckungen und Umwehrungen dürfen nur aus der Schutzstellung gebracht werden, wenn dies betrieblich erforderlich ist und andere Schutzmaßnahmen getroffen sind. Sie müssen in der Schutzstellung gesichert werden können und dürfen sich nicht in Richtung der Absturzkante öffnen lassen.

5.3 Sicherung an Wandöffnungen

(1) Wandöffnungen müssen fest angebrachte oder bewegliche Umwehrungen haben, wenn:
– die Brüstungshöhe geringer ist als in Punkt 5.1 Abs. 2 angegeben,
– die Breite größer als 0,18 m und die Höhe größer als 1,00 m sind und
– bei denen eine Gefährdung durch Absturz nach Punkt 4.1 besteht. Umwehrungen können z. B. aus verschieb- oder schwenkbaren Schranken, Schleusengeländern oder Halbtüren bestehen. Sie müssen mit einer Sicherung gegen unbeabsichtigtes Öffnen oder Ausheben versehen sein.

(2) Umwehrungen dürfen sich nicht zur tiefer liegenden Seite hin öffnen lassen.

5.4 Gefahrenbereich Absturz

Arbeitsplätze und Verkehrswege, bei denen der Abstand mehr als 2,0 m zur Absturzkante beträgt, liegen außerhalb des Gefahrenbereichs Absturz. Der Gefahrenbereich ist durch geeignete Maßnahmen, z. B. Ketten oder Seile, und gut sichtbare Kennzeichnung entsprechend ASR A1.3 „Sicherheits- und Gesundheitsschutzkennzeichnung" (Verbotszeichen D-P006 „Zutritt für Unbefugte verboten") gegen unbefugten Zutritt zu sichern. Bei Verkehrswegen ist als Schutzmaßnahme auch ausreichend, wenn die Abgrenzung optisch deutlich erkennbar ist.

6 Maßnahmen zum Schutz vor herabfallenden Gegenständen

(1) Einrichtungen zum Schutz vor herabfallenden Gegenständen (z. B. Schutzdächer, Schutznetze) sind entsprechend der Beschaffenheit und der zu erwartenden kinetischen Energie der herabfallenden Gegenstände auszuwählen und zu dimensionieren.

(2) Besteht für Beschäftigte in tiefer gelegenen Bereichen der Arbeitsstätte eine Gefährdung durch z. B. auslaufende Flüssigkeiten oder Schüttgüter, sind Schutzmaßnahmen, z. B. Anbringung von Auffangwannen, zu treffen.

(3) Nicht geschlossene Böden (z. B. Gitterroste) sind so auszuführen, dass eine Gefährdung tiefer gelegener Arbeitsplätze und Verkehrswege durch herabfallende Gegenstände verhindert wird. Das entsprechende maximale Öffnungsmaß (z. B. die Maschenweite bei Gitterrosten) ist unter Berücksichtigung der örtlichen Gegebenheiten im Rahmen der Gefährdungsbeurteilung zu ermitteln. Dabei ist z. B. die Einbausituation oder die Personenfrequenz zu berücksichtigen.

6.1 Gefahrenbereich herabfallende Gegenstände

(1) Werden Gefahrenbereiche durch Absperrung und Kennzeichnung gemäß Punkt 4.4 Nr. 3 gesichert, sind als Absperrungen z. B. Geländer, Ketten oder Seile und als Kennzeichnung nach ASR A1.3 „Sicherheits- und Gesundheitsschutzkennzeichnung" das Verbotszeichen D-P006 „Zutritt für Unbefugte verboten" anzubringen.

(2) Werden Gefahrenbereiche durch Überwachung des Gefahrenbereiches gemäß Punkt 4.4. Nr. 3 gesichert, kann dieses z. B. durch Warnposten oder geeignete Warneinrichtungen (z. B. Schall- oder Leuchtzeichen nach ASR A1.3 „Sicherheits- und Gesundheitsschutzkennzeichnung") erfolgen.

7 Arbeitsplätze und Verkehrswege auf Dächern

(1) Wenn auf Dächern Arbeiten durchgeführt werden oder diese als Verkehrswege genutzt werden, hat der Arbeitgeber zu ermitteln, ob eine Gefährdung durch Absturz nach Punkt 4.1 besteht. Arbeiten auf Dächern können z. B. sein:
– vom Hersteller vorgeschriebene regelmäßige Prüfungen oder Instandhaltungsarbeiten an technischen oder baulichen Einrichtungen,
– das Reinigen oder Wechseln von Filterelementen an lüftungstechnischen Anlagen,
– das Ablesen oder Eichen von Messgeräten,
– das Durchführen von Pflegearbeiten auf begrünten Dachflächen,
– das Reinigen der Abläufe bei Dächern mit Innenentwässerung,
– das Räumen von Schnee,
– die Instandhaltung oder Reinigung von Dachoberlichtern oder Rauch- und Wärmeabzugsanlagen (RWA) oder
– die Instandhaltung oder Reinigung von Photovoltaik- und Solarthermieanlagen.

(2) Besteht bei Arbeiten auf Dächern oder Verkehrswegen eine Gefährdung durch Absturz, sind Maßnahmen zum Schutz vor Absturz entsprechend der Rangfolge nach Punkt 4.2 zu treffen.

7.1 Nicht durchtrittsichere Dächer und Bauteile

(1) Zugänge (z. B. Dachausstiege, Luken) zu nicht durchtrittsicheren Dächern (siehe Punkt 3.11) müssen unter Verschluss stehen, der nur von besonders unterwiesenen und beauftragten Personen geöffnet werden kann. Diese Unterweisung ist ggf. vor Ort durchzuführen. An den Zugängen muss eine dauerhafte und deutlich sichtbare Kennzeichnung angebracht sein, z. B. „Dach nur auf Laufstegen benutzen".

(2) Müssen nicht durchtrittsichere Dächer begangen werden, z. B. für Instandhaltungsarbeiten an Anlagen oder Einrichtungen, müssen sicher ausgeführte Verkehrswege zum Arbeitsbereich vorhanden sein. Dies kann z. B. durch Laufstege gewährleistet werden, die den zu erwartenden Lasten (Beschäftigte und Arbeitsmittel) sicher standhalten, mindestens 0,50 m breit und
– beidseitig umwehrt sind oder
– einseitig umwehrt sind, wenn eine beidseitige Umwehrung die vorzunehmenden Arbeiten behindern würde und geeignete Anschlageinrichtungen für den Einsatz von PSAgA vorhanden sind.

(3) Lichtkuppeln und Lichtbänder, die konstruktiv nicht durchtrittsicher sind, müssen mit geeigneten Umwehrungen, Überdeckungen oder Unterspannungen ausgeführt sein, die ein Durchstürzen von Beschäftigten verhindern. Für Arbeiten und Verkehrswege im Gefahrenbereich (Abstand < 2,0 m) von nicht durchtrittsicheren Lichtkuppeln und Lichtbändern im Bestand ist sicherzustellen, dass durch Absperrungen oder Abdeckungen ein Absturz verhindert wird. Auf Unterspannungen, Überdeckungen oder Absperrungen kann verzichtet werden, wenn der Aufsatzkranz des nicht durchtrittsicheren Bauteils, z. B. der Lichtkuppel, mindestens 0,50 m über die Dachfläche hinausragt.

(4) Für die Ausführung von Arbeiten und für die Benutzung von Verkehrswegen im Gefahrenbereich (Abstand < 2,0 m) von sonstigen nicht durchtrittsicheren Dachoberlichtern (z. B. Lichtplatten aus Kunststoff) ist aufgrund der örtlichen Gegebenheiten im Rahmen der Gefährdungsbeurteilung zu entscheiden, ob und ggf. welche Maßnahmen zu treffen sind, z. B. Geländer, Abdeckung, Arbeiten mit PSAgA.

8 Abweichende/ergänzende Anforderungen für Baustellen

8.1 Arbeitsplätze und Verkehrswege auf geneigten Flächen

(1) Auf geneigten Flächen, auf denen die Gefahr des Abrutschens von Beschäftigten besteht, darf nur gearbeitet werden, nachdem Maßnahmen gegen das Abrutschen vom Arbeitsplatz getroffen worden sind.

(2) Für Arbeiten auf einer mehr als 45° geneigten Fläche (z. B. auf gelatteten Dachflächen oder Böschungen) sind besondere Arbeitsplätze mit mindestens 0,50 m breiten, waagerechten Standplätzen zu schaffen.

(3) Bei Arbeiten an und auf Flächen mit Neigungen von mehr als 22,5° bis 60° darf der Höhenunterschied zwischen Arbeitsplätzen oder Verkehrswegen und den Einrichtungen zum Auffangen abrutschender Beschäftigter nicht mehr als 5,00 m betragen.

(4) Für das Errichten, Instandhalten oder Umlegen von Masten für elektrische Betriebsmittel auf Dachflächen mit einer Neigung von mehr als 22,5° bis 60° müssen Einrichtungen zum Auffangen abrutschender Beschäftigter bei mehr als 2,00 m Absturzhöhe vorhanden sein.

8.2 Sicherungen gegen Absturz an Arbeitsplätzen und Verkehrswegen

(1) Abweichend von Punkt 4.1 Abs. 3 und 4 müssen Einrichtungen, die ein Abstürzen von Beschäftigten verhindern (Absturzsicherungen), vorhanden sein:
1. unabhängig von der Absturzhöhe an
   − Arbeitsplätzen an und über Wasser oder anderen festen oder flüssigen Stoffen, in denen man versinken kann,
   − Verkehrswegen über Wasser oder anderen festen oder flüssigen Stoffen, in denen man versinken kann;
2. bei mehr als 1,00 m Absturzhöhe, soweit nicht nach Nummer 1 zu sichern ist, an
   − freiliegenden Treppenläufen und -absätzen,
   − Wandöffnungen;
3. bei mehr als 2,00 m Absturzhöhe an allen übrigen Arbeitsplätzen.

Abweichend von Nummer 3 ist eine Absturzsicherung bei einer Absturzhöhe bis 3,00 m entbehrlich an Arbeitsplätzen und Verkehrswegen auf Dächern und Geschossdecken mit bis zu 22,5 Grad Neigung und nicht mehr als 50,00 m^2 Grundfläche, sofern die Arbeiten von hierfür fachlich qualifizierten und körperlich geeigneten Beschäftigten ausgeführt werden, welche besonders unterwiesen sind. Die Absturzkante muss für die Beschäftigten deutlich erkennbar sein.

(2) Abweichend von Punkt 5.1 Abs. 2 beträgt die Mindesthöhe der Umwehrung 1,00 m. Bei der Verwendung von Systembauteilen ist eine Mindesthöhe von 950 mm zulässig. Die Höhe der Umwehrung darf entgegen Punkt 5.1 Abs. 2 Satz 2 nicht auf 0,80 m verringert werden.

(3) Umwehrungen sind so dicht wie möglich an der Absturzkante anzubringen. Davon darf unabhängig von der Absturzhöhe abgewichen werden, wenn Arbeitsplätze oder Verkehrswege höchstens 0,30 m von anderen tragfähigen und ausreichend bemessenen Umwehrungen entfernt liegen (siehe Abb. 5).

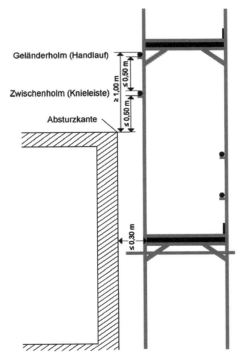

Abb. 5: Beispiel für abweichende Anordnung der Umwehrung

(4) Abweichend von Punkt 5.1 Abs. 5 müssen Umwehrungen Fußleisten von mindestens 0,15 m Höhe haben.

(5) Abweichend von Punkt 5.1 Abs. 7 müssen Umwehrungen so beschaffen und angebracht sein, dass an jeder Stelle normal zur Achse des Pfostens wirkend, eine Einzellast von HT1 und VT1 = 300 N und parallel zum Geländerholm wirkend von H = 200 N aufgenommen werden kann. Dabei darf die elastische Durchbiegung des Systems nicht größer als 5,5 cm sein. Die Fußleiste/Bordbrett muss abweichend hiervon eine Einzellast HT2 und VT2 = 200 N aufnehmen. Die Umwehrungen müssen so beschaffen und befestigt sein, dass an allen Seitenschutzbauteilen zusätzlich eine vertikal wirkende Einzellast von VD = 1250 N aufgenommen werden kann (siehe Abb. 6). Die Umwehrung muss so ausgelegt sein, dass sie einer Person, die sich am Seitenschutz anlehnt oder beim Gehen festhält, standhält. Außerdem muss sie eine Person auffangen, die gegen den Seitenschutz läuft oder fällt. Umwehrungen müssen den Beanspruchungen infolge Windlasten widerstehen.

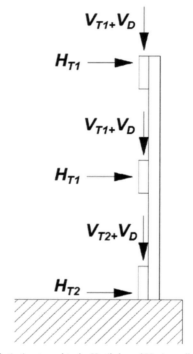

Abb. 6: Ansatzpunkte der Vertikal- und Horizontallasten

(6) Für Bauarbeiten in bestehenden Gebäuden ist im Rahmen der Gefährdungsbeurteilung zu prüfen, ob vorhandene Absturzsicherungen den Anforderungen dieser ASR entsprechen oder ob ergänzende Maßnahmen erforderlich sind.

8.3 Wandöffnungen

Abweichend von Punkt 5.3 Abs. 1 müssen Wandöffnungen, bei denen eine Absturzgefährdung besteht, und die breiter als 0,30 m und höher als 1,00 m sind und die nicht über die nach Punkt 5.1 Abs. 2 und 3 erforderliche Brüstungshöhe verfügen, fest angebrachte oder bewegliche Umwehrungen haben. Sie müssen mit einer Sicherung gegen unbeabsichtigtes Öffnen oder Ausheben versehen sein.

8.4 Schutz gegen herabfallende Gegenstände

(1) Ergänzend zu Punkt 6.1 sind Schütt-Trichter über Arbeitsplätzen und Verkehrswegen so auszubilden, dass Beschäftigte und andere Personen nicht durch überschüttetes Material getroffen werden können.

(2) Ergänzend zu Punkt 6.1 sind Traggerüste sowie Verbau von Gruben, Gräben und Schächten von losen Gegenständen freizuhalten.

Ausgewählte Literaturhinweise:
- TRBS 2121 Technische Regel für Betriebssicherheit, Gefährdung von Personen durch Absturz
- RAB 32 Regel zum Arbeitsschutz auf Baustellen, Unterlage für spätere Arbeiten
- DGUV Information 201−054 Dach-, Zimmer- und Holzbauarbeiten 10/2015 − DGUV Information 212−515 Persönliche Schutzausrüstungen 09/2006
- DGUV Information 208−007 Roste − Auswahl und Betrieb 01/1996 aktualisiert 05/2013
- DGUV Information 201−056 Planungsgrundlagen von Anschlageinrichtungen auf Dächern 08/2012 aktualisiert 08/2015
- ETB-Richtlinie Bauteile, die gegen Absturz sichern
- TRAV Technische Regeln für die Verwendung von absturzsichernden Verglasungen (Deutsches Institut für Bautechnik)
- TRLV Technische Regeln für die Verwendung von linienförmig gelagerten Verglasungen (Deutsches Institut für Bautechnik)
- DIN 4426:2013-12 Einrichtungen zur Instandhaltung baulicher Anlagen − Sicherheitstechnische Anforderungen an Arbeitsplätze und Verkehrswege − Planung und Ausführung
- DIN EN 795:2012-10 Persönliche Absturzschutzausrüstung − Anschlageinrichtungen
- DIN EN 1263-1:2013-01 Schutznetze (Auffangnetze), Teil 1: Sicherheitstechnische Anforderungen, Prüfverfahren
- DIN EN 1263-2:2013-01 Schutznetze (Sicherheitsnetze), Teil 2: Sicherheitstechnische Anforderungen für die Errichtung von Schutznetzen
- DIN EN 12811-1:2004-03 Temporäre Konstruktionen für Bauwerke, Teil 1: Arbeitsgerüste − Leistungsanforderungen, Entwurf, Konstruktion und Bemessung
- DIN EN 13374:2004-08 Temporäre Seitenschutzsysteme − Produktfestlegungen und Prüfverfahren

ASR A2.2 – Maßnahmen gegen Brände

(GMBl. 2018 S. 446)[1]

Die Technischen Regeln für Arbeitsstätten (ASR) geben den Stand der Technik, Arbeitsmedizin und Hygiene sowie sonstige gesicherte arbeitswissenschaftliche Erkenntnisse für das Einrichten und Betreiben von Arbeitsstätten wieder.

Sie werden vom Ausschuss für Arbeitsstätten ermittelt bzw. angepasst und vom Bundesministerium für Arbeit und Soziales im Gemeinsamen Ministerialblatt bekannt gemacht.

Diese ASR A2.2 konkretisiert im Rahmen des Anwendungsbereichs die Anforderungen der Verordnung über Arbeitsstätten. Bei Einhaltung der Technischen Regeln kann der Arbeitgeber insoweit davon ausgehen, dass die entsprechenden Anforderungen der Verordnung erfüllt sind. Wählt der Arbeitgeber eine andere Lösung, muss er damit mindestens die gleiche Sicherheit und den gleichen Gesundheitsschutz für die Beschäftigten erreichen.

Inhalt

1 Zielstellung

Diese ASR konkretisiert die Anforderungen an die Ausstattung von Arbeitsstätten mit Brandmelde- und Feuerlöscheinrichtungen sowie die damit verbundenen organisatorischen Maßnahmen für das Betreiben nach § 3a Absatz 1, § 4 Absatz 3 und § 6 Absatz 3 einschließlich der Punkte 2.2 und 5.2 Absatz 1g des Anhangs der Arbeitsstättenverordnung.

2 Anwendungsbereich

(1) Diese ASR gilt für das Einrichten und Betreiben von Arbeitsstätten mit Feuerlöscheinrichtungen sowie für weitere Maßnahmen zur Erkennung, Alarmierung sowie Bekämpfung von Entstehungsbränden.

(2) Für alle Arbeitsstätten gemäß § 2 der Arbeitsstättenverordnung gelten die Anforderungen und Gestaltungshinweise nach Punkt 5 dieser Regel (Grundausstattung).

---

[1] Neufassung der ASR A2.3 November 2012 (GMBl. S. 1225).

(3) Für Arbeitsstätten mit normaler Brandgefährdung ist die Grundausstattung ausreichend.

(4) Für Arbeitsstätten mit erhöhter Brandgefährdung sind über die Grundausstattung hinaus zusätzlich Maßnahmen nach Punkt 6 dieser Regel erforderlich.

Hinweis:
Zusätzliche Anforderungen an die barrierefreie Gestaltung werden zu einem späteren Zeitpunkt als Anhang in die ASR V3 a.2 „Barrierefreie Gestaltung von Arbeitsstätten" eingefügt.

3 Begriffsbestimmungen

3.1 Brandgefährdung liegt vor, wenn brennbare Stoffe vorhanden sind und die Möglichkeit für eine Brandentstehung besteht.

3.2 Normale Brandgefährdung liegt vor, wenn die Wahrscheinlichkeit einer Brandentstehung, die Geschwindigkeit der Brandausbreitung, die dabei frei werdenden Stoffe und die damit verbundene Gefährdung für Personen, Umwelt und Sachwerte vergleichbar sind mit den Bedingungen bei einer Büronutzung.

3.3 Erhöhte Brandgefährdung liegt vor, wenn
- entzündbare bzw. oxidierende Stoffe oder Gemische vorhanden sind,
- die örtlichen und betrieblichen Verhältnisse für eine Brandentstehung günstig sind,
- in der Anfangsphase eines Brandes mit einer schnellen Brandausbreitung oder großen Rauchfreisetzung zu rechnen ist,
- Arbeiten mit einer Brandgefährdung durchgeführt werden (z. B. Schweißen, Brennschneiden, Trennschleifen, Löten) oder Verfahren angewendet werden, bei denen eine Brandgefährdung besteht (z. B. Farbspritzen, Flammarbeiten) oder
- erhöhte Gefährdungen vorliegen, z. B. durch selbsterhitzungsfähige Stoffe oder Gemische, Stoffe der Brandklassen D und F, brennbare Stäube, extrem oder leicht entzündbare Flüssigkeiten oder entzündbare Gase.

Hinweis:
Die erhöhte Brandgefährdung im Sinne dieser ASR schließt die erhöhte und hohe Brandgefährdung nach der Technischen Regel für Gefahrstoffe TRGS 800 „Brandschutzmaßnahmen" ein.

3.4 Entstehungsbrände im Sinne dieser Regel sind Brände mit so geringer Rauch- und Wärmeentwicklung, dass noch eine gefahrlose Annäherung von Personen bei freier Sicht auf den Brandherd möglich ist.

3.5 Brandmelder dienen dem frühzeitigen Erkennen von Bränden und Auslösen eines Alarms. Dabei wird zwischen automatischen und nichtautomatischen Brandmeldern (Handfeuermeldern) unterschieden.

3.6 Feuerlöscheinrichtungen im Sinne dieser Regel sind tragbare oder fahrbare Feuerlöscher, Wandhydranten und weitere handbetriebene Geräte zur Bekämpfung von Entstehungsbränden.

3.7 Löschvermögen beschreibt die Leistungsfähigkeit eines Feuerlöschers, ein genormtes Brandobjekt abzulöschen.

3.8 Löschmitteleinheit (LE) ist eine eingeführte Hilfsgröße, die es ermöglicht, die Leistungsfähigkeit unterschiedlicher Feuerlöschertypen zu vergleichen und durch Addition das Gesamtlöschvermögen von mehreren Feuerlöschern zu ermitteln.

3.9 Brandschutzhelfer sind die Beschäftigten, die der Arbeitgeber für Aufgaben der Brandbekämpfung bei Entstehungsbränden benannt hat.

3.10 Brandschutzbeauftragte sind Personen, die vom Arbeitgeber bestellt werden und ihn zu Themen des betrieblichen Brandschutzes beraten und unterstützen.

4 Eignung von Feuerlöschern und Löschmitteln

4.1 Brandklassen

Feuerlöscher bzw. Löschmittel werden vom Hersteller entsprechend der Eignung einer oder mehrerer Brandklassen zugeordnet. Diese Zuordnung ist auf dem Feuerlöscher mit Piktogrammen angegeben (siehe Tabelle 1).

Tabelle 1: Brandklassen nach DIN EN 2:2005-01 „Brandklassen", Piktogramme nach DIN EN 3-7:2007-10 „Tragbare Feuerlöscher – Teil 7: Eigenschaften, Leistungsanforderungen und Prüfungen"

Piktogramm	Brandklasse
	Brandklasse A: Brände fester Stoffe (hauptsächlich organischer Natur), verbrennen normalerweise unter Glutbildung Beispiele: Holz, Papier, Stroh, Textilien, Kohle, Autoreifen
	Brandklasse B: Brände von flüssigen oder flüssig werdenden Stoffen Beispiele: Benzin, Öle, Schmierfette, Lacke, Harze, Wachse, Teer *Hinweis: Sicherheitsdatenblatt beachten*
	Brandklasse C: Brände von Gasen Beispiele: Methan, Propan, Wasserstoff, Acetylen, Erdgas

Piktogramm	Brandklasse
	Brandklasse D: Brände von Metallen Beispiele: Aluminium, Magnesium, Lithium, Natrium, Kalium und deren Legierungen
	Brandklasse F: Brände von Speiseölen und -fetten (pflanzliche oder tierische Öle und Fette) in Frittier- und Fettbackgeräten und anderen Kücheneinrichtungen und -geräten

Für Brände von elektrischen Anlagen und Betriebsmitteln wird in DIN EN 2:2005-01 „Brandklassen" keine eigenständige Brandklasse ausgewiesen.

Feuerlöscher nach DIN EN 3-7:2007-10 „Tragbare Feuerlöscher – Teil 7: Eigenschaften, Leistungsanforderungen und Prüfungen", die für die Brandbekämpfung im Bereich elektrischer Anlagen geeignet sind, werden mit der maximalen Spannung und dem notwendigen Mindestabstand gekennzeichnet, z. B. bis 1000 V, Mindestabstand 1 m.

4.2 Löschvermögen, Löschmitteleinheiten

(1) Das Löschvermögen wird durch eine Zahlen-Buchstabenkombination auf dem Feuerlöscher angegeben. In dieser Zahlen-Buchstabenkombination bezeichnet die Zahl die Größe des erfolgreich abgelöschten Norm-Prüfobjektes und der Buchstabe die Brandklasse (siehe Abbildung 1).

FEUERLÖSCHER

6 Liter wässrige Lösung

| 21A | 113B | 75F |

1. SICHERUNG ENTFERNEN

2. SCHLAGKNOPF BETÄTIGEN

3. LÖSCHPISTOLE BETÄTIGEN

A   **B**   **F**

VORSICHT

NACH JEDER BETÄTIGUNG NEU FÜLLEN.

REGELMÄSSIG AUF EINSATZBEREITSCHAFT ÜBERPRÜFEN.

NUR SOLCHE LÖSCH-/TREIBMITTEL UND ERSATZTEILE VERWENDEN,
DIE MIT DEM ANERKANNTEN MUSTER ÜBEREINSTIMMEN.

LÖSCHMITTEL: 6 Liter wässrige Lösung   NR. DER ANERKENNUNG:

TREIBMITTEL: 40 g CO_2 TYP:

FUNKTIONSBEREICH: 0 °C BIS +60 °C

HERSTELLER

Abb. 1: Beispiel für die Beschriftung eines Feuerlöschers durch den Hersteller, in Anlehnung
an DIN EN 3–7:2007-10 „Tragbare Feuerlöscher – Teil 7: Eigenschaften,
Leistungsanforderungen und Prüfungen"

Hinweise:

1. *Die Buchstaben* **A, B, F** *bezeichnen die jeweilige Brandklasse, für die der Feuerlöscher geeignet ist. Die davor stehenden Zahlen* **21A, 113B, 75F** *in Abbildung 1 geben das Löschvermögen in der jeweiligen Brandklasse, bestimmt an einem Norm-Prüfobjekt entsprechender Größe, an.*

2. *Es kann für die Brandklassen A und B mit Hilfe der Tabelle 2 in Löschmitteleinheiten (LE) umgerechnet werden.*

3. *Für die Brandklassen C und D wird nur die Eignung des Feuerlöschers ohne Bestimmung des Löschvermögens festgestellt.*

4. *Für die Brandklasse F gibt die Zahl* **75** *in Abbildung 1 an, dass unter Prüfbedingungen ein Brand mit einem Volumen von 75 Litern Speisefett/-öl erfolgreich abgelöscht werden kann. Feuerlöscher der Brandklasse F sind mit einem Löschvermögen von* **5F, 25F, 40F** *und* **75F** *erhältlich. Eine Umrechnung in Löschmitteleinheiten (LE) erfolgt nicht.*

(2) Da das Löschvermögen nicht addiert werden kann, wird zur Berechnung der Anzahl der erforderlichen Feuerlöscher für die Brandklassen A und B eine Hilfsgröße, die „Löschmitteleinheit (LE)" verwendet. Dem im Versuch ermittelten Löschvermögen der Feuerlöscher wird dadurch eine bestimmte Anzahl von Löschmitteleinheiten zugeordnet, siehe Tabelle 2. Diese Werte können dann je Brandklasse addiert werden.

Tabelle 2: Zuordnung des Löschvermögens zu Löschmitteleinheiten (Zuordnung von Feuerlöschern der Grundausstattung gemäß Punkt 5.2)

LE	Löschvermögen (Rating gemäß DIN EN 3–7:2007-10)	
	Brandklasse A	Brandklasse B
1	5A	21B
2	8A	34B
3		55B
4	13A	70B
5		89B
6	21A	113B
9	27A	144B
10	34A	
12	43A	183B
15	55A	233B

(3) Werden Feuerlöscher für verschiedene Brandklassen bereitgestellt, dann muss das Löschvermögen für jede der vorhandenen Brandklassen ausreichend sein.

5 Ausstattung für alle Arbeitsstätten

5.1 Branderkennung und Alarmierung

(1) Der Arbeitgeber hat durch geeignete Maßnahmen sicherzustellen, dass die Beschäftigten im Brandfall unverzüglich gewarnt und zum Verlassen von Gebäuden

oder gefährdeten Bereichen aufgefordert werden können. Die Möglichkeit zur Alarmierung von Hilfs- und Rettungskräften muss gewährleistet sein.

(2) Brände können durch Personen oder Brandmelder erkannt und gemeldet werden.

Brandmelder dienen der frühzeitigen Erkennung von Bränden. Dies trägt maßgeblich zum Löscherfolg und zur rechtzeitigen Einleitung von Evakuierungs- und Rettungsmaßnahmen bei.

Als Brandmelder werden technische Geräte zum Auslösen eines Alarms im Falle eines Brandes bezeichnet. Dabei wird unterschieden zwischen automatischen Brandmeldern, welche einen Brand anhand seiner Eigenschaften (z. B. Rauch, Temperatur, Flamme) erkennen, und nichtautomatischen Brandmeldern, die von Hand betätigt werden (Handfeuermelder). Der Alarm kann dem Warnen der anwesenden Personen oder dem Herbeirufen von Hilfe (z. B. Sicherheitspersonal, Feuerwehr) dienen.

(3) Geeignete Maßnahmen zur Alarmierung von Personen sind z. B.:
− Brandmeldeanlagen mit Sprachalarmanlagen (SAA) oder akustische Signalgeber (z. B. Hupen, Sirenen),
− Hausalarmanlagen,
− Elektroakustische Notfallwarnsysteme (ENS),
− optische Alarmierungsmittel,
− Telefonanlagen,
− Megaphone,
− Handsirenen,
− Zuruf durch Personen oder
− personenbezogene Warneinrichtungen.

(4) Technische Maßnahmen sind vorrangig umzusetzen. Dabei sind automatische Brandmelde- und Alarmierungseinrichtungen zu bevorzugen.

Die Notwendigkeit von technischen Alarmierungsanlagen ergibt sich aus der Gefährdungsbeurteilung, z. B. wenn Ruf- und Sichtverbindungen oder räumliche Gegebenhei- ten eine Warnung der gefährdeten Personen nicht erlauben bzw. sich Handlungsbedarf aus den Räumungsübungen nach ASR A2.3 „Fluchtwege und Notausgänge, Flucht- und Rettungsplan" oder aus Auflagen von Behörden ergibt.

5.2 Grundausstattung mit Feuerlöscheinrichtungen

(1) Der Arbeitgeber hat Feuerlöscheinrichtungen nach Art und Umfang der im Betrieb vorhandenen brennbaren Stoffe, der Brandgefährdung und der Grundfläche der Arbeitsstätte in ausreichender Anzahl bereitzustellen. Für die Ermittlung der Art und Anzahl der erforderlichen Feuerlöscher kann die Arbeitsstätte in Teilbereiche unterteilt werden, sofern dies wegen der baulichen Gegebenheiten oder der Nutzungsbedingungen sinnvoll oder erforderlich ist. Die zu einer Arbeitsstätte gehörenden Teilbereiche können in unterschiedliche Brandgefährdungen eingestuft sein.

Im Regelfall hat der Arbeitgeber bei der Grundausstattung als Feuerlöscheinrichtungen Feuerlöscher nach DIN EN 3−7:2007-10 „Tragbare Feuerlöscher − Teil 7: Eigenschaften, Leistungsanforderungen und Prüfungen" bereitzustellen. Ein allgemeines Lösungsschema zur Festlegung der Ausstattung der Arbeitsstätte enthält Anhang 1; Ausführungsbeispiele für die Grundausstattung sind im Anhang 2 und für die Abweichung von der Grundausstattung im Anhang 3 dargestellt.

(2) In allen Arbeitsstätten ist für die Grundausstattung die für einen Bereich erforderliche Anzahl von Feuerlöschern mit dem entsprechenden Löschvermögen für

die Brandklassen A und B nach den Tabellen 2 und 3 zu ermitteln. Ausgehend von der Grundfläche (Summe der Grundflächen aller Ebenen) der Arbeitsstätte gemäß Tabelle 3 sind die erforderlichen Löschmitteleinheiten zu ermitteln. Aus Tabelle 2 ist dann die entsprechende Art, Anzahl und Größe der Feuerlöscher entsprechend ihrem Löschvermögen zu entnehmen, wobei die Summe der Löschmitteleinheiten mindestens der aus der Tabelle 3 entnommenen Zahl je Brandklasse entsprechen muss.

Flächen im Freien (z. B. Grünanlagen, Verkehrswege) können bei der Ermittlung der Grundausstattung unberücksichtigt bleiben.

Tabelle 3: Löschmitteleinheiten in Abhängigkeit von der Grundfläche der Arbeitsstätte

Grundfläche bis ... m²	Löschmitteleinheiten [LE]
50	6
100	9
200	12
300	15
400	18
500	21
600	24
700	27
800	30
900	33
1000	36
je weitere 250	+ 6

Für die Grundausstattung werden im Regelfall nur Feuerlöscher angerechnet, die jeweils über mindestens 6 Löschmitteleinheiten (LE) verfügen.

Abweichend davon können für die Grundausstattung bei normaler Brandgefährdung auch Feuerlöscher, die jeweils nur über mindestens 2 Löschmitteleinheiten (LE) verfügen, angerechnet werden, wenn:
– sich hierdurch eine Vereinfachung in der Bedienung ergibt, z. B. durch mindestens 25 % Gewichtsersparnis je Feuerlöscher,
– die Zugriffszeit, z. B. durch Halbierung der maximalen Entfernung zum nächstgelegenen Feuerlöscher nach Punkt 5.3, reduziert wird oder
– die Anzahl der Brandschutzhelfer nach Punkt 7.3 verdoppelt wird.

In mehrgeschossigen Gebäuden sind in jedem Geschoss mindestens 6 Löschmitteleinheiten (LE) bereitzustellen.

Um tragbare Feuerlöscher einfach handhaben zu können, soll
– auf ein geringes Gerätegewicht sowie
– innerhalb eines Bereiches auf gleiche Funktionsweise der Geräte bei Auslöseund Unterbrechungseinrichtungen
geachtet werden.

Hinweise:
1. *Bei der Auswahl der Feuerlöscher sollten auch mögliche Folgeschäden durch die Löschmittel berücksichtigt werden.*
2. *Bei dem Einsatz von Kohlendioxid (CO_2) als Löschmittel sind Gesundheitsgefahren durch zu hohe CO_2-Konzentrationen zu berücksichtigen.*

(3) Sind in einem Gebäude Arbeitsstätten verschiedener Arbeitgeber vorhanden, können vorhandene Feuerlöscher gemeinsam genutzt werden. Dabei hat jeder Arbeitgeber sicherzustellen, dass für seine Beschäftigten der Zugriff zu den erforderlichen Feuerlöschern jederzeit gewährleistet ist.

5.3 Anforderungen an die Bereitstellung von Feuerlöscheinrichtungen

Der Arbeitgeber hat sicherzustellen, dass in Arbeitsstätten:
- Feuerlöscher gut sichtbar und leicht erreichbar angebracht sind,
- Feuerlöscher vorzugsweise in Fluchtwegen, im Bereich der Ausgänge ins Freie, an den Zugängen zu Treppenräumen oder an Kreuzungspunkten von Verkehrswegen/Fluren angebracht sind,
- die Entfernung von jeder Stelle zum nächstgelegenen Feuerlöscher nicht mehr als 20 m (tatsächliche Laufweglänge) beträgt, um einen schnellen Zugriff zu gewährleisten,
- Feuerlöscher vor Beschädigungen und Witterungseinflüssen geschützt aufgestellt sind, z. B. durch Schutzhauben, Schränke, Anfahrschutz; dies kann z. B. bei Tankstellen, in Tiefgaragen oder nicht allseitig umschlossenen baulichen Anlagen erforderlich sein,
- Feuerlöscher so angebracht sind, dass diese ohne Schwierigkeiten aus der Halterung entnommen werden können; für die Griffhöhe haben sich 0,80 m bis 1,20 m als zweckmäßig erwiesen,
- die Standorte von Feuerlöschern durch das Brandschutzzeichen F001 „Feuerlöscher" entsprechend ASR A1.3 „Sicherheits- und Gesundheitsschutzkennzeichnung" gekennzeichnet sind. In unübersichtlichen Arbeitsstätten ist der nächstgelegene Standort eines Feuerlöschers gut sichtbar durch das Brandschutzzeichen F001 „Feuerlöscher" in Verbindung mit einem Zusatzzeichen „Richtungspfeil" anzuzeigen. Besonders in lang gestreckten Räumen oder Fluren sollen Brandschutzzeichen in Laufrichtung jederzeit erkennbar sein, z. B. durch den Einsatz von Fahnen- oder Winkelschildern,
- weitere Feuerlöscheinrichtungen ebenfalls entsprechend ASR A1.3 „Sicherheits- und Gesundheitsschutzkennzeichnung" gekennzeichnet sind (z. B. für Wandhydranten: Brandschutzzeichen F002 „Löschschlauch"),
- die Erkennbarkeit der notwendigen Brandschutzzeichen auf Fluchtwegen ohne Sicherheitsbeleuchtung durch Verwendung von langnachleuchtenden Materialien entsprechend ASR A1.3 erhalten bleibt und
- die Standorte der Feuerlöscheinrichtungen in den Flucht- und Rettungsplan entsprechend ASR A2.3 „Fluchtwege und Notausgänge, Flucht- und Rettungsplan" aufgenommen sind.

6 Ausstattung von Arbeitsstätten mit erhöhter Brandgefährdung

6.1 Feststellung der erhöhten Brandgefährdung

Werden im Rahmen der Gefährdungsbeurteilung Bereiche mit erhöhter Brandgefährdung festgestellt, hat der Arbeitgeber neben der Grundausstattung nach Punkt 5.2 und den Grundanforderungen für die Bereitstellung nach Punkt 5.3 zusätzliche betriebs- und tätigkeitsspezifische Maßnahmen zu ergreifen (siehe Punkt 6.2). Von erhöhter Brandgefährdung kann z. b. in folgenden Arbeitsstätten oder bei folgenden Tätigkeiten ausgegangen werden (siehe Tabelle 4):

Tabelle 4: Beispielhafte Aufzählung von Bereichen und Tätigkeiten in Arbeitsstätten mit erhöhter Brandgefährdung

1.	Verkauf, Handel, Lagerung
	− Lager mit extrem oder leicht entzündbaren bzw. leicht entflammbaren Stoffen oder Gemischen − Lager für Recyclingmaterial und Sekundärbrennstoffe − Speditionslager − Lager mit Lacken und Lösungsmitteln − Altpapierlager − Baumwolllager, Holzlager, Schaumstofflager − Lagerbereiche für Verpackungsmaterial − Lager mit sonstigem brennbaren Material − Ausstellungen für Möbel − Verkaufsräume mit erhöhten Brandgefährdungen, z. B. Heimwerkermarkt, Baumarkt
2.	Dienstleistung
	− Kinos, Diskotheken − Abfallsammelräume − Küchen − Beherbergungsbetriebe − Theaterbühnen − technische und naturwissenschaftliche Bereiche in Bildungs- und Forschungseinrichtungen − Tank- und Tankfahrzeugreinigung − chemische Reinigung, Wäschereien − Alten- und Pflegeheime − Werkstätten für Menschen mit Behinderungen − Krankenhäuser
3.	Industrie
	− Möbelherstellung, Spanplattenherstellung − Webereien, Spinnereien − Herstellung von Papier im Trockenbereich − Verarbeitung von Papier − Getreidemühlen und Futtermittelproduktion

3.	Industrie
	– Schaumstoff-, Dachpappenherstellung – Verarbeitung von brennbaren Lacken und Klebern – Lackier- und Pulverbeschichtungsanlagen und -geräte – Öl-Härtereien – Druckereien – petrochemische Anlagen – Verarbeitung von brennbaren Chemikalien – Leder- und Kunststoffverarbeitung – Kunststoff-Spritzgießerei – Kartonagenherstellung – Backwarenfabrik – Herstellung von Maschinen und Geräten
4.	Handwerk
	– Kfz-Werkstatt – Tischlerei/Schreinerei – Polsterei – Metallverarbeitung – Galvanik – Vulkanisierung – Leder-, Kunstleder- und Textilverarbeitung – Backbetrieb – Elektrowerkstatt

6.2 Zusätzliche Maßnahmen bei erhöhter Brandgefährdung

(1) Über die Grundausstattung hinausgehende zusätzliche Maßnahmen in Bereichen mit erhöhter Brandgefährdung sind z. B.:
– die Ausrüstung von Bereichen mit Brandmeldeanlagen zur frühzeitigen Erkennung von Entstehungsbränden,
– die Erhöhung der Anzahl der Feuerlöscher und deren gleichmäßige Verteilung in Bereichen mit erhöhter Brandgefährdung, um die maximale Entfernung zum nächstgelegenen Feuerlöscher und dadurch die Zeit bis zum Beginn der Entstehungsbrandbekämpfung zu verkürzen,
– die Anbringung mehrerer gleichartiger und baugleicher Feuerlöscher an einem Standort in Bereichen mit erhöhter Brandgefährdung, um bei ausreichend anwesenden Beschäftigten zur Entstehungsbrandbekämpfung durch gleichzeitigen Einsatz mehrerer Feuerlöscher einen größeren Löscheffekt zu erzielen,
– die Bereitstellung von zusätzlichen, für die vor Ort vorhandenen Brandklassen geeigneten Feuerlöscheinrichtungen in Bereichen oder an Arbeitsplätzen mit erhöhter Brandgefährdung, um eine schnelle und wirksame Entstehungsbrandbekämpfung zu ermöglichen, z. B. Kohlendioxidlöscher in Laboren, Fettbrandlöscher an Fritteusen und Fettbackgeräten, fahrbare Feuerlöscher mit einer höheren Wurfweite und Löschleistung an Tanklagern mit brennbaren Flüssigkeiten, Wandhydranten in Gebäuden, bei denen eine hohe Löschleistung für die Entstehungsbrandbekämpfung oder zur Kühlung benötigt wird oder
– Maßnahmen, die nach der Technischen Regel für Gefahrstoffe TRGS 800 „Brandschutzmaßnahmen" für Tätigkeiten mit Gefahrstoffen nötig sind.

(2) Die wegen der erhöhten Brandgefährdung einzusetzenden Löscheinrichtungen sind so anzuordnen, dass sie auch schnell zum Einsatz gebracht werden können. Daher sind insbesondere in der Nähe der folgenden Stellen Feuerlöscheinrichtungen zu positionieren:

- Bearbeitungsmaschinen mit erhöhter Zündgefahr,
- erhöhte Brandlasten oder
- Räume, die wegen der erhöhten Brandgefahr brandschutztechnisch abgetrennt werden.

Dabei ist sicherzustellen, dass:

- das Löschmittel der Brandklasse angepasst ist,
- die Löschmittelmenge ausreichend ist, um einen Entstehungsbrand dieser Gefährdung abzudecken und
- die Feuerlöscheinrichtung so positioniert ist, dass sie im Falle eines Brandausbruchs in Bereichen mit erhöhter Brandgefährdung noch ohne Gefährdung vom Beschäftigten schnell (in der Regel nicht größer als 5 m, maximal 10 m tatsächliche Laufweglänge) erreicht werden kann.

(3) Ortsfeste Brandbekämpfungsanlagen (z. B. Sprinkleranlagen, Sprühwasserlöschanlagen, Feinsprühlöschanlagen, Schaum-, Pulver- oder Gaslöschanlagen) sind zusätzliche, also über die Grundausstattung hinaus gehende Maßnahmen des Brandschutzes. Sie sind vorrangig z. B. dann erforderlich, wenn:

- eine Brandbekämpfung mit Feuerlöscheinrichtungen wegen der Eigengefährdung nicht möglich ist oder
- die Bereiche nicht zugänglich sind.

Hinweis:
Für Tätigkeiten mit Gefahrstoffen sind die Maßnahmen des Brandschutzes nach der Technischen Regel für Gefahrstoffe – TRGS 800 „Brandschutzmaßnahmen" und für die Verwendung von Arbeitsmitteln die Maßnahmen zum Brand- und Explosionsschutz nach der Betriebssicherheitsverordnung zu beachten.

7 Organisation des betrieblichen Brandschutzes

7.1 Organisatorische Brandschutzmaßnahmen

(1) Der Arbeitgeber hat die notwendigen Maßnahmen gegen Entstehungsbrände einschließlich der Verhaltensregeln im Brandfall (z. B. Evakuierung von Gebäuden) festzulegen und zu dokumentieren.

Hinweis:
Informationen zur Evakuierung von Gebäuden sind in der ASR A2.3 „Fluchtwege und Notausgänge, Flucht- und Rettungsplan" enthalten.

(2) Die Maßnahmen für alle Personen, die sich in der Arbeitsstätte aufhalten, sind an gut zugänglicher Stelle in geeigneter Form auszuhängen, wenn:

- erhöhte Brandgefährdung vorliegt,
- der Aushang eines Flucht- und Rettungsplanes nach ASR A2.3 „Fluchtwege und Notausgänge, Flucht- und Rettungsplan" erforderlich ist oder
- sich häufig Besucher oder Fremdfirmen in der Arbeitsstätte aufhalten, insbesondere wenn sie nicht begleitet sind.

Dies kann z. B. als
– Brandschutzordnung Teil A nach DIN 14096:2014-05 „Brandschutzordnung – Regeln für das Erstellen und das Aushängen" oder
– „Regeln für das Verhalten im Brandfall" im grafischen Teil des Flucht- und Rettungsplans nach ASR A1.3 „Sicherheits- und Gesundheitsschutzkennzeichnung"
erfolgen.

(3) Die Maßnahmen für alle Beschäftigten sind diesen durch Auslegen oder in elektronischer Form zugänglich zu machen. Dies kann z. B. in Form der Brandschutzordnung Teil B nach DIN 14096:2014-05 „Brandschutzordnung – Regeln für das Erstellen und das Aushängen" erfolgen.

(4) Die Maßnahmen für Beschäftigte mit besonderen Aufgaben im Brandschutz, soweit diese vorhanden sind (z. B. Brandschutzbeauftragte), sind diesen gegen Nachweis gegebenenfalls auch elektronisch bekannt zu machen. Dies kann z. B. in Form der Brandschutzordnung Teil C nach DIN 14096:2014-05 „Brandschutzordnung – Regeln für das Erstellen und das Aushängen" erfolgen.

7.2 Unterweisung

Der Arbeitgeber hat alle Beschäftigten über die nach Punkt 7.1 festgelegten Maßnahmen
– vor Aufnahme der Beschäftigung,
– bei Veränderung des Tätigkeitsbereiches und
– danach in angemessenen Zeitabständen, mindestens jedoch einmal jährlich, zu unterweisen.

7.3 Brandschutzhelfer

(1) Der Arbeitgeber hat eine ausreichende Anzahl von Beschäftigten durch Unterweisung und Übung im Umgang mit Feuerlöscheinrichtungen zur Bekämpfung von Entstehungsbränden vertraut zu machen.

(2) Die Anzahl der Brandschutzhelfern ergibt sich aus der Gefährdungsbeurteilung. Ein Anteil von 5% der Beschäftigten ist in der Regel ausreichend. Eine größere Anzahl von Brandschutzhelfern kann z. B. in Bereichen mit erhöhter Brandgefährdung, bei der Anwesenheit vieler Personen, Personen mit eingeschränkter Mobilität sowie bei großer räumlicher Ausdehnung der Arbeitsstätte erforderlich sein.

(3) Bei der Anzahl der Brandschutzhelfer sind auch Schichtbetrieb und Abwesenheit einzelner Beschäftigter, z. B. Fortbildung, Urlaub und Krankheit, zu berücksichtigen.

(4) Die Brandschutzhelfer sind im Hinblick auf ihre Aufgaben fachkundig zu unterweisen. Zum Unterweisungsinhalt gehören neben den Grundzügen des vorbeugenden Brandschutzes Kenntnisse über die betriebliche Brandschutzorganisation, die Funkti- ons- und Wirkungsweise von Feuerlöscheinrichtungen, die Gefahren durch Brände sowie über das Verhalten im Brandfall.

(5) Praktische Übungen (Löschübungen) im Umgang mit Feuerlöscheinrichtungen gehören zur fachkundigen Unterweisung der Brandschutzhelfer. Es wird empfohlen, die Unterweisung mit Übung in Abständen von 3 bis 5 Jahren zu wiederholen.

7.4 Brandschutzbeauftragte

Ermittelt der Arbeitgeber eine erhöhte Brandgefährdung, kann die Benennung eines Brandschutzbeauftragten zweckmäßig sein. Dieser berät und unterstützt den Arbeitgeber zu Themen des betrieblichen Brandschutzes.

Hinweis:

Die Notwendigkeit zur Bestellung eines Brandschutzbeauftragten kann sich auch aus anderen Rechtsvorschriften ergeben.

7.5 Instandhaltung und Prüfung

7.5.1 Brandmelde- und Feuerlöscheinrichtungen

(1) Der Arbeitgeber hat Brandmelde- und Feuerlöscheinrichtungen unter Beachtung der Herstellerangaben in regelmäßigen Abständen sachgerecht instand zu halten und auf ihre Funktionsfähigkeit prüfen zu lassen. Die Ergebnisse sind zu dokumentieren.

(2) Werden keine Mängel festgestellt, ist dies auf der Feuerlöscheinrichtung kenntlich zu machen, z. B. durch Anbringen eines Instandhaltungsnachweises.

(3) Werden Mängel festgestellt, durch welche die Funktionsfähigkeit der Feuerlöscheinrichtung nicht mehr gewährleistet ist, hat der Arbeitgeber unverzüglich zu veranlassen, dass die Feuerlöscheinrichtung instandgesetzt oder ausgetauscht wird.

7.5.2 Besondere Regelungen für Feuerlöscher

(1) Die Bauteile von Feuerlöschern sowie die im Feuerlöscher enthaltenen Löschmittel können im Laufe der Zeit unter den äußeren Einflüssen am Aufstellungsort (wie Temperatur, Luftfeuchtigkeit, Verschmutzung, Erschütterung oder unsachgemäße Behandlung) unbrauchbar werden. Zur Sicherstellung der Funktionsfähigkeit sind Feuerlöscher daher alle zwei Jahre durch einen Fachkundigen zu warten. Lässt der Hersteller von der genannten Frist abweichende längere Fristen für die Instandhaltung zu, können diese vom Arbeitgeber herangezogen werden. Kürzere vom Hersteller genannte Fristen sind zu beachten.

Hinweise:

1. Fachkundige zur Wartung von Feuerlöschern sind insbesondere Sachkundige gemäß DIN 14406-4:2009-09 „Tragbare Feuerlöscher – Teil 4: Instandhaltung".

2. Von der Wartung durch den Fachkundigen bleiben die wiederkehrenden Prüfungen der Feuerlöscher (Druckprüfung) durch eine befähigte Person nach der Betriebssicherheitsverordnung unberührt.

(2) Bei starker Beanspruchung, z. B. durch Umwelteinflüsse oder mobilen Einsatz, können kürzere Zeitabstände erforderlich sein.

Hinweis:

Für die erforderlichen Arbeitsschritte wird auf das bvfa-Merkblatt „Arbeitsschritte bei der Instandhaltung von tragbaren Feuerlöschern", Ausgabe 2016-09 (01) verwiesen.

8 Abweichende/ergänzende Anforderungen für Baustellen

(1) Die Anforderungen in den Punkten 5.2 und 7.3 gelten auf Baustellen nur für stationäre Baustelleneinrichtungen, z. B. Baubüros, Unterkünfte oder Werkstätten.

(2) Werden auf Baustellen Tätigkeiten mit einer erhöhten Brandgefährdung nach Punkt 6.1 durchgeführt, ist dort bei Tätigkeiten mit einer Brandgefährdung (z. B. Schweißen, Brennschneiden, Trennschleifen, Löten) oder bei der Anwendung von Verfahren, bei denen eine Brandgefährdung besteht (z. B. Farbspritzen, Flammarbeiten) für jedes der dabei eingesetzten und eine erhöhte Brandgefährdung auslösenden Arbeitsmittel ein Feuerlöscher für die entsprechenden Brandklassen mit mindestens 6 LE in unmittelbarer Nähe bereitzuhalten.

(3) Abweichend von Punkt 7.3 Absätze 1 bis 3 sind sämtliche Personen, die mit den vorgenannten Arbeitsmitteln tätig werden, theoretisch und praktisch im Umgang mit Feuerlöschern nach Punkt 7.3 Absätze 4 und 5 zu unterweisen.

(4) Baustellen mit besonderen Gefährdungen (z. B. Untertagebaustellen, Hochhausbau) erfordern zusätzliche Maßnahmen gegen Brände nach Punkt 6.2.

Ausgewählte Literaturhinweise
- Technische Regeln für Gefahrstoffe (TRGS) 800 „Brandschutzmaßnahmen"
- DGUV Information 205−003 Aufgaben, Qualifikation, Ausbildung und Bestellung von Brandschutzbeauftragten 11/2014
- DGUV Information 205−023 Brandschutzhelfer 02/2014

Anhang 1

Standardschema zur Festlegung der notwendigen Feuerlöscheinrichtungen:

1. Schritt	– Ermittlung der vorhandenen Brandklassen nach Tabelle 1
2. Schritt	– Ermittlung der Brandgefährdung (siehe auch Tabelle 4)
3. Schritt	– Ermittlung der Löschmitteleinheiten (LE) in Abhängigkeit von der Grundfläche für die in allen Arbeitsstätten notwendige Grundausstattung mit Feuerlöscheinrichtungen nach Tabelle 3
4. Schritt	– Festlegung der für die Grundausstattung notwendigen Anzahl der Feuerlöscheinrichtungen entsprechend den Löschmitteleinheiten (LE) nach Tabelle 2
5. Schritt	– Gegebenenfalls Festlegung von zusätzlichen Maßnahmen, insbesondere nach Punkt 6.2, bei erhöhter Brandgefährdung

Anhang 2

Beispiele für die Ermittlung der Grundausstattung

Beispiel 2.1:

Bürobetrieb
Brandklassen: A und B
Grundfläche: 500 m²
Ergebnis der Gefährdungsbeurteilung: normale Brandgefährdung
→ Grundausstattung mit Feuerlöschern gemäß Tabelle 3:
Tabelle 3 ergibt bis 500 m² – 21 LE.
Gewählt werden Pulverlöscher mit Löschvermögen 21A 113B, was nach Tabelle 2 für diesen Feuerlöschertyp 6 LE entspricht.
Es sind demnach 21 LE, geteilt durch 6, also 4 Feuerlöscher dieses Typs erforderlich.

Beispiel 2.2:

Kindertagesstätte mit 4 Gruppen
Brandklasse: A
Grundfläche: 538 m^2
Ergebnis der Gefährdungsbeurteilung: normale Brandgefährdung
Brandschutzhelfer: alle Beschäftigten sind ausgebildet
→ Grundausstattung mit Feuerlöschern gemäß Tabelle 3:
Tabelle 3 ergibt bis 600 m^2 – 24 LE.
Als Grundausstattung nach Punkt 5.2 wären hier insgesamt 24 LE erforderlich, sodass bei mindestens 6 LE je Feuerlöscher 4 Feuerlöscher erforderlich wären.

Das Ziel ist, dass in jeder Gruppe, im Büro und in der Aufwärmküche Feuerlöscher mit geringerem Gewicht zur Verfügung stehen.

Für die Kindertagesstätte werden insgesamt 6 Wasserlöscher mit 3 Litern Wasser und einem Löschvermögen von 13A je Gerät, was nach Tabelle 2 für diesen Feuerlöschertyp 4 LE für die Brandklasse A entspricht, vorgesehen und in den 4 Gruppen, im Büro und in der Aufwärmküche positioniert.

Durch die Auswahl und Positionierung der genannten Feuerlöscher sind die Kriterien Gewichtsersparnis und Reduzierung der Entfernung zum nächstgelegenen Feuerlöscher erfüllt.

Beispiel 2.3:

Küche mit 3 Fritteusen von jeweils 25 Liter Inhalt
Brandklassen: A, B und F
Grundfläche: 700 m^2
Ergebnis der Gefährdungsbeurteilung: erhöhte Brandgefährdung
→ Grundausstattung mit Feuerlöschern gemäß Tabelle 3:
Tabelle 3 ergibt bis 700 m^2 – 27 LE.
Gewählt werden Pulverlöscher mit Löschvermögen 43A 233B, was nach Tabelle 2 für diesen Feuerlöschertyp 12 LE entspricht.
Es sind demnach 27 LE, geteilt durch 12, also 3 Feuerlöscher dieses Typs für die Grundausstattung erforderlich.
→ Zusätzliche Maßnahmen:
Zusätzlich werden für die Bereiche mit Brandklasse F Fettbrandlöscher mit Löschvermögen 75F bereitgestellt.

Beispiel 2.4:

Polsterei
Brandklassen: A und B
Grundfläche: 390 m^2
Ergebnis der Gefährdungsbeurteilung: erhöhte Brandgefährdung
→ Grundausstattung mit Feuerlöschern gemäß Tabelle 3:
Tabelle 3 ergibt bis 400 m^2 – 18 LE.
Gewählt werden Schaumlöscher mit Löschvermögen 21A 113B, was nach Tabelle 2 für diesen Feuerlöschertyp 6 LE entspricht.
Es sind demnach 18 LE, geteilt durch 6, also 3 Feuerlöscher dieses Typs für die Grundausstattung erforderlich.
→ Zusätzliche Maßnahmen:
Zusätzlich werden eine automatische Brandmeldeanlage aufgrund des unübersichtlichen Arbeitsbereiches und eine Löschanlage installiert.

Beispiel 2.5:

Speditionslager
Brandklasse: A
Grundfläche: 600 m²
Ergebnis der Gefährdungsbeurteilung: erhöhte Brandgefährdung
→ Grundausstattung mit Feuerlöschern gemäß Tabelle 3:
Tabelle 3 ergibt bis 600 m² – 24 LE.
Gewählt werden Wasserlöscher mit Löschvermögen 21A, was nach Tabelle 2 für diesen Feuerlöschertyp 6 LE entspricht.
Es sind demnach 24 LE, geteilt durch 6, also 4 Feuerlöscher dieses Typs für die Grundausstattung erforderlich.

→ Zusätzliche Maßnahmen:
Zusätzlich werden 6 weitere Wasserlöscher mit Löschvermögen 13A bereitgestellt und im Speditionslager verteilt, um die Wege zum nächstgelegenen Feuerlöscher für einen noch schnelleren Zugriff zu verkürzen.

Anhang 3

Beispiele für die Abweichung von der Grundausstattung

Die Anwendung der in der ASR A2.2 angegebenen Maßnahmen zur Ermittlung der Grundausstattung von Arbeitsstätten gemäß Punkt 5.2 stellen die zweckmäßigen Lösungen für die Sicherung des Brandschutzes in einer Arbeitsstätte dar.

Abweichend von dieser Ermittlung der Grundausstattung kann der Arbeitgeber eine andere Lösung wählen, wenn er damit mindestens die gleiche Sicherheit und den gleichen Gesundheitsschutz für die Beschäftigten erreicht. Dieses gilt für die normale wie auch für die erhöhte Brandgefährdung.

Die in diesem Anhang aufgeführten Beispiele für solche Abweichungen zeigen die Vorgehensweise auf, ersetzen jedoch weder die Gefährdungsbeurteilung noch stellen sie eine „Musterlösung" dar, die ohne Prüfung der konkreten Bedingungen übernommen werden kann.

Da Abweichungen unter der Voraussetzung möglich sind, dass die Gleichwertigkeit mit den Lösungen nach ASR A2.2 gewährleistet wird, müssen die Abweichungen von der ASR A2.2 ermittelt und bewertet werden. Den Nachweis über die Gleichwertigkeit hat der Arbeitgeber im Einzelfall auf Basis der Gefährdungsbeurteilung zu erbringen.

Beispiele für normale Brandgefährdung

Beispiel 3.1:

Verwaltung
Brandklasse: A
Grundfläche: 600 m², eingeschossig
Ergebnis der Gefährdungsbeurteilung: normale Brandgefährdung
Hinweis: ein Wandhydrant ist vorhanden
Nach Punkt 5.2 wären hier insgesamt 24 LE erforderlich, sodass bei mindestens 6 LE je Feuerlöscher 4 Feuerlöscher als Grundausstattung erforderlich wären.
Das Ziel ist, den vorhandenen Wandhydranten weiter zu betreiben und als Teil der Grundausstattung zu berücksichtigen.
Aus der Gefährdungsbeurteilung ergibt sich auch, dass
– Wasser als Löschmittel geeignet ist,
– das Geschoss ausreichend groß (>400 m² Geschossfläche) ist, sodass der Einsatz eines Wandhydranten sinnvoll ist,

- es sich um einen Wandhydranten mit formbeständigem Schlauch handelt, der auch von einer Person eingesetzt werden kann,
- eine ausreichende Anzahl von Beschäftigten in der Handhabung dieses Wandhydranten unterwiesen ist,
- eine Verrauchung von Fluchtwegen (z. B. Treppenräumen) vermieden wird, weil der Wandhydrant sich auf dem Flur befindet und dessen Schlauch nicht durch Brand- oder Rauchschutztüren zum Brandherd geführt werden muss und
- mindestens 2/3 der erforderlichen Löschmitteleinheiten durch Feuerlöscher abgedeckt sind, da Wandhydranten nicht die alleinige Feuerlöscheinrichtung sein sollen.

Einem Wandhydranten könnten aufgrund seines Löschvermögens bis zu 27 LE zugeordnet werden. Auf Basis der Gefährdungsbeurteilung wird der vorhandene Wandhydrant mit 8 LE angerechnet. Die verbleibenden 16 LE werden durch 3 Pulverlöscher mit Löschvermögen 21A 113B, was nach Tabelle 2 für diesen Feuerlöschertyp 6 LE entspricht, abgedeckt.

Beispiel für erhöhte Brandgefährdung

Beispiel 3.2:

Küchenbetrieb mit 3 Kleinfritteusen mit einer Füllmenge von je 10 Litern Speiseöl pro Gerät

Brandklassen: A und F

Grundfläche: 180 m²

Ergebnis der Gefährdungsbeurteilung: erhöhte Brandgefährdung

Nach Punkt 5.2 wären hier insgesamt 12 LE erforderlich, sodass bei mindestens 6 LE je Feuerlöscher 2 Feuerlöscher als Grundausstattung erforderlich wären. Dazu wären wegen der Brandklasse F zusätzliche Fettbrandlöscher notwendig.

Um Verwechslungen und eine Doppelausstattung zu vermeiden, soll die Ausstattung mit Feuerlöschern erfolgen, die für die Brandklassen A und F geeignet sind. Die verfügbaren Feuerlöscher haben allerdings nur ein Löschvermögen von 13A und 40F je Gerät, was nach Tabelle 2 für diese Bauart 4 LE für die Brandklasse A entspricht.

Die Gefährdungsbeurteilung ergibt, dass

- das gesamte Küchenpersonal zu Brandschutzhelfern ausgebildet ist,
- die Wahrscheinlichkeit, dass 2 Feuerlöscher gleichzeitig zum Einsatz kommen können, sehr hoch ist,
- die vorhandene Anzahl der Feuerlöscher sehr schnell erreichbar ist und
- auch bei einer Rückzündung des Speiseöls in der Fritteuse weitere Feuerlöscher (Löschmittelreserve) schnell zum Einsatz kommen können.

Auf Basis dieser Gefährdungsbeurteilung werden für die Küche insgesamt 3 auch für die Brandklasse A geeignete Fettbrandlöscher mit einem Löschvermögen von 13A und 40F je Gerät, was nach Tabelle 2 für diese Bauart 4 LE für die Brandklasse A entspricht, in der Nähe der Fritteusen positioniert.

ASR A2.3 – Fluchtwege und Notausgänge, Flucht- und Rettungsplan

(GMBl. 2007 S. 902, geänd. durch GMBl. 2011 S. 303, GMBl. 2011 S. 1090, GMBl. 2013 S. 931, GMBl. 2014 S. 286 und GMBl. 2017 S. 8)

Die Technischen Regeln für Arbeitsstätten (ASR) geben den Stand der Technik, Arbeitsmedizin und Arbeitshygiene sowie sonstige gesicherte arbeitswissenschaftliche Erkenntnisse für das Einrichten und Betreiben von Arbeitsstätten wieder.

Sie werden vom Ausschuss für Arbeitsstätten ermittelt bzw. angepasst und vom Bundesministerium für Arbeit und Soziales im Gemeinsamen Ministerialblatt bekannt gegeben.

Diese ASR A2.3 konkretisiert im Rahmen des Anwendungsbereichs die Anforderungen der Verordnung über Arbeitsstätten. Bei Einhaltung der Technischen Regeln kann der Arbeitgeber insoweit davon ausgehen, dass die entsprechenden Anforderungen der Verordnung erfüllt sind. Wählt der Arbeitgeber eine andere Lösung, muss er damit mindestens die gleiche Sicherheit und den gleichen Gesundheitsschutz für die Beschäftigten erreichen.

Inhalt

1 Zielstellung

Diese Arbeitsstättenregel konkretisiert die Anforderungen an das Einrichten und Betreiben von Fluchtwegen und Notausgängen sowie an den Flucht- und Rettungsplan nach § 3a Abs. 1 und § 4 Abs. 4 sowie Punkt 2.3 des Anhangs der Arbeitsstättenverordnung, um im Gefahrenfall das sichere Verlassen der Arbeitsstätte zu gewährleisten.

2 Anwendungsbereich

Diese Arbeitsstättenregel gilt für das Einrichten und Betreiben von Fluchtwegen sowie Notausgängen in Gebäuden und vergleichbaren Einrichtungen, zu denen Beschäftigte im Rahmen ihrer Arbeit Zugang haben, sowie für das Erstellen von Flucht- und Rettungsplänen und das Üben entsprechend dieser Pläne. Dabei ist die Anwesenheit von anderen Personen zu berücksichtigen.

Diese Arbeitsstättenregel gilt nicht
– für das Einrichten und Betreiben von
  a) nicht allseits umschlossenen und im Freien liegenden Arbeitsstätten
  b) entfallen

c) Bereichen in Gebäuden und vergleichbaren Einrichtungen, in denen sich Beschäftigte nur im Falle von Instandhaltungsarbeiten (Wartung, Inspektion, Instandsetzung oder Verbesserung der Arbeitsstätten zum Erhalt des baulichen und technischen Zustandes) aufhalten müssen

d) entfallen

– für das Verlassen von Arbeitsmitteln i. S. d. § 2 Abs. 1 Betriebssicherheitsverordnung im Gefahrenfall.

Sofern im Einzelfall vergleichbare Verhältnisse vorliegen, können sowohl in diesen sowie in den anderen vom Anwendungsbereich ausgenommenen Bereichen die hierfür zutreffenden Regelungen der Arbeitsstättenregel angewendet werden. Andernfalls sind spezifische Maßnahmen notwendig, um die erforderliche Sicherheit für die Beschäftigten im Gefahrenfall zu gewährleisten.

Hinweis:

Für die barrierefreie Gestaltung der Fluchtwege und Notausgänge sowie der Flucht- und Rettungspläne gilt die ASR V3a.2 „Barrierefreie Gestaltung von Arbeitsstätten", Anhang A2.3: Ergänzende Anforderungen zur ASR A2.3 „Fluchtwege und Notausgänge, Flucht- und Rettungsplan".

3 Begriffsbestimmungen

3.1 Fluchtwege sind Verkehrswege, an die besondere Anforderungen zu stellen sind und die der Flucht aus einem möglichen Gefährdungsbereich und in der Regel zugleich der Rettung von Personen dienen. Fluchtwege führen ins Freie oder in einen gesicherten Bereich. Fluchtwege im Sinne dieser Regel sind auch die im Bauordnungsrecht definierten Rettungswege, sofern sie selbstständig begangen werden können.

Den **ersten** Fluchtweg bilden die für die Flucht erforderlichen Verkehrswege und Türen, die nach dem Bauordnungsrecht notwendigen Flure und Treppenräume für notwendige Treppen sowie die Notausgänge.

Der **zweite** Fluchtweg führt durch einen zweiten Notausgang, der als Notausstieg ausgebildet sein kann.

3.2 Fluchtweglänge ist die kürzeste Wegstrecke in Luftlinie gemessen vom entferntesten Aufenthaltsort bis zu einem Notausgang.

3.3 entfallen

3.4 Gefangener Raum ist ein Raum, der ausschließlich durch einen anderen Raum betreten oder verlassen werden kann.

3.5 Gesicherter Bereich ist ein Bereich, in dem Personen vorübergehend vor einer unmittelbaren Gefahr für Leben und Gesundheit geschützt sind. Als gesicherte Bereiche gelten z. B. benachbarte Brandabschnitte oder notwendige Treppenräume.

3.6 Ein **Notausgang** ist ein Ausgang im Verlauf eines Fluchtweges, der direkt ins Freie oder in einen gesicherten Bereich führt.

Ein **Notausstieg** ist im Verlauf eines zweiten Fluchtweges ein zur Flucht aus einem Raum oder einem Gebäude geeigneter Ausstieg.

3.7 Im Rahmen einer **Räumungsübung** wird überprüft, ob eine kurzfristige Evakuierung (Räumung) der im Anwendungsbereich dieser Regel genannten Bereiche im Gefahrenfall schnell und sicher möglich ist.

3.8 entfallen

4 Allgemeines

(1) Beim Einrichten und Betreiben von Fluchtwegen und Notausgängen sind die beim Errichten von Rettungswegen zu beachtenden Anforderungen des Bauordnungsrechts der Länder zu berücksichtigen. Darüber hinaus können sich weitergehende Anforderungen an Fluchtwege und Notausgänge aus dieser Arbeitsstättenregel ergeben. Dies gilt z. B. für das Erfordernis zur Einrichtung eines zweiten Fluchtweges.

(2) Fluchtwege, Notausgänge und Notausstiege müssen ständig freigehalten werden, damit sie jederzeit benutzt werden können.

(3) Notausgänge und Notausstiege, die von außen verstellt werden können, sind auch von außen gem. Punkt 7 (3) zu kennzeichnen und durch weitere Maßnahmen zu sichern, z. B. durch die Anbringung von Abstandsbügeln für Kraftfahrzeuge.

(4) Aufzüge sind als Teil des Fluchtweges unzulässig.

(5) Das Erfordernis eines zweiten Fluchtweges ergibt sich aus der Gefährdungsbeurteilung unter besonderer Berücksichtigung der bei dem jeweiligen Aufenthaltsort bzw. Arbeitsplatz vorliegenden spezifischen Verhältnisse, z. B. einer erhöhten Brandgefahr oder der Anzahl der Personen, die auf den Fluchtweg angewiesen sind. Ein zweiter Fluchtweg kann z. B. erforderlich sein bei Produktions- oder Lagerräumen mit einer Fläche von mehr als 200 m², bei Geschossen mit einer Grundfläche von mehr als 1600 m² oder aufgrund anderer spezifischer Vorschriften.

(6) Fahrsteige, Fahrtreppen, Wendel- und Spindeltreppen sowie Steigleitern und Steigeisengänge sind im Verlauf eines ersten Fluchtweges nicht zulässig. Im Verlauf eines zweiten Fluchtweges sind sie nur dann zulässig, wenn die Ergebnisse der Gefährdungsbeurteilung deren sichere Benutzung im Gefahrenfall erwarten lassen. Dabei sollten Fahrsteige gegenüber Fahrtreppen, Wendeltreppen gegenüber Spindeltreppen, Spindeltreppen gegenüber Steigleitern und Steigleitern gegenüber Steigeisengängen bevorzugt werden.

(7) Führen Fluchtwege durch Schrankenanlagen, z. B. in Kassenzonen oder Vereinzelungsanlagen, müssen sich Sperreinrichtungen schnell und sicher sowie ohne besondere Hilfsmittel mit einem Kraftaufwand von maximal 150 N in Fluchtrichtung öffnen lassen.

(8) Fluchtwege sind deutlich erkennbar und dauerhaft zu kennzeichnen. Die Kennzeichnung ist im Verlauf des Fluchtweges an gut sichtbaren Stellen und innerhalb der Erkennungsweite anzubringen. Sie muss die Richtung des Fluchtweges anzeigen.

(9) Der erste und der zweite Fluchtweg dürfen innerhalb eines Geschosses über denselben Flur zu Notausgängen führen.

5 Anordnung, Abmessungen

(1) Fluchtwege sind in Abhängigkeit von vorhandenen Gefährdungen und den damit gemäß Punkt 5 (2) dieser Regel verbundenen maximal zulässigen Fluchtweglängen, sowie in Abhängigkeit von Lage und Größe des Raumes anzuordnen. Bei der Gefährdungsbeurteilung sind u. a. die höchstmögliche Anzahl der anwesenden Personen und der Anteil an ortsunkundigen Personen zu berücksichtigen.

(2) Die Fluchtweglänge muss möglichst kurz sein und darf

a) für Räume, ausgenommen Räume nach b) bis zu 35 m
   bis f)
b) für brandgefährdete Räume mit selbsttätigen Feuerlösch-   bis zu 35 m
   einrichtungen
c) für brandgefährdete Räume ohne selbsttätige Feuerlösch-   bis zu 25 m
   einrichtungen
d) für giftstoffgefährdete Räume   bis zu 20 m
e) für explosionsgefährdete Räume, ausgenommen Räume   bis zu 20 m
   nach f)
f) für explosivstoffgefährdete Räume   bis zu 10 m

betragen (bezüglich der Begriffsbestimmungen der Brandgefährdungen siehe ASR A2.2 „Maßnahmen gegen Brände"). Die tatsächliche Laufweglänge darf jedoch nicht mehr als das 1,5fache der Fluchtweglänge betragen. Sofern es sich bei einem Fluchtweg nach a), b) oder c) auch um einen Rettungsweg handelt und das Bauordnungsrecht der Länder für diesen Weg eine von Satz 1 abweichende längere Weglänge zulässt, können beim Einrichten und Betreiben des Fluchtweges die Maßgaben des Bauordnungsrechts angewandt werden.

(3) Die Mindestbreite der Fluchtwege bemisst sich nach der höchstmöglichen Anzahl der Personen, die im Bedarfsfall den Fluchtweg benutzen müssen und ergibt sich aus Tabelle 1:

Tabelle 1: Mindestbreite der Fluchtwege

	Anzahl der Personen (Einzugsgebiet)	Lichte Breite (in m)
1	bis 5	0,875
2	bis 20	1,00
3	bis 200	1,20
4	bis 300	1,80
5	bis 400	2,40

Bei der Bemessung von Tür-, Flur- und Treppenbreiten sind sämtliche Räume und für die Flucht erforderliche und besonders gekennzeichnete Verkehrswege in Räumen zu berücksichtigen, die in den Fluchtweg münden. Tür-, Flur- und Treppenbreiten sind aufeinander abzustimmen.

Die Mindestbreite des Fluchtweges darf durch Einbauten oder Einrichtungen sowie in Richtung des Fluchtweges zu öffnende Türen nicht eingeengt werden. Eine Einschränkung der Mindestbreite der Flure von maximal 0,15 m an Türen kann vernachlässigt werden. Für Einzugsgebiete bis 5 Personen darf die lichte Breite jedoch an keiner Stelle weniger als 0,80 m betragen.

(4) Die lichte Höhe über Fluchtwegen muss mindestens 2,00 m betragen. Eine Unterschreitung der lichten Höhe von maximal 0,05 m an Türen kann vernachlässigt werden.

6 Ausführung

(1) Manuell betätigte Türen in Notausgängen müssen in Fluchtrichtung aufschlagen. Die Aufschlagrichtung von sonstigen Türen im Verlauf von Fluchtwegen hängt von dem Ergebnis der Gefährdungsbeurteilung ab, die im Einzelfall unter Berücksichtigung der örtlichen und betrieblichen Verhältnisse, insbesondere der möglichen Gefahrenlage, der höchstmöglichen Anzahl der Personen, die gleichzeitig einen Fluchtweg benutzen müssen sowie des Personenkreises, der auf die Benutzbarkeit der Türen angewiesen ist, durchzuführen ist.

(2) Karussell- und Schiebetüren, die ausschließlich manuell betätigt werden, sind in Fluchtwegen unzulässig. Automatische Türen und Tore sind im Verlauf von Fluchtwegen nur in Fluren und für Räume nach Punkt 5 (2) a) und b) zulässig, wenn sie den diesbezüglichen bauordnungsrechtlichen Anforderungen entsprechen. Sie dürfen nicht in Notausgängen eingerichtet und betrieben werden, die ausschließlich für den Notfall konzipiert und ausschließlich im Notfall benutzt werden.

(3) Türen im Verlauf von Fluchtwegen und Notausstiege müssen sich leicht und ohne besondere Hilfsmittel öffnen lassen, solange Personen im Gefahrenfall auf die Nutzung des entsprechenden Fluchtweges angewiesen sind.

Leicht zu öffnen bedeutet, dass die Öffnungseinrichtung gut erkennbar und an zugänglicher Stelle angebracht ist (insbesondere Entriegelungshebel bzw. -knöpfe zur Handbetätigung von automatischen Türen), sowie dass die Betätigungsart leicht verständlich und das Öffnen mit nur geringer Kraft möglich ist.

Ohne besondere Hilfsmittel bedeutet, dass die Tür im Gefahrenfall unmittelbar von jeder Person geöffnet werden kann.

(4) Verschließbare Türen und Tore im Verlauf von Fluchtwegen müssen jederzeit von innen ohne besondere Hilfsmittel leicht zu öffnen sein. Dies ist gewährleistet, wenn sie mit besonderen mechanischen Entriegelungseinrichtungen, die mittels Betätigungselementen, z. B. Türdrücker, Panikstange, Paniktreibriegel oder Stoßplatte, ein leichtes Öffnen in Fluchtrichtung jederzeit ermöglichen, oder mit bauordnungsrechtlich zugelassenen elektrischen Verriegelungssystemen ausgestattet sind. Bei elektrischen Verriegelungssystemen übernimmt die Not-Auf-Taste die Funktion der o. g. mechanischen Entriegelungseinrichtung. Bei Stromausfall müssen elektrische Verriegelungssysteme von Türen im Verlauf von Fluchtwegen selbstständig entriegeln.

(5) Am Ende eines Fluchtweges muss der Bereich im Freien bzw. der gesicherte Bereich so gestaltet und bemessen sein, dass sich kein Rückstau bilden kann und alle über den Fluchtweg flüchtenden Personen ohne Gefahren, z. B. durch Verkehrswege oder öffentliche Straßen, aufgenommen werden können.

(6) Treppen im Verlauf von ersten Fluchtwegen müssen, Treppen im Verlauf von zweiten Fluchtwegen sollen über gerade Läufe verfügen.

(7) Fluchtwege dürfen keine Ausgleichsstufen enthalten. Geringe Höhenunterschiede sind durch Schrägrampen mit einer maximalen Neigung von 6% auszugleichen.

(8) Für Notausstiege sind erforderlichenfalls fest angebrachte Aufstiegshilfen zur leichten und raschen Benutzung vorzusehen (z. B. Podest, Treppe, Steigeisen oder Haltestangen zum Überwinden von Brüstungen). Notausstiege müssen im Lichten mindestens 0,90 m in der Breite und mindestens 1,20 m in der Höhe aufweisen.

(9) Dachflächen, über die zweite Fluchtwege führen, müssen den bauordnungsrechtlichen Anforderungen an Rettungswege entsprechen (z. B. hinsichtlich Tragfähigkeit, Feuerwiderstandsdauer und Umwehrungen der Fluchtwege im Falle einer bestehenden Absturzgefahr).

(10) Gefangene Räume dürfen als Arbeits-, Bereitschafts-, Liege-, Erste-Hilfe- und Pausenräume nur genutzt werden, wenn die Nutzung nur durch eine geringe Anzahl von Personen erfolgt und wenn folgende Maßgaben beachtet wurden:
- Sicherstellung der Alarmierung im Gefahrenfall, z. B. durch eine automatische Brandmeldeanlage mit Alarmierung
  oder
- Gewährleistung einer Sichtverbindung zum Nachbarraum, sofern der gefangene Raum nicht zum Schlafen genutzt wird und im vorgelagerten Raum nicht mehr als eine normale Brandgefährdung vorhanden ist.

7 Kennzeichnung

(1) Die Kennzeichnung der Fluchtwege, Notausgänge, Notausstiege und Türen im Verlauf von Fluchtwegen muss entsprechend der ASR A1.3 „Sicherheits- und Gesundheitsschutzkennzeichnung" erfolgen.

(2) Erforderlichenfalls ist ein Sicherheitsleitsystem einzurichten, wenn aufgrund der örtlichen oder betrieblichen Bedingungen eine erhöhte Gefährdung vorliegt. Eine erhöhte Gefährdung kann z. B. in großen zusammenhängenden oder mehrgeschossigen Gebäudekomplexen, bei einem hohen Anteil ortsunkundiger Personen oder einem hohen Anteil an Personen mit eingeschränkter Mobilität vorliegen. Dabei kann ein Sicherheitsleitsystem notwendig sein, das auf eine Gefährdung reagiert und die günstigste Fluchtrichtung anzeigt.

(3) Notausgänge und Notausstiege sind, sofern diese von der Außenseite zugänglich sind, auf der Außenseite mit dem Verbotszeichen „P023 Abstellen oder Lagern verboten" zu kennzeichnen und ggf. gemäß Punkt 4 (3) zu sichern.

8 Sicherheitsbeleuchtung

Fluchtwege sind mit einer Sicherheitsbeleuchtung auszurüsten, wenn bei Ausfall der allgemeinen Beleuchtung das gefahrlose Verlassen der Arbeitsstätte nicht gewährleistet ist.
Eine Sicherheitsbeleuchtung kann z. B. in Arbeitsstätten erforderlich sein
- mit großer Personenbelegung, hoher Geschosszahl, Bereichen erhöhter Gefährdung oder unübersichtlicher Fluchtwegführung
- die durch ortsunkundige Personen genutzt werden
- in denen große Räume durchquert werden müssen (z. B. Hallen, Großraumbüros oder Verkaufsgeschäfte)
- ohne Tageslichtbeleuchtung, z. B. bei Räumen unter Erdgleiche.

9 Flucht- und Rettungsplan

(1) Der Arbeitgeber hat einen Flucht- und Rettungsplan für die Bereiche in Arbeitsstätten zu erstellen, in denen die Lage, die Ausdehnung oder die Art der Benutzung der Arbeitsstätte dies erfordert.

Flucht- und Rettungspläne können z. B. erforderlich sein:
- bei unübersichtlicher Fluchtwegführung (z. B. über Zwischengeschosse, durch größere Räume, gewinkelte oder von den normalen Verkehrswegen abweichende Wegführung),
- bei einem hohen Anteil an ortsunkundigen Personen (z. B. Arbeitsstätten mit Publikumsverkehr) oder
- in Bereichen mit einer erhöhten Gefährdung (z. B. Räume nach Punkt 5 (2) c) bis f)), wenn sich aus benachbarten Arbeitsstätten Gefährdungsmöglichkeiten ergeben (z. B. durch explosions- bzw. brandgefährdete Anlagen oder Stofffreisetzung).

(2) Flucht- und Rettungspläne müssen aktuell, übersichtlich, gut lesbar und farblich unter Verwendung von Sicherheitsfarben und Sicherheitszeichen gestaltet sein. Angaben zur Gestaltung von Flucht- und Rettungsplänen siehe ASR A1.3 „Sicherheits- und Gesundheitsschutzkennzeichnung".

(3) Die Flucht- und Rettungspläne müssen graphische Darstellungen enthalten über
- den Gebäudegrundriss oder Teile davon
- den Verlauf der Fluchtwege
- die Lage der Erste-Hilfe-Einrichtungen
- die Lage der Brandschutzeinrichtungen
- die Lage der Sammelstellen
- den Standort des Betrachters.

(4) Regeln für das Verhalten im Brandfall und das Verhalten bei Unfällen sind eindeutig und in kurzer, prägnanter Form und in hinreichender Schriftgröße in jeden Flucht- und Rettungsplan zu integrieren. Die Inhalte der Verhaltensregeln sind den örtlichen Gegebenheiten anzupassen.

(5) Die Flucht- und Rettungspläne sind in den Bereichen der Arbeitsstätte in ausreichender Zahl an geeigneten Stellen auszuhängen, in denen sie nach Punkt 9 (1) zu erstellen sind. Geeignete Stellen sind beispielsweise zentrale Bereiche in Fluchtwegen, an denen sich häufiger Personen aufhalten (z. B. vor Aufzugsanlagen, in Pausenräumen, in Eingangsbereichen, vor Zugängen zu Treppen, an Kreuzungspunkten von Verkehrswegen).

Sie müssen auf den jeweiligen Standort des Betrachters bezogen lagerichtig dargestellt werden.

Ist am Ort des Aushangs des Flucht- und Rettungsplans eine Sicherheitsbeleuchtung nach Punkt 8 erforderlich, muss die Nutzbarkeit des Flucht- und Rettungsplans auch bei Ausfall der allgemeinen Beleuchtung gewährleistet sein (z. B. durch eine entsprechende Anordnung der Sicherheitsbeleuchtung oder durch Verwendung von nachleuchtenden Materialien).

(6) Der Arbeitgeber hat die Beschäftigten über den Inhalt der Flucht- und Rettungspläne, sowie über das Verhalten im Gefahrenfall regelmäßig in verständlicher Form vorzugsweise mindestens einmal jährlich im Rahmen einer Begehung der Fluchtwege zu informieren.

(7) Auf der Grundlage der Flucht- und Rettungspläne sind Räumungsübungen durchzuführen.

Anhand der Übungen soll mindestens überprüft werden, ob
- die Alarmierung zu jeder Zeit unverzüglich ausgelöst werden kann,
- die Alarmierung alle Personen erreicht, die sich im Gebäude aufhalten,
- sich alle Personen, die sich im Gebäude aufhalten, über die Bedeutung der jeweiligen Alarmierung im Klaren sind,
- die Fluchtwege schnell und sicher benutzt werden können.

Zur Festlegung der Häufigkeit und des Umfangs der Räumungsübungen sowie zu deren Durchführung sind auch Anforderungen anderer Rechtsvorschriften (z. B. Bauordnungsrecht, Gefahrstoffrecht, Immissionsschutzrecht) zu berücksichtigen.

(8) Für Arbeitsstätten, in denen gemäß der Gefährdungsbeurteilung besondere Gefährdungen auftreten können oder aufgrund der örtlichen Gegebenheiten sowie der Nutzungsart mit komplizierten Bedingungen im Gefahrenfall zu rechnen ist, ist unter Berücksichtigung der Anforderungen aus anderen Rechtsgebieten zu prüfen, ob zusätzliche Anforderungen nach § 10 Arbeitsschutzgesetz erforderlich sind, z. B. die Aufstellung betrieblicher Alarm- und Gefahrenabwehrpläne oder die Erstellung von Brandschutzordnungen oder Evakuierungsplänen.

(9) Der Flucht- und Rettungsplan ist mit entsprechenden Plänen nach anderen Rechtsvorschriften, z. B. den Alarm- und Gefahrenabwehrplänen nach § 10 der Störfallverordnung, abzustimmen oder mit diesen zu verbinden.

10 Abweichende/ergänzende Anforderungen für Baustellen

(1) Auf Baustellen, auf denen Beschäftigte mehrerer Arbeitgeber tätig werden, haben sich diese Arbeitgeber bei der Festlegung von Maßnahmen zur Gestaltung von Fluchtwegen abzustimmen. Die Hinweise des nach Baustellenverordnung bestellten Koordinators sind dabei zu berücksichtigen.

(2) Die Anforderungen in den Punkten 5 und 6 dieser ASR sind aufgrund der örtlichen und betrieblichen Gegebenheiten auf Baustellen nicht durchgehend anwendbar. In diesen Fällen sind in Abhängigkeit von der höchstmöglichen Anzahl der anwesenden Personen, die im Bedarfsfall den Fluchtweg benutzen, die Anordnung, die Abmessungen und die Ausführung der Fluchtwege im Ergebnis der Gefährdungsbeurteilung festzulegen und an den Baufortschritt anzupassen. Fluchtwege können auch über temporäre Verkehrswege führen, z. B. Treppentürme, Gerüste oder Anlegeleitern.

(3) Fluchtwege, die nicht erkennbar ins Freie oder in einen gesicherten Bereich führen oder deren Verlauf sich während der Baumaßnahme wesentlich ändert oder unübersichtlich ist, müssen nach Punkt 7 gekennzeichnet sein. Auch in diesen Fällen ist ein Flucht- und Rettungsplan nach Punkt 9 erforderlich.

(4) Die Kennzeichnung nach Punkt 7 hat zum frühest möglichen Zeitpunkt, spätestens nach Fertigstellung einzelner Bauabschnitte zu erfolgen.

(5) Der Flucht- und Rettungsplan kann mit Baustelleneinrichtungsplänen oder Baustellenordnungen verbunden und abweichend von Punkt 9 (5) an einer zentralen Stelle, z. B. dem sogenannten „Schwarzen Brett", witterungsgeschützt ausgehängt sein. Insbesondere bei großen und komplexen bzw. unübersichtlichen Baustellen kann es erforderlich werden, orts-, geschoss- oder abschnittsbezogene Flucht- und Rettungspläne an anderen geeigneten Stellen auszuhängen.

(6) Abweichend von Punkt 9 (6) hat der Arbeitgeber in Abhängigkeit der Baustellensituation über Veränderungen der Fluchtwege unverzüglich zu informieren.

(7) Beispiele für Baustellen mit besonderen Gefährdungen nach Punkt 9 (8) sind:
- Tunnelbau,
- Arbeiten in Druckluft und Caissonbau,
- Turm- und Schornsteinbau.

ASR A3.4 – Beleuchtung

(GMBl. 2007 S. 902, geänd. durch GMBl. 2011 S. 303, GMBl. 2013 S. 931, GMBl. 2014 S. 287 und GMBl. 2017 S. 8)

Die Technischen Regeln für Arbeitsstätten (ASR) geben den Stand der Technik, Arbeitsmedizin und Arbeitshygiene sowie sonstige gesicherte arbeitswissenschaftliche Erkenntnisse für das Einrichten und Betreiben von Arbeitsstätten wieder.

Sie werden vom Ausschuss für Arbeitsstätten ermittelt bzw. angepasst und vom Bundesministerium für Arbeit und Soziales im Gemeinsamen Ministerialblatt bekannt gegeben.

Diese ASR A2.3 konkretisiert im Rahmen des Anwendungsbereichs die Anforderungen der Verordnung über Arbeitsstätten. Bei Einhaltung der Technischen Regeln kann der Arbeitgeber insoweit davon ausgehen, dass die entsprechenden Anforderungen der Verordnung erfüllt sind. Wählt der Arbeitgeber eine andere Lösung, muss er damit mindestens die gleiche Sicherheit und den gleichen Gesundheitsschutz für die Beschäftigten erreichen.

Inhalt

1 Zielstellung

Diese Arbeitsstättenregel konkretisiert die Anforderungen an das Einrichten und Betreiben von Fluchtwegen und Notausgängen sowie an den Flucht- und Rettungsplan nach § 3a Abs. 1 und § 4 Abs. 4 sowie Punkt 2.3 des Anhangs der Arbeitsstättenverordnung, um im Gefahrenfall das sichere Verlassen der Arbeitsstätte zu gewährleisten.

2 Anwendungsbereich

Diese Arbeitsstättenregel gilt für das Einrichten und Betreiben von Fluchtwegen sowie Notausgängen in Gebäuden und vergleichbaren Einrichtungen, zu denen Beschäftigte im Rahmen ihrer Arbeit Zugang haben, sowie für das Erstellen von Flucht- und Rettungsplänen und das Üben entsprechend dieser Pläne. Dabei ist die Anwesenheit von anderen Personen zu berücksichtigen.

Diese Arbeitsstättenregel gilt nicht
– für das Einrichten und Betreiben von
  a) nicht allseits umschlossenen und im Freien liegenden Arbeitsstätten
  b) entfallen
  c) Bereichen in Gebäuden und vergleichbaren Einrichtungen, in denen sich Beschäftigte nur im Falle von Instandhaltungsarbeiten (Wartung, Inspektion, In-

standsetzung oder Verbesserung der Arbeitsstätten zum Erhalt des baulichen und technischen Zustandes) aufhalten müssen

d) entfallen

– für das Verlassen von Arbeitsmitteln i. S. d. § 2 Abs. 1 Betriebssicherheitsverordnung im Gefahrenfall.

Sofern im Einzelfall vergleichbare Verhältnisse vorliegen, können sowohl in diesen sowie in den anderen vom Anwendungsbereich ausgenommenen Bereichen die hierfür zutreffenden Regelungen der Arbeitsstättenregel angewendet werden. Andernfalls sind spezifische Maßnahmen notwendig, um die erforderliche Sicherheit für die Beschäftigten im Gefahrenfall zu gewährleisten.

Hinweis:
Für die barrierefreie Gestaltung der Fluchtwege und Notausgänge sowie der Flucht- und Rettungspläne gilt die ASR V3 a.2 „Barrierefreie Gestaltung von Arbeitsstätten", Anhang A2.3: Ergänzende Anforderungen zur ASR A2.3 „Fluchtwege und Notausgänge, Flucht- und Rettungsplan".

3 Begriffsbestimmungen

3.1 Fluchtwege sind Verkehrswege, an die besondere Anforderungen zu stellen sind und die der Flucht aus einem möglichen Gefährdungsbereich und in der Regel zugleich der Rettung von Personen dienen. Fluchtwege führen ins Freie oder in einen gesicherten Bereich. Fluchtwege im Sinne dieser Regel sind auch die im Bauordnungsrecht definierten Rettungswege, sofern sie selbstständig begangen werden können.

Den **ersten** Fluchtweg bilden die für die Flucht erforderlichen Verkehrswege und Türen, die nach dem Bauordnungsrecht notwendigen Flure und Treppenräume für notwendige Treppen sowie die Notausgänge.

Der **zweite** Fluchtweg führt durch einen zweiten Notausgang, der als Notausstieg ausgebildet sein kann.

3.2 Fluchtweglänge ist die kürzeste Wegstrecke in Luftlinie gemessen vom entferntesten Aufenthaltsort bis zu einem Notausgang.

3.3 entfallen

3.4 Gefangener Raum ist ein Raum, der ausschließlich durch einen anderen Raum betreten oder verlassen werden kann.

3.5 Gesicherter Bereich ist ein Bereich, in dem Personen vorübergehend vor einer unmittelbaren Gefahr für Leben und Gesundheit geschützt sind. Als gesicherte Bereiche gelten z. B. benachbarte Brandabschnitte oder notwendige Treppenräume.

3.6 Ein **Notausgang** ist ein Ausgang im Verlauf eines Fluchtweges, der direkt ins Freie oder in einen gesicherten Bereich führt.

Ein **Notausstieg** ist im Verlauf eines zweiten Fluchtweges ein zur Flucht aus einem Raum oder einem Gebäude geeigneter Ausstieg.

3.7 Im Rahmen einer **Räumungsübung** wird überprüft, ob eine kurzfristige Evakuierung (Räumung) der im Anwendungsbereich dieser Regel genannten Bereiche im Gefahrenfall schnell und sicher möglich ist.

3.8 entfallen

4 Allgemeines

(1) Beim Einrichten und Betreiben von Fluchtwegen und Notausgängen sind die beim Errichten von Rettungswegen zu beachtenden Anforderungen des Bauordnungsrechts der Länder zu berücksichtigen. Darüber hinaus können sich weitergehende Anforderungen an Fluchtwege und Notausgänge aus dieser Arbeitsstättenregel ergeben. Dies gilt z. B. für das Erfordernis zur Einrichtung eines zweiten Fluchtweges.

(2) Fluchtwege, Notausgänge und Notausstiege müssen ständig freigehalten werden, damit sie jederzeit benutzt werden können.

(3) Notausgänge und Notausstiege, die von außen verstellt werden können, sind auch von außen gem. Punkt 7 (3) zu kennzeichnen und durch weitere Maßnahmen zu sichern, z. B. durch die Anbringung von Abstandsbügeln für Kraftfahrzeuge.

(4) Aufzüge sind als Teil des Fluchtweges unzulässig.

(5) Das Erfordernis eines zweiten Fluchtweges ergibt sich aus der Gefährdungsbeurteilung unter besonderer Berücksichtigung der bei dem jeweiligen Aufenthaltsort bzw. Arbeitsplatz vorliegenden spezifischen Verhältnisse, z. B. einer erhöhten Brandgefahr oder der Anzahl der Personen, die auf den Fluchtweg angewiesen sind. Ein zweiter Fluchtweg kann z. B. erforderlich sein bei Produktions- oder Lagerräumen mit einer Fläche von mehr als 200 m², bei Geschossen mit einer Grundfläche von mehr als 1.600 irf oder aufgrund anderer spezifischer Vorschriften.

(6) Fahrsteige, Fahrtreppen, Wendel- und Spindeltreppen sowie Steigleitern und Steigeisengänge sind im Verlauf eines ersten Fluchtweges nicht zulässig. Im Verlauf eines zweiten Fluchtweges sind sie nur dann zulässig, wenn die Ergebnisse der Gefährdungsbeurteilung deren sichere Benutzung im Gefahrenfall erwarten lassen. Dabei sollten Fahrsteige gegenüber Fahrtreppen, Wendeltreppen gegenüber Spindeltreppen, Spindeltreppen gegenüber Steigleitern und Steigleitern gegenüber Steigeisengängen bevorzugt werden.

(7) Führen Fluchtwege durch Schrankenanlagen, z. B. in Kassenzonen oder Vereinzelungsanlagen, müssen sich Sperreinrichtungen schnell und sicher sowie ohne besondere Hilfsmittel mit einem Kraftaufwand von maximal 150 N in Fluchtrichtung öffnen lassen.

(8) Fluchtwege sind deutlich erkennbar und dauerhaft zu kennzeichnen. Die Kennzeichnung ist im Verlauf des Fluchtweges an gut sichtbaren Stellen und innerhalb der Erkennungsweite anzubringen. Sie muss die Richtung des Fluchtweges anzeigen.

(9) Der erste und der zweite Fluchtweg dürfen innerhalb eines Geschosses über denselben Flur zu Notausgängen führen.

5 Anordnung, Abmessungen

(1) Fluchtwege sind in Abhängigkeit von vorhandenen Gefährdungen und den damit gemäß Punkt 5 (2) dieser Regel verbundenen maximal zulässigen Fluchtweglängen, sowie in Abhängigkeit von Lage und Größe des Raumes anzuordnen. Bei der Gefährdungsbeurteilung sind u. a. die höchstmögliche Anzahl der anwesenden Personen und der Anteil an ortsunkundigen Personen zu berücksichtigen.

(2) Die Fluchtweglänge muss möglichst kurz sein und darf

a)	für Räume ohne oder mit normaler Brandgefährdung, ausgenommen Räume nach b) bis f)	bis zu 35 m
b)	für Räume mit erhöhter Brandgefährdung mit selbsttätigen Feuerlöscheinrichtungen	bis zu 35 m
c)	für Räume mit erhöhter Brandgefährdung ohne selbsttätige Feuerlöscheinrichtungen	bis zu 25 m
d)	für giftstoffgefährdete Räume	bis zu 20 m
e)	für explosionsgefährdete Räume, ausgenommen Räume nach f)	bis zu 20 m
f)	für explosivstoffgefährdete Räume	bis zu 10 m

betragen (bezüglich der Begriffsbestimmungen der Brandgefährdungen siehe ASR A2.2 „Maßnahmen gegen Brände"). Die tatsächliche Laufweglänge darf jedoch nicht mehr als das 1,5fache der Fluchtweglänge betragen. Sofern es sich bei einem Fluchtweg nach a), b) oder c) auch um einen Rettungsweg handelt und das Bauordnungsrecht der Länder für diesen Weg eine von Satz 1 abweichende längere Weglänge zulässt, können beim Einrichten und Betreiben des Fluchtweges die Maßgaben des Bauordnungsrechts angewandt werden.

(3) Die Mindestbreite der Fluchtwege bemisst sich nach der höchstmöglichen Anzahl der Personen, die im Bedarfsfall den Fluchtweg benutzen müssen und ergibt sich aus Tabelle 1:

Tabelle 1: Mindestbreite der Fluchtwege

Nr.	Anzahl der Personen (Einzugsgebiet)	Lichte Breite (in m)
1	Bis 5	0,875
2	bis 20	1,00
3	bis 200	1,20
4	bis 300	1,80
5	bis 400	2,40

Bei der Bemessung von Tür-, Flur- und Treppenbreiten sind sämtliche Räume und für die Flucht erforderliche und besonders gekennzeichnete Verkehrswege in Räumen zu berücksichtigen, die in den Fluchtweg münden. Tür-, Flur- und Treppenbreiten sind aufeinander abzustimmen.

Die Mindestbreite des Fluchtweges darf durch Einbauten oder Einrichtungen sowie in Richtung des Fluchtweges zu öffnende Türen nicht eingeengt werden. Eine Einschränkung der Mindestbreite der Flure von maximal 0,15 m an Türen kann vernachlässigt werden. Für Einzugsgebiete bis 5 Personen darf die lichte Breite jedoch an keiner Stelle weniger als 0,80 m betragen.

(4) Die lichte Höhe über Fluchtwegen muss mindestens 2,00 m betragen. Eine Unterschreitung der lichten Höhe von maximal 0,05 m an Türen kann vernachlässigt werden.

6 Ausführung

(1) Manuell betätigte Türen in Notausgängen müssen in Fluchtrichtung aufschlagen. Die Aufschlagrichtung von sonstigen Türen im Verlauf von Fluchtwegen

hängt von dem Ergebnis der Gefährdungsbeurteilung ab, die im Einzelfall unter Berücksichtigung der örtlichen und betrieblichen Verhältnisse, insbesondere der möglichen Gefahrenlage, der höchstmöglichen Anzahl der Personen, die gleichzeitig einen Fluchtweg benutzen müssen sowie des Personenkreises, der auf die Benutzbarkeit der Türen angewiesen ist, durchzuführen ist.

(2) Karussell- und Schiebetüren, die ausschließlich manuell betätigt werden, sind in Fluchtwegen unzulässig. Automatische Türen und Tore sind im Verlauf von Fluchtwegen nur in Fluren und für Räume nach Punkt 5 (2) a) und b) zulässig, wenn sie den diesbezüglichen bauordnungsrechtlichen Anforderungen entsprechen. Sie dürfen nicht in Notausgängen eingerichtet und betrieben werden, die ausschließlich für den Notfall konzipiert und ausschließlich im Notfall benutzt werden.

(3) Türen im Verlauf von Fluchtwegen und Notausstiege müssen sich leicht und ohne besondere Hilfsmittel öffnen lassen, solange Personen im Gefahrenfall auf die Nutzung des entsprechenden Fluchtweges angewiesen sind.

Leicht zu öffnen bedeutet, dass die Öffnungseinrichtung gut erkennbar und an zugänglicher Stelle angebracht ist (insbesondere Entriegelungshebel bzw. -knöpfe zur Handbetätigung von automatischen Türen), sowie dass die Betätigungsart leicht verständlich und das Öffnen mit nur geringer Kraft möglich ist.

Ohne besondere Hilfsmittel bedeutet, dass die Tür im Gefahrenfall unmittelbar von jeder Person geöffnet werden kann.

(4) Verschließbare Türen und Tore im Verlauf von Fluchtwegen müssen jederzeit von innen ohne besondere Hilfsmittel leicht zu öffnen sein. Dies ist gewährleistet, wenn sie mit besonderen mechanischen Entriegelungseinrichtungen, die mittels Betätigungselementen, z. B. Türdrücker, Panikstange, Paniktreibriegel oder Stoßplatte, ein leichtes Öffnen in Fluchtrichtung jederzeit ermöglichen, oder mit bauordnungsrechtlich zugelassenen elektrischen Verriegelungssystemen ausgestattet sind. Bei elektrischen Verriegelungssystemen übernimmt die Not-Auf-Taste die Funktion der o. g. mechanischen Entriegelungseinrichtung. Bei Stromausfall müssen elektrische Verriegelungssysteme von Türen im Verlauf von Fluchtwegen selbstständig entriegeln.

(5) Am Ende eines Fluchtweges muss der Bereich im Freien bzw. der gesicherte Bereich so gestaltet und bemessen sein, dass sich kein Rückstau bilden kann und alle über den Fluchtweg flüchtenden Personen ohne Gefahren, z. B. durch Verkehrswege oder öffentliche Straßen, aufgenommen werden können.

(6) Treppen im Verlauf von ersten Fluchtwegen müssen, Treppen im Verlauf von zweiten Fluchtwegen sollen über gerade Läufe verfügen.

(7) Fluchtwege dürfen keine Ausgleichsstufen enthalten. Geringe Höhenunterschiede sind durch Schrägrampen mit einer maximalen Neigung von 6% auszugleichen.

(8) Für Notausstiege sind erforderlichenfalls fest angebrachte Aufstiegshilfen zur leichten und raschen Benutzung vorzusehen (z. B. Podest, Treppe, Steigeisen oder Haltestangen zum Überwinden von Brüstungen). Notausstiege müssen im Lichten mindestens 0,90 m in der Breite und mindestens 1,20 m in der Höhe aufweisen.

(9) Dachflächen, über die zweite Fluchtwege führen, müssen den bauordnungsrechtlichen Anforderungen an Rettungswege entsprechen (z. B. hinsichtlich Tragfähigkeit, Feuerwiderstandsdauer und Umwehrungen der Fluchtwege im Falle einer bestehenden Absturzgefahr).

(10) Gefangene Räume dürfen als Arbeits-, Bereitschafts-, Liege-, Erste-Hilfe- und Pausenräume nur genutzt werden, wenn die Nutzung nur durch eine geringe Anzahl von Personen erfolgt und wenn folgende Maßgaben beachtet wurden:

– Sicherstellung der Alarmierung im Gefahrenfall, z. B. durch eine automatische Brandmeldeanlage mit Alarmierung
oder
– Gewährleistung einer Sichtverbindung zum Nachbarraum, sofern der gefangene Raum nicht zum Schlafen genutzt wird und im vorgelagerten Raum nicht mehr als eine normale Brandgefährdung vorhanden ist.

7 Kennzeichnung

(1) Die Kennzeichnung der Fluchtwege, Notausgänge, Notausstiege und Türen im Verlauf von Fluchtwegen muss entsprechend der ASR A1.3 „Sicherheits- und Gesundheitsschutzkennzeichnung" erfolgen.

(2) Erforderlichenfalls ist ein Sicherheitsleitsystem einzurichten, wenn aufgrund der örtlichen oder betrieblichen Bedingungen eine erhöhte Gefährdung vorliegt. Eine erhöhte Gefährdung kann z. B. in großen zusammenhängenden oder mehrgeschossigen Gebäudekomplexen, bei einem hohen Anteil ortsunkundiger Personen oder einem hohen Anteil an Personen mit eingeschränkter Mobilität vorliegen. Dabei kann ein Sicherheitsleitsystem notwendig sein, das auf eine Gefährdung reagiert und die günstigste Fluchtrichtung anzeigt.

(3) Notausgänge und Notausstiege sind, sofern diese von der Außenseite zugänglich sind, auf der Außenseite mit dem Verbotszeichen „P023 Abstellen oder Lagern verboten" zu kennzeichnen und ggf. gemäß Punkt 4 (3) zu sichern.

8 Sicherheitsbeleuchtung

Fluchtwege sind mit einer Sicherheitsbeleuchtung auszurüsten, wenn bei Ausfall der allgemeinen Beleuchtung das gefahrlose Verlassen der Arbeitsstätte nicht gewährleistet ist.

Eine Sicherheitsbeleuchtung kann z. B. in Arbeitsstätten erforderlich sein
– mit großer Personenbelegung, hoher Geschosszahl, Bereichen erhöhter Gefährdung oder unübersichtlicher Fluchtwegführung
– die durch ortsunkundige Personen genutzt werden
– in denen große Räume durchquert werden müssen (z. B. Hallen, Großraumbüros oder Verkaufsgeschäfte)
– ohne Tageslichtbeleuchtung, z. B. bei Räumen unter Erdgleiche.

9 Flucht- und Rettungsplan

(1) Der Arbeitgeber hat einen Flucht- und Rettungsplan für die Bereiche in Arbeitsstätten zu erstellen, in denen die Lage, die Ausdehnung oder die Art der Benutzung der Arbeitsstätte dies erfordert.

Flucht- und Rettungspläne können z. B. erforderlich sein:
– bei unübersichtlicher Fluchtwegführung (z. B. über Zwischengeschosse, durch größere Räume, gewinkelte oder von den normalen Verkehrswegen abweichende Wegführung),
– bei einem hohen Anteil an ortsunkundigen Personen (z. B. Arbeitsstätten mit Publikumsverkehr) oder

– in Bereichen mit einer erhöhten Gefährdung (z. B. Räume nach Punkt 5 (2) c) bis f)), wenn sich aus benachbarten Arbeitsstätten Gefährdungsmöglichkeiten ergeben (z. B. durch explosions- bzw. brandgefährdete Anlagen oder Stofffreisetzung).

(2) Flucht- und Rettungspläne müssen aktuell, übersichtlich, gut lesbar und farblich unter Verwendung von Sicherheitsfarben und Sicherheitszeichen gestaltet sein. Angaben zur Gestaltung von Flucht- und Rettungsplänen siehe ASR A1.3 „Sicherheits und Gesundheitsschutzkennzeichnung".

(3) Die Flucht- und Rettungspläne müssen graphische Darstellungen enthalten über
– den Gebäudegrundriss oder Teile davon
– den Verlauf der Fluchtwege
– die Lage der Erste-Hilfe-Einrichtungen
– die Lage der Brandschutzeinrichtungen
– die Lage der Sammelstellen
– den Standort des Betrachters.

(4) Regeln für das Verhalten im Brandfall und das Verhalten bei Unfällen sind eindeutig und in kurzer, prägnanter Form und in hinreichender Schriftgröße in jeden Flucht- und Rettungsplan zu integrieren. Die Inhalte der Verhaltensregeln sind den örtlichen Gegebenheiten anzupassen.

(5) Die Flucht- und Rettungspläne sind in den Bereichen der Arbeitsstätte in ausreichender Zahl an geeigneten Stellen auszuhängen, in denen sie nach Punkt 9 (1) zu erstellen sind. Geeignete Stellen sind beispielsweise zentrale Bereiche in Fluchtwegen, an denen sich häufiger Personen aufhalten (z. B. vor Aufzugsanlagen, in Pausenräumen, in Eingangsbereichen, vor Zugängen zu Treppen, an Kreuzungspunkten von Verkehrswegen).

Sie müssen auf den jeweiligen Standort des Betrachters bezogen lagerichtig dargestellt werden.

Ist am Ort des Aushangs des Flucht- und Rettungsplans eine Sicherheitsbeleuchtung nach Punkt 8 erforderlich, muss die Nutzbarkeit des Flucht- und Rettungsplans auch bei Ausfall der allgemeinen Beleuchtung gewährleistet sein (z. B. durch eine entsprechende Anordnung der Sicherheitsbeleuchtung oder durch Verwendung von nachleuchtenden Materialien).

(6) Der Arbeitgeber hat die Beschäftigten über den Inhalt der Flucht- und Rettungspläne, sowie über das Verhalten im Gefahrenfall regelmäßig in verständlicher Form vorzugsweise mindestens einmal jährlich im Rahmen einer Begehung der Fluchtwege zu informieren.

(7) Auf der Grundlage der Flucht- und Rettungspläne sind Räumungsübungen durchzuführen.

Anhand der Übungen soll mindestens überprüft werden, ob
– die Alarmierung zu jeder Zeit unverzüglich ausgelöst werden kann,
– die Alarmierung alle Personen erreicht, die sich im Gebäude aufhalten,
– sich alle Personen, die sich im Gebäude aufhalten, über die Bedeutung der jeweiligen Alarmierung im Klaren sind,
– die Fluchtwege schnell und sicher benutzt werden können.

Zur Festlegung der Häufigkeit und des Umfangs der Räumungsübungen sowie zu deren Durchführung sind auch Anforderungen anderer Rechtsvorschriften (z. B. Bauordnungsrecht, Gefahrstoffrecht, Immissionsschutzrecht) zu berücksichtigen.

(8) Für Arbeitsstätten, in denen gemäß der Gefährdungsbeurteilung besondere Gefährdungen auftreten können oder aufgrund der örtlichen Gegebenheiten sowie

der Nutzungsart mit komplizierten Bedingungen im Gefahrenfall zu rechnen ist, ist unter Berücksichtigung der Anforderungen aus anderen Rechtsgebieten zu prüfen, ob zusätzliche Anforderungen nach § 10 Arbeitsschutzgesetz erforderlich sind, z. B. die Aufstellung betrieblicher Alarm- und Gefahrenabwehrpläne oder die Erstellung von Brandschutzordnungen oder Evakuierungsplänen.

(9) Der Flucht- und Rettungsplan ist mit entsprechenden Plänen nach anderen Rechtsvorschriften, z. B. den Alarm- und Gefahrenabwehrplänen nach § 10 der Störfallverordnung, abzustimmen oder mit diesen zu verbinden.

10 Abweichende/ergänzende Anforderungen für Baustellen

(1) Auf Baustellen, auf denen Beschäftigte mehrerer Arbeitgeber tätig werden, haben sich diese Arbeitgeber bei der Festlegung von Maßnahmen zur Gestaltung von Fluchtwegen abzustimmen. Die Hinweise des nach Baustellenverordnung bestellten Koordinators sind dabei zu berücksichtigen.

(2) Die Anforderungen in den Punkten 5 und 6 dieser ASR sind aufgrund der örtlichen und betrieblichen Gegebenheiten auf Baustellen nicht durchgehend anwendbar. In diesen Fällen sind in Abhängigkeit von der höchstmöglichen Anzahl der anwesenden Personen, die im Bedarfsfall den Fluchtweg benutzen, die Anordnung, die Abmessungen und die Ausführung der Fluchtwege im Ergebnis der Gefährdungsbeurteilung festzulegen und an den Baufortschritt anzupassen. Fluchtwege können auch über temporäre Verkehrswege führen, z. B. Treppentürme, Gerüste oder Anlegeleitern.

(3) Fluchtwege, die nicht erkennbar ins Freie oder in einen gesicherten Bereich führen oder deren Verlauf sich während der Baumaßnahme wesentlich ändert oder unübersichtlich ist, müssen nach Punkt 7 gekennzeichnet sein. Auch in diesen Fällen ist ein Flucht- und Rettungsplan nach Punkt 9 erforderlich.

(4) Die Kennzeichnung nach Punkt 7 hat zum frühest möglichen Zeitpunkt, spätestens nach Fertigstellung einzelner Bauabschnitte zu erfolgen.

(5) Der Flucht- und Rettungsplan kann mit Baustelleneinrichtungsplänen oder Baustellenordnungen verbunden und abweichend von Punkt 9 (5) an einer zentralen Stelle, z. B. dem sogenannten „Schwarzen Brett", witterungsgeschützt ausgehängt sein. Insbesondere bei großen und komplexen bzw. unübersichtlichen Baustellen kann es erforderlich werden, orts-, geschoss- oder abschnittsbezogene Flucht- und Rettungspläne an anderen geeigneten Stellen auszuhängen.

(6) Abweichend von Punkt 9 (6) hat der Arbeitgeber in Abhängigkeit der Baustellensituation über Veränderungen der Fluchtwege unverzüglich zu informieren.

(7) Beispiele für Baustellen mit besonderen Gefährdungen nach Punkt 9 (8) sind:
− Tunnelbau,
− Arbeiten in Druckluft und Caissonbau,
− Turm- und Schornsteinbau.

ASR A3.4/7 – Sicherheitsbeleuchtung, optische Sicherheitssysteme

(GMBl. 2009 S. 902, geänd. durch GMBl. 2011 S. 303, GMBl. 2014 S. 287 und GMBl. 2017 S. 400)

Die Technischen Regeln für Arbeitsstätten (ASR) geben den Stand der Technik, Arbeitsmedizin und Hygiene sowie sonstige gesicherte arbeitswissenschaftliche Erkenntnisse für das Einrichten und Betreiben von Arbeitsstätten wieder.

Sie werden vom **Ausschuss für Arbeitsstätten** (ASTA) ermittelt bzw. angepasst und vom Bundesministerium für Arbeit und Soziales nach § 7 der Arbeitsstättenverordnung im Gemeinsamen Ministerialblatt bekannt gemacht.

Diese ASR A3.4/7 konkretisiert im Rahmen des Anwendungsbereichs die Anforderungen der Verordnung über Arbeitsstätten. Bei Einhaltung der Technischen Regeln kann der Arbeitgeber insoweit davon ausgehen, dass die entsprechenden Anforderungen der Verordnung erfüllt sind. Wählt der Arbeitgeber eine andere Lösung, muss er damit mindestens die gleiche Sicherheit und den gleichen Gesundheitsschutz für die Beschäftigten erreichen.

Inhalt

1 Zielstellung

Diese Arbeitsstättenregel konkretisiert die Anforderungen an das Einrichten und Betreiben der Sicherheitsbeleuchtung und von optischen Sicherheitsleitsystemen in § 3 Abs. 1 und § 4 Abs. 3 und 4 sowie insbesondere in den Punkten 2.3 Abs. 1 und 3.4 Abs. 3 des Anhanges der Arbeitsstättenverordnung.

2 Anwendungsbereich

(1) Diese ASR gilt für das Einrichten und Betreiben von Sicherheitsbeleuchtung und von optischen Sicherheitsleitsystemen in Arbeitsstätten. Sie nennt Beispiele für Arbeitsstätten, für die eine Sicherheitsbeleuchtung oder ein Sicherheitsleitsystem erforderlich sein kann. Sie enthält die lichttechnischen Anforderungen an Sicherheitsbeleuchtung und Sicherheitsleitsysteme sowie Hinweise zu deren Betrieb.

(2) gestrichen

Hinweis:

Für die barrierefreie Gestaltung der Sicherheitsbeleuchtung und optischen Sicherheitsleitsysteme gilt die ASR V3a.2 „Barrierefreie Gestaltung von Arbeitsstätten", Anhang A3.4/7: Ergänzende Anforderungen zur ASR A3.4/7 „Sicherheitsbeleuchtung, optische Sicherheitsleitsysteme".

3 Begriffsbestimmungen

3.1 Die **Sicherheitsbeleuchtung** ist eine Beleuchtung, die dem gefahrlosen Verlassen der Arbeitsstätte und der Verhütung von Unfällen dient, die durch Ausfall der künstlichen Allgemeinbeleuchtung entstehen können.

3.2 Optische Sicherheitsleitsysteme sind durchgehende Leitsysteme, die mit Hilfe optischer Kennzeichnungen und Richtungsangaben einen sicheren Fluchtweg vorgeben. Grundsätzlich sind dies bodennahe Systeme, die an der Wand angebracht sind und deren Oberkante nicht höher als 40 cm über dem Fußboden liegt sowie Sicherheitsleitsysteme, die auf dem Fußboden angebracht sind. Sie bestehen aus Sicherheitszeichen und Leitmarkierungen. Sie können langnachleuchtend, elektrisch betrieben oder als Kombination beider Systeme ausgeführt werden. Dazu kann auch die Umrandung von Türen in Fluchtwegen, sowie die nachleuchtende Hinterlegung von Türgriffen zählen. Optische Sicherheitsleitsysteme sind kein Ersatz für gegebenenfalls erforderliche hochmontierte Rettungszeichen.

3.3 Ein **langnachleuchtendes Sicherheitsleitsystem** ist ein optisches Sicherheitsleitsystem, das aus langnachleuchtenden Komponenten besteht, die nach Anregung durch Licht ohne weitere Energiezufuhr nachleuchten.

3.4 Ein **elektrisch betriebenes Sicherheitsleitsystem** ist ein optisches Sicherheitsleitsystem, das elektrisch betrieben und durch eine Stromquelle für Sicherheitszwecke gespeist wird.

3.5 Ein **dynamisches Sicherheitsleitsystem** ist ein optisches Sicherheitsleitsystem, das seine Richtungsangaben ändern kann, indem es z. B. im Bedarfsfall automatisch auf eine konkrete Brandmeldung mit der Änderung der Fluchtrichtungsanzeige reagiert.

3.6 Leitmarkierungen sind gut sichtbare durchgehende Markierungen auf dem Fußboden oder an Wänden, wobei die Oberkante der Markierung nicht höher als 40 cm über dem Fußboden liegt. Sie markieren den Verlauf von Fluchtwegen.

3.7 Die **Beleuchtungsstärke** E ist ein Maß für das auf eine Fläche auftreffende Licht. Die Beleuchtungsstärke wird in Lux [lx] gemessen.

3.8 Die **Leuchtdichte** beschreibt den Helligkeitseindruck einer beleuchteten oder leuchtenden Fläche.

3.9 Unter **Blendung** versteht man subjektiv empfundene Störungen durch zu hohe Leuchtdichten oder zu große Leuchtdichteunterschiede im Gesichtsfeld.

3.10 Die **Farbwiedergabe** ist die Wirkung einer Lichtquelle auf den Farbeindruck, den ein Mensch von einem Objekt hat, das mit dieser Lichtquelle beleuchtet wird. Der **Farbwiedergabeindex Ra** ist eine dimensionslose Kennzahl von 0 bis 100, mit der die Farbwiedergabeeigenschaften der Lampen klassifiziert wird.

4 Sicherheitsbeleuchtung

4.1 Sicherheitsbeleuchtung für Fluchtwege

Die ASR A2.3 „Fluchtwege und Notausgänge, Flucht- und Rettungsplan" regelt unter Punkt 8 unter welchen Bedingungen eine Sicherheitsbeleuchtung für Fluchtwege erforderlich ist. Sofern diese Bedingungen vorliegen, sind der erste und gegebenenfalls der vorhandene zweite Fluchtweg mit einer Sicherheitsbeleuchtung auszurüsten.

4.2 Sicherheitsbeleuchtung in Arbeitsbereichen mit besonderer Gefährdung

Arbeitsstätten, in denen durch den Ausfall der Allgemeinbeleuchtung Sicherheit und Gesundheit der Beschäftigten gefährdet sind und bei denen eine Sicherheitsbeleuchtung erforderlich ist, sind z. B.

– Laboratorien, wenn es notwendig ist, dass Beschäftigte einen laufenden Versuch beenden oder unterbrechen müssen, um eine akute Gefährdung von Beschäftigten und Dritten zu verhindern. Solche akuten Gefährdungen können Explosionen oder Brände sowie das Freisetzen von Krankheitserregern oder von giftigen, sehr giftigen oder radioaktiven Stoffen in Gefahr bringender Menge sein,

– Arbeitsplätze, die aus technischen Gründen dunkel gehalten werden müssen,

– elektrische Betriebsräume und Räume für haustechnische Anlagen, die bei Ausfall der künstlichen Beleuchtung betreten werden müssen,

– der unmittelbare Bereich langnachlaufender Arbeitsmittel mit nicht zu schützenden bewegten Teilen, die Unfallgefahren verursachen können, z. B. Plandrehmaschinen, soweit durch Lichtausfall zusätzliche Unfallgefahren verursacht werden,

– Steuereinrichtungen für ständig zu überwachende Anlagen, z. B. Schaltwarten und Leitstände für Kraftwerke, chemische und metallurgische Betriebe sowie Arbeitsplätze an Absperr- und Regeleinrichtungen, die betriebsmäßig oder bei Betriebsstörungen zur Vermeidung von Unfallgefahren betätigt werden müssen, um Produktionsprozesse gefahrlos zu unterbrechen bzw. zu beenden,

– Arbeitsplätze in der Nähe heißer Bäder oder Gießgruben, die aus produktionstechnischen Gründen nicht durch Geländer oder Absperrungen gesichert werden können,

– Bereiche um Arbeitsgruben, die aus arbeitsablaufbedingten Gründen nicht abgedeckt sein können,

– Arbeitsplätze auf Baustellen (siehe Punkt 7).

4.3 Anforderungen an die Sicherheitsbeleuchtung und Richtwerte

(1) Die Beleuchtungsstärke der Sicherheitsbeleuchtung muss für Fluchtwege mindestens 1 lx mit einer Gleichmäßigkeit (Verhältnis der maximalen zur minimalen Beleuchtungsstärke) von < 40:1 betragen. Die Beleuchtungsstärke ist auf der Mittellinie des Fluchtweges in 20 cm Höhe über dem Fußboden oder den Treppenstufen zu messen.

(2) Nach Ausfall der Allgemeinbeleuchtung muss die Sicherheitsbeleuchtung für Fluchtwege die erforderliche Beleuchtungsstärke nach Abs. 1 innerhalb von 15s erreichen. Die Sicherheitsbeleuchtung für Fluchtwege muss die erforderliche Beleuchtungsstärke mindestens für einen Zeitraum von 60 min nach Ausfall der Allgemeinbeleuchtung erbringen.

Ergibt sich bei der Gefährdungsbeurteilung, dass in bestehenden Arbeitsstätten die erforderliche Beleuchtungsstärke der Sicherheitsbeleuchtung für Fluchtwege innerhalb von 15s nicht erreicht wird, hat der Arbeitgeber die betroffenen Bereiche der Arbeitsstätten individuell zu beurteilen. Kommt der Arbeitgeber dabei zu dem Ergebnis, dass die Umsetzung der erforderlichen Beleuchtungsstärke innerhalb der in Satz 1 festgelegten Zeit mit Aufwendungen verbunden ist, die offensichtlich unverhältnismäßig sind, so hat er zu prüfen, wie durch andere oder ergänzende Maßnahmen die Sicherheit und der Gesundheitsschutz der Beschäftigten in vergleichbarer Weise gesichert werden können; die erforderlichen Maßnahmen hat er durchzuführen. Solche Maßnahmen sind z. B. der Einsatz von effizienteren Leuchtmitteln und Leuchten oder zusätzliche Unterweisungen.

(3) In Arbeitsstätten, in denen bei Ausfall der Allgemeinbeleuchtung Unfallgefahren entstehen können, ist die Beleuchtungsstärke der Sicherheitsbeleuchtung auf der Grundlage der Gefährdungsbeurteilung festzulegen. Die Beleuchtungsstärke der Sicherheitsbeleuchtung darf 15 lx nicht unterschreiten. Im Einzelfall können höhere Beleuchtungsstärken erforderlich sein. Allgemein bewährt hat sich ein Wert von 10 Prozent der Beleuchtungsstärke der Allgemeinbeleuchtung. Die Beleuchtungsstärke ist am Ort der Sehaufgabe zu messen.

(4) In Arbeitsstätten, in denen bei Ausfall der Allgemeinbeleuchtung Unfallgefahren entstehen können, ist die erforderliche Beleuchtungsstärke der Sicherheitsbeleuchtung innerhalb von 0,5 s zu erreichen. Diese muss mindestens für die Dauer der Unfallgefahr zur Verfügung stehen.

(5) Die Lichtfarbe der Sicherheitsbeleuchtung ist so zu wählen, dass die Sicherheitsfarben erkennbar bleiben. Der allgemeine Farbwiedergabeindex Ra darf nicht unter 40 liegen. Dabei ist eine Blendung der Beschäftigten zu vermeiden.

5 Optische Sicherheitsleitsysteme

5.1 Allgemeines

(1) Die ASR A2.3 „Fluchtwege und Notausgänge, Flucht- und Rettungsplan" regelt unter Punkt 7 in welchen Fällen ein optisches Sicherheitsleitsystem für Fluchtwege erforderlich ist. Darin wird u. a. gefordert, dass der Arbeitgeber Vorkehrungen zu treffen hat, damit sich die Beschäftigten bei Gefahr unverzüglich in Sicherheit bringen und schnell gerettet werden können. Dabei hat der Arbeitgeber nach Punkt 2.3 Abs. 1 des Anhanges der Arbeitsstättenverordnung der Anwesenheit der höchst möglichen Anzahl der anwesenden Personen Rechnung zu tragen; betriebsfremde Personen sind mit einzubeziehen.

(2) Der Einsatz von optischen Sicherheitsleitsystemen mit einer beidseitigen Kennzeichnung der Fluchtwege ist immer dann erforderlich, wenn eine Gefährdung durch Verrauchung nicht sicher ausgeschlossen werden kann und die Fluchtwegbreite > 3,60 m beträgt.

(3) Optische Sicherheitsleitsysteme sind entweder lang nachleuchtend, elektrisch oder als Kombination beider Systeme zu betreiben. Sie sind so zu errichten, dass Fluchtwege und Notausgänge sowie Gefahrstellen erkannt werden können.

(4) Innerhalb optischer Sicherheitsleitsysteme muss die Fluchtrichtung mit Hilfe der Sicherheitszeichen „Rettungsweg/Notausgang" (E001 bzw. E002) in Verbindung mit einem Zusatzzeichen (Richtungspfeil) gemäß ASR A1.3 „Sicherheits- und Gesundheitsschutzkennzeichnung" angegeben werden. Die Kennzeichnung der Fluchtrichtung ist im Verlauf des Fluchtweges und bei Richtungsänderungen anzubringen.

(5) Türflügel im Verlauf von Fluchtwegen dürfen wegen der möglichen Irreführung bei geöffneter Tür nicht mit Richtungsangaben versehen werden. In diesem Fall sind die Leitmarkierungen auf dem Fußboden weiter zu führen.

(6) Der Mindestabstand der Sicherheitszeichen voneinander ergibt sich aus der Erkennungsweite (siehe Tabelle 3 ASR A1.3 „Sicherheits- und Gesundheitsschutzkennzeichnung").

(7) Die Leitmarkierungen an der Wand und auf dem Boden sind so zu platzieren, dass sie die Sicherheitszeichen miteinander verbinden. Die Leitmarkierungen sind durchgehend bis zum nächsten sicheren Bereich anzubringen (siehe Abb. 1).

(8) Leitmarkierungen auf dem Boden werden als durchgehend angesehen, wenn mindestens drei Markierungen pro Meter in regelmäßigen Abständen angebracht sind. Die Markierungen müssen mindestens einen Durchmesser oder eine Kantenlänge von 5 cm haben.

5.2 Langnachleuchtende Sicherheitsleitsysteme

(1) Langnachleuchtende Sicherheitsleitsysteme sind so zu bemessen und einzurichten, dass die Leuchtdichte der nachleuchtenden Materialien, gemessen am Einsatzort, nach 10 min nicht weniger als 80 mcd/m^2 (Millicandela/m^2) und nach 60 min nicht weniger als 12 mcd/m^2 beträgt.

(2) Die Leitmarkierungen von langnachleuchtenden Sicherheitsleitsystemen müssen eine Mindestbreite von 5 cm haben. Die Mindestbreite der Leitmarkierungen in Form von Streifen von langnachleuchtenden Sicherheitsleitsystemen kann bis auf 2,5 cm verringert werden, wenn die Leuchtdichte nach 10 min nicht weniger als 100 mcd/m^2 und nach 60 min nicht weniger als 15 mcd/m^2 beträgt.

(3) Fluchttüren in Fluchtwegen und Notausgängen sind mit langnachleuchtenden Materialien zu umranden (siehe Abb. 1). Der Türgriff ist langnachleuchtend zu gestalten oder der Bereich des Türgriffes ist flächig langnachleuchtend zu hinterlegen. Treppen, Treppenwangen, Handläufe und Rampen im Verlauf von Fluchtwegen sind so zu kennzeichnen, dass der Beginn, der Verlauf und das Ende eindeutig erkennbar sind. Die oben genannten Werte gelten entsprechend. Das gilt auch für Notbetätigungseinrichtungen.

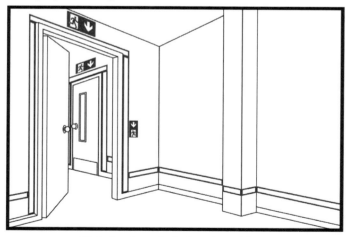

Abb. 1: Anordnung der Fluchtwegkennzeichnung

5.3 Elektrisch betriebene Sicherheitsleitsysteme

(1) Hinterleuchtete Sicherheitszeichen, die Teil eines optischen Sicherheitsleitsystems sind, sind im Abstand von maximal 10 m im Verlauf des Fluchtweges anzubringen. Bei jeder Richtungsänderung des Fluchtweges ist grundsätzlich ein hinterleuchtetes Sicherheitszeichen vorzusehen.

(2) Um die Leitfunktion zwischen bodennahen hinterleuchteten Sicherheitszeichen sicherzustellen, sind kontinuierliche elektrisch betriebene Leitmarkierungen oder niedrig montierte Sicherheitsleuchten einzusetzen. Dabei muss eine Beleuchtungsstärke von mindestens 1 lx mit einer Gleichmäßigkeit von < 40:1, gemessen in einer Höhe von 20 cm über dem Fußboden und einem Abstand von 50 cm von der Wand, auf der die Leuchten montiert sind, erreicht werden. Dabei ist störende Blendung durch Abschirmung zu vermeiden.

(3) Die elektrisch betriebenen Sicherheitsleitsysteme müssen die erforderliche Beleuchtungsstärke nach Absatz 2 mindestens für einen Zeitraum von 60 min nach Ausfall der Allgemeinbeleuchtung erbringen.

(4) Elektrisch betriebene Sicherheitsleitsysteme sind mit einer selbsttätig einsetzenden Stromquelle für Sicherheitszwecke auszurüsten.

5.4 Dynamische Sicherheitsleitsysteme

Werden dynamische Sicherheitsleitsysteme eingesetzt, müssen alle damit verbundenen sicherheitsrelevanten Komponenten so gestaltet sein, dass auch bei Ausfall einzelner Komponenten die Funktionsfähigkeit des Gesamtsystems erhalten bleibt.

6 Betrieb, Instandhaltung und Prüfung

(1) Sicherheitsbeleuchtung und optische Sicherheitsleitsysteme sind so zu betreiben, dass die Forderungen gemäß Punkt 4.3 und 5.1 bis 5.4 eingehalten werden. Sie sind an die aktuelle Gefährdungssituation anzupassen. Schäden, die die Funktionsfähigkeit beeinträchtigen können, sind unverzüglich zu beseitigen.

(2) Wenn gleichzeitig ein optisches Sicherheitsleitsystem und eine Sicherheitsbeleuchtung vorhanden sind, so sind die Wechselwirkungen beider Systeme aufeinander abzustimmen.

(3) Der Arbeitgeber hat die Sicherheitsbeleuchtung und die Sicherheitsleitsysteme in regelmäßigen Abständen sachgerecht warten und auf ihre Funktionsfähigkeit prüfen zu lassen. Die Prüffristen ergeben sich aus der Gefährdungsbeurteilung unter Berücksichtigung der Herstellerangaben. Festgestellte Mängel sind umgehend sachgerecht zu beseitigen.

(4) Die Messung der Leuchtdichten von langnachleuchtenden Sicherheitsleitsystemen erfolgt grundsätzlich am Einsatzort mit kalibrierten Geräten und ist zu dokumentieren.

(5) Prüfbestimmungen aus anderen Rechtsvorschriften bleiben davon unberührt.

(6) Eine Stromquelle für Sicherheitszwecke muss ortsfest aufgestellt sein und darf durch den Ausfall der allgemeinen Stromversorgung nicht beeinträchtigt werden. Wenn nur eine Stromquelle für Sicherheitszwecke vorhanden ist, darf diese nicht für andere Zwecke genutzt werden.

7 Abweichende/ergänzende Anforderungen für Baustellen

(1) Eine Sicherheitsbeleuchtung auf Baustellen ist nicht erforderlich, wenn durch das einfallende Tageslicht die Mindestbeleuchtungsstärke von 1 lx gegeben ist und die Beschäftigten ihre Arbeitsstätte gefahrlos verlassen können.

Dieses ist z. B. auch gegeben auf folgenden Baustellen:

– Gebäude mit einem Kellergeschoss, in welches während der Arbeitszeit Tageslicht einfällt.

(2) Bei Bauarbeiten unter Tage (z. B. Tunnelbauarbeiten) ist eine Sicherheitsbeleuchtung am Arbeitsplatz von 15 lx erforderlich.

ASR A3.5 – Raumtemperatur

(GMBl. 2010 S. 751, geänd. durch GMBl. 2012 S. 660, GMBl. 2017 S. 400
und GMBl. 2018 S. 474)

Die Technischen Regeln für Arbeitsstätten (ASR) geben den Stand der Technik, Arbeitsmedizin und Hygiene sowie sonstige gesicherte arbeitswissenschaftliche Erkenntnisse für das Einrichten und Betreiben von Arbeitsstätten wieder.

Sie werden vom **Ausschuss für Arbeitsstätten (ASTA)** ermittelt bzw. angepasst und vom Bundesministerium für Arbeit und Soziales nach § 7 der Arbeitsstättenverordnung im Gemeinsamen Ministerialblatt bekannt gemacht.

Diese ASR A3.5 konkretisiert im Rahmen des Anwendungsbereichs die Anforderungen der Verordnung über Arbeitsstätten. Bei Einhaltung der Technischen Regeln kann der Arbeitgeber insoweit davon ausgehen, dass die entsprechenden Anforderungen der Verordnung erfüllt sind. Wählt der Arbeitgeber eine andere Lösung, muss er damit mindestens die gleiche Sicherheit und den gleichen Gesundheitsschutz für die Beschäftigten erreichen.

Inhalt

1 Zielstellung

Diese Arbeitsstättenregel konkretisiert die Anforderungen an Raumtemperaturen in § 3 Abs. 1 sowie insbesondere im Punkt 3.5 des Anhanges der Arbeitsstättenverordnung.

2 Anwendungsbereich

(1) Diese Arbeitsstättenregel gilt für Arbeits-, Pausen-, Bereitschafts-, Sanitär-, Kantinen- und Erste-Hilfe-Räume, an die betriebstechnisch keine spezifischen raumklimatischen Anforderungen gestellt werden. Insbesondere gibt diese ASR eine Erläuterung zum Begriff „gesundheitlich zuträgliche Raumtemperatur". Zum Unterschied zwischen Raumtemperatur und Lufttemperatur vgl. Punkt 3.1 und 3.2.

(2) Diese ASR enthält weiterhin Hinweise für Arbeitsräume, bei denen das Raumklima durch die Betriebstechnik bzw. Technologie unvermeidbar beeinflusst wird.

(3) Diese ASR enthält keine Regelungen für Arbeitsräume, an die aus betriebstechnischen Gründen besondere Anforderungen an das Raumklima gestellt werden (z. B. Kühlräume, medizinische Bäder).

(4) Anforderungen an Raumtemperaturen in Unterkünften sind in dieser ASR nicht enthalten. Hinweise enthalten die ASR A4.4 „Unterkünfte" bzw. ASR A4.1 „Sanitärräume".

3 Begriffsbestimmungen

3.1 Die **Raumtemperatur** ist die vom Menschen empfundene Temperatur. Sie wird u. a. durch die Lufttemperatur und die Temperatur der umgebenden Flächen (insbesondere Fenster, Wände, Decke, Fußboden) bestimmt.

3.2 Die Lufttemperatur ist die Temperatur der den Menschen umgebenden Luft ohne Einwirkung von Wärmestrahlung.

3.3 Ein Klimasummenmaß ist eine Zusammenfassung von mehreren Klimagrößen (Lufttemperatur, Luftfeuchte, Luftgeschwindigkeit, Wärmestrahlung).

4 Raumtemperaturen

4.1 Allgemeines

(1) Der Arbeitgeber hat bereits beim Einrichten der Arbeitsstätte darauf zu achten, dass die baulichen Voraussetzungen an den sommerlichen Wärmeschutz nach den anerkannten Regeln der Technik (nach geltendem Baurecht) gegeben sind.

(2) Eine gesundheitlich zuträgliche Raumtemperatur liegt vor, wenn die Wärmebilanz (Wärmezufuhr, Wärmeerzeugung und Wärmeabgabe) des menschlichen Körpers ausgeglichen ist.

(3) Die Wärmeerzeugung des Menschen ist abhängig von der Arbeitsschwere. Die Wärmeabgabe ist abhängig von der Lufttemperatur, der Luftfeuchte, der Luftgeschwindigkeit und der Wärmestrahlung. Sie wird durch die Bekleidung beeinflusst.

(4) Für die meisten Arbeitsplätze reicht die Lufttemperatur zur Beurteilung, ob eine gesundheitlich zuträgliche Raumtemperatur vorhanden ist, aus. Arbeitsplätze mit hoher Luftfeuchte, Wärmestrahlung oder Luftgeschwindigkeit müssen gesondert betrachtet werden. Dann sind diese Klimagrößen zusätzlich einzeln oder gegebenenfalls einem Klimasummenmaß zu bewerten.

(5) An Arbeitsplätzen mit erheblichem betriebstechnisch bedingten Wärmeeinfluss mit Belastungen durch Lufttemperatur, Luftfeuchte, Luftgeschwindigkeit, Wärmestrahlung, Arbeitsschwere oder Bekleidung ist im Rahmen der Gefährdungsbeurteilung zu prüfen, ob und welche technischen, organisatorischen oder personenbezogenen Maßnahmen erforderlich sind und ob Hitzearbeit vorliegt.

(6) Die Lufttemperatur wird mit einem strahlungsgeschützten Thermometer in Grad Celsius [°C] gemessen, dessen Messgenauigkeit +/− 0,5 °C betragen soll. Die Messung erfolgt nach Erfordernis stündlich an Arbeitsplätzen für sitzende Tätigkeit in einer Höhe von 0,6 m und bei stehender Tätigkeit in einer Höhe von 1,1 m über dem Fußboden. Die Außenlufttemperatur wird stündlich während der Arbeitszeit ohne Einwirkung von direkter Sonneneinstrahlung gemessen. Die Außenlufttemperatur sollte etwa 4 m von der Gebäudeaußenwand entfernt und in einer Höhe von 2 m gemessen werden.

(7) Luftgeschwindigkeiten (Zugluft) und Luftfeuchten werden in dieser ASR nicht betrachtet. Diese Parameter werden in der ASR A3.6 „Lüftung" behandelt.

(8) Zu den Fußbodentemperaturen siehe ASR A1.5/1,2 „Fußböden"

4.2 Lufttemperaturen in Räumen

(1) In Arbeitsräumen muss die Lufttemperatur in Abhängigkeit von der Arbeits-schwere und Körperhaltung mindestens den Werten in Tabelle 1 entsprechen, wo-bei diese Lufttemperatur während der gesamten Nutzungsdauer zu gewährleisten ist.

(2) Werden die Mindestwerte nach Tabelle 1 in Arbeitsräumen auch bei Aus-schöpfung der technischen Möglichkeiten nicht erreicht, ist der Schutz gegen zu niedrige Temperaturen in folgender Rangfolge durch zusätzliche
– arbeitsplatzbezogene technische Maßnahmen (z. B. Wärmestrahlungsheizung, Heizmatten),
– organisatorische Maßnahmen (z. B. Aufwärmzeiten) oder
– personenbezogene Maßnahmen (z. B. geeignete Kleidung)
sicher zu stellen.

Tabelle 1: Mindestwerte der Lufttemperatur in Arbeitsräumen

Überwiegende Körperhaltung	Arbeitsschwere		
	leicht	mittel	schwer
Sitzen	+20 °C	+19 °C	–
Stehen, Gehen	+19 °C	+17 °C	+12 °C

Üblicherweise reichen für die Klassifizierung der Arbeitsschwere die Angaben aus Tabelle 2 aus.

Tabelle 2: Arbeitsschwere

Arbeitsschwere	Beispiele
leicht	leichte Hand-/Armarbeit bei ruhigem Sitzen bzw. Stehen verbunden mit gelegentlichem Gehen
mittel	mittelschwere Hand-/Arm- oder Beinarbeit im Sitzen, Ge-hen oder Stehen
schwer	schwere Hand-/Arm-, Bein- und Rumpfarbeit im Gehen oder Stehen

(3) Die Lufttemperatur in Arbeitsräumen und den in Absatz 4 genannten Räu-men soll +26 °C nicht überschreiten. Bei Außenlufttemperaturen über +26 °C gilt Punkt 4.4.

(4) In Pausen-, Bereitschafts-, Sanitär-, Kantinen- und Erste-Hilfe-Räumen muss während der Nutzungsdauer eine Lufttemperatur von mindestens +21 °C herrschen; in Toilettenräumen darf die Lufttemperatur durch Lüftungsvorgänge, die durch die Benutzer ausgelöst werden, kurzzeitig unterschritten werden.

(5) In stationären Toilettenanlagen, die für Beschäftigte bei Arbeiten im Freien oder für gelegentlich genutzte Arbeitsstätten eingerichtet werden, muss während der Nutzungsdauer eine Lufttemperatur von +21 °C erreicht werden können.

(6) In Waschräumen, in denen Duschen installiert sind, soll die Lufttemperatur während der Nutzungsdauer mindestens +24 °C betragen.

4.3 Übermäßige Sonneneinstrahlung

(1) Fenster, Oberlichter und Glaswände, die der Tageslichtversorgung nach ASR A3.4 „Beleuchtung" dienen, sind so zu gestalten, dass eine ausreichende Tageslichtversorgung gewährleistet ist und gleichzeitig störende Blendung und übermäßige Erwärmung vermieden werden.

(2) Führt die Sonneneinstrahlung durch Fenster, Oberlichter und Glaswände zu einer Erhöhung der Raumtemperatur über +26 °C, so sind diese Bauteile mit geeigneten Sonnenschutzsystemen auszurüsten. Störende direkte Sonneneinstrahlung auf den Arbeitsplatz ist zu vermeiden. Anforderungen an einen wirksamen Blendschutz an Fenstern, Oberlichtern und Glaswänden enthält die ASR A3.4 „Beleuchtung".

(3) Beispiele für gestalterische Maßnahmen für Sonnenschutzsysteme enthält Tabelle 3. Dabei sind die Ausrichtung der Arbeitsräume und die jeweiligen Fensterflächenanteile zu beachten. Außerdem können z. B. Vordächer, Balkone, feststehende Lamellen oder Bepflanzungen einen wirkungsvollen Sonnenschutz bieten.

Tabelle 3: Gestaltungsbeispiele für Sonnenschutzsysteme

	Gestaltungsbeispiele für Sonnenschutzsysteme
a)	Sonnenschutzvorrichtungen, die das Fenster von außen beschatten (z. B. Jalousien oder hinterlüftete Markisen)
b)	im Zwischenraum der Verglasung angeordnete reflektierende Vorrichtungen
c)	innenliegende hochreflektierende oder helle Sonnenschutzvorrichtungen
d)	Sonnenschutzverglasungen (innerhalb eines Sonnenschutzsystems, Blendschutz und Lichtfarbe sind zu beachten)

4.4 Arbeitsräume bei einer Außenlufttemperatur über +26 °C

(1) Wenn die Außenlufttemperatur über +26 °C beträgt und unter der Voraussetzung, dass geeignete Sonnenschutzmaßnahmen nach Punkt 4.3 verwendet werden, sollen beim Überschreiten einer Lufttemperatur im Raum von +26 °C zusätzliche Maßnahmen, z. B. nach Tabelle 4, ergriffen werden. In Einzelfällen kann das Arbeiten bei über +26 °C zu einer Gesundheitsgefährdung führen, wenn z. B.:

— schwere körperliche Arbeit zu verrichten ist,
— besondere Arbeits- oder Schutzbekleidung getragen werden muss, die die Wärmeabgabe stark behindert oder
— hinsichtlich erhöhter Lufttemperatur gesundheitlich Vorbelastete und besonders schutzbedürftige Beschäftigte (z. B. Jugendliche, Ältere, Schwangere, stillende Mütter) im Raum tätig sind.

In solchen Fällen ist über weitere Maßnahmen anhand einer angepassten Gefährdungsbeurteilung zu entscheiden.

(2) Bei Überschreitung der Lufttemperatur im Raum von +30 °C müssen wirksame Maßnahmen gemäß Gefährdungsbeurteilung (siehe Tabelle 4) ergriffen werden, welche die Beanspruchung der Beschäftigten reduzieren. Dabei gehen technische und organisatorische gegenüber personenbezogenen Maßnahmen vor.

Tabelle 4: Beispielhafte Maßnahmen

	Beispielhafte Maßnahmen
a)	effektive Steuerung des Sonnenschutzes (z. B. Jalousien auch nach der Arbeitszeit geschlossen halten)
b)	effektive Steuerung der Lüftungseinrichtungen (z. B. Nachtauskühlung)
c)	Reduzierung der inneren thermischen Lasten (z. B. elektrische Geräte nur bei Bedarf betreiben)
d)	Lüftung in den frühen Morgenstunden
e)	Nutzung von Gleitzeitregelungen zur Arbeitszeitverlagerung
f)	Lockerung der Bekleidungsregelungen
g)	Bereitstellung geeigneter Getränke (z. B. Trinkwasser)

(3) Wird die Lufttemperatur im Raum von +35 °C überschritten, so ist der Raum für die Zeit der Überschreitung ohne
– technische Maßnahmen (z. B. Luftduschen, Wasserschleier),
– organisatorische Maßnahmen (z. B. Entwärmungsphasen) oder
– persönliche Schutzausrüstungen (z. B. Hitzeschutzkleidung),
wie bei Hitzearbeit, nicht als Arbeitsraum geeignet.

(4) Technische Maßnahmen, die die Lufttemperatur reduzieren, dürfen die absolute Luftfeuchte nicht erhöhen.

5 Abweichende/ergänzende Anforderungen für Baustellen

(1) Abweichend von Punkt 4.2 Abs. 4, 5 und 6 ist es in Pausen-, Bereitschafts-, Sanitär- und Kantinenräumen, sofern sie nicht gleichzeitig als Sanitärräume für Unterkünfte genutzt werden, ausreichend, wenn eine Lufttemperatur von +18 °C vorhanden ist und sichergestellt ist, dass eine Lufttemperatur von +21 °C während der Nutzungsdauer erreicht werden kann.

(2) In Pausen-, Bereitschafts-, Sanitär- und Kantinenräumen darf von den in dieser ASR genannten Lufttemperaturen durch Lüftungsvorgänge, die durch die Benutzer ausgelöst werden, kurzzeitig abgewichen werden.

Ausgewählte Literaturhinweise:
– DGUV Information 213–002 Hitzearbeit erkennen – beurteilen – schützen 08/2013
– DGUV Information 215–444 Sonnenschutz im Büro 12/2016
– DGUV Information 213–022 Beurteilung von Hitzearbeit – Tipps für Wirtschaft, Verwaltung, Dienstleistung 06/2011
– DGUV Information 215–510 Beurteilung des Raumklimas 12/2016
– LV 16 Kenngrößen zur Beurteilung raumklimatischer Grundparameter, September 2011

ASR A3.6 – Lüftung

(GMBl. 2012 S. 92, geänd. durch GMBl. 2013 S. 359, GMBl. 2017 S. 10
und GMBl. 2018 S. 474)

Die Technischen Regeln für Arbeitsstätten (ASR) geben den Stand der Technik, Arbeitsmedizin und Arbeitshygiene sowie sonstige gesicherte arbeitswissenschaftliche Erkenntnisse für das Einrichten und Betreiben von Arbeitsstätten wieder.

Sie werden vom **Ausschuss für Arbeitsstätten** ermittelt bzw. angepasst und vom Bundesministerium für Arbeit und Soziales im Gemeinsamen Ministerialblatt bekannt gegeben.

Diese ASR A3.6 konkretisiert im Rahmen des Anwendungsbereichs die Anforderungen der Verordnung über Arbeitsstätten. Bei Anwendung der Technischen Regeln kann der Arbeitgeber insoweit davon ausgehen, dass die entsprechenden Anforderungen der Verordnung erfüllt sind. Wählt der Arbeitgeber eine andere Lösung, muss er damit mindestens die gleiche Sicherheit und den gleichen Gesundheitsschutz für die Beschäftigten erreichen.

Inhalt

1 Zielstellung

Diese ASR konkretisiert die Anforderungen an die Lüftung in § 3 a Abs. 1 und § 4 Abs. 3 sowie in Punkt 3.6 des Anhanges der Arbeitsstättenverordnung (ArbStättV).

2 Anwendungsbereich

(1) Diese ASR gilt für Arbeitsplätze in umschlossenen Arbeitsräumen und berücksichtigt die Arbeitsverfahren, die körperliche Belastung und die Anzahl der Beschäftigten sowie der sonstigen anwesenden Personen. Es wird empfohlen, diese ASR auch für Pausen-, Bereitschafts-, Erste-Hilfe-, Sanitärräume und Unterkünfte anzuwenden.

(2) entfallen

(3) Werden am Arbeitsplatz Tätigkeiten mit Gefahrstoffen oder biologischen Arbeitsstoffen durchgeführt und können dabei Beschäftigte gefährdet werden, gelten hinsichtlich der stofflichen Gefährdungen an diesen Arbeitsplätzen die Vorschriften nach der Gefahrstoffverordnung oder der Biostoffverordnung einschließlich der entsprechenden Technischen Regeln.

3 Begriffsbestimmungen

3.1 Lüftung ist die Erneuerung der Raumluft durch direkte oder indirekte Zuführung von Außenluft. Die Lüftung erfolgt durch freie Lüftung oder Raumlufttechnische Anlagen.

3.2 Freie Lüftung ist Lüftung mit Förderung der Luft durch Druckunterschiede infolge Wind oder Temperaturdifferenzen zwischen außen und innen, z. B. Fensterlüftung, Schachtlüftung, Dachaufsatzlüftung und Lüftung durch sonstige Lüftungsöffnungen, ggf. unterstützt durch Ventilatoren.

3.3 Raumlufttechnische Anlagen (RLT-Anlagen) sind Anlagen mit maschineller Förderung der Luft, Luftreinigung (Filtern) und mindestens einer thermodynamischen Luftbehandlungsfunktion (Heizen, Kühlen, Befeuchten, Entfeuchten).

3.4 Zugluft ist ein störender Luftzug, der zu einer lokalen Abkühlung, insbesondere an unbekleideten Körperflächen führt. Zugluft kann sowohl durch freie Lüftung als auch durch RLT-Anlagen hervorgerufen werden.

3.5 Turbulenzgrad ist ein Maß für die Schwankung der Luftgeschwindigkeit. Er ist das Verhältnis der Standardabweichung der Luftgeschwindigkeit zur mittleren Luftgeschwindigkeit.

4 Luftqualität

4.1 Grundsätze

(1) In umschlossenen Arbeitsräumen muss gesundheitlich zuträgliche Atemluft in ausreichender Menge vorhanden sein. In der Regel entspricht dies der Außenluftqualität. Sollte die Außenluft im Sinne des Immissionsschutzrechts unzulässig belastet oder erkennbar beeinträchtigt sein, z. B. durch Fortluft aus Absaug- oder RLT-Anlagen, starken Verkehr, schlecht durchlüftete Lagen, sind im Rahmen der Gefährdungsbeurteilung gesonderte Maßnahmen (z. B. Beseitigung der Quellen, Verlegen der Ansaugöffnung bei RLT-Anlagen) zu ergreifen.

(2) Die Innenraumluftqualität in Arbeitsräumen kann durch folgende Lasten beeinträchtigt werden:
− Stofflasten,
− Feuchtelasten oder
− Wärmelasten.

(3) Für Maßnahmen zur Beseitigung von Lasten gilt folgende Rangfolge:
1. Last vermeiden
2. Last minimieren
3. Quelle kapseln
4. Last quellennah abführen

(4) Das Eindringen von Lasten in unbelastete Arbeitsräume ist zu vermeiden (z. B. durch Luftführung, Schleusen oder Abtrennungen).

(5) Treten trotz bestimmungsgemäßer Nutzung des Arbeitsraumes und der Lüftung gemäß den Vorgaben dieser ASR Beschwerden bei Beschäftigten über die Luftqualität auf, ist zu prüfen, ob und ggf. welche weiteren Maßnahmen durchzuführen sind. Geeignete Maßnahmen sind z. B. zeitweise verstärkte Lüftung, Änderung der Raumnutzung, Umsetzen der Beschäftigten in andere Räume, Einbau oder Anpassung einer RLT-Anlage.

4.2 Stofflasten

(1) Ursachen für Stofflasten können beispielsweise sein:
- die Anwesenheit von Beschäftigten und sonstigen Personen (Emission von CO_2 und Geruchsstoffen),
- die Emissionen aus Bauprodukten oder Einrichtungsgegenständen (z. B. flüchtige organische Stoffe (VOC), Formaldehyd, Fasern),
- das Eindringen von belasteter Luft aus anderen Räumen oder Bereichen (z. B. aus Tätigkeiten mit Gefahrstoffen oder biologischen Arbeitsstoffen) oder von außen,
- eine schlecht gewartete RLT-Anlage,
- das Auftreten von Schimmel oder
- Radon, das in einigen Gebieten Deutschlands (siehe Radonkartierung der Länder) aus dem Untergrund in Gebäude eindringen kann.

(2) Sind die Beschäftigten und sonstigen anwesenden Personen die bestimmende Ursache für Stofflasten im Raum, ist die CO_2-Konzentration ein anerkanntes Maß für die Bewertung der Luftqualität. Erfahrungsgemäß hat eine erhöhte CO_2-Konzentration einen negativen Einfluss auf die Aufmerksamkeitsleistung. Die in der Tabelle 1 aufgeführten Werte dienen der Beurteilung der CO_2-Konzentration in der Raumluft und der Ableitung geeigneter, beispielhaft genannter Maßnahmen. Die Maßnahmen, die zur Verbesserung der Luftqualität innerhalb des Luftgütebereiches zwischen 1000 und 2000 ppm gemäß Tabelle 1 durchgeführt wurden, sind in der Gefährdungsbeurteilung zu dokumentieren. Dies gilt auch, wenn mit den Maßnahmen 1000 ppm CO_2 in der Raumluft unterschritten werden.

Tabelle 1: CO_2-Konzentration in der Raumluft

CO_2-Konzentration [ml/m³] bzw. [ppm]	Maßnahmen
<1000	• Keine weiteren Maßnahmen (sofern durch die Raumnutzung kein Konzentrationsanstieg über 1000 ppm zu erwarten ist)
1000–2000	• Lüftungsverhalten überprüfen und verbessern • Lüftungsplan aufstellen (z. B. Verantwortlichkeiten festlegen) • Lüftungsmaßnahme (z. B. Außenluftvolumenstrom oder Luftwechsel erhöhen)
>2000	• weitergehende Maßnahmen erforderlich (z. B. verstärkte Lüftung, Reduzierung der Personenzahl im Raum)

(3) Im Regelfall sind keine Messungen erforderlich. Nur wenn ein begründeter Verdacht auf zu hohe CO_2-Konzentrationen vorliegt, sind Messungen unter üblichen Nutzungsbedingungen und mit der üblichen Personenbelegung durchzuführen, z. B. über den Zeitraum der arbeitstäglichen Nutzung. Bewertet wird der Momentanwert. Vor der Messung muss der Raum arbeitsüblich gelüftet werden. Bei Räumen bis zu 50 m² Grundfläche ist in der Regel eine Messstelle in ca. 1,50 m Höhe und in einem Abstand von 1 bis 2 m von den Wänden ausreichend. In größeren Räumen sind ggf. mehrere Messstellen einzurichten. Die Messstelle

soll sich in der Aufenthaltszone der Personen – dabei aber in ausreichendem Abstand zu Personen – befinden, um eine direkte Beeinflussung des Messergebnisses durch die Atemluft von Personen zu vermeiden.

(4) Wird in einem Raum nach Absatz 2 entsprechend Tabelle 1 verfahren, ist erfahrungsgemäß der Luftwechsel auch für die Abführung von Stofflasten nach Absatz 1 Anstriche 1 und 2 ausreichend, wenn das Bauwerk und die Einrichtungsgegenstände hinsichtlich der Schadstoffemission dem Stand der Technik entsprechen und nicht geraucht wird.

(5) Stofflasten aus Bauprodukten und Einrichtungsgegenständen können vermieden oder minimiert werden, wenn z. B.:
– emissionsfreie oder emissionsarme,
– überprüfte,
– aufeinander abgestimmte und
– richtig verarbeitete
Produkte eingesetzt werden.

(6) Der Nichtraucherschutz nach § 5 Abs. 1 ArbStättV kann u. a. durch ein Rauchverbot in Gebäuden oder durch baulich abgetrennte Raucherräume oder -bereiche oder Rauchen im Freien umgesetzt werden. Von diesen Bereichen dürfen keine Gesundheitsgefahren durch Tabakrauch für die nicht rauchenden Beschäftigten ausgehen.

(7) In Räumen, in denen nach § 5 Abs. 2 ArbStättV Rauchen unter bestimmten Voraussetzungen zulässig sein kann (z. B. Gaststätten, Spielcasinos), muss der Arbeitgeber Schutzmaßnahmen treffen, um Gefährdungen für Beschäftigte zu minimieren, dies können insbesondere Lüftungsmaßnahmen sein.

4.3 Feuchtelast

(1) Feuchtelasten können beispielsweise durch die Wasserdampfabgabe aus Prozessen oder der anwesenden Personen entstehen.

(2) Üblicherweise braucht die Raumluft nicht befeuchtet zu werden. Für den Fall, dass Beschwerden auftreten, ist im Rahmen der Gefährdungsbeurteilung zu prüfen, ob und ggf. welche Maßnahmen zu ergreifen sind.

(3) Fallen betriebstechnisch oder arbeitsbedingt Feuchtelasten im Arbeitsraum an, dürfen aus physiologischen Gründen die Werte nach Tabelle 2 nicht überschritten werden. Dies gilt nicht, soweit die Natur des Betriebes höhere Luftfeuchten erfordert (z. B. Lebensmittelherstellung, Gewächshaus oder Schwimmbad).

Tabelle 2: Maximale relative Luftfeuchtigkeit

Lufttemperatur	relative Luftfeuchtigkeit
+20 °C	80%
+22 °C	70%
+24 °C	62%
+26 °C	55%

(4) Witterungsbedingte Feuchteschwankungen bleiben unberücksichtigt.

(5) Hohe Luftfeuchten an Raumbegrenzungsflächen können zur Befeuchtung von Bauteilen und zur Schimmelbildung führen. Sie sind zu vermeiden. Die Raumbegrenzungsflächen sind so auszuführen, dass Schimmelbildung vermieden wird.

4.4 Wärmelast

(1) Ursachen für Wärmelasten können beispielsweise sein:
- Geräte und Maschinen,
- Sonneneinstrahlung,
- Künstliche Beleuchtung oder
- Personen.

(2) Die Wärmelasten sind zu minimieren. Die Raumtemperatur muss den Anforderungen der ASR A3.5 „Raumtemperatur" entsprechen.

5 Freie Lüftung

5.1 Allgemeines

(1) Die einfachste Form der freien Lüftung ist die Fensterlüftung. Sie hat eine hohe Akzeptanz, falls die Öffnung der Fenster von den Beschäftigten selbst bestimmt werden kann. Andere Formen der freien Lüftung sind z. B. Schacht-, Dachaufsatz- oder Kaminlüftung.

(2) Die freie Lüftung von Räumen kann als Stoßlüftung oder kontinuierliche Lüftung erfolgen.

(3) In Arbeitsräumen ist eine ausreichende freie Lüftung nur dann gewährleistet, wenn die erforderlichen Lüftungsquerschnitte und die maximal zulässigen Raumtiefen eingehalten werden (Tabelle 3). Von den in Tabelle 3 genannten erforderlichen Lüftungsquerschnitten kann abgewichen werden, wenn die Anforderungen aus Tabelle 1 auch bei geringeren Lüftungsquerschnitten erfüllt werden und dies in der Gefährdungsbeurteilung dokumentiert wird.

5.2 Anforderungen an die freie Lüftung

(1) Für die Fensterlüftung sind mindestens Lüftungsquerschnitte nach Tabelle 3 erforderlich, um die Anforderungen nach Tabelle 1, Zeile 1 zu erreichen (Berechnungsbeispiel siehe Anhang). Tür- und Torflächen bleiben unberücksichtigt.

(2) Die Fensteröffnungen sind so anzuordnen, dass eine ausreichend gleichmäßige Durchlüftung der Arbeitsräume gewährleistet ist.

(3) Andere Formen der freien Lüftung sind so auszulegen, dass die Anforderungen nach Punkt 4 erfüllt werden (zeitliche/jahreszeitliche Einschränkungen in der Funktion sind zu beachten).

(4) Dauer und Intensität des Luftaustausches bei freier Lüftung sind so zu gestalten, dass Zugluft möglichst vermieden wird.

5.3 Systeme der freien Lüftung

(1) Es werden folgende Systeme der freien Lüftung unterschieden:

System I

einseitige Lüftung mit Zu- und Abluftöffnungen in einer Außenwand; gemeinsame Öffnungen sind zulässig

System II

Querlüftung mit Öffnungen in gegenüberliegenden Außenwänden oder in einer Außenwand und der Dachfläche
Ein Beispiel für die Berechnung der erforderlichen Lüftungsquerschnitte befindet sich im Anhang.

Tabelle 3: Mindestöffnungsfläche für kontinuierliche Lüftung und für Stoßlüftung

System	Maximal zulässige Raumtiefe bezogen auf die lichte Raumhöhe (h) [m]	Öffnungsfläche zur Sicherung des Mindestluftwechsels	
		für kontinuierliche Lüftung [m²/anwesende Person]	für Stoßlüftung [m²/10 m² Grundfläche]
I einseitige Lüftung	Raumtiefe = 2,5 × h (bei h > 4 m: max. Raumtiefe = 10 m) (angenommene Luftgeschwindigkeit im Querschnitt = 0,08 m/s)	0,35	1,05
II Querlüftung	Raumtiefe = 5,0 × h (bei h > 4 m: max. Raumtiefe = 20 m) (angenommene Luftgeschwindigkeit im Querschnitt = 0,14 m/s)	0,20	0,60

Die angegebenen Öffnungsflächen sind die Summe aus Zuluft- und Abluftflächen.

(2) Eine Verringerung der Lüftungsquerschnitte bei kontinuierlicher Lüftung zur Anpassung an Witterungsbedingungen (z. B. niedrige Außenlufttemperaturen, starker Wind) muss durch Verstellbarkeit möglich sein (z. B. Kippstellung der Fenster). Ist die Verstellbarkeit der Öffnungsfläche fein justierbar, ist auch bei Außenlufttemperaturen unter +5 °C eine kontinuierliche Lüftung erreichbar.

(3) Sofern die Personenbelegung oder Nutzung des Bereiches nicht bekannt sind, ist für die Berechnung der Mindestöffnungsfläche von einer Grundfläche von 10 m² pro Person auszugehen.

(4) Bei sehr geringer Personenbelegung ist für die Berechnung der Mindestöffnungsfläche von 1 Person je 100 m² auszugehen (z. B. Lagerhalle).

5.4 Stoßlüftung

(1) Unter Stoßlüftung wird der kurzzeitige (ca. 3 bis 10 Minuten), intensive Luftaustausch zur Beseitigung von Lasten aus Arbeitsräumen verstanden.

(2) Eine Stoßlüftung ist in regelmäßigen Abständen nach Bedarf durchzuführen.
Als Anhaltswerte werden empfohlen:
- Büroraum nach 60 min
- Besprechungsraum nach 20 min

(3) Die Mindestdauer der Stoßlüftung ist von der Temperaturdifferenz zwischen innen und außen und dem Wind abhängig. Es kann von folgenden Orientierungswerten ausgegangen werden:

– Sommer:	bis zu 10 min (unter Berücksichtigung der Außenlufttemperatur)
– Frühling/Herbst:	5 min
– Winter:	3 min

6 Raumlufttechnische Anlagen

6.1 Erfordernis

Raumlufttechnische Anlagen (RLT-Anlagen) zur Lüftung sind erforderlich, wenn eine freie Lüftung entsprechend Punkt 5 nicht ausreicht. Gründe dafür können sein:
- die Abmessungen der Räume (Punkt 5.3),
- die Lage der Räume, z. B. Tieflage (Fußboden tiefer als 1 m unter der umgebenden Geländeoberfläche),
- die umliegende Bebauung,
- eine besondere Nutzung (z. B. Arbeitsräume ohne öffenbare Fenster oder Oberlichter),
- innere oder äußere Lasten, die mit der freien Lüftung nicht beherrscht werden können oder
- Fenster dürfen nicht ausreichend lange geöffnet werden (z. B. Lärm von außen, Sicherheit).

6.2 Anforderungen

(1) RLT-Anlagen müssen dem Stand der Technik entsprechen und sind bestimmungsgemäß zu betreiben.
(2) Bei RLT-Anlagen ist die Zuluft (Außenluft/Umluft) vor der Zuführung in die zu lüftenden Räume entsprechend den Anforderungen hinsichtlich der Nutzung der Arbeitsstätte durch Luftfilter nach dem Stand der Technik zu reinigen.
(3) Die RLT-Anlage darf nicht selbst zur Gefahrenquelle (z. B. durch Gefahrstoffe, Bakterien, Schimmelpilze oder Lärm) werden.

6.3 Außenluftvolumenstrom

Der Außenluftvolumenstrom ist nach dem Stand der Technik so auszulegen, dass Lasten (Stoff-, Feuchte-, Wärmelasten) zuverlässig abgeführt werden und die CO_2-Konzentration von 1000 ppm (siehe Tabelle 1) eingehalten wird.

6.4 Luftführung

(1) Die Zuluft muss so verteilt werden, dass sie frei von unzumutbarer Zugluft und in ausreichendem Maße in den Aufenthaltsbereich gelangt.
(2) Lasten (Stoff-, Feuchte-, Wärmelasten) sind möglichst quellennah zu erfassen. Natürliche Luftbewegungen (z. B. Thermik an warmen/heißen Oberflächen) sind zu ermöglichen und sinnvoll auszunutzen.

(3) Abluft aus Räumen mit Lasten (Stoff-, Feuchte-, Wärmelasten) darf als Umluft nur dann genutzt werden, wenn Gesundheitsgefahren und Belästigungen ausgeschlossen werden können.

(4) Abluft aus Sanitärräumen, Raucherräumen und Küchen darf nicht als Zuluft genutzt werden.

6.5 Raumluftgeschwindigkeit

(1) In den Aufenthaltsbereichen darf keine unzumutbare Zugluft auftreten.

(2) Zugluft ist vorwiegend von der Lufttemperatur, der Luftgeschwindigkeit, dem Turbulenzgrad und der Art der Tätigkeit (d. h. Wärmeerzeugung durch körperliche Arbeit) abhängig. Bei einer Lufttemperatur von +20 °C, einem Turbulenzgrad von 40 % und einer mittleren Luftgeschwindigkeit unter 0,15 m/s tritt bei leichter Arbeitsschwere üblicherweise keine unzumutbare Zugluft auf. Bei größerer körperlicher Aktivität, anderen Lufttemperaturen oder anderen Turbulenzgraden kann der Wert für die mittlere Luftgeschwindigkeit abweichen und ist im Rahmen der Gefährdungsbeurteilung zu bewerten.

6.6 Inbetriebnahme, Wartung und Prüfung

(1) Der Arbeitgeber hat bereits vor dem Errichten oder Anmieten der Arbeitsstätte zu überprüfen, ob die Forderungen nach Punkt 4 sowie den Punkten 6.3 bis 6.5 eingehalten werden können. Im Rahmen der Gefährdungsbeurteilung nach § 3 ArbStättV ist zu überprüfen, ob die RLT-Anlage wirksam ist und die obigen Anforderungen erfüllt sind. Dabei sind Prüf- und Wartungsintervalle festzulegen, die Herstellerangaben sind zu berücksichtigen.

(2) Entsprechend § 4 Abs. 3 ArbStättV sind RLT-Anlagen nach den in Absatz 1 festgelegten Intervallen sachgerecht zu warten. Die Wartungsintervalle sind so festzulegen, dass die
– technischen,
– hygienischen und
– raumlufttechnischen (z. B. Einstellung und Zustand der Luftdurchlässe)
Eigenschaften und der sichere Betrieb der Anlage während der gesamten Betriebszeit gewährleistet werden.

(3) Die Funktionsfähigkeit der RLT-Anlage kann durch Messung, z. B. folgender Größen, überprüft werden:
– Kohlendioxidgehalt unter Nutzungsbedingungen,
– Außenluftvolumenstrom,
– zulässiger Differenzdruck an Filtern,
– Luftgeschwindigkeit im Aufenthaltsbereich,
– Schalldruckpegel oder
– Temperatur der Zuluft.
In speziellen Fällen können:
– Druckgefälle zu benachbarten Räumen oder
– Keimzahl der Zuluft
gemessen werden.

(4) Der Arbeitgeber muss über die aktuellen Unterlagen der RLT-Anlagen verfügen oder dazu Zugang haben, aus denen die Ergebnisse der Prüfung bei Inbetriebnahme und insbesondere von Wartung und regelmäßigen Prüfungen hervorgehen.

6.7 Maßnahmen bei Störungen von Raumlufttechnischen Anlagen

Wenn Gesundheitsgefahren bei Ausfall oder Störung der RLT-Anlage auftreten können, sind die sich aus der Gefährdungsbeurteilung ergebenden nötigen Maßnahmen festzulegen. Der Ausfall oder die Störung müssen durch eine selbsttätige Warneinrichtung angezeigt werden. Maßnahmen, die die Beschäftigten und sonstigen anwesenden Personen betreffen, sind diesen in geeigneter Weise zur Kenntnis zu geben.

7 Abweichende/ergänzende Anforderungen für Baustellen

(1) Alle im Folgenden angeführten Abweichungen oder Ergänzungen sind im Rahmen einer Gefährdungsbeurteilung daraufhin zu beurteilen, ob und gegebenenfalls welche technischen, organisatorischen oder personenbezogenen Maßnahmen zum Schutz der Gesundheit der Beschäftigten zu ergreifen sind.

(2) Bei Bauarbeiten
– in abwassertechnischen Anlagen,
– unter Tage oder
– in engen Räumen, z. B. Silos oder Behältern,
die nicht durch Punkt 2 Abs. 3 erfasst sind, ist messtechnisch zu prüfen, ob ausreichend gesundheitlich zuträgliche Atemluft vorhanden ist und keine Stoffe in der Atemluft in gesundheitsschädlicher Konzentration vorhanden sind (z. B. CO_2, Radon). Ist eine Sauerstoffversorgung von mindestens 19 Vol% mit natürlicher Belüftung nicht zu erreichen, muss maschinell belüftet werden. Punkt 4.2 Abs. 3 Satz 1 ist für die genannten Bauarbeiten aufgehoben.

(3) Abweichend von Punkt 4.3 Abs. 3 Tabelle 2 können in umschlossenen Arbeitsräumen auf Baustellen durch Bauprozesse (z. B. Verarbeiten von Spritzbeton) höhere relative Luftfeuchten entstehen.

(4) Ergänzend zu Punkt 4.4 Abs. 1 können Wärmelasten sowohl durch Bauprozesse (z. B. Aushärten von Beton) als auch bei Bauarbeiten unter Tage geogen aus dem Baugrund auftreten.

(5) Ergänzend zu Punkt 6.5 Abs. 2 können in umschlossenen Arbeitsräumen auf Baustellen (z. B. in Tunneln, Kanälen) prozessbedingt hohe Luftgeschwindigkeiten auftreten.

Ausgewählte Literaturhinweise:
– LV 16 Kenngrößen zur Beurteilung raumklimatischer Grundparameter, September 2011
– DGUV Vorschrift 38 Bauarbeiten 01/1997
– DGUV Regel 101–007 Sicherheitsregeln für Bauarbeiten unter Tage 10/1994
– DGUV Regel 103–003 Arbeiten in umschlossenen Räumen von abwassertechnischen Anlagen 09/2008
– DGUV Regel 113–004 Behälter, Silos und enge Räume, Teil 1: Arbeiten in Behältern, Silos und engen Räumen 09/2008 aktualisiert 07/2013

Anhang

Beispiel zur Berechnung der Öffnungsfläche für Dreh-Kipp-Fenster (2-Personen-Büro)

Raumabmessungen:

Raumtiefe (t) = 5 m
Raumbreite (b) = 4 m
Raumhöhe (h) = 2,50 m
Grundfläche (t × b) = 20 m²
Raumvolumen (t × b × h) = 50 m³

Der Nachweis der Einhaltung der maximal zulässigen Raumtiefe erfolgt nach Tabelle 3. Bei der Raumhöhe von 2,50 m wird die maximal zulässige Raumtiefe von 6,25 m (2,5 × h = 6,25 m) für System I und 12,50 m (5 × h = 12,50 m) für System II unterschritten. System I und II sind geeignet, den Raum zu belüften.

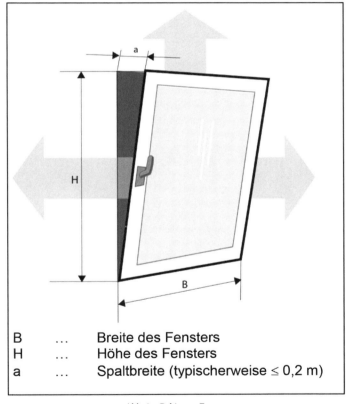

B	...	Breite des Fensters
H	...	Höhe des Fensters
a	...	Spaltbreite (typischerweise ≤ 0,2 m)

Abb. 1: Gekipptes Fenster

Kontinuierliche Lüftung

Die Berechnung der Öffnungsflächen bei kontinuierlicher Lüftung bezieht sich auf die Personenbelegung des Raumes.

Die Öffnungsfläche für ein gekipptes Fenster ergibt sich aus:

$A_{Kipp} = B \times a + 2 \times (H \times a)/2 = a \times (B + H)$

Für ein Kippfenster mit den Maßen B = 1,00 m, H = 1,20 m und a = 0,11 m ergibt sich:

$A_{Kipp} = 0,242 \, m^2$

Nach Tabelle 3 sind für die kontinuierliche Lüftung folgende Flächen erforderlich. Sie sind die Summe aus Zuluft- und Abluftflächen (Türen und Tore bleiben unberücksichtigt).

Tabelle 4: Zuluft- und Abluftflächen für Fenster bei kontinuierlicher Lüftung

System	erforderliche Fensterfläche [m²/anwesende Person]	erforderliche Fensterfläche bei 2 Personen [m²]	erforderliche Anzahl Fenster
I einseitige Lüftung	0,35	0,70	3
II Querlüftung	0,20	0,40	2

Stoßlüftung

Die Berechnung der Öffnungsflächen bei Stoßlüftung bezieht sich auf die Grundfläche des Raumes.

Die Öffnungsfläche für ein gedreht geöffnetes Fenster ergibt sich aus:

$A_{Dreh} = B \times H = 1,20 \, m^2$

Bei einseitiger Lüftung (System I) ergibt sich nach Tabelle 3 für die Stoßlüftung eines 20 m²-Raumes eine erforderliche Öffnungsfläche von $A_{Dreh} = 2, 1 \, m^2$, d. h. 2 Fenster (2,40 m²) reichen für die Stoßlüftung aus.

Bei Querlüftung (System II) ist eine Öffnungsfläche von insgesamt (Summe aus Zuluft- und Abluftflächen) $A_{Dreh} = 1,2 \, m^2$ nötig, d. h. es sind je $A_{Dreh} = 0,6 \, m^2$ in gegenüberliegenden Wänden erforderlich. Die zur Verfügung stehende Fläche von 1,2 m² je Fenster reicht demnach für die Stoßlüftung aus.

ASR A3.7 – Lärm

(GMBl. 2018 S. 456)

Die Technischen Regeln für Arbeitsstätten (ASR) geben den Stand der Technik, Arbeitsmedizin und Hygiene sowie sonstige gesicherte arbeitswissenschaftliche Erkenntnisse für das Einrichten und Betreiben von Arbeitsstätten wieder.

Sie werden vom Ausschuss für Arbeitsstätten ermittelt bzw. angepasst und vom Bundesministerium für Arbeit und Soziales im Gemeinsamen Ministerialblatt bekannt gemacht.

Diese ASR A3.7 konkretisiert im Rahmen des Anwendungsbereiches die Anforderungen der Verordnung über Arbeitsstätten. Bei Einhaltung der Technischen Regeln kann der Arbeitgeber insoweit davon ausgehen, dass die entsprechenden Anforderungen der Verordnung erfüllt sind. Wählt der Arbeitgeber eine andere Lösung, muss er damit mindestens die gleiche Sicherheit und den gleichen Gesundheitsschutz für die Beschäftigten erreichen.

Inhalt

1 Zielstellung

Diese ASR konkretisiert die in § 3a Absatz 1 und Punkt 3.7 des Anhangs der Arbeitsstättenverordnung genannten Anforderungen an die Reduzierung der Schalldruckpegel in Arbeitsstätten und an Arbeitsplätzen in Arbeitsräumen.

2 Anwendungsbereich

(1) Diese ASR gilt für das Einrichten und Betreiben von Arbeitsstätten und Arbeitsplätzen in Arbeitsräumen, um Gefährdungen und Beeinträchtigungen für Sicherheit und Gesundheit von Beschäftigten durch Lärmeinwirkungen zu vermeiden.

(2) Nicht Gegenstand dieser ASR sind Gefährdungen von Gesundheit und Sicherheit der Beschäftigten durch Lärmeinwirkungen einschließlich extra-auraler Wirkungen im Hörschallbereich mit Frequenzen zwischen 16 Hz und 16 kHz ab einem A- bewerteten äquivalenten Dauerschallpegel von 80 dB(A). Hierfür ist die Verordnung zum Schutz der Beschäftigten vor Gefährdungen durch Lärm und Vi-

brationen (Lärm- und Vibrations-Arbeitsschutzverordnung – LärmVibrations-ArbSchV) einschließlich der sie konkretisierenden Technischen Regel (TRLV Lärm) anzuwenden.

Erforderliche Schallereignisse, die der gezielten akustischen Information der Beschäftigten dienen, werden von dieser ASR nicht erfasst.

Hinweis:
Schall dient der gezielten akustischen Information, wenn über das Gehör der Beschäftigten Schallereignisse erkannt oder überprüft werden müssen (z. B. Feueralarm, Statusmeldungen von Produktionsanlagen, Strömungsgeräusche an Ventilen, musikalische Übungen).

(3) Regelungen zu Ultraschall werden zu einem späteren Zeitpunkt eingefügt.

(4) Für Schalldruckpegel in Pausenräumen und Bereitschaftsräumen gilt die ASR A4.2 „Pausen-und Bereitschaftsräume".

Für Lärm in Erste-Hilfe-Räumen gelten die baulichen Anforderungen gemäß ASR A4.3 „Erste-Hilfe-Räume, Mittel und Einrichtungen zur Ersten Hilfe".

Für Unterkünfte gilt die ASR A4.4 „Unterkünfte".

Hinweise:
1. Zusätzliche Anforderungen an die barrierefreie Gestaltung werden zu einem späteren Zeitpunkt als Anhang in die ASR V3a.2 „Barrierefreie Gestaltung von Arbeitsstätten" eingefügt.
2. Abweichende/ergänzende Anforderungen für Baustellen werden zu einem späteren Zeitpunkt in diese Regel eingefügt.

3 Begriffsbestimmungen

3.1 Der **A-bewertete äquivalente Dauerschallpegel** L_{pAeq} ist der zeitlich energetisch gemittelte, mit der Frequenzbewertung A aufgenommene Schalldruckpegel L_{pA}.

3.2 Ein **akustisches Gefahrensignal** signalisiert eine Gefahrensituation. Man unterscheidet entsprechend dem Dringlichkeitsgrad und den möglichen Auswirkungen der Gefahr auf Personen zwischen 3 Arten von Gefahrensignalen: dringliche Rettungs- und Schutzmaßnahmen (Notsignal), sofortiges Verlassen des Gefahrbereiches (Evakuierungssignal) und vorbeugende Handlungen (Warnsignal).

3.3 Der **Beurteilungspegel L_r** im Sinne dieser ASR ist eine Größe zur Kennzeichnung der typischen Schallimmission für eine Tätigkeit, bestimmt aus dem A-bewerteten äquivalenten Dauerschallpegel L_{pAeq} während der Tätigkeit unter Berücksichtigung von Zuschlägen für die Impulshaltigkeit (K_I = Impulszuschlag) sowie Ton- und Informationshaltigkeit (K_T = Zuschlag für Ton- und Informationshaltigkeit):

$$L_r = L_{pAeq} + K_I + K_T$$

Durch den **Impulszuschlag K_I** wird der erhöhten Störwirkung impulshaltiger Geräusche Rechnung getragen.

Der **Zuschlag für Ton- und Informationshaltigkeit K_T** berücksichtigt, dass Geräusche eine erhöhte Störwirkung haben, wenn sie einen Ton oder mehrere Töne enthalten oder informationshaltig sind und dadurch eine Person zum von ihr nicht gewünschten Mithören (z. B. von Gesprächen) anregen.

3.4 Extra-aurale Lärmwirkungen im Sinne dieser ASR sind physiologische, psychische und soziale Wirkungen von Schall auf den Menschen, mit Ausnahme der Wirkungen, die das Hörorgan betreffen.

3.5 Eigengeräusche sind Geräusche, die an dem betreffenden Arbeitsplatz durch eigene Gespräche mit anderen Personen sowie dem Arbeitsplatz zugeordnete Kommunikationssignale (z. B. Telefon, Rufanlage, Rückmeldung von Rechnertastatur oder Computer) entstehen.

3.6 Ein **Geräusch** charakterisiert ein Schallereignis, das nicht ausschließlich als Ton oder Klang bezeichnet werden kann (aperiodisches Schallereignis). Meistens sind Geräusche nicht zweckgebunden (z. B. Straßenverkehrslärm).

3.7 Hintergrundgeräusche sind von außen einwirkende Geräusche (z. B. durch Verkehr oder Produktion) und Geräusche, die durch fest eingebaute technische Anlagen verursacht werden (z. B. Lüftungstechnik).

3.8 Lärm im Sinne dieser ASR ist jeder Schall, der zu einer Beeinträchtigung des Hörvermögens oder zu einer sonstigen mittelbaren oder unmittelbaren Gefährdung von Sicherheit und Gesundheit der Beschäftigten führen kann.

3.9 Der **mittlere Schallabsorptionsgrad a** ist ein Maß für das durchschnittliche Schallabsorptionsvermögen aller Oberflächen in einem Raum. Mit seiner Hilfe kann die Schallabsorption eines Raumes beschrieben werden.

3.10 Die **Nachhallzeit T** ist die Zeitspanne, während der der Schalldruckpegel in einem Raum nach Beenden der Schallfeldanregung um 60 dB abfällt.

3.11 Reversible aurale Lärmwirkungen sind Wirkungen von Schall auf das Hörorgan, die zu zeitlich begrenzten Beeinträchtigungen des Hörvermögens führen.

3.12 Der **Schallabsorptionsgrad a** ist ein Maß für die absorbierende Wirkung einer Fläche. a entspricht dem nicht reflektierten Anteil der auf die Fläche einfallenden Schallenergie. Der Wert von a liegt zwischen 0 (vollständige Reflexion) und 1 (vollständige Absorption).

3.13 Die **Sprachverständlichkeit** drückt aus, wie gut Sprache verstanden werden kann. Die Sprachverständlichkeit ist physikalisch unter anderem abhängig vom Schalldruckpegel der Sprache und der Hintergrundgeräusche, von der Nachhallzeit, der Raumform, den reflektierenden Flächen im Raum und der Raumgröße.

3.14 Ein **Störgeräusch** ist ein Geräusch, das die Wahrnehmbarkeit eines Nutzsignals beeinträchtigt.

3.15 Tätigkeit im Sinne dieser ASR ist eine zielgerichtet mit einer Aufgabenerfüllung verbundene Arbeit, die ein bestimmtes Maß an Konzentration oder eine bestimmte Qualität der Sprachverständlichkeit erfordert. An einem Arbeitsplatz können eine oder mehrere Tätigkeiten zu betrachten sein. Die Notwendigkeit für eine Differenzierung ergibt sich, wenn an dem Arbeitsplatz verschiedene Tätigkeiten ausgeübt werden, die unterschiedlich hohe Anforderungen an die Konzentration oder Sprachverständlichkeit stellen (unterschiedliche Tätigkeitskategorien nach Punkt 3.16). Für eine Einbeziehung in die Bewertung muss die Tätigkeit in einer Tätigkeitskategorie arbeitstäglich zusammenhängend oder summiert aus Teilabschnitten eine Zeitdauer von mindestens einer Stunde umfassen.

3.16 Tätigkeitskategorie ist die Einteilung der Tätigkeiten nach dem Maß der für die Erfüllung der Arbeitsaufgabe erforderlichen Konzentration oder Sprachverständlichkeit:

Tätigkeitskategorie I – hohe Konzentration oder hohe Sprachverständlichkeit:

Tätigkeiten, die eine andauernd hohe Konzentration erfordern, weil für die Erbringung der Arbeitsleistung z. B. schöpferisches Denken, eine kreative Entfaltung von Gedankenabläufen, exaktes sprachliches Formulieren, das Verstehen von komplexen Texten mit komplizierten Satzkonstruktionen, eine starke Zuwendung zu einem Arbeitsgegenstand oder -ablauf verbunden mit hohem Entscheidungsdruck, das

Treffen von Entscheidungen mit großer Tragweite oder eine hohe Sprachverständlichkeit kennzeichnend sind.

(Beispiele für Tätigkeiten und Handlungen – allgemein überwiegend geistige Tätigkeiten, die eine hohe Konzentration verlangen: Besprechungen und Verhandlungen in Konferenzräumen; Arbeiten in Bibliothekslesesälen; Wissensvermittlung durch Vorlesung oder Seminare sowie Prüfungen im akademischen oder schulischen Bereich; wissenschaftliches und kreatives Arbeiten; Entwickeln von Software; Treffen von Entscheidungen mit hoher Tragweite gegebenenfalls unter Zeitdruck; ärztliche Untersuchungen, Behandlungen und Operationen; Entwerfen, Übersetzen, Diktieren, Aufnehmen und Korrigieren von schwierigen Texten, Optimieren von Software und Prozessschritten komplexer Transferstraßen, Teachen von Robotern in verketteten Roboter-Linien)

Tätigkeitskategorie II – mittlere Konzentration oder mittlere Sprachverständlichkeit:

Tätigkeiten, die eine mittlere bzw. nicht andauernd hohe Konzentration oder gutes Verstehen gesprochener Sprache bedingen, weil für die Erbringung der Arbeitsleistung z. B. üblicherweise Routineanteile, das heißt wiederkehrende ähnliche und leicht zu bearbeitende Aufgaben, das Treffen von Entscheidungen geringerer Tragweite (in der Regel ohne Zeitdruck) oder eine für Kommunikationszwecke erforderliche Sprachverständlichkeit kennzeichnend sind.

(Beispiele für Tätigkeiten und Handlungen – allgemeine Bürotätigkeiten und vergleichbare Tätigkeiten in der Produktion und Überwachung: informations- und kommunikationsgeprägte Tätigkeiten, wie Disponieren; Daten erfassen; Texte verarbeiten; Sachbearbeitung im Büro; psychomotorisch geprägte (feinmotorische) Tätigkeiten (Auge-Hand-Koordination); Arbeiten in Betriebsbüros und Laboratorien; Bedienen von Beobachtungs-, Steuerungs- und Überwachungsanlagen in geschlossenen Messwarten und Prozessleitwarten; Verkaufen, Bedienen von Kunden; Tätigkeiten mit Publikumsverkehr.)

Tätigkeitskategorie III – geringere Konzentration oder geringere Sprachverständlichkeit:

Tätigkeiten, die eine geringere Konzentration infolge überwiegend vorgegebener Arbeitsabläufe mit hohen Routineanteilen erfordern sowie geringere Anforderungen an die Sprachverständlichkeit stellen.

(Beispiele für Tätigkeiten und Handlungen – allgemein industrielle und gewerbliche Tätigkeiten: einfache Montagearbeiten; handwerkliche Tätigkeiten (Fertigung, Installation); Tätigkeiten an Fertigungsmaschinen, Vorrichtungen, Geräten; Warten, Instandsetzen und Reinigen technischer Einrichtungen und deren unmittelbare Beaufsichtigung; Bedienen von Bearbeitungsmaschinen für Metall, Holz und dergleichen; Reinigungsarbeiten; Lagerarbeiten; Einräumen von Ware.)

3.17 Tieffrequenter Schall ist Schall mit dominierenden Energieanteilen im Frequenzbereich unter 100 Hz.

4 Extra-aurale und reversible aurale Lärmwirkungen

(1) Hinsichtlich der Gesundheitsgefährdung durch Lärm wird zwischen auralen (auf das Gehör bezogenen) und extra-auralen Lärmwirkungen unterschieden.

(2) Ab einem A-bewerteten äquivalenten Dauerschallpegel von 70 dB(A) kann als aurale Lärmwirkung eine reversible Hörminderung (Vertäubung) auftreten.

(3) Extra-aurale Lärmwirkungen zeigen sich unter anderem in verschiedenen physiologischen und psychischen Reaktionen, die über das zentrale und das vegetative Nervensystem des Menschen vermittelt werden. Diese Wirkungen entsprechen einer Stressreaktion. Sie haben keinen strengen Pegelbezug, entstehen in unmittelbarem zeitlichem Zusammenhang zur Schallexposition und klingen nach der Exposition schnell wieder ab (akute Wirkung). Andauernde Stressreaktionen können negative gesundheitliche Auswirkungen haben (chronische Wirkung).

(4) Extra-aurale Lärmwirkungen können je nach betrieblicher Situation und Arbeitsaufgabe folgende Bereiche betreffen (siehe Abbildung 1):
– Beeinträchtigung der Sprachverständlichkeit und der akustischen Orientierung,
– Störung der Arbeitsleistung (kognitive Leistung),
– psychische Wirkung oder
– physiologische Wirkung (Aktivierung des zentralen und vegetativen Nervensystems).

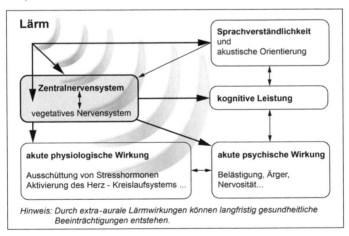

Abb. 1: Vereinfachte Darstellung akuter extra-auraler Lärmwirkungen

(5) Unfälle und arbeitsbedingte Gesundheitsgefährdungen können entstehen, wenn Fehlentscheidungen oder -leistungen zu einer Gefährdung des Beschäftigten oder anderer Personen führen. Lärm kann z. B.:
die Wahrnehmung von akustischen Gefahrensignalen beeinträchtigen,
– die Aufmerksamkeit und Konzentration herabsetzen,
– die Sprachkommunikation beeinträchtigen,
– die Fehlerquote erhöhen,

- die Reaktionsfähigkeit verringern,
- die Risikobereitschaft erhöhen oder
- die Sicherheit bei manuellen Tätigkeiten vermindern.

Weitere Erläuterungen enthält der Anhang 1.

5 Pegelwerte für Tätigkeiten an Arbeitsplätzen in Arbeitsräumen sowie raumakustische Anforderungen an Arbeitsräume

In Arbeitsstätten ist der Schalldruckpegel so niedrig zu halten, wie es nach der Art des Betriebes möglich ist.

5.1 Maximal zulässige Beurteilungspegel

(1) Während der Ausübung von Tätigkeiten der Tätigkeitskategorie I darf ein Beurteilungspegel von 55 dB(A) nicht überschritten werden.

(2) Während der Ausübung von Tätigkeiten der Tätigkeitskategorie II darf ein Beurteilungspegel von 70 dB(A) nicht überschritten werden.

(3) Während der Ausübung von Tätigkeiten der Tätigkeitskategorie III ist der Beurteilungspegel unter Berücksichtigung betrieblicher Lärmminderungsmaßnahmen soweit wie möglich zu reduzieren.

(4) Für Tätigkeiten, bei denen überwiegend sprachabhängige kognitive Aufgabenstellungen zu lösen sind (z. B. Korrektur und Bewertung von Prüfungsergebnissen, Übersetzungen, Verfassen und Redigieren von Texten und Dokumenten, Beratung zu komplexen Produkten und Dienstleistungen im Callcenter oder Beratungsbüro), sollen Arbeitsplätze ohne Belastung durch Hintergrundsprache zur Verfügung gestellt werden. Das Einspielen von Hintergrundrauschen als Maskierer für die Hintergrundsprache soll vermieden werden.

(5) Müssen zeitweilig Tätigkeiten der Tätigkeitskategorien I oder II (z. B. Arbeiten an einem Prüfstand in der Produktionshalle, Vor-Ort-Roboterprogrammierung, Optimieren von Software und Prozessschritten komplexer Transferstraßen, Teachen von Robotern in komplexen Roboterlinien) in einer Arbeitsumgebung verrichtet werden, in der die zulässigen Beurteilungspegel gemäß Punkt 5.1 Absätze 1 und 2 aus betriebstechnischen Gründen (z. B. keine Möglichkeit der Abschaltung von Maschinen oder der Nutzung von Produktionspausen) nicht eingehalten werden, sind die entsprechenden Arbeitsplätze – soweit möglich – durch Kapselung (Schallschutzkabinen) oder veränderte Arbeitsverfahren oder Arbeitsabläufe (z. B. Fernwartung und -programmierung, Einsatz mobiler Schallschutzkabinen) so zu gestalten, dass die Anforderungen eingehalten werden. Im Ausnahmefall ist das Tragen persönlicher Schutzausrüstung gegen Lärm eine ergänzende Maßnahme. Die Anwendung von persönlicher Schutzausrüstung darf keine dauerhafte Maßnahme sein.

(6) Ist in bestehenden Arbeitsstätten die Einhaltung der maximal zulässigen Beurteilungspegel für Tätigkeiten nach Punkt 5.1 Absätze 1 bis 4 mit Aufwendungen verbunden, die offensichtlich unverhältnismäßig sind, so hat der Arbeitgeber zu prüfen, wie durch andere oder ergänzende Maßnahmen die Sicherheit und der Gesundheitsschutz der Beschäftigten in vergleichbarer Weise gesichert werden kann; die erforderlichen Maßnahmen hat er durchzuführen. Eine mögliche Maßnahme kann z. B. die Gestaltung der Arbeitsorganisation sein. Diese Maßnahmen können

solange herangezogen werden, bis die bestehenden Arbeitsstätten wesentlich umgebaut oder die Arbeitsverfahren oder Arbeitsabläufe wesentlich umgestaltet werden. Wird persönliche Schutzausrüstung gegen Lärm zur Verfügung gestellt, darf dies keine dauerhafte Maßnahme sein.

5.2 Raumakustische Anforderungen

5.2.1 Raumakustische Anforderungen an Büroräume

In Büroräumen sollen in Abhängigkeit der Nutzungsart im unbesetzten Raum folgende Nachhallzeiten T in den Oktavbändern von 250 Hz bis 2000 Hz nicht überschritten werden:
Callcenter (Büro für kommunikationsbasierte Dienstleistungen): T = 0,5 s,
Mehrpersonen- und Großraumbüro: T = 0,6 s,
Ein- und Zweipersonenbüro: T = 0,8 s.

Hinweis:
In der Regel besteht in Büroräumen der Bedarf einer guten Sprachverständlichkeit über geringe Entfernungen, bei der andere, nicht beteiligte Personen nicht gestört werden.

5.2.2 Akustische Anforderungen an Räume in Bildungsstätten

In Bildungsstätten, z. B. Kindertageseinrichtungen, Schulen, Hochschulen, darf in besetztem Zustand des Raumes für die Anforderung „Unterricht mit Personen ohne Bedürfnis nach erhöhter Sprachverständlichkeit" die Nachhallzeit T_{soll} die mit nachfolgender Formel errechneten Werte in den Oktavbändern von 250 Hz bis 2000 Hz nicht überschreiten. Dabei ist in den Oktavbändern von 250 Hz bis 2000 Hz jeweils eine Toleranz von +/-20% zulässig.
$T_{soll} = (0,32 \bullet \lg V/m^3 - 0,17)$ s
mit V = Raumvolumen in m^3
Beispiel: Für einen Unterrichtsraum mit einem Raumvolumen von 210 m^3 errechnet sich demnach für den besetzten Zustand ein Sollwert für die Nachhallzeit von etwa 0,6 s.

Hinweis:
Gemäß Bundesgleichstellungsgesetz und vergleichbarer Landesregelungen sind öffentlich zugängliche Neubauten inklusiv zu errichten. Bei erhöhten Anforderungen an die Sprachverständlichkeit, z. B. bei Personen mit Hörminderung oder Fremdsprachenunterricht, kann es erforderlich sein, die Nachhallzeit weiter zu verringern.

5.2.3 Akustische Anforderungen an sonstige Räume mit Sprachkommunikation

(1) Alle sonstigen Arbeitsräume, in denen Sprachkommunikation erforderlich ist und die nicht in den Punkten 5.2.1 und 5.2.2 geregelt sind, sollen durch raumakustische Maßnahmen so gestaltet werden, dass ein mittlerer Schallabsorptionsgrad von mindestens a = 0,3 beim eingerichteten Raum erreicht wird.
(2) Als anzusetzender Schallabsorptionsgrad a des jeweiligen Oberflächenmaterials ist der arithmetische Mittelwert der Absorptionsgrade in den Oktavbändern mit den Mittenfrequenzen von 250 Hz, 500 Hz, 1000 Hz und 2000 Hz zu nehmen.
Alternativ ist in größeren Räumen (>1000 m^3) im Abstandsbereich von 0,75 m bis 6 m eine mittlere Schalldruckpegelabnahme in den Oktavbändern mit den Mit-

tenfrequenzen von 500 Hz bis 4000 Hz je Abstandsverdopplung von mindestens 4 dB ausreichend.

6 Beurteilung von Gefährdungen durch Lärm beim Einrichten von Arbeitsstätten

Wenn Arbeitsstätten eingerichtet oder wesentlich erweitert oder umgebaut oder die Arbeitsverfahren oder Arbeitsabläufe wesentlich umgestaltet werden, ist bereits bei der Planung zu berücksichtigen, dass die Beurteilungspegel für Tätigkeiten an Arbeitsplätzen in Arbeitsräumen sowie die raumakustischen Anforderungen an Arbeitsräume gemäß Punkt 5 eingehalten werden.

Hierbei sind insbesondere zu beachten:
- die Bauakustik, Raumakustik sowie Maßnahmen zum Lärmschutz,
- die Grundflächen für Arbeitsplätze und Arbeitsräume gemäß ASR A1.2 „Raumabmessungen und Bewegungsflächen",
- die Arbeitsaufgaben/Tätigkeit der Beschäftigten für die zu planenden Arbeitsräume,
- die Arbeitsorganisation,
- die Anforderungen an Arbeitsmittel gemäß BetrSichV,
- die Belüftung der Arbeitsräume.

Hinweis:

Niedrige Schalldruckpegel der Hintergrundgeräusche in Arbeitsräumen erleichtern in der Regel das Einhalten von Beurteilungspegeln und ermöglichen in Räumen in Bildungsstätten in der Regel eine gute Kommunikation zwischen Sprecher und Hörer.

Die nachfolgende tabellarische Aufstellung enthält für verschiedene Raumarten die empfohlenen Höchstwerte für Hintergrundgeräusche, beschrieben durch den A-bewerteten äquivalenten Dauerschallpegel L_{pAeq}.

Raumart	empfohlene Höchstwerte für A-bewertete äquivalente Dauerschallpegel L_{pAeq} durch Hintergrundgeräusche L_{pAeq} in dB(A)
Konferenzraum, Klassenraum, Schulungsraum, Gruppenraum, Kindertagesstätte, Hörsaal, Seminarraum	35*)
Zweipersonenbüros	40*)
Großraumbüros	45*)
industrielle Laboratorien	35*)/52**)
Kontroll-/Steuerräume in der Industrie	35*)/55**)
industrielle Arbeitsstätten	65**)/70***)

*) für maximalen Beurteilungspegel von 55 dB(A) nach Punkt 5.1

**) für maximalen Beurteilungspegel von 70 dB(A) nach Punkt 5.1

***) kein Beurteilungspegel

7 Beurteilung von Gefährdungen durch Lärm beim Betreiben von Arbeitsstätten

(1) Beim Betreiben einer Arbeitsstätte können Halligkeit, schlechte Sprachverständlichkeit, störende Sprachgeräusche, tonhaltige Geräusche, deutlich wahrnehmbare Hintergrundgeräusche sowie Beschwerden von Beschäftigten über Lärm am Arbeitsplatz Hinweise auf unzureichende raumakustische Bedingungen, zu hohe Beurteilungspegel für Tätigkeiten an Arbeitsplätzen in Arbeitsräumen oder tieffrequente Schallbelastungen sein, die zu einer Gefährdung der Gesundheit der Beschäftigten führen können und im Rahmen der Gefährdungsbeurteilung weitere Ermittlungen und eine Beurteilung der akustischen Situation erfordern.

(2) Für die Beurteilung der Gefährdung durch Lärm sind typische und längerfristig stabile Betriebsabläufe in einer Arbeitsstätte oder an einem Arbeitsplatz zu betrachten. Einzelne, zufällige oder zeitweilige, vorübergehende Schalleinwirkungen durch Dritte, z. B. Lärm durch Einsatz- oder Abfallsammelfahrzeuge, Gartengeräte oder benachbarte Baustellen, sind nicht zu berücksichtigen.

(3) Die Beurteilung der akustischen Situation während des Betreibens der Arbeitsstätte kann mit einem vereinfachten Verfahren durch lärmbezogene Arbeitsplatzbegehung erfolgen (Punkt 7.1).

(4) Alternativ können auch weitergehende Ermittlungsverfahren zur differenzierten Beurteilung von Raumakustik, Lärmpegeln und tieffrequentem Schall angewendet werden (Punkte 7.2 bis 7.6):
- Ermittlung der raumakustischen Kennwerte durch Abschätzung (Punkt 7.2),
- Ermittlung der raumakustischen Kennwerte durch Messung (Punkt 7.3),
- Ermittlung von Lärmpegeln für Tätigkeiten durch orientierende Messung (Punkt 7.4),
- Ermittlung von Beurteilungspegeln für Tätigkeiten an Arbeitsplätzen in Arbeits – räumen (Punkt 7.5),
- Bewertung von tieffrequentem Lärm (Punkt 7.6).

Hinweis zu Absatz 2
Um die Belastung der Beschäftigten in Arbeitsstätten bei von Dritten verursachtem Baulärm zu reduzieren, ist mittels lärmbezogener Arbeitsplatzbegehung nach Absatz 3 oder orientierender Messung nach Punkt 7.4 Absatz 4 zu prüfen, ob organisatorische Regelungen (z. B. zeitweilige Verlagerung von Arbeitsplätzen in lärmärmere Bereiche, Anpassung der Arbeitsabläufe, der Pausen- oder Arbeitszeiten) oder im Ausnahmefall das Bereitstellen von persönlicher Schutzausrüstung (Gehörschutz) je nach Baufortschritt der Baustelle möglich und sinnvoll sind. Der Arbeitgeber kann außerdem bei der dafür zuständigen Stelle gegebenenfalls darauf hinwirken, dass Baustellen nach dem Stand der Lärmminderungstechnik betrieben werden.

Hinweis zu Absätzen 3 und 4:
Sind nach der ASR A3.6 „Lüftung" Lüftungszeiten erforderlich, sind diese beim Messen und Beurteilen zu berücksichtigen.

7.1 Vereinfachtes Verfahren durch lärmbezogene Arbeitsplatzbegehung

(1) Die lärmbezogene Arbeitsplatzbegehung dient zur Feststellung, ob am Arbeitsplatz unter Betriebsbedingungen störender oder belästigender Schall (Lärm) auftritt. Sie ist von mindestens 2 Personen unabhängig voneinander zu Zeiten des längerfristig typischen Betriebsablaufs am zu beurteilenden Arbeitsplatz vorzunehmen.

(2) Bei der lärmbezogenen Arbeitsplatzbegehung ist insbesondere auf Folgendes zu achten:

1. Arbeitsplatz-/Raumgestaltung/Arbeitsorganisation:
   a) Wirkt der Raum hallig? Gibt es schallharte und glatte Materialien an Wänden, Decken, Fußböden sowie bei Einrichtungen, Einbauten usw. oder große Fensterflächen?
   b) Wie wird der Raum genutzt? Welche akustischen Anforderungen bestehen? Treten informationshaltige Geräusche, Sprachgeräusche oder andere störende Geräusche auf?
   c) Gibt es Besonderheiten in der Raumnutzung? Werden Tätigkeiten mit unterschiedlichen akustischen Anforderungen an Arbeitsplätze zur gleichen Zeit im gleichen Raum durchgeführt? Gibt es akustisch dominante Schallquellen am oder in der Nähe des Arbeitsplatzes?
2. Entsteht Lärm im Raum? Sind schallemittierende Geräte/Arbeitsmittel am Arbeitsplatz oder im Umfeld des Arbeitsplatzes angeordnet (Büro: z. B. Drucker; Produktion: z. B. Fördertechnik)?
3. Wird Lärm von außen eingetragen? Wirken Schallquellen außerhalb des Raumes (z. B. Maschinen, Verkehrslärm, Aufzugsanlagen) auf den Arbeitsplatz ein?

(3) Nur wenn sich durch die lärmbezogene Arbeitsplatzbegehung störender oder belästigender Schall (Lärm) eindeutig ausschließen lässt, sind keine weiteren Ermittlungen oder Maßnahmen erforderlich.

(4) Wird bei der lärmbezogenen Arbeitsplatzbegehung störender oder belästigender Schall (Lärm) festgestellt, hat der Arbeitgeber entweder Maßnahmen festzulegen, umzusetzen und eine Wirksamkeitskontrolle durchzuführen oder er hat geeignete weitergehende Ermittlungsverfahren gemäß Punkt 7 Absatz 4 auszuwählen und anzuwenden. Liegt nach einer Wirksamkeitskontrolle kein störender oder belästigender Schall (Lärm) mehr vor, sind keine weiteren Ermittlungen oder Maßnahmen erforderlich.

Den Ablauf des vereinfachten Verfahrens durch lärmbezogene Arbeitsplatzbegehung stellt Abbildung 2 dar.

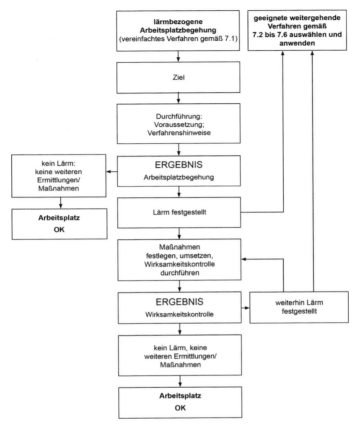

Abb. 2: Ablauf des vereinfachten Verfahrens durch lärmbezogene Arbeitsplatzbegehung

7.2 Ermittlung der raumakustischen Kennwerte durch Abschätzung

(1) Die Abschätzung der raumakustischen Kennwerte (Nachhallzeit, mittlerer Schallabsorptionsgrad) von Räumen in bestehenden Arbeitsstätten kann mit Kenntnis der Raumabmessungen und der Schallabsorptionsgrade der raumbegrenzenden Oberflächen und der weiteren Oberflächen (z. B. Einrichtung, Trennwände) entsprechend des Anhangs 2 erfolgen.

(2) Lässt sich durch die Abschätzung der raumakustischen Kennwerte feststellen, dass die Anforderungen entsprechend Punkt 5.2 eingehalten werden, sind keine weiteren Ermittlungen oder raumakustische Maßnahmen erforderlich.

(3) Wird durch die Abschätzung der raumakustischen Kennwerte festgestellt, dass diese nicht eingehalten werden, hat der Arbeitgeber Maßnahmen festzulegen, umzusetzen und eine Wirksamkeitskontrolle durchzuführen. Werden danach die Anforderungen entsprechend Punkt 5.2 eingehalten, sind keine weiteren Ermittlungen oder raumakustische Maßnahmen erforderlich.

7.3 Ermittlung der raumakustischen Kennwerte durch Messung

(1) Alternativ zu Punkt 7.2 lassen sich die raumakustischen Kennwerte unter bestimmten Bedingungen (Raumdimensionen, Diffusität usw.) durch Messung der Nachhallzeit oder der mittleren Schalldruckpegelabnahme je Abstandsverdopplung ermitteln.

(2) Personen, die raumakustische Kennwerte ermitteln, müssen aufgrund ihrer fachlichen Ausbildung oder ihrer Erfahrungen entsprechende Kenntnisse über die Beurteilung der Raumakustik haben, z. B. unter der Anwendung der DIN EN ISO 3382-2:2008-09 oder der Anwendung des Verfahrens zur Ermittlung der mittleren Schalldruckpegelabnahme je Abstandsverdopplung gemäß TRLV Lärm Teil 3, Ausgabe Januar 2010, Punkt 4.3.2.

Hinweis:

Eine frequenzabhängige Ermittlung der Nachhallzeit ist notwendig für die Planung geeigneter Maßnahmen, z. B. den gezielten Einsatz frequenzadaptierter Absorber.

(3) Wenn für Räume entsprechend Punkt 5.2.1 und Punkt 5.2.2 die vorgegebenen Nachhallzeiten eingehalten werden, sind keine weiteren Ermittlungen oder raumakustische Maßnahmen erforderlich. Gleiches gilt für einen sonstigen Arbeitsraum mit Sprachkommunikation, wenn der aus der Nachhallzeit ermittelte mittlere Schallabsorptionsgrad oder die gemessene Schalldruckpegelabnahme je Abstandsverdopplung entsprechend Punkt 5.2.3 eingehalten wird.

(4) Wird durch die messtechnische Ermittlung der raumakustischen Kennwerte festgestellt, dass die Anforderungen entsprechend Punkt 5.2 nicht eingehalten werden, hat der Arbeitgeber Maßnahmen festzulegen, umzusetzen und eine Wirksamkeitskontrolle durchzuführen. Werden die Anforderungen danach eingehalten, sind keine weiteren Ermittlungen oder raumakustische Maßnahmen erforderlich.

7.4 Ermittlung von Lärmpegeln für Tätigkeiten durch orientierende Messung

(1) Bei der orientierenden Messung ist der A-bewertete äquivalente Dauerschallpegel während der Tätigkeit zu ermitteln. Die Messung hat die während der Tätigkeit längerfristig typisch auftretenden Geräusche zu erfassen. Eigengeräusche sind bei der Messung nicht mit zu erfassen.

Hinweis:

Die orientierende Messung ist ein verkürztes und vereinfachtes Verfahren, das auf den Grundzügen des in der DIN 45645-2:2012-09 genormten Mess- und Beurteilungsverfahrens zur Ermittlung des Beurteilungspegels am Arbeitsplatz basiert.

(2) Für orientierende Messungen zur Ermittlung des Lärmpegels bei Tätigkeiten am Arbeitsplatz sind integrierende Schallpegelmesser der Klasse 1 oder 2 (Genauigkeit des Messgerätes) einzusetzen.

Hinweis:
Die Anforderungen an die Schallpegelmesser sind in DIN EN 61672-1:2014-07 genormt.

(3) Die Schallimmission wird mit dem Schallpegelmesser an dem Ort erfasst, an dem die Tätigkeit ausgeübt wird. Grundsätzlich wird diese Messung aus technischen Gründen so durchgeführt, dass die beschäftigte Person ihren Arbeitsplatz nicht einnimmt (Schallreflexionen, Abschattungseffekte). Das Mikrofon wird dabei an der üblichen Position des Kopfes in Höhe der Augen gehalten. Sollte die Anwesenheit der beschäftigten Person am Arbeitsplatz während der Messung erforderlich sein, ist das Mikrofon in Ohrnähe der beschäftigten Person so zu positionieren, dass die Geräuscheinwirkung auf das Mikrofon nicht durch den Körper der beschäftigten Person behindert wird.

(4) Die Messzeit muss nach Art, Ausmaß und Dauer (Abbildung 3) jeweils lang genug sein, um den mittleren Schalldruckpegel der betrachteten Schalleinwirkung zu erfassen, das heißt die Messung muss sich nicht über die gesamte Zeitdauer der betrachteten Schalleinwirkung erstrecken:

– Bei konstanter Schalleinwirkung ist erfahrungsgemäß eine Messzeit von circa 20 s je Messung ausreichend.
– Bei periodisch schwankenden Schalleinwirkungen ist mindestens ein vollständiger Zyklus je Messung zu erfassen.
– Bei zeitlich zufällig schwankenden Schalleinwirkungen ist je Messung eine längere Messzeit erforderlich, die sich gegebenenfalls über den gesamten Geräuschabschnitt erstrecken muss.

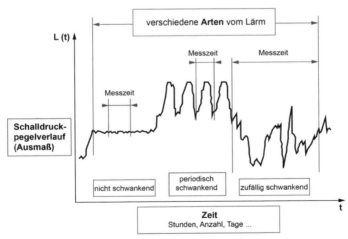

Abb. 3: Art, Ausmaß und Dauer der Lärmeinwirkung, nach TRLV Lärm Teil 2 „Messung von Lärm". Technische Regel zur Lärm- und VibrationsArbeitsschutzverordnung, August 2017

(5) Die Messung kann jeweils beendet werden, wenn erkennbar ist, dass sich der angezeigte A-bewertete äquivalente Dauerschallpegel L_{pAeq} durch alle zu erwartenden weiteren Geräuschbeiträge nicht mehr nennenswert ändert.

(6) Weitere Ermittlungen oder Maßnahmen sind nicht erforderlich, wenn
a) bei Tätigkeiten der Tätigkeitskategorie I durch orientierende Messung festgestellt wird, dass der A-bewertete äquivalente Dauerschallpegel während der Tätigkeit weniger als 46 dB(A) beträgt,
b) bei Tätigkeiten der Tätigkeitskategorie II durch orientierende Messung festgestellt wird, dass der A-bewertete äquivalente Dauerschallpegel während der Tätigkeit weniger als 61 dB(A) beträgt.

(7) Wird durch die orientierende Messung festgestellt, dass die Werte nach Absatz 6a) oder b) überschritten werden, kann der Arbeitgeber Maßnahmen festlegen, umsetzen und eine Wirksamkeitskontrolle durchführen. Werden danach die Werte nach Absatz 6a) oder b) eingehalten, sind keine weiteren Ermittlungen zu Pegelwerten bei Tätigkeiten in Arbeitsräumen erforderlich.

Alternativ kann er auch durch das Verfahren zur Ermittlung von Beurteilungspegeln für Tätigkeiten an Arbeitsplätzen in Arbeitsräumen überprüfen, ob die Anforderungen nach Punkt 5.1 eingehalten werden.

7.5 Ermittlung von Beurteilungspegeln für Tätigkeiten an Arbeitsplätzen in Arbeitsräumen

(1) Die Ermittlung des Beurteilungspegels am Arbeitsplatz umfasst mindestens folgende Arbeitsschritte:
– Arbeitsplatzanalyse,
– Durchführung der Messung,
– Bestimmung der Zuschläge,
– Umgang mit Messunsicherheiten.

Hinweis:
Ein geeignetes Verfahren ist das in DIN 45645-2:2012-09 dargestellte Mess- und Beurteilungsverfahren.

(2) Die Ermittlung des Beurteilungspegels verlangt von der durchführenden Person mindestens Kenntnisse:
– über die Inhalte der ASR A3.7 „Lärm",
– über das Beurteilungsverfahren z.B. nach DIN 45645-2:2012-09,
– über die zu bestimmenden Messgrößen, Zuschläge und Messunsicherheiten.

(3) Zur Ermittlung des Beurteilungspegels ist es gegebenenfalls erforderlich, dass die für den Arbeitgeber tätig werdenden Personen Einsicht in alle für die Ermittlung erforderlichen Unterlagen nehmen können und alle notwendigen Informationen über Arbeitsprozesse und Organisation der Arbeiten erhalten, z.B. die Art der Tätigkeit der Beschäftigten, die Dauer der Lärmeinwirkung.

(4) Am zu beurteilenden Arbeitsplatz ist durch eine Arbeitsplatzanalyse zu ermitteln, welche Schallimmissionen auf die beschäftigte Person über welche Zeiträume einwirken, ob impuls- oder ton- und informationshaltige Geräusche vorliegen und ob die angetroffenen Schallsituationen für eine festzulegende Nutzungsphase repräsentativ sind. Jede charakteristische Schallsituation ist eigenständig zu betrachten, wenn sie eine Stunde oder länger anhält. Für diese Zeiträume sind die Beurteilungspegel jeweils separat zu ermitteln.

(5) Für die Messung gelten die Ausführungen unter Punkt 7.4 Absätze 2 bis 5. Es sind jedoch geprüfte Messgeräte zu verwenden. Zusätzlich wird die Impulshaltigkeit der Schallimmission ermittelt.

(6) Zur Bestimmung der Zuschläge K_I und K_T gelten folgende Regeln:
a) Kein Zuschlag K_I für impulshaltigen Schall, wenn die Differenz aus L_{pAIeq} und L_{pAeq} kleiner als 3 dB(A) ist. Bei einer Differenz von mindestens 3 dB entspricht der Impulszuschlag K_I der gemessenen Differenz, jedoch maximal einem Wert von 6 dB(A).
b) Der Zuschlag K_T für ton- und informationshaltigen Schall ist je nach Auffälligkeit und Störwirkung mit 0 dB(A), 3 dB(A) oder 6 dB(A) anzusetzen.
c) Die Summe beider Zuschläge ist auf 6 dB(A) begrenzt.

(7) Der Beurteilungspegel L_r für die zu beurteilende Tätigkeit ergibt sich als Summe aus dem A-bewerteten äquivalenten Dauerschallpegel L_{pAeq} während der Tätigkeit und den bestimmten Zuschlägen für Impulshaltigkeit (K_I) sowie Ton- und Informationshaltigkeit (K_T): $L_r = L_{pAeq} + K_I + K_T$

(8) Liegen die ermittelten Beurteilungspegel für die Tätigkeit am zu beurteilenden Arbeitsplatz oberhalb der in Punkt 5.1 vorgegebenen Werte, hat der Arbeitgeber Maßnahmen festzulegen, umzusetzen und eine Wirksamkeitskontrolle durchzuführen.

(9) Liegen die ermittelten Beurteilungspegel für die Tätigkeit am zu beurteilenden Arbeitsplatz unterhalb der in Punkt 5.1 vorgegebenen Werte, sind keine weiteren Maßnahmen zur Pegelminderung erforderlich.

7.6 Bewertung von tieffrequentem Lärm

(1) Zur Bewertung tieffrequenter Geräusche können ergänzende Messungen erforderlich sein. Besteht eine begründete Möglichkeit der Einwirkung tieffrequenter Lärmanteile, sind gesonderte messtechnische Überprüfungen erforderlich. Weitere Erkenntnisse kann dazu eine Terzanalyse z. B. entsprechend DIN 45680:1997-03 ergeben.

(2) Eine begründete Möglichkeit ergibt sich z. B. daraus, dass die Wahrnehmungsschwelle für tieffrequenten Schall überschritten wird und sich Symptome der Beschäftigten (siehe Anhang 1) beim Verlassen des Arbeitsplatzes verringern.

(3) Wird die Einwirkung tieffrequenter Lärmanteile festgestellt, die die Sicherheit und Gesundheit der Beschäftigten beeinträchtigen, hat der Arbeitgeber Maßnahmen festzulegen, umzusetzen und eine Wirksamkeitskontrolle durchzuführen.

8 Maßnahmen zum Lärmschutz

(1) Bei Maßnahmen zum Lärmschutz ist folgende Rangfolge zu beachten: technische Maßnahmen stehen vor organisatorischen und persönlichen.

(2) Die Gestaltung lärmarmer Arbeitsstätten ist schon bei der Planung zu berücksichtigen.

(3) Beim Einrichten und Betreiben der Arbeitsstätte ist auf die Auswahl lärmarmer Arbeitsmittel zu achten. Dabei sind bei Maschinen die vom Hersteller nach der Neunten Verordnung zum Produktsicherheitsgesetz (9. ProdSV) in der Betriebsanleitung anzugebenden Geräuschemissionswerte zu berücksichtigen.

(4) Die raumakustischen Maßnahmen sind auf den Arbeitsplatz und die jeweilige Tätigkeit abzustimmen.

(5) Maßnahmen zum Lärmschutz sind erforderlich, wenn dies als Ergebnis von Punkt 6 oder Punkt 7 festgestellt wurde.

(6) Zusätzlich können im Rahmen der Gefährdungsbeurteilung weitere Maßnahmen zum Lärmschutz erforderlich werden, die sich aufgrund identifizierbarer und vermeidbarer akustischer Störquellen ergeben (z. B. pfeifende oder schleifende Lüfter, akustische Rückkopplungen in Telefonanlagen, tieffrequente Geräusche).

(7) Ist in bestehenden Arbeitsstätten die Verbesserung des Schallschutzes baulicher Anlagen, die zum Zeitpunkt ihrer Errichtung oder der Änderung oder des Austausches wesentlicher Bauteile den gültigen bauordnungsrechtlichen Vorgaben zum Schallschutz entsprachen, mit Aufwendungen verbunden, die offensichtlich unverhältnismäßig sind, hat der Arbeitgeber zu prüfen, wie durch andere oder ergänzende Maßnahmen die Sicherheit und der Gesundheitsschutz der Beschäftigten in vergleichbarer Weise gesichert werden kann. Die erforderlichen Maßnahmen hat er durchzuführen. Eine solche Maßnahme kann z. B. das Einbringen weiterer raumakustisch wirksamer Elemente in Arbeitsräumen sein. Die ergänzenden Maßnahmen können solange herangezogen werden, bis die bestehenden Arbeitsstätten wesentlich umgebaut oder die baulichen Anlagen erheblich umgestaltet werden.

8.1 Technische Schutzmaßnahmen

Bei den technischen Maßnahmen hat die Lärmminderung an der Quelle (primäre Schutzmaßnahme) Vorrang vor der Lärmminderung auf dem Ausbreitungsweg und raumakustischen Maßnahmen (sekundäre Schutzmaßnahme).

8.1.1 Lärmminderung an der Quelle (primäre Schutzmaßnahme)

(1) Quellen für Lärm können sich sowohl in der Arbeitsstätte befinden als auch außerhalb liegen.

(2) Möglichkeiten zur Lärmminderung an der Quelle innerhalb der Arbeitsstätte bestehen z. B. an folgenden Schallquellen:
a) Gebäudeeinrichtungen und -ausstattungen
   – Lüftungs-/Klimaanlagen
   – Transformatoren
   – Heizungs- und Sanitäranlagen
   – schallharte Fußböden (Trittschall)
   – Türen
   – Motoren
   – Kompressoren
   – Druckluftentnahmestellen
b) Arbeitsmittel und Einrichtungen
   – Werkzeuge
   – Fertigungsmaschinen
   – Bürogeräte
   – Küchengeräte
   – Medizingeräte
   – Kommunikationsgeräte
   – Transportwagen
   – Tische und Stühle.

Hinweis:
Lärmarme Arbeitsmittel sind nach Beschaffung durch Instandhaltung möglichst im ursprünglichen Emissionszustand zu erhalten, z. B. ausgeschlagene Rechnerlüfter austauschen. In Kindertagesstätten z. B. Geschirrwagen und Spielzeuge mit Gummibereifung ausstatten,

häufig bewegte Tische und Stühle mit Gleitern versehen und lärmarmes Geschirr sowie schall-dämpfende Geschirrunterlagen verwenden.

8.1.2 Lärmminderung auf dem Übertragungsweg und raumakustische Maßnahmen (sekundäre Schutzmaßnahme)

(1) Von außerhalb des Raumes kommende Geräusche, z. B. Schallübertragungen von Raum zu Raum und lärmerzeugende Vibrationen in Arbeitsstätten können durch Dämpfung, Entkopplung oder Dämmung verringert werden. Zur Minderung von Lärm, der außerhalb der Arbeitsstätte entsteht (z. b. Verkehrslärm, Nachbarschaftslärm) können Wände, Fenster, Türen und Dächer akustisch wirksam gestaltet werden.

(2) Innerhalb des Raumes entstehende Geräusche können durch raumakustische Maßnahmen z. B. mit Stellwänden, Abschirmungen und Möbeln bereichsweise abgeschirmt werden. Zur Verringerung der Schallreflexionen können raumakustisch wirksame Absorptionsflächen vorgesehen werden. Auch Möbel, Dekorationen, Warenregale auf Verkaufsflächen des Einzelhandels, Raumtextilien und Bodenbeläge können raumakustisch wirksam sein.

8.1.3 Lärmminderung durch Raum-in-Raum-Lösungen

Lärm, der in einem Arbeitsraum entsteht und der nicht in einen weiteren Arbeitsbereich in diesem Arbeitsraum übertragen werden soll, kann wirksam durch eine Raum- in-Raum-Lösung (z. B. stationäre oder mobile Schallschutzkabinen, Meisterräume, Wartungs- und Steuerungsräume) verringert werden.

8.1.4 Schutzmaßnahmen gegen tieffrequenten Lärm

(1) Die Entkopplung tieffrequenter Schallquellen (z. B. haustechnische Anlagen und Geräte) vom Gebäude kann die Weiterleitung tieffrequenten Schalls vermindern.

(2) Zur Schalldämmung von tieffrequentem Lärm sind in der Regel massive Wände und spezielle Schallschutzfenster erforderlich. Freistehende Mauern oder Wände zur Raumteilung sind zur Schalldämmung gegen tieffrequenten Lärm in der Regel nicht wirksam. Besser ist die Einbindung in weitere Bauelemente (Decke, Boden, Seitenwände).

(3) Liegt der tieffrequente Lärm nur mit einer bestimmten Frequenz vor, sind Resonanzabsorber geeignet.

(4) In Einzelfällen kann durch die Technik der aktiven Lärmunterdrückung (Gegenschall oder Active Noise Control = ANC) eine Verbesserung der Lärmsituation herbeigeführt werden.

Hinweis:
Persönlicher Gehörschutz ist bei tieffrequentem Schall geringer wirksam als im Hörfre-quenzbereich und als Maßnahme zum Schutz gegen tieffrequenten Lärm nur beschränkt geeignet.

8.2 Organisatorische Maßnahmen

(1) Unter organisatorischen Lärmminderungsmaßnahmen sind Änderungen zu verstehen, die zu einer räumlichen oder zeitlichen Trennung von der Lärmquelle und damit geringeren Lärmexposition der Beschäftigten führen.

(2) Sprache oder andere Arbeitsgeräusche können eine Lärmquelle darstellen, wenn sie mit der eigenen Tätigkeit nicht im Zusammenhang stehen. Zur Lärmminderung kann eine räumliche oder zeitliche Trennung von Beschäftigten mit unterschiedlichen Tätigkeiten oder wenig Interaktionsbedarf untereinander beitragen.

(3) Beispiele für mögliche organisatorische Maßnahmen sind:

a) generell:
   - Kommunikationsregeln erstellen und beachten

b) Büro:
   - Ausweichräume für konzentriertes Arbeiten oder Besprechun- gen/Telefonate vorsehen
   - Festlegen von Zeitfenstern oder Räumlichkeiten
   - Server, Drucker und Kopierer in separaten Räumen unterbringen
   - Größere Druckaufträge in Zeiten mit Personalabwesenheit verlagern

c) Bildungsbereich:
   - Bewegungs- und Ruheräume räumlich voneinander trennen
   - Laute Spielphasen in separate Räume oder in den Außenbereich verlagern
   - Bewegungs- und Ruhephasen zeitlich voneinander trennen
   - Ruhezeichen einführen, z. B. Handzeichen, Lärmampeln oder andere Hilfsmittel
   - Mehrzweck- oder Werkräume nicht in unmittelbarer Nähe von Klassenoder Gruppenräumen anordnen

d) Produktionsbereich:
   - Räume für Tätigkeiten der Tätigkeitskategorien I oder II nicht in unmittelbarer Nähe zu lauten Räumen, z. B. Produktionsstätten, anordnen
   - Durchführung von Bildschirmarbeiten, Steuerungseinstellungen für Maschinen und Anlagen in lärmarmen Bereichen.

8.3 Verhaltenspräventive und persönliche Maßnahmen

(1) Verhaltenspräventive Maßnahmen können durch Unterweisung oder Information z. B. zu lärmarmen Arbeiten, Vermeiden unnötiger Lärmerzeugung und tätigkeitsfremder Geräuschquellen (Radio usw.) vermittelt werden.

Hinweis:
Die Beschäftigten haben entsprechend § 15 ArbSchG die Verpflichtung, durch eigenes Handeln zur Lärmminderung beizutragen.

(2) Zum persönlichen Lärmschutz kann der Arbeitgeber Hilfsmittel, z. B. Gehörschutz, zur Verfügung stellen, die die Beschäftigten anwenden können. Dabei ist zu beachten, dass Sprachverständlichkeit und akustische Orientierung beeinträchtigt werden können.

Ausgewählte Literaturhinweise

- Verordnung zum Schutz der Beschäftigten vor Gefährdungen durch Lärm und Vibrationen – LärmVibrationsArbSchV
- Technische Regel zur Lärm- und Vibrations-Arbeitsschutzverordnung, Teil Allgemeines (TRLV Lärm Teil Allgemeines)
- Technische Regel zur Lärm- und Vibrations-Arbeitsschutzverordnung, Teil 1 (TRLV Lärm Teil 1): Beurteilung der Gefährdung durch Lärm. Anhang 2: Hinweise zu tatsächlichen oder möglichen Gefährdungen von Gesundheit und Sicherheit der Beschäftigten durch Lärmeinwirkungen

- Technische Regel zur Lärm- und Vibrations-Arbeitsschutzverordnung, Teil 2 (TRLV Lärm Teil 2): Messung von Lärm
- Technische Regel zur Lärm- und Vibrations-Arbeitsschutzverordnung, Teil 3 (TRLV Lärm Teil 3): Lärmschutzmaßnahmen
- DGUV Regel 102–002 Kindertageseinrichtungen 04/2009
- DGUV Regel 115–402 Branche Call Center 01/2017
- DGUV Information 215–443 Akustik im Büro, Version 1.0 06/2011, Version 1.1 aktualisiert 09/2012
- DGUV-Information FB HM-018 Lärmstress am Arbeitsplatz 10/2013
- DIN 4109-1:2016-07 Schallschutz im Hochbau, Teil 1: Mindestanforderungen
- DIN 45645-2:2012-09 Ermittlung von Beurteilungspegeln aus Messungen, Teil 2: Ermittlung des Beurteilungspegels am Arbeitsplatz bei Tätigkeiten unterhalb des Pegelbereiches der Gehörgefährdung
- DIN 45641:1990-06 Mittelung von Schallpegeln
- DIN 18041:2016-03 Hörsamkeit in Räumen – Anforderungen, Empfehlungen und Hinweise für die Planung
- DIN EN ISO 3382-2:2008-09 Akustik – Messung von Parametern der Raumakustik, Teil 2: Nachhallzeit in gewöhnlichen Räumen
- DIN 33404-3:2016-04 Gefahrensignale – Akustische Gefahrensignale, Teil 3: Einheitliches Notfallsignal
- DIN EN ISO 7731:2008-12 Ergonomie – Gefahrensignale für öffentliche Bereiche und Arbeitsstätten – Akustische Gefahrensignale
- DIN 45680:1997-03 Messung und Bewertung tieffrequenter Geräusche in der Nachbarschaft
- DIN EN ISO 11690-1:1997-02 Akustik – Richtlinien für die Gestaltung lärmarmer maschinenbestückter Arbeitsstätten, Teil 1: Allgemeine Grundlagen
- DIN EN ISO 9612:2009-09 Akustik – Bestimmung der Lärmexposition am Arbeitsplatz – Verfahren der Genauigkeitsklasse 2 (Ingenieurverfahren)
- DIN EN 61672-1:2014-07 Elektroakustik – Schallpegelmesser, Teil 1: Anforderungen
- Akustische Gestaltung von Bildschirmarbeitsplätzen in Büros (Probst, W.). Quartbroschüre: Technik, T26. 4. Auflage, BAuA, Dortmund: 2006
- Akustische Gestaltung von Bildschirmarbeitsplätzen in der Produktion (Probst, W.). Quartbroschüre: Technik, T27. 2. Auflage, BAuA, Dortmund: 2004.
- Lärm in Bildungsstätten (INQA, BAuA), Quartbroschüre, 2. Auflage, Dortmund: 2010
- Lärmprävention in Kindertageseinrichtungen (Unfallkasse NRW, Berufsgenossenschaft für Gesundheitsdienst und Wohlfahrtspflege – BGW), 6. aktualisierte Auflage 06/2017

Anhang 1

Erläuterungen zu Punkt 4 – Extra-aurale und reversible aurale Lärmwirkungen

1 Vertäubung

Länger anhaltende höhere Schalldruckpegel können bereits zu einer leichten, reversiblen Hörminderung (Vertäubung) führen, die auch nach der akustischen Belastung die Sprachverständlichkeit und die akustische Signalerkennung beeinträchtigt.

Höhere Expositionen im Minutenbereich führen weniger zur Vertäubung als energieäquivalente niedrigere, aber längerdauernde Expositionen.

2 Beeinträchtigung der Sprachverständlichkeit und der akustischen Orientierung

(1) Das Verstehen von Sprache oder das Wahrnehmen akustischer Informationen kann durch Lärm erschwert oder gänzlich verhindert werden.

(2) Bei einer Pegeldifferenz des Schalldruckpegels der Sprache von weniger als 10 dB(A) über dem des Störgeräusches ist sprachliche Kommunikation nur eingeschränkt möglich.

Hinweis:

In 1 m Abstand vom Sprecher erzeugt Umgangssprache einen Schalldruckpegel von 55 dB(A) bis 65 dB(A), Vortragssprache von etwa 70 dB(A).

(3) Akustische Nutzsignale sollen nicht, akustische Gefahrensignale dürfen nicht durch Störgeräusche verdeckt werden.

Hinweis:

Die Pegeldifferenz zwischen Gefahrensignal und Störgeräusch sollte A-bewertet mindestens 15 dB(A) betragen, um die Hörbarkeit zu gewährleisten.

3 Störung der Arbeitsleistung (kognitive Leistung)

(1) Geistige Leistungen, die eine hohe Konzentration oder Aufmerksamkeit erfordern, können durch Lärm gestört werden, insbesondere durch sprach- und informationshaltigen Lärm oder hohe Schalldruckpegel. Gleiches gilt auch für tieffrequenten Lärm schon bei Schalldruckpegeln ab 20 dB(A).

(2) Die Störung der Arbeitsleistung durch Lärm kann dadurch verursacht sein, dass betriebliche Rahmenbedingungen für ein konzentriertes, fehlerfreies und zügiges Arbeiten nicht im für die jeweilige Tätigkeit erforderlichen Maß gegeben sind.

4 Psychische Wirkung

(1) Lärm kann psychische Reaktionen auslösen, z. B.:
- Verärgerung,
- Anspannung,
- Resignation,
- Angst oder
- Nervosität.

(2) Die psychische Wirkung, die ein Geräusch verursacht, ist nicht direkt aus der physikalischen Beschaffenheit, dem Schalldruckpegel, dem zeitlichen Verlauf oder der Dauer des Geräusches ableitbar. Impulshaltige, tonhaltige oder informationshaltige Geräuschanteile erhöhen das Belästigungspotential.

(3) Das Ausmaß der Belästigung durch Schallereignisse ist von individuellen Faktoren abhängig. Wenn fremdverursachte Geräusche aus der Sicht der Beschäftigten als vermeidbar und für eigene Zwecke nicht erforderlich angesehen werden, werden diese in der Regel als belästigend empfunden.

(4) Tieffrequenter Lärm kann bei Beschäftigten z. B. zu Gefühlen der Angst und Niedergeschlagenheit oder zu Kopfschmerzen führen. Auch das Erinnerungsvermögen und die Konzentrationsfähigkeit können gemindert werden. Beschwerden, die auf eine mögliche Belastung durch tieffrequenten Schall hinweisen, sind durch Dröhngeräusche oder Schwingungen verursachter Ohrendruck oder Druckgefühle im Kopf, die auf Dauer unerträglich werden können.

5 Physiologische Wirkung (Aktivierung des zentralen und vegetativen Nervensystems)

(1) Schall führt, ob bewusst wahrgenommen oder unbewusst, zu einer Aktivierung des zentralen und vegetativen Nervensystems.

(2) Die mit der Aktivierung des zentralen und vegetativen Nervensystems verbundenen physiologischen Reaktionen können, je nach Intensität, zeitlichem Verlauf und Frequenzzusammensetzung der Lärmexposition sowie individueller Disposition, zu Lärm-Stress-Reaktionen führen, z. B. zur:
- Verengung von Blutgefäßen,
- Erhöhung des Blutdrucks,
- Erhöhung der Herzfrequenz,
- Verringerung des elektrischen Hautwiderstandes,
- Erhöhung des Muskeltonus,

– Ausschuss für Arbeitsstätten
– vermehrten Ausschüttung von Stresshormonen oder
– Verringerung der Magen- und Darmaktivität.

(3) Eine dauerhafte Aktivierung des Nervensystems durch Lärm kann langfristig negative Auswirkungen auf die Gesundheit und die Erholungsfähigkeit haben, in deren Folge insbesondere Herz-Kreislauf- und Blutgefäßerkrankungen häufiger in Erscheinung treten können (chronische Wirkung).

Anhang 2

Abschätzung der raumakustischen Kennwerte in Ergänzung zu Punkt 7.2

1 Ermittlung des mittleren Schallabsorptionsgrades

(1) Der mittlere Schallabsorptionsgrad a eines Raumes kann bei Kenntnis der Schallabsorptionsgrade a aller Raumbegrenzungsflächen (Wände, Decke, Boden) und weiterer Oberflächen (Einrichtungen, Trennwände, …) abgeschätzt werden. Dazu müssen die Schallabsorptionsgrade der vorhandenen Einzelflächen bekannt sein bzw. vorgegeben werden. Schallabsorptionsgrade a typischer Baustoffe und raumakustisch wirksamer Einbauten sind in der Tabelle 1 aufgeführt. Die Schallabsorptionsgrade a sind hier für die Oktavbänder von 250 Hz bis 2000 Hz als arithmetischer Mittelwert angegeben.

Tabelle 1: Schallabsorptionsgrade a von Baumaterialien und raumakustisch wirksamen Einbauten für die Oktavbänder von 250 Hz bis 2000 Hz als arithmetischer Mittelwert (Quelle: Industrieverband Büro und Arbeitswelt e. V. (IBA)/Akustikbüro Oldenburg)

Lfd. Nr.	Absorbertyp	Schallabsorptionsgrade für Mittelwert 250–2000 Hz
1	Mauerziegelwand, unverputzt, Fugen ausgestrichen	0,04
2	Mauerwerk, Hohllochziegel, Löcher sichtbar, 6 cm vor Massivwand	0,36
3	Glattputz	0,03
4	Tapete auf Kalkzementputz	0,05
5	Spiegel, vor der Wand	0,05
6	Tür, Holz, lackiert	0,06
7	Stuckgips, unverputzter Beton	0,04
8	Marmor, Fliesen, Klinker	0,02
9	Fenster (Isolierverglasung)	0,10
10	Glastrennwand, 10 mm dick, 2-Scheiben-Verbundglas	Hersteller anfragen
11	Parkettfußboden, aufgeklebt	0,05
12	Parkettfußboden, auf Blindboden	0,10
13	Parkettfußboden, hohlliegend	0,07
14	Teppichboden, bis 6 mm Florhöhe	0,15
15	Teppichboden, 7 mm bis 10 mm Florhöhe	0,26

Lfd. Nr.	Absorbertyp	Schallabsorptionsgrade für Mittelwert 250–2000 Hz
16	PVC-Fußbodenbelag (2,5 mm) auf Betonboden	0,03
17	Linoleum auf Beton	0,03
18	Kork	0,03
19	Gipskartonplatten 9,5 mm, 60 mm Wandabstand, Hohlraum kassettiert	0,08
20	Furnierte Holz- oder Spanplatte dicht vor festem Untergrund	0,05
21	4 mm Hartfaserplatte, kassettiert ohne Dämmstoff, Wandabstand 60 mm	0,11
22	4 mm Hartfaserplatte, kassettiert mit 40 mm Mineralwollplatte, Wandabstand 60 mm	0,13
23	4 mm Hartfaserplatte, kassettiert ohne Dämmstoff, Wandabstand 120 mm	0,08
24	Gipskartonplatte, 9,5 mm, 25 mm Wandabstand	0,12
25	Bücherregal in Bibliotheken	0,35
26	Vollziegel Mauerwerk	0,12
27	Lochsteine – vorsichtige Annahme	0,41
28	3,5 mm Hartfaserplatte, 40 mm Mineralwolle, 30 mm Holzleisten 750 mm × 500 mm	0,15
29	4 mm Sperrholzplatte, 40 mm Mineralwolle, 120 mm Wandabstand	0,16
30	Nadelfilz 7 mm	0,18
31	5 mm Teppich mit 5 mm Filzunterlage	0,57
32	PVC-Belag, Linoleum	0,04
33	Holzfußboden auf Leisten	0,09
34	Spanndecke mikroperforiert, 100 mm, kein Vlies	0,58
35	Spanndecke mikroperforiert, 100 mm, 40 mm Akustikvlies	0,84
36	Rasterdecke 8/18 Rundloch 15,5%, 200 mm, Akustikvlies, ohne Mineralwolle	0,61
37	Rasterdecke 8/18 Rundloch 15,5%, 200 mm, Akustikvlies, 20 mm Mineralwolle	0,65
38	Rasterdecke 12/25 Quadratloch 7,8%, 200 mm, Akustikvlies, 20 mm Mineralwolle	0,44
39	Rasterdecke 12/25 Quadratloch 7,8%, 65 mm, Akustikvlies, 20 mm Mineralwolle	0,45
40	Holzwolle-Leichtbauplatten 35 mm, direkt auf Wand	0,56

Lfd. Nr.	Absorbertyp	Schallabsorptionsgrade für Mittelwert 250–2000 Hz
41	Holzwolle-Leichtbauplatten 25 mm, Hohlraum leer, Wandabstand 50 mm	0,53
42	Melaminharz-Schaumstoff, Rohdichte 8 kg/m³ bis 10 kg/m³, 30 mm	0,68
43	Melaminharz-Schaumstoff, Rohdichte 8 kg/m³ bis 10 kg/m³, 50 mm	0,84
44	40 mm Mineralwollmatte (20 kg/m³), ohne Lochblechabdeckung	0,70
45	40 mm Mineralwollmatte (20 kg/m³), mit Lochblechabdeckung (18%)	0,70
46	gelochter Gipskarton 9,5 mm, 8/18, 15%, mit Faservlies hinterlegt, Wandabstand 100 mm	0,48
47	Gipskarton-Schlitzplatte, 8,8% mit Faservlies, Wandabstand 100 mm	0,40
48	gelochte Langfeld-Metallkassette, 20%, 3 mm Loch, Akustikfilz, 300 mm	0,69
49	senkrecht stehende Lamellen, gelochtes Stahlblech, Mineralfaserplatte, Glasfaservlies	0,62
50	20 mm grobkörniger Spritzputz auf Stegzementdiele	0,53
51	Spritzputz auf 12,5 mm Gipskartonplatte, Spritzstruktur	0,41
52	20 mm Mineralwollplatte mit 200 mm Deckenhohlraum, Schallabsorberklasse A	0,90–1,0
53	20 mm Mineralwollplatte mit 200 mm Deckenhohlraum, Schallabsorberklasse C	0,60–0,75
54	15 mm Mineralwollplatte mit 200 mm Deckenhohlraum, Schallabsorberklasse A	0,90–1,0

(2) Der mittlere Schallabsorptionsgrad a eines Raumes lässt sich nach der Formel

$$\overline{\alpha} = \frac{1}{S} \sum_i \alpha_i \cdot S_i$$

berechnen mit
S = Summe aller Raumbegrenzungsflächen in m²
$\bar{\alpha}_i$ = Schallabsorptionsgrade der Einzelflächen
S_i = Einzelflächen in m²

(3) Näherungsweise*) kann für bestehende Räume der mittlere Schallabsorptionsgrad $\bar{\alpha}$ nach der Tabelle 2 abgeschätzt werden.

Tabelle 2: Beispiele des mittleren Schallabsorptionsgrades $\bar{\alpha}$ verschiedener Räume*)

$\bar{\alpha}$	Beschreibung des Raums
0,1	Raum ohne schallschluckende Einbauten mit wenigen Einrichtungen (Maschinen, Möbel, Regale,...)
0,15	Raum ohne schallschluckende Einbauten mit vielen Einrichtungen
0,2	Raum ohne schallschluckende Einbauten mit vielen Einrichtungen und besonders leichten Begrenzungsflächen oder zahlreichen Öffnungen oder hoher Raum (h > 10 m) mit mäßiger Akustikdecke (α > 0,5)
0,25	Raum (h = 3 m bis 5 m) mit mäßiger Akustikdecke (α > 0,5) oder hoher Raum (h > 10 m) mit guter Akustikdecke (α > 0,9)
0,3	Raum wie für a = 0,25 beschrieben, jedoch mit zusätzlicher absorbierender Wand- oder Stellwandfläche > % Deckenfläche
0,4	Niedriger Raum (h = 3 m bis 5 m) mit guter Akustikdecke (α > 0,9)

*) *Quelle: TRLV Lärm, Teil 3: Lärmschutzmaßnahmen, Anhang 5: Nachhallzeit und mittlerer Schallabsorptionsgrad. Der mittlere Schallabsorptionsgrad $\bar{\alpha}$ gilt hier in den Oktavbändern mit den Mittenfrequenzen von 500 Hz bis 4000 Hz. Er ist somit leicht erhöht gegenüber den mit Tabelle 1 ermittelten Werten.*

2 Ermittlung der Nachhallzeit für den unbesetzten Raum mit Hilfe des mittleren Schallabsorptionsgrades

(1) Die Nachhallzeit T ist abhängig vom Raumvolumen und vom Schallabsorptionsvermögen des Raumes. So ergibt sich die Nachhallzeit T zu

T. 0,163. V/($\bar{\alpha}$ • S) in s

mit

T = Nachhallzeit in s

V = Raumvolumen in m^3

S = Summe aller Raumbegrenzungsflächen in m^2

$\bar{\alpha}$ = mittlerer Schallabsorptionsgrad

Hinweis:

Die Anwendung der Formel ist beschränkt auf Räume, deren längste Seite maximal das Fünffache der kürzesten Seite beträgt. Bei anderen Räumen können die Nachhallzeiten länger als rechnerisch ermittelt sein.

(2) Die in Punkt 5.2.1 Absatz 2 geforderten Nachhallzeiten T für Büroräume und Callcenter werden in Abhängigkeit von den Raumgrundflächen und zugehörigen Mindestraumhöhen gemäß ASR A1.2 „Raumabmessungen und Bewegungsflächen" eingehalten, wenn die in Tabelle 3 aufgeführten mittleren Schallabsorptionsgrade $\bar{\alpha}$ ermittelt wurden.

Tabelle 3: Erforderliche mittlere Schallabsorptionsgrade $\bar{\alpha}$, um Nachhallzeiten T für verschiedene Büroraumtypen und Raumgrößen zu erfüllen

Grundfläche	1–2 Personenbüro	Mehrpersonen-/ Großraumbüro	Callcenter
bis 20 m²	$\bar{\alpha} = 0{,}15$	–	$\bar{\alpha} = 0{,}2$
20 m² bis 50 m²	–	$\bar{\alpha} = 0{,}2$	$\bar{\alpha} = 0{,}25$
50 m² bis 200 m²	–	$\bar{\alpha} = 0{,}3$	$\bar{\alpha} = 0{,}35$
200 m² bis 1000 m²	–	$\bar{\alpha} = 0{,}35$	$\bar{\alpha} = 0{,}4$

(3) Die in Punkt 5.2.2 geforderte Nachhallzeit T für einen besetzten Klassenraum von 210 m³ wird eingehalten, wenn für den unbesetzten Raum ein mittlerer Schallabsorptionsgrad $\bar{\alpha}$ von 0,25 ermittelt wurde.

ASR A4.1 – Sanitärräume

(GMBl. 2013 S. 919, geänd. durch GMBl. 2017 S. 401)

Die Technischen Regeln für Arbeitsstätten (ASR) geben den Stand der Technik, Arbeitsmedizin und Hygiene sowie sonstige gesicherte arbeitswissenschaftliche Erkenntnisse für das Einrichten und Betreiben von Arbeitsstätten wieder.

Sie werden vom Ausschuss für Arbeitsstätten ermittelt bzw. angepasst und vom Bundesministerium für Arbeit und Soziales im Gemeinsamen Ministerialblatt bekannt gemacht.

Diese ASR A4.1 konkretisiert im Rahmen des Anwendungsbereichs die Anforderungen der Verordnung über Arbeitsstätten. Bei Einhaltung der Technischen Regeln kann der Arbeitgeber insoweit davon ausgehen, dass die entsprechenden Anforderungen der Verordnung erfüllt sind. Wählt der Arbeitgeber eine andere Lösung, muss er damit mindestens die gleiche Sicherheit und den gleichen Gesundheitsschutz für die Beschäftigten erreichen.

Inhalt

1 Zielstellung

Diese ASR konkretisiert die in § 3a Absatz 1 und § 4 Absatz 2 der Arbeitsstättenverordnung sowie die insbesondere in den Punkten 4.1 und 5.2 Absatz 1a), d) und f) des Anhanges genannten Anforderungen für das Einrichten und Betreiben von Sanitärräumen und Waschgelegenheiten für Arbeitsstätten.

2 Anwendungsbereich

Diese ASR gilt für das Einrichten und Betreiben von Sanitärräumen sowie von Waschgelegenheiten in Arbeitsstätten, die den Beschäftigten zur Verfügung stehen.

Hinweis:
Zusätzliche Anforderungen an die barrierefreie Gestaltung werden zu einem späteren Zeitpunkt als Anhang in die ASR V3a.2 „Barrierefreie Gestaltung von Arbeitsstätten" eingefügt.

3 Begriffsbestimmungen

3.1 Sanitärräume sind Umkleide-, Wasch- und Toilettenräume.

3.2 Sanitäreinrichtungen sind Einrichtungen, die es den Beschäftigten ermöglichen, sich zu waschen, sich umzukleiden oder die Toilette bzw. das Urinal zu benutzen.

3.3 Toilettenräume beinhalten mindestens eine Toilette und eine Handwaschgelegenheit sowie gegebenenfalls Urinal und Toilettenzelle.

3.4 Toilettenzellen sind von innen absperrbare, durch Trennwände vom Toilettenraum getrennte Bereiche mit einer Toilette.

3.5 Ein **Vorraum** ist ein vollständig abgetrennter Bereich in einem Toilettenraum, um z. B. das Überströmen von geruchsbelasteter Luft zu vermeiden und ggf. die Handwaschgelegenheiten aufzunehmen.

3.6 Eine **mobile, anschlussfreie Toilettenkabine** ist eine transportable, geschlossene, absperrbare Einheit mit einer Toilette und einem Fäkalientank für den anschlussfreien Einsatz zur Einpersonennutzung, vorzugsweise ausgestattet mit einer integrierten Handwaschgelegenheit.

3.7 Toiletten sind Toilettenbecken oder Hocktoiletten. Hinweis: Dies entspricht den Begriffen Klosettbecken bzw. Hockklosetts.

3.8 Urinale sind Bedürfnisstände ausgeführt als Becken oder Rinnen.

3.9 Waschräume sind Räume mit Einrichtungen (z. B. Waschplätze, Duschen), die es den Beschäftigten ermöglichen, sich den hygienischen Erfordernissen entsprechend zu reinigen.

3.10 Waschplätze in Waschräumen sind Zapfstellen an Einzelwaschtischen, Reihenwaschanlagen, Rundwaschanlagen oder gleichwertigen Anlagen.

3.11 Waschgelegenheiten sind Einrichtungen mit fließendem Wasser und einem geschlossenen Wasserabflusssystem, die es den Beschäftigten ermöglichen, sich den hygienischen Erfordernissen entsprechend zu reinigen.

3.12 Art der Tätigkeit im Sinne des Anhangs 4.1 Absatz 2 Satz 1 ArbStättV bezieht sich z. B. auf schmutzige Arbeit, Hitze- oder Kältearbeit oder Arbeit in Nässe.

3.13 Gesundheitliche Gründe im Sinne des Anhangs 4.1 Absatz 2 Satz 1 ArbStättV liegen vor, wenn Beschäftigte insbesondere infektiösen, sensibilisierenden oder gefährlichen Stoffen bzw. Gemischen ausgesetzt sind.

3.14 Bewegungsfläche im Sinne dieser ASR ist die zusammenhängende unverstellte Bodenfläche in Sanitärräumen, die zur uneingeschränkten Nutzung durch den Beschäftigten zur Verfügung steht.

4 Allgemeines

(1) In Sanitärräumen dürfen keine Gegenstände oder Arbeitsstoffe (insbesondere keine Gefahrstoffe) aufbewahrt werden, die nicht zur zweckentsprechenden Einrichtung dieser Räume gehören.

(2) In Sanitärräumen darf eine lichte Höhe von 2,50 m nicht unterschritten werden. In bestehenden Arbeitsstätten ist bis zu einem wesentlichen Umbau eine geringere lichte Höhe zulässig, soweit sie dem Bauordnungsrecht der Länder entspricht. Anforderungen zur Bewegungsfläche in Sanitärräumen sind den Punkten 5.3, 6.3 und 7.3 zu entnehmen.

(3) Trennwände, Türen und Fenster von Sanitärräumen müssen so angeordnet oder beschaffen sein, dass eine Einsicht von außen nicht möglich ist.

(4) Die Beleuchtung in Sanitärräumen richtet sich nach den Anforderungen der ASR A3.4 „Beleuchtung". Wird eine Spiegelbeleuchtung eingesetzt, soll die vertikale Mindestbeleuchtungsstärke 500 lx betragen.

(5) Die Lufttemperatur in Sanitärräumen ist in der ASR A3.5 „Raumtemperatur" geregelt.

(6) Für weibliche und männliche Beschäftigte sind getrennte Sanitärräume einzurichten. In Betrieben mit bis zu neun Beschäftigten kann auf getrennt eingerichtete Toiletten-, Wasch- und Umkleideräume für weibliche und männliche Beschäftigte verzichtet werden, wenn eine zeitlich getrennte Nutzung sicher gestellt ist. Dabei ist ein unmittelbarer Zugang zwischen Wasch- und Umkleideräumen erforderlich.

(7) In Betrieben mit bis zu fünf Beschäftigten ist eine Kombination von Toiletten-, Wasch- und Umkleideräumen bei einer zeitlich nach Geschlecht getrennten Nutzung durch weibliche und männliche Beschäftigte möglich, sofern eine wirksame Lüftung gewährleistet ist. Hierfür ist eine Lüftung nach Punkt 6.1 Absatz 3 ausreichend. Falls ein Waschraum nach Kategorie B oder C (siehe Punkt 6.1 Absatz 1 Anstrich 2 oder 3) erforderlich ist, muss über die räumliche Kombination anhand der Gefährdungsbeurteilung entschieden werden.

(8) Auf Sanitärräume ist deutlich erkennbar hinzuweisen.

(9) Vorhandene Bodeneinläufe müssen mit einem Geruchsverschluss ausgestattet sein. Die Erneuerung des Sperrwassers ist sicherzustellen. Falls dies nicht gegeben ist, muss zusätzlich in der Nähe ein Auslaufventil (Wasserzapfstelle) vorhanden sein.

(10) Durch Einrichtungsgegenstände oder bauliche Einrichtungen in Sanitärräumen dürfen Sicherheit und Gesundheit der Beschäftigten (z. B. durch Schnitt- oder Stoßkanten oder durch die Möglichkeit zur Ansammlung von Krankheitserregern) nicht gefährdet werden.

(11) Die Heizeinrichtungen müssen so angeordnet, beschaffen oder abgeschirmt sein, dass die Beschäftigten vor der Berührung von zu heißen Oberflächen geschützt sind.

(12) Vor den Sanitärräumen – insbesondere vor den Umkleideräumen – muss erforderlichenfalls (z. B. bei stark schmutzender Tätigkeit) eine geeignete Einrichtung zur Reinigung des Schuhwerkes (z. B. Gitterroste, Fußmatten, Schuhreinigungsanlagen) vorhanden sein.

(13) Die Be- und Entlüftung der Sanitärräume ist so einzurichten, dass während ihrer Nutzung keine Zugluft auftritt (siehe Punkt 6.5 der ASR A3.6 „Lüftung").

5 Toilettenräume

5.1 Allgemeines

(1) In Toilettenräumen ist eine wirksame Lüftung zu gewährleisten. Bei freier Lüftung (Fensterlüftung) sind die Mindestquerschnitte für Lüftungsöffnungen nach Tabelle 1 einzuhalten (weitere Informationen siehe ASR A3.6 „Lüftung"). Lüftungstechnische Anlagen sind so auszulegen, dass ein Abluftvolumenstrom von 11 m³/(h m²) erreicht wird. Die Abluft aus Toilettenräumen darf nicht in andere Räume gelangen.

Tabelle 1: Mindestquerschnitte für freie Lüftung von Toilettenräumen

System	Freier Querschnitt der Lüftungsöffnung/en je Sanitäreinrichtung*)	
	[m²/Toilette]	[m²/Urinal]
einseitige Lüftung	0,17	0,10
Querlüftung**)	0,10	0,06

*) Die angegebenen Flächen sind die Summe aus Zuluft- und Abluftfläche.

**) Lüftungsöffnungen in gegenüberliegenden Außenwänden oder in einer Außenwand und der Deckenfläche

(2) Fußböden und Wände müssen leicht zu reinigen sein (weitere Informationen siehe ASR A1.5/1,2 „Fußböden").

(3) Toilettenräume und ihre Einrichtungen sind in Abhängigkeit von der Häufigkeit der Nutzung zu reinigen und bei Bedarf zu desinfizieren. Bei täglicher Nutzung müssen sie mindestens täglich gereinigt werden.

Hinweise:

1. *Zur Einhaltung und Kontrolle der regelmäßigen und gründlichen Reinigung empfiehlt sich das Anbringen eines Reinigungsplanes im Toilettenraum mit kontinuierlicher Abzeichnungspflicht durch das verantwortliche Reinigungspersonal.*

2. *Bei der Verwendung von Reinigungs- und Desinfektionsmitteln sind die hierfür bekannt gegebenen TRGS bzw. TRBA zu berücksichtigen.*

5.2 Bereitstellung

(1) Die Toilettenräume müssen sich in der Nähe der Arbeitsplätze, der Pausen-, Bereitschafts-, Wasch- oder Umkleideräume befinden. Die Weglänge zu Toilettenräumen sollte nicht länger als 50 m sein und darf 100 m nicht überschreiten. Die Toilettenräume müssen sich im gleichen Gebäude befinden und dürfen nicht weiter als eine Etage von ständigen Arbeitsplätzen entfernt sein. Der Weg von ständigen Arbeitsplätzen in Gebäuden zu Toiletten soll nicht durchs Freie führen.

(2) Hat der Toilettenraum mehr als eine Toilettenzelle oder ist ein unmittelbarer Zugang zum Toilettenraum aus einem Arbeits-, Pausen-, Bereitschafts-, Wasch-, Umkleide- oder Erste-Hilfe-Raum möglich, so ist ein Vorraum erforderlich. Im Vorraum darf sich kein Urinal befinden.

(3) Arbeitsstätten sind mit Toiletten für die Beschäftigten auszustatten. Dazu ist die in Tabelle 2 für niedrige Gleichzeitigkeit aufgeführte Mindestanzahl an Toiletten bereitzustellen. In Abhängigkeit von der Gleichzeitigkeit der Nutzung kann eine höhere Anzahl von Toiletten erforderlich sein (vgl. Abb. 1 mit Ablesebeispiel).

Bei mehr als 50 Beschäftigten kann die Mindestanzahl der Toiletten und Urinale in bestehenden Arbeitsstätten gegenüber den Angaben in Tabelle 2 um eins verringert werden, wenn ein Ausgleich geschaffen wird, z. B. durch organisatorische Maßnahmen. Diese Maßnahmen können solange herangezogen werden, bis bestehende Arbeitsstätten wesentlich umgebaut werden.

Hinweis:

Es wird in zwei Kategorien der Gleichzeitigkeit der Nutzung unterschieden. Dabei bedeutet niedrige Gleichzeitigkeit, dass die Beschäftigten zu jeder Zeit die Toilettenräume aufsuchen können (z. B. Büro). Hohe Gleichzeitigkeit bedeutet, dass die Beschäftigten in der

Regel die Toilettenräume nur in den Pausen aufsuchen können (z. B. Bandarbeit, Lehrer im Unterrichtsdienst). Für Mischformen zwischen den Kategorien niedrige und hohe Gleichzeitigkeit besteht ein Handlungsspielraum (siehe Abb. 1).

(4) Für männliche Beschäftigte ist bei der Bereitstellung von Toiletten und Urinalen mindestens ein Drittel als Toiletten, der Rest als Urinale auszuführen. Die Urinale müssen so angeordnet oder gestaltet sein, dass eine Einsicht von außen nicht möglich ist. Es wird empfohlen, zwischen Urinalen eine Schamwand anzubringen. Aus hygienischen Gründen wird bei der Beschäftigung von männlichen Beschäftigten und der Notwendigkeit von nur einer Toilette empfohlen, trotzdem ein Urinal bereitzustellen.

(5) Ein Toilettenraum soll nicht mit mehr als zehn Toilettenzellen und zehn Urinalen ausgestattet sein.

Tabelle 2: Mindestanzahl von Toiletten einschließlich Urinale, Handwaschgelegenheiten

weibliche oder männliche Beschäftigte	Mindestanzahl bei niedriger Gleichzeitigkeit der Nutzung		Mindestanzahl bei hoher Gleichzeitigkeit der Nutzung	
	Toiletten/ Urinale	Handwaschgelegenheiten	Toiletten/ Urinale	Handwaschgelegenheiten
bis 5	1*)	1	2	1
6 bis 10	1*)	1	3	1
11 bis 25	2	1	4	2
26 bis 50	3	1	6	2
51 bis 75	5	2	7	3
76 bis 100	6	2	9	3
101 bis 130	7	3	11	4
131 bis 160	8	3	13	4
161 bis 190	9	3	15	5
191 bis 220	10	4	17	6
221 bis 250	11	4	19	7
	je weitere 30 Beschäftigte +1	je weitere 90 Beschäftigte +1	je weitere 30 Beschäftigte +2	je weitere 90 Beschäftigte +2
*) für männliche Beschäftigte wird zuzüglich 1 Urinal empfohlen				

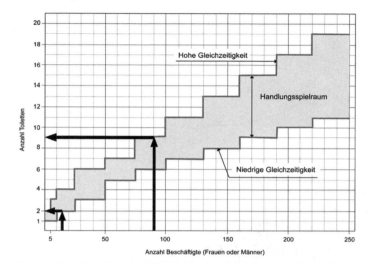

Abb. 1: Grafische Darstellung der Tabelle 2 *Ablesebeispiel: Werden 90 männliche Beschäftigte an einem Montageband (hohe Gleichzeitigkeit) beschäftigt, sollen neun Toiletten (drei Toiletten und sechs Urinale) eingerichtet werden. Für ein dazugehöriges Büro (niedrige Gleichzeitigkeit) mit 15 weiblichen Beschäftigten sind zusätzlich zwei Toiletten vorzusehen.*

5.3 Abmessung

(1) Bei Toilettenräumen oder Toilettenzellen ist eine Bewegungsfläche vor den Toiletten oder Urinalen erforderlich. Die Bewegungsfläche soll symmetrisch vor den Toiletten und Urinalen angeordnet sein. Für Toilettenräume sind die Mindestmaße nach Abb. 2.1, 2.2, 3.1, 3.2, 4.1 und 4.2 einzuhalten. Die Öffnungsrichtung der Tür (Türanschlag nach innen oder nach außen) ist zu berücksichtigen.

In bestehenden Toilettenzellen mit Türanschlag nach außen ist bis zu einem wesentlichen Umbau eine Reduzierung der Tiefe der Bewegungsfläche (600 mm) um 50 mm zulässig. In bestehenden Toilettenzellen mit Türanschlag nach innen ist bis zu einem wesentlichen Umbau eine Reduzierung des Abstandes Vorderkante Toilette bis Schwenkradius der Toilettentür um 100 mm zulässig.

Hinweis:
Der Türanschlag sollte möglichst nach außen erfolgen, um z. B. Personen im Notfall leichter bergen zu können.

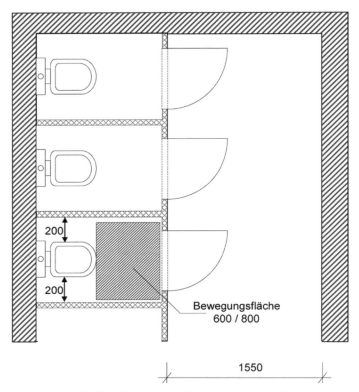

Abb. 2.1: Einbündige Toilettenanlage, Türanschlag nach außen (Maße in mm)

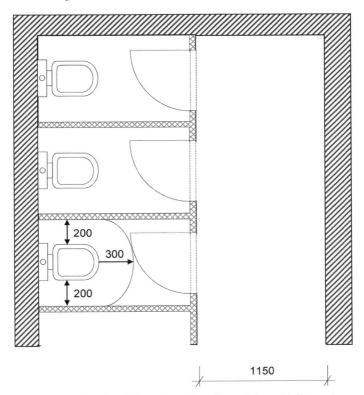

Abb. 2.2: Einbündige Toilettenanlage, Türanschlag nach innen (Maße in mm)

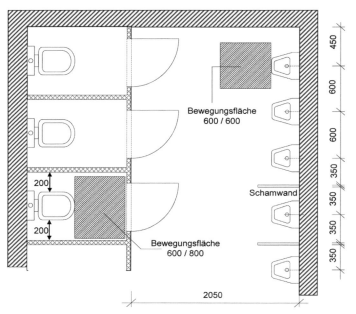

Abb. 3.1: Einbündige Toilettenanlage mit Urinalen, Türanschlag nach außen (Maße in mm)

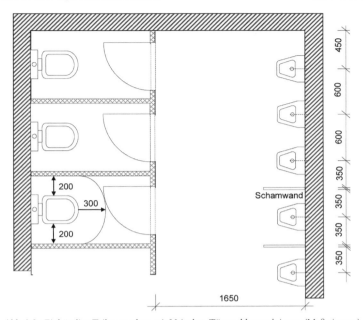

Abb. 3.2: Einbündige Toilettenanlage mit Urinalen, Türanschlag nach innen (Maße in mm)

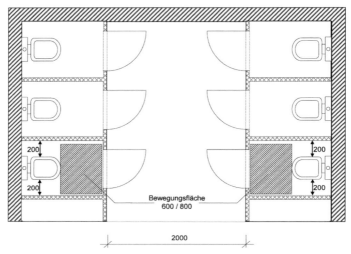

Abb. 4.1: Zweibündige Toilettenanlage Türanschlag nach außen (Maße in mm)

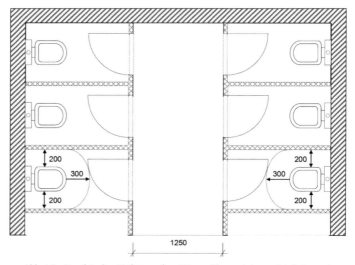

Abb. 4.2: Zweibündige Toilettenanlage Türanschlag nach innen (Maße in mm)

(2) Trennwände und Türen von Toilettenzellen, die nicht raumhoch ausgeführt sind, müssen mindestens 1,90 m hoch sein. Sofern die Trennwand oder die Zellentür nicht mit dem Fußboden abschließt, muss der Abstand zwischen Fußboden und Unterkante zwischen 0,10 bis 0,15 m betragen.

5.4 Ausstattung

(1) Jede Toilettenzelle und jeder Toilettenraum mit nur einer Toilette muss von innen abschließbar sein. Zusätzlich müssen sich darin Kleiderhaken, Papierhalter und Toilettenbürste befinden. An jeder von Frauen genutzten Toilette ist ein Hygienebehälter mit Deckel zur Verfügung zu stellen. In von Männern genutzten Toilettenräumen ist mindestens ein Hygienebehälter mit Deckel in einer gekennzeichneten Toilettenzelle bereitzustellen. Toilettenpapier muss stets bereitgehalten werden.

(2) Toilettenräume müssen mit Handwaschgelegenheiten (Handwaschbecken mit fließendem Wasser und geschlossenem Wasserabflusssystem) gemäß Tabelle 2 und Abfallbehältern ausgestattet sein. In Toilettenräumen müssen Mittel zum Reinigen (z. B. Seife in Seifenspendern) und Trocknen der Hände (z. B. Einmalhandtücher, Textilhandtuchautomaten oder Warmlufttrockner) bereitgestellt werden. Darüber hinaus sind bei Bedarf Warmwasser und Kleiderhaken bereitzustellen.

Ist in bestehenden Arbeitsstätten die Bereitstellung der geforderten Anzahl von Handwaschgelegenheiten mit Aufwendungen verbunden, die offensichtlich unverhältnismäßig sind, so hat der Arbeitgeber zu prüfen, wie durch andere oder ergänzende Maßnahmen die Sicherheit und der Gesundheitsschutz der Beschäftigten in vergleichbarer Weise gesichert werden kann; die erforderlichen Maßnahmen hat er durchzuführen. Eine solche Maßnahme kann z. B. die Verkürzung der Reinigungsintervalle sein. Diese ergänzenden Maßnahmen können solange herangezogen werden, bis die bestehenden Toilettenanlagen wesentlich umgebaut werden.

Hinweis:
Bei Bedarf (z. B. bei Tätigkeiten mit Einsatz von Desinfektionsmitteln) sind Hautpflege- und Hautschutzmittel bereitzustellen (Hautschutzplan).

6 Waschräume

6.1 Allgemeines

(1) Waschräume sind nach Art der Tätigkeit oder gesundheitlichen Gründen gemäß Kategorie A, B oder C vorzusehen:
- **Kategorie A** bei mäßig schmutzenden Tätigkeiten
- **Kategorie B** bei stark schmutzenden Tätigkeiten
- **Kategorie C** bei sehr stark schmutzenden Tätigkeiten, bei Vorliegen gesundheitlicher Gründe, bei Tätigkeiten mit stark geruchsbelästigenden Stoffen, beim Tragen von körpergroßflächiger persönlicher Schutzausrüstung, bei Tätigkeiten unter besonderen klimatischen Bedingungen (Hitze, Kälte) oder bei Nässe sowie bei schwerer körperlicher Arbeit.

(2) Werden keine Waschräume nach Absatz 1 benötigt, müssen in der Nähe der Arbeitsplätze und der Umkleideräume Waschgelegenheiten mit fließendem Wasser und geschlossenem Wasserabflusssystem zur Verfügung gestellt werden (Weglängen gemäß Punkt 5.2 Absatz 1). Sie müssen mit Mitteln zum Reinigen (z. B. Seife in

Seifenspendern) und Trocknen der Hände (z. B. Einmalhandtücher, Textilhandtuchautomaten oder Warmlufttrockner) ausgestattet sein.

(3) In Waschräumen ist in Abhängigkeit der Nutzung eine wirksame Lüftung zu gewährleisten. Bei freier Lüftung (Fensterlüftung) sind die Mindestquerschnitte nach Tabelle 3 einzuhalten (weitere Informationen siehe ASR A3.6 „Lüftung"). Lüftungstechnische Anlagen sind so auszulegen, dass ein Abluftvolumenstrom von 11 m³/(h m²) erreicht wird.

Tabelle 3: Mindestquerschnitte für freie Lüftung von Waschräumen

System	Freier Querschnitt der Lüftungsöffnung/en [m²/m² Grundfläche]*)
einseitige Lüftung	0,04
Querlüftung**)	0,024

*) Die angegebenen Flächen sind die Summe aus Zuluft- und Abluftfläche.
**) Lüftungsöffnungen in gegenüberliegenden Außenwänden oder in einer Außenwand und der Deckenfläche

(4) Um Feuchtigkeit wirksam abführen zu können, wird eine mechanische Entlüftung empfohlen, insbesondere bei Waschräumen mit Duschen. Dabei ist eine darauf abgestimmte Zuluftmenge zu gewährleisten.

(5) Wasch- und Umkleideräume sollen einen unmittelbaren Zugang zueinander haben. Sind Wasch- und Umkleideräume räumlich voneinander getrennt, darf der Weg zwischen diesen Sanitärräumen nicht durchs Freie oder durch Arbeitsräume führen. Eine leichte Erreichbarkeit zwischen Wasch- und Umkleideraum ist bei einer Entfernung von maximal 10 m auf gleicher Etage gegeben. Die Lufttemperatur dieses Weges muss mindestens der des Umkleideraumes entsprechen (weitere Informationen siehe ASR A3.5 „Raumtemperatur").

(6) In Waschräumen mit mehreren Duschen sollen Duschen mit Sichtschutz solchen einer halboffenen bzw. offenen Ausführung des Duschbereiches vorgezogen werden.

(7) Fußböden und Wände müssen leicht zu reinigen und zu desinfizieren sein. Fußböden müssen auch im feuchten Zustand rutschhemmend sein (weitere Informationen siehe ASR A1.5/1,2 „Fußböden").

(8) Waschräume und ihre Einrichtungen sind in Abhängigkeit von der Häufigkeit der Nutzung zu reinigen und bei Bedarf zu desinfizieren. Werden diese täglich genutzt, sollen sie täglich gereinigt werden.

Hinweise:
1. *Fußböden im Nass- und Barfußbereich von Waschräumen sollen zur Fußpilz- und Warzenprophylaxe desinfizierend gereinigt werden. Es dürfen nur zugelassene und geprüfte Desinfektionsmittel bzw. desinfizierende Reinigungsmittel eingesetzt werden (z. B. Desinfektionsmittel-Liste des Verbundes für Angewandte Hygiene (VAH), Präparate mit Wirksamkeit gegen Papovaviren laut Herstellerangaben). Dabei sind die Herstellerangaben bzw. die Vorschriften aus dem Gefahrstoffrecht zu berücksichtigen. Insbesondere ist bei der Verwendung von Konzentraten die korrekte Anwendungskonzentration und Einwirkzeit des Desinfektionsmittels zu beachten.*
2. *Zur Einhaltung und Kontrolle der regelmäßigen und gründlichen Reinigung empfiehlt sich das Anbringen eines Reinigungsplanes im Waschraum mit kontinuierlicher Abzeichnungspflicht durch das verantwortliche Reinigungspersonal.*

3. *Nach dem Ergebnis der Gefährdungsbeurteilung können in Verbindung mit anderen öffentlich-rechtlichen Vorschriften (z. B. Gefahrstoff-, Biostoff-, Infektionsschutz- oder Lebensmittelrecht) zusätzliche Anforderungen notwendig werden.*
4. *Bei der Verwendung von Reinigungs- und Desinfektionsmitteln sind die hierfür bekannt gegebenen TRGS bzw. TRBA zu berücksichtigen.*

6.2 Bereitstellung

(1) Waschräume müssen sich in der Nähe der Arbeitsplätze befinden. Der Weg von den Arbeitsplätzen in Gebäuden zu den Waschräumen darf 300 m nicht überschreiten und soll nicht durchs Freie führen. Waschräume dürfen auch in einer anderen Etage eingerichtet sein.

(2) Waschräume sind mit einer ausreichenden Anzahl von Wasch- und Duschplätzen gemäß Tabellen 4, 5.1 und 5.2 zur Verfügung zu stellen. Die in den Tabellen 4, 5.1 und 5.2 jeweils angegebene Mindestanzahl darf nicht unterschritten werden.

Ist in bestehenden Arbeitsstätten die Bereitstellung der geforderten Anzahl von Wasch- und Duschplätzen mit Aufwendungen verbunden, die offensichtlich unverhältnismäßig sind, so hat der Arbeitgeber zu prüfen, wie durch andere oder ergänzende Maßnahmen die Sicherheit und der Gesundheitsschutz der Beschäftigten in vergleichbarer Weise gesichert werden kann; die erforderlichen Maßnahmen hat er durchzuführen. Eine solche Maßnahme kann z. B. die Verminderung der Gleichzeitigkeit der Nutzung sein. Diese ergänzenden Maßnahmen können solange herangezogen werden, bis die bestehenden Waschräume wesentlich umgebaut werden. Dabei darf die geforderte Mindestanzahl bei niedriger Gleichzeitigkeit der Nutzung nicht unterschritten werden.

Hinweis:
Es wird in zwei Gruppen der Gleichzeitigkeit der Nutzung unterschieden. Bei niedriger Gleichzeitigkeit nutzen die Beschäftigten die Waschräume zu unterschiedlichen Zeiten. Bei hoher Gleichzeitigkeit suchen die Beschäftigten prinzipiell Waschräume gemeinsam auf, z. B. an den Schichtenden.

Tabelle 4: Mindestanzahl von Waschpläten bei Kategorie A

Höchste Anzahl Beschäftigter, die in der Regel den Waschraum nutzen	Mindestanzahl Waschplätze bei Gleichzeitigkeit der Nutzung	
	niedrig	hoch
bis 5	1	2
6 bis 10	2	3
11 bis 15	3	4
16 bis 20	3	5
21 bis 25	4	6
26 bis 30	4	6
31 bis 35	5	7
36 bis 40	5	8
41 bis 45	6	9

Höchste Anzahl Beschäftigter, die in der Regel den Waschraum nutzen	Mindestanzahl Waschplätze bei Gleichzeitigkeit der Nutzung	
	niedrig	hoch
46 bis 50	6	10
51 bis 55	7	11
56 bis 60	8	12
61 bis 65	8	12
66 bis 70	8	12
71 bis 75	9	13
76 bis 80	10	14
81 bis 85	10	14
86 bis 90	10	14
91 bis 95	10	14
96 bis 100	11	15
je weitere 30	+2	+3

Tabelle 5.1: Mindestanzahl von Wasch- und Duschplätzen bei Kategorie B

Höchste Anzahl Beschäftigter, die in der Regel den Waschraum nutzen	Mindestanzahl der Waschplätze bei Gleichzeitigkeit der Nutzung		Mindestanzahl der Duschplätze bei Gleichzeitigkeit der Nutzung	
	niedrig	hoch	niedrig	hoch
bis 5	1	2	1	1
6 bis 10	1	2	1	2
11 bis 15	2	3	1	2
16 bis 20	2	4	2	3
21 bis 25	3	5	2	3
26 bis 30	3	5	2	3
31 bis 35	3	6	2	3
36 bis 40	4	7	2	4
41 bis 45	4	8	2	4
46 bis 50	4	9	2	4
51 bis 55	4	9	3	5
56 bis 60	5	11	3	5
61 bis 65	5	11	3	5
66 bis 70	5	11	3	5
71 bis 75	5	12	3	5
76 bis 80	6	12	4	6

Höchste Anzahl Beschäftigter, die in der Regel den Waschraum nutzen	Mindestanzahl der Waschplätze bei Gleichzeitigkeit der Nutzung		Mindestanzahl der Duschplätze bei Gleichzeitigkeit der Nutzung	
	niedrig	hoch	niedrig	hoch
81 bis 85	6	12	4	6
86 bis 90	6	13	4	6
91 bis 95	6	13	4	7
96 bis 100	6	14	4	7
je weitere 30	+1	+3	+1	+2

Tabelle 5.2: **Mindestanzahl von Wasch- und Duschplätzen bei Kategorie C**

Höchste Anzahl Beschäftigter, die in der Regel den Waschraum nutzen	Mindestanzahl der Waschplätze bei Gleichzeitigkeit der Nutzung		Mindestanzahl der Duschplätze bei Gleichzeitigkeit der Nutzung	
	niedrig	hoch	niedrig	hoch
bis 5	1	2	1	2
6 bis 10	2	3	1	3
11 bis 15	3	4	2	4
16 bis 20	3	5	2	5
21 bis 25	4	6	3	6
26 bis 30	4	7	3	7
31 bis 35	5	9	4	9
36 bis 40	5	10	4	10
41 bis 45	5	12	4	12
46 bis 50	6	13	5	13
51 bis 55	6	14	5	14
56 bis 60	6	15	5	15
61 bis 65	7	16	6	16
66 bis 70	7	16	6	16
71 bis 75	8	17	7	17
76 bis 80	8	18	7	18
81 bis 85	9	18	8	18
86 bis 90	10	19	9	19
91 bis 95	11	20	10	20
96 bis 100	11	20	10	20
je weitere 30	+2	+3	+2	+3

6.3 Abmessung

(1) In Waschräumen müssen die Mindestmaße nach Abb. 5 eingehalten werden. Dabei sind Bewegungsflächen und Verkehrswege zu berücksichtigen. Bewegungsflächen müssen vor Wasch- und Duschplätzen zur Verfügung stehen. Bewegungsflächen dürfen sich bei gleichzeitiger Nutzung des Waschraumes durch mehrere Beschäftigte nicht überschneiden. In Waschräumen mit mehreren Wasch- und Duschplätzen, die gleichzeitig genutzt werden können, sind Verkehrswege vorzusehen. Verkehrswege und Bewegungsflächen dürfen sich nicht überschneiden.

Ist in bestehenden Arbeitsstätten die Bereitstellung der geforderten Bewegungsfläche mit Aufwendungen verbunden, die offensichtlich unverhältnismäßig sind, so hat der Arbeitgeber zu prüfen, wie durch andere oder ergänzende Maßnahmen die Sicherheit und der Gesundheitsschutz der Beschäftigten in vergleichbarer Weise gesichert werden kann; die erforderlichen Maßnahmen hat er durchzuführen. Eine solche Maßnahme kann z. B. die Verringerung der Gleichzeitigkeit der Nutzung sein. Diese ergänzenden Maßnahmen können solange herangezogen werden, bis die bestehenden Waschräume wesentlich umgebaut werden. Dabei darf eine Bewegungsfläche von 350 × 600 mm pro Waschplatz nicht unterschritten werden.

(2) Die in Abb. 5 angegebenen Maße für Einzelwaschtische gelten analog für Reihenwasch-, Rundwaschanlagen oder gleichwertige Anlagen.

(3) Duschplätze müssen eine Mindestgrundfläche von $1\,m^2$ haben, wobei das Mindestmaß einer Seite 900 mm nicht unterschreiten darf.

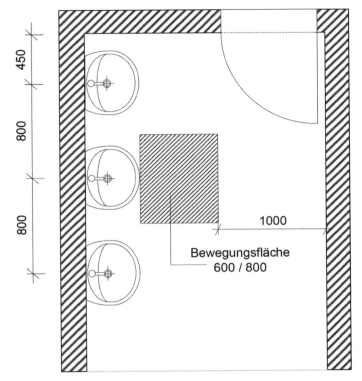

Abb. 5: Waschraum (Maße in mm)

6.4 Ausstattung

(1) An Wasch- und Duschplätzen müssen fließendes warmes und kaltes Wasser in Trinkwasserqualität im Sinne der Trinkwasserverordnung, Seifenablage und Handtuchhalter zur Verfügung stehen. Zusätzlich soll an Duschplätzen ein Haltegriff angebracht sein. Die Temperatur von vorgemischtem Wasser soll während der Nutzungszeit +43 °C nicht überschreiten.

(2) Das Schmutzwasser muss schnell und auf dem kürzesten Weg abfließen können, ohne dabei über einen weiteren Wasch- oder Duschplatz zu laufen.

(3) Wenn notwendig sind Einrichtungen zum Trocknen der Handtücher sowie Vorrichtungen zur Haartrocknung vorzusehen.

(4) In der Nähe der Waschplätze sind zum Trocknen der Hände z. B. Einmalhandtücher, Textilhandtuchautomaten oder Warmlufttrockner zur Verfügung zu stellen.

(5) Zusätzlich sollen sich in Waschräumen Abfallbehälter und Kleiderhaken befinden. In Duschanlagen ohne direkten Zugang zum Umkleideraum sind Kleiderablagen im Trockenbereich vorzusehen.

Hinweis:

Bei Bedarf sind die hygienisch erforderlichen Mittel zum Reinigen und wenn notwendig zum Desinfizieren der Hände sowie zur Hautpflege und zum Hautschutz zur Verfügung zu stellen (Hautschutzplan).

7 Umkleideräume

7.1 Allgemeines

(1) In Umkleideräumen ist in Abhängigkeit der Nutzung eine wirksame Lüftung zu gewährleisten. Bei freier Lüftung (Fensterlüftung) sind die Mindestquerschnitte nach Tabelle 6 einzuhalten (weitere Informationen siehe ASR A3.6 „Lüftung"). Lüftungstechnische Anlagen sind so auszulegen, dass ein Abluftvolumenstrom von 11 m^3/(h m^2) erreicht wird.

Tabelle 6: Mindestquerschnitte für freie Lüftung von Umkleideräumen

System	Freier Querschnitt der Lüftungsöffnung/en [m^2/m^2 Grundfläche]*)
einseitige Lüftung	0,02
Querlüftung**)	0,012

*) Die angegebenen Flächen sind die Summe aus Zuluft- und Abluftfläche.
**) Lüftungsöffnungen in gegenüberliegenden Außenwänden oder in einer Außenwand und der Deckenfläche

(2) Umkleideräume sind in Abhängigkeit von der Häufigkeit der Nutzung zu reinigen und bei Bedarf zu desinfizieren.

Hinweise:
1. *Zur Einhaltung und Kontrolle der regelmäßigen und gründlichen Reinigung empfiehlt sich das Anbringen eines Reinigungsplanes im Umkleideraum mit kontinuierlicher Abzeichnungspflicht durch das verantwortliche Reinigungspersonal.*
2. *Bei der Verwendung von Reinigungs- und Desinfektionsmitteln sind die hierfür bekannt gegebenen TRGS bzw. TRBA zu berücksichtigen.*

7.2 Bereitstellung

(1) Umkleideräume sind zur Verfügung zu stellen, wenn das Tragen besonderer Arbeitskleidung erforderlich ist und es den Beschäftigten nicht zuzumuten ist, sich in einem anderen Raum umzukleiden.

(2) Das Erfordernis besonderer Arbeitskleidung im Sinne des Anhangs 4.1 Absatz 3 Satz 1 ArbStättV ist dann anzunehmen, wenn die Arbeitskleidung betriebsbedingt getragen werden muss. Dies kann z. B. aus gesundheitlichen Gründen oder aufgrund der Art der Tätigkeit (siehe Punkt 6.1 Absatz 1) erforderlich sein oder auch auf Weisung des Arbeitgebers, z. B. zur einheitlichen Darstellung des Betriebes, notwendig sein.

(3) Eine Unzumutbarkeit im Sinne des Anhangs 4.1 Absatz 3 Satz 1 ArbStättV ist u. a. gegeben, wenn z. B. der Raum nicht gegen Einsichtnahme von außen geschützt, gleichzeitig von weiteren Personen anderweitig genutzt oder nicht abgeschlossen werden kann.

(4) Bei der räumlichen Anordnung von Umkleide- und Waschräumen ist Punkt 6.1 Absatz 5 zu beachten.

(5) Umkleideräume für Beschäftigte, die an Hitzearbeitsplätzen beschäftigt sind, müssen an die Arbeitsräume angrenzen, soweit nicht auf andere Weise (z. B. beheizte Verkehrswege) sichergestellt ist, dass die Beschäftigten keiner Erkältungsgefahr ausgesetzt sind. Die Entfernung zwischen einem Umkleideraum und den Hitzearbeitsplätzen soll nach Möglichkeit 100 m nicht überschreiten. Der Umkleideraum darf dabei nicht weiter als eine Etage entfernt sein.

7.3 Abmessung

Nutzen mehrere Beschäftigte die Umkleideräume gleichzeitig, muss für jeden Beschäftigten eine Bewegungsfläche von 0,5 m² im Raum vorhanden sein. Zusätzlich sind Verkehrswege zu berücksichtigen (weitere Informationen siehe ASR A1.8 „Verkehrswege").

7.4 Ausstattung

(1) Für je vier Beschäftigte, die den Umkleideraum gleichzeitig nutzen, muss mindestens eine Sitzgelegenheit zur Verfügung stehen.

(2) Zur Aufbewahrung der Kleidung muss für jeden Beschäftigten eine ausreichend große, belüftete und abschließbare Einrichtung mit Ablagefach vorhanden sein. Werden Schränke bereitgestellt, ist ein Mindestmaß von 0,30 m × 0,50 m × 1,80 m (B × T × H) einzuhalten. Ist für persönliche Kleidung sowie für Arbeits- und Schutzkleidung eine getrennte Aufbewahrung erforderlich, sind zwei derartige Schrankteile oder ein geteilter Schrank in doppelter Breite notwendig.

(3) Sind die Beschäftigten bei ihrer Tätigkeit stark geruchsbelästigenden Stoffen oder einer sehr starken Verschmutzung ausgesetzt, muss eine räumliche Trennung der Arbeits-, Schutzkleidung und persönlichen Kleidung vorhanden sein (Schwarz-Weiß-Trennung). Eine räumliche Schwarz-Weiß-Trennung kann in Abhängigkeit der Gefährdung durch zwei mit einem Waschraum verbundene Umkleideräume oder durch ein mit dem Arbeitsbereich verbundenes Schleusensystem zum An- und Ablegen der Arbeits- und Schutzkleidung erfolgen. Auf die Sonderregelungen in der GefStoffV und der BioStoffV wird hingewiesen.

(4) Bei Umkleideräumen mit mehreren Zugängen sollen Ein- und Ausgänge getrennt sein. Wenn die Umkleideräume für eine gleichzeitige Benutzung durch mehr als 100 Beschäftigte bestimmt sind, müssen die Ein- und Ausgänge getrennt sein.

(5) Für Arbeits- und Schutzkleidung, die bei der Tätigkeit feucht geworden ist, muss eine Trocknung bis zur nächsten Verwendung möglich sein, gegebenenfalls auch außerhalb des Umkleideraumes, z. B. in einem ausreichend belüfteten Trockenraum oder mit elektrisch betriebenen Trockenschränken.

(6) In Umkleideräumen sind Abfallbehälter, Spiegel und Kleiderablagen bereitzustellen.

8 Abweichende/ergänzende Anforderungen für Baustellen

8.1 Allgemeines

(1) Auf Baustellen können Baustellenwagen, absetzbare Baustellenwagen, Container oder andere Raumzellen für Sanitäreinrichtungen genutzt werden. Bei vorhandenen Sanitäreinrichtungen ist eine geringere lichte Höhe von 2,30 m bis zu einem wesentlichen Umbau zulässig. Der Arbeitgeber kann die Sanitäreinrichtungen von Dritten nutzen, wenn diese die Sanitäreinrichtungen in ausreichender Anzahl bereitstellen und instand halten.

Hinweis:
  Die Koordinierung gemeinsam genutzter Sanitäreinrichtungen kann in den Aufgabenbereich des Bauherren bzw. Koordinators nach Baustellenverordnung (BaustellV) fallen.

(2) Abweichend von Punkt 5.1 Absatz 3 Satz 2 müssen bei täglicher Nutzung Toilettenräume mindestens zweimal wöchentlich gereinigt werden. Die Toiletten in den Toilettenräumen wie auch mobile, anschlussfreie Toilettenkabinen sollen bei täglicher Nutzung täglich gereinigt werden.

(3) Abweichend von Punkt 4 Absatz 6 kann auf Baustellen bis 21 Beschäftigte auf getrennt eingerichtete Toiletten-, Wasch- und Umkleideräume für weibliche und männliche Beschäftigte verzichtet werden, wenn eine zeitlich getrennte Nutzung sichergestellt ist. Bei mehr als sechs Beschäftigten je Beschäftigtengruppe (männlich und weiblich), sind getrennte Sanitärräume erforderlich.

8.2 Toilettenräume und mobile, anschlussfreie Toilettenkabinen

(1) Werden von einem Arbeitgeber auf einer Baustelle mehr als zehn Beschäftigte länger als zwei zusammenhängende Wochen gleichzeitig beschäftigt, sind Toilettenräume bereit zu stellen. Abweichend von Punkt 5 können auf Baustellen mit bis zu zehn Beschäftigten mobile anschlussfreie Toilettenkabinen, vorzugsweise mit integrierter Handwaschgelegenheit, bereitgestellt werden. Hat die mobile, anschlussfreie Toilettenkabine keine Handwaschgelegenheit, ist sicherzustellen, dass sich diese in unmittelbarer Nähe des Aufstellortes der Toilettenkabine befindet.

(2) Mobile anschlussfreie Toilettenkabinen sollen in der Zeit vom 15.10. bis 30.4. beheizbar sein.

(3) Abweichend von Punkt 5.2 Absatz 1 sollen Toilettenräume und mobile, anschlussfreie Toilettenkabinen nicht mehr als 100 m Wegstrecke vom Arbeitsort entfernt eingerichtet sein. Ist dies aufgrund der Gegebenheiten auf der Baustelle nicht möglich (z. B. Fassadenarbeiten an Hochhäusern, Bauarbeiten im Tunnel, Kanalbauarbeiten, Streckenbaustellen) darf die Wegstrecke fünf Minuten nicht überschreiten (zu Fuß oder mit betrieblich zur Verfügung gestellten Verkehrsmitteln).

(4) Zusätzliche mobile, anschlussfreie Toilettenkabinen können erforderlich werden, sofern es sich um ständig wechselnde Arbeitsplätze handelt oder die Arbeitsplätze sich in Ebenen/Geschossen ober- oder unterhalb der Aufstellebene der Toilettenräume oder -kabinen befinden.

(5) Toilettenräume oder mobile, anschlussfreie Toilettenkabinen auf Baustellen sind nicht erforderlich, wenn außerhalb der Baustelle gleichwertige Einrichtungen zur Verfügung stehen und nutzbar sind sowie Absatz 3 eingehalten wird.

(6) Abweichend von Punkt 5.2 Absatz 2 kann auf Baustellen der abgeschlossene Vorraum durch einen Sichtschutz ersetzt werden.

(7) Außerhalb der Toilettenzelle sind an geeigneter Stelle Möglichkeiten zur Ablage von persönlicher Schutzausrüstung (z. B. Wetterschutzkleidung oder Auffanggurt) vorzusehen.

8.3 Waschräume

(1) Werden von einem Arbeitgeber auf einer Baustelle mehr als zehn Beschäftigte länger als zwei zusammenhängende Wochen gleichzeitig beschäftigt, sind Waschräume bereit zu stellen. Dies ist nicht erforderlich, wenn die Beschäftigten von der Baustelle täglich in Betriebsgebäude mit Sanitärräumen oder in Verbindung mit der Baustelle stehende Unterkünfte zurückkehren.

(2) Waschräume auf Baustellen sollen sich in unmittelbarer Nähe der Pausen- und Bereitschaftsräume befinden.

(3) Abweichend von Punkt 6.1 Absatz 5 kann der Weg vom Waschraum zum Umkleide- und Pausenraum durch das Freie führen, sofern er gegen Sicht und Witterungseinflüsse geschützt ausgebildet wird.

(4) Abweichend von Punkt 6.3 Absätze 1 und 2 ist in Waschräumen auf Baustellen eine Bewegungsfläche von 0,50 m² vor der Dusche oder dem Waschplatz ausreichend.

(5) Abweichend von Punkt 6.3 Absatz 3 ist für Duschplätze eine Mindestgrundfläche von 800 × 800 mm ausreichend.

(6) Außerhalb der Waschräume sind an geeigneter Stelle Möglichkeiten zur Ablage von persönlicher Schutzausrüstung (z. B. Wetterschutzkleidung oder Auffanggurt) vorzusehen.

8.4 Anzahl von Toiletten, Urinalen, Wasch- und Duschplätzen

Abweichend von den Tabellen 2, 4, 5.1 und 5.2 gilt auf Baustellen Tabelle 7.

Tabelle 7: Mindestanzahl von Toiletten, Urinalen, Wasch- und Duschplätzen

Höchste Anzahl Beschäftig- ter, die in der Regel die Sanitäreinrichtungen nutzen	Mindestanzahl		
	Waschplätze	Duschplätze	Toiletten/ Urinale
bis 5	1	0	1*)
6 bis 10	2	0	1*)
11 bis 20	3	1	2
21 bis 30	5	1	3
31 bis 40	7	2	4
41 bis 50	9	2	5
51 bis 75	12	3	6
76 bis 100	14	4	7
je weitere 30	+3	+1	+1
*) für männliche Beschäftigte wird zuzüglich 1 Urinal empfohlen			

Bei der Bereitstellung von Toiletten und Urinalen ist Punkt 5.2 Absatz 4 zu berücksichtigen.

8.5 Umkleideräume

Gesonderte Umkleideräume sind auf Baustellen nicht erforderlich, sofern in den Pausenräumen Möglichkeiten zum Wechseln der Kleidung und der getrennten Aufbewahrung von Arbeitskleidung und persönlicher Kleidung in geeigneten Schränken bestehen.

Ausgewählte Literaturhinweise

TRBA 500 Grundlegende Maßnahmen bei Tätigkeiten mit biologischen Arbeitsstoffen

ASR A4.2 – Pausen- und Bereitschaftsräume

(GMBl. 2012 S. 660, geänd. GMBl. 2014 S. 287, GMBl. 2017 S. 401 und GMBl. 2018 S. 474)

Die Technischen Regeln für Arbeitsstätten (ASR) geben den Stand der Technik, Arbeitsmedizin und Hygiene sowie sonstige gesicherte arbeitswissenschaftliche Erkenntnisse für das Einrichten und Betreiben von Arbeitsstätten wieder.

Sie werden vom Ausschuss für Arbeitsstätten ermittelt bzw. angepasst und vom Bundesministerium für Arbeit und Soziales im Gemeinsamen Ministerialblatt bekannt gemacht.

Diese ASR A4.2 konkretisiert im Rahmen des Anwendungsbereichs die Anforderungen der Verordnung über Arbeitsstätten. Bei Einhaltung der Technischen Regeln kann der Arbeitgeber insoweit davon ausgehen, dass die entsprechenden Anforderungen der Verordnung erfüllt sind. Wählt der Arbeitgeber eine andere Lösung, muss er damit mindestens die gleiche Sicherheit und den gleichen Gesundheitsschutz für die Beschäftigten erreichen.

Inhalt

1 Zielstellung

Diese ASR konkretisiert die Anforderungen an Pausenräume und Pausenbereiche, Bereitschaftsräume sowie an Einrichtungen zum Hinlegen und Ausruhen für schwangere Frauen und stillende Mütter nach Anhang 4.2 und 5.2 Abs. 1 b) und c) der Arbeitsstättenverordnung.

2 Anwendungsbereich

Diese ASR gilt für das Einrichten und Betreiben von Pausenräumen und Pausenbereichen sowie von Bereitschaftsräumen für Beschäftigte in Arbeitsstätten, in Gebäuden oder im Freien. Sie gilt auch für Einrichtungen zum Hinlegen und Ausruhen für schwangere Frauen und stillende Mütter.

Hinweis:
Zusätzliche Anforderungen an die barrierefreie Gestaltung werden zu einem späteren Zeitpunkt als Anhang in die ASR V3 a.2 „Barrierefreie Gestaltung von Arbeitsstätten" eingefügt.

3 Begriffsbestimmungen

3.1 Pausenräume sind allseits umschlossene Räume, die der Erholung oder dem Aufenthalt der Beschäftigten während der Pause oder bei Arbeitsunterbrechung dienen. Insbesondere für Arbeitsstätten im Freien oder auf Baustellen können dies z. B. auch Räume in vorhandenen Gebäuden sowie in Baustellenwagen, absetzbaren Baustellenwagen oder in Containern sein.

3.2 Pausenbereiche sind abgetrennte Bereiche innerhalb von Räumen der Arbeitsstätte, die der Erholung oder dem Aufenthalt der Beschäftigten während der Pause oder bei Arbeitsunterbrechung dienen.

3.3 Bereitschaftsräume sind allseits umschlossene Räume, die dem Aufenthalt der Beschäftigten während der Arbeitsbereitschaft oder bei Arbeitsunterbrechungen dienen. Insbesondere für Arbeitsstätten im Freien oder auf Baustellen können dies z. B. auch Räume in vorhandenen Gebäuden sowie in Baustellenwagen, absetzbaren Baustellenwagen oder in Containern sein.

3.4 Einrichtungen für schwangere Frauen und stillende Mütter bieten schwangeren Frauen und stillenden Müttern die Gelegenheit, sich während der Pausen oder der Arbeitszeit zu setzen, hinzulegen und auszuruhen.

4 Pausenräume und Pausenbereiche

4.1 Allgemeine Anforderungen

(1) Pausenräume und Pausenbereiche müssen in einer der Sicherheit und der Gesundheit zuträglichen Umgebung eingerichtet und betrieben werden. Pausenbereiche sind Pausenräumen gleichgestellt, wenn sie gleichwertige Bedingungen für die Pause gewährleisten.

(2) Ein Pausenraum oder Pausenbereich ist zur Verfügung zu stellen, wenn mehr als zehn Beschäftigte einschließlich Zeitarbeitnehmern gleichzeitig in der Arbeitsstätte tätig sind.

Nicht zu berücksichtigen sind Beschäftigte, die

– aufgrund des Arbeitszeitgesetzes keinen Anspruch auf Ruhepausen haben (z. B. Teilzeitkräfte mit bis zu sechs Stunden täglicher Arbeitszeit) oder
– überwiegend außerhalb der Arbeitsstätte tätig sind (z. B. Außendienstmitarbeiter, Kundendienstmonteure).

(3) Unabhängig von der Anzahl der Beschäftigten ist ein Pausenraum oder Pausenbereich zur Verfügung zu stellen, wenn Sicherheits- oder Gesundheitsgründe dies erfordern. Das können z. B. sein:

– Arbeiten mit erhöhter Gesundheitsgefährdung in Hitze, Kälte, Nässe oder Staub,
– Überschreitung der Auslösewerte für Lärm oder Vibrationen (siehe LärmVibrationsArbSchV),
– Gefährdungen beim Umgang mit biologischen Arbeitsstoffen oder Gefahrstoffen,
– unzuträgliche Gerüche,
– überwiegende Arbeiten im Freien,
– andauernde, einseitig belastende Körperhaltung mit eingeschränktem Bewegungsraum, z. B. Steharbeit,
– schwere körperliche Arbeit,
– stark schmutzende Tätigkeit,
– Arbeitsräume/Bereiche ohne Tageslicht oder
– Arbeitsräume/Bereiche, zu denen üblicherweise Dritte (z. B. Kunden, Publikum, Mitarbeiter von Fremdfirmen) Zutritt haben.

(4) Auf einen Pausenraum oder Pausenbereich kann bei Tätigkeiten in Büroräumen oder in vergleichbaren Arbeitsräumen verzichtet werden, sofern diese wäh-

rend der Pause frei von arbeitsbedingten Störungen (z. B. durch Publikumsverkehr, Telefonate) sind. Damit wird eine gleichwertige Erholung im Arbeitsraum gewährleistet. Vergleichbare Arbeitsräume können z. B. Registraturen oder Bibliotheken sein.

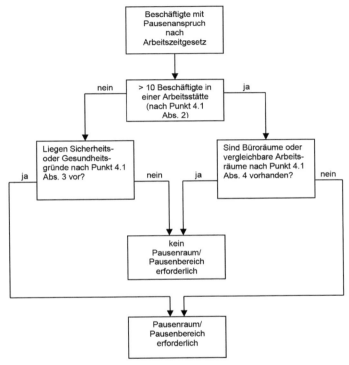

Abb. 1: Ermittlung der Notwendigkeit von Pausenräumen oder Pausenbereichen

(5) Pausenräume und Pausenbereiche müssen leicht und sicher über Verkehrswege erreichbar sein. Der Zeitbedarf zum Erreichen der Pausenräume soll 5 Minuten je Wegstrecke (zu Fuß oder mit betrieblich zur Verfügung gestellten Verkehrsmitteln) nicht überschreiten. Die Wegstrecke zu Pausenbereichen darf 100 m nicht überschreiten.

(6) Pausenräume und Pausenbereiche dürfen nicht unterhalb schwebender Lasten oder in Bereichen mit Gefährdung durch herabfallende Gegenstände eingerichtet werden.

(7) Im Pausenraum und Pausenbereich sind Beeinträchtigungen, z. B. durch Vibrationen, Stäube, Dämpfe oder Gerüche, soweit wie möglich auszuschließen. Während der Pause darf der durchschnittliche Schalldruckpegel in Pausenräumen aus den Betriebseinrichtungen und dem von außen einwirkenden Umgebungslärm

höchstens 55 dB(A) betragen. In Pausenbereichen soll dieser Wert nicht überschritten werden.

(8) Pausenräume und Pausenbereiche müssen frei von arbeitsbedingten Störungen (z. B. durch Produktionsabläufe, Publikumsverkehr, Telefonate) sein.

(9) In Pausenräumen und Pausenbereichen muss für Beschäftigte, die den Raum oder Bereich gleichzeitig benutzen sollen, eine Grundfläche von jeweils mindestens 1,00 m² einschließlich Sitzgelegenheit und Tisch vorhanden sein. Flächen für weitere Einrichtungsgegenstände, Zugänge und Verkehrswege sind hinzuzurechnen (siehe ASR A1.2 „Raumabmessungen und Bewegungsflächen").
Die Grundfläche eines Pausenraumes muss mindestens 6,00 m² betragen.
Die lichte Höhe von Pausenräumen muss den Anforderungen der ASR A1.2 „Raumabmessungen und Bewegungsflächen" entsprechen.

(10) Pausenräume sollen eine Sichtverbindung nach außen aufweisen. Für Pausenbereiche wird eine solche empfohlen.

(11) Pausenräume und Pausenbereiche müssen
– über möglichst ausreichend Tageslicht verfügen und ausreichend beleuchtet sein (siehe ASR A3.4 „Beleuchtung"),
– ausreichend temperiert sein (siehe ASR A3.5 „Raumtemperatur") und
– gesundheitlich zuträgliche Atemluft in ausreichender Menge aufweisen (siehe ASR A3.6 „Lüftung").

(12) Der Umfang der Ausstattung von Pausenräumen und Pausenbereichen richtet sich nach der Anzahl der gleichzeitig anwesenden Benutzer. Für diese sind Sitzgelegenheiten mit Rückenlehne und Tische vorzusehen. Das Inventar muss leicht zu reinigen sein. Ein Abfallbehälter mit Deckel ist bereitzustellen.
Ein Bedarf für Einrichtungen für das Wärmen und Kühlen von Lebensmitteln liegt vor, wenn keine Kantine zur Verfügung steht oder bei Beschäftigten, die durch ärztliches Attest nachweisen, dass sie eine bestimmte Diät einhalten müssen. Bei Bedarf sind Kleiderablagen und der Zugang zu Trinkwasser zur Verfügung zu stellen. Eine Waschgelegenheit im Pausenraum kann zweckmäßig sein (siehe ASR A4.1 „Sanitärräume").

(13) Eine Kantine oder ein Restaurant kann als Pausenraum genutzt werden, wenn sich die Beschäftigten ohne Verzehrzwang aufhalten dürfen und die Anforderungen von Punkt 4.1 Abs. 5, 7 und 9 bis 12 erfüllt werden.

4.2 Zusätzliche Anforderungen an Pausenräume

(1) Pausenräume können außerhalb der festgelegten Pausenzeiten für andere Zwecke, z. B. Besprechungen, Schulungen, genutzt werden, wenn diese die in der ASR A1.2 „Raumabmessungen und Bewegungsflächen" enthaltenen Raumabmessungen erfüllen. Die Räume müssen vor der Nutzung als Pausenraum gelüftet und gereinigt sein.

(2) Führt die Tür eines Pausenraumes unmittelbar ins Freie, so sind die Beschäftigten vor Zugluft zu schützen. Dies kann durch einen Windfang oder Windfangraum mit Vorhang aus einem schwer entflammbaren Material erreicht werden.

4.3 Zusätzliche Anforderungen an Pausenbereiche

(1) Pausenbereiche sind an ungefährdeter Stelle anzuordnen. Sie dürfen z. B. nicht in der Nähe heißer Oberflächen eingerichtet werden.

(2) Pausenbereiche müssen optisch abgetrennt sein, z. B. durch mobile Trennwände, Möbel oder geeignete Pflanzen.

5 Bereitschaftsräume

(1) Ein Bereitschaftsraum muss immer dann zur Verfügung stehen, wenn während der Arbeitszeit regelmäßig und in erheblichem Umfang (in der Regel mehr als 25 Prozent der Arbeitszeit) Arbeitsbereitschaft oder Arbeitsunterbrechungen auftreten. Das ist u. a. der Fall, wenn nicht vorhergesehen werden kann, wann eine Arbeitsaufnahme erfolgt, z. B. in Krankenhäusern, bei Berufsfeuerwehren, Rettungsdiensten oder Fahrbereitschaften.

(2) Als Bereitschaftsraum kann unter Berücksichtigung von Absatz 4 auch ein Pausenraum genutzt werden.

(3) Der Bereitschaftsraum muss mindestens den Anforderungen an einen Pausenraum entsprechen.

(4) Liegt die Arbeitsbereitschaft oder die Arbeitsunterbrechung in den Nachtstunden oder ist die Arbeitszeit einschließlich der Bereitschaftszeit größer als 12 Stunden, muss der als Bereitschaftsraum genutzte Raum zusätzlich mit Liegen ausgestattet sein. Zusätzliche Anforderungen an die zweckentsprechende Ausstattung von Bereitschaftsräumen sind im Rahmen der vorgesehenen Nutzung zu ermitteln.

(5) Müssen Liegen zur Verfügung gestellt werden, ergeben sich folgende Anforderungen:
— Die Mindestgrundfläche des Bereitschaftsraumes ergibt sich aus den Stellflächen der Ausstattung, Bewegungsflächen und den Verkehrsflächen.
— Die Nutzung der Bereitschaftsräume getrennt nach Frauen und Männern ist räumlich oder organisatorisch sicherzustellen.
— Für die Zeit der Nutzung der Liegen ist eine anderweitige Nutzung des Raumes durch andere Personen (z. B. als Pausenraum, Büro, Arztzimmer) nicht zulässig.
— Der Raum muss verschließbar, nicht einsehbar und verdunkelbar sein.
— Es soll eine Waschgelegenheit zur Verfügung stehen.
— Liegen müssen gepolstert und mit einem wasch- oder wegwerfbaren Belag ausgestattet sein.
— Die Erreichbarkeit der Beschäftigten ist unter Wahrung ihrer Privatsphäre zu gewährleisten (z. B. durch Rufeinrichtung).
— Zur Sicherstellung der Alarmierung im Brandfall und zum sicheren Verlassen des Bereitschaftsraumes siehe ASR A2.2 „Maßnahmen gegen Brände" und ASR A2.3 „Fluchtwege und Notausgänge, Flucht- und Rettungsplan".

6 Einrichtungen für schwangere Frauen und stillende Mütter

(1) Werden schwangere Frauen oder stillende Mütter beschäftigt, müssen Einrichtungen zum Hinlegen, Ausruhen und Stillen am Arbeitsplatz oder in unmittelbarer Nähe in einer Anzahl vorhanden sein, die eine jederzeitige Nutzbarkeit sicherstellen. Die Privatsphäre ist bei der Nutzung zu gewährleisten.

(2) Die Einrichtungen zum Hinlegen, Ausruhen und Stillen müssen gepolstert und mit einem wasch- oder wegwerfbaren Belag ausgestattet sein.

(3) Für die Räume, in denen die Einrichtungen genutzt werden, gelten die Anforderungen aus Punkt 4.1 Abs. 5 bis 11.

7 Abweichende/ergänzende Anforderungen für Baustellen

(1) Für Beschäftigte auf Baustellen ist ein Pausenraum oder ein Pausenbereich vorzusehen, da die Voraussetzungen nach Punkt 4.1 Abs. 3 in der Regel gegeben sind.

(2) Abweichend von Punkt 7 Abs. 1 ist auf Baustellen ein Pausenraum oder Pausenbereich nicht erforderlich, wenn bis zu vier Beschäftigte eines Arbeitgebers gleichzeitig längstens eine Woche oder höchstens 20 Personentage tätig sind. Voraussetzung ist, dass die Möglichkeit besteht, sich an einer gleichwertigen Stelle gegen Witterungseinflüsse geschützt zu waschen (siehe ASR A4.1 „Sanitärräume", Punkt 6.1 Abs. 2), zu wärmen, umzukleiden und eine Mahlzeit einzunehmen und ggf. zuzubereiten.

(3) Abweichend von den Anforderungen des Punktes 4.1 Abs. 7 Satz 2 ist für die Pausenzeit ein durchschnittlicher Schalldruckpegel von 55 dB(A) anzustreben.

(4) Die lichte Höhe von Pausenräumen oder Pausenbereichen muss mindestens 2,30 m betragen.

(5) Werden auf Baustellen Unterkünfte zur Verfügung gestellt, kann auf Pausenräume verzichtet werden, sofern die Unterkünfte geeignet sind, von den jeweiligen Bewohnern auch zum Aufenthalt bei Pausen genutzt werden zu können und die Anforderungen nach Punkt 4.1 Abs. 12 und die entsprechenden Anforderungen der ASR A4.1 „Sanitärräume" erfüllt sind.

(6) Ergänzend zu Punkt 4.1 Abs. 12 muss für Pausenräume oder Pausenbereiche, in denen Beschäftigte sich umziehen, eine Möglichkeit zur getrennten Aufbewahrung für Arbeits- und Schutzkleidung sowie Straßenkleidung vorhanden sein (siehe entsprechende Anforderung der ASR A4.1 „Sanitärräume" Punkt 8.5).

Ausgewählte Literaturhinweise:
LASI LV 50 „Bewegungsergonomische Gestaltung von andauernder Steharbeit, März 2009"

ASR A4.3 – Erste-Hilfe-Räume, Mittel und Einrichtungen zur Ersten Hilfe

(GMBl. 2010 S. 1764, geänd. durch GMBl. 2011 S. 1090, GMBl. 2014 S. 288, GMBl. 2017 S. 401 und GMBl. 2018 S. 475)

Die Technischen Regeln für Arbeitsstätten (ASR) geben den Stand der Technik, Arbeitsmedizin und Hygiene sowie sonstige gesicherte arbeitswissenschaftliche Erkenntnisse für das Einrichten und Betreiben von Arbeitsstätten wieder.

Sie werden vom **Ausschuss für Arbeitsstätten (ASTA)** ermittelt bzw. angepasst und vom Bundesministerium für Arbeit und Soziales im Gemeinsamen Ministerialblatt bekannt gemacht.

Diese ASR A4.3 konkretisiert im Rahmen des Anwendungsbereichs die Anforderungen der Verordnung über Arbeitsstätten. Bei Einhaltung der Technischen Regeln kann der Arbeitgeber insoweit davon ausgehen, dass die entsprechenden Anforderungen der Verordnung erfüllt sind. Wählt der Arbeitgeber eine andere Lösung, muss er damit mindestens die gleiche Sicherheit und den gleichen Gesundheitsschutz für die Beschäftigten erreichen.

Inhalt

1 Zielstellung

Diese Arbeitsstättenregel konkretisiert die Anforderungen an Mittel und Einrichtungen zur Ersten Hilfe sowie an Erste-Hilfe-Räume beim Einrichten und Betreiben von Arbeitsstätten in § 3a Abs. 1 und § 4 Abs. 5 sowie Punkt 4.3 des Anhanges der Arbeitsstättenverordnung.

2 Anwendungsbereich

(1) Diese ASR gilt für Anforderungen an Mittel und Einrichtungen zur Ersten Hilfe sowie Erste-Hilfe-Räume oder vergleichbare Einrichtungen und deren Bereitstellung.

(2) entfallen

Hinweis:

Für die barrierefreie Gestaltung der Erste-Hilfe-Räume sowie Mittel und Einrichtungen zur Ersten Hilfe gilt die ASR V 3 a.2 „Barrierefreie Gestaltung von Arbeitsstätten", Anhang A 4.3: Ergänzende Anforderungen zur ASR A4.3 „Erste-Hilfe-Räume, Mittel und Einrichtungen zur Ersten Hilfe".

3 Begriffsbestimmungen

3.1 Erste Hilfe umfasst medizinische, organisatorische und betreuende Maßnahmen an Verletzten oder Erkrankten.

3.2 Notfall ist ein Ereignis, das unverzüglich Rettungsmaßnahmen erfordert und Maßnahmen der Ersten Hilfe, des Rettungsdienstes und der ärztlichen Behandlung umfasst.

3.3 Notruf ist die Meldung eines Notfalls über Meldeeinrichtungen zur Alarmierung des Rettungsdienstes, der Feuerwehr oder der Polizei.

3.4 Mittel zur Ersten Hilfe sind Erste-Hilfe-Material (z. B. Verbandmaterial, Hilfsmittel, Rettungsdecke) sowie gemäß Gefährdungsbeurteilung erforderliche medizinische Geräte (z. B. Automatisierter Externer Defibrillator, Beatmungsgerät) und Arzneimittel (z. B. Antidot), die zur Ersten Hilfe benötigt werden.

3.5 Einrichtungen zur Ersten Hilfe sind technische Hilfsmittel zur Rettung aus Gefahr für Leben und Gesundheit, z. B. Meldeeinrichtungen, Rettungstransportmittel und Rettungsgeräte.

3.6 Meldeeinrichtungen sind Kommunikationsmittel, um im Notfall unverzüglich einen Notruf absetzen zu können.

3.7 Rettungstransportmittel dienen dem fachgerechten, schonenden Transport Verletzter oder Erkrankter zur weiteren Versorgung im Erste-Hilfe-Raum, zum Arzt oder ins Krankenhaus.

3.8 Rettungsgeräte sind technische Hilfsmittel zur Personenrettung aus Gefahrensituationen.

3.9 Erste-Hilfe-Räume und vergleichbare Einrichtungen sind speziell vorgesehene Räume, in denen bei einem Unfall oder bei einer Erkrankung im Betrieb Erste Hilfe geleistet oder die ärztliche Erstversorgung durchgeführt werden kann.

Den Erste-Hilfe-Räumen vergleichbare Einrichtungen sind z. B. Rettungsfahrzeuge, transportable Raumzellen (Erste-Hilfe-Container) oder Arztpraxisräume. Als vergleichbare Einrichtungen gelten auch besonders eingerichtete, vom übrigen Raum abgetrennte Erste-Hilfe-Bereiche.

4 Mittel zur Ersten Hilfe

(1) Erste-Hilfe-Material ist in Verbandkästen oder anderen geeigneten Behältnissen (z. B. Rucksäcke, Taschen, Schränke), im Folgenden Verbandkasten genannt, vorzuhalten. Die Mindestanzahl der bereitzuhaltenden Verbandkästen ergibt sich aus Tabelle 1.

Tabelle 1: Mindestanzahl der bereitzuhaltenden Verbandkästen

Betriebsart	Zahl der Beschäftigten	Kleiner Verbandkasten	Großer Verbandkasten
Verwaltungs- und Handelsbetriebe	1– 50	1	–
	51–300	–	1
	301–600	–	2
	für je 300 weitere Beschäftigte	–	+1
Herstellungs-, Verarbeitungsbe- triebe und vergleich- bare Betriebe	1– 20	1	–
	21–100	–	1
	101–200	–	2
	für je 100 weitere Beschäftigte	–	+1

(2) Statt eines großen Verbandkastens können zwei kleine Verbandkästen verwendet werden. Für Tätigkeiten im Außendienst, insbesondere für die Mitführung von Erste-Hilfe-Material in Werkstattwagen und Einsatzfahrzeugen, kann auch der Kraftwagen-Verbandkasten als kleiner Verbandkasten verwendet werden.

(3) Die Verbandkästen sind auf die Arbeitsstätte so zu verteilen, dass sie von ständigen Arbeitsplätzen höchstens 100 m Wegstrecke oder höchstens eine Geschosshöhe entfernt sind. Sie sind überall dort aufzubewahren, wo die Arbeitsbedingungen dies erforderlich machen.

(4) Erste-Hilfe-Material ist so aufzubewahren, dass es vor schädigenden Einflüssen (z. B. Verunreinigungen, Nässe, hohe Temperaturen) geschützt, aber jederzeit leicht zugänglich ist. Das Erste-Hilfe-Material ist nach Verbrauch, bei Unbrauchbarkeit oder nach Ablauf des Verfallsdatums zu ergänzen bzw. zu ersetzen.

(5) In Arbeitsstätten ist mindestens das Erste-Hilfe-Material entsprechend Tabelle 2 bereitzuhalten.

(6) Ausgehend von der Gefährdungsbeurteilung können neben der Grundausstattung mit Erste-Hilfe-Material nach Abs. 5 auch ergänzende Mittel zur Ersten Hilfe (siehe Punkt 3.4) notwendig werden.

Tabelle 2: Inhalt der Verbandkästen

| Nr. | Stückzahl | | Benennung oder Bezeichnung | Ausführung und Bemerkung |
---	Kleiner Verbandkasten	Großer Verbandkasten		
1	1	2	Heftpflaster	500 cm × 2,5 cm, Spule mit Außenschutz, thermoresistenter Kleber
2	8	16	Wundschnellverband	10 cm × 6 cm, staubgeschützt verpackt
3	4	8	Fingerkuppenverband	staubgeschützt verpackt
4	4	8	Fingerverband	12 cm × 2 cm, staubgeschützt verpackt
5	4	8	Pflasterstrips	1,9 cm × 7,2 cm, staubgeschützt verpackt
6	8	16	Pflasterstrips	2,5 cm × 7,2 cm, staubgeschützt verpackt
7	1	2	Verbandpäckchen	starre oder elastische Fixierbinde mit festen Kanten; 300 cm × 6 cm mit Kompresse 6 cm × 8 cm; Saugkapazität: mind. 800 g/m², steril verpackt
8	3	6	Verbandpäckchen	starre oder elastische Fixierbinde mit festen Kanten; 400 cm × 8 cm mit Kompresse 12 cm × 8 cm; Saugkapazität: mind. 800 g/m², steril verpackt
9	1	2	Verbandpäckchen	starre oder elastische Fixierbinde mit festen Kanten, 400 cm × 10 cm mit Kompresse 12 cm × 10 cm; Saugkapazität: mind. 800 g/m², steril verpackt
10	1	2	Verbandtuch	80 cm × 60 cm, Saugkapazität mind. 125 g/m² Flächengewicht: mind. 90 g/m²

Nr.	Stückzahl		Benennung oder Bezeichnung	Ausführung und Bemerkung
	Kleiner Verband-kasten	Großer Verband-kasten		
11	6	12	Kompresse	10 cm × 10 cm, Saug-kapazität mind. 800 g/m², maximal paar-weise steril verpackt
12	2	4	Augenkompresse	5 cm × 7 cm, Gewicht: mind. 1,5 g/Stück, ein-zeln steril verpackt
13	1	2	Kälte-Sofortkom-presse	mindestens 200 cm², ohne Vorkühlung, vor-gegebene Lagerbedin-gungen beachten
14	1	2	Rettungsdecke	mindestens 210 cm × 160 cm, Mindestfolien-dicke 12 pm, dauerhaft metallisierte Polyester-folie oder Material mit mindestens gleichwerti-gen Eigenschaften in Be-zug auf Reflexionsver-mögen, Temperaturbe-ständigkeit, nahtlos, mit Aluminium bedampft, Rückseite farbig, staub-geschützt verpackt
15	2	4	Fixierbinde	400 cm × 6 cm, einzeln staubgeschützt verpackt
16	2	4	Fixierbinde	400 cm × 8 cm, einzeln staubgeschützt verpackt
17	2	4	Dreiecktuch	96 cm × 96 cm × 136 cm, staubgeschützt verpackt
18	1	1	Schere	mindestens 18 cm lang, kniegebogen, nicht rostend
19	2	4	Folienbeutel	Mindestgröße 30 cm × 40 cm, Mindestfolien-dicke 45 pm, verschließ-bar, aus Polyethylen
20	5	10	Vliesstoff-Tuch	mindestens 20 cm × 30 cm, flächenbezogene Masse mind. 15 g/m²

Nr.	Stückzahl		Benennung oder Bezeichnung	Ausführung und Bemerkung
	Kleiner Verband- kasten	Großer Verband- kasten		
21	4	8	Medizinische Einmalhandschuhe	nahtlos, groß, staub- geschützt verpackt
22	1	1	Erste-Hilfe- Broschüre	Der Informationsgehalt der Broschüre muss min- destens eine „Anleitung zu Ersten Hilfe" beinhal- ten.
23	1	1	Inhaltsverzeichnis	–

5 Einrichtungen zur Ersten Hilfe

5.1 Meldeeinrichtungen

(1) Der Arbeitgeber hat in Arbeitsstätten ständig zugängliche Meldeeinrichtun- gen (z. B. Telefon mit Angabe der Notrufnummern) zum unverzüglichen Absetzen eines Notrufes vorzuhalten.

(2) In Abhängigkeit von der Gefährdungsbeurteilung können besondere Mel- deeinrichtungen (z. B. Notrufmelder) erforderlich sein. Sofern es nicht möglich ist, stationäre Meldeeinrichtungen vorzusehen, können auch funktechnische Einrich- tungen, z. B. Betriebsfunkanlagen, als Meldeeinrichtung eingesetzt werden. Bei Al- leinarbeit können – ggf. auch willensunabhängig wirkende – Personen-Notsignal- Anlagen verwendet werden.

5.2 Rettungstransportmittel

(1) Der Arbeitgeber hat zu prüfen, ob er den Rettungstransport auf Grund der innerbetrieblichen Entfernungen und Verhältnisse und der damit verbundenen Eintreffzeiten dem öffentlichen Rettungsdienst überlässt oder ob eigene Rettungs- transportkapazitäten erforderlich sind.

(2) In Betrieben, in denen der öffentliche Rettungsdienst seine Aufgabe am Ort des Geschehens durchführen kann, sind keine weiteren Transportmittel bereit zu stellen. Sofern dieser Ort mit Krankentragen nicht zugänglich ist, müssen entspre- chend der Gefährdungsbeurteilung geeignete Transportmittel, z. B. Rettungs- tücher, Krankentransport-Hängematten oder Schleifkörbe, vorgehalten werden.

5.3 Rettungsgeräte

Rettungsgeräte sind gemäß der Gefährdungsbeurteilung vorzuhalten, wenn in Arbeitsstätten im Falle von Rettungsmaßnahmen besondere Anforderungen be- stehen, z. B. bei der Rettung von hochgelegenen Arbeitsplätzen, aus tiefen Schäch- ten oder bei sonstigen schwer zugänglichen Arbeitsplätzen. Geeignete Rettungsge- räte sind z. B. Rettungshubgeräte, Spreizer, Schneidgeräte, Abseilgeräte.

6 Erste-Hilfe-Räume und vergleichbare Einrichtungen

(1) Ein Erste-Hilfe-Raum oder eine vergleichbare Einrichtung ist erforderlich
– in Betrieben mit mehr als 1000 Beschäftigten und
– in Betrieben mit mehr als 100 Beschäftigten, wenn besondere Unfall- oder Gesundheitsgefahren bestehen.

(2) Bei besonderen Unfall- oder Gesundheitsgefahren können zusätzliche Maßnahmen erforderlich sein (z. B. weitere Räumlichkeiten, ergänzende Ausstattungen).

(3) Für vorübergehend eingerichtete Arbeitsstätten können vergleichbare Einrichtungen (z. B. Erste-Hilfe-Container) genutzt werden.

6.1 Bauliche Anforderungen

(1) Erste-Hilfe-Räume und vergleichbare Einrichtungen sollen im Erdgeschoss liegen und müssen mit einer Krankentrage leicht zu erreichen sein. Erste-Hilfe-Container sind ebenerdig aufzustellen.

(2) Die Lage von Erste-Hilfe-Räumen bzw. des Aufstellungsortes vergleichbarer Einrichtungen sind so zu wählen, dass Gefährdungen oder Beeinträchtigungen, z. B. durch Lärm, Vibrationen, Stäube, Gase, Dämpfe, soweit wie möglich ausgeschlossen sind.

(3) In unmittelbarer Nähe von Erste-Hilfe-Räumen bzw. vergleichbaren Einrichtungen muss sich eine Toilette befinden.

(4) Erste-Hilfe-Räume und vergleichbare Einrichtungen müssen zur Aufnahme der erforderlichen Einrichtungen und Ausstattungen eine ausreichende Größe aufweisen:
– Erste-Hilfe-Räume mit mindestens 20 m^2 Grundfläche
– Erste-Hilfe-Container mit mindestens 12,5 m^2 Grundfläche
Zur Raumhöhe siehe ASR A1.2 „Raumabmessungen und Bewegungsflächen".

(5) Im Zugangsbereich von Erste-Hilfe-Räumen und vergleichbaren Einrichtungen sind Stufen zu vermeiden. Höhenunterschiede sollen durch eine Rampe ausgeglichen werden. Der Zugang zu Erste-Hilfe-Räumen muss eine lichte Breite gemäß Punkt 5 der ASR A2.3 „Fluchtwege und Notausgänge, Flucht- und Rettungsplan" aufweisen. Es muss sichergestellt sein, dass ein Zugang mit Krankentragen ungehindert möglich ist.

(6) Fußböden und Wände müssen leicht zu reinigen und erforderlichenfalls zu desinfizieren sein (hinsichtlich Fußböden siehe ASR A1.5/1,2 „Fußböden").

(7) Erste-Hilfe-Räume und vergleichbare Einrichtungen müssen ausreichend beleuchtet (siehe ASR A3.4 „Beleuchtung") und ausreichend belüftet sein (siehe ASR A3.6 „Lüftung").

(8) Die Raumtemperatur muss den Anforderungen der ASR A3.5 „Raumtemperatur" entsprechen. Erste-Hilfe-Container müssen ausreichend isoliert sein und über einen Vorraum – mindestens aber über einen Windfang – verfügen.

(9) Erste-Hilfe-Räume und vergleichbare Einrichtungen sind mindestens mit einem Waschbecken mit fließend Kalt- und Warmwasser sowie mit Telefon oder einem vergleichbaren Kommunikationsmittel fest auszustatten.

(10) Der Sichtschutz gegen Einblick von außen ist zu gewährleisten.

6.2 Ausstattung von Erste-Hilfe-Räumen und vergleichbaren Einrichtungen

Für Erste-Hilfe-Räume und vergleichbare Einrichtungen sind in Abhängigkeit von der Gefährdungsbeurteilung geeignetes Inventar und Mittel zur Ersten Hilfe und Pflegematerial sowie geeignete Rettungsgeräte und Rettungstransportmittel bereitzuhalten.

Geeignetes Inventar ist z. B.:

- Behältnisse (z. B. Schränke, Koffer) zur getrennten, übersichtlichen und hygienischen Aufbewahrung von Mitteln zur Ersten Hilfe und Pflegematerial,
- Spender für Seife, Desinfektionsmittel, Hautschutzmittel und Einmalhandtücher,
- Untersuchungsliege mit verstellbarem Kopf- und Fußteil,
- Instrumententisch mit Schublade,
- Infusionsständer (höhenverstellbar),
- Schreibtisch oder vergleichbare Schreibgelegenheit,
- Sitzgelegenheit,
- Sicherheitsbehälter für spitze und scharfe Gegenstände (z. B. Kanülen) oder
- geeignete, getrennte Behältnisse für infektiösen und nichtinfektiösen Abfall.

Geeignete Mittel zur Ersten Hilfe sind z. B.:

- Inhalt des großen Verbandkastens (siehe Tabelle 2),
- Mittel für Absaugung und Beatmung (z. B. Absauggerät, Absaugkatheter, Beatmungsbeutel und -maske, Guedeltubus, Sauerstoffgerät, Sauerstoffreservoirbeutel),
- Mittel für Diagnostik (z. B. Blutdruckmessgerät, Bügelstethoskop, Diagnostikleuchte),
- Automatisierter Externer Defibrillator (AED),
- Schienen zum Ruhigstellen von Extremitäten,
- HWS-Immobilisationskragen,
- nach betriebsärztlicher Festlegung: Medikamente, Infusionslösungen, Infusionsbestecke, Venenverweilkanülen,
- Desinfektionsmaterial oder
- Augenspülflasche.

Geeignetes Pflegematerial und sonstige Hilfsmittel sind z. B.:

- Decken,
- Einmalauflagen für Liegen,
- Einweg-Nierenschale und Vliesstoff-Tuch oder
- Einweg-Schutzkleidung.

7 Kennzeichnung

(1) Die Kennzeichnung der Erste-Hilfe-Räume und vergleichbaren Einrichtungen sowie der Aufbewahrungsorte der Mittel zur Ersten Hilfe erfolgt nach Anlage 1 Punkt 4 der ASR A1.3 „Sicherheits- und Gesundheitsschutzkennzeichnung". Erste-Hilfe-Räume sind mit dem Rettungszeichen E003 „Erste Hilfe" zu kennzeichnen.

(2) Die Lage der Erste-Hilfe-Räume und vergleichbaren Einrichtungen können dem Flucht- und Rettungsplan gemäß Punkt 9 Abs. 3 der ASR A2.3 „Fluchtwege und Notausgänge, Flucht- und Rettungsplan" entnommen werden.

8 Abweichende/ergänzende Anforderungen für Baustellen

(1) Die Mindestanzahl der für Baustellen bereitzuhaltenden Verbandkästen ergibt sich abweichend von Tabelle 1 aus Tabelle 3.

Tabelle 3: Mindestanzahl der auf Baustellen bereitzuhaltenden Verbandkästen

Betriebsart	Zahl der Beschäftigten	Kleiner Verbandkasten	Großer Verbandkasten
Baustellen	1–10	1	–
	11–50	–	1
	51–100	–	2
	für je weitere 50 Beschäftigte	–	+1

(2) Abweichend von Punkt 4 Abs. 3 hat der Arbeitgeber im Rahmen der Gefährdungsbeurteilung zu ermitteln, ob einzelne Arbeitsplätze, z. B. auf Linienbaustellen, mit zusätzlichen Verbandkästen zu Tabelle 3 auszustatten und wie diese zu verteilen sind.

(3) Abweichend von Punkt 6 Abs. 1 ist auf Baustellen mit mehr als 50 Beschäftigten ein Erste-Hilfe-Raum oder eine vergleichbare Einrichtung erforderlich.

(4) Abweichend von Punkt 6.1 Abs. 1 Satz 2 sind Erste-Hilfe-Container so aufzustellen, dass die Erreichbarkeit für die Erstversorgung von verletzten oder erkrankten Beschäftigten durch geeignete Rettungstransportmittel jederzeit sichergestellt und der Weitertransport gewährleistet ist.

Ausgewählte Literaturhinweise:
- DGUV Information 204–006 Anleitung zur Ersten Hilfe 05/2011
- DGUV Information 204–001 Erste Hilfe Plakat 08/2017 (engl. 204–005 Ausgabe 08/2017)
- DGUV Information 204–007 Handbuch zur Ersten Hilfe 01/2017
- DGUV Information 204–010 Automatisierte Defibrillation im Rahmen der betrieblichen Ersten Hilfe 11/2014

ASR A4.4 – Unterkünfte

(GMBl. 2010 S. 751, geänd. durch GMBl. 2014 S. 288 und GMBl. 2017 S. 402)

Die Technischen Regeln für Arbeitsstätten (ASR) geben den Stand der Technik, Arbeitsmedizin und Hygiene sowie sonstige gesicherte arbeitswissenschaftliche Erkenntnisse für das Einrichten und Betreiben von Arbeitsstätten wieder.

Sie werden vom **Ausschuss für Arbeitsstätten (ASTA)** ermittelt bzw. angepasst und vom Bundesministerium für Arbeit und Soziales nach § 7 der Arbeitsstättenverordnung im Gemeinsamen Ministerialblatt bekannt gemacht.

Diese ASR A4.4 konkretisiert im Rahmen des Anwendungsbereichs die Anforderungen der Verordnung über Arbeitsstätten. Bei Einhaltung der Technischen Regeln kann der Arbeitgeber insoweit davon ausgehen, dass die entsprechenden Anforderungen der Verordnung erfüllt sind. Wählt der Arbeitgeber eine andere Lösung, muss er damit mindestens die gleiche Sicherheit und den gleichen Gesundheitsschutz für die Beschäftigten erreichen.

Inhalt

1 Zielstellung

Diese Arbeitsstättenregel konkretisiert die Anforderungen an das Einrichten und Betreiben von Unterkünften für Arbeitsstätten nach § 3 Abs. 1 und Punkt 4.4 des Anhanges der Arbeitsstättenverordnung.

2 Anwendungsbereich

Diese Arbeitsstättenregel gilt für das Einrichten und Betreiben von Unterkünften im Bereich von Arbeitsstätten. Sie gilt nicht für Pausen- und Bereitschaftsräume, die in ASR A4.2 „Pausen- und Bereitschaftsräume" geregelt sind.

Hinweis:

Für die barrierefreie Gestaltung der Unterkünfte gilt die ASR V3 a.2 „Barrierefreie Gestaltung von Arbeitsstätten", Anhang A4.4: Ergänzende Anforderungen zur ASR A4.4 „Unterkünfte".

3 Begriffsbestimmungen

3.1 Unterkünfte sind Räume, die den Beschäftigten zu Wohnzwecken in der Freizeit dienen. Hierzu zählen auch Baracken, Wohncontainer, Wohnwagen und andere Raumzellen.

3.2 Schlafbereich ist eine Ruhezone, die zur körperlichen und geistigen Erholung zur Verfügung gestellt wird.

3.3 Wohnbereich ist ein Aufenthaltsraum bzw. Aufenthaltsbereich, der zum nicht nur vorübergehenden Aufenthalt von Menschen bestimmt und geeignet ist und zur Freizeitgestaltung zur Verfügung gestellt wird.

4 Allgemeines

(1) Landesrechtliche Vorschriften, insbesondere die bauordnungsrechtlichen Vorschriften der Länder zur Abwehr von Gefahren für die öffentliche Sicherheit und Ordnung sowie zur Vermeidung von Missständen bleiben unberührt.

(2) Unterkünfte sind an ungefährdeter Stelle bereitzustellen. Sie dürfen sich somit nicht z. B. im Gefahrenbereich von Baukranen, Aufzügen, Gerüsten, im Bereich von Hochspannungsleitungen, von Lagerstätten für Gefahrstoffe oder Gase oder von kontaminierten Böden befinden.

(3) Bestehende Einrichtungen, wie Küchen, Vorratsräume, sanitäre Einrichtungen und Mittel zur Ersten Hilfe, können je nach örtlicher Lage und zumutbarer Erreichbarkeit auch für die Unterkünfte genutzt werden.

(4) Bei Anwesenheit von männlichen und weiblichen Bewohnern ist dies bei der Zuteilung der Räume zu berücksichtigen. In Unterkünften müssen die Voraussetzungen für deren getrennte Unterbringung gegeben sein.

(5) Bei Schichtbetrieb müssen für die Unterbringung der Beschäftigten verschiedener Schichten getrennte Schlafbereiche zur Verfügung stehen.

(6) Der Arbeitgeber hat
— Bestimmungen für die Benutzung von Unterkünften, z. B. für die Reinigung, das Verhalten im Brandfall oder bei Alarm aufzustellen,
— eine Brandschutzordnung sowie einen Alarmplan an gut sichtbarer Stelle in der Unterkunft auszuhängen,
— Informationen zum Aufbewahrungsort von Mitteln und zu Einrichtungen zur Ersten Hilfe zu geben,
— dafür zu sorgen, dass die Bewohner diese Bestimmungen und Informationen verstehen können sowie
— eine Unterweisung der Bewohner vorzunehmen und zu dokumentieren.

(7) Der Arbeitgeber kann auch örtliche Unterbringungsmöglichkeiten (z. B. Hotels, Pensionen) nutzen oder andere geeignete Räume in vorhandenen Gebäuden für die Unterbringung den Beschäftigten zur Verfügung stellen.

5 Unterkünfte

5.1 Anforderungen

(1) Von den Unterkünften soll ein direkter Zugang zum öffentlichen Verkehrsraum vorhanden sein.

(2) Unterkünfte müssen für Fahrzeuge der Feuerwehr und des Rettungsdienstes leicht erreichbar sein.

(3) Unterkünfte müssen während der Nutzungsdauer auf mindestens +21 °C geheizt werden können.

(4) Unterkünfte müssen ausreichend Tageslicht erhalten und mit einer angemessenen künstlichen Beleuchtung ausgestattet sein. Für die Beleuchtung sowie die Sicherheitsbeleuchtung in Unterkünften sind die Regelungen der ASR A3.4

„Beleuchtung" sowie ASR A3.4/3 „Sicherheitsbeleuchtung, optische Sicherheits-leitsysteme" anzuwenden."

(5) In Unterkünften dürfen keine Gegenstände und Arbeitsstoffe, insbesondere keine Gefahrstoffe, aufbewahrt werden, die nicht zur zweckentsprechenden Einrichtung dieser Räume gehören.

5.2 Bereitstellung

(1) Unterkünfte sind so zu bemessen, dass für jeden Bewohner mindestens $8\,m^2$ Nutzfläche vorhanden sind. Darin enthalten sind anteilig die Nutzflächen aller den Bewohnern zur Verfügung stehenden Bereiche und Räume der Unterkunft, z. B. Wohnbereich, Sanitäreinrichtungen. Je nach Ausstattungsvariante müssen auf den Schlafbereich bzw. den Schlafbereich und Vorflur bei Unterbringung bis sechs Bewohnern mindestens $6\,m^2$ pro Bewohner entfallen. Bei Unterbringung von mehr als sechs bis maximal acht Bewohner müssen auf den Schlafbereich mindestens $6{,}75\,m^2$ pro Bewohner bei einer anteiligen Nutzfläche von mindestens $8{,}75\,m^2$ pro Bewohner entfallen (siehe Tabelle).

Tabelle: Mindestnutzflächen pro Bewohner

Anzahl der Bewohner pro Schlafbereich	Nutzfläche der Unterkunft pro Bewohner	Davon für den Schlafbereich bzw. Schlafbereich mit Vorflur zur Verfügung stehende Fläche pro Bewohner
bis 6	mindestens $8\,m^2$	mindestens $6\,m^2$
mehr als 6 bis maximal 8	mindestens $8{,}75\,m^2$	mindestens $6{,}75\,m^2$

(2) Unterkünfte für mehr als 50 Beschäftigte müssen über einen separaten Raum für erkrankte Beschäftigte mit mindestens zwei Betten verfügen. Der Zugang muss gekennzeichnet sein. Dieser Raum muss mit einer Krankentrage leicht erreicht werden können. In diesem Raum ist Trinkwasser oder ein alkoholfreies Getränk zur Verfügung zu stellen.

(3) Unterkünfte müssen entsprechend der Belegungszahl mit Sanitäreinrichtungen ausgestattet sein. Dafür sind die Regelungen der ASR A4.1 „Sanitärräume" anzuwenden.

(4) Für das Einrichten und Betreiben der Verkehrswege sind die Regelungen der ASR A1.8 „Verkehrswege" anzuwenden. Verkehrswege zwischen den Schlafbereichen und Sanitäreinrichtungen müssen, sofern sie nicht innen liegend ausgeführt sind, vor Witterungseinflüssen geschützt begangen werden können. Dies kann in Abhängigkeit von jahreszeitlichen Einflüssen, z. B. durch Einhausung oder Überdachung der Verkehrswege, erreicht werden.

5.3 Ausführung

(1) Fußböden, Wände und Decken müssen gegen Feuchtigkeit geschützt und gegen Wärme und Kälte gedämmt ausgeführt werden.

(2) Die lichte Raumhöhe muss mindestens 2,50 m betragen, soweit nicht nach dem Bauordnungsrecht der Länder eine andere lichte Raumhöhe zulässig ist. Unterkünfte müssen frei belüftet werden können (z. B. Fenster, Oberlichter).

(3) Außentüren von Unterkünften müssen dicht und verschließbar sein. Der Eingangsbereich soll mit einem Windfang ausgerüstet sein.

(4) Durchsichtige Trennwände, Türen und Fenster in Unterkünften müssen gegen Einsichtnahme mit ausreichendem Sichtschutz, z. B. Vorhängen oder Jalousien, geschützt sein.

5.4 Ausstattung

(1) Unterkünfte müssen über technische Einrichtungen, z. B. ein Telefon, verfügen, die eine schnellstmögliche Alarmierung der zuständigen Polizeidienststelle, der Feuerwehr oder des Notarztes ermöglichen.

(2) Die Anzahl der Steckdosen in den Wohn- und Schlafbereichen muss an die Ausstattung und Belegung angepasst sein.

(3) Unterkünfte sind mit den erforderlichen Feuerlöscheinrichtungen und, soweit notwendig, mit Brandmeldern auszustatten; dafür ist die ASR A2.2 „Maßnahmen gegen Brände" anzuwenden. Die Feuerlöscher sind an gut sichtbaren und leicht zugänglichen Stellen anzubringen.

(4) Unterkünfte sind mit den erforderlichen Mitteln für die Erste Hilfe auszustatten, dafür ist die ASR A4.3 „Erste-Hilfe-Räume, Mittel und Einrichtungen zur Ersten Hilfe" anzuwenden. Die Mittel für die Erste Hilfe sind an geeigneter Stelle der Unterkünfte gut sichtbar und gekennzeichnet vorzuhalten.

(5) Es dürfen nicht mehr als vier Betten in einem Schlafbereich aus Raumzellen aufgestellt werden. In Gebäuden dürfen maximal acht Betten in einem Raum aufgestellt werden. Bei Etagenbetten dürfen nicht mehr als zwei Betten übereinander stehen. In den Schlafbereichen müssen für jeden Bewohner ein eigenes Bett mit Matratze und Kopfkissen, mindestens eine Sitzgelegenheit und in angemessener Größe eine Tischfläche sowie ein verschließbarer Schrank für Wäsche, Bekleidung oder persönliche Gegenstände vorhanden sein. Die elektrische Beleuchtung ist zweckmäßig zu installieren (z. B. Orientierungshilfen, Nachtleuchten, Leselampen). Türen zu Schlafbereichen müssen von innen verschließbar sein.

(6) Sofern mehr als vier Bewohner länger als eine Woche gemeinsam untergebracht werden, soll mindestens ein Aufenthaltsraum oder entsprechender Aufenthaltsbereich zur Verfügung stehen (Wohnbereich). Hier müssen mindestens ein angemessen großer Tisch und je Bewohner eine Sitzgelegenheit vorhanden sein. Dabei ist für jeden Beschäftigten eine freie Bewegungsfläche von mindestens 1 m^2 vorzusehen.

(7) Sofern Beschäftigte länger als eine Woche untergebracht werden und keine alternativen Möglichkeiten vorhanden sind oder geschaffen werden, z. B. das Anbieten einer Waschdienstleistung, ist eine Möglichkeit zum Waschen, Trocknen und Bügeln von Kleidung außerhalb der Schlaf- und Wohnbereiche vorzusehen. Hierfür sind Waschmaschinen und Trockengeräte zur gemeinschaftlichen Nutzung geeignet.

(8) Wenn keine anderweitige Verpflegungsmöglichkeit vorhanden ist, z. B. Kantine oder Lieferung von Fertigessen, sind in einem besonderen Raum mit Trinkwasserzapfstelle ausreichend Zubereitungs-, Aufbewahrungs-, Kühl- und Spülgelegenheiten zu schaffen. Die Wände müssen bis zur Höhe von 2 m einen glatten, waschfesten und hellen Belag oder einen entsprechenden Anstrich haben. Für Fußböden ist die ASR A1.5/1,2 „Fußböden" anzuwenden. Für jeden Beschäftigten sind hygienisch einwandfreie und verschließbare Fächer vorzuhalten.

(9) In jedem Raum, ausgenommen Windfang und Vorratsraum, sind Abfallbehälter mit Deckel bereitzustellen. Diese müssen aus schwer entflammbarem Material bestehen.

6 Abweichende/ergänzende Anforderungen für Baustellen

(1) Die Bereitstellung von Unterkünften auf Baustellen ist nach Anhang 4.4 Abs. 1 Arbeitsstättenverordnung z. B. erforderlich wenn:

- Arbeiten unter erschwerten Bedingungen wie Druckluft- und Taucherarbeiten ausgeführt werden, um beim Auftreten von Drucklufterkrankungen nach der Dekompressionsphase und auch nach Schichtende technische und medizinische Hilfsmaßnahmen unverzüglich einleiten zu können,
- eine Sicherstellung des Betriebes von Versorgungseinrichtungen für z. B. Druckluftbaustellen durch Möglichkeiten der Unterbringung für Bereitschaftsdienste nötig ist,
- technologisch bedingte verkürzte oder lange Arbeitszeiten oder kurze Schichtwechsel nötig sind, z. B. Arbeiten abhängig von Ebbe und Flut oder Zwangspausen infolge von Arbeitszeitbegrenzungen,
- Kontroll- und Notdienste ausgeführt werden, die nicht vorhersehbaren Einflüssen unterliegen, z. B. Betreiben von Spülfeldern oder Grundwasserabsenkungsanlagen,
- ein unzumutbarer Zeitbedarf für eine tägliche Heimfahrt oder eine nicht mehr ausreichende Ruhezeit erforderlich ist, z. B. häufig wechselnde Arbeitsstätten infolge kurzer Bauzeiten, z. B. für Spezialisten des Spezialtiefbaus, Zwei- oder Dreischichtbetrieb bei Gleitschalungsarbeiten oder Schubbrückenbau,
- die Baustelle nicht mit gewöhnlichen öffentlichen Verkehrsmitteln erreichbar bzw. keine Anfahrmöglichkeit mit persönlicher Fahrgelegenheit vorhanden ist, z. B. Arbeiten auf Hubinseln oder Schwimmenden Geräten (z. B. Schwimmrammen) oder
- sie mit Pkw über das öffentliche Straßennetz nicht erreichbar ist (z. B. Geländewagen für die Anfahrt erforderlich).

(2) Sofern den Beschäftigten seitens des Arbeitgebers der mit der Beschaffung der Unterkunft verbundene Mehraufwand ausgeglichen wird und die Beschäftigten ihre Unterkunft selbst beschaffen, besteht kein Erfordernis zur Bereitstellung von Unterkünften.

D. Anhang: Arbeitsschutzgesetz

Gesetz über die Durchführung von Maßnahmen des Arbeitsschutzes zur Verbesserung der Sicherheit und des Gesundheitsschutzes der Beschäftigten bei der Arbeit (Arbeitsschutzgesetz – ArbSchG)

Vom 7. August 1996
(BGBl. I S. 1246)

FNA 805–3

geänd. durch Art. 9 Arbeitsrechtl. BeschäftigungsförderungsG v. 25.9.1996 (BGBl. I S. 1476), Art. 53 Arbeitsförderungs-ReformG v. 24.3.1997 (BGBl. I S. 594), Art. 18 Erstes SGB III-ÄndG v. 16.12.1997 (BGBl. I S. 2970), Art. 6c Sozialversicherungs-KorrekturG v. 19.12.1998 (BGBl. I S. 3843), Art. 33 Viertes Euro-EinführungsG v. 21.12.2000 (BGBl. I S. 1983), Art. 3 Abs. 6 GerätesicherheitsG-ÄndG v. 27.12.2000 (BGBl. I S. 2048), Art. 210 Siebente Zuständigkeitsanpassungs VO v. 29.10.2001 (BGBl. I S. 2785), Art. 8 PostbereinigungsG v. 7.5.2002 (BGBl. I S. 1529), Art. 11 Nr. 19 ZuwanderungsG v. 20.6.2002 (BGBl. I S. 1946, nichtig gem. Urt. des BVerfG v. 18.12.2002 – 2 BvF 1/02 –), Art. 17 Hüttenknappschaftl. Zusatzversicherungs-NeuregelungsG v. 21.6.2002 (BGBl. I S. 2167), Art. 179 Achte Zuständigkeitsanpassungs VO v. 25.11.2003 (BGBl. I S. 2304), Art. 83 Drittes G für moderne Dienstleistungen am Arbeitsmarkt v. 23.12.2003 (BGBl. I S. 2848), Art. 2b EU-ArbeitsmarktzugangsG v. 23.4.2004 (BGBl. I S. 602), Art. 11 Nr. 20 ZuwanderungsG v. 30.7.2004 (BGBl. I S. 1950), Art. 227 Neunte Zuständigkeitsanpassungs VO v. 31.10.2006 (BGBl. I S. 2407), Art. 6 G zur Änd. seeverkehrsrechtlicher, verkehrsrechtl. und anderer Vorschriften mit Bezug zum Seerecht v. 8.4.2008 (BGBl. I S. 706), § 62 Abs. 16 BeamtenstatusG v. 17.6.2008 (BGBl. I S. 1010), Art. 6 UnfallversicherungsmodernisierungsG v. 30.10.2008 (BGBl. I S. 2130), Art. 15 Abs. 89 DienstrechtsneuordnungsG v. 5.2.2009 (BGBl. I S. 160), Art. 8 BUK-Neuorganisationsgesetz v. 19.10.2013 (BGBl. I S. 3836), Art. 427 Zehnte Zuständigkeitsanpassungs VO v. 31.8.2015 (BGBl. I S. 1474)

Erster Abschnitt.   Allgemeine Vorschriften

§ 1   Zielsetzung und Anwendungsbereich

(1) [1]Dieses Gesetz dient dazu, Sicherheit und Gesundheitsschutz der Beschäftigten bei der Arbeit durch Maßnahmen des Arbeitsschutzes zu sichern und zu verbessern. [2]Es gilt in allen Tätigkeitsbereichen und findet im Rahmen der Vorgaben des Seerechtsübereinkommens der Vereinten Nationen vom 10. Dezember 1982 (BGBl. 1994 II S. 1799) auch in der ausschließlichen Wirtschaftszone Anwendung.

(2) [1]Dieses Gesetz gilt nicht für den Arbeitsschutz von Hausangestellten in privaten Haushalten. [2]Es gilt nicht für den Arbeitsschutz von Beschäftigten auf Seeschiffen und in Betrieben, die dem Bundesberggesetz unterliegen, soweit dafür entsprechende Rechtsvorschriften bestehen.

(3) [1]Pflichten, die die Arbeitgeber zur Gewährleistung von Sicherheit und Gesundheitsschutz der Beschäftigten bei der Arbeit nach sonstigen Rechtsvorschriften haben, bleiben unberührt. [2]Satz 1 gilt entsprechend für Pflichten und Rechte der Beschäftigten. [3]Unberührt bleiben Gesetze, die andere Personen als Arbeitgeber zu Maßnahmen des Arbeitsschutzes verpflichten.

(4) Bei öffentlich-rechtlichen Religionsgemeinschaften treten an die Stelle der Betriebs- oder Personalräte die Mitarbeitervertretungen entsprechend dem kirchlichen Recht.

§ 2   Begriffsbestimmungen

(1) Maßnahmen des Arbeitsschutzes im Sinne dieses Gesetzes sind Maßnahmen zur Verhütung von Unfällen bei der Arbeit und arbeitsbedingten Gesundheitsgefahren einschließlich Maßnahmen der menschengerechten Gestaltung der Arbeit.

(2) Beschäftigte im Sinne dieses Gesetzes sind:
1. Arbeitnehmerinnen und Arbeitnehmer,
2. die zu ihrer Berufsbildung Beschäftigten,
3. arbeitnehmerähnliche Personen im Sinne des § 5 Abs. 1 des Arbeitsgerichtsgesetzes, ausgenommen die in Heimarbeit Beschäftigten und die ihnen Gleichgestellten,
4. Beamtinnen und Beamte,
5. Richterinnen und Richter,
6. Soldatinnen und Soldaten,
7. die in Werkstätten für Behinderte Beschäftigten.

(3) Arbeitgeber im Sinne dieses Gesetzes sind natürliche und juristische Personen und rechtsfähige Personengesellschaften, die Personen nach Absatz 2 beschäftigen.

(4) Sonstige Rechtsvorschriften im Sinne dieses Gesetzes sind Regelungen über Maßnahmen des Arbeitsschutzes in anderen Gesetzen, in Rechtsverordnungen und Unfallverhütungsvorschriften.

(5) ¹Als Betriebe im Sinne dieses Gesetzes gelten für den Bereich des öffentlichen Dienstes die Dienststellen. ²Dienststellen sind die einzelnen Behörden, Verwaltungsstellen und Betriebe der Verwaltungen des Bundes, der Länder, der Gemeinden und der sonstigen Körperschaften, Anstalten und Stiftungen des öffentlichen Rechts, die Gerichte des Bundes und der Länder sowie die entsprechenden Einrichtungen der Streitkräfte.

Zweiter Abschnitt. Pflichten des Arbeitgebers

§ 3 Grundpflichten des Arbeitgebers

(1) ¹Der Arbeitgeber ist verpflichtet, die erforderlichen Maßnahmen des Arbeitsschutzes unter Berücksichtigung der Umstände zu treffen, die Sicherheit und Gesundheit der Beschäftigten bei der Arbeit beeinflussen. ²Er hat die Maßnahmen auf ihre Wirksamkeit zu überprüfen und erforderlichenfalls sich ändernden Gegebenheiten anzupassen. ³Dabei hat er eine Verbesserung von Sicherheit und Gesundheitsschutz der Beschäftigten anzustreben.

(2) Zur Planung und Durchführung der Maßnahmen nach Absatz 1 hat der Arbeitgeber unter Berücksichtigung der Art der Tätigkeiten und der Zahl der Beschäftigten
1. für eine geeignete Organisation zu sorgen und die erforderlichen Mittel bereitzustellen sowie
2. Vorkehrungen zu treffen, daß die Maßnahmen erforderlichenfalls bei allen Tätigkeiten und eingebunden in die betrieblichen Führungsstrukturen beachtet werden und die Beschäftigten ihren Mitwirkungspflichten nachkommen können.

(3) Kosten für Maßnahmen nach diesem Gesetz darf der Arbeitgeber nicht den Beschäftigten auferlegen.

§ 4 Allgemeine Grundsätze

Der Arbeitgeber hat bei Maßnahmen des Arbeitsschutzes von folgenden allgemeinen Grundsätzen auszugehen:

1. Die Arbeit ist so zu gestalten, daß eine Gefährdung für das Leben sowie die physische und die psychische Gesundheit möglichst vermieden und die verbleibende Gefährdung möglichst gering gehalten wird;
2. Gefahren sind an ihrer Quelle zu bekämpfen;
3. bei den Maßnahmen sind der Stand von Technik, Arbeitsmedizin und Hygiene sowie sonstige gesicherte arbeitswissenschaftliche Erkenntnisse zu berücksichtigen;
4. Maßnahmen sind mit dem Ziel zu planen, Technik, Arbeitsorganisation, sonstige Arbeitsbedingungen, soziale Beziehungen und Einfluß der Umwelt auf den Arbeitsplatz sachgerecht zu verknüpfen;
5. individuelle Schutzmaßnahmen sind nachrangig zu anderen Maßnahmen;
6. spezielle Gefahren für besonders schutzbedürftige Beschäftigtengruppen sind zu berücksichtigen;
7. den Beschäftigten sind geeignete Anweisungen zu erteilen;
8. mittelbar oder unmittelbar geschlechtsspezifisch wirkende Regelungen sind nur zulässig, wenn dies aus biologischen Gründen zwingend geboten ist.

§ 5 Beurteilung der Arbeitsbedingungen

(1) Der Arbeitgeber hat durch eine Beurteilung der für die Beschäftigten mit ihrer Arbeit verbundenen Gefährdung zu ermitteln, welche Maßnahmen des Arbeitsschutzes erforderlich sind.

(2) [1]Der Arbeitgeber hat die Beurteilung je nach Art der Tätigkeiten vorzunehmen. [2]Bei gleichartigen Arbeitsbedingungen ist die Beurteilung eines Arbeitsplatzes oder einer Tätigkeit ausreichend.

(3) Eine Gefährdung kann sich insbesondere ergeben durch
1. die Gestaltung und die Einrichtung der Arbeitsstätte und des Arbeitsplatzes,
2. physikalische, chemische und biologische Einwirkungen,
3. die Gestaltung, die Auswahl und den Einsatz von Arbeitsmitteln, insbesondere von Arbeitsstoffen, Maschinen, Geräten und Anlagen sowie den Umgang damit,
4. die Gestaltung von Arbeits- und Fertigungsverfahren, Arbeitsabläufen und Arbeitszeit und deren Zusammenwirken,
5. unzureichende Qualifikation und Unterweisung der Beschäftigten,
6. psychische Belastungen bei der Arbeit.

§ 6 Dokumentation

(1) [1]Der Arbeitgeber muß über die je nach Art der Tätigkeiten und der Zahl der Beschäftigten erforderlichen Unterlagen verfügen, aus denen das Ergebnis der Gefährdungsbeurteilung, die von ihm festgelegten Maßnahmen des Arbeitsschutzes und das Ergebnis ihrer Überprüfung ersichtlich sind. [2]Bei gleichartiger Gefährdungssituation ist es ausreichend, wenn die Unterlagen zusammengefaßte Angaben enthalten.

(2) Unfälle in seinem Betrieb, bei denen ein Beschäftigter getötet oder so verletzt wird, daß er stirbt oder für mehr als drei Tage völlig oder teilweise arbeits- oder dienstunfähig wird, hat der Arbeitgeber zu erfassen.

§ 7 Übertragung von Aufgaben

Bei der Übertragung von Aufgaben auf Beschäftigte hat der Arbeitgeber je nach Art der Tätigkeiten zu berücksichtigen, ob die Beschäftigten befähigt sind, die für die Sicherheit und den Gesundheitsschutz bei der Aufgabenerfüllung zu beachtenden Bestimmungen und Maßnahmen einzuhalten.

§ 8 Zusammenarbeit mehrerer Arbeitgeber

(1) [1]Werden Beschäftigte mehrerer Arbeitgeber an einem Arbeitsplatz tätig, sind die Arbeitgeber verpflichtet, bei der Durchführung der Sicherheits- und Gesundheitsschutzbestimmungen zusammenzuarbeiten. [2]Soweit dies für die Sicherheit und den Gesundheitsschutz der Beschäftigten bei der Arbeit erforderlich ist, haben die Arbeitgeber je nach Art der Tätigkeiten insbesondere sich gegenseitig und ihre Beschäftigten über die mit den Arbeiten verbundenen Gefahren für Sicherheit und Gesundheit der Beschäftigten zu unterrichten und Maßnahmen zur Verhütung dieser Gefahren abzustimmen.

(2) Der Arbeitgeber muß sich je nach Art der Tätigkeit vergewissern, daß die Beschäftigten anderer Arbeitgeber, die in seinem Betrieb tätig werden, hinsichtlich der Gefahren für ihre Sicherheit und Gesundheit während ihrer Tätigkeit in seinem Betrieb angemessene Anweisungen erhalten haben.

§ 9 Besondere Gefahren

(1) Der Arbeitgeber hat Maßnahmen zu treffen, damit nur Beschäftigte Zugang zu besonders gefährlichen Arbeitsbereichen haben, die zuvor geeignete Anweisungen erhalten haben.

(2) [1]Der Arbeitgeber hat Vorkehrungen zu treffen, daß alle Beschäftigten, die einer unmittelbaren erheblichen Gefahr ausgesetzt sind oder sein können, möglichst frühzeitig über diese Gefahr und die getroffenen oder zu treffenden Schutzmaßnahmen unterrichtet sind. [2]Bei unmittelbarer erheblicher Gefahr für die eigene Sicherheit oder die Sicherheit anderer Personen müssen die Beschäftigten die geeigneten Maßnahmen zur Gefahrenabwehr und Schadensbegrenzung selbst treffen können, wenn der zuständige Vorgesetzte nicht erreichbar ist; dabei sind die Kenntnisse der Beschäftigten und die vorhandenen technischen Mittel zu berücksichtigen. [3]Den Beschäftigten dürfen aus ihrem Handeln keine Nachteile entstehen, es sei denn, sie haben vorsätzlich oder grob fahrlässig ungeeignete Maßnahmen getroffen.

(3) [1]Der Arbeitgeber hat Maßnahmen zu treffen, die es den Beschäftigten bei unmittelbarer erheblicher Gefahr ermöglichen, sich durch sofortiges Verlassen der Arbeitsplätze in Sicherheit zu bringen. [2]Den Beschäftigten dürfen hierdurch keine Nachteile entstehen. [3]Hält die unmittelbare erhebliche Gefahr an, darf der Arbeitgeber die Beschäftigten nur in besonders begründeten Ausnahmefällen auffordern, ihre Tätigkeit wieder aufzunehmen. [4]Gesetzliche Pflichten der Beschäftigten zur Abwehr von Gefahren für die öffentliche Sicherheit sowie die §§ 7 und 11 des Soldatengesetzes bleiben unberührt.

§ 10 Erste Hilfe und sonstige Notfallmaßnahmen

(1) [1]Der Arbeitgeber hat entsprechend der Art der Arbeitsstätte und der Tätigkeiten sowie der Zahl der Beschäftigten die Maßnahmen zu treffen, die zur Ersten Hilfe, Brandbekämpfung und Evakuierung der Beschäftigten erforderlich sind. [2]Dabei hat er der Anwesenheit anderer Personen Rechnung zu tragen. [3]Er hat auch dafür zu sorgen, daß im Notfall die erforderlichen Verbindungen zu außerbe-

trieblichen Stellen, insbesondere in den Bereichen der Ersten Hilfe, der medizinischen Notversorgung, der Bergung und der Brandbekämpfung eingerichtet sind.

(2) [1]Der Arbeitgeber hat diejenigen Beschäftigten zu benennen, die Aufgaben der Ersten Hilfe, Brandbekämpfung und Evakuierung der Beschäftigten übernehmen. [2]Anzahl, Ausbildung und Ausrüstung der nach Satz 1 benannten Beschäftigten müssen in einem angemessenen Verhältnis zur Zahl der Beschäftigten und zu den bestehenden besonderen Gefahren stehen. [3]Vor der Benennung hat der Arbeitgeber den Betriebs- oder Personalrat zu hören. [4]Weitergehende Beteiligungsrechte bleiben unberührt. [5]Der Arbeitgeber kann die in Satz 1 genannten Aufgaben auch selbst wahrnehmen, wenn er über die nach Satz 2 erforderliche Ausbildung und Ausrüstung verfügt.

§ 11   Arbeitsmedizinische Vorsorge

Der Arbeitgeber hat den Beschäftigten auf ihren Wunsch unbeschadet der Pflichten aus anderen Rechtsvorschriften zu ermöglichen, sich je nach den Gefahren für ihre Sicherheit und Gesundheit bei der Arbeit regelmäßig arbeitsmedizinisch untersuchen zu lassen, es sei denn, auf Grund der Beurteilung der Arbeitsbedingungen und der getroffenen Schutzmaßnahmen ist nicht mit einem Gesundheitsschaden zu rechnen.

§ 12   Unterweisung

(1) [1]Der Arbeitgeber hat die Beschäftigten über Sicherheit und Gesundheitsschutz bei der Arbeit während ihrer Arbeitszeit ausreichend und angemessen zu unterweisen. [2]Die Unterweisung umfaßt Anweisungen und Erläuterungen, die eigens auf den Arbeitsplatz oder den Aufgabenbereich der Beschäftigten ausgerichtet sind. [3]Die Unterweisung muß bei der Einstellung, bei Veränderungen im Aufgabenbereich, der Einführung neuer Arbeitsmittel oder einer neuen Technologie vor Aufnahme der Tätigkeit der Beschäftigten erfolgen. [4]Die Unterweisung muß an die Gefährdungsentwicklung angepaßt sein und erforderlichenfalls regelmäßig wiederholt werden.

(2) [1]Bei einer Arbeitnehmerüberlassung trifft die Pflicht zur Unterweisung nach Absatz 1 den Entleiher. [2]Er hat die Unterweisung unter Berücksichtigung der Qualifikation und der Erfahrung der Personen, die ihm zur Arbeitsleistung überlassen werden, vorzunehmen. [3]Die sonstigen Arbeitsschutzpflichten des Verleihers bleiben unberührt.

§ 13   Verantwortliche Personen

(1) Verantwortlich für die Erfüllung der sich aus diesem Abschnitt ergebenden Pflichten sind neben dem Arbeitgeber
1. sein gesetzlicher Vertreter,
2. das vertretungsberechtigte Organ einer juristischen Person,
3. der vertretungsberechtigte Gesellschafter einer Personenhandelsgesellschaft,
4. Personen, die mit der Leitung eines Unternehmens oder eines Betriebes beauftragt sind, im Rahmen der ihnen übertragenen Aufgaben und Befugnisse,
5. sonstige nach Absatz 2 oder nach einer auf Grund dieses Gesetzes erlassenen Rechtsverordnung oder nach einer Unfallverhütungsvorschrift verpflichtete Personen im Rahmen ihrer Aufgaben und Befugnisse.

(2) Der Arbeitgeber kann zuverlässige und fachkundige Personen schriftlich damit beauftragen, ihm obliegende Aufgaben nach diesem Gesetz in eigener Verantwortung wahrzunehmen.

§ 14 Unterrichtung und Anhörung der Beschäftigten des öffentlichen Dienstes

(1) Die Beschäftigten des öffentlichen Dienstes sind vor Beginn der Beschäftigung und bei Veränderungen in ihren Arbeitsbereichen über Gefahren für Sicherheit und Gesundheit, denen sie bei der Arbeit ausgesetzt sein können, sowie über die Maßnahmen und Einrichtungen zur Verhütung dieser Gefahren und die nach § 10 Abs. 2 getroffenen Maßnahmen zu unterrichten.

(2) Soweit in Betrieben des öffentlichen Dienstes keine Vertretung der Beschäftigten besteht, hat der Arbeitgeber die Beschäftigten zu allen Maßnahmen zu hören, die Auswirkungen auf Sicherheit und Gesundheit der Beschäftigten haben können.

Dritter Abschnitt. Pflichten und Rechte der Beschäftigten

§ 15 Pflichten der Beschäftigten

(1) [1]Die Beschäftigten sind verpflichtet, nach ihren Möglichkeiten sowie gemäß der Unterweisung und Weisung des Arbeitgebers für ihre Sicherheit und Gesundheit bei der Arbeit Sorge zu tragen. [2]Entsprechend Satz 1 haben die Beschäftigten auch für die Sicherheit und Gesundheit der Personen zu sorgen, die von ihren Handlungen oder Unterlassungen bei der Arbeit betroffen sind.

(2) Im Rahmen des Absatzes 1 haben die Beschäftigten insbesondere Maschinen, Geräte, Werkzeuge, Arbeitsstoffe, Transportmittel und sonstige Arbeitsmittel sowie Schutzvorrichtungen und die ihnen zur Verfügung gestellte persönliche Schutzausrüstung bestimmungsgemäß zu verwenden.

§ 16 Besondere Unterstützungspflichten

(1) Die Beschäftigten haben dem Arbeitgeber oder dem zuständigen Vorgesetzten jede von ihnen festgestellte unmittelbare erhebliche Gefahr für die Sicherheit und Gesundheit sowie jeden an den Schutzsystemen festgestellten Defekt unverzüglich zu melden.

(2) [1]Die Beschäftigten haben gemeinsam mit dem Betriebsarzt und der Fachkraft für Arbeitssicherheit den Arbeitgeber darin zu unterstützen, die Sicherheit und den Gesundheitsschutz der Beschäftigten bei der Arbeit zu gewährleisten und seine Pflichten entsprechend den behördlichen Auflagen zu erfüllen. [2]Unbeschadet ihrer Pflicht nach Absatz 1 sollen die Beschäftigten von ihnen festgestellte Gefahren für Sicherheit und Gesundheit und Mängel an den Schutzsystemen auch der Fachkraft für Arbeitssicherheit, dem Betriebsarzt oder dem Sicherheitsbeauftragten nach § 22 des Siebten Buches Sozialgesetzbuch mitteilen.

§ 17 Rechte der Beschäftigten

(1) [1]Die Beschäftigten sind berechtigt, dem Arbeitgeber Vorschläge zu allen Fragen der Sicherheit und des Gesundheitsschutzes bei der Arbeit zu machen. [2]Für Be-

amtinnen und Beamte des Bundes ist § 125 des Bundesbeamtengesetzes anzuwenden. [3]Entsprechendes Landesrecht bleibt unberührt.

(2) [1]Sind Beschäftigte auf Grund konkreter Anhaltspunkte der Auffassung, daß die vom Arbeitgeber getroffenen Maßnahmen und bereitgestellten Mittel nicht ausreichen, um die Sicherheit und den Gesundheitsschutz bei der Arbeit zu gewährleisten, und hilft der Arbeitgeber darauf gerichteten Beschwerden von Beschäftigten nicht ab, können sich diese an die zuständige Behörde wenden. [2]Hierdurch dürfen den Beschäftigten keine Nachteile entstehen. [3]Die in Absatz 1 Satz 2 und 3 genannten Vorschriften sowie die Vorschriften der Wehrbeschwerdeordnung und des Gesetzes über den Wehrbeauftragten des Deutschen Bundestages bleiben unberührt.

Vierter Abschnitt. Verordnungsermächtigungen

§ 18 Verordnungsermächtigungen

(1) [1]Die Bundesregierung wird ermächtigt, durch Rechtsverordnung mit Zustimmung des Bundesrates vorzuschreiben, welche Maßnahmen der Arbeitgeber und die sonstigen verantwortlichen Personen zu treffen haben und wie sich die Beschäftigten zu verhalten haben, um ihre jeweiligen Pflichten, die sich aus diesem Gesetz ergeben, zu erfüllen. [2]In diesen Rechtsverordnungen kann auch bestimmt werden, daß bestimmte Vorschriften des Gesetzes zum Schutz anderer als in § 2 Abs. 2 genannter Personen anzuwenden sind.

(2) Durch Rechtsverordnungen nach Absatz 1 kann insbesondere bestimmt werden,

1. daß und wie zur Abwehr bestimmter Gefahren Dauer oder Lage der Beschäftigung oder die Zahl der Beschäftigten begrenzt werden muß,
2. daß der Einsatz bestimmter Arbeitsmittel oder -verfahren mit besonderen Gefahren für die Beschäftigten verboten ist oder der zuständigen Behörde angezeigt oder von ihr erlaubt sein muß oder besonders gefährdete Personen dabei nicht beschäftigt werden dürfen,
3. daß bestimmte, besonders gefährliche Betriebsanlagen einschließlich der Arbeits- und Fertigungsverfahren vor Inbetriebnahme, in regelmäßigen Abständen oder auf behördliche Anordnung fachkundig geprüft werden müssen,
4. daß Beschäftigte, bevor sie eine bestimmte gefährdende Tätigkeit aufnehmen oder fortsetzen oder nachdem sie sie beendet haben, arbeitsmedizinisch zu untersuchen sind und welche besonderen Pflichten der Arzt dabei zu beachten hat,
5. dass Ausschüsse zu bilden sind, denen die Aufgabe übertragen wird, die Bundesregierung oder das zuständige Bundesministerium zur Anwendung der Rechtsverordnungen zu beraten, dem Stand der Technik, Arbeitsmedizin und Hygiene entsprechende Regeln und sonstige gesicherte arbeitswissenschaftliche Erkenntnisse zu ermitteln sowie Regeln zu ermitteln, wie die in den Rechtsverordnungen gestellten Anforderungen erfüllt werden können. Das Bundesministerium für Arbeit und Soziales kann die Regeln und Erkenntnisse amtlich bekannt machen.

§ 19 Rechtsakte der Europäischen Gemeinschaften und zwischenstaatliche Vereinbarungen

Rechtsverordnungen nach § 18 können auch erlassen werden, soweit dies zur Durchführung von Rechtsakten des Rates oder der Kommission der Europäischen Gemeinschaften oder von Beschlüssen internationaler Organisationen oder von zwischenstaatlichen Vereinbarungen, die Sachbereiche dieses Gesetzes betreffen, erforderlich ist, insbesondere um Arbeitsschutzpflichten für andere als in § 2 Abs. 3 genannte Personen zu regeln.

§ 20 Regelungen für den öffentlichen Dienst

(1) Für die Beamten der Länder, Gemeinden und sonstigen Körperschaften, Anstalten und Stiftungen des öffentlichen Rechts regelt das Landesrecht, ob und inwieweit die nach § 18 erlassenen Rechtsverordnungen gelten.

(2) ¹Für bestimmte Tätigkeiten im öffentlichen Dienst des Bundes, insbesondere bei der Bundeswehr, der Polizei, den Zivil- und Katastrophenschutzdiensten, dem Zoll oder den Nachrichtendiensten, können das Bundeskanzleramt, das Bundesministerium des Innern, das Bundesministerium für Verkehr und digitale Infrastruktur, das Bundesministerium der Verteidigung oder das Bundesministerium der Finanzen, soweit sie hierfür jeweils zuständig sind, durch Rechtsverordnung ohne Zustimmung des Bundesrates bestimmen, daß Vorschriften dieses Gesetzes ganz oder zum Teil nicht anzuwenden sind, soweit öffentliche Belange dies zwingend erfordern, insbesondere zur Aufrechterhaltung oder Wiederherstellung der öffentlichen Sicherheit. ²Rechtsverordnungen nach Satz 1 werden im Einvernehmen mit dem Bundesministerium für Arbeit und Soziales und, soweit nicht das Bundesministerium des Innern selbst ermächtigt ist, im Einvernehmen mit diesem Ministerium erlassen. ³In den Rechtsverordnungen ist gleichzeitig festzulegen, wie die Sicherheit und der Gesundheitsschutz bei der Arbeit unter Berücksichtigung der Ziele dieses Gesetzes auf andere Weise gewährleistet werden. ⁴Für Tätigkeiten im öffentlichen Dienst der Länder, Gemeinden und sonstigen landesunmittelbaren Körperschaften, Anstalten und Stiftungen des öffentlichen Rechts können den Sätzen 1 und 3 entsprechende Regelungen durch Landesrecht getroffen werden.

Fünfter Abschnitt. Gemeinsame deutsche Arbeitsschutzstrategie

§ 20a Gemeinsame deutsche Arbeitsschutzstrategie

(1) ¹Nach den Bestimmungen dieses Abschnitts entwickeln Bund, Länder und Unfallversicherungsträger im Interesse eines wirksamen Arbeitsschutzes eine gemeinsame deutsche Arbeitsschutzstrategie und gewährleisten ihre Umsetzung und Fortschreibung. ²Mit der Wahrnehmung der ihnen gesetzlich zugewiesenen Aufgaben zur Verhütung von Arbeitsunfällen, Berufskrankheiten und arbeitsbedingten Gesundheitsgefahren sowie zur menschengerechten Gestaltung der Arbeit tragen Bund, Länder und Unfallversicherungsträger dazu bei, die Ziele der gemeinsamen deutschen Arbeitsschutzstrategie zu erreichen.

(2) Die gemeinsame deutsche Arbeitsschutzstrategie umfasst
1. die Entwicklung gemeinsamer Arbeitsschutzziele,

2. die Festlegung vorrangiger Handlungsfelder und von Eckpunkten für Arbeitsprogramme sowie deren Ausführung nach einheitlichen Grundsätzen,

3. die Evaluierung der Arbeitsschutzziele, Handlungsfelder und Arbeitsprogramme mit geeigneten Kennziffern,

4. die Festlegung eines abgestimmten Vorgehens der für den Arbeitsschutz zuständigen Landesbehörden und der Unfallversicherungsträger bei der Beratung und Überwachung der Betriebe,

5. die Herstellung eines verständlichen, überschaubaren und abgestimmten Vorschriften- und Regelwerks.

§ 20b   Nationale Arbeitsschutzkonferenz

(1) ¹Die Aufgabe der Entwicklung, Steuerung und Fortschreibung der gemeinsamen deutschen Arbeitsschutzstrategie nach § 20a Abs. 1 Satz 1 wird von der Nationalen Arbeitsschutzkonferenz wahrgenommen. ²Sie setzt sich aus jeweils drei stimmberechtigten Vertretern von Bund, Ländern und den Unfallversicherungsträgern zusammen und bestimmt für jede Gruppe drei Stellvertreter. ³Außerdem entsenden die Spitzenorganisationen der Arbeitgeber und Arbeitnehmer für die Behandlung von Angelegenheiten nach § 20a Abs. 2 Nr. 1 bis 5 jeweils bis zu drei Vertreter in die Nationale Arbeitsschutzkonferenz; sie nehmen mit beratender Stimme an den Sitzungen teil. ⁴Die Nationale Arbeitsschutzkonferenz gibt sich eine Geschäftsordnung; darin werden insbesondere die Arbeitsweise und das Beschlussverfahren festgelegt. ⁵Die Geschäftsordnung muss einstimmig angenommen werden.

(2) Alle Einrichtungen, die mit Sicherheit und Gesundheit bei der Arbeit befasst sind, können der Nationalen Arbeitsschutzkonferenz Vorschläge für Arbeitsschutzziele, Handlungsfelder und Arbeitsprogramme unterbreiten.

(3) ¹Die Nationale Arbeitsschutzkonferenz wird durch ein Arbeitsschutzforum unterstützt, das in der Regel einmal jährlich stattfindet. ²Am Arbeitsschutzforum sollen sachverständige Vertreter der Spitzenorganisationen der Arbeitgeber und Arbeitnehmer, der Berufs- und Wirtschaftsverbände, der Wissenschaft, der Kranken- und Rentenversicherungsträger, von Einrichtungen im Bereich Sicherheit und Gesundheit bei der Arbeit sowie von Einrichtungen, die der Förderung der Beschäftigungsfähigkeit dienen, teilnehmen. ³Das Arbeitsschutzforum hat die Aufgabe, eine frühzeitige und aktive Teilhabe der sachverständigen Fachöffentlichkeit an der Entwicklung und Fortschreibung der gemeinsamen deutschen Arbeitsschutzstrategie sicherzustellen und die Nationale Arbeitsschutzkonferenz entsprechend zu beraten.

(4) Einzelheiten zum Verfahren der Einreichung von Vorschlägen nach Absatz 2 und zur Durchführung des Arbeitsschutzforums nach Absatz 3 werden in der Geschäftsordnung der Nationalen Arbeitsschutzkonferenz geregelt.

(5) ¹Die Geschäfte der Nationalen Arbeitsschutzkonferenz und des Arbeitsschutzforums führt die Bundesanstalt für Arbeitsschutz und Arbeitsmedizin. ²Einzelheiten zu Arbeitsweise und Verfahren werden in der Geschäftsordnung der Nationalen Arbeitsschutzkonferenz festgelegt.

Sechster Abschnitt. Schlußvorschriften

§ 21 Zuständige Behörden; Zusammenwirken mit den Trägern der gesetzlichen Unfallversicherung

(1) [1]Die Überwachung des Arbeitsschutzes nach diesem Gesetz ist staatliche Aufgabe. [2]Die zuständigen Behörden haben die Einhaltung dieses Gesetzes und der auf Grund dieses Gesetzes erlassenen Rechtsverordnungen zu überwachen und die Arbeitgeber bei der Erfüllung ihrer Pflichten zu beraten.

(2) [1]Die Aufgaben und Befugnisse der Träger der gesetzlichen Unfallversicherung richten sich, soweit nichts anderes bestimmt ist, nach den Vorschriften des Sozialgesetzbuchs. [2]Soweit die Träger der gesetzlichen Unfallversicherung nach dem Sozialgesetzbuch im Rahmen ihres Präventionsauftrags auch Aufgaben zur Gewährleistung von Sicherheit und Gesundheitsschutz der Beschäftigten wahrnehmen, werden sie ausschließlich im Rahmen ihrer autonomen Befugnisse tätig.

(3) [1]Die zuständigen Landesbehörden und die Unfallversicherungsträger wirken auf der Grundlage einer gemeinsamen Beratungs- und Überwachungsstrategie nach § 20a Abs. 2 Nr. 4 eng zusammen und stellen den Erfahrungsaustausch sicher. [2]Diese Strategie umfasst die Abstimmung allgemeiner Grundsätze zur methodischen Vorgehensweise bei

1. der Beratung und Überwachung der Betriebe,
2. der Festlegung inhaltlicher Beratungs- und Überwachungsschwerpunkte, aufeinander abgestimmter oder gemeinsamer Schwerpunktaktionen und Arbeitsprogramme und
3. der Förderung eines Daten- und sonstigen Informationsaustausches, insbesondere über Betriebsbesichtigungen und deren wesentliche Ergebnisse.

[3]Die zuständigen Landesbehörden vereinbaren mit den Unfallversicherungsträgern nach § 20 Abs. 2 Satz 3 des Siebten Buches Sozialgesetzbuch die Maßnahmen, die zur Umsetzung der gemeinsamen Arbeitsprogramme nach § 20a Abs. 2 Nr. 2 und der gemeinsamen Beratungs- und Überwachungsstrategie notwendig sind; sie evaluieren deren Zielerreichung mit den von der Nationalen Arbeitsschutzkonferenz nach § 20a Abs. 2 Nr. 3 bestimmten Kennziffern.

(4) [1]Die für den Arbeitsschutz zuständige oberste Landesbehörde kann mit Trägern der gesetzlichen Unfallversicherung vereinbaren, daß diese in näher zu bestimmenden Tätigkeitsbereichen die Einhaltung dieses Gesetzes, bestimmter Vorschriften dieses Gesetzes oder der auf Grund dieses Gesetzes erlassenen Rechtsverordnungen überwachen. [2]In der Vereinbarung sind Art und Umfang der Überwachung sowie die Zusammenarbeit mit den staatlichen Arbeitsschutzbehörden festzulegen.

(5) [1]Soweit nachfolgend nichts anderes bestimmt ist, ist zuständige Behörde für die Durchführung dieses Gesetzes und der auf dieses Gesetz gestützten Rechtsverordnungen in den Betrieben und Verwaltungen des Bundes die Zentralstelle für Arbeitsschutz beim Bundesministerium des Innern. [2]Im Auftrag der Zentralstelle handelt, soweit nichts anderes bestimmt ist, die Unfallversicherung Bund und Bahn, die insoweit der Aufsicht des Bundesministeriums des Innern unterliegt; Aufwendungen werden nicht erstattet. [3]Im öffentlichen Dienst im Geschäftsbereich des Bundesministeriums für Verkehr und digitale Infrastruktur führt die Unfallversicherung Bund und Bahn, soweit die Eisenbahn-Unfallkasse bis zum 31. Dezember 2014

Träger der Unfallversicherung war, dieses Gesetz durch. [4]Für Betriebe und Verwaltungen in den Geschäftsbereichen des Bundesministeriums der Verteidigung und des Auswärtigen Amtes hinsichtlich seiner Auslandsvertretungen führt das jeweilige Bundesministerium, soweit es jeweils zuständig ist, oder die von ihm jeweils bestimmte Stelle dieses Gesetz durch. [5]Im Geschäftsbereich des Bundesministeriums der Finanzen führt die Berufsgenossenschaft Verkehrswirtschaft Post-Logistik Telekommunikation dieses Gesetz durch, soweit der Geschäftsbereich des ehemaligen Bundesministeriums für Post und Telekommunikation betroffen ist. [6]Die Sätze 1 bis 4 gelten auch für Betriebe und Verwaltungen, die zur Bundesverwaltung gehören, für die aber eine Berufsgenossenschaft Träger der Unfallversicherung ist. [7]Die zuständigen Bundesministerien können mit den Berufsgenossenschaften für diese Betriebe und Verwaltungen vereinbaren, daß das Gesetz von den Berufsgenossenschaften durchgeführt wird; Aufwendungen werden nicht erstattet.

§ 22 Befugnisse der zuständigen Behörden

(1) [1]Die zuständige Behörde kann vom Arbeitgeber oder von den verantwortlichen Personen die zur Durchführung ihrer Überwachungsaufgabe erforderlichen Auskünfte und die Überlassung von entsprechenden Unterlagen verlangen. [2]Die auskunftspflichtige Person kann die Auskunft auf solche Fragen oder die Vorlage derjenigen Unterlagen verweigern, deren Beantwortung oder Vorlage sie selbst oder einen ihrer in § 383 Abs. 1 Nr. 1 bis 3 der Zivilprozeßordnung bezeichneten Angehörigen der Gefahr der Verfolgung wegen einer Straftat oder Ordnungswidrigkeit aussetzen würde. [3]Die auskunftspflichtige Person ist darauf hinzuweisen.

(2) [1]Die mit der Überwachung beauftragten Personen sind befugt, zu den Betriebs- und Arbeitszeiten Betriebsstätten, Geschäfts- und Betriebsräume zu betreten, zu besichtigen und zu prüfen sowie in die geschäftlichen Unterlagen der auskunftspflichtigen Person Einsicht zu nehmen, soweit dies zur Erfüllung ihrer Aufgaben erforderlich ist. [2]Außerdem sind sie befugt, Betriebsanlagen, Arbeitsmittel und persönliche Schutzausrüstungen zu prüfen, Arbeitsverfahren und Arbeitsabläufe zu untersuchen, Messungen vorzunehmen und insbesondere arbeitsbedingte Gesundheitsgefahren festzustellen und zu untersuchen, auf welche Ursachen ein Arbeitsunfall, eine arbeitsbedingte Erkrankung oder ein Schadensfall zurückzuführen ist. [3]Sie sind berechtigt, die Begleitung durch den Arbeitgeber oder eine von ihm beauftragte Person zu verlangen. [4]Der Arbeitgeber oder die verantwortlichen Personen haben die mit der Überwachung beauftragten Personen bei der Wahrnehmung ihrer Befugnisse nach den Sätzen 1 und 2 zu unterstützen. [5]Außerhalb der in Satz 1 genannten Zeiten, oder wenn die Arbeitsstätte sich in einer Wohnung befindet, dürfen die mit der Überwachung beauftragten Personen ohne Einverständnis des Arbeitgebers die Maßnahmen nach den Sätzen 1 und 2 nur zur Verhütung dringender Gefahren für die öffentliche Sicherheit oder Ordnung treffen. [6]Die auskunftspflichtige Person hat die Maßnahmen nach den Sätzen 1, 2 und 5 zu dulden. [7]Die Sätze 1 und 5 gelten entsprechend, wenn nicht feststeht, ob in der Arbeitsstätte Personen beschäftigt werden, jedoch Tatsachen gegeben sind, die diese Annahme rechtfertigen. [8]Das Grundrecht der Unverletzlichkeit der Wohnung (Artikel 13 des Grundgesetzes) wird insoweit eingeschränkt.

(3) [1]Die zuständige Behörde kann im Einzelfall anordnen,
1. welche Maßnahmen der Arbeitgeber und die verantwortlichen Personen oder die Beschäftigten zur Erfüllung der Pflichten zu treffen haben, die sich aus die-

sem Gesetz und den auf Grund dieses Gesetzes erlassenen Rechtsverordnungen ergeben,

2. welche Maßnahmen der Arbeitgeber und die verantwortlichen Personen zur Abwendung einer besonderen Gefahr für Leben und Gesundheit der Beschäftigten zu treffen haben.

²Die zuständige Behörde hat, wenn nicht Gefahr im Verzug ist, zur Ausführung der Anordnung eine angemessene Frist zu setzen. ³Wird eine Anordnung nach Satz 1 nicht innerhalb einer gesetzten Frist oder eine für sofort vollziehbar erklärte Anordnung nicht sofort ausgeführt, kann die zuständige Behörde die von der Anordnung betroffene Arbeit oder die Verwendung oder den Betrieb der von der Anordnung betroffenen Arbeitsmittel untersagen. ⁴Maßnahmen der zuständigen Behörde im Bereich des öffentlichen Dienstes, die den Dienstbetrieb wesentlich beeinträchtigen, sollen im Einvernehmen mit der obersten Bundes- oder Landesbehörde oder dem Hauptverwaltungsbeamten der Gemeinde getroffen werden.

§ 23 Betriebliche Daten; Zusammenarbeit mit anderen Behörden; Jahresbericht

(1) ¹Der Arbeitgeber hat der zuständigen Behörde zu einem von ihr bestimmten Zeitpunkt Mitteilungen über

1. die Zahl der Beschäftigten und derer, an die er Heimarbeit vergibt, aufgegliedert nach Geschlecht, Alter und Staatsangehörigkeit,
2. den Namen oder die Bezeichnung und Anschrift des Betriebs, in dem er sie beschäftigt,
3. seinen Namen, seine Firma und seine Anschrift sowie
4. den Wirtschaftszweig, dem sein Betrieb angehört,

zu machen. ²Das Bundesministerium für Arbeit und Soziales wird ermächtigt, durch Rechtsverordnung mit Zustimmung des Bundesrates zu bestimmen, daß die Stellen der Bundesverwaltung, denen der Arbeitgeber die in Satz 1 genannten Mitteilungen bereits auf Grund einer Rechtsvorschrift mitgeteilt hat, diese Angaben an die für die Behörden nach Satz 1 zuständigen obersten Landesbehörden als Schreiben oder auf maschinell verwertbaren Datenträgern oder durch Datenübertragung weiterzuleiten haben. ³In der Rechtsverordnung können das Nähere über die Form der weiterzuleitenden Angaben sowie die Frist für die Weiterleitung bestimmt werden. ⁴Die weitergeleiteten Angaben dürfen nur zur Erfüllung der in der Zuständigkeit der Behörden nach § 21 Abs. 1 liegenden Arbeitsschutzaufgaben verwendet sowie in Datenverarbeitungssystemen gespeichert oder verarbeitet werden.

(2) ¹Die mit der Überwachung beauftragten Personen dürfen die ihnen bei ihrer Überwachungstätigkeit zur Kenntnis gelangenden Geschäfts- und Betriebsgeheimnisse nur in den gesetzlich geregelten Fällen oder zur Verfolgung von Gesetzwidrigkeiten oder zur Erfüllung von gesetzlich geregelten Aufgaben zum Schutz der Versicherten dem Träger der gesetzlichen Unfallversicherung oder zum Schutz der Umwelt den dafür zuständigen Behörden offenbaren. ²Soweit es sich bei Geschäfts- und Betriebsgeheimnissen um Informationen über die Umwelt im Sinne des Umweltinformationsgesetzes handelt, richtet sich die Befugnis zu ihrer Offenbarung nach dem Umweltinformationsgesetz.

(3) ¹Ergeben sich im Einzelfall für die zuständigen Behörden konkrete Anhaltspunkte für

1. eine Beschäftigung oder Tätigkeit von Ausländern ohne den erforderlichen Aufenthaltstitel nach § 4 Abs. 3 des Aufenthaltsgesetzes, eine Aufenthaltsgestattung oder eine Duldung, die zur Ausübung der Beschäftigung berechtigen, oder eine Genehmigung nach § 284 Abs. 1 des Dritten Buches Sozialgesetzbuch,
2. Verstöße gegen die Mitwirkungspflicht nach § 60 Abs. 1 Satz 1 Nr. 2 des Ersten Buches Sozialgesetzbuch gegenüber einer Dienststelle der Bundesagentur für Arbeit, einem Träger der gesetzlichen Kranken-, Pflege-, Unfall- oder Rentenversicherung oder einem Träger der Sozialhilfe oder gegen die Meldepflicht nach § 8a des Asylbewerberleistungsgesetzes.
3. Verstöße gegen das Gesetz zur Bekämpfung der Schwarzarbeit,
4. Verstöße gegen das Arbeitnehmerüberlassungsgesetz,
5. Verstöße gegen die Vorschriften des Vierten und Siebten Buches Sozialgesetzbuch über die Verpflichtung zur Zahlung von Sozialversicherungsbeiträgen,
6. Verstöße gegen das Aufenthaltsgesetz,
7. Verstöße gegen die Steuergesetze,

unterrichten sie die für die Verfolgung und Ahndung der Verstöße nach den Nummern 1 bis 7 zuständigen Behörden, die Träger der Sozialhilfe sowie die Behörden nach § 71 des Aufenthaltsgesetzes. ²In den Fällen des Satzes 1 arbeiten die zuständigen Behörden insbesondere mit den Agenturen für Arbeit, den Hauptzollämtern, den Rentenversicherungsträgern, den Krankenkassen als Einzugsstellen für die Sozialversicherungsbeiträge, den Trägern der gesetzlichen Unfallversicherung, den nach Landesrecht für die Verfolgung und Ahndung von Verstößen gegen das Gesetz zur Bekämpfung der Schwarzarbeit zuständigen Behörden, den Trägern der Sozialhilfe, den in § 71 des Aufenthaltsgesetzes genannten Behörden und den Finanzbehörden zusammen.

(4) ¹Die zuständigen obersten Landesbehörden haben über die Überwachungstätigkeit der ihnen unterstellten Behörden einen Jahresbericht zu veröffentlichen. ²Der Jahresbericht umfaßt auch Angaben zur Erfüllung von Unterrichtungspflichten aus internationalen Übereinkommen oder Rechtsakten der Europäischen Gemeinschaften, soweit sie den Arbeitsschutz betreffen.

§ 24 Ermächtigung zum Erlaß von allgemeinen Verwaltungsvorschriften

¹Das Bundesministerium für Arbeit und Soziales kann mit Zustimmung des Bundesrates allgemeine Verwaltungsvorschriften erlassen
1. zur Durchführung dieses Gesetzes und der auf Grund dieses Gesetzes erlassenen Rechtsverordnungen, soweit die Bundesregierung zu ihrem Erlaß ermächtigt ist,
2. über die Gestaltung der Jahresberichte nach § 23 Abs. 4 und
3. über die Angaben, die die zuständigen obersten Landesbehörden dem Bundesministerium für Arbeit und Soziales für den Unfallverhütungsbericht nach § 25 Abs. 2 des Siebten Buches Sozialgesetzbuch bis zu einem bestimmten Zeitpunkt mitzuteilen haben.

²Verwaltungsvorschriften, die Bereiche des öffentlichen Dienstes einbeziehen, werden im Einvernehmen mit dem Bundesministerium des Innern erlassen.

§ 25 Bußgeldvorschriften

(1) Ordnungswidrig handelt, wer vorsätzlich oder fahrlässig
1. einer Rechtsverordnung nach § 18 Abs. 1 oder § 19 zuwiderhandelt, soweit sie für einen bestimmten Tatbestand auf diese Bußgeldvorschrift verweist, oder

2. a) als Arbeitgeber oder als verantwortliche Person einer vollziehbaren Anordnung nach § 22 Abs. 3 oder

   b) als Beschäftigter einer vollziehbaren Anordnung nach § 22 Abs. 3 Satz 1 Nr. 1

zuwiderhandelt.

(2) Die Ordnungswidrigkeit kann in den Fällen des Absatzes 1 Nr. 1 und 2 Buchstabe b mit einer Geldbuße bis zu fünftausend Euro, in den Fällen des Absatzes 1 Nr. 2 Buchstabe a mit einer Geldbuße bis zu fünfundzwanzigtausend Euro geahndet werden.

§ 26 Strafvorschriften

Mit Freiheitsstrafe bis zu einem Jahr oder mit Geldstrafe wird bestraft, wer

1. eine in § 25 Abs. 1 Nr. 2 Buchstabe a bezeichnete Handlung beharrlich wiederholt oder

2. durch eine in § 25 Abs. 1 Nr. 1 oder Nr. 2 Buchstabe a bezeichnete vorsätzliche Handlung Leben oder Gesundheit eines Beschäftigten gefährdet.

Stichwortverzeichnis

Die fett gedruckten Zahlen bezeichnen die Paragraphen, die mageren Zahlen die
Randnummern. Anh. steht für Anhang, Einf. für Einführung

641

Stichwortverzeichnis

Stichwortverzeichnis

Stichwortverzeichnis

Stichwortverzeichnis

Stichwortverzeichnis